# GASTON PARIS ET LA PHILOLOGIE ROMANE

G. Paris en 1861. *Emporium*, XVIII, 1903, p. 19 (Novati)

PUBLICATIONS ROMANES ET FRANÇAISES

fondées par MARIO ROQUES, aujourd'hui dirigées par PIERRE-YVES BADEL

CCXXXIV

URSULA BÄHLER

# GASTON PARIS ET LA PHILOLOGIE ROMANE

Avec une réimpression
de la *Bibliographie des travaux de Gaston Paris* publiée
par Joseph Bédier et Mario Roques (1904)

LIBRAIRIE DROZ S.A.
11, rue Massot
GENÈVE
2004

Publié avec l'appui du Fonds National Suisse
pour la Recherche scientifique.

www.droz.org

ISBN: 2-600-00868-3
ISSN: 0079-7812

*A la mémoire de mon père*
*Marc-André Bähler*
*(1939-2001)*

# REMERCIEMENTS

Le voyage qui a abouti à ce livre a été long, parfois difficile, souvent mouvementé mais toujours passionnant, et les personnes qui m'y ont accompagnée, pour tout le trajet ou pour une seule étape, très nombreuses. Qu'elles trouvent toutes ici l'expression de ma profonde reconnaissance.

Je tiens à remercier plus particulièrement Michel Zink de sa présence lumineuse, tant intellectuelle qu'humaine ; Michael Werner, dont les travaux ont été à l'origine de ce projet et qui n'a cessé de m'encourager dans les moments difficiles ; Patrizia Gasparini, Alain Corbellari et Charles Ridoux, dont l'amitié et la collaboration au sein du « Groupe de Recherche sur l'Histoire de la Philologie Romane » dirigé par Michel Zink ont été pour beaucoup dans la progression de mes idées ; Philippe Oriol, étonnant spécialiste de l'Affaire Dreyfus ; les membres de la commission d'habilitation de l'Université de Zürich, Madeleine Herren, Peter Fröhlicher, Luciano Rossi et Jakob Theodor Wüest, de leur travail et de leurs précieuses suggestions ; Pierre-Yves Badel, Marc-René Jung et Richard Trachsler de leurs lectures attentives ; Jean-Claude Chevalier, Gabriel Bergounioux et Anne-Marguerite Fryba-Reber de m'avoir « adoptée » dans leur cercle malgré mon peu de compétence dans le domaine où ils excellent ; Aline Delacrétaz, qui, pour ce livre encore, a fait un admirable travail de relecture ; et, *last but not least*, Max Engammare, qui a bien voulu accepter mon ouvrage dans la belle collection des « Publications Romanes et Françaises ».

Mes remerciements vont également aux responsables des nombreuses archives et bibliothèques dont j'ai pu consulter les fonds et qui m'ont autorisée à en publier des documents : la Commission des Bibliothèques et Archives de l'Institut de France (M^me^ Hélène Carrère d'Encausse), les Archives du Collège de France (M^me^ Florence Terrasse-Riou), la Bibliothèque de la IV^e^ section de l'Ecole Pratique des Hautes Etudes (M. Noël Tanazacq), les Archives Nationales, les Archives de la Préfecture de Police de Paris, la Bibliothèque Nationale de Paris, la Herzog August Bibliothek à Wolfenbüttel (M^me^ Renate Giermann), la Universitäts- und Landesbibliothek Bonn (M. Michael Herkenhoff) et la Universitätsbibliothek Graz (M. Thomas Csanády).

Edith Heurgon et Jacques Peyrou du Centre Culturel International de Cerisy-la-Salle, lieu de mémoire, s'il en est, de Gaston Paris, ont également droit à toute ma reconnaissance pour l'empressement avec lequel ils ont bien voulu répondre à mes diverses questions.

La réalisation de ce projet a été rendue possible grâce à l'aide financière du Fonds National Suisse de la Recherche Scientifique, de la «Kommission für akademische Nachwuchsförderung» du canton de Zürich et du «Zürcherischer Hochschulverein». Que toutes ces institutions et leurs responsables soient ici très cordialement remerciés.

*

* *

L'amour et la confiance de mon mari, de mes amis et de mes parents m'ont portée jusqu'ici et me porteront encore. Rien ne peut exprimer ce que je ressens à leur égard.

Mon père nous a quittés avant d'avoir vu l'achèvement de mon travail. C'est à sa mémoire que je dédie ce livre.

# INTRODUCTION

En 1871, dans un passage qui, par ailleurs, présente tous les traits d'une self-fullfilling prophecy, Gaston Paris a ainsi motivé l'historiographie des sciences:

> «La plus grande ambition du savant, s'il songe parfois à la postérité, ne peut être que de laisser après lui un nom; il doit se résigner, – et c'est là sa grande infériorité sur l'artiste, – à ne pas être lu et jugé directement par les générations auxquelles il aura fourni un marchepied pour dépasser le niveau qu'il a atteint lui-même. Plus le sujet qu'il aborde est neuf, plus les vues qu'il expose sont originales, plus les recherches auxquelles il se livre sont fécondes, et plus il est sûr d'être bientôt dépassé: ceux auxquels il aura ouvert la voie se passeront vite de son concours. Les vérités qu'il aura découvertes passeront dans le domaine commun, et ses erreurs, d'autant plus fréquentes qu'il aura été plus entreprenant, empêcheront qu'on aille puiser dans ses livres des renseignements qui se trouveront partout plus épurés. C'est pour compenser cette ingratitude inévitable qu'il est bon d'écrire l'histoire des sciences: on oublierait sans elle les services les plus signalés des anciens [...]» (138*, 1871, p. 528)[1].

L'historiographie d'une discipline, si elle peut effectivement rendre justice à l'œuvre oubliée, négligée ou mal comprise d'un savant ou d'un groupe de savants, ne saurait pourtant se résumer à une série de réhabilitations individuelles. Sa fonction est autrement plus importante. Tout comme la (re)construction de l'histoire en général nous permet, du moins dans la culture occidentale qui est la nôtre, à la fois de nous ancrer dans le présent et de nous projeter dans l'avenir, celle de l'histoire des sciences contribue à garantir l'orientation tant présente que future des recherches scientifiques dans les différentes disciplines qui en font l'objet.

(Re)construire l'histoire constitue, certes, un procès à jamais ouvert dépendant des sujets en place, individuels ou collectifs, qui le déterminent et le prennent en charge. L'idée de l'histoire objective et *une* a en effet été abandonnée voilà déjà plus d'un siècle. Citant une étude publiée par Max Weber en 1917 sous le titre «Der Sinn der 'Wertfreiheit' der soziologischen und ökonomischen Wissenschaften», l'historien allemand Otto Gerhard Oexle écrit:

---

1 Quant au mode de citation, voir plus loin.

> «Denn 'immer neu und anders gefärbt bilden sich die Kulturprobleme, welche die Menschen bewegen'. Deshalb 'wechseln die Gedankenzusammenhänge', unter denen das historische Geschehen 'betrachtet und wissenschaftlich erfasst wird' in unendliche Vielfalt. 'Die Ausgangspunkte der Kulturwissenschaften bleiben damit wandelbar in die grenzenlose Zukunft hinein'. Dies bedeutet zugleich, dass auch diese sich ständig wandelnden Fragestellungen, dass die Denkformen und Wahrnehmungsweisen der historischen Wissenschaften ihrerseits historische Gegenstände sind, ja, Gegenstände historischer Forschung sein müssen» (Oexle 1996, p. 137).

Le fait que ce procès soit pensé par nous comme étant essentiellement ouvert et multiple – il y a toujours plusieurs histoires coexistantes possibles selon les positions discursives des sujets qui les mettent en place – n'empêche cependant pas son rôle capital pour notre orientation présente et future: essayer de comprendre l'histoire de sa propre discipline, même compte tenu des difficultés intrinsèques à ce processus de connaissance, c'est saisir des facettes de sa propre identité scientifique. Et, d'ailleurs, au-delà ou, mieux, en dessous de tous ces «relativismes», il y a bien aussi, me semble-t-il, quelque chose comme des faits «objectivables» formant une sorte de canevas autour duquel un consensus interprétatif paraît possible ou tout au moins envisageable. – Je suis en tout cas convaincue que tout comme l'histoire en général, celle des disciplines scientifiques en particulier peut et doit, en tant que «discipline d'orientation secondaire» (Lepenies)[2], réclamer sa place dans l'enseignement comme dans la recherche.

*

* *

Le but du présent travail est de fournir une contribution à l'historiographie de la philologie romane à travers l'étude du «cas» de Gaston Paris. Parmi toutes les approches historiographiques possibles, biographique, institutionnelle, prosopographique, thématique, vue panoramique des travaux effectués dans le domaine pendant un laps de temps défini etc., j'ai donc choisi la première, que je préfère pourtant appeler «individuelle»: me consacrant à l'étude approfondie d'un cas individuel, je transgresserai les limites traditionnelles attribuées au genre biographique par de fréquentes ouvertures à implication plus générale sur les autres approches mentionnées. – Pourquoi Gaston Paris? Plusieurs raisons m'ont amenée à ce choix. Tout d'abord, et ce n'est pas la moindre de ces raisons, la fascination croissante qu'exerçait sur moi, au fur et à mesure que je m'en occupais, la personnalité

[2] Lepenies 1989, p. 156.

et l'œuvre de ce savant fortement impliqué dans les événements de son temps. Ensuite l'hypothèse, qui s'est trouvée vérifiée avec le temps, qu'en prenant l'exemple de Gaston Paris, l'un des centres de gravitation du mouvement philologique de la deuxième moitié du XIXe siècle, on touchait en même temps à l'ensemble ou presque des problèmes scientifiques et institutionnels, mais aussi historiographiques, de la philologie romane à cette époque et même au-delà. Troisièmement, les recherches les plus récentes dans le domaine de l'historiographie des sciences ont montré à l'évidence combien, après une période d'investigation de type sériel (par exemple prosopographique) et structurel (par exemple institutionnel), un retour au « biographisme » s'avère nécessaire, et combien les individus priment dans bien des cas sur les « structures » avec lesquelles ils entretiennent de complexes rapports d'interdétermination. Qu'il suffise de citer ici Ulrike Felt, Helga Nowotny et Klaus Taschwer qui notent, au sujet de l'historiographie des sciences sociales (mais ces remarques sont valables pour toutes les sciences humaines[3]) :

> « Viele der Arbeiten, die sich einer 'Soziologie' oder Wissenschaftsforschung der Sozialwissenschaften widmen, stehen theoretisch unter dem Anspruch, es nicht bei einer 'Dekonstruktion' der selbstverkündeten Wissensansprüche bewenden zu lassen. Die Notwendigkeit einer kritisch-dekonstruktiven Haltung, wie sie am Beispiel der Naturwissenschaften entwickelt wurde, wird nicht in Frage gestellt. Es wird jedoch dezidiert der Anspruch erhoben, über eine solche Dekonstruktion hinauszugehen und die Sozialwissenschaften zu 'rekonstruieren'. Dazu gehört die Sichtbarmachung von Akteuren, d.h. von handelnden Menschen, die selbst an den Diskursen teilnehmen und nicht hinter irgendwelchen anonymen 'Interessen' oder 'Strukturen' verschwinden dürfen, sowie der Blick auf ein grösseres gesellschaftliches Ganzes und seine Teile » (Felt/Nowotny/Taschwer 1995, p. 157).

L'approche biographique ou individuelle, encore une fois, ne remet pas en question l'apport des autres approches mais en est un indispensable complément, souvent correctif il est vrai.

*

* *

La philologie romane en France dans la deuxième moitié du XIXe siècle a récemment fait l'objet de deux importants travaux d'ensemble, à savoir le *Joseph Bédier, écrivain et philologue* (1997) d'Alain Corbellari qui, bien entendu, dépasse largement la frontière du XXe siècle, et le grand ouvrage

---

3 Voir par exemple, dans le domaine de l'histoire proprement dite, Fuhrmann 1996, p. 8.

panoramique *Evolution des études médiévales en France de 1860 à 1914* (2001) de Charles Ridoux. A côté de ces deux «monuments», qui mentionnent très fréquemment Gaston Paris, et sur les interprétations et hypothèses desquels j'aurai à revenir à maintes occasions, il existe un certain nombre d'études plus spécifiques, tant anciennes que modernes, traitant tantôt de tel chapitre de la philologie romane au XIX<sup>e</sup> siècle et tantôt de tel aspect de l'activité scientifique ou de la biographie de Gaston Paris. Ces différentes contributions, de nature très hétéroclite, seront elles aussi discutées au fil de ce travail, dans les contextes respectifs où elles ont leur place et leur importance. La seule remarque d'ordre général que je voudrais faire ici est que l'image de Gaston Paris a beaucoup souffert depuis les années 1980, c'est-à-dire, plus précisément, depuis l'avènement du *New Medievalism* (qui englobe en son sein le domaine plus spécifique de la *New Philology*) et de ses «colonies» européennes, la française avant tout[4]. A en juger par la teneur générale des travaux issus de ce mouvement, Gaston Paris serait en effet un positiviste pur et dur qui aurait enterré les textes médiévaux sous un savoir philologique normatif et qui, de par ses idées «nationales» (pour ne pas dire «nationalistes»), aurait corrompu la discipline de la philologie romane dès son établissement même. J'en veux pour preuve certains articles rassemblés dans le volume *Medievalism and the Modernist Temper* (1996) dirigé par R. Howard Bloch et Stephen G. Nichols, volume qui, par ailleurs, a beaucoup de qualités que je ne songe nullement à remettre en question[5]. Les victimes désignées des *New Medievalists* sont bien leurs ancêtres du XIX<sup>e</sup> siècle, auxquels ils reprochent couramment une vue restreinte des phénomènes philologiques et une approche appauvrissante des manuscrits et de la littérature du moyen âge. Etudiant les premières éditions de la *Chanson de Saint Alexis*, Michael Camille, pour ne prendre que cet exemple, convoque instamment l'isotopie de la mort:

> «Editions of the poem [*Saint Alexis*] in the last century have thus literally embalmed it. Their title pages have all the finality of epitaphs [...]. Committed to the grave of an edition, Alexis' song as it appears in the Hildesheim manuscript has been erased from literary history.
>
> Gaston Paris was not the first to bury the *Vie de Saint Alexis* in a text» (Camille 1996, p. 382)[6].

---

4 Pour une récente présentation et discussion du *New Medievalism* et de la *New Philology*, voir par exemple Utz 1998.

5 Voir mon compte rendu Bähler 1996c.

6 Ici encore, je m'empresse de le dire, il ne s'agit pas de remettre en cause la thèse, très juste, de Camille, selon laquelle les textes médiévaux sont à considérer dans leur complexité «intermédiale» (images et textes), mais de rendre attentif à certaines propriétés qui caractérisent le discours *newphilologist* sur les savants du XIX<sup>e</sup> siècle, et, en l'occurrence, sur Gaston Paris.

Devant de tels discours – que Keith Busby, renvoyant ingénieusement la balle, propose d'appeler «necro-philology»[7] –, Evelyn Birge Vitz s'est demandé à juste titre:

> «But one does wonder: why all this dredging up today of the sins of Philology in the nineteenth century? (Why this obsession with Gaston Paris?) Many other disciplines – such as Psychology – also had positivistic and scientific pretentions in the nineteenth century. We have on the whole found it in our hearts to forgive Psychology for, and not constantly to drag up, those 'scientific' ambitions which seem almost quaint today. Why so little gratitude toward those nineteenth century scholars who – whatever their flaws – provided us with so many editions, some of them still unsuperseded!» (Vitz 1993, p. 74).

L'une des leçons salutaires prônées par les *New Medievalists*, à savoir celle de l'impossibilité de jugements décontextualisés, ne s'applique apparemment qu'à grand-peine aux fondateurs de la philologie romane. Curieuse ironie, la deuxième moitié du XIX^e siècle a ainsi toutes les chances de devenir un nouveau «moyen âge», du moins dans le domaine qui nous intéresse ici. Aurions-nous donc besoin de «nouveaux dix-neuvièmistes»? Sans aller aussi loin, il me semble définitivement temps de replacer dans leur contexte les pionniers de notre discipline et de mettre en évidence non seulement les points critiquables, aspect certes important de toute recherche historiographique, mais également la richesse de leur œuvre et de leur pensée. Les vrais «nouveaux philologues», c'est ce que nous allons voir, étaient bien les savants de la génération de Gaston Paris.

Dans le concert des études historiographiques sur la philologie romane, concert dont la voix va pourtant croissant depuis quelques années, on ne disposait pas, à ce jour, d'un ouvrage d'ensemble sur Gaston Paris, hormis celui que j'ai consacré au rôle du savant dans l'affaire Dreyfus. D'une part, ce fait ne laisse pas de surprendre étant donné l'importance du personnage et sa forte présence dans les recherches philologiques jusqu'à nos jours. D'autre part, cependant, il est facile à expliquer: saisir et analyser à fond la vie et l'œuvre de Gaston Paris est en effet une tâche immense et presque impossible pour une seule personne, tant il est vrai que le savant s'est occupé de tous les domaines touchant à la philologie romane dans le sens le plus vaste de ce terme. En 1935, Joseph Bédier, faisant référence à la multitude des différents champs de recherches philologiques de son maître, écrivait:

> «[...] qui voudrait la décrire [l'œuvre de Gaston Paris], ce qu'il aurait à retracer, ce serait l'histoire de toutes nos disciplines pendant quarante années, c'en serait le rythme et le mouvement» (Bédier 1935, p. 410).

[7] Busby 1993, p. 29.

Il va de soi que le présent travail, ne visant pas à réaliser ce programme herculéen, se bornera à explorer de façon systématique quelques domaines choisis.

*

* *

Avant de présenter ces domaines, quelques mots sur le terme de *philologie romane* tel qu'il sera employé tout au long de ce travail. Ce terme ne pose aucun problème interprétatif dans l'aire germanique, où il désigne couramment des chaires universitaires et apparaît également dans des titres de revues (dont la plus connue s'appelle *Zeitschrift für Romanische Philologie*), et ceci à chaque fois comme embrassant tant l'histoire de la langue que celle de la littérature et le domaine de l'édition de textes. La chaire créée en 1852 pour Paulin Paris au Collège de France, sous l'intitulé de «Langue et littérature françaises du moyen âge», se serait ainsi appelée tout naturellement «Philologie romane» en Allemagne. Dans l'hexagone, par contre, le terme en question est le plus souvent employé comme synonyme soit de linguistique historique en tant qu'appliquée à des textes (médiévaux), soit de critique textuelle tout court. En même temps, l'acception allemande y est bien présente aussi, du moins en sourdine, ce qui explique notamment l'emploi du terme de «philologie proprement dite» pour désigner la seule philologie textuelle[8].

Gaston Paris, quant à lui, est indubitablement un philologue dans le sens large, allemand du terme, s'occupant à la fois de linguistique historique, d'histoire littéraire médiévale (et même moderne) et d'éditions de textes. Et pourtant si, à quelques rares endroits, il soutient que l'expression de philologie «n'exclut rien, [mais] embrasse tout»[9], il ne l'utilise lui-même que rarement dans ce sens étendu. Il y a donc en quelque sorte décalage entre le projet d'une philologie romane «complète», à l'allemande, et l'appellation de celle-ci en France. Si j'ai tout de même choisi d'utiliser le syntagme de philologie romane dès le titre et tout au long de ce travail, en le comprenant systématiquement dans le sens large, c'est qu'il correspond bien, à l'époque de Gaston Paris et indépendamment du problème de la terminolo-

---

8 C'est le cas, par exemple, dans le prospectus de la *Revue d'histoire littéraire de la France* (voir Compagnon 1995, p. 48).

9 Lettre à Antoine Thomas du 6 septembre 1900 (B.N., n.acq.fr. 24466, ff. 372-373); je discuterai cette lettre en détail dans la partie II. – Voir également l'avant-propos de *La Littérature française au moyen âge (XI$^{e}$-XIV$^{e}$ siècles)*, où Gaston Paris écrit, à propos de Paul Meyer: «Depuis bientôt trente ans, dans une émulation qui n'a jamais été une rivalité, nous cultivons ensemble le champ de la philologie romane [...]» (335*, 1888, éd. de 1909, p. XIV), entendant une nouvelle fois l'expression qui nous intéresse dans le sens large, allemand du terme.

gie, à une forte réalité également dans l'hexagone, et qu'il offre avec cela le précieux avantage de la simplicité.

Une deuxième précision terminologique s'impose au sujet du rapport entre philologie romane et philologie française. Le discours philologique de Gaston Paris concerne en effet le plus souvent le domaine spécifiquement français. Cependant, étant donné que la différence entre les philologies romane et française est, du point de vue conceptuel qui m'intéresse dans ce travail, de nature purement quantitative, la première embrassant la seconde, et non pas qualitative – les deux sont, en effet, censées partager les mêmes principes théoriques –, je parlerai le plus souvent de philologie romane, ici encore essentiellement pour des raisons de commodité et de simplicité. Cette pratique se justifie en outre par le fait que le but de Gaston Paris est bel et bien l'établissement d'une philologie romane, comme le montre à elle seule la fondation, en 1872, de la revue *Romania*, même si le domaine de recherche privilégié du savant est, sur l'ensemble de son activité, le domaine (médiéval) français.

*

* *

La première partie du travail est consacrée à la biographie, tant personnelle que scientifique, de Gaston Paris. Il y a ceci de particulier dans le cas de ce savant que, celui-ci ayant été perçu dès sa propre époque comme l'une des grandes figures de la philologie romane, son histoire personnelle et celle de la discipline se voient intimement liées, et ceci de façon souvent problématique, dans l'historiographie traditionnelle. (Re)construire la vie et l'œuvre de Gaston Paris revient ainsi plus d'une fois à déconstruire l'historiographie officielle de la philologie romane. C'est ce double mouvement de (re)construction et de déconstruction que je mettrai en œuvre, en m'appuyant principalement sur des documents d'archives – la correspondance privée de Gaston Paris avant tout, mais également ses carnets de jeunesse ainsi que des lettres de et à Paulin Paris[10] –, documents pour la plupart inédits et dont je publierai ici un autre volet important, le premier étant celui que j'ai présenté dans *Gaston Paris dreyfusard*.

Les sujets des trois parties suivantes correspondent en quelque sorte aux trois « sentiments de base » qui, selon le propre témoignage de Gaston Paris, lui ont été transmis par son père et ont été décisifs dans le choix de sa carrière :

> « J'écris ces lignes, note-t-il dans la préface aux *Poèmes et Légendes du Moyen âge*, le jour même de l'anniversaire séculaire de la naissance de mon père, dans une ville [Dresde] que nous visitions ensemble il y a quarante-trois ans, et où tout ce que je revois et que j'ai vu jadis avec lui

[10] Pour une liste des archives dépouillées, voir Annexe I.

> évoque vivement son image. Qu'il me soit permis de dédier ces pages à sa mémoire, toujours, mais particulièrement aujourd'hui, si présente au cœur de ses enfants. S'il pouvait les lire, il aimerait à y retrouver, à défaut d'autre mérite, les sentiments qui lui étaient le plus chers et qu'il s'est, dès mon enfance, attaché à m'inculquer: l'amour de l'étude, l'amour de notre vieille poésie et l'amour de la douce France» (345*, 1900, p. VIII).

La deuxième partie traite donc de l'«amour de l'étude». Il s'agira plus précisément de saisir l'univers intellectuel de Gaston Paris dans sa globalité, allant de sa vision du monde et de ses idées philosophiques à ses conceptions sur l'identité de la philologie romane, en passant par sa façon de penser les sciences et la place de celles-ci dans la société. Nous verrons ainsi se dessiner une pensée cohérente et nuancée dont on a largement sous-estimé l'envergure et les qualités et qui, aussi surprenant que cela puisse paraître à plus d'un savant moderne (pour qui Gaston Paris n'est qu'un érudit poussiéreux du XIX<sup>e</sup> siècle), peut nous apporter des éléments de réflexion tout à fait valables pour la clarification de notre propre situation, à un moment où l'on parle de plus en plus fréquemment de la crise des sciences humaines. Mais l'établissement de ce cadre de pensée général est également indispensable à la compréhension du discours philologique *stricto sensu* de Gaston Paris, tant il est vrai que ce discours, malgré son objectivité et son impartialité proclamées, est largement surdéterminé par le «système idéologique» du chercheur.

Pour ce qui est plus précisément de la philologie romane, notre enquête, toujours dans la deuxième partie, comportera deux volets. Il s'agira d'une part de déterminer, sur la base d'une typologie des différentes conceptions de la philologie en cours au XIXe siècle, l'identité de la discipline en France – avant tout en comparaison avec l'Allemagne, pays d'origine de la philologie romane dans le sens moderne, «scientifique» du terme –, et, d'autre part, de saisir quelques mécanismes de base qui règlent l'établissement, par Gaston Paris et ses collègues, de la philologie romane en tant que discipline professionnelle. Pour appréhender ce qu'il faut bien appeler les «jeux de pouvoir» à l'œuvre dans la définition et la délimitation du contenu et des méthodes de la discipline ou, plus exactement, de ses différentes branches, je procéderai essentiellement de manière «exemplaire», c'est-à-dire que je choisirai quelques cas concrets jugés représentatifs du mouvement de *scientifisation*[11] et de *professionnalisation*[12] dont l'accomplissement constitue le programme ambitieux des philologues de l'entourage de Gaston Paris. J'aurai, ici encore, recours à des lettres privées, qui plus d'une fois fournissent des éléments tout à fait essentiels pour la compréhension de ce processus très

---

11 J'emprunte cette expression à Bollack 1985, p. 480 *et passim*.

12 J'utilise cette expression à la suite d'Espagne 1993, p. 159 *et passim*.

complexe d'unification des approches philologiques, processus dont les documents officiels ne gardent souvent que des traces «censurées».

La troisième partie du travail tourne autour de l'«amour de la douce France». Comme l'ensemble des philologies modernes, la philologie romane a pour «hypothèque» sa naissance dans un cadre de représentation national, hypothèque qui pèse encore lourdement sur son identité. Il est en effet devenu un *topos* à la mode, depuis quelques années, que de crier à la «contamination» nationale, voire nationaliste, de la philologie romane dès son établissement institutionnel en France dans les années 1860 et, plus massivement, dans les années 1870, période fortement imprégnée des conflits franco-allemands[13]. Cependant, s'il est bien vrai que les discours scientifiques de cette époque foisonnent de réflexions et de remarques sur l'impact national des recherches philologiques, on aurait tort de ne pas tenir compte de quelques *distinguos* de base tout à fait essentiels pour une juste compréhension de l'ancrage national de la philologie romane à ses débuts institutionnels. Je propose donc, en un premier temps, de différencier et de systématiser, au moyen d'une sorte de «grille positionnelle», les liens, de nature tant intrinsèque qu'extrinsèque, entre cette discipline et la «problématique» nationale. En un second temps, je dégagerai les idées de Gaston Paris sur la nation française, tant passée que moderne. Rien ne me semble plus important, en effet, que de démêler les différentes conceptions que se font les acteurs historiques, à un moment donné de l'histoire, de la «nation» et de la «patrie». Loin de constituer, comme paraissent le suggérer certains critiques, un grand magma à valeur plus ou moins «nationaliste», les différents investissements conceptuels des grandeurs lexicales en question recouvrent des attitudes idéologiques très variées et le plus souvent nettement circonscrites. L'affaire Dreyfus est à ce sujet un événement de cristallisation, avec des effets différentiateurs à implication durable.

La quatrième partie, finalement, sera entièrement consacrée à l'image que se fait Gaston Paris de la littérature du moyen âge et, partant, du moyen âge lui-même. Il ne s'agira pas de passer en revue l'ensemble des analyses particulières que le philologue a consacrées à la littérature médiévale tout au long de sa carrière. Un tel travail, est-il nécessaire de le préciser, dépasserait de loin le cadre de la présente étude. Ici encore, je procéderai essentiellement par «exemples». Dans le but de saisir les lignes de force qui caractérisent le raisonnement et l'imaginaire de Gaston Paris, j'ai choisi deux «matières» qui, depuis les jugements émis par Jean Bodel dans la *Chanson des Saisnes*, ont en général été considérées comme s'opposant l'une à l'autre, à savoir la «matière de France», les chansons de geste, donc, et la «matière de Bretagne» ou, en d'autres termes, les romans et lais arthuriens et tristaniens. Il

[13] Voir à titre d'exemple Cerquiglini 1989, Bloch 1989, Hult 1996.

y a en effet toutes les chances pour que l'étude contrastée de ces deux «matières», jugées complémentaires dès le moyen âge, revête un caractère totalisant et puisse nous révéler une série d'observations plus générales. Même à l'intérieur de ces deux domaines choisis, je n'envisagerai pas l'exhaustivité du matériel. Ce qui m'intéresse, encore une fois, c'est la logique particulière qui sous-tend la pensée, l'argumentation et l'imaginaire de Gaston Paris. Entre et après les deux grands chapitres consacrés respectivement aux deux «matières», française et bretonne, se verront insérées des réflexions de synthèse qui concernent la littérature médiévale dans son ensemble. En dégageant les structures principales de la pensée de Gaston Paris, objectif majeur de nos analyses, l'on sera tout naturellement amené à rectifier plus d'une mauvaise interprétation, souvent encore courante de nos jours, des idées du savant.

Des annexes de différente nature – qui comportent notamment un tableau des sources détaillant les fonds et archives utilisés – ainsi qu'une bibliographie compléteront la présente étude[14]. Deux remarques sur cette bibliographie. En ce qui concerne les travaux de Gaston Paris, on fera référence, tout au long de ce texte, à la numérotation de la *Bibliographie* publiée par Joseph Bédier et Mario Roques en 1904[15]. Cet ouvrage indispensable, longtemps épuisé, a été réimprimé une première fois en 1969 par l'éditeur Burt Franklin à New York. Cependant, les exemplaires à disposition dans les bibliothèques étant très rares et bon nombre de lecteurs n'ayant probablement pas la possibilité d'avoir cette bibliographie sous la main, nous nous sommes décidés à la réimprimer ici dans son intégralité. Pour ce qui est de la littérature sur le développement de la philologie romane en général et sur Gaston Paris en particulier, on ne trouvera, dans la bibliographie, que les titres des études citées. Le lecteur obtiendra des références bibliographiques complémentaires dans les ouvrages d'Alain Corbellari et de Charles Ridoux mentionnés plus haut.

*

* *

Après ce rapide survol de ce qui va suivre, est-il nécessaire de souligner une nouvelle fois le fait que le présent travail est loin d'être exhaustif? Devant la masse et la diversité du matériel évoquées et parce que l'idée d'exhaustivité même est largement chimérique, j'ai en effet délibérément pris le risque de *choisir* quelques aspects dans la vie et dans l'œuvre de Gaston Paris pour les mettre en rapport tant avec l'histoire qu'avec l'historiographie de la philologie romane. Sauf quelques rapides allusions, et quitte à y reve-

---

14 L'ordre des annexes suit celui du texte principal.

15 Pour une discussion de cette bibliographie voir Voretzsch 1909.

nir plus tard, j'ai entièrement laissé de côté deux domaines en particulier: celui de l'édition des textes et celui des études folkloriques. Le premier a fait l'objet d'une série de publications récentes, notamment dans le cadre des discussions *newphilologists* évoquées, et constitue désormais un champ de recherches quasiment autonome[16]; le deuxième, par contre, reste encore largement à explorer[17]. Cependant, le renoncement à l'exhaustivité en ce qui concerne les différents champs d'activité de Gaston Paris ne va pas de pair avec une «singularisation» des résultats que fournit notre travail. La pensée du chercheur et les structures tant scientifiques qu'institutionnelles de la philologie romane dans la deuxième moitié du XIX$^{e}$ siècle, telles qu'elles apparaîtront à travers nos analyses, sont en effet censées revêtir un caractère général, également valable, quoique non sans variantes, dans les domaines laissés (momentanément) de côté.

Au total, donc, mon but est à la fois ambitieux et modeste. Modeste parce que je n'aborderai ni l'ensemble des problèmes philologiques sur lesquels Gaston Paris a travaillé, ni encore toutes les questions liées à l'institutionnalisation de la philologie romane dans ses différentes branches. Ambitieux parce que je voudrais fournir un cadre général d'interprétation, comportant quelques hypothèses fortes, dans lequel de futurs travaux sur Gaston Paris et la philologie romane pourront prendre place, quitte à le modifier et à l'enrichir. Qu'on comprenne donc cet ouvrage comme une première tentative de synthèse, entendue dans le sens d'une ouverture beaucoup plus que d'une clôture.

*

* *

## Mode de citation

Les citations de documents déjà publiés sont toujours mises entre guillemets, même si elles sont imprimées dans des paragraphes en retrait, ceci pour marquer la différence avec les textes inédits, qui ne sont pas mis entre guillemets, sauf, en l'absence de marque spatiale, dans le corps du texte et dans les notes.

Les textes autres que ceux de Gaston Paris sont cités comme suit: nom, année de la publication, indication de pages (ex.: Werner 1995, p. 181). On trouvera les indications complètes dans la Bibliographie.

---

16 Voir, pour une première orientation et de riches éléments bibliographiques, Speer 1995, en part. pp. 388-394, Corbellari 1997, pp. 505-559, Fiesoli 2000, en part. chap. IX, pp. 359-461 et Ridoux 2001, pp. 361-425.

17 Pour une première orientation, le lecteur se référera à Fuchs 1903, Sébillot 1903, Ridoux 2001, pp. 496-509, ainsi qu'aux deux belles études de Mary Speer 1996 et, surtout, 2000 (avec des indications bibliographiques très utiles).

Les textes de Gaston Paris, on l'a dit, sont cités en référence à la numérotation de la bibliographie de Bédier/Roques 1904 reproduite dans son intégralité dans la Bibliographie.

Là où je n'indique pas de numéro de la bibliographie Bédier/Roques 1904 mais les références complètes, il s'agit de textes non répertoriés par les deux savants. Le lecteur trouvera l'ensemble de ces textes dans la Bibliographie.

Là où une étude de Gaston Paris a été publiée à divers endroits, j'indique le chiffre de la bibliographie Bédier/Roques 1904, en précisant l'endroit et l'année de la publication utilisée (ex.: 1089*, dans *BEC*, 1883, p. 125; 903*, 1885 dans 339*, 1895, éd. de 1913, pp. 162-163).

J'ai employé d'autres éditions que celles répertoriées dans Bédier/Roques 1904 dans les cas suivants:

- *Histoire poétique de Charlemagne*, reproduction de l'édition de 1865, augmentée de notes nouvelles par l'auteur et par M. Paul Meyer et d'une table alphabétique des matières, Genève, Slatkine Reprints, 1974 (réimpression de l'édition de Paris, E. Bouillon, 1905); cité comme 356*, 1865, éd. de 1974 ou comme *Histoire poétique*.
- *La Poésie du moyen âge, leçons et lectures, première série*, Paris, Hachette, [6]1906; cité comme 334*, 1885, éd. de 1906.
- *La Littérature française au moyen âge (XI-XIV$^{e}$ siècle)*, quatrième édition, revue, corrigée et augmentée [par Paul Meyer, d'après un exemplaire annoté de Gaston Paris], Paris, Hachette, 1909; cité comme 335*, 1888, éd. de 1909 ou comme *Manuel*.
- *La Poésie du moyen âge, leçons et lectures, deuxième série*, Paris, Hachette, [4]1913; cité comme 339*, 1895, éd. de 1913.
- *Légendes du moyen âge*, Amsterdam, Rodopi, 1970 (réimpression de l'édition de Paris, Hachette, 1903); cité comme 348*, 1903, éd. de 1970.

Je n'ai pas eu recours aux deux séries de *Mélanges* publiés par Mario Roques[18], ayant préféré me reporter aux éditions originales des textes qui y sont réimprimés.

Pour ce qui est des lettres que j'édite ici, j'indique à chaque fois, à quelques exceptions près, le foliotage des lettres entières. Celles-ci étant d'étendue réduite, le lecteur retrouvera au besoin les passages cités sans difficultés.

J'ai maintenu la graphie du XIX$^{e}$ siècle dans les textes français comme dans les textes allemands.

---

18 Gaston Paris, *Mélanges linguistiques*, publiés par Mario Roques, Paris, Honoré Champion (I: «Latin vulgaire et langues romanes», 1906; II: «Langue française», 1906; III: «Langue française et notes étymologiques», 1907; IV: «Notes étymologiques, appendice, index», 1909). – Gaston Paris, *Mélanges de littérature française du moyen âge*, publiés par Mario Roques, Paris, Honoré Champion (1$^{re}$ partie: «La littérature française du moyen âge, l'épopée, le roman», 1910; 2$^{e}$ partie: «Le Roman, l'histoire, la poésie lyrique, la littérature française au moyen âge, index», 1912).

## Abréviations et symboles

| | |
|---|---|
| *Accent latin* | Gaston Paris, *Du rôle de l'accent latin dans la langue française* (158*) |
| AF | Académie Française |
| AIBL | Académie des Inscriptions et Belles-Lettres |
| AN | Archives Nationales |
| A.P.P. | Archives de la Préfecture de Police |
| *BEC* | *Bibliothèque de l'Ecole des Chartes* |
| B.I.F. | Bibliothèque de l'Institut de France |
| B.N. | Bibliothèque nationale de France |
| *DBF* | *Dictionnaire de biographie française* |
| *DLF* | *Dictionnaire des Lettres Françaises* |
| ENS | Ecole Normale Supérieure |
| E.P. | Bibliothèque de la IVe section de l'Ecole Pratique des Hautes Etudes |
| EPHE | Ecole Pratique des Hautes Etudes |
| *Esquisse* | Gaston Paris, *Esquisse historique de la littérature française du moyen âge*, 1907 (cf. Bibliographie) |
| f./ff. | feuillet/s |
| *FEW* | *Französisches Etymologisches Wörterbuch* |
| *GRLMA* | *Grundriss der Romanischen Literaturen des Mittelalters* |
| HAB | Herzog August Bibliothek, Wolfenbüttel |
| *Histoire poétique* | Gaston Paris, *Histoire poétique de Charlemagne* (356*). |
| *HLF* | *Histoire littéraire de la France* |
| *Jahrbuch* | *Jahrbuch für romanische und englische Literatur* |
| *JdD* | *Journal des Débats* |
| *JdS* | *Journal des Savants* |
| *Manuel* | Gaston Paris, *La Littérature française au moyen âge (XI-XIVe siècle)* (335*, 1888). |
| n. | note |
| n.acq.fr. | Nouvelles acquisitions françaises |
| *Poèmes et légendes* | Gaston Paris, *Poèmes et légendes du moyen âge* (345*, 1900) |
| *Revue critique* | *Revue critique d'histoire et de littérature* |
| *RdDM* | *Revue des Deux Mondes* |
| SATF | Société des Anciens Textes Français et Provençaux |
| *vs* | *versus* |
| *Zeitschrift/ ZfRPh* | *Zeitschrift für Romanische Philologie* |
| *ZfSpLit* | *Zeitschrift für französische Sprache und Literatur* |
| [...] | Passage omis par nous |
| (...) | Passage omis ou manquant dans le texte |

## Critères d'édition pour les lettres

J'ai maintenu aussi exactement que possible la ponctuation et la graphie de l'original. Sauf mention spéciale, je n'indique pas de simples lapsus d'écriture ni des passages biffés ou corrigés par les auteurs. La graphie a été modifiée notamment en deux cas: les mots comportant un trait d'union dans l'orthographe moderne ont été régularisés dans ce sens; dans les lettres de Paulin Paris, j'ai restitué l'accentuation, qui y manque souvent.

## Notices biographiques

Les notices biographiques en bas de page n'ont rien de systématique, dans la mesure où seuls les noms jugés importants pour le développement d'arguments précis ou pour la compréhension d'un contexte immédiat donné ont été retenus et où les personnages jouissant de nos jours encore d'une grande notoriété ne sont en général pas présentés de manière détaillée (Sainte-Beuve, Taine, Renan etc.). Beaucoup de ces notices sont le résultat d'une synthèse d'informations prises dans différents dictionnaires biographiques. A l'exception de citations textuelles ou d'informations marquées du jugement personnel d'un auteur, ces différentes sources ne seront pas à chaque fois indiquées. Le lecteur intéressé pourra se référer notamment aux volumes parus du *Dictionnaire de biographie française (DBF)*, aux *Archives biographiques françaises*, au *Deutsches Biographisches Archiv*, au *Grand Dictionnaire universel du XIX^e^ siècle* de Pierre Larousse et au *Larousse du XX^e^ siècle*. On trouve enfin beaucoup d'indications utiles dans les différentes publications de Christophe Charle (1985, 1990) ainsi que dans Ridoux 2001.

PREMIÈRE PARTIE

# ESSAI DE BIOGRAPHIE

## RÉFLEXIONS MÉTHODOLOGIQUES

Bien que Gaston Paris soit sans doute l'un des philologues du XIX^e siècle aujourd'hui encore les plus cités, il n'existe aucune biographie tant soit peu complète consacrée à ce savant. Le cas de Gaston Paris s'apparente en ceci à celui d'autres romanistes célèbres du XIX^e, à commencer par Friedrich Diez. Les constatations de Richard Baum au sujet du grand philologue allemand s'appliquent en effet sans modification à Gaston Paris :

> «Eine regelrechte Diez-Biographie ist auch in der Folgezeit nicht erschienen [...]. Dieser erstaunliche Sachverhalt wird vor allem durch die Tatsache verdeckt, dass über Diez an zentraler Stelle in allen Beiträgen zur Geschichte der romanischen Philologie etwas zu erfahren ist und dass zum Thema 'Friedrich Diez' eine umfangreiche Literatur existiert. Die wissenschaftsgeschichtlichen Abhandlungen stützen sich in der Regel auf die Diez-Literatur, und diese besitzt so gut wie ausnahmslos den Charakter von 'Gelegenheitspublikationen'. Der grösste Teil dieser Veröffentlichungen ist nämlich im Umfeld von Gedenktagen oder denkwürdigen Anlässen entstanden und in dem Jahr des jeweiligen Gedenkens – oder wenig später – veröffentlicht worden» (Baum 1993, Teil I, p. 60).

En dépit, ou plutôt à cause de l'absence d'une biographie sérieuse, certains éléments de la vie et de la carrière de Gaston Paris ont été très tôt mythifiés et intégrés sous cette forme dans l'historiographie de la philologie romane. Reconstruire le récit biographique de Gaston Paris revient ainsi, dans bien des cas, à déconstruire l'histoire officielle de la discipline. Si, devant ce double impact, individuel (la biographie d'un savant important) et collectif (l'historiographie de la philologie romane), une mise au point biographique s'impose de toute évidence, il nous reste pourtant à savoir sous quelle forme un récit biographique est réalisable et souhaitable.

Le dossier Ea 12 des Archives de la Préfecture de Police de Paris contient un passeport délivré à Gaston Paris le 11 août 1876 pour un voyage en Russie. Les cases du document ont d'abord été remplies par Gaston Paris lui-même et ont ensuite été contrôlées et corrigées par un commissaire. On y lit :

> Taille : 1 mètre 80 centimètres [Gaston Paris avait écrit : 1,83]
> Cheveux : bruns
> Front : découvert, haut et large [Gaston Paris avait écrit simplement : découvert]
> Sourcils : bruns
> Yeux : bruns
> Nez : moyen
> Bouche : moyenne
> Barbe : noire, entière, brune [le commissaire a corrigé noire en brune]
> Menton : rond

Visage: ovale
Teint: mat [écrit par le commissaire, ce que Gaston Paris avait écrit est illisible]
Signes particuliers: myope.

Si j'ai reproduit ce document, c'est moins parce qu'il nous donne une idée de l'apparence physique du philologue – les portraits conservés de lui le font tout aussi bien sinon mieux – que parce que, aussi anodin qu'il soit, il nous fournit de précieuses leçons concernant certains des problèmes théoriques qu'implique toute reconstruction biographique.

Commençons par nous poser quelques questions, qui, si elles se réfèrent à des points certes peu importants au niveau factuel, n'en sont pas moins, de par leur simplicité, voire leur naïveté, révélatrices sur le plan méthodologique:

1° Gaston Paris mesurait-il 1,80 m ou 1,83 ? On est évidemment prêt à donner raison aux instruments de mesure du commissaire, mais le doute persiste.
2° Et si nous n'avions eu que l'indication de Gaston Paris, aurions-nous cru celui-ci sur parole ?
3° Question annexe, plus problématique puisqu'elle touche au domaine de la psychologie, mais possible: Gaston Paris se voyait-il plus grand qu'il ne l'était ?
4° Et que penser de ce que le philologue a apparemment passé sous silence le fait qu'il était borgne et non seulement myope ?[1]
5° Passons du domaine du factuel et de l'objectivement mesurable à celui des perceptions, naturellement teintées de subjectivité: la barbe de Gaston Paris était-elle brune ou noire ? Ici encore, l'on serait tenté de se fier à l'œil expérimenté du commissaire. Se repose alors la deuxième question.
6° Mais cet œil expérimenté même du fonctionnaire n'est-il pas aussi un œil normatif, qui, en vue de classer les données, en gomme les caractéristiques proprement individuelles ? La barbe en question n'était peut-être ni tout à fait noire ni tout à fait brune. Le recours aux photographies est

[1] Gaston Paris a en effet perdu un œil en 1845 (voir le *curriculum vitae* en Annexe II). Il a d'ailleurs failli perdre l'autre lors de son séjour en Allemagne. Il écrit à Durande, le 23 juillet 1857: «[...] tu sauras que depuis quelque temps je porte des lunettes, ce qui me donne un air très-pédant, mais me fait infiniment mieux voir: on m'a lancé un jour, en plaisantant, un morceau de sucre, lequel a eu la chance de venir tomber juste sur le verre de mes lunettes qui couvrait mon bon œil; il a naturellement cassé le verre, dont un fragment s'est introduit dans l'œil. Voilà certainement du guignon, mais le bonheur, c'est que ce verre maudit n'a blessé que le blanc de l'œil, et que j'en ai été quitte pour la peur, qui a été grande, pour des compresses sur l'œil et pour plusieurs jours de ménagements et de repos» (B.N., n.acq.fr. 24464, f. 67).

difficile, toute barbe y apparaissant, pour des raisons évidentes, plus ou moins noire.

7° Le document ne nous dit pas tout: Gaston Paris était-il maigre, mince ou plutôt bien en chair? Ici, les photographies conservées peuvent nous renseigner: il était plutôt (sic) mince.

La liste de ces questions pourrait évidemment être allongée à volonté. Ce qu'elle nous montre déjà, c'est le caractère foncièrement incertain de la vérité, même là où celle-ci concerne des faits peu susceptibles *a priori* d'interprétations divergentes, telles des données objectivement mesurables (du moins en théorie). Inutile donc d'insister sur la multiplication des problèmes quand il s'agit d'éléments perceptifs ou, pire encore, psychologiques. La vérité que nous saisissons, il faut bien s'y résigner, est et sera toujours approximative. Mais en même temps, faut-il le préciser, cette vérité approximative et relative, en étant la seule que nous puissions saisir, fait sens. A moins que, nous laissant envoûter par le mirage postmoderniste, nous abandonnions l'idée même d'une vérité quelque peu objective, nous bornant par exemple, dans le cas de la vie de Gaston Paris, à une simple énumération paratactique des différentes informations, laissant au lecteur le choix, mais aussi l'obligation, de construire sa ou ses propres vérités subjectives. Tradition philologique oblige, nous avons choisi la *lectio difficilior*, à savoir une option constructiviste.

Quelles sont alors les mesures d'objectivation – car il s'agit bien de cela – que nous pouvons prendre?

1° Dans le cas du passeport, nous nous sommes par hasard trouvés devant deux versions superposées, et donc directement comparables, d'un même texte. Habituellement, cependant, nous n'aurons d'abord qu'une seule version des faits, et c'est à nous qu'il incombera de lui en superposer d'autres par la confrontation de différentes sources, de nature si possible variée (lettres, documents administratifs, nécrologies, textes scientifiques etc.). Faute de documents, ce procédé est toutefois souvent irréalisable, et nous nous voyons alors réduits à des conjectures.

2° Il faut ensuite accepter l'idée que la reconstitution d'une biographie a des limites, que des vides (absence d'informations), mais aussi des lieux trop pleins (surabondance d'informations irréconciliables), résistent à tout désir d'établir une cohérence. Et quelle est d'ailleurs cette cohérence quand il s'agit d'une vie humaine? Très souvent, nous allons le voir, elle est le résultat fallacieux d'une lecture rétrospectivement téléologique des éléments dégagés. Le seul moyen d'éviter ce piège, du moins partiellement, est de construire la cohérence au rythme même des événements.

3° Reconstruire le récit d'une vie ne saurait se résumer à la seule dimension *narrative*, à l'enchaînement chronologique des éléments biographiques.

Il faut qu'il s'y ajoute une composante *discursive* partant d'une réflexion sur l'ancrage idéologique des différentes sources prises en considération pour cette reconstruction même.

4° Finalement, nous confronterons très souvent le lecteur aux documents eux-mêmes, presque tous inédits, en lui offrant la possibilité de contrôler nos interprétations mais aussi de construire, s'il le juge nécessaire, d'autres versions, d'autres vérités, parallèles à celles que nous lui proposons.

5° Les nombreux documents que nous publierons présentent encore d'autres atouts : ils nous feront par exemple, et ceci est notamment vrai pour les lettres privées, découvrir de façon très directe, immédiate, certains côtés du caractère personnel de Gaston Paris mais également de l'esprit du milieu et de l'époque. De plus, les missives privées semblent généralement dotées d'une qualité d'authenticité plus grande que d'autres sortes de documents :

> « Briefe ermöglichen – insbesondere dann, wenn es sich um Kommunikation mit befreundeten Forschern handelt – Kenntnisse über die Privatsphäre der Briefschreiber. Sie sind, weil sie sich nicht an die Oeffentlichkeit, sondern an einen Freund richten, häufig ehrlicher und stellen somit eine besonders authentische Quelle für eine Wissenschaftlerbiographie dar » (Friedrich 1991, p. 191).

En étudiant la correspondance privée d'un savant, on peut donc espérer approcher plus sûrement la vérité, toute approximative qu'elle soit, qu'en empruntant d'autres chemins.

La reconstruction biographique qui suit sera en principe linéaire, tout en comportant, çà et là, des prolepses et des analepses. Elle sera pourtant tout sauf équilibrée. Passant plus rapidement sur des épisodes non problématiques, nous nous arrêterons longuement aux points « sensibles » et aux lacunes qui ont par la suite donné lieu à des mythifications dans l'historiographie de la philologie romane.

Les années de jeunesse de Gaston Paris, notamment, ont besoin d'une mise au point. De façon inversement proportionnelle à la carence d'informations disponibles, cette époque de la vie du philologue a été particulièrement sujette à des interprétations divergentes. A l'intérieur des années de formation, nous nous attarderons plus particulièrement sur le séjour du jeune Paris en Allemagne entre 1856 et 1858, séjour abondamment exploité par la suite dans le cadre des conflits franco-allemands, si virulents dans le dernier tiers du XIX^e^ siècle et au-delà.

Les différentes versions que l'on trouve de la formation de Gaston Paris insistent presque toutes, d'une façon ou d'une autre, sur des filiations personnelles. A notre tour, nous nous arrêterons donc aux différents personnages dont le nom y est avancé, en essayant, d'une part, de voir dans quelle mesure chacun de ceux-ci a pu effectivement influencer le devenir professionnel de Gaston Paris et en tentant, d'autre part, de dégager les logiques particulières qui sous-tendent de telles constructions «personnalisées».

Jusqu'ici, il nous manquait une analyse du profil idéologique du savant. Il était réputé «républicain», et l'on n'avait jamais cherché à en savoir plus sur ses convictions politiques, qu'on peut toutefois supposer avoir influencé son œuvre philologique. J'ai consacré récemment une étude à ce sujet[2], dont je reprendrai ici les résultats les plus importants en y ajoutant quelques réflexions et sources.

Dans les Annexes II et III, on trouvera deux *curricula vitae* de Gaston Paris, le premier établi par le philologue lui-même en 1871, le deuxième présentant une reconstruction du fil des événements sur la base des différentes sources que nous avons consultées (voir également Annexe I, «Tableau des sources»).

## ASCENDANCE

Gaston(-Bruno-Paulin) Paris est né le 9 août 1839 à Avenay (aujourd'hui Avenay-Val-d'Or, Marne), de (Alexis-)Paulin Paris (1800-1881) et de Pauline Paris née Rougé (1804-1865). Les Paris étaient une «famille honorable, originaire du Blanc et de Latillé (Berry et Poitou), établie depuis deux siècles, d'abord en Picardie puis en Champagne»[3]. C'est ce que note, en 1865, un biographe anonyme, qui nous fournit des informations précieuses sur la famille Paris (voir Annexe IV).

Paulin Paris était destiné à une carrière commerciale, mais, «plus assidu dans les bibliothèques publiques que sur les bancs de l'Ecole de droit, il céda bientôt à son goût naturel pour la critique littéraire et les recherches historiques»[4]. En 1826, il épousa une parente, Pauline Rougé, «qui lui apporta pour dot une rare beauté, l'esprit, le jugement, l'ordre, la raison, en un mot toutes les qualités de la femme du monde et de la véritable mère de famille»[5] – un mariage «où il avait cherché et trouvé le bonheur, mais non la richesse», comme le dira plus crûment Gaston Paris dans un hommage à son père[6]. Le patrimoine de la famille, divisé entre six enfants, ne lui permettant pas d'aspirer à l'indépendance financière, Paulin Paris commença à travailler, dès 1828, dans le département des manuscrits de la Bibliothèque royale (future Bibliothèque nationale), où il fut nommé conservateur adjoint en 1839,

2 Bähler 1999.

3 B.N., n.acq.fr. 22865, f. 77.

4 *Ibid.*

5 *Ibid.*

6 1062*, 1885, p. IX.

fonction qu'il exercera jusqu'à la fin de sa carrière. Après quelques travaux littéraires – ne citons ici que son *Apologie de l'école romantique* (1824), dans laquelle, fidèle aux visions de Madame de Staël, il considère la littérature médiévale à la fois comme origine et comme source de renouvellement de la littérature moderne, et une traduction du *Don Juan* de Lord Byron (1827) –, il allait désormais se consacrer entièrement à l'étude historique de la littérature médiévale, et notamment au dépouillement des manuscrits conservés à la Bibliothèque royale, travail qui aboutit entre autres au monumental catalogue des *Manuscrits françois de la Bibliothèque du roi* (7 volumes, 1836-1848), aux *Romans de la Table Ronde mis en nouveau langage* (5 volumes, 1868-1877) ainsi qu'à la rédaction de nombreuses notices dans l'*HLF*[7]. C'est sur son initiative que fut créée, en 1852, au Collège de France, la première chaire de langue et littérature françaises du moyen âge, qu'il allait occuper, avec quelques intermittences, jusqu'en 1872[8].

Le père de Paulin Paris, un notaire, s'était notamment occupé avant la Révolution des «intérêts de Mesdames, tantes du roi, qui passaient une partie de l'année à Louvois, tout près d'Avenai[9]». Né dans un milieu monarchiste et antirévolutionnaire, Paulin Paris allait lui-même défendre toute sa vie des convictions conservatrices et catholiques. Poussé beaucoup plus par son goût pour la littérature française du moyen âge que par un intérêt scientifique dans le sens moderne du terme, et, à l'instar de la plupart de ses collègues, purement autodidacte en matière de philologie[10], Paulin Paris appartient à ce groupe de médiévistes de la première génération pour qui le moyen âge, la monarchie et le catholicisme forment une unité vitale, celle de l'identité nationale de la France, atteinte dans son essence même par les idées et les événements révolutionnaires.

D'une grande violence dans ses publications, au point qu'on a pu dire, à bon droit, que le trait saillant de ses travaux était le «polémique»[11], il semble par contre avoir été un enseignant extrêmement timide. Dans une lettre du 22 janvier 1858, Gaston Paris écrit à son ami Amédée Durande[12]:

> «Je suis ravi de ce que tu t'intéresses aux cours de mon père. S'il pouvait prendre sur lui de ne plus se gêner devant ses auditeurs, il serait bien plus intéressant. Il me l'écrivait dernièrement: Si je pouvais arriver à parler

---

7 A ce sujet, voir la notice de Gaston Paris sur son père dans l'*HLF* même (1062*, 1885).

8 Voir Poirion 1976, qui publie une note de Paulin Paris dans laquelle celui-ci justifie et demande la création de cette chaire.

9 1062*, 1885, p. VIII. On trouve tantôt l'orthographe Avenai et tantôt celle d'Avenay.

10 Sur l'autodidactisme de nombre de médiévistes de la première génération, voir par exemple Trachsler 1997b.

11 Ce trait a été relevé par Gaston Paris et repris par McRae Amoss 1992/1993.

12 Quant à Durande, voir ci-dessous.

dans ma chaire comme je cause, sans gêne et sans contrainte, j'ose croire que je ne serais pas un des plus mauvais professeurs du Collège de France»[13].

Paulin et Pauline Paris ont eu quatre enfants, trois filles, mariées à des négociants français établis temporairement à Moscou, et un garçon, Gaston Paris.

## LE COLLÈGE

De 1849 jusqu'au mois d'août 1856, Gaston Paris fréquente le collège Rollin (anciennement collège Sainte-Barbe, rue Lhomond, aujourd'hui lycée Jacques Decour, avenue Trudaine). Il y lie notamment connaissance avec Amédée Durande[14], son aîné d'un ou deux ans, avec qui il échange, entre 1855 et 1870, un nombre important de lettres qui constituent pour nous une source d'une valeur tout à fait exceptionnelle pour les années de formation du jeune Paris[15].

Les années de collège ne semblent pas avoir été une époque particulièrement heureuse. Outre le fait qu'il a eu relativement peu d'amis, et des contacts souvent difficiles avec ceux-ci[16], Gaston Paris se sent emprisonné dans l'atmosphère étouffante de l'école. Quelques mois avant la sortie du collège, il écrit cette ode à la liberté:

---

13 B.N., n.acq.fr. 24464, ff. 80-81.

14 Amédée Durande (mort en 1871) sera bientôt un habitué des réceptions du mercredi chez les Paulin Paris, où il se lie notamment d'amitié avec Elisabeth, la cadette des trois sœurs de Gaston Paris (cf. lettre de Gaston Paris du 9 février 1858, B.N., n.acq.fr. 24464, ff. 82-83). Il suit des cours à l'Ecole des Chartes, en même temps que Paul Meyer, ainsi qu'au Collège de France (chez Paulin Paris) et à la Faculté de droit, où il rate son troisième examen au printemps 1858. Tout comme Gaston Paris, on le voit enseignant, en 1861, au quai Malaquais (voir plus loin), où il donne un cours libre consacré à l'«histoire des beaux-arts» (voir Annexe VIII). Il devient ensuite secrétaire de Camille Doucet, responsable du département «Théâtre» au «Ministère de la Maison de l'Empereur».

15 Notons à cet endroit que plusieurs passages des lettres de Gaston Paris à Durande sont publiés dans Rajna 1904.

16 A titre d'exemple, on consultera une lettre non datée à Durande, dans laquelle Gaston Paris parle de sa résolution de rompre avec ses anciens amis, parmi lesquels il se sent de trop (B.N., n.acq.fr. 24464, ff. 185-186), et une lettre de Göttingen, écrite le 8 avril 1858, dans laquelle il revient sur ces années de collège: «Cette dernière année de collège, comme je te le disais, n'a pas toujours été agréable; malgré un fonds d'amitié vraie, j'ai eu à subir tous les jours de ces petites humiliations dont je pourrais me plaindre mais dont tu connais la liste par tes souvenirs de ta dernière année. Si je suis susceptible à ce sujet, tu le sais aussi par les souvenirs de la même époque, et Dieu sait que je me loue bien aujourd'hui de ces petites contrariétés, qui en fin de compte nous ont liés plus étroitement que nous ne l'aurions été. Mais quand une fois tu fus parti, ma position ne fut pas toujours délicieuse. De quatre que nous étions, je ne pouvais pas sentir Dusart, et Balsau et Vaufreland

### *A l'année 1856*

Liberté ! liberté ! ma charmante déesse !
Toi dont le doux espoir peut seul me soutenir,
Toi dans les longs ennuis que j'invoque sans cesse,
Ton jour enfin va donc venir !

Le moment est bien proche où cette belle année
Qui doit me libérer de mes fers abhorrés
Va, riante et joyeuse, et d'espoir couronnée,
Luire à mes regards enchantés !

Je te salue, o toi si longtemps attendue,
Toi qui dois renfermer le jour de mon bonheur,
Aimée au front serein, ma Muse te salue !
Viens vite remplacer ta sœur.

Elle se meurt ; son pied est déjà dans la tombe.
Encore un an de plus à joindre aux ans passés
Dans l'abîme des temps encore un nom qui tombe,
Parmi tant de noms effacés !

Toi qui bientôt vas naître, hélas ! un jour de même
Tu tomberas au gouffre où tout va s'engloutir ;
Du moins je serai triste à ton heure suprême ;
Car c'est toi qui viens m'affranchir.

Oui, quelques mois encore, et quittant tes entraves,
J'aspirerai l'air pur dans mes libres poumons ;
Je plaindrai, souriant, ceux qui restent esclaves
Dans ces murs, mes noires prisons ![17]

Cette soif de liberté explique sans doute, du moins en partie, pourquoi Gaston Paris, malgré l'excellence de ses résultats scolaires – il est reçu deuxième au baccalauréat et couronné, le 12 août 1856, pour le premier prix de version grecque au Concours général[18] –, n'a jamais formé le projet d'entrer à l'Ecole Normale Supérieure.

---

vivaient plus à eux deux qu'avec nous. Balsau a toujours fait tout ce qu'il a pu pour me rendre cette position agréable, et je ne l'ai pas oublié ; Vaufreland, avec qui sous bien des rappports je sympathisais davantage, ne m'a pas de temps en temps ménagé de petites cruautés que dans le temps j'ai vivement ressenties. Cela ne m'empêche pas d'avoir pour lui une bonne et sincère amitié, qui, je l'espère, se rajeunisse bientôt dans des conditions meilleures» (*ibid.*, ff. 87-88). – Je n'ai pas pu identifier les trois camarades de Gaston Paris. Quant à une lettre de Vaufreland à Gaston Paris, voir plus loin.

17 Poème écrit le 28 décembre 1858 (E.P., Fonds Gaston Paris, C/II/71, f. 46).

18 Voici la description de cet événement par le marquis A. de Beauchesne, également ancien élève du Collège Rollin, mais de 12 ans le cadet de Gaston Paris, de sorte que l'on se demande d'où il tire son «récit en direct» : «Voici en effet le moment arrivé où le jeune

Quand Gaston Paris se souviendra plus tard de cette époque, il ne mentionnera qu'un seul nom de professeur – encore qu'assez rarement: celui d'August Himly, un chartiste qui, successeur lointain de Michelet, enseignait l'histoire au Collège Rollin avant d'occuper la chaire de géographie à la Faculté des lettres de Paris[19]. Dans une lettre à Durande du 21 novembre 1857, Gaston Paris écrit:

> [...] je trouve vraiment que nous avons eu le meilleur professeur d'histoire qu'on puisse trouver dans un collège. Je serai toujours reconnaissant à Himly de l'enseignement que j'ai reçu de lui; il a mis dans ma tête une base sur laquelle on peut maintenant travailler. J'ai un peu expérimenté la tâche de professeur, et il faut un talent véritable pour savoir faire sortir du fait brut l'idée, pour ramener et coordonner chaque événement à sa place, et pour montrer toujours une pensée planant sur l'histoire matérielle. Cette pensée, c'est le progrès, ou la décadence, c'est la vie enfin, et pour en faire comprendre la marche et les ressorts, il faut un œil capable à la fois de pénétrer dans les détails et d'embrasser la voûte[20] ensemble. Je suis intimement persuadé qu'avec des connaissances superficielles il est impossible de faire passer même ces connaissances à d'autres. Pour enseigner superficiellement, il faut connaître à fond[21].

Dans sa notice nécrologique sur Gaston Paris, l'abbé Rousselot, dialectologue et directeur du *Laboratoire de phonétique expérimentale* au Collège de France, confiera à ses lecteurs:

---

Gaston Paris va, à l'appel de son nom, quitter le groupe des lauréats appartenant au collège Rollin pour s'avancer vers l'estrade et recevoir, des mains d'un des grands personnages qui s'y trouvent assis, son premier prix de version grecque. Son nom a déjà retenti les années précédentes sous les voûtes du grand amphithéâtre de la vieille Sorbonne; mais c'était pour de simples accessits, et il n'avait pas eu encore à se déranger de sa place. C'est ainsi qu'il avait eu, en 1853, en troisième, le 4e accessit d'histoire; en 1854, en seconde, la 7e accessit de version latine et le 4e accessit d'histoire; en 1855, en rhétorique, comme nouveau, le 6e accessit de version latine et le 7e accessit d'histoire. Or, cette fois, le texte de version grecque dicté aux rhétoriciens avait été si bien compris par lui et si fidèlement rendu, que le premier rang avait été attribué à sa copie. Ce texte était d'ailleurs aussi long que difficile: il s'agissait du passage des *Argonautiques* d'Apollonius de Rhodes, où, dans le chant IV du poète, Jason tue Absyrte sous les yeux de Médée, sa sœur» (Beauchesne 1910, p. 15).

19 Auguste Himly (1823-1906), strasbourgeois, parent de Georg Büchner, soutient des thèses sur *Wala et Louis le Débonnaire* et sur *De Sancti romani imperii nationis germanicae indole*; il occupe, dès 1863, la chaire de géographie à la Sorbonne, et se voit confier la charge de doyen de la Faculté des lettres de 1881 à 1898; de 1869 à 1870, il préside la Société de l'Ecole des Chartes; en 1876, il publie un grand travail sur l'*Histoire de la formation territoriale des Etats de l'Europe centrale*.

20 *Voûte*: leçon incertaine.

21 B.N., n.acq.fr. 24464, ff. 75-76.

> «Ce n'est ni Diez, le fondateur de la philologie romane, ni même Curtius, l'illustre professeur de grec à Goettingue, qui a été le vrai maître de Gaston Paris. Ce n'est pas au cours de ses études supérieures ni en France, ni en Allemagne, que le germe révélateur est tombé dans son esprit, c'est pendant son année de 4e, et l'homme qui a déposé en Gaston Paris le germe de la science, c'est M. Himly, dans ses cours élémentaires d'histoire donnés à des enfants de 13 ou 14 ans. 'M. Himly, me dit-il un jour, a été le père de mon esprit'. Et comme je me reconnaissais à l'égard de Gaston Paris dans une dépendance analogue, nous nommions entre nous le vénérable doyen de la Faculté des lettres: lui, 'mon père', moi, 'mon grand-père'. Mais quelle précocité dans l'élève! Et quelle puissance dans le maître quand celui-ci est un homme supérieur!» (Rousselot 1904, p. 197).

Si l'on s'en tient à la correspondance de Gaston Paris, le contact entre le professeur et son ancien élève a été tout sauf intense. Il n'existe en effet que très peu de lettres, toutes tardives. La plus importante est de la main de Himly et date du 13 janvier 1891. Ses élèves ayant rassemblé à son intention un recueil d'articles pour le 25e anniversaire de son doctorat[22], Gaston Paris n'avait pas manqué d'en envoyer un exemplaire, accompagné d'une lettre personnelle, à son ancien professeur qui l'en remercie chaleureusement:

> Je ne saurais assez vous dire combien j'ai été touché de votre envoi et surtout de la lettre qui l'accompagnait. Elle m'a prouvé une fois de plus qu'à une haute intelligence vous joignez un grand cœur. Au moment où l'affection de vos élèves pour leur illustre maître se traduisait par l'érection d'un monument littéraire élevé à sa gloire, vous vous êtes souvenu de votre vieux professeur: je vous en remercie du fond du cœur. Comme notre ami Sorel[23], moins encore que lui, vous me devez bien peu de chose; tous les deux cependant vous m'avez en toute occasion montré une gratitude, que je mérite tout au plus pour la joie que m'ont causée chacun de vos succès.
>
> Encore une fois, merci. Et puissent les amertumes de votre solitude[24] être quelque peu adoucies par la conviction que vous avez fait dans le passé, que vous continuerez à faire dans l'avenir, l'orgueil de vos anciens maîtres comme celui de vos nombreuses générations d'élèves[25].

---

[22] *Etudes Romanes*, dédiées à Gaston Paris le 29 décembre 1890 (25e anniversaire de son doctorat ès lettres), par ses élèves français et ses élèves étrangers des pays de langue française, Paris, E. Bouillon, 1891.

[23] Albert Sorel (1842-1906), historien, professeur d'histoire diplomatique à l'Ecole des sciences politiques, membre de l'Académie des sciences morales (1889) et de l'AF (1893). De toute évidence, Sorel avait également été l'élève de Himly. – Quant au rapport entre Gaston Paris et Sorel, notamment pendant l'affaire Dreyfus, voir Bähler 1999, pp. 114-177, pp. 119-123 *et passim*.

[24] Gaston Paris venait de perdre sa première femme (voir plus loin).

[25] B.N., n.acq.fr. 24442, ff. 408-409; en-tête officiel de la Faculté des lettres de Paris, Université de France.

Gaston Paris semble avoir ressenti toute sa vie une gratitude incontestable vis-à-vis de Himly, et rien ne nous empêche d'admettre que l'enseignement qu'il a reçu de celui-ci l'a passablement marqué, entre autres en lui inculquant dès l'enfance le goût des méthodes sûres et de la présentation claire et analytique des faits historiques, tous traits qui caractériseront exemplairement sa future œuvre philologique.

On ne saurait par contre négliger le fait que la nécrologie citée de l'abbé Rousselot s'inscrit de toute évidence dans une stratégie de récupération française de Gaston Paris: dire que le premier à avoir formé l'illustre philologue a été Himly revient implicitement à restreindre l'influence qu'exerceront sur le jeune Paris les deux années d'étude passées en Allemagne. C'est cette composante idéologique que Gérard J. Brault paraît négliger quand il reprend à son compte le développement de Rousselot:

> «Toutefois, la vocation scientifique de Gaston Paris, ou, du moins, sa conception de la critique historique remonte bien avant son arrivée à l'Ecole des chartes au mois de novembre 1858. L'abbé Rousselot rapporte que Gaston Paris lui révéla qu'un cours d'histoire élémentaire qu'il avait suivi à l'âge de 13 ou 14 ans pendant son année de 4e au Collège Rollin [...] s'était avéré décisif. 'M. Himly, me dit-il un jour, a été le père de mon esprit'» (Brault 1996, p. 65).

Himly n'est certainement qu'un des nombreux noms sur la liste des personnes qui ont pu stimuler le jeune Gaston Paris, et on ne saurait trouver chez lui, pas plus que chez un autre, le seul et unique germe des travaux du futur savant[26].

*

* *

Après le collège, Gaston Paris, accompagné de ses parents, part en Russie pour rendre visite à ses deux sœurs aînées, qui y sont temporairement installées avec leurs maris, Louis Tresca et François Urbain, tous deux

26 Un autre professeur du collège que Gaston Paris mentionne, mais de manière plutôt dépréciative, est Alexandre Edme Gibon (1798-1871), professeur de philosophie: «Pour toi [Durande], je ne doute pas qu'en ce moment tu ne sois le plus heureux des hommes; ah! que tu as de chance! être sorti du collège, être à Spa, faire ce que tu veux, lire les *Contemplations*, c'est être bien heureux. Moi, hélas! comme tu le dis, me voilà retombé sous la férule pédantesque du docte Gibon; me voilà condamné de plus belle à expliquer le *Conciones*, à admirer frénétiquement le Sophocle, et à faire des discours latins. Trois fois hélas!» (lettre à Durande du 25 octobre 1855, B.N., n.acq.fr. 24464, ff. 30-32). – Jeanroy-Félix (s.d., p. 192) mentionne en outre Eugène Talbot, professeur de rhétorique à Rollin. A ce que je sache, ce nom n'a jamais été évoqué ni par Gaston Paris ni par aucun autre commentateur. La correspondance de Gaston Paris ne conserve pas trace non plus de Talbot.

négociants. Pour Paulin Paris, il ne s'agissait pas seulement d'un voyage privé : il était en effet également chargé par le gouvernement impérial d'une mission plus ou moins officielle – plus ou moins seulement, parce que, étant mort le 7 juillet 1856, le ministre de l'Instruction publique Hippolyte Fortoul ne pouvait plus lui délivrer les consignes et les lettres de recommandation nécessaires – pour aller chercher et consulter des manuscrits français dans les bibliothèques de Saint-Pétersbourg et de Moscou[27].

Pendant ce séjour de trois mois (d'août à octobre 1856), passé essentiellement à Moscou, Gaston Paris commence entre autres à apprendre le russe[28]. Il adore la Russie et aimerait bien y passer l'hiver, mais part finalement avec son père pour l'Allemagne[29].

## LE SÉJOUR EN ALLEMAGNE

### 1. BONN

Le 12 octobre 1856, Gaston Paris informe Durande de ses projets :

> Le mardi, nous serons à Stettin, et de là, voici probablement ce que nous ferons. Nous irons d'abord à Berlin ; de là par Breslau nous nous dirigerons sur Vienne, et nous irons ensuite à Munich, Stuttgard [sic], Francfort, et Cologne. De Cologne nous irons à Bonn où fort probablement je resterai, et mon père retournera à Paris. Je ne sais si je t'avais déjà parlé de cette ville de Bonn comme pouvant être mon séjour ; ce qui l'a fait choisir est l'avis d'un savant ami de mon père, le bibliothécaire de Vienne, qui nous a dit que c'était comme études la meilleure ville de l'Allemagne. Elle a de plus l'avantage d'être bien située, sur les bords du Rhin, et surtout assez près de la France. Dans tous les cas, tu dois concevoir que ce voyage en Allemagne me plaît beaucoup ; je regrette seulement de ne pas savoir du tout la langue ; cette ignorance nous privera sans doute de bien des plaisirs et nous causera bien des tourments. Je pense que nous mettrons trois semaines à faire ce voyage ; ce sera plutôt moins que plus ;

---

27 Paulin Paris explique les détails de cette mission semi-officielle à F. Wolf dans une lettre du 11 septembre 1856 (voir Annexe V).

28 « D'ailleurs je ne suis pas inoccupé, et je travaille le russe avec assez de plaisir ; j'ai fait quelques progrès, et je suis du moins en état de me perfectionner tout seul ; si j'ai le temps d'y travailler un peu de suite, je suis certain qu'en assez peu de temps je le lirai couramment. C'est une langue assez peu connue, et dont la science pourra m'être fort utile » (lettre à Durande du 12 octobre 1856, B.N., n.acq.fr. 24464, f. 53).

29 « T'ai-je dit que j'étais balancé entre la question de savoir si je passerais l'hiver ici ou en Allemagne ? Je préférerais rester ici, d'abord parce que j'y ai déjà des connaissances, ensuite parce que l'hiver russe m'allèche ; je serai curieux de voir ces neiges et ces glaces, ces traîneaux et ces pelisses » (lettre à Durande des 11 et 23 septembre 1856, *ibid.*, ff. 46-48).

> c'est d'ailleurs suffisant pour connaître un peu chaque ville et faire un petit séjour dans les plus intéressantes[30].

Ce voyage à travers l'Allemagne et l'Autriche s'est-il déroulé comme prévu ? une chose est sûre, les deux Paris ont fait la connaissance de Ferdinand Wolf, car il s'agit bien là du «bibliothécaire de Vienne» mentionné dans la lettre précédente[31] : «Je n'oublierai jamais, mon cher et honorable ami, écrira Paulin Paris à son homologue autrichien dans une lettre du 5 février 1858, le charmant accueil que vous nous avez fait à Vienne à mon fils et à moi, au moment de notre passage»[32].

Dès le mois de novembre 1856, nous trouvons Gaston Paris à Bonn[33]. Le jeune homme habite d'abord dans une pension protestante, chez une certaine Madame Schnabel[34], où logent également deux étudiants en théologie, Alf. Cruchaud[35] et Léopard Jacottet[36], des Suisses romands avec lesquels il sympathise.

Si Gaston Paris ne tarde pas à s'inscrire à l'université de Bonn, c'est surtout pour des raisons pratiques. En réalité, ne sachant pas encore un mot d'allemand il renonce pour l'instant, à suivre des cours :

> [D]emain [c'est-à-dire le 11 novembre 1856] je me fais immatriculer dans l'université. Cela veut dire qu'à partir de demain je serai étudiant de

---

30 *Ibid.*, ff. 53-54.

31 Ferdinand Wolf (1796-1866) était l'homologue de Paulin Paris à la bibliothèque de la Cour à Vienne. Les carrières de Paulin Paris et de Wolf se ressemblent de façon étonnante : destinés tous deux à une carrière de juriste, ils se sont voués à la littérature, et avant tout à celle du moyen âge, sans qu'une formation spécifique – pour autant qu'une telle formation eût été possible à l'époque – les y ait préparés. F. Wolf s'est occupé principalement de la littérature médiévale de l'Espagne ; avec A. Ebert, il dirigeait le *Jahrbuch*, fondé en 1859.

32 HAB, Cod. Guelf. 504.4 Novi, Nr. 3.70.

33 La première lettre de Gaston Paris à Durande de Bonn est datée du 7 novembre 1856 (B.N., n.acq.fr. 24464, f. 52).

34 *Ibid.*, ff. 55-56.

35 Alf. Cruchaud, originaire de Neuchâtel. Nous avons conservé une lettre du 1er avril 1858 dans laquelle Cruchaud raconte à Gaston Paris comment il s'est rendu de Bonn à Berlin, où il s'est peu plu, et de là à Tübingen (voir B.N., n.acq.fr. 24436, ff. 411-413).

36 Léopard Jacottet, également originaire de Neuchâtel, est allé, avec Cruchaud, de Bonn à Berlin. Il deviendra pasteur à La Chaux-de-Fonds. Après le séjour en Allemagne, Gaston Paris et Jacottet ne se sont plus jamais revus ; ils ont par contre échangé des lettres en 1896, après une interruption de presque 40 ans, dans lesquelles ils se racontent leurs vies (nous n'avons conservé que la lettre, émouvante, de Jacottet, voir B.N., n.acq.fr. 24443, ff. 63-64). – Les noms de Cruchaud et de Jacottet lui ayant peut-être rappelé, en un premier temps, ceux de Bouvard et de Pécuchet, Gaston Paris écrit à Durande au sujet des deux Suisses : «ils m'ont paru plus aimables et moins bêtes que leurs noms» (B.N., n.acq.fr. 24464, ff. 55-56, lettre du 10 novembre 1856).

> l'université de Bonn. Je ne suivrai pas les cours du tout dans le commencement, comme de juste; mais cela donne certains privilèges, comme de ne pas être sous l'œil de la police, de pouvoir emprunter des livres à la bibliothèque, de pouvoir s'abonner à un cabinet de lecture y attenant, etc.[37].

Une dizaine de jours plus tard, Gaston Paris est confortablement installé dans la ville rhénane et entonne à nouveau un hymne à la liberté:

> [...] je le disais alors, je le dis aujourd'hui, mieux vaut tout que le collège. Le frémissement de joie qui m'agitait en franchissant ce seuil si longtemps fermé me reprend encore en y songeant, et je ne suis pas de ceux qui oublient vite la liberté pour se plaindre d'autre chose que de la servitude. Non, non, vive l'air! vive le travail libre et non imposé! vive Bonn, vive l'exil! à bas le collège! à bas les classes, à bas les proies![38]

S'il ne suit pas tout de suite des cours à l'université, le jeune Parisien ne reste pas pour autant oisif. Conformément à son éloge du «travail libre», il se fixe un programme d'études individuel, qui consiste en des lectures variées, ainsi qu'en l'apprentissage de langues étrangères, l'allemand et le russe avant tout:

> Je fais des progrès lents en allemand, d'après une insipide méthode où l'on fait pendant 15 jours des thèmes de ce genre: «avez-vous mon chapeau? Je l'ai. A-t-il l'arbre que j'ai? Il n'a pas l'arbre que vous avez; mais il a le jardin qu'a le vilain garçon du voisin de son bon boulanger, etc.» Cela forme l'esprit et le cœur. Item, je fais du russe, et c'est une fichue langue. Item, je lis quelque latin, entre autres les *Satires* de Perse, que j'admire beaucoup. Item, je n'oublie pas mon français, et je me plonge et replonge dans Hugo. Hélas! je n'ai pas Musset. Nos Suisses m'ont prêté un poète de leur pays, nommé Fr. Monneron[39]; ce sont des vers que je ne peux guère comparer qu'à de la rosée; je me fais mal comprendre; mais c'est tout à fait mon idée; c'est tendre, c'est vague, c'est pour ainsi dire, humide, et il y a de belles choses [...] Je lis les *Pensées* de Pascal (tu vois comme je suis sérieux) et j'admire cet étonnant génie[40].

Un mois plus tard, le 17 décembre, il dit s'occuper avant tout de Rabelais:

---

[37] *Ibid.*

[38] *Ibid.*, ff. 57-58, lettre du 21 novembre 1856 à Durande.

[39] Frédéric Monneron (1813-1837), poète romantique d'inspiration lamartinienne, a été surtout populaire dans les milieux estudiantins; ses œuvres sont en effet publiées pour la première fois, à titre posthume, sur l'initiative de la section vaudoise de la Société de Zofingue, en 1852; le jeune poète s'était d'ailleurs suicidé lors d'un séjour d'études en Allemagne! (Voir Francillon 1997, pp. 39-40).

[40] B.N., n.acq.fr. 24464, f. 57, lettre du 21 novembre 1856 à Durande.

> Je te dirai que j'ai complètement renoncé à mon projet de relations de voyage; je suis plongé corps et âme, pour le moment, dans la lecture de Rabelais; cela va au point que, n'ayant pu le trouver ici qu'en l'empruntant à la Bibliothèque, je le copie de ma main pour ne pas le perdre. De plus, j'en fais un vocabulaire, je le tourmente, je le travaille, en un mot, je vis dans ce livre, le plus original peut-être qu'il y ait en français. Le connais-tu? je te conseille de le lire, et sans te laisser rebuter par toutes les dégoûteries, comme tu disais autrefois, qui y pullulent, lis-le jusqu'au bout; je suis persuadé que tu l'admireras comme moi[41].

Dès le mois de janvier 1857, Gaston Paris reprend pourtant le programme «complet». Le 18 janvier, dans une autre missive à Durande, il décrit longuement les diverses activités qui remplissent ses journées, et y formule notamment le désir d'apprendre autant de langues que possible, en tout cas tous les parlers néo-latins. Le jeune Paris se montre déjà bien informé de l'histoire globale des idiomes romans et, parmi de nombreux autres livres, nous le voyons également lire à ce moment-là un texte médiéval, à savoir le *Roman de Renart*, œuvre dont son père s'occupe alors justement[42]:

> Je lis présentement de l'allemand, à savoir, deux ouvrages de Goethe, *Hermann et Dorothée*, dont je n'ai encore vu que peu de choses; puis *Reineke Fuchs*, autrement dit le *Roman de Renard* [sic], dont je lis aussi l'original en français du XIII$^{e}$ siècle; cela m'amuse et m'intéresse beaucoup. L'étude du français ancien facilite considérablement celle de l'italien. Dans ce temps-là, ces deux langues, sorties de la même souche, avaient une foule de mots communs; l'italien depuis lors a peu changé; mais le français s'est tout à fait transformé, en sorte que l'italien moderne ressemble plus au vieux français qu'au nouveau. Quand je connaîtrai bien le roman[43] et l'italien, le provençal sera peu de chose; et avec le provençal et l'italien, qu'est-ce que l'espagnol? Je voudrais savoir autant de langues que peut en contenir mon cerveau: c'est autant de cercles concentriques qui agrandissent et les connaissances et l'étendue du jugement. En attendant, je devrais travailler un peu plus que je ne le fais l'allemand, pour lequel je suis ici, et qui est la clef de bien des choses. J'ai un fort grand malheur, qui est de me trouver dans une maison peuplée de français ou

---

41 *Ibid.*, ff. 59-60.

42 Voir *Les Aventures de Maître Renart et d'Ysengrin son compère, mises en nouveau langage, racontées dans un nouvel ordre et suivies de nouvelles recherches sur le Roman de Renart*, par A. Paulin Paris, Paris, Techener, 1861. «La nouvelle étude sur le *Roman de Renart*» fut d'abord lue à l'AIBL, dans la séance du 25 novembre 1860.

43 Le terme de «roman» pour désigner l'«ancien français» était courant jusque dans les années 1870 (voir Bergounioux 1991, p. 247). L'expression «ancien français» ne s'est vue propagée dans l'enseignement que dans les années 1880 (*ibid.*, p. 250), mais, d'autre part, on parlait déjà couramment d'«ancien français» dans la littérature spécialisée à partir des années 1870.

> d'allemands sachant ou étudiant le français, et qui veulent *profitiren*, comme ils disent, en parlant français avec moi. Ce qu'il y a de commode en allemand, c'est la foule de verbes venus du français ; on en fait presque à volonté ; quelquefois je ne puis m'empêcher de rire en les entendant dire *promeniren*, *marchiren*, *recommandiren*, *meubliren*, et une foule d'autres aussi[44] grotesques. Il y en a qui prétendent que dans quelques siècles l'allemand sera une langue morte et sera remplacée par un patois français[45].

On aura remarqué à la lecture de cet extrait que l'allemand n'est pas vraiment la langue préférée de Gaston Paris, et le sombre avenir pronostiqué à cet idiome semble laisser le futur philologue dans l'indifférence la plus totale.

C'est le 17 décembre 1856, dans une lettre au même Durande, que Gaston Paris parle pour la première fois de Friedrich Diez, titulaire depuis 1830 de la chaire de « Geschichte der mittleren und neueren Literatur » à l'université de Bonn. Diez peut être dit à bien des égards le fondateur de la philologie romane dans le sens moderne, scientifique du terme. Auteur, notamment, d'une *Grammatik der Romanischen Sprachen*, d'un *Etymologisches Wörterbuch der Romanischen Sprachen*, mais également de plusieurs travaux sur la lyrique médiévale portugaise et française (*Ueber die Minnehöfe*, *Die Poesie der Troubadours*, *Leben und Werke der Troubadours*), il a été le premier à soumettre les langues romanes aux méthodes historico-comparatives développées dans le domaine du sanscrit et de l'indo-européen en général par Franz Bopp et dans celui des langues allemandes par Jacob Grimm[46].

> J'ai été cité devant le juge de l'université, la semaine dernière, et contraint de suivre un cours privé, n'étant inscrit jusque là que pour un cours public. Cela forme une différence un peu longue à t'expliquer ; je te dirai seulement qu'on paie à peu près 5 sous pour le cours public, et 30 francs pour le cours privé. A la réception de mon assignation, je m'en courus épouvanté chez le professeur Diez, qui m'avait piloté dans la carrière universitaire ; cet honnête homme m'a dit : Suivez mon cours, vous ne paierez pas. Malgré toutes mes protestations et mes dénégations, je fus contraint de lui céder, et me voilà inscrit pour un cours d'italien. En voilà une des langues qui n'est pas difficile ! à la bonne heure au moins ! quand on apprend en même temps l'italien et l'allemand, on est frappé de l'immense facilité de la première de ces langues en comparaison avec l'autre[47].

---

44 *Aussi* : leçon incertaine.

45 B.N., n.acq.fr. 24464, ff. 61-62.

46 Au sujet de Diez, je renvoie le lecteur, dans l'ordre chronologique, à Tobler 1912a, E. R. Curtius 1960, Malkiel 1972 et 1976, Lange 1976, Baum 1993 et Baum 1999. – Quant à la discussion du rôle de Diez dans la formation du jeune Gaston Paris, voir plus loin.

47 B.N., n.acq.fr. 24464, ff. 59-60.

Par des documents postérieurs, dont le premier est un texte de Gaston Paris lui-même datant de 1889[48], nous savons que le cours de Diez mentionné dans cette lettre était un cours de lecture consacré à la *Gerusalemme liberata* de Tasse[49].

Au bout de quelques mois, Gaston Paris se rend compte qu'ayant passé trop de temps en compagnie de jeunes gens francophones, il n'a pas fait assez de progrès en allemand. L'un des buts principaux de son séjour à l'étranger n'étant pas atteint, il se décide, le cœur gros il est vrai, à rester encore pendant un certain temps en Allemagne:

> Je ne suis pas précisément fort gai, mais je suis content de moi-même; je viens d'accomplir un sacrifice qui, je l'espère, en sera aussi un petit pour toi. J'ai fait réellement trop peu de progrès en allemand pour quitter l'Allemagne pendant un mois et m'en aller oublier en France le peu que je sais. J'ai donc encore jusqu'au 15 août à brunir[50], et non plus jusqu'au 15 avril, comme je l'espérais. France adorée! douce contrée![51] Combien j'ai douce souvenance![52] voilà les chansons qui sont devenues mes favorites. En vérité, sur 24 heures de la journée, il y a au moins 23 où je pense à ce plaisant pays; j'y rêve la nuit, j'y songe le jour, et je vis autant à Paris qu'ici. Malheureusement, ce n'est qu'en pensée[53].

Au mois de mars 1857, Gaston Paris change donc de domicile, et loge pendant quelques mois chez un certain Monsieur Klein, professeur au lycée de Bonn, «très-savant homme, vu qu'il sait le latin, le grec, l'hébreu [et] le français»[54]:

> [...] je n'ai changé de logement et me suis mis chez lui [Klein] que parce que je parlais trop français dans la maison de la bonne M^me^ Schnabel, en sorte qu'ici, bien que lui et sa femme parlent français, on ne doit pas parler autre chose que l'allemand[55].

---

48 Il s'agit d'une notice nécrologique que Gaston Paris consacre à Nicolaus Delius dans *Romania*, 18, 1889, p. 337.

49 Ce cours est celui de «Praktischer Unterricht im Italiänischen», *privatim*, qui durait du 30 octobre 1856 jusqu'au 20 mars 1857, et pour lequel 8 auditeurs s'étaient inscrits (voir Barbara Jaster dans Hirdt 1993a, Teil I, p. 366).

50 *Brunir*: leçon incertaine.

51 «Le retour dans la patrie», poème de Béranger, l'un des auteurs préférés de Gaston Paris (voir Béranger 1854, p. 284-287).

52 «Combien j'ai douce souvenance» ou «Le Montagnard émigré», poésie composée par Chateaubriand et mise dans la bouche de Lautrec dans *Les Aventures du dernier Abencerage* (voir Chateaubriand 1971, pp. 231-232).

53 B.N., n.acq.fr. 24464, ff. 35-36, lettre du 21 février 1857 à Durande.

54 *Ibid.*, ff. 63-64, lettre à Durande du 1er avril 1857. – Nous avons conservé une lettre de Sophie Klein, la fille cadette du «Gymnasialdirector», à Gaston Paris, dans laquelle nous apprenons que Klein est mort en 1875 (voir B.N., n.acq.fr. 24444, ff. 252-253).

55 B.N., n.acq.fr. 24464, ff. 63-64, lettre à Durande du 1er avril 1857.

De mai à août, le jeune homme reçoit la visite de sa mère et de sa sœur cadette, Elisabeth. Au mois de juin, apparemment capable, désormais, de comprendre à peu près correctement l'allemand, il suit un cours chez Otto Jahn[56], professeur de latin et de grec. Le mois d'après, il change une nouvelle fois de domicile: jusqu'à la fin de son séjour à Bonn, il habitera à la Poppelsdorfer Allee 9.

*

* *

Résumons cette année passée à Bonn telle qu'elle se dessine essentiellement à travers les lettres de Gaston Paris à Durande. Loin de suivre un projet bien formulé, le jeune Paris occupe ses journées à lire et à apprendre des langues. Les seules conférences auxquelles il assiste plus ou moins régulièrement sont le cours de lecture de la *Gerusalemme liberata* chez Diez ainsi qu'un cours de philologie classique chez Jahn. Ce dernier n'a d'ailleurs pas toujours su retenir l'attention de Paris:

> [J]e saisis l'occasion aujourd'hui lundi d'un cours auquel je viens studieusement assister, pour t'écrire [à Durande toujours], et c'est au bruit du doux allemand, mêlé de grec et de latin, de M. le professeur Jahn, que je te présente l'expression de mes remords[57].

L'un des principaux buts du séjour de Gaston Paris en Allemagne se révèle être l'apprentissage de l'allemand, «clef de bien des choses», comme il l'écrit à Durande en janvier 1857, et comme il aimera encore à le rappeler quelques trente ans plus tard à son disciple Joseph Bédier[58]. Quant à Diez, son rôle semble avoir été celui d'accueillir le jeune Paris à Bonn et d'être en quelque sorte son parrain académique (Gaston Paris l'appelle lui-même, on l'a vu, «pilote»). Une missive envoyée par Paulin Paris à Diez le 2 décembre

---

56 Otto Jahn (1813-1869), élève de G. Hermann, d'A. Boeckh et de K. Lachmann; d'abord professeur de philologie classique à Leipzig, d'où il fut chassé, tout comme Th. Mommsen, accusé de haute trahison; professeur de philologie classique à Bonn depuis 1854.

57 B.N., n.acq.fr. 24464, f. 65, lettre du 8 juin 1857 à Durande. – Voir également ce jugement de Hugo Schuchardt: «O. Jahn, ein so hervorragender Philologe, war in seinen Vorlesungen sterbenslangweilig. Er diktierte fast» (lettre de Schuchardt à Leo Spitzer, citée dans Richter 1977a, p. 484).

58 Dans une lettre datant du 8 septembre 1886, Gaston Paris rappellera en effet au jeune Bédier, qui, ayant passé l'agrégation, se décide à poursuivre dans le chemin de la philologie médiévale: «[...] n'oubliez pas cependant que, pour faire quelque chose de bon, il vous faut *de toute nécessité* posséder l'allemand non seulement dans sa lettre, mais dans son esprit, de façon à suivre la pensée allemande aussi aisément que la pensée française» (cité dans Bähler 1996a, p. 777). – Voir également cette autre remarque: «L'allemand est une clef qui ouvre bien des portes, et celui à qui elle manque ne se doute pas de tout ce qui lui restera toujours inconnu et incompréhensible» (167*, vol. 2, 1883, p. IV).

1856 nous apprend que les deux Paris, père et fils, sont allés se présenter à l'auteur de la *Grammatik der Romanischen Sprachen* dès leur arrivée à Bonn, vers le 7 novembre:

> Monsieur et savant confrère, lui écrit Paulin Paris, j'aurais dû vous remercier tout en arrivant à Paris des bontés que vous avez prodiguées à mon fils et à moi, quand je suis venu vous le présenter et le [...][59] à Bonn sous votre patronage. [...] J'espère que mon fils ne vous causera pas trop d'importunités et que sa discrétion égalera sa reconnaissance pour l'intérêt que vous daignez prendre de lui. Je voudrais qu'il fût déjà en état de profiter de votre enseignement; mais cela ne peut tarder je l'espère plus de quelques mois[60].

Diez aura informé Gaston Paris des formalités d'inscription à l'université et lui aura sans doute fourni d'autres renseignements utiles. Rien ne nous indique par contre – et ce fait a son importance – que Gaston Paris soit venu à Bonn avec l'idée arrêtée, longuement préméditée, de se consacrer à la philologie romane sous les auspices de Diez.

Une lettre de Paulin Paris à Ferdinand Wolf, datée de Moscou, 11 septembre 1856, nous donne des renseignements plus précis sur les raisons, du moins celles du père, qui ont motivé le séjour allemand de Gaston Paris. Paulin Paris y écrit, entre autres:

> [...] j'avais en pensée de revenir avec mon fils par Varsovie, Breslau, Vienne, Berlin, et de prendre vos bons avis et vos judicieux conseils relativement à ce garçon de dix-sept ans, qui vient d'achever avec assez d'éclat ses études universitaires[61] en France, et que je voudrais laisser en Allemagne une ou deux années, pour qu'il y pût compléter ses études et son éducation. Il ne sait pas un mot d'allemand, il l'apprendrait: et comme mes représentations ne l'empêchent pas de désirer suivre la carrière des lettres et de l'érudition, comme il a d'ailleurs peu de goût soit pour les sciences exactes, soit pour les beaux-arts; comme ses principales dispositions me semblent porter sur les études grammaticales et philologiques, je le verrais avec plaisir, dans une ville et à la portée d'une université où l'étude du sanscrit serait cultivée. Qui mieux que vous, Monsieur et ami, pouvez me donner de sages conseils et une bonne direction? Quand nous avons eu le plaisir de voir votre cher fils[62] à Paris, je lui ai déjà touché quelque chose de ces projets, de ces espérances pour mon enfant, et

59 Mot illisible.

60 Universitäts- und Landesbibliothek Bonn, Nachlass Friedrich Diez, Diez I, lettre de Paulin Paris à Diez du 2 décembre 1856.

61 Le terme d'«universitaire» désigne à cette époque l'ensemble des établissements scolaires secondaires.

62 Adolf Wolf (1826-1875) a suivi les traces de son père en devenant à son tour philologue et bibliothécaire à la bibliothèque de la Cour de Vienne.

> peut-être vous en aura-t-il parlé. Veuillez donc avoir la bonté de me répondre un mot sur ce point, et d'excuser une importunité que la paternité justifiera d'ailleurs à vos yeux. Mais ce n'est pas tout que le choix d'une bonne université: mon fils est d'un bon naturel, je le crois; mais il a de grands défauts: il est un peu ce que nous appelons étourneau, c'est-à-dire, distrait, sans ordre, incapable pour ainsi dire de se conduire seul; je ne voudrais donc pas l'abandonner tout à fait à lui-même, comme vous avez pu le faire, sans doute, avec M. votre fils. Je m'imagine que l'on pourrait trouver une bonne maison bourgeoise, soit de *ministre*, soit de père de famille, où il trouverait *victus, potus et lectus*: une maison dans laquelle on prendrait soin de son linge, de ses habits, où l'on se chargerait de lui donner chaque mois sa petite pension, ou son argent de poche. Serez-vous bon, cher Monsieur, pour me dire, si mes vœux pourront aisément se réaliser; si je fais bien de penser à laisser mon fils dans votre bonne et studieuse Allemagne, enfin si je peux à la fois trouver pour lui maison honnête et presque paternelle, moyens d'études et d'occupations sérieuses? Après tout, la faculté de suivre les cours de sanscrit, n'est qu'un objet très secondaire pour moi. L'important, c'est que vous m'approuviez dans mon projet de laisser mon fils en Allemagne pour une ou deux années et c'est sur ce point que j'ai d'abord et principalement besoin de votre jugement[63].

Si l'on en croit cette missive, les intérêts du jeune Gaston Paris le portent vers les lettres et les langues sans qu'il se soit encore pour autant arrêté à un domaine spécifique. Paulin Paris voudrait lui donner la possibilité d'apprendre le sanscrit, pensant sans doute que la science de cette langue le préparerait mieux que toute autre à tout projet philologique: c'est en effet à partir des études sanscrites qu'ont été développées les nouvelles méthodes historico-comparatives que lui-même, sans les ignorer complètement, n'a jamais suffisamment possédées pour avoir pu les appliquer dans ses propres recherches[64]. Il n'est pourtant question dans cette lettre ni de philologie romane en général ni de Diez en particulier. Au fond, le père semble concevoir le séjour allemand de son fils d'une manière plus large, comme une période d'éducation non seulement intellectuelle, mais également – et peut-être même avant tout – «sentimentale», comme une phase de mûrissement de toute la personnalité du jeune «étourneau».

Pourquoi alors avoir choisi l'Allemagne? Certainement parce que Paulin Paris avait entendu dire que les Allemands dispensaient un enseignement

---

63 HAB, Cod. Guelf. 504.4 Novi, Nr. 3.69. Pour la lettre dans son intégralité, voir Annexe V. – Ce même extrait a déjà été publié, avec quelques lacunes et fautes, par Dietrich Behrens, directeur de la *ZfRPh*, dans une note insérée dans un article nécrologique sur Gaston Paris de Marie-Louise Minckwitz (voir Minckwitz 1905, p. 2).

64 Il s'agit ici d'un jugement porté par Gaston Paris sur son père (1058*, 1882, dans 334*, 1885, éd. de 1906, pp. 250-252).

supérieur autrement plus sérieux que les Français. Apprendre l'allemand n'est alors, dans cette perspective, qu'une partie d'un programme plus vaste qui consiste à prendre connaissance des études universitaires d'outre-Rhin. Précisément à propos de la langue allemande, Paulin Paris avait déjà écrit 15 ans plus tôt à F. Wolf, dans une lettre du 4 juillet 1841 :

> Enfin, Monsieur et ami, je viens de recevoir l'envoi précieux que me faisoit depuis quinze jours espérer votre bonne lettre. Veuillez en une seule fois agréer mes profonds remerciements et pour l'un et pour l'autre. Je vais grâce à votre livre[65] me remettre avec une ardeur plus égale[66] à l'étude de l'allemand sans lequel on se voit privé des ouvrages les plus dignes d'attention dans les questions de science, d'érudition et de littérature. Qui ne sait pas suffisamment l'allemand doit rougir du nom de savant que quelques amis trop prévenus veulent bien encore lui accorder. C'est donc à vous, après tout, à vos précieuses et importantes publications que je devrai de pouvoir un jour y prétendre[67].

Or, il faut croire que Paulin Paris n'a jamais réalisé le vœu ici exprimé. D'après un témoignage tardif de son fils, il aurait en effet souffert toute sa vie de son ignorance à peu près complète de l'idiome allemand, ignorance qui lui aurait rendu impossible, justement, l'accès direct aux ouvrages exposant et exploitant les nouvelles méthodes philologiques[68].

Et pourquoi avoir choisi Bonn ? Parce que Wolf, connaissant les activités professionnelles de Paulin Paris et ayant pris acte du projet formulé par celui-ci à l'égard de son fils, lui avait sans doute indiqué cette ville de façon tout à fait spontanée dans sa réponse, que nous ne connaissons pas, mais à laquelle la lettre de Gaston Paris à Durande du 12 octobre 1856, citée au début de ce chapitre, fait clairement référence. Quoi de plus naturel, en effet, que de rappeler à son homologue parisien que Bonn n'est pas seulement l'une des meilleures villes universitaires en Allemagne, mais qu'en plus c'est dans cette ville même que vit et enseigne Diez ? Une allusion de Gaston Paris, dans une conférence prononcée lors du centenaire du maître de Bonn, confirme cette interprétation, dans ce sens qu'elle nous montre que Wolf avait été l'un des rares, dans les années 1850, à estimer les travaux de Diez à leur juste valeur :

> «Mais en Allemagne même, sauf quelques hommes plus clairvoyants comme Ferdinand Wolf, on fut long à rendre pleine justice à la grandeur de son œuvre» (*Romania*, 23, 1894, p. 290).

---

65 Il s'agit probablement de *Ueber die Lais, Sequenzen und Leiche, ein Beitrag zur Geschichte der rhythmischen Formen und Singweisen der Volkslieder und der volksmässigen Kirchen- und Kunstlieder im Mittelalter*, Heidelberg, C. F. Winter, 1841.

66 *Plus égale* : leçon incertaine.

67 HAB, Cod. Guelf. 504.4 Novi, Nr. 3. 66.

68 1058*, 1882, dans 334*, 1885, éd. de 1906, pp. 222-223.

Rien d'étonnant donc à ce que Wolf ait indiqué à son correspondant français la ville de Bonn. Toutefois, chose importante, le projet d'envoyer le jeune Gaston Paris à Bonn, chez Diez, n'a pas été longuement prémédité par Paulin Paris en fonction des intérêts spécifiques de son fils mais s'est concrétisé, voire formé, à peine un mois avant sa réalisation même.

## 2. GÖTTINGEN

Après un bref séjour en France, d'août à septembre 1857, Gaston Paris rentre à Bonn, d'où il repart définitivement fin octobre pour aller à Göttingen. Arrivé dans cette ville, il se met tout de suite en contact avec Ernst Curtius, professeur de philologie classique[69]:

> Le lendemain de mon arrivée, je pensai profiter des lettres de recommandation que j'avais apportées de Paris; j'allai trouver un professeur nommé M. Curtius, pour lequel j'en avais deux[70], et je me mis sous ses auspices pour mon introduction à Göttingen. Il a été on ne peut plus aimable pour moi, et m'a dit, sachant que je cherchais un logement, qu'il m'en offrirait un bien volontiers chez lui, si sa femme n'était pas indisposée, et incapable de prendre les soins et les arrangements nécessaires *ad hoc*. Il s'est offert à m'en trouver un, ce que j'acceptai très-volontiers, comme je le désirais, c'est-à-dire dans une famille, où j'aurais non seulement le couvert, mais le vivre et aussi un peu de société. Cela était assez difficile à trouver, parce que le cas est très-rare ici parmi les étudiants; enfin il revint m'annoncer qu'il en avait découvert un, et que je devais aller trouver M. le docteur Lottmann, professeur au gymnase. J'y allai, et nous prîmes rendez-vous pour le lendemain. Or il paraît que je n'avais pas eu le bonheur de plaire à ce monsieur; car le lendemain il me fit des excuses assez vagues et banales dont je dus me contenter, et je m'en retournai à l'hôtel. J'étais déjà arrivé au dimanche, et j'en avais assez de ce séjour; je me décidai donc à faire comme les autres étudiants, et à prendre simplement un logement sans me mettre en pension. Je m'adressai pour cela au Pedell (bedeau) de l'université, qui se charge de les procurer, et il m'en trouva un dont je suis fort satisfait. J'ai deux chambres,

---

[69] Ernst Curtius (1814-1896), élève d'A. Boeckh et de K. O. Müller, professeur de philologie classique à Bonn (1855-67), puis d'archéologie classique à Berlin; éditeur des «Inscriptions grecques» (*CIG*), auteur, notamment, de l'*Histoire grecque* (1857-1867, 3 vols.), et initiateur des fouilles à Olympie. – Nous avons conservé une missive de Paulin Paris ainsi que plusieurs lettres très instructives de Gaston Paris à E. Curtius (voir plus loin). – On ne confondra pas Ernst Curtius avec Georg Curtius, professeur de philologie classique à Prague, puis à Kiel et finalement à Leipzig.

[70] Ces deux lettres sont l'une de Charles-Benoît Hase et l'autre de Joseph-Daniel Guigniaut (voir plus loin).

> dont une fort petite, juste pour coucher, et l'autre, assez grande et fort gaie, pour travailler et me tenir. L'ameublement est convenable, et une chose assez commode, qu'on ne trouve pas en France et dont je fais usage en ce moment même, c'est un pupitre à hauteur d'appui pour écrire ou lire debout, ce qui repose d'avoir été longtemps assis. C'est là que je vais passer au moins quatre mois ; car je n'ai loué, par mesure de prévoyance, que jusqu'à la fin du semestre, c'est-à-dire jusqu'à Pâques ; mais je ne pense pas que je change de logis quand l'été sera venu[71].

Gaston Paris s'habitue vite à sa nouvelle vie. Il prend des cours d'allemand, fait la connaissance de beaucoup d'étudiants allemands et poursuit un programme de lecture très varié :

> M. Curtius m'avait recommandé à un étudiant nommé Tillmanns[72], chez lequel j'ai été me présenter, et qui m'a très-amicalement reçu, ainsi que d'autres personnes à qui j'ai eu affaire ici. Pour moi, je déclare que je n'ai encore trouvé sur ma route que des gens bienveillants et aimables ; à Paris comme à l'étranger toutes les personnes à qui j'ai eu affaire m'ont laissé un bon et affectueux souvenir ; je t'assure que c'est énorme, loin des siens et de son pays, de trouver un accueil amical, un visage riant et [...][73], enfin le reflet de ce qu'on a perdu et de ce qu'on regrette, un peu d'amitié. Le Thillmanns [sic], qui étudie comme moi la philologie, est un très-brave garçon ; il m'a fait faire la connaissance de ses amis, qui ne sont autres que les membres d'une *Verbindung* ou société dont il fait lui-même partie, et dont ils essaieront probablement de me faire membre ; mais je ne crois pas que je le veuille. Je n'aime pas une liaison qui est une association, qui a des règles et des statuts ; je n'aime pas avoir des jours de réunion sans autre but que de se voir, de boire et de chanter. Je le leur dirai franchement, les plaisirs de la *Kneipe* (c'est le mot des étudiants pour les cabarets où ils se rassemblent) ne sont pas les miens, et je préfère à la réunion autour des bouteilles de bière la réunion qui a lieu tous les vendredis entre les jeunes gens autour de tasses de thé pour lire et admirer les pièces de Goethe. Il y a ainsi ici beaucoup de ces petits cercles, où on a une séance hebdomadaire, et où l'on explique quelque conteur, ou traite quelque question, et ainsi de suite. Je t'avouerai qu'à mon avis de pareilles choses, qui chez nous sentiraient furieusement le pédantisme, me semblent de bien bons signes pour les jeunes gens qui s'y plaisent, et font autant d'honneur aux étudiants allemands que leurs cabarets leur font de tort. Puis tous ces jeunes gens sont si bons, si honnêtes, qu'on est vraiment

---

71 B.N., n.acq.fr. 24464, f. 76, lettre à Durande datée du 21 novembre 1857, Gronerstrasse 645, bei der Wittwe Morck, Göttingen (Braunschweig).

72 Il s'agit de Louis Tillmanns. Selon une lettre d'Eduard Langer, un autre camarade de Gaston Paris, Tillmanns, devenu professeur de gymnase, mourra poitrinaire en 1870 (voir B.N., n.acq.fr. 24445, f. 141).

73 Mot illisible.

au bout de peu de temps charmé d'eux; ils sont tous très-indulgents pour mon affreux patois, ce qui n'empêche pas que je ne puis encore causer beaucoup ni bien longuement; mais je fais déjà, je crois des progrès, et je finirai assez promptement par arriver au but.

En effet je ne fais que de l'allemand: toutes mes connaissances ne parlent que leur langue; tous les livres que je lis sont allemands; tous les cours que j'entends sont dans la même langue. Je fais cependant de l'anglais par récréation; j'ai apporté un Shakespeare de Paris, et j'ai acheté ici, à une vente par enchères, les comédies de Sheridan, et les œuvres de Coleridge et de Shelley l'athée. J'avais déjà lu Sheridan dans l'excellente traduction de Benj[amin] Laroche [...].

Dans cette même vente aux enchères, j'ai acheté en un volume les œuvres complètes de Schiller. J'ai lu déjà sa traduction remarquable de la *Phèdre* de Racine, les *Brigands* et *Intrigue et Amour* [...][74].

En même temps, maîtrisant toujours mieux la langue allemande, le jeune Paris, qui, comme on vient de le voir, se dit maintenant officiellement «étudiant en philologie», assiste régulièrement à des cours d'université:

[...] je vais te dire quels sont les cours que j'entends; fronce tes sourcils, plisse tes lèvres, mon ami, car ils ne sont pas amusants; mais il m'intéressent beaucoup. Le premier, est un cours de M. Curtius (déjà nommé) sur les antiquités politiques et civiles de Rome, cours du plus haut intérêt, et qui en fait apparaître sous un jour nouveau l'histoire intérieure de Rome. A ce propos, je trouve vraiment que nous avons eu le meilleur professeur d'histoire qu'on puisse trouver dans un collège [suit ici le passage sur Himly cité plus haut].

Le second cours que j'entends, par M. le prof. von Leutsch[75], est, Durande, une interprétation des *Grenouilles* d'Aristophane, et là il y a, tu ne le croiras peut-être pas, un très-grand intérêt. Je pourrais cependant t'intéresser toi-même en te répétant cette explication, en te faisant soulever un à un les voiles si obscurs qui cachent une pensée si originale, si spirituelle, et en même temps, la vie tout entière d'un grand peuple, les mœurs intimes d'Athènes, sa littérature et son histoire.

Mon troisième cours est plus profane; c'est une histoire de la littérature allemande. Je n'en ai encore entendu que deux leçons; elles sont trèssèchement faites, et m'ont seulement prouvé qu'au moyen-âge les auteurs allemands n'avaient pas d'autre emploi que de traduire les auteurs français. Cela a-t-il beaucoup changé? Tu sais qu'on bâtit un pont entre Stras-

---

[74] B.N., n.acq.fr. 24464, f. 76, lettre à Durande, datée du 21 novembre 1857, Gronerstrasse 645, bei der Wittwe Morck, Göttingen (Braunschweig).

[75] Ernst Ludwig von Leutsch (1808-1887) a étudié, entre autres, chez K. O. Müller et A. Boeckh; professeur ordinaire de philologie classique à Göttingen à partir de 1842, il s'est surtout occupé de métrique.

> bourg et Kehl; le Kladderadtsch (charivari) disait à ce propos: tous les auteurs allemands vont mourir de faim; ils gagneront tous leur vie en faisant passer les Français; n.b. que le même mot signifie traduire et faire passer, comme en latin *traducere* (pardon!)[76].

Un autre cours, privé celui-là, que Gaston Paris suit également chez E. Curtius, porte sur Thucydide[77].

Le 8 décembre 1857, l'étudiant dit s'occuper plus que jamais de l'histoire de la littérature allemande:

> Je me mets à étudier de plus en plus la littérature allemande, à laquelle j'étais resté tout-à-fait étranger pendant ma première année de séjour en Allemagne. J'ai acheté une histoire de la littérature, en deux volumes, assez bien faite, mais un peu trop montée au ton lyrique, et pleine, surtout, d'un grand enthousiasme contre l'influence française. Je fais beaucoup de progrès et dans la langue parlée et dans la langue écrite, et je crois que cette année-ci s'ouvre pour moi de la manière du monde la plus intéressante; un champ immense s'ouvre devant moi, et la récolte y est d'une richesse incalculable[78].

Gaston Paris se plaît beaucoup plus à Göttingen qu'à Bonn, et fait désormais de grands progrès en allemand. Cette impression toute positive est confirmée par le ton d'une lettre que son père adresse à E. Curtius le 3 janvier 1858, missive qui nous apprend que le jeune Paris a fêté Noël chez les Curtius et, de façon générale, est devenu un habitué de la maison. Nous apprenons par la même occasion que ce sont deux collègues de Paulin Paris à la Bibliothèque impériale, Charles-Benoît Hase[79] et Joseph-Daniel Guigniaut[80], qui lui ont recommandé Curtius et Göttingen, ce qui montre que

---

76 B.N., n.acq.fr. 24464, ff. 75-76 (voir n. 74).

77 *Ibid.*

78 *Ibid.*, ff. 77-79.

79 Charles-Benoît ou Karl-Benedikt Hase (1780-1864) fit ses études au lycée de Weimar, puis aux universités d'Iéna et de Helmstedt; il se spécialise dans les langues grecque et arabe et entre à la Bibliothèque impériale au département des manuscrits en 1805; en 1812, la reine Hortense le choisit comme professeur pour ses fils Napoléon-Louis, duc de Berg, et Louis-Napoléon, futur empereur; en 1815, il obtient la chaire de grec moderne et de paléographie grecque à l'Ecole des langues orientales; élu à l'AIBL en 1824, il est nommé professeur de langue et littérature allemandes à l'Ecole polytechnique en 1830; en 1832, il devient conservateur en chef des manuscrits grecs de la Bibliothèque impériale; il s'occupe du *JdS* et dirige la section grecque du *Recueil des historiens des croisades*; en 1852, il occupe la chaire de grammaire comparée créée pour lui à la Faculté des lettres de Paris.

80 Joseph-Daniel Guigniaut (1794-1876), ancien élève de l'ENS; en 1813, il entame au lycée Charlemagne une grande carrière d'helléniste et de mythographe; maître de conférence d'histoire à l'ENS puis à l'Ecole préparatoire, et journaliste au *Globe*; s'étant

c'est entre autres dans le commerce et les conversations avec des spécialistes de langue et littérature grecques que le père de Gaston a eu connaissance de la supériorité de la philologie allemande sur la philologie française[81]. Toujours dans cette lettre, Paulin Paris se déclare admiratif devant le mouvement scientifique outre-Rhin et se montre convaincu que son fils tirera un réel avantage de son séjour allemand pour sa carrière professionnelle, dont il ne spécifie pourtant pas la nature exacte. Autre point intéressant: Paulin Paris allègue la dichotomie traditionnelle entre forme et fond pour opposer la science française à la science allemande. Tandis que les études en France seraient centrées sur le plan du *bien dire* et des effets rhétoriques, au détriment, le plus souvent, du contenu, celles entreprises en Allemagne viseraient essentiellement le fond, sans pour autant négliger tout souci de forme. Cette mise en opposition des catégories de la forme et du fond projetées respectivement sur l'esprit français et l'esprit allemand est une constante dans les différents discours sur la philologie, mais aussi sur l'enseignement et les recherches scientifiques en général, tout au long du XIXe siècle et, en réalité, jusqu'à nos jours[82]. La lettre de Paulin Paris à E. Curtius est donc également un précieux document à verser au dossier de ces constructions nationales «binaires» de la science:

> Je ne sais vraiment comment assez vous remercier de toutes les marques d'attachement et de bonté que vous prodiguez à mon fils. Il en est lui-même fort heureux et ses lettres sont remplies des expressions de sa juste reconnaissance. Grâce à sa bonne mémoire de cœur, j'ai assisté à votre charmante réunion de l'arbre de Noël, et d'après ce qu'il m'a dit de toutes les ressources littéraires et intellectuelles qu'on trouve dans votre société et surtout dans votre maison je me prends volontiers à envier le sort des étudiants de Gottingue qui savent gagner et conserver l'estime de Messieurs les Professeurs. Je me féliciterai toute ma vie d'avoir demandé près de vous, Monsieur, les recommandations de mes honorables amis, vos presqu'égaux en érudition et en illustration littéraire, Messieurs Hase et Guigniaut: j'espère bien qu'un jour assez prochain me procurera l'avantage de faire personnellement votre connaissance et de vous recevoir dans notre enfer de Paris, où l'on fait tout excepté ce qu'on devrait faire; où l'on n'a pas le temps de travailler, où grâce à tous les embarras de la

---

brouillé avec Cousin, il quitte l'Ecole préparatoire et enseigne la géographie à la Sorbonne; élu à l'AIBL en 1837; il a réorganisé l'Ecole française d'Athènes, et a travaillé également comme traducteur et interprète, notamment de la *Symbolique* de Creuzer.

81 Au sujet de l'influence allemande sur la philologie classique française entre 1830 et 1865, voir Petitmengin 1983, où l'on trouve aussi des informations intéressantes sur Hase. Voir également la très intéressante discussion de l'article de Petitmengin par Loraux 1983.

82 Voir également Werner 1987, pp. 140-141, Werner 1991b, pp. 220-221 et notre Partie III. – En 1834, dans une lettre de Paulin Paris à F. Wolf, on trouve déjà ces mêmes considérations (HAB, Cod. Guelf. 504.4 Novi, Nr. 3. 65).

vie, on est toujours mécontent du peu qu'on a fait. A vrai dire, la vie est trop courte de moitié et pour les gens qui ont une fois pris le goût des études, des recherches et des curiosités de l'histoire, de la philologie et de la littérature, les jours devraient avoir quarante-huit heures, sauf à n'en laisser que douze à l'usage de ceux qui trouvent encore le temps de s'ennuyer. D'après ce que me mande mon cher fils, vos leçons, vos habitudes d'enseignement sont bien autrement sérieuses que les nôtres. Sans négliger l'agrément de la forme, vous n'en faites pas le principal de vos cours, et vous l'obtenez mieux que nous, précisément parce que vous en êtes moins préoccupés; vous vous adressez à une réunion toujours sérieuse, toujours à peu près la même; tandis qu'ici notre Collège de France et notre Sorbonne sont fréquentés par des gens du monde qui viennent un jour, s'abstiennent pendant plusieurs mois, vont çà et là et ne songent qu'à se distraire. Pour un tel auditoire le succès consiste à exposer ce que déjà les assistants connaissent; *amant meminisse*; ils ont horreur des études qu'ils n'ont pas entamées précédemment. Il en résulte que nos leçons sont peut-être tout aussi difficiles à préparer que les vôtres, mais qu'elles portent rarement de bons fruits. Et comment approfondir un sujet, si la question de la forme domine toujours celle du fond? Cependant, Monsieur, comme notre fameuse capitale a cent faces diverses, je ne désespère pas que l'une de ces faces ne vous attire parmi nous; autrement, pour vous voir et pour obtenir l'honneur de votre amitié, je serais homme à aller moi-même vous relancer[83] en Allemagne, dans votre studieuse ville de Gottingen [sic], que mon fils contribue à me faire aimer. J'espère qu'il se montrera toujours digne de l'intérêt que vous voulez bien lui porter, et que chaque jour lui fera mieux sentir le prix de vos conseils et de votre bienveillance. Je me félicite beaucoup du parti que j'ai pris de me séparer de lui pour lui faire connaître les hommes les plus distingués, les plus considérables de l'Allemagne. Son âge mûr se trouvera bien de ces exercices de sa jeunesse. Ce qui nous manque ici, c'est la véritable connaissance du mouvement scientifique en dehors de la France, et ceux qui ont pu se mettre à la hauteur de tout ce qu'on fait, ce qu'on pense et ce qu'on écrit en Allemagne, doivent avoir un grand avantage sur les meilleurs esprits de notre pays. J'avais besoin, Monsieur et illustre collègue, de me recommander à vous et de vous exprimer autant que je le pouvais, ma vive reconnaissance pour la façon dont vous avez accueilli mon fils. Croyez bien que rien ne me flatterait plus qu'une occasion de vous rendre quelque chose de tout ce que vous faites pour lui; et que vous ne pourrez jamais trouver quelqu'un qui fasse avec plus d'empressement ce [que] vous voudrez bien lui demander soit comme appartenant à la grande Bibliothèque impériale, soit comme professeur soit comme membre de notre Institut. Ne voudrez-vous jamais avoir rien à démêler avec l'un des ces trois établissements? je ne le pense pas; ils renferment trop de personnes qui apprécient vos grands travaux et qui

[83] *Relancer*: leçon incertaine.

honorent votre personne, sans parler de ceux qui comme moi vous ont des obligations toutes particulières. Veuillez, Monsieur et illustre collègue, agréer mes vœux pour l'année qui a commencé depuis deux jours, et l'expression de tous les sentiments de respectueux estime et de gratitude que je vous ai voués[84].

Le fait que Gaston Paris se plaise beaucoup plus à Göttingen qu'à Bonn ne veut pas dire pour autant que celui-ci cesse d'avoir le sentiment d'être « en exil » :

> En littérature, mon vieux, je n'ai rien à te dire ; je ne lis que de l'allemand ; à peine trois ou quatre auteurs français, mes vieux amis, sont-ils venus reprendre leur place dans la bibliothèque ; c'est une de mes faiblesses, que si je ne les ai pas toujours, ces chers poètes, je les regrette en larmoyant à chaque minute. Je les ai rappelés, et les voilà qui me sourient de nouveau. C'est Musset, c'est Régnier, c'est Molière, c'est Rabelais. Voilà de vrais et bons amis, dont la conversation est toujours douce et instructive et qui sont toujours là, même dans l'exil[85].

Le jeune homme semble en effet plus d'une fois en proie à des accès de nostalgie, à ce « Heimweh » si typiquement et, en l'occurrence, si paradoxalement allemand, pour lequel le français ne possède pas d'expression propre. Dans ces moments, il se met parfois à composer des poèmes, de véritables hymnes à la France, qui ne sont pas sans rappeler quelques morceaux d'André Chénier mais qui évoquent plus encore, sinon par leur forme du moins par leur ton, certaines chansons de Béranger. L'un de ces poèmes, écrit à Bonn déjà, nous est conservé dans une lettre à Durande du 8 décembre 1857 :

> [...] je reprends ma proposition, que le cœur n'est pas aussi satisfait que l'esprit. L'exil nous rend beaucoup plus chers encore les lieux et les hommes que nous aimions, et ici permets-moi de te citer quelques vers de ton indigne, composés à Bonn, et que tu as même peut-être lus[86] :
>
> O France ! o beau pays, o terre noble et douce,
> France où j'ai commencé de respirer le jour,

---

[84] B.N., n.acq.fr. 24464, ff. 3-4. Les lettres de Paulin Paris et de Gaston Paris à Ernst Curtius ne nous ont été conservées que sous forme de copies réalisées par une main inconnue. Ces copies comportent nombre de fautes d'orthographe quand elles sont écrites en allemand (c'est le cas, notamment, de deux lettres de Gaston Paris à Curtius que je reproduirai ci-dessous). On peut donc penser que le copiste était français (la lettre de Paulin Paris, écrite en français, ne comporte, en effet, aucune faute). On ne saura dire, par contre, dans quelle mesure les fautes d'allemand proviennent de Gaston Paris ou du copiste. Véritable problème philologique, donc.

[85] *Ibid.*, ff. 82-83, lettre à Durande du 10 février 1858.

[86] Ces vers ont-ils été publiés ? Ou Gaston Paris les a-t-il simplement envoyés à sa sœur Elisabeth, qui a pu les montrer à Durande ? – Je ne saurais le dire.

Forêt où s'abrita mon pauvre nid de mousse,
Oui, j'ignorais pour toi quel était mon amour!
Celui qui n'a jamais quitté tes blondes plaines,
Qui n'a jamais vécu parmi les étrangers,
Qui n'a jamais cherché dans les lignes lointaines
D'un horizon pensif tes contours adorés;
O France, celui-là ne connaît point encore
Ce que pour toi d'amour peut contenir son cœur!...

Et bien, je peux dire que c'est ma pensée vraie qui est exprimée dans ces rimes. Cependant, comme je te le disais en nous promenant si peu gais dans la gare du chemin de fer du Nord, j'ai un caractère naturellement gai qui me fait envisager le bonheur du retour plus que la douleur de la séparation et de l'absence. Chaque jour, en fumant une longue pipe allemande, je me représente le jour tant rêvé où je reverrai tous ceux que j'aime [...][87].

C'est donc certainement pour se sentir moins étranger, pour participer plus intensément à la vie sociale de Göttingen que, sur les instances du susnommé Tillmanns, Gaston Paris se décide finalement, malgré toutes ses réticences, à entrer dans une société d'étudiants, la *Hercynia*[88]:

> Je crois que je ne t'ai pas encore dit que j'étais entré dans une société d'étudiants; mais on te l'aura sans doute dit à la maison. Je ne veux pas essayer de te donner une idée de ce que c'est et des conditions si différentes de la vie des étudiants à Paris et en Allemagne: je t'en ai d'ailleurs souvent parlé déjà. Sache seulement qu'une société (*Verbindung*) est une réunion d'étudiants, basée sur un principe, ayant des assemblées régulières et se distinguant par certaines couleurs. Celle dans laquelle je suis entré se nomme *Hercynia*, du nom de l'antique forêt Hercynienne, patrie des Germains; a pour principes *Scientia*, *Virtus*, *Amicitia*, et porte comme couleurs: noir, vert, or. Chaque membre devant se faire faire sa silhouette avec les dites couleurs, j'ai obéi à l'obligation [...][89]; je t'en envoie une; tu t'es demandé sans doute en la regardant qui cela pourrait bien représenter; écris mon nom au bas pour ne pas l'oublier[90].

A en juger par sa correspondance, Gaston Paris a été très bien accueilli dans la société et s'y est fait quelques bons amis. Et même si, après son séjour en Allemagne, les contacts se perdront relativement vite, le philologue échangera pratiquement jusqu'à sa mort, à des intervalles il est vrai très

---

87 B.N., n.acq.fr. 24464, f. 79, lettre à Durande du 8 décembre 1857.

88 Il faut corriger dans ce sens les affirmations de Werner 1991c, p. 143.

89 Mot illisible.

90 B.N., n.acq.fr. 24464, ff. 82-83, lettre à Durande du 10 février 1858. – Ce portrait de Gaston Paris se trouve encore dans les papiers conservés à la Bibliothèque nationale de France (*ibid.*, f. 84).

espacés, des lettres avec des «Hercyniens». Parmi ces derniers on trouve notamment Eberhard Schrader, qui deviendra l'un des meilleurs assyriologues et qui, en Allemagne, accomplira dans l'ensemble pour cette discipline ce que Gaston Paris fera pour la philologie romane en France[91].

L'année universitaire passée à Göttingen se caractérise non seulement par une vie sociale plus active, mais aussi par un programme d'études à la fois plus intensif et plus ciblé que celle vécue à Bonn. Le jeune Paris s'y adonne avant tout, en effet, à la philologie classique et germanique. A Göttingen pas plus qu'à Bonn il ne s'occupe donc de philologie romane proprement dite, bien qu'il s'intéresse toujours aux langues romanes. On peut mentionner un fait tout à fait significatif dans ce contexte: pendant le semestre d'hiver 1857/58, Theodor Müller[92], premier éditeur critique de la *Chanson de Roland* (1851), donne un cours précisément sur cette chanson de geste. Or, Gaston Paris préfère aller chez le presque homonyme de celui-ci, Wilhelm Müller[93],

---

91 Eberhard Schrader (1836-1908) a étudié la théologie et les langues orientales à Göttingen. Professeur de théologie à Zürich (1862), à Giessen (1870), à Jena (1873) et, finalement, de langues orientales à Berlin (1875), il fut l'un des grands spécialistes des langues assyriennes. Victime d'une attaque d'apoplexie en 1895, il a définitivement suspendu son enseignement en 1899. Nous avons conservé trois lettres de Schrader à Gaston Paris (B.N., n.acq.fr. 24456, ff. 408-413); dans celle du 19 juillet 1882, Schrader écrit qu'il parle souvent à ses enfants «von Gaston Paris aus Paris, der mit mir einst zum Telegraphenamte lief und dort die Depesche für meinen [...] inzwischen verstorbenen Vater aufzugeben, die ihm verkünden sollte, dass ich die aethiopische Preisaufgabe gewonnen hatte» (*ibid.*, f. 412). Schrader avait, en effet, obtenu un prix académique pour sa thèse en 1858. – Voici quelques autres «Hercyniens» avec lesquels Gaston Paris entretient une correspondance: Eisenlohr (prénom inconnu), pasteur à Durlach (B.N., n.acq.fr. 24439, ff. 116-121); Gustav Gelshorn, professeur au gymnase d'Aurich (B.N., n.acq.fr. 24440, ff. 416-412); Otto Kypke, chimiste à Lille, puis pharmacien à Davos (B.N., n.acq.fr. 24444, ff. 455-456); Gustav Lange, directeur du lycée Humboldt à Berlin (B.N., n.acq.fr. 24445, ff. 137-138); Eduard Langer, homme de lettres (B.N., n.acq.fr. 24445, ff. 140-143); Diedrich Rainer Lüpke, médecin (B.N., n.acq.fr. 24446, ff. 372-374); Louis Tillmanns, que nous connaissons déjà (B.N., n.acq.fr. 24460, ff. 277-278). – E. Langer, dit le «Waldmensch», donne, dans une lettre du 6 juillet 1899, une longue liste d'informations biographiques sur les anciens «Hercyniens»; il y raconte aussi que Schrader, Lange et lui sont les trois seuls – une «alliance trium virorum» – à se rencontrer encore régulièrement (B.N., n.acq.fr. 24445, ff. 141-142).

92 Theodor Müller (1816-1881) enseigne la philologie à Göttingen depuis 1845; professeur extraordinaire en 1853, ordinaire en 1867. Nous avons conservé deux lettres de Th. Müller à Gaston Paris, l'une de janvier 1866, dans laquelle il remercie ce dernier pour son *Histoire poétique* et pour le *De Pseudo-Turpino* (B.N., n.acq.fr. 24451, ff. 103-104), et l'autre, plus intéressante, de décembre 1877, dans laquelle il entretient le jeune philologue de sa nouvelle édition de la *Chanson de Roland* et de la valeur du manuscrit d'Oxford (*ibid.*, ff. 105-106).

93 Wilhelm Müller (1812-1890) est professeur de langue et littérature allemandes à Göttingen. Il s'est notamment occupé de recherches mythologiques sur les *Nibelungen* (*Versuch einer mythologischen Erklärung der Nibelungen*, 1841; *Ueber die Lieder der Nibelungen*, 1845).

pour suivre des leçons de philologie allemande. Le 3 avril 1858, il écrit à Durande :

> Je m'occupe en ce moment surtout d'ancien allemand et de mythologie germanique ; cette dernière étude serait intéressante si nous avions plus de documents, mais malheureusement on en est réduit à des conjectures ou à des à-peu-près. L'étude de l'allemand du moyen-âge, au contraire, est pleine d'intérêt, parce que là on a des poèmes comme les *Nibelungen*, par exemple, à étudier, et c'est une large récompense du travail qu'il [...][94] faire, et qui même n'est pas très-considérable. Je veux aussi étudier le provençal ; à propos, si cela t'est agréable, quand nous serons à Paris, nous pourrons lire ensemble un peu d'italien[95].

Pourtant, au cours du séjour de Gaston Paris en Allemagne, les projets de celui-ci se concrétisent peu à peu. Au mois de janvier 1858, il déclare à Durande qu'à sa rentrée en France, il a l'intention de préparer une licence et d'entrer à l'Ecole des Chartes. Mais l'orientation précise reste toujours quelque peu floue. Entre les langues romanes, les langues orientales, le grec et l'allemand, tout semble encore possible :

> [...] je travaille sérieusement depuis quelque temps, et je partage mon temps entre l'allemand et le grec, auquel je me suis remis : C'est étonnant ce qu'une année suffit pour faire oublier ; j'ai certainement été beaucoup plus fort que je ne le suis maintenant. Quant à l'allemand, c'est l'allemand du XIII^e siècle que j'étudie pour l'heure : c'est un travail plein d'intérêt, mais qui demande pas mal d'application ; mais je compte y consacrer encore quelques mois. Quand je reviendrai en France, je vais d'abord passer deux ou trois mois à ne rien faire, comme de juste, mais j'aurai à piocher ferme dès cet hiver. J'ai l'intention de préparer ma licence, d'entrer à l'Ecole des Chartes, d'étudier un peu les langues orientales, le tout sans négliger mon allemand. J'ai les rêves les plus délicieux sur cette année, sur cet hiver. Pour la première fois je vais me trouver enfin libre dans ma famille et au milieu de mes amis. Quelle vie charmante ! travailler dans le jour à ce que l'on aime, à ce que l'on fait avec plaisir ; et le soir vivre pour les autres et de la vie la plus douce. Je voudrais bien faire avancer un peu le vieux cadran du bonhomme Saturne, qui me compte si monotonement les jours et les heures. C'est peut-être aussi alors que se réalisera mon rêve de toutes les heures, celui d'être une fois amoureux ; la seule femme pour laquelle j'ai eu et j'ai encore un sentiment d'amitié si vif qu'un rien, je crois, le changerait en un profond amour, ne sera pas à Paris alors ; si elle y était, mon rêve se colorerait encore[96].

---

94 Incohérence dans le texte.

95 B.N., n.acq.fr. 24464, ff. 85-86.

96 *Ibid.*, ff. 80-81, lettre à Durande du 22 janvier 1858. – Je ne saurais dire qui est cette femme à laquelle Gaston Paris pense ici ; quant à la vie sentimentale de Gaston Paris, voir plus loin.

Le 1er avril 1858, Gaston Paris change une dernière fois de domicile. Jusqu'à la fin de son séjour, il habitera chez un certain Hans Beckmann, à la Paulinerstrasse, où l'on trouve aujourd'hui une plaque à son nom. En août 1858, il rentre définitivement à Paris.

## 3. POÉSIE ET VÉRITÉ

Le séjour allemand de Gaston Paris, tel qu'il nous est apparu à travers les documents qui lui sont contemporains, peut maintenant être confronté aux interprétations postérieures, qui, dans leur ensemble, tendent à styliser les deux années allemandes, et avant tout celle passée à Bonn, en un voyage philologique initiatique entrepris par un Gaston Paris déjà sûr de sa vocation de romaniste et de médiéviste. Le jeune Français serait ainsi allé chez Diez pour y parfaire une formation commencée sous les auspices de son père, et le maître de Bonn lui aurait effectivement appris tout ce qui avait manqué au savoir de Paulin Paris. Cette version classique est donnée, entre autres, par l'archéologue Georges Perrot dans le discours nécrologique qu'il consacre à son ancien ami et collègue:

> «Lorsque Gaston Paris entra au Collège Rollin [...] son imagination, de bonne heure très éveillée, était déjà orientée et tournée vers le moyen âge français. Ce fut avec l'idée déjà arrêtée de suivre le chemin frayé par son père que le jeune homme, à dix-huit ans, partit pour l'Allemagne. Il avait compris que, sans une connaissance approfondie de la langue allemande, il risquait d'être arrêté à chaque pas dans ses recherches. Ce fut à Bonn qu'il alla d'abord, pour y suivre les cours de Diez, le célèbre fondateur de la grammaire des langues romanes» (Perrot 1903, p. 88).

Ce modèle d'initiation s'est propagé très tôt, du vivant même de Gaston Paris – et nous allons voir que ce dernier a lui-même pris une part active à sa formation – et, avec quelques variantes, est devenu un élément fixe de l'historiographie de la discipline. On le retrouve de nos jours sous la plume de Nelson[97], de B. Cerquiglini[98], de Bloch[99], de G. Roques[100] et de Baldinger[101], pour ne citer qu'eux.

---

[97] Nelson 1983, p. 55.

[98] Cerquiglini 1989, p. 78. Cerquiglini se réfère à Gumbrecht 1984. A tort, car ce dernier modifie justement la version classique (voir ci-dessous).

[99] Bloch 1990, p. 40.

[100] G. Roques 1991, p. 262.

[101] Baldinger 1995, p. 170.

## A propos des constructions de l'histoire de la discipline

Le prétendu voyage initiatique de Gaston Paris auprès de Diez n'est lui-même qu'un élément de la logique particulière qui sous-tend la construction de l'histoire de la philologie romane dans son ensemble. Le plus souvent, cette histoire se voit en effet assimilée à une série linéaire et ascendante – la qualité des recherches philologiques va toujours en se perfectionnant – de passages de pouvoir tout personnels, et, en même temps, nationalement surdéterminés. Trois noms et deux nations sont habituellement retenus dans ce processus: François Raynouard (France) – Friedrich Diez (Allemagne) – Gaston Paris (France). Voici un exemple représentatif de ce type de construction. Il se trouve chez Antoine Thomas[102], lui-même membre de la corporation philologique:

> «Ainsi, je trouve que Paulin Paris fut fort bien inspiré, il y a tout juste quarante ans, lorsqu'il prit par la main son fils, frais émoulu de son enseignement secondaire et lauréat du concours général, pour l'amener sur les bords du Rhin, dans la riante ville de Bonn, suivre les cours de Frédéric Diez. Ce Diez, qui a ravi à notre Raynouard le titre de père de la philologie romane [...]» (Thomas 1897, p. 194).

Point n'est besoin, pour expliquer une telle construction, de faire appel au modèle médiéval de la *translatio studii*, même si notre contexte s'y prête à merveille. Il s'agit plus simplement d'un schéma narratif traditionnel qui, en l'occurrence, nous raconte le développement de la discipline comme résultant des exploits successifs des trois héros que sont Raynouard, Diez et Gaston Paris. Comme il se doit, ce schéma de base s'enrichit de quelques adjuvants. Dans notre cas, ceux-ci sont au nombre de deux. Le premier n'est autre que Goethe, le deuxième Paulin Paris. Leur rôle est essentiellement celui de faire passer la discipline d'un chercheur à l'autre, et, en même temps, d'une nation à l'autre. La version officielle rapporte, en effet, que Goethe aurait indiqué à Diez, lors d'une visite que ce dernier lui avait rendue en 1818, l'importance du *Choix des poésies originales des troubadours* de Raynouard[103]. C'est à partir de ce moment que Diez, frustré dans ses ambitions tant politiques que poétiques, se serait retiré dans un réduit

[102] Antoine Thomas (1857-1935), chartiste, professeur de langue et littérature méridionales à Toulouse et chargé d'un cours complémentaire de philologie romane à la Faculté des lettres de Paris, où il est nommé professeur en 1900 (voir aussi Partie II); directeur d'études à l'EPHE de 1895 à 1910.

[103] Une légende comparable, avec un scénario identique, est alléguée pour la fondation des *Monumenta Germaniae Historica*, dont l'idée serait née d'une visite du baron de Stein chez le même Goethe en 1815 (Fuhrmann 1996, pp. 20-21). Goethe, qui n'aimait personnellement pas beaucoup le moyen âge et ne partageait pas l'enthousiasme des romantiques à ce sujet, aurait ainsi été à l'origine d'au moins deux «entreprises» médiévistiques!

linguistique pour se consacrer uniquement, dorénavant, à la philologie romane[104]. Quant à Paulin Paris, n'a-t-il pas envoyé son fils en Allemagne pour que celui-ci s'y initie à la philologie romane sous les auspices de Diez? Une anecdote relate de plus comment Ernest Renan, au cours d'un voyage sur l'eau, aurait dit à un interlocuteur: le chef-d'œuvre de Paulin Paris, c'est son fils[105]. L'on ne saurait souligner de façon plus nette le rôle tout auxiliaire, en fin de compte, attribué ainsi à Paulin Paris.

Or, l'épisode de la rencontre décisive entre Goethe et Diez a ceci d'extraordinaire qu'il semble avoir trouvé sa première formulation écrite qui nous soit parvenue sous la plume de Gaston Paris lui-même! Dans une lettre à Diez, datée du 8 septembre 1862, le jeune Paris, qui était en train de préparer la «Préface» à sa traduction de l'*Einführung in die Grammatik der Romanischen Sprachen* – nous allons parler plus loin de cette entreprise –, demanda quelques renseignements biographiques au maître de Bonn, entre autres celui-ci:

> «J'ai lu quelque part que c'était Goethe qui vous avait indiqué la voie que vous avez si glorieusement suivie; pourrais-je vous demander de me dire ce qui en est?» (cité dans Tobler 1912b, pp. 451-452).

Et Adolf Tobler, l'éditeur de cette missive conservée à la Bibliothèque nationale de France[106], de commenter:

> «Wo schon vor 1862 etwas über den folgenreichen Besuch Diezens bei Goethe zu lesen gewesen sein mag, weiss ich nicht. Später ist er oft erwähnt worden. Da Diez auf den Brief vom 8. September noch vor dem Abschluss der *préface* geantwortet hat und in dieser S. XIV erzählt ist, wie Diez in Jena durch Goethe auf Raynouards Arbeiten hingewiesen worden sei, so ist an der Tatsache nicht zu zweifeln» (*ibid.*, p. 455).

La visite de Diez chez Goethe comme point de départ des études philologiques romanes dans le sens moderne, scientifique du terme, semble donc bien apparaître pour la première fois sous forme écrite dans la «Préface» de Gaston Paris à l'*Introduction à la Grammaire des langues romanes*, préface achevée en octobre 1862. Lisons le passage en question:

> «Au mois d'avril 1818, M. Diez fit le pèlerinage qu'accomplissaient alors tous les écrivains de l'Allemagne, il alla visiter le grand Goethe, qui

---

[104] Voir, pour une discussion critique de cette version, Lange 1976.

[105] C'est la version de Rajna 1904, p. 6, qui se présente lui-même comme l'interlocuteur de Renan. En 1881 déjà, Tamizey de Larroque s'attribua les paroles que le philologue italien met dans la bouche de Renan (voir Tamizey de Larroque 1881, p. 13, n. 1). – Peu importe, dans notre contexte, qui a été à l'origine de ces phrases, l'essentiel résidant dans le contenu véhiculé par l'anecdote même.

[106] B.N., n.acq.fr. 24464, f. 15.

> se trouvait en ce moment à Iéna. Goethe n'était indifférent à aucune des manifestations littéraires qui venaient à sa connaissance. Il avait lu en 1817, ses Annales nous en ont conservé la remarque, les ouvrages où Raynouard révélait au monde savant la littérature provençale. Goethe entrevit dans ces premiers fragments toute une poésie nouvelle, et dans cette langue un sujet de féconde étude. Il en parla à son visiteur, auquel ces travaux étaient complètement inconnus, et l'engagea à leur accorder son attention, persuadé qu'il était capable d'en tirer parti. M. Diez, en effet, lut avec le plus grand intérêt les ouvrages de notre célèbre compatriote, qu'il ne tarda pas à dépasser sur son propre terrain. Jamais cependant il n'a méconnu les services que Raynouard avait rendus à la science et à lui personnellement. Il a, au contraire, saisi plus d'une fois l'occasion de rendre publics le respect et la reconnaissance qu'il a conservés pour sa mémoire» (8*, 1863, pp. XIV-XV).

L'épisode en question deviendra par la suite un élément aussi indispensable dans la construction historique de la philologie romane que le séjour initiatique de Gaston Paris chez Diez. On le trouve presque chez tous les auteurs, de Gustav Körting[107] à Carlo Tagliavini[108], en passant par Gustav Gröber[109], Josef Körner[110], Gertrud Richert[111], Iorgu Iordan[112], Yakov Malkiel[113] et Deborah Nelson[114]. Prenons le cas, particulièrement frappant, de Malkiel. En 1976, celui-ci écrit:

> «In 1818 Diez made a pilgrimage to Weimar to visit Goethe, who urged him to calm down and concentrate on a newly-discovered, singularly attractive medieval language and literature, namely Old Provençal. Diez took that excellent advice, and settled down as a career scholar» (Malkiel 1976, p. 4)[115].

Sans citer sa source, qui n'est probablement autre que la préface susmentionnée de Gaston Paris, le philologue américain affirme que «[a]ll this is canonical, not apocryphal, knowledge»[116]. En 1993, Malkiel n'hésite pas à

[107] Körting 1884, p. 164.

[108] Tagliavini 1998, p. 8. Il est à noter que cette édition de 1998 de l'*Einführung in die romanische Philologie*, entièrement revue par les traducteurs allemands, maintient cette version telle quelle, sans aucun commentaire.

[109] Gröber 1904a, p. 104.

[110] Körner 1913, pp. 474-475.

[111] Richert 1914, p. 57.

[112] Iordan 1970, p. 9, n. 2.

[113] Malkiel 1976, p. 4.

[114] Nelson 1983, p. 54, n. 6.

[115] La même version se trouve déjà dans Malkiel 1972, pp. 4-5.

[116] Malkiel 1976, p. 4.

reproduire une version plus «réaliste» de la visite, comme si le manque d'informations concrètes appelait une mise en scène d'autant plus colorée des événements, et nous donne, cette fois-ci, les paroles mêmes de Goethe:

> «Then came the legendary event, of which we are fortunate to have a rather detailed account [sic]: Like many confused young men of his restless generation, Diez one day knocked at the door in Weimar of the aging poet and polymath Goethe – Europe's supreme master of the word and *arbiter elegantiarum.* After patiently listening to Diez's probably incoherent confession of his woes and inadequacies, Goethe is reported to have exclaimed: 'Young man, don't waste your time and talent on such effusive confessions of incompetency! Wend your way to Paris where, at the Royal Library, you will find, carefully assembled, but not yet fully deciphered, manuscripts of giddying, beautiful medieval troubadour poetry, couched in that language dimly understandable, Old Provençal. Make those texts, properly sifted, readily available to qualified readers outside Paris. Expound their language! And don't allow this chance of a lifetime to slip through your fingers'. I do not guarantee the accuracy of my reconstruction of that momentous dialogue; but Diez followed Goethe's advice; went to Paris; immersed himself in the aforementioned library [...]» (Malkiel 1993b, pp. 5-6).

Inutile de dire que Malkiel, ici non plus, n'indique aucune source.

Le cas de Hans Ulrich Gumbrecht est plus complexe, dans la mesure où celui-ci, sans remettre en question la véracité même de la fameuse anecdote, s'interroge cependant sur le sens de son exploitation dans la construction de l'histoire de la discipline:

> «Man kann das Leben von Friedrich Diez freilich auch teleologisch erzählen, als einen aszendenten Weg von burschenschaftlichem National-Enthusiasmus hin zur Vollendung im wissenschaftlichen Dienst an der Wahrheit. Dann gewinnt Diez' Audienz bei Goethe im Jahr 1818 (und eine in dasselbe Jahr fallende Begegnung mit Jean Paul in Giessen) den Stellenwert eines 'Wendepunktes': Goethe habe Diez' Aufmerksamkeit auf den *Choix* von Raynouard gelenkt und so bewirkt, dass aus dem potentiellen 'durchaus zweitklassigen Dichter ... ein erstklassiger Gelehrter' wurde [source: Malkiel 1972, p. 5]. Die empfindsamen Tagebuchaufzeichnungen von Carl Ebenau allerdings haben der Romanischen Philologie einen dunkleren und diffuseren Gründungsmythos geschrieben» (Gumbrecht 1984, p. 54)[117].

[117] Carl Ebenau était l'ami intime du jeune Diez et a tenu un journal (voir Behrens 1895). Gumbrecht utilise ce journal à l'appui de sa propre thèse, selon laquelle la décision de Diez de se consacrer à la littérature médiévale aurait été liée à un désir typiquement romantique de réclusion et d'individualisation sentimentale dans la lecture et l'étude de poésies lointaines et étrangères, mais aussi à un besoin de sublimer ses déceptions politiques et poétiques (voir Gumbrecht 1984, p. 46 et pp. 54-55).

Le seul, pourtant, à avoir sérieusement révoqué en doute, documents – malheureusement disparus – à l'appui, l'impact de l'audience de Diez chez Goethe sur la détermination de la carrière du futur philologue semble être Ernst Robert Curtius :

> «Das Interesse für den provenzalischen Minnesang, auch für die ganze romanische Dichtung des Mittelalters, lag [...] in der Luft, die der Studiosus Diez einatmete.
>
> Auch wenn es uns nicht bezeugt wäre, müssten wir annehmen, dass er von den provenzalischen Interessen und Studien seiner Zeitgenossen wusste. Wir haben aber ein Zeugnis, von dem Edmund Stengel 1894 Kenntnis gab. Von einem Neffen Diezens hatte Stengel, damals Professor in Marburg, ein Oktavheft erworben, das Diez 1816 angelegt hatte. Es enthält Entwürfe zu einem Werk über romanische Minnedichtung. Zwei Titelfassungen sind von Diez notiert: *Minnesinger des Südens* und *Geschichte der provenzalischen und altspanischen Minnesinger*. Leider ist das wertvolle Ms. beim Brande der Universitätsbibliothek Löwen 1940 zugrunde gegangen, wohin es nach dem Ersten Weltkriege mit Stengels Bibliothek gelangt war. Die weitverbreitete Nachricht, Diez sei erst 1818 durch Goethe auf die provenzalischen Studien hingewiesen worden, ist also kaum haltbar» (Curtius 1960, pp. 422-423).

Dans une note, Curtius précise :

> «In fast der ganzen Diez-Literatur findet man nun die Nachricht, Diez sei 1818 bei einem Besuch in Jena durch Goethe auf das Provenzalische hingewiesen worden. In Treitschkes Deutscher Geschichte heisst es ausdrücklich: 'Diez bewahrte noch nach vielen Jahren das Blatt, worauf ihm einst Goethe den Titel von Raynouards provenzalischen Forschungen aufgeschrieben und also dem jungen Manne den Weg gewiesen hatte für die Arbeit seines Lebens.'[118] Die Nachricht erscheint zuerst in einem Brief von Gaston Paris an Diez vom 8. September 1862 [...]. Tobler bemerkt dazu: [suit ici le passage Tobler 1912b, p. 455 cité ci-dessus]. Ein Zweifel bleibt indes bestehen. 1876 schon hatte Tobler geschrieben, der Zettel von Goethes Hand sei verschollen» (*ibid.*, n. 33).

Ici, pourtant, Curtius a probablement mal lu Tobler, dont les déclarations vont justement, me semble-t-il, dans le sens inverse :

> «Jetzt da sich eben das Grab über dem Verstorbenen geschlossen hat, könnte wiederum der Augenblick geeignet scheinen, von den Umständen und von dem Inhalte seines Lebens zu reden, [...] von der langen treuen Arbeit, die bei den zündenden Worten Goethes an den jugendlichen

118 Heinrich von Treitschke, *Deutsche Geschichte im 19. Jahrhundert. Zweites Buch. Die Anfänge des Deutschen Bundes. 1814-1819*, Leipzig, Hirzel, 1882, p. 9.

> Uebersetzer einiger altspanischer Romanzen (1818) anhebt und mit dem Erscheinen der 'Romanischen Wortschöpfung' (1875) und der vierten Auflage der 'Grammatik der Romanischen Sprachen' abschliesst; [...] Von all diesen Dingen zu reden wird einmal eine schöne Aufgabe sein, und für das, was dabei die Hauptsache sein muss, hat der Biograph nach den nötigen Urkunden nicht lange zu suchen: jener Zettel, auf welchem im Jahre 1818 Goethe für seinen jungen Besucher den Titel von Raynouards erster provenzalischer Arbeit niederschrieb, ist vermutlich unverloren (welch ein Autograph so ohne Inhalt und doch so bedeutsam!), und an ihn schliesst sich nun die kostbare Reihe der Bände, in denen die Wissenschaft von den romanischen Sprachen begründet ist» (Tobler 1912a, pp. 440-441).

Gaston Paris semble donc bel et bien être, par sa «Préface» de 1862 à la traduction française de la *Einführung in die Grammatik der Romanischen Sprachen*, à l'origine de la construction et de la mise en circulation d'une chaîne de «traditions», de laquelle il ne tardera pas à devenir lui-même un maillon important[119].

*

* *

La version mythique, qui construit l'histoire de la philologie romane à l'aide de trois héros et de deux pays, n'est pas, hâtons-nous de le souligner, dénuée de toute vérité historique, bien au contraire.

Les œuvres de Raynouard occupent en effet une place importante dans le développement de la discipline, dans la mesure où elles apportent quantité de matériaux à la connaissance des langues et des littératures romanes médiévales, avant tout du provençal et de la poésie des troubadours; dans la mesure aussi où le traitement de ces matériaux par le philologue témoigne d'une approche historique et comparative déjà assez bien développée, en dépit du caractère erroné de la thèse de départ, selon laquelle toutes les langues néo-latines seraient nées, non pas directement du latin vulgaire, mais d'une langue romane primitive, identifiée, du moins au début, jusqu'en 1836[120], au provençal (le «roman» de Dante). Raynouard compare en effet une douzaine de langues et parlers romans selon vingt-trois critères avant

---

119 Notons encore que la version de Curtius a été retenue par Seidel-Vollmann 1977, p. 24, tandis que Wolfgang Schweickard, dans le tout récent *Lexicon Grammaticorum*, se borne à une simple modalisation aléthique: «His attention reportedly drawn by Goethe to Raynouard's *Choix des poésies* [...] D[iez] decided to undertake his own study of the works of Prov[ençal] troubadours» (Schweickard 1996, p. 240). S'il faut à tout prix alléguer le nom d'un savant qui a pu amener Diez aux œuvres de Raynouard, c'est assurément celui d'August Wilhelm Schlegel (voir Baum 1993, Teil I, p. 93).

120 Storost 1981, p. 201.

tout lexicologiques et morphologiques, en s'en tenant pourtant aux lettres et non pas à la prononciation – sons et accents – des mots. Dans son *Histoire de la linguistique*, Georges Mounin écrit:

> «Son *Choix des poésies des troubadours contenant la grammaire comparée des langues de l'Europe latine dans leurs rapports avec la langue des troubadours* [1816-1821] paraît à peu de distance du *Conjugationssystem* de Bopp, auquel il semble ne rien devoir: ce qui témoigne de l'extension de ce comparatisme diffus où baigne toute l'époque» (Mounin 1985, p. 187).

Et il conclut:

> «On peut penser que Raynouard n'a pas jusqu'ici tout à fait la place qu'il mérite dans une histoire de la grammaire comparée» (*ibid.*, p. 188)[121].

Ajoutons finalement que le *Lexique roman ou dictionnaire de la langue des troubadours* (6 volumes, 1838-1844) est encore de nos jours un outil de travail précieux. – Considérant l'œuvre de son confrère français, Diez, lui, n'hésita pas à conférer à ce dernier le titre prestigieux de «Gründer der romanischen Philologie»[122].

Quant aux travaux de Diez lui-même, leur valeur exceptionnelle pour le développement de la philologie romane n'a plus besoin d'être soulignée. Diez est le premier à avoir systématiquement appliqué aux langues romanes les principes phonétiques élaborés par Franz Bopp et Jacob Grimm, le premier dans le domaine des langues indogermaniques, le second plus spécifiquement dans celui des langues allemandes[123]. Aux yeux de Gaston Paris, les travaux de Raynouard sont à ceux de Diez ce que le virtuel est au réalisé:

> «Raynouard avait entrevu la possibilité d'écrire une grammaire comparée des langues néo-latines, il en avait tracé les premiers linéaments et cela suffit à sa gloire; mais Diez a écrit cette grammaire, et malgré les études acharnées et minutieuses dont il a été l'initiateur, son livre, d'une ordonnance simple, d'une clarté lumineuse, d'une érudition solide et vaste, reste toujours la base des travaux qu'accomplissent ses disciples» (1065*, 1894, p. 65).

---

121 Mounin ne tient pourtant pas compte, dans la quatrième édition de son *Histoire de la linguistique*, d'un article très éclairant que Jürgen Storost a consacré, en 1981, à l'œuvre de Raynouard (voir *ibid.*). Pour une appréciation de l'œuvre de Raynouard, voir également Körner 1913.

122 Par exemple dans la préface à la troisième édition de sa *Grammatik der Romanischen Sprachen* (voir *ibid.*, p. 486).

123 Voir par exemple Bahner 1983 et Baum 1999.

En ce qui concerne Gaston Paris, finalement, on peut dire à bon droit qu'en embrassant les diverses recherches faites jusqu'alors dans le champ des langues et des littératures romanes médiévales, en propageant inlassablement des méthodes philologiques qu'il aide à formuler de façon plus précise, et en travaillant avec conviction et persévérance à l'établissement institutionnel de la philologie romane, il a énormément contribué à développer et à faire reconnaître celle-ci comme une discipline scientifique.

Raynouard, Diez et Gaston Paris ont ainsi tous, sans discussion, de grands mérites dans le développement de notre discipline. Mais sur cette base tout à fait réelle, historique, le mythe opère trois transformations principales:

1° *Une réduction et une sélection.* Cette double transformation, qui concerne le nombre des chercheurs et des nations impliqués, joue sur les deux axes de la diachronie et de la synchronie. Prenons quelques exemples[124]. Dans la construction mythique standard, il n'y a quasiment pas de place pour l'Italie, notamment pour Graziadio Isaia Ascoli, que Diez lui-même considérait pourtant comme son meilleur disciple[125]. Pas de place non plus pour Adolf Mussafia, «[d]e tous les disciples de Diez [...] celui qui, selon Gaston Paris, a le plus largement compris la tradition du maître»[126]. Pas de place pour A. W. Schlegel, qui, contrairement à Diez, s'est clairement opposé dès 1818 à la théorie de Raynouard sur le provençal comme origine des langues romanes[127], ni pour le romaniste August Fuchs, qui travaillait également, à l'époque de Diez, dans un sens historico-comparatif[128]. Très peu de place pour le Suisse Tobler, l'aîné de quatre ans de Gaston Paris et qui, ayant joui d'une excellente formation philologique, a eu une grande influence sur les travaux romanistiques dans les pays germanophones[129]. En France, il n'y a en général que peu de place pour Claude Fauriel, malgré le portrait de lui dressé en 1845 par Sainte-

[124] Les jugements de quantité qui suivent – «peu de place», «pas de place du tout» etc. – sont à comprendre comme des indices de *tendances globales* dans l'historiographie de la philologie romane, et ne préjugent pas, ainsi que nous le préciserons dans plusieurs cas, de la présence de tel ou tel «oublié» de la discipline dans quelques travaux plus ou moins isolés.

[125] Bergounioux 1984, p. 32; voir également Lucchini 1989, Lucchini 1990, p. 170 et p. 208, ainsi que Stussi 1999; Iordan 1970, pp. 10-12 accorde, il est vrai, une place importante à Ascoli, qu'il met entre Diez et Gaston Paris, rompant ainsi la «filiation directe» entre ces deux philologues.

[126] 495, 1877, p. 298. Voir également Renzi 1966/67 et Stussi 1999.

[127] Voir ci-dessous.

[128] Voir Storost 1984. On pourrait également mentionner Lorenz Diefenbach (voir Malkiel 1993b, p. 8).

[129] Voir également Voretzsch 1909, p. 580, n. 1. Au sujet de Tobler, voir maintenant Fryba-Reber 2003.

Beuve[130], et pour Francisque Michel, premier éditeur «scientifique» de la *Chanson de Roland* (1837)[131]. Pas de place du tout pour François Guessard[132], secrétaire de Raynouard et légataire des papiers de ce dernier pour le *Dictionnaire historique de la langue française*. Dans sa nécrologie sur Guessard, l'helléniste Jules Girard, alors président de l'AIBL, dit de lui:

> «Il fut le disciple et le continuateur de Raynouard et devint après lui le maître reconnu d'une science qui lui doit en grande partie son développement» (Girard 1882, p. 266).

Bien vite, pourtant, Guessard fut oublié, réduit lui aussi à un rôle de pur adjuvant dans l'évolution de la discipline en général et dans celle de Gaston Paris en particulier (voir plus loin). De moins en moins de place également pour Emile Littré, auquel Gaston Paris et ses contemporains, à commencer une fois de plus par Sainte-Beuve[133], ont encore rendu justice:

> «On ne peut pas dire que ce soit M. Littré qui le premier ait prononcé le nom de Diez ou même connu ses ouvrages [...] Mais c'est à M. Littré que revient la gloire d'avoir le premier fait pénétrer dans le public français, grâce à l'autorité légitime de sa science et de son talent, les principes qu'avait posés le professeur de Bonn» (138*, 1871, p. 533)[134],

mais qui n'est plus guère connu, de nos jours, que comme lexicographe[135]. Pas la plus petite place pour Frédéric Baudry, directeur de la *Revue germanique* et l'un des premiers à propager les méthodes allemandes en France[136]. Paul Meyer enfin, chercheur sans doute aussi compétent que

---

130 Voir Baum 1976 et aussi Espagne 1997, pp. 122-124, avec des indications bibliographiques.

131 Voir pourtant Roach 1970, Brault 1978, Busby 1994, Espagne 1997, pp. 126-127.

132 On trouve également la forme Francis.

133 Sainte-Beuve 1884, pp. 200-256 (texte de 1863).

134 Voir également Breitinger 1877, p. 112: «Unter Diez' französischen Schülern nimmt Emile Littré den ersten Rang ein».

135 Voir, typiquement, Tagliavini 1998, p. 46. Dans les *Actes du colloque Emile Littré*, 1983, l'on trouve, en revanche, plusieurs articles sur les mérites de Littré dans le domaine de l'histoire de la langue.

136 Frédéric Baudry (1818-1885), conservateur-adjoint et administrateur de la bibliothèque Mazarine, avait publié, entre autres ouvrages: *Les frères Grimm, leur vie et leurs travaux* (1864), *Grammaire comparée des langues classiques* (1868). Lors des funérailles de Baudry, Gaston Paris dit dans une brève allocution: «M. Baudry ne possédait pas seulement un savoir d'une rare étendue et d'une grande sûreté; c'était avant tout un esprit philosophique, qui rattachait tous les objets de son étude à une pensée générale très large et très souple. [...] Il fut un des premiers à propager en France le grand mouvement scientifique de l'Allemagne, mais, en nous versant ce vin fort et parfois un peu trouble, il ne

germanophobe après la guerre franco-prussienne, tout au contraire, par exemple, de Gaston Paris[142]. – Léon Gautier, quant à lui, va même encore plus loin que Rousselot et Meyer. Dans la préface à son édition de la *Chanson de Roland* de 1872, préface qui se ressent fortement du conflit franco-allemand, il met l'accent sur le fait que Raynouard est le fondateur de la discipline et passe tout simplement sous silence le rôle de Diez[143].

C'est apparemment contre ce genre de minimisation du rôle de l'Allemagne et de Diez que s'insurge Leo Jordan, quand il écrit :

> « Ein lebendigeres Bewusstsein [als bei Gaston Paris], dass man anderen schuldig sei, was man ist, ist nicht denkbar. Zugleich zeigen seine Worte, dass man der Wahrheit, wie ihm [Gaston Paris], einen schlechten Dienst erweist, wenn man einen Einfluss herabsetzen oder zu einem indirekten machen will, den er selbst als einen vollkommen persönlichen darstellt, und dessen Erinnerung ihn Worte sprechen lässt, in denen man die feinen Schwingungen innerster Anteilnahme verspürt. Man könnte vielleicht der Ansicht sein, mit dem Vortragen einer solchen Auffassung ein Werk des Patriotismus zu verrichten, das auch dem Patrioten Gaston Paris gefallen könnte, so warm aber diese Liebe zu seinem Vaterland war, so sehr er auch an ihm und dem Ruhme seines Könnens hing, eines, glaub ich, geht unzweifelhaft aus den vorstehenden Schilderungen hervor : sein Endurteil blieb von seinem Gefühl unbetroffen, er blieb gerecht und klar. Gerade in dieser Eigenschaft liegt eben der Ursprung seiner Bedeutung für Frankreich, das Fundament seiner Grösse ; wer es wegnimmt mindert seinen Ruhm » (Jordan 1903, p. 119).

Une stratégie de récupération française de la discipline est également mise en œuvre par l'historien Frédéric Masson, fervent bonapartiste depuis l'avènement de la Troisième République et successeur de Gaston Paris à l'Académie française. Dans son discours de réception, Masson présente l'histoire de la discipline comme une véritable lutte des nations et des génies nationaux :

> « M. Gaston Paris revint en France convaincu de l'excellence des méthodes allemandes et profondément teinté de germanisme, non seulement par les formes de travail qu'il avait adoptées, mais par la tournure que ses sentiments avaient reçue. Toutefois, son intelligence avait le vol trop haut pour qu'elle se contentât en se traînant aux sillons tracés ; il conçut l'espoir d'en ouvrir de nouveaux sur terre française : se proposant de démontrer par l'exemple que les Français, eux aussi, sont capables de persévérance dans l'érudition, de précision dans la critique, d'ingéniosité dans la comparaison, de rigueur dans la conclusion, il nationalisa cette science qu'il apportait d'Allemagne » (Masson 1904, p. 14).

---

142 Nous allons revenir plus loin sur ce point.

143 Gautier 1872, p. clxvij.

Disons dès maintenant que Jordan a parfaitement raison de faire remarquer que Gaston Paris lui-même s'est toujours insurgé contre de telles lectures polémiques de l'évolution de la philologie romane, et B. Cerquiglini a certainement tort lorsque, à propos des méthodes de la critique textuelle, il met ce discours dans la bouche du philologue :

> «Il s'agit donc, maintenant, de lachmanniser vigoureusement la littérature médiévale française, et de montrer aux Prussiens (et à son père) que l'on fait bien mieux qu'eux» (Cerquiglini 1989, p. 81).

Car, si quelques savants de l'époque ont effectivement élaboré de tels raisonnements – et le cas de Masson vient d'illustrer cela –, Gaston Paris n'est justement pas de leur nombre, ainsi que nous allons le voir dans la Partie III.

De l'autre côté du Rhin, on se plaît souvent à faire croire que c'est à Bonn que la discipline aurait vu le jour. Ainsi, appliquant un procédé exactement complémentaire à celui utilisé par Gautier en 1872, Carl August Friedrich Mahn, dans sa conférence *Ueber die Entstehung, Bedeutung, Zwecke und Ziele der Romanischen Philologie* de 1863, ne souffle pas mot de Raynouard et fait commencer l'histoire de la philologie romane directement avec Diez[144], ce que lui reprochera promptement Gaston Paris dans la *BEC* de 1864 :

> «M. Mahn oublie ici Raynouard, qui a précédé, au moins comme méthode, M. Diez lui-même ; celui-ci a été plus juste envers son prédécesseur» (1097*, 1864, p. 438, n. 2).

Très tôt, Josef Körner condamne les déformations de l'histoire qui résultent de cette volonté d'accaparement complet de la discipline par les Allemands :

> «Spätere Kritiker haben es darauf angelegt, sein [i.e. Diez'] Verhältnis zu Raynouard unter dem Bilde eines für den Deutschen siegreich endenden Wettlaufs darzustellen. Besonders deutsche Professoren, insgesamt Schüler des Bonner Romanisten, glaubten ihrem einstigen Lehrer einen Dienst zu erweisen, seinen Ruhm erst recht zu befestigen, wenn sie den Gegensatz zwischen ihm und dem Franzosen möglichst herausarbeiteten und dem Deutschen zulegten, was sie jenem nahmen. Das wäre nicht nach dem Wunsche des bescheidenen Diez gewesen, der am besten wusste, wieviel er dem kenntnisreichen Vorgänger schulde» (Körner 1913, p. 474).

Dans cette même logique de récupération nationale, on essaie de présenter Gaston Paris comme un savant qui, s'il est français d'origine, est allemand de formation, voire d'esprit. C'est le ton, entre autres, du discours de Georg Steffens, délégué de la section romane de l'Université de Bonn

---

[144] Mahn 1863, pp. 6-7. Au sujet de Mahn, voir par exemple Christmann 1986.

(Foerster, qui aurait dû remplir cette fonction, était tombé malade) lors des funérailles de Gaston Paris:

> «La section romane de l'Université de Bonn m'a délégué pour apporter son dernier tribut d'hommages au plus illustre de ses élèves. Elle n'oubliera jamais que le jeune lauréat, amené par son père, est venu s'asseoir aux pieds d'une de ses gloires, Frédéric Diez, le fondateur de la philologie romane. [...] Il a reconnu avec une gratitude touchante combien ces années d'études ont enrichi ses connaissances, mûri son esprit et élargi son horizon intellectuel. Dans cette tristesse, qui unit les cœurs des romanistes allemands, nous avons au moins la consolation de nous dire que, parmi les semences qu'il a jetées dans le champ de la philologie française, il s'en trouvait de nombreuses qu'il avait recueillies chez nous. Le savant, devenu un grand maître et jouissant d'une réputation internationale, conservait, pour cette raison peut-être et malgré ses tendances cosmopolites, une prédilection pour l'Allemagne qu'on lui a parfois reprochée» (Steffens 1903).

Le discours de Steffens a apparemment provoqué un «scandale», qui s'est répercuté jusque dans les journaux. Le *Gaulois*, organe monarchiste très friand de ce genre d'histoire, publie la notice suivante:

> «Petit scandale chez les... romanistes.
>
> Romanistes ou romanisants français sont fort irrités contre les savants allemands. L'un d'entre eux, M. Steffens, représentant de l'Université de Bonn, a, paraît-il, gravement manqué de courtoisie aux obsèques de M. Gaston Paris.
>
> M. Paul Meyer, directeur de l'Ecole des chartes, venait de retracer, en termes élogieux, la carrière scientifique du défunt, disant que si Gaston Paris avait suivi les cours de Diez, à l'Université de Bonn, il avait toutefois tiré mince profit des leçons de ce maître, dont l'enseignement oral était très insuffisant.
>
> M. Steffens, dans son allocution, releva vivement les propos du savant français. Il affirma que, sans la science allemande, M. Gaston Paris n'eût point été le savant que l'on connaît.
>
> Grand brouhaha: petit tumulte... inaperçu des non initiés.
>
> Mais M. Steffens, faisant le lendemain des visites d'adieux, trouva partout visage de bois» (le *Gaulois*, 15 mars 1903).

Ayant pris connaissance de ces lignes, Paul Meyer adressa aussitôt une lettre au *Temps*:

> «Permettez-moi de rectifier dans vos colonnes un entrefilet entièrement erroné qui a paru ce matin dans le *Gaulois* et que plusieurs journaux ont reproduit. [...] M. Steffens n'a rien eu a relever dans mes paroles, pour la raison toute simple que, dans mon discours, je n'ai même pas prononcé

> le nom de Diez. Je parlais au nom du conseil de perfectionnement de l'Ecole des chartes, et n'avais pas à retracer les débuts de la carrière scientifique de Gaston Paris. La vérité est que mon bien regretté ami se disait volontiers l'élève de Diez, comme Diez lui-même m'a dit qu'il était l'élève de Raynouard, qui n'a jamais professé.
>
> Paris était l'élève de Diez en ce sens qu'il avait appris les éléments de la science dans la grammaire des langues romanes du célèbre professeur, comme moi-même et comme tous les romanistes. Il avait du reste entendu quelques-unes de ses leçons, quelques-unes seulement, d'abord, parce que son séjour à Bonn fut de courte durée, ensuite parce que pendant une partie du temps qu'il passa à l'Université de cette ville, il se trouva que Diez, qui était surtout professeur de philologie germanique, ne professa pas les langues romanes.
>
> Dans ces circonstances, je serais fort étonné que M. Steffens, faisant le lendemain ses visites d'adieu, eût trouvé partout 'visage de bois' comme l'affirme le *Gaulois*'» (Meyer 1903b).

Le 17 mars, finalement, le *Gaulois* publie une lettre de Steffens, dans laquelle celui-ci dément à son tour tout scandale (voir Annexe VI). On aura noté que Meyer ne parle pas du tout du discours de Steffens, discours qui, sans aucun doute, a été compris par lui comme il devait vraisemblablement l'être, à savoir comme une tentative de faire de Gaston Paris, du moins partiellement, un «produit allemand». Au lieu de cela, il met plus subtilement l'accent sur le fait que Gaston Paris n'a pas vraiment étudié la philologie romane chez Diez, relativisant *ipso facto* les déclarations de Steffens, sans pour autant réanimer ouvertement le conflit. L'existence même du scandale – quelle que soit la forme qu'il ait prise, celle décrite par le *Gaulois* ou une autre – ne fait aucun doute, même si les deux protagonistes essayent immédiatement d'apaiser les esprits.

## Qu'est donc allé faire Gaston Paris en Allemagne?

Au vu de ces scénarios franco-allemands hautement conflictuels, ce n'est peut-être pas tout à fait un hasard si le premier à amorcer un travail de démythification en ce qui concerne le séjour de Gaston Paris en Allemagne a été un Italien. Pio Rajna, en effet, dans un discours nécrologique très circonstancié, essaie de démêler les choses[145].

Exploitant pour la première fois les lettres de Gaston Paris à Durande, Rajna tente de démontrer que la philologie romane n'était nullement entrée en compte dans le choix de Bonn. Ce qui ne change pas le fait, nous dit le

[145] Pour tout ce qui suit, voir Rajna 1904.

philologue italien, qu'une fois arrivé dans cette ville, le jeune Paris soit allé voir le «maître» et qu'un contact assez familier se soit créé peu à peu entre les deux hommes.

La démonstration de Rajna vise, au fond, deux choses différentes: d'une part la motivation première du séjour de Gaston Paris outre-Rhin, et d'autre part l'intensité avec laquelle celui-ci s'est occupé de philologie romane une fois arrivé en Allemagne. D'après les lettres que nous avons pu consulter, il paraît évident que Rajna conteste avec raison la version accréditée, selon laquelle Gaston Paris serait allé à Bonn pour y parfaire une formation de romaniste. On ne saurait par contre nier, comme le fait le même Rajna, qu'après la réponse de Wolf la ville de Bonn fut aussi, voire surtout, choisie parce que Diez y enseignait. Le romaniste italien semble définitivement tomber dans l'erreur lorsqu'il affirme que le jeune Paris serait allé en Allemagne pour y étudier la philologie classique. Nous avons vu qu'à Bonn, celui-ci suit un seul cours en cette matière, et seulement à partir du mois de juin. Et si, à Göttingen, il suit effectivement plusieurs cours de civilisation et de littérature antiques, on ne peut pas dire pour autant qu'il soit parti pour l'Allemagne avec le ferme dessein d'y étudier la philologie classique.

A la suite de Rajna, Tobler a également modifié la version officielle. Après avoir insisté sur le fait que Gaston Paris n'avait pas connu Diez «als ein urteilsfähiger Zuhörer»[146], il reprend, un peu plus loin:

> «Jeder von uns beiden [Gaston Paris et lui] [...] hat zwei Semester in Bonn studiert und daselbst neben anderen vortrefflichen Männern auch Diez gehört, ich allerdings insofern im Vorteil, als ich die Landessprache nicht erst zu erlernen brauchte, vier Jahre älter war, vier Semester akademischen Studiums an meiner Heimatuniversität hinter mir und Diezens bis dahin erschienene Werke fleissig durchgearbeitet hatte. [...] Diez war als Lehrer auch im mündlichen Unterrichte höher zu schätzen, als man nach Gaston Paris' frühesten Briefen denken möchte, und auch er würde jenen in dieser Hinsicht anders beurteilt haben, hätte er ihn völlig verstehen können» (Tobler 1912b, pp. 445-446).

Tobler souligne donc le fait, confirmé par les lettres de Gaston Paris à Durande, que l'étudiant parisien ne disposait pas de connaissances suffisantes en allemand pour véritablement comprendre les cours de Diez, ni même pour lire les œuvres du grand philologue, œuvres desquelles, c'est ce qui nous reste à conclure, il ne connaissait certainement pas grand-chose en 1856-57.

Il faut se résigner au constat que ce ne sont ni la philologie romane, ni la philologie classique, ni aucun autre projet bien précis qui ont amené Gaston Paris en pays germanique, sinon le désir d'apprendre l'allemand, de faire la

[146] Tobler 1912b, p. 443.

connaissance de l'enseignement supérieur d'outre-Rhin tel qu'il était notamment dispensé dans le domaine de la philologie comprise dans le sens le plus général du terme, et, *last but not least*, de parfaire son éducation morale et sentimentale. La version de Dietrich Behrens, aussi banale et fruste qu'elle puisse paraître, semble alors finalement la plus juste. Le directeur de la *Zeitschrift* conclut en effet laconiquement

> «dass es ganz bestimmte Studienabsichten überhaupt nicht gewesen sind, die Gaston Paris nach Deutschland führten» (cité dans Minckwitz 1905, p. 2).

Dès 1904, on aurait pu abandonner la lecture rétrospectivement téléologique de la vie de Gaston Paris et accepter l'idée, peu spectaculaire il est vrai, que ce dernier, avant et pendant son séjour en Allemagne, avait été un jeune homme comme tant d'autres, ayant des intérêts variés, formant des projets divers, se livrant à des rêves toujours nouveaux et n'étant en aucun cas déjà fixé sur sa carrière professionnelle. Ce que Gaston Paris dira en 1895, dans sa nécrologie sur James Darmesteter, pourrait ainsi très bien provenir de sa propre expérience:

> «Heureux ceux qui peuvent, entre les études enfantines et les premiers travaux personnels, vivre pendant quelques années dans cette indécision féconde où se prépare secrètement le grand parti qui va s'imposer, où les yeux s'ouvrent à toutes les lumières et les oreilles à tous le bruits, où la main hésitante se tend vers toutes les tâches et les abandonne à peine essayées, où l'esprit parcourt librement le monde, et cherche, ne sachant pas qu'elle lui est assignée d'avance, la place où il s'établira bientôt! Notre jeunesse française, si vite enrégimentée et 'spécialisée', ne connaît guère ce délicieux et fructueux vagabondage: il fut donné à Darmesteter, grâce à l'ignorance où il était encore sur sa vraie vocation, de s'y livrer éperdument. Ces quatre ans lui ont été aussi utiles que le sont au poulain de sang les mois où, avant de lui montrer le stade, on le laisse en liberté bondir dans la plaine, lutter contre le vent et poursuivre son ombre au soleil» (1066*, 1895, dans 787*, 1896, p. 22).

Vingt-cinq ans auparavant, tout juste après la guerre, Gaston Paris avait déjà encouragé le gouvernement français à accorder, à l'exemple de la Suède, des bourses de voyage à des jeunes gens, en motivant sa demande comme suit:

> «Cette excellente manière d'encourager les savants au début de leur carrière est à peu près inconnue chez nous [...]. Quand même ces missions sans but absolument déterminé n'auraient pas tel ou tel ouvrage pour résultat immédiat, elles ont toujours, lorsqu'elles sont accordées à des hommes d'un esprit sérieux et réfléchi, l'avantage de développer leurs facultés et d'augmenter leurs connaissances, et notamment de les rendre capables d'apprécier sainement les nations étrangères: or faciliter, surtout

en France, l'acquisition de qualités de cet ordre c'est contribuer de la meilleure façon possible à l'enrichissement intellectuel du pays» (1098, 1872, p. 94).

Il s'avère ainsi, pour en revenir à nos réflexions sur l'historiographie de la philologie romane, que tout ce qui relève de la catégorie de l'indécis et du flou se prête mal à la construction d'une discipline, construction qui, au contraire, a besoin de catégories «fortes» et simples, telles les dichotomies nationales et les filières de succession unilinéaires. Les versions de Rajna et de Tobler[147] – deux amis intimes de Gaston Paris et donc *a priori* plus dignes de foi que d'autres – ne furent, en effet, guère reprises[148], à une exception près. Dans le Nord, la légende du voyage initiatique de Gaston Paris à Bonn semble ne jamais avoir été retenue. On peut, en effet, reconstruire une filière qui va de Nyrop[149] à Nykrog[150], en passant par Aalto[151]. Tous ces auteurs mettent l'accent sur le fait que Gaston Paris n'a pas véritablement étudié la philologie romane en Allemagne. L'interprétation «nordique» est restée longtemps isolée, certainement, entre autres, pour des raisons linguistiques, Nykrog étant le premier à écrire en anglais, et ce n'est que récemment que, de façon contemporaine à Nykrog, Werner[152] et Brault[153], le premier (qui ne connaît pas le texte de Rajna) s'appuyant directement sur les lettres de Gaston Paris à Durande, le deuxième se référant principalement à Rajna, ont remis en circulation une version plus réaliste des choses.

Il faut reconnaître que la version officielle du voyage initiatique a pu être nourrie par quelques remarques et allusions de Gaston Paris lui-même, à commencer, ainsi que le note Nykrog[154], par la dédicace de sa thèse d'archiviste-paléographe à Diez. Cette dédicace est en effet pour le moins ambiguë:

> «A Monsieur Frédéric Diez, Professeur ordinaire à l'université de Bonn, correspondant de l'Académie des Inscriptions et Belles-Lettres, cet essai d'un de ses disciples est respectueusement dédié» (158*, 1861).

D'autres remarques de Gaston Paris ont également pu induire les commentateurs en erreur. Celle, par exemple, qui se trouve dans la «Chronique» de la *Romania* l'année de la mort de Diez:

---

147 On pourrait ajouter Voretzsch 1909, qui reprend l'analyse et l'opinion de Rajna.

148 Wilmotte, il est vrai, la mentionne dans une note (Wilmotte 1947, p. 28, n. 3)

149 Nyrop 1906.

150 Nykrog 1996a.

151 Aalto 1987.

152 Werner 1991a, pp. 34-35 et 1991c.

153 Brault 1996.

154 Nykrog 1996a, p. 294.

> «Des deux directeurs de la *Romania*, l'un a été son élève [i.e. de Diez] il y a vingt ans et a toujours gardé pour lui les sentiments du plus affectueux respect [...]» (*Romania*, 5, 1876, p. 412).

Celles aussi que le philologue fit lors de la commémoration du centenaire de Diez, le 2 mai 1894:

> «J'ai bien volontiers accepté d'être, avec mon ami Paul Meyer, un des deux présidents de ce banquet. Nous sommes en effet sans doute presque les seuls Français actuellement vivants qui aient connu le patriarche de nos études et qui lui aient parlé *di bocca a bocca*. J'ai eu surtout ce privilège, ayant habité pendant neuf mois, dans ma dix-huitième année, la charmante ville qui était devenue sa seconde patrie, et l'ayant visité, dix ans plus tard, à Giessen, dans sa petite maison paternelle. Il me restera toujours de lui un souvenir précieux et doux, fait de vénération, de sourire et d'attendrissement. La vénération est due à ce qu'a produit de vraiment grand cet homme si modeste et qui s'effaçait si volontiers; le sourire me revient involontairement aux lèvres quand je le revois avec sa timidité qu'augmentait son extrême myopie, sa casquette verte à longue visière, ses manières embarrassées, la gêne avec laquelle il avouait (et prouvait) qu'il parlait médiocrement ces langues romanes qu'il possédait si bien; mais le sourire fait bientôt place à une émotion attendrie quand je repense à son extrême bienveillance pour l'écolier inconnu qui lui était un beau jour arrivé de Paris, à la bonté qui éclairait son visage quand ses yeux incertains m'avaient enfin reconnu dans le demi-jour de son paisible cabinet, aux promenades qu'il me permettait de faire à ses côtés, répondant (en français, malgré l'effort qu'il lui fallait faire) à mes questions souvent bien peu réfléchies, aux encouragements si chaleureux qu'il donna bientôt à mes premiers essais, à sa joie paternelle quand il me revit en 1866...» (*Romania*, 23, 1894, pp. 290-292).

Même si ces phrases, à y regarder de près, ne contiennent rien que de très vrai, elles ont facilement pu être interprétées dans le sens que nous avons vu. Derrière les questions posées par Gaston Paris et les encouragements dispensés par Diez se dessine en effet le scénario du novice venu boire le nectar de la science aux lèvres du maître.

Les remarques les plus ambiguës sont cependant celles faites par Gaston Paris en 1883, dans un compte rendu des *Erinnerungsworte an Friedrich Diez* d'Edmund Stengel:

> «Ses travaux [ceux de Diez], estimés dès leur apparition, ne furent cependant pas, dans son pays, appréciés tout d'abord à leur véritable valeur; il n'est pas exagéré de dire que ce furent ses disciples suisses [entendons Tobler], italiens [entendons Ascoli], français [entendons lui-même], qui, à partir de 1858 environ, en exprimant leur admiration pour ses écrits et sa personne, contribuèrent surtout à entourer son nom d'une renommée qu'il méritait si bien» (1060, 1883, p. 601).

Ayant lu ce passage, on est évidemment convaincu que Gaston Paris avait formé, dès son séjour en Allemagne, le ferme dessein de devenir philologue romaniste.

Mais d'autre part, dans le *Journal des Débats* du 2 mars 1894, le même Paris avoue sans ambages qu'il n'avait entendu chez Diez que le cours déjà mentionné sur la *Gerusalemme liberata*, à un moment où il ne savait presque pas l'allemand, et qu'il avait, de plus, été déçu par l'enseignement de celui-ci (on a vu ce que Tobler pense de cette «déception»):

> «Peu de personnes ont connu Diez autrement que par ses livres. J'ai eu ce privilège, et je ne l'oublierai jamais. J'ai passé en 1856-1857 un an à l'université de Bonn, et j'ai été l'objet de son exquise bonté. Je ne puis pas dire que j'aie pu beaucoup l'apprécier comme professeur. D'abord, quand j'arrivai, je ne savais pas un mot d'allemand; puis, quand, au bout de six mois, je pus suivre à peu près ses leçons, je fus bientôt déçu. Diez n'avait pas le goût ni le don de l'enseignement oral; ses leçons relatives aux langues romanes (car il professait aussi des langues germaniques) attiraient peu d'auditeurs: je n'ai suivi qu'un *privatissimum*, comme on dit là-bas, qu'il tenait chez lui, et où il faisait lire à quatre ou cinq étudiants la *Gerusalemme liberata*» (1065*, 1894).

C'est aussi cette version qu'il fait connaître à Rajna, dans une lettre du 27 novembre 1894:

> Tobler est le seul vrai élève de Diez, car moi je ne l'ai entendu que lire la *Gerusalemme liberata* et quand je savais à peine quelques mots d'allemand[155].

---

155 B.N., n.acq.fr. 24466, ff. 138-140. Cette déclaration de Gaston Paris sera rectifiée par Tobler 1912b: «Dass ich 'auch einer von Diez' Schülern' sei, ist jedenfalls richtiger als, was Paris nach Rajnas Zeugnis [...] an diesen geschrieben hat, ich sei *le seul vrai élève de Diez*. Jeder von uns beiden – und ausser uns würde denn doch noch an manche andere zu denken sein – hat zwei Semester in Bonn studiert und daselbst neben anderen vortrefflichen Männern auch Diez gehört [...]. Wie mein schon damals liebgewonnener Freund den Tasso, so habe ich ein Semester zuvor Dante durch Diez erklären hören, schlicht und so, wie es für Schüler angemessen war, die sich meist auf der Stufe erster Bekanntschaft mit dem Italienischen befanden. Daneben habe ich eine Vorlesung über Gotisch gehört, ein Muster besonnener Auswahl des Wichtigsten, strenger Ausschliessung alles dessen, was die Aufmerksamkeit von der Sache ab und etwa auf den Lehrer hätte lenken können, immer gleichmässig vorbereitet, ruhig fortschreitend und dabei fesselnd durch das unverkennbare, wenngleich nie zur Schau getragenen Interesse, das der Gegenstand für den Lehrer selbst besass. Jede Woche einmal durfte ich auf eine Stunde allein zu Diez in die Wohnung kommen und nach eigener Wahl dieses oder jenes Stück aus Mahns Werken der Troubadours übersetzen, so gut ich es vermochte, und bin dadurch, vielleicht mehr weil ich mich zu sorgsamer Vorbereitung verpflichtet fühlte, als durch unmittelbare Belehrung, ohne Zweifel ebenfalls gefördert worden» (Tobler 1912b, pp. 445-446).

Finalement, dans une missive à Hugo Schuchardt datée du 6 novembre 1893, Gaston Paris est très clair:

> Je crois qu'avec Tobler et moi vous êtes le seul des romanistes actuels qui ayez connu le vieux maître [Diez], bien que vous n'ayez pas été proprement son élève; – au reste, qui l'a été autrement que de ses livres?[156]

En ce qui concerne l'influence de Diez sur Gaston Paris, il convient donc de bien distinguer une fois pour toutes deux aspects complètement différents: l'influence personnelle de Diez sur Gaston Paris lors du séjour de celui-ci à Bonn, et l'influence que les travaux de Diez ont eue par la suite sur ceux de Gaston Paris. Car, s'il est vrai qu'à Bonn même, ce dernier ne s'est guère occupé de philologie romane et que les ouvrages de Diez à cette époque ne l'ont apparemment pas préoccupé – il ne savait même pas les lire –, il est tout aussi vrai, et ceci est finalement banal, qu'une fois décidé à suivre le chemin tracé par son père, il s'est fondé essentiellement sur l'œuvre du savant allemand. Ainsi, il écrit à Diez, le 6 octobre 1861:

> «Je m'occupe beaucoup de philologie en ce moment, et cette étude m'a naturellement ramené vers vous, d'autant plus que vos admirables livres m'ont été et me sont tous les jours du plus grand secours. Je fais pour l'Ecole des Chartes une thèse sur ce sujet: du rôle de l'accent latin dans la formation de la langue française. Vous avez dit excellemment: Der Akzent in der romanischen Sprachbildung ist der Angelpunkt, um welche[n] sie sich dreht. C'est cette phrase que je veux développer par un travail de détail et une étude minutieuse des cas où l'accent a persisté, de ceux où il s'est déplacé et des causes des exceptions qu'a subies la règle» (cité dans Tobler 1912b, p. 444).

C'est donc décidément dans un sens figuré, «spirituel», qu'il faut comprendre la dédicace de l'*Accent latin* à Diez. Et c'est dans ce même sens que *tous* les romanistes de la génération de Gaston Paris sont finalement à considérer comme des élèves du maître de Bonn, ainsi que le faisait remarquer à juste titre Meyer dans sa lettre au *Temps* précédemment citée. Pour eux tous, la *Grammaire des langues romanes* a été, pour reprendre les expressions de Gaston Paris lui-même, le «bréviaire»[157] et la «bible»[158]. Les jugements de Meyer et de Tobler s'accordent parfaitement sur ce sujet:

> «Dans sa dédicace [celle de Gaston Paris dans l'*Accent latin*], il se déclarait 'l'un de ses disciples'; et il l'était en effet, comme le furent tous ceux qui se sont appliqués à l'étude scientifique des langues romanes. Mais

156 Universitätsbibliothek Graz, Nachlass Hugo Schuchardt, lettre 08616.

157 40, 1869, p. 249.

158 138*, 1871, p. 530.

c'est surtout depuis son retour d'Allemagne qu'il l'était devenu. C'est alors qu'il avait étudié à fond, dans la seconde édition, la *Grammaire des langues romanes* [...]» (Meyer 1906a, p. IX).

«[...] was er [Gaston Paris] und ich an Wissen, an Sicherheit im Forschungsverfahren, kurz an Erlernbarem von Diez empfangen haben mögen, das haben wir, denk ich, mehr aus seinen Büchern als sonstwie gewonnen, und gleiches wird so ziemlich von allen denen gelten, die neben und nach ihm romanische Philologie gepflegt haben und insofern seine Schüler sind» (Tobler 1912b, pp. 445-446).

Quant à la traduction de la *Grammatik der Romanischen Sprachen*, dont Gaston Paris publiera l'introduction en 1863 et le reste une dizaine d'années plus tard, entre 1873 et 1876 (le premier volume en collaboration avec Auguste Brachet, les deux autres avec Alfred Morel-Fatio), on peut écarter dès maintenant l'idée que ce projet a déjà vu le jour à Bonn même (nous y reviendrons).

Il nous faut mentionner un dernier nom dans le contexte du séjour allemand de Gaston Paris. Après avoir terminé sa thèse d'archiviste-paléographe sur l'*Accent latin*, Gaston Paris envoie une lettre à Diez, le 14 mai 1862, dans laquelle il prie le professeur de faire parvenir un exemplaire de ce petit ouvrage à Nicolaus Delius[159]. Qui est Nicolaus Delius? Richard Baum nous renseigne:

«Das Gebiet der 'neueren Sprachen und Literatur', mit den – für die Zeit typischen – Schwerpunkten im Bereich des Romanischen und Englischen [...] wurde in der Lehre systematisch auch von [...] Nicolaus Delius (1813-1889) vertreten [...]. Vom Sommer 1847 an las er immer wieder – mit unterschiedlicher Resonanz – das Kolleg 'Altfranzösische und provenzalische Sprache' und 'Vergleichende Grammatik der romanischen Sprachen' [...]» (Baum 1993, Teil I, p. 100).

Nous n'avons conservé que deux lettres tardives de Delius à Gaston Paris, l'une de 1870 et l'autre de 1874, missives qui ne nous apprennent strictement rien sur les rapports qu'entretenaient les deux philologues. Nous ne savons donc pas si Gaston Paris a suivi des cours chez Delius. Tobler écrit à ce sujet:

«Von Beziehung, in die Gaston Paris schon als Student zu Nicolaus Delius (1813-1888) getreten wäre, ist mir nichts bekannt» (Tobler 1912b, p. 450).

Cette affirmation contraste singulièrement avec celle de Baum, qui, quoique sans indication de source, écrit:

---

[159] Quant à cette lettre, voir plus loin.

«Manch ein Gelehrter, der sich später gerne als 'Schüler' von Diez bezeichnete – Tobler, Gaston Paris, Breymann, Stimming, Canello – sass gleichzeitig im Kolleg von Delius und konnte sich infolgedessen mit ebenso gutem Recht als dessen Schüler ausgeben. 'Vergleichende Grammatik der romanischen Sprachen' hörten Tobler, Gaston Paris und Breymann beispielsweise nicht beim 'Begründer' der romanischen Philologie, sondern bei Delius. Als Schüler von Diez im engeren Sinn kommt allein Edmund Stengel in Betracht [...]» (Baum 1993, Teil I, p. 100).

Gaston Paris lui-même a rédigé, en 1889, une notice nécrologique sur Delius:

«Nicolas Delius est mort à Bonn le 19 novembre; nous avons su sa mort trop tard pour l'annoncer dans notre dernier numéro. Delius restera surtout célèbre par sa méritoire édition de Shakespeare; mais la philologie romane lui doit aussi un souvenir. Il y a trente-deux ans, quand celui qui écrit ces lignes suivait les cours de l'université de Bonn, ce n'était pas Diez, – chose qui surprend aujourd'hui, – qui enseignait la grammaire romane. Diez faisait un cours public, – peu suivi, – de philologie germanique, un cours 'privé' dans lequel il expliquait un texte allemand, et un privatissimum où on lisait la *Gerusalemme liberata*; mais Delius faisait quatre leçons par semaine sur la grammaire comparée des langues romanes. On ne peut pas dire qu'il exerçât une grande action sur ses auditeurs, ni qu'il exposât des idées très originales, mais il possédait bien son sujet et il le traitait avec une grande conscience. Son petit mémoire sur l'ancienne conjugaison espagnole (1852), ses éditions du *Saint Nicolas* de Wace (1850) et de chansons provençales du ms Douce (1853), ses articles du *Jahrbuch* sur la *Grammaire de Diez* (1859, 1868), sur *Don Quichotte* (1869) et Lope de Vega (1874), et surtout son étude sur le dialecte sarde au XIII^e siècle (1868), conservent encore de la valeur et attestent à la fois la solidité et la variété de ses connaissances. Ajoutons que Nicolas Delius était un homme excellent, de manières affables, d'un commerce sûr, un vrai gentleman. Atteint de bonne heure d'une surdité qui avait fini par devenir totale et qui assombrit beaucoup ses dernières années, il s'était retiré de l'enseignement avant le temps. Depuis longtemps il n'avait plus rien publié, et ses amis éloignés ne recevaient même plus de ses nouvelles. Il se faisait oublier; mais ceux qui l'avaient connu jadis et qui avaient reçu des marques de sa bonté n'oubliaient pas et n'oublieront pas cet homme laborieux et modeste, à l'esprit ouvert, au cœur chaud, au caractère éminemment sympathique» (*Romania*, 18, 1889, p. 337)[160].

D'après cette notice, il paraît d'abord certain que le jeune Paris a suivi les cours de Delius. Cependant, Gaston Paris ne cache pas le fait que l'enseignement de ce dernier n'était pas très intéressant. Avait-t-il abandonné ce

[160] Article non répertorié dans Bédier/Roques 1904.

cours après avoir constaté que le sujet tel que Delius l'exposait ne l'intéressait guère? Mais comment aurait-il compris l'allemand de Delius s'il ne comprenait guère celui de Diez? N'avait-t-il pas plutôt eu des échos des cours de Delius par ses camarades à Bonn? Tobler, en tout cas, qui était à Bonn en même temps que Gaston Paris, nie que celui-ci ait suivi des leçons chez ce professeur. On peut lui faire confiance, et ceci d'autant plus que Baum n'allègue aucune source précise en faveur de l'opinion contraire.

*

* *

La thèse selon laquelle les intérêts du jeune Gaston Paris, à l'époque de son séjour allemand – et encore moins avant –, n'allaient pas en premier lieu vers la philologie romane et la littérature médiévale est confirmée par les prédilections littéraires du jeune homme qui transparaissent dans les lettres à Durande. Entre Rabelais, Molière, Régnier et Musset, les quatre auteurs qu'il dit préférer à tous les autres[161]; entre Pascal, Rousseau (*Confessions*), Chénier, Chateaubriand (*Mémoires d'Outre-Tombe*), Monneron, Gautier (*Mademoiselle de Maupin*), Béranger, Lamartine (*Jocelyn*), Michelet (*Le Peuple*) et Hugo (*Contemplations*, *Légende des Siècles*); entre Shakespeare, Sheridan, Coleridge, Shelley, Schiller (*Die Räuber*, *Kabale und Liebe*) et Goethe (*Hermann und Dorothea*, *Reinecke Fuchs*); et, finalement, entre Perse (*Satires*) et Aristophane (*Grenouilles*), la littérature du moyen âge, représentée par les seuls textes du *Roman de Renart* et du *Nibelungenlied*, n'occupe pas, il faut l'avouer, une place prépondérante dans le programme de lecture de l'étudiant.

Distinguerait-on, par contre, un goût prononcé pour la littérature romantique? Oui, sans doute. Mais, ici encore, on se gardera d'en exagérer les proportions. Car, s'il semble préférer Rousseau à Voltaire[162], il déteste ce qu'il connaît de la première partie de la *Légende des Siècles*[163], et porte un jugement très sévère sur les *Mémoires d'Outre-Tombe*[164]. Il aime et admire sans réserve, par contre, les poèmes de Chénier, de Musset, de Monneron, les vers de Hugo des années 1830 (*Les Feuilles d'automne*, *Chants du crépuscule*)[165] et *Notre-Dame de Paris*[166]. En ce qui concerne plus précisément Chénier, il est pourtant permis de croire qu'outre les hymnes du genre «A la France»,

[161] B.N., n.acq.fr. 24464, ff. 82-83, lettre à Durande du 9 février 1958.

[162] *Ibid.*, ff. 46-48, lettre à Durande de septembre 1856, depuis Moscou.

[163] *Ibid.*, ff. 95-97, lettre à Durande du 3 octobre 1859.

[164] *Ibid.*, ff. 67-70, lettre à Durande du 23 juillet 1857.

[165] *Ibid.*, ff. 187-188, lettre non datée à Durande du temps du collège.

[166] *Ibid.*

ce sont surtout les poèmes «scientifiques» et «didactiques», tel «L'Invention», morceaux qui, toutes proportions gardées, anticipent d'une certaine façon les œuvres d'un Sully Prudhomme tant admiré par Gaston Paris, qui ont retenu l'attention de ce dernier.

Le caractère le plus distinctif des lectures de jeunesse de Gaston Paris semble finalement être une fascination certaine pour la poésie populaire, tant celle produite par le peuple que celle reçue par lui, et même, plus généralement, pour des textes qui parlent du peuple. Le jeune Paris adore Béranger[167], les chansons populaires d'Uhland[168] et *Le Peuple* de Michelet[169]. Cette fascination aura des répercussions sur les recherches littéraires du philologue, comme nous allons le voir dans la Partie IV.

*

* *

Les deux années passées outre-Rhin ont également vu s'évaporer quelques grands rêves, notamment celui de devenir poète[170]. Pendant toute son adolescence, Gaston Paris avait composé des vers, dont un grand nombre est conservé dans des cahiers déposés aux archives de l'EPHE. Or, c'est précisément pendant son séjour en Allemagne qu'il renonce définitivement à l'idée de «grimper sur le dos de Pégase». Le cahier qui porte le titre «Derniers essais. Bonn 1856-57» est resté quasiment vide. Reconnaissant ce qui lui manquera toujours comme talent et comme génie, l'étudiant finit par abandonner ce projet longtemps caressé:

> Il me semble que je me lance dans un style rococo qui te fait faire une terrible grimace. Je le quitte, et je viens à mon petit bidet, laissant là ce pauvre Pégase, sur le dos duquel j'ai un temps essayé de grimper. Ma foi, je regrette bien sincèrement qu'il n'ait pas voulu de moi; car vraiment je ne conçois pas de plus immense plaisir au monde que la jouissance que doit éprouver l'homme cavalier emporté par ses ailes de flamme au-dessus de la terre, et planant avec lui plus haut que tous les sommets, plus loin que toutes les étoiles. Mais il faut être un bon cavalier, il faut avoir le bras souple et le talon vigoureux, pour qu'il [...][171] à vous recevoir sur sa selle, le cheval des Muses; et le voyage est souvent dangereux et

167 *Ibid.*, ff. 67-70, lettre à Durande du 23 juillet 1857; et *ibid.*, ff. 71-72, lettre au même du 2 août 1857.

168 *Ibid.*, ff. 87-88, lettre à Durande du 8 avril 1858.

169 *Ibid.*, ff. 35-36, lettre à Durande du 21 février 1857.

170 La filière des médiévistes ayant caressé dans leur jeunesse le rêve de devenir poète est quasi coextensive à l'histoire de la discipline, allant de Diez jusqu'à Zink (voir Zink 1996b, p. 27).

171 Mot illisible.

> terrible, s'il faut en croire ce que Victor Hugo nous a si bien raconté dans Mazeppa. Je lui ai dit adieu pour toujours, et toutes mes idées se sont tournées d'un autre côté. A toi pour qui je n'ai rien de caché, j'avouerai que j'ai eu la faiblesse, dans d'autres temps, de rêver cette carrière poétique et ces grands essors vers la gloire et la beauté idéale. Connais-tu la fable de l'aigle et du corbeau? C'est l'histoire de bien des poètes [...]. Heureusement mes velléités poétiques n'ont trouvé aucun encouragement ni dans ma famille ni parmi mes amis et connaissances, et j'ai assez vite renoncé à éclipser Shakespeare et Homère. Je crois d'ailleurs que ce résultat serait venu de lui-même: plus j'ai lu les poètes et apprécié la poésie, plus j'ai dû reconnaître ma complète inaptitude. Mais ce n'est pas sans regret, Dieu le sait, que je lui dis adieu, à cette pauvre et belle Muse qui m'avait si souvent apparu dans les songes d'autrefois. J'ai pris des divinités plus sérieuses, plus graves, et non moins tendres, non moins consolantes et amicales; mais il leur manquera toujours des ailes![172]

Gaston Paris écrira encore, de moins en moins fréquemment pourtant, quelques poèmes de circonstance. Tout ce qui lui restera de son rêve de jeunesse, il le réalisera pour ainsi dire par procuration en se liant d'amitié avec Sully Prudhomme, son *alter ego* poétique, dont il lit et corrige les poèmes et à la gloire duquel, toute discutable et éphémère qu'elle fût, il a beaucoup contribué[173].

Voici donc Gaston Paris, âgé de 19 ans, illustrant à son tour ces vers de Musset dont Sainte-Beuve est à l'origine:

> «Il existe, en un mot, chez les trois quarts des hommes
> Un poète mort jeune à qui l'homme survit»[174].

---

[172] B.N., n.acq.fr. 24464, ff. 80-81, lettre à Durande du 22 janvier 1858.

[173] C'est en effet Gaston Paris qui soumet, en 1865, les *Stances et Poèmes* de Sully Prudhomme à l'attention de Sainte-Beuve, lequel avait mentionné de façon bienveillante son article sur «Les derniers travaux sur Molière» (850*, 1863/64), en signalant notamment l'emploi figuratif du verbe «dérailler» que le jeune Paris semble y avoir utilisé le premier. Sainte-Beuve se prononce tout à fait favorablement sur Sully Prudhomme dans un de ces *Lundis* de 1865 (voir Bonnerot 1955 et Sully Prudhomme 1903, p. 12). Sully Prudhomme, lui, admettra franchement que c'est grâce à Gaston Paris qu'il était entré à l'AF et qu'il avait remporté un prix au premier concours international de littérature (*ibid.*). – Quant au rapport entre Sully Prudhomme et Gaston Paris, on lira aussi les deux longs articles que ce dernier a consacrés à son ami dans la *Revue de Paris* en 1895 et 1896 respectivement (786*), articles repris dans *Penseurs et poètes* (787*). On peut croire que ce sont ces deux articles aussi qui ont contribué à l'attribution du prix Nobel à Sully Prudhomme en 1901, moment où ils seront également traduits en suédois, au nom de l'Académie du prix Nobel (voir aussi ci-dessous, n. 394). – Sully Prudhomme, de son côté, a dédié deux poèmes à Gaston Paris, «L'Art» et «Le Bonheur» (Sully Prudhomme 1883 et 1897).

[174] Alfred de Musset 1957, p. 378.

Une autre activité qui a retenu pendant quelque temps l'attention du jeune Paris est la correspondance littéraire, c'est-à-dire des articles dans lesquels l'auteur est censé brosser un tableau général de la situation littéraire actuelle de son pays. Si Gaston Paris écrit à Durande le 3 avril 1858:

> S'il faut te dire ce que j'en pense, je ne crois pas du tout que je puisse faire quelque chose de supportable en matière de correspondance; aussi ai-je écrit[175] pour demander à faire des articles d'un autre genre; mais je doute qu'on ait assez de confiance en moi pour m'y autoriser[176],

il donnera néanmoins, entre 1858 et 1862, quatre «lettres» intitulées «Uebersicht über die Entwickelung der französischen Nationalliteratur» au *Jahrbuch für romanische und englische Literatur*[177]. Après quoi, en effet, il ne travaillera plus dans cette direction.

## Perception de l'Allemagne

Dans *Mes premières armes littéraires et politiques*[178], Juliette Adam (Lamber), qui a joué pendant un certain temps, nous allons le voir, un rôle assez important dans la vie de Gaston Paris, cite deux lettres qu'elle aurait écrites au jeune philologue vers 1863-64[179]:

> «Je suis en grande dispute avec mon ami Gaston Paris. Il veut m'intéresser à une société germanico-française.
>
> Voilà ce que je lui réponds le 2 décembre:
>
> 'On y verra, dans votre société germanico-française, des Büchner, mais les Büchner et l'Allemagne, pas trop n'en faut. Je vois d'ici vos gros yeux. Vous gémissez sur mon entêtement et sur mon ignorance. Parlez-moi de notre vieille Gaule, dans sa plus lointaine histoire. Faites votre

[175] C'est-à-dire à Ch. Dollfus et à A. Nefftzer, alors directeurs de la *Revue germanique*, pour laquelle Gaston Paris venait d'écrire un article, qui ne paraîtra pourtant point, pour la simple raison qu'il l'avait envoyé trop tard. Gaston Paris était d'ailleurs plutôt sceptique vis-à-vis de cet organe, qui s'était donné pour vocation de favoriser la connaissance de l'Allemagne en France (voir B.N., n.acq.fr. 24464, ff. 85-86, lettre à Durande du 3 avril 1858). Il faut pourtant croire que les deux rédacteurs avaient assez de confiance en le jeune Français pour lui demander des travaux d'«un autre genre», car ce sera dans cette même *Revue germanique* que celui-ci publiera ses deux premiers articles consacrés à la littérature du moyen âge (voir plus loin).

[176] B.N., n.acq.fr. 24464, ff. 85-86, lettre à Durande du 3 avril 1858.

[177] 775*-778*.

[178] Ce livre est le deuxième volume des *Souvenirs*, dont la publication en sept volumes s'étend de 1902 à 1910.

[179] Quant à ces lettres, voir ci-dessous, p. 186.

thèse, que je lirai aussi bien que je pourrai, mais, croyez-moi, laissez les Allemands être Allemands et restez Français. Il pénètre assez dans notre esprit de l'esprit des autres peuples, et nous n'avons pas besoin de nous disperser davantage. Je suis centripète française, et vous, centrifuge.'

Et, huit jours après, j'écris encore:

'Vous essayez de me corrompre en me présentant votre idée de société franco-germanique comme une création intime dans laquelle vous avez mis vos dernières espérances d'idéal réalisé. Faisons un marché. Convenez que vous êtes Allemand, comme moi je suis Française; mais renoncez à votre titre de Français, sans quoi je vous appelle traître et renégat. Je défends mon pays avec une plume aiguisée. J'empêche une invasion de 1814 intellectuelle. Je marche armée à ma frontière. 'Gare à vous!' Votre Rhin tiendra dans mon verre[180]. Votre esprit est l'esprit d'Allemagne; votre méthode, votre philosophie, sa méthode et sa philosophie; vous préférez la poésie, la science, la littérature naïve, l'amour de la tradition qu'elle préfère. Notre génie révolutionnaire vous inquiète. Votre esprit chercheur n'est nullement avant-coureur.

Vous n'aimez nos vieilles épopées du moyen âge que parce que l'Allemagne les aime, et parce qu'elles ont des affinités avec les *Niebelungen* [sic]. Est-ce que c'est l'orthographe allemande? Quel bonheur de ne savoir qu'une langue, d'être une ignorante! On ne rêve ni mélanges anormaux ni fusion d'éléments opposés; on ne vient pas forcer les gens d'à côté de penser et de procéder comme leurs voisins, on ne dorlote pas un système, une utopie, avec salles de réunions à l'appui, prospectus, affiches et lanterne sur laquelle on écrira: 'Ceci pour vous éclairer à la mode étrangère, qui est meilleure que la vôtre.' Eh! monsieur, je veux bien boire votre Rhin dans mon verre, mais je vous défie de boire ma Seine!'» (Adam 1904, pp. 458-459).

La thèse de la germanophilie de Gaston Paris a été régulièrement soutenue, surtout après la guerre franco-allemande, à une époque où les philologues se servant des méthodes scientifiques développées en Allemagne étaient, par là même, suspects de haute trahison. Nous reviendrons sur ce sujet dans la Partie III, mais arrêtons-nous pour l'instant à la perception de l'Allemagne de Gaston Paris pendant son séjour même.

On l'aura remarqué à la lecture des lettres précédemment citées: les jugements que le jeune Paris porte sur son pays d'accueil sont nuancés et mélangés. S'il admire l'Allemagne sous certains aspects, sous ceux de la littérature et de l'atmosphère studieuse – l'Allemagne de Goethe et des Grimm –, il l'apprécie beaucoup moins sous d'autres. On se souvient du jugement néga-

---

180 Allusion au «Rhin allemand» d'Alfred de Musset (voir Alfred de Musset 1957, pp. 403-404), réplique au *Rhin fleuve allemand et non frontière allemande* d'Ernst-Moritz Arndt (1813) et au *Rhin allemand* de Nicolas Becker (1840); voir Cabanel 1997, p. 11.

tif qu'il porte, au début de son séjour, sur les sociétés d'étudiants. Lisons également cette missive à Durande, écrite le 17 décembre 1856:

> Ici d'ailleurs les mœurs sont en général assez prudes[181]; tous ces braves étudiants allemands ne demandent pour être heureux qu'une pipe et un pot de bière. Je les connais peu, pour ne pas dire je ne les connais pas; mais je leur préfère les étudiants parisiens; ils font des bêtises avec une gravité et une pesanteur assommantes. J'ai assisté l'autre jour à une de leurs réunions, qu'ils appellent *fackelzug* ou train de flambeau. D'abord sache qu'il y a ici des corps, et des sociétés d'étudiants. Les membres se réunissent pour boire, fumer, et tirer des armes, ce qu'ils appellent se battre. Pour y être admis, là il faut être noble, ici il faut s'être *battu* trois fois, ici il faut aller trois fois par jour à la brasserie, etc. etc. Les corps se distinguent en ce qu'il font pour ainsi dire partie de la constitution intime de l'université; les sociétés sont plus modernes. Il y a le corps des Borusses, le corps des Marcomans, le corps des Rhénans, le corps des Turingiens, etc. etc. Ils se sont mis tous une torche à la main, les chefs des corps dans les voitures, musique en tête et en queue, et ont été jusque chez le recteur. Le recteur a reçu les chefs chez lui, a bu à la santé de l'université, a paru à la fenêtre, et nos gaillards sont repartis jusqu'à la place du Marché; là ils ont jeté tous leurs flambeaux en un tas, et ils les ont regardés brûler en chantant un fort bel air qu'on nomme l'air des étudiants, quelque chose de mélancolique et de rêveur, mais très-harmonieux et très plein. Mais en somme, cela manquait totalement de chic, et pour ces choses-là c'est le chic qui fait tout[182].

Même si Gaston Paris s'est laissé convaincre, on l'a vu, d'intégrer lui-même une société d'étudiants, on peut croire que ses jugements sur l'«esthétique» de ces réunions ne se sont guère modifiés. En ce qui concerne l'étiquette, la forme, Gaston Paris restera en fait toujours persuadé de la supériorité des Français sur les Allemands. Dans cette même logique, voici ce qu'il écrit à Durande à propos des femmes allemandes, qu'il oppose, fidèle en ceci à la tradition staëlienne, à celles du Midi:

> D'ailleurs, la vie que je mène me conduit excessivement rarement dans la société; la société de Göttingen, fort docte, ne foisonne pas en dames, les dames d'ici n'abondent pas en jolies femmes (pardon de ce français digne de M. Dumery[183]):
>
> Il en est jusqu'à trois que je pourrais nommer.
>
> Et puis je ne crois pas que je puisse devenir bien amoureux d'une femme allemande; elles ont d'excellentes qualités, elles ont souvent une beauté

---

[181] *Prudes*: leçon incertaine.

[182] B.N., n.acq.fr. 24464, ff. 59-60.

[183] S'agit-il d'une allusion aux cloches Dumery?

remarquable, mais il leur manque trop souvent la grâce, plus belle encore que la beauté, la grâce, cet achèvement suprême, ce cachet de perfection qui se trahit par un mouvement ou un sourire, qui est naturelle aux femmes du midi comme le parfum aux fleurs de ces contrées, et que savent chez nous apprendre avec un art qui atteint peut-être la nature nos jolies Parisiennes. Quinet, dans un des intermèdes de son absurde et colossalement extravagant épo-drame d'*Ahasverus*, dit des femmes allemandes qu'elles ont le cœur froid et dur: je n'en crois rien; il n'y a pas de pays où les mariages par exemple soient plus de mariages d'inclination, où les jeunes filles donnent plus librement leur cœur, comme aussi il n'y en a pas où les mariages soient plus chastes et les mœurs plus pures[184].

Nous revoici devant le vieux dualisme entre forme et fond qui détermine si souvent les jugements portés respectivement sur la France et sur l'Allemagne: si Gaston Paris reconnaît aux Allemands de l'honnêteté et de la sincérité, il regrette en même temps de ne pas trouver dans leur compagnie cet agrément de l'étiquette qui, certes, n'est pas tout mais sans lequel rien, aux yeux du Parisien, ne saurait vraiment être digne d'intérêt et d'admiration. L'absence de cette surface pétillante et brillante si typique de la société parisienne est certainement l'une des raisons pour lesquelles le jeune Paris ne s'est jamais complètement senti à l'aise en Allemagne[185], ce qui n'empêche pas le fait qu'en somme, empressons-nous de le souligner, le séjour outre-Rhin – et surtout l'année passée à Göttingen, où il se plaît beaucoup plus qu'à Bonn – lui a été non seulement profitable, mais également agréable.

## FORMATION EN FRANCE

### 1. LES TRAVAUX ET LES JOURS

Au mois de novembre 1858, Gaston Paris s'inscrit à l'Ecole des Chartes. Il prépare en même temps sa licence ès lettres et suit, avec aussi peu d'enthousiasme que naguère son père, les cours à la Faculté de droit. En ce qui

---

184 B.N., n.acq.fr. 24464, ff. 85-86, lettre écrite à Durande le 3 avril 1858.

185 D'autres Français, et aussi des Suisses romands, partagent ce sentiment. Ainsi, Vaufreland, l'ancien copain de collège de Gaston Paris, écrit à ce dernier le 24 mars 1856: «J'ai un de mes amis ici [...] qui, comme toi, a passé un temps assez long à Bonn l'an dernier; il m'a raconté longuement ce qu'on y faisait et m'a dit que la vie y était triste si on n'avait pas le bonheur de se lier avec des étrangers, car me disait-il, les étudiants en Allemagne sont d'une tristesse et d'un ennui incroyables. Toujours dans la bière et le tabac, ils ne se remuent que pour se quereller et se battre» (B.N., n.acq.fr. 24462, f. 438). A leur tour, Cruchaud et Jacottet sont d'avis que l'Allemagne est en somme un triste pays, qui n'a de mérite qu'en matière de science (voir B.N., n.acq.fr. 24436, ff. 411-413).

concerne ces différentes activités, rien ne dépasse la description d'une sincérité désarmante, relevée d'une pointe d'(auto)ironie, qu'il en donne lui-même à Ernst Curtius dans une longue lettre datée du 27 décembre 1858. Dans cette missive, Gaston Paris fait preuve d'une très bonne maîtrise de la langue allemande, ce qui ne l'empêche pas de faire quelques fautes d'un charme parfois comique[186]:

> Verehrter Herr Professor!
>
> [...]
>
> Wenn Sie wünschen zu wissen, was ich jetzt thue, Herr Professor, so treibe ich augenblicklich nicht sehr interessante Studien. Ich arbeite nämlich für ein Examen, durch welches ich den Titel «licencié-ès-lettres» gewinnen kann und das sehr langweilige und dazu nicht leichte Vorstudien erfordert. Dieses Examen werde ich kurz vor Ostern machen, aller Wahrscheinlichkeit nach; also muss ich jetzt tüchtig daran arbeiten. Es ist doch nicht meine einzige Beschäftigung; ich bin auch Mitglied der sogenannten «Ecole des Chartes», wo man Urkunden aus dem Mittelalter lesen, Handschriften entziffern, altfranzösische Werke verstehen, Kunst und Archaeologie der Zeit kennen lernt. Sie werde ich sicher in Erstaunen setzen, wenn ich Ihnen sage, dass ich dazu noch Rechte studire (sic)[187]; einem Franzosen würde es genug natürlich vorkommen, da er einmal wüsste wie leicht die Examina in dem ersten Jahre sind, und zweitens die, bei uns ziemlich allgemeine, Meinung hätte, dass jeder gebildete Mann Rechte studiren muss. Es kostet mir [sic] aber gar keine Mühe, da ich noch keiner Vorlesung beigewohnt und keines juristische [sic] Buch aufgemacht habe.
>
> Ich werde sie auch wahrscheinlich überraschen, wenn ich sage, dasss ich [passage biffé; puis: sic!] mein literarisches Leben nicht mit einer französischen, sondern mit einer deutschen Arbeit anfangen werde! Man hat in Berlin (d'abord: Es hat sich)[188] eine Zeitschrift gegründet, unter diesem Titel: «Jahrbuch für romanische und englische Literatur», unter der besonderen Mitwirkung von Ferdinand Wolf, von Dr. Adolf Ebert[189] herausgegeben. Diese viermal im Jahr erscheinende Zeitschrift wünschte einen Mitarbeiter hier zu haben, der jedes Jahr einen genauen, doch nicht sehr langen, Bericht der Bewegung und der Thätigkeit der Literatur geben könnte. Dieses habe ich übernommen; jetzt steht mir frei, diesen Artikel entweder französisch oder deutsch zu schreiben; da aber derselbe, wenn

---

[186] Cette lettre n'étant conservée que dans une transcription (voir n. 84), il est difficile à dire avec certitude si toutes ces fautes sont vraiment le fait de Gaston Paris.

[187] Le *sic* se trouve dans la copie.

[188] Cette parenthèse se trouve dans la copie.

[189] Adolf Ebert (1820-1890), professeur de philologie romane à Marburg, puis, à partir de 1862, à Leipzig; auteur, notamment, de l'œuvre monumentale *Allgemeine Geschichte der Literatur des Mittelalters im Abendlande* (1874-1887).

er französisch geschrieben wird, doch ins Deutsche übersetzt werden muss, und da das italienische Sprichwort: «Traduttore, traditore», am meisten wahr ist, wenn man über lebende Männer und gleichzeitige Begebenheiten spricht, so werde ich es wahrscheinlich deutsch schreiben. Vielleicht lachen Sie und verzweifeln [sic] Sie meine Fähigkeit dazu: dieser Brief hat Sie zu diesem Zweifel gewiss berechtigt; aber hier kenne ich einen Deutschen, der meine Fehler korrigiren wird ehe ich meine Arbeit nach Berlin schicke.

Ich bitte Sie, Herr Professor, mich der Frau Professorin zu empfehlen, und ihre schönen Kinder von mir zu küssen.

Mein Vater, sowie meine Mutter, lassen sich bei Ihnen empfehlen. Mich glauben Sie immer, Herr Professor, mit Hochachtung

Ihr ergebenster Diener

Gaston Paris[190]

D'après une lettre d'Adolf Ebert à Gaston Paris, c'est Edelestand du Méril, duquel nous parlerons plus loin, qui avait recommandé le jeune chartiste au directeur du *Jahrbuch*[191]. Ce n'est donc qu'après le retour définitif de Gaston Paris en France que ce projet a pris naissance. Le jeune étudiant, nous l'avons dit, donnera quatre articles à la revue, qui paraîtront entre 1859 et 1863[192].

A l'Ecole des Chartes, Gaston Paris a comme professeurs François Guessard, Jules Quicherat et Adolphe Tardif.

Les mérites professionnels du premier, ancien secrétaire et collaborateur de Raynouard, professeur de philologie romane à l'Ecole des Chartes depuis 1854, sont contestés[193]. Antoine Thomas, trop jeune pourtant pour avoir pu suivre ses cours, dira de lui en 1897:

---

190 B.N., n.acq.fr.24464, ff. 5-6. Je n'ai pas corrigé la ponctuation souvent fantaisiste de cette lettre.

191 B.N., n.acq.fr. 24439, f. 31, lettre du 15 janvier 1859. – Notons en cet endroit que Paulin Paris a également collaboré au *Jahrbuch*; dans le tout premier numéro, il a en effet publié un article sur le *Voyage de Charlemagne à Jérusalem et à Constantinople* (1, 1859, pp. 198-211).

192 775*-778*.

193 François Guessard (1814-1882). Après la mort de Raynouard, il travaille quelque temps au *Dictionnaire historique de la langue française*; en 1837, il entre en seconde année à l'Ecole des Chartes; en même temps, il collabore, sous la direction d'Augustin Thierry, aux recherches préalables à la publication des monuments inédits de l'histoire du Tiers Etat. Dès 1839, il se signale par un *Examen critique de l'histoire de la formation de la langue française par M. Ampère* et s'y montre fort sévère. En 1842, il aide Fauriel dans ses recherches sur les hérétiques albigeois. Il projette alors de devenir sous-préfet et, le 2 janvier 1843, passe l'examen de bachelier en droit. Il collabore à plusieurs journaux, dont *La Charte* de 1830 mais, d'esprit indépendant, il renonce bientôt au monde politique et se consacre à la philologie. Le 1er août 1845, il obtient la troisième médaille de l'AIBL

> «François Guessard, cet épicurien de la philologie, qui une fois reçu à l'Institut se retira dans ses terres et borna ses soins à briguer – avec succès d'ailleurs – des prix de concours agricoles, était en 1860 un représentant attardé de l'école de Raynouard, dont il avait, très jeune, été le collaborateur: peut-être avait-il oublié, mais sans doute il n'avait rien appris depuis 1836» (Thomas 1897, p. 196).

Six ans plus tard, Maurice Wilmotte, qui, lui, n'a pas connu Guessard du tout, ira encore plus loin:

> «Le seul professeur, qui enseignât l'ancien français à l'Ecole des Chartes, était un esprit très littéraire et très superficiel, nullement confus d'ignorer la langue allemande, et dont les éditions de texte montrent un rare dédain ou une méconnaissance absolue des préceptes de la critique. Ainsi s'explique que Gaston Paris, après avoir été l'élève de cet aimable dilettante, prit la résolution de doter son pays de tout ce qui lui manquait en fait d'outillage scientifique, c'est-à-dire des cours sérieux et instructifs et des livres de sévère érudition» (Wilmotte 1903, p. 76).

Auguste Brachet, dans sa *Grammaire historique de la langue française* (1867), très appréciée de Gaston Paris[194], intègre en revanche Guessard dans le groupe des «nouveaux philologues» – j'emploie désormais cette expression pour désigner les philologues appartenant au «paradigme» historico-comparatif[195] – au même titre que Littré, Gaston Paris et Meyer, groupe qu'il oppose dans son ensemble à celui des «dilettantes», composé

---

pour son *Histoire de la maison de Mornay*; le 5 août 1846, il partage avec François Génin le prix extraordinaire de littérature de l'Académie française pour son *Vocabulaire des principales locutions de Molière*, qui ne sera pas publié. La même année, il fait paraître dans la *BEC* l'*Examen critique de l'ouvrage intitulé 'Des variations du langage français depuis le XIIe s.'*, du même Génin. Le 6 janvier 1847, il est nommé répétiteur à l'Ecole des Chartes. En 1849, profitant de l'occupation de Rome par les troupes françaises, il se rend au Vatican avec d'autres érudits en vue d'y examiner des manuscrits français. Nommé au Comité des travaux historiques, il s'attache à réunir les chants populaires de la France. En 1854, il devient professeur à l'Ecole des Chartes. A la faveur de deux autres missions en Italie, il transcrit le *Mystère du siège d'Orléans* et retrouve à Venise le manuscrit de la *Chanson de geste de la reine Sebile (Macaire)*. Peu après, il est chargé de diriger la collection des *Anciens poëtes de la France* dont dix volumes paraissent de 1858 à 1870. Le 22 mars 1867, il est élu à l'AIBL. En 1869, la mort de sa mère, près de qui il vivait, est sans doute une des raisons de l'arrêt de son activité scientifique. Il désigne Paul Meyer pour le suppléer dans son enseignement à l'Ecole et s'installe dans un vieux manoir qu'il avait acheté en 1858, au Mesnil-Durand, et à la restauration duquel il consacre sa fortune. Principales publications: *Grammaires romanes inédites du XIIIe s.* (1839), *Grammaires provençales* (1858), *Mémoires et lettres de Marguerite de Valois* (éd., 1842), *La Chanson d'Aspremont* (éd., s.d.), *Le mistere du siège d'Orléans* (éd., 1862).

194 135*, 1868.

195 Voir Partie II.

d'Ampère[196], de Chevallet[197] et de Génin[198]. Quant à Meyer, successeur de Guessard, il ne ménage pas son ancien professeur, qui l'avait pourtant nominativement désigné comme son successeur. Dans la notice nécrologique qu'il lui consacre, Meyer écrit:

> «A l'Ecole son cours était très gouté des élèves qui étaient charmés par son langage élégant et semé de pointes. Il ne faisait pas un cours méthodique: il expliquait ou faisait expliquer des textes, ordinairement d'après des fac-similés, de sorte que son enseignement se composait d'une suite de remarques détachées. Il y avait là un inconvénient auquel s'en joignait un autre: Guessard ne savait pas l'allemand, et la *Grammaire* de Diez ne fut traduite que plusieurs années après qu'il eut quitté l'Ecole. Ses élèves ont donc eu beaucoup à faire pour se mettre au courant d'une science et de méthodes que leur maître n'avait pu leur enseigner [...]» (Meyer 1882, p. 455).

Après avoir fait remarquer que, du point de vue scientifique, les travaux de Guessard étaient de valeur fort inégale – «[l]es articles sur la *Formation de la langue française* d'Ampère mettent en question des idées très générales qu'on ne contesterait plus aujourd'hui, et se taisent sur une infinité d'erreurs de faits ou de méthode qui ôtent à ce livre toute valeur»[199] –, il conclut sa notice, suivant les règles du genre, sur un ton plus clément:

> «En somme Guessard était un érudit remarquablement doué à qui il n'a manqué pour tirer complètement parti de ses heureuses qualités qu'un peu plus de persévérance et une connaissance de l'allemand, qui du reste faisait défaut à presque tous les hommes de sa génération» (*ibid.*).

---

196 Jean-Jacques Ampère (1800-1864), écrivain, historien, historien de la littérature et de la langue, a entrepris de nombreux voyages, entre autres en Italie et en Allemagne, où il a fait la connaissance de Goethe, des frères Schlegel et des frères Grimm. Il fut le successeur de Fauriel en Sorbonne à la chaire d'histoire de la littérature étrangère, puis, comme suppléant de Villemain, il fut aussi maître de conférences à l'EN de 1830 à 1834. En 1833, enfin, il succéda à François Andrieux à la chaire de littérature au Collège de France. Membre de l'AIBL en 1842, membre de l'AF en 1847. Auteur, notamment, d'une *Histoire littéraire de la France avant le XII^e^ siècle* et d'une *Histoire de la formation de la langue française*.

197 Albin d'Albert de Chevallet (1812-1858), chartiste, chargé par Salvandy du dépouillement des manuscrits de la bibliothèque royale, et, ensuite, de la grande édition des lettres missives d'Henri IV. Auteur, notamment, de *Origine et formation de la langue française*.

198 François Génin (1803-1856), secrétaire du Comité historique de la langue et de la littérature françaises et grand ami de Littré, grâce à l'influence duquel il entra dans le *National*; auteur, notamment, de *Des Variations du langage français depuis le XII^e^ siècle* et éditeur de la *Chanson de Roland*; voir également, par exemple, Brachet 1868, p. 6 et n. 2 et Desmet/Swiggers 1992, p. 103.

199 Meyer 1882, p. 455. Guessard a consacré deux articles au livre d'Ampère (voir Guessard 1840/41 et Guessard 1841/42).

Plus proche de nous, Jacques Monfrin, dans son discours d'ouverture à l'Ecole des Chartes en 1958, a essayé de rendre justice à Guessard en mettant l'accent sur la qualité du travail éditorial que celui-ci avait fourni pour la collection des *Anciens Poëtes de la France*[200], ainsi que sur sa bonne connaissance du vieux français[201]. Monfrin cite également des textes qui montrent que, dans les dernières années de son enseignement, Guessard avait clairement eu conscience du fait que les études linguistiques devraient à l'avenir être orientées dans un sens historico-comparatif[202]. Il ne semble donc pas très juste de réduire les idées philologiques de Guessard, comme le fait Meyer, au compte rendu que celui-ci avait consacré au début des années 1840 à la *Formation de la langue française*, et dans lequel il avait effectivement réfuté tant les théories de Franz Bopp et de Jacob Grimm que les lois phonétiques formulées par Diez, cruellement déformées, il faut le dire à sa défense, sous la plume d'Ampère[203]. Ces lois faisaient alors à Guessard l'effet d'un «échiquier philologique», d'une «casse d'imprimerie avec ses compartiments numérotés»[204]. Un contre-exemple, qui montre que la conscience historique et critique de Guessard avait été malgré tout supérieure à celle de la majorité de ses collègues français de l'époque, nous est fourni par une lettre adressée en 1851 à Léon de Bastard au sujet de l'édition de la *Chanson de Roland* par Génin:

> «L'affaire, ici, mon cher Léon, c'est de ne point souffrir sans conteste que des complaisants, qui n'entendent rien à la paléographie, à la philologie, à l'histoire, s'en aillent répétant sur tous les tons que les livres de M. Génin sont des trésors d'érudition historique et philologique; que les textes qu'il publie sont des textes épurés. Qu'ils le répètent, c'est leur droit; mais il faut bien qu'ils sachent que la critique, en France, n'est pas encore morte, et qu'elle dira, et qu'elle prouvera le contraire» (Guessard 1851, p. 15).

Malgré les mérites qu'il attribue aux travaux de Guessard, Monfrin finit néanmoins par présenter ce dernier avant tout comme un adjuvant de plus dans la carrière de Gaston Paris, comme aussi dans celle de Meyer:

> «Il faut savoir gré au maître d'avoir mis ses élèves [Gaston Paris et Meyer] sur le bon chemin, même s'il ne les a pas conduits jusqu'au bout. C'est une justice qu'on ne lui a peut-être pas assez rendue. […] à l'inverse de son maître, P. Meyer, comme G. Paris, est venu à son heure» (Monfrin 2001a, pp. 10-11).

---

200 Quant à cette collection, voir Marty-Laveaux 1882, pp. 575-576.

201 Monfrin 2001a, pp. 8-9.

202 *Ibid.*, p. 9.

203 Voir Guessard 1841/42, pp. 94-100.

204 *Ibid.*, p. 98; cité également dans Monfrin 2001a, p. 7.

De quelle nature étaient les rapports entre Guessard et Gaston Paris ? Les jugements que ce dernier porte sur son professeur vont presque tous dans la direction de ceux émis par Meyer. Il est vrai que, suivant en ceci les us académiques, il rend longuement hommage à Guessard dans l'« Avant-propos » de sa thèse d'archiviste-paléographe :

> « Les conseils et les observations de M. Guessard, professeur à l'Ecole des Chartes, ont apporté à cet essai des modifications de forme et de fond dont la valeur peut être appréciée par tous ceux qui connaissent son érudition profonde et sûre, la finesse de son esprit et la netteté de ses vues. Si l'amitié qu'il a bien voulu me témoigner lorsque j'étais son élève me rend un peu suspects les éloges qu'il a donnés à ma thèse, elle ajoute plus de prix, par contre, à ses critiques, inspirées non par la satisfaction de trouver mon travail défectueux, mais par le désir de le rendre moins imparfait : je tiens à lui en exprimer ici toute ma reconnaissance » (159*, 1862, pp. 1-2).

Plus tard, pourtant, il sera assez sévère à l'égard de Guessard. Dans le cadre de la séance générale de la SATF de 1882, année de la mort de son ancien professeur, Gaston Paris rend longuement justice au travail éditorial et à l'enseignement de celui-ci mais, en même temps, met l'accent sur le fait que Guessard, aveuglé par les déformations qu'avaient subies les principes de Diez sous la plume d'Ampère, s'était montré incapable de saisir l'impact des nouveaux travaux philologiques venus d'Allemagne :

> « François Guessard a surtout agi sur ses contemporains par son brillant et spirituel enseignement de l'Ecole des Chartes, où, sans s'astreindre à la méthode de fer à laquelle on est aujourd'hui obligé de se soumettre, il communiquait si abondamment les trésors d'une érudition étendue, sûre et précise, éclairée par un goût délicat, alimenté par une curiosité toujours en éveil. Méfiant à l'endroit des systèmes, il eut la bonne ou peut-être la mauvaise chance d'en rencontrer, dès son début, de fort ambitieux et, en même temps, de fort superficiels [ceux d'Ampère]. Sa critique acérée en eut facilement raison, et ce succès, d'ailleurs aussi utile que méritoire, le confirma dans un scepticisme qui rétrécit quelque peu la portée qu'il aurait pu donner à ses travaux » (1089*, dans *BEC*, 1883, p. 125).

Dans son discours d'hommage à Diez de 1894, Gaston Paris revient une nouvelle fois sur le malheureux compte rendu de Guessard :

> « Sa grammaire [de Diez], hâtivement et maladroitement résumée, dans sa partie française, par Ampère, provoquait les sarcasmes de Génin, qui pensait écraser l'auteur sous le reproche d'avoir traité le français 'comme il eût fait le sanscrit ou le persépolitain', et ne rencontrait que le scepticisme à l'Ecole des Chartes même, où Guessard se faisait fort d'opposer à chacune des règles de Diez autant d'exemples qu'il en avait donné pour l'appuyer » (*Romania*, 23, 1894, pp. 290-292).

Dans l'ordre des sentiments personnels, une lettre de Gaston Paris à Paul Meyer du 1er avril 1864 est à cet égard sans ambiguïté. Si Paris est bien prêt à pardonner à Diez d'avoir beaucoup tardé à écrire un compte rendu de sa thèse sur l'*Accent latin*, il ne trouve par contre aucune excuse à Guessard, et ne croit même plus à la sincérité de ce dernier:

> Ce qui me plaît, c'est que le prochain numéro [du *Jahrbuch*] contiendra un long article du père Diez sur mon *Accent latin*[205]; notez que lui et Guessard, les deux patrons de mon opuscule, m'ont tous les deux fait attendre un mot pendant plus de deux ans. Enfin voilà Diez qui y arrive, et il avait assez à faire pour ne pas s'y presser. Quant à l'autre, je n'y crois plus, et le pis, c'est que quand je le vois, je suis obligé d'avoir l'air persuadé que son article est sous presse[206].

Le portrait de Guessard en tant qu'«épicurien de la philologie» (Thomas) concorde avec celui que nous dresse Meyer, qui insiste en effet sur le fait que l'ancien secrétaire de Raynouard s'est toujours bien vite lassé de ses travaux[207]. Il est également renforcé par une «autodescription» involontaire de Guessard. Quand, en 1876, Gaston Paris aspire à un fauteuil à l'AIBL, il adresse une lettre pressante à son ancien professeur, dans laquelle il prie celui-ci de bien vouloir le soutenir. Guessard ne répond pas tout de suite, mais se dit finalement prêt à abandonner ses fameux dahlias pour venir à Paris:

> Si je ne me suis pas pressé de répondre à votre lettre, c'est que l'adage *qui ne dit mot consent* y répondait pour moi; c'est aussi parce qu'il me semblait que vous ne pouviez douter de mes dispositions. Pourquoi donc, en ce cas, me dire des douceurs, comme s'il s'agissait pour vous d'une conquête à faire? Soyons sérieux. A quand l'élection? Le jour en est-il fixé? Si oui, prière de m'en informer par un mot, et, malgré les soins paternels que je donne en ce moment à une multiplication de dahlias nains, je serai à Paris au jour dit![208]

La réponse de Gaston Paris sent trop le besoin qu'il a de la voix de Guessard pour qu'elle puisse être prise à la lettre:

> Je n'ose plus vous dire quel plaisir tout particulier j'éprouve à vous compter parmi ceux qui m'ouvrent les portes du sanctuaire; vous m'accuseriez de vous dire des douceurs [...]. Vous ne m'empêcherez pas de vous redire que je suis entré dans la carrière sous vos auspices et que la

---

205 Diez 1864; il s'agit d'un compte rendu très favorable et encourageant.

206 B.N., n.acq.fr. 24425, ff. 57-58. – Guessard ne semble effectivement jamais avoir publié un compte rendu de l'*Accent* de Gaston Paris.

207 Meyer 1882, pp. 454-455.

208 B.N., n.acq.fr. 24441, f. 425, lettre du 30 avril 1876.

couronne que j'ambitionne gagnera beaucoup en prix à mes yeux si je la reçois de votre main[209].

A nouveau, dans le domaine philologique, il faut constater que Gaston Paris ne mentionne guère Guessard dans ses publications, bien qu'il eût pu le faire à l'appui de certaines de ses propres théories, et notamment de celle, qu'il formule dès l'*Histoire poétique*, sur les poèmes lyrico-épiques comme première étape dans la naissance des chansons de geste (voir Partie IV)[210].

Nous en savons beaucoup moins sur les rapports entre Jules Quicherat[211] et Gaston Paris. Est-ce ce dernier qui a écrit, dans la *Romania*, la notice nécrologique sur Quicherat que voici:

> «Quoique n'ayant pas fait de la philologie et de l'histoire littéraire le centre de ses études, Quicherat leur a rendu de grands services. Nous citerons seulement son *Traité de la formation française des anciens noms de lieux*, qui a exercé une si excellente influence et qui, bien qu'il soit aujourd'hui dépassé, contient dans sa brièveté des observations d'une importance capitale. Quicherat, dans une activité dont ses œuvres publiées ne donnent qu'une idée fort incomplète, avait embrassé l'étude du moyen âge sous tous ses aspects: il a inculqué l'esprit le plus vraiment historique et le goût des meilleures méthodes à tous ceux qui ont été ses élèves. – C'est P. Meyer qui l'a remplacé comme directeur de l'Ecole des Chartes» (*Romania*, «Chronique», 1882, p. 453)?

Je ne saurais l'affirmer. Quoi qu'il en soit, c'est bien Gaston Paris qui, dans la *Revue critique* de 1867, a rendu compte du *Traité de la formation fran-*

---

209 B.N., n.acq.fr. 20467, f. 145, lettre sans date ni indication de lieu, mais qui doit remonter à début mai 1876.

210 Ce qui est curieux au sujet des «cantilènes», c'est que Guessard (dans Guessard/Montaiglon 1870, p. xviii) se déclare d'accord sur ce point avec Gautier. En fait, voici la chaîne des citations: Gautier (1872, p. xxxiv) cite Guessard/Montaiglon (1870, p. xviii), qui citent le tome III des *Epopées* de Gautier (1868, p. 6), lequel cite enfin *l'Histoire poétique*, mais non précisément à ce sujet! Gaston Paris semble quelque peu exclu de ce cercle de citations. Faut-il supposer que Guessard et Gautier avaient un contact particulièrement bon? – Il est vrai que Gautier enseigne à l'Ecole des Chartes dès 1866. Guessard était-il un catholique fervent comme Gautier?

211 Jules Quicherat (1814-1882), chartiste. Attaché d'abord aux travaux historiques de la Bibliothèque royale, il est chargé de plusieurs missions dans les départements pour la rédaction du catalogue général des manuscrits. Professeur d'archéologie (1846) et de diplomatique (1848) à l'Ecole des Chartes, il devient directeur de cet établissement en 1871. A partir de 1845, il est membre de la Société des Antiquaires de France, dès 1858 membre du Comité des travaux historiques auprès du ministère de l'Instruction publique, et, à partir de 1872, membre de la Commission des monuments historiques. Il a notamment publié les documents relatifs au procès de Jeanne d'Arc, *Procès de condamnation et de réhabilitation de Jeanne d'Arc, dite la Pucelle*, 1841-1849, 5 vols., et, pour la première fois, l'*Histoire de Charles VII et de Louis XI* de Thomas Basin, Paris, 1855-1860, 5 vols. Il est reçu officier de la Légion d'honneur en 1880.

*çaise des anciens noms de lieux*[212]. Le jugement qu'il porte sur ce livre est tout à fait favorable, même s'il met en doute, à juste titre, l'hypothèse de l'auteur selon laquelle les transformations phonétiques qui affectent les noms de lieux seraient tout à fait identiques à celles subies par les mots «ordinaires».

Quand Frédéric Masson, dans la logique nationale que nous lui connaissons, met l'accent sur le fait que Quicherat a pu «balancer dans une mesure l'influence allemande» chez son élève, nous restons évidemment sceptiques[213]. Mais quand Meyer nous dit, sans évoquer, cette fois-ci, la problématique franco-allemande:

> «L'Ecole des chartes n'était point alors ce qu'elle est devenue depuis. Il y avait moins de chaires qu'aujourd'hui: les leçons étaient, en général, plutôt pratiques que méthodiques. Quelques enseignements, cependant, faisaient exception, notamment celui de J. Quicherat, dont toutes les parties s'enchaînaient selon une logique rigoureuses, et qui, par sa forme surtout, exerça sur Gaston Paris une réelle influence» (Meyer 1906a, p. VIII),

nous sommes enclins à admettre une certaine influence, ne serait-ce que sur le plan «méthodique», de Quicherat – «le maître des maîtres» comme disait le même Meyer en 1890 (voir citation ci-dessous) – sur Gaston Paris, même si ce dernier ne parle plus, après l'Ecole, de son ancien professeur, en partie sans doute parce que leurs domaines de recherche respectifs étaient désormais trop éloignés l'un de l'autre[214].

Quant à Adolphe Tardif[215], professeur de droit civil et de droit canonique du moyen âge à l'Ecole des Chartes, nous sommes encore moins bien renseignés. Nous n'avons aucune lettre d'une éventuelle correspondance entre Gaston Paris et Tardif. La seule information à peu près fiable à ce sujet nous vient de la notice nécrologique que Paul Meyer consacre à ce dernier, et dans laquelle on lit entre autres:

---

212 204, 1867.

213 Masson 1904, p. 15.

214 Nous n'avons conservé que deux lettres de Quicherat à Gaston Paris. Dans la première, Quicherat remercie ce dernier du compte rendu que nous venons d'évoquer. La deuxième, plus intéressante, traite de l'«affaire Lecoy», un conflit qui oppose les «nouveaux philologues» à quelques savants d'inspiration catholique au sujet du prix Gobert de 1887 (pour ces deux lettres, voir B.N., n.acq.fr. 24454, ff. 154-156).

215 Adolphe Tardif (1824-1890). Conseiller d'Etat au service extraordinaire, chef de division au ministère de la Justice et des Cultes, officier de la Légion d'honneur, commandeur de l'Ordre de St Grégoire-le-Grand, officier de l'Instruction publique. Publications principales: *Notions de critique historique*, 1883; *Le Coutumier d'Artois*, 1883; *Les Coutumes de Toulouse*, 1884; *La procédure civile et criminelle aux XIII*e *et XIV*e *siècles*, 1885; *Le Droit privé au XIII*e *siècle, d'après les Coutumes de Toulouse et de Montpellier*, 1886; *Recueils de textes pour servir à l'enseignement de l'histoire du droit*, 1883-1885.

> «[...] je me rappelle encore, après trente ans, l'effet que produisait sur nous, élèves de troisième année, cet enseignement tout nouveau, qui n'avait alors d'équivalent dans aucune faculté [...] A cette époque la plupart des cours de l'Ecole avaient une forme plutôt pratique que méthodique. Les leçons se suivaient sans qu'un ordre pratique à nos yeux vînt en déterminer la succession. On nous communiquait la science par fragments isolés. L'enseignement de M. Tardif et de Quicherat, le maître des maîtres, faisaient exception. A leurs cours l'histoire du droit et celle de l'architecture nous apparaissaient dans leur développement régulier: nous saisissions l'enchaînement des faits et, en même temps, nous apprenions à composer [...] M. Tardif citait et discutait fréquemment les écrits des savants d'outre-Rhin. C'était alors une nouveauté, pour nous du moins, et plus d'un parmi ses élèves comprit, grâce à lui, qu'entre les études de l'Ecole des chartes, il n'en est aucune qui puisse se passer de la connaissance de l'allemand» (Meyer 1890, pp. 197-198).

A en croire les témoignages ainsi rassemblés, les enseignements de Tardif et de Quicherat semblent beaucoup plus importants dans la formation de l'esprit critique et scientifique de Gaston Paris que celui dispensé par Guessard, bien que ce soit avec ce dernier que le savant, certainement pour des raisons professionnelles – ils avaient le même domaine de recherche –, est resté en contact le plus intensément. Ce résultat nous fournit donc en même temps une importante leçon sur la valeur des correspondances privées: le réseau de personnes qui se dégage d'une telle correspondance, aussi vaste qu'il soit par exemple dans le cas de Gaston Paris, n'est en aucune manière coextensif au réseau «des influences» réelles, c'est-à-dire, en l'occurrence, au réseau des gens qui ont pu d'une façon ou d'une autre déterminer le travail et la carrière du philologue. Ceci non seulement parce que beaucoup de lettres se sont perdues au fil du temps, mais aussi parce qu'il peut bien n'y en avoir jamais eues. En effet, même si aucune missive n'a été échangée entre Gaston Paris et Tardif, cela ne préjuge pas *eo ipso* de l'intensité de l'ascendant du deuxième sur le premier. Ce qui est vrai pour la correspondance l'est aussi pour les écrits scientifiques. Le fait que ni le nom de Quicherat ni celui de Tardif ne se trouvent cités dans l'œuvre de Gaston Paris est certainement dû, lui aussi, à la diversité des champs de recherche respectifs, et ne peut être directement lu en termes d'absence ou de présence d'influence. Tout ceci nous rappelle, une fois de plus, le caractère nécessairement fragmentaire de nos connaissances, malgré toute la circonspection que nous puissions mettre dans nos investigations.

*
* *

Le 28 avril 1859, Gaston Paris passe sa licence ès lettres. Nous possédons à ce sujet un document tout à fait curieux. Il s'agit d'une plaquette datée de

1909, signée C. J., et qui a pour titre *Une poésie latine de Gaston Paris*[216]. L'auteur, que je n'ai pas pu identifier, nous relate à cinquante ans de distance les circonstances de cet examen, et même s'il propage le «mythe de Diez» et qu'il confond la chronologie générale des événements, plaçant le séjour de Gaston Paris en Allemagne après la licence et l'année à Göttingen avant celle passée à Bonn, il nous fournit une description tout à fait intéressante des qualités intellectuelles du jeune Paris:

> «Le lundi, 25 avril 1859, trente-six jeunes gens, parmi lesquels quinze Normaliens, se présentaient en Sorbonne pour l'obtention du grade de licencié. Le plus jeune d'entre eux, Gaston Paris, n'avait pas encore vingt ans. Récemment sorti du Collège Rollin où déjà son front s'était auréolé de lauriers, il venait bravement, avec l'aimable crânerie de son âge, affronter les épreuves de la licence ès-lettres avant d'achever son stage à l'Ecole des Chartes, d'aller s'inscrire, en Allemagne, aux cours de la studieuse Université de Goettingen, et de recevoir, à Bonn, les originales et savantes leçons du merveilleux pionnier de la philologie que fut Frédéric Christian Diez.
>
> Ce jour-là, et ceux qui suivirent, bien qu'il s'agît en réalité d'un examen et non d'un concours, l'émulation parmi les candidats fut extrême, et la 'session d'avril 1859' mémorablement brillante. Lorsque, à l'issue des compositions écrites, la Faculté eut fait un premier triage et renvoyé dans leurs foyers les trois cinquièmes du contingent, la lutte pour la conquête des meilleures places du classement définitif se circonscrivit, d'autant plus intéressante qu'elle reprenait plus vive, entre les quatorze candidats déclarés 'admissibles' par le jury, – phalange d'élite, qui du reste eut tout entière l'honneur de sonner la victoire.
>
> Or, à la tête de cette liste d'admissibles, se détachait en relief le nom même du Benjamin de la troupe, Gaston Paris: d'emblée, l'ensemble de ses travaux écrits l'avait porté au premier rang. Si l'extraordinaire éclat de l'examen oral d'un Normalien, Léon Moy[217], qui le suivait de près, ne

216 Il s'agit d'un extrait de la revue *L'Université catholique*, nouvelle série, LXII, 15 décembre 1909, pp. 528-532. L'auteur anonyme commence son récit comme suit: «Voici un souvenir universitaire dont l'évocation, après un demi-siècle écoulé, ne sera peut-être pas dénuée d'intérêt: en tout cas, il permettra d'entrevoir, sous un aspect généralement peu connu, la grave et sympathique figure du regretté Gaston Paris» (J. 1909, p. 3).

217 Léon Moy (mort en 1897) deviendra professeur de rhétorique au lycée de Douai, et, plus tard, professeur de littérature ancienne puis de littérature française à la Faculté des lettres de Douai, transférée plus tard à Lille (Beauchesne 1910, p. 13). Dans une lettre à Gaston Paris datée du 27 octobre 1870, il demande à celui-ci des renseignements bibliographiques sur l'enseignement de la littérature médiévale, enseignement que les professeurs de Douai, conformément à une circulaire de Jules Simon, voulaient entreprendre auprès de leurs élèves: «Vous connaissez la récente circulaire de M. Jules Simon. Elle nous permet enfin de sortir du cercle étroit de la littérature française au XVII$^{e}$ siècle» (B.N., n.acq.fr. 24451, ff. 94-95).

lui permit pas de s'y maintenir jusqu'au bout, du moins se vit-il adjuger à l'unanimité la deuxième place, pendant que la cinquième était attribuée à M. Ferdinand Castets[218], et la neuvième à Siméon Bernage[219], *cara Almae Matri nomina*» (J. 1909, pp. 3-4).

En juillet 1860, Gaston Paris passe son deuxième examen de l'Ecole des Chartes (le premier a eu lieu en juillet 1859) et, en août 1860, obtient son baccalauréat en droit. Une nouvelle lettre à E. Curtius, écrite le 26 décembre 1860, en français cette fois-ci, nous informe plus amplement sur les multiples activités de l'étudiant:

> Peut-être désirez-vous savoir, Monsieur, de quoi je m'occupe en ce moment; je suis encore au milieu des examens et des études préparatoires qui sont indispensables. Me voici dans ma troisième année de l'Ecole des Chartes, et dans un an j'en serai sorti. Je n'aurai plus alors à m'occuper que de mon doctorat ès lettres, qui n'est guère avancé, puisque je n'ai encore de sujet bien déterminé ni pour ma thèse latine, ni pour ma thèse française. Je crois cependant que je choisirai pour la première un sujet qui me rapprochera plus de vos travaux que mes études ordinaires; ce serait un travail d'ensemble sur les premiers historiens ou logographes grecs, et principalement sur ceux qui ont écrit des *ktiseis poleôn*[220] en même temps que sur les héros *ktistai*[221] auxquels ont été attribués les origines de presque toutes les cités. Mais d'ici à ce que je puisse m'occuper de cette étude, j'ai d'autres occupations plus pressantes, entre autres un travail qui pourra devenir un livre, sur un sujet de prix proposé par l'Académie française, l'histoire du roman en France depuis l'Astrée jusqu'à René, c'est-à-dire aux derniers siècles. J'ai aussi à faire une thèse pour l'Ecole des Chartes et je la ferai sans doute sur nos anciens poèmes épiques ou chansons de geste[222].

Gaston Paris n'a donc pas complètement abandonné l'étude de la littérature moderne mais, bien probablement surchargé par les autres projets dont il parle dans cette missive, il ne semble jamais avoir terminé son texte sur le roman français moderne[223]. Il travaille pourtant beaucoup et fait même, en

---

[218] Ferdinand Castets (1838-1911) deviendra professeur de littérature étrangère à Clermont, puis à Montpellier, et s'occupera principalement, tout comme Gaston Paris, de littérature médiévale (voir son édition du *Pseudo-Turpin*, 1880 et ses *Recherches sur les rapports des chansons de geste et de l'épopée chevaleresque italienne*, 1887).

[219] D'après Beauchesne 1910, p. 16, il s'agit de Samuel Bernage (mort en 1902). Normalien et agrégé des lettres, il deviendra professeur de rhétorique à Louis-le-Grand, puis à Condorcet.

[220] En lettres grecques.

[221] En lettres grecques.

[222] B.N., n.acq.fr. 24464, ff. 7-8. – Pour cette lettre dans son intégralité, voir Annexe VII.

[223] Un cahier conservé aux archives de l'EPHE contient des notes qui semblent bien se référer à ce projet (E.P., Fonds Gaston Paris, C/VI/75, f. 1).

février 1861, ses débuts dans l'enseignement: au n° 3 du quai Malaquais, il donne un cours libre sur la littérature française des débuts jusqu'au XVI^e^ siècle, dans le cadre des «Cours de Sciences, Littérature, Beaux-Arts, par MM. Saquet[224], G. Paris et A. Durande, à l'usage des dames et des jeunes personnes» dispensés par le cercle des sociétés savantes[225]. Le programme du cours de littérature (voir Annexe VIII) montre que le jeune Paris connaissait à cette époque tous les textes importants du moyen âge et que la structure qu'il suivait dans son enseignement était déjà celle, à peu de choses près, qu'il utilisera encore dans son *Manuel* de 1888. Les archives de l'EPHE conservent une partie des leçons dispensées par lui au quai Malaquais. Un fragment, qui appartient sans doute à sa leçon inaugurale, est intitulé «A des dames, sur l'importance de la littérature pour ces dernières». Voici donc ce que pense à ce sujet, au beau milieu du XIX^e^ siècle, un jeune homme cultivé de 23 ans:

> Oui, il faut que les femmes connaissent la littérature, parce qu'elle est la source d'une foule de jouissances aussi nobles que vives, qui prévient également l'esprit de se rétrécir dans les mesquineries quotidiennes de la vie, et de s'égarer dans les vagues rêveries d'une imagination sans guide. Il faut encore que les femmes lisent et aiment à lire, parce qu'elles se donnent ainsi une puissance et un charme de plus, qu'elles se mettent en état d'être pour leurs maris non seulement des compagnes chères et sûres, mais des amis de tous les instants, auxquels rien n'est étranger de ce qui intéresse et fait agir les hommes. Une femme qui ne lit pas, qui ne cultive pas son esprit et sa mémoire, est forcément bannie de toute une part de la vie des autres; il existe une sphère, et la plus belle, la plus éthérée, la plus vaste de l'activité humaine, où il ne lui est pas donné de pénétrer. Avec l'amour de la lecture, au contraire, une femme n'est exclue d'aucun entretien, pourvu qu'il ne soit pas purement technique et spécial [...] elle fait plus: elle ajoute à tous ces sujets, si intéressants déjà par eux-mêmes, le charme de son esprit et de sa grâce; elle rend aimable et attrayant ce qui semblait aride; elle ouvre même aux plus habiles des perspectives nouvelles, des points de vue qu'elle seule sait découvrir[226].

Au printemps 1861, Gaston Paris publie, dans la *Revue germanique*, son premier article consacré à la littérature française médiévale. Il s'agit d'une

---

224 Je n'ai pas pu identifier ce personnage.

225 On trouve le programme imprimé pour la deuxième année, avec un texte d'introduction signée H. Saquet, dans les archives de l'E.P., Fonds Gaston Paris, E/XIV/148 (voir Annexe VIII). – Minckwitz 1905, p. 8, n. 10 écrit: «Mir gegenüber erwähnte der Meister bei einer gemütlichen Frühstücksplauderei (Gründonnerstag 1899), dass er den ersten Unterricht in Bonn im Institut Friedländer erteilt habe. Gern erinnerte er sich bei dieser Gelegenheit der anmutigen, musikalisch hoch beanlagten Tochter des Schulvorstehers, Rosalie Friedländer». Nous n'avons pas trouvé trace de cet enseignement.

226 E.P., Fonds Gaston Paris, C/LX/67.

étude sur *Huon de Bordeaux*, dans laquelle le jeune chercheur prend comme point de départ l'édition que venaient d'établir de cette chanson de geste tardive Guessard et Grandmaison[227] dans la collection des « Anciens poëtes de la France » (volume 5)[228]. Jusqu'à cette date, Gaston Paris, outre sa première lettre sur l'état de la littérature nationale en France pour le *Jahrbuch*[229], avait publié trois comptes rendus dans le *Cabinet historique*. Cette revue, dirigée par son oncle Louis Paris (connu, ce dernier, pour être l'auteur de plusieurs ouvrages sur l'histoire de Reims), se situait dans la pleine tradition des sociétés savantes de province et avait comme devise le *sine invidia communico* de l'abbé Le Bœuf[230]. Les critiques de Gaston Paris avaient concerné un poème inédit de Jean Marot[231], ainsi que divers sujets historiques (médiévaux) : une édition de la *Vie de saint Thomas Becket* de Guernes de Pont-Sainte-Maxence[232] et différents ouvrages historiques sur le moyen âge et le XVI^e^ siècle[233]. C'est pourtant bien avec son étude sur *Huon de Bordeaux* que Gaston Paris ouvre véritablement la longue série des travaux qu'il consacrera pendant quarante-deux ans à la littérature médiévale.

Malgré (ou à cause de ? – ce rapport sera encore à analyser) un programme de travail bien chargé, le jeune homme, qui a très souvent des soucis d'argent, se dit spleenétique dans une lettre à Durande datée du 21 mai 1861 :

> Depuis que tu es parti, je n'ai rien fait de bien remarquable. J'ai été passer quelques jours en Champagne, et je me suis trouvé par hasard à Epernay le lendemain du jour que tu y as passé. Je suis revenu ici, et je m'occupe depuis ce temps-là de ma thèse à l'Ecole des Chartes. J'ai été présenté à M. Baudry, qui dirige la *Revue Germanique*, qui a accepté mon article sur *Huon de Bordeaux* et m'a demandé de lui en faire d'autres. J'ai fait à Desmarest[234] une visite intéressée ; mais il n'a pas compris apparemment et ne m'a pas dit un mot de paiement. Ce soir, je vais aller à la réunion hebdomadaire du comité de rédaction de la *Critique française*, sous prétexte d'y porter un petit article sur La Bruyère ; là je verrai un peu de quoi il retourne, et si on ne paie pas davantage, le journal ne me plaît

[227] Charles Grandmaison (1824-1903), secrétaire de la Société de l'Ecole des Chartes et archiviste d'Indre-et-Loire de 1852 à 1894.

[228] 444*, 1861. Cet article sera à nouveau publié, sans modifications importantes, dans les *Poèmes et légendes du moyen âge* (345*, 1900).

[229] 775*, 1859.

[230] Voir le dossier de Louis Paris aux AN (F/17/21434). Louis Paris (né en 1802), archiviste, bibliothécaire à Reims, puis à Epernay ; attaché à la commission des monuments historiques.

[231] 698, 1860.

[232] 670, 1859.

[233] 979, 1860.

[234] Personnage non identifié.

pas assez pour que j'y écrive bien souvent. J'espère qu'il y a plus de sûreté à la *Revue Germanique*, bien que Baudry ne m'en ait pas parlé non plus. Je suis dans la débine la plus atroce, mon pauvre ami, et je ne sais de quel bois faire flèche; je m'ennuie généralement beaucoup, et je ne puis que te répéter que je serais très content de te voir: après cela, tu n'es peut-être pas d'une gaieté folle, et nous ne gagnerons pas grand'chose à broyer du noir ensemble[235].

La seule trace de l'article sur La Bruyère dont Gaston Paris parle dans cette missive est un compte rendu d'une nouvelle édition des *Caractères* publié dans la *Revue de l'Instruction publique*[236]. Gaston Paris s'occupe donc toujours, à cette époque, de littérature française moderne, comme le montrent également ses deux nouvelles «Lettres sur l'évolution de la littérature nationale française» dans le *Jahrbuch* de 1861[237].

En été 1861, le jeune Paris obtient son premier examen de licence en droit, passe son troisième examen de l'Ecole des Chartes, et se met à préparer sa thèse d'archiviste-paléographe sur le rôle de l'accent latin dans l'évolution de la langue française. Le 6 octobre 1861, il écrit à Diez:

«J'espère bien que vous prendrez quelque intérêt à ce travail; s'il ne rencontre pas à l'Ecole des Chartes, où il sera discuté, des critiques trop vives, je le ferai imprimer et je vous demanderai la permission de vous le dédier, comme au créateur et au maître de la philologie romane» (lettre publiée par Tobler 1912b, p. 444).

En janvier 1862, Gaston Paris sort de l'Ecole des Chartes second de sa promotion, le premier étant Paul Viollet[238]. L'*Accent* est publié au printemps 1862 (l'«Avant-propos» est daté du 29 janvier)[239].

Peu après, il se met à traduire l'«Introduction» de la *Grammatik der Romanischen Sprachen* de Diez. Contrairement à ce qu'on a pu dire, le projet de cette traduction ne semble pas avoir été formé pendant le séjour de

---

235 B.N., n.acq.fr. 24464, ff. 104-105.

236 749, 1861. Gaston Paris publiera par contre dans la *Critique française* un compte rendu de l'*Histoire de la littérature française depuis ses origines jusqu'à la Révolution* d'Eugène Gerusez (312, 1861).

237 776*, 1861 et 777*, 1861.

238 Paul Viollet (1840-1914) deviendra historien du droit et professeur à l'Ecole des Chartes. Il restera un très bon ami de Gaston Paris.

239 Monfrin 2001a, p. 8, pense que c'est Guessard qui, se souvenant d'une étude qu'avait faite sur le même thème Henri d'Arbois de Jubainville en 1847, avait donné le sujet de ce travail à Gaston Paris. Une lettre non datée d'Arbois de Jubainville à Gaston Paris sur l'«accent gaulois» (B.N., n.acq.fr. 24430, ff. 97-98) nous montre qu'il y a effectivement eu un dialogue sur ce sujet entre les deux savants mais n'offre aucune précision quant à une influence personnelle directe.

Gaston Paris à Bonn, même si Diez avait peut-être, à cette époque déjà, fait part au jeune étudiant de son désir de voir paraître un jour une traduction française de ses œuvres. C'est en effet ce que laisse deviner une phrase dans une lettre à Diez du 23 janvier 1862, dans laquelle Gaston Paris paraît bien informer pour la première fois le professeur de Bonn de son plan de traduire la *Grammatik* dans son intégralité :

> «Je vous écris surtout, Monsieur, pour vous demander la permission d'accoler nos deux noms sur la première page d'un travail que je vais faire. M. Herold, qui dirige actuellement la librairie Franck, à Paris, voulant donner à cette maison une direction spécialement philologique, a l'intention de publier une série d'opuscules de linguistique. J'ai cru, ainsi que lui, que rien ne pourrait mieux recommander ces publications que si elles débutaient par quelque chose de vous, et il a été convenu que je lui traduirais l'«Introduction» de la *Grammaire des Langues Romanes* (V. I., p. 1-132). Je l'ai assuré que vous verriez ce travail avec plaisir, et il espère que de son côté M. Weber[240], à qui il va en écrire d'ici à quelques jours, n'y mettra pas d'opposition. Pour moi ce sera un grand plaisir de contribuer à faire connaître en France vos travaux et votre nom et de payer ainsi autant qu'il est en moi la dette que j'ai contractée envers vos ouvrages, où j'ai puisé tout le peu de science que je puis avoir. [...]
>
> Pour moi, Monsieur, ce n'est pas seulement parmi vos disciples, mais bien parmi vos amis, que je me range [...]» (lettre publiée par Tobler 1912b, p. 447).

La traduction annoncée sera terminée à peine quatre mois plus tard, puisque Gaston Paris écrit à Diez le 14 mai de la même année :

> «Vous recevrez sans doute à peu près en même temps que cette lettre quatre exemplaires de mon *Etude sur le rôle de l'accent latin*; je vous serai fort obligé si vous voulez bien en offrir un de ma part à M. Delius et un autre à M. Monnard[241].[...] La traduction de l'Introduction à la *Grammaire des Langues romanes* est achevée; elle commencera à s'imprimer dès que M. Herold, le successeur de Franck, sera revenu d'Allemagne, où il est en ce moment. J'y ferai moi-même une Introduction où

---

240 C'est l'éditeur allemand de la *Grammatik der Romanischen Sprachen.*

241 Quant au Suisse Charles Monnard, professeur de langues et littératures romanes à Bonn depuis 1846, voir Tobler 1912b, p. 450 : «Auch mit dem trefflichen Monnard (1790-1865) hat Paris, glaube ich, nicht in enger Verbindung gestanden. Seine Vorlesungen bezogen sich vorzüglich auf die franz. Lit. des XVIIe; und der von ihm veranstalteten Uebungen im Sprechen und Schreiben des Französischen, [...] bedurfte der junge Franzose nicht. Doch könnte wohl sein, dass die Studenten aus der französischen Schweiz, mit denen wir beide viel verkehrten, Paris wohl mehr, als für sein Erlernen des Deutschen zuträglich war, ihn mit dem von ihnen wie billig hochverehrten Landsmann in Verbindung gebracht hätten». Nous ne connaissons aucune lettre de Monnard.

> je m'efforcerai peut-être d'établir la part que vous avez dans la création de la philologie romane et la valeur de vos divers travaux. Peut-être aussi me bornerai-je à une courte notice sur le livre et l'auteur; cela dépendra du temps que j'aurai» (*ibid.*, p. 449).

Le texte en question ne paraîtra pourtant qu'au printemps 1863. La suite de l'histoire de la traduction de la *Grammatik*, œuvre que Gaston Paris réalisera successivement avec la collaboration d'Auguste Brachet[242] (pour le tome 1) et de Morel-Fatio[243] (pour les tomes 2 et 3), est des plus compliquées. Pleine de malentendus, de contretemps et de problèmes touchant aux droits éditoriaux, elle s'étalera sur pas moins de quatorze ans! Ce n'est en effet qu'en 1876 que paraîtra finalement le dernier tome de la *Grammaire* de Diez[244].

---

242 Auguste Brachet (1845-1898) est un personnage très curieux. Au début, il est purement autodidacte en matière de philologie romane. Après avoir pris contact avec Gaston Paris (voir une lettre du 10 janvier 1863, B.N., n.acq.fr. 24434, ff. 23-24, dans laquelle il demande à celui-ci de lui communiquer une liste d'ouvrages indispensables à l'apprentissage de l'ancien français et de l'ancien provençal), il suit des cours à l'Ecole des Chartes en 1864. Dénué de ressources, il lui faut bientôt accepter un modeste emploi à la B.N. Par la suite, il se fait surtout connaître par sa *Grammaire historique de la langue française* (1867). En 1869, sur la proposition de Gaston Paris, il est nommé répétiteur à l'EPHE pour les langues romanes. Il abandonne ce poste en 1872 pour devenir professeur de littérature allemande à Polytechnique. Après la traduction du premier volume de la *Grammaire* de Diez, il délaisse complètement ses études de philologie (voir, à ce sujet, une lettre du 25 octobre 1873, dans laquelle il se désiste du projet Diez: «J'ai eu encore bien, bien des soucis, mais la présente n'est que pour vous dire que je suis à *mon grand regret*, forcé de renoncer au Diez; je regretterai toujours d'avoir eu à vous le dire si tard; si j'avais consenti à cette renonciation dès le mois d'août, comme vous me le disiez *si raisonnablement*, je n'aurais point entravé cette publication si importante, mais j'espérais pouvoir rester à Paris; enfin il n'en est rien: je vais me hâter de terminer ce qui reste du 1er volume à imprimer [...]» [B.N., n.acq.fr. 24434, f. 84]). Après son mariage, et pour des raisons entre autres de santé, il quitte Paris presque définitivement pour vivre dans le Sud. Après un voyage en Italie, il rédige un livre intitulé *L'Italie qu'on voit et l'Italie qu'on ne voit pas* (1881), véritable pamphlet anti-italien qui provoque des réponses acerbes de Crispi et du comte de Nigra. Dans la dernière partie de sa vie, il s'occupe d'une *Psychologie des peuples européens* qui, quoique souvent annoncée, ne paraîtra jamais. Moindre mal sans doute, étant donné le chauvinisme de plus en plus marqué de son auteur. Brachet vit de plus en plus retiré et meurt de la tuberculose en 1898. Un caractère très instable et une santé très fragile semblent ainsi avoir complètement déterminé cette vie pleine de ruptures sur tous les plans. On pense bien que Brachet n'était pas l'homme idéal pour un travail aussi long et ardu que la traduction complète de la *Grammaire* de Diez. Pour un jugement de Gaston Paris sur son collaborateur, voir Annexe IX. Voir également Malkiel 1993a, pp. 27-28 et Desmet/Swiggers 1992.

243 Alfred Morel-Fatio (1850-1924), chartiste, hispaniste, secrétaire de l'Ecole des Chartes de 1885 à 1907; maître de conférences à l'EPHE..

244 Voir Annexe IX, dans laquelle j'essaie de reconstruire, à l'aide de Tobler 1912b, les différentes étapes de cette entreprise compliquée.

En 1862 toujours, Gaston Paris rédige son deuxième article proprement médiévistique, de nouveau pour la *Revue germanique*, sur le rapport, cette fois-ci, entre «La *Chanson de Roland* et les *Nibelungen*»[245]. Rien ne nous empêche de voir dans ce travail un écho plus ou moins lointain du cours sur la littérature allemande du moyen âge que le jeune homme avait suivi à Göttingen chez W. Müller, l'un des grands spécialistes des *Nibelungen* (qu'il ne cite pourtant pas)[246]. Gaston Paris, qui se propose de prouver par cette étude que les valeurs des deux épopées, française et allemande, sont complémentaires, se montre déjà admirablement bien informé sur la poésie épique du moyen âge et expose quelques idées qui lui seront chères tout au long de sa carrière (voir Partie IV).

Le 28 août 1862, finalement, il soutient ses deux thèses de licence en droit (droit romain: *De tutela*; droit français: *De la tutelle*[247]).

Après cette année fort remplie viendront alors des vacances bien méritées, que Gaston Paris, comme tous les ans, passe dans la maison paternelle d'Avenay, entouré de sa famille. La lettre suivante mérite d'être citée pour plusieurs raisons: outre qu'elle relate un détail tout à fait charmant de la vie des Paris en province – tout le monde, le père Paris inclus, s'adonne à l'art dramatique –, elle nous révèle un trait de caractère largement inconnu du jeune Paris. Dans cette missive à Durande, comme dans beaucoup d'autres d'ailleurs, celui-ci se plaint en effet dans un langage assez cru d'être toujours sans femme. De tels passages, accessibles seulement dans la correspondance privée, contrastent singulièrement avec l'image qu'on est prêt à se faire du jeune homme quand on s'en tient aux seuls travaux philologiques, déjà extrêmement mûrs, que celui-ci accomplit à la même époque, et viennent nous rappeler une nouvelle fois que Gaston Paris était finalement, à bien des égards, un jeune homme tout à fait comme les autres.

> Où as-tu pris que j'étais venu ici avec le projet de flâner? Bien au contraire, j'ai quitté Paris bien décidé à travailler beaucoup; c'est une résolution que je prends régulièrement tous les ans; – je n'ai absolument rien fait; c'est aussi comme cela que je l'exécute toujours. Tout est dans les règles. Quant à mes occupations, elles seraient aussi monotones et nulles que de coutume, si cette année nous n'avions à Avenay un émoi considérable. Nous jouons la comédie, et voilà bien du temps de pris sur l'ennemi, – ou l'ennui, – dans la journée. Nous jouons d'abord *On ne saurait penser à tout* de Musset, où je fais le rôle du Marquis, et Elisabeth

---

245 Gaston Paris avait écrit à Durande le 2 octobre 1861: «J'ai été très content de la *Revue Germanique*; on m'a payé mon article et on m'a demandé très-aimablement d'en faire beaucoup d'autres» (B.N., n.acq.fr. 24464, ff. 111-112).

246 L'article paraîtra en 1863 (371*). Il sera repris sans modification dans les *Poèmes et légendes* en 1900 (345*).

247 1195*.

> celui de la Comtesse ; puis je reprends mon assommant rôle de Mistingue dans la rue de Lourcine[248] ; enfin on joue le dîner de Madelon[249], où je n'ai pas de rôle, mais où mon père obtient un succès brillant. Le grand metteur en scène est un mien cousin qui se donne heureusement tout le mal, en sorte que je n'ai qu'à répéter mes rôles, ce qui m'arrange fort bien. [...]
>
> Je vois que tu ne fais pas comme moi : tu pioches. Tu fais joliment bien, et j'espère que tu fais de bonnes choses. Ne doute pas de l'avenir : à force de travailler, c'est bien le diable si nous ne nous casons pas tous les deux au moins un peu au-dessous de la place que nous visons. [...]
>
> A propos de cela [du mariage d'un ami], le coït est vraiment par trop inconnu dans ce pays-ci ; j'en rappelle ! Je serai bien amoureux en revenant à Paris ! mais, hélas ! je serai toujours dans la même position. Point d'argent, point de ... cuisse. Excuse cette erreur d'un moment, et pense à moi en embrassant Rosa[250]. – Vos conversations franco-allemandes vont-elles mieux ? et que dit de cela Hetzel ?[251] es-tu bien sûr qu'il ne te fait pas concurrence ? A propos, rappelle-moi au souvenir de cet aimable et excellent voisin[252].

A partir du printemps 1863, après un séjour en Italie[253], Gaston Paris entreprend la rédaction de sa grande thèse sur l'*Histoire poétique de Charlemagne*, première tentative, couronnée de succès, d'appliquer les méthodes historico-comparatives à la littérature médiévale française. S'il avait commencé à prendre des notes dès la fin de l'année 1861, comme nous le montrent deux carnets de cette époque[254], il ne travaille pourtant pas toujours avec le même entrain. En 1863, à la fin des vacances d'été, il écrit à Durande :

> [...] j'ai bien à rattraper à Paris ; je n'ai rien fait ici, et il me faut pousser maintenant le travail sans relâche et sans faiblesse. Je suis capable de temps en temps d'un bon coup de collier ; le moment est venu d'en donner un solide, et de terminer enfin pour de bon la période préparatoire où je reste depuis si longtemps à flâner. Nous entrons dans la vie active, il faut bien nous le dire mon vieux ; brûlons de nos vieux rêves ceux qui ne peuvent plus nous servir à rien, et gardons uniquement les autres, ceux de belle vie, de liberté, d'amour, et surtout cette bonne et chère réalité d'amitié qui donne son plus grand prix à la vie[255].

---

248 Il s'agit de *L'Affaire de la rue de Lourcine* d'Eugène Labiche.

249 *Madelon* : leçon incertaine. – Je n'ai pas pu identifier cette pièce.

250 Personnage non identifié.

251 Je ne saurais dire de qui il est question ici. Vu les dates, il ne pourra s'agir de Louis-Jules Hetzel (1847-1930), fils de l'éditeur Pierre-Jules Hetzel.

252 B.N., n.acq.fr. 24464, ff. 116-117, lettre du 24 septembre 1862.

253 *Ibid.*, ff. 118-119.

254 E.P., Fonds Gaston Paris, C/IV/73 et C/V/74.

255 B.N., n.acq.fr. 24464, ff. 122-123, lettre du 16 octobre 1863. Le contenu de cette lettre correspond à celui d'une missive à Diez remontant à l'été 1863 (sans date précise) : « [...]

Les quatre premiers mois de l'année 1864, Gaston Paris les passe à Cannes, où il avait accompagné sa mère, gravement malade. Le 24 février 1864, il écrit à Meyer depuis le Sud:

> Pour moi, j'ai déjà fort à faire avec mon Charlemagne; si je voulais le faire absolument comme je conçois qu'il est possible, il me faudrait bien des années, et je n'ai guère de temps. Tel que je le donnerai, il sera toujours utile, au moins comme un cadre général où on pourra intercaler tout ce qui y manquera. Vous ne vous faites pas d'idée des petites difficultés de détail et de la peine qu'on a à se retrouver au milieu de cet enchevêtrement de légendes qui se répètent et se contredisent à chaque instant. Je tâche de porter un peu d'ordre dans tout cela, mais ce n'est pas commode, surtout ici, où je n'ai que très-peu de livres. Je suis obligé de laisser en blanc la moitié de chaque page, et c'est une bien mauvaise manière de travailler. Enfin, cela marche piano, piano, et j'espère aller vite une fois revenu à Paris. J'ai différentes choses assez nouvelles, qui pourront offrir de l'intérêt à quatre ou cinq personnes en Europe[256].

Et, trois jours plus tard, à Durande:

> Ces jours de mauvais temps m'ont ramené à ma thèse, et j'ai travaillé assez solidement depuis quinze jours. Tu sais que quand je m'y mets je m'y mets bien; j'ai donc abattu pas mal de besogne, mais il y en a tant que ça ne fait pas grand'chose. D'ailleurs j'ai trop peu de livres ici; je suis obligé de laisser à chaque instant des blancs dans mon travail, et c'est fort impatientant. Enfin, je vois l'ensemble se dessiner à peu près; le cadre général sera terminé ici, je l'espère bien, et je n'aurai plus à Paris qu'à faire le commencement et la fin et à boucher tous les trous. C'en sera encore assez pour m'occuper quatre ou cinq mois; j'espère faire imprimer au mois d'août et passer au mois de décembre[257].

Le 1er avril 1864, à nouveau à Meyer:

> Je commence à en avoir plein le dos de l'empereur à la barbe florie, de ses guerres, de ses femmes et de ses enfants. Il faudra bien cependant lui faire encore ma cour pendant plusieurs mois. Après cela, sauf votre respect, je plante là le Moyen-Age, au moins pour quelque temps. Je donne mes soins à la traduction de Diez, parce que c'est une œuvre patriotique, mais je suis un tant soit peu écœuré de la langue d'oïl, de ses pompes et

---

je n'ai pas beaucoup travaillé cette année, et j'ai besoin de rattraper le temps perdu par un effort vigoureux cet hiver. Je m'occupe pour le moment d'un travail d'histoire littéraire qui me prendra bien du temps et que j'ai du reste commencé depuis plusieurs mois. J'espère qu'il vous offrira de l'intérêt: c'est l'Histoire poétique de Charlemagne» (lettre publiée par Tobler 1912b, p. 455).

256 B.N., n.acq.fr. 24425, f. 56.

257 B.N., n.acq.fr. 24464, ff. 127-128.

> de ses œuvres. Je ferai de l'allemand ou de la philosophie; je tâcherai de faire l'un et l'autre. Après quoi probablement je reviendrai sur la route où pendant ce temps-là vous aurez diantrement marché. J'invite dans mon article Mahn[258] le gouvernement à faire publier tous les troubadours; ne seriez-vous pas désigné pour cela? Et Littré-Hachette, qu'en faites-vous?[259] Vous êtes muet comme un *peis*, sur ce chapitre curieux. Ce qui m'en effraie, c'est toujours la même chose, le Moyen-Age forcé pendant un temps illimité. Mais avec vous, *Teucro duce et auspice*, la chose me plaît et m'attire; je voudrais n'avoir de lien et d'engagement que vis-à-vis de vous, parce que nous arriverons toujours à nous entendre[260].

Si l'affirmation de Meyer selon laquelle

> «[c]'est à l'Ecole des chartes que Gaston Paris orienta définitivement ses études vers les langues et les littératures du moyen âge» (Meyer 1906a, pp. VIII-IX),

est tout à fait juste, on n'en conclura pas pour autant que cette orientation s'est faite sans aucune hésitation, ni sans aucune peine. La lettre à Meyer qu'on vient de citer indique assez que la voie médiévistique, aussi naturelle qu'elle puisse nous paraître rétrospectivement, n'était pas la seule, tant s'en faut, qui ait intéressé le jeune Paris, et ceci même au moment où il est en train d'achever sa grande œuvre sur l'*Histoire poétique de Charlemagne*.

Le 2 mars 1865, Gaston Paris perd sa mère. Six semaines plus tard, il confie ses peines à Durande:

> Que je suis donc heureux d'avoir mis la main sur un cœur comme le tien! laisse-moi te le dire et te le redire encore, mon cher Amédée. Dans ma pauvre vie si triste je compte cela comme mon plus grand bonheur. Que de fois tu m'a déjà, sans le savoir quelquefois, par ta seule présence si bonne et si claire, consolé et fortifié! Et cette fois surtout! Pardonne-moi de ne pas m'appesantir là-dessus; je ne puis me souvenir de ces cruelles journées; et pourtant je ne les oublierai jamais, ni ce que tu m'a apporté d'adoucissement.

---

258 Il s'agit de la traduction commentée du discours de Mahn déjà cité (1097*, 1864).

259 «En 1863, il [Meyer] faillit s'attacher à une grande entreprise, un dictionnaire de l'ancien français que souhaitait lui commander l'éditeur Hachette: il devait travailler à temps complet, six heures par jour, pendant trois ou quatre ans, pour dépouiller les textes; une période un peu moins longue était prévue pour la rédaction. Littré devait diriger ou du moins surveiller la publication, pour la raccorder à son propre dictionnaire. Meyer essaya d'entraîner Gaston Paris dans le projet. Après quelques hésitations, celui-ci, tout à la préparation de son *Histoire poétique de Charlemagne*, déclina l'offre et l'affaire en resta là» (Monfrin 2001b, p. 24; voir également Monfrin 2001c, pp. 77-78).

260 B.N., n.acq.fr. 24425, ff. 57-58. Une partie de cette lettre est également citée dans Monfrin 2001c, pp. 78-79.

> Tu as bien raison, cher ami, de penser que cette maison [d'Avenay] nous a été cruelle. Tu sais tout ce qu'elle renferme de souvenirs, si longs, si bien fixés dans chaque coin, dans chaque meuble, dans chaque touffe d'herbe. Cette allée où nous nous promenions si souvent, ce petit salon, ces arbres, tout me parle sans cesse de ma pauvre adorée, qui ne sera plus jamais, jamais ici avec moi. Mais aussi c'est un grand charme de se sentir si près d'elle, de la retrouver dans tout ce qu'on voit, dans tout ce qu'on fait. Si ce n'était pour te voir, toi et d'autres que j'aime, je voudrais rester indéfiniment ici [...].
>
> Il n'y a pas de printemps en moi cette année, mais je ne puis cependant résister toujours à un charme divin de réveil de toute chose qui se déploie autour de moi. J'ai toujours été un adorateur du mois d'avril, et il est vraiment cette année plus beau encore que de coutume; aussi la promenade et la contemplation sont-elles un grand plaisir ici. Ce sont ceux qui conviennent le mieux à un état d'esprit où on est inactif forcément et sans ressort; et puis le spectacle des choses de la nature a pour moi une grande force de consolation; il me parle à la fois de jeunesse perpétuelle, de renouvellement et de nécessité inflexible à laquelle il *faut* se soumettre.
>
> Le travail n'avait pas été ces jours-ci. Je m'y suis mis aujourd'hui, et si bien que ma lettre ne t'arrivera pas demain; j'ai laissé passer l'heure sans m'en apercevoir. J'ai écrit dix pages de mon Introduction. Je pense à toi. J'ai peur qu'elles ne te plaisent guère. Tu vas trouver cela bien métaphysique. C'est ce que j'ai pu faire de moins abstrait. Hier j'ai déchiré deux ou trois commencements qui m'entraînaient peu à peu dans des régions par trop philosophiques et en outre trop vastes. Tel que ça est, ça pourra rester, je crois[261].

Le 29 décembre 1865, Gaston Paris soutient en Sorbonne ses deux thèses, *Histoire poétique de Charlemagne*[262] et *De Pseudo-Turpino*[263].

Dans sa thèse latine, Gaston Paris essaie de démontrer que les cinq premiers chapitres de la *Chronique du Pseudo Turpin* ont d'abord formé un écrit à part, rédigé à Compostelle vers 1050 par un Espagnol, et que le reste de l'ouvrage, prologue inclus, est le produit de plusieurs auteurs. Le principal d'entre eux aurait été un moine originaire de Vienne et arrivé à Compostelle en 1108 en compagnie de l'archevêque Gui de Bourgogne; il aurait écrit entre 1108 et 1119, année où Gui devint pape sous le nom de Calixte II. Dans un compte rendu qu'il rédige en 1882 d'un ouvrage de Reinhart Dozy, grand spécialiste du sujet et qui, à l'exception de la structure générale de la chronique, était arrivé à des résultats très différents des siens, Gaston Paris se montre convaincu par l'argumentation du savant hollandais et avoue à plu-

261 B.N., n.acq.fr. 24464, f. 136; lettre du 14 avril 1865.

262 356*, 1865.

263 357*, 1865.

sieurs reprises ne pas avoir travaillé avec assez de soin au moment de la préparation de sa thèse latine[264].

Pour une caractérisation très globale de l'*Histoire poétique*, dont nous reparlerons bien sûr dans la Partie IV, citons ici un passage du compte rendu que Gaston Paris, sous le sigle Δ, a rédigé lui-même pour la *Revue critique*:

> «Ce livre est une monographie de Charlemagne considéré comme personnage fabuleux. L'auteur étudie l'origine, les rapports et les diverses formes des récits légendaires dont le grand empereur a été l'objet chez la plupart des peuples de l'Europe. Tout en s'attachant surtout à l'épopée française, il n'a prétendu ni s'y renfermer exclusivement, ni l'embrasser en entier:'[...] L'histoire fabuleuse d'un grand homme tient sa place à côté de son histoire réelle: si celle-ci exprime le rapport de son génie avec les faits, celle-là nous donne le rapport de ce génie avec les idées de son temps et des temps suivants[']» (358, 1866, pp. 74-75).

Face à la masse des documents étudiés dans l'*Histoire poétique*, documents qui, pour la plupart, n'étaient accessibles que sous forme manuscrite, et, qui plus est dans les langues les plus diverses, on reste stupéfait de la rapidité avec laquelle le jeune Paris a accompli ce travail. Dans l'«Avertissement» à l'édition de 1905, Meyer écrit:

> «'J'ai mis un an à l'écrire [l'*Histoire poétique*], me disait-il [Gaston Paris]: il me faudrait deux ans pour le refaire.' Il n'avait en effet, consacré guère plus d'une année (1863-1864) à la rédaction proprement dite, mais la préparation avait été plus longue. Déjà au temps où il était sur les bancs de l'Ecole des chartes (1858-1861), il étudiait avec ardeur toutes les chansons de geste qui lui étaient accessibles, tous les livres qui traitaient de la littérature épique du moyen âge, et, sans qu'il eût besoin de prendre beaucoup de notes, grâce à sa merveilleuse mémoire et à son esprit essentiellement méthodique, tous les faits venaient se classer dans sa tête, prêts à être mis en œuvre» (Meyer 1974, p. [v]).

Meyer exagère certainement quelque peu l'ardeur avec laquelle Gaston Paris se serait penché sur les épopées dès son entrée à l'Ecole des Chartes en 1858. Les premiers carnets de notes conservés, nous l'avons dit, remontent à 1861. D'autre part, Gaston Paris, dans une lettre datée du printemps 1865, écrit à Sainte-Beuve qu'il travaille à sa thèse depuis deux ans[265]. J'en conclus

---

264 Voir 1001, 1882. Nous connaissons également quelques lettres de Dozy à Gaston Paris qui concernent ce sujet, voir B.N., n.acq.fr. 24438, ff. 155ss. Dans une de ces lettres (f. 155), Dozy répond à quelques questions que Gaston Paris lui avait posées dans le cadre de ses préparations de l'*Histoire poétique*. – Ni l'hypothèse de Gaston Paris ni celle de Dozy n'ont d'ailleurs résisté à l'examen critique de Bédier, suite auquel on admet aujourd'hui généralement que la chronique du Pseudo-Turpin a été rédigée par une seule main vers le milieu du XII^e siècle.

265 Voir Bonnerot 1955, p. 15.

qu'il a pris des notes plus ou moins éparses dès 1860/61, qu'il a intensifié ses recherches au cours de l'année 1863, et qu'il a effectivement rédigé le tout en un an.

Or, pour expliquer l'achèvement d'un ouvrage aussi considérable en si peu de temps et par un si jeune homme, il ne suffit pas d'alléguer le génie individuel. Il convient également de faire appel, avec Taine, au «milieu» particulier dans lequel l'auteur de l'*Histoire poétique* a grandi. En effet, quand il se met à travailler à son sujet de thèse, Gaston Paris connaît déjà bien bon nombre de textes médiévaux, possède l'ancien français certainement beaucoup mieux que la plupart des autres étudiants de sa génération, a à sa disposition la très riche bibliothèque de son père[266] et, de façon générale, les outils du métier philologique – recherches bibliographiques, déchiffrement et collation de manuscrits, compilation de faits, confection de fiches, etc. – lui sont sans doute familiers, pour la simple raison qu'il a vécu depuis son plus jeune âge sous le toit de la Bibliothèque impériale, dans une atmosphère savante et studieuse:

> «Par un singulier privilège, ce futur érudit, ce futur déchiffreur de manuscrits, ce grand liseur a passé son enfance dans la cité des livres. [...] Sous le même toit était logé Benoît Hase, chargé des manuscrits grecs; Jomard, préposé aux cartes et plans; Lenormant (Charles), le numismate et l'archéologue. On ne peut se figurer un milieu plus fait pour éveiller et stimuler l'intelligence. L'enfant apprit sans peine et *en jouant* quantité de choses que d'autres doivent apprendre tard et non sans effort» (Bréal 1903, pp. 291-292).

L'ambiance philologique dans laquelle Gaston Paris a grandi nous mène au problème de la «prédisposition héréditaire» de ce dernier à la carrière médiévistique, problème à nouveau étroitement lié à celui de la construction de la discipline en général.

## 2. TEL PÈRE TEL FILS ? – LA QUESTION DES INFLUENCES

> «Mon cher père, tout enfant, je connaissais Roland, Berte aux grands pieds et le bon cheval Bayard, aussi bien que la Barbe-Bleue ou Cendrillon. Vous nous racontiez parfois quelqu'une de leurs merveilleuses aventures, et l'impression de grandeur héroïque qu'en recevait notre imagination ne s'est point effacée. Plus tard, c'est dans vos entretiens, dans vos leçons et dans vos livres que ma curiosité pour ces vieux récits, longtemps vaguement entrevus, a trouvé à se satisfaire. Quand j'ai voulu, à

---

266 Gaston Paris dresse le catalogue de cette bibliothèque en 1881 (323*, 1881) pour une vente aux enchères.

> mon tour, étudier leur origine, leur caractère et les formes diverses qu'ils ont revêtues, votre bibliothèque, rassemblée avec tant de soin depuis plus de trente années, a mis à ma disposition des matériaux qu'il m'eût été bien difficile de réunir et souvent même de soupçonner. Vos encouragements m'ont soutenu dans le cours de mes recherches ; vos conseils en ont rendu le résultat moins défectueux. En vous dédiant ce livre, je ne fais donc en quelque façon que vous restituer ce qui vous appartient. Acceptez-le comme un faible témoignage de ma profonde et respectueuse tendresse» (356*, 1865, éd. de 1974, p. [V]).

Rares sont les critiques qui n'ont pas glosé sur cette dédicace de l'*Histoire poétique* à Paulin Paris, en concluant généralement à la prédestination naturelle de Gaston Paris à la carrière de médiéviste. Prenons quelques exemples :

> «Gaston Paris n'a point connu les tourments d'une vocation incertaine. La voie était frayée devant lui par son père, dont il devait, malgré lui, bientôt effacer les traces» (Arnauld 1903, p. 466).

> «C'est au foyer familial, à l'âge où les premières impressions se gravent profondément dans l'âme pour ne plus s'effacer, qu'il apprit à aimer les légendes héroïques ou tendres de l'ancienne France [...] Dès sa prime jeunesse, il décida de vouer au passé poétique de son pays l'activité de sa vie entière» (Grojean 1903, p. 294).

> «Il aurait pu écrire sur presque tous les sujets et se faire un nom dans le genre qu'il aurait choisi. Mais il ne semble pas qu'il ait jamais hésité sur sa vocation. C'était la philologie qui l'attirait irrésistiblement, et, dans le domaine de la philologie, c'était, par héritage, la langue et la littérature du moyen âge» (Croiset 1904, p. 147).

On se gardera pourtant de confondre la stimulation philologique naturelle exercée sur Gaston Paris par le milieu dans lequel il a passé son enfance avec le modèle déterministe propagé par la plupart des biographes. Pour le dire en des termes très simples et très clairs, Gaston Paris n'a pas souhaité dès sa prime jeunesse devenir médiéviste, mais le fait qu'il ait finalement pris la décision de suivre cette voie a bien sûr également, et peut-être même avant tout, dépendu du modèle paternel. Une fois cette décision prise, Gaston Paris avait, pour cette même raison, un réel avantage sur les autres débutants dans la carrière philologique. Il n'en reste pas moins que, au moins jusqu'en 1864, quand il confie à Meyer qu'il abhorre l'idée de s'occuper exclusivement, dorénavant, de la littérature médiévale, Gaston Paris a toujours eu des moments d'hésitation, voire, plus tôt, pendant son séjour en Allemagne, d'indécision la plus complète.

Ce qui, dans la plupart des constructions biographiques, ne correspond pas à la réalité n'est donc pas le fait que Gaston Paris ait baigné dans une «atmosphère médiévale», mais l'identification de cette imprégnation première avec le désir de l'adolescent, voire de l'enfant, de devenir médiéviste. Ce raccourci constitue un appauvrissement de la personnalité du jeune Paris, dont les intérêts, nous l'avons vu, dépassaient de loin la seule littérature médiévale, mais correspond tout à fait à la logique qui sous-tend la construction de la discipline en général: ici encore, il s'agit d'un procès de simplification, d'aplanissement et de linéarisation.

Bréal et Rajna, celui-ci mettant l'accent sur les saines «oscillations» du jeune Paris et celui-là soulignant une «similitude de vocation» somme toute accidentelle, bien qu'heureuse, entre le père et le fils, me semblent donc bien plus proches de la réalité:

> «La similitude de vocation du père et du fils fut une heureuse chance de plus; les premiers contes dont il fut bercé parlaient de Roland, d'Olivier, de la Belle Aude, de Berthe aux grands pieds, d'Ysengrin, de maître Renard» (Bréal 1903, p. 292).

> «Un uomo insigne, se appena le circostanze non fossero state del tutto avverse, Gaston Paris sarebbe riuscito sempre. Tale lo aveva voluto la natura, coll'essergli prodiga di doni. Ma che, dopo oscillazioni di cui è da felicitarsi, egli diventasse un romanista, seguì senza dubbio per ragione del padre» (Rajna 1904, p. 7).

L'idée de Gaston Paris de devenir médiéviste était donc certainement liée, d'une façon ou d'une autre, au modèle paternel. Mais elle ne s'est précisée qu'à l'Ecole des Chartes, et il est donc normal que d'autres que Paulin Paris aient pu influencer le choix du jeune homme. Et non seulement des professeurs, mais également des condisciples, comme Paul Meyer. Une possible influence de Meyer sur le jeune Paris a été suggérée d'abord par Nyrop:

> «Han har ganske sikkert ogsa modtaget impulser fra den studierfaelle, der blev hans trofaste ven og medhiaelper for ele livet, Paul Meyer» (Nyrop 1906, p. 88)[267].

Cette thèse a été reprise – la voie «nordique» toujours! – par Aalto[268] et se trouve confirmée quand on se rappelle la lettre à Meyer du 1er avril 1864, dans laquelle Gaston Paris se dit dégoûté du moyen âge, mais prêt à continuer de travailler dans ce domaine si c'est avec son collègue et sous les auspices de celui-ci. Quand Bréal nous raconte que Gaston Paris avait été le «centre» des élèves à l'Ecole des Chartes, cela constitue certainement une mythification *a posteriori*, qui fait tort aux autres, et avant tout à Meyer qui, une fois n'est pas coutume, se trouve ainsi rejeté dans l'ombre de Gaston Paris:

---

267 «Il a certainement reçu également des stimulations de la part de son camarade d'études, Paul Meyer, qui resta toute sa vie son ami et collaborateur» (trad. Birgit Christensen).

268 Aalto 1987, p. 31.

> «Revenu en France, et désormais décidé à étudier le moyen âge, Gaston Paris entra à l'Ecole des Chartes, où il devint l'élève de Jules Quicherat, où il se lia d'amitié avec Paul Meyer, avec d'Arbois de Jubainville, avec Viollet, jeunes gens qui devaient se faire une place parmi les chefs de l'école médiéviste. Ils se groupent autour de lui; on peut se demander si sans lui ils auraient été ce qu'ils furent. On sait qu'il y a comme un fluide qui se dégage de certaines personnalités: c'est même ce qui a fait créer le mot d'*influence*. Cette influence, Gaston Paris la possédait à un haut degré, et il l'a gardée jusqu'à son dernier jour» (Bréal 1903, p. 293).

Une autre règle, bien connue des sociologues des sciences, est en effet appliquée dans la construction historique de la philologie romane: «On ne prête qu'aux riches». Il s'agit ici de l'une des multiples manifestations concrètes de l'«effet de Mathieu» décrit pour la première fois par Robert K. Merton dans le but de rendre compte du fait que des savants disposant d'une renommée déjà bien établie sont en général plus lus et plus discutés que des chercheurs moins connus et, *a fortiori*, que des chercheurs tout à fait inconnus, pour des publications pourtant «scientifiquement équivalentes»[269].

Puisque nous voilà à la question des influences, il nous faut enfin parler d'Edelestand du Méril[270], qui non seulement a mis Gaston Paris en contact avec les directeurs du *Jahrbuch*, comme nous l'avons dit, mais qui semble de plus lui avoir indiqué le sujet de sa thèse sur Charlemagne. On lit en effet, dans la «Préface» à l'*Histoire poétique*:

> «Qu'il me soit permis, avant de me séparer décidément de mon travail, de remercier quelques savants distingués qui m'ont facilité des recherches difficiles ou fourni de précieux renseignements, et d'abord M. Edélestand du Méril, qui, il y a longtemps déjà, m'a indiqué le sujet et la voie à suivre» (356*, 1865, éd. de 1974, pp. IX-X).

Ayant reçu un exemplaire de l'*Histoire poétique*, du Méril remercie Gaston Paris par retour de courrier:

> Je ne veux pas, Monsieur, attendre jusqu'à ce que j'aye terminé la lecture du grand livre que vous avez bien voulu m'envoyer, pour vous en faire mes remerciements. J'en ai assez lu pour être heureux de vous avoir parlé un des premiers d'un sujet qui vous a permis d'affirmer toutes les qualités

---

269 Voir Merton 1985, pp. 147-171.

270 Edelestand du Méril (1801-1871), écrivain et érudit. Il s'intéresse aux premiers monuments de la langue française, et, notamment, aux sources du théâtre. Publications principales: *Essai philosophique sur la formation de la langue française* (1852), *Essai philosophique sur le principe et les formes de la versification* (1841), *De la légende de Robert le Diable* (1854), *La mort de Garin le Loherain* (1846). Mais c'est surtout ses *Poésies populaires latines antérieures au douzième siècle* (1843) qui ont retenu l'attention des savants, de ceux avant tout qui s'occupaient de la genèse de l'épopée française.

> de votre esprit et de montrer toutes les ressources dont votre érudition dispose. Vos lecteurs seront certainement aussi satisfaits que l'ont été vos auditeurs en Sorbonne, et votre nom restera à jamais attaché à la partie la plus originale de notre histoire littéraire.
>
> Permettez-moi d'ajouter à mes remerciements mes sincères félicitations[271].

Malgré ces témoignages d'un mutuel respect, le rapport entre du Méril et Gaston Paris est tout sauf clair. D'après les lettres qui nous sont parvenues, il semble que les deux hommes soient parents – dans une des missives, du Méril appelle Gaston Paris son «neveu»[272] – et que le même du Méril ait eu l'intention, en 1855, d'épouser l'une des sœurs de Gaston Paris, ce qui paraît les avoir brouillés une première fois. Mais les choses se sont apparemment arrangées au cours des années suivantes, pendant lesquelles du Méril semble s'occuper activement de la carrière de son «neveu». En automne 1865, il lui écrit:

> [...] vous me disiez dans une de vos dernières lettres que l'on vous pressait beaucoup autour de vous de terminer votre thèse, et comme toujours on vous donnait un excellent conseil: il serait très-utile à votre avenir que vous passiez docteur ce mois de novembre. Le ministre s'occupe activement d'organiser l'enseignement des langues vivantes. Il a obtenu du Conseil d'Etat les fonds nécessaires sur le budget de 1865, et certainement le corps législatif les votera. Il veut créer deux places d'inspecteur général spécial, et à ce qu'on m'assure, elles sont promises à deux professeurs de littérature étrangère qu'il faudra remplacer; une troisième chaire se trouvera probablement vacante par la nécessité de donner dans l'Académie de Paris un successeur spécial à M. Eichhoff[273] que des raisons extraphilologiques ont fait mettre à la retraite[274].

Pour une raison qui m'est totalement inconnue – les projets dont il est question dans cette lettre ne semblent d'ailleurs avoir abouti à rien de concret pour Gaston Paris –, le rapport entre les deux hommes paraît s'être à nouveau refroidi à partir de 1866. C'est en tout cas au cours de cette année que du Méril passe de «mon cher Gaston» à «Monsieur», et ne signe plus

---

271 B.N., n.acq.fr. 24438, f. 247, lettre du 4 janvier 1866.

272 *Ibid.*, f. 250. Du Méril ne se trouve pourtant pas sur le faire-part de décès de Paulin Paris (conservé, entre autres, à la B.I.F., dans un carton de documents non classés concernant Gaston Paris). – L'étude généalogique de Josse 1974 ne mentionne pas non plus le nom de du Méril.

273 Frédéric-Gustave Eichhoff (1799-1875), professeur d'allemand, suppléant de Fauriel à la Sorbonne en 1835 et 1836, et, depuis 1855, inspecteur général des langues vivantes. Il est l'un des premiers, en France, à avoir étudié les langues indo-européennes dans une perspective comparative.

274 B.N., n.acq.fr. 24438, f. 249.

de son prénom, mais de son seul nom de famille. Quoi qu'il en soit, un an après le décès de du Méril pendant la Commune[275], Gaston Paris parle de façon très sympathique de son «oncle», louant avant tout les efforts dispensés par celui-ci pour répandre autour de lui le goût et la connaissance de la littérature du moyen âge, ne dissimulant cependant pas tout ce que son œuvre avait de confus aux yeux de la critique moderne:

> «Je ne discuterai pas non plus, en général, les explications données par du Méril: elles témoignent de l'érudition et du peu de pénétration de ce regrettable écrivain, auquel toutes les études sur le moyen-âge seront toujours obligées» (149*, 1872, p. 275)[276].

On peut affirmer, en fin de compte, que du Méril a influencé Gaston Paris dans la mesure où il a mis le jeune homme en contact avec certaines personnalités du monde littéraire et philologique international, comme Adolf Ebert, dans la mesure aussi où il l'entretenait certainement des sujets médiévaux dont il s'occupait lui-même et où il lui a très probablement parlé de Charlemagne dans l'épopée comme d'un possible sujet de thèse. Si l'on en croit le jugement de Sainte-Beuve, selon lequel «M. Edéléstand du Méril, seul en France, était parfaitement au courant [des travaux philologiques de Diez et d'autres chercheurs de langue allemande] au point de paraître un homme d'Outre-Rhin lui-même»[277], on admettra même une certaine influence de du Méril sur le jeune Paris en ce qui concerne les méthodes philologiques modernes, malgré le dédain exprimé par le neveu à l'égard de la qualité scientifique des travaux de son oncle.

*

* *

Que dire, en résumé, sur cette éternelle et, il faut l'avouer, un peu fastidieuse question des influences? Nous avons vu défiler un grand nombre de personnes qui ont probablement, voire certainement exercé une influence sur la formation de l'esprit et sur le choix professionnel de Gaston Paris: Himly, Hase, Paulin Paris, Guigniaut, Ferdinand Wolf, Diez, Delius, Monnard, Ernst Curtius, Quicherat, Guessard, Tardif, du Méril, Meyer. Nous avons dû en omettre un nombre peut-être plus grand encore, parce qu'ils n'ont pas laissé de traces dans les documents que nous avons consultés. Voici un exemple qui illustre le caractère fragile et même souvent contingent

---

275 «Egli era morto nei trambusti della Comune parigina, quasi d'inedia», nous dit D'Ancona 1911, p. 349, n. 2.

276 Voir également 138*, 1871, p. 532.

277 Sainte-Beuve 1884, p. 240 (texte sur Littré de 1863).

de nos connaissances. Dans une lettre à son ami, le latiniste Louis Havet, Gaston Paris déclare :

> Votre père a eu sur le développement de ma personnalité intellectuelle, à l'âge où elle s'est formée, une influence décisive ; j'aimais à le lui rappeler, et il en paraissait toujours surpris, mais heureux[278].

Sans cette lettre – et une autre qui va dans le même sens[279] –, qui aurait pensé à citer Ernest Havet[280], grand éditeur de Pascal, parmi les gens qui ont influencé Gaston Paris ? Il faut croire qu'il existe encore quantité d'autres « maîtres » qui, d'une manière ou d'une autre, ont exercé de l'ascendant sur le jeune Paris, sans que les sources que nous avons consultées ne nous permettent de les appréhender.

Le modèle le mieux approprié pour rendre compte de ces diverses influences personnelles pourrait bien être celui de rhizome articulant une multitude de racines et de radicelles – selon l'importance qu'on peut accorder à l'influence de telle ou telle personne –, liées entre elles de mille façons possibles et néanmoins dirigées, dans leur totalité complexe, vers un point d'aboutissement unique (Gaston Paris, en l'occurrence). Parmi les racines les plus épaisses, on trouverait certainement, dans le cas de notre philologue, Paulin Paris et Diez. Gaston Paris leur a rendu un commun hommage en 1893 :

> « J'ai eu dans l'étude de la philologie romane deux maîtres que j'ai perdus depuis longtemps, et auxquels revient légitimement l'hommage du

---

278 B.N., n.acq.fr. 24464, f. 235 ; la date de la lettre est inconnue.

279 Dans la *Revue critique* de 1868, Gaston Paris avait rédigé un compte rendu très favorable de la deuxième édition des *Pensées* de Pascal, établie par Ernest Havet en 1866 (755, 1868). E. Havet a apparemment remercié le jeune savant dans une lettre qui ne nous est pas parvenue, et dans laquelle il a dû se montrer étonné du fait que son livre ait pu retenir l'attention et la bienveillance de celui-ci. Gaston Paris répond le 21 février 1868 : « Votre trop aimable lettre m'a causé un vif plaisir et quelque surprise. Je m'étonne un peu, permettez-moi de vous le dire, de votre étonnement. Pourquoi donc supposez-vous qu'il y ait besoin d'être de vos élèves ou d'avoir l'honneur d'être de vos amis pour apprécier vos ouvrages et spécialement votre excellente édition de Pascal ? J'aurais plutôt craint que vous n'eussiez trouvé quelques critiques peu justifiées : c'est à moi à vous remercier de la bienveillance avec laquelle vous avez accueilli un suffrage d'aussi peu de poids. [...] Voilà bien longtemps que votre première édition m'a *introduit* à Pascal ; c'était en Allemagne, et elle m'avait été prêtée par un Allemand qui en faisait le plus grand cas. J'ai lu la seconde avec bien de la joie, et je ne sais comment j'ai si longtemps attendu à [sic] en parler ; c'est là un tort que vous êtes trop bon de me pardonner » (B.N., n.acq.fr. 24464, f. 194).

280 Ernest Havet (1813-1891), professeur de littérature française et latine et d'histoire du christianisme. Il enseigne au collège Rollin avant de devenir, en 1854, professeur d'éloquence latine au Collège de France et, en 1880, directeur d'études à l'EPHE (sciences religieuses). Il est l'auteur de plusieurs ouvrages importants sur Pascal, ainsi que d'une vaste *Histoire du christianisme*.

témoignage offert à leur élève. Je le dédie à la mémoire toujours chère et toujours vénérée de Paulin Paris et de Frédéric Diez» (*Romania*, 22, 1893, p. 135).

Mais en dehors du rhizome se trouve une zone qui semble irréductible aux influences individualisables. Dans son extension minimale, cette zone correspond au génie personnel de Gaston Paris. Les remarques de Carl Voretzsch à ce sujet sont excellentes:

> «Wir dürfen die äusseren Einflüsse, die auf Gaston Paris und seine Entwicklung zum methodisch geschulten Romanisten einwirkten, weder über- noch unterschätzen. Wie alle genialen Menschen ist Gaston Paris nicht lediglich die Summe aller äusseren Einflüsse, die auf den werdenden und sich entwickelnden eingewirkt haben» (Voretzsch 1909, p. 510).

Dans son extension maximale, cette zone recouvre l'«esprit du temps», qui fait que certaines idées et possibilités sont dans l'air, prêtes à être recueillies et développées. En dernier ressort, il est vrai, cet esprit se laisserait lui aussi ramener, du moins théoriquement, à une structure rhizomique, d'une complexité et d'une densité telles que sa représentation ne serait pourtant guère utile. Il semble bien, au contraire, que cet esprit se présente à un sujet individuel en place comme une sorte de matière intellectuelle et sensible flottant librement, comme une atmosphère à la fois déterminante et floue.

*
* *

Revenons à la chronologie des événements. Fin 1865, la «période préparatoire», pour reprendre les termes de Gaston Paris lui-même, est terminée. Gaston Paris a 26 ans. Pendant cette année 1865, il a accompli un grand travail – son plus grand diront certains[281] –, mais il a également fait la perte sentimentale la plus importante de sa jeune vie. Il n'est peut-être pas sans intérêt de constater que son travail de thèse, souvent pénible, mais qui aboutira à un grand succès académique (prix Gobert en juin 1866) et la maladie de sa mère, qui se termine par la mort, sont des événements qui se déroulent de façon parfaitement parallèle.

Au niveau intellectuel, nous avons devant nous, à cette époque, un chercheur déjà très mûr. Sa carrière de médiéviste est désormais fixée, et sera celle, brillante, que l'on connaît. Au plan sentimental, par contre, Gaston Paris est un jeune homme relativement instable, constamment ballotté entre l'espoir d'un grand amour et le désabusement le plus complet:

---

[281] Voir par exemple Meyer 1906b, pp. 24-25, Béthune 1903, p. 218, Rajna 1904, p. 28, Masson 1904, p. 20.

Tu me demandes, écrit-il à Durande au mois de septembre 1865, ce que je fais ici ; tu le sais aussi bien que moi. Mes épreuves à corriger quand j'en ai, voilà le travail ; la conversation de l'une ou de l'autre des cinquante personnes de ma famille, voilà la distraction. Je jouis de la présence très-chère de quelques-unes d'entre elles, je ne m'ennuie pas avec plusieurs autres, j'évite le reste. Je reste presque toute la journée chez moi, à me promener dans mon jardin quand je ne travaille pas, à penser à une foule de choses, plus tristes que graves. Ici, chaque année, je retrouve ma vie passée, grossie de quelques souvenirs de plus ; ceux que j'y rencontre surtout cette fois-ci sont bien amers. Ah ! mon pauvre ami, si tu savais comme on ne se console pas de ces choses-là, comme chaque objet, chaque détail, dans certaines situations, vous rappelle, presque sans que vous en ayez conscience, ce qui vous manque pour toujours ! Je me demande quelquefois si c'est bien la peine que je m'intéresse à ma vie, et je me sonde [...][282] partout pour me trouver quelque chose qui soit bien vivant et qui demande à aller en avant. Ces moments sont passagers ; en somme il me reste bien des choses, et ton amitié est une des plus précieuses, et puis le travail, le désir de devenir ce que je crois quelquefois pouvoir être, l'amour de connaître, de savoir, qui est un des grands mobiles de ma nature. Mais pourtant, je le sens, tout cela ne suffit pas. La perte que j'ai faite a laissé absolument à vide tout un abîme qui est en moi et avec lequel je ne peux plus vivre ; j'ai pu me passer longtemps, grâce à cette immense compensation, de ce qui me devient indispensable. Et pourtant, je me demande souvent s'il ne vaudrait pas mieux étouffer des aspirations qui peut-être ne trouveront jamais à se satisfaire, et développer à leur place le reste de moi-même, le travail, le plaisir, l'amitié, la famille, l'ambition ? Je te parle bêtement, et comme si j'avais dix-sept ans ; tu sais du reste combien je suis resté à cet âge pour certaines choses ; j'ai en moins l'inexpérience, la facilité d'illusion, et l'imagination capable presque de se suffire à elle-même. Je te raconte toutes ces choses à toi seul, parce que tu sais que ce ne sont pas de pures phrases, qu'elles répondent à de cruelles réalités ; je te parle comme à moi-même dans des moments de découragement. Au fond, tu le sais bien aussi, ce n'est pas là le fond de mon caractère ; je suis généralement disposé et décidé à prendre la vie fermement et vaillamment ; je ne veux pas faiblir, surtout devant des maux plus ou moins chimériques. Je saurai bien me passer de ce que ne me donnera pas le hasard si ma volonté ne peut l'y contraindre. J'ai de l'énergie, je crois, autant qu'il en faut ; mais quelquefois, rentrant en moi-même, je trouve vain tout ce qui n'est pas la seule chose qui me manque[283].

---

[282] Mot illisible.

[283] B.N., n.acq.fr. 24464, ff. 139-140.

# CARRIÈRE

Les étapes de la carrière exemplaire de Gaston Paris étant plus connues et moins sujettes à des transformations mythiques ultérieures que ce qui précède, nous pouvons, à partir d'ici, aller plus vite dans notre reconstruction biographique, nous arrêtant seulement aux endroits problématiques, à commencer par la fondation, en 1865, de la *Revue critique d'histoire et de littérature*. Cet organe était conçu sur les modèles du *Litterarisches Centralblatt* de Leipzig, de l'*Academy* et de l'*Athenaeum* de Londres, mais également, du côté français, sur ceux de l'*Athenaeum français* et de la *Correspondance littéraire*, deux revues qui «avaient cherché à introduire [en France] des habitudes plus scientifiques, [mais] avaient dû cesser leur publication après quelques années, faute d'un appui suffisant de la part du public»[284]. Le numéro inaugural de la *Revue critique* paraît le premier janvier 1866.

Les quatre fondateurs mentionnés en première page sont Paul Meyer, Gaston Paris, Hermann Zotenberg, et Charles Morel. Or, contrairement à l'opinion reçue, ce n'est pas Gaston Paris qui a été à l'origine de cette initiative. Meyer écrit:

> «Tandis que s'imprimait l'*Histoire poétique de Charlemagne*, une entreprise se préparait à laquelle on avait demandé à Gaston Paris de s'associer [...]» (Meyer 1906a, p. X).

A regarder les choses de près, il s'avère que le véritable initiateur du projet a été l'allemand Hermann Zotenberg, l'un des grands oubliés de l'histoire de la philologie, un arabisant, né à Prausnitz (Silésie) en 1834, et que Gaston Paris avait connu lors de son séjour outre-Rhin. Zotenberg est devenu plus tard conservateur au département des manuscrits orientaux de la Bibliothèque nationale, où se perd sa trace[285]. La déclaration suivante de Rajna ne semble donc pas entièrement juste non plus:

> «Nella mente di Paul Meyer et di Hermann Zotenberg sorse l'idea di dotare la Francia di una rassegna bibliografica, che sobriamente ragguagliasse intorno a ciò che in fatto di studi storici e filologici si venisse pubblicando di più notevole e ne' paesi stranieri ed in patria, e che, segnalando senza ritegno gli errori e i traviamenti, si adoperasse a propagare i metodi... Il Meyer vide quanto inestimabilmente preziosa sarebbe stata per l'impresa la cooperazione di Gaston Paris, col quale, precedendolo di un anno, aveva stretto un'amicizia già utile per entrambi all'Ecole des Chartes; e il Paris, e con lui Charles Morel, vennero insieme cogli altri due a comporre un quadrumvirato» (Rajna 1904, p. 31).

---

[284] Meyer 1906a, p. XI.

[285] Au point qu'on ne trouve aucun document le concernant dans ce département.

Contrairement à ce que pense Rajna, Paul Meyer paraît avoir été sceptique au début. C'est du moins ce qui ressort d'une lettre que Gaston Paris lui écrit le 19 août 1865:

> Je sais que vous recevez, en même temps que la mienne, une lettre de Zotenberg, qui vous raconte ce qui peut vous intéresser sur *la Revue Critique*. Il m'a fait part de votre scepticisme à ce sujet, et, très-sincèrement, plus j'y songe, moins je le partage. Je crois que nous aurons quelque peine à mettre la chose en train, mais qu'une fois l'élan donné, tout ira bien. Nous avons singulièrement retapé le prospectus; il va enfin être tiré, et je ne doute pas que nous ne puissions bientôt adresser au public une liste de collaborateurs très-réussie. Ma foi, si ça marche bien, nous aurons fait une bonne chose[286].

Gaston Paris, lui, s'est donc vite laissé convaincre par Zotenberg, et ce sont eux deux qui rédigent le premier prospectus pour la *Revue critique*[287]. Quant à Meyer et à Charles Morel[288], ils semblent s'associer un peu plus tard. Gaston Paris restera codirecteur de la *Revue* jusqu'en 1887. Ses articles deviendront pourtant de plus en plus rares à partir de 1872, date de la fondation de la *Romania*, car c'est à cette dernière qu'iront désormais ses principaux efforts. Zotenberg quittera le comité de rédaction au bout de quatre numéros seulement[289], et sera remplacé après la guerre, en 1872, par Michel Bréal.

Une fois le prospectus écrit et le comité formé, il s'agissait, pour les quatre jeunes savants, de chercher des collaborateurs. Le 21 novembre 1865, Gaston Paris demande à Diez:

Éc. prat. Études, H

286 B.N., n.acq.fr. 24425, ff. 59-60.

287 Voir B.N., n.acq.fr. 24428, ff. 710-711, lettre de Zotenberg à Meyer du 30 août 1865: «Le prospectus n'est pas encore terminé. Nous [Gaston Paris et Zotenberg] avons corrigé et recorrigé». – Voir, pour le prospectus définitif, Annexe XV.

288 Charles Morel (1837-1902), d'origine suisse, avait fait des études de philologie classique, entre autres en Allemagne (il avait obtenu son titre de docteur à l'université de Bonn), où il s'était lié d'amitié avec Gaston Paris (1856/1857). Il est appelé, en 1868, comme répétiteur de philologie et d'antiquités romaines à la IV^e section de l'EPHE. A partir de 1874, il travaillera comme secrétaire de rédaction au *Journal de Genève*. Il sera l'un des trois fondateurs de l'Agence télégraphique suisse en 1894 et présidera l'Association de la presse suisse. – Au sujet de Morel, voir notamment Fryba-Reber 2003.

289 Dans la *Revue critique* de 1868 (1^er semestre, p. 4), on lit: «Il nous en coûte de terminer cet exposé par une mauvaise nouvelle. M. Hermann Zotenberg, pressé par les travaux qui réclament son temps, se retire de la direction de la *Revue*». Les tomes des années 1868-1870 paraîtront sous la direction de Meyer, Morel et Gaston Paris seuls. – L'une des quatre lettres de Zotenberg à Gaston Paris qui sont conservées à la B.N. (n.acq.fr. 24463, ff. 454-458) laisse entendre que le rapport entre les deux anciens amis s'est refroidi avec le temps. – Gaston Paris a pourtant fait deux comptes rendus tout à fait élogieux de livres de Zotenberg, le premier de l'édition de la version française du *Barlaam* de Gui de Cambrai, édition faite en collaboration avec Paul Meyer (672, 1865-66), le deuxième de la *Notice sur le livre de Barlaam et Joasaph* (678, 1886).

> «Avez-vous reçu la circulaire que je vous ai fait envoyer au nom de la *Revue critique* dont je suis un des fondateurs ? Nous voulons essayer de répandre en France les bonnes méthodes scientifiques et pour cela commencer par faire à la fausse science une guerre acharnée. Il faut que la critique déblaie le terrain avant que la production se développe. Nous serions bien flattés si vous nous permettiez de vous inscrire parmi les collaborateurs» (cité dans Tobler 1912b, p. 468).

Diez refuse une collaboration active en alléguant les fatigues de l'âge, mais rassure Gaston Paris et ses collègues de sa bienveillance vis-à-vis du projet. D'autres, comme Ludwig Lemcke, se disent par contre prêts à participer. En remerciant le directeur du *Jahrbuch* de son engagement, Gaston Paris profite de l'occasion pour lui présenter brièvement ses collaborateurs et pour préciser la visée globale de la *Revue critique*:

> «Merci aussi pour ce que vous me dites de la *Revue critique* que nous allons publier, et surtout pour votre consentement à figurer parmi nos collaborateurs. Vous allez en recevoir le prospectus. Les deux personnes qui figurent avec moi et Meyer au bas de ce prospectus sont très capables de bien faire le journal, Charles Morel est mon ancien camarade à l'université de Bonn et représente parmi nous la philologie classique; Zotenberg est un allemand très francisé de forme, mais heureusement resté très-allemand de fond; [...] l'ignorance est la plaie de notre pays; elle ronge la société à tous ses degrés; répandre la science en haut, l'instruction en bas, c'est, je crois, une des manières les plus certaines d'être utile maintenant à mes concitoyens. En cultivant la science, d'ailleurs on n'apprend pas seulement les faits ou les mots; l'essentiel n'est pas là, mais bien dans la méthode, qui enseigne à bien diriger la pensée, à se soumettre aux faits, à se méfier de la logique pure, et qui préserve de l'abstraction et de l'étroitesse d'esprit, deux extrêmes qui se touchent» (lettre citée dans Stengel 1904, p. 210).

A ses débuts, la revue connaîtra des phases difficiles. Le 19 février 1867, Gaston Paris se lamente auprès de Karl Bartsch:

> «La *Revue critique* ne va pas trop bien; les abonnés ont plutôt diminué qu'augmenté au renouvellement; cependant, avec le papier et les caractères dont nous leur avons fait cadeau cette année, ils devraient être contents. Somme toute, j'espère que cette année ne lui sera pas trop rigoureuse; s'il en est autrement, elle risquerait peut-être de ne pas en commencer une troisième. Vous voyez combien elle a besoin que ses amis fassent quelque chose pour elle» (lettre citée dans M. Roques 1927, p. 436).

Au début de la troisième année, les rédacteurs annoncent leurs difficultés aux lecteurs[290]. Et, le 24 juillet 1868, Gaston Paris écrit à Alessandro d'Ancona:

---

290 *Revue critique*, 1868, 1er semestre, pp. 1-4.

«La *Revue critique* continue à mener une vie assez précaire, et à récolter plus d'estime que d'argent» (lettre citée dans D'Ancona 1911, p. 341).

Les choses ne semblent pas près de s'arranger. Au contraire, Gaston Paris confie à Bartsch, le 27 juin 1871, que la revue «sera probablement une des victimes de la guerre» (voir lettre citée plus loin). Il n'en sera pourtant rien, car la *Revue critique*, refondée, il est vrai, en 1876, sous la direction de C. de La Berge, Michel Bréal, Gabriel Monod et Gaston Paris[291], paraîtra jusqu'en 1935.

En 1866/67, Gaston Paris remplace pour la première fois son père au Collège de France. Le 19 février 1867, il fournit cette description à Bartsch:

«Je fais mon cours depuis les premiers jours de décembre. Vous savez comment tout cela est organisé chez nous. J'ai deux leçons par semaines; le jeudi à deux heures je fais l'histoire des origines de la littérature française (avant son apparition, c'est-à-dire que j'ai parcouru les époques celtique et romaine, et que je m'occupe actuellement de la poésie chrétienne). C'est ce qu'on appelle la *grande leçon*; c'est là que j'ai une salle pleine, et que viennent les dames. Le lundi, à dix heures, c'est la petite leçon; je suis censé 'expliquer les plus anciens textes français d'après la *Chrestomathie* de M. Bartsch[292]'; mais en réalité l'explication n'est qu'un prétexte. J'ai pris un à un les premiers mots du glossaire de Cassel, même ceux qui n'ont pas encore de forme romane, et j'ai donné, à ce propos, toutes les explications phonétiques qu'ils comportent, ce qui fait qu'en dix leçons j'ai expliqué jusqu'à présent huit mots. La *Chrestomathie* me sert cependant beaucoup» (lettre citée dans M. Roques 1927, p. 433).

L'année d'après, Gaston Paris est professeur de grammaire historique de la langue française aux cours publics libres de la rue Gerson, où il a comme élève Gabriel Monod[293], lequel deviendra l'un de ses amis les plus intimes. Ces cours du soir, dispensés par quelques maîtres spécialisés à un public restreint et tourné vers la recherche, furent lancés par Victor Duruy en 1866 sur le modèle des séminaires allemands[294]. L'EPHE, fondée officiellement le premier janvier 1869 – d'après le témoignage de Stengel[295], confirmé par les déclarations de Roger L. Geiger[296], c'est surtout l'influence de Michel Bréal

---

291 Cette refondation était motivée par un changement d'éditeur: de Vieweg on passait à Leroux, qui, contrairement au premier, était en mesure de rémunérer les collaborateurs (voir «A nos lecteurs», *Revue critique*, nouvelle série, 1876, 1er semestre, pp. 1-2).

292 La première édition de la *Chrestomathie de l'ancien français (VIIIe-XVe siècles), accompagnée d'une grammaire et d'un glossaire* avait paru à Leipzig, chez F. C. W. Vogel, en 1866.

293 Voir une lettre de Gaston Paris à Monod du 1er juin 1890, B.N., n.acq.fr. 24465, ff. 34-35.

294 Voir par exemple Geiger 1980, pp. 357-358.

295 Stengel 1903, p. 395.

296 Geiger 1980, p. 359.

sur Duruy qui a amené la fondation du nouvel établissement[297] –, prend le relais des cours de la rue Gerson[298]. Gaston Paris y est appelé dès sa création comme répétiteur, puis comme directeur des conférences de langues romanes. Il y enseignera jusqu'à sa mort.

Le 15 avril 1868, toujours professeur rue Gerson, il écrit à Durande :

> Mon cours va assez bien. Nos compatriotes sont en général du même avis que toi sur le divertissement que procure mon éloquence, car sauf un, mes auditeurs sont tous allemands. Mais en revanche ils sont assidus, laborieux et intelligents, faut-il le dire ? comme des Allemands. Je ne sais si M. Duruy a l'intention d'augmenter les magnifiques appointements qu'il me donne ; j'en aurai bien besoin. Et à ce propos, mon cher ami, pardonne-moi de te parler de pareille chose, mais je t'avouerai que si tu pouvais me rendre ce que je t'ai prêté tu me rendrais en même temps un très-grand service. Je suis écrasé de petites dettes, que j'ai contractées sans y faire attention, croyant toujours recevoir cette somme, et qui, je te l'avoue, ne me rendent pas la vie agréable. [...] vraiment, la faim chasse le loup hors du bois. C'est aujourd'hui le 15, et je n'ai pas de quoi payer mon terme ; il me faut encore aller chercher de l'argent de droite et de gauche [...] Si les comptes que j'ai faits dans le temps sont exacts, c'est 3100 francs que je t'ai prêtés en diverses fois.
>
> Mon bon vieux, mon cher vieux, me voilà désolé d'avoir écrit tout cela, et tout étonné de l'avoir osé. J'ai peur que tu ne m'en veuilles, non pas de la chose, mais parce que tu te diras que si j'étais délicat et si je t'aimais, je ne t'aurais pas parlé de cela. Tu as bien raison. Dans le fond, vois-tu, je n'ai pas si besoin de cet argent. J'ai presque toujours vécu avec des dettes, et je peux parfaitement continuer de même. Ainsi ne te décide pas si cela doit te coûter quelque démarche désagréable[299].

Et six mois après, au même :

> Dans trois semaines ou un mois je reprends mon cours, – aux mêmes conditions que l'an dernier : j'avais espéré quelque augmentation : elle n'est pas venue[300].

L'augmentation de salaire ne venant pas non plus avec son entrée en fonction à l'EPHE, le jeune professeur, qui connaît à cette époque, comme plusieurs fois auparavant, de réels problèmes financiers, a dû en parler à Michel Bréal, directeur de la IV^e^ section « Sciences historiques et philologiques ».

---

[297] D'après Guerlac 1951, pp. 86-87, cette fondation est par contre le résultat direct d'une réunion entre Napoléon III et quelques scientifiques, entre autres Claude Bernard et Louis Pasteur, qui avaient vivement protesté contre des conditions de travail jugées insuffisantes (manque de moyens et de locaux appropriés).

[298] Voir également, pour une première orientation, Mazon 1988, pp. 17-21.

[299] B.N., n.acq.fr. 24464, ff. 147-148.

[300] *Ibid.*, f. 178, lettre du 18 octobre.

Celui-ci prend aussitôt la plume pour informer Duruy de cette irrégularité. Dans son argumentation, Bréal met l'accent sur les qualités de Gaston Paris, mais aussi sur le rôle d'intermédiaire que celui-ci est appelé à jouer entre la science allemande et l'esprit français, rappelant ainsi au ministre la motivation même de la fondation de l'EPHE :

> Les traitements des répétiteurs à l'Ecole des hautes études viennent d'être fixés. D'après les renseignements qui me sont donnés, on n'a attribué aucun traitement à l'un des répétiteurs de la section de grammaire comparée, à M. Gaston Paris. Je crois qu'il y a là un oubli plutôt qu'une décision formelle. On peut, il est vrai, alléguer que M. Gaston Paris touche déjà une indemnité de 1500 francs pour le cours qu'il fait à la rue Gerson. Mais cette indemnité est inférieure au traitement des autres répétiteurs, et il serait singulier que M. Paris, parce qu'en dehors de ses fonctions à l'Ecole des hautes études, il fait deux leçons publiques par semaine, fût moins payé en tout que ses collègues qui n'ont pas d'occupation en dehors de l'Ecole. Parmi les répétiteurs, M. Paris me paraît celui de tous que recommandent les titres les plus nombreux. Le mérite de ses travaux antérieurs, sa connaissance approfondie des méthodes et des publications allemandes, la critique et l'esprit scientifique dont il a donné ses preuves, le désignent tout spécialement pour remplir à l'Ecole le rôle d'un intermédiaire compétent entre la science allemande et l'esprit français. Joignant d'ailleurs aux titres d'archiviste-paléographe et de docteur ès lettres l'honneur d'une des plus hautes récompenses académiques (prix Gobert), il ne pourrait guère se trouver vis-à-vis de ses collègues de l'Ecole dans une situation inférieure.
>
> Si la réunion du traitement de répétiteur et de l'indemnité qu'il reçoit paraissait excessive (ce serait 3500 francs), on pourrait au moins lui attribuer la moitié du traitement de ses collègues ; au pis aller, serait-ce le traitement le plus élevé des deux qu'il conviendrait de lui attribuer. Je ne sais si M. Gaston Paris accepterait, dans le cas contraire, la place de répétiteur, et je puis affirmer à votre excellence que sa retraite serait une perte pour l'Ecole. Il a déjà huit élèves inscrits pour ses conférences, qui doivent commencer mardi prochain. Tous ses élèves ont déjà reçu des travaux (collations de textes etc.) à faire, qu'ils exécutent dans les Bibliothèques. Il a donc pris la nouvelle fondation fort à cœur, et serait d'autant plus péniblement surpris de la position exceptionnelle où il se trouverait.
>
> Veuillez m'excuser, Monsieur le Ministre, d'avoir présenté à Votre Excellence ces observations sur une mesure qui, n'étant pas encore publique, peut facilement être modifiée. J'ai cru remplir mon devoir de directeur de la section de grammaire comparée et rendre service à l'Ecole, aux destinées de laquelle Votre Excellence prend un si vif et si légitime intérêt.
>
> J'ai l'honneur d'être, Monsieur le Ministre, de Votre Excellence, le très obéissant et très dévoué serviteur[301].

301 AN, F/17/25874, lettre du 13 janvier 1869.

Duruy répond positivement le 14 janvier 1869 :

> Le caractère essentiel des cours faits à la rue Gerson est la gratuité. Quelques dérogations ont eu lieu, et des indemnités littéraires et temporaires ont été accordées.
>
> Mais l'allocation de 2000 f pour les répétiteurs est de droit et j'ai depuis longtemps donné l'ordre que celle de Mr Gaston Paris fût portée au chiffre réglementaire, dès que l'école serait constituée, c'est-à-dire depuis le 1er janvier. Cet ordre s'exécutera[302].

Gaston Paris devient très tôt aussi un homme du monde parisien. Il y a d'abord, du moins jusqu'à la guerre, le salon de Juliette Lamber, où il se trouve en compagnie de gens qui, comme lui, détestent l'Empire (voir plus loin). Il y a, ensuite, les fameux dîners au restaurant Magny, qui ont lieu tous les quinze jours et auxquels Gaston Paris est invité à partir de 1868 :

> Pour aujourd'hui, je vais te quitter et aller dîner. C'est aujourd'hui le dîner Magny, auquel j'ai eu l'honneur d'être invité depuis deux mois. C'est ce qu'on appelle aussi le dîner des athées, bien que ce ne soit pas très-juste. C'est Renan, avec qui je suis de mieux en mieux, qui m'y a présenté, et j'y vais pour la quatrième fois. Ce n'est pas une réunion bien faite ; il y a trop d'éléments qui ne vont pas ensemble. Le pauvre Sainte-Beuve, à son grand regret, n'y assiste pas ; quoiqu'il aille mieux, il est obligé de se ménager beaucoup. En revanche, Renan et Taine (l'être le plus charmant qu'on puisse voir et le plus sympathique) y sont assidus, ainsi que Gautier. Claude Bernard en est, mais n'y est pas encore venu. Il est malade, ainsi que Berthelot, qui n'est venu qu'une fois sur celles où j'y ai été, et a fait ma conquête. Joins à cela Schérer[303], Robin[304], Zeller[305], un philologue de mes amis nommé Baudry, et tu auras à peu près le *côté des savants*. Du *côté des artistes* il y a d'abord mon vieux Gautier, qui expectore tout le temps au nez de Renan stupéfait les obscénités les plus monstrueuses, le peu agréable Paul de Saint-Victor[306], le très-sympathique Flaubert, puis les de Goncourt (peuh !), Bouilhet[307] quand il est à Paris.

---

302 *Ibid.*

303 Edmond Schérer (1815-1889), théologien protestant, homme politique et littérateur, assidu collaborateur au *Temps*.

304 Probablement Charles-Philippe Robin (1821-1885), anatomiste et homme politique ; fondateur, avec Littré, de la Société de sociologie (1871).

305 Il s'agit probablement de Jules-Sylvain Zeller (1820-1900), historien, maître de conférences à l'ENS.

306 Paul Bins, comte de Saint-Victor, connu sous le nom de Paul de Saint-Victor (1827-1881), ancien secrétaire de Lamartine, critique artistique et littéraire, théâtral avant tout.

307 Louis Bouilhet (1824-1869), poète et auteur dramatique ; il étudia la médecine à Rouen, qu'il abandonna pour les lettres, et vint à Paris, en 1854, où il a surtout écrit pour le théâtre ; en 1868, il devint bibliothécaire de la ville de Rouen.

> Joins à cela les *divers*, le comte d'Alton-Shee[308], Charles Edmond[309], un certain docteur Vehm (ou Veyme[310]), et tu auras à peu près la composition. Bien entendu, tout cela n'y est pas en même temps. Une seule fois nous avons été dix-sept, une autre six. La seconde était de beaucoup la plus agréable. En somme, c'est amusant, et cela dispense de beaucoup de lectures et de visites. On peut savoir vite et bien à quoi s'en tenir sur un assez grand nombre de choses. Mais entre les deux parties de la société il n'y a pas assez de rapports. Sainte-Beuve devait probablement servir de *liant*, et son absence se fait sentir[311].

Gaston Paris est donc, dès 1868, en contact avec beaucoup de grands noms de son temps, et profite tout naturellement de ces liens «informels», ainsi que des informations qui circulent lors des réunions sur toutes les affaires de la vie sociale, politique, artistique et intellectuelle, et donc aussi, chose très importante, sur les publications récentes dans les différents domaines des sciences et des lettres[312]. A une époque comme la nôtre, où les réseaux entre chercheurs sont virtuellement (c'est-à-dire sur Internet) de plus en plus denses et de plus en plus étendus, mais réellement (c'est-à-dire dans les instituts même, où il n'est pas rare de constater que les professeurs ne communiquent guère entre eux) de moins en moins existants, on ne saurait assez souligner l'importance, au XIXe siècle et au-delà, de ces bourses d'informations que sont les salons «littéraires et scientifiques».

Pendant la guerre franco-allemande, Gaston Paris, en tant que borgne, est naturellement inapte à servir. Le 16 septembre 1870, il écrit à Monod:

> Je vous envie votre activité et le rôle que vous avez joué. Pour moi, j'ai passé ici des journées très découragées. Avec ma vue et ma gaucherie incomparables il me serait impossible de prendre un fusil, et d'ailleurs, je puis vous le dire à vous, même maintenant il me serait affreusement pénible d'avoir à tirer sur un Allemand, et même de maintenir par la force l'ordre dans les rues. Enfin, j'ai trouvé moyen de m'utiliser; on organise des corps pour aller ramasser les blessés; je vais m'y inscrire, et je suis tout fier de penser que sans menacer personne, j'aurai ma petite part de danger commun. Au reste ce danger existera-t-il? Rien n'est moins sûr. Pour beaucoup de raisons je crois présentement à la paix très prochaine,

---

308 Edouard Alton-Shée de Lignères (1810-1874), politicien républicain.

309 Charles-Edmond Chojecki, dit Charles Edmond (1822-1899), publiciste et littérateur français d'origine polonaise, bibliothécaire du ministère des colonies, puis administrateur de la bibliothèque du Sénat; a également rédigé des pièces de théâtre.

310 Il s'agit du Dr. Veyne.

311 B.N., n.acq.fr. 24464, ff. 143-145, lettre à Durande du 5 avril 1868. Quant aux dîners de Magny, voir également Monod 1895, p. 108.

312 On peut également mentionner, à ce sujet, la description par Moritz Lazarus d'un dîner donné, probablement en 1869, par Gaston Paris (voir Fryba-Reber 2003).

> et si la paix ne se fait pas, j'ai bien idée que les Prussiens nous cerneront plutôt qu'ils ne nous attaqueront de vive force. C'est une grande chose que de détruire Paris, et ils comprendront je le crois, que ce serait une tache un peu sanglante à l'éclat de la deutsch Bildung [sic]. Mon cher ami, où en sommes-nous venus? Nos plus noirs pressentiments n'atteignaient pas à cette réalité que nous avons devant les yeux et à laquelle nous ne croyons pas encore[313].

Nous ne savons pas si Gaston Paris s'est vraiment inscrit dans un groupe de bénévoles. En tout cas, il n'y fait aucune allusion dans une longue missive à Karl Bartsch, qui contient une sorte de journal abrégé allant du 15 août 1870 au 27 juin 1871, date de la lettre:

> «[...] voici en résumé mon histoire depuis ce jour [15 août, départ de Bartsch de Paris]. Je suis retourné le 16 à Avenay, où je suis resté jusqu'au 5 septembre; quand les désastres de Sedan nous montrèrent le siège de Paris comme un avenir prochain, je ne pus rester en Champagne, et, après un voyage très difficile, je rentrai ici le 8. J'y ai passé cinq mois fort tristes, comme vous pouvez penser, n'ayant pas les illusions répandues autour de moi, seul avec mon beau-frère, et n'ayant aucune nouvelle des miens. Dès qu'on a pu sortir de Paris, je suis allé embrasser mon père en Champagne, puis je suis revenu à Paris pensant y rester. Mais quand la Commune est arrivée, je n'ai pas eu envie de subir un second siège bien plus terrible que le premier, et où aucun devoir ne m'obligeait de rester. Je suis parti de Paris dans les derniers jours de mars, je suis allé en Suisse retrouver ma sœur, qui avait passé le temps du siège sur les bords du lac de Genève, puis je suis revenu en Champagne, où mon père m'appelait pour venir un peu à son aide dans ses rapports souvent difficiles avec les troupes qui occupent notre pays[314]. J'y ai appris les horribles suites de l'insurrection du 18 mars, et je suis rentré à Paris il y a environ trois semaines. [...]
>
> La pauvre *Revue critique* sera probablement une des victimes de la guerre; nous donnerons cependant les derniers numéros que nous devons à nos abonnés pour l'année dernière, mais je ne pense pas que nous entamions une sixième année. Nous aimons mieux, Meyer et moi, consacrer nos forces à la *Romania*, qui paraîtra, je l'espère, en janvier 1872. [...]

---

313 B.N., n.acq.fr. 24465, ff. 3-4. – Les lettres de Gaston Paris à Monod ne nous sont conservées que dans des copies exécutées par une main inconnue. Elles comportent d'évidentes fautes d'orthographe, que je corrige sans indication particulière.

314 Une lettre à Eugène d'Eichthal écrite de Lausanne le 2 mai 1871 confirme cette description: «Je comptais rester quelques temps ici, mais mon père m'écrit de Champagne la plus triste lettre du monde. Il ne peut arriver à se faire comprendre ni respecter des officiers allemands qu'il a chez lui, il perd courage, me dit-il, et m'appelle à son secours. Je suis désolé de ne pas avoir été plus tôt auprès de lui; naturellement j'y vais tout de suite» (B.N., n.acq.fr. 24918, f. 198).

J'ai passé toute cette année dans un grand abattement, mais je sens que maintenant l'amour du travail renaît. Nous ne sommes pas ici aussi désespérés que vous pouvez croire. La crise terrible que nous avons traversée peut nous faire beaucoup de bien, si nous sommes assez sages pour en profiter. J'espère en particulier que les études nationales de philologie et de littérature pourront continuer le mouvement qu'elles avaient commencé dans les dernières années. Nous verrons. La guerre a si bien démontré les dangers de l'ignorance et ses conséquences funestes que la France se sentira peut-être amenée à entrer dans une voie d'instruction plus sérieuse dans tous les sens» (lettre citée dans M. Roques 1932, pp. 428-430)[315].

*

* *

Les sentiments de Gaston Paris vis-à-vis de l'Allemagne et des Allemands en général n'ont pas changé de nature après la guerre, contrairement à ce qui est vrai pour Meyer, par exemple, qui, lui, paraît bien avoir été pris d'un accès de germanophobie à la suite du conflit franco-allemand, comme le laisse entendre, entre autres, cette missive de Tobler à Gaston Paris, écrite le 16 juillet 1871:

> [Es] ist mir zu meiner grossen Freude bestätigt, woran ich übrigens nie gezweifelt hatte, dass die Ereignisse des hinter uns liegenden Jahres an Ihrem Verhalten gegen Ihre deutschen Freunde nichts geändert haben. So beeile ich mich denn, Ihnen zu sagen, wie sehr ich diese Ihre Geisteshaltung zu schätzen weiss [...] Herr Meyer steht hier, ich weiss nicht, ob mit Recht, im Rufe ein eifriger Deutschenhasser geworden zu sein; er soll einem frühern guten Bekannten in Deutschland die Freundschaft gekündigt haben[316].

L'attitude germanophobe de Meyer est immédiatement palpable dans une controverse qui l'oppose à Karl Bartsch au sujet du «Kutschkelied». Voici les éléments les plus importants de cette polémique tout à fait caractéristique de l'atmosphère tendue et irritée de l'époque:

Juste après la capitulation de la France, un nommé Franz Wilhelm Ehrenthal[317], politicien et grand amateur de civilisation antique, et avec cela

---

315 Voir également Eichthal 1919, p. 57.

316 B.N., n.acq.fr. 24460, ff. 311-312. La lettre suivante de Tobler, datée du 18 décembre 1871, laisse entendre que Gaston Paris, dans sa réponse, qui ne nous est pas parvenue, a lui aussi critiqué les Allemands ou du moins une partie des Allemands, sans pour autant avoir abandonné des sentiments en général favorables à l'endroit du pays (voir *ibid.*, ff. 313-314). – Voir aussi Monfrin 2001c, pp. 81-86, qui cite quelques lettres adressées par Meyer à Gaston Paris pendant la guerre franco-allemande, lettres qui contiennent des déclarations très violentes au sujet des Allemands.

317 Franz Wilhelm Ehrenthal (1818-1895), conseiller municipal à Trier puis à Marienwerder et, à partir de 1881, directeur d'administration à Liegnitz. Outre le volume sur le

d'un naturel à sa manière fort badin, publia une plaquette au profit des invalides de guerre intitulée *Das Kutschkelied auf der Seelenwanderung. Forschungen über die Quellen des Kutschkeliedes im grauen Alterthume, nebst alten Texten und Uebersetzungen in neuere Sprachen.* En parodiant le travail philologique, Ehrenthal s'était ingénié à imaginer qu'on avait retrouvé, partout dans le monde, de multiples versions anciennes, à caractère prophétique, de la chanson populaire antinapoléonienne qu'il attribue au soldat Kutschke et dont voici le texte :

> «Was kraucht da in dem Busch herum ?
> Ich glaub', es ist Napolium.
> Was hat er rum zu krauchen dort ?
> Drauf, Kameraden, jagt ihn fort !
>
> Dort haben sich im offnen Feld
> Noch rothe Hosen aufgestellt.
> Was haben die da rum zu stehn ?
> Drauf los ! die müssen wir besehn !
>
> Mit den Kanonen und Mamsell'n
> Da knall'n sie, dass die Ohren gell'n.
> Was haben sie da rum zu knall'n ?
> Drauf, Kameraden, bis sie fall'n !
>
> Napolium, Napolium,
> Mit deiner Sache geht es krumm !
> Mit Gott drauf los, dann ist's vorbei
> Mit deiner ganzen Kaiserei !
>
> Und die französ'sche Grossmannschaft,
> Auf ewig wird sie abgeschafft.
> Auf, nach Paris ! den richt'gen Lohn
> Dort geben wir der *grrande nation.*»
> (Ehrenthal 1871, pp. 9-10).

Afin de pouvoir publier les différentes versions imaginées par lui, Ehrenthal avait demandé à d'éminents spécialistes de langues et littératures étrangères, parmi lesquels Bartsch, de bien vouloir lui fournir des traductions du «Kutschkelied». Le professeur de Rostock, qui allait être nommé à l'université de Heidelberg précisément en 1871, lui avait alors envoyé, comme souhaité, deux versions de la chanson en question, l'une en vieux provençal, l'autre en ancien haut allemand.

Le volume d'Ehrenthal, qui réunit l'ensemble des traductions, se clôt sur ces réflexions :

---

«Kutschkelied», il a laissé une traduction d'Homère et une autre parodie, «Odysseus bei den Reskriptophagen», publiée en 1880 sous le pseudonyme de Nonymnos.

> «Hiermit bin ich denn zum Schlusse dieser Abhandlung gelangt, wenn auch nicht zum Schlusse der Forschungen, die immer noch fortgesetzt zu werden verdienen. Immerhin haben wir Ursache, uns der bisher gewonnenen Ergebnisse zu freuen. Aus ihnen folgt, wie mir scheint, schon jetzt: dass Kutschke ein bereits bei den ältesten Völkern gefeierter Heros war, in welchem wir symbolisirt sehen die mit heiterem Humor schön gepaarte, von Vertrauen auf Gott und die gerechte Sache durchdrungene, unüberwindliche Kraft, mit welcher ein friedliches Volk zur Vertheidigung des Vaterlandes aufsteht, wenn es von räuberischen Feinden angefallen wird» (*ibid.*, p. 36).

Paul Meyer, ne comprenant pas ou, plutôt, ne voulant pas comprendre le caractère amusant de cette publication, d'un esprit et d'un goût, il faut l'avouer, discutables, se livre à un compte rendu féroce du volume dans la *Revue critique*, et s'en prend avant tout à la traduction occitane de Bartsch. Dans sa critique, qui paraît sous le titre révélateur de «Corrigé de thèmes provençaux», on lit entre autres ceci:

> «On feint que le Kutschkelied a existé en un grand nombre de littératures, et à la faveur de cette fiction on nous en offre des traductions en je ne sais combien d'idiomes. [...] Ce n'est pas là, comme on pourrait le croire, un simple badinage d'étudiants: des savants considérables, des professeurs éminents n'ont pas hésité à collaborer à une farce qui eût semblé d'un goût douteux à des étudiants d'Oxford ou de Cambridge[318]. Mais cela ne nous regarde pas: c'est affaire à eux. [...] Le traducteur provençal est [...] un des romanistes allemands les plus connus, que nous avons été péniblement surpris de voir figurer dans cet écrit. Nous regrettons pour lui qu'il ait manqué une aussi belle occasion de garder un silence prudent; car sa pièce est pleine de fautes» (Meyer 1872a, pp. 286-287).

Après avoir énuméré toutes les fautes qu'il croit y avoir trouvées, Meyer conclut:

> «Composer dans une langue morte est assurément un exercice profitable, et ce peut être aussi un agréable jeu d'esprit, mais avant de livrer ses productions au public, il faudrait au moins être de force à éviter les barbarismes et les solécismes» (*ibid.*, p. 287).

Bartsch, à son tour, comme on peut l'imaginer, saisit immédiatement la plume pour répondre aux critiques linguistiques de Meyer, mais également pour s'expliquer sur l'esprit de la publication à laquelle il avait consenti à participer:

---

[318] Rappelons ici que Paul Meyer était très anglophile et avait fait de nombreux séjours prolongés à Londres. (Busby 1994 remet en question l'anglophilie de Meyer, en se basant sur les jugements portés par ce dernier sur la littérature anglo-normande; je ne crois pas que cette extrapolation soit valable, les lettres de Meyer à ce sujet sont trop claires.)

«M. Meyer a sans doute pris pour une démonstration anti-française ce qui n'était qu'une curiosité littéraire, entreprise dans un but bienfaisant (au profit des Invalides), à laquelle je n'ai pas refusé de collaborer, sollicité avec de vives instances par mon éditeur M. Brockhaus. Irrité à tort, M. M[eyer] a critiqué mes vers inoffensifs plus sévèrement que la chose ne le valait. Je ne lui renvoie pas l'avis qu'il m'a adressé, 'qu'il aurait mieux fait de garder un silence prudent.' Je regrette plutôt sincèrement d'avoir été forcé de le réfuter; au moins l'ai-je fait sans sortir d'une discussion purement littéraire» (Bartsch 1872, p. 350).

Non encore las de la chose, Meyer répond de nouveau, en prenant un ton encore plus hostile que dans son article précédent:

«Lorsque j'ai fait connaître par une courte notice la publication à laquelle M. Bartsch a apporté l'appui de sa collaboration, je crois n'en avoir dit que juste ce qu'il fallait pour en faire apprécier le caractère. J'ai passé sous silence les platitudes émaillées de calembours qui en forment la préface ou qui relient les diverses traductions dont se compose ce recueil: mais j'ai pris la peine de les lire, ce que mon contradicteur ne semble pas soupçonner lorsqu'il insinue que j'ai pris à tort pour une démonstration anti-française une simple curiosité littéraire. 'Démonstration' est peut-être un peu gros. J'ai pris cette chose pour ce qu'elle est réellement, M. B[artsch] le sait aussi bien que moi, pour un pamphlet pédant et grossier. Mais encore une fois, je ne désirais point faire visiter au lecteur les côtés malpropres du sujet. J'ai voulu simplement montrer à un public qui s'intéresse à l'érudition et aux faits et gestes des érudits de quel genre d'esprit étaient capables certains savants allemands, au nombre desquels, je l'ai déjà dit et je le répète, je ne m'attendais pas à rencontrer M. le professeur Bartsch, qui doit regretter de s'être laissé prendre en si mauvaise compagnie» (Meyer 1872b, pp. 350-351).

Or, nous avons conservé une missive de Gaston Paris à Paul Meyer, dans laquelle Paris exprime son complet désaccord avec la réaction de son ami:

Je repense à votre article d'hier, et je le trouve décidément regrettable. B[artsch] fait une réponse extrêmement modérée, vous répondez par de véritables injures. Ne trouvez-vous pas bien ridicule ce reproche perpétuel à tous les Allemands qui sont venus ici d'avoir à se louer de la France, etc.? Est-ce digne? Et n'avons-nous pas bien plus à les remercier des grammaires, éditions, chrestomathies, qu'ils nous font? Second[319]. Vous parlez de pédantisme: en face de la déclaration de B[artsch], ne trouvez-vous pas que c'est vous qui êtes vraiment pédant de vous acharner sur cette malheureuse chanson comme si c'était une grosse affaire? Il me semble qu'il serait de bien meilleur goût de lui dire: Nous donnons acte à M. B[artsch] de sa déclaration, et nous constatons avec plaisir qu'il

319 *Second.*: leçon incertaine.

> n'a pas eu l'intention de faire un acte d'hostilité. Autre chose est de savoir s'il a fait preuve, en croyant aussi innocente qu'il l'a crue la traduction du K[utschke]L[ied], d'une délicatesse de goût et de sentiment *complète*. Nous avons souvent une autre manière d'entendre ces choses-là que les Allemands, et nos savants ne se seraient certainement jamais prêtés, le cas échéant, à une plaisanterie de ce genre contre les Allemands vaincus. – Ou q[uel]q[ue]c[hose] d'analogue. – Est-il bien séant de reprocher à B[artsch] le mot *curiosité littéraire*, qui traduit dans sa pensée *ein literarisches Curiosum*, ce qui n'implique aucune valeur littéraire de la chose [?] – Voilà ce que je veux vous dire, pour que vous en fassiez l'usage que bon vous semble. Mais je trouve fâcheux qu'à une réplique aussi courtoise vous répondiez aussi âprement. Trouvez-vous sérieusement que ce soit le rôle de la science, et particulièrement le nôtre, que de séparer[320] et d'aigrir ? Si les Allemands l'ont fait et le font, devons-nous les imiter ? Et vous, quel plaisir trouvez-vous à froisser et à peiner un homme qui n'a jamais eu pour vous que les sentiments les plus amicaux ? Un petit coup de baguette sur les doigts suffit bien pour le punir de son *impropriety*, et vous le frappez avec une masse garnie de pointes de fer. Il est vrai que vous ferez rire tous les gens qui n'y comprennent rien, et qui sont contents pourvu qu'on tombe sur les *Prussiens* ; mais quel profit en retirera la science, la France ou n'importe qui ?[321]

Le constat est de taille : il s'agit d'une lettre privée, et Gaston Paris aurait pu, entre Français, poursuivre le dénigrement. S'il ne le fait pas, c'est que son avis sur le sujet est plus nuancé que celui de Meyer. Certes, lui non plus ne trouve cette « malheureuse chanson » de bon goût, pas plus d'ailleurs que la collaboration de Bartsch, mais il essaie de relativiser et de contextualiser

---

320 *Séparer* : leçon incertaine.

321 B.N., n.acq.fr. 24425, ff. 89-90, lettre non datée. – On pourrait alléguer d'autres témoignages de la très probable germanophobie de Meyer après la guerre. Celui-ci avait, par exemple, vivement critiqué la *Grammatik der Romanischen Sprachen* de Meyer-Lübke (d'origine suisse, pourtant) dont le premier tome, paru en 1890, avait été unanimement loué. Gröber, qui, à l'instar d'autres membres du comité de la fondation Diez, propose de décerner le prix Diez 1892 à Meyer-Lübke, écrit à A. Tobler, président de la fondation : « Somit kann ich mich nur zu Gunsten der Bücher Meyer-Lübkes [outre la *Grammatik* mentionnée, la *Italienische Grammatik*, 1890] entscheiden. Hervorragend sind sie nach dem Bekenntnis aller bisherigen Beurtheiler, mit Ausnahme der abschätzigen Berichterstattung P. Meyers in der Revue critique, 1891 Juli, der sich aber Niemand gefangen geben wird, der sich erinnert, wie derselbe Herr deutsche Arbeiten zu würdigen für gut hielt, und im Grund geschätzte Leistungen, wie solche von Appel, Schultz, Stimming u.a. zu werthen gewusst hat. Für die Beurtheilung linguistischer Arbeit fehlt P. Meyer überdies die Competenz [...] » (lettre citée dans Storost 1990, p. 127). Gaston Paris s'est, une fois de plus, formellement distancié de Meyer et s'est clairement prononcé pour le décernement du prix à Meyer-Lübke, en raison aussi, justement, du compte rendu dénigrant de Meyer. Il écrit à Tobler : « [...] je regarde cette attribution comme doublement juste après l'article de Paul Meyer » (lettre citée dans Storost 1990, p. 128).

les choses en replaçant la naissance du «Kutschkelied» dans le cadre des différences nationales – ce qui est drôle pour les uns ne l'est pas forcément pour les autres (c'est l'expérience qu'il avait faite, on s'en souvient, pendant son séjour en Allemagne) – et en rappelant à Meyer les grands mérites des Allemands dans le domaine de la philologie française. Pour terminer, il en appelle à la responsabilité des savants, qui n'ont pas le droit de se mêler de querelles nationales mal fondées mais qui, au contraire, ont le devoir de maintenir la science dans la sphère de l'impartialité la plus totale. Encore une fois, il s'agit ici d'une missive privée, écrite de plus juste après la guerre, et le fait que Gaston Paris critique sévèrement son ami met en relief la sincérité de ses paroles. Gaston Paris, décidément, est au-dessus des mesquines disputes nationales qui empoisonnent le climat à partir des années 1870 (ce qui n'empêche en rien que la notion de nation détermine de part en part ses recherches philologiques, ainsi que nous le verrons dans la Partie III).

Ajoutons, pour conclure ce développement, que malgré toutes les divergences d'opinion et de caractère, l'amitié entre Paul Meyer et Gaston Paris n'a jamais été menacée.

*

* *

En 1872, Gaston Paris succède définitivement à son père comme professeur titulaire de la chaire de langue et littérature françaises du moyen âge au Collège de France (décret présidentiel en date du 24 juillet 1872). Meyer postule en seconde ligne (il s'agit là d'une procédure tout à fait habituelle lors des élections au Collège de France, selon laquelle un deuxième candidat sérieux se présente au même poste que le premier, en accord avec celui-ci et en quelque sorte pour le couvrir):

> Monsieur l'Administrateur, j'ai l'honneur de vous informer que je me porte candidat en seconde ligne à la chaire de langue et littérature françaises du moyen âge au Collège de France, et je vous prie de vouloir bien en informer Messieurs les Professeurs dans la réunion qu'ils tiendront le Dimanche 30 courant. Veuillez agréer, Monsieur l'Administrateur, mes salutations respectueuses[322].

En 1872 également paraît le premier numéro de la *Romania*, fondée par Gaston Paris et Paul Meyer au mois de janvier de la même année[323].

---

322 Archives du Collège de France, Dossier Gaston Paris, C-XII.

323 La seule allusion à la fondation de la *Romania* dans la correspondance entre Meyer et Paris est une lettre non datée de Meyer, dans laquelle celui-ci écrit à son ami: «Il paraît que M. Didot est épris de l'ancienne littérature française. Ne serait-il pas homme à entreprendre la *Romania*? En tout cas il faut une solution prompte, dût cette solution être que

Contrairement à l'opinion reçue, et même s'il est vrai que son titre fait indubitablement écho à celui de la *Germania* fondée en 1855 par Franz Pfeiffer, la revue n'est pas un produit *direct* de la guerre né dans un esprit de concurrence hostile vis-à-vis de l'Allemagne, et notamment vis-à-vis du *Jahrbuch*. L'idée en était déjà née avant la guerre, comme l'explique Gaston Paris à Lemcke dans une lettre du 23 septembre 1871 :

> « Vous recevrez ces jours-ci, cher Monsieur, le prospectus d'un nouveau recueil consacré à nos études que nous publierons, Meyer et moi, à partir du 1er janvier prochain, sous le titre de *Romania*. Je n'ai pas voulu que cet imprimé vous parvînt sans être précédé d'une introduction plus personnelle où je vous exposerais le véritable caractère de cette publication. Vous trouverez d'ailleurs sur le *Jahrbuch* dans le dit prospectus, quelques mots qui expriment notre pensée, mais je tiens à insister auprès de vous sur ce point, que nous ne voulons vous faire qu'une concurrence amicale, et que nous serions désolés de faire le moindre tort à votre excellent recueil, auquel Meyer et moi nous devons tant. J'ai appris du reste avec une grande satisfaction, mais sans surprise, que vous vous étiez exprimé dans un sens très-bienveillant à ce sujet et que vous aviez déclaré trouver toute naturelle la fondation de la *Romania*. Nous avions le projet de la fonder avant la guerre, comme le savent Bartsch, Delius et d'autres encore, par conséquent ce serait mal juger que de voir dans cette fondation un acte d'hostilité. Maintenant vous comprenez, je n'en doute pas, que les derniers événements nous excitent à développer de plus en plus chez nous les études nationales, et que nous ayons désiré encore plus vivement que par le passé que le seul journal consacré aux langues romanes ne fût pas un journal allemand. Tel est le point de vue auquel je vous demande de considérer notre entreprise, et je pense qu'en s'y plaçant les esprits impartiaux trouveront que nous n'avons été guidés que par de bonnes raisons. Nous espérons – est-ce un rêve ? – que les études ne souffriront pas trop chez nous de nos désastres, peut-être même trouverons-nous dans nos malheurs une salutaire leçon. Je sais que peu de personnes en Allemagne pensent ainsi ; on nous regarde comme irrévocablement perdus. Vous nous permettrez d'en appeler de cette décision, et de faire, chacun dans notre humble sphère, ce qui dépendra de nous pour la démentir » (lettre citée dans Stengel 1904, p. 211).

Dans sa réponse, Lemcke rassure Gaston Paris sur ses sentiments :

> Je serais cependant un peu fâché, si votre principal motif en m'écrivant eût été celui de me rassurer sur la fondation de votre nouveau périodique et de m'ôter tout soupçon d'un acte d'hostilité de votre part contre le

---

nous ferons l'entreprise à nos risques et périls. Je ne me mettrai avec cœur à la besogne que pressé par la nécessité de fournir les copies » (B.N., n.acq.fr. 24449, ff. 219-220). Voir également, au sujet de l'histoire de la *Romania*, Monfrin 2001d.

> *Jahrbuch*. Car je peux vous assurer qu'aucun soupçon de cette espèce ne m'est jamais venu à l'esprit. Au contraire, en entendant pour la première fois parler de votre nouvelle entreprise – c'était en Italie où j'ai passé quelques mois au printemps – loin d'être frappé ou fâché, j'ai trouvé non seulement très-naturel que la France allât posséder à la fin un journal consacré à ces études si intimement liées à toute sa vie nationale, mais je me suis encore vraiment réjoui, que cette science allât désormais être soutenue par deux périodiques, qui, quoique semblables par la tendance et les matières mais différents peut-être tant soit peu par la manière individuellement nationale de traiter leur sujet, pourraient non seulement aller fort bien de côté, mais se suppléer peut-être mutuellement. C'est ainsi que j'ai pensé alors et je pense encore dans ce moment. S'il y a quelque chose qui me pèse, c'est la crainte de ne plus pouvoir compter sur votre collaboration pour le *Jahrbuch* ni sur celle de Mr. [sic] Meyer; car désormais tous vos travaux seront probablement consacrés à votre journal seul. Si cette crainte était mal fondée, tout serait pour le mieux[324].

Une interprétation appropriée de la fondation de la *Romania* dans le cadre des rapports franco-allemands requiert quelques distinctions préalables. Tout ou presque se pense, au XIX^e^ siècle, et surtout dans le dernier tiers, selon des catégories nationales. Ces catégories ne sont pourtant pas toujours sujettes à des surdéterminations polémiques: elles sont souvent comprises, et c'est notamment vrai chez Gaston Paris, dans un sens complémentaire. Envisagée sous cet angle, la concurrence nationale devient un moyen de faire avancer la recherche scientifique par une émulation nationale pacifique et ouverte[325]. C'est à n'en pas douter dans cet esprit que la *Romania*, du moins aux yeux de Gaston Paris, a été créée. L'interprétation de cette fondation comme simple acte d'hostilité, comme acte politique de récupération du terrain, est donc certainement trop grossière. S'inscrivant elle-même dans les constructions dichotomiques qu'elle accuse, elle empêche une vision plus nuancée des choses. Malkiel, même s'il se trompe sur les débuts de la revue, a bien saisi l'esprit qui présida véritablement à la création de la *Romania*. Il met en effet l'accent sur le fait que beaucoup de ses collaborateurs étaient des étrangers, et principalement des Allemands qui, comme Stengel et Lemcke, ne voyaient donc absolument rien d'agressif ou de provocateur dans la naissance de ce nouvel organe de philologie romane:

> «[...] Shortly after the conclusion of that war, which had led to a humiliating defeat for France, Gaston Paris immediately launched a new high-level quarterly journal in France, namely *Romania*, 'nomen est omen', allowing its editorial space to be evenly divided between historical linguistics and medieval literature, either one of a pan-Romanic scale. By

---

324 B.N., n.acq.fr. 24446, f. 26, lettre du 2 octobre 1871.

325 Voir, pour tout ceci, Partie III.

way of the speediest possible reconciliation with his Central European counterparts, he succeeded in persuading some excellent German, German-Swiss, and Austrian authorities (including Foerster, Gröber, Mussafia, Schuchardt, Suchier, Tobler, plus that pioneering scandalously young woman from Berlin, Caroline Michaëlis) to provide him with articles, notes and book reviews, which he promptly published in superb French translation. Relevant lecture courses offered by German-language universities were also announced; so were the pertinent contents of German periodicals, not only listed but also digested» (Malkiel 1993b, p. 13).

Toujours en 1872, Gaston Paris reçoit pour la deuxième fois le prix Gobert, pour son édition de la *Vie de Saint Alexis* cette fois-ci, est promu directeur d'études à l'EPHE et devient membre du Conseil supérieur de l'Instruction publique. Cette première année d'après-guerre a donc été extrêmement importante pour l'établissement professionnel de Gaston Paris qui, dorénavant – il a tout juste 33 ans –, comptera parmi les premiers savants de France.

La carrière du philologue continue à dessiner une ligne ascendante. En 1873, il est président de la Société de linguistique de Paris fondée en 1865[326] et, en 1875, est promu chevalier de la Légion d'honneur, son parrain n'étant autre que Ernest Renan :

> Mon cher maître et ami, je me suis permis de vous désigner au grand chancelier de la Légion d'honneur pour être mon parrain dans mon nouveau grade et m'en remettre les insignes. J'espère que vous ne me trouvez pas indiscret et que vous voudrez bien me faire l'honneur que j'ai pris la liberté de m'attribuer[327].

Cette même année 1875, Gaston Paris est co-fondateur de la *Société des Anciens Textes Français et Provençaux*. Créée sur le modèle du *Litterarischer Verein* de Stuttgart d'un côté et sur celui de la *Early English Text Society* de l'autre, cette société était destinée à prendre le relais des *Anciens Poëtes de la France*, dont le dernier volume avait paru en 1870[328]. Or, cette fois-ci, il semble bien que l'idée et l'initiative de la fondation appartiennent essentiellement à Gaston Paris, ainsi que le dit Thomas :

> «La Société des Anciens Textes français est née pour ainsi dire de lui et c'est surtout par lui qu'elle a vécu depuis sa naissance, c'est-à-dire pendant vingt-huit ans» (Thomas 1903, p. 338).

326 Voir par exemple Huart 1903 et Bergounioux 1984, p. 30.

327 B.N., n.acq.fr. 14184, f. 8 (lettre sans date précise).

328 Pour une histoire de cette société jusqu'en 1894, voir Bédier 1894 ; on consultera également Rajna 1903b.

Dans une lettre du 9 août 1874, Gaston Paris essaie d'associer Meyer au projet :

> Picot[329] et Rothschild[330], que je vois tous les jours, schwärment [sic] pour la fondation d'une société pour la publication d'anciens textes français. Vous savez que c'est notre vieille idée. Si vous en êtes le secrétaire, elle pourra très bien marcher. Rothschild en sera très-volontiers trésorier, ce qui ne manquera pas de chic, et il fera, je crois, un don de fondation raisonnable. Il me semble que le moment est bon, et je serais d'avis de lancer cela à la rentrée. Si vous voulez bien, j'en dirai un mot *en l'air* dans notre chronique[331].

Si Gaston Paris parle ici de « notre vieille idée », c'est pourtant lui qui a pris toutes les mesures nécessaires et mis la machine en route, une fois son financement assuré par le baron James de Rothschild. Dans l'assemblée constituante du 15 avril 1875 sont élus : Paulin Paris président, Gaston Paris et Emile Egger[332] vice-présidents, Paul Meyer secrétaire et James de Rothschild trésorier. En 1877, Gaston Paris prend la fonction de son père et la gardera jusqu'en 1883, année où il sera remplacé par le chartiste Charles-Joseph Marty-Laveaux, spécialiste de La Fontaine[333].

Pour reprendre notre fil chronologique, Gaston Paris, nous en avons déjà parlé, devient membre de l'AIBL en 1876, en remplacement de Guigniaut. La missive suivante à Renan est surtout intéressante parce qu'elle contient un « auto-éloge » du philologue qui contraste singulièrement avec la modestie qu'il se plaît à afficher d'habitude, mais qui montre aussi quelle réputation internationale il a déjà acquise, à trente-sept ans, dans le domaine de la philologie romane :

> C'est vendredi qu'a lieu à l'Académie l'exposition des titres : Thurot[334], qui s'est déjà chargé de parler pour moi, exposera les miens ; mais je vous serais très reconnaissant si vous vouliez bien me faire le grand honneur de dire aussi quelques paroles en ma faveur. Je voudrais que vous eussiez la bonté d'insister surtout sur l'influence réelle que mes travaux, tout imparfaits qu'ils sont, ont exercé à l'étranger. Mon *Histoire poétique de Charlemagne*, où j'avais embrassé l'histoire de l'épopée carolingienne dans toute l'Europe, a fourni dans chacun de ses chapitres le point de

---

329 Emile Picot (1844-1918), professeur de langue roumaine à l'Ecole des langues orientales vivantes ; publie également des travaux sur le théâtre médiéval en France ; membre de l'AIBL en 1897.

330 Le baron James de Rothschild, mort en 1881.

331 B.N., n.acq.fr. 24425, ff. 100-101.

332 Emile Egger (1813-1885), professeur de littérature grecque à la Faculté des lettres de Paris.

333 Quant aux publications de Gaston Paris pour la SATF, voir plus loin.

334 Charles Thurot (1823-1882), grammairien, membre de l'Institut, maître de conférences à l'ENS, directeur d'études à l'EPHE.

départ de recherches nouvelles: en Allemagne, en Angleterre, en Scandinavie, en Hollande, en Italie, en Espagne on a repris l'œuvre au point où je l'avais mise, et tous les érudits qui se sont consacrés à cette tâche, et qui ont eu souvent, naturellement, à combler les lacunes ou à rectifier les erreurs de mon exposé, ont commencé par dire que mon livre leur avait indiqué la méthode à suivre et leur avait ouvert la voie. – Un succès moins général, mais presque aussi grand, a été obtenu par l'«Introduction» à la *Vie de Saint-Alexis*; en Allemagne, où l'étude du vieux français est actuellement très en faveur, les savants qui ont le plus d'autorité ont déclaré qu'elle avait été complètement renouvelée par mes recherches[335]; M. Conrad Hofmann, professeur à Munich et bien connu par ses excellents ouvrages, a écrit que mon livre était ce que la philologie romane avait produit de plus important depuis la *Grammaire* de Diez[336]; en Angleterre, M. Nichol [sic] a écrit un mémoire exprès pour exposer la méthode que j'ai suivie dans mon édition du *Saint-Alexis* et la recommander à ses compatriotes[337]. En somme, je puis dire sans exagération que mon nom est connu des savants qui dans l'Europe entière s'occupent des langues et des littératures du moyen-âge et que mon élection à l'Académie ne leur semblera pas imméritée.

Il y a dans la vie quelques occasions où il faut absolument parler de soi et se mettre en avant. Je m'y résigne avec le ferme propos de ne faire en cela que le strict nécessaire. Mais je vous avoue qu'il m'est particulièrement déplaisant de jouer ce rôle auprès de vous; j'espère que vous ne m'y reprendrez plus. Il me reste à vous demander pardon de la liberté avec laquelle je me permets de compter sur votre intervention en ma faveur: vous savez que c'est vous qui m'avez encouragé à l'espérer[338].

Par deux lettres très curieuses échangées entre François Lenormant[339], fils de Charles Lenormant, et Gaston Paris (qui avaient tous deux grandi

---

335 Voir par exemple Tobler 1872 et, en Autriche, Mussafia 1872.

336 Dans un compte rendu signé J. B[aechtold] dans la *Allgemeine Zeitung*, on lit: «Wir machen uns schliesslich ein Urtheil zu eigen dass uns jüngst von einem der ersten deutschen Romanisten brieflich mitgetheilt wurde, und welches dahin lautet: 'Die Ausgabe des St. Alexis von G. Paris ist nicht nur ausgezeichnet, wie alles was von diesem Gelehrten herrührt, sondern sie ist geradezu die beste Arbeit dieser Art die jemals in Frankreich und Deutschland erschienen ist. Der Hr. Verfasser ist ein streng deutsch geschulter Forscher, der dabei alle geistigen Vorzüge seiner Landsleute in vollem Masse besitzt, und somit eine Combination von Eigenschaften umfasst, welche für solche Studien allein die höchsten Ergebnisse verspricht'» (Baechtold 1872). Dans la *Romania* de 1872, p. 399, Gaston Paris note à ce sujet: «[...] le romaniste dont le jugement est cité à la fin de cet article est M. le prof. Conrad Hofmann».

337 Nicol 1873/1874.

338 B.N., n.acq.fr. 24466, ff. 241-242, lettre du 14 février 1876.

339 François Lenormant (1837-1883), archéologue et historien comme son père, qui était professeur d'archéologie à la B.N. Les Lenormant sont donc comme les Paris un exemple de la «République des fils».

sous le même toit, ce qui ne semble guère avoir profité à leur relation), nous savons qu'une brochure a dû circuler, dans laquelle certaines personnes – mais lesquelles ? – avaient essayé d'empêcher, sans succès, l'entrée du philologue à l'Institut[340].

1876 voit également l'élection de Gaston Paris comme membre de la Commission extra-administrative chargée d'étudier la question de la réorganisation de l'enseignement supérieur. L'année d'après, il est élu membre adjoint de la Commission de l'*HLF*, dont il deviendra membre titulaire en 1881, en remplacement de son père mort à l'âge de 81 ans. En 1878, il est co-fondateur, avec vingt-trois autres savants – parmi lesquels on trouve, dans le domaine des lettres, Michel Bréal, Ernest Renan, Gaston Boissier[341], Fustel de Coulanges et Gabriel Monod –, de la Société de l'Enseignement supérieur, laquelle

> « [...] cherche à imposer une redéfinition du système universitaire en privilégiant la définition scientifique contre les positions traditionnelles d'autorité détenues par des professeurs âgés, rescapés de purges politiques successives et dispensés, par la cooptation, des jugements et des sanctions du marché de la production des biens symboliques » (Bergounioux 1984, p. 26)[342].

---

[340] En 1878, Lenormant pria Gaston Paris de bien vouloir soutenir son entrée à l'AIBL, sur quoi ce dernier lui reprocha vraisemblablement d'avoir fait circuler, en 1876, une brochure contre lui. C'est du moins ce que l'on peut déduire de la deuxième lettre de Lenormant : « Tu te trompes absolument quand tu crois savoir que ma mère ou moi nous avions travaillé à empêcher ton entrée à l'Institut. Nous n'avons distribué aucune brochure contre toi : je n'ai même connu que par ta lettre l'existence de la brochure dont tu me parles et je ne l'ai jamais vue. Nous n'avons cherché à inquiéter la conscience de personne à ton sujet. Nous n'avons rien fait et rien dit à l'occasion de ton élection » (B.N., n.acq.fr. 24446, f. 39). Nous ne saurions dire si ces déclarations de Lenormant correspondent à la vérité. Gaston Paris, en tout cas, semble bel et bien avoir empêché son élection à l'AIBL. Le 10 avril 1881, Thurot écrit à Gaston Paris : « M. Ad[olphe] Regnier vient de me voir et de me dire qu'il regardait comme nécessaire pour vous et pour l'Académie de donner suite à votre projet de mettre aussitôt que possible dans la *Revue critique* l'exposé des faits qu'on oppose à la candidature de Lenormant. Il paraît qu'on vous dépeint comme le chef des malveillants et comme obéissant à une hostilité personnelle. Je m'attends à être l'objet des mêmes accusations. Je m'offre pour me mettre en avant avec vous et pour signer dans la *Revue critique* l'exposé des faits. On prendrait son point de départ dans l'assertion de la lettre de Lenormant, qu'il n'est pas *une seule* des imputations qu'il ne puisse *réduire à néant, si elle se produit au grand jour* » (B.N., n.acq.fr. 24460, ff. 293-294). Lenormant avait en effet été accusé d'avoir inventé de toutes pièces un conte, le conte de Sainte-Dhimitra, en le présentant ensuite comme provenant d'une ancienne tradition. Un démenti officiel de Lenormant, qui dit que le conte lui avait été rapporté par un pope, se trouve dans les papiers de Gaston Paris (B.N., n.acq.fr. 24446, f. 42).

[341] Gaston Boissier (1823-1908), professeur de poésie latine au Collège de France et à l'ENS, secrétaire perpétuel de l'Académie française.

[342] Voir aussi Bergounioux 1984, pp. 25-26.

En 1881, il devient membre du Conseil de perfectionnement de l'Ecole des Chartes, là encore comme successeur de son père, ainsi que membre du comité directeur de la «Diez-Stiftung» nouvellement fondée à Berlin après quatre années de discussions difficiles entre romanistes allemands, autrichiens, français et italiens[343]. En 1882, sur la proposition de Tobler, il est élu membre correspondant de la «Königliche Akademie der Wissenschaften» de Berlin pour le domaine «der deutschen und anderen europäischen Philologie mit Ausschluss der Klassischen»[344]. Un an plus tard, en 1883, il est président de la Société des anciens élèves de l'Ecole des Chartes. Entre 1885 et 1895, il est aussi président de la IV^e^ section («sciences historiques et philologiques») de l'EPHE, succédant dans cette fonction à l'archéologue et épigraphiste Léon Renier. En 1886, sur la proposition de Renan, il est promu officier de la Légion d'honneur mais subit également un premier échec à l'Académie française. Il confie alors à Renan, car c'est encore celui-ci qui l'avait poussé à poser sa candidature, puis avait tenté de l'inciter à la renouveler l'année d'après lors de la vacance du fauteuil du philosophe Elme-Marie Caro, âpre adversaire du positivisme:

> Votre affectueuse pensée au sujet de l'Académie me touche comme vous pouvez croire, et j'aurais toujours l'honneur d'avoir été désigné par vous. Mais je ne désire plus courir cette aventure. Comme je vous l'ai déjà dit dans le temps, être choisi par vos confrères est la plus flatteuse récompense d'un écrivain français, mais ce n'est pas comme écrivain qu'on me prendrait, et je n'aurai aucun titre à être choisi en cette qualité. L'Académie m'associerait à des travaux comme philologue, et le peu de compétence que la plupart de ses membres ont en fait de philologie fait que cette désignation n'a qu'un prix relatif et n'est que la consécration d'autres suffrages. En outre, ce serait, tout naturellement, pour me faire travailler qu'on me prendrait, et j'ai déjà tant de travaux sur les bras qu'il me faudrait renoncer absolument désormais à faire ce qui m'attire et m'intéresse véritablement. Cependant j'ai considéré comme un devoir de ne pas me dérober à l'appel qui m'avait été adressé par vous, par Taine et par Boissier; ayant consacré ma vie à l'étude de notre langue et de notre littérature, du moment qu'on me demandait de collaborer à un service public, je considérais que je n'avais pas le droit de refuser, surtout étant invité par de tels hommes et de si chers amis. Mais l'épreuve a montré que l'Académie ne partage pas ces idées et n'a pas le besoin de ma collaboration que mes amis lui supposaient; je ne veux pas la solliciter une seconde fois, et, entre nous, je suis heureux d'avoir échappé à ce qui était pour moi une corvée encore plus qu'un honneur. Je ne puis[345] pas dire cela publi-

343 Quant à la fondation de la «Diez-Stiftung» en 1881 et à son histoire, voir Storost 1989 et Storost 1990.

344 Voir Storost 1989, p. 315.

345 *Puis*: leçon incertaine.

> quement, parce qu'on ne me croirait peut-être pas sincère, mais je vous le dis en toute franchise et en toute liberté. Le jour de la mort de Caro, Boissier m'a dit que si Vogüé se présentait, il serait certainement nommé, et m'a engagé à lui écrire pour le pousser à poser sa candidature et de ne pas s'effacer devant d'Haussonville[346]. Je l'ai fait aussitôt avec le plus grand plaisir, car j'apprécie l'écrivain et j'aime l'homme, et je sais que cette élection, qui serait si bien vue par l'opinion, ferait le plus grand plaisir à notre ami. Vous voyez que, même si je n'avais pas sur l'Académie, par rapport à moi s'entend, les idées que je vous ai naïvement exprimées, je ne serais plus libre de m'y présenter cette fois. Je n'ai donc qu'à vous remercier chaudement de cette nouvelle marque d'estime et d'amitié que vous ajoutez à tant d'autres; j'en suis et serai toujours aussi fier que reconnaissant[347].

En 1888, Gaston Paris est élu membre correspondant de la «Kaiserliche Akademie der Wissenschaften» de Vienne[348]. L'année d'après, il devient officier de l'Instruction publique et est également élu «Auswärtiges Mitglied der Königlichen Gesellschaft der Wissenschaften» de Göttingen:

> Die Königliche Gesellschaft der Wissenschaften, lui écrit Hermann Sauppe[349] dans une lettre du 3 décembre 1889, hat Sie in ihrer Sitzung am 16. November zu ihrem Auswärtigen Mitglied gewählt, um dadurch dem Gefühl tiefer Verehrung Ausdruck zu geben, mit welcher Sie Ihre ausgezeichneten Leistungen für die Geschichte der französischen Sprache und Literatur betrachtet. Indem ich die Freude habe, Ihnen beiligendes Diplom übersenden zu dürfen, erlaube ich mir, persönlich daran zu erinnern, der ich mit Vergnügen der Zeit gedenke, die Sie vor mehr als einem Menschenalter in Göttingen zubrachten, und der Freundlichkeit, mit der Sie mir 1872 Ihre schöne Untersuchung über den Ligurinus[350] zusendeten. Nehmen Sie die Huldigung freundlich auf, die unsere Gesellschaft Ihren ausserordentlichen wissenschaftlichen Verdiensten bietet und tragen Sie auch ferner dazu bei, dass Frankreich und Deutschland im Dienste der Wissenschaft und Wahrheit einträchtig forschen und kämpfen[351].

Toujours en 1889, le philologue est en outre élu commandeur de l'Ordre de l'Etoile polaire de Suède.

---

346 Ce sera pourtant le comte Othenin d'Haussonville, littérateur et homme politique orléaniste, qui sera élu.

347 B.N., n.acq.fr. 24466, ff. 272-273, lettre sans date précise.

348 Meyer-Lübke 1903, p. 329.

349 Hermann Sauppe (1809-1893), philologue classique, s'est habilité à Zurich et y a travaillé à la bibliothèque cantonale jusqu'en 1845. Il est l'un des fondateurs de l'épigraphique grecque. Lors du séjour de Gaston Paris à Göttingen, il était professeur dans cette ville, mais nous n'avons aucune trace de la relation entre les deux hommes pendant cette période.

350 286*, 1871.

351 B.N., n.acq.fr. 24456, f. 232.

Le 23 mars 1893, malgré l'intention contraire qu'il avait affichée en 1886 devant Renan, Gaston Paris pose pour la deuxième fois sa candidature à l'Académie française, et ceci précisément à la vacance du fauteuil de ce dernier. On peut alors croire que c'est par une sorte de piété «filiale» envers Renan qu'il a décidé de se représenter, encouragé, entre autres, par Antoine Thomas[352] et par l'économiste Paul Leroy-Beaulieu[353]. Mais Gaston Paris essuie à nouveau une défaite – ce qui n'a rien d'exceptionnel, empressons-nous de le dire: il est cette fois-ci classé deuxième, derrière le «philosophe politique» Paul-Armand Challemel-Lacour, co-fondateur avec Gambetta de *La République française*. Le 10 avril, il fait savoir à D'Ancona:

> «Je vous remercie infiniment de votre chaude poignée de main[354]. Vous avez raison, c'est la politique qui m'a vaincu; si ce n'est pas mourir d'une belle épée, au moins cela n'implique pas une préférence *in specie*. Mais si vous saviez les singulières raisons qui dictent les choix dans cette compagnie! Il n'est que d'être jugé par ses pairs, comme au bon vieux temps» (lettre citée dans D'Ancona 1911, p. 360).

En 1894, Gaston Paris devient membre du Conseil d'administration de la Société de la *Revue d'histoire littéraire de la France*. L'année d'après, il en est élu président, succédant dans cette fonction à Boissier; il démissionne de son poste de président de la section des «sciences historiques et philologiques» à l'EPHE et devient administrateur du Collège de France, ici encore comme successeur de Boissier, et est en outre promu commandeur de la Légion d'honneur. En 1896, il est choisi comme membre d'honneur de l'Académie des sciences, arts et belles-lettres d'Aix et, couronnement de sa carrière, est enfin élu, dans l'après-midi du 27 mai, à l'Académie française, au fauteuil de Louis Pasteur[355], tandis qu'Anatole France est élu à celui de Ferdinand de Lesseps. Dans un journal de l'époque on lit:

> «Ce n'est point pour diminuer les mérites incontestables de M. Paris, mais il n'est que vrai de dire que sa réception à l'Académie n'a pas provoqué les mêmes curiosités que celle de M. Anatole France. C'était une importante audience, mais moins parisienne. Il n'en est pas résulté de vides: il n'y en a jamais à l'Institut. La salle des séances solennelles était comble et les assistants sont demeurés sous le charme. L'orateur avait à

---

352 Voir B.N., n.acq.fr. 24466, f. 331.

353 Voir B.N., n.acq.fr. 24446, ff. 72-73.

354 La lettre de D'Ancona n'a pas été conservée.

355 Gaston Paris écrit à Ludovic Halévy le 29 mai 1896: «J'aurais bien voulu vous serrer la main après le beau succès d'hier, et vous dire tout ce que je pense et surtout tout ce que je *sens* à votre endroit; c'est à votre amitié que je dois cette quasi-unanimité qui me rend l'adoption académique infiniment précieuse. Croyez bien que je le comprends et soyez sûr que je ne l'oublierai pas» (B.I.F., M.S. 4488, f. 132).

traiter une ample matière: la vie de Pasteur, et il l'a su faire si bien que jamais discours n'intéressa sans doute davantage. Il a prononcé une belle et grave harangue, digne de cette assemblée, pour les horizons qu'elle ouvrait à la pensée et les faits, certes connus, mais habilement groupés, qu'elle remettait en lumière»[356].

Dans une lettre à Per Johan Vising, datée du 1er juin 1896, Gaston Paris essaie de désamorcer l'interprétation «nationaliste» de ses premiers échecs que le philologue suédois lui avait apparemment suggérée. Il se dit à la fois germanophile et «très français», deux attitudes qui, en effet, ne s'excluent pas du tout à ses yeux[357]. Comme possibles raisons à ses défaites préalables, il allègue, lui, le peu d'estime, mais également le soupçon dont jouit la philologie dans la société belles-lettriste que représente de façon exemplaire l'Académie française:

> Tous mes remerciements, mon cher ami, pour vos félicitations[358] et pour votre si aimable article. Je ne crois pas trop que ce soit mon «teutonisme», – qui ne m'empêche pas, vous le savez, d'être très Français, – qui m'a empêché d'entrer plus tôt à l'Académie; c'est surtout le peu de goût qu'avait cette compagnie pour la philologie et la crainte que cette science chicanière[359] ne mît le nez trop avant dans ses petites affaires[360].

En 1898, le philologue devient membre de l'«Accademia della Crusca». Il écrit à Rajna, le 13 février:

> J'ai été très heureux de mon élection à la Crusca; j'y ai vu surtout la preuve de la bonne amitié qu'on veut bien avoir pour moi à Florence, et tout particulièrement de la vôtre. Ce me sera une grande joie de prendre quelque jour place à vos côtés dans cette illustre assemblée et de comparer la façon dont se rédigent le *Dictionnaire* de la Crusca et celui de l'Académie Française, et ce sera une raison de plus pour moi de retourner dans la chère ville dont on a toujours un peu la nostalgie quand on l'a connue[361].

En 1898 encore, il est pour la deuxième fois président de la Société des anciens élèves de l'Ecole des Chartes et réélu administrateur du Collège de France. Il assumera cette fonction une dernière fois en 1901.

---

356 Extrait d'un journal non identifié, conservé dans les papiers de Gaston Paris à la B.N., n.acq.fr. 22865, f. 61. – Pour une analyse du discours de réception de Gaston Paris, voir Partie II.

357 Voir Partie III.

358 Lettre non conservée.

359 Le syntagme «science chicanière» anticipe de façon étonnante le rôle joué par les philologues dans l'affaire Dreyfus (voir ci-dessous).

360 B.N., n.acq.fr. 24465, f. 221.

361 B.N., n.acq.fr. 24466, f. 176.

Le 13 janvier 1900, Gaston Paris est nommé président d'une commission chargée par le ministre de l'Instruction publique, Georges Leygues, d'élaborer un projet en vue d'une simplification de la syntaxe française. Cette initiative s'inscrivait directement dans le débat sur la réforme de l'orthographe française officiellement lancé par Paul Passy en 1887 et devait en effet traiter, entre autres, de différents problèmes d'orthographe[362]. L'«Arrêté relatif à la simplification de la syntaxe française», résultat du travail de la commission mentionnée, fut publié dans le *Journal Officiel* du 1er août 1900. Le texte, qui déclarait «'tolérer' certaines graphies s'écartant de la norme (au sens de norme prescriptive)»[363], provoqua une vive réaction au sein de l'Académie française, notamment de la part de Ferdinand Brunetière, et fut alors modifié par une commission de révision dans laquelle nous retrouvons Gaston Paris. La nouvelle version fut approuvée par Leygues le 26 février 1901 et imprimée dans le *Journal Officiel* du 11 mars. En fait de réforme, il n'y en avait presque aucune dans ce deuxième arrêté de tolérances, qui par ailleurs n'a eu quasiment aucun impact, ni en France ni à l'étranger[364]. Le travail fourni par Gaston Paris pour une cause qui lui a été chère dès les années 1868[365] fut donc pratiquement inutile![366]

En 1902, le même Gaston Paris qui, une quinzaine d'années plus tôt, avait déclaré à Meyer:

> On aura bien raison de supprimer le *Journal des Savants*, car il serait trop difficile de le réorganiser[367],

accepte la lourde tâche de diriger le même vieux *Journal* qui, depuis longtemps, va très mal. Aux yeux de Meyer c'est cette décision qui a précipité la fin de son ami (voir plus loin).

En 1902 également, Gaston Paris est élu membre de l'Ordre pour le mérite, distinction décernée par Sa Majesté l'Empereur. Il l'apprend par le chancelier de l'ambassade d'Allemagne, Paul Thielemann:

> Je suis heureux que mon voyage à Cerisy, où j'ai trouvé un si charmant accueil auprès de vous et de Mme Paris, a [sic] permis de hâter l'affaire de votre décoration pour que vous en fûtes informé le 17 de ce mois, date de la fondation de l'Ordre pour le mérite.

---

362 Voir notamment Keller 1991 et 1999 ainsi que Catach 1967 et 1999.

363 Keller 1999, p. 62.

364 *Ibid.*, pp. 63-72.

365 Voir notamment 211*, 1868.

366 Voir également Partie II, pp. 273-274. Quant au caractère «démocratique» de la réforme de l'orthographe mais également de la «nouvelle philologie» en général, voir Conclusion.

367 B.N., n.acq.fr. 24425, ff. 199-200, lettre non datée, mais très probablement de 1886.

> Je vous adresse également de ma part les félicitations les plus sincères de cette rare distinction si bien méritée et je forme des vœux pour que vous la portiez encore pendant de longues années en bonne santé[368].

Les vœux de Thielemann, on le sait, ne se réaliseront guère ! – L'enthousiasme de Gaston Paris au sujet de cette décoration est par ailleurs assez modéré, comme nous le montre une missive du 7 septembre 1902, adressée à Meyer :

> L'ordre « pour le Mérite » m'a été accordé sur la *quatrième* présentation de l'Académie ; l'Empereur ne peut y nommer (pour les « sciences ») que sur une liste de 3 membres pour chaque place désignés[369] par l'Académie ; j'étais 2 fois en 1[èr]e ligne, et il m'avait rayé, je n'ai jamais su pourquoi. C'est à Tobler naturellement, que je le dois, et cela lui fait tant de plaisir que je suis bien obligé d'en avoir aussi[370].

Après un voyage en Italie au printemps 1902, l'état de santé de Gaston Paris, fragilisé par le diabète dont il était affecté depuis 1874[371], se dégrade apparemment de façon dramatique. Dès le mois de juin 1902, Paul Meyer confie à Rajna :

> G. P[aris] ne va toujours pas très bien : il semblait bien fatigué aujourd'hui. Il ne veut pas se reposer, car le repos c'est l'ennui. Cette idée baroque et déraisonnable de faire revivre le *Journal des Savants* lui coûtera la vie[372].

Son état semble s'améliorer en été 1902, pendant son habituelle villégiature à Cerisy. Le 8 août, Paris écrit à Rajna :

> Je pense que cette carte courra pas mal après vous. Puisse-t-elle vous trouver en bonne santé et en joie ainsi que votre chère mère. Je suis ici depuis trois semaines et je me trouve très bien de mon séjour. J'ai été assez fatigué et même souffrant dans ma dernière semaine de Paris ; tout le monde veut que ce soit la suite de mon voyage en Italie, où j'ai eu trop de plaisir et d'excitation. Je n'en crois rien, et je ne garde toujours à l'Italie que le plus reconnaissant souvenir[373].

Le répit aura pourtant été bref. Si Gaston Paris lui-même se montre optimiste dans une missive à Rajna du 28 octobre :

---

368 B.N., n.acq.fr. 24460, ff. 101-102, lettre du 16 août 1902.

369 *Désignés* : leçon incertaine.

370 B.N., n.acq.fr. 24425, f. 342.

371 Rajna 1904, p. 72, n. 99.

372 B.N., n.acq.fr. 24466, f. 222, lettre du 27 juin 1902.

373 *Ibid.*, f. 223.

> Nous voilà revenus depuis quelques jours [à Paris], et je me trouve bien remis par mon séjour à la campagne; nous verrons ce que ce sera après les fatigues de l'hiver[374],

Meyer, dans une lettre du même jour au même Rajna, reste fortement préoccupé:

> Gaston Paris est toujours dans un état de santé assez faible. S'il ne renonce pas à une partie de ses travaux, il est perdu, mais il ne veut écouter personne[375].

Le 6 décembre, le philologue est élu président honoraire de la section d'histoire et de philologie du Comité des travaux historiques et scientifiques. Ce sera sa dernière décoration.

A la fin du mois de février 1903, sur les conseils de son médecin, il part à Cannes accompagné de sa femme. Meyer, toujours alarmé, en informe Rajna le 1er mars:

> G. P[aris] est depuis q[uel]q[ues] jours à Cannes. On lui a interdit à peu près tout travail, d'où résulte pour moi un grand surcroît d'occupations. Il veut revenir à la fin de mars, trop tôt à mon avis, et sans utilité, puisque les congés de Pâques arrivent. Mais il est entêté. L'état diabétique est toujours menaçant. Il reviendra amélioré, recommencera ses cours, qui le fatiguent physiquement, le cœur n'étant pas en bon état; il sera repris de q[uel]q[ue] accident, anthrax, érésypèle [sic], ou autre, et personne ne peut dire qu'il s'en tirera comme cette fois. Je suis un peu pessimiste en ce cas, mais d'autres pensent comme moi. – Tout cela c'est la faute de cet affreux *Journal des Savants* ![376]

Quatre jours plus tard, le 5 mars, Gaston Paris est mort, bien probablement des suites d'une «angina pectoris»[377]:

> Le pauvre Gaston Paris est décédé hier à Cannes, où on avait eu bien tort de le transporter. Je le considérais, depuis des mois, comme perdu. Il m'avait laissé une bien pénible impression lorsque je le vis deux jours avant son départ, il y a 12 jours. Je n'ai pas besoin de vous dire quelle désolation c'est pour moi. C'est une amitié de 42 (ans) qui se brise. Quel vide ![378]

---

374 *Ibid.*, f. 224.

375 *Ibid.*, f. 225.

376 *Ibid.*, f. 228.

377 Rajna 1904, p. 69, n. 88.

378 *Ibid.*, f. 229, lettre de Meyer à Rajna du 6 mars 1903. On est un peu étonné, à vrai dire, de voir Meyer, dans ces circonstances, parler quand même affaires avec Rajna: «Vous devez avoir reçu vos épr[euves], écrit-il dans cette même missive, du moins j'ai eu ce matin un double du commencement». – Un récit détaillé des derniers jours de G. Paris est donné par Rajna 1904, pp. 68-69, n. 88.

Les obsèques du grand philologue ont lieu le jeudi 12 mars, aux frais de l'Etat. Durant le cortège funèbre, qui mène de l'Eglise Saint-Etienne-du-Mont au Collège de France[379], le commissaire Bouvier envoie à intervalles rapprochés des télégrammes qui informent le directeur de la police municipale du déroulement des événements:

> 1 heure 30: assistance nombreuse, beaucoup de monde aux abords, aucun incident à signaler;
>
> 3 heures 15: le cinquième orateur vient d'être prononcé [sic]. Il y a douze orateurs inscrits;
>
> 4 heures 15: cérémonie terminée au collège de France. Le corps est parti dans un fourgon. Aucun incident[380].

Les orateurs – ils ne seront finalement qu'au nombre de onze – sont, dans l'ordre de leurs discours: Joseph Chaumié, ministre de l'Instruction publique[381], Ferdinand Brunetière, au nom de l'Académie Française[382], Georges Perrot, au nom de l'AIBL[383], Emile Levasseur, au nom du Collège de France[384], Gabriel Monod, au nom de l'EPHE[385], Paul Meyer, au nom de l'Ecole des Chartes[386], Alfred Morel-Fatio, au nom des anciens élèves de Gaston Paris[387], Georg Steffens, au nom de la section romane de l'Université de Bonn[388], Elie Berger, au nom de la Société de l'Ecole des Chartes[389], Antoine Thomas, au nom de la SATF[390], et Louis Havet, au nom des élèves non romanistes de Gaston Paris[391].

La dépouille mortelle de Gaston Paris sera inhumée au petit cimetière de Cerisy-la-Salle. Sur la pierre tombale, on peut lire: «Il a aimé la vérité, cru en elle, travaillé à la découvrir», épitaphe qui unit à jamais Gaston Paris à

---

379 Voir le texte du faire-part: «Le Service religieux sera célébré en l'Eglise Saint-Etienne-du-Mont, à <u>midi très précis</u>. Le Cortège se rendra au Collège de France, à *1 heure 1/2*, pour le Discours de Monsieur le Ministre de l'Instruction Publique et pour l'Hommage des Corps Savants [...] *L'inhumation sera faite ultérieurement à Cerisy-la-Salle (Manche)*» (B.I.F., In-4° Schlumb. 681, f. 70).

380 A.P.P., Dossier Ba 1213.

381 Chaumié 1903. – La plupart de ces discours sont imprimés à plusieurs endroits. Nous nous bornons à indiquer la source que nous avons utilisée.

382 Brunetière 1903.

383 Perrot 1903.

384 Levasseur 1903.

385 Monod 1903a.

386 Meyer 1903a.

387 Morel-Fatio 1903.

388 Steffens 1903.

389 Berger 1903.

390 Thomas 1903.

391 Havet 1903a.

bon nombre de chercheurs célèbres, de Renan (« *veritatem dilexit* ») à Marc Bloch (« *dilexit veritatem* ») en passant par Bédier (« *veritatem dilexit, auxit, honoravit* »). Mais, détail qui paraît significatif, tandis que les inscriptions sépulcrales des trois autres savants mentionnés sont écrites en latin, celle de Gaston Paris l'est dans cette langue « vulgaire », « populaire » tant vénérée par lui[392].

Aussitôt après l'enterrement, Michel Bréal et quelques autres pensent à divers prix, entre autres au prix Nobel, fondé en 1901, pour honorer la mémoire de leur ami, sans cependant que ces projets aboutissent à des résultats concrets :

> L'idée du prix Osiris[393] est excellente. J'en avais eue de mon côté une autre.
>
> Comme Gaston Paris avait de nombreux amis en Suède, j'avais pensé au prix Nobel. J'en ai même parlé à Paul Meyer.
>
> Peut-être y a-t-il une conciliation possible.
>
> Il s'agirait d'engager confidentiellement une correspondance avec Stockholm. Si l'on obtient une promesse ou quelque chose d'équivalent à une promesse, on pourrait attendre avec le prix Osiris, car rien n'oblige l'Institut à le donner à date fixe.
>
> Il me semble que l'hommage rendu par l'étranger, et au nom de l'Europe entière, aurait encore quelque chose de plus flatteur.
>
> Voyez si cette idée vous paraît bonne[394].

C'est également peu après les funérailles – le soir même des funérailles, à en croire Anton Gerard Van Hamel[395] – que fut fondée la Société amicale Gaston Paris,

> « eine pietätvolle Gründung zum dauernden Andenken an Gaston Paris, ein lebendiges Denkmal, wie es noch keinem Gelehrten gesetzt worden ist » (Voretzsch 1909, p. 585)[396].

---

392 Voir Partie IV. – Il faut corriger les indications de Corbellari 1997, p. 563, n. 8.

393 Prix triennal fondé par Daniel Illfa Osiris (1828-1907), financier et philanthrope. – Ce projet ne semble pas avoir abouti non plus.

394 Lettre de Michel Bréal à Louis Havet du 10 mars 1903, B.N., n.acq.fr. 24465, f. 260. – L'idée d'attribuer le prix Nobel à Gaston Paris n'était pas nouvelle. Fredrik A. Wulff en parle pour la première fois dans une lettre adressée au philologue le 7 octobre 1900 (B.N., n.acq.fr. 24463, ff. 346-347), et va proposer le nom de Gaston Paris trois fois de suite, la dernière fois pour le prix Nobel de littérature de 1903 (*ibid.*, ff. 349-371). Ce n'est certainement pas un hasard si c'est en 1903 précisément que paraît, à Stockholm, une traduction suédoise des *Poèmes et légendes du moyen âge* (voir 349*). Les autres candidats dont Wulff parle à plusieurs reprises sont Sully Prudhomme (prix Nobel 1901) et Mistral (prix Nobel 1904). Gaston Paris a certainement soutenu les deux, et avant tout Sully.

395 Van Hamel 1903, p. 280.

396 Voir également Morf 1903b.

Ses fondateurs s'appelaient Alfred Morel-Fatio, Antoine Thomas et Anton Gerard Van Hamel. Le premier but de la Société était celui de garder intacte et, si possible, d'enrichir la bibliothèque de Gaston Paris, et surtout de la rendre accessible aux chercheurs. Elle fut alors transportée à l'EPHE, dans la salle qui porte depuis le nom du philologue. Le tout fut financé par la marquise Marie Arconati-Visconti, qui avait acheté l'ensemble des livres ayant appartenu à Gaston Paris pour les léguer à l'Etat. En mémoire du père de la marquise, le journaliste et politicien Alphonse Peyrat, chaque livre de la bibliothèque porte depuis l'ex-libris suivant: «Ce livre a appartenu à Gaston Paris... Don de la marquise Arconati Visconti, en souvenir de son père Alphonse Peyrat».

> «Für die Benutzung wurde die Bibliothek auf Anordnung des Ministers dem Reglement der Universitätsbibliothek unterworfen, die Titel ausserdem auch in den Katalog derselben eingetragen. Die Bibliothek Gaston Paris zählte bei der Uebernahme 3550 Werke in mehr als 4000 Bänden, sowie 4000, in 152 Kartons aufbewahrte Broschüren (*ibid.*, p. 584).

L'assemblée constituante eut lieu le 28 juin 1903. Voici le premier article de ses statuts:

> «'La Société amicale Gaston Paris a pour but de rapprocher ceux qui ont été les amis ou les élèves de Gaston Paris et ceux qui voudront s'unir à eux, en les associant dans une pensée commune, celle d'honorer et de perpétuer sa mémoire, de propager ses travaux et sa méthode, de maintenir les bons rapports qu'il avait établis entre les savants français et étrangers. – Elle se donne pour première tâche de concourir à l'entretien de la bibliothèque du maître, offerte à la section des sciences historiques et philologiques de l'Ecole pratique des Hautes Etudes par M^me^ la marquise Arconati-Visconti, et au classement et à la publication éventuelle des papiers scientifiques que M^me^ Gaston Paris pourra y joindre, de façon que ce précieux dépôt rende le plus de services possible à la science'» (cité d'après *ibid.*, p. 585).

La cotisation était fixée à 10 francs par an ou à un minimum de 200 francs pour être membre à vie. Une assemblée générale eut lieu deux fois par an, et un bulletin annuel, qui paraissait assez régulièrement, tenait les membres au courant des activités et des décisions de la Société. Celle-ci eut pourtant la vie courte. On n'en trouve plus aucune trace à partir de 1914, et il faut croire qu'elle a été victime de la Grande Guerre. Mais la bibliothèque du philologue se trouve toujours dans la «salle Gaston Paris» à l'EPHE, et quelques-unes des publications annoncées par la Société, notamment la *Bibliographie des travaux de Gaston Paris* par Joseph Bédier et Mario Roques[397], les

---

[397] Cette bibliographie a apparemment été mise en route du vivant même de Gaston Paris, et sous ses auspices (voir D'Ancona 1903a, p. 132).

*Mélanges linguistiques* et deux volumes de *Mélanges littéraires*, ont été réalisées.

## CARACTÉRISATION GLOBALE DE L'ŒUVRE

Il ne s'agit pas, dans ce chapitre, d'analyser le contenu des différentes publications de Gaston Paris, mais de dégager les traits formels saillants qui caractérisent l'œuvre philologique de celui-ci dans son ensemble.

### 1. NATURE DES PUBLICATIONS

Gaston Paris est l'auteur de plus d'un millier d'articles et de compte rendus mais n'a publié que relativement peu de livres, qui de plus sont souvent de simples recueils de discours et d'articles déjà parus.

#### Monographies

- *Du rôle de l'accent latin dans la langue française*, thèse d'archiviste-paléographe, 1861 (158*).
- *De Pseudo-Turpino*, thèse latine, 1865 (357*).
- *Histoire poétique de Charlemagne*, thèse française, 1865 (356*)[398].
- *Dissertation critique sur le poème latin du* Ligurinus *attribué à Gunther*, 1872 (286*).
- *La Littérature française au moyen âge*, 1888 (335*)[399], premier tome d'un manuel d'ancien français conçu en quatre parties (Histoire littéraire, Chrestomathie, Grammaire, Glossaire) dont la suite n'a jamais vu le jour. La seconde édition de ce livre contient un « Tableau chronologique », qui constitue la première tentative de classer les œuvres médiévales dans l'ordre présumé de leur apparition. C'est notamment avec ce livre que Gaston Paris a acquis une renommée dépassant le cercle étroit des spécialistes de la littérature médiévale :

  > « Gaston Paris n'obtint que tardivement ces 'glorieux suffrages du grand public' que dédaignait Hauréau[400]. La notoriété lui vint d'abord, sans

---

[398] Reproduction de l'édition de 1865, augmentée de notes nouvelles par l'auteur et par Paul Meyer, et d'une table alphabétique des matières, Paris, Bouillon, 1905 (réimpression chez Slatkine Reprints, Genève, 1974).

[399] Deuxième édition, revue, corrigée, augmentée et accompagnée d'un tableau chronologique, 1890 ; troisième édition revue par Paul Meyer et Jospeh Bédier, 1905 ; plusieurs rééditions.

[400] Jean Barthélemy Hauréau (1812-1896) homme politique, historien et publiciste, avait travaillé, entre 1848 et 1852, comme conservateur des manuscrits à la Bibliothèque nationale.

> qu'il la cherchât, par sa petite *Histoire de la littérature française du moyen âge* [sic] également remarquable par l'habile classification des faits, par la critique avec laquelle sont résolues les questions d'origine, de date, d'attribution; par la mesure dans l'appréciation des œuvres» (Meyer 1903a, p. 100).

C'est en effet à ce petit ouvrage qu'Anatole France, par exemple, consacrera un long commentaire très élogieux, rendant ainsi le grand public attentif à Gaston Paris et à ses recherches[401].

- *François Villon* (collection «Les grands écrivains français»), 1901 (729*).
- *Medieval French Literature*, 1903 (347*)[402]. La version française de cet ouvrage ne paraîtra qu'en 1907 (voir ci-dessous).

## Monographie posthume

- *Esquisse historique de la littérature française au moyen âge*, Paris, Armand Colin, 1907. Cet ouvrage, rédigé en 1901, est la version française corrigée et élargie de *Medieval French Literature*[403].

## Recueils de discours et d'articles

- *La Poésie du moyen âge, leçons et lectures, première série*, 1885 (334*). Trois ans avant *La Littérature française au moyen âge*, ce recueil a déjà attiré l'attention de quelques critiques littéraires, entre autres de Brunetière[404] et de Lemaître[405].
- *La Poésie du moyen âge, leçons et lectures, deuxième série*, 1895 (339*).
- *Penseurs et poètes*, 1896 (787*).
- *Poèmes et légendes du moyen âge*, 1900 (345*).

## Recueils posthumes

- *Légendes du moyen âge*, 1903 (348*)[406].
- *Mélanges linguistiques*, publiés par Mario Roques, Paris, Honoré Champion (I: «Latin vulgaire et langues romanes», 1906; II: «Langue

---

401 France 1925; voir également Gier 1991, pp. 204-214.

402 Il s'agit d'une traduction anglaise d'une première version de l'*Esquisse* (voir plus loin), traduction unanimement jugée insatisfaisante (voir par exemple la critique parue dans *The Aethenaeum*, May 9, 1903, pp. 587-588). Voir également Kelly 1986/87, pp. 311-312, p. 312, n. 7 et p. 314, n. 10.

403 Voir, pour l'historique de cette entreprise, l'«Avertissement des éditeurs» de Paul Meyer et Paul Desjardins.

404 Brunetière 1890 (quant à cette critique de Brunetière, voir plus loin, Partie II).

405 Lemaître 1887; voir également Gier 1991, pp. 215-218.

406 Réimpression chez Rodopi, Amsterdam, 1970.

française», 1906; III: «Langue française et notes étymologiques», 1907; IV: «Notes étymologiques, appendice, index», 1909).

– *Mélanges de littérature française du moyen âge*, publiés par Mario Roques, Paris, Honoré Champion (1re partie: «La littérature française du moyen âge, l'épopée, le roman», 1910; 2e partie: «Le Roman, l'histoire, la poésie lyrique, la littérature française au moyen âge, index», 1912).

## Editions, chrestomathies, extraits

L'édition la plus connue de Gaston Paris est évidemment celle de la *Vie de saint Alexis* parue en 1872 et réalisée en collaboration avec Léopold Pannier, sur la base de cours professés à l'EPHE en 1869 (662*)[407]. L'édition du poème original, sans les renouvellements des XIIe, XIIIe et XIVe siècles, a été revue, corrigée et augmentée de différentes annexes à deux reprises, en 1885 (665*) et en 1903 (669*)[408]. Gaston Paris a également édité une version octosyllabique du *Saint Alexis* (663*) ainsi qu'une autre rédaction rimée (666*).

Pour la SATF, Gaston Paris a préparé les éditions suivantes: les *Chansons du XVe siècle* (703*, 1875), *Les plus anciens monuments de la langue française* (en fac-similés, 151*, 1875), *Deux rédactions du Roman des Sept Sages de Rome* (494*, 1876), *Orson de Beauvais* (452*, 1899), *Les Miracles de Notre Dame par personnages* (7 vols., avec Ulysse Robert, 689*, 1876-1903), la *Vie de Saint Gilles* par Guillaume de Berneville (avec Alphonse Bos, 676*, 1881), *Trois versions rimées de l'Evangile de Nicodème* (avec le même, 650*, 1885), et le *Merlin* du manuscrit Huth (2 vols., avec Jacob Ulrich, 527*, 1886).

Il a encore édité un assez grand nombre d'autres textes, soit dans leur intégralité, soit en en choisissant des extraits, ce qui est notamment le cas pour les livres destinés aux élèves du secondaire. Mentionnons ici, parmi les éditions scientifiques: *Mainet* (394*, 1875), *Le Mystère de la Passion* d'Arnoul Gréban (690*, 1878), *Lais inédits de Tyolet, de Guingamor, de Doon, du Lecheor et de Tydorel* (506*, 1879), *Le Carmen de prodicione Guenonis* (382*, 1882), *Versions inédites de la chanson de Jean Renaud* (948*, 1882), *Le lai de l'Oiselet* (563*, 1884)[409], *Le Donnei des Amants* (617*, 1896), *L'Estoire de la Guerre sainte* (593*, 1897)[410], et, parmi les chrestomathies:

---

407 Réimprimé chez Slatkine, Genève, en 1974.

408 Plusieurs réimpressions par Mario Roques dans «Les Classiques Français du Moyen Age».

409 Imprimé pour le mariage Depret-Bixio.

410 Cette édition fait partie de la collection de documents inédits sur l'histoire de France publiée par les soins du ministère de l'Instruction publique. – Pour d'autres éditions encore, voir 149*, 150*, 435*, 468*, 480*, 611*, 614*, 615*, 635*, 637*, 638*, 646*, 710*, 838*, 910*, 1024*.

*Extraits de la* Chanson de Roland *et de la* Vie de saint Louis (387*, 1887)[411], *Extraits de la* Chanson de Roland (388*, 1891)[412], *Extraits des Chroniqueurs français, Villehardouin, Joinville, Froissart, Commine*, avec Alfred Jeanroy (589*, 1891)[413], *Récits extraits des poètes et prosateurs du moyen âge* (343*, 1896)[414], *Chrestomathie du moyen âge*, avec Ernest Langlois (342*, 1897)[415].

**Articles et comptes rendus importants**

A côté des livres dans le sens propre du terme, dont le nombre, quoi qu'on en dise, est déjà impressionnant, Gaston Paris a écrit de nombreux articles et comptes rendus qui dépassent de loin le cadre tant quantitatif que qualitatif habituellement attribué à ces deux genres de publication. Meyer a souligné ce fait en parlant des contributions du philologue pour l'*HLF*:

> «[...] au sentiment des hommes compétents, les mémoires qu'il a publiés sur les romans de la Table ronde dans notre trentième volume[416], sur Joinville dans le trente-deuxième[417], sont de véritables livres qui suffiraient à illustrer un savant» (Meyer 1903a, p. 100).

Dans l'*HLF*, on peut encore citer, outre les articles mentionnés par Meyer, les travaux sur *Galien le Restoré* (459*, 1881), sur *Lohier et Maller* (460*, 1881), sur le roman du *Châtelain de Coucy* (548*, 1881), sur le *Manuel des péchés* (648*, 1881), sur Macé de La Charité (649*, 1881), sur différents traducteurs et imitateurs français d'Ovide (613*, 1885), sur Girart d'Amiens (461*, 1893) et sur Jean Maillart (485*, 1893, article signé Paulin Paris et Gaston Paris).

Les comptes rendus de Gaston Paris pour le *Journal des Savants* sont également, dans bien des cas, de véritables travaux autonomes, dans lesquels le savant prend les livres discutés comme point de départ à de vastes réflexions personnelles, qui ne se retrouvent à aucun autre endroit de son œuvre[418]. Parmi ces comptes rendus, citons ceux des publications de la SATF entre 1872 et 1886 (366*, 1886), de *La Vie des mots étudiée dans leur signification*, par Arsène Darmesteter (203*, 1887), du *Dictionnaire général de la langue française*, par Adolf Hatzfeld et Arsène Darmesteter (142*, 1890),

---

[411] Livre destiné à l'école; de nombreuses rééditions.

[412] Livre destiné à l'école; de nombreuses rééditions.

[413] De nombreuses rééditions.

[414] De nombreuses rééditions.

[415] De nombreuses rééditions.

[416] 499*, 1888.

[417] 600*, 1898.

[418] Voir également Boissier 1903.

connaissance des productions littéraires du moyen âge, il s'agissait d'abord de préparer le terrain par l'établissement des faits historiques. C'était là un travail aussi indispensable que colossal, sur lequel nous nous fondons aujourd'hui tout naturellement, et (trop) souvent sans même y penser, et c'est ce qu'il ne faut pas oublier quand on juge un peu rapidement les travaux des pionniers comme de simples assemblages «positivistes» de faits et de dates. La nature du travail des premiers philologues professionnels est inscrite dans le temps tout comme l'est aujourd'hui celle du nôtre.

## 2. ÉVOLUTIONS

> «Man kann weder sagen, dass Gaston Paris von einem einzelnen, eher beschränkten Gebiet sich allmählich das grosse, weite Gebiet seines Forschens erobert habe, noch dass er nach anfänglichen, bald hier, bald dorthin gehenden Streifzügen sich auf ein fest umgrenztes – grösseres oder kleineres – Forschungsgebiet konzentriert habe: er ist von Anfang an universell in seinem Forschen, universell in den Sprachen, die er studiert und erforscht, in den Stoffen, die er wählt, in den Disziplinen, die er beherrscht» (Voretzsch 1909, p. 513).

Cette affirmation de Voretzsch n'est que partiellement vraie car, à y regarder de près, on reconnaît bien quelques évolutions à l'intérieur de la production scientifique de Gaston Paris[422]. Celle-ci semble pouvoir être divisée en deux grandes phases, qui correspondent respectivement aux années d'avant et à celles d'après la guerre de 1870-71. A l'intérieur de la première phase, si restreinte qu'elle soit, on reconnaît une autre bipartition: la période avant et la période après la thèse sur Charlemagne.

Jusqu'à la guerre, les travaux de Gaston Paris sont nettement plus variés que par la suite, dans la mesure où celui-ci consacre plus et plus régulièrement de comptes rendus et d'articles à d'autres domaines que celui de la langue et littérature médiévales, à des sujets d'histoire et de littérature moderne, française et allemande avant tout. Cette variété, qui témoigne de la diversité d'intérêts que nous avons reconnue au jeune Paris, ne disparaîtra jamais complètement, mais les publications dans les domaines mentionnés diminuent et restent en général à un niveau assez bas jusque dans les années 1890, moment où elles reprennent une certaine importance, comme si, une fois sa position et sa carrière définitivement stabilisées et satisfaites, Gaston Paris avait de nouveau plus de loisir, plus de liberté pour se pencher sur des sujets qui lui ont toujours été chers mais qui sont plus ou moins éloignés de

422 Les remarques qui suivent se fondent sur un relevé statistique des travaux de Gaston Paris à partir de la bibliographie de Bédier/Roques 1904.

ses domaines de prédilection. Une phase de concentration quasi exclusive sur la philologie romane semble ainsi entourée de deux phases moins bien circonscrites, dues la première à la liberté de la jeunesse, et la deuxième à celle de l'âge mûr.

Après avoir soutenu sa thèse en 1865, Gaston Paris commence à multiplier les publications dans les deux domaines de la langue et de la littérature françaises médiévales, ce qui n'a évidemment rien d'étonnant puisque sa carrière devient de mieux en mieux définie à partir de ce moment-là. Jusqu'à la guerre, la linguistique et la littérature sont à peu près à égalité. Après la guerre, la littérature prend le dessus, sans que pour autant, il est important de le souligner, la production linguistique ne diminue en chiffres absolus. En d'autres termes : Gaston Paris ne cesse jamais de s'occuper de linguistique historique, mais sa production dans ce domaine est nettement inférieure à celle qu'il développe dans le champ de la littérature, surtout entre la fin de la guerre et les années 1890, moment où sa production en linguistique regagne en intensité, au point qu'elle dépasse, dans certaines années, celle en littérature. Ce mouvement de reprise intensifiée des études linguistiques dans les années de maturité concorde avec celui constaté pour les domaines « mineurs », de sorte que, dans l'ensemble, la dernière période de la productivité scientifique de Gaston Paris s'avère effectivement similaire à la première en ce qui concerne la variété des publications en général et la répartition entre les publications linguistiques et littéraires en particulier.

A l'intérieur du domaine de la littérature médiévale, c'est la poésie épique qui est sans conteste au centre des préoccupations de Gaston Paris, suivie de la matière de Bretagne, des contes et du folklore en général. La matière antique et la poésie religieuse sont beaucoup moins traitées par lui. Cette répartition n'a rien de contingent mais est au contraire fortement déterminée par l'image que Gaston Paris se fait du moyen âge et, donc, par les valeurs précises qui sous-tendent cette construction, et que nous analyserons dans la Partie IV.

Un domaine qui frappe par son absence est celui de la littérature occitane, représentée presque uniquement par une étude sur Jaufré Rudel (831*, 1893) et par un long article sur Mistral (833*, 1894-1895). Cette situation s'explique cependant de façon relativement simple par le fait qu'il s'agit ici du domaine de prédilection de Paul Meyer[423].

423 Cette complémentarité entre Paris et Meyer se montre également dans les comptes rendus que ceux-ci rédigent pour la *Romania*. Tandis que le premier s'occupe essentiellement des parutions dans le domaine d'oïl, le dernier se charge surtout de critiquer celles du domaine d'oc.

## 3. UNITÉ ET CLÔTURE

On a souvent répété que le livre le plus substantiel, le plus novateur et le plus complet de Gaston Paris a été sa thèse sur Charlemagne. Cette déclaration est peut-être vraie quand on considère les choses d'un point de vue purement quantitatif, car le philologue n'a plus jamais écrit d'ouvrage aussi volumineux. Pourtant, si l'on examine l'œuvre de Gaston Paris sous l'angle de la qualité, il est impossible d'arriver à la même conclusion, tant il est vrai que la substance des articles et des comptes rendus du philologue vaut celle de plusieurs livres. Cependant, pour prendre conscience de ce fait, il ne faut pas seulement être spécialiste en la matière mais encore avoir lu un grand nombre de ces publications dites «mineures». Rien d'étonnant, donc, à ce que beaucoup de contemporains se disent justement frappés par l'absence d'un grand livre de synthèse issu de la plume d'un Gaston Paris à l'apogée de sa carrière. Les différentes réflexions des critiques sur cette absence concernent, au fond, le statut de clôture attribuable à son œuvre. Pour les uns, le savant est mort trop tôt, et aurait sans doute écrit une grande œuvre de maturité si seulement il avait vécu plus longtemps. C'est l'avis de Frédéric Loliée dans la *Revue politique et littéraire*:

> «Il touchait à ce point de la vie, propice aux réalisations, où les matériaux de la science préparés avec une sage lenteur ne demandent plus qu'à se fondre sous la main qui les cueillit en détail et les éprouva pièce à pièce, ou les faits sont mûrs pour répondre à l'appel de la pensée méthodique et se coordonner d'eux-mêmes sous des formes définitives. Il semblait que M. Gaston Paris eût encore devant lui un bel espace de temps à remplir, en des œuvres qui eussent résumé l'effort un peu dispersé de sa vaste érudition. Il n'était point arrivé par l'âge à la période d'extrême labeur qu'on réserve à de certains travaux d'achèvement…» (Loliée 1903, p. 335).

Si, pour les uns, l'absence d'une grande synthèse est ainsi perçue comme un manque, pour d'autres, surtout parmi ceux qui connaissent bien les travaux de Gaston Paris, elle est tout au contraire consubstantielle à la façon dont ce dernier concevait le travail scientifique. Dans cette perspective, l'œuvre du philologue, en dépit de sa dispersion matérielle et de son caractère à première vue morcelé, revêt un statut de clôture non seulement de *fait*, résultat contingent causé par la mort, mais de *droit*, correspondant à l'esprit même de Gaston Paris. C'est dans ce sens que vont les affirmations suivantes de Monod:

> «[Il] a accompli l'œuvre qu'il avait rêvée. Il a établi l'édifice de la philologie romane sur des bases indestructibles, il a tracé les grandes lignes de la construction, il en a exécuté certaines parties avec une perfection qui peut servir de modèle, il a ouvert de tous côtés de larges avenues, des perspectives infinies […]. Sa statue restera, avec celle de Diez, au seuil

du monument pour recevoir l'hommage de toutes les générations» (Monod 1903b, pp. 73-74).

Dans cette même logique, Bédier fait de l'œuvre de Gaston Paris une «œuvre ouverte» qui, par sa qualité d'inachèvement même, resterait plus vivante que la plupart des grands livres de synthèse:

> «'Les synthèses, ces magnifiques sottes!' a écrit Alfred de Vigny. Il voulait dire ces monuments importants et caducs dressés dans leur orgueil par les grands systématiques, qui croient que la vérité historique se construit comme un poème. Gaston Paris la concevait plutôt comme 'une vaste équation où la variable oscille sans cesse par l'accession de données nouvelles' [...] Sa science est toujours sujette à correction et à renouvellement, toujours en mouvement, emportée dans un perpétuel devenir [...] Par là, l'œuvre de Gaston Paris n'est pas révolue, comme elle le serait, s'il avait dressé un de ces vastes systèmes qui portent la marque et le nom de leur constructeur, mais qui bientôt *datent* et se délabrent» (Bédier 1904, pp. 42-45).

Dans cette seconde vision des choses, qui, dans le cas de Gaston Paris, est certainement plus appropriée que la première, l'unité de l'œuvre ne doit donc pas être cherchée au seul plan des résultats mais également, et même avant tout, à celui de l'esprit et des méthodes de recherches.

Un certain nombre de critiques ont mis l'accent sur le fait que Gaston Paris avait annoncé beaucoup de travaux qu'il n'a ensuite jamais réalisés[424]. Bédier nous raconte qu'un élève suédois était allé jusqu'à dresser «une vaste bibliographie des ouvrages que Gaston Paris a promis et qu'il n'a point donnés»[425]. Il est vrai que d'assez nombreux projets annoncés n'ont pas abouti à des résultats concrets, ainsi, par exemple, le *Manuel d'ancien français*, dont, on l'a dit, seul le premier tome a paru, un grand travail sur l'histoire de l'orthographe annoncé dès 1868[426], une étude complète sur l'altération du *C* latin commencée en 1893[427], ou encore un travail de synthèse sur les romans de la Table Ronde, dont «seules» les parties consacrées à Lancelot[428] ainsi qu'un magistral survol des romans arthuriens en vers[429] ont vu le jour. Mais, face à la masse des travaux qu'il a réellement publiés, n'est-il pas un peu mesquin, voire ridicule, de reprocher à Gaston Paris de ne pas avoir réalisé tous les ouvrages qu'il avait annoncés à un moment ou un autre de sa carrière, et qu'il avait alors certainement la ferme intention de mener à bien?

---

424 Voir par exemple Béthune 1903, p. 218.

425 Bédier 1904, p. 44.

426 211*, 1868.

427 25*, 1893.

428 522*, 1881 et 526*, 1883.

429 499*, 1888.

Gaston Paris lui-même s'est senti incapable d'écrire un grand livre de synthèse. Il confie à Taine, le 19 mai 1885:

> Ce que je voudrais ce serait de fournir à des architectes comme vous des matériaux solides, sûrs et autant que possible, bien taillés. Quant à l'édifice, il m'arrive bien parfois d'en regarder ou d'en concevoir le plan, mais cela me donne vite le vertige, et, bien que j'y prenne grand plaisir, je suis tout heureux de revenir à ma truelle et à mon marteau. Que chacun fasse son métier; vous nous le prêchez bien justement en politique; n'est-ce pas vrai en toute chose. Eclaircir certains points de notre histoire linguistique et littéraire mieux qu'on ne l'avait fait, voilà une de mes tâches; l'autre est d'inculquer de bonnes méthodes et des principes sévères aux jeunes gens qui veulent travailler à leur tour. Plus je m'attacherai à ces deux besognes, plus je sens que je ferai bien et que je ferais du bien. Je n'essaierai pas d'imiter Pindare, que je me contente d'admirer ... et d'aimer[430].

Et à Rajna, le 10 octobre 1886:

> Je n'ai guère travaillé, si ce n'est à des broutilles, et d'ailleurs je ne crois pas que je fasse maintenant de grand travail, malgré l'envie extrême qui me prend quelquefois de concentrer ma pensée et mes recherches pendant quelques années sur un seul objet bien choisi et d'en faire sortir un beau livre, qui marque au moins une étape sur la route de la science, comme vous l'avez fait par deux fois et comme vous le ferez sûrement encore. Je le rêve, mais je ne le ferai pas; je suis trop tiraillé, trop appelé de tous les côtés à la fois par des nécessités quotidiennes, trop sollicité par l'attrait des petits problèmes qui se posent à chaque nouveau livre qu'on lit, à chaque nouvelle question à laquelle on songe[431].

De par ce sentiment complexe, qui unit l'angoisse des synthèses au regret de ne pas pouvoir en faire une, Gaston Paris ressemble à d'autres pionniers des disciplines historiques, et tout d'abord à Gabriel Monod, l'un de ses amis les plus intimes. La caractérisation de Monod par Eugène d'Eichthal semble en effet s'appliquer sans modification aucune à Gaston Paris:

> «[...] il faut quelquefois lire entre les lignes, et surtout synthétiser dans le détail des faits objectifs auxquels, par scrupule d'historien rigoureux, Monod ne renonce jamais, de peur d'omettre une parcelle de vérité. Il a été le contraire du simplisme qu'il reprochait, tout en les admirant malgré ses réserves, à des constructeurs de systèmes comme Taine ou Fustel de Coulanges. Aussi son œuvre savante est-elle restée surtout une série d'essais, avec révisions, retouches, reprises d'idées et de points de vue, faisant honneur à sa conscience d'érudit toujours au courant, d'obser-

---

430 B.N., n.acq.fr. 24465, ff. 193-195.

431 B.N., n.acq.fr. 24466, f. 85.

vateur toujours à l'affût, d'amant de la vérité toujours scrupuleux» (Eichthal 1919, p. 97).

L'unité de l'œuvre de Gaston Paris, c'est ce que nous verrons plus précisément par la suite, est garantie d'une part par les idées générales du philologue sur la nature et l'évolution de la littérature médiévale, et d'autre part par sa conception des méthodes philologiques et historiques, mais aussi, plus généralement encore, par sa vision du rôle de la science et du savant dans la société. Si l'on veut appréhender la cohérence de son œuvre, il faut, en tout état de cause, changer de perspective. Les idées du philologue ne se trouvent pas exposées de façon systématique dans quelques grands livres mais sont dispersées dans des centaines d'articles et de comptes rendus publiés sur une durée de quarante-cinq ans. Ce qui ne veut pas dire que ces idées ne forment pas de totalité cohérente, mais bien que l'*opus magnum* de Gaston Paris n'est autre que tous ses écrits pris ensemble.

## PROFIL IDÉOLOGIQUE ET POLITIQUE[432]

Gaston Paris est de confession catholique et a grandi dans une atmosphère très croyante. Nous avons conservé un autographe de Paulin Paris qui témoigne de la ferveur avec laquelle celui-ci vénérait l'Eglise romaine (voir Annexe X). Quant à Gaston Paris lui-même, il semble traverser une véritable crise spirituelle entre 15 et 18 ans. Plusieurs poèmes de cette époque témoignent du déchirement intérieur d'un sujet balancé entre le désir et l'impossibilité de croire. «Doute», écrit le 5 février 1855, est l'un d'eux. Rappelant «L'espoir en Dieu» de Musset[433], l'un des poètes préférés de Gaston Paris, nous l'avons dit, le poème nous montre un Ego poétique à la recherche d'un principe unique – Dieu ? Nature ? – qui serait capable de lui assurer une identité dans un monde qui, n'offrant aucun ordre ni à la perception ni à l'esprit, laisse l'homme dans un état d'insécurité, de désespoir et de solitude.

***Doute***

Et moi, comme un aveugle aux murs tendant la main,
A tâtons, dans la nuit, je cherchais mon chemin.
BRIZEUX

O mer, ô vastes lacs, ô cascades plaintives,
Fleuves aux flots d'argent, aux verdoyantes rives,

[432] Ce chapitre, je le rappelle, est à lire à la fois comme un résumé de et un complément à mon livre *Gaston Paris dreyfusard. Le savant dans la cité* (Bähler 1999).

[433] Alfred de Musset 1957, pp. 341-347.

Etoiles par milliers qui parsemez les cieux ;
Grands chênes qui comptez par siècles vos années,
Brises qui gémissez dans le creux des vallées,
Rocs qui portez au ciel votre front sourcilleux ;

Vaste tout composé d'innombrables parties,
Vie immense, absorbant des milliers de vies,
Monde, création, univers infini !
Quel nom murmurez-vous dans votre voix muette,
Dans ce vaste concert qui n'a pas d'interprète,
Qui toujours recommence et n'est jamais fini ?

Nature, ou Dieu ? Parlez, vous dont la voix sublime
S'élève des forêts, de l'éther, de l'abîme,
Et des astres brillants, et de l'humble gazon ;
Vous qui savez le mot de l'énigme des âges,
Que depuis six mille ans ont cherché tous les sages,
Et que n'a pu trouver notre faible raison.

Parlez, éclaircissez enfin cet affreux doute !
Mais l'astre dans les cieux au loin poursuit sa route,
Et les flots de la mer se brisent écumants ;
Le vent dans les forêts gémit, murmure, ou gronde ;
Le lac sous le ciel bleu berce en riant son onde ;
Et tous chantent toujours, sans répondre à mes chants.

Oh ! qui pénétrera cette langue inconnue,
Que le flot parle au flot, et la nue à la nue ?
Qui vous dira le roi qu'ils nomment en tremblant ;
Quel doigt dans leur sentier sait guider les étoiles ;
Qui donne au jour ses feux, qui donne aux nuits leurs voiles ;
Quelle voix sur ses bords arrête l'Océan ?[434]

Les vers suivants respirent la même atmosphère :

J'ai fait boire mon âme aux sources éternelles,
Je l'ai rassasiée et d'espace et de jour ;

J'ai voulu connaître les causes
J'ai sondé le secret des cieux
J'ai trouvé le monde bien vieux
Sous ses mille métamorphoses.

Depuis les soleils jusqu'aux roses
Depuis les cailloux jusqu'aux dieux
Dans mes alambics curieux,
J'ai décomposé toutes choses.

434 E.P., Fonds Gaston Paris, C/II/71, f. 20 ; poème daté du 5 février 1855.

L'infini, morne et dévorant,
Le grand ensemble indifférent
Le sublime et cruel espace,

Et moi, pauvre atome sans nom
Nous nous sommes
souvent regardés face à face[435].

Au bout de cette phase de doutes, certainement liée, entre autres, au dégoût que lui inspire le règne de Napoléon III[436], Gaston Paris se dit athée[437]. En 1863, son ami Paul Viollet lui écrit une lettre dans laquelle, sur un ton mi-sérieux, mi-badin, il lui reproche ce qu'il appelle son «esprit hégélien», en suggérant que c'est le séjour outre-Rhin et le contact avec la «critique allemande» qui l'ont conduit à l'athéisme:

> Depuis que vous êtes devenu hégélien et peut-être un peu avant, vous avez perdu l'habitude d'écrire très-régulièrement à vos amis. [...] Je me rappelle toujours cette fameuse tante qui vous a prédit un avenir si brillant comme défenseur de l'Eglise, mais je n'aime pas l'incrédulité que vous montrez à cet égard. Il y a une autre chose dont je ne voudrais pas me souvenir: c'est l'air convaincu avec lequel vous m'avez dit: 'Gare à vous! si vous vous jetez dans la critique allemande vous êtes perdu!' Comment se fait-il qu'un si brave garçon que vous soit si sincèrement incrédule? Moi je vous demanderai toujours ce que fait votre critique allemande aux œuvres admirables de la religion. Trouvez ailleurs les dévouements et les vertus qu'elle inspire; trouvez à n'importe quelle époque et dans n'importe quel pays un homme qui puisse être comparé à un de nos saints et alors je douterai[438].

---

435 E.P., Fonds Gaston Paris, D/XXXVI/134, sans foliotage.

436 Pour un poème contre l'Empereur écrit quelques mois plus tôt, en décembre 1854, voire Annexe XI, «Vive le roi». – A la sortie du Collège, Durande avait fondé une société politique libérale antinapoléonienne plus ou moins secrète sous le nom d'*Amicitia*, avec laquelle Gaston Paris sympathisait, mais de laquelle il ne semble jamais avoir fait officiellement partie. Il écrivait à Durande le 17 décembre 1856: «Je ne demande pas mieux, moi, que de m'affilier à l'amicitia, bien que j'aie toujours certain sourire sceptique à son endroit; ce sera donc pour mon retour en France, à moins que vous n'admettiez des membres correspondants, auquel cas je demande à être inscrit sur la liste» (B.N., n.acq.fr. 24464, ff. 59-60).

437 Le dernier poème de la phase de doutes à été écrite à Bonn et, symptomatiquement, est resté inachevé: ***Lamma sabachtani***// Pourquoi laisser notre raison / Rêver et deviner un Dieu? / Le doute a désolé la terre; / Nous en voyons trop ou trop peu / A. de Musset [extrait de «L'espoir en Dieu», voir n. 433; notons que chez Musset c'est «notre misère» et non pas «notre raison»] I: Lorsque sur le Calvaire ouvrant ses bras au monde / Le Sauveur expirant / Voyait autour de lui la populace immonde (E.P., Fonds Gaston Paris, C/II/71, f. 64).

438 B.N., n.acq.fr. 24462, ff. 73-74, lettre du 18 avril 1863. Le 7 février 1864, le même Viollet écrit à Gaston Paris: «Parlez de Renan et consorts si vous voulez; mais ne m'encouragez

Il semble plus probable, pourtant, que ce soit entre autres le contact avec Renan et son œuvre qui a pu exercer, très tôt, une certaine influence sur les idées religieuses et philosophiques de Gaston Paris. N'oublions pas que Renan, tout comme Paulin Paris, était attaché à la Bibliothèque impériale dans les années cinquante et que Gaston Paris a donc pu côtoyer cet esprit libre et puissant dès son enfance[439]. Quoi qu'il en soit, en 1863, dans une lettre à Durande écrite depuis Avenay, Gaston Paris raconte comment il a âprement défendu l'auteur de la *Vie de Jésus*:

> Figure-toi ce que doit être ici une discussion sur le livre de Renan [sans doute la *Vie de Jésus*, qui paraît en 1863]. Notre archevêque a eu l'heureuse idée l'autre dimanche, de faire lire en chaire par les curés un mandement exprès contre le monstre. Tu juges au reste de l'opportunité que cela avait pour nos braves paysannes. Enfin, cela m'a [...][440] dans une discussion de quatre heures, où j'étais seul à me débattre contre les arguments les plus singuliers; je crois avoir cependant fini par réduire au moins une adversaire au silence: ce qu'il y a d'agaçant, c'est de voir des gens qui au fond ne croient pas au catholicisme et qui surtout n'y ont jamais pensé sérieusement tomber sur Renan comme sur un impie et un profanateur. C'est à la fois risible et irritant. Il a paru une lettre du P. Pélin[441] sur le même sujet, qui a été un triomphe; j'ai décliné toute réfutation; il y a du vrai, en petite quantité, quelques objections qui méritent d'être discutées avec attention, puis beaucoup de fatras, beaucoup d'injures et quelques gros mensonges[442].

Les convictions de Gaston Paris ne changeront plus. Le 6 septembre 1876, il avoue à Monod qu'il a du mal à accepter l'idée qu'une de ses sœurs, Marie probablement, soit très croyante:

> Quel malheur pour moi, – et pour d'autres, – que je ne puisse me laisser aller à ce charme et à cette tendresse, et vibrer du même ton que ce métal si délicat! La différence du point de vue religieux, entre des natures qui demandent sans cesse aux choses passagères leur signification éternelle

---

pas à abandonner la foi; vous vous en voudriez d'avoir encouragé, poussé une âme à se passer d'espérance. Au reste, si je doutais, je ne vous le dirais pas, je n'oserais l'avouer à personne. C'est une trop cruelle maladie» (*ibid.*, ff. 77-78).

439 Dans son discours funèbre sur Renan, Gaston Paris dira: «Les uns parmi nous sont vos anciens amis: ils ont éprouvé presque dès l'enfance votre bonté paternelle, ils ont eu toute leur vie éclairée par la lumière qui venait de vous, et ils ne se consoleront jamais d'avoir perdu pour leur esprit et pour leur cœur ce foyer de chaleur et de clarté» (1078*, 1892, dans 787*, 1896, p. 338). Il n'est pas difficile de voir que Gaston Paris parle ici avant tout pour lui-même.

440 Mot illisible.

441 Je n'ai pas pu identifier ce personnage.

442 B.N., n.acq.fr. 24464, ff. 172-173, lettre sans date précise.

> est perpétuellement sensible et douloureuse; le sentiment de la séparation fondamentale se mêle à toutes les jouissances de l'union momentanée et les fait craindre presque autant que rechercher. Qui sait? moins tyrannique, je serais peut-être plus librement heureux avec cette créature que j'aime tant et qui m'aime tant de son côté. Mais en affection, la tolérance n'est-elle pas de l'indifférence? et peut-on aimer et estimer une âme sans vouloir la posséder toute entière? Je ne le crois pas pour ma part, au moins dans les relations de frère à sœur, car en amour tout peut se passer autrement. Mais ici, plus on sent les qualités intellectuelles et morales de la personne qu'on aime, plus on lui en veut pour ainsi dire de les employer d'une façon qu'on n'approuve pas, et surtout plus on éprouve un regret cuisant... souvent vif jusqu'à l'exaspération, en songeant à ce que ce serait si ces qualités étaient jointes à une communauté générale de point de vue. En causant avec elle, souvent, je me dis: «Combien ce serait plus charmant et plus intéressant si elle jugeait l'univers et l'humanité à peu près comme moi!» Vains regrets! et puis d'ailleurs, je me demande parfois si sans l'ombre douce et chaste, sans l'humilité intime, sans l'aspiration perpétuelle vers le haut, que donne à une âme délicate et élevée la piété catholique, elle serait absolument tout ce qu'elle est[443].

Le cas de Gaston Paris est, sur ce point, tout à fait semblable à celui de Jules Ferry:

> «[...] Jules [Ferry] et sa femme appartenaient à cette espèce de 'religion' qui comptait encore au XIXe siècle des adeptes même dans le monde des notables, celle de la philosophie (ou des Lumières, ou de la pensée libre, comme on voudra). Ils n'ignoraient pourtant pas la religion tout court, et même ils n'avaient nul mépris pour les croyants, qu'ils connaissaient bien. Jules Ferry avait de l'affection et du respect pour sa sœur aînée, qui lui avait un peu tenu lieu de mère, et qui était pieuse et dévote. Mais une chose est la foi des personnes, autre chose sont les dogmes et les clergés» (Agulhon 1990, p. 55).

C'est en effet moins la foi en elle-même que l'Eglise catholique romaine et ses institutions qui déplaisent à Gaston Paris, qui défendra toute sa vie une position strictement laïque, voire ouvertement anti-cléricale, ce qui lui vaudra parfois des critiques acerbes de la part des cercles catholiques. Ainsi, lors de son élection à l'Académie française, *L'Univers* conclut son article en ces termes:

> «M. Gaston Pâris[444] est assurément un érudit de très grande valeur; mais au point de vue chrétien, nous n'avons pas à nous féliciter du nouveau

443 B.N., n.acq.fr. 24465, ff. 9-12.

444 La confusion orthographique entre Pâris et Paris est très fréquente à l'époque, où les deux noms existent. Il ne faut donc pas nécessairement voir derrière Pâris un lapsus freudien.

choix de l'Académie. L'administrateur du collège de France est loin d'avoir usé de sa science et de son talent pour défendre la vérité religieuse» (*L'Univers*, 30 mai 1896).

Ses principes laïcs n'empêchent pas Gaston Paris de partager pendant longtemps les convictions politiques de son père. Toute sa jeunesse est placée sous le signe de la haine de l'Empire et du vote qui l'a établi, vote dont Gaston Paris ne cesse, en vrai libéral, d'accuser le caractère illégal[445]. Sa haine pour Napoléon III n'a d'égale que celle que lui inspire Bonaparte. Une épigramme de cette époque s'appelle «L'Oncle et le Neveu»:

Des deux Napoléons les gloires sont égales;
Mais ils se sont servis de moyens inégaux:
L'un de tous les pays prenait les capitales;
L'autre de son pays prend tous les capitaux[446].

Gaston Paris est royaliste, et plus précisément légitimiste. Encore écolier, il compose ce poème:

***A Henri de France,***
***duc de Bordeaux***

Rappelle-toi !...
A. DE MUSSET

I.

Prince, que pensez-vous en voyant notre France,
Qui se débat aux mains de son vil oppresseur,
En entendant ses cris de plainte et de souffrance,
Qui traversent les monts, les eaux, l'espace immense,
Pour aller éveiller l'écho de votre cœur?

Comprenez-vous pourquoi ces clameurs de détresse,
Pourquoi ces pleurs de sang dont s'inondent ses yeux,
Et, tandis qu'en Europe elle semble maîtresse,
Pourquoi, s'enveloppant de deuil et de tristesse,
Elle applaudit à peine à ses victorieux?

C'est qu'après soixante ans de lutte et de misère,
Pour conquérir enfin la sainte liberté,
Voici qu'un homme vient qui la renverse à terre,
Qui de la main l'étrangle, et du genou la serre,
Et la ramène aux jours de sa captivité!

---

445 Voir Agulhon 1990, p. 26 et Furet 1988, p. 312.

446 Pièce 24 d'un cahier intitulé «Poésie politique», et qui contient – outre une transcription non datée de la *Vie de Saint Alexis* – 26 poèmes (E.P., Fonds Gaston Paris, C/I/70 [f. 33 pour la pièce citée]). La rédaction de ces poèmes semble s'étaler de 1852 à 1862. «L'Oncle et le Neveu» n'est pas daté, mais doit être parmi les derniers.

Oh ! prince, sentez-le, notre peine est bien dure,
Et nos pleurs sont amers, et nous avons raison !
Voilà déjà trois ans que notre malheur dure,
Voilà déjà trois ans que ce tyran parjure
Tient votre belle France, en sa noire prison !

Apprenez-le donc, prince, et qu'en votre mémoire
Le souvenir jamais n'en puisse être effacé :
Ni la splendeur, ni l'or, ni les arts, ni la gloire,
Ni la voix du canon qui chante une victoire,
Rien n'est beau, rien n'est grand qu'avec la liberté !

II.

Peut-être, de la France expulsée et bannie,
        La triste liberté,
Après avoir franchi de sa chère patrie
        Le seuil tant regretté,
Ne sachant où s'enfuir, errant de ville en ville.
        Seule, inconnue à tous,
Pour demander abri, protection, asile,
        S'est adressée à vous.
Vous l'avez vue un soir dans votre cour déserte
        S'avancer à pas lents,
Pâle, dans les cheveux une couronne verte,
        Les regards suppliants.
Vous l'avez accueillie, et votre voix royale
        A dit : Viens, o ma sœur !
Nous nous entendrons bien ; car mon âme est loyale,
        Et loyal est ton cœur ;
Car nous avons tous deux déploré notre faute ;
        Car nous avons senti
Que de la liberté le roi doit être l'hôte,
        Et non pas l'ennemi.
Partage mon exil, et si de ma couronne
        Je deviens maître un jour,
Tu t'asseoiras, déesse, avec moi sur le trône ;
        Car je t'aime d'amour !

III.

Oui, je vous le prédis, et c'est Dieu qui m'inspire,
Un jour vous reviendrez, prince, dans votre empire,
Un jour vous reverrez ce Paris orageux,
Et ses palais de marbre, et ses égouts fougueux ;
Vous reverrez la place où tomba votre père,
Le Louvre, où de nos rois règne la race entière ;
Et tandis que pensif en votre souvenir,

Vous chercherez ces jours si remplis d'avenir,
Où dans ces mêmes murs vous passez votre enfance,
Sur des genoux royaux bercé par l'espérance,
Par ses longs cris d'amour, par ses mille clameurs,
Le peuple troublera vos souvenirs rêveurs.

IV.

Oh ! Sire, c'est alors, lorsque les Tuileries
Entendront résonner vos pas victorieux,
Quand les fleurs-de-lis d'or, parmi les draperies,
Eblouiront vos yeux ;

Lorsque vous direz : Nous, par la grâce divine,
Henri Cinq, roi de France, et qu'on applaudira ;
Et lorsque de l'Europe entière qui s'incline
La voix vous saluera ;

C'est alors qu'il faudra vous rappeler, o Sire,
Les cris de votre France aux mains d'un oppresseur,
Et la vierge céleste à qui vous vîntes dire :
O liberté ! ma sœur ![447]

Quelques mois après avoir écrit ce poème, Gaston Paris se rend même, très certainement en accompagnant son père, à Frohsdorf, en Autriche, lieu de résidence du comte de Chambord[448]. Son refus de l'Empire est absolu et fait de lui un défenseur convaincu de l'abstentionnisme. L'Empire et les principes libéraux qu'il chérit lui paraissent en effet totalement inconciliables[449]. Après l'attentant commis contre Napoléon III, le 14 janvier 1858, par des activistes italiens groupés autour de Felice Orsini, son indignation est donc nuancée : il ne condamne pas l'attentat sur l'Empereur lui-même, qui n'a d'ailleurs pas été touché, mais en déplore les victimes « civiles », huit morts et cent cinquante blessés :

> Quelle monstrueuse horreur ! Pour ce qui regarde l'Empereur lui-même, j'avoue que je ne puis prendre sur moi de trouver fort criminel ceux qui attentent à sa vie ; celui qui n'a pas craint d'égorger des milliers d'hommes pour arriver à en opprimer des millions d'autres, donne toujours le bénéfice des circonstances atténuantes à l'homme assez hardi pour sacrifier sa vie à sa mort, et assez généreux pour courir les dangers les plus affreux dans un but désintéressé. Mais pour atteindre un homme en faire

---

447 E.P., Fonds Gaston Paris, C/II/71, ff. 50-51. Le poème est daté du 10 janvier 1856. – Pour quelques autres poèmes voir Bähler 1999, et aussi Annexe XI.

448 C'est ce que nous apprend le *curriculum vitae* établi par Gaston Paris lui-même (voir Annexe I).

449 Voir une longue lettre à Durande du 8 décembre 1857, publiée dans Bähler 1999, pp. 21-22.

> périr ou blesser plus de cent autres, et jouer à ce point de la vie humaine, c'est là certainement un forfait pour flétrir lequel les langues humaines n'ont pas de mots. Enfin, une fois encore, le voilà sauvé, et bien des gens s'écrient que c'est la France qui l'est avec lui; je ne le pense pas. Il n'est personne, doué de sens commun, qui ne prévoie, dans un temps plus ou moins rapproché, une grande crise en France; plus tôt elle sera terminée, mieux cela vaudra assurément; je déclare pour ma part que je voudrais qu'elle eût lieu aussi promptement que possible pour avoir l'espoir d'en voir enfin les heureux effets et de saluer la France nouvelle que je me promets[450].

Dans une lettre de 1864, Viollet s'étonne de l'alliance, chez son ami, d'un anticléricalisme farouche et d'un royalisme non moins ferme. Il essaie, à juste titre je pense, de trouver l'explication de cette attitude complexe dans le milieu familial:

> Il m'est venu une envie immodérée de vous demander pourquoi vous êtes légitimiste [...]. Il me semble que si vous n'aviez pas rencontré dans vos parents de fidèles partisans de la monarchie, vous n'auriez pas eu le même attachement pour ce principe. Et je suis convaincu qu'avant d'être légitimiste par conviction vous l'avez été par passion: ceux qui suivent cette pente arrivent toujours au libéralisme; ceux, au contraire, qui ont toujours conservé l'attachement irréfléchi de leur jeunesse à Dieu et au roi sont généralement entachés d'une intolérance et d'un absolutisme fâcheux. [...]
>
> Pour en revenir à mon point de départ, je trouve dans votre royalisme libéral l'indice d'une éducation monarchique, d'un retour réfléchi vers les principes que vous aviez sucés avec le lait de votre nourrice; et je me demande si cette éducation manquant, vous eussiez adopté les mêmes principes. Vous qui apportez partout le flambeau de la raison et qui n'aimez pas à prendre le sentiment pour guide, comment se fait-il qu'après 34 ans d'exil vous vouliez encore faire monter sur le trône, malgré tous les préjugés qui s'y opposent, une famille malheureuse, à demi éteinte. Cela n'est pas très rationnel à première vue et bien que l'ordre politique comporte fort mal dans votre pensée ce que vous appelez le sentiment, il me semble difficile de ne pas faire intervenir ici cet élément qui vous est si peu sympathique. Quant à moi, j'en suis arrivé à cette situation d'esprit: une restauration est désirable; pour qu'elle soit un bien durable, il faut qu'elle soit le vœu de la majorité. Il est bon qu'elle ne s'impose pas par la force; je ne désire donc qu'une chose, c'est une restauration dans les esprits précédant une restauration dans les faits. Alors tout sera facile. Mais bien que je croie de mon devoir de persévérer dans cette opinion et que je souffre beaucoup d'être condamné à ne pas essayer de répandre

[450] B.N., n.acq.fr. 24464, ff. 80-81, lettre à Durande du 22 janvier 1858.

> mes convictions autour de moi, je crains bien que la France ne revienne jamais solidement au grand principe de l'hérédité[451].

La position légitimiste de Gaston Paris est pourtant modérée. Au milieu des années 1860, il se prononce clairement pour un régime monarchique constitutionnel et libéral, qui garantirait à la fois les grands principes issus de 1789 – liberté, progrès – et une organisation sociale conservatrice. Dans les années à venir, il restera largement fidèle à ces convictions. En 1873, sous la «République catholique» de «l'ordre moral» de Mac-Mahon et du duc de Broglie, le philologue, d'après les lettres qu'il échange avec Monod, ne verrait pas d'un mauvais œil un coup d'Etat légitimiste, préférant de beaucoup le danger d'une dérive cléricale que comporte cette solution à celui du radicalisme, «règne de l'incapacité et de l'immoralité»[452], inhérent, d'après lui, à la République. Aux yeux de Gaston Paris, héritier en ceci de la philosophie du Droit naturel, l'avènement d'un état laïc n'est, quoi qu'il advienne, qu'une question de temps, inscrit qu'il est dans l'évolution de l'esprit humain vers le règne de la raison:

> La passion vous aveugle, écrit-il à Monod dans une lettre sans date précise, quand vous dites que vous préféreriez à ce qui se prépare un coup d'Etat violent et sanglant. Le crime dont Napoléon III était souillé interdisait aux honnêtes gens de jamais toucher sa main; au lieu que le comte de Chambord sera toujours un honnête homme, ce qui profitera plus que vous ne croyez à son gouvernement. Reste une grosse, très grosse question, le cléricalisme. Je ne l'envisage pas sans terreur. Cependant, je vous l'avoue, je préfère le cléricalisme actuellement au radicalisme, parce que je regarde le premier comme destiné fatalement à disparaître peu à peu sous les coups de la raison, tandis que le second, s'il triomphait, ne rencontrerait d'autre barrière que le despotisme religieux et politique. Les tendances du comte de Ch[ambord] sont dangereuses et ses idées absurdes; mais (...)[453] que l'alliance de l'Allemagne avec l'Italie et l'Autriche rend heureusement toute guerre impossible maintenant. D'ici à ce que les cartes soient assez mêlées pour que nous puissions prendre part au jeu, le roi, l'âne ou moi mourrons. La grande force du comte de Chambord c'est de n'avoir pas d'enfants. Les d'Orléans légitimes peuvent nous faire une bonne dynastie[454].

Face à l'attitude de Chambord, qui, se voyant le restaurateur d'une monarchie chrétienne, refusera, le 29 octobre 1873, d'abandonner le drapeau blanc,

---

[451] B.N., n.acq.fr. 24462, ff. 79-80; cette lettre doit être de 1864, mais ne porte pas de date précise.

[452] Pour cette lettre, ainsi que d'autres échangées à ce sujet entre Monod et Gaston Paris, voir Bähler 1999, pp. 23-27.

[453] Lacune dans la transcription (voir n. 313).

[454] Pour cette lettre dans son intégralité, voir Bähler 1999, pp. 25-26.

sabotant par là même le coup d'Etat légitimiste, Gaston Paris semble se rallier tout naturellement à l'orléanisme, restant en cela fidèle à sa conviction de monarchiste libéral.

A partir de ce moment, les allusions politiques dans la correspondance de Gaston Paris deviennent plus rares, et les publications du philologue ne nous fournissent pas plus d'informations. Mais on est certainement en droit de dire qu'à partir de la deuxième moitié des années 1870, Gaston Paris appartient à ce grand groupe de monarchistes libéraux (le centre-gauche en gros) qui, n'ayant au fond pas d'autre choix, ne tardent pas à se rallier à la République, conservatrice s'entend[455]. Il est par conséquent difficile de dire jusqu'à quel degré Gaston Paris deviendra, par la suite, un «républicain de cœur et de conviction» ou restera, au contraire, un «républicain de raison»[456]. Je pense que son attitude politique ressemble beaucoup à celle du Renan de l'après-guerre, le Renan de *La Réforme intellectuelle et morale*[457]. Monod écrit au sujet de ce dernier:

> «[...] une évolution se produisait dans ses [i.e. de Renan] conceptions politiques [dans les années soixante-dix]. Aristocrate par tempérament, monarchiste constitutionnel par raisonnement, il se trouvait appelé à vivre dans une société démocratique et républicaine. Convaincu que les grands mouvements de l'histoire ont leur raison d'être dans la nature même des choses et qu'on ne peut agir sur ses contemporains et son pays qu'en en acceptant les tendances et les conditions d'existence, il sut apprécier les avantages de la démocratie et de la République sans en méconnaître les difficultés et les dangers» (Monod 1895, p. 25)[458].

A l'instar de Renan, Gaston Paris reste sceptique vis-à-vis du suffrage universel et d'autres principes démocratiques, mais accepte en même temps la société moderne issue de la Révolution. Le philologue n'est en effet aucunement antirévolutionnaire. Dans une lettre de 1881 à Taine au sujet de *La Conquête jacobine*, deuxième volume de la partie *La Révolution* du grand ouvrage «antirévolutionnaire», voire «antifrançais», que sont *Les Origines de la France contemporaine*, on lit:

---

455 Voir Agulhon 1990, pp. 26-27.

456 Pour ces expressions, voir *ibid.*, p. 12.

457 Voir l'analyse de Furet 1988, pp. 421-424. L'opinion de Gaston Paris diffère pourtant de celle de Renan au sujet du cléricalisme. Furet note à propos de Renan: «Il n'est pas aussi anticlérical qu'eux [les républicains modérés], attaché qu'il reste à une religion qui n'a cessé d'être le fond de sa vie affective et de tout son être» (*ibid.*, p. 423). Gaston Paris n'a pas le même passé que Renan – il ne faut pas oublier que ce dernier s'était d'abord destiné à la carrière ecclésiastique –, il s'est libéré plus tôt de la foi chrétienne et n'éprouve aucun regret à ce sujet.

458 On trouve également un bel aperçu de l'attitude politique de Renan après la guerre dans Gore 1970, pp. 251ss., qui avance l'hypothèse selon laquelle Renan a été fortement influencé par son ami Berthelot. Voir également Agulhon 1985.

> Après avoir fermé le livre, on se dit nécessairement: Oui, voilà bien le mal et voilà bien sa cause. Oui, ce sont les idées qui mènent le monde, et les terribles conséquences de la révolution de 89 viennent de ce que la croyance à un certain nombre d'idées fausses existait chez les Jacobins à l'état actif, chez leurs adversaires à l'état passif, en sorte que les premiers étaient toujours sûrs d'être dans leur droit, les seconds n'étaient jamais sûrs que les premiers ne le fussent pas. Cette grande leçon avec sa morale pratique, à savoir que les hommes ne sont pas des chiffres mais des êtres vivants et complexes qu'il faut connaître pour les gouverner, se dégage avec une évidence souveraine. Pour le côté philosophique, politique du livre, je ne vois aucune objection grave à faire. Pour le côté historique, je persiste à faire quelques réserves. Il me semble encore que vous ne (...)tez[459] pas suffisamment trois choses: 1. ce qu'il n'y avait pas seulement de noble, mais de vrai et de sage dans le rationalisme révolutionnaire; 2. ce que ces affreuses convulsions d'il y a un siècle ont produit de bon pour la suite (cela viendra plus tard); 3. dans quelles conditions de dangers perpétuels, de menaces terribles, de réaction imminente se mouvaient les hommes de la Révolution. La très curieuse conversation de Danton avec Louis-Philippe éclaire bien la situation. Une faiblesse, une modération, et la République était perdue, peut-être la Révolution même et avec elle tous ceux qui y avaient travaillé. Aurait-ce été un grand malheur? en d'autres termes, le bien acquis en 89 aurait-il subsisté tout de même? c'est une question qu'on peut discuter. Mais il est clair que les révolutionnaires ne la jugeaient pas avec le calme que nous pouvons y mettre, et il est naturel que, sûrs d'être perdus si la conjuration qui les enveloppait triomphait, ils aient tout osé et accepté même le crime pour se défendre. Au reste ce ne sont là que des nuances. J'ai toujours pour ma part, haï et méprisé les hommes de la Révolution, du moins ceux qui y ont joué un rôle actif, car ceux qui y ont cru, ont été les meilleurs de leur temps, et je suis sûr que nous aurions été dans leurs rangs au début. Votre livre est une grande œuvre de vérité, un coup de soleil auquel çà et là je voudrais une légère teinte d'ombre[460].

Ce ne sont donc pas les idées révolutionnaires, mais la Révolution elle-même que Gaston Paris condamne. La raison en est relativement simple. Pour le savant, c'est ce que nous allons voir de façon plus précise par la suite, l'évolution de l'histoire est soumise à un rythme naturel, à des lois de transformation organiques qu'aucune intervention brusque – ni d'ailleurs, à l'autre extrême, aucune attitude «retardatrice» – ne doit venir perturber. Les révolutions violentes entravent le processus naturel et déséquilibrent les lois de l'histoire, même si celles-ci finissent toujours par reprendre le dessus et que tout rentre, tôt ou tard, dans l'ordre:

---

[459] Lacune dans la transcription; tout comme les lettres de Gaston Paris à Monod, celles à Taine ne nous sont parvenues que dans des copies réalisées par une main inconnue.

[460] B.N., n.acq.fr. 24465, ff. 187-189.

> «[...] les plus graves convulsions sociales finissent toujours par aboutir à l'organisation qui est le plus en rapport avec les besoins et les aspirations de chaque temps» (334*, 1885, éd. de 1906, p. 86).

Tout comme Renan encore, Gaston Paris est d'avis que la guérison de la France vaincue doit passer par l'éducation nationale et par la propagation des sciences – à l'exemple, sans aucun doute, de la Prusse, ressuscitée de la défaite napoléonienne par la fondation de l'université de Berlin:

> «[...] c'est par l'enseignement, et surtout par l'enseignement supérieur, que la France doit commencer à se relever» (1100*, 1875).

Dès lors, la question du régime, du moment que celui-ci est conservateur, devient moins importante que celle de la renaissance intellectuelle – et militaire – de la France. La République, tant qu'elle est modérée, tant qu'elle barre la route tant au cléricalisme qu'au radicalisme, convient donc finalement assez bien à Gaston Paris. Mais il est aussi vrai que le philologue gardera toujours des réserves à son sujet, notamment en ce qui concerne la nature de la démocratie (en 1873, par exemple, il n'hésite pas, dans une lettre à Monod, à apostropher le peuple d'un virulent «tas d'imbéciles»[461]). Le 7 août 1879, il adresse une missive à Monod qui laisse entrevoir l'ambivalence de ses sentiments vis-à-vis de la République, régime de la «médiocrité satisfaite d'elle-même»:

> J'ai trouvé ici X. et G. Charmes[462]; malheureusement ils partaient presque comme j'arrivais, et je ne les ai vus que deux ou trois jours; Gabriel est vraiment un garçon distingué; sa conversation me plaisait; je l'ai d'ailleurs toujours trouvé dans ses articles supérieur à Francis[463]. Leur politique est très sage, et très modérément républicaine, car nous n'étions pas loin de nous entendre. Il sait des histoires amusantes sur M. Thiers et les événements des dernières années. A propos de M. Thiers que dites-vous des vers de Legouvé?[464] J'étais fâché que les Charmes fussent partis et de n'avoir personne sur qui passer la mauvaise humeur que m'a causée cette incroyable sottise. J'en ai ri aussi, mais non, on ne rit pas de bon cœur de telles manières d'être dans un pareil endroit en pareille occasion. Il me semble que depuis quelques années le niveau intellectuel baisse encore.

---

461 Lettre citée dans Bähler 1999, p. 25. – Quant au rapport de Renan à la démocratie, voir Agulhon 1985, pp. 10-12.

462 Les frères Gabriel et Xavier Charmes. Gabriel (1850-1886) est journaliste aux *Débats*, et au service de Thiers. Xavier (1849-1919) est administrateur et publiciste; à l'époque de la lettre de Gaston Paris, il travaille au ministère de l'Instruction publique, où il est chef de la division des sciences et des lettres.

463 Francis Charmes (1848-1916), frère des prédécents, à cette époque journaliste aux *Débats*, et également au service de Thiers.

464 Voir Ernest Legouvé, *Les Fastes Thiers. L'Apothéose*, Paris, Auguste Ghio, 1880.

> Tout ce que je lis me paraît d'une platitude désespérante. Les gens qui ont de l'esprit ne disent pas ce qu'ils pensent, les autres le disent comme ils le pensent, sans aucun sentiment de leur bêtise. Le public trouve tout cela bon. Il est incontestable que la République est favorable à la médiocrité satisfaite d'elle-même. Elle est le triomphe du lieu commun, de la banalité facile, de l'emphase absolument creuse. Flatter Napoléon force à chercher quelques idées; il y a un fond réel, un *clou* auquel on accroche ses oripeaux; mais faire l'éloge de la République cela ne pousse à rien qu'à se congratuler, à s'admirer, à verser des larmes sur sa vertu, son héroïsme, etc. La conviction républicaine est terrible pour l'attaque, elle est ridicule dans le triomphe[465].

Quoi qu'il en soit, on peut certainement dire qu'au cours des années qui suivent Gaston Paris devient peu à peu un républicain modéré tout à fait sincère. La République progressiste des années 1890 notamment (jusqu'aux dérapages de l'affaire Dreyfus), c'est-à-dire, malgré la connotation moderne de ce terme, profondément conservatrice et «bourgeoise», correspond de façon presque idéale aux convictions idéologiques du philologue:

> «Ces républicains dits progressistes des années 1890, attachés aux grands principes de 1789, libéraux, légalistes, parlementaires, mais méfiants à l'égard du peuple parce que socialement conservateurs ont tout de l''orléanisme'. [...] la catégorie 'orléaniste' habille bien toute la partie de la droite des années 1890 qui est républicaine, qu'elle vienne de l'opportunisme ou du monarcho-catholicisme rallié» (Agulhon 1990, p. 114).

Même s'il convient de souligner que Gaston Paris ne fut jamais le défenseur d'un parti politique défini, qu'il était avant tout un libéral, l'affaire Dreyfus nous le montre comme un citoyen respectant et défendant sans réserves les lois et les institutions de la République.

Mis au courant de l'Affaire par Monod, Gaston Paris, au bout d'une courte phase de doutes[466], se montra convaincu de l'innocence de Dreyfus dès le début de l'année 1898. Son système de pensée, qui distinguait nettement différentes sphères de compétences publiques – ici le politicien, là le savant –, ne lui permettait pourtant d'intervenir ouvertement qu'en sa qualité de philologue, ce qui explique pourquoi ses prises de position publiques, malgré la fermeté de sa conviction, ne sont pas très nombreuses[467].

---

[465] B.N., n.acq.fr. 24465, ff. 19-20. Gaston Paris entérine son jugement dans une lettre au même Monod du 9 août 1881 (*ibid.*, ff. 27-29).

[466] Gaston Paris a fait part de ces doutes à Hugo Schuchardt dans une lettre du 13 novembre 1897, ce qui a amené ce dernier à se méprendre sur la position très vite dreyfusarde de son ami français (voir Schuchardt 1916). Je remercie Anne-Marguerite Fryba-Reber de cette indication.

[467] Quant à ce système de pensée voir Bähler 1999, pp. 33-36.

Toutes les interventions publiques de Gaston Paris sont motivées par trois raisons principales. Par la volonté, d'abord, de cautionner ses collègues. Ainsi, dans une interview accordée au *Temps* le 24 février 1898, le philologue se porte garant de la bonne foi et de la qualité du travail des chartistes dreyfusards convoqués au procès Zola et vivement attaqués par Robert de Lasteyrie[468]. Par le souci, ensuite, de défendre les principes scientifiques, avant tout celui de la recherche absolue de la vérité. Dans une lettre ouverte parue dans le *Figaro* et adressée à Albert Sorel, un ami jusque-là très proche, Gaston Paris condamne sévèrement la fondation de la Ligue de la patrie française à laquelle l'historien avait pris part. Il écrit, entre autres, ceci:

> «Nous étions aussi d'accord sur l'autre [point], qu'on s'étonne de ne pas voir touché dans une déclaration où figurent tant de membres de l'Institut. Je veux parler de la valeur de l'esprit critique, ou scientifique, et de l'application qu'on en peut faire à toutes choses. Vous pensiez avec moi que le plus grand bienfait de l'esprit scientifique est de développer l'amour de la vérité et l'aptitude à la discerner» (*Le Figaro*, 3 janvier 1899).

Enfin, la troisième motivation de Gaston Paris est la préoccupation de conserver intacte l'identité de la France comme gardienne fidèle de la justice et de la vérité. Profondément patriote, comme quasiment tout le monde à l'époque, Gaston Paris avait toujours soin de soumettre la valeur nécessairement particulière de la nation française au respect des valeurs universelles – justice, liberté et vérité –, montrant en ceci un raisonnement «intellectuel» dans le vrai sens, bendien, du terme, et s'opposant par là même aux nouvelles droites[469].

Mais Gaston Paris a également agi en citoyen. Il a adressé au moins trois lettres personnelles à des membres gouvernementaux, deux – l'une à Hanotaux et l'autre à Cavaignac – en faveur de la révision du procès Dreyfus, et une à Bourgeois, en faveur de Picquart[470].

Il a en outre publié un article scientifique à message politique dans lequel, tout en développant en surface le cas de Guichard de Troyes, victime d'une erreur judiciaire sous Philippe le Bel, il parle en réalité, et personne ne s'y est mépris, de celui du capitaine Dreyfus[471]. Quelques extraits de ce texte

---

[468] *Ibid.*, pp. 43-53.

[469] *Ibid.*, pp. 118-119. – Le rapprochement entre Gaston Paris et la figure du clerc au sens de Julien Benda se trouve déjà, bien que d'une façon quelque peu différente de celle dont j'entends les choses ici, chez Paul Léautaud (voir Léautaud 1959, p. 135; je remercie Gabriel Bergounioux de cette indication). Léautaud se trompe cependant quand il affirme que Gaston Paris avait eu une charge de cours en Suisse au moment de la déclaration de guerre en 1870.

[470] Bähler 1999, pp. 38-39; pp. 54-55; pp. 99-100.

[471] *Ibid.*, pp. 59-64.

sont devenus des morceaux de choix de l'anthologie dreyfusarde, celui-ci notamment :

> « Quand un peuple ne croit plus à l'intégrité incorruptible de ses juges, tout chancelle dans sa conscience, tout s'obscurcit dans son sentiment du droit. Placer la justice en dehors et au-dessus de toutes les passions, de toutes les haines, de toutes les cupidités, c'est le premier devoir des gouvernants. La royauté française l'avait admirablement rempli sous Louis IX, qui plus d'une fois avait incliné les intérêts de la couronne devant les décisions du droit, et qui recommandait à ses gens de loi de ne jamais favoriser sa cause au détriment de ceux qui plaidaient contre lui. Ses successeurs n'agirent pas de même. Ils firent de la justice un instrument de leurs rancunes et de leurs convoitises, et ils faillirent ainsi à la plus sacrée de leurs missions. Cette mission, c'est l'Etat moderne qui en a hérité aujourd'hui. Représentant direct de la nation, il est plus tenu encore à lui conserver sa foi dans la justice, sans laquelle il n'y a plus de conscience publique. Puissent le comprendre ceux que la confiance de leurs concitoyens a investis du redoutable pouvoir de châtier le crime et de protéger l'innocence ! Puissions-nous ne pas revoir des jours où les enquêtes judiciaires ne seraient que des comédies, où les témoins véridiques seraient menacés ou réduits au silence, où les débats intéressant l'honneur et la vie des citoyens seraient enveloppés de ténèbres ! Puisse rien, dans notre expérience contemporaine, ne nous rappeler les tristes scènes que notre pays a vues se succéder il y a six siècles, et qui ont marqué d'une si odieuse empreinte l'époque où elles se sont déroulées ! » (1013*, 1898, pp. 260-261).

C'est après avoir lu cet article que Joseph Reinach, qui avait mis en œuvre un procédé « rhétorique » identique dans *Une Erreur judiciaire sous Louis XIV*, inscrivit officiellement Gaston Paris au rang des dreyfusards dans un article publié dans le *Siècle* du 9 août 1898 et intitulé « Encore un ! »[472].

Mentionnons finalement le travail en coulisses fourni par Gaston Paris pour l'« Appel à l'Union », au cours duquel il n'a pas seulement aidé à rassembler des signatures, mais est aussi intervenu dans la rédaction du texte[473]. S'y ajoutent quelques projets qui, pour des raisons diverses, n'ont pas abouti à une réalisation concrète, mais également, il ne faut pas le cacher, quelques refus, notamment celui de paraître devant le tribunal comme témoin de moralité en faveur de Picquart[474].

L'engagement de Gaston Paris dans l'Affaire, si modeste qu'il puisse nous paraître aujourd'hui – mais pouvons-nous être si sûrs que nous aurions

---

472 *Ibid.*, pp. 72-75.

473 *Ibid.*, pp. 131-135.

474 *Ibid.*, pp. 110-112.

fait plus que lui ? –, ne doit pas être minimisé ; c'est ce que nous rappelle également, s'il en était encore besoin, une lettre adressée par le journaliste Gaston Deschamps à Joseph Reinach le 28 juin 1905 :

> Je me rappelle encore le temps où, chez Gaston Paris, la plupart des académiciens furieusement nationalistes d'aujourd'hui se déclaraient nettement en faveur de la révision. Et puis, un jour vint où une main mystérieuse les toucha, où je ne sais quel philtre égara leur raison, troubla leur cœur. J'ai vu là des scènes inénarrables. On ne disait plus rien, on se taisait comme dans une chambre mortuaire. Nous voyions mourir en effet, la confiance réciproque, des relations anciennes, des amitiés de trente ans. Le très noble Paris, bien supérieur à tout cet entourage sur lequel il comptait, et qu'il vit s'égrener autour de lui, en a profondément souffert. Il ne s'en est jamais consolé.
>
> Il faudra que, dans votre livre[475], vous mettiez bien en lumière cette belle figure de Gaston Paris. C'est un des meilleurs ouvriers de l'œuvre de réparation et de justice. J'ai de lui une lettre, datée de ce temps-là, qui est fort belle. Tout le groupement qu'il avait formé autour de lui est maintenant brisé. On ne se voit plus. Lorsqu'on se rencontre dans la rue, on échange des propos évasifs[476].

Gaston Paris fut dès le début un dreyfusard, certes modéré mais honnête et constant et, sur le fond d'abstentionnisme général des « savants de la République » – qui est une réalité, en dépit de quelques glorieuses exceptions comme Duclaux, Monod et Meyer, pour ne citer qu'eux –, toutes ses interventions eurent leur importance. Dans les nombreuses lettres privées que le philologue échangea avec ses amis à cette époque, on voit un homme inquiet, souffrant de l'injustice et de la polarisation politique irrémédiable que l'Affaire avait peu à peu amenée dans la société française.

Après l'affaire Dreyfus, Gaston Paris est resté abattu. Sa foi dans les institutions françaises avait reçu un coup et le gouvernement de « la défense républicaine » qui s'était installé le 22 juin 1899 sous Waldeck-Rousseau ne correspondait certainement pas à ses convictions politiques. Mais les événements de l'Affaire étaient également douloureux parce qu'ils avaient brisé des amitiés de longue date. On peut citer à titre d'exemple les rapports de confiance et de sympathie qui avaient jusqu'alors lié Gaston Paris à Sorel et à Vogüé et qui s'étaient brusquement trouvés ébranlés. Et même si des tentatives de réconciliation ont abouti, ici et là, au très lent rétablissement de certaines amitiés, les deux années et demie qui restaient à vivre à Gaston Paris après le décret de grâce de Dreyfus n'ont pas suffi à cicatriser les blessures

---

475 Il s'agit du tome 6 de *L'Histoire de l'affaire Dreyfus*, Paris, Ed. de la Revue blanche et Fasquelle, 1908.

476 B.N., n.acq.fr. 24876, ff. 256-257. Je dois la connaissance de cette lettre à Philippe Oriol.

et à «normaliser» la vie. Dans les nombreuses nécrologies consacrées au philologue, plus d'un orateur attribue sa mort prématurée aux événements de l'Affaire, et l'on peut en effet présumer que celle-ci a été l'un des facteurs de la dégradation rapide de la santé de Gaston Paris, les deux autres étant le diabète et le surmenage chronique, encore accentué, Meyer avait certainement raison d'insister sur ce point, par le grand travail effectué pour le sauvetage du *Journal des Savants* en 1902.

## VIE SOCIALE

Malgré la relative étroitesse de la discipline qu'il s'est choisie, Gaston Paris, on l'aura déjà remarqué au fil des pages précédentes, ne correspond en rien à l'image stéréotypée du philologue poussiéreux et complètement étranger au monde qui l'entoure. Au contraire, il dispose d'une compétence sociale très développée. Il suffit, pour s'en convaincre, de jeter un coup d'œil à l'index des noms de sa vaste correspondance[477]. Il est en ce sens un personnage complexe, à la fois très spécialisé en ce qui concerne son domaine de recherche et très ouvert pour ce qui est de ses idées scientifiques et philosophiques (voir Partie II), mais aussi de ses ambitions institutionnelles et de ses fréquentations dans le monde.

C'est sur ce caractère complexe qu'insistent les journaux après l'élection du philologue à l'Académie française, élection qui n'aurait d'ailleurs jamais été possible précisément sans le large réseau social dont celui-ci disposait. Beaucoup de journalistes mettent donc explicitement l'accent sur le fait que Gaston Paris ne correspond pas à l'image traditionnelle d'un philologue, et ce jugement se fonde en général sur deux critères. Le premier concerne la vie sociale du savant. Nous apprenons que Gaston Paris n'est pas seulement un philologue, mais aussi un homme du monde:

> «J'aime mieux vous dire, au risque de ne pas vous apprendre encore grand'chose, que ce maître philologique n'est pas du tout le spécialiste circonscrit et rébarbatif, qu'on aurait tort de s'imaginer d'après la nature de ses études. Sans doute, il rendra de grands services à la 'Compagnie' dans la confection de son fameux Dictionnaire; peut-être même l'aidera-t-il à le terminer? Mais ce savant est un homme du monde, j'entends un homme du meilleur monde, très attrayant, très spirituel, très joli causeur, avec son monocle qui tombe de rire, quelquefois, car ce n'est pas un monocle olympien [...]» (Chantavoine 1896).

> «Très répandu dans les salons, M. Paris tient salon lui-même. Une femme aimable y accueille avec la plus charmante courtoisie des invités de

[477] En 1930, P. M. Bondois a dressé un inventaire de cette correspondance, qui contient pourtant quelques lacunes; il porte la cote B.N., n.acq.fr. 13247.

choix. M. Paris n'aura pas moins fait pour la société polie que pour l'érudition» (*L'Evénement*, 29 mai 1896).

Le second critère se réfère à la culture générale de Gaston Paris, à ses connaissances littéraires surtout mais aussi à son style d'écriture:

> «Peu de gens sont mieux au courant que lui de toute notre littérature contemporaine en particulier. Il ne s'est jamais confiné dans les textes anciens, et, de déchiffrer des manuscrits, cela ne l'a point empêché de lire des livres. Il est un des plus anciens et des plus chers amis du doux et profond poète M. Sully-Prudhomme. Quand ils seront voisins à l'Académie, l'auteur des *Vaines Tendresses* pourra lui parler érudition; il lui répondra poésie» (Chantavoine 1896).

> «Cet érudit est dans toute la force du terme un lettré. Le style de ses livres, sobre et nerveux, le prouverait assez. Mais, en outre, si M. Paris a un domaine spécial, il n'a jamais consenti à s'y enfermer. Le culte du passé ne s'est pas changé chez lui en dédain pour le présent. Bien au contraire. [...] Il a tout lu, jusqu'au roman qui vient de paraître et aux derniers vers symbolistes. Les audaces et les excentricités elles-mêmes des chercheurs de nouveau ne l'effrayent pas. Il sait trop bien que c'est pour les littératures une condition d'existence que de se renouveler sans cesse. [...] Pour les écrivains d'aujourd'hui, M. Paris est un juge d'un goût large et sûr. [...] Nous nous faisons volontiers de l'érudit une image rébarbative que justifient, il est vrai, beaucoup d'érudits et où se complaît notre faculté d'ignorants. Le savant, tel qu'il nous apparaît sous les traits de M. Gaston Paris, est tout autre» (Doumic 1896).

> «Le bagage littéraire du nouvel académicien est très considérable. Il se distingue avantageusement d'autres philologues par sa haute culture littéraire et les ingénieuses généralisations qu'il sait tirer de ses études linguistiques. M. Gaston Paris est un écrivain de talent, autant qu'un homme de science» (*Gazette de Lausanne*, 29 mai 1896).

> «M. Gaston Pâris n'est pas qu'un érudit et un philologue de haute valeur, c'est un homme de lettres dans toute la force du terme» (*Le Matin*, 29 mai 1896).

> «Dans ses œuvres, qui sont universellement classiques, l'érudition la plus parfaite s'allie au goût le plus sobre et au style le plus élégant» (*L'Eclair*, 30 mai 1896).

> «Il est l'auteur de nombreux ouvrages où l'érudition la plus profonde s'allie au goût le plus sûr et se traduit dans une langue à la fois sobre et élégante» (*La Lanterne*, 30 mai 1896; *La Paix*, 29 mai 1896; *Le Nord*, 29 mai 1896).

Toutes ces déclarations nous apprennent évidemment autant sur le caractère de Gaston Paris que *ex negativo* sur l'image que la société se faisait alors d'un philologue. En reprenant les termes et syntagmes utilisés, le philologuetype se caractérise en effet comme suit: c'est un «spécialiste circonscrit et rébarbatif», «confiné dans les textes anciens»; le fait de «déchiffrer des manuscrits» l'empêche de «lire des livres contemporains»; il s'enferme dans un «domaine spécial», son «culte du passé» est lié à son «dédain pour le présent», les «nouveautés» l'effraient; il n'a pas de «culture littéraire», il est incapable d'«ingénieuses généralisations». Ces préjugés ne sont évidemment pas nouveaux. Depuis Robert Burton jusqu'à aujourd'hui, il y a, en dépit de certaines oscillations, un fond topique stable qui mériterait d'être analysé de près[478]. Nous allons d'ailleurs voir dans la deuxième partie comment Gaston Paris a contribué malgré lui et de façon presque paradoxale à entériner cette image négative du philologue.

Les fameuses «réunions du dimanche», que Gaston Paris a pris l'habitude d'organiser, chez lui, à partir de la deuxième moitié des années 1870, représentent l'une des meilleures expressions de sa sociabilité.

Les dimanches matin étaient réservés à un cercle restreint d'étudiants avancés que Gaston Paris tenait pour particulièrement doués et auxquels il dispensait un enseignement supplémentaire censé les aider dans leur formation et certainement aussi dans leur carrière ultérieure. Nombreux sont les futurs professeurs qui, comme Werner Söderhjelm, se souviendront toute leur vie avec reconnaissance de ce «traitement de faveur» qui leur fut accordé:

> «Assis à une extrémité de la longue table de sa bibliothèque, il répandait la science, sans être astreint à suivre un programme de leçon, déroulant des vues grandioses sur des problèmes et des combinaisons littéraires ou linguistiques, distribuant l'éloge ou la critique, heures solennelles où l'on apprenait plus qu'en un mois d'études livresques, où l'on se demandait avec un étonnement croissant comment cette masse de savoir pouvait être emmagasinée avec tant d'ordre dans une mémoire d'homme, et d'où l'on sortait avec un sentiment presque honteux d'impuissance, et une reconnaissante admiration qui chez beaucoup se changeait en un dévouement éternel et presque filial» (Söderhjelm 1903, pp. 4-5)[479].

Les dimanches après-midi voyaient affluer des sommités du monde intellectuel, scientifique et artistique:

> «C'était au rez-de-chaussée de l'hôtel du Luart rue de Varenne. La bibliothèque donnait sur un beau jardin, tout fier de son grand cèdre pensif, comme la maison de son hôte. Elle a disparu avant lui, la vieille maison: [...] Taine et Renan occupaient de fondation les deux coins de la cheminée. Pasteur y venait souvent, Berthelot disait les secrets de la nature. Sorel ceux de l'histoire. Alexandre Dumas racontait sa prochaine pièce.

---

[478] Voir également Bähler 1998.

[479] Voir également Béthune 1903, p. 217; Morf 1903a, p. 6; Perrot 1903, p. 92; Rajna 1904, p. 30; M. Roques 1949, p. 131.

> Bourget les romans qu'il allait tenter. Sully apportait ses derniers vers. Heredia clamait ses *Trophées*, bien longtemps avant qu'il ne songeât à les publier. Taine s'interrompait de méditer pour expliquer un sonnet de Mallarmé. Car la conversation passait, aisée, ailée, des plus graves problèmes aux plus légères distractions de l'esprit; elle embrassait toutes les manifestations de l'intelligence et de la vie française; de la vie universitaire, avec les étrangers de marque qui tenaient à honneur d'être présentés chez Gaston Paris. L'été, on transportait les chaises du cabinet sous le cèdre. Que de fois on y oublia l'heure du dîner, pour entendre la fin d'une discussion, d'un poème, d'une anecdote contée par l'étincelant causeur qu'était le maître du logis.
>
> Nous le suivîmes rue du Bac, dans la petite maison où la paix montait du jardin des Missions étrangères; à Passy, lorsqu'il y émigra; et enfin au Collège de France» (Vogüé 1903).

Cette description peut être complétée par telle autre:

> «Les 'dimanches' de Gaston Paris étaient charmants, grâce à l'affabilité de l'hôte, à sa façon cordiale et simple de recevoir, d'organiser entre ses visiteurs la causerie. On le trouvait dans son cabinet de travail, au Collège de France, tout en haut, parmi les livres qui couvraient les murs jusqu'au plafond. Il vous accueillait d'un bon sourire; il vous offrait un peu de porto, un gâteau sec, une cigarette, et, vite, sur un papier qu'il tirait du fond de sa poche, il notait les noms des amis qui venaient le voir, ce jour-là. Et il allait de groupe en groupe, ne négligeant personne, mettant son mot dans toutes les conversations, animées soudain de sa présence.
>
> On rencontrait chez lui des savants, des écrivains, des professeurs, Georges Perrot, le directeur de l'Ecole Normale; Gaston Boissier, toujours jeune avec ses quatre-vingts ans bientôt; Heredia, qui se souvient d'avoir été chartiste; d'Arbois de Jubainville, le celtisant, le discuteur paradoxal et spirituel; Louis Havet, myope et méticuleux; Anatole Leroy-Beaulieu, qui ressemble au «Pauvre pêcheur» de Puvis de Chavannes; Paul Meyer, l'ami le plus intime du maître[480] et son collaborateur; Berthelot, chimiste génial et qui, d'ailleurs sait tout; Jusserand avant son départ pour l'ambassade des Etats-Unis; Victor Bérard, helléniste très ingénieux[481]; Painlevé, mathématicien sans pair; Ludovic Halévy[482], bien d'autres encore...
>
> Et on causait de tout, familièrement, sans pose, sans chercher l'effet. Comme le Collège de France est loin, on partait de bonne heure, on partait à regret, disant: 'A dimanche', – sans savoir, l'autre jour, que c'était le dernier dimanche» (*Le Figaro*, 8 mars 1903).

---

480 Cette affirmation souvent répétée ne correspond pas tout à fait à la réalité. Monod et Sully Prudhomme ont été des amis beaucoup plus intimes de Gaston Paris que Meyer (voir Bähler 1999, p. 83, n. 151).

481 Quant à Bérard voir, récemment, Corbellari 1997, pp. 402-403.

482 Auteur de nombreux opéras-bouffes, d'opérettes et de comédies.

Beaucoup d'autres noms pourraient être ajoutés à la liste : Monod, Arsène et James Darmesteter, le comte Othenin d'Haussonville, le baron James de Rothschild, Emile Picot, Jean Psichari, Gaston Deschamps[483]. Dans son discours de réception à l'Académie Française, Frédéric Masson mettra les choses au point :

> « Son salon [i.e. celui de Gaston Paris], qui méritera d'être cité au premier rang dans la liste trop brève des salons de Paris à la fin du XIXe siècle, ne saurait être confondu avec aucun autre » (Masson 1904, p. 17).

De par son deuxième mariage, en 1891, Gaston Paris était devenu propriétaire du château de Cerisy-la-Salle. A partir de cette date, la villégiature normande, dont on connaît le destin glorieux, se muait à son tour en un lieu de rencontre, un peu plus intime pourtant que le salon parisien. Etant donné que les hôtes des Paris à Cerisy y passaient généralement plusieurs jours, voire plusieurs semaines, seuls des amis et collègues (mais aussi des élèves, comme Bédier) très proches y furent invités.

## VIE PRIVÉE

Pendant sa jeunesse, Gaston Paris a eu un contact très intime avec Elisabeth, la seule de ses trois sœurs à être restée habiter avec lui dans la maison familiale jusqu'à ce qu'elle épouse en 1864 un sien cousin, Emile Paris. Mais une sœur ne remplace pas une amie et, à partir de l'âge de seize ans environ, Gaston Paris souffre de plus en plus de ne jamais tomber amoureux, et de ne pas être aimé par une femme.

> Car il me faut, à moi, pour que j'aime la vie,
> Il me faut liberté, gloire, amour, poésie,
> Il faut surtout que j'aime et que je sois aimé,
> Mais d'un amour profond, pur, désintéressé[484],

chantait-il en 1855 déjà. Le poids devient d'autant plus lourd que l'un de ses vœux les plus chers est de fonder une famille, ainsi qu'il le confie à Durande, le 11 septembre 1860, lors d'un bref séjour à la Grande Chartreuse :

> Je suis arrivé ici à quatre heures ; il en est neuf et je t'écris pour ne pas m'endormir en attendant l'office de minuit auquel nous ne voudrions pas manquer d'assister. Si jamais je reviens à la Chartreuse, j'y resterai plusieurs jours pour tâcher de voir dans ses détails cette vie monastique qui exerce quoi qu'on en ait un singulier empire sur l'imagination. Il m'a tou-

---

483 Voir également Castets 1903, p. 172 ; Morf 1903a, p. 11 ; Rajna 1904, p. 39.

484 Pour ce poème dans son intégralité, voir Annexe XI, « Tristesses et dégoûts ».

> jours semblé et il me semble encore plus qu'après une vie agitée, après bien des fatigues intellectuelles et morales, après la perte successive de toutes ces illusions qui nous enveloppent toujours bien que nous croyions en être déjà dépouillés, ce serait une belle fin que de venir ici ensevelir son corps et son cœur dans le silence et dans la monotonie d'une règle absurde qu'on ne discute pas. Pour les moines d'ici, tout est arrangé d'avance; cette fantaisie que nous aimons tant est exclue de la vie; avec quelle puissance elle doit reprendre son empire dans l'esprit que ne trouble aucun bruit du monde, que nul objet antérieur ne détourne de la contemplation perpétuelle de l'infini et de l'éternel. Moins les offices, cette existence aurait pour moi, il me semble, un charme étrange et comparable à celui de l'opium sur ceux qui l'aiment. Le rêve perpétuel, n'est-ce pas une belle perspective quand on préfère le rêve à la veille ? Ajoute à cette charmante monotonie la beauté sublime de ce site et des montagnes qui l'environnent de tous côtés, et tu comprendras peut-être que ces idées me soient venues. Sois tranquille, cependant; tu le sais, pour moi il y a un plus bel horizon à la vie; et à cette quiétude engourdie je préfère, hors d'ici, le bonheur actif et multiple du mariage et de la famille[485].

C'est souvent sur un ton mi-sérieux, mi-badin que Gaston Paris se plaint, par la suite, à son ami. Nous avons déjà cité une lettre du 24 septembre 1862. Un an plus tard, le 10 septembre 1863, il fait savoir à Durande qui, lui, semble avoir trouvé une compagne:

> A propos, si tu connais une femme jeune, riche et jolie, envoie-la donc jusqu'à Epernay en me prévenant par le télégraphe. – Tu es un heureux être, toi; pour moi, je croirais que je deviens eunuque si je n'étais rappelé fortement le matin à la réalité dure; cependant il ne faudrait pas que ça dure indéfiniment, ou la mélancolie ne tarderait pas à m'envahir. Comme j'ai les passions douces ! jamais tu ne pourrais supporter un aussi long célibat, j'en suis sûr[486].

Cette même année, pourtant, Gaston Paris semble éprouver pour la première fois un sentiment d'amour passionnel. Le fait, je crois, est entièrement inconnu: le jeune Paris tomba amoureux de Juliette Lamber ![487] Après sa séparation d'avec son premier mari, La Messine, Juliette Lamber, la future Juliette Adam, passe l'hiver 1863-1864 dans son nouveau chalet des Bruyères, à Golfe-Juan. C'est là que Gaston Paris, se trouvant à Cannes avec sa mère,

---

485 B.N., n.acq.fr. 24464, ff. 100-101.

486 *Ibid.*, ff. 120-121.

487 Juliette Lamber, puis Juliette Adam (1836-1936). Après la mort de son deuxième mari elle signe ses œuvres littéraires Lamber, en laissant tomber le t final. Elle fit de son hôtel du boulevard Poissonnière le rendez-vous des républicains gambettistes. Son salon resta pendant trente ans l'un des plus recherchés de Paris, se transformant peu à peu en bastion du conservatisme social, jusqu'à devenir un des hauts lieux de l'antidreyfusisme.

va la voir de temps en temps. Nous avons de la peine aujourd'hui à nous imaginer ce qui dans cette femme, à part sa beauté, a pu le frapper. Mais il ne faut pas oublier qu'à cette époque, Juliette Lamber n'est pas encore tout à fait celle qu'elle sera après la guerre. Elle n'est encore ni la grande revancharde et prussophobe ni la convertie des années suivantes. En réalité, Gaston Paris et Juliette Lamber eurent dans leur jeunesse beaucoup de points communs, à commencer par leurs idées politiques, c'est-à-dire leur haine de l'Empire, leur attitude abstentionniste et leur anticléricalisme. Ils partagèrent encore leur vénération pour le peuple, pour sa vie et pour sa poésie, idéalisées comme il se doit[488].

Nous n'avons aucune lettre de Juliette Lamber à Gaston Paris datant de cette époque, pour la simple raison que, comme l'écrivain le racontera elle-même, «une main pieuse», métonymie de la deuxième femme de Gaston Paris, lui renvoya ses missives après la mort de ce dernier[489]. Mais Gaston Paris confie ses sentiments pour Juliette Lamber, qu'il ne désigne d'ailleurs jamais autrement que par l'initiale L. ou par M^me^ XXX, à Durande. Ainsi, longuement, le 13 mars 1864:

> Tu ne me parles pas des amours qui, je n'en doute pas, t'occupent présentement; [...] Pour ce qui est de moi, la *cristallisation* est en train de se faire, mais sans aucune idée proche ou lointaine, présente ou future, de succès. Il est bien difficile de n'être pas particulièrement touché des attraits d'une femme, quand elle en a beaucoup et qu'on ne voit qu'elle, ce qui est mon cas [il s'agit donc de Madame L.]; mais, plus j'apprécie, par une connaissance croissante, tout ce qu'elle vaut, plus je sens profondément que ce ne sera jamais pour ton serviteur. J'ai déjeuné chez elle, hier; je lui avait conduit mes petites nièces pour jouer avec sa fille [Alice], et j'ai passé une délicieuse journée. La maison est située au milieu d'un bois de pins [...]. Les enfants avaient rempli une grande corbeille de violettes, et nous nous sommes assis tous les deux sur le sable pendant une heure, elle faisant un grand bouquet avec les fleurs que je lui tendais. C'était une belle heure, et quoi qu'il arrive ce sera un doux souvenir. Tu ne conçois pas le charme d'une femme qui est jolie comme un amour, gracieuse comme une enfant et aussi rieuse, aussi primesautière, et qui joint à cela une grande intelligence, une instruction très-étendue, les idées les plus originales, les plus neuves, souvent les plus profondes sur tout.

---

488 Dans l'un des premiers livres de Juliette Lamber, *Le Village* – ce titre lui a été suggéré par Georges Sand –, elle propose quelques mesures socio-politiques pour l'amélioration des conditions de vie des paysans et des travailleurs. Ce livre, paru en 1860, semble avoir suscité l'intérêt de Littré parce que l'auteur faisait parler les paysans dans le dialecte picard (Arndt 1933, p. 21). – Les *Récits d'une Paysanne*, qui paraissent pour la première fois en 1862, présentent encore une étude du milieu paysan et ouvrier, milieu évidemment très idéalisé sous la plume de l'auteur.

489 Adam 1904, p. 454.

> Je passerais ma vie à causer avec elle [...] Elle est très-bonne pour moi, mais que suis-je pour elle? Si elle me voit avec plaisir ici, parce que je suis à peu près le seul être de son monde qu'elle y rencontre, qu'est-ce que je signifierai pour elle à Paris, où elle est entourée de mille hommes qui m'enfoncent terriblement, et où en outre elle retrouvera quelqu'un de particulièrement cher? C'est bien évident, n'est-ce pas? et je ne me fais pas, crois-le bien, d'illusions à ce sujet; mais au moins pour le temps que je passe ici, je ne vois pas grand mal à me laisser aller au charme[490].

Gaston Paris ne tarde en effet pas à réaliser que les sentiments ne sont pas tout à fait réciproques. Mais il ne perd pas espoir pour autant, et dans les longues jérémiades qu'il fait parvenir à Durande deux semaines plus tard, le 28 mars 1864, il forme le projet de se déclarer à Juliette, tout en sachant que les chances pour qu'elle l'exauce sont infimes:

> Mon pauvre vieux, décidément, je n'aurai jamais la chance d'aimer quelqu'un qui m'aime; les amours que je pourrais peut-être avoir, je n'y tiens pas, et tous ceux que j'ai rêvés sont impossibles. Je vieillis tous les jours dans le même horizon, je tourne dans le même cercle, je m'abrutis un peu plus, et cela durera sans doute indéfiniment. Pourquoi donc n'ai-je pas, moi, le bonheur que d'autres ont bien? C'est rageant quand je vois cela, quand je sens tout le triste et aussi le ridicule de mon existence, de mes aspirations toujours juvéniles, et, comme tu le dis, comme c'est vrai, toujours au fond un peu factices, parce qu'elles n'ont jamais eu d'espoir devant elles, parce que rien n'est venu les entretenir et les approcher de la réalité. Je m'apparais souvent à moi-même sous le jour le plus grotesque, une espèce de clerc d'avoué romantique, qui fait des phrases creuses et croit les sentir; mais par moments aussi, je sens une vraie réalité dans ce qui me fait souffrir, je suis épouvanté de ce vide qui est toujours dans moi. Et puis je me dis que je n'arriverai jamais, je le vois trop, à faire naître l'amour dans quelque cœur qui puisse vraiment satisfaire le mien; je l'ai éprouvé ici, quelquefois avec résignation, d'autres jours avec rage; car enfin est-ce que je ne vaudrais pas bien, pour une femme jeune, vive, tendre, un homme déjà âgé et sans doute blasé sur bien de points, qui certainement ne jouit pas de son bonheur avec l'ardeur que j'aurais? Si, je le vaudrais, et jamais je n'aurai, cependant, ce bonheur-là; je le sens; mais cependant Dieu sait si je le désire. Peut-être ferai-je une tentative, tout en sachant bien que je n'ai pas même une chance sur un million; mais enfin il y a des gens qui gagnent à la loterie, et celle-là en vaut la peine. Toutefois l'enjeu est fort, c'est me donner très probablement un ridicule gratuit, peut-être détruire des relations qui me seront toujours très agréables[491].

---

490 B.N., n.acq.fr. 24464, ff. 166-170.

491 *Ibid.*, ff. 129-131. Pour la lettre dans son intégralité, voir Annexe XII.

Tout nous indique que Gaston Paris s'est effectivement déclaré à la jeune femme. La situation s'est alors très vite compliquée, parce que cette dernière ne pouvait donner à son soupirant tout ce que celui-ci espérait. Le 9 septembre 1864, Gaston Paris se confie de nouveau à Durande :

> Je suis parti avec plaisir, parce que je m'arrachais à un isolement bien triste déjà, où m'absorbait une autre pensée, non moins douloureuse à ce moment [celle de la santé de sa mère]. Je venais de traverser une nouvelle crise de l'histoire que tu connais, et j'en étais tout froissé. Le voyage en Espagne m'a fait un bien énorme. Pendant dix jours, j'ai oublié tous mes chagrins, tous mes ennuis ; je les ai chassés violemment de ma tête et de mon cœur [...]
>
> Je suis revenu pour régler enfin d'une manière définitive ma position avec M^me^ xxx, devenue très-fausse. C'est fait. Le sacrifice dernier, que je ne voulais pas faire, auquel j'avais résisté longtemps malgré elle, est maintenant consommé, et je ne m'applique plus qu'à éteindre jusqu'à la dernière étincelle un amour qui ne saurait servir qu'à me rendre malheureux. Jusqu'à quel point il en reste dans l'ardente amitié que j'ai mise à sa place, je ne veux pas le demander ni le savoir ; je veux oublier des rêves extravagants et remercier le sort de ce qu'il me donne. Cette amitié-là, qui m'est donnée avec profusion, vaut bien d'autres amours et me les remplacera. Tu vois que je suis calmé et raisonnable et que je prends les choses comme il faut[492].

Le 26 septembre 1864, la situation semble enfin s'être calmée. Gaston Paris écrit, toujours à Durande :

> Ma pauvre chère amie est bien souffrante aussi. Sa fille a été malade ; l'inquiétude et la peine qu'elle en a eues lui ont donné un mouvement de sang qui l'a mise au lit ; à cela est venue se joindre une coqueluche comme je lui en ai déjà vu une, qui lui déchire la poitrine, la prive de sommeil et la fait cruellement souffrir. Cela ne l'empêche pas de m'écrire très-souvent et de longues et charmantes lettres ; mais tu juges que je suis fort attristé de la voir toujours retomber dans cet état déplorable, qu'elle supporte avec un courage inouï, mais qui pour toute autre ne serait vraiment pas supportable. Je t'ai déjà dit que nos relations avaient pris, par suite d'un dernier déchirement, leur caractère définitif. Cette plaie est à peu près fermée, mais j'évite de poser le doigt dessus ; je ne *veux* pas qu'elle se rouvre[493].

Le 1^er^ juillet 1865, Gaston Paris parle pour la dernière fois de Juliette Lamber :

492 B.N., n.acq.fr. 24464, ff. 174-175.

493 *Ibid.*, ff. 133-134.

> Je suis dans les épreuves jusqu'au cou; je corrige celles de M<sup>me</sup> L. pour un roman qui paraît à partir de ce soir dans *l'Avenir*[494]; c'est celui dont je t'avais parlé l'an dernier, refait [...] Quant à mes *larmes*, je les avais crues taries, mais c'était un rêve; je vis dans une isolation qui n'a d'égale que celle du câble transatlantique, et je fuis toute tentation pour être plat et en état d'y succomber[495].

Par la suite, nous voyons Gaston Paris fréquenter le salon de Juliette Lamber, devenue entre-temps Juliette Adam[496]. Mais les contacts entre les deux amis semblent s'espacer relativement vite[497], et il est certain qu'après la guerre, au plus tard, les différences d'opinion, notamment au sujet de l'Allemagne, contribuèrent beaucoup à refroidir leur relation. Toujours est-il que le 20 mai 1879, Juliette Adam informe Gaston Paris de la fondation de la *Revue française*, qui s'appellera finalement *Nouvelle Revue*, en le priant de lui donner l'autorisation d'inscrire son nom parmi les collaborateurs[498]. Gaston Paris, comme d'autres plus célèbres que lui à l'époque, par exemple Taine et Renan, refuse[499]. Et c'est peut-être précisément ce refus qui allait avoir une conséquence inattendue et assez pénible pour Gaston Paris quelque vingt ans plus tard, lors de son élection à l'Académie française. Le 15 février 1896, la *Nouvelle Revue* publie en effet l'article suivant, signé Eugène Ledrain[500]:

> «Il est vrai que, en certains cas, l'Académie française parfait des élections qui ne sont pas purement littéraires. M. Gaston Boissier – il l'a déclaré à un de nos confrères – se propose d'exposer les titres de M. Gaston Paris.

---

494 Il s'agit de *L'Arrière-Saison* (feuilleton de l'*Avenir National*), Paris, Impr. de G. Tourne, 1865.

495 B.N., n.acq.fr. 24464, ff. 137-138.

496 Le nom de Gaston Paris est donné par Cormier 1934, p. 58 et Blanc-Péridier 1936, pp. 41-42, selon qui Gaston Paris aurait également introduit Sully Prudhomme dans le salon de Juliette Adam, grande admiratrice des *Stances et poèmes*.

497 Nous avons connaissance de six lettres de Juliette Adam à Gaston Paris (B.N., n.acq.fr. 24430, ff. 7-14) que M<sup>me</sup> Paris n'a apparemment pas rendues à l'auteur après la mort de son mari. La première date de septembre 1868, la dernière d'octobre 1881. Ces missives, dont le contenu n'est pas très intéressant, prouvent seulement que Gaston Paris et Juliette Adam se sont encore vus de temps en temps, mais que leur relation est devenue de moins en moins étroite.

498 «Mon cher ami, je fonde la *Revue française* et je vous prie de m'autoriser à vous inscrire parmi mes collaborateurs. Répondez-moi oui bien vite pour que j'oublie toutes les négligences de votre affection. Mes vieilles amitiés, Juliette Adam» (*ibid*., f. 13). – Quant à la *Nouvelle Revue*, voir, entre autres, Digeon 1992, pp. 388-389.

499 Morcos 1961, p. 242.

500 Eugène Ledrain (né en 1844), archéologue et orientaliste; s'était d'abord consacré à une carrière ecclésiastique; conservateur adjoint du département des antiquités orientales au Musée du Louvre et professeur à l'Ecole du Louvre; décoré de la Légion d'honneur en 1892.

– Est-ce le prénom qui les réunit ? – Or celui-ci a beau se prélasser dans la situation de M. Renan, comme administrateur du collège de France, personne ne songe à l'égaler à son prédécesseur. Je ne lui fais sûrement pas injure en déclarant que ses pages un peu pâles, et que sa voix passablement blanche, manquent d'un certain enchantement. Il a fréquenté les trouvères et les troubadours. C'est avant tout un homme de métier, ce n'est pas un artiste. En vain écrit-il de temps à autre des lettres rogues, d'un ton un peu badin, comme celle qu'il a publiée sur le roman et dont l'énorme solennité nous fit tant sourire[501], M. Gaston Paris, malgré ses efforts, ne saurait être classé ni parmi les poètes, ni parmi les écrivains qui se distinguent par les grâces légères et par les manières enjouées. Il en est qui, en dépit des leçons et des meilleurs maîtres, ne parviennent pas à danser. M. Pâris n'est-il pas de ce nombre ?

Aussi fera-t-on bien de présenter ses titres scientifiques, que nul mieux que G. Boissier ne pourrait mettre en lumière. Si l'administrateur du collège de France n'a pas toute l'aisance voulue ni les mouvements harmonieux, il a du moins feuilleté des dictionnaires et beaucoup copié dans sa vie. Ce n'est pas sa tête, c'est son poignet qu'il a usé dans ses exercices intellectuels. Mais combien cependant un labeur aussi acharné est honorable ! M. Boissier le fera valoir et en même temps l'utilité qu'il y aura pour le dictionnaire de posséder un membre versé dans la connaissance du vieux français. Puis M. Pasteur était un savant de génie ! Qui donc, parmi les grands hommes contemporains, est plus en état de le remplacer que M. Gaston Pâris ? M. Pasteur défunt, la plus chère gloire de notre pays, n'est-ce point M. Pâris ? N'a-t-il point droit à tous les titres et à toutes les plaques de M. Pasteur ?

Ce n'est certes pas moi qui contredirai sur ce point M. Gaston Boissier, l'homme aimable par excellence et qui possède toute la courtoisie des siècles d'Auguste et de Louis XIV.

[...] M. Bergerat[502] accablera sous son œuvre multiple n'importe lequel des autres candidats, fût-ce même G. Pâris » (Ledrain 1896, pp. 855-856).

Ayant pris connaissance des attaques de Ledrain – porte-parole, on l'aura remarqué, des stéréotypes habituels sur les philologues et, il faut le dire, voix complètement isolée dans le concert des approbations générales de la candidature et de l'élection de Gaston Paris –, Gabriel Monod retire tout de suite un article qu'il avait promis à la *Nouvelle Revue*, en adressant cette lettre à Juliette Adam :

---

501 S'agit-il de la préface à la deuxième série de *La Poésie du moyen âge*, publiée en 1895 (339*), préface dans laquelle Gaston Paris expose notamment son opinion sur la nécessité de faire fructifier la littérature française au contact d'autres littératures nationales (voir Partie III) ?

502 Emile Bergerat (1845-1923), gendre de Théophile Gautier, chroniqueur, critique d'art, auteur dramatique et poète patriotique ; il n'a jamais été élu à l'AF.

> «Chère Madame, vous voudrez bien m'excuser si, après l'article que M. Ledrain a publié sur Gaston Paris dans la *Nouvelle Revue*, je renonce à vous donner celui que je vous avais promis sur Michelet professeur de philosophie. Si M. Ledrain était un boulevardier, il aurait le droit de regarder le plus illustre des philologues romanistes vivants comme un scribe qui use ses poignets plus que sa tête. Mais M. Ledrain est aussi un érudit; il ne doit pas ignorer tout ce que Gaston Paris a apporté de nouveau dans le domaine de notre ancienne langue et de notre vieille littérature, ni son talent de professeur, ni les puissances de son esprit, ni que ce savant dont il raille la voix blanche a une des voix les plus chaudes et les plus vibrantes et est un des causeurs les plus remarquables de Paris. S'il n'ignore rien de tout cela, et peut-il l'ignorer? à quel sentiment attribuer son article? Vous qui avez connu Gaston Paris, vous pardonnerez au plus intime et au plus dévoué de ses amis de se solidariser assez avec lui pour ne pouvoir collaborer avec un homme qui l'a aussi [illisible][503] et injustement dénigré» (lettre du 15 février 1896, citée dans Morcos 1961, p. 567).

Juliette Adam semble alors s'être montrée entièrement loyale vis-à-vis de Ledrain:

> «[La lettre de Monod] portant de la main de M^me^ Adam cette mention: 'Prière de me retourner ce billet aigrement doux', fut communiqué à Eugène Ledrain qui, à son tour, écrivit à la directrice [...]: 'Je vous renvoie la lettre de M. Monod. Qu'il m'ait écrit à moi personnellement pour se plaindre de mon article, je l'aurais compris. Mais il est inadmissible qu'il vous ait envoyé ces trois pages. Que ne puis-je les publier? et répondre? Mais combien je suis heureux et fier de votre affectueuse bienveillance'» (lettre citée dans *ibid.*).

Et Saad Morcos, auteur d'un livre sur Juliette Adam, de conclure:

> «Toutes ces escarmouches préparaient le déchaînement des passions qu'allait engendrer l'Affaire. Paris et Monod se retrouvèrent dans le camp des dreyfusards, pendant que M^me^ Adam et Ledrain devinrent antidreyfusards» (*ibid.*, pp. 567-568).

Après sa liaison avec Juliette Lamber, Gaston Paris a eu une autre relation très compliquée et peu satisfaisante avec une femme mariée, la mystérieuse Madame B., que je n'ai pu identifier. Leur histoire ne dura pas plus d'un an et, cette fois-ci, il semble bien que c'est Gaston Paris qui n'a pas eu envie de s'engager[504].

Dans les années qui suivent cette rupture, le savant se montre souvent désabusé. Dans une lettre d'avril 1870 – il a tout juste trente et un ans – il confie à Durande que «le grand ressort ne marche plus»:

---

[503] Cette remarque est de Morcos 1961, p. 567.

[504] Voir la lettre à Durande reproduite dans l'Annexe XIII.

Ne crois pas que ce que je viens de dire sur la correspondance est une façon détournée d'excuser mon long silence. Il m'est réellement impossible d'écrire: pourquoi? je ne saurai le dire. Si je prends la plume pour le faire, comme en ce moment même, je sens une difficulté à trouver mes mots et même à les tracer, qui me paraît à moi-même des plus extraordinaires. Je n'éprouve cette difficulté ni en causant ni en écrivant pour le public. Ce qu'il y a de certain, c'est que depuis ton séjour je n'ai écrit à âme qui vive une lettre de plus de trois lignes.

Sur ce point, comme sur bien d'autres, j'évite, mon cher ami, de regarder de trop près et trop au fond ce qui se passe en moi-même. La situation que tu connais, et dont l'habitude et la résignation m'ont fait presque une sorte de bonheur, n'est pourtant tolérable que si je n'y songe pas. La révolte et la souffrance m'ont épuisé de toute façon et ne m'ont pas réussi. Maintenant je *vis*; en somme, j'aurais bien tort de ne pas l'avouer, je ne suis pas malheureux. Mais il est très sûr que le grand ressort ne marche plus, bien que l'aiguille continue à marquer l'heure. Est-il cassé ou seulement arrêté pour un temps? J'ai peur de le savoir et peur de le briser tout-à-fait si j'y touche... Le moyen d'écrire alors à des gens qu'on aime? Quand nous sommes ensemble, je ne te parle pas de tout cela; toi, le plus adorable des amis, tu ne m'en dis rien. Mais mon silence et le tien sont en entretien[505] suffisant et complet sur ces matières. Il en est autrement d'une lettre; il me faut y vider mon cœur ou ne pas m'en mêler... or la première opération étant impossible vu l'état du vase en question, je prends le second parti avec une obstination que tu es à même d'apprécier[506].

Sa vie dans les années 1870 paraît en effet assez monotone, et même déjà presque digne de celle d'un «vieux garçon». Le 7 mai 1870, il raconte à Diez:

---

505 *Entretien*: leçon incertaine.

506 B.N., n.acq.fr. 24464, ff. 157-158. Le ton d'une lettre à Monod, écrite au mois de juin 1871, va tout à fait dans la même direction: «Les quelques mots que vous m'avez écrit dans ces derniers temps ont tous à peu près le même caractère, et ce caractère est loin d'être bon; j'entrevois que vous avez beaucoup souffert et que vous êtes encore tout abattu. Mon cher ami, si vous trouvez quelque soulagement dans la confidence de vos peines, dans la certitude qu'elles sont au moins comprises et qu'elles sont recueillies par un cœur qui vous est fidèlement dévoué, vous savez que de mon côté je ne demande qu'à participer à vos chagrins. Ne vous étonnez pas de me trouver souvent froid et silencieux; je suis moi-même courbé sous un fardeau très lourd, et puis je me demande toujours si je n'ai pas tort de découvrir de moi-même la plaie qu'on ne me montre pas. Venez donc ici, j'espère que nous pourrons nous y voir souvent. Je sens cependant combien je fais peu de chose pour vous, pour d'autres que j'aime tant; je le sens d'autant plus vivement que je *sais* que je pourrais leur faire plus de bien. Mais depuis plusieurs années toutes mes facultés – au moins dans l'ordre des sentiments – sont absolument paralysées; elles ont conservé la sensation mais non l'action. Excusez-moi donc; vous avez bien voulu reconnaître mon amitié sincère au travers de mon peu d'expansion; continuez à y croire; faites-moi crédit, cher ami, et prêtez-moi largement comme vous le faites; j'espère qu'un jour viendra où je pourrai vous rembourser» (B.N., n.acq.fr. 24465, ff. 5-6).

> «Quant à mon adresse actuelle, c'est rue du Regard, 7; mon père demeure au no 3 de la même rue avec ma sœur, chez laquelle je prends mes repas, de sorte que sans être marié j'ai une véritable vie de famille, ce qui est bien doux pour un travailleur» (lettre citée dans Tobler 1912b, p. 472).

Et, le 30 juillet 1875, il écrit à Mistral[507]:

> «Que devenez-vous? On m'a dit que vous alliez décidément vous marier avec votre Mirèio?[508] Vous savez que vous m'avez promis de m'écrire quand ce serait résolu. Pour moi, je me promène toujours avec ma lanterne à la main, cherchant une femme; je finirai peut-être bien par renoncer à l'aventure, éteindre ma lanterne et me coucher» (lettre citée dans Boutière 1978, p. 191).

Il faut pourtant croire que la lumière ne s'est pas tout à fait éteinte car le 20 juillet 1885, dix ans presque jour pour jour après cette lettre à Mistral, Gaston Paris se marie enfin. A l'âge de 46 ans, il épouse Marie Talbot, veuve de Philippe Delaroche-Vernet, fils du peintre Paul Delaroche et ancien ami de Gaston Paris. Ce n'est pas exactement une folle passion, mais plutôt un bonheur tranquille qui, à en croire les lettres suivantes, semble correspondre en tout point tant aux désirs de Gaston Paris qu'aux vœux de celle qui sera son épouse.

Lettre de Marie Delaroche-Vernet à Luce Herpin, alias Lucien Perey[509], du 16 juin 1885:

> Je tiens à ce que vous soyez mise au courant d'une nouvelle fort grave pour moi: Je cède aux instances de mes parents, de mon fils, d'une famille que depuis 25 ans je considère comme la mienne et je me décide à épouser, d'ici à quelques mois, M. Gaston Paris. Il a été assez mêlé à toutes mes peines, à tous les deuils, pour savoir que je ne peux plus connaître de bonheur dans la

Lettre de Gaston Paris à Rajna du 27 juin 1885:

> Je n'ai le temps de vous écrire qu'un mot, mon ami, mais il est gros et bon. Je me marie! Je devais trouver à l'automne le bonheur que n'ont connu ni mon printemps ni mon été. J'épouse une personne que j'aime comme une sœur depuis vingt ans, et que j'ai pu aimer comme une femme, la destinée l'ayant rendue veuve. Elle était femme d'un de mes meilleurs amis, le fils du peintre Paul

507 Quant au rapport entre Mistral et Gaston Paris voir, dans l'ordre chronologique, Léonard 1945, Boutière 1978, Décimo 2000.

508 C'est-à-dire Marie Rivière, que Mistral épousera en 1876.

509 Luce Herpin, dite Lucien Perey (née en 1830), femme de lettres française, auteur, en partie en collaboration avec Gaston Maugras, de toute une série de publications relatives à la société littéraire du XVIIIe siècle.

vie; mais son appui sera bon pour mes fils et je trouverai en lui un sûr compagnon de vieillesse. Cette détermination m'a coûté bien des jours de réflexion, bien des luttes pénibles; j'espère que j'agis pour le mieux de tous; c'est toujours mon plus vif désir[510].

Delaroche; elle a trois fils[511], qui sont aussi charmants qu'attachés à moi, et que je regarde déjà comme les miens. Enfin je suis heureux, et j'ai voulu que vous fussiez un des premiers à le savoir[512].

Lors de ce mariage, Gaston Paris reçoit en cadeau plusieurs contributions philologiques ou pseudo-philologiques: Emile Châtelain, professeur de philologie classique et secrétaire de la section des sciences historiques et philologiques à l'EPHE depuis 1878, lui offre un texte sur les *Manuscrits de la Bibliothèque de l'université, tirés des dépôts littéraires*[513], Arsène Darmesteter une *Note sur l'histoire des prépositions françaises en, enz, dedans, dans*[514], et Paul Meyer compose une lettre en occitan, *La Pistola que fo tramesa an Guasto Paris lo jorn que pres molher, de part lo sieu bon amic*[515], dans laquelle il compare son ami à Saladin.

Mais ce bonheur conjugal fut de bien courte durée. Quatre ans plus tard, Marie Paris meurt d'une pneumonie. Cette mort jette Gaston Paris dans un état d'abattement moral dont il ne sortira plus jamais complètement. A Mistral, il écrit le 27 janvier 1890:

> «Ma vie était remplie, elle est vide, et je ne sais pas ce qu'elle deviendra» (lettre citée dans Boutière 1978, p. 203).

Et cinq mois plus tard, dans une lettre à Pio Rajna, il n'hésite pas à parler du «grand naufrage de sa vie»:

> Je vous remercie de votre affectueuse lettre; votre amitié toujours si tendre et que je sens si vraie est bien souvent présente à mon cœur; je la compte dans ce qui me reste de plus précieux après le grand naufrage de ma vie. [...]

---

510 B.N., n.acq.fr. 16811, ff. 435[3]-435[4].

511 Horace, Philippe et André.

512 B.N., n.acq.fr. 24466, f. 81.

513 Paris, Typographie A. Laboulet, 1885. – Châtelain commence son discours comme suit: «Suivant un vieil usage italien que vous-même avez récemment introduit chez nous [*Le Lai de l'oiselet*, imprimé pour le mariage Depret-Bixio, 19 avril 1884; voir 563*], permettez-moi de vous adresser cette plaquette improvisée à la hâte pour vous féliciter de l'heureux événement qui va, je n'en doute point, charmer votre existence» (p. 5).

514 Paris, Librairie Léopold Cerf, 1885.

515 Tirée à trente-six exemplaires numérotés,. – Ces trois plaquettes se trouvent par exemple à la B.I.F., R. 291 c*** (8°), nos. 1-3.

> Figurez-vous que je croyais vous avoir écrit il y a quelque temps déjà; j'ai si souvent voulu le faire! Tout glisse d'ailleurs de ma mémoire; je récris deux fois les mêmes lettres et je crois en avoir écrit quand je ne l'ai pas fait. Pardonnez-moi, et aimez-moi toujours[516].

Dans une autre missive de la même époque, adressée à Meyer, il dresse un triste bilan de sa vie:

> Je vous remercie de vos paroles si sympathiques; malgré tout je sens bien que le temps fait son œuvre et je tâche d'envisager une vie possible devant moi. Vous vous trompez quand vous croyez que j'ai été heureux jusqu'à cette catastrophe; j'ai cruellement souffert dans ma vie, et j'avais bien renoncé au bonheur quand il s'est présenté à moi; j'en ai joui pleinement, et c'est pour cela qu'il m'est si dur de m'en passer maintenant[517].

Même son deuxième mariage, qui a lieu le 10 septembre 1891 avec Marguerite Savary, née Mahou[518], ne le consolera pas tout à fait de sa perte[519].

---

516 B.N., n.acq.fr. 24466, f. 126, lettre du 25 mai 1890.

517 B.N., n.acq.fr. 24425, ff. 226-227, lettre du 29 août 1890.

518 Née en 1852, morte en 1917. – Son premier mari était Charles Savary (1845-1889), homme politique et publiciste français, ancien député et maire de Cerisy-la-Salle, auquel on doit entre autres un *Eloge de M. Alexis de Tocqueville* (1867).

519 Plusieurs personnes, et d'abord les enfants de sa première épouse, ont eu de la peine à accepter le remariage de Gaston Paris. Le 12 juillet 1891, celui-ci écrit à l'archiviste Henri-François Delaborde: «Vous avez bien probablement appris la nouvelle de mon prochain mariage avec Madame Savary, nouvelle qui s'est répandue, à mon grand étonnement, quand je la croyais encore absolument secrète, et que je n'ai révélée à mes plus proches eux-mêmes qu'il y a peu de jours. Je tiens en tout cas à vous en faire part moi-même, à vous et à Madame Delaborde, et de vous dire, ce dont vous ne doutez pas, qu'en essayant de reconstituer pour la fin de ma vie ce foyer d'affection dont j'ai tant joui et dont j'ai été si cruellement privé, je n'oublie ni ne renie rien du bonheur trop court qu'il m'a été donné de connaître avec ma chère femme et des devoirs qu'elle m'a légués. Je désire surtout passionnément rester de toutes façons le père de ces enfants que j'ai aimés depuis leur naissance, que j'ai adoptés et qui ne sauraient me devenir étrangers. Ils ont été, et je devais m'y attendre, péniblement impressionnés à l'annonce, fort inattendue pour eux, de ma décision; j'espère qu'ils s'y accoutumeront peu à peu, et qu'ils comprendront pour moi, comme ils l'ont compris pour leur chère mère, qu'on peut allier le culte le plus pieux du passé à la fondation d'un nouvel avenir. Vous, cher Monsieur, dont l'amitié est au nombre des dons les plus précieux que je doive à ma chère Marie, j'espère aussi que vous voudrez bien me conserver les mêmes sentiments, de même que moi je resterai toute ma vie, pour Madame Delaborde et pour vous, le plus reconnaissant, le plus respectueux et le plus dévoué des amis» (B.I.F., M.S. 2154, f. 64).

Lettre de Gaston Paris à Sully-Prudhomme, du 6 juillet 1891 :

> Je t'annonce un grand événement pour moi, mêlé de joie et de tristesse, comme il ne saurait en être autrement pour moi. Je vais me remarier. J'épouse Madame Savary, une femme charmante, qui a eu les plus cruels malheurs de tout genre, et qui met les débris de son naufrage avec ceux du mien, pour essayer d'en rebâtir un foyer. Ainsi ma vie change de face encore une fois, et je demande à la destinée que ce soit la dernière[520].

Lettre de Marguerite Savary à Alexandre Dumas fils (sans date) :

> Vous ne m'en voudrez pas de vous écrire une fois encore. Il me serait très pénible de penser que vous avez pu apprendre par d'autres la grande résolution que je viens de prendre et qui va changer toute ma vie. L'affection que Monsieur Gaston Paris me témoigne, le dévouement et le désintéressement dont il fait preuve en voulant m'épouser et dont personne ne peut douter, les sentiments qu'il m'a voués et que rien ne rebute, ni les souvenirs du passé, ni les difficultés du présent, ni les responsabilités de l'avenir m'ont touchée et vaincue. Mon pauvre père a entrevu cet avenir, ce qui m'est bien doux. Il a eu le temps, à son lit de mort, de me recommander de ne pas repousser la protection et la tendresse que m'offrait pour moi et pour mes enfants cet homme loyal et bon qu'il a bien peu connu hélas ! mais que vous connaissez et dont il est inutile que je vous fasse l'éloge. Je pense que vous comprendrez le sentiment qui m'a fait désirer vous annoncer moi-même cette grave résolution. Mon cœur n'oublie rien aisément et il garde pour vous les sentiments de l'amitié la plus vraie et la plus sincère[521].

Lettre de Gaston Paris à Rajna, du 8 juillet 1890 :

> Je n'ai que le temps de vous annoncer en deux mots une grande nouvelle, celle de mon prochain mariage

Nouvelle lettre de Marguerite Savary à Alexandre Dumas fils, qui semble avoir réagi sceptiquement à la première missive :

> Votre amitié pourrait ne pas être si cruelle ; je sais tout ce que vous me redites là bien inutilement. Je vous

[520] B.N., n.acq.fr. 24465, f. 113.

[521] B.N., n.acq.fr. 14668, ff. 418-419.

avec Madame Savary, femme charmante de tous points, qui a deux enfants (16 et 9 ans) et qui a été très malheureuse. Nous allons tâcher de refaire un peu de bonheur avec les débris de nos deux vies. Je vous embrasse bien affectueusement[522].

connais très bien et je ne me fais aucune illusion, ce qui n'empêche, que de temps en temps, j'aimerais avoir l'illusion de l'illusion. Je ne suis ni faible, ni lâche, bien que j'aie des moments de faiblesse. La vie n'est pas aisée, plus difficile encore que vous ne pensez pour moi, et je suis quelquefois terriblement lasse aussi[523].

Malgré ces débuts quelque peu tempérés, la relation entre les deux époux paraît s'être continuellement approfondie : les pensées très émouvantes que Marguerite Paris confiera à son journal intime après le décès de son mari montrent à quel point leurs sentiments se sont intensifiés au cours des années[524].

Gaston et Marguerite Paris eurent une fille, Marguerite (dite Griette), née le 30 août 1892 et morte en 1919 de la grippe espagnole. Une deuxième petite fille mourut quelques heures après sa naissance, le 14 août 1893.

## ÉLÉMENTS D'UN PROFIL PSYCHOLOGIQUE

Loin de vouloir dresser ici un profil psychologique tant soit peu complet de Gaston Paris, nous aimerions tout simplement indiquer, pour conclure cette partie « biographique », quelques traits qui nous semblent typiques de la personnalité du philologue telle qu'elle se présente à travers les différents documents étudiés.

Gaston Paris nous est apparu de plus en plus clairement comme un homme dont l'activité professionnelle exubérante contraste avec un état d'âme mélancolique s'accentuant encore avec l'âge. Loin d'être propre au seul Gaston Paris, ce profil paraît caractériser toute une classe de grands savants. Ne citons ici que l'exemple de Claude Lévi-Strauss, qui a confié à Didier Eribon :

> « Pourquoi ai-je tant travaillé ? Quand je travaille, je vis des moments d'angoisse, mais quand je ne travaille pas j'éprouve un morne ennui et ma conscience me taraude. La vie de travail n'est pas plus gaie que l'autre, mais au moins on ne sent pas le temps passer » (Lévi-Strauss/Eribon 1990, p. 136).

522 B.N., n.acq.fr. 24466, f. 132.

523 B.N., n.acq.fr. 14668, ff. 420-421.

524 Ce journal est conservé au château de Cerisy-la-Salle.

Et d'ailleurs Paul Meyer, lui aussi, avait écrit un jour à Gaston Paris:

> «Je ne trouve pas bien amusant de travailler, mais tout autre chose m'ennuie bien davantage» (lettre du 29 juillet 1891, citée dans Armendares Pacreu 1993, p. 158).

L'«étourderie» qui caractérise le jeune Paris aux yeux de son père paraît déjà relever moins d'un état d'exaltation d'un sujet «trop plein», incapable de choisir parmi tout ce qui l'intéresse, que d'un état rêveur de type mélancolique qui caractérise un individu pressentant vaguement la vanité ou, du moins, la relativité de toutes choses humaines. Or, Gaston Paris, comme tant d'autres, a essayé de maîtriser cet état, qui par moments menaçait de l'envahir, par un programme de travail souvent excessif. De façon tout à fait typique, nous semble-t-il, d'une telle structure de personnalité, on voit ainsi s'alterner dans sa vie des phases très productives avec des périodes d'une inactivité presque complète, paralysante. L'une des raisons pour lesquelles il n'a plus écrit de grande synthèse après son *Charlemagne* – nous en avons vu d'autres, certainement non moins réelles, qui ne sont pas directement liées au psychisme du philologue – pourrait justement résider dans cet état mélancolique grandissant, plus facilement surmontable par des tâches pressantes et des travaux limités se succédant rapidement dans le temps que par des études de longue haleine, qui comportent nécessairement des arrêts réflexifs et des trébuchements risquant d'accroître le sentiment d'impuissance voire d'évanescence du sens. – Quoi qu'il en soit, nous avons conservé nombre de lettres, adressées, comme il semble naturel, aux amis les plus intimes, à Durande dans sa jeunesse, à Monod plus tard, dans lesquelles Gaston Paris dit souffrir de ses dispositions psychiques:

> Je me sens assez fatigué, est-ce du temps? est-ce de l'année de travail et de monde? est-ce le contre-coup physique d'une apathie morale qui va toujours grandissant? Je ne sais. Je me plais à penser que vous au contraire, vous vous fortifiez sans cesse. Si je vous voyais plus souvent il me semble que cela me rendrait du bon[525].
>
> Quant à moi je vais aussi bien que possible, je ne fais absolument rien, et je regarde passer les journées avec une sorte de torpeur qui n'est pas sans charme. Il me semble que je m'arrangerais bien de vivre toujours ainsi; on dit qu'une pareille vie abrutit à la longue; c'est très probable; la question est de savoir si c'est grand mal. Ne montrez pas de pareilles horreurs à votre belle-sœur[526], elle a déjà trop mauvaise opinion de moi[527].

---

525 B.N., n.acq.fr. 24465, ff. 64-65, lettre à Monod, sans date précise.

526 Je ne saurais dire qui est la belle-sœur de Monod.

527 B.N., n.acq.fr. 24465, ff. 68-69, lettre à Monod, sans date précise.

> Vous êtes heureux il est vrai par les circonstances extérieures, mais vous l'êtes surtout parce que vous avez du bonheur en vous, et que vous en répandez autour de vous. Personne ne vous approche sans en accueillir quelque peu ; même les plus découragés reprennent de l'espérance à votre foyer. Pour moi, qui malgré des soubresauts de plus en plus rares, ai renoncé [...][528] à bien des genres de bonheur, celui que je vous envie le plus est celui que vous trouvez dans votre nature, et dans la satisfaction sans mélange que vous pouvez éprouver à regarder votre vie passée et future[529].

> Vous n'êtes malheureux que parce que vous êtes trop heureux. Vous n'êtes pas encore suffisamment convaincu de l'*infinita vanità del tutto*. L'égoïsme et l'indifférence ne vous ont pas encore assez recouvert de leur couche lente et impénétrable. Vous avez encore beaucoup de foi ; je vous envie vos découragements intellectuels comme je vous ai envié autrefois vos souffrances d'amour. Pour moi, *insensato*, *immobile*, *triste ma non turbato*, je sens le froid qui a envahi les extrémités remonter lentement[530].

On aurait pourtant tort de croire que Gaston Paris ait été malheureux. Selon ses propres témoignages, il éprouvait en général, dans sa mélancolie même, une sorte de bonheur tranquille, et nous savons également qu'il avait un sens de l'humour très développé et aimait beaucoup rire[531].

Le philologue comptait, parmi les choses les plus importantes dans sa vie, les amitiés. Sous sa carapace d'homme sévère et de savant impitoyable se cachait, et cette « disposition psychique » est également bien connue, un noyau extrêmement tendre. La sincérité et la fidélité que Gaston Paris affiche comme étant ses qualités saillantes dans une lettre à la cantatrice Pauline Viardot[532] sont également celles qui, à en croire les différents témoignages, ont le plus frappé ses proches :

> Quand vous me connaîtrez mieux, dirai-je à mon tour, vous verrez qu'avec tous mes défauts et surtout mes *manques*, j'ai une qualité que me reconnaissent tous mes amis, et que les autres appellent d'un autre nom, c'est une sincérité dont je ne suis pas maître et qui me fait parfois, dit-on, aller à l'excès dans le sens opposé à ce qu'on appelle non seulement hypocrisie, mais amabilité et même simplement politesse. Puisque vous détestez avant tout le doute et l'incertitude, vous pouvez être rassurée avec moi ; mon vin n'est peut-être que de la piquette, mais il n'est pas frelaté, et vous pourrez boire avec toute confiance[533].

---

528 Lacune dans la transcription (voir n. 313).

529 *Ibid.*, ff. 66-67, lettre à Monod, sans date précise.

530 *Ibid.*, f. 82, lettre à Monod, sans date précise.

531 Voir par exemple Chantavoine 1896 et M. Roques 1903, p. 131.

532 Née en 1821, fille du ténor Manuel Garcia, elle a été également compositrice.

533 B.N., n.acq.fr. 16272, f. 409, lettre du 1er septembre, sans année précise.

On comprend donc aisément que l'affaire Dreyfus l'ait laissé moralement abattu, elle qui a amené tant de ruptures d'amitiés.

Mais il y a également un côté radicalement différent chez Gaston Paris, un côté qui a trait au pouvoir, à la volonté de dominer, volonté sans laquelle une carrière comme celle que le savant a réalisée est, en effet, tout à fait inconcevable. Il est intéressant de noter dans ce contexte que ceux qui n'ont pas intimement connu le philologue mettent l'accent sur son apparence sévère, voire froide. Ainsi Michel Arnauld, dans la *Revue blanche*:

> «Un regard froid et perçant sous le monocle, un beau front, une barbe blanche, un corps haut et droit dans une attitude de distinction un peu glacée, – telle est l'image que gardent de Gaston Paris ceux qui l'ont vu seulement de loin, aux cérémonies officielles. Mais la reconnaissance des élèves prouve la qualité du maître, cette affection mesurée et nuancée, cette sûreté de conseil, qui font le vrai directeur d'esprits» (Arnauld 1903, p. 466).

Cependant, même des proches comme Mario Roques se disaient impressionnés par l'apparence dominante du philologue:

> «Gaston Paris a eu sur tous ceux qui l'approchaient, sur les aînés ou les contemporains comme sur ses plus jeunes élèves, une influence personnelle considérable. Il avait en lui les signes de la domination. Sa haute taille, sa tête droite, son front élevé, le regard précis et clair malgré la fatigue de la vue, l'assurance du geste et la netteté de l'allure en imposaient facilement dès les premières rencontres et laissaient une ineffaçable impression de maîtrise. D'ailleurs aucune raideur, aucune morgue, mais une gaieté, une ardeur juvénile, que la fatigue et la maladie diminuaient à peine, et qui fit jusqu'aux derniers jours illusion à beaucoup d'entre nous sur l'imminence du malheur redouté» (M. Roques 1949, p. 131)[534].

Au Gaston Paris dominant et dominateur correspondent également l'homme mondain, le causeur habile, le séducteur charmant. C'est sur ces aspects qu'insiste par exemple Ferdinand Castets dans la *Revue universelle*:

> «Gaston Paris était un causeur exquis, plein de finesse, sachant parler avec esprit des choses sérieuses, touchant à tout, science, lettres, art, poésie, avec une égale maîtrise» (Castets 1903, p. 172).

Et Ferdinand Brunetière, pas précisément un ami intime du savant ainsi que nous allons le voir sous peu, écrit:

> «Ce très honnête et très galant homme, très homme du monde, avait l'imagination chaste et le goût délicat [...] Sa courtoisie parfaite se nuançait d'un peu d'ironie» (Brunetière 1903, p. 85).

---

534 Voir également Monod 1903b, p. 63.

L'image de l'homme que donnent, dans leurs notices nécrologiques avant tout, ceux qui ont bien connu Gaston Paris est par ailleurs assez uniforme. Ils insistent tous sur le fait que derrière une apparence un peu sévère se cachait un homme d'une grande sensibilité et d'une grande bonté, qui avait besoin d'aimer et d'être aimé, un homme surtout dont la première qualité, on l'a dit, a été la sincérité[535].

En somme, Gaston Paris, et ceci n'a rien de bien extraordinaire, nous apparaît comme une personnalité complexe, à la fois rêveuse et active, mélancolique et gaie, saturnienne et apollinienne.

---

535 Voir par exemple Beaunier 1903; Chuquet 1903, p. 214; Crescini 1903, p. 5; D'Ancona 1903b, p. 135; D'Ovidio 1903; Loliée 1903, p. 334; Meyer 1903a, p. 103; Monod 1903a, p. 105; Muret 1903; Psichari 1903, p. 202; Söderhjelm 1903, p. 1. – Dans ce concert harmonieux, il n'y a qu'une seule voix discordante, celle de H. L., auteur anonyme d'une notice nécrologique sur Gaston Paris dans *The Academy* (L. 1903). Or, cet auteur ne semble être autre que la traductrice violemment critiquée du livre de Gaston Paris qui avait paru en Angleterre en 1903 (voir plus haut). Dans sa notice, elle raconte que Gaston Paris avait été un séducteur fameux, connu pour ses aventures amoureuses, qu'il était devenu moins modeste depuis son élection comme administrateur du Collège de France, et, surtout, que c'était lui-même qui l'avait instamment priée de traduire son *Manuel* etc. etc. – Je ne crois pas qu'il faille accorder beaucoup d'importance à cette nécrologie. Et, quant aux aventures galantes, il était bien connu que beaucoup de professeurs, après les cours, ne rentraient pas tout de suite chez eux.

## DEUXIÈME PARTIE

# LA CITÉ DES SCIENCES

# UN DISCOURS AUTORÉFLEXIF

Le discours philologique de Gaston Paris présente dans son ensemble un caractère hautement autoréflexif, qu'il partage avec nombre de discours scientifiques de l'époque. Ce trait ne laisse pas de frapper le lecteur de textes philologiques modernes, dont la grande majorité est depuis longtemps marquée par l'absence quasi totale de toute réflexion dépassant le strict cadre de l'objet étudié. Si des considérations plus générales sur le sens et l'utilité de la philologie romane sont faites de nos jours, celles-ci se trouvent habituellement dans des documents d'un tout autre genre, de type économico-politique, conservés dans des archives administratives et censés justifier les ressources financières qu'on accorde aux représentants de la discipline[1]. Les textes scientifiques de Gaston Paris, par contre, comportent très souvent les deux composantes, autoréférentielle et autoréflexive:

1° Par composante *autoréférentielle*, on entendra les parties d'un discours scientifique qui sont centrées sur un objet d'étude précis à l'intérieur d'un champ d'investigation donné.

2° La composante *autoréflexive* se situe à un niveau hiérarchiquement supérieur. S'identifiant à des considérations sur les qualités, le sens et l'utilité du propre faire scientifique, elle constitue une réflexion métadiscursive par rapport au discours scientifique autoréférentiel.

Quelle est donc l'origine de cette forte présence de passages autoréflexifs dans les textes philologiques de Gaston Paris, et en général dans ceux de son époque ?

On trouve une première explication à ce phénomène dans les discussions sur la réforme de l'enseignement supérieur entamées pour l'essentiel en 1863, sous le ministère Duruy, discussions qui ont gagné en virulence après la défaite de 1871 et qui ont amené peu à peu à une réorganisation des disciplines à l'intérieur des facultés et des écoles spéciales ainsi qu'à une réorientation, du moins partielle, des activités intellectuelles, jusque-là largement centrées sur l'enseignement rhétorique d'un savoir acquis, vers la recherche[2]. Le (re)positionnement et la (re)définition des disciplines passe naturellement par des réflexions sur l'objet, sur les méthodes et sur le statut

---

1 Il est vrai qu'en Allemagne, on note, depuis quelques années, un nombre croissant de textes sur la «crise» de la philologie romane (voir par exemple Einfalt 1999 et Kramer 1999, avec, dans chaque article, des références bibliographiques). Mais il s'agit dans ce cas, de textes *exclusivement* consacrés aux problèmes de la discipline.

2 Voir par exemple, dans l'ordre chronologique, Liard 1888-1894, Weisz 1978, Weisz 1980, Geiger 1980, Digeon 1992, pp. 364-383 et Weisz 1983.

des différentes branches du savoir. Chaque discipline – et surtout les plus récentes, comme la philologie romane – doit chercher sa place dans le système global des sciences et dans le paysage institutionnel. Chaque discipline se voit obligée, en d'autres termes, de définir son *identité sociale*.

Une autre raison qui explique le phénomène en question réside dans le procès interne de la scientifisation de la philologie romane. Une large partie de l'argumentation de Gaston Paris a en effet pour but d'amener un changement de paradigme[3], de remplacer tout ce qui relève de ce que le savant regarde comme pré- ou a-scientifique – les méthodes intuitives ou divinatoires en étymologie, les systèmes logiques en grammaire, l'appréciation purement rhétorique des textes littéraires etc. – par ce qu'il considère comme scientifique, c'est-à-dire essentiellement par le principe de la subordination de tous les domaines de recherches philologiques aux méthodes historico-comparatives. Pour amener le changement souhaité, Gaston Paris est constamment tenu d'expliquer ce qu'il fait, de dire pourquoi il le fait, et surtout aussi, de mettre en évidence pourquoi ce qu'il fait est mieux que ce qu'ont fait ou font encore les «autres». Outre une identité sociale, la nouvelle discipline doit se donner également une *identité cognitive*[4].

---

3 Quant à la discussion du terme de paradigme dans ce contexte, voir plus loin, au chapitre «Jeux de pouvoir – espaces paradigmatiques».

4 Les termes d'«identité sociale» et d'«identité cognitive», auxquels s'ajoute celui d'«identité historique», ont été introduits par Wolf Lepenies pour rendre compte de l'établissement des disciplines universitaires, notamment de la sociologie: «Die Entstehung disziplinärer Identitäten führt Lepenies auf drei Teilidentitäten zurück, die auch für das Image eines Faches konstitutiv sind. Unter der *kognitiven* Identität ist die Kohärenz von spezifischen theoretischen und methodologischen Orientierungen, von gemeinsamen Paradigmen, Problemfeldern und Forschungswerkzeugen, die eine 'inhaltliche' Abgrenzung von anderen Disziplinen ermöglichen, zu verstehen. Daneben muss aber auch eine *soziale* Identität gestiftet werden, die mit den Institutionalisierungsprozessen der Fächer gleichzusetzen ist, also eine Art ihrer Etablierung innerhalb der Universitäten, aber auch andere organisatorische Verankerungen, wie etwa die Gründung von Zeitschriften, das Abhalten von Konferenzen oder die Verleihung von Auszeichnungen. Zumeist am Ende solcher 'Identitätsfindungen' wissenschaftlicher Disziplinen steht schliesslich die Herausbildung einer *historischen* Identität. Diese kommt vor allem durch die geschichtliche Rekonstruktion des Faches zustande – etwa durch die Kanonbildung und Disziplinengeschichte – und geht dabei nicht selten mit Krisen im disziplinären Selbstverständis einher» (Felt/Nowotny/Taschwer 1995, p. 172). Précisons que dans le cas de la philologie romane, l'établissement de l'identité historique ne s'est pas réalisé en dernière étape, une fois les identités sociale et cognitive définies, mais de façon contemporaine et constitutive de ce double processus, ainsi que nous l'ont montré les différentes constructions de la discipline passées en revue dans la première partie de ce travail. – Autre précision: dans la mesure où la composante autoréflexive contient des considérations touchant tout aussi bien à l'identité sociale qu'à l'identité cognitive d'une discipline, on se gardera de l'identifier au «pôle hétéronome» défini par Bourdieu dans le cadre de sa théorie des luttes de différents champs. Les deux composantes, autoréférentielle et autoréflexive, ne coïncident donc pas avec les deux pôles, «autonome» et «hétéronome», de Bourdieu.

Devant cette double pression de légitimation, il peut sembler surprenant que Gaston Paris n'ait écrit aucun texte à vocation proprement théorique ou programmatique sur la philologie romane, ni encore sur les sciences historiques ou sur les sciences en général – à part, si l'on veut, les deux prospectus de la *Revue critique* (1865) et de la *Romania* (1871) ainsi que, dans le domaine des sciences en général, le discours de réception à l'Académie française, textes dont nous reparlerons. Il faut dire que la France, en dépit de la monumentale entreprise encyclopédique de d'Alembert et de Diderot, en dépit aussi des grands systèmes de classification des sciences inaugurés par Auguste Comte[5], ne connaît pas la tradition allemande des encyclopédies consacrées aux différentes disciplines, ouvrages qui constituent, pour reprendre la formule de Karlheinz Stierle, une sorte de «institutionell begründete Form der Selbstdarstellung»[6] et qui, outre une mise au point sur la/les discipline/s concernée/s, contiennent toujours des réflexions sur l'organisation du savoir en général. Au cours du XIX^e siècle, on voit ainsi paraître, de l'autre côté du Rhin, un nombre assez important d'encyclopédies philologiques, historiques et juridiques. Dans le domaine de la philologie romane, le premier ouvrage de ce genre a été celui, largement oublié aujourd'hui, de Gustav Körting, *Encyclopädie und Methodologie der romanischen Philologie* (1884-86). Il a été suivi, et tout de suite éclipsé, par le célèbre et toujours utile *Grundriss der Romanischen Philologie* édité par Gustav Gröber (première édition 1888-1902)[7].

Pour ce qui est de Gaston Paris, qui est en cela un représentant tout à fait typique de la tradition française, ses considérations autoréflexives sur la philologie romane et sur les sciences (historiques) en général se trouvent donc le plus souvent, à des concentrations variables, dans les documents scientifiques, autoréférentiels eux-mêmes. Les textes à forte concentration autoréflexive sont de deux genres: ce sont, d'une part, en amont sur l'axe de l'autoréférentialité, les comptes rendus dans les revues spécialisées, et, d'autre part, en aval sur ce même axe, les discours publics, tel le discours de réception à l'Académie française, et, en général, les textes destinés au grand public, comme ceux qui paraissent dans le *Journal des Savants* ou dans la *Revue de Paris*. Comme l'on s'y attend, les textes du premier genre contiennent avant

---

5 Voir par exemple Petit 1984.

6 Stierle 1979a, p. 268.

7 Tout ce que l'on trouve de comparable en France, c'est le *Manuel de philologie classique* de Salomon Reinach (1880) ainsi qu'une amorce de réflexion méthodique chez L. Havet (1885). – Curieusement, la première encyclopédie de philologie moderne en Allemagne n'a pas vu le jour dans le domaine de la germanistique mais dans celui de la romanistique. Le *Grundriss der germanischen Philologie* de Hermann Paul, qui paraît en 1889, prend explicitement modèle sur le *Grundriss* de Gröber. Pour une caractérisation globale de cet ouvrage, voir Curtius 1951, pp. 269-281.

tout des réflexions sur l'identité cognitive de la philologie romane, tandis que ceux du deuxième se prononcent avec prédilection sur l'identité sociale de la discipline, voire aussi sur le sens et l'utilité de la science en général. Il y a, enfin, une classe de textes où les considérations de Gaston Paris deviennent ouvertement philosophiques et morales, à savoir les analyses de contes.

C'est donc de façon locale et atomisée que les idées autoréflexives se font jour dans les textes du savant, et c'est à nous de les «recoller» afin d'en reconstituer un ensemble, tout en sachant que la cohérence ainsi établie relève d'un processus de (re)construction *a posteriori* qui, sans faire l'économie de ruptures, d'hésitations et de contradictions, ne consiste pas moins en une systématisation plus ou moins artificielle de la pensée de Gaston Paris. Nous commencerons notre parcours d'analyse par le niveau hiérarchiquement le plus englobant, celui de la science en général, pour passer ensuite aux sciences historiques et, finalement, à la philologie romane.

## SCIENCE ET CROYANCE

L'un des grands débats qui agitent les esprits dans la deuxième moitié du XIXe siècle est celui sur le rapport entre science et croyance, autre raison, d'ailleurs, qui explique la grande fréquence d'énoncés autoréflexifs dans les textes scientifiques de l'époque. Cette discussion a gagné en importance sous le Second Empire:

> «[...] this time was a time when philosophers were far less concerned with (for example) the refinements of logical analysis than with the weightiest of all philosophical questions. The relation between science on the one hand and religion and metaphysics on the other, the problem of free will and determinism, the search for ethical standards to replace the Christian moral code, and, behind all these, the nature and validity of human knowledge – these were the preoccupying problems; and although they are no doubt the perennial problems of every age, they presented themselves to the thinkers of the mid-nineteenth century with unusual directness and urgency» (Charlton 1959, p. 16).

Elle a déterminé le reste du siècle, ainsi que les premières décennies du siècle suivant:

> «'Toute philosophie est devenue, plus ou moins, une philosophie des sciences' soulignait en 1908 Dominique Parodi [...] La pensée contemporaine se donnait volontiers, soit comme le prolongement de la science, soit comme sa critique» (Rasmussen 1996, p. 97).

En ce qui concerne ce débat, les discours de réception prononcés à l'Académie française sont très précieux pour l'historiographe des sciences: prononcés lors de l'élection d'un nouvel immortel devant un public varié, à la fois mondain et scientifique, ces discours se caractérisent par la juxtaposition de considérations générales, souvent d'ordre philosophique, et de réflexions spécialisées, touchant aux domaines d'activité respectifs du membre défunt et du nouvel élu. Les différents problèmes sont discutés au niveau le plus élevé de la pensée intellectuelle, mais sont en même temps présentés sous une forme «laïque», et non pas hautement théorique, ce qui fait que certaines idées se voient exprimées de façon plus ouverte et plus nette que d'habitude. L'ensemble de ces facteurs fait que l'essence même des différentes positions philosophiques et scientifiques ressort souvent de manière plus pointue dans ces discours que dans d'autres publications, plus spécialisées, qui passent volontiers sous silence certains présupposés idéologiques.

## 1. MISE EN PERSPECTIVE: LITTRÉ, PASTEUR, RENAN

Afin de pouvoir situer les idées de Gaston Paris dans leur temps, il me semble utile d'établir une base de comparaison. Je choisis, à cet effet, les discours prononcés à l'Académie française dans la séance du 27 avril 1882. Ce jour-là, Louis Pasteur est élu au fauteuil d'Emile Littré, et c'est Ernest Renan qui accueille le nouvel immortel[8].

Admiratif devant les travaux scientifiques de Littré, Pasteur prend pourtant ses distances vis-à-vis des doctrines philosophiques de l'émule et historiographe d'Auguste Comte[9]. Il résume ainsi la philosophie positiviste:

> «Le principe fondamental d'Auguste Comte est d'écarter toute recherche métaphysique sur les causes premières et finales, de ramener toutes les idées et toutes les théories à des faits et de n'attribuer le caractère de certitude qu'aux démonstrations de l'expérience. Ce système comprend une classification des sciences et une prétendue loi de l'histoire qui se résume dans cette affirmation: que les conceptions de l'esprit humain passent successivement par trois états: l'état théologique, l'état métaphysique, l'état scientifique ou positif» (Pasteur 1939, pp. 333-334).

Pasteur adresse trois reproches principaux à Littré, et, par ce biais, au positivisme comtien entendu comme système philosophique:

---

[8] Loin de chercher à retracer systématiquement les «philosophies» de Pasteur et de Renan, nous nous limiterons, dans ce qui suit, à décrire l'état de la pensée de ces deux savants au début des années 1880. Quant à la philosophie de Renan entre 1848 et 1871, voir par exemple Charlton 1959, pp. 86-126. En 1882, Renan a déjà largement abandonné son rêve de faire de la science une religion au sens plein du terme; il n'en a pas, pour autant, renoncé au culte de la vérité.

[9] Au sujet du positivisme de Littré, qui excède souvent celui de Comte lui-même, voir *ibid.*, pp. 51-71.

1° d'avoir écarté *a priori* toute réflexion sur les « hautes préoccupations » de l'homme, à savoir l'existence de Dieu et l'immortalité de l'âme, préoccupations éternelles qui caractérisent l'être-dans-le-monde de tout individu et ne peuvent être niées ; pour Pasteur, en effet, la notion la plus importante et la plus positivement donnée est celle, métaphysique, justement, de l'infini, notion qui motive en dernière analyse toutes les recherches scientifiques, sans qu'elle puisse pour autant jamais être comprise elle-même[10] ;
2° d'avoir amalgamé système philosophique et principes scientifiques ;
3° d'avoir confondu, à l'intérieur des principes scientifiques, observation et expérimentation ; les sciences historiques n'obéissent pas aux lois des sciences naturelles, car si ces dernières fournissent, par l'application de la méthode expérimentale, des preuves « sans réplique », les premières, par l'application de la méthode d'observation, ne mènent qu'à des inductions « de ce qui a été à ce qui pourrait être », c'est-à-dire à des conclusions plus ou moins légitimes[11].

Le « péché capital » de Littré – et de Comte –, aux yeux de Pasteur, est pourtant celui mentionné sous le deuxième point, c'est-à-dire d'avoir assimilé et confondu science et philosophie, d'avoir présenté des idées philosophiques – celles du positivisme, donc – comme des principes scientifiques, alors que, en réalité, ces idées relèvent de ces mêmes constructions aprioriques que le positivisme prétend justement nier.

Pour le biologiste, le domaine de la science et celui de la philosophie sont nettement séparés. Protagoniste de la méthode expérimentale et de l'exclusion stricte de tout préjugé métaphysique en science – « la science expérimentale est essentiellement positiviste »[12] –, Pasteur est en même temps, en tant que *homo philosophicus et religiosus*, un adepte convaincu de la doctrine spiritualiste :

> « En prouvant que, jusqu'à ce jour, la vie ne s'est jamais montrée à l'homme comme un produit des forces qui régissent la matière, j'ai pu servir la doctrine spiritualiste, fort délaissée ailleurs, mais assurée du moins de trouver dans vos rangs un glorieux refuge » (*ibid.*, p. 326).

---

10 Le débat sur les limites du savoir, avec les mêmes arguments, est encore – qui s'en étonnera ? – d'actualité. Il est intéressant de voir que George Steiner, pour prendre cet exemple, emploie presque les mêmes termes que Pasteur pour s'opposer au positivisme : « Nichts in der Naturwissenschaft oder im logischen Diskurs kann die von Leibniz gestellte Frage aller Fragen lösen oder verbannen : 'Warum ist da nicht nichts ?' Das positivistische Dekret, wonach ein erwachsenes Bewusstsein im Hinblick auf die Welt und auf die Existenz nur 'Wie ?' fragt und nicht 'Warum ?' ist Zensur der obskurantistischsten Sorte. Sie würde die Stimme unter den Stimmen in uns ersticken » (Steiner 1999, p. 317).

11 Pasteur 1939, p. 335.

12 *Ibid.*, p. 336.

La science ne suffit donc pas, et de loin, à assurer l'identité de l'homme. Pasteur cite l'exemple de Faraday, et il n'y a pas de doute que les paroles du physicien anglais qu'il rapporte reflètent ses propres convictions. Le découvreur de l'induction électromagnétique, ayant laissé échapper le nom de Dieu lors de l'une de ses leçons à l'Institut royal de Londres, se serait en effet hâté d'ajouter cette explication:

> «'Je viens de vous surprendre en prononçant ici le nom de Dieu. Si cela ne m'est pas encore arrivé, c'est que je suis, dans ces leçons, un représentant de la science expérimentale. Mais la notion et le respect de Dieu arrivent à mon esprit par des voies aussi sûres que celles qui nous conduisent à des vérités de l'ordre physique'» (cité dans *ibid.*, p. 336).

Dans sa réponse au discours de Pasteur, Renan est formel: l'Académie française n'est pas la gardienne de doctrines mais de l'«esprit» et du «génie» tels qu'ils sont saisissables dans des productions scientifiques et artistiques concrètes, matériellement existantes. Elle ne sera le dernier refuge ni du spiritualisme, comme semble l'espérer Pasteur, ni du matérialisme, ni du positivisme, ni d'aucune autre opinion spéculative:

> «Je vous ferai d'ailleurs ma confession: en politique et en philosophie, quand je me trouve en présence d'idées arrêtées, je suis toujours de l'avis de mon interlocuteur. En ces délicates matières, chacun a raison par quelque côté. Il y a déférence et justice à ne chercher dans l'opinion qu'on vous propose que la part de vérité qu'elle contient. Il s'agit ici, en effet, de ces questions sur lesquelles la providence (j'entends par ce mot l'ensemble des conditions fondamentales de la marche de l'univers) a voulu qu'il planât un absolu mystère. En cet ordre d'idées, il faut se garder de parti pris; il est bon de varier ses points de vue et d'écouter les bruits qui viennent de tous les côtés de l'horizon» (Renan 1939, p. 344).

Si Renan refuse toute doctrine, en religion et en philosophie tout comme en politique, il admet bien, d'autre part, l'existence même d'une ou plutôt de vérités absolues. Celles-ci auraient cette propriété, précisément, de se présenter aux hommes «avec le double caractère d'impossibilités physiques et d'absolues nécessités morales»[13]. On ne peut pas ne pas les admettre, mais, en même temps, on ne peut pas non plus les connaître autrement que par intuition ou pressentiment. Or, un tel pressentiment peut être déclenché – et sur ce point Renan est en principe d'accord avec Pasteur – par les choses que nous pouvons positivement connaître, par ce «coin imperceptible de la réalité» que nous saisissons, coin pourtant immense quand on le mesure à l'échelle humaine, et qui laisse entrevoir tant de «ravissantes harmonies»[14].

---

[13] Renan 1939, p. 345.

[14] *Ibid.*, p. 346.

Cependant, même s'il refuse toute étiquette, Renan a bien une philosophie à lui. Cette philosophie est d'abord profondément sereine, et il est intéressant de noter dans ce contexte que l'hébraïsant constate et regrette l'absence de sourire, largement sceptique il est vrai, non seulement chez Littré mais chez tous les adeptes d'un système de pensée arrêté[15]. La philosophie de Renan est, ensuite, optimiste, dans la mesure surtout où la seule catégorie stable qu'elle contienne est probablement. celle de progrès[16]: «l'œuvre divine s'accomplit par la tendance intime au bien et au vrai qui est dans l'univers»[17]. Elle est, finalement, essentiellement humaniste et «immanentiste», ce qui n'exclut pas des préoccupations d'ordre métaphysique mais relègue celles-ci au second plan. L'essentiel est d'œuvrer dans l'ici-bas au bien-être matériel et moral des hommes:

> «Son optimisme [de Renan] n'était pas la satisfaction béate de l'homme frivole, mais l'optimisme volontaire de l'homme d'action qui pense que, pour agir, il faut croire que la vie vaut la peine d'être vécue et que l'activité est une joie» (Monod 1895, p. 32).

Les idées de Pasteur et de Renan au sujet du rapport entre la science d'un côté, et, de l'autre, la philosophie et la religion, ne sont pas aussi différentes qu'elles ne le paraissent à première vue. Les deux savants partagent en effet l'avis que l'homme se voit désormais scindé en deux instances, un sujet scientifique, qui s'occupe du relatif, et un sujet philosophique et religieux, concerné par l'absolu. Les deux sujets du relatif et de l'absolu n'interfèrent pas directement, dans la mesure où ils sont étrangers l'un à l'autre par rapport à la nature de l'objet dont ils s'occupent respectivement. Mais, pris dans sa totalité, l'homme intègre, en les hiérarchisant, les deux instances formant son identité. La grande différence entre les deux chercheurs réside donc dans le fait que Pasteur a des idées arrêtées sur la nature de Dieu, tandis que Renan refuse toute description catégorielle de l'absolu. De manière générale, les deux

---

[15] *Ibid.*, pp. 346 et 348.

[16] Voir à ce sujet Gore 1970. – Dans la préface de *L'Avenir de la Science* écrite en 1890, on lit encore: «[...] pour les idées fondamentales, j'ai peu varié depuis que je commençai de penser librement. Ma religion, c'est toujours le progrès de la raison, c'est-à-dire de la science» (Renan 1995, p. 69). – Sur l'optimisme de Renan, voir également Monod 1895, pp. 29-31 et Gaulmier 1988, p. 9: «Qui a lu l'admirable finale des *Souvenirs d'enfance et de jeunesse*, et le non moins admirable *Examen de conscience philosophique* ne peut qu'être frappé par la *sérénité* de Renan. Le génie renanien, appuyé sur une confiance totale dans la Nature où s'effectue le travail d'un *fieri* divin, est essentiellement d'un *optimisme* raisonné et convaincu. Un bonheur familial sans faille, une carrière éclatante, une vieillesse comblée d'honneurs ont fait de Renan un homme heureux».

[17] Renan 1939, p. 345. – «Divine» ne désigne pas ici le Dieu chrétien, ni aucun autre dieu défini, mais l'«absolu» tout court.

hommes semblent mettre l'accent de façon différente sur les deux domaines du relatif et de l'absolu. Dans la conception du sémitisant, l'homme doit essentiellement se borner à connaître le domaine du relatif, tout bercé qu'il est par le rêve toujours présent, mais toujours cognitivement insaisissable, de l'absolu[18], tandis que, chez le biologiste, tout se fait directement et immédiatement en vue de Dieu, et par rapport à lui.

La façon dont Renan et Pasteur conçoivent l'être humain, comme lieu d'une coexistence complexe des deux sujets, relatif et absolu, c'est-à-dire scientifique et philosophico-religieux, les sépare du positivisme comtien et de Littré, qui avait proclamé la rupture définitive des deux instances:

> «'Le ciel théologique a disparu, et à sa place s'est montré le ciel scientifique, les deux n'ont rien de commun. Sous cette influence il s'est produit un vaste déchirement dans les esprits. Il est bien vrai qu'une masse considérable est restée attachée à l'antique tradition. Il est bien vrai aussi que, dans la tourmente morale qui s'ensuit, plusieurs, renonçant aux doctrines modernes, retournent au giron théologique. Quoi qu'il en soit de ce va-et-vient qui demeure trop individuel pour fournir une base d'appréciation, deux faits prépondérants continuent à exercer leur action sociale. Le premier, c'est le progrès continu de la laïcité, c'est-à-dire de l'Etat neutre entre les religions, tolérant pour tous les cultes et forçant l'Eglise en ce point capital; le second, c'est la confirmation incessante que le ciel scientifique reçoit de toutes les découvertes, sans que le ciel théologique obtienne rien qui en étaie la structure chancelante'» (cité par Renan 1939, pp. 349-50).

Dans le positivisme philosophique, le sujet relatif est devenu quasi absolu.

En 1896, la «parenthèse chimique» au 17e fauteuil se referme, et c'est Gaston Paris qui succède à Louis Pasteur. Dans son discours de réception, le philologue résume ainsi le débat entre le chimiste et l'historien des religions:

> «Ce fut comme un dialogue, d'un sommet à l'autre, entre deux voyageurs qui, parvenus à la même hauteur par des chemins différents, se décriraient avec un ravissement égal les horizons que chacun d'eux contemple de son point de vue» (1095*, 1897, p. 45).

Quelle est, alors, sa propre position?

---

18 «'Le rêve est bon et utile', says Euthyphron in the first *Dialogue philosophique*, 'pourvu que l'on le tienne pour ce qu'il est. Souvenez vous du grand principe de Hegel: 'Il faut comprendre l'inintelligible comme tel'» (cité dans Charlton 1959, p. 92).

## 2. PENSÉE(S) PHILOSOPHIQUE(S) DE GASTON PARIS

### L'absolu et le relatif

S'il est vrai que Gaston Paris s'occupe dès le début de sa carrière de quelques-uns des problèmes précédemment esquissés, c'est pourtant, et c'est bien naturel, à un âge plus mûr que les questions touchant au sens du savoir et de l'être gagnent en importance dans ses réflexions. La fréquence plus soutenue de ses prises de position d'ordre philosophique à partir de 1895 ne s'explique pourtant pas seulement par son évolution personnelle mais s'inscrit également dans un contexte idéologique précis. C'est à ce moment, en effet, que la virulence du débat sur le rôle que la science peut et doit jouer dans la direction morale de la société, débat très vif depuis la publication du *Disciple* de Bourget en 1889[19], s'accentue, pour atteindre un point culminant pendant l'affaire Dreyfus.

A l'instar de Renan, Gaston Paris prend ses distances vis-à-vis de tout système philosophique et religieux arrêté, tout en admettant que l'on ne saurait nier l'existence d'une vérité absolue, même si celle-ci reste cognitivement inaccessible. Cette vérité absolue existe bel et bien, et le savant n'hésite pas à parler du «grand temple éternellement inachevé que l'humanité élève [par ses travaux tant intellectuels que matériels] au Dieu inconnu»[20], marquant ainsi à la fois sa distance vis-à-vis de toute définition précise de Dieu et son adhésion à un principe relevant de l'ordre du transcendant.

Il y a donc deux domaines nettement séparés dans la conception du monde de Gaston Paris: le domaine des choses que l'on peut positivement connaître, domaine éternellement élargissable, et le domaine de l'absolu, qui, lui, ne sera jamais conceptuellement saisissable. Entre les deux, il y a un seul pont possible, celui du (pres)sentiment. Tout comme Pasteur et Renan, Gaston Paris pense que ce sentiment de participation à l'éternel peut être provoqué par ce que l'on peut réellement connaître, par le travail intellectuel que l'on fournit en vue de l'accroissement du savoir relatif. Dans son discours de réception à l'Académie française, il s'exprime comme suit:

> «Si par 'vérité' on entend la vérité absolue, la réponse [finale] ne viendra jamais. Nous savons bien que la vérité absolue n'est pas faite pour

---

19 Rappelons ici que ce roman raconte comment Robert Greslou, disciple d'Adrien Sixte, un psychologue déterministe (derrière lequel tout le monde a vu Taine), séduit une jeune fille au moyen d'une stratégie psychologique froidement calculée. Désillusionnée en apprenant la motivation de Greslou, la jeune fille se donne la mort. Greslou sera tué par le frère de la jeune fille.

20 1066*, 1895 dans 787*, 1896, pp. 4-5.

l'homme, puisqu'elle embrasse l'infini et que l'homme est fini; mais nous savons aussi que ce qu'il y a de plus noble en lui, c'est d'aspirer sans cesse à cette vérité relative dont le domaine peut s'agrandir indéfiniment, et débordera peut-être un jour la zone où nos espérances les plus hardies en marquent aujourd'hui les limites. L'esprit qui s'est assigné pour tâche de collaborer à cette grande œuvre, qui, sur un point quelconque, travaille à diminuer l'immense inconnu qui nous entoure pour accroître le cercle restreint du connu, qui s'est soumis à la règle sévère et chaste qu'impose cet auguste labeur, cet esprit est devenu par là même plus haut, plus pur, plus désintéressé [...]» (1095*, 1897, pp. 49-50).

Gaston Paris, contrairement à tout ce qu'on a pu dire de lui, n'est donc pas un positiviste dans le sens philosophique du terme. Il est convaincu que les préoccupations d'ordre métaphysique ne peuvent être écartées qu'au prix d'une mutilation cruelle de la plénitude de l'existence vécue par l'homme. Le positivisme classique, «quand il est tout à fait sincère», est nécessairement «assez borné», écrit-il au début des années 1880[21].

La science, toute primordiale qu'elle soit, ne saura donc assurer à elle seule l'identité de l'homme moderne. Gaston Paris aurait souscrit sans réserves aux déclarations suivantes de Monod:

> «Notre époque a perdu la foi et n'admet d'autre source de certitude que la science, mais en même temps elle n'a pu se résoudre, comme le voudrait le positivisme, à ne pas réfléchir et à se taire sur ce qu'elle ignore. Elle aime à jeter la sonde dans l'océan sans fond de l'inconnaissable, à prolonger dans l'infini des hypothèses que lui suggère la science, à s'élever sur les ailes du rêve dans le monde du mystère. Elle a le sentiment que, sans la foi ou l'espérance en des réalités invisibles, la vie perd sa noblesse et elle éprouve pour les héros de la vie religieuse, pour les âmes mystiques du passé, un attrait et une tendresse faits de regrets impuissants et de vagues aspirations» (Monod 1895, pp. 42-43)[22].

Les préoccupations métaphysiques n'intéressent pourtant pas immédiatement le sujet scientifique, mais concernent d'abord le sujet philosophique et privé. Gaston Paris se montre, ici encore, en plein accord avec Renan, quand celui-ci écrit:

> «'La religion est irrévocablement devenue une affaire de goût personnel. [...] Devenues individuelles, (les croyances) sont la chose du monde la plus légitime, et l'on n'a dès lors qu'à pratiquer envers elles le respect qu'elles n'ont pas toujours eu pour leurs adversaires quand elles se sentaient appuyées'» (cité dans Gore 1970, p. 267).

---

21 167*, vol. 2, 1883, pp. XV-XVI.

22 Voir également la suite du texte, Monod 1895, pp. 42-44.

Il n'y aura, dans le domaine de la religion et de la philosophie, aucune certitude possible, aucun système dogmatique valable, et les différentes opinions à ce sujet ne seront jugées que par rapport aux bienfaits qu'elles rendent en pratique, dans l'ici et le maintenant. En 1884, Gaston Paris conclut son analyse de la *Parabole des trois anneaux* par cet appel à la tolérance, et, simultanément, à une *vita activa*:

> «[...] efforçons-nous, par notre sincérité, charité, largeur d'esprit, par nos vertus, de prouver l'excellence de notre conviction religieuse ou philosophique, et non seulement le monde se trouvera bien de cette pacifique et féconde émulation, mais c'est ainsi que nous aurons le plus de chances de faire des prosélytes à cette conviction qui nous est chère» (903*, 1885 dans 339*, 1895, éd. de 1913, pp. 162-163).

La rationalité scientifique et la rationalité religieuse sont différentes par nature, et toute réconciliation *intellectuelle* des deux formes de pensée et d'expérience s'avère d'emblée exclue. C'est précisément ce problème qu'évoque Gaston Paris dans son éloge funèbre de James Darmesteter. Les efforts incessants du spécialiste de persan, professeur au Collège de France, pendant les dernières années de sa courte vie, avaient en effet tendu à réconcilier religion, science et morale, face à un monde ressenti comme devenant de plus en plus décadent[23]. Pour réaliser son projet «totalisateur», James Darmesteter avait essayé d'extraire des dogmes juifs et chrétiens des idées d'une portée très générale, pour les identifier, dans un deuxième temps, à des concepts scientifiques et moraux à caractère non moins général. Il avait ainsi placé dans un rapport d'identité l'idée de l'unité de Dieu et le concept de vérité, ou encore l'idée de la croyance au règne futur de Dieu sur terre et le concept de justice[24]. Or, Gaston Paris partage tout à fait le sentiment «fin de siècle» de Darmesteter: «nous vivons à une époque inquiète et troublée, où les âmes cherchent partout des appuis et des guides»[25], et, dans cette ambiance générale de scepticisme, de relativisme et de négation, il salue tout effort consistant à proposer des points de repère. Il ne croit pas du tout, par contre, à la possibilité de réconcilier la foi et la science de la manière dont a tenté de le faire son ami défunt. Non pas, en premier lieu, parce que, personnellement, il ne croit pas en Dieu, mais parce qu'un tel procédé va contre l'esprit même de la *Bible* et contre la nature même du Dieu chrétien:

---

23 Voir également, à ce sujet, l'émouvante préface de Mary Robinson, veuve de James Darmesteter, au recueil posthume de son mari, *Critique et politique* (Mary Darmesteter 1895).

24 Voir également, au sujet du «franco-judaïsme» de J. Darmesteter, Compagnon 1997, pp. 45-48.

25 1066*, 1895, dans 787*, 1896, p. 5.

> «Le Dieu de la Bible est extérieur à la nature, qu'il a créée, et qu'il gouverne arbitrairement: l'interpréter par l'unité fondamentale des forces naturelles, lesquelles agissent immuablement et aveuglément de même dans les mêmes conditions, est-ce autre chose que le jeu d'un esprit subtil, et cette ingénieuse exégèse peut-elle fournir une base à la science? La croyance au progrès comme résultant de l'évolution lente de l'humanité, – croyance qui va d'ailleurs en s'affaiblissant dans les esprits, – a-t-elle vraiment rien à faire avec la promesse du règne de Dieu sur la terre amené par un Messie suscité d'en haut?» (1066*, 1895, dans 787*, 1896, p. 50).

Et le philologue de conclure:

> «Tant qu'il y aura des âmes qui ne pourront pas se contenter de la science ou plutôt de l'ignorance humaine, qui ne pourront pas se résigner à naître pour mourir et à souffrir sans savoir pourquoi, elles n'appelleront religion que ce qui leur donnera une explication du monde et une promesse de bonheur infini. En mettant fin au messianisme terrestre, en proclamant que 'son royaume n'est pas de ce monde', le christianisme a détaché à tout jamais la religion de la science et de la politique: il lui a créé son domaine propre, qui existe désormais en dehors et au-dessus des autres, et le seul où elle soit vraiment elle-même» (*ibid.*, pp. 52-53).

Gaston Paris souscrit donc, tout comme Renan, à la scission constatée par Littré, dans ce sens que la foi traditionnelle et la science représentent, pour lui aussi, deux formes de pensée et d'expérience radicalement différentes et, en tout cas, cognitivement irréconciliables. Dans un article consacré à la réception d'Albert Sorel à l'Académie française, au fauteuil de Taine, le savant écrit ainsi:

> «Il était naturel que l'orateur [le duc de Broglie, qui recevait le nouvel immortel] reprît et ramassât dans un résumé énergique l'impérissable tableau que Taine a tracé des folies et des crimes du jacobinisme. Il ne l'était pas moins qu'il contredît avec émotion les théories déterministes de Taine. A ses objections, présentées surtout au nom de la morale, comme à celles qui depuis quelque temps, confuses ou distinctes, politiques ou sentimentales, oratoires ou pratiques, s'élèvent de divers côtés contre la science envisagée comme guide unique de l'esprit humain, la meilleure réponse à faire est de renvoyer au parallèle admirable que Taine a lui-même institué, dans le dernier volume de son grand ouvrage, entre la façon dont se forme la conviction scientifique et la façon dont se forme la conviction religieuse[26]. L'esprit qui s'est donné à l'une des méthodes

---

[26] Voir le chapitre III du cinquième livre, «L'Eglise», publié en 1893, après la mort de l'auteur, dans *Le Régime moderne*. On y lit, entre autres, ceci: «De là dans l'âme de chaque catholique, un combat et des anxiétés douloureuses: laquelle des deux conceptions [religieuse et scientifique] faut-il prendre pour guide? Pour tout esprit sincère et capable de les embrasser à la fois, chacune d'elle est irréductible à l'autre. Chez le vulgaire, incapable

> ne saurait entrer pleinement dans l'autre. L'humanité oscille aujourd'hui entre les deux, et c'est appartenir à l'une d'elles que de prédire celle qui l'emportera. Mais ces grands problèmes, agités comme ils l'ont été hier avec une entière liberté et un respect réciproque, communiquent leur noblesse émouvante à ceux mêmes qui ne font qu'en entendre la discussion. Les craintes et les espérances exprimées par l'éminent orateur ont trouvé dans les âmes un écho profond; leur sincérité et leur élévation auraient touché celui à propos duquel elles se produisaient, comme elles ont touché hier le public qui les a entendues» (785*, 1895, dans 787*, 1896, pp. 346-348).

Si la rationalité scientifique et la rationalité religieuse sont définitivement séparées dans la pensée de Gaston Paris, ceci ne veut pas dire, encore une fois, que ce dernier nie l'existence même du règne de l'absolu. Ce qu'il nie, c'est le fait que la science puisse jamais s'occuper de la croyance, et vice versa. La seule communication possible entre le domaine du relatif et celui de l'absolu est de l'ordre du *pressentiment*, de l'ordre de la participation passionnelle, et nécessairement éphémère, à ce qui, par nature, est aussi essentiel que cognitivement insaisissable.

Arrêtons-nous encore un moment à l'attitude de Gaston Paris vis-à-vis de la religion chrétienne. Bien que le savant accepte pleinement la foi d'autrui – on se rappelle l'exemple de sa propre sœur évoqué dans la première partie –, il a tendance à surdéterminer la religion en général, et la religion chrétienne en particulier, par des traits féminins et enfantins, qu'il oppose aux traits masculins et virils de la raison raisonnante, procédé rhétorique qui équivaut évidemment à un jugement de valeur implicite très net. Au sujet de Pasteur, le philologue écrit ainsi:

> «Pieusement dévoué à sa famille, passionné pour sa patrie, Pasteur garda toujours aussi un respect filial pour la religion que lui avait enseignée sa mère. Ce grand novateur dans le domaine de la science était un homme de tradition dans le domaine du sentiment. [...] vous avez plus d'une fois

---

de les penser ensemble, elles vivent côte à côte et ne s'entre-choquent pas, sauf par intervalles et quand, pour agir, il faut opter. Plusieurs, intelligents, instruits et même savants, notamment des spécialistes, évitent de les confronter, l'une étant le soutien de leur raison, et l'autre la gardienne de leur conscience; entre elles, et pour prévenir les conflits possibles, ils interposent d'avance un mur de séparation, 'une cloison étanche', qui les empêche de se rencontrer et de se heurter. D'autres enfin, politiques habiles ou peu clairvoyants, essayent de les accorder, soit en assignant à chacune son domaine et en lui interdisant l'accès de l'autre, soit en joignant les deux domaines par des simulacres de ponts, par des apparences d'escaliers, par ces communications illusoires que la fantasmagorie de la parole humaine peut toujours établir entre les choses incompatibles, et qui procurent à l'homme, sinon la possession d'une vérité, du moins la jouissance d'un mot. Sur ces âmes incertaines, inconséquentes et tiraillées, l'ascendant de la foi catholique est plus ou moins faible ou fort, selon les circonstances, les lieux, les temps, les individus et les groupes; il a diminué dans le groupe large, et grandi dans le groupe restreint» (Taine 1986, pp. 685-686).

> surpris les marques touchantes de cette sensibilité d'enfant qui s'alliait chez lui à la virilité la plus robuste» (1095*, 1897, p. 12).

La juxtaposition de ces traits dichotomiques qui caractérise d'abord le seul Pasteur, à la fois croyant et savant, sera élargie, dans un deuxième temps, au public présent aux funérailles du biologiste:

> «[...] son cercueil, dans une des rares solennités officielles où le cœur du peuple ait pris part, est entré à Notre-Dame escorté par les bénédictions des humbles comme par les hommages des grands de la terre, par les larmes des simples comme par les regrets des savants, par les prières de ceux qui croient comme par les méditations de ceux qui cherchent» (*ibid.*, pp. 13-14).

La même conception de la religion chrétienne se fait finalement jour, à un niveau plus abstrait, dans les idées du philologue sur l'évolution historique de l'humanité. Gaston Paris considère le christianisme comme une étape, certes importante mais également «enfantine», de la lente progression de l'homme vers son émancipation morale et intellectuelle. Une telle interprétation de la foi rappelle, bien sûr, la théorie des trois stades de Comte et, sur ce point comme sur d'autres, Gaston Paris est bel et bien un tenant du positivisme, à condition pourtant – on ne le soulignera jamais assez – que l'on comprenne sous ce terme non pas, comme Comte et Littré, un système philosophique *stricto sensu* mais plus simplement un ensemble d'idées tombées dans le fonds commun, où elles se conjuguent à d'autres pensées constitutives de l'esprit du temps, et, plus spécifiquement encore, une approche scientifique, définie par certains principes de recherches et de connaissance.

*
* *

Résumons: contrairement à Littré et d'accord, sur ce point, tant avec Pasteur qu'avec Renan, Gaston Paris admet bien la nécessité, pour l'identité individuelle, d'un domaine de l'absolu, et conçoit l'homme comme le lieu d'une intégration complexe des deux sujets, absolu et relatif. Mais, à l'opposé du biologiste et en accord avec l'hébraïsant, le philologue refuse toute systématisation de ce domaine de l'absolu, et dirige l'essentiel de ses efforts, tant pratiques que scientifiques, vers l'exploration de ce qui est positivement connaissable. Ce qui l'intéresse avant tout, c'est la condition humaine *hic et nunc*.

## Le rôle de la science dans la société

Là où Gaston Paris se montre l'héritier du positivisme philosophique, mais tout aussi bien, si l'on veut, de la philosophie des Lumières ou même de la philosophie de l'histoire d'origine allemande, c'est en ce qu'il croit au progrès que la raison et la science sont destinées à assurer à l'humanité. Inutile, en effet, de chercher une source précise ou unique à une telle conception de l'histoire, conception qui, sous une forme ou sous une autre, avait marqué l'esprit du temps depuis la fin du XVIII^e siècle[27]. Tout au plus pourrait-on conjecturer que c'est, ici encore, le rapport familier que Gaston Paris – qui, d'ailleurs, ne se réfère jamais à un philosophe ou à un penseur précis – entretenait avec l'univers de pensée de Renan, mais également avec celui de Taine, qui a contribué à la formulation de sa propre conviction. Or, l'on a suffisamment montré que même chez Renan, c'est moins une connaissance philosophique directe et approfondie que, bien plutôt, des considérations générales, prises dans leur temps, qui ont influencé ses idées sur le rapport entre le développement des sciences et la notion de progrès[28]. Au sujet de l'influence de Comte, plus précisément, on pourrait citer cette remarque de Renan lui-même dans les *Souvenirs d'enfance et de jeunesse*:

> «[...] j'éprouvai une sorte d'agacement à voir la réputation exagérée d'Auguste Comte, érigé en grand homme de premier ordre pour avoir dit, en mauvais français, ce que tous les esprits scientifiques, depuis deux cents ans, ont vu aussi clairement que lui» (cité dans Charlton 1959, p. 21).

Comme la plupart des savants de son époque, Gaston Paris croit donc que l'accroissement du savoir cognitif, en déracinant les préjugés et en augmentant le savoir sur l'homme et sur le monde, mène à l'affranchissement matériel et moral de l'humanité. Mais, contrairement à Renan, contrairement aussi à Comte et à pratiquement tous les philosophes de l'histoire tant fran-

---

27 Il peut être utile de rappeler ici les remarques suivantes de Charlton à propos de l'influence de Comte: «[...] the impact of Comte upon the philosophy of this period [i.e. du Second Empire – et *a fortiori*, ajouterais-je, sur la philosophie de la période suivante] seems to be more often affirmed than proven. One cannot assume that all the works after Comte which show a scientific bent or an acceptance of the scientific method must have been by his philosophy; on the contrary, most of them derive from a more general spirit, a spirit which informs Comte himself» (Charlton 1959, pp. 19-20).

28 Voir Joël Roman dans Renan 1992, p. 14. Gore conclut son étude sur la notion de progrès dans l'œuvre de Renan avec un constat plutôt décevant: «[...] on est obligé d'ajouter aussitôt qu'en ce qui concerne le progrès, l'essentiel de sa pensée se réduit à cette foi en la science. Le bilan, en fin de compte, peut être tenu pour assez maigre: on constate que ce penseur, croyant au progrès, n'a pas réussi à en conserver une image bien plus complète que celle acceptée sans trop de difficulté par des générations non influencées par ce que Schopenhauer appelait 'le rêve du XIX^e siècle'» (Gore 1970, p. 285). Pour des jugements autrement plus sévères sur la «philosophie» de Renan, on se reportera à Ferdinand Brunetière, pour qui le *credo* philosophique renanien se réduit à trois articles: la négation du surnaturel, la souveraineté de la science et l'infaillibilité de la philologie (voir Brunetière 1910).

çais qu'allemands (et même anglais) qui ont déterminé la pensée des premiers deux tiers du siècle, il paraît avoir abandonné l'idée selon laquelle ce progrès serait un principe de nature métaphysique, une loi naturelle, inhérente au monde et à son histoire. Renan, lui

> «[...] continue à croire que le monde a un but et que ce but sera certainement atteint un jour ou l'autre [...] 'Ma religion, écrit-il, c'est toujours le progrès de la raison, c'est-à-dire de la science'; et il ajoute plus loin: 'Le progrès, sauf quelques déceptions, s'est accompli selon les lignes que j'imaginais'» (Gore 1970, p. 279[29]).

Pour Gaston Paris, au contraire, ce progrès, loin d'être nécessaire, ne se réalise pas en dehors d'un effort constant et toujours pénible de l'homme, et pourrait également être arrêté (sa conception s'apparente plutôt, en ceci, à celle de Kant, pour lequel le progrès n'est pas non plus une donnée naturelle). Le philologue est, à ce sujet, beaucoup moins métaphysique, beaucoup plus réaliste mais aussi, par là même, beaucoup plus moderne que Renan. En disant, par exemple:

> «C'est l'idée qui mène le monde, c'est l'esprit qui meut la masse inerte, et le roseau pensant, pour peu que la force brute le laisse vivre, saura tôt ou tard la vaincre, la dominer et la conduire» (1095*, 1897, p. 42),

il suggère que cette «force brute» dont il parle pourrait également entraver le progrès de l'esprit. Il semble bien avoir rompu avec toute philosophie de l'histoire, soit de type idéaliste, soit de type positiviste. L'humanité s'émancipe de par sa propre volonté, de par ses propres peines, et sans que la réussite finale ne soit garantie par un quelconque principe transcendant. Ces idées, nous dit Gaston Paris, sont aussi celles de Sully Prudhomme, qui chantait

> «[...] l'humanité, en tant que la représente notre France, dans son laborieux effort pour s'éloigner de plus en plus de l'animalité primitive et pour monter vers le règne de l'esprit, de la beauté, de la justice et de l'amour» (786*, 1895/96, dans 787*, 1896, p. 165).

Chez Gaston Paris, le progrès de la raison, malgré le fait qu'il détermine effectivement, à ses yeux, l'histoire de l'Occident depuis le moyen âge, n'est donc plus téléologiquement inscrit dans l'évolution de l'humanité, comme c'est encore le cas chez Renan, mais est à comprendre essentiellement comme un impératif pratique et moral[30]. C'est cette absence, dans les idées

---

[29] Les citations de Gore sont prises dans la «Préface» à *L'Avenir de la Science*.

[30] C'est ce que je n'avais pas encore bien saisi au moment de la rédaction de *Gaston Paris dreyfusard*. Dans la phrase: «Aux yeux de G. Paris, héritier de la philosophie du Droit naturel, l'avènement d'un Etat laïque n'est d'ailleurs qu'une question de temps, inscrit qu'il est dans l'évolution nécessaire de l'esprit humain vers le règne absolu de la raison»

philosophiques de Gaston Paris, de toute certitude quant à l'évolution générale du monde et de l'humanité qui fait, me semble-t-il, que ce dernier est plus sensible que Renan au sentiment de décadence qui règne sur la France après la défaite de 1871, et que sa vision du monde est, comme nous allons le voir, plus mélancolique aussi. De façon générale, l'abandon d'une philosophie de l'histoire relevant de principes métaphysiques a en tout cas marqué une rupture très nette entre la génération de Renan et celle de Gaston Paris.

Une fois cette importante précision effectuée, on peut dire que la foi du philologue dans le progrès que la science est capable d'amener – pourvu que celle-ci soit dirigée dans la bonne direction et qu'elle puisse se développer sans obstacles – est entière. Les bienfaits de la science sont de deux ordres : de l'ordre des acquis, c'est-à-dire des productions de l'esprit scientifique d'un côté, et de l'ordre de la morale, c'est-à-dire de la disposition même de l'esprit scientifique de l'autre.

L'idée centrale, jouissant d'une tradition bien établie au moins depuis Francis Bacon, de l'affranchissement tant matériel que moral de l'humanité par l'accroissement progressif du savoir est présente dès les premiers travaux de Gaston Paris :

> « [La science] n'est [...] pas étrangère à notre vie moderne, et elle contribue plus que tout autre exercice de l'esprit à cette grande œuvre de l'affranchissement moral qui est le but de toute activité bien dirigée. [...] en effet, en nous dévoilant les lois qui nous régissent à notre insu, elle nous aide à en prendre conscience et par conséquent à nous en dégager, car on ne commande à la nature qu'en lui obéissant » (328*, 1866, dans 334*, 1885, éd. de 1906, p. 38).

Elle se retrouve inchangée à la fin de sa carrière :

> « [La science] chaque jour, élève, agrandit et précise notre conception du monde, et [...] transforme en même temps de plus en plus puissamment les conditions de notre existence en soumettant à nos lois la matière qui nous écrasait [...] en rapprochant les hommes, en sapant les barrières qui les séparent encore, elle rend plus facile et montre plus prochaine la civilisation du monde entier; en augmentant le bien-être et la sécurité, en atténuant l'âpreté de la lutte pour l'existence, elle ne contribue pas seulement au bonheur des hommes : par cela même qu'elle tend à rendre plus légère la servitude des besoins matériels, elle tend à donner plus de douceur aux cœurs, plus d'essor aux âmes, plus de dignité aux consciences » (1095*, 1897, pp. 42-48).

---

(Bähler 1999, p. 24), il faut donc supprimer l'adjectif « nécessaire ». Pour le philologue, cette évolution est certes souhaitée, et c'est vers elle que tendent tous les efforts des savants, mais elle n'est pas nécessaire dans le sens philosophique du terme.

Cependant, contrairement à ce qu'admet le positivisme classique, il s'agit ici, Gaston Paris se hâte de le souligner, d'un processus très lent qui, s'il est en train de se réaliser grâce aux efforts inlassables des chercheurs, est loin d'être fini, et même, de par le caractère infini des objets de la science, ne sera jamais terminé :

> «Le positivisme, impatient d'établir la domination de la science sur le monde, est disposé à la regarder comme faite alors qu'elle est toujours en train de se faire ; il réprouve cette curiosité inquiète et jamais satisfaite qui est le propre des vrais savans [sic] et qui les pousse à chercher toujours au-delà de ce qu'on sait et à sonder sans cesse de nouveau les bases des affirmations en apparence les mieux établies» (148*, 1901, p. 268).

Ainsi, ce qui, pour le philologue, compte tout autant que les acquis de la science, c'est le procès de la recherche lui-même, ou, pour le dire avec Otto Gerhard Oexle, «Kants Begriff der wissenschaftlichen Erkenntnis als ein Fortschreiten ins Indefinite»[31] :

> «C'est l'essence même de la science, et c'est ce qui en fait l'attrait toujours renaissant, de n'être jamais terminée, de n'être jamais possédée en entier par un seul, de vivre sans cesse, et de vivre de recherches indépendantes, de contradictions et de discussions» (144*, 1892).

Cette idée nous amène directement à l'impact moral de la science. En effet, le plus grand bienfait de la science ne réside pas, aux yeux de Gaston Paris, dans les résultats immédiats que celle-ci est capable de fournir, et fournit effectivement, mais dans la disposition d'esprit qu'elle demande aux chercheurs partis en quête de la vérité. Cette composante qualitative de la science, constamment invoquée, pourtant, dans les discours scientifiques de l'époque, me semble souvent quelque peu négligée dans les travaux qui étudient le rôle attribué aux sciences dans la deuxième moitié du XIXe siècle. Anne Rasmussen, par exemple, écrit :

> «Tout au long du XIXe siècle, science, modernité et progrès avaient suscité des représentations à peu près substituables. La science, qui ouvrait l'horizon sans limite d'une accumulation continue des savoirs, devait être, *dans cette mesure même*, garante du perfectionnement moral de l'homme et, partant, du progrès de la civilisation» (Rasmussen 1996, p. 89, c'est moi qui souligne).

De par le syntagme «dans cette mesure même», qui lie le perfectionnement moral à la seule accumulation du savoir, ce passage, si juste qu'il soit par ailleurs, me paraît néanmoins oblitérer un aspect important de la question, celui, justement, des valeurs morales pensées comme inhérentes à l'esprit

---

[31] Oexle 1996, p. 239.

scientifique. Pour Gaston Paris, mais aussi pour Gabriel Monod et pour quantité d'autres chercheurs de l'époque, ce sont *ces* valeurs qui l'emportent sur tous les autres bienfaits de la science:

> «En déracinant, partout où elle s'implante, les préjugés, causes de tant de haines, et les superstitions, sources de tant de crimes, elle [la science] défriche le champ où pourra germer et fleurir la semence que trop d'épines étouffent, que trop de rocailles stérilisent...Toutefois, disons-le bien haut, ce n'est pas là qu'est son grand bienfait moral: il est dans la disposition d'esprit qu'elle prescrit à ses adeptes; il est dans son objet même, la recherche de la vérité. Tout ce qui se dit et se fait contre elle se dit et se fait, qu'on le sache ou non, contre la recherche de la vérité» (1095*, 1897, p. 48).

En ce qu'il proclame la vérité et, plus encore, la *recherche* de la vérité comme valeur suprême de toute activité humaine, Gaston Paris exprime une pensée chère à sa génération:

> «Les générations qui sont arrivées à l'âge adulte vers 1850 et dans les vingt années qui ont suivi, tout en acceptant dans une large mesure l'héritage du romantisme, en rejetant comme lui les règles surannées du classicisme au nom de la liberté dans l'art, en cherchant comme lui la couleur et la vie, se sont cependant nettement séparées de lui. Au lieu de laisser le champ libre à l'imagination et au sentiment individuel, de permettre à chacun de forger un idéal vague et tout subjectif, elles ont eu un principe commun d'art et de vie: la recherche du vrai; non pas de ces conceptions abstraites, arbitraires et subjectives de l'esprit ou de ces rêves de l'imagination qu'on décore souvent du nom de vérité, mais du vrai objectif et démontrable cherché dans la réalité concrète, de la vérité scientifique en un mot. Cette tendance a été si générale, si profonde, si vraiment organique qu'on retrouve cette même recherche passionnée de la vérité, du réalisme scientifique dans tous les ordres de productions intellectuelles, que leurs auteurs en eussent ou non conscience; dans les tableaux de Meissonier, de Millet, de Bastien-Lepage et de l'école du plein air comme dans les drames d'Augier; dans les poésies de Leconte de Lisle, de Hérédia et de Sully Prudhomme comme dans les ouvrages historiques de Renan et de Fustel de Coulanges; dans les romans de Flaubert, de Zola et de Maupassant comme dans les livres de Taine. Ce mouvement avait eu des précurseurs illustres, Géricault, Stendhal, Balzac, Mérimée, Sainte-Beuve, A. Comte, et d'autres encore; mais ce n'est qu'après 1850 que le réalisme scientifique devint vraiment le principe organique de la vie intellectuelle en France» (Monod 1895, pp. 137-138).

Dès le début de sa carrière Gaston Paris tient à mettre en évidence le «capital éthique» inhérent à l'esprit scientifique:

> «[...] en nous forçant de nous soumettre aux faits, en proscrivant toute immixtion intempestive de notre personnalité, en faisant de nous les instruments dociles d'une idée toute désintéressée, elle [la science] nous

> donne des habitudes d'esprit qui, transportées dans d'autres domaines, s'appelleront l'amour de la liberté et de la justice; elle nous apprend à nous détacher de nous-mêmes, à nous isoler des préjugés qui nous entourent [...]» (328*, 1866, dans 334*, 1885, éd. de 1906, p. 38).

Ces énoncés sont tirés de la leçon d'ouverture sur «La poésie du moyen âge» faite au Collège de France le 3 décembre 1866. Trente ans plus tard, dans son discours de réception à l'Académie française, le philologue revient longuement sur la même question, en commençant, cette fois-ci, par une citation de Bossuet:

> «'Le plus grand dérèglement de l'esprit est de croire les choses parce qu'on veut qu'elle soient'. Ce dérèglement, commun à presque tous les hommes, et si naturel en eux qu'il faut une peine infinie et des efforts longuement poursuivis pour y échapper, ce dérèglement dont les conséquences, faites-y bien attention, sont aussi périlleuses à la moralité qu'au jugement, la critique scientifique seule est en état de le corriger. Cette même critique, en nous apprenant combien il nous est difficile d'atteindre la moindre parcelle de vérité, nous enseigne une salutaire méfiance de nous-mêmes, nous fait sentir le besoin de la collaboration des autres, et nous inspire pour ceux qui, dans les lieux les plus divers, travaillent à l'œuvre commune, de l'estime et de la sympathie; car si rien ne divise les hommes comme la croyance où ils sont respectivement de posséder la vérité, rien ne les rapproche comme de la chercher en commun. Mais cette science, dans les milieux où elle est honorée et comprise, ne restreint pas aux savants eux-mêmes le bienfait moral qu'elle confère: elle répand dans des cercles de plus en plus étendus l'amour de la vérité et l'habitude de la chercher sans parti pris, de ne la reconnaître qu'à des preuves de bon aloi, et de se soumettre docilement à elle. Or, je ne crois pas qu'il y ait de vertu plus haute et plus féconde à inculquer à un peuple. Et, permettez-moi de le dire avec la franchise que me commandent les principes mêmes que je viens d'exposer, je ne crois pas qu'il y ait de peuple auquel il soit plus utile de l'inculquer que le nôtre. [...]
>
> On dit à la jeunesse: 'Il faut aimer, il faut vouloir, il faut croire, il faut agir', sans lui dire et sans pouvoir lui dire quel doit être l'objet de son amour, le mobile de sa volonté, le symbole de sa croyance, le but de son action. 'Il faut avant tout, lui dirais-je si j'avais l'espoir d'être entendu, aimer la vérité, vouloir la connaître, croire en elle, travailler, si on le peut, à la découvrir. Il faut savoir la regarder en face, et se jurer de ne jamais la fausser, l'atténuer ou l'exagérer, même en vue d'un intérêt qui semblerait plus haut qu'elle car il ne saurait y en avoir de plus haut, et du moment où on la trahit, fût-ce dans le secret de son cœur, on subit une diminution intime qui, si légère qu'elle soit, se fait bientôt sentir dans toute l'activité morale'» (1095*, 1897, pp. 50-54).

On ne peut qu'être frappé par le caractère prophétique de ces phrases, prononcées neuf mois à peine avant le début de l'affaire Dreyfus! Et il est à la fois beau et émouvant de voir que cette affaire a permis à Gaston Paris de prouver que les principes qu'il ne s'était lassé d'énoncer depuis trente ans n'étaient pas de simples phrases, mais déterminaient effectivement son attitude dans la pratique. Le même constat ne pouvait en effet être établi pour tous les chantres de la vérité. Ainsi, Albert Sorel, pour ne citer que lui, ami de longue date de Gaston Paris et avec qui il avait partagé le *credo* scientifique ici analysé, avait pris part, le 31 décembre 1898, à la fondation de la Ligue de la patrie française. Cet événement provoqua un véritable choc chez Gaston Paris, qui saisit immédiatement la plume pour adresser une lettre ouverte au *Figaro*, dans laquelle il faisait comprendre à Sorel combien il était déçu de le voir abandonner les principes qu'ils avaient naguère défendus en commun:

> «Nous étions aussi d'accord sur [...] la valeur de l'esprit critique, ou scientifique, et de l'application qu'on en peut faire à toutes choses. Vous pensiez avec moi que le plus grand bienfait de l'esprit scientifique est de développer l'amour de la vérité et l'aptitude à la discerner, et je me rappelle avec joie la pleine approbation que vous donniez, il y a deux ans, au passage de mon discours de réception à l'Académie où je développais cette idée en l'appliquant à la France. [...] Ces idées, qui étaient, qui, certainement, sont encore les vôtres, sont aussi celles qui ont dirigé, dans les circonstances présentes, la conduite de ceux qu'on a appelés les 'intellectuels'. Je regrette de ne pas en trouver trace dans le manifeste [de la Ligue de la patrie française]» (*Le Figaro*, 3 janvier 1899)[32].

C'est essentiellement en raison du caractère moral de l'esprit scientifique que la science est appelée, aux yeux de Gaston Paris, à être le guide principal de l'humanité. En se prononçant ainsi, le philologue prend directement position dans le débat sur la «banqueroute de la science», débat qui, nous l'avons dit, était d'actualité depuis la publication du *Disciple* de Bourget en 1889[33] et qui atteignit un premier sommet en 1895, avec l'entrée en lice de Ferdinand Brunetière[34].

---

32 Voir également Bähler 1999, pp. 119-123.

33 «Until the appearance of *Le Disciple*, attacks on science had been largely confined to sporadic sorties from the ultramontanist camp. Clerical authoritarians from De Maistre and Bonald to Louis Veuillot had each claimed his pound of flesh» (Guerlac 1951, p. 90).

34 Voir, récemment, Rasmussen 1996. – L'article que Paul a consacré en 1968 à ce thème est sujet à caution. Prenant de toute évidence position pour le champ des catholiques, Paul a tendance à voir partout des signes de la lutte anticléricale de la République. Poursuivant ses réflexions jusqu'au début du XX^e^ siècle, il ne mentionne pourtant pas la place du débat pendant l'affaire Dreyfus, ni encore (bien sûr) le rôle de la majorité des catholiques dans cette affaire. L'utilité de l'article de Paul se réduit, en fin de compte, à un résumé de quelques textes du débat de 1895.

Brunetière qui, on le sait, n'hésitait par ailleurs pas à appliquer des principes scientifiques, ceux du darwinisme en l'occurrence, à l'étude de l'histoire de la littérature – c'est la fameuse théorie de l'évolution des genres[35] –, devenait pourtant de plus en plus sceptique, à mesure qu'il se rapprochait du catholicisme, quant au rôle que les sciences étaient appelées à jouer dans l'orientation morale de la société contemporaine. Dans un article intitulé «Après une visite au Vatican» et paru le 1er janvier 1895 dans la *RdDM*, il s'exprimait pour la première fois sur le sujet:

> «Cet article déclencha une vive controverse [...]. Le nouvel académicien y réfutait la religion moderne de la science, telle qu'Ernest Renan (1823-1892) la professait en particulier dans *L'Avenir de la Science*, œuvre de jeunesse publiée peu avant la disparition de son auteur, mais qui avait guidé toute sa vie intellectuelle et qui justifiait son immense influence. Comme un Julius de Baraglioul qui n'aurait pas rencontré son Lafcadio, Brunetière proclamait la faillite de la science à procurer une morale sociale et soutenait, au nom d'un utilitarisme peu spirituel, et indépendamment de la question de la foi religieuse, que seule l'Eglise catholique pouvait sauver la société moderne de la désagrégation. [...] Le républicain Marcelin Berthelot (1827-1907) lui répondit dans la *Revue de Paris* du 1er février 1895, avec toute l'autorité du chimiste, du professeur au Collège de France et de l'ancien ministre de l'Instruction publique, et un grand banquet laïque de huit cent convives se tint 'En l'honneur de la science' le 4 avril à Saint-Mandé, où de nombreux orateurs prirent la parole, dont Zola, et où Brunetière fut conspué (Compagnon 1997, pp. 17-18).

Brunetière reviendra à la charge au cours de l'affaire Dreyfus, dans son fameux article «Après le procès», qui paraît d'abord le 15 mars 1898 dans la *RdDM*, et qui sera réédité, deux mois plus tard, sous la forme d'une plaquette comportant une préface et de nombreuses notes de l'auteur. Si cet article vise, d'une part, à dénier le statut de savant aux représentants des différentes disciplines historico-philologiques qui, en se prononçant sur l'écriture du bordereau, se seraient «indûment» mêlés du procès de Zola, il a pour objectif, d'autre part, on ne l'a peut-être pas suffisamment souligné, de restreindre le rôle des savants et des sciences en général. Brunetière ne fait donc pas seulement le procès des disciplines historiques, auxquelles il nie, comme d'ailleurs Pasteur, Berthelot, Richet et beaucoup d'autres, tout statut scientifique proprement dit, mais il fait aussi celui des sciences tout court, dans la mesure où elles s'arrogent le droit d'être le guide moral de la société:

---

[35] Voir par exemple Hoeges 1980, pp. 67-93, et aussi, pour une présentation rapide, Nordmann 2001, pp. 112-120.

«Et après tout cela, quand la physique ou la chimie seraient en possession d'une méthode certaine, qui donc a décidé que cette méthode serait applicable aux plus délicates questions qui intéressent la morale humaine, la vie des nations, et les intérêts de la société?» (Brunetière 1898a, pp. 444-445).

Cette critique débouche, chez Brunetière, sur une condamnation de l'esprit individualiste, potentiellement anarchique, qui caractériserait les savants en particulier et la société (française) de cette fin de siècle en général, et dont le «surhomme» de Nietzsche serait une figure emblématique:

«Et aussi bien est-ce toujours là qu'il faut qu'on en revienne. Méthode scientifique, aristocratie de l'intelligence, respect de la vérité, tous ces grands mots ne servent qu'à couvrir les prétentions de l'Individualisme, et l'Individualisme, nous ne saurions trop le redire, est la grande maladie du temps présent, non le parlementarisme, ni le socialisme, ni le collectivisme. Chacun de nous n'a confiance qu'en soi [...] Ne dites pas à ce biologiste que les affaires humaines ne se traitent pas par ses 'méthodes' scientifiques; il se rirait de vous [est visé: Duclaux[36]]! N'opposez pas à ce paléographe le jugement de trois Conseils de guerre; il sait ce que c'est que la justice des hommes, et en effet n'est-il pas directeur de l'Ecole nationale des Chartes [est visé: Meyer]?» (*ibid.*, p. 445)[37].

Aux yeux de Gaston Paris, tout au contraire, les sciences devraient précisément contribuer à montrer «dans l'instinct social la vraie base de la morale» et assurer «à cet instinct la prédominance sur les instincts égoïstes»[38]. Dans sa lettre ouverte à Albert Sorel, le philologue avait fait allusion à Brunetière, également cofondateur de la Ligue de la patrie française, par cette phrase:

«Il est vrai qu'une des premières signatures est celle d'un de nos plus éminents confrères, qui a déclaré, on le sait, la guerre à l'esprit scientifique» (*Le Figaro*, 3 janvier 1899).

Brunetière réagit promptement, en adressant à son tour une lettre ouverte au *Temps*, dans laquelle il reprend l'une après l'autre ses idées concernant les sciences et leurs limites: le terme de science ne s'applique qu'aux sciences naturelles; celles-ci, pas plus que les disciplines historiques, ne touchent au fond des problèmes moraux et sociaux; il faut distinguer l'esprit scientifique – s'il existe – en tant que tel et les acteurs humains qui prétendent en disposer.

---

[36] Emile Duclaux (1840-1904), directeur de l'Institut Pasteur depuis la mort de Pasteur en 1885; membre de l'Académie des sciences; l'un des savants les plus résolument engagés dans l'Affaire.

[37] Quant à la critique de l'individualisme par Brunetière, voir également Boulard 2000.

[38] 1095*, 1897, pp. 47-48.

«Puisque M. Gaston Paris, mon éminent confrère, y revient une fois de plus[39] et me reproche – je ne sais vraiment à quel propos – d'avoir 'déclaré la guerre à l'esprit scientifique', je suis bien obligé de protester une fois de plus contre cette interprétation tout à fait abusive de ce que j'ai pu dire de l' 'esprit scientifique et de la science'. [...] J'ai dit et je répète, avec une entière assurance, que ces sciences, les vraies, les seules dignes de ce nom [les sciences naturelles], sont impuissantes à nous éclairer sur les problèmes qui nous importent le plus. D'où venons-nous? Pourquoi vivons-nous? Où allons-nous? Il n'y a ni biologie ni chimie qui puisse répondre à ces questions. Les lampes à incandescence n'y jettent point plus de lumière que les chandelles de nos aïeux, et la sérothérapie, qui ne nous empêchera pas de mourir, ne nous apprendra point davantage pourquoi nous mourons. C'est ce qui est aussi certain qu'aucune démonstration des géomètres. Et si, cependant, nous avons besoin, pour vivre, d'avoir une opinion sur l'origine, sur l'objet et sur la fin de la vie, c'est tout ce que j'ai dit quand j'ai parlé naguère, non pas même de la 'banqueroute', mais des 'faillites partielles et successives de la science'. Il fut un temps, en effet, où, dans l'enivrement de son pouvoir, la science avait promis qu'elle résoudrait ces redoutables énigmes. [...] Enfin, j'ai dit et je répète que, s'il existe un 'esprit scientifique', on ne le contracte pas nécessairement dans le commerce assidu de l'algèbre ou de la chimie. De très grands savants ont déraisonné d'une manière admirable, et la profession de biologiste ou de physicien n'emporte point une 'supériorité' de jugement ou de raisonnement sur le reste des hommes. Mon éminent confrère M. Gaston Paris me permettra-t-il d'ajouter que c'est ici, malheureusement, une des grandes confusions de l'heure présente? Certains savants se croient de bonne foi l'incarnation de leur propre science, et parce que les conclusions de cette science sont ou semblent être pour le moment inattaquables, ils s'imaginent que leurs opinions politiques ou morales participent de cette espèce d'infaillibilité. Ce n'est pas attaquer 'l'esprit scientifique', s'il existe, que de se moquer un peu de la confiance qu'ils ont en eux, et c'est bien moins encore attaquer la science» (*Le Temps*, 5 janvier 1899)[40].

Or, dans son discours de réception à l'Académie française, Gaston Paris avait exprimé une opinion beaucoup plus nuancée que ne le font croire les attaques (comme toujours) trop simplificatrices de Brunetière. Après avoir commencé par ces phrases:

«Cette science, pourtant, dont Pasteur fut le prêtre et le prophète, cette science à qui l'on doit tant de merveilles, on l'accuse de n'avoir pas tenu des promesses dont les unes ont été faites par des représentants qu'elle

[39] Brunetière fait certainement allusion au discours de réception de Gaston Paris à l'Académie française.

[40] Pour la réponse de Gaston Paris à cet article, voir Bähler 1999, p. 129. – Sur d'autres prises de position dans ce débat pendant l'Affaire, voir Duclert 1998, pp. 38-48.

> désavoue, dont les autres ne pourront se réaliser qu'avec le temps. On lui reproche surtout de ne pas être en état de fournir à l'humanité la direction morale dont elle a besoin» (1095*, 1897, p. 46),

il avait eu hâte, en effet, d'ajouter que la science

> «n'étend pas si loin son empire, et que d'autres forces, qu'elle ne nie pas, sont appelées à faire, dans l'ordre du sentiment et de l'action, ce qu'elle fait dans l'ordre de la connaissance» (*ibid.*, pp. 46-47),

ces deux autres forces étant l'amour et la justice. Ces précisions n'empêchaient pourtant pas le philologue d'insister une nouvelle fois sur la valeur morale de l'esprit scientifique. Tout en répétant que la science ne saurait diriger à elle seule l'orientation morale de l'humanité, il déclarait formellement qu'elle «peut, et à bon droit [...] prétendre à sa large part dans cette direction morale»[41].

*

*   *

Il est devenu clair, au cours de ces développements, que pour Gaston Paris la science, loin d'être purement autoréférentielle, a un rôle important à jouer dans la société, et plus précisément dans l'orientation morale de l'homme moderne. La science devient ainsi une *forme de vie*, et le philologue nous apparaît comme ce savant socialement responsable, et donc aussi socialement indispensable, que Kant oppose au savant «pathologique», qui ne travaille qu'en obéissant à ses propres penchants:

> «Nur praktische Interessen (d.h. die 'Abhängigkeit des Willens von Prinzipien der Vernunft an sich selbst'), so lässt sich der Alte aus Königsberg vernehmen, nicht pathologische Interessen (Interessen aus blosser Neigung) sind, wenn die Freiheitsgeschichte des Menschen nicht wieder in seine Naturgeschichte zurückführen soll, zugelassen» (Mittelstrass 1982, p. 22).

Et le philosophe Jürgen Mittelstrass d'enchaîner:

> «Deshalb sprach die antike Philosophie übrigens auch vom *bios theoretikos*, vom theoretischen Leben, und nicht von Theorie, die das wissenschaftliche Subjekt etwa aus Neigung betreibt. *Theoria* ist für Aristoteles eine über die historische Kontingenz politischer und technischer Verhältnisse hinausführende *allgemeine Orientierung* und eine *Lebensform*. In zugespitzter Deutung von Theorie wird diese als höchste Form der Praxis begriffen. Das Erkenntnissubjekt und das 'bürgerliche' Subjekt sind

[41] 1095*, 1897, p. 47.

> noch ungeschieden, weshalb z. B. auch die Wahrheitsorientierung der Wissenschaft nach Aristoteles nicht gegen ihre gesellschaftliche Relevanz ausgespielt werden kann und umgekehrt. Mit Theoria als Lebensform wird auch Wahrheit zur Lebensform, anders ausgedrückt: auch Wahrheit gehört, ihrem ursprünglichen Verständis nach, zur Idee der Wissenschaft. In diesem (der Wissenschaft wieder zurückzugewinnenden) Sinne ist sowohl die die Arbeit des Menschen an seinem Vernunftwesen definierende Transsubjektivität als auch die Wahrheit *moralisch*» (*ibid.*).

Par le fait qu'il se montre l'héritier et le défenseur de l'idée, toute kantienne elle aussi, selon laquelle la science, en prônant le caractère essentiellement transsubjectif de la vérité, contribue à surmonter le subjectivisme tant individuel que social, Gaston Paris représente une attitude devenue rare dans le monde scientifique d'aujourd'hui, et surtout dans le domaine des philologies. A part le fait que la notion même de vérité a mauvaise presse à l'époque postmoderne qui est la nôtre, les chercheurs en lettres sont devenus, on le sait, de plus en plus monadiques. Ils n'aiment en général pas à réfléchir sur le fondement idéologique de leurs recherches, et moins encore à justifier celles-ci par rapport au cadre social environnant. Comme l'a très bien mis en évidence Mittelstrass, toute demande de justification adressée aux chercheurs en général est, de nos jours, ressentie par ceux-ci comme une atteinte à leur autonomie personnelle, autonomie pourtant mal comprise, car «autonomie de la recherche» n'a jamais voulu et ne pourra jamais signifier «indépendance totale de tout système de valeurs». Au contraire, l'autonomie de la science est elle-même une valeur idéologique:

> «[...] Wissenschaft [ist] ihrer Idee nach, d. h. unter den moralischen Ideen der Transsubjektivität und der Wahrheit, stets *republikanisch* verfasst [...] ('keinem Mächtigen dient'), [...] Wissenschaft [ist] insofern nicht nur bürgerlich [...], sondern [muss] bürgerlich sein [...]. 'Bürgerlich' hier im Sinne von 'citoyen': dieser ist das Subjekt der autonomieorientierten Aufklärung und als solchem hat ihm auch die Wissenschaft zu dienen. So verstanden aber ist die Wissenschaft nicht nur ihrem Wesen nach bürgerliche Wissenschaft, sie ist vielmehr auch *politisch* im Sinne einer republikanischen Parteinahme für Autonomie (die Wertfreiheitsrufe an die Adresse der Wissenschaft, so sieht man hier, missverstehen gerade das, worauf sie sich beziehen: die bürgerliche Freiheit)» (*ibid.*, p. 24).

On ne confondra pas, est-il nécessaire de le dire, une attitude politique républicaine *stricto sensu* avec l'engagement pour une idée républicaine de la science. La notion essentielle, qui assure le lien entre les deux domaines, est celle de *citoyen*. Tant le système politique que l'organisation de la science se fondent sur la notion de citoyen en tant qu'individu éclairé et émancipé. Or, aux yeux de Gaston Paris, la monarchie constitutionnelle, à laquelle il est, comme on l'a vu, resté attaché du moins jusqu'à la fin des années 1870, ne se fonde pas moins sur cette notion de citoyen que ne le fait la République. L'acception du terme de républicain ne se réduit donc pas, dans ce contexte, au système politique du même nom.

On mesure toute la distance qui sépare cette conception républicaine de la science de celle des néo-kantiens et de Max Weber – mais aussi de Wittgenstein –, pour qui la science ne donne pas de réponse aux seules questions jugées essentielles pour l'homme: «Que devons-nous faire? Comment devons-nous mener notre vie?»[42]. Chez Gaston Paris, la science, en dépit du fait qu'elle n'a pas de prise sur tous les aspects de l'existence, n'en touche pas moins à bon nombre d'entre eux et peut, pour cette raison même, assurer une véritable orientation éthique, tant individuelle que collective, à l'homme moderne.

## Ambivalences

Aucun médiéviste ne songerait plus, aujourd'hui, à se réclamer de Gaston Paris en tant que «théoricien» ou «philosophe» de la science. A tort, peut-être, car celui-ci pourrait apprendre à plus d'un de nos contemporains que le rôle d'un philologue ne s'épuise pas forcément dans l'édition et dans l'analyse linguistique et littéraire d'anciens textes. A l'époque, en tout cas, les choses étaient quelque peu différentes. Gaston Paris, en effet, n'était pas seulement connu comme philologue, mais également comme penseur[43]. Pendant l'affaire Dreyfus, Joseph Reinach, dans une lettre qu'il lui adresse, va jusqu'à lui attribuer l'influence qu'avaient eue, dans leur temps, Victor Hugo et Ernest Renan[44]. Bien que ces comparaisons nous paraissent aujourd'hui fort excessives et qu'elles soient par ailleurs un élément bien calculé dans une stratégie de persuasion précise – Reinach voulait, en effet, faire intervenir Gaston Paris en faveur de Picquart –, elles n'en montrent pas moins que le philologue avait acquis une certaine réputation «intellectuelle» en dehors du domaine étroit de sa propre spécialité.

Cependant, il faut bien reconnaître que si Gaston Paris n'est plus guère connu, de nos jours, qu'en tant que philologue (positiviste), ceci n'est pas seulement le résultat d'une réception sélective de ses textes, qui est pourtant réelle, mais tient également, du moins en partie, à sa propre attitude, qui a souvent quelque chose d'ambivalent. Expliquons-nous.

Le 8 décembre 1870, dans sa fameuse conférence sur la *Chanson de Roland* prononcée en pleine guerre, Gaston Paris met tout en œuvre pour

---

42 Max Weber, «Wissenschaft als Beruf», cité dans Oexle 1996, p. 26.

43 Voir à titre d'exemple Beaunier 1903, Crescini 1903, p. 7, Vogüé 1903, Loliée 1903, p. 334, et, surtout, Minckwitz 1904.

44 Voir Bähler 1999, pp. 95-96.

assurer son public – et lui-même – du fait que le sujet de sa conférence, la première chanson de geste et la naissance de la conscience nationale française – thème qui débouche inévitablement sur une comparaison avec les autres pays européens et notamment avec l'Allemagne –, n'avait pas été choisi par lui en fonction de la situation politique actuelle, ce qui, à ses yeux, aurait gravement dérogé à l'objectivité de l'entreprise, mais en fonction du programme des cours préalablement fixé. S'il admet bien que les sciences historiques puissent, à l'occasion, fournir des leçons, morales bien plus, pourtant, que politiques, il met l'accent sur le fait que ceci n'est pas leur motivation première, tout au contraire:

> «[...] croyez-le, messieurs, il y a au cœur de tout homme qui aime véritablement l'étude une secrète répugnance à donner à ses travaux une application immédiate [...]; il a toujours comme une terreur secrète, en indiquant au public les résultats pratiques qu'on peut tirer de ses recherches, de leur enlever quelque chose de ce que j'appellerai leur pureté» (334*, 1885, éd. de 1906, p. 92).

Certes, ce souci d'autonomiser les sciences historiques par rapport au contexte politique immédiat, duquel elles avaient intimement dépendu pendant si longtemps, fait partie intégrante du programme scientifique des historiens et des philologues de la génération de Gaston Paris. Mais la peur de «contaminer» la science semble encore plus insistante chez ce dernier que chez d'autres. La «pureté de la science» est en effet un *topos* récurrent essentiel dans ses textes, et je crois qu'on peut entre autres alléguer une raison toute personnelle à ce constat en conjecturant que l'acte d'émancipation vis-à-vis de l'époque «pré-scientifique» est particulièrement violent chez lui du fait même que son propre père est l'un des représentants types de l'ancien paradigme (on se rappelle que Paulin Paris concevait la philologie romane comme un apport à la construction à la fois historique et idéologique, c'est-à-dire monarchique et catholique, de la France). La rupture scientifique se double ainsi, chez Gaston Paris, d'une rupture familiale[45]. Une autre raison, de nouveau collective celle-ci, touchant au caractère national français, est mise en évidence par Henry E. Guerlac. Pour celui-ci, la définition autosuffisante de la science est en effet typiquement française,

> «it is in France that the cult of pure science, of ivory science, has been most eloquently expounded» (Guerlac 1951, pp. 81-82),

et s'oppose notamment à la manière «utilitariste» dont le monde anglo-saxon envisage le rapport entre science et pratique.

---

[45] Voir également, à ce sujet, Bloch 1990 et Hult 1996.

Dans le discours de réception de Gaston Paris à l'Académie française, on trouve, parmi de nombreux passages qui se prononcent sans ambages pour un rôle moral pratique de la science, des réflexions comme la suivante:

> «L'humanité demande à la science la satisfaction de deux besoins, sentis surtout l'un par l'élite, l'autre par la masse [...] Elle veut connaître de plus en plus et comprendre de mieux en mieux l'univers dont elle fait partie; elle veut jouir, sur la planète qu'elle habite, du plus de vie, de bien-être et de sécurité possible [sic]. Des deux voies où marche la science, quelle est la plus haute, celle où il est le plus glorieux pour l'homme de s'avancer et de conquérir? [...] Dans les préoccupations de celui qui s'est voué à la recherche du vrai, l'utilité, au sens ordinaire du mot, ne tient qu'une place accessoire. L'œuvre de science, comme l'œuvre d'art, a son but en elle-même; son utilité supérieure est dans sa perfection, qui, en enchantant l'esprit, crée l'enthousiasme et provoque l'émulation. Ce qui fait la grandeur suprême, la plus haute noblesse de l'homme, c'est le culte désintéressé des choses divines» (1095*, 1897, pp. 23-25).

Rapprocher, comme le fait ici Gaston Paris, la science de l'art n'est pas sans conséquences car, même s'il est clair que le philologue se défend en premier lieu de toute forme d'exploitation ou de prise en charge idéologiques immédiates des résultats fournis par les différentes sciences, de telles phrases peuvent naturellement être comprises comme des déclarations de principe pour un statut purement autosuffisant de la science. La conception de la «science pour la science», si elle semble indiquer, d'une part, pour les initiés, la voie royale au pressentiment des valeurs d'absolu («les choses divines»), menace aussi, d'autre part, de mettre radicalement en question le rôle social de guide moral que Gaston Paris attribue normalement à la science[46].

Mais si le philologue est tiraillé, quelquefois, entre les deux idées, sociale et autosuffisante, de la science, c'est pourtant la première qui, dans l'ensemble, prime très nettement dans ses réflexions. Aussi bien en 1870 qu'en 1896, le savant, après avoir fait l'éloge de la «science pour la science», finit bien par attribuer à celle-ci un rôle socialement déterminant. En 1870, il s'explique comme suit:

> «Mais, pour être étrangère de sa nature aux sentiments, même les plus élevés, aux passions, même les plus nobles, la science n'est pas tenue de se renfermer avec une impitoyable étroitesse dans le domaine des faits qu'elle observe. Il ressort de ces faits, au point de vue des lois qui gou-

46 L'idée de la «science pour la science» est également présente dans l'énoncé suivant, extrait d'une lettre de Gaston Paris au rédacteur en chef de la *Revue de l'Instruction publique*: «La science est aussi une poésie, et la plus haute peut-être pour ceux qui savent en jouir» (160*, 1864/1865, p. 581).

> vernent le développement de l'humanité en général ou des nations en particulier, des conséquences qu'elle a non seulement le droit, mais le devoir de mettre en lumière. Si on le lui interdit, on la réduit à n'être que l'érudition, chercheuse aveugle et avare qui ne jouit pas de ses richesses et n'accumule que pour ses héritiers. Le fait que ces conséquences et ces déductions peuvent être utiles et applicables, loin d'empêcher de les exposer, ne peut qu'engager à les produire en public» (334*, 1885, éd. de 1906, pp. 91-92).

Quant au discours de réception à l'Académie française, il prêche, dans son ensemble, le caractère social, tant pratique que moral, de la science, et c'est pour cette raison même que c'est sur ce texte, avant tout, que Fredrik A. Wulff s'est appuyé pour justifier une candidature de Gaston Paris au prix Nobel de littérature[47].

Il y a d'ailleurs «pire» que le caractère autosuffisant que Gaston Paris semble prêt, ici et là, à attribuer à la science. A quelques endroits, très rares il est vrai, le savant va jusqu'à considérer sinon les sciences en général, du moins les études littéraires en particulier comme prodiguant un «savoir de distraction» («Entspannungswissen» dans la terminologie de Mittelstrass). Ainsi, encore, dans la conférence sur la *Chanson de Roland* en 1870:

> «Vous croyez, et à bon droit suivant moi, vous croyez comme le ministre qui a rouvert cette salle, que la fermeté morale et l'énergie persévérante dont nous avons tous besoin à cette heure ne risquent nullement de s'amollir si on leur permet çà et là de se détendre, si on entremêle aux heures, bien sérieusement remplies, de nos longues journées de siège quelques heures d'occupations d'un autre ordre» (*ibid.*, p. 91).

De telles déclarations sont pourtant toujours à comprendre dans le cadre de la stratégie d'(auto)persuasion mise en œuvre par Gaston Paris pour écarter tout reproche de parti pris idéologique et sont vite annulées, ou du moins fortement relativisées, par de nombreuses autres qui vont exactement dans le sens opposé. Ne lit-on pas, dans la préface aux *Poèmes et légendes du moyen âge*:

> «J'espère que le lecteur me pardonnera ces digressions plus morales que littéraires, et que, même s'il ne pense pas comme moi sur les grands sujets qui y sont abordés, il y trouvera quelque occasion de réfléchir et tout au moins de se persuader que la poésie est autre chose encore que l'amusement des heures de loisir» (345*, 1900, pp. VII/VIII)?

---

47 Voir B.N., n.acq.fr. 24463, ff. 346ss.

## La conception de la vie

Nous avons déjà vu que pour Gaston Paris la science n'est pas capable à elle seule de diriger la société moderne, et que

> «d'autres forces, qu'elle ne nie pas, sont appelées à faire, dans l'ordre du sentiment et de l'action, ce qu'elle fait dans l'ordre de la connaissance» (1095*, 1897, pp. 46-47).

Ces autres forces ou valeurs sont, essentiellement, l'amour dans l'ordre du sentiment et la justice dans l'ordre de l'action.

Comme c'est le cas pour la vérité, c'est au moment de l'actualisation de ces valeurs qu'un sujet peut avoir intuitivement accès au règne de l'absolu. Dans le travail qu'il consacre à son ami Sully Prudhomme, Gaston Paris écrit, à propos de l'amour:

> «Dans l'amour, en effet, l'homme cherche le bonheur, mais ce bonheur, quelque individuel qu'il soit, est lié à la destinée de l'espèce; par l'amour l'homme entre réellement en communication avec l'infini et devient le collaborateur de l'œuvre éternelle de la nature. Plus l'amour est profondément pénétré de cette transcendance, plus il se sent enveloppé de mystère, plus il est mêlé à la pensée de la mort, à la fois son antipode et sa condition, plus il prend par là un caractère en quelque sorte religieux, – plus aussi il est poétique» (786*, 1895/96, dans 787*, 1896, p. 196).

Ce n'est pourtant pas cet accès à l'infini qui importe le plus, mais les bienfaits concrets que l'amour et la justice, tout comme la vérité, amènent dans l'ici-bas. La philosophie de vie de Gaston Paris est bien une philosophie de l'immanence. Le texte que le savant consacre à la légende de *Saint Josaphat* en 1895, et qu'il republiera sans modifications importantes, cinq ans plus tard, dans les *Poèmes et légendes du moyen âge* est particulièrement éclairant à ce sujet. Après avoir retracé l'histoire, toute conjecturale, soit dit en passant, des différentes versions de cette légende, de sa naissance présumée en Perse jusqu'à ses adaptations chrétiennes dans l'Europe médiévale, Gaston Paris réfléchit sur le rapport entre le pessimisme des légendes bouddhiques qui sont à l'origine de *Barlaam et Josaphat* et le pessimisme qui caractérise sa propre époque:

> «Notre pessimisme a reconnu son frère dans celui qui avait inspiré le bouddhisme. Le nôtre est cependant singulièrement plus profond et plus amer» (685*, 1895, dans 345*, 1900, p. 204).

Parmi les raisons qui rendent le pessimisme moderne plus accusé et plus profond, Gaston Paris compte à juste titre l'absence, chez un nombre croissant d'hommes, de certitudes axiologiques. De façon tout à fait pertinente, le savant lie l'évanouissement successif de l'horizon de valeurs traditionnel, qui avait placé l'homme au centre de l'univers, au «désenchantement du monde» par la science (Max Weber) tel qu'il avait été inauguré par Copernic et continué par Darwin. L'homme, décidément, se voit désormais confronté à un ciel de plus en plus vide:

> «Les notions scientifiques qui ont transformé l'univers sont venues [...] enlever à l'homme son orgueil et son espoir, comme la réflexion lui avait enlevé sa joie. La terre n'est plus le centre de l'univers, elle est un grain de sable dans le tourbillon des mondes visibles, qui n'est, sans doute, lui-même qu'une poussière perdue dans l'infinité d'un mouvement aveugle et éternel. Sur ce grain de sable, l'homme n'est plus un être à part: animal à peine distinct des autres animaux, sorti pour son malheur de leurs foules inconscientes, il n'ose plus séparer sa destinée de la leur et s'attribuer une persistance contraire à la loi de formation, d'évolution et de destruction des organismes, ni s'imaginer qu'il a au ciel un Père qui l'a créé à son image et qui lui porte un intérêt particulier. Il doute même de son individualité; ce moi qu'il avait élevé si haut s'évanouit dans une agglomération de cellules momentanément associées. Mille fois plus vide le ciel, mille fois plus triste la terre apparaissent au penseur d'aujourd'hui qu'au rêveur d'il y a vingt-cinq siècles» (*ibid.*, p. 205).

Notre peine et notre angoisse sont donc autrement plus grandes que celles des hommes d'autres âges, et le remède proposé par le bouddhisme de supprimer tout désir ne saurait être valable pour l'homme moderne. Au contraire:

> «Sous prétexte de se détacher du *moi*, l'ascétisme bouddhique s'y enferme: il ne cherche, à sa façon, que le bonheur ou au moins le non-malheur de l'individu, et il croit y arriver en resserrant la vie le plus possible, en séparant l'homme du monde et en éteignant le désir. Le remède moderne au pessimisme consisterait dans l'élargissement de la vie, dans l'ennoblissement du désir et dans l'étroit attachement de l'homme au monde et à l'humanité. Ce mot d''amour', que le bouddhisme ne prononce jamais, dont le christianisme fait le résumé de toute sa doctrine, voilà pour nous le mot de délivrance. Aimer, c'est à la fois vivre avec plus d'intensité et partager sa vie avec les objets de son affection. La science, l'art, le travail, l'aventure, le voyage, la philanthropie, le patriotisme, la famille, l'amitié, l'amour proprement dit, ne sont que des formes de l'amour, toutes comportant, comme le stérile ascétisme, un certain détachement de son *moi*, mais pour reporter sur le *non-moi* ce qu'on lui enlève. L'homme n'atteindra pas par là un bonheur béat et passif dont il se lasserait bien vite, mais il se sentira en communion constante avec la nature et avec ses semblables, il jouira de son activité et il profitera de celle des autres» (*ibid.*, pp. 206-208).

Le «désenchantement du monde» peut donc se transformer en un nouvel «enchantement», tout relatif pourtant, provoqué par l'amour:

> «La transformation complète du monde matériel et moral par la science, si elle a rabaissé notre orgueil et réduit notre individualité, nous a, en

> revanche, appris l'étroite solidarité qui lie les hommes entre eux et avec tout l'univers. Comprendre, c'est augmenter dans son esprit la conscience de cette solidarité; aimer, c'est mettre cette solidarité en pratique. Ces deux mots n'offrent en réalité que les deux aspects d'une même idée. S'efforcer de connaître autant que possible l'univers éternel et infini où nous apparaissons sur un point et pour un moment, se préoccuper moins de son bonheur personnel et davantage de celui des autres, voilà le remède que notre philosophie proposerait au pessimisme; il revient à la maxime chrétienne: 'Aime Dieu en ton prochain'» (*ibid.*, p. 209).

Ne nous y méprenons pas: le fait que Gaston Paris adopte cette maxime d'origine chrétienne ne veut pas dire pour autant qu'il embrasse par là même la foi chrétienne (voir Partie I). Il n'empêche que le savant pense que la propagation de l'amour sous la forme particulière que lui a donnée le christianisme a réellement été l'un des événements les plus importants de l'histoire de l'humanité[48].

L'homme de Gaston Paris reste définitivement inscrit dans le monde de l'ici-bas:

> «Notre destinée est en nous-mêmes: livrés à l'inflexibilité des lois naturelles et à l'aveugle hasard des circonstances, nous savons que nous vieillissons et que nous mourrons, nous savons que nous pouvons avoir à souffrir la pauvreté, la maladie, les chagrins de tout genre, et le plus dur de tous, 'la séparation d'avec ce que l'on aime'. Mais nous ne trouvons pas la vie mauvaise en soi parce qu'elle est courte, ni nos joies illusoires parce qu'elles sont sans cesse menacées» (*ibid.*, pp. 209-210).

Et le philologue de prôner, tout comme Renan, la *vita activa* et le *carpe diem*:

> «Si un Barlaam moderne voyait le jeune fils du roi Abenner accablé de tristesse après ses trois rencontres, il lui dirait: 'Ne songe pas que tu peux devenir pauvre et malade, et que sûrement tu vieilliras et tu mourras: à quoi te servirait cette méditation? Songe plutôt que tu peux alléger la pauvreté, soulager la maladie, aider la vieillesse. Profite présentement de ta santé, de ta jeunesse et de ta fortune, et cherche dans la vie des jouissances qu'elle puisse toujours te procurer. Déploie et développe par l'action toutes les forces de ton corps et de ton esprit. Donne-toi le spectacle de ce vaste monde qui s'offre à ton regard; cherche à en faire entrer le plus que tu pourras dans ton âme et dans tes yeux. Tu n'es pas un être isolé et vivant de sa propre vie: tu appartiens à une famille, à une patrie,

---

[48] Voir également cette lettre adressée après la mort de son mari par Marguerite Paris à Louis Havet: «Si profond, si absolu que fût son culte [i.e. de Gaston Paris] pour 'la connaissance', il assignait des limites à son domaine et mettait encore au-dessus 'l'amour' que les Grecs ont ignoré et dont on nous a parlé pour la première fois il y a 1900 ans» (B.N., n.acq.fr. 24502, ff. 166-167, lettre du 1er octobre 1903).

à l'humanité. Agrandis ta personnalité par l'amour; au lieu de concentrer en toi seul toutes les espérances et toutes les préoccupations de bonheur, places-en le plus que tu pourras sur d'autres têtes, afin d'avoir plus de chances de les voir réalisées en un lieu si elles échouent en d'autres. Tu es effrayé de la brièveté de la vie: donne-lui un avenir illimité en la prolongeant dans ta postérité. Regarde comme gagnée pour toi chaque joie que tu auras donnée à un autre, comme évitée pour toi chaque souffrance dont tu auras délivré un autre. Propose-toi pour but intime ta constante amélioration, pour but extérieur l'amélioration de ceux sur qui tu peux agir. Tu tomberas dans des erreurs, tu commettras des fautes: elles te seront moins amères si tu peux te dire que tu as toujours été un homme de bonne volonté. Tu livreras des luttes, tu éprouveras des souffrances: fais ton possible pour les éviter, et résigne-toi à les subir quand ils viendront. Prends la vie comme elle est, avec ses chances de douleur et de plaisir, et si, au milieu des dangers et des certitudes dont elle est pleine, il tombe d'en haut dans ta bouche une goutte de miel[49], savoure-la sans crainte, et bénis les abeilles qui l'ont déposée là, cette goutte divine, qui peut te faire oublier un moment tous les périls et toutes les angoisses» (*ibid.*, pp. 210-211).

A la fin de l'article sur *Josaphat*, Gaston Paris revient sur le seul rapport possible que l'homme, à son avis, puisse entretenir avec le domaine de l'absolu, à savoir celui qui consiste en l'actualisation de ces valeurs fondamentales que sont la vérité (le savoir) et l'amour, et auxquelles il faut ajouter la justice:

> «La condition humaine est instable et bornée; songe toujours à ce qu'elle peut cependant contenir d'infini: la connaissance et l'amour» (*ibid.*, p. 211).

Il est tout à fait intéressant de constater, notons-le en passant, que le remède proposé par Gaston Paris au mal du siècle, remède qu'il caractérise lui-même comme une «doctrine d'activité, de dévouement et de travail»[50], correspond en tous points à la théorie de la «troisième école viennoise», mieux connue sous le nom d'«analyse existentielle» (ou «logothérapie») et développée par Victor Frankl à partir des années 1940 en vue d'un traitement

---

49 Rappelons ici que la scène de la goutte de miel se trouve dans l'une des paraboles que contient le texte du *Josaphat*: un homme fuyant un monstre furieux tombe dans un abîme, mais arrive, au dernier moment, à saisir la branche d'un arbre qui avait poussé là. Il réalise bien vite, pourtant, que deux souris sont en train de ronger la racine de l'arbre, et qu'au fond du gouffre, un dragon attend de l'engloutir. C'est dans cette situation sans issue que, soudain, une goutte de miel laissée par des abeilles sur une autre branche de l'arbre tombe dans sa bouche ouverte. Et l'homme d'oublier toute sa misère pour s'abandonner à la douceur de cette jouissance du moment…

50 685*, 1895, dans 345*, 1900, p. 213.

de patients souffrants de symptômes dépressifs non endogènes et pourtant sans raisons extérieures décelables[51].

*

* *

La conception de la vie de Gaston Paris nous apparaît, au total, comme plus mélancolique que celle de Renan. Gaston Paris est très sensible au pessimisme qui domine son temps, malgré le fait qu'il croie dans le progrès de la science. Au fond, c'est ce progrès même qu'il ressent comme ambigu. Car si le savoir croissant est nécessaire au développement, tant matériel que moral, de l'humanité, c'est cette croissance même du savoir et l'agrandissement progressif de la conscience de soi qu'elle rend possible qui sont également la cause de la destinée en fin de compte tragique de l'homme moderne. Il n'y a plus de stabilité en dehors de celle que l'homme se donne lui-même, dans l'ici et le maintenant, en assumant et en actualisant quelques valeurs fondamentales, telles la vérité, l'amour et la justice.

La foi de Gaston Paris en la science, et donc en la vérité, comme guide moral de la société est, certes, ferme. Mais en même temps, la science ne saurait – pas plus, d'ailleurs, que l'amour et la justice ou même tous ces principes pris ensemble – délivrer l'homme moderne de ses craintes et de ses inquiétudes, dont elle est, en dernier ressort, la source même. Le savoir grandissant qui mène, dans l'ordre matériel, à toujours plus d'aisance et, dans l'ordre idéel, à une prise de conscience de soi de plus en plus lucide, a son prix dans la disparition de la plupart des certitudes et des valeurs qu'on croyait jusque-là immuables.

En assumant cette condition déchirée de l'homme moderne, Gaston Paris est décidément plus représentatif de l'atmosphère qui caractérise le dernier tiers du siècle que Renan, dont la conception historique, quoi qu'on en dise, est restée jusqu'à la fin de sa vie profondément optimiste et, de plus, constamment imprégnée d'un grand rêve transcendant.

La condition tragique du sujet moderne, Gaston Paris la voit exemplairement incarnée dans Sully Prudhomme, à la fois «héros et martyr de la pensée moderne»[52]:

> «Son mal [de Sully] est le mal de notre temps: le désir de l'illusion et l'impuissance à y croire, l'impérieux besoin de la vérité et l'effroi devant ce qu'elle révèle, le développement excessif de la sensibilité et la méfiance à l'endroit de cette sensibilité elle-même. [...] si même il avait seulement excellé à traduire en vers bien faits les vérités de la science, il

[51] Voir, à titre d'exemple, Frankl 1986.

[52] 786*, 1895/96, dans 787*, 1896, pp. 252-253.

n'aurait pas tiré de cette source une poésie qui eût ému les cœurs des hommes: la certitude rassasie, elle n'enivre pas. S'il les a touchés, c'est qu'il a joint, dans une union qu'on a bien rarement vue aussi intime, mais qui se retrouve à différentes doses chez la plupart d'entre nous, la connaissance exacte des conditions de la certitude dans le domaine où elle peut s'obtenir à un désir passionné de la trouver dans des régions où rien ne nous l'a donnée jusqu'ici et où elle intéresse de plus près encore notre destinée; c'est que, héros et martyr de la pensée moderne, ayant combattu et souffert pour elle et par elle comme nous et plus que nous, il a su chanter ses luttes, ses défaites et ses victoires de manière à faire longuement vibrer l'écho prêt à répondre du fond de nos âmes, inquiètes et troublées comme la sienne, à son chant pénétrant et sincère, tour à tour enthousiaste et douloureux» (786*, 1895/96, dans 787*, 1896, p. 233 et pp. 252-253).

Ayant lu ces passages, on comprend que Gaston Paris se soit senti une forte parenté d'âme avec l'auteur des *Stances et poèmes*. C'est avec un ciel plus vide, mais aussi, en même temps, plus haut que celui où s'arrête la prière traditionnelle, que l'homme émancipé devra désormais vivre. L'affinité éprouvée par Gaston Paris avec des «philosophies» mélancoliques ne saurait être dissociée du profil psychologique du philologue tel que nous l'avons esquissé dans la première partie. Le plus souvent, bien sûr, la personnalité et la conception de la vie d'un homme forment un tout solidaire. Pour souligner une dernière fois la compréhension intime de Gaston Paris de visions du monde mélancoliques, voire pessimistes, citons cet extrait d'un compte rendu de 1875, dans lequel le savant reproche à l'auteur d'un livre sur Leopardi de ne pas avoir saisi l'essence de la poétique de celui-ci:

«On trouve dans des pages trop nombreuses, à l'endroit des noires théories de Leopardi, le ton d'une sorte de compassion presque dédaigneuse qui, en vérité, froisse quelque peu ceux qui ont sondé la profondeur des abîmes d'où partent les cris douloureux du poète [...] Depuis Leopardi, et à un point de vue sensiblement différent, le pessimisme absolu a été soutenu par Schopenhauer et par d'autres; loin d'être absurde *ipso facto*, comme semble l'admettre M. B[ouché]-L[eclerq], il est un des pôles entre lesquels oscille nécessairement la pensée humaine, et il y a dans l'effort douloureux avec lequel le poète de Recanati l'a atteint du premier bond une grandeur philosophique, en même temps qu'une puissance d'émotion que le critique ne paraît pas, il faut bien le dire, avoir suffisamment senties» (799, 1875, pp. 61-62).

*
* *

Il est un genre «philologique» où Gaston Paris s'adonne avec prédilection à des réflexions d'ordre philosophique, à savoir les analyses de contes et de légendes. Ce qu'on a surtout retenu, jusqu'ici, de ces études, ce sont les efforts, dont le caractère problématique a été très tôt dénoncé par Bédier, dépensés par le savant pour retrouver les origines présumées, le plus souvent indiennes, de tels récits anonymes. Rien ne différencierait, en fin de compte, ces travaux de ceux menés à bien par le même philologue sur les chansons de geste, sur les romans arthuriens ou sur la poésie lyrique. Ici comme là, il s'agirait d'une quête presque obsessionnelle des origines[53]. Or, il me semble que cette observation, très juste dans son ensemble, est susceptible d'être complétée par une autre, non moins importante. C'est que, dans la pensée de Gaston Paris, les origines des contes et des légendes ne s'identifient pas, ou pas seulement, comme c'est le cas de l'épopée ou de la poésie lyrique, à l'enfance primitive de l'humanité, ni encore, comme c'est vrai pour les chansons de geste plus particulièrement, aux origines de la nation. Bien plus, ce que révéleraient les contes et légendes populaires, qui «n'ont aucune couleur de temps et de lieux et peuvent circuler, comme ils circulent en effet, chez les peuples les plus divers»[54], ce serait des questions que l'humanité, du moins dans sa partie indo-européenne, s'est posées de toute éternité, se pose encore et se posera toujours.

Ce n'est donc pas un hasard si c'est précisément dans la préface au *Poèmes et légendes du moyen âge*, volume qui réunit quelques-unes des analyses de contes et de légendes les plus importantes de Gaston Paris, que celui-ci se sent obligé de s'excuser pour ses «digressions plus morales que littéraires», qui s'expliqueraient, justement, par les «sujets éternels de toute poésie»:

> «En étudiant ces empreintes laissées par l'âme de nos ancêtres, nous nous trouvons souvent amenés à les comparer aux idées que se fait notre âme à nous des sujets éternels de toute poésie. J'ai essayé, dans deux au moins des morceaux qu'on va lire, d'indiquer ce rapport en ce qui concerne l'amour en lutte avec le devoir (Tristan et Iseut) et le but de la vie humaine (Saint Josaphat), et j'ai quelque peu dépassé par là le cadre habituel de ces sortes d'études. J'espère que le lecteur me pardonnera ces digressions plus morales que littéraires, et que, même s'il ne pense pas comme moi sur les grands sujets qui y sont abordés, il y trouvera quelque occasion de réfléchir et tout au moins de se persuader que la poésie est autre chose encore que l'amusement des heures de loisir» (345*, 1900, pp. VII-VIII).

Ces «digressions», loin d'être, comme semble le suggérer presque paradoxalement Gaston Paris lui-même, de nature accidentelle, sont au contraire consubstantielles des idées que le philologue se fait des contes et légendes comme manifestations d'une sorte de philosophie humaine de base. C'est en

---

[53] Voir, au sujet de toute cette problématique des «origines», Zink 1996a et également Zumthor 1980, pp. 49-50.

[54] 574*, 1894, p. 730.

effet cette conception qui explique pourquoi beaucoup des analyses en question débouchent sur des réflexions philosophico-morales, ou, pour reprendre les termes du savant, sur une interprétation «éthique»[55].

Nous avons déjà cité l'analyse de *La Parabole des trois anneaux* ainsi que l'étude sur *Barlaam et Joasaphat*[56]. Le travail sur la *Légende du Tannhäuser* contient, quant à lui, des remarques conclusives sur l'impossibilité de réaliser le bonheur parfait:

> «C'est toujours, sous des masques différentes, le même visage qui nous apparaît, le même sphinx qui nous fascine. Nous voudrions accorder les joies éphémères de la vie avec une félicité plus parfaite et plus durable [...] et, ballottés entre nos inconciliables désirs, nous écoutons avidement et nous écouterons toujours les contes qui nous parlent, fût-ce pour nous faire frémir, de mortels comme nous qui ont pénétré, vivants, dans le monde de nos rêves, et qui, revenus un moment parmi les hommes, ont pu en révéler quelques secrets» (914*, 1898, dans 348*, 1903, éd. de 1970, pp. 144-145).

Et l'analyse du *Paradis de la reine Sibylle*, finalement, se termine comme suit:

> «C'est un mythe qui se retrouve ailleurs avec d'innombrables variantes, une des formes que la pauvre humanité a données à son éternel rêve de bonheur. A ce titre, il est intéressant même pour le philosophe [...]» (912*, 1897, dans *ibid.*, p. 108).

Le souci de reconstruire la version originale d'un texte n'est donc pas nécessairement ni exclusivement lié à celui de retrouver les origines temporelles des phénomènes humaines, c'est-à-dire, principalement, l'état d'enfance de l'espèce en général ou d'une nation en particulier; il peut également provenir du désir de découvrir et de mettre en lumière les préoccupations éternelles des hommes. Donald G. Charlton a vu très juste quand il liait la philologie non seulement à une entreprise historisante, de type positiviste, mais également à une quête de valeurs:

> «The nineteenth-century cult of *philologie*, so often closely linked with the positivist spirit, has many sources, but one widely prevalent concern is to regain the 'primitive revelation' embodied in early religions and even to formulate a new syncretist creed. Constant, Quinet, Ménard, Thalès Bernard, Laprade, and others all deeply respect 'the religious sentiment' itself and are seeking, in Quinet's words, for 'quelque débris de vérité, de révélation universelle' [...]» (Charlton 1959, p. 9).

---

[55] 877, 1870, p. 107.

[56] On peut également lire, au sujet qui nous intéresse ici, l'étude sur *Le Lai de l'Oiselet* (563*, 1884, dans 348*, 1903, éd. de 1970, pp. 247-249).

On peut facilement élargir ce constat en ajoutant que les valeurs cherchées par les philologues ne sont pas nécessairement de type religieux *stricto sensu*, mais relèvent plus généralement des vérités premières et dernières.

### La «cité des sciences» ou des métaphores

Venons-en enfin à l'expression de «cité des sciences» choisie pour titre de cette deuxième partie. Dans son éloge funèbre sur James Darmesteter, Gaston Paris écrit:

> «Appeler religion l'amour du vrai et l'amour du bien, c'est ennoblir nos plus nobles instincts, mais cela ne saurait donner le change aux besoins d'un tout autre ordre auxquels la religion seule peut répondre» (1066*, 1895, dans 787*, 1896, p. 53).

Cet énoncé est crucial dans la mesure où il introduit une distinction très nette entre la religion au sens propre du terme et la métaphore de la religion si souvent utilisée, tout au long du XIX^e^ siècle, en rapport avec la science. Si chez Comte, notamment, la religion se voit *réellement*, dans le mouvement historique triphasique, remplacée par la science, elle ne le sera jamais que *métaphoriquement* chez Gaston Paris. Pour le philologue, on l'a vu, la science ne pourra jamais se substituer à la religion comprise au sens traditionnel du terme, elle ne pourra jamais trouver une réponse aux questions religieuses. Parler de la science en termes de religion n'est donc jamais autre chose, dans son discours, qu'un procédé métaphorique.

Toute métaphore peut être considérée comme un processus énonciatif qui opère un transfert de valeurs, sémantiques, axiologiques et/ou pathémiques, d'un domaine d'origine à un domaine d'application, ou, en d'autres termes, d'un contenu corrélé, de «ce par quoi on parle», à un contenu topique, à «ce dont on parle effectivement»[57]. Les métaphores religieuses assignent ainsi à la science des valeurs que l'on attribue traditionnellement à la religion, tout en modifiant la nature de ces valeurs. Il ne s'agit plus de la foi dans un au-delà et dans des valeurs transcendantes et absolues, mais de la foi dans l'ici-bas et dans des valeurs purement immanentes et toutes relatives. En dernière instance, le transfert concerne donc moins l'identité des valeurs religieuses elles-mêmes que la *valeur des valeurs* traditionnellement attribuées à la religion. Ce qui est en effet postulé à travers les métaphores religieuses qui nous intéressent ici, c'est que les valeurs scientifiques, notamment la recherche de

[57] Je m'inspire, pour cette description de la métaphore, des travaux de J. Geninasca; voir par exemple Geninasca 1997, «Index», entrée «métaphore, métaphorique». Quant aux expressions «corrélé» et «topique» dans ce contexte, voir aussi Geninasca 1977.

la vérité, sont, tout comme à d'autres époques les valeurs religieuses, considérées comme pouvant garantir dans une large mesure l'identité de l'homme. C'est dans ce sens qu'il faut comprendre Gaston Paris quand il appelle l'EPHE «ma grande église» et le Collège de France «ma petite chapelle»[58], quand il dit que Pasteur était le «prêtre et le prophète» de la science[59], et quand, toujours à propos du biologiste, il écrit:

> «[...] autour de son tombeau [i.e. de Pasteur] s'est constitué, comme un Ordre des temps nouveaux, une milice vraiment spirituelle, qui combat sous sa bannière pour étendre ses conquêtes» (1095*, 1897, p. 44).

C'est dans ce sens aussi qu'il convient d'interpréter les déclarations de principe dans la conférence de 1870 sur «La *Chanson de Roland* et la nationalité française»:

> «[...] les études communes, poursuivies avec le même esprit dans tous les pays civilisés, forment au-dessus des nationalités restreintes, diverses et trop souvent hostiles, une grande patrie qu'aucune guerre ne souille, qu'aucun conquérant ne menace, et où les âmes trouvent le refuge et l'unité que la 'cité de Dieu' leur a donnés en d'autres temps» (334*, 1885, éd. de 1906, pp. 90-91).

Et c'est ce sens encore, pour prendre un dernier exemple, qu'il faut donner au passage suivant, tiré d'un compte rendu du premier tome de la *Revue celtique*:

> «La science doit remplir aujourd'hui le rôle qui, au moyen âge, appartenait à l'Eglise; elle doit former pour ceux qui la cultivent *en esprit et en vérité* une cité universelle où se rencontrent les citoyens de toutes les patries terrestres» (1051, 1872, p. 416).

Encore une fois: dans la pensée de Gaston Paris, la religion dans le sens propre du terme, et plus généralement la croyance en une vérité absolue et cognitivement inaccessible à l'homme ne sont pas directement touchées par la science. La «patrie des sciences» partage avec la «cité de Dieu» augustinienne, à laquelle toutes ces références font en effet allusion, les valeurs de paix et d'union mais, contrairement à la seconde, la première, toute idéelle qu'elle soit, n'est réalisée nulle part ailleurs que dans l'ici-bas, *hic et nunc*. La «patrie des sciences» est dans ce sens beaucoup plus proche de la *New Atlantis* de Bacon – économie faite, ici encore, de la doctrine chrétienne qui constitue le soubassement idéologique de cette œuvre – que de la «cité de Dieu» de Saint Augustin. – Mais la «patrie des sciences», c'est aussi, et

---

[58] 1106*, 1894, p. 16.

[59] 1095*, 1897, p. 46.

même avant tout, l'idée républicaine de la science comme garante d'une morale de la vérité partagée par tous[60].

*

* *

Dans les pages qui suivent, nous parlerons essentiellement du philologue qu'était Gaston Paris. Il ne faudra pas oublier pour autant que ce n'est là qu'un côté du savant et *a fortiori* de l'individu Gaston Paris. Tout ce que celui-ci dit et fait au nom de la philologie, il le dit et le fait aussi au nom de sa conception de la science et de la vie, conception dont nous avons essayé de dégager les principaux éléments.

## SCIENCES HISTORIQUES

### 1. SCIENCES NATURELLES – SCIENCES HISTORIQUES

Dans sa réponse à Pasteur à l'Académie Française en 1882, Renan n'est pas seulement formel en ce qui concerne son refus de toute doctrine religieuse et philosophique. Il réagit également de façon déterminée à la dévalorisation implicite des sciences historiques par l'inventeur de la bactériologie, qui s'était employé à mettre en évidence le fait que, contrairement à ce que laissait croire le positivisme comtien, les recherches historiques ne suffisaient pas aux exigences des méthodes scientifiques proprement dites, c'est-à-dire expérimentales. Ainsi, Pasteur avait dit:

> «Les travaux de M. Littré ont porté sur des recherches d'histoire, de linguistique, d'érudition scientifique et littéraire. La matière de telles études est tout entière dans des faits appartenant au passé, auxquels on ne peut rien ajouter ni retrancher. Il y suffit de la méthode d'observation qui, le plus souvent, ne saurait donner des démonstrations rigoureuses. Le propre, au contraire, de l'expérimentation, c'est de ne pas en admettre d'autres. [...]
>
> L'erreur d'Auguste Comte et de M. Littré est de confondre cette méthode avec la méthode restreinte de l'observation. Etrangers tous deux à l'expérimentation, ils donnent au mot expérience l'acception qui lui est attribuée dans la conversation du monde, où il n'a point du tout le même sens que dans le langage scientifique. Dans le premier cas, l'expérience n'est

60 Voir également cet énoncé, qui se trouve à la fin de la conférence sur la *Chanson de Roland*: «Il faut qu'une éducation mieux comprise redonne aux âmes cette unité que le moyen âge leur assurait dans l'Eglise, et qui ne peut aujourd'hui se reconstituer que dans la science» (334*, 1885, éd. de 1906, p. 116).

que la simple observation des choses et l'induction qui conclut, plus ou moins légitimement, de ce qui a été à ce qui pourrait être. La vraie méthode expérimentale va jusqu'à la preuve sans réplique» (Pasteur 1939, pp. 334-335).

Renan précise que dans le domaine de l'histoire, la seule méthode scientifique possible est la critique, entendons la critique historique, qui inclut, outre un raisonnement sain et logique, de vastes connaissances dans tous les domaines:

> «Vous avez mille fois raison, Monsieur, quand vous mettez au-dessus de tout pour le progrès de l'esprit humain le savant qui fait des expériences et crée des résultats nouveaux. [...] Littré [...] n'a pas fait d'expériences; mais vraiment il n'en pouvait pas faire; son champ, c'était l'esprit humain, on ne fait pas d'expériences sur l'esprit humain, sur l'histoire. La méthode scientifique, en cet ordre, est ce qu'on appelle la critique. Ah! sa critique, je vous assure, était excellente. Il ne s'agit pas seulement, en ces obscures matières, de savoir ce qui est possible, il s'agit de savoir ce qui est arrivé. Ici la discussion historique retrouve tous ses droits. Ce que Pascal a dit de l'esprit de finesse et de l'esprit géométrique reste la loi suprême de ces discussions, où le malentendu est si facile» (Renan 1939, p. 346).

Tout différents que soient les objets visés par les deux grands groupes de sciences – le possible en sciences naturelles, ce qui est réellement arrivé en sciences historiques –, identiques en sont les exigences méthodologiques car, ici comme là, «il n'est pas conforme à l'esprit scientifique d'admettre un ordre de faits qui n'est appuyé sur aucune induction, sur aucune analogie. *Quod gratis asseritur gratis negatur*»[61]. Et l'hébraïsant d'attribuer aux sciences historiques dans leur ensemble une fonction d'«Aufklärung»[62]:

> «Croyez-moi, Monsieur, la critique historique a ses bonnes parties. L'esprit humain ne serait pas ce qu'il est sans elle, et j'ose dire que vos sciences, dont j'admire si hautement les résultats, n'existeraient pas s'il n'y avait, à côté d'elles, une gardienne vigilante pour empêcher le monde d'être dévoré par la superstition et livré sans défense à toutes les assertions de la crédulité» (*ibid.*, p. 347).

Renan conclut la discussion sur un appel, légèrement ironique, à la bienveillance de la science expérimentale:

> «Soyez donc indulgent, Monsieur, pour des études où l'on n'a pas, il est vrai, l'instrument de l'expérience, si merveilleux entre vos mains, mais

---

61 Renan 1939, p. 347.

62 Comme, à part l'expression de «Lumières», il n'y a pas de terme équivalent à «Aufklärung» en français, l'on s'accorde généralement à maintenir l'expression allemande.

> qui, néanmoins, peuvent créer la certitude et amener des résultats importants» (*ibid.*).

A l'instar des deux acides, droit et gauche, découverts par Pasteur, les deux domaines de sciences, naturelles et historiques, seraient en fin de compte complémentaires[63].

*

* *

Dans son propre discours de réception à l'Académie, Gaston Paris ne manquera pas d'évoquer cet affrontement des deux «géants»:

> «Vous vous rappelez les discours que prononcèrent, il y a vingt ans, dans l'une des plus mémorables séances qu'ait vues cette glorieuse coupole, Louis Pasteur, de cette place même, et Ernest Renan, qui le recevait. Ces deux grands hommes, que rien ne rapprochait, si ce n'est leur ardent amour de la vérité, y échangèrent des paroles inoubliables. [...] Pasteur proclama la grandeur de la méthode expérimentale, seul instrument infaillible de la découverte; Renan revendiqua pour la critique historique et philosophique la part qui lui revient dans la conquête du vrai: à l'esprit de géométrie, qui venait de s'affirmer avec éclat, il opposa l'esprit de finesse, qui s'insinue où l'autre n'a pu jusqu'ici pénétrer» (1095*, 1897, pp. 44-46).

Et le grand mathématicien Joseph Bertrand, dans sa réponse à Gaston Paris, reprendra à son tour cet ensemble de questions:

> «Ernest Renan vous [i.e. Gaston Paris] aimait beaucoup. Votre méthode était la sienne; il se plaisait à la dire scientifique; elle est savante, un ignorant n'a pas le droit de la juger; cela suffit-il? La langue française est assez riche pour ne pas imposer le même nom à des génies opposés ou, tout au moins, à des aspirations dissemblables. L'homme de science

---

63 On a souvent dit, en alléguant avant tout le témoignage de l'*Avenir de la science*, que Renan a voulu identifier sciences naturelles et sciences historiques et philologiques. Charlton écrit pourtant à ce sujet: «One can note at once that Renan nowhere makes evident in what way his new science [i.e. la philologie] will be experimental. Though he defines it as 'l'expérimentation universelle de la vie humaine' [...], he fails to suggest any possible lines for experiment. In fact he leaps from this idea to the idea of a descriptive study of human history without showing any awareness that they are by no means identical. At best Renan can reply that *philologie* is based on empirical evidence and is therefore compatible with the positivist theory of knowledge» (Charlton 1959, p. 97). Le discours à l'Académie de 1882 montre bien, me semble-t-il, comment Renan, du moins à cette époque de sa vie, a compris les choses. Il est très conscient du fait que les sciences historiques ont leur identité propre, qui tient aux objets qu'elles étudient, et aussi leur méthodes propres. Ce qui est identique d'un groupe de sciences à l'autre, c'est, en un mot, l'esprit d'objectivité.

> énonce une vérité, propose un enchaînement de déductions rigoureuses, déclare tout d'abord la certitude absolue, et défie toute contradiction. L'érudit et le philologue estiment, non sans raison, que la concordance de plusieurs arguments, dont aucun n'est décisif, peut invinciblement parfaire la certitude accrue par leur nombre.
>
> Une classification sévère, c'est mon opinion, doit séparer vos déductions subtiles, vos savantes conjectures, et vos divinations ingénieuses, de la simplicité sévère des sciences d'Archimède et d'Euclide, où l'évidence même est suspecte; des théories immortelles de Galilée et d'Huygens, où toute règle est sans exception; des études définitives de Lavoisier et de Pasteur, où toute expérience, pour être décisive, doit réussir mille fois sur mille, et plus encore, si on prolonge l'épreuve. Je veux préciser.
>
> Vous avez raconté les amours de Tristan et d'Yseut[64] [...] L'honneur, si c'en est un, d'avoir forgé ce conte et inventé les lieux communs de morale indifférente [...] appartient à la race celtique; vous l'affirmez. Je ne fais à vos preuves aucune difficulté. Je n'y vois rien cependant de commun avec ce que, dans une autre académie, on exige d'une démonstration» (Bertrand 1897, pp. 38-39)[65].

Ces prises de position s'inscrivent toutes dans un autre grand débat de l'époque, débat qui, s'il est intimement lié à celui sur le rapport entre science et croyance en général et le rôle que les sciences dans leur totalité sont appelées à jouer dans l'orientation tant pratique qu'éthique de la société moderne, n'en est pas moins distinct et plus spécifique: il s'agit de déterminer le rapport exact entre sciences naturelles et sciences humaines ou historiques. A l'instar de la première, cette deuxième polémique atteindra son point culminant pendant l'Affaire. Dans la version élargie de son article «Après le procès», Brunetière écrit:

> «Il faut effectivement, si nous voulons nous entendre, commencer par ne pas prodiguer les noms de science et de savant. En fait, aucun mathématicien, physicien, chimiste ou physiologiste n'a jamais admis, – je dis jamais, – que l'histoire, la critique, l'exégèse ou la paléographie fussent des 'sciences'; et je ne pense pas qu'il l'admette jamais; et j'estime qu'il aura raison. Il n'y a pas de 'science' de ce qui ne s'est pas vu deux fois; et, en dépit de quelques analogies, la paléographie et l'exégèse, la critique et l'histoire ne s'occupent justement que de ce qui ne s'est pas vu deux fois. Il n'y en a pas non plus du 'particulier', et il se peut pour cela qu'il

[64] Il s'agit d'un très bel article publié par Gaston Paris dans la *Revue de Paris* en 1894 (518*, 1894) et dont nous reparlerons longuement dans la quatrième partie.

[65] Dans son éloge funèbre du mathématicien, Gaston Paris fera encore remarquer que «M. Bertrand n'admettait pas que l'histoire, l'archéologie, la philologie, fussent des sciences» («Discours funéraire sur M. J. Bertrand», *in Institut de France. Académie française. Funérailles de M. J. Bertrand*, Paris, Didot, 1900, p. 22).

> y ait une 'science' de l'homme ou des hommes: il n'y a pas de science de Napoléon ou de Shakespeare; il n'y en a pas des livres sacrés du bouddhisme ou des manuscrits de Virgile. Et il n'y en a pas enfin, toujours pour la même raison, de ce qui n'est pas réductible au principe de contradiction ou au principe de causalité. Ajoutons le principe de finalité» (Brunetière 1898b, p. 81, en note).

Brunetière précise sa pensée dans sa réponse à la lettre ouverte que Gaston Paris avait publiée dans le *Figaro* du 3 janvier 1899, en réaction à la fondation de la Ligue de la patrie française:

> «J'ai dit que l'*Erudition* n'était pas la *Science*, et qu'un linguiste, un philologue ou un métricien n'étaient point des savants. Ce sont des gens qui peuvent savoir beaucoup de choses, mais ce ne sont pas des savants. Il n'y a de *science* que du général; ou, s'ils aiment mieux cette manière de dire, il n'y a de *lois* que de ce qui s'est vu au moins deux fois; et, au contraire, ce qui distingue les 'produits de l'esprit humain', comme les appelait Renan, des phénomènes de la nature, c'est justement qu'ils sont toujours *uniques*. Non seulement le monde n'a pas connu deux Dante ou deux Shakespeare, deux Phidias ou deux Michel-Ange, deux Archimède ou deux Galilée, mais les phénomènes qui ont dégagé le français du latin ne se sont pas vus deux fois, puisque ceux qui leur ressemblent le plus en ont ailleurs dégagé l'espagnol et l'italien. Est-ce faire la guerre à l''esprit scientifique' que de constater ce fait? Il n'y a point, si l'on veut s'entendre, de sciences 'morales', ni de sciences 'historiques', mais seulement des sciences rationnelles et expérimentales, ou, en termes plus familiers, des sciences mathématiques et des sciences physiques et naturelles» (*Figaro*, 5 janvier 1899).

Le jour même de la publication de ce texte, Gaston Paris envoie une missive privée au directeur de la *RdDM*, dans laquelle il écrit, entre autres, ceci:

> «Dans la lettre que vous avez adressée au *Figaro*, il y a trois points. Le premier est fort intéressant, et j'ai l'intention quelque jour de le discuter avec vous; vous pensez, comme beaucoup de 'savants' (notamment J. Bertrand) qu'il n'y a pas de science historique; cette théorie exclurait des sciences la géologie et même l'astronomie, et n'y laisserait guère subsister que les mathématiques, la physique et la chimie, car depuis Darwin on regarde les espèces comme le produit d'un développement tout historique et unique. C'est une question à débattre longuement [...]» (cité dans Bähler 1999, p. 129).

Le débat sur le rapport entre sciences naturelles et sciences historiques embrasse, au fond, deux ordres de problèmes distincts, le premier concernant la qualité des objets étudiés, le but visé, les méthodes appliquées et la validité des résultats obtenus, et le deuxième la valorisation respective des deux groupes de sciences par rapport à l'ensemble de ces critères.

Gaston Paris ne prend pas très souvent explicitement position dans ce débat. S'il le fait, c'est, dans la plupart des cas, en relation avec des réflexions sur la linguistique, ce qui n'a rien de surprenant étant donné que c'est précisément cette discipline qui, suite avant tout aux travaux de August Schleicher, a le plus souvent été assimilée à une science naturelle. Les développements les plus détaillés du philologue au sujet de la linguistique et de sa place dans le système des sciences se trouvent dans deux textes de 1868, qui témoignent tous les deux de la réception de la théorie schleichérienne en France. Le premier est un compte rendu d'une traduction française de deux études du botaniste allemand, *La théorie de Darwin* et *De l'importance du langage pour l'histoire naturelle de l'homme*[66], le second le cours d'ouverture fait rue Gerson sur *La Grammaire historique de la langue française*[67].

Gaston Paris salue dans les travaux de Schleicher une approche de la langue et de son histoire qui, évitant les pièges d'un raisonnement apriorique, se fonderait principalement sur des données observables, sur des faits concrets, et rapprocherait enfin la linguistique des sciences naturelles:

> «La conception générale [de Schleicher] elle-même est juste en ce sens que la grande loi de développement et de différentiation qui dirige tout dans la nature est appliquée ici à un nouveau domaine. Et le rapprochement même qu'a choisi M. Schl[eicher] pour expliquer cette loi, offre bien des points incontestables et a le grand avantage de rattacher la démonstration à des faits connus et concrets, au lieu de l'appuyer sur des abstractions peu accessibles au plus grand nombre. Il a aussi le mérite de pousser la linguistique dans la seule voie où elle doive faire des progrès, celle d'une union de plus en plus intime avec les sciences naturelles et surtout la physiologie» (3, 1868, pp. 242-243).

Mais, en même temps, Gaston Paris a également hâte de mettre en lumière les dangers de la théorie de Schleicher: contrairement à ce qu'affirme ce dernier, une langue n'est pas un organisme dans le sens propre, biologique, du terme; parler d'une langue comme organisme ne sera donc jamais autre chose qu'un procédé métaphorique, dépourvu de toute qualité définitoire conceptuelle[68]; la différence capitale entre l'évolution d'un organisme biologique et celle

---

66 3, 1868. Titres des textes en allemand: *Die Darwinistische Theorie und die Sprachwissenschaft*, Weimar 1863; *Die Bedeutung der Sprache für die Naturgeschichte des Menschen*, Weimar, 1865.

67 136*, 1868.

68 Il convient de noter que l'opinion de Gaston Paris à ce sujet a évolué entre 1863 et 1868. Dans l'introduction à sa traduction de la *Grammatik der Romanischen Sprachen* de Diez, Gaston Paris avait en effet lui-même parlé des langues comme organismes dans un sens non métaphorique du terme (voir également Desmet/Swiggers 1991, p. 185, n. 9 et Desmet/Swiggers 1992, p. 105).

d'une langue réside dans le fait que le développement de cette dernière est largement soumise à l'homme et à son histoire:

> «Ce n'est pas que le langage soit une œuvre arbitraire et volontaire de l'esprit humain, mais c'est qu'il ne peut se produire et se développer que dans un milieu historique. Les langues n'ont pas en elles, comme les êtres organiques, leur loi de croissance et de dépérissement; elles n'ont pas de forme nécessaire, d'organes en rapport constant avec cette forme, et quand nous les appelons *organiques*, que nous parlons de leur *organisme*, nous ne prétendons pas constituer 'un quatrième règne de la nature'; il faut se garder de prendre, comme on le fait trop souvent, une métaphore pour une définition. On entend seulement par *organique* ce qui est conforme aux lois primitives d'une langue, par *inorganique* ce qui les viole. Mais les langues ne sont pas, toute métaphore à part, des êtres vivants: elles ne naissent pas (ou du moins elles ont commencé une fois pour toutes à une époque bien antérieure à l'observation), elles ne croissent pas d'après cette sorte de loi propre aux êtres organisés qu'on nomme la force plastique, elles ne dépérissent et ne meurent pas; il n'y a de langues mortes que celles qui ont disparu avec les peuples qui les parlaient ou ont été abandonnées par eux. La part de l'action historique est donc considérable: pour emprunter aux sciences naturelles une de leurs meilleures formules, nous dirons que le développement du langage est *dirigé* par des lois qui lui sont propres, mais rigoureusement *déterminé* par des conditions historiques. Sans doute ces conditions ne changent en rien ces lois elles-mêmes, mais elles leur permettent de passer de la virtualité à l'acte. Si le petit peuple romain, au lieu de conquérir le monde, avait eu le sort des Etrusques ou des Samnites, non-seulement on ne parlerait pas latin ou néo-latin actuellement en France et en Espagne, – ce qui peut-être [sic] envisagé comme un simple accident historique, – mais les germes des langues néo-latines, qui reposaient dans le latin, ne se seraient jamais développés. Si au contraire les Etrusques, par exemple, avaient joué le rôle des Romains, non-seulement la langue étrusque n'aurait pas péri si complètement qu'on ne sait à quelle famille de langues en rattacher les rares débris, mais des forces latentes qui étaient dans cette langue, que n'y soupçonnaient pas ceux qui la parlaient, que nous ne pourrions guère démêler si nous la connaissions encore, ces forces latentes, dis-je, seraient arrivées à l'expression et auraient produit des langues qui seraient à l'étrusque ce que les langues néo-latines sont au latin» (136*, 1868, pp. 19-20)[69].

Le raisonnement du philologue, qui distingue les lois à l'état pour ainsi dire pur, c'est-à-dire à l'état abstrait et idéal, de leur passage, à un moment donné de l'histoire et en un lieu précis de l'espace géographique, à l'état réalisé, concret et presque nécessairement modifié par rapport à l'état virtuel,

69 Voir également 3, 1868, p. 242.

correspond tout à fait à celui présenté par Taine dans son introduction à *L'Histoire de la littérature anglaise*, dont la première édition paraît en 1863. Pour Taine, toutes les «diversités humaines» prennent leur source et, donc, trouvent leur explication dernière dans les différentes manières dont les hommes se représentent les objets sensibles du monde et dans les différentes façons dont ces représentations aboutissent ensuite soit à des «conceptions générales» soit à des «résolutions actives»[70]. Tout est le résultat, en fin de compte, de «différences élémentaires» ou «primordiales». Or, celles-ci peuvent être comparées, nous dit l'historien, à «ces formules d'algèbre qui, dans leur étroite enceinte, contiennent d'avance toute la courbe dont elles sont la loi». Et l'auteur de poursuivre:

> «Non que cette loi s'accomplisse toujours jusqu'au bout; parfois des perturbations se rencontrent; mais, quand il en est ainsi, ce n'est pas que la loi soit fausse, c'est qu'elle n'a pas seule agi. Des éléments nouveaux sont venus se mêler aux éléments anciens; de grandes forces étrangères sont venues contrarier les forces primitives. La race a émigré, comme l'ancien peuple aryen, et le changement de climat a altéré chez elle toute l'économie de l'intelligence et toute l'organisation de la société. Le peuple a été conquis, comme la nation saxonne, et la nouvelle structure politique lui a imposé des habitudes, des capacités et des inclinations qu'il n'avait pas» (Taine 1881, p. XXII).

Mais revenons à Gaston Paris. Si la linguistique, nous dit celui-ci, n'est pas, de par son ancrage historique, une science naturelle, elle l'est pourtant bien par d'autres côtés:

> «Il est certain que les modifications que les langues subissent par le cours des siècles sont produites en grande partie par des causes qui agissent avec la régularité et la constance des lois naturelles, et si l'on entend par sciences naturelles celles où l'observation constate des lois, la linguistique est à coup sûr une de ces sciences. Ces lois reposent en dernier ressort sur celles de la physiologie et de la psychologie, en sorte qu'on peut dire que dans la hiérarchie des sciences naturelles elle serait à peu près aux deux que nous venons de nommer ce que la biologie, par exemple, est à la chimie et à la mécanique. Mais ce n'est là qu'un des aspects de la question, et si par ce côté la linguistique, bien que dans un sens restreint, a droit de figurer dans les sciences naturelles, elle se range tout-à-fait, par un autre, dans les sciences qu'on appelle historiques» (136*, 1868, p. 19).

Devant ce double constat, Gaston Paris juge que les limites entre les deux groupes de sciences, naturelles et historiques, sont au fond complètement arbitraires et qu'il vaut mieux classer celles-ci selon leurs méthodes que

70 Voir, pour tout ceci, Taine 1881, pp. XVIII-XXIII.

selon leurs objets[71]. En affirmant ceci, il se montre d'accord avec une classification des sciences que son ami Louis Havet présentera en 1885. Au système le plus courant, qui distingue les «sciences mathématiques, physiques et naturelles» et les «sciences historiques», le latiniste en oppose en effet un autre, qui regroupe les sciences «qui étudient des lois indéfiniment permanentes» d'un côté, et «celles qui étudient des faits temporaires» de l'autre. La première classe comprend les mathématiques, la physique et la chimie, la seconde embrasse toutes les sciences dont l'objet est sujet à une évolution historique, telles l'astronomie, la zoologie et la linguistique. Havet répond d'avance à d'éventuelles objections:

> «Qu'on ne se récrie pas trop vite de voir rapprocher, à cause de ce caractère commun, l'astronomie, la zoologie, la linguistique. Quand Laplace essaye de concevoir la formation du système des planètes, Darwin l'apparition successive des espèces animales, Diez la naissance des diverses langues issues du latin, ils font tous trois la même tentative: celle de relier le présent au passé; [...] si les objets des trois sciences se ressemblent si peu, quelle analogie inattendue dans leurs trois méthodes de recherche! [...] Elles sont pareilles, parce qu'elles sont toutes trois appliquées à des faits temporaires» (Havet 1885, p. 633).

Les méthodes de recherche propres aux «sciences chronologiques» se caractériseraient par l'approche comparative, qui n'est donc autre, en fin de compte, qu'historico-comparative:

> «[...] ils [l'astronome, le naturaliste et le linguiste] rassemblent dans le présent des éléments épars, ils en font des descriptions et des statistiques; ils les classent, ils les rapprochent, les comparent, les combinent, enfin ils cherchent aux ressemblances des causes communes, aux différences des causes particulières» (*ibid.*).

Or, Gaston Paris anticipe bien les idées de Havet, quand il déclare, en 1868 déjà:

> «[…] la division profonde qu'on a voulu établir entre les sciences historiques et les sciences naturelles ne repose […] sur rien de solide: dans les unes comme dans les autres il n'y a que des phénomènes dirigés par des lois et soumis, pour se produire, à des conditions qui les déterminent» (136*, 1868, pp. 22-23).

Ce n'est alors que «pour la commodité du discours» que le philologue se dit prêt à maintenir la distinction courante entre sciences historiques et sciences naturelles[72].

---

[71] 136*, 1868, p. 21.

[72] *Ibid.*, p. 22.

## 2. LOIS

Dans les deux groupes de sciences, il s'agit donc, pour Gaston Paris, de découvrir les lois qui régissent le développement des phénomènes. Si, dans le domaine des sciences naturelles, et surtout dans celui des sciences expérimentales, ce principe est communément accepté, il n'en va pas de même, nous dit le savant – toujours dans sa leçon sur *La Grammaire historique de la langue française* de 1868 –, de celui des sciences historiques, où les chercheurs accorderaient encore trop d'importance, en général, à l'initiative personnelle des acteurs historiques. Ce n'est pourtant qu'une question de temps, continue-t-il, jusqu'à ce que la psychologie historique, aidée en ceci par toutes les autres sciences concernant l'homme, arrive à déceler les lois qui président à tous ces phénomènes qui paraissent encore, pour le moment, le résultat d'actions toutes individuelles et arbitraires. En prenant cette fois-ci les choses par l'autre bout, l'argumentation de Gaston Paris tend à abolir la frontière traditionnelle, hégélienne, entre le règne de l'homme, qui serait caractérisé par la liberté, et le règne de la nature, dominé, lui, par la nécessité :

> «La grande objection, il est vrai, de ceux qui veulent absolument exclure la linguistique de l'histoire, c'est que les volontés individuelles n'ont pas de part au développement des langues, tandis que dans l'histoire politique, celles des lettres ou des arts, ce sont les volontés ou les qualités individuelles qui composent toute la science. Mais ces deux propositions sont également fort contestables. D'une part en effet les volontés personnelles, les conventions influent certainement au moins sur une partie du langage, sur le vocabulaire, qu'on ne peut cependant négliger tout-à-fait[73] ; et la phonétique elle-même, au moins dans les langues cultivées, subit des influences arbitraires [...] Et d'autre part, l'histoire des nations, des religions, des littératures et des arts est-elle bien réellement le produit de volontés individuelles et arbitraires ? Ne commençons-nous pas à saisir aussi dans ces grands développements des lois que l'initiative personnelle peut entraver ou seconder, auxquelles elle donne occasion et moyen de se produire, mais qui ne lui en sont pas moins supérieures ?» (*ibid.*, pp. 21-23).

La quintessence de ces déclarations paraît claire : dans l'histoire de la langue, tout comme dans les autres domaines historiques, il y a des lois qui, dans leur passage au régime du réalisé, sont soumises à des conditions historiques, de nature du moins partiellement contingente, celles-ci. – Mais,

---

73 Rappelons à ce sujet que Gaston Paris lui-même, en introduisant l'expression de «dérailler» au sens figuré du terme, est responsable d'un de ces renouvellements individuels et arbitraires (voir Partie I, n. 173).

dans son cours de la rue Gerson, Gaston Paris va beaucoup plus loin encore car il continue comme suit:

> «Et qu'est-ce, après tout, que l'initiative personnelle elle-même? [...] A mesure que la psychologie, qui est encore dans l'enfance, deviendra plus scientifique, l'idée d'arbitraire ira en s'y restreignant de plus, et finira sans doute par en disparaître comme elle l'a fait de la physique» (*ibid.*, p. 23).

A l'horizon des sciences historiques, on verrait donc, comme dans les sciences naturelles, des lois et uniquement des lois. Ces lois, c'est ce qu'il faut conclure, remplaceront peu à peu ces «conditions» mêmes dont le philologue nous disait un peu plus haut qu'elles *déterminaient* leur réalisation concrète. En d'autres termes: chaque loi pourra influencer, c'est-à-dire modifier ou entraver, le passage à l'acte d'une autre loi – chaque loi pourra devenir la *condition* d'une autre loi – et c'est de la rencontre, à un moment défini, de deux ou de plusieurs lois, venant tant des sciences naturelles que des sciences historiques, dépendant en dernière instance, celles-ci, de la psychologie, que naîtra un phénomène précis. On arriverait donc, en fin de compte, à comprendre et à expliquer la variété infinie de l'être à partir de la combinaison de quelques lois, en nombre fini. C'est là le grand rêve de Taine que Gaston Paris partage avec enthousiasme, du moins dans sa jeunesse. Le philologue conclut en effet son cours d'introduction sur cette promesse d'un conte scientifique devenu réalité:

> «[...] touché par sa baguette magique, chaque mot nous raconte sa destinée, chaque forme repasse par toutes ses métamorphoses, et peu à peu des lois fixes, bien que variées, apparaissent à nos yeux. Ramené à la régularité de son développement spontané, le langage n'est plus quelque chose d'extérieur et d'arbitraire; il retrouve sa place dans l'harmonieux ensemble des choses, dans cette grande trame vivante que tissent les lois éternelles de la nature et dans laquelle sont entrelacés tous les fils de notre frêle existence. La linguistique conduit ainsi pour sa part au plus beau résultat de toute science, qui est de rattacher au grand tout les parties en apparence les plus fragmentaires, et de nous faire sentir la solidarité de chaque détail avec l'ensemble» (*ibid.*, pp. 29-30).

Suffisamment sensible, cependant, pour réaliser tout ce qu'une telle vision des choses humaines peut avoir de rétrécissant et même d'angoissant aux yeux du public, avant tout non initié, Gaston Paris propose une nouvelle fois de valoriser le fait même de connaître la vérité – les lois, en l'occurrence – et d'en prendre conscience. Toutefois, même la vision du monde «désenchantée» qui émanera des recherches scientifiques annoncées est propre, aux yeux du philologue, à dispenser une leçon morale salutaire puisqu'elle contribuerait, tout comme l'esprit scientifique en tant que tel, à réduire la part de l'individualisme:

> «En comprenant que notre vie n'est pas un fait isolé et fortuit, que toutes ses manifestations trouvent leur raison d'être, aussi bien que leur expression, dans ce vaste univers dont le microcosme humain est l'abrégé, nous accroissons cette vie elle-même de tout ce que nous y mêlons de nouveau, en même temps que nous diminuons l'importance excessive que tend toujours à s'arroger notre personnalité passagère; et tout en constatant les lois auxquelles nous sommes soumis, nous jouissons du plaisir élevé de les voir à l'œuvre et de les subir au moins en connaissance de cause» (*ibid.*).

La reconstruction des lois historiques est donc le but de toutes les sciences historiques, comme le philologue l'explique déjà dans un texte de 1866:

> «Outre la lumière qu'elles jettent sur la poésie du moyen âge, les études de ce genre [i.e. les études de versification] ont donc pour nous un puissant intérêt. Comme la philologie, comme la littérature comparée, comme la mythologie, elles introduisent peu à peu dans l'histoire quelque chose de la régularité des sciences naturelles; elles diminuent l'importance des volontés et des efforts individuels pour les soumettre à la loi générale; elles tendent à rattacher tous les faits particuliers à une conception d'ensemble, et nous présentent dans l'humanité le même spectacle que dans la nature: l'unité éternelle et l'éternelle variété» (253*, 1866, pp. 609-610).

D'autres écrits de jeunesse de Gaston Paris se caractérisent par le même radicalisme[74]. Avec le temps, pourtant, à mesure que le philologue accomplit ses travaux concrets, à mesure aussi que sa philosophie de vie se précise pour devenir celle, antipositiviste dans son essence, que nous avons vue, ces rêves tainiens, sans s'évanouir complètement, semblent bien pâlir. Certes, la recherche des lois historiques reste et restera toujours l'un des principaux objectifs des études philologiques telles que les conçoit le savant:

> «Les productions littéraires, écrit-il encore en 1885, dans sa préface au premier tome de la *Poésie du moyen âge*, tout le monde le comprend ou devrait le comprendre aujourd'hui, sont, comme tous les faits historiques, des phénomènes soumis à des conditions. Comprendre ces phénomènes dans leurs caractères multiples, en démêler les rapports, en dégager enfin les lois, telle est la tâche du savant» (334*, 1885, éd. de 1906, p. X).

Cependant, à cette époque-là, Gaston Paris ne pense certainement plus que l'on puisse réduire, ne serait-ce qu'en théorie, l'ensemble des *conditions* à des *lois*. Et, à en croire une affirmation de 1901, son optimisme quant à la possibilité même d'établir des lois historiques semble avoir beaucoup perdu de sa force initiale, du moins en ce qui concerne certaines branches du savoir, telle la plus récente, c'est-à-dire la sémantique historique:

---

[74] Voir encore par exemple 846, 1866, pp. 206-207.

> «Dans le domaine, encore si peu exploré, de la sémantique historique, comme dans tous ceux qui relèvent de la psychologie, il faut le plus souvent se contenter de probabilités ou même de possibilités: le monde de la pensée attend encore son Newton et l'attendra peut-être toujours» (148*, 1901, p. 823).

*
* *

S'il est vrai que, dans la conception de Gaston Paris, la formulation de lois historiques est, en théorie, l'ultime objectif des recherches philologiques, il n'en est pas moins vrai qu'en pratique cet objectif a tendance à disparaître, sauf dans le domaine de la phonétique diachronique – champ d'excellence de l'«expérimentation» en sciences humaines –, derrière les innombrables descriptions et analyses proprement historiques fournies par le savant. Les lois historiques, à l'exception donc, encore une fois, de celles qui concernent l'évolution de la langue, ne se voient guère formulées que sous une forme très rudimentaire (nous allons en voir quelques exemples dans la Partie IV). Ce constat se laisse certes expliquer, en partie, par le fait qu'aux yeux de Gaston Paris le moment n'est pas encore venu de les formuler et que, suivant la sentence tainienne «après la collection des faits la recherche des causes»[75], de nombreuses investigations détaillées préalables comme celles qu'il entreprend lui-même sont nécessaires. Il est néanmoins frappant de voir combien les principes théoriques sur les lois influencent peu, au fond, les analyses historiques concrètes, consacrées le plus souvent presque exclusivement à ces «conditions» mêmes qu'il s'agirait de réduire à des lois, et s'inscrivant, dans leur ensemble, dans la tradition la plus pure de l'«histoire des idées». Ernst Cassirer est arrivé à un constat du même type pour les travaux de Taine:

> «Aber die methodische Hauptfrage, die sich hieran knüpft, besteht darin, ob die Begriffe, mit denen er [i.e. Taine] hier operiert, wirklich das sind, als was er sie ausgibt – d.h. ob sie auf dem Boden des rein naturwissenschaftlichen Denkens erwachsen und durch strenge Induktion erworben und gesichert sind. Dass dies nicht der Fall ist, zeigt sich um so deutlicher, je mehr die Darstellung Taines ins Einzelne geht und je lebendiger und farbenreicher sie wird. Denn nirgends findet sich hierbei der Versuch, mit jenen 'allgemeinen' Ursachen auszukommen, die er an die Spitze stellt und die er als die eigentlich 'wissenschaftlichen' Erklärungsgründe proklamiert. Sobald er an die Darstellung konkreter Einzelprobleme kommt, hat Taine diese Art von Ursachen so gut wie vergessen; er vertieft sich nicht nur ins Detail, sondern schwelgt geradezu im Detail. Daraus ergibt sich jener eigentümliche Doppelcharakter seiner Geschichtsschreibung. Die Ableitung aus ganz einfachen Formeln und die Freude an

---

[75] Cité dans Oexle 1996, p. 224.

der reinen Ausmalung eines vielfältigen und bunten Geschehens geht bei Taine Hand in Hand. Und ebensowenig gelingt es ihm, gegenüber seinem Gegenstand die Kühle und Ruhe des Naturforschers zu bewahren» (Cassirer 1957, p. 256).

Il ne faut en effet pas oublier que le positivisme (au sens scientifique du terme) ne représente que l'une des deux faces du raisonnement scientifique tant de Taine que de Gaston Paris, et que l'autre, plus importante au fond, est constituée par la pensée historiciste (voir ci-dessous, 3.).

*

* *

Contrairement à certains de leurs disciples, plus radicaux mais aussi plus bornés qu'eux, ni Comte ni Taine n'ont jamais pensé à identifier les lois des sciences historiques avec celles des sciences exactes, ni encore à confondre les méthodes qui caractériseraient respectivement les deux groupes de sciences[76]. En se référant à son «Introduction» à l'*Histoire de la littérature anglaise*, Taine a très clairement reformulé ses idées à ce sujet dans une lettre du 29 avril 1864 à Ernest Havet:

> «'Je n'ai jamais prétendu qu'il y eût en histoire ni dans les sciences morales des théorèmes analogues à ceux de la géométrie, mais à la physiologie et à la zoologie. De même qu'il y a des rapports fixes, mais non mesurables quantitativement, entre les organes et les fonctions d'un corps vivant, de même il y a des rapports précis, mais non susceptibles d'évaluations numériques, entre les groupes de faits qui composent la vie sociale et morale. J'ai dit cela expressément dans ma préface [à l'*Histoire de la littérature anglaise*] en distinguant entre les sciences exactes et les sciences inexactes, c'est-à-dire les sciences qui se groupent autour des mathématiques et les sciences qui se groupent autour de l'histoire, toutes deux opérant sur des quantités, mais les premières sur des quantités mesurables, les secondes sur des quantités non mesurables. La question se réduit donc à savoir si l'on peut établir des rapports précis non mesurables entre les groupes moraux, c'est-à-dire entre la religion, la philosophie, l'Etat social, etc. d'un siècle ou d'une nation. Ce sont ces rapports précis, ces relations générales nécessaires que j'appelle *lois*, avec Montesquieu; c'est aussi le nom qu'on leur a donné en zoologie et en botanique. La préface expose le système de ces lois historiques, les connexions générales des grands événements, les causes de ces connexions, la classification de ces causes, bref, les conditions du développement et des transformations humaines... Vous citez mon parallèle entre la conception psychologique de Shakespeare et celle de nos classiques français, et vous

[76] Quant à Comte, voir Cassirer 1957, pp. 251-254.

> dites que ce ne sont pas là des lois; ce sont des types, et j'ai fait ce que font les zoologistes lorsque, prenant les poissons et les mammifères, par exemple, ils extraient de toute la classe et de ses innombrables espèces un type idéal, une forme abstraite commune à tous, persistant en tous, dont tous les traits sont liés, pour montrer ensuite comme le type unique, combiné avec les circonstances générales, doit produire les espèces. C'est là une construction scientifique semblable à la mienne. Je ne prétends pas plus qu'eux deviner, sans l'avoir vu et disséqué, un être vivant, mais j'essaie comme eux d'indiquer les types généraux sur lesquels sont bâtis les êtres vivants, et ma méthode de construction ou de reconstruction a la même portée en même temps que les mêmes limites.
>
> Je tiens à mon idée parce que je la crois vraie, et capable, si elle tombe plus tard en bonnes mains, de produire de bons fruits. Elle traîne par terre depuis Montesquieu; je l'ai ramassée, voilà tout'» (cité dans Monod 1895, pp. 115-117).

On voit que Taine, tout comme Gaston Paris et Louis Havet après lui et très certainement sous son influence, établit la coupure principale non pas entre les sciences naturelles et les sciences humaines, mais entre les sciences exactes et les sciences inexactes, dont les objets sont soumis à une évolution dans le temps. L'historien précise bien que les lois historiques ressemblent plutôt à ce qu'il appelle des «types» qu'aux lois des sciences exactes. Tandis que celles-ci, les «théorèmes», existeraient bel et bien, sous leur forme abstraite même, dans la réalité, le caractère abstrait des «types», par contre, n'a pas le même statut ontologique: les «types» ne se retrouvent jamais dans la réalité que sous forme de concrétisations nécessairement modifiées par les circonstances historiques.

Tout au long de ses travaux, Gaston Paris admet une différence d'essence entre les deux ordres de lois, naturelles et historiques. Ainsi, en 1900, critiquant une étude d'Eduard Wechssler, «Giebt es Lautgesetze?», il affirme à propos des lois phonétiques:

> «J'hésiterai d'avantage à assimiler les lois de mutation phonétique aux lois naturelles: celles-ci agissent toujours de même dans les mêmes conditions; celles-là ne peuvent subir cette épreuve, les conditions où elles agissent n'étant jamais deux fois les mêmes; elles ne sont que le résultat de constatations faites dans le passé; elles ne peuvent être appliquées à l'avenir. Il faut donc prendre ici le mot de lois dans un sens particulier et restreint (on trouverait des faits analogues dans la géologie par exemple); mais nier qu'il en existe serait admettre dans une évolution naturelle des faits fortuits, c'est-à-dire des effets sans cause, ce qui est absurde» (7, 1900, pp. 583-584).

La méthode historico-comparative ne saurait donc être confondue, le philologue le souligne tout comme Renan, avec la méthode expérimentale, et à la déduction en sciences exactes ne pourra jamais correspondre, en sciences historiques, que l'induction[77]. Rapprocher les sciences historiques des sciences exactes, comme Gaston Paris le fait si souvent – et il n'est pas le seul, loin s'en faut –, ne revient donc aucunement à abolir les différences de nature entre les deux groupes de sciences. L'histoire a ses lois et ses méthodes propres. Ce qui est cependant pareil d'un groupe à l'autre et contribue, justement, à bâtir cette «cité des sciences» tant rêvée, c'est la disposition (morale) de l'esprit scientifique:

> «Nous apporterons d'ailleurs à ces études [philologiques], autant que possible, la disposition d'esprit que demandent les sciences naturelles, cherchant non à juger ni à prouver, mais à connaître et à comprendre, rassemblant soigneusement les faits, les groupant d'après leur analogie et leur importance, et laissant se dégager de leur rapprochement seul la vérité qu'ils démontrent ou l'hypothèse qu'ils suggèrent. Nous ne chercherons rien au delà; nous ne prenons parti ni pour ni contre aucune des grandes institutions dont nous aurons à parler; nous laisserons à la philosophie, à l'esthétique, à la morale le soin de tirer la conclusion des faits que nous passerons en revue. Le spectacle de l'histoire, comme celui du monde physique, est assez grand, assez beau, assez varié pour que nous nous contentions de l'étudier en lui-même, sans vouloir lui trouver, d'après nos idées du moment, une explication extérieure et passagère» (328*, 1866, dans 334*, 1885, éd. de 1906, pp. 37-38).

Les nombreuses comparaisons, dans les textes de Gaston Paris, entre les sciences historiques et les sciences exactes ont la même fonction rhétorique que le procédé métaphorique qui consiste à parler des sciences en termes de religion. Ici comme là, il s'agit d'une stratégie de valorisation en même temps que de persuasion. De par l'équivalence postulée, à travers les similitudes en question, entre les deux groupes de sciences, les sciences historiques et, avec elles, les savants travaillant dans ce vaste domaine, accèdent en effet au même statut que les sciences exactes et leurs représentants et voient par là même rehaussé leur prestige social. Les deux groupes de disciplines sont appelés à collaborer désormais au même titre à la construction de cet immense édifice du savoir humain dont rêve le XIXe siècle. Non pas identité donc, entre les deux groupes de sciences, mais équivalence et complémentarité.

## 3. HISTORICISME

En 1863, dans un article dédié à son ami Marcelin Berthelot, Renan met l'accent sur ce qu'il regarde désormais comme la notion la plus importante dans les sciences, à savoir celle du *temps*, notion qui, dit-il, va concerner et bouleverser tôt ou tard l'ensemble des disciplines s'occupant de «faits réels»:

---

77 Voir par exemple 334*, 1885, éd. de 1906, p. 83.

> «Le temps me semble de plus en plus le facteur universel, le grand coefficient de l'éternel 'devenir'. Toutes les sciences me paraissent échelonnées par leur objet à un moment de la durée. Chacune d'elles a pour mission de nous apprendre une période de l'histoire de l'être» (Renan 1863, p. 762).

Les prévisions de Renan, on le sait, se sont pleinement réalisées, et ses remarques sur le caractère historique des phénomènes nous paraissent aujourd'hui bien banales. Elles ne l'étaient pourtant pas à l'époque. Si l'idée selon laquelle «la vie et la réalité sont de l'histoire et rien d'autre que de l'histoire» (Benedetto Croce)[78] détermine d'un bout à l'autre notre conception du monde, elle n'a commencé à se répandre dans des cercles plus vastes qu'à la fin du XVIIIe et au commencement du XIXe siècle. Elle fait partie de la révolution de la pensée qui caractérise la «Sattelzeit» (Reinhart Koselleck) dans son ensemble:

> «Die Wissenschaften, die sich mit dem Menschen und seiner Welt (mit Sprache, Literatur, Kunst, Philosophie, Religion, Recht, Staat, Wirtschaft, Gesellschaft, Verfassung) beschäftigen, entwickeln sich oder entstehen als historische Disziplinen, die das Wissen um die zeitlichen Verschiedenheiten des menschlichen Lebens ungeheuer steigern.
>
> Dies geschieht in einer Zeit, in der sich durch die Industrialisierung die wirtschaftlichen, durch Parlamentarisierung und Demokratisierung die politischen, durch den Aufstieg der bürgerlichen Mittelschichten die sozialen und durch den Aufschwung der Wissenschaften die kulturellen Grundlagen moderner Gesellschaften bilden. Der Historismus ist ein Teil des umfassenden Prozesses der Modernisierung, in dem unsere heutigen Lebens- und Denkformen entstanden sind. Er wurde daher auch von Friedrich Meinecke als 'eine der grössten geistigen Revolutionen, die das abendländische Denken erlebt hat', gefeiert» (Jaeger/Rüsen 1992, p. 3)[79].

Or, ce changement de perspective, qui allait le plus souvent d'abstractions logiques et de raisonnements aprioriques à des démonstrations empiriques et à des théorisations *a posteriori*, amenait également une véritable révolution dans la vision du monde. C'est ce qu'a bien réalisé Gaston Paris quand il écrit, dans le *Journal des Débats* du 4 mai 1892, à propos de l'évolution de la linguistique:

> «Transformer la conception du langage de dogmatique en historique, c'est, du même coup, renouveler toute la conception de l'univers; c'est mettre l'idée de l'évolution en place de celle de la stabilité; c'est abattre

---

78 Cité dans Oexle 1996, p. 17.

79 Voir également *ibid.*, pp. 17s. *et passim*. Auerbach, d'ailleurs, parle de l'historicisme comme de la «kopernikanische Entdeckung der Geisteswissenschaften» (Auerbach 1958, p. 13).

> les murailles étroites qui enfermaient le regard dans une construction purement humaine, pour le plonger à perte de vue dans l'horizon immense et chaque jour déplacé de l'infini où tout nage» (144*, 1892).

Le philologue n'a de cesse d'insister sur le caractère historique de tous les phénomènes, et c'est aussi sous cet aspect précis qu'il approuve pleinement, et malgré toutes les objections qu'il leur adresse par ailleurs, tant le positivisme comtien, qui «s'est toujours efforcé de rattacher le présent au passé et de montrer en tout la continuité de la tradition»[80], que le darwinisme, qui a quant à lui mis en évidence que tout dans la nature s'inscrit dans un développement historique continu (*natura non facit saltus*).

A la lecture de certaines pages de l'époque, on perçoit l'inquiétude et le vertige qu'a dû produire, sur les contemporains, cette mise en perspective historique sans fin. C'est le cas, dans l'ordre des sciences en général, de l'article cité de Renan qu'il dédie à Berthelot. C'est le cas aussi, en ce qui concerne plus spécifiquement la linguistique, des passages suivants, tirés d'un compte rendu de Gaston Paris du *Dictionnaire général de la langue française* d'Adolphe Hatzfeld et d'Arsène Darmesteter paru en 1890. Dans ce texte, Gaston Paris cherche à sonder les profondeurs des phénomènes linguistiques, ce qui l'amène à mettre en question le concept d'étymologie même, qu'il propose tout simplement de remplacer par celui d'«histoire des mots»:

> «Le mot même d''étymologie' et l'idée qu'il exprime me semblent appartenir à une époque qui sera bientôt close. Ils remontent à une conception de l'histoire des langues et de leurs rapports qui ne saurait longtemps se maintenir. Ils supposent cette distinction entre les langues mères ou matrices, comme on disait autrefois, et les langues filles ou dérivées, qu'une critique attentive a déjà reléguée au rang des illusions de l'esprit, mais qui s'impose encore par la force de l'habitude même à ceux qui s'en dégagent quand ils la considèrent directement. Cette question que se posent les gens du monde: 'D'où vient-il?' et qui, dans le nouveau dictionnaire comme dans les autres, trouve sa réponse dans le petit compartiment intitulé *Etymologie*, est en réalité mal formulée. Elle doit être remplacée par celle-ci: 'Jusqu'où pouvons-nous poursuivre dans le passé l'histoire de ce mot?' [...] Il n'y a d'étymologie, au sens traditionnel, que pour les mots d'emprunt, greffes prises à un autre arbre ou à un autre rameau que celui dont on fait l'histoire [...] On peut dire que nos mots *aberration*, *acanthe*, *agio*, *abricot*, viennent du latin, du grec, de l'italien, du portugais, parce qu'ils ont été, à un moment donné, pris à ces langues par les savants, les artistes, les financiers ou les marchands pour être annexés à la nôtre. Mais on ne peut dire de même que le français *amer* vient du latin *amarum*: ce n'est qu'un seul et même mot, qui n'a cessé de vivre dans les bouches parlant latin. L'illusion qui nous fait considérer

80 148*, 1901, p. 269.

*amer* comme français et *amarum* comme latin tient simplement à l'absence de monuments écrits représentant les phases intermédiaires *amaru*, *amar*. Il faudrait donc, en réalité, remplacer la rubrique *Etymologie* par la rubrique *Histoire du mot*, et déclarer que la distinction entre le latin et le français n'est pas plus tranchée qu'entre le français de 1890 et celui de 1889, le français de 1889 et celui de 1888, et ainsi de suite» (142*, 1890, pp. 616-617).

Le philologue, ici encore, est tout à fait conscient des troubles, voire de la perte d'orientation que peut produire une telle vision des choses. Dans une critique de 1893, il conclut un semblable développement comme suit:

> «Ces études ouvrent à la linguistique des perspectives si vastes, et, en certains points, si inquiétantes, qu'elles donnent une sorte de vertige, et que le philologue peu familiarisé avec elles s'en écarte avec prudence, et ne se retrouve à l'aise que devant des textes limités et des dates précises» (225, 1893, p. 157).

*
* *

La pensée historique de Gaston Paris peut être qualifiée d'historiciste dans le sens de la tradition historiographique européenne telle qu'elle s'est développée – plus tôt, plus systématiquement et aussi plus durablement en Allemagne que dans d'autres pays – à partir de la fin du XVIII^e^ siècle. Dans son acception la plus générale, l'historicisme désigne une approche de l'histoire qui tient compte de l'individualité de chaque époque et, en même temps, du développement de l'histoire dans sa totalité, sur la base d'une reconstruction «objective» – les guillemets ne s'imposaient évidemment guère à l'époque – des faits historiques.

Dans les années 20 et 30 du XX^e^ siècle, l'historicisme a suscité, en Allemagne avant tout, de violents débats qui sont encore d'actualité de nos jours. D'une part, ces débats tournent autour des différentes conceptions de l'histoire et des recherches historiques qu'on a mises sous l'étiquette de l'historicisme. D'autre part, et plus généralement, ils concernent la question de savoir dans quelle mesure l'historicisme est le point d'aboutissement ou, au contraire, une subversion de la pensée des Lumières, et jusqu'à quel point il est finalement responsable d'une certaine crise de la pensée historique occidentale au XX^e^ siècle – et au-delà. Notre propos, ici, ne peut guère être d'entrer dans les détails de ces discussions[81]. Il consiste plus modestement à situer la pratique historique de Gaston Paris dans le contexte des différentes

[81] On trouvera une première orientation dans Jaeger/Rüsen 1992 et dans Oexle/Rüsen 1996 (voir surtout l'article de Iggers, Georg G., «Historismus im Meinungsstreit», pp. 7-27).

critiques «anti-historicistes». A cette fin, nous prenons comme système de référence les réflexions de Otto Gerhard Oexle.

Pour Oexle, les recherches historiques au XIX^e siècle, à l'exception de la *Historik* de Droysen, constituent, du point de vue de leur fondement théorique, une sorte de grande parenthèse entre les formulations de Kant, dans la «Vorrede» à la deuxième édition de la *Kritik der reinen Vernunft* (1787) d'un côté, et celles de Weber, dans «Wissenschaft als Beruf» (1919) de l'autre[82]. Tandis que pour ces derniers, la science en général – et donc également la science historique – constituerait une forme de connaissance relationnelle, c'est-à-dire que les résultats auxquels elle aboutit sont pensés comme fonction directe des questions qu'un chercheur adresse à son matériel empirique, l'ensemble des historiens du XIX^e siècle s'inscriraient dans une forme de connaissance absolue, dans laquelle il s'agirait de reconstruire aussi précisément que possible la réalité objective, censée exister indépendamment et hors d'un sujet en place. Parmi ces historiens de la connaissance absolue, Oexle distingue plusieurs «écoles»: le positivisme historique, dont les représentants les plus connus seraient Taine en France et Lamprecht en Allemagne, le matérialisme historique de Marx et, troisièmement, l'idéalisme historique d'un Humboldt et d'un Ranke, qui, eux, auraient moins cherché à reconstruire des faits que le déploiement des idées – pensées pourtant, elles aussi, comme ontologiquement données – dans la réalité. Le seul représentant de l'historicisme à avoir adopté une position relationnelle des recherches historiques aurait été Droysen, qui serait pourtant resté quasiment sans influence dans l'historiographie de son temps.

Dans cette classification d'Oexle, Gaston Paris appartient sans aucun doute au courant «positiviste» de l'historicisme, du fait même que l'un des principaux objectifs qu'il assigne aux recherches historiques est la formulation de lois. Mais, nous y avons déjà fait allusion, la pensée du philologue excède le seul positivisme scientifique pour s'inscrire dans une pensée historique plus large. De manière générale, Gaston Paris est beaucoup moins un théoricien qu'un praticien des sciences historiques, et l'on ne saurait rendre justice à ses travaux en les rangeant dans une et une seule des «écoles» ou directions décrites par Oexle.

L'historicisme de Gaston Paris, disons-le d'emblée, n'est pas celui que Nietzsche, sans employer le terme, condamne dès 1873 dans la deuxième de ses *Unzeitgemässe Betrachtungen*, «Vom Nutzen und Nachteil der Historie für das Leben». Les critiques majeures que le philosophe (et néanmoins philologue) allemand adresse aux sciences historiques de son temps et qui, souvent réduites à de purs *topoi*, déterminent les discussions autour de l'historicisme jusqu'à nos jours sont bien connues: celles-ci étudieraient le

[82] Pour tout ce qui suit, voir Oexle 1996, pp. 17-40.

passé sans établir des liens avec le présent; elles se borneraient à l'accumulation positiviste de faits sans fournir des éléments d'organisation globale; et, surtout, elles prôneraient en fin de compte un relativisme des valeurs qui ne pourra mener qu'à la dissolution de la morale, car si tout est «gleich gültig», tout est également «gleichgültig»:

> «Nietzsche zielt auf etwas, das wiederum erst am Beginn unseres Jahrhunderts als das Problem des historischen 'Relativismus' und seiner 'entnervenden Wirkungen' bezeichnet und erörtert wurde, die Tatsache nämlich, dass die Geschichtswissenschaft alles im Flusse des Werdens und Vergehens betrachtet: Staat, Recht, Moral, Kunst, Religion – alles behandelt sie als Bestandteil geschichtlicher Entwicklungen im endlosen Entstehen und Vergehen. Eben dadurch wird ihr, im wahrsten Sinne des Wortes, alles gleich-gültig» (Oexle 1996, p. 23).

Il s'agit, en somme, de l'expérience que fera «l'homme sans qualités» de Musil.

Les critiques de Nietzsche ne tiennent assurément pas compte de la qualité des travaux des grands historiens historicistes de son temps, mais elles visent à bon droit la pratique d'un nombre de plus en plus élevé d'historiens «médiocres», chez qui la science historique s'est effectivement peu à peu réduite à un pur assemblage «positiviste» de faits[83]. Ce phénomène d'une large «autonomisation méthodologique» s'observe dans toutes les branches historiques de l'époque, et nous y reviendrons plus longuement au sujet de la philologie romane (voir ci-dessous, «Un système à deux classes»). – Examinons maintenant quelques-unes des propriétés de la pensée historique de Gaston Paris.

## Individualités

Fidèle au courant historiciste, Gaston Paris postule que chaque période de l'histoire a le droit d'être étudiée en elle-même et par rapport à elle-même. C'est ainsi qu'il explique à propos du XIV$^e$ siècle, période qu'il apprécie d'ailleurs modérément:

> «Placé au seuil de cette nouvelle période, le XIV$^e$ siècle n'est pas encore sorti de la période précédente. C'est là son trait caractéristique, et j'espère vous l'avoir fait saisir. Mais toute époque, indépendamment de ses relations avec celles qui la précèdent ou la suivent, a le droit d'être étudiée en elle-même. L'histoire s'intéresse aux sentiments, aux idées, aux coutumes, aux préjugés même de toutes les générations qui se sont succédé sur la terre, et cet intérêt devient plus vif quand elles ont vécu sur le sol

---

[83] Voir par exemple Jaeger/Rüsen 1992, pp. 63s.

> que nous appelons notre patrie et qu'avant nous elles ont aussi fécondé et défendu» («La littérature française au quatorzième siècle», leçon d'ouverture faite au Collège de France le 7 décembre 1875, dans 339*, 1895, éd. de 1913, p. 211).

Chaque phase de l'histoire a ses caractéristiques propres, sa propre vision du monde et sa propre morale, qu'il s'agit de bien comprendre dans leurs spécificités avant d'émettre des jugements anachroniques plus ou moins hâtifs. C'est ce qu'a négligé de faire, aux yeux de Gaston Paris, Charles Julien Jeannel, auteur d'un livre sur Molière:

> «Disons [...] qu'en général M. Jeannel nous semble étudier Molière et sa *morale* d'une façon beaucoup trop *absolue*. Le vice et la vertu en eux-mêmes ont bien moins préoccupé l'auteur de *Tartuffe* et du *Misanthrope* que certaines formes de vice et de vertu propres à l'époque et au milieu où il vivait. Envisagé ainsi, le rôle du grand poète prend un aspect tellement différent qu'il n'y a presque plus rien de commun, nous le répétons, entre l'impression de M. J[eannel] et la nôtre» (756, 1868, p. 360)[84].

Le philologue ne pense pas pour autant que les analyses historiques puissent s'arrêter à la description des différentes époques vues sous le seul aspect de leurs individualités «monadiques» respectives. La mise en rapport des périodes ainsi spécifiées et leur organisation en une évolution temporelle orientée appartiennent tout aussi naturellement au programme scientifique qu'il se fixe. Comme chez la plupart des historiens de son temps, la grandeur conceptuelle englobante qui garantit une telle organisation est, dans le discours de Gaston Paris, la nation. Cette dernière constitue en effet l'objet privilégié des études historiques tout au long du XIX^e^, avant tout dans la deuxième moitié du siècle:

> «Gesamteuropäisch sieht er [der Historismus] in der Nationalität die politisch entscheidende und kulturell dominierende Form kollektiver Identität und fördert damit den Nationalismus» (Jaeger/Rüsen 1992, p. 80).

Les deux grands principes qui structurent la pensée collective au XIX^e^ siècle – celle de l'élite politique, culturelle et savante d'abord, puis également celle de la masse du peuple – sont bien le temps et la nation[85], et les remarques suivantes de Friedrich Jaeger et Jörn Rüsen au sujet du caractère proprement religieux de l'historicisme correspondent sans doute à une forte réalité chez Gaston Paris, l'athée que nous connaissons:

---

[84] Le philologue adresse une critique du même ordre à Domenico Comparetti, qui avait publié, en 1872, son *Virgilio nel medio evo*, livre par ailleurs très apprécié, dans son ensemble, par Gaston Paris (voir 892, 1874, p. 142).

[85] Voir, pour tout ceci, Partie III.

> «Man hat mit Recht den Historismus als letzte Religion der Gebildeten Europas bezeichnet: Die innerweltliche Entwicklung nationaler Grösse ersetzt den christlichen Gedanken von Tod und Auferstehung im Prozess der Heilsgeschichte. Das erklärt auch die Inbrunst, mit der die Vergangenheit des eigenen Volkes historiographisch lebendig gemacht, als Schlüssel zur kollektiven Identität vergegenwärtigt wurde» (*ibid.*, p. 78).

Contrairement aux reproches formulés par Nietzsche, l'histoire sert bien, chez Gaston Paris, à mieux comprendre le temps présent. Prendre conscience de l'histoire, c'est, en effet, prendre conscience de soi-même. Le *gnôthi seauton* delphien, valable tant pour les individus que pour les nations, est l'un des objectifs les plus importants que le philologue assigne aux sciences historiques:

> «[La] connaissance du passé ne sera certes inutile ni à l'appréciation du présent ni à la prévision de l'avenir. Le premier précepte que doit suivre, pour se diriger, une nation comme un homme, c'est celui que l'oracle donna jadis à la Grèce: *Connais-toi toi-même*, et la science de nos jours a établi qu'on ne connaît que ce dont on sait les origines et le développement (1079*, 1877, pp. 57-58).

Même si le philologue, suivant son attitude ambivalente au sujet de la «science pour la science», a parfois des scrupules, moins, pourtant, à tirer qu'à rendre publiques les «leçons» fournies par l'histoire, celle-ci a donc bel et bien une fonction d'orientation pour le présent. Cette fonction devient virulente aux moments de crise, telles la guerre franco-allemande et l'affaire Dreyfus, où Gaston Paris surmonte ses hésitations pour répandre publiquement quelques-uns des enseignements fournis par les analyses historiques.

## Valeurs

Il est tout à fait clair que Gaston Paris s'inscrit dans une vision objectiviste de l'histoire, c'est-à-dire que les sciences historiques ont pour lui la tâche de saisir la réalité telle qu'elle a vraiment été, de «zeigen, wie es eigentlich gewesen», selon la célèbre formule de Ranke[86]. Mais, en même temps, le philologue dispose bien d'un système de valeurs qui lui permet aussi de juger les différentes époques en dépit de toute visée d'objectivité. Ainsi, par

---

86 C'est un syntagme du fameux passage dans la préface du premier ouvrage de Ranke, *Geschichte der romanischen und germanischen Völker von 1494 bis 1535* (1824): «Man hat der Historie das Amt, die Vergangenheit zu richten, die Mitwelt zum Nutzen zukünftiger Jahre zu belehren, beigemessen: so hoher Aemter unterwindet sich gegenwärtiger Versuch nicht: er will bloss zeigen, wie es eigentlich gewesen» (cité dans Jaeger/Rüsen 1992, p. 82).

exemple, l'antiquité grecque reste pour lui une référence quasi anhistorique – «ni la société ni la littérature du moyen âge ne possèdent l'heureuse harmonie qui marque de son empreinte les œuvres du génie grec»[87] – et les temps modernes sont à presque tous les égards supérieurs au moyen âge. S'il faut d'abord comprendre chaque époque par elle-même, ceci ne revient donc aucunement, dans l'œuvre du philologue, à cette absence de jugements de valeur si sévèrement fustigée par Nietzsche. En d'autres termes: le relativisme historique, résultat nécessaire, du moins jusqu'à un certain degré, du postulat d'individualité, n'amène pas, chez Gaston Paris, à un relativisme axiologique. C'est ce qui ressort clairement encore, en ce qui concerne la place que le philologue accorde à la civilisation et à la philologie antiques, du discours d'ouverture qu'il prononce le 19 novembre 1886 dans sa fonction de président de l'AIBL:

> «L'étude sérieuse, impartiale et profonde du passé est peut-être la plus sûre marque de la virilité d'un peuple [...]. Le centre de cette étude sera longtemps encore, toujours peut-être, l'étude de l'antiquité classique. [...] là même où la Grèce n'a pas été le modèle direct des autres civilisations, elle fournit à notre esprit, formé par elle, le canon d'après lequel nous les mesurons et nous les jugeons. Si l'étude de l'antiquité grecque et romaine venait à dépérir, toutes les autres études historiques tomberaient du même coup, sachons-le bien, dans la langueur ou dans la futilité» (1091*, 1886, dans *BEC*, 47, 1886, pp. 622-623).

Nous allons voir au cours de la quatrième partie à quel point le discours philologique de Gaston Paris est surdéterminé par ses idées philosophiques et politiques. Constatons dès à présent que c'est en ce qui concerne les jugements de valeur qu'il porte sur les différentes époques et leurs littératures que la praxis philologique de Gaston Paris s'écarte le plus de ses déclarations théoriques d'objectivité et d'impartialité. Cassirer a constaté la même ambivalence dans les travaux de Taine[88], et l'on pourrait certainement observer une attitude comparable chez la plupart des grands historiens historicistes, dont les œuvres vivent souvent, justement, de par leur implication personnelle et toute subjective dans la matière qu'ils étudient.

## Faits

On trouve une autre ambivalence dans le raisonnement de Gaston Paris, au sujet, cette fois-ci, du rapport entre l'assemblage des faits historiques et leur organisation en un tout signifiant. En effet, combien de fois ne lit-on pas,

---

87 335*, 1888, éd. de 1909, p. 31.

88 Voir Cassirer 1957, p. 257.

dans les textes du philologue, qu'un chercheur est tenu à se borner à recueillir des faits et qu'une fois ceux-ci réunis, la vérité, de l'ordre de l'évidence désormais, jaillit quasiment d'elle-même, sans aucun acte d'interprétation subjective ? – Voici deux exemples de ce raisonnement :

> « Nous ne poursuivrons [dans la *Romania*] d'autre intérêt que celui de la science : *les faits seuls parleront*; nous ne les choisirons ni ne les interpréterons avec aucune idée préconçue (12*, 1872, p. 22; c'est moi qui souligne).

> « La science et la critique 'modernes', comme celles de tous les temps, reposent sur quelques principes bien simples, qui ne prêtent pas aux belles phrases, mais qui doivent toujours être présents à l'esprit de ceux qui prétendent travailler dans le grand atelier scientifique : ne pas aborder un sujet sans avoir essayé de connaître tout ce qui s'y rapporte ; – ne jamais avancer un fait sans s'être assuré s'il est exact, dans quelle mesure il est certain et sous quelle forme précise on le connaît ; – ne jamais tirer des faits que les conclusions qui en ressortent *naturellement*, etc. » (982, 1875, pp. 23-24 ; c'est moi qui souligne)[89].

On aurait tort, pourtant, de s'arrêter ici, car nombre d'autres déclarations montrent que Gaston Paris était bien d'avis, au fond, qu'il ne suffisait justement pas de rassembler des faits, mais qu'il fallait encore avoir des idées générales sous-jacentes pour assurer leur organisation et, *a fortiori*, leur interprétation. Ainsi, le savant adresse la critique suivante, que lui-même taxe d'« assez grave », à l'ouvrage de Tamizey de Larroque sur Florimond de Raymond, conseiller au parlement de Bordeaux :

> « Son livre se compose d'un grand nombre de faits mis patiemment les uns au bout des autres ; il est par trop dépourvu de *vues générales* et de *jugements d'ensemble*. Après l'avoir fermé, nous connaissons parfaitement tout ce qu'on peut connaître de la vie de Florimond de Raymond. Mais la valeur réelle de l'homme, la place qu'il prend dans le mouvement littéraire de son siècle, la nature de son esprit, nous ne les connaissons pas » (732, 1867, p. 366 ; c'est moi qui souligne).

Ces vues générales, ces jugements d'ensemble relèvent d'une sorte de « vision totalisante » d'une époque, d'une vie ou, tout simplement, d'un événement. Pour qu'une telle vision puisse avoir lieu, l'historien, Gaston Paris est catégorique, a besoin de qualités herméneutiques développées, voire d'une certaine capacité divinatoire. Dans son allocution lors de la commémoration du centenaire de Diez, il décrit en ces termes les mérites du grand philologue allemand :

---

[89] Voir également par exemple 1026, 1898, p. 195

> «Ce n'est que par sa [i.e. de Diez] méthode à la fois prudente et décidée, fondée toujours sur la comparaison et l'histoire, soumettant chaque fait à une vérification scrupuleuse, ouverte à l'hypothèse, mais fermée à l'ingéniosité stérile des 'combinaisons' aventureuses, ce n'est que par sa méthode qu'on fait avancer, qu'on pourra faire encore avancer son œuvre. Seulement, il faut bien s'entendre: une bonne méthode empêche de tomber dans des erreurs graves ou de dire des sottises; elle fait sûrement trouver ce qui peut résulter de l'investigation patiente et de la mise en présence des faits; mais elle ne donne pas d'idées, elle ne donne pas le sentiment de la poésie ni le sentiment intime de la vie des langues. Elle est une bonne lanterne pour éclairer la route, mais pour qu'elle guide utilement le voyageur il faut qu'il sache où il va. Si c'est par sa méthode que Diez aura surtout mérité notre reconnaissance, c'est par l'originalité, la force, la justesse et la délicatesse de son esprit et de son sentiment qu'il mérite notre admiration» (*Romania*, 23, 1894, p. 290).

En 1864 déjà, a propos de l'*Histoire romaine* de Mommsen, Gaston Paris avait insisté sur la «pénétration de l'âme»[90] comme qualité majeure de cet historien.

Tout compte fait, il semble donc réducteur de réserver, comme le fait Oexle dans sa classification des écoles «absolutistes» décrite plus haut, les qualités herméneutiques et divinatoires aux seuls historiens «idéalistes». De toute évidence, les représentants phares du courant positiviste étaient également convaincus que ces facultés étaient indispensables à tout historien digne de ce nom.

Il n'empêche que certains passages ou, mieux, certains préceptes de Gaston Paris peuvent induire en erreur, parce que, rappelant la fameuse phrase de Ranke: «ich wünschte mein Selbst gleichsam auszulöschen, und nur die Dinge reden, die mächtigen Kräfte erscheinen zu lassen»[91], ils font effectivement croire que le chercheur en tant que sujet interprétant est superflu, voire nuisible à la reconstruction de l'histoire. J'ai dit préceptes, parce que de tels passages s'insèrent toujours dans un contexte argumentatif précis, qui résout jusqu'à un certain degré l'ambivalence même dont nous parlons ici. Il s'agit, en effet, le plus souvent, dans les textes en question, d'inculquer aux (jeunes) chercheurs certains principes critiques, qui, si nous les avons largement intériorisés aujourd'hui, faisaient encore souvent défaut à l'époque, ainsi, justement, celui d'aborder les faits sans idées préconçues, ou celui de rassembler tous les faits accessibles avant de les interpréter. Il y a alors deux mouvements confluents qui expliquent la fréquence des déclarations sur la nécessaire impersonnalité des recherches historiques. D'une

---

90 984, 1864, p. 567.

91 Cité dans Oexle 1996, p. 55.

part, les règles de la méthode critique étaient tout sauf communément mises en œuvre dans les travaux de l'époque, et, d'autre part, ce sont ces règles mêmes qui sont le plus facilement formulables et communicables, tandis que les facultés herméneutiques et divinatoires échappent naturellement à toute forme d'enseignement *stricto sensu*, comme l'écrivait également Mommsen :

> «'Der Schlag aber, der tausend Verbindungen schlägt, der Blick in die Individualität der Menschen und der Völker spotten in ihrer hohen Genialität alles Lehrens und Lernens'» (cité dans Heuss 1988, p. 89).

Le raisonnement des savants est donc le suivant : mieux vaut un assemblage de faits historiques scientifiquement fiables et sans aucune interprétation, qu'une interprétation originale qui fait fi des faits, car tandis qu'un tel assemblage peut toujours servir de base aux réflexions ultérieures d'un bon historien, une interprétation originale mais mal fondée est complètement gratuite[92]. Ce raisonnement mène directement à l'établissement d'un système à deux classes, celle des «assembleurs de faits» et celle des «historiens de génie».

L'attitude quelque peu ambivalente de Gaston Paris au sujet du rapport entre assemblage de faits et interprétation se révèle être l'expression d'un système dualiste de ce type, signe, à son tour, d'un rétrécissement méthodologique qui affecte toutes les disciplines historiques à cette époque[93]. Nous allons analyser un peu plus loin l'établissement et le fonctionnement à bien des égards paradoxal du «système à deux classes» dans le domaine spécifique de la philologie romane.

Notons, pour conclure ce développement, que Gaston Paris, contrairement à ce qu'on a tendance à faire de lui depuis quelques années, n'a jamais été soupçonné par ses contemporains d'être un positiviste pur et dur, et encore moins un simple assembleur de faits. Le jugement de William Paton Ker a valeur représentative :

> «But Gaston Paris thought of more than the accumulation of facts or the working out of historical and philological details. He was a humanist; and his labours were directed by the same ideal as those of the founders of classical learning» (Ker 1905, p. 248)[94].

92 Voir également, à ce sujet, Havet 1903b, pp. 6-7.

93 Pour l'histoire en général, voir aussi Jaeger/Rüsen 1992, pp. 63-66.

94 Voir aussi Jeanroy-Félix, s.d., p. 195.

## 4. IDÉOLOGIE

La pensée historiciste est liée à l'idée que, étant admis que tout se meut et doit se mouvoir, toute évolution est bonne par principe, à condition pourtant qu'elle soit «organique», c'est-à-dire qu'elle suive le cours naturel des choses ou, comme aiment à le formuler les tenants du positivisme, les lois inhérentes à chacun des phénomènes soumis au temps. Cette conception en entraîne une autre, à savoir qu'il ne faut ni brusquer ni arrêter l'évolution naturelle des choses. Il ne faut pas la brusquer, comme l'auraient fait, dans le domaine de la culture, la Renaissance – « [c]omme il arrive trop souvent en France, la Renaissance, au lieu d'être une transformation, a été une révolution: la scission brusque et profonde qu'elle a opérée dans notre littérature est regrettable»[95] – et, dans le domaine politique, la Révolution proprement dite, qui, en précipitant la mise en pratique d'idées en principe salutaires, aurait détruit une grande partie de leur potentiel réformateur. Mais cette évolution naturelle des choses ne doit pas non plus être arrêtée, comme essaierait de le faire, en matière de langue, l'Académie française. Et Gaston Paris de propager l'idée – pour nous en tenir à cet exemple linguistique – d'une réforme de l'orthographe qui irait dans le sens d'une simplification, notamment par l'adaptation de l'écrit au parlé. Faisant de la «propagande par le fait»[96], il donne lui-même un spécimen de cette nouvelle orthographe dans un texte de 1894, où il remplace, conformément aux aménagements proposés par la Société de réforme orthographique, tous les «x finaux valant s, par s»[97]:

> «Il est vraiment stupéfiant que, dans un temps qui se dit et se croit démocratique, on continue à maintenir ce vieus donjon entouré de fossés, de chausses-trapes et de herses, où la plupart ne peuvent pénétrer qu'à grand peine et tout meurtris, et qui n'a d'autre motif d'exister que d'abriter la plus injustifiable des aristocraties, celle qui repose sur une initiation à des mystères sans autre valeur que le respect superstitieus dont on les entoure. Voilà quelque temps qu'on la bat en brèche, cette Bastille des Joseph Prud'homme de toutes sortes, et plus d'un vigoureus assaut lui a déjà été donné; elle va bientôt devenir tellement branlants [sic] que ses défenseurs eus-mêmes l'abandonneront» (213*, 1894, p. 150)[98].

La langue est en même temps un bon exemple pour montrer que l'attitude réformiste de Gaston Paris est pourtant modérée. Même s'il est vrai, nous dit

---

95 321, 1872, p. 365.

96 Cette expression est de Michel Bréal, voir Bourquin 1991, p. 30.

97 *Ibid.*, p. 31.

98 Voir également 860, 1867.

le philologue, que des mots d'emprunt et de nouvelles formations analogiques viennent constamment enrichir la langue, cela ne saurait empêcher celle-ci de devenir, tôt ou tard, monosyllabique, et ceci par une évolution toute naturelle de la prononciation. Devant ce danger d'une perte finale de la langue et du sens, Gaston Paris prône une position conservatrice : il ne faut certes pas arrêter l'évolution organique de la prononciation par des règles artificielles, mais on peut essayer de la freiner et de la retarder dans les limites du possible, dans les limites de l'historiquement responsable pour ainsi dire. L'attitude à adopter est alors, à ses yeux,

> « [celle] que notre grand Littré n'a cessé de donner de son côté : Soyons conservateurs (en fait de langue au moins) ! Que chacun fasse scrupule de laisser la prononciation qu'il trouve établie en entrant dans le monde, qu'il reçoit de ceux qui l'y ont précédé, se gâter dans sa bouche ! La langue française s'altère et s'appauvrit toujours dans le même sens ; essayons de retarder sa décadence, ou au moins ne la hâtons pas. Il n'y a pas en prononciation d'autre règle que l'usage de la bonne société, et, depuis longtemps, de la bonne société de Paris ; tâchons qu'il y ait toujours à Paris une bonne société, et qu'elle se pique de conserver intact autant que possible, le dépôt qu'elle a reçu et qu'elle doit transmettre à son tour » (167*, 1881-1883, p. XVI-XVII).

Il s'agit donc d'un équilibre précaire entre une attitude qui laisse libre cours aux évolutions jugées naturelles et une position qui essaie de freiner la vitesse de ces évolutions[99].

Transposée au plan politique, la vision historiciste des choses, qui est aussi bien antirévolutionnaire qu'antiréactionnaire, est donc, en dernière instance, sinon l'expression du moins le corollaire exact d'une idéologie politique bien définie, bourgeoise et libérale, mais aussi socialement conservatrice (le passage qu'on vient de lire est clair là-dessus). Ce sont ces soubassements idéologiques de l'historicisme que décrivent aussi de façon très pertinente Jaeger et Rüsen :

> « [Der Historismus] betont den zeitlichen Wandel politischer Systeme (Nationen oder Nationalstaaten) als geschichtlichen Prozess in der Form kontinuierlicher Veränderungen. Damit nimmt er gleichermassen gegen jede revolutionäre Veränderung wie gegen reaktionäre Erstarrung Stellung. Er ist in der politischen Konsequenz seiner historischen Orientierung prinzipiell reformistisch. Er verankert gleichsam das 'juste milieu' [...] in der Tiefe des Geschichtsbewusstseins der Gebildeten, und umgekehrt gibt er dem Liberalismus das historische Fundament grundsätzlicher politischer Mässigung. [...] Er trägt insofern der Zeiterfahrung der

[99] Quant à une position analogue dans son ensemble chez J. Grimm, voir Einhauser 1989, p. 122.

> industriellen Revolution noch nicht Rechnung, als er die wirtschaftliche und soziale Dimension der historischen Erfahrung eindeutig der politischen und kulturellen unterordnet. Mit dieser Ausrichtung repräsentiert er das Selbstverständnis und die politischen Ansprüche der bürgerlichen Mittelschichten, die sich als repräsentativ für das ganze Volk betrachteten, ihre sozialen Interessen also als gesamtgesellschaftlich ansehen und auch kulturell plausibel machen konnten» (Jaeger/Rüsen 1992, pp. 80-81)[100].

Nous avons vu dans la première partie de ce travail que les convictions idéologiques de Gaston Paris correspondent tout à fait à ce profil. Dans son cas, qui n'est pas isolé, bien au contraire, la pensée politique et la pensée scientifique, plus précisément historiciste, se déterminent ainsi mutuellement, ne font plus qu'une. C'est dans ce sens que la science républicaine des Gabriel Monod et des Gaston Paris, des Louis Havet et des Paul Meyer, reste ancrée, malgré son impartialité et son objectivité proclamées, dans un univers idéologique bien précis.

La vision historiciste du monde a également pour conséquence le fait que toutes les périodes du passé sont considérées comme définitivement révolues et toute tentative de les faire ressusciter comme vaine, voire nuisible, parce que «contre nature». Ceci est donc vrai pour le moyen âge, et ce que Gaston Paris écrit au sujet de l'attitude de Léopold Pannier, co-éditeur de la *Chanson d'Alexis* prématurément disparu en 1875, s'applique tel quel à sa propre position:

> «Esprit tout à fait libre, et dégagé de tout préjugé envers le passé, il aimait la vieille France comme on doit l'aimer, comme une aïeule qu'on ne songe pas à ressusciter, mais dont on se sait l'héritier, dont on respecte le souvenir, et dont on se plaît à contempler l'image, à retrouver le sourire et la voix» (603*, 1882, p. XI).

Vont dans le même sens les conclusions de son édition de la *Chanson d'Alexis* justement, où, après un long éloge de la langue française du XI^e^ siècle, on lit:

> «[...] le philologue se prend parfois à regretter ce que rien ne saurait plus faire revivre; il reproche aux siècles un travail qu'ils n'ont pu ne pas accomplir. N'essayons pas de lutter contre des lois dont nous comprenons la toute-puissance dès que nous en pénétrons les causes; acceptons au contraire et aimons tout ce que produit d'éternellement divers leur action éternellement une. Mais s'il ne s'agit pas de faire remonter vers sa source un fleuve qui ne recule jamais, il est permis de le remonter soi-même et d'en explorer le bassin le plus élevé» (662*, 1872, p. 136).

[100] Voir également Jaeger/Rüsen 1992, pp. 28ss.

Gaston Paris n'est donc jamais exclusivement tourné vers le passé. C'est un homme moderne, nous l'avons vu, et content de l'être, malgré toutes les souffrances morales qu'ont amenées à ses yeux la croissance continue du savoir et, à travers elle, la prise de conscience de plus en plus aiguë et lucide qu'ont les êtres humains de leur propre situation. C'est dans ce sens aussi que le philologue est aux antipodes des médiévistes «romantiques»: il ne s'agit pas pour lui de remédier, par la restauration d'un passé jugé plus «symbiotique», à la déchirure intérieure de l'homme moderne, mais d'accepter cette déchirure. L'étude du moyen âge ne sert pas à combler un manque sentimental et/ou idéel mais, en premier lieu, à assurer l'identité de la nation sur la longue durée, à maintenir vivant le souvenir du passé de la France[101].

## LA PHILOLOGIE ROMANE

Gaston Paris, on l'a dit, n'a jamais exposé de façon systématique sa conception de la science en général, ni plus spécifiquement celle des sciences historiques. Ce fait n'a au fond rien de très étonnant, puisque ce ne sont pas là ses domaines de spécialisation proprement dits. Ce qui est plus surprenant, par contre, c'est que, pionnier de l'établissement de la philologie romane comme discipline scientifique en France, il n'ait jamais non plus expliqué ce qu'il faut réellement entendre par «philologie romane», par «philologie française», ou encore par «philologie moderne» en général. Les modèles ne lui auraient pourtant pas manqué, et il est pour le moins curieux de constater que lui qui, dans ses travaux, s'appuie si fortement sur les traditions philologiques allemandes ne s'est jamais inspiré des différentes encyclopédies de philologie écrites de l'autre côté du Rhin. Il y a probablement des raisons précises à cela. C'est du moins l'hypothèse que nous tâcherons de développer et d'étayer dans ce qui suit.

Avant de déterminer la conception de la philologie romane telle qu'elle se dégage de l'ensemble de son œuvre, essayons de relever et de systématiser dans une petite typologie les différentes définitions de la philologie en général, et de la philologie romane en particulier, qui avaient cours à l'époque[102].

---

101 Voir Partie III.

102 La typologie que je présente ici, et que j'ai déjà ébauchée dans Bähler 1995, ne tient pas compte de quelques définitions mineures de la philologie, celle par exemple qui voudrait restreindre cette discipline à la seule étude de textes jugés «précieux» (à ce sujet, voir Gröber 1904b, pp. 189-190, § 6). – On trouve des considérations très utiles sur plusieurs encyclopédies de philologie, tant classique que moderne, et même plus spécifiquement romane, dans Stierle 1979a et Werner 1990b.

## 1. TYPOLOGIE

### Conception universelle

Dans sa conception la plus vaste, la philologie s'occupe de toutes les traces matérielles laissées par l'homme au cours de l'histoire. En cette qualité, elle est, à l'origine, distincte de l'histoire proprement dite, laquelle désigne alors la construction mentale de l'histoire à partir des résultats philologiques. C'est la conception de Humboldt, par exemple, et c'est celle qui est encore présente, en 1901, dans la *Nouvelle classification des sciences* d'Adrien Naville:

> «La vie est un perpétuel devenir; mais l'esprit humain réussit pourtant à fixer, à immobiliser pour ainsi dire au sein du mouvement universel, certains produits de son activité. L'étude des œuvres plus ou moins stables de l'esprit comme les langues, les mythologies, les littératures, les créations artistiques, se distingue avec une certaine netteté du reste de l'histoire. C'est la 'philologie', qui est sans doute une partie de l'histoire au sens général de ce mot, mais diffère pourtant de l'histoire proprement dite. L'objet de l'histoire proprement dite en effet n'est pas fixé, elle ne peut pas le tenir et le contempler directement; elle est obligée de le reconstituer mentalement par des procédés indirects» (Naville 1901, pp. 142-143).

A partir de cette première définition, la philologie se voit différenciée dans deux directions: 1° dans celle de la nature des objets analysés (archéologie, numismatique, grammaire etc.) et 2° dans celle des «nations» ou des groupes de «nations» étudiés (philologie classique, philologie romane, philologie germanique etc.) et dont chacune comprend à son tour toutes les branches issues de la première différenciation.

La conception universelle de la philologie ne s'est vue sérieusement érigée en programme que pour la philologie classique, comprise, dans ce cas, comme l'étude de la civilisation antique sous tous ses aspects. Un tel programme a été systématiquement formulé pour la première fois par Friedrich August Wolf, dans une étude de 1807 intitulée «Darstellung der Alterthums-Wissenschaft»[103], ainsi que dans ses cours sur l'*Encyclopädie der Alterthumswissenschaft* professés à Halle et à Berlin entre 1785 et 1823[104].

Pour la philologie romane, pas plus que pour aucune une autre philologie moderne, cette conception n'a jamais été sérieusement envisagée, et ceci pour trois raisons principales:

---

[103] Voir F. A. Wolf 1807.

[104] Ces cours sont publiés dans F. A. Wolf 1831. Quant à la conception de la philologie de F. A. Wolf voir notamment Horstmann 1978.

1° Au moment où la philologie romane s'est constituée – en même temps que les autres philologies modernes et, comme elles, en référence constante à la philologie classique[105] – en une discipline autonome, c'est-à-dire, très lentement, à partir des années 1830 en Allemagne (plus massivement seulement à partir des années 1860[106]) et une vingtaine voire une trentaine d'années plus tard en France, d'autres sciences historiques déjà bien établies, produits de la première différenciation de la philologie universelle en des branches spécialisées et de plus en plus indépendantes, travaillaient déjà depuis assez longtemps sur de nombreux aspects de la civilisation des pays romans, tels l'histoire politique, l'histoire religieuse, l'archéologie et la numismatique.

2° La philologie latine (voire grecque) était également sur son terrain dans les civilisations romanes, notamment, bien entendu, à leur époque médiévale:

> «Während die klassische Philologie aus den lediglich griechischen und römischen Schriftwerken (ihren schriftlichen Quellen) von den Geschicken des griechischen und römischen Volkes, von ihren Staaten, ihren Staatseinrichtungen, ihren Gesetzen, ihren Lebensformen, ihrem Glauben, ihren Künsten die erste Kunde darbot, die sie nach der Entdeckung zahlreicher Denkmäler aus dem Altertum (den monumentalen Quellen) zu erweitern, zu befestigen und zu berichtigen vermochte, und so für die antike Geschichte, Rechtskunde, Sitten-, Religions- und Kunstgeschichte die erste Grundlage legte, hatte man die Geschichte romanischer Völker, die romanische Rechtsgeschichte, die Geschichte des kirchlichen Lebens bei den Romanen und ihrer Kunst aus Schriftwerken in lateinischer Sprache und aus Denkmälern der Kunst zu erforschen bereits begonnen, ehe die Schriftwerke in älteren romanischen Sprachen bekannt waren, die Beiträge dazu zu liefern vermochten, und ehe der Gedanke an eine romanische Philologie bestand» (Gröber 1904b, p. 188).

---

[105] Voir par exemple Lehmann 1978.

[106] Voir, pour l'évolution de la philologie romane en Allemagne, Christmann 1985 (qui, malheureusement, ne donne pas les intitulés exacts des chaires). Les chaires consacrées aux philologies modernes embrassaient d'abord le plus souvent deux philologies différentes, par exemple la philologie germanique et la philologie romane ou la philologie romane et la philologie anglaise. La différenciation ne s'est faite que beaucoup plus tard, dans le dernier tiers du XIXe siècle. Il y avait une grande exception pourtant, à savoir la chaire de philologie romane à Halle, créée en 1822 déjà. – J'ai l'impression que l'on a tendance, dans les études françaises qui portent sur le transfert culturel dans le domaine de la philologie romane, à surestimer la précocité avec laquelle la philologie romane se serait développée comme une discipline autonome en Allemagne. Il s'agit en réalité, comme le montrent les publications de Seidel-Vollmann 1977 et de Christmann 1985, d'un processus de différenciation disciplinaire lent et compliqué, qui n'aboutit à la création de chaires de philologie romane «pure» qu'à partir des années 1870.

3° La troisième raison n'est pas liée à la différenciation successive des disciplines, mais aux valorisations différentes des cultures. Le caractère universel de la philologie classique était en effet inextricablement lié au caractère normatif (ré)attribué dans le courant néo-humaniste aux civilisations grecque et romaine[107]. Aucune civilisation moderne, par contre, ne pouvait aspirer à ce statut, et le programme d'une philologie moderne d'origine romantique, c'est-à-dire médiévale, qu'on aurait opposée «en bloc» à la philologie classique, en revendiquant pour elle le même statut paradigmatique, n'a jamais dépassé le stade de rêve de quelques savants isolés, dont les frères Schlegel[108]. Or, il paraît bien y avoir une logique particulière qui fait que le caractère *clos* inhérent à l'idée de normativité retombe également sur l'unité de la discipline.

Ajoutons que même la philologie classique a largement perdu son unité idéale au cours du XIXe siècle, à mesure que les sous-branches qu'elle comprenait sont devenues de plus en plus spécialisées et de plus en plus autonomes[109], à mesure aussi que les civilisations antiques ont vu leur caractère normatif, sinon définitivement ébranlé, du moins fortement remis en question par une contextualisation historique de plus en plus poussée[110]. Et quand, vers la fin du XIXe siècle, c'est encore le programme «total» qu'Ulrich von Wilamowitz-Moellendorf essaie d'opposer à une conception de plus en plus restreinte de la philologie classique, il a laissé très largement tomber le postulat de la normativité au profit de celui de l'historicité et, de manière significative, son projet est resté sans lendemain[111].

## Conception globale

La définition globale se distingue de la définition universelle de la philologie en ce qu'elle se concentre sur les documents *écrits*. A partir de l'étude des seuls monuments de la langue, la visée reste pourtant très globale: le projet est toujours celui d'une histoire culturelle, entendue comme la compréhension exhaustive de la vie d'une civilisation donnée. Pour la philologie classique, cette conception a été retenue avant tout par August Boeckh, qui, à partir de sa définition devenue célèbre, selon laquelle la philologie est «das

[107] Voir par exemple Horstmann 1978, p. 54 et pp. 56-57.

[108] Voir par exemple Stierle 1979a, pp. 272-273 et pp. 276-277.

[109] Il y a eu très tôt des critiques de cette désintégration de la discipline (voir par exemple Hillebrand 1865, pp. LXV-LXVI); voir également, à ce sujet, Christmann 1985, pp. 17-18.

[110] Voir Hillebrand 1865, p. LXXXII.

[111] Voir Horstmann 1978, pp. 60-61. – Voir également, au sujet de Wilamowitz, Bollack 1985.

*Erkennen* des vom menschlichen Geist *Producirten*, d.h. des *Erkannten*»[112], arrive à cette autre, plus explicite:

> «Da somit in der Philologie überall ein gegebenes Erkennen vorausgesetzt ist, so kann sie ohne Mittheilung nicht existiren. Der menschliche Geist theilt sich in allerlei Zeichen und Symbolen mit, aber der adäquateste Ausdruck der Erkenntniss ist die Sprache. Das gesprochene oder geschriebene Wort zu erforschen, ist – wie der Name der Philologie besagt – der ursprünglichste philologische Trieb, dessen Allgemeinheit und Nothwendigkeit auch schon daraus klar ist, weil ohne Mittheilung die Wissenschaft überhaupt und selbst das Leben übel berathen wäre, so dass die Philologie in der That eine der ersten Bedingungen des Lebens, ein Element ist, welches in der tiefsten Menschennatur und in der Kette der Kultur als ein ursprüngliches aufgefunden wird» (Boeckh 1877, p. 11).

Dans un texte de 1827, où il prend position contre les théories formalistes de Hermann Paul, qui, lui, concevait la philologie comme une discipline lexicale et grammaticale au seul service du rétablissement herméneutique (*interpretatio*) et critique (*emendatio*) d'anciens textes[113], Boeckh devient plus clair encore:

> «Dass die Sprache, als Form des Gedankens, zu dem Gebiete gehöre, welches ich hier kurz Wissen genannt habe, kann leicht gezeigt werden; folglich gehört auch sie mit zur Sache, welche die Philologie zu betrachten hat...In wiefern aber die Aeusserungen der Thätigkeit eines alterthümlichen Volkes grossentheils in Sprachdenkmälern überliefert sind, die auch die nicht sprachlichen Thatsachen und Gedanken, welche der Philolog wieder erkennen soll, enthalten, wird die Sprache der Philologie zugleich Mittel zum Widererkennen fast aller übrigen Erzeugnisse des Alterthums, und die Philologie muss aus den Sprachdenkmälern, ohne beim Verstehen der Sprache selbst stehen zu bleiben, das ganze Gebiet der Thatsache und des Gedankens darstellen, allerdings, was den Betrieb der Einzelnen betrifft, mit der möglichsten von Hermann empfohlenen Theilung der Arbeit [...]» (cité dans Vogt 1979, p. 116).

Très peu de savants semblent avoir envisagé une conception globale de la discipline de la philologie romane. Parmi eux, on trouve Gustav Körting, l'auteur de la première encyclopédie de philologie romane en langue allemande, dont le premier tome paraît en 1884. Le savant y écrit:

> «Die romanische Philologie ist diejenige Wissenschaft, deren Aufgabe und Ziel die Erkenntnis des eigenartigen geistigen Lebens der romanischen

---

112 Boeckh 1877, p. 19.

113 Voir par exemple Hillebrand 1865, p. LX, n. 1 et Reinach 1880, p. 3.

> Völkergruppe ist, soweit dasselbe in der Sprache und Litteratur seinen Ausdruck gefunden hat, beziehungsweise noch findet» (Körting 1884, p. 156).

Gröber se défend fermement contre une telle conception, en invoquant notamment l'une des raisons mentionnées plus haut, à savoir que toute une partie de la culture des pays romans a été, à certaines époques, latine voire grecque, en sorte que la philologie romane ne saurait, à elle seule, donner une image complète de la civilisation de ces pays[114].

## Conception large (le modèle allemand)

Une fois écartés tous les domaines dont s'occupent déjà d'autres disciplines institutionnalisées, Gröber arrive à la définition suivante des philologies modernes :

> «Hierin jedoch giebt sich als das Gebiet der eigensten Tätigkeit des Philologen unzweideutig zu erkennen : die unverstandene oder unverständlich gewordene Rede und Sprache» (Gröber 1904b, p. 193).

La philologie ainsi conçue comprend donc l'étude de la littérature et de la langue :

> «Ist nun wahre und getreue Vergegenwärtigung des Inhalts fremder Rede eine erste, von niemand als dem Philologen lösbare Aufgabe der Philologie, [...] so ist damit eine zweite, von niemand anderem zu lösende Aufgabe gegeben, die Teile der fremden Rede als Ganzes, als Gedankengestaltung und in seiner Formgebung, also nach seiner litterarischen Seite und im Zusammenhang mit ähnlichen Erzeugnissen der Redekunst zu betrachten : so ergeben sich Litteraturforschung und Litteraturgeschichte als Teile der Philologie [...] Ferner ist die Philologie zur Erfüllung ihrer Aufgabe aber auch gezwungen, die Rede bis ins Einzelnste zu zergliedern, also ausser der Rede die Sprache zu erforschen, wonach auch die Sprachforschung eins ihrer Lehrgebiete ist» (*ibid.*).

Et Gröber de résumer :

> «Die Erscheinung des menschlichen Geistes in der nur mittelbar verständlichen Sprache und seine Leistungen in der künstlerisch behandelten Rede der Vergangenheit also bilden den eigentlichen Gegenstand der Philologie» (*ibid.*, p. 194).

Si la philologie comprend ainsi les études tant littéraires que linguistiques, une telle définition, on l'aura remarqué, vise nettement les époques

[114] Gröber 1904b, p. 188.

révolues, et avant tout le moyen âge, même s'il est vrai que cette tendance est beaucoup plus discrète quand Gröber en vient finalement à la définition de la philologie romane telle qu'elle se déduit logiquement de celle de la philologie moderne en général:

> «Somit ergiebt sich, bei einer Bestimmung der Aufgabe und des Gebietes der romanischen Philologie von dem Begriffe der Philologie überhaupt aus, eine allgemeinere Formel, die sich nicht allzuweit entfernt von einem schon früher einmal für sie gebrauchten Ausdruck, wonach ihr Zweck und Ziel 'hauptsächlich Erforschen und Erkennen der romanischen Sprachen und Litteraturen'[115] ist [...] Die 'Forschung über die unverständlich gewordene und unverstandene Rede' gipfelt in der Erkenntnis der Entwicklung der künstlerisch gestalteten romanischen Rede und der romanischen Sprachen, die nur, soweit sie Muttersprachen sind, unmittelbar verstanden werden, aber auch als solche nicht ausreichen, um sie selbst oder ein Erzeugnis künstlerischer Rede in ihnen nach der geschichtlichen Seite hin wahr aufzufassen. Sie werden daher schon auf ihrer gegenwärtigen Stufe, bei den Romanen nicht anders, als bei dem Ausländer, Forschungsgegenstand. Sie sind es in allen Gestaltungen, in ihrer ganzen Dauer, bis hinab zu ihren Anfängen, als schlichter Ausdruck des Denkens im Verkehr der Sprachgenossen, wie im schriftstellerischen Werke» (*ibid.*, p. 197).

Dans cette conception, la philologie romane embrasse donc en fin de compte la linguistique («sprachwissenschaftliche Forschung»), la philologie *stricto sensu*, textuelle pourrions-nous dire («philologische Forschung im engeren Sinn»[116]), et, troisièmement, l'histoire littéraire («litteraturgeschichtliche Forschung»)[117].

La visée de la philologie romane ainsi comprise est très large. Elle s'identifie à un programme pédagogique ambitieux, dont le but final est la construction d'une identité propre à travers une réflexion permanente sur les rapports complexes entre le «connu» et l'«inconnu» tels qu'ils ressortiraient de l'exploration systématique de civilisations révolues et/ou étrangères. En dernière instance, les philologies modernes se voient ainsi appelées à rien de moins qu'à collaborer à l'entente des peuples et des nations[118].

Ayant dessiné ces perspectives prometteuses, Gröber ne tarde pas, pourtant, à ajouter tout de suite une restriction, qui nous rappelle que pour lui,

---

115 C'est la conception de Mahn 1863.

116 C'est-à-dire «wie das von der Sprache Bezeichnete, die Rede nach ihrem Inhalt, im Sinne ihres Urhebers im Einzelnen und Ganzen erfasst (Hermeneutik) und aus getrübter Ueberlieferung (Kritik) aufgefunden, wiederhergestellt und getreu vergegenwärtigt werden kann» (Gröber 1904b, p. 199).

117 *Ibid.*

118 Voir *ibid.*, p. 202. Nous reviendrons sur ce sujet, et notamment sur l'attitude hautement ambiguë de Gröber, dans la Partie III.

tout comme pour la plupart des savants de l'époque, la civilisation gréco-romaine est toujours pourvue d'un caractère normatif qui fait défaut aux autres cultures :

> «Unleugbar ist sie [die romanische Philologie] nicht berufen zu vielseitigem praktischen Wirken und unfähig das zu leisten, was durch die Erfassung des idealen Geistes des Altertums die klassische Philologie für die Menschenbildung und Menschenerziehung geleistet hat; denn jener Geist ist in ihren Urkunden minder wirksam. [...] Geist und Art alter romanischer Schriftsteller sind auch nicht umsetzbar in moderne Bildung und Literatur. Vertraut mit ihnen werden immer nur engere Kreise sein können, aber von ihnen aus wird auch die rechte Einsicht in das Wesen eines romanischen Volkes, das rechte Verständnis für seine Vergangenheit und Selbsteinsicht in weiteren Kreisen verbreitet werden. Hierin liegt die schönste und eigenste Aufgabe der romanischen Philologie, deren Bearbeitung ihr verheisst, so lange zu bestehen, als romanische Völker sein werden» (*ibid.*, p. 202).

Contrairement au directeur du *Grundriss der Romanischen Philologie*, Adolf Tobler, dans son discours de réception comme recteur de l'université de Berlin, le 15 octobre 1890, voudrait faire de l'histoire littéraire et de la linguistique des branches indépendantes de la philologie, qui, elle, s'occuperait uniquement des monuments pris pour eux-mêmes, comme des individualités closes, qu'il s'agirait «nach allen Seiten hin [zu] durchdringen»[119]. Le but de cette philologie, même restreinte, reste pourtant très large. Il consiste en effet à acquérir «ein immer volleres Erkennen des gesamten Reichtums der Menschennatur»[120] et à arriver ainsi à une «vollere, reichere Menschlichkeit im vertrauten Umgang mit fremdem Geiste»[121]. La visée est donc, ici encore, pédagogique voire morale.

Dans le *Grundriss*, où il rédige les deux parties «Methodik der philologischen Forschung»[122] et «Methodik der litteraturgeschichtlichen Forschung»[123], Tobler adopte la position de Gröber, tout en précisant, dans la deuxième édition de cet ouvrage collectif :

> «Der Verfasser dieses Abschnittes hat über Wesen und Ziel der Philologie in seiner 1890 gehaltenen Rede 'Romanische Philologie an deutschen Universitäten' [...] sich wesentlich anders ausgesprochen, als in der ersten Auflage des 'Grundrisses' 1884 geschehen ist, namentlich die Philologie schärfer von der Sprachwissenschaft, aber auch von der

119 Tobler 1890, pp. 12-13.

120 *Ibid.*, p. 8.

121 *Ibid.*, p. 10.

122 Tobler 1904a.

123 Tobler 1904b.

> Litteraturgeschichte gesondert und bekennt sich noch zu der später bekundeten Anschauung. Wenn er hier gleichwohl das früher Geäusserte wiederholt, so geschieht es, weil dieses zu Titel, Anlage und Ausführung des grossen Werkes, an dem er hat mitarbeiten dürfen, sich besser schickt. Dass Philologie im engeren Sinne genommen, als 'Bemühen um Kenntnis und Verständnis der in sprachlicher Form gegebenen Bezeugungen zeitlich und örtlich und national und persönlich bestimmten geistigen Lebens' [...] nicht anders als in engster Verbindung mit den beiden andern Forschungsarten gedeihen kann, ist ihm nie zweifelhaft gewesen, ist auch in jener Rede deutlich genug ausgesprochen» (Tobler 1904a, p. 318, n. 1).

La conception large de la philologie romane, qui vise à unir les études littéraires et linguistiques et à collaborer, par cette voie, à l'histoire culturelle des peuples, a généralement prédominé en Allemagne, même s'il est vrai que, là aussi, elle relève dès le départ, c'est-à-dire quasiment dès les travaux de Diez, bien plutôt de l'ordre de l'idéal que de celui des faits réalisés[124].

Quoi qu'il en soit, cette conception est de plus en plus tombée dans l'oubli au cours de la première moitié du XX^e^ siècle, jusqu'à ce que le projet sémiotique tente, à sa façon, d'associer de nouveau les deux branches de recherches, entre-temps devenues largement autonomes. Certes, il y a toujours eu des romanistes «complets», qui, à l'instar de Carl Vossler, de Leo Spitzer ou de Ernst Robert Curtius[125], ont proclamé la nécessité de réinstaller un lien étroit entre les études linguistiques et littéraires. Mais, en pratique, les différentes branches se sont de plus en plus autonomisées et différenciées, au même rythme, sans doute, que le potentiel moral et pédagogique exposé par Gröber et par Tobler est tombé lui aussi en désuétude. Les chaires ont beau s'intituler encore «Romanische Philologie», l'esprit de solidarité, tant celle entre les sous-disciplines que celle entre les peuples, semble avoir largement disparu.

## Conception restreinte (le modèle français I)

Karlheinz Stierle a certainement raison quand il affirme:

> «In Frankreich ist der Begriff der Philologie nie so weit gefasst und so tief durchdrungen worden wie in Deutschland» (Stierle 1979a, p. 285, n. 25)[126].

---

124 Voir par exemple Stierle 1979a, p. 275 et Baum 1999, p. 233.

125 Curtius 1944, pp. 245-246; voir également Werner 1990b, pp. 170-171. – On pourrait ajouer à cette liste le nom de Victor Klemperer (voir *ibid.*, p. 169).

126 Voir également Ménard 1997, pp. 18-21. – Il y a pourtant une grande exception en France, à savoir Renan, qui a compris la philologie dans un sens très large, universel presque (voir par exemple, pour une première orientation, Pflug 1983).

Et, en effet, nous avons déjà relevé l'absence de tout ouvrage méthodique concernant la philologie romane en France[127]. Mais il n'y a pas seulement absence d'encyclopédies philologiques, il y a également une conception autrement plus restreinte de la notion même de philologie, qui n'est censée comprendre, dans la plupart des cas, que les seules études linguistiques historiques et le travail éditorial *stricto sensu*, ainsi que le fait remarquer Louis Havet en 1885:

> «En France, où la philologie a été peu cultivée pendant le XVII<sup>e</sup> et le XVIII<sup>e</sup> siècle ainsi que pendant les soixante ou soixante-dix premières années du XIX<sup>e</sup> siècle, on s'en fait souvent une idée fort inexacte. Pour quelques-uns *philologie* est un synonyme de *linguistique* ou de *science étymologique*. Pour d'autres, dont l'erreur est moins singulière, mais qui se font aussi de la philologie une idée trop spéciale, elle se confond simplement avec la critique verbale: elle consiste tout entière dans l'art d'exploiter les manuscrits, d'apprécier les variantes et d'amender les textes» (Havet 1885, p. 633)[128].

Paulin Paris, par exemple, dans son cours d'ouverture à la chaire de langue et littérature françaises du moyen âge au Collège de France, le 1er mars 1853, réglait le problème de la philologie comme suit, avec une note ironique qui en dit long, même si elle s'explique en partie par un certain complexe d'infériorité éprouvé par le savant vis-à-vis de la philologie allemande:

> «La grammaire est certainement un breuvage de haut goût pour les tempéraments accoutumés comme les nôtres à la saine nourriture universitaire, mais il est permis d'en adoucir un peu l'amertume naturelle, et c'est déjà peut-être dans cette intention, qu'on a changé l'ancien nom de la science, et qu'on ne connaît plus aujourd'hui la *grammaire*, mais la *philologie*. Qui de nous voudrait se poser en *grammairien*? *philologue*, à la bonne heure! Nous serons donc *philologues*, mais sans parti pris de l'être, et sans accorder des heures particulières à l'examen des désinences de la flexion des mots et de la prononciation diverse dans chacune de nos provinces. C'est à grand renfort d'exemples que nous irons au-devant des difficultés qui s'opposeront à l'intelligence parfaite de nos auteurs» (P. Paris 1853, p. 13)[129].

C'est donc essentiellement à la *littérature* médiévale que Paulin Paris propose de consacrer son cours, reléguant au strict minimum la *philologie*, présentée comme un terrain aride et réservé aux seuls spécialistes de la

---

[127] Même dans le domaine des études classiques, il ne paraît y avoir qu'un seul ouvrage français de ce genre, à savoir le *Manuel de philologie classique* de Salomon Reinach (1880), qui s'inspire de Boeckh.

[128] Voir également Reinach 1880, p. 3.

[129] Voir également Cerquiglini-Toulet 1991, pp. 349-350.

linguistique historique. Dans cette vision restreinte de la philologie, l'aspect herméneutique de l'activité philologique est presque complètement oublié, et le terme même de philologue semble alors directement prendre le relais de celui d'«érudit», qui jouit d'une longue tradition en France[130].

Si la conception restreinte avait surtout cours en France, la stratégie argumentative mise en œuvre dans les encyclopédies philologiques allemandes montre qu'elle commençait également à avoir un poids de plus en plus considérable, au cours de la deuxième moitié du XIXe déjà, outre-Rhin, et ceci non seulement dans les philologies modernes. L'école formaliste de Paul marquait en effet les débuts d'une conception restreinte dans le domaine de la philologie classique, même si le «tyran de Leipzig» lui-même a eu une approche beaucoup plus large que ce ne fut le cas de ses successeurs[131].

Une autre restriction est à noter, qui concerne la France tout comme l'Allemagne: c'est que le domaine de recherche assigné à la philologie restreinte, textuelle, est presque exclusivement le domaine médiéval.

## Conception méthodologique (le modèle français II)

La conception restreinte de la philologie n'est pourtant pas la seule à circuler en France. Il y en a une autre, que l'on n'a pas suffisamment mise en lumière jusqu'ici, et qui est la conception méthodologique[132]. Celle-ci semble prendre son origine dans la conception restreinte, qu'elle transcende en un deuxième temps pour devenir une notion proprement transdisciplinaire. Il n'y a, en effet, qu'un pas à franchir pour passer de l'idée selon laquelle la philologie s'occupe d'études linguistiques historiques à une conception qui fait de la philologie une technique, un savoir-faire, bref: une méthode, qui est appliquée en linguistique historique mais que l'on peut extrapoler de ce domaine de recherches pour la rendre opératoire dans d'autres champs d'études.

Ce courant est exemplairement représenté par Louis Havet, dont nous avons présenté plus haut la classification des sciences. Pour Havet, la philologie est la méthode qui caractérise l'ensemble des sciences historiques proprement dites, à savoir celles qui s'occupent des «œuvres diverses de la

---

130 Brunetière, par exemple, utilise le terme d'érudition comme un synonyme de philologie française médiévale, en lui donnant, bien sûr, une connotation dépréciative. Le dédain pour l'érudit était général tout au long du XVIIIe siècle (G. Roques 1991, p. 243). Au XIXe siècle, il devient un peu plus discret, sans disparaître pour autant, comme le prouve l'exemple de Brunetière, justement.

131 Voir Vogt 1979.

132 Moi-même, je n'ai pas tenu compte de cet aspect dans la typologie que j'ai proposée dans Bähler 1995.

pensée de l'homme»[133]. Celles-ci se voient ensuite classées selon le degré de manifestation apparente de la méthode philologique. On passe ainsi des sciences dans lesquelles cette méthode est presque complètement dissimulée, telle l'histoire littéraire, où, derrière une disposition chronologique ou autre des documents, «on a l'air de ne faire que reproduire les dires d'autrui»[134], à celles qui s'identifient presque complètement à la méthode, ce qui serait justement le cas de la linguistique et de la critique verbale[135].

L'argumentation de Havet reflète par ailleurs le cadre de référence national à l'intérieur duquel se plaçaient très souvent les discussions sur la nature de la philologie. Le latiniste français avait en effet commencé son argumentation en critiquant la définition de Boeckh:

> «En Allemagne, où cette étude [la philologie] est si florissante depuis cent ans, on est habitué à se la représenter d'une façon moins imparfaite, mais on n'arrive pas toujours à bien formuler ce qu'on représente. Un très grand philologue, l'illustre August Boeckh, lui donne pour objet de connaître le connu, ou plutôt de reconnaître le reconnu; elle est, suivant ses propres termes, Erkenntnis des Erkannten. Si quelque chose peut se dégager d'une définition pareille, c'est une impression pénible: celle qu'on éprouve à voir un savant immortel, qui avait de ce dont il parlait la notion à la fois la plus juste et la plus haute, s'abaisser à un tel grimoire. Laissons de côté les méprises des gens mal renseignés et la fausse profondeur d'un esprit qui se grise d'abstraction. La philologie n'est pas plus mystérieuse qu'elle n'est étroite; elle est une étude positive et l'on peut s'en faire une idée claire» (Havet 1885, p. 633).

Ici donc, en France, des idées claires, terre à terre, conceptuellement maniables; là, en Allemagne, des idées certes parfois géniales, mais le plus souvent tout simplement embrouillées, ésotériques à force d'être abstraites, et par conséquent non seulement incompréhensibles, mais, en dernière instance, tout à fait gratuites![136]

La définition de Havet se voit récusée aussi bien par Gröber[137] que par Tobler, qui, ce dernier, va jusqu'à avertir ses lecteurs de ce qu'il voit comme ultime résultat d'une telle conception «à la française»:

> «Methode hat ihre Anziehungskraft, wie denn mehr als einer über lauter Polieren der blitzenden Werkzeuge und Spielenlassen der Apparate kaum hinausgelangt» (Tobler 1890, p. 14).

---

[133] Havet 1885, p. 634.

[134] *Ibid.*

[135] *Ibid.*, p. 635.

[136] Voir également, à ce sujet, Partie III.

[137] Gröber 1904b, p. 191.

Si l'on semble ainsi craindre, du côté germanique – Tobler est un Suisse alémanique installé en Allemagne –, un fétichisme de la méthode, qui ferait fi de tout contenu, cette peur n'est finalement qu'une manifestation supplémentaire de l'homologation stéréotypée qui lie la forme à la France et le fond à l'Allemagne.

La résistance allemande à une conception méthodologique de la philologie semble générale. Karl Stackmann décrit la position, dans cette question, de Friedrich Haase, de Ernst Elster et d'autres philologues allemands :

> «[...] auch wenn sie sich mit über siebzig Jahren Abstand äussern, in einem stimmen der Altphilologe Haase und der Germanist Elster überein : Mit einer Definition, wonach Philologie eine universell anwendbare Methode ist, können sie sich nicht befreunden ; Philologie kann nach ihrer Auffassung immer nur eine Methode in Anwendung auf einen klar umgrenzten Gegenstandsbereich sein. Mag es sich dabei für den einen nur um das klassische Altertum, für den andern auch um das deutsche Mittelalter handeln, darauf kommt es in unserm Zusammenhang nicht an. Wichtig ist allein, dass man bei dieser Aufstellung des Problems nicht nur angeben kann, was in die Zuständigkeit einer Philologie fällt, sondern auch, was nicht [...]» (Stackmann 1979, p. 256).

Cette différence de principe entre les deux conceptions, allemande et française, de la philologie, n'empêche pas le fait que, même outre-Rhin, celle-ci était souvent, *en pratique*, identifiée à une méthode[138].

## 2. LA/LES CONCEPTION/S DE GASTON PARIS

Quand, à partir des années 1860, Gaston Paris commence à travailler dans le domaine philologique, ces différentes conceptions sont déjà toutes, de façon plus ou moins stable, en place. Les idées du savant au sujet de la philologie se moulent donc dans ces structures de représentation préexistantes, tout en les travaillant à leur tour.

Sur l'ensemble de son œuvre, Gaston Paris navigue entre les deux conceptions françaises de la philologie (romane). La première, la conception restreinte, a des répercussions avant tout au niveau de l'institutionnalisation de la discipline, la seconde, la conception méthodologique, sur le plan de l'enseignement, et aussi, par là même, de la formation d'une certaine image de la profession du philologue.

---

138 Voir Landfester 1979, p. 158.

## Conception restreinte

En 1900, il s'agissait de trouver un successeur à Louis Petit de Julleville, qui avait occupé jusqu'à sa mort la chaire de «Littérature française du moyen âge et histoire de la langue française» en Sorbonne, chaire créée en 1882 pour Arsène Darmesteter[139]. Le candidat préféré de Gaston Paris s'appelait Antoine Thomas. L'un des concurrents de ce dernier était Ferdinand Eugène Brunot, candidat «local» qui, depuis 1890, enseignait l'histoire de la langue française. Nous avons conservé deux missives dans lesquelles Gaston Paris donne à Thomas des explications sur l'intitulé exact qu'il faudrait, selon lui, donner à la chaire vacante de Petit de Julleville, face, surtout, aux revendications de Brunot. Dans la première lettre, on lit:

> Je n'ai pas besoin de vous dire que je suis absolument de votre avis sur tous les points dont vous me parlez. La chaire vous revient de droit, et vous ne pouvez ne pas l'avoir. Je ne crois même pas que Brunot essaie le moins du monde de vous la disputer, et ce serait de sa part tout à fait déplacé et sans aucune chance de succès. Il espère seulement de faire créer une chaire à côté, et il paraît qu'on trouverait à la Faculté des fonds assez importants pour la lui constituer. La question intéressante est de savoir, étant donné que Brunot ne peut guère enseigner que l'histoire de la langue française (depuis le XVI^e^ siècle surtout) si vous tiendriez à garder le titre de la chaire de P[etit] de J[ulleville], ou si vous consentiriez à une modification de titre, et, dans ce cas, laquelle vous préféreriez. On pourrait avoir *Philologie romane* (mais alors l'*Hist[oire] de la l[angue] fr[ançaise]* en fait réellement partie), ou *Litt[érature] fr[ançaise] du m[oyen] â[ge]* (mais alors vous ne feriez plus de grammaire, ce qui sans doute vous déplairait), ou *Littér[atures] du moyen âge roman*, ce qui compenserait en vous annexant le midi entier, ou *Litt[érature] fr[ançaise] et prov[ençale] du m[oyen] â[ge]*, ce qui est une moindre[140] extension. Il est possible, comme vous le supposez, que je sois consulté, et ce à quoi je tiens avant tout, c'est à dire ce que vous pensez vous-même. Je sais qu'à votre place je préférerais à tout *Philologie romane*, qui n'exclut rien, embrasse tout et introduit dans nos universités un titre excellent et significatif. Mais si ce n'est pas votre avis, dites-le moi, afin que je ne contrarie pas à mon insu votre désir[141].

Et, quelques semaines plus tard:

> Je vois avec grand plaisir que, quoi qu'il arrive, votre nomination est assurée. C'est l'essentiel. Je pense que le meilleur titre de la chaire de

[139] Celui-ci avait occupé une maîtrise de conférence avec le même intitulé dès 1877.

[140] *Moindre*: leçon incertaine.

[141] B.N., n.acq.fr. 24466, ff. 372-373; lettre du 6 septembre 1900.

> Brunot, puisqu'on veut lui en faire une, serait *Histoire de la langue française*, et de la vôtre *Philologie romane*. Mais pour celle-ci on pourrait accepter: *Langues et littér[atures] de la Fr[ance] au m[oyen] â[ge]*. Je regretterais qu'on supprimât les langues du titre de votre chaire[142].

D'après ces deux lettres, Gaston Paris choisirait donc le terme de philologie romane pour cette raison même que celui-ci comprend tant l'histoire de la langue que celle de la littérature, française et occitane, en l'occurrence, du moyen âge. Une conception large, donc, «à l'allemande». Le vœu du maître ne se réalisera pourtant pas, car la chaire se verra finalement intitulée «Littérature française du moyen âge et philologie romane»[143]. Et si Gaston Paris se félicite, dans un compte rendu de l'année d'après, de ce que

> «[l]a Sorbonne eut l'heureuse idée, pour combler en partie le vide laissé par Darmesteter, d'appeler à Paris, en le chargeant d'un cours de 'philologie romane', – ce titre apparaissait pour la première fois dans notre haut enseignement parisien, – un jeune professeur de la Faculté des lettres de Toulouse, M. Antoine Thomas [...]» (148*, 1901, p. 813),

son triomphe est pour le moins ambigu, puisque le terme de «philologie», donné en complément à celui de «littérature française du moyen âge», ne saurait désigner plus que l'histoire de la langue et la critique textuelle, et qu'on se retrouve donc définitivement en présence du sens étroit, «français», de la philologie.

Mais ce sens étroit, il faut bien le dire, correspond tout à fait à l'usage habituel de Gaston Paris. En 1868, celui-ci distingue explicitement, en parlant de la philologie classique il est vrai, l'acception allemande et l'acception française du terme en question:

> «Le mot *philologie* n'a pas en allemand le même sens qu'en français; il désigne spécialement l'étude des langues classiques en vue de l'interprétation des auteurs et même l'étude des auteurs anciens à tous les points de vue. Il eût été bon de le dire, surtout dans une *Collection* qui s'intitule *philologique*, prenant ainsi le mot *philologie* dans l'acception française, qui en fait à peu près un synonyme de *linguistique*» (3, 1868, p. 244, n. 1).

Et, dans un rapport du 18 octobre 1892 au ministre de l'Instruction publique, dans lequel il demande, entre autres, la création, à la IVe section de l'EPHE, d'une sous-section de dialectologie, dont on confierait la direction à Jules Gilliéron, il écrit:

---

142 *Ibid.*, f. 377; lettre du 21 octobre 1900.

143 Cette chaire est donc créée en 1900 et non pas en 1909, contrairement à ce qu'écrit Ménard 1997, p. 21.

> Rien à remarquer pour le reste des affiches [de l'EPHE], si ce n'est, sous la rubrique de *Langues romanes*, qu'il vaudra mieux désigner comme *Philologie romane*, la formation que je vous propose d'une section intitulée *Dialectologie de la Gaule Romane*, qui serait confiée à M. Gilliéron, avec le titre de directeur-adjoint (AN, F/17/13617, 4e section de l'EPHE, Dossiers affaires générales de 1888-1910).

En proposant de remplacer «langues romanes» par «philologie romane», Gaston Paris se prononce donc une fois de plus pour la conception étroite de la philologie, et, de manière générale, c'est bien cette dernière qu'il retient habituellement[144].

Il est particulièrement intéressant, dans ce contexte, de noter que le terme de philologie romane dans son acception large manque également dans des documents où on l'aurait attendu à coup sûr, ainsi notamment dans le prospectus de la *Romania*[145]. Dans ce texte, Gaston Paris et Paul Meyer énumèrent les différents champs dont s'occupera leur revue – l'histoire des langues (les langues romanes, le latin vulgaire, les patois modernes), l'histoire (comparée) des littératures (la littérature française du moyen âge avant tout, mais aussi les autres littératures néo-latines médiévales), la description de manuscrits, des éditions, et, enfin, des matériaux linguistiques et littéraires divers – sans que pour autant le terme de philologie ne vienne chapeauter ces différents domaines et conférer ainsi une identité conceptuelle forte à la nouvelle entreprise. L'expression de philologie n'apparaît d'ailleurs même pas dans sa signification restreinte, elle est tout simplement absente du prospectus de la *Romania*! Or, il ne me semble pas suffisant d'expliquer cette absence comme le résultat d'un acte manqué ou comme celui d'un simple oubli. Le silence en question me paraît plutôt relever d'une certaine stratégie, d'un programme philologique précis, qui n'est pas identique à celui qui a cours en Allemagne.

## Comparaison franco-allemande

La différence entre les deux programmes philologiques, allemand et français, est directement perceptible dans les intitulés des chaires. Si, en Allemagne, celles-ci se voient appeler le plus souvent, à l'époque de Gaston Paris, soit «romanische Sprachen und Literaturen» soit «romanische Philologie»[146], en France, elles reçoivent des titres qui combinent les syntagmes

---

144 Pour d'autres passages à l'appui de cette affirmation, voir Bähler 1995.

145 Voir Annexe XVI.

146 Quant à l'histoire des chaires romanistiques en Allemagne, combinées, pendant longtemps, à la germanistique ou à l'anglistique, voir, dans l'ordre chronologique, Voretzsch 1904, Risop 1910, Seidel-Vollmann 1977, Schnelle 1977.

de « littérature française » et de « langue française »[147], spécifiés de plus du terme de « moyen âge » : « Langue et littérature françaises du moyen-âge » (exemples : chaire au Collège de France, 1852 ; maîtrise de conférence à la Sorbonne, 1877), « Littérature française du moyen-âge et histoire de la langue française » (exemple : chaire à la Sorbonne, 1882). La première chaire à contenir le terme de « philologie romane », mais dans le sens restreint, est celle, nous venons d'en parler, créée en 1900 à la faculté de Paris[148].

Rien que par les intitulés des chaires, on voit bien que le programme allemand de la philologie romane n'est repris que partiellement en France, dans ce sens que la discipline se voit cantonnée dès le départ dans un champ monolinguistique et explicitement médiévistique. A l'intérieur de ce domaine restreint, le modèle large « à l'allemande » est pourtant bien présent dans sa totalité, du moins en théorie : il s'agit, en effet, tant d'étudier les littératures et les langues que d'établir des éditions de textes, et ces trois branches sont censées être au service de « l'histoire intellectuelle, esthétique et morale »[149] des peuples romans, et, en dernière instance, à celui de la psychologie historique, discipline qui se trouve au sommet de la hiérarchie des sciences « temporelles »[150].

L'une des différences capitales entre les deux pays consiste donc dans le fait que la philologie romane, en France, n'a jamais vraiment eu de prise institutionnelle sur les études des époques postmédiévales[151], tandis qu'en Allemagne, elle embrassait également, du moins en théorie, les littératures

---

147 Il existe pourtant aussi des chaires consacrées uniquement à l'« histoire de la langue française », celle de Brunot, par exemple, que nous avons mentionnée plus haut.

148 Précisons que nous ne parlons ici que de l'intitulé des chaires, et non pas des titres de cours (à ce sujet, voir Bergounioux 1990). – Il est vrai qu'à l'Ecole des Chartes, Guessard occupait un poste intitulé, depuis 1854, « philologie romane » (Bergounioux 1984, p. 12), mais où le terme de philologie est évidemment à comprendre dans un sens restreint, ne concernant que l'histoire de la langue française à l'époque médiévale.

149 Voir prospectus de la *Romania*, Annexe XVI.

150 Voir par exemple 603*, 1882, pp. V-VI. – Cette idée de mettre la psychologie historique au sommet des sciences historiques est commune à presque tous les savants de l'époque ; voir également, à ce sujet, Hartog 1988, p. 122 et Bähler 1995, p. 30 et p. 40.

151 Depuis les travaux de Cousin sur les *Pensées*, les recherches pascaliennes semblent constituer un cas quelque peu à part dans le domaine de la littérature française moderne (voir Espagne 1990, pp. 142-147). Cousin, sans aucune référence explicite à la philologie de tradition allemande, avait d'ailleurs formulé le projet d'étudier tous les auteurs du siècle de Louis XIV, cette « seconde antiquité », du point de vue philologique. Mais ce projet, qui aurait réservé l'examen philologique aux seuls textes de valeur exemplaire – à l'instar, justement, des textes de l'antiquité classique –, n'a pas abouti à une entreprise concrète. La philologie se verra, tout au contraire, appliquée presque uniquement aux textes à « valeur esthétique faible », à savoir ceux du moyen âge (selon le jugement de l'époque, y inclus, nous allons le voir, celui de Gaston Paris lui-même).

et les langues des temps modernes[152]. Cette différence – tout comme celles que nous avons relevées – peut être lue comme une «rupture» dans le transfert de la philologie romane de l'Allemagne en France, rupture dont il faut chercher l'origine dans les traditions culturelles respectives des deux pays.

L'histoire de l'implantation difficile de la philologie romane en France au XIXe siècle a fait l'objet de plusieurs travaux au sein d'un groupe de recherches parisien qui se consacre depuis une quinzaine d'années à l'étude des transferts culturels franco-allemands[153]. A ces travaux français, il convient d'ajouter quelques articles allemands déjà un peu plus anciens, mais toujours valables[154]. L'ensemble de ces études ont abouti a un certain nombre de résultats concordants, notamment sur les deux points suivants:

1° En France et en Allemagne, on relève, en gros, deux traditions différentes de l'approche des textes, liées, en outre, à des fonctionnements et à des logiques institutionnels spécifiques. En France, la tradition des Belles-Lettres, telle qu'elle avait d'abord été pratiquée dans les collèges jésuites, mettait l'accent sur la transmission de procédés rhétoriques et de valeurs esthétiques normatifs et donc, au fond, anhistoriques (bien qu'originairement ancrés, est-il nécessaire de le souligner, dans un temps précis, l'âge «classique», justement). Cette transmission avait son lieu social non seulement dans les cours des collèges et des facultés, mais aussi dans les salons et dans les revues «mondaines», telle la *Revue des Deux Mondes*. En Allemagne, par contre, l'étude philologique des textes, telle qu'elle était pratiquée depuis la Renaissance et la Réforme, visait à retrouver le sens précis et la vérité d'un texte, en employant une méthode jugée non moins précise et vraie. Le souci de l'historicité était, par là même, et en dépit, par exemple, de l'admiration pour les valeurs de la culture gréco-romaine, beaucoup plus prononcé qu'en France. Ce n'était au fond qu'à travers le travail historique que la normativité classique se construisait et s'appréhendait, tandis qu'en France elle était le plus souvent acceptée comme telle *a priori*. L'univers de cette double «vérité» – celle du texte et celle de la méthode – avec son impact moral, avait son lieu d'expression dans la bourgeoisie intellectuelle allemande (*Bildungsbürgertum*) et dans l'université néo-humaniste d'inspiration humboldtienne.

---

[152] Les encyclopédies de philologie romane, celle de Gröber comme celle de Körting, sont formelles là-dessus, c'est ce que Seidel-Vollmann ne prend pas en considération quand elle écrit, à plusieurs reprises, que la philologie romane en Allemagne était une discipline purement médiévistique jusqu'à la fin du XIXe siècle (Seidel-Vollmann 1977, p. 25, p. 33).

[153] Voir, notamment, Espagne 1990 et 1997, ainsi que Werner 1987, 1990a, 1990b, 1991a. Ajoutons à cette liste l'article désormais classique de Bollack 1985.

[154] Notamment Stierle 1979a et Gumbrecht 1984.

2° Les philologies modernes sont nées en Allemagne du mouvement romantique d'une part, et d'une situation politique marquée par les guerres antinapoléoniennes d'autre part. Elles étaient donc associées presque dès le début – si l'on considère comme éphémère un courant préromantique supranational[155] – à un cadre de pensée et de référence national. La naissance de la philologie romane, également outre-Rhin, est un cas quelque peu exceptionnel, dans la mesure où son objet n'était pas directement lié à l'aire culturelle allemande, de sorte qu'on a pu dire que sa fondation était due à la seule pensée non utilitariste de la politique culturelle novatrice du gouvernement prussien en matière universitaire[156]. Quoi qu'il en soit, il n'en reste pas moins que cette philologie, bien qu'« étrangère », est elle aussi pensée dans un cadre de référence national, ne serait-ce que par opposition au monde germanique. En France, par contre, on n'a longtemps ressenti aucun besoin de telles investigations et introspections nationales. Ici prédominait le sentiment d'être héritier d'une tradition universaliste fondée sur l'expérience révolutionnaire. En opposition à une vision qui insistait sur l'historicité des cultures, l'accent était mis sur les valeurs universelles ainsi que sur des normes détachées des relativismes historiques.

Il s'agit donc de deux traditions effectivement très différentes, qui expliquent pourquoi le transfert culturel franco-allemand – ou mieux : germanico-français – dans le domaine de la philologie romane ne pouvait qu'être incomplet. Mais, sur le deuxième point notamment, la *communis opinio*, trop schématique, me paraît sujette à quelques modifications importantes.

Raynouard n'était pas du tout le seul à son époque, contrairement à ce que semble affirmer Gumbrecht[157], à insister sur l'intérêt des recherches philologiques pour la (re)construction des valeurs identitaires nationales. La description de l'identité de la nation sur la longue durée était, en fait, régulièrement alléguée, même en France, en tous cas dès les années 1820, par tous les savants qui s'intéressaient à la littérature du moyen âge. Ainsi Edgar Quinet, en 1831, dans un rapport au ministre des Travaux Publics, met-il l'accent sur l'utilité spécifiquement nationale – retrouver le « génie » français des premiers temps – qu'il y aurait à étudier les épopées françaises du XIIe siècle :

> « Je crois qu'il est inutile de vous exposer plus au long quelle misère c'est en effet pour l'histoire nationale, de penser que les étrangers ont seuls, jusqu'à présent, le secret et les témoins de notre propre génie à son ori-

155 Voir Gumbrecht 1984, pp. 43-44.

156 *Ibid.*

157 *Ibid.*, pp. 51-52.

gine. Je ne sache pas qu'aucune entreprise plus nationale puisse être présentée à votre intérêt, que de ressusciter ces merveilleux poèmes en qui nous trouvons tous les types les plus purs du génie de la France, et qui rejettent en arrière de près de cinq siècles, sa grande ère littéraire et poétique» (Quinet 1831, p. 27).

Quatre ans plus tard, Sainte-Beuve, dans une circulaire aux correspondants historiques du ministère de l'Instruction publique, n'est pas moins clair:

> «En ce qui concerne la littérature, Monsieur, j'appellerai d'abord particulièrement votre attention sur ce qui pourrait éclairer les origines de notre langue, et la culture qui s'est développée dans les divers genres de composition, à partir du XI^e^ siècle jusqu'au XVI^e^, durant cette période qui comprend la naissance, le premier emploi et le premier éclat de notre langue vulgaire, jusqu'à l'époque tout à fait moderne. Il importe, pour combler une grande lacune dans notre histoire littéraire, de connaître et de recueillir de plus en plus complétement les monuments de cette période, que les Bénédictins et leurs savants continuateurs n'ont fait qu'entamer» (Sainte-Beuve 1875, p. 378).

Enfin, Paulin Paris n'a de cesse, lui non plus, et ceci depuis son *Apologie de l'école romantique* (1824)[158], d'insister sur l'intérêt national de l'étude de la littérature française du moyen âge[159].

Bien sûr, le paradigme d'une science de l'homme synchronique dominait en général l'univers intellectuel en France dans les premières décennies du XIX^e^ siècle[160]. Gaston Paris, d'ailleurs, le dit bien lui-même à propos de la littérature populaire, dans sa préface aux *Devinettes ou Enigmes populaires de la France* d'Eugène Rolland:

> «On commence enfin à comprendre en France l'intérêt qui s'attache aux productions anonymes de la littérature populaire, transmises depuis un temps immémorial d'une génération à l'autre. L'étude de ces monuments d'une archéologie spéciale a été inaugurée en d'autres pays, notamment en Allemagne et dans les pays slaves, sous l'influence du sentiment national plus encore que de la pure curiosité scientifique. La grande réaction contre une civilisation trop uniforme et trop purement rationnelle qui a marqué le commencement de notre siècle a trouvé là une de ses expressions. La France a pris une faible part à ce mouvement: il ne pouvait avoir pour un pays fortement unifié et profondément pénétré des idées de civilisation générale le même intérêt et la même valeur que pour les nationalités encore hésitantes qui cherchaient à tâtons à se former une conscience

---

158 Voir P. Paris 1824, pp. 28-29.

159 Voir également, par exemple, P. Paris 1853, p. 17. – On pourrait égalcment mentionner Fauriel (voir Espagne 1997, p. 124).

160 Voir par exemple Gumbrecht 1984, pp. 50ss.

historique, et d'ailleurs il appartenait à un ensemble de sentiments dirigés contre l'ascendant français» (960, 1877, p. V).

Cependant, il faut admettre, me semble-il, qu'il y a également eu, en même temps, un courant «subversif» appartenant à un modèle national et diachronique. Je ne pense pas, en outre, qu'il soit toujours possible ni suffisant – dans le cas de Sainte-Beuve et de Quinet, par exemple – de ramener ce courant à une influence «romantique» d'origine allemande, comme propose de le faire Gumbrecht pour Paulin Paris, en l'occurrence certainement à bon droit[161].

On a généralement tendance, dans ce contexte, à passer sous silence le fait que la France possédait aussi une tradition philologique «autochtone», qui avait trouvé une forme institutionnelle en 1821 avec la fondation de l'Ecole royale des Chartes et qui se définissait avant tout par le recours au modèle mauriste, illustré de façon exemplaire par l'*HLF*[162]. «Cette tradition relativement indépendante des modèles allemands et aujourd'hui plutôt négligée, note, à juste titre, Michel Espagne, n'en assure pas moins une continuité souterraine dans l'activité philologique durant le XIX^e^ siècle»[163]. Or, la fondation de l'Ecole des Chartes s'inscrit exactement dans la conjugaison de soucis philologiques et nationaux. Ainsi, Martial Delpit commence-t-il sa très instructive notice sur l'histoire de cet établissement comme suit:

> «Si, comme le pensent tous les esprits élevés, l'intérêt des sciences historiques et archéologiques est compté au nombre des grands intérêts nationaux, de toutes les écoles spéciales fondées par le gouvernement, et placées sous sa protection immédiate, l'Ecole royale des Chartes, par l'objet de ses études comme par le but de ses travaux, est assurément l'une des plus dignes de fixer l'attention» (Delpit 1839/1840, p. 1).

Il est pourtant tout à fait remarquable et typique de la tradition philologique française 1° qu'à aucun endroit de la notice de Delpit et des nombreuses pièces justificatives que celui-ci reproduit le terme de philologie ne soit employé (on y trouve, par contre, «érudition», «science historique», «paléographie», «diplomatique» etc.); et 2° que les chartistes y soient placés en position inférieure par rapport aux historiens, c'est-à-dire que, loin d'y être considérés comme des philologues au sens complet, «allemand» du terme, ils y soient présentés comme de la pure main-d'œuvre:

---

161 *Ibid.*, p. 60.

162 Voir Espagne 1997, pp. 128-130. – Pour quelques indications bibliographiques utiles concernant l'histoire de l'*HLF*, voir, récemment, Trachsler 1997b, pp. 83-84, n. 3. – Pour une autre tradition «autochtone», celle qui mène, en gros, des Antiquaires à l'Ecole d'Athènes et qui a surtout été importante pour la philologie classique par le biais des «épigraphistes», voir Bollack 1985, pp. 478-479.

163 Espagne 1997, p. 130.

> «L'homme instruit dans la science de nos chartes et de nos manuscrits est sans doute bien inférieur à l'historien, écrit le comte Siméon en 1821, dans un rapport soumis à Louis XVIII, mais il marche à ses côtés, il lui sert d'intermédiaire avec les temps anciens, il met à sa disposition les matériaux échappés à la ruine des siècles. Que ces utiles secours manquent à l'homme appelé par son génie à écrire l'histoire, une partie de sa vie se consumera dans des études toujours pénibles et souvent stériles» (*ibid.*, p. 3).

Malgré la présence indubitable en France d'un courant «national-diachronique», certes d'importance mineure, dès le début du XIX^e siècle, il reste pourtant vrai que le besoin de renforcer l'identité nationale par le biais d'une reconstruction historique du «génie» français n'a été fortement ressenti par des cercles plus vastes qu'après et suite à la guerre de 1870-71, laquelle, sur ce point, a été pour la France ce que la *Völkerschlacht* de Leipzig a représenté pour les pays allemands[164]. C'est à partir de ce moment, en effet, que la philologie romane comme discipline a pris son envol. Du point de vue des institutions, d'abord. Des maîtrises de conférences et des chaires de langue et littérature françaises du moyen âge furent en effet créées un peu partout: à l'EPHE (1872), à la Sorbonne (1877), à Lyon (1876), à Montpellier (1878), à Bordeaux (1879), à Toulouse (1879), à Nîmes (1879) et à Alger (1880). Bien entendu, ce développement était également lié aux réformes de l'enseignement (supérieur) en cours depuis 1865 déjà, mais le choc «national» provoqué par la défaite a été pour beaucoup dans la promotion institutionnelle de la philologie romane[165]. C'est aussi dans le dernier tiers du siècle que la littérature française du moyen âge a fait son entrée dans les différents programmes d'enseignement et de lecture: la *Chanson de Roland*, par exemple, est introduite dans le programme d'enseignement des universités en 1878 et dans les plans de lecture des lycées en 1895. Finalement, le nombre croissant de chrestomathies médiévales à partir de 1883, ainsi que celui des prix décernés par l'Institut[166] aux études qui nous intéressent, témoignent à leur façon de l'intérêt pour la littérature nationale du moyen âge à cette époque.

On peut donc dire qu'avec la guerre franco-allemande, les visées nationales propres à la philologie (romane), telles qu'elles étaient conçues depuis longtemps déjà en Allemagne, viennent épouser les besoins et les soucis du

[164] A ce sujet, Gumbrecht a mis en évidence que l'introduction à la deuxième édition des *Contes* des frères Grimm de 1814 comporte des remarques sur l'utilité nationale de l'entreprise qui étaient encore absentes de la première édition de 1812 (voir Gumbrecht 1984, pp. 48-49).

[165] Au sujet dc cc choc «national» en général, voir l'excellent ouvrage de Digeon 1992. Voir également, pour tout ceci, Partie III.

[166] Sepet 1879, p. 6.

temps en France également, de sorte qu'un établissement institutionnel plus massif de la discipline y devient enfin possible. On ne pourra pourtant dire, comme semble le suggérer Gumbrecht, que Gaston Paris ait été le premier à placer les études de littérature française médiévale dans un cadre de référence national[167]. Ce cadre existait déjà bien avant en France, même s'il est vrai qu'il n'y a jamais eu là la même importance pour les études littéraires qu'outre-Rhin.

On a beaucoup insisté sur l'échec de la philologie romane en France. Mais, ici encore, les choses ont besoin d'être nuancées. Car, tout au moins dans le dernier tiers du XIXe siècle, cette discipline occupe, sous les appellations que nous avons vues, une place relativement importante dans le paysage institutionnel français, et ses représentants sont des savants influents et respectés, comme le montre entre autres l'affaire Dreyfus. Michael Werner note, à juste titre:

> «La philologie n'a jamais pu y [en France] acquérir le statut de science fondatrice qu'elle avait dans la tradition germanique. Mais cela ne l'a pas empêchée de jouer un rôle considérable dans la constitution des disciplines littéraires, de la linguistique, voire de l'ethnologie et de l'histoire. S'alliant pour un temps à l'érudition traditionnelle 'à la française', elle a pu investir des lieux prestigieux comme l'Ecole des Chartes ou l'E.P.H.E.» (Werner 1990a, p. 20).

Pendant quelque temps, disons des années 1870 jusqu'à la «crise du français» dans les années 1910, les études littéraires et linguistiques médiévales sont effectivement, avant tout de par les méthodes historico-comparatives qu'elles appliquent, des disciplines pilotes et proprement paradigmatiques pour les autres sciences historiques[168]. Et d'ailleurs, et l'on n'a peut-être pas suffisamment insisté là-dessus, les critiques acerbes d'un Brunetière[169], et plus tard d'un Agathon[170], ne montrent pas seulement la résistance invétérée de certains cercles intellectuels à la science historico-philologique, mais aussi le poids, le prestige et l'influence que celle-ci avait gagnés entre-temps. Ne se plaignent-ils pas tous les deux (trois), en effet, de ce que cette science «allemande» a usurpé le «premier rang» dans l'éducation?[171]

---

[167] Gumbrecht 1984, pp. 64ss.

[168] Voir également Compagnon 1983, pp. 26-46.

[169] Voir plus loin dans cette partie.

[170] Voir Partie III.

[171] Cité dans Gumbrecht 1984, p. 67.

## Conception méthodologique

A côté de la conception restreinte, l'autre conception de la philologie qui sous-tend la pensée et l'œuvre de Gaston Paris est de nature méthodologique. La philologie, dans ce cas, s'identifie tout simplement à la méthode historico-comparative. Celle-ci est tout d'abord censée être opératoire dans toutes les branches de la linguistique: en phonétique historique, bien sûr, mais également en grammaire, en flexion, en syntaxe, en morphologie, en versification et en dialectologie. C'est ce que le savant explique de façon détaillée dans sa leçon d'ouverture sur *La Grammaire historique de la langue française* prononcée rue Gerson en 1868:

> «Examinons rapidement quels seront, dans chacune des quatre parties de la grammaire, les procédés et les résultats de la méthode historique ainsi définie.
>
> La phonétique, envisagée à ce point de vue, prend un caractère tout nouveau. Les sons et leurs modifications ne sont plus seulement des faits, donnés par la réalité, qu'il n'y a qu'à accepter et à enregistrer; il faut découvrir leur forme la plus ancienne, l'époque et la nature de leurs variations. – Dans le cas spécial qui nous occupe, la grande question est de fixer le rapport de la phonétique du français avec celle du latin. Si nous prenons les deux points extrêmes, le français moderne et le latin classique, nous trouvons une telle différence que nous sommes d'abord portés à voir dans le français une création toute nouvelle. La tâche de la grammaire historique sera ici de restituer, autant qu'elle le pourra, tous les degrés de l'échelle par laquelle la phonétique latine est devenue la phonétique française, en passant par le latin vulgaire et l'ancien français. [...] Dans la formation des mots, la grammaire historique du français distingue ce qui a été transmis par le latin et ce que le français a ajouté à son patrimoine soit en fécondant des germes restés stériles, soit en modifiant l'emploi de moyens connus, soit en faisant des emprunts à d'autres langues; elle montre quelles terminaisons ont été les plus usitées et à quelles époques, quels suffixes sont morts de bonne heure et sont devenus impropres à la création de nouveaux vocables, lesquels au contraire ont gardé leur vitalité et nous servent de nos jours encore. – Dans la flexion, elle suit la destruction toujours croissante du système latin depuis l'importation en Gaule du latin vulgaire jusqu'aux patois actuels de la lange d'oui; elle rend compte des bizarreries de la déclinaison que la grammaire ordinaire se borne à constater; elle montre dans la conjugaison la prédominance de certaines formes, la désuétude où tombent quelques temps, l'emploi toujours fréquent de certains autres. – Dans la syntaxe enfin, partie la plus délicate et encore moins bien connue, elle tâche de suivre l'esprit français dans ses efforts successifs pour se construire un instrument qui convienne aux phases de son développement; elle étudie les modes de grouper les mots légués par la langue latine, et fait voir comment le français supplée par des procédés sans

> cesse nouveaux à ceux que les perturbations de la flexion rendent de plus en plus insuffisants» (136*, 1868, pp. 25-28).

Mais la méthode historico-comparative caractérise aussi l'histoire de la littérature et différencie ainsi la «nouvelle école» des «anciennes», de l'école rhétorique d'une part, mais également de celle pratiquée par un Paulin Paris:

> «On peut reprocher à ces études [de Paulin Paris], bien souvent les premières, en plus d'un cas encore les seules qui aient été faites sur nos vieux poèmes épiques, de ne pas employer assez habituellement la méthode comparative, à laquelle, sur ce terrain comme sur d'autres, la critique doit tant de progrès. L'auteur considère trop isolément et l'ensemble de l'épopée française, et chaque chanson en elle-même, et quelquefois même une rédaction ou un manuscrit de chaque chanson» (1062*, 1885, p. XIV)[172].

Cette conception méthodologique, qui, encore une fois, n'existait pas sous cette forme en Allemagne, où elle était au contraire sévèrement critiquée, s'est vu attribuer une valeur particulière, à la fois pratique et morale, pendant l'affaire Dreyfus. Plusieurs chartistes, tels Arthur Giry et Paul Meyer, faisaient en effet appel au caractère transdisciplinaire et transsubjectif ainsi qu'à la validité universelle des méthodes historico-comparatives qu'ils utilisaient dans leurs travaux pour justifier leur «immixtion» dans l'Affaire, notamment, bien sûr, en ce qui concernait l'examen du fameux bordereau à cause duquel le capitaine Dreyfus avait été condamné en 1894 et dont ils étaient arrivés à identifier l'écriture avec celle de Esterhazy. En mettant l'accent sur le caractère universel des méthodes employées, ces chercheurs s'opposaient à la critique de gens qui, comme Brunetière – toujours lui! –, prétendaient que les méthodes n'étaient pas capables de transcender les objets particuliers d'une discipline définie et que chaque savant devait donc se limiter, dans ses déclarations publiques, à son propre domaine de spécialisation[173].

---

[172] Voir également ce passage: «[...] ce n'est que depuis peu qu'on commence à traiter scientifiquement l'histoire littéraire. Il faut qu'elle recoure, comme la philologie, à la méthode comparative, qu'elle apprenne, comme l'histoire, à expliquer la génération des faits l'un par l'autre» (314, 1866, p. 89).

[173] Pour tout ceci, voir le chapitre «Les vertus des méthodes historico-comparatives» dans Bähler 1999, pp. 168-175. – On trouve également des éléments intéressants à ce sujet dans l'introduction de Mario Mancini à Limentani 1991, ainsi que dans Limentani 1991, pp. 123-144 (article sur «Meyer, l'épopée et l'Affaire Dreyfus», dont je n'avais hélas pas encore eu connaissance au moment de la rédaction de mon *Gaston Paris dreyfusard*).

## Bilan

La stratégie choisie par les savants français de fonder non pas une discipline philologique dans le sens large du terme mais une discipline avant tout médiévistique s'est révélée productive à l'intérieur de leur propre culture : il valait mieux, en effet, se mouler dans des structures de pensée préexistantes que de bouleverser celles-ci de fond en comble, au risque de voir échouer presque *a priori* tout projet de nature philologique. Une discipline conçue sur le modèle allemand, donc global, et intitulée «philologie romane» ou «philologie française» n'aurait eu que peu de chances de pouvoir s'établir dans le système français et aurait sans doute heurté les sentiments nationaux de beaucoup de Français plus encore que ne le faisait déjà la référence constante aux méthodes historico-comparatives «allemandes». Ce qui apparaît comme une barrière dans le transfert germanico-français de la philologie romane pourrait donc bien se révéler être, en même temps, la seule stratégie de réussite possible. En adoptant d'une part la conception étroite de la philologie romane, Gaston Paris restait en somme fidèle à la tradition de l'érudition française. En faisant d'autre part de la philologie une méthode, il ne perdait rien et gagnait tout. Tant les chaires existantes, celle du Collège notamment, que les chaires nouvellement fondées pouvaient ainsi être méthodologiquement réformées et développées sans que cela laisse de traces immédiates à la surface, à savoir dans les intitulés, qui, ainsi, restaient bien «français». En résumé, à une confrontation ouverte, inévitable si l'on avait sérieusement songé à créer des chaires de philologie romane selon le modèle allemand, avec les disciplines littéraires, rhétoriques et belles-lettristes, déjà en place, on semble avoir privilégié une réforme «méthodologique» à l'intérieur d'une discipline exclusivement médiévistique.

*

* *

Un philologue complet aux yeux de Gaston Paris – même s'il ne le désigne pas très souvent par ce nom – est un savant qui s'occupe de l'histoire des littératures et des langues ainsi que de l'édition des textes, en employant, dans chacun de ces sous-domaines, les méthodes historiques et comparatives. En ce sens, Gaston Paris était lui-même un philologue accompli dans la tradition allemande la plus pure, car il s'occupait réellement de tous les champs évoqués, comme le souligne également Werner :

> «Gaston Paris verstand sich [...] immer als Repräsentant einer Philologie, die er als positive Wissenschaft [...] den Belles-Lettres gegenüberstellte. Der Anspruch dieser Philologie war umfassend : Sie war einerseits dem Ethos von Wissenschaft und Forschung verpflichtet und stellte sich in den Dienst voraussetzungsloser Wahrheitssuche. Andererseits besass sie

> auch wissenschaftlich einen extensiv-universalen Charakter. Sie umfasste, gemäss dem Boeckhschen Modell, sowohl Sprachwissenschaft wie Textkritik und Hermeneutik. Und sie beanspruchte für das Gebiet ihrer Kompetenz nicht nur die mittelalterliche, sondern auch die moderne französische Literatur» (Werner 1991a, p. 37).

Le programme était même encore plus complet. Car, s'il faut certainement réduire, sur l'ensemble de la carrière de Gaston Paris, la place qu'occupe dans ses travaux la littérature moderne[174], il convient d'y ajouter en contrepartie les études de mythologie comparée et de poésie populaire[175].

On est bien obligé pourtant de reconnaître que Gaston Paris a non seulement été l'un des premiers, mais également, en même temps, l'un des derniers philologues modernes en France à avoir embrassé réellement, c'est-à-dire en pratique, toutes les branches évoquées[176]. Après lui, les différents domaines sont devenus de plus en plus autonomes, et ceci pour deux raisons principales:

1° L'explosion du savoir produit par les différentes branches philologiques a amené presque fatalement à une spécialisation de plus en plus grande et à la perte consécutive d'une vision unitaire et intégrative de la philologie (romane)[177]. Le même phénomène se constate au niveau des sciences en général: la place située au sommet de toutes les disciplines, réservée depuis Comte au génie d'un ou de plusieurs philosophes «synthétisants», est en effet restée – et reste d'ailleurs toujours – désespérément vide.

2° L'enseignement de Gaston Paris et des autres philologues de sa génération a eu un effet secondaire non désiré, qui a fini par dominer l'esprit de la discipline au détriment de réflexions d'une portée plus large, à savoir l'autonomisation de la méthode. Ce phénomène ne concerne pas le seul domaine de la philologie romane mais s'observe lui aussi, avec des variations plus ou moins grandes, dans la plupart des disciplines à l'époque.

C'est ce deuxième point, qui a eu un impact très important sur le développement ultérieur de notre discipline, que j'aimerais maintenant mettre en lumière.

---

174 Voir cependant première partie, «Caractérisation globale de l'œuvre».

175 Il est d'ailleurs intéressant de noter que ce programme philologique complet a déjà été esquissé – y compris la poésie populaire – par Sainte-Beuve en 1835 (voir Sainte-Beuve 1875).

176 Voir également Nelson 1983, p. 53 et p. 61

177 En 1883 déjà, Stengel faisait remarquer qu'un seul savant ne pouvait plus, désormais, non seulement embrasser mais tout simplement suivre tous les domaines de la philologie romane (Stengel 1885, p. 120). – La spécialisation et la «fragmentation du savoir» commencent donc bien avant le milieu du XX^e siècle, contrairement à ce que suggère Ménard 1997, p. 21, trop optimiste à ce sujet.

## 3. ÉVOLUTION DE LA PROFESSION: UN SYSTÈME A DEUX CLASSES

Dans son enseignement et dans ses comptes rendus, Gaston Paris a fortement mis l'accent sur des questions de méthode. D'une part, c'est celle-ci qui, à ses yeux, faisait principalement défaut aux travaux philologiques français. Et, d'autre part, nous l'avons dit, c'est la méthode qui s'enseigne le plus facilement, puisqu'elle correspond à un *set* de règles et de principes clairement formulables et communicables, tandis que les facultés herméneutiques, également nécessaires, selon Gaston Paris, à un bon philologue, dépendent essentiellement du génie d'un chacun et échappent largement, par là même, à toute forme d'enseignement. C'est ce double état des choses qui a amené peu à peu à l'établissement d'une sorte de système à deux classes dans la corporation des philologues.

Il y a, d'un côté, les maîtres philologues. Ceux-ci ne dominent pas seulement la méthode mais possèdent également ce génie critique et ce sens divinatoire sans lesquels aucune étude historique et littéraire ne saurait avoir de véritable valeur. Ils sont en outre capables d'embrasser plusieurs disciplines, en vue d'une compréhension totalisante de l'esprit humain. Parmi ces philologues de première classe, Gaston Paris compte notamment Diez, Littré, Tobler, Arsène Darmesteter et Bédier. Le premier réunit, nous dit-il, la «pénétration», la «finesse» et la «lucidité», et, de façon générale, dispose de «l'ensemble de dons éminents qui constitue la haute vocation scientifique et qui échappe à la description exacte, en fin de compte»[178]. A propos de Littré et de son *Dictionnaire*, il note:

> «La réunion, si rare dans un seul homme, du penseur et de l'érudit, a produit là un résultat qui ne s'est pas souvent vu et ne se renouvellera pas facilement» (138*, 1871, p. 533).

Et au sujet de Tobler:

> «Il n'y a plus à faire l'éloge des travaux de M. Tobler sur la grammaire française: on sait assez que l'érudition la plus profonde et la plus précise y est mise au service d'une rare pénétration, d'un sentiment exquis des phénomènes du langage, d'une intelligence vraiment philosophique des rapports de ces phénomènes avec ceux de la pensée» (196, 1894, p. 249)[179].

Arsène Darmesteter posséderait, lui, «un esprit vraiment philosophique, une pénétration et une finesse singulières, le goût et le sentiment de la vie et de

---

[178] 138*, 1871, p. 530.

[179] Voir également 200, 1899, p. 208.

la spontanéité du langage», en même temps qu'il procéderait à «l'investigation minutieuse et méthodique de ses éléments microscopiques [i.e. du langage]»[180]. Quant à Bédier,

> «[il] avait déjà montré, notamment dans l'article sur *Fierabras* [...] la finesse et la pénétration de sa critique littéraire; on retrouve ces qualités dans les pages tout à fait charmantes qui servent d'introduction au *Lai de l'Ombre*. Dans la suite de son travail, il prouve qu'il est aussi un éditeur attentif, un grammairien consciencieux et instruit. On est en droit d'attendre, dans les ouvrages qu'il nous donnera, notamment dans la grande étude qu'il prépare sur les fableaux[181], l'alliance rare et féconde de l'originalité et de la méthode, de l'érudition et du goût» (564, 1890, p. 615)[182].

Enfin, à propos de la partie sémantique du *Dictionnaire général de la langue française* de Hatzfeld, Darmesteter et Thomas, le savant s'adonne à l'appréciation suivante:

> «[...] il faut une sorte de divination poétique, en même temps que du savoir et de la logique, à qui veut retrouver les voies, parfois bien détournées, suivies par l'esprit au cours des âges pour tirer d'un mot donné une richesse souvent merveilleuse de nouveaux moyens d'expressions» (148*, 1901, deuxième article, p. 821).

Au-dessous du maître philologue, il y a le philologue de deuxième classe, le philologue de métier, qui maîtrise bien la méthode, mais ne maîtrise qu'elle, et qui, pour cette raison même, fait bien de se concentrer sur un seul domaine voire sur un sous-domaine ou un sous-sous-domaine de recherches. Au sujet d'un livre de Jan Hendrik Bormans sur des «fragments d'anciennes rédactions thioises» de la *Chanson de Roland* (1864), Gaston Paris, après avoir fait l'éloge de l'édition des textes et blâmé les commentaires littéraires que l'auteur y avait ajoutés, continue sa critique comme suit:

> «Que chacun fasse son métier, disaient nos pères, les vaches seront bien gardées. M. Bormans a découvert ou propagé quelques moyens ingénieux de sauver et déchiffrer les débris de parchemins délabrés ou enfouis dans des reliures; il a donné de plusieurs de ces débris des éditions soignées et correctes; tous ses travaux dans ce genre seront bien accueillis. Mais l'histoire littéraire n'est pas son fait, et sa critique, déjà peu sûre, y est troublée encore par ses préventions patriotiques» (372, 1865, p. 392).

---

[180] 191*, 1894, p. IV. Voir également les descriptions élogieuses dans 148*, 1901, p. 810.

[181] Gaston Paris rejette la graphie «fabliau» (voir 560*, 1875, dans 339*, 1895, éd. de 1913, p. 103; 565, 1893, p. 137; 341, 1896, p. 604).

[182] Voir également 519*, 1900, p. 7. – Quant au travail d'édition, plus spécialement, qui, lui aussi, ne saurait se faire sans «divination», voir par exemple la préface à la première édition de la *Vie de Saint Alexis* (662*, 1872) ou les remarques au sujet de l'édition du *Cligès* par Foerster (490*, 1902, p. 61).

La tâche du philologue de métier consiste essentiellement à accumuler des faits et à les classer selon les principes historico-comparatifs. Les principales qualités morales requises par cette tâche sont la probité et l'assiduité. La médiocrité est préférée de loin à toute forme d'originalité, qui risquerait de déformer les faits et leur classement:

> «Celui qui, par un motif patriotique, religieux et même moral, se permet dans les faits qu'il étudie, dans les conclusions qu'il tire, la plus petite dissimulation, l'altération la plus légère, n'est pas digne d'avoir sa place dans le grand laboratoire où la probité est un titre d'admission plus indispensable que l'habileté» (334*, 1885, éd. de 1906, p. 91)[183].

Le philologue de deuxième classe a comme premier devoir d'être fidèle aux faits, et, à cette fin, doit bannir de ses recherches tout élément subjectif. On peut aller plus loin, car le philologue de métier idéal n'est en effet pas sans ressembler au scribe le moins inspiré voire le plus inculte, qui ne fait que copier «bêtement», sans comprendre le texte, le modèle qu'il a sous le nez:

> «[Le manuscrit S du *Cligès*] présente cet avantage, qu'apprécient les philologues habitués à ces délicates recherches, que le scribe auquel on le doit, Méridional qui comprenait mal le français, a d'ordinaire copié mécaniquement son original (bien qu'avec toutes sortes de fautes) sans se faire scrupule de livrer des leçons absolument dénuées de sens, tandis que la plupart des autres se permettent d'arranger le texte à leur guise et de le refaire arbitrairement quand il leur semble obscur ou ne leur plaît pas» (490*, 1902, pp. 60-61).

Tout comme un scribe médiocre se voit préféré à un scribe (trop) intelligent, parce qu'à travers son produit «irréfléchi» on pense pouvoir accéder directement à la réalité des choses, au texte «original» en l'occurrence, le philologue de métier qui se borne tout simplement à reproduire les faits crus, ou prétendus tels, est préféré à celui qui essaie d'«arranger» et *a fortiori* d'interpréter ceux-ci d'une façon jugée mal appropriée, voire illicite. Le travail de reconstruction et d'interprétation est par définition le domaine réservé aux maîtres, tel, dans le champ des études folkloriques, Peter Christian Asbjoernsen. L'éloge que Gaston Paris fait du célèbre conteur et naturaliste norvégien mérite d'être longuement cité, parce qu'il dévoile de manière exemplaire la logique qui préside à l'établissement du système à deux classes dont nous sommes en train de parler, et qu'il nous montre de façon particulièrement frappante, proprement poétique en l'occurrence, quelle distance sépare

---

[183] Voir aussi, dans le domaine de l'étymologie, ce jugement de Thomas: «'On avait déjà de l'esprit en France au douzième siècle. Et c'est bien là le malheur, et qui explique peut-être que nous ne tenions pas le premier rang en philologie: un bon étymologiste ne doit pas avoir d'esprit'» (cité dans G. Roques 1991, p. 270).

le philologue «positiviste» du philologue «artiste», seule figure vraiment digne d'admiration aux yeux de Gaston Paris :

> «Nous autres critiques, quand nous apprécions des recueils de contes et que nous nous adressons aux auteurs, nous leur recommandons avant tout la fidélité absolue dans la reproduction de ce qu'ils ont recueilli sur les lèvres du peuple ; nous prenons notre plus grosse voix pour leur dire combien il est coupable de se permettre le moindre changement, combien il est pervers de se laisser aller à des arrangements et surtout à des embellissements. Nous leur demandons d'être des photographes, et nous nous détournons de toute 'retouche' avec horreur. Nous avons parfaitement raison d'être si rigoureux ; mais il faut bien dire que c'est parce que nous n'avons pas confiance dans le talent, le tact et le goût de ceux à qui nous nous adressons. Amenez-moi un vrai peintre, et si je veux garder de ma belle une image vivante, je renverrai bien vite le photographe et son impassible plaque ; amenez-moi un Asbjoernsen, et je lui donnerai carte blanche pour la façon dont il reproduira ses contes. Le collectionneur de cette trempe a en lui l'âme même des vieux récits dont il recueille les formes souvent incomplètes ou desséchées ; il leur laisse repousser des membres, de la chair et de la peau, comme le lézard mutilé se laisse repousser une queue : cette 'idée' mystérieuse qui complète sans faillir les types accidentellement déformés, il la possède en lui, elle agit pour ainsi dire sans qu'il en ait conscience. Pour refaire à l'oiseau dépouillé qu'il a ramassé sur la route un plumage frais et éclatant, il a recueilli tout le long de son chemin des plumes qu'avaient accrochées les haies ou qui voltigeaient dans l'air, et il n'y a pas de danger qu'il mette au rouge-gorge les ailes de la mésange, qu'il affuble le rossignol des plumes bigarrées de la chouette. A un apprenti, qui nous rapporterait tout cela dans sa boîte, nous dirions : 'Mon ami, vous avez rendu un vrai service ; gardez-vous de toucher à rien de ce que vous avez rassemblé ; étiquetez chaque pièce à part, en indiquant le jour et le lieu de la trouvaille, et apportez-le au musée.' Mais avec ces charmeurs savants, nous déposons toute méfiance ; nous savons qu'ils ont un secret magique, et que, posés sur leurs doigts, les doux chanteurs qu'ils ont sauvés vont se mettre à gazouiller comme ils le faisaient dans la forêt» (1057*, 1878, p. 394).

Si le philologue de métier doit se restreindre aux préceptes de la méthode, le maître philologue, lui, a toutes ses libertés, y compris celle, extrême certes mais réelle, de raisonner en dehors des faits positifs mêmes. Dans la préface de sa monographie sur François Villon, Gaston Paris explique que les faits historiques ne sont venus confirmer qu'après coup les jugements moraux qu'il avait proférés antérieurement sur cet écrivain :

> «[...] il y a une dizaine d'années, j'avais émis sur la vie de Villon une vue qui contredisait celle de son savant et pénétrant biographe[184]. Celui-ci

[184] Il s'agit d'Auguste Longnon et de son ouvrage *Etude biographique sur François Villon, d'après les documents inédits conservés aux Archives nationales* (1877). Dans un article

> avait défendu son opinion par des arguments de fait qui semblaient irréfutables, et j'appuyais la mienne d'arguments d'ordre moral qui me paraissaient non moins probants. Ne pouvant ni contredire les premiers ni renoncer aux seconds, je ne voyais pas le moyen d'écrire une vie de Villon qui me satisfît. Des découvertes imprévues sont venues apporter à ma thèse une confirmation éclatante […]» (729*, 1901, p. 6).

Mesure-t-on bien l'autorité que cette inversion des procédés confère à Gaston Paris ? Gaston Paris l'infaillible, qui a même raison quand il ne s'appuie sur aucun fait prouvé. Cette autorité de «devin», le savant en avait déjà brillamment fait montre tout au début de sa carrière, dans l'*Histoire poétique de Charlemagne*, où il avait reconstruit une chanson de geste disparue, retrouvée quelques années plus tard sous la forme même que lui avait prédite le jeune philologue. Dans sa nécrologie, Oscar Grojean insiste sur cet événement, qui a beaucoup frappé les philologues à l'époque[185] :

> «[...] le jeune philologue s'aventurait dans la forêt touffue de légendes et de poèmes, qui avait grandi sur le sol fécond de la vieille épopée : à travers ces fourrés inextricables il s'ouvrait une voie conquérante. Un exemple, souvent cité […] montrera quel instinct divinatoire dirigeait ses pas. [...] en 1865, on ignorait l'existence d'une chanson de geste qui eût pour sujet de jeunesse [sic]. On ne connaissait pas d'*Enfances Charlemagne*. En comparant et en rapprochant des allusions éparses, Gaston Paris affirma qu'il avait dû exister un poème où Charlemagne, victime de la trahison, chassé de France par ses deux frères bâtards et se cachant sous le nom de *Mainet*, était forcé de se réfugier en Espagne et d'aller demander asile, au roi sarrasin Galafre. Qui plus est, reconstituant l'œuvre disparue, il nous exposait comment l'empereur délivrait le roi de son ennemi Braimant, comment la belle Galienne, fille de Galafre, s'éprenait de lui ; il nous racontait leurs amours [...]. Or, en 1875, dix ans plus tard, un hasard faisait découvrir, collé sur une boîte de carton du XVII^e^ siècle, un vieux parchemin portant d'anciennes écritures. On y reconnaissait à peu près huit cents vers d'un poème du XII^e^ siècle à strophes assonantes ou rimées, au récit mouvementé. C'était un fragment de la geste de *Mainet*, et rien ne devait être changé à l'analyse que le subtil érudit en avait donnée sans la connaître» (Grojean 1903, p. 296)[186].

---

de 1887, Gaston Paris avait défendu l'idée que la rédaction du *Testament* se plaçait avant et non pas après la condamnation à mort de Villon (727*, 1887). La «confirmation éclatante» (voir plus loin dans la citation) de cette thèse fut fournie par Marcel Schwob en 1899 (voir Ridoux 2001, p. 867).

185 Voir également par exemple Loliée 1903, p. 331.

186 Le fragment avait été découvert par Boucherie (voir plus loin). – Il y a un autre exemple du même type, à savoir les «prédictions» de Gaston Paris sur les *Enfances Gauvain* (voir Trachsler 1997a, p. 235).

De manière générale, Gaston Paris était, aux yeux de ses contemporains, le maître philologue par excellence. Les témoignages à ce sujet sont nombreux. Ne citons ici que le texte d'hommage de Louis Havet:

> «Dans l'ordre de la science, Gaston Paris était un génie. J'emploie exprès ce grand mot, qui ne se dit guère que des poètes, des capitaines et des géomètres, et ce n'est pas l'affliction aujourd'hui qui me le suggère. Il y a une vingtaine d'années, je me rappelle avoir discuté avec un autre très cher maître, aujourd'hui disparu, si le terme de génie était applicable aux qualités qui rendent supérieur un critique, un linguiste, un déchiffreur, un commentateur. Et comme la question ne pouvait se résoudre par la théorie, nous y répondions *oui*, Bergaigne[187] et moi, en invoquant comme preuve l'exemple de Paris. [...] Sa mémoire était aussi prodigieuse que certaines autres qui ne sont que des mémoires; la rapidité de son jugement était une divination» (Havet 1903a, p. 340).

Quelles sont donc les marques, se demande alors Havet, qui distinguaient le génie de Gaston Paris? Et, chose très significative, il trouve celle-ci:

> «Le génie se manifestait chez lui par un signe qui m'a souvent frappé. Jamais je ne l'ai vu lire un livre: le livre était déjà lu, compris, jugé, digéré, et ce qui s'y trouvait d'utile alimentait déjà et vivifiait la pensée du maître. Jamais je ne l'ai pris en flagrant délit de travail: l'œuvre était faite» (*ibid.*).

Nous atteignons ici de toute évidence le point extrême mais conséquent dans la représentation d'un philologue de génie, dans la mesure où les qualités qu'on attribue à Gaston Paris font l'économie du travail philologique proprement dit, définitivement relégué dans le registre de l'accompli. Gaston Paris savait toujours déjà tout. Si, en termes d'instances du sujet, le maître philologue englobe normalement le philologue de métier, il est apparemment des cas où ce rapport s'annule, pour laisser la place au seul génie divinatoire et omniscient.

Les différents membres de la profession «philologue» se situent ainsi sur un axe de prestige ascendant, qui va de l'érudit pur, s'occupant uniquement des faits, au maître philologue, qui ajoute aux qualités du premier celles de l'herméneute et du penseur, et, plus loin encore, au philologue de génie, qui, lui, se mouvant dans les sphères de l'esprit pur, n'a même plus besoin de recherches philologiques matérielles:

[187] Abel-Henri-Joseph Bergaigne (1838-1888), grand spécialiste de sanscrit et de grammaire comparée des langues indo-européennes, professeur tant à l'EPHE qu'en Sorbonne.

Profession «philologue»

| – | | + |
| --- | --- | --- |
| ------------------ | axe de la valorisation | ------------------› |
| érudit pur | érudit + herméneute | génie |
| faits | faits + idées | idées |

La formation d'un système à deux classes, car la rupture principale se situe évidemment entre l'érudit pur et les deux catégories de «penseurs», semble être typique de l'évolution de toutes les disciplines historiques à cette époque. Manfred Landfester relate, au sujet de Theodor Mommsen:

> «Die Mommsensche Forderung, 'die Archive der Vergangenheit zu ordnen', übte in der Folgezeit auf Philologen und Historiker eine bestimmende Wirkung aus. Es entstand unter der Leitung von Mommsen ein wissenschaftlicher Grossbetrieb. Dieser enthielt allerdings in seiner ganzen rigorosen Konzeption den Keim zur Undurchführbarkeit. Indem Th. Mommsen die Ordnung des Quellenmaterials radikal von der Deutung trennte, musste die vorbereitende philologische Arbeit, der keine Unterscheidung zwischen Relevantem und Irrelevantem mehr möglich war, ins Uferlose gehen. Das führte zu einer resignativen Grundhaltung der daran Beteiligten, die um so stärker wurde, als man gleichzeitig immer mehr dem Zwang zur Legitimation der inzwischen nicht mehr fraglos geltenden Wissenschaft ausgesetzt war» (Landfester 1979, pp. 158-159).

La professionnalisation en philologie, tout comme en histoire, passe ainsi par la création d'un prolétariat capable de faire le travail de base. Ce développement, on l'aura remarqué, est corrélatif au procès d'industrialisation, avec lequel il partage la même logique économique et qui cherche à accélérer et à augmenter la production du capital – de quelque nature qu'il soit – par une mécanisation et une régularisation du travail[188]. Mais, différant en ceci du procès d'industrialisation proprement dit, la mise en place successive de deux classes de chercheurs fut moins, dans le cas de Gaston Paris et de la philologie romane, le résultat d'une stratégie réfléchie que, bien plutôt, le produit involontaire d'un enseignement déséquilibré, presque exclusivement centré sur la méthodologie. En effet, Gaston Paris n'a jamais érigé en principe le système dual, contrairement à Nietzsche, qui, lui, distinguait explicitement la «niedere» et la «höhere (klassische) Philologie»:

> «[...] es sollte nach Nietzsche zwei Gruppen von Gelehrten geben, die der klassischen Philologie dienen: diejenigen, die die Kärrnerarbeit leisten,

---

188 Howard Bloch 1996 a admirablement bien mis en lumière le rapport entre cette logique industrielle et les Ateliers catholiques de l'abbé Mignc. – Voir également, à ce sujet, les déclarations de Jacques Cellard (dans Littré 1992, p. 74) sur l'analogie, au XIXe siècle, entre l'accumulation des mots et du savoir et celle de la fortune et de l'argent.

> und die, die sie auswerten. Die Auswertung ist ein Geschäft des Philosophen bzw. Philologen, der zugleich Philosoph ist. Hier geht Nietzsche auf das zurück, was Wolf die philosophische Interpretation, Ast das geistige Verstehen nannte. In den Aufzeichnungen des Jahres 1874, die den Titel tragen 'Wir Philologen' – es handelt sich um Fragmente eines geplanten weiteren Stückes der 'Unzeitgemässen Betrachtungen'–, sieht er die Aufgabe der Philologie – Philologie im engeren Sinne genommen – in der Vorbereitung jener Auswertung: 'Die Philologen [leben] als Vorbereitung des Philosophen, der ihre Ameisenarbeit zu nutzen versteht... Freilich ist, wenn es keine Leitung gibt, der grösste Teil jener Ameisenarbeit einfach Unsinn und überflüssig'» (Pöschl 1979, p. 145).

Cependant, le résultat dans la philologie romane était essentiellement le même. Tous les efforts de Gaston Paris et de ses collègues s'étant concentrés sur la formation méthodologique, il n'y a rien d'étonnant à ce que le groupe des érudits purs, des «prolétariens», soit devenu de plus en plus important numériquement parlant, au même rythme que les maîtres, de leur côté, se sont raréfiés. L'enseignement de Gaston Paris, lui-même sans aucun doute un philologue «penseur», a donc contribué à la création du philologue «moyen», tel qu'il avait déjà été condamné par Jacob Burckhardt[189] et tel qu'il sera encore sévèrement fustigé par Agathon[190]. Si la philologie a été considérée, à l'origine, comme un art, elle est devenue de plus en plus, au cours du XIX^e^ siècle, un simple métier, voire une «Kanzleiwissenschaft», pour parler comme Nietzsche[191].

Le projet, inlassablement formulé par les «nouveaux philologues», d'améliorer le niveau scientifique en philologie par l'introduction et la promulgation des méthodes historico-comparatives, a été, nous le savons, largement réalisé. Mais, paradoxalement, c'est cette réalisation même qui a amené, sur le plan de l'impact intellectuel et culturel de la discipline, à un nivellement des recherches dont les séquelles se font sentir aujourd'hui encore. L'espoir exprimé par Bédier en 1894 ne s'est en effet réalisé que très partiellement:

> «Assurément, c'est chose pénible de travailler en un âge où il est malaisé de mesurer soi-même la valeur durable de ses efforts. Mais qu'y pouvons-nous? C'est là notre lot; seul l'avenir pourra faire dans la forêt les coupes sombres nécessaires; à chaque siècle suffit sa peine. D'ailleurs, ce désintéressement trouve sa récompense: le plus modeste ouvrier, en même temps qu'il se courbe sur sa tâche, peut goûter la joie supérieure de bâtir

---

189 Voir Fuhrmann 1996, pp. 31ss.

190 Voir par exemple Espagne 1990, p. 152: «La notion de 'méthode' elle-même lui [à Agathon] paraît dangereusement menacer l'intelligence intuitive et favoriser la masse des travailleurs ordinaires».

191 Voir Lepenies 1989, p. 54, et, à ce sujet en général, Auerbach 1958, pp. 13-14.

en son esprit le monument futur. Il peut rêver le temps où le médiéviste ne sera plus un pur philologue, mais tout ensemble un philosophe, un théologien, un historien des mœurs, un critique littéraire: le tout sans effort, grâce au lent travail accumulé» (Bédier 1894, p. 934)[192].

L'image négative du philologue dans la société ne date pas, nous l'avons dit, de la deuxième moitié du XIX<sup>e</sup> siècle; elle jouit d'une tradition déjà longue à cette époque. Mais, avec le mouvement de professionnalisation ici esquissé, elle a obtenu son ultime et définitive consécration, qui, détail piquant, est venue de l'intérieur de la corporation philologique elle-même![193] Sur ce dernier point, l'enseignement de Gaston Paris s'est donc révélé en fin de compte profondément ambivalent, voire totalement contre-productif par rapport à sa propre vision de la discipline.

## 4. JEUX DE POUVOIR – ESPACES PARADIGMATIQUES

Imposer la méthode historico-comparative en vue d'amener un professionnalisme scientifique dans les études philologiques, aussi bien linguistiques que littéraires, voici donc l'un des deux principaux buts de Gaston Paris. L'autre, plus spécifiquement rattaché à l'histoire de la littérature, est de faire accepter la littérature médiévale comme un objet digne d'étude, au niveau de la construction de l'histoire nationale avant tout, mais aussi, bien que cet aspect soit plus discret, sur le plan esthétique. On peut ajouter un troisième objectif, certes mineur par rapport aux deux autres mais qui fait également partie intégrante du programme réformateur dont nous parlons ici, à savoir celui de faire admettre un certain style de présentation et de discussion scientifiques.

L'entreprise philologique de Gaston Paris et de ses collègues de l'EPHE et de l'Ecole des Chartes consiste ainsi, dans son ensemble, à délimiter un terrain d'activité scientifique caractérisé par une méthode de recherches, par des objets de recherches et par un style de présentation et de discussion. Les «nouveaux philologues» mènent une bataille sur plusieurs fronts, et les différents «ennemis», il est important de le souligner, ne sont pas toujours les mêmes.

La réalisation de ce programme complexe, à trois volets, n'est possible qu'au moyen de la mise en place d'un système de contrôle efficace, dont l'un des éléments les plus importants est l'institution du compte rendu, telle

---

192 Voir également Bédier 1891, p. 843. Ce n'est certainement pas un hasard si Bédier fait ces réflexions dans la *RdDM*. Le public lettré mais vaste auquel cet organe s'adressait devait en effet partager les réticences de Brunetière au sujet de la philologie (voir ci-dessous).

193 Lucken montre un aboutissement de cette évolution chez Lanson, qui met souvent l'accent sur la «modestie» et l'«humilité» de la méthode historique (voir Lucken 1999, pp. 15-16).

qu'elle est exemplairement mise en œuvre dans la *Revue critique*[194]. Dès le prospectus de cet organe, exclusivement destiné à des critiques, l'idée d'un contrôle des recherches par les philologues de la nouvelle génération est explicitement présente. Elle est même l'une des motivations premières de la fondation de la revue :

> «Paris, ce 25 octobre 1865
>
> Monsieur,
>
> Nous venons vous demander votre concours pour une entreprise qui nous semble mériter d'être encouragée.
>
> Tous les hommes qui s'occupent en France de travaux historiques, philologiques et littéraires sentent vivement une lacune que vous aurez sans doute déplorée vous-même, l'absence d'un recueil consacré à une critique sérieuse et régulière. Ces études n'ont pas su se donner les auxiliaires précieux que possèdent les sciences physiques et mathématiques. Aucune revue ne s'est imposée la tâche exclusive d'en suivre les développements, de marquer jour par jour le progrès qui s'opère dans chacune de leurs branches, de signaler toutes leurs productions importantes et de les *soumettre à un jugement motivé*.
>
> Nous avons pensé qu'il était possible, en quelque mesure, de remédier à ce mal notoire. Nous avons conçu l'idée de consacrer à ces études une publication périodique destinée à la fois à rapprocher ceux qui s'y livrent et à *contrôler leurs travaux*» («Prospectus» de la *Revue critique*, c'est moi qui souligne)[195].

La fonction de contrôle sera également assumée, quelques années plus tard, par la partie «critique» de la *Romania* :

> «La *critique* des ouvrages qui paraîtront dans le domaine de nos études sera une partie importante du recueil. Fidèles aux principes que nous avons appliqués ailleurs [i.e. dans la *Revue critique*], nous l'exercerons avec impartialité, et nous croyons être utiles à la science en penchant plus du côté de la rigueur que de l'indulgence. Nous l'emploierons surtout à répandre les saines méthodes qui, tout en facilitant le travail, en rendent les résultats à la fois bien plus sûrs et plus abondants [...]» («Prospectus» de la *Romania*)[196].

C'est donc, entre autres, à travers les comptes rendus de ces deux revues que l'on peut reconstruire les jeux de pouvoir menés par Gaston Paris et ses collègues dans leurs efforts pour baliser le terrain de la discipline. Afin de dégager les mécanismes de base qui régissent la stratégie et le discours des

---

194 Voir également, à ce sujet, Müller 1994.

195 Pour le texte dans son intégralité, voir Annexe XV.

196 Pour le texte dans sa totalité, voir Annexe XVI.

«nouveaux philologues», je propose de procéder ici à quelques études de cas dans chacun des grands domaines concernés: langue, littérature médiévale, style scientifique. Ce faisant, je vais essayer de décrire peu à peu les propriétés de ce que j'appellerai désormais l'«espace paradigmatique» de la philologie romane.

## Le plan de la langue (exemple: l'étymologie historique)

Portant la date de 1869 paraît en 1873 chez Techener un livre d'Henri Bordier[197], historien de réputation solide, sur *Philippe de Remi, Sire de Beaumanoir, jurisconsulte et poëte national du Beauvaisis, 1246-1296*. Gaston Paris rend compte de cet ouvrage dans la *Revue critique* du 24 octobre 1874.

Le volume de Bordier comporte trois parties, écrites à des époques différentes. La plus ancienne, publiée pour la première fois en 1868, est consacrée à la biographie de Philippe de Beaumanoir, que Bordier était parvenu à identifier avec Philippe de Remi, auteur de divers écrits poétiques. Gaston Paris rend justice à l'auteur de «cette importante contribution à l'histoire littéraire du moyen âge»[198] et juge de façon générale cette partie historique du livre comme étant un «modèle du genre»[199]. Dans la deuxième partie, parue pour la première fois en 1872, Bordier donne, entre autres, une édition de plusieurs petits textes de Philippe de Remi. A propos de cette édition, le ton de Gaston Paris devient moins élogieux:

> «Ces textes auraient gagné à être publiés par une personne un peu plus familière que le savant historien avec notre ancienne langue; ils sont trop souvent fautifs, et les notes que l'éditeur y a jointes sont pour la plupart erronées; il a reconnu lui-même plus tard un certain nombre de ces méprises» (478, 1874, p. 281).

La deuxième partie du livre de Bordier se clôt sur deux chapitres intitulés respectivement «Additions, Corrections et Observations philologiques sur les poésies de Beaumanoir» et «Glossaire du langage poétique de Beaumanoir».

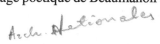

[197] Henri Bordier (1817-1888), chartiste, archiviste aux AN de 1851 à 1853; «il les [les AN] quitta, dit-on, parce que ses opinions républicaines ne lui permettaient pas de rester fonctionnaire de l'Empire» (*DBF*, vol. 6, 1951, p. 1087). Auteur, entre autres, des *Archives de la France*, de la *Description des peintures et autres ornements contenus dans les manuscrits grecs de la Bibliothèque Nationale* (1885), travail qui lui valut le titre de bibliothécaire honoraire. Egalement auteur, avec Emile Mabille, de *Une Fabrique de faux autographes, ou récit de l'Affaire Vrain-Lucas* (1870), qui jouera un certain rôle pendant l'affaire Dreyfus.

[198] 478, 1874, p. 280.

[199] *Ibid.*, p. 281.

Quant aux dix-huit pages que remplit le premier, Gaston Paris est formel: «nous ne pouvons que regretter que l'auteur les ait écrites»[200], et il ajoute:

> «Il [Bordier] avait eu déjà vingt ans auparavant l'imprudence de s'attaquer à Diez, qui l'avait sévèrement redressé; au lieu de se tenir pour averti, il entreprend maintenant une croisade contre ce qu'il appelle 'l'école philologique allemande'. Il est fâcheux de devoir dire à un savant d'ailleurs aussi estimable et aussi judicieux qu'il est impossible de le prendre au sérieux dans cette incursion sur un domaine qui lui est complètement étranger. Nous souhaitons pour lui qu'il renonce à son projet de combattre dans une étude spéciale 'l'école de linguistique romane dont M. Diez est le chef'» (*ibid.*, pp. 281-282).

La troisième partie, enfin, achevée comme les «Additions» en 1873, contient un «Appendice» concernant la partie historique du livre, appendice taxé, comme cette dernière, d'excellent.

La critique de Gaston Paris ne concerne donc pas l'historien, mais le philologue Henri Bordier. Or, quelles étaient les idées de ce dernier au sujet de la philologie? Pour le savoir plus précisément, il nous faut remonter dans le temps.

Dans l'*Athenaeum français* du 8 octobre 1853, Bordier, sans se nommer, avait accusé l'auteur du *Etymologisches Wörterbuch der Romanischen Sprachen* de manquer de modestie:

> «Le titre de l'ouvrage semblait promettre un travail plus important, et l'auteur s'est fort avancé dans sa préface en disant avoir 'fermé la porte aux explications superficielles'» (Bordier 1853a, p. 962).

Quatre jours plus tard, le 12 novembre, toujours dans l'*Athenaeum*, Charles Grandgagnage, auteur d'un *Dictionnaire étymologique de la langue wallonne*, prend la défense de Diez et montre que Bordier avait fait plus d'une faute de lecture, voire d'interprétation, en citant le maître de Bonn[201]. A la suite de cette critique, l'accusé entreprend une faible tentative de justifier ses «fautes de lecture» et revient tout de suite à la charge:

> «Nous avons voulu mettre en relief ce qui nous a semblé vicieux dans le plan de l'ouvrage, à savoir, une méthode qui consiste à donner les solutions personnelles de l'auteur, exprimées avec la plus grande concision et presque entièrement dépourvues de preuves, dans une matière essentiellement composée de petits détails, de raisonnements minutieux et d'opérations discutables» (Bordier 1853b, p. 1094).

[200] *Ibid.*

[201] Grandgagnage 1853, p. 1093

Bordier n'hésite donc pas à renverser radicalement les arguments habituels, en taxant les démonstrations étymologiques de Diez de purement *subjectives*, alors que celles-ci, de par les lois phonétiques auxquelles elles sont soumises, se veulent au contraire purement *objectives*.

Diez répond aux critiques de Bordier dans son *Kritischer Anhang zum Etymologischen Wörterbuche der Romanischen Sprachen* en 1859 :

> « Wenige monate nach dem erscheinen des buches [i.e. le *Etymologisches Wörterbuch der Romanischen Sprachen*] erschien bereits eine kritik im *Athenaeum français* [...]. Der *ungenannte Verfasser* hat mancherlei auszusetzen, vor allem die magerkeit der artikel und die persönlich fast der belege entbehrende entscheidung über die herkunft der wörter. [...] Dass ich manches ausgelassen oder übersehen habe, was zur erläuterung der sache hätte dienen können, stelle ich nicht in abrede, denn jedes buch hat seine mängel. [...] Was die art und weise, in der ich meine resultate gebe, betrifft, so wüsste ich nicht, dass es ihnen an klarheit fehle, da ich überall, wo es nöthig schien, die lautgesetze anführe, wobei ich freilich die elemente derselben bei dem leser voraussetze ; doch will ich das urtheil über diesen punct nicht für mich in anspruch nehmen. Ich stelle nun die etymologien, gegen welche der verf[asser] zu felde zieht, hier zusammen ; vielleicht lässt sich einiges daraus für das wörterbuch gewinnen » (Diez 1859, pp. 4-5).

Et Diez de discuter les étymologies de *s'avachir*, *baragouin*, *boucher*, *cahier*, *ergoter* et *fagot*.

Or, le constat est d'importance, ce n'est pas toujours Bordier qui est dans son tort. En ce qui concerne le mot *cahier*, par exemple, il a vu plus juste que Diez[202] :

> « Voici cependant une légère erreur que nous remarquons au mot CAHIER. M. Diez ne donne pas d'autre renseignement sur ce mot que de le regarder comme transformé du picard *coyer* ou *quoyer*, de la même manière, dit-il que *frayeur* l'a été de *froyeur*, et comme pouvant dériver de *codicarium*, c'est-à-dire de *codex*. Jamais *codicarium*, à ce que nous croyons, n'a été employé nulle part, et l'on sait très-bien que le mot d'où vient *cahier* est *quaternio*, feuillet plié en quatre » (Bordier 1853a, p. 962).

Diez, lui, ne se montre pas prêt à abandonner sa propre solution, la seule, d'après lui, qui tienne compte des lois phonétiques (car *quaternio*, nous dit-il, aurait donné quelque chose comme *cargnon*, et en tout cas jamais *cahier*)[203]. Ayant mis l'accent sur la légitimité du procédé étymologique qui

202 Il est vrai que Bordier a été devancé en cela par Ménage et par Du Cange (voir 80*, 1868, « Cahier »).

203 Diez 1959, pp. 7-8.

consiste à postuler l'existence de formes intermédiaires non attestées, telle *codicarium*, mais correspondant aux développements prédits par les lois phonétiques, il conclut :

> « Ich glaube nicht zu weit zu gehn, wenn ich aus den in dieser kurzen auseinandersetzung enthaltenen thatsachen den schluss ziehe, dass unser kritiker, als er seine kritik schrieb, von den bildungsgesetzen der franz[ösischen] sprache keinen begriff hatte, indem er sein urtheil auf eine unbestimmte ähnlichkeit des klanges baute ; dass er eben so wenig die schwestersprachen kannte ; dass er überhaupt keine etymologischen studien gemacht, höchstens in die gewöhnlichsten hülfsmittel hineingeblickt hatte, auch eigne deutungen vorzubringen und zu beweisen unfähig war ; dass er endlich von der culturgeschichte seines eignen volkes wenig wusste oder die mühe scheute sich darin umzusehen. Dass er sich gleichwohl berufen fühlte, über dinge zu urtheilen, die er nicht verstand, ist etwas das freilich auch sonst vorkommt, aber überall wenig ehre einbringt. Ich hätte über seinen aufsatz hinweggehen können, wenn nicht scheingründe darin angebracht wären, die manchen leser täuschen könnten. Nur eine seiner bemerkungen mag begründet sein, dass die interjection *aïe* nämlich als naturlaut aufgefasst und vom alten imperativ *aïe* getrennt werden müsse » (Diez 1859, p. 9).

Avant de discuter les problèmes soulevés par cette controverse étymologique, revenons maintenant à l'année 1874. Car, si j'ai choisi le cas de Bordier, qui n'est pas isolé, c'est qu'il est particulièrement fécond pour notre sujet, du fait que nous avons conservé *in extenso* les lettres qui ont été échangées entre lui et Gaston Paris suite au compte rendu de ce dernier dans la *Revue critique*. Ces lettres ont une valeur exemplaire pour la discussion philologique de l'époque, et c'est à ce titre qu'elles méritent d'être longuement citées ici[204].

Le 6 novembre 1874, ayant pris connaissance du compte rendu de Gaston Paris, Bordier écrit à celui-ci :

> On lit quelquefois dans la *Revue Critique* des lettres d'auteurs bien fustigés et bien mal contents. Je vous assure que si vous n'en aviez pas encore eu qui fût battu et content vous l'avez rencontré en parlant de moi à propos de Beaumanoir. Comment ne serais-je pas charmé d'abord de votre extrême bienveillance à l'égard de la partie historique de mon volume ; et quant au dédain non moins extrême dont vous écrasez ma philologie, je crois que j'en tirerai bon profit si vous m'accordez, comme je n'en doute

---

204 La plupart des lettres de Bordier à Gaston Paris se trouvent dans le fonds de la B.N. Mais nous avons en outre la chance de disposer d'une édition de la correspondance complète échangée par les deux savants sur le sujet qui nous intéresse ici. L'éditeur de ces missives, Edouard Champion, reproduit également quelques notes autographes très intéressantes de Bordier sur cette même controverse (voir Champion 1973).

pas, trois ou quatre pages pour répondre. En causant de cela hier avec notre ami Paul Meyer, j'appris de lui que vous aviez trouvé une quantité de fautes de lecture dans le texte que j'ai donné de mon poëte. Je vous avoue que j'en suis étonné encore aujourd'hui. Des fautes de lecture dans un texte français du XIII$^{e}$ siècle? Si vous ne pensez pas que des hostilités linguistiques doivent être sans merci, je vous prierai d'ouvrir mes yeux, en bonne confraternité, sur quelques-unes de ces énormités. Notez que je ne les nie pas du tout. M. Dietz [sic] nous enseigne assez que les plus forts peuvent se tromper. Ce sera m'instruire sans vous découvrir car ma discussion ne portera pas là-dessus, et ce sera nous servir tous deux que d'administrer cette potion calmante à votre très dévoué et obligé Henri Bordier[205].

Gaston Paris répond par retour du courrier:

«Je vous suis bien reconnaissant de la galanterie avec laquelle vous répondez à mes brutalités. Croyez bien qu'elles m'ont coûté et que je ne les ai écrites que pour accomplir mon devoir de critique, qui est de dire ce que je crois être la vérité. J'aurais été bien heureux de louer sans réserve votre excellent livre, si plein de suc vraiment nourrissant et agréablement préparé; mais vous n'auriez pas compris vous-même que j'eusse passé sous silence votre digression philologique, qui ne pouvait me faire que l'effet que j'ai dit.

Je vous avoue que je ne sais si mes collègues de la *Revue critique* seront fort disposés à accueillir la proposition que vous me faites. Trois ou quatre pages sont beaucoup pour répondre à trois ou quatre lignes, et sont terriblement peu pour discuter les grosses divergences qui nous séparent. Ce n'est pas sur des détails que nous pourrions utilement polémiser: *cum principia negantibus non est disputandum*; or, vous niez hardiment les principes. Ce sont donc ces principes qu'il faudrait établir; je vous avoue que pour moi c'est une chose faite depuis longtemps et que ceux qui n'ont pas été convertis en lisant Diez, Littré, Brachet, etc., sont des cerveaux construits d'une manière particulière – au moins pour la faculté linguistique – qu'il n'y a aucune utilité à tenter de convertir parce qu'on est sûr de ne pas y réussir. Cela ne veut pas dire que je repousse votre réponse. Je suis au contraire, pour ma part, disposé à l'accueillir, – mais je ne suis pas seul, et je crois qu'on hésitera à créer un précédent fort dangereux pour l'avenir, vu le petit espace dont nous disposons.

[...]

Je n'ai pas voulu parler [du] glossaire dans mon article, ni relever les explications vraiment extraordinaires dont il est rempli. Je me demande

---

205 B.N., n.acq.fr. 24432, ff. 366-367. Cette lettre est également publiée dans Champion 1973, p. 512, avec trois petites variantes, qui peuvent provenir du fait que la copie autographe de la lettre qu'utilise Champion déviait sur ces points de la version envoyée à Gaston Paris.

> comment un savant aussi habitué à lire des chartes, sinon des textes littéraires, a pu tomber dans de pareilles erreurs, et traduit par exemple avenanment (agréablement) par: proéminence du nez [...] bruit (réputation) par: buisson [...] serourge (beau-frère, *sororius*, *lisez*: ses serourges) par geôlier [...].
>
> Quant aux étymologies de ce glossaire, outre qu'elles reposent le plus souvent sur une traduction erronée, elles dépassent en fantaisies déréglées tout ce qu'on avait jamais lu.
>
> Je regarde le point de vue où vous êtes comme aujourd'hui tout à fait dépassé (pardon du pédantisme que je suis obligé d'étaler, mais je ne sais pas parler autrement que sérieusement et sincèrement), et il me paraît inutile de le combattre. Nous formons des élèves qui sauront la phonétique, et, pour ceux-là, les étymologies hasardées seront condamnées d'avance. Voilà pourquoi, tout en me croyant obligé de signaler les erreurs philologiques d'un historien éminent, je ne crois pas utile de les réfuter publiquement» (lettre du 7 novembre 1874, citée dans Champion 1973, pp. 513-516).

Quatre jours plus tard, le 10 novembre 1874, Bordier reprend la plume. Le ton devient nettement plus sarcastique et aigre:

> Me voilà satisfait au-delà de mes vœux! Mais je ne croyais pas que vos condamnations, dont je reconnais la justesse, en vous remerciant, dussent porter exclusivement sur des mots où je me suis enfoncé dans la bévue sans discuter et les yeux fermés! Dois-je en conclure que vous acceptez ce que j'ai dit sur certains que vous ne signalez pas: *marison*, *musage*, *arroi*, *meschine*, *esmaier*, *tumer*, *isnel*, *gaucher*, qui figurent aussi dans mon glossaire? Je ne l'espère point.
>
> Le procédé purement divinatoire dont j'ai usé est dépassé, vous avez bien raison, par la méthode phonétique, mais non pas, comme vous le croyez, en ce que cette méthode pose des lois absolues. Sa supériorité consiste en ce qu'elle est fondée sur une revue préalable de tous les textes anciens et de toutes les transformations de mots. Or comme en fait de textes primitifs vous n'avez presque rien, il en résulte qu'une partie de vos lois manquent de base assurée. Et ici je me permets de dire que le procédé divinatoire, malgré son caractère peu scientifique et quasi enfantin, n'entraîne qu'à des fautes de détail et exige une certaine agilité d'esprit, tandis que votre méthode est obligée de se cramponner à ses règles même lorsqu'elles vacillent et qu'il ne vous est permis de reconnaître une erreur qu'en ébranlant votre édifice. Or il y a une erreur capitale chez vous, c'est que le système étant sorti d'un cerveau allemand, l'élément germanique y a pris instinctivement trop de place. Voilà toute ma thèse. Il n'y a pas besoin de savoir le sanscrit ni le francique pour la soutenir. Il suffit de voir un peu clair. Ce n'est pas pour protester contre les dédains de la *Revue* que je désire quelques pages, c'est pour formuler cette objection qui me pèse sur le cœur; après quoi je briserai mes pinceaux philologiques (disons mythologiques, si vous voulez).

Il est aisé de supprimer l'inconvénient du précédent que vous craignez: je serai enchanté de payer le supplément dont votre livraison sera grosse et je suppose que M. Vieweg ne résistera pas à une douce violence. J'aimerais que ce fût dans la dernière livraison de l'année pour être bien à sa place et aussi parce que je suis surchargé d'ailleurs en ce moment.

[...]

Pourquoi rejetez-vous *serratorius* quand il est si bien d'accord avec le sens et que *sororius* l'est si peu? Est-ce parce que vous jugez que la phonétique exige *sierourge*?[206]

Gaston Paris réplique le lendemain:

«Vous avez malheureusement raison: je n'accepte aucune de vos étymologies, mais si je n'en ai parlé ni dans mon article ni dans ma lettre, c'est que dans le premier je ne voulais pas entrer dans une discussion philologique qui me paraît inutile, et que dans la seconde je ne voulais que vous indiquer les fautes de texte dont vous me parliez. Si j'avais rencontré dans votre livre une seule explication qui me parût à la fois juste et nouvelle, je me serais fait un devoir de la signaler dans mon article. Je regrette que vous persistiez à apprécier la méthode phonétique sans la connaître. Un juste examen des faits suffirait à dissiper vos doutes. Prenez la grammaire de Diez – en la contrôlant, si j'ose me citer, par mon *Alexis* – et voyez si vous pouvez objecter quelque chose aux lois qui y sont exposées. Ne prenez que les étymologies *sûres* et *latines*, laissant les autres à part, et vous vous convaincrez que des règles qui s'appliquent dans tous les cas sûrs doivent être observées quand on veut rechercher l'explication des cas douteux. Je ne sais au juste ce que vous entendez par méthode divinatoire: ce ne peut être que l'absence de méthode. C'est faire en philologie ce que ferait en histoire un critique qui trouverait que tenir compte des dates est une gêne pour la liberté de l'esprit, et qui déclarerait, d'après la vraisemblance, que la bataille de Waterloo a été perdue par Jean le Bon, que c'est Charles V qui a rédigé le code Napoléon et que Notre-Dame de Paris a été construite par Jeanne d'Arc. Certainement il déploierait 'une certaine agilité d'esprit', tandis qu'il pourrait vous reprocher de vous 'cramponner' aux dates. Mais le but de la science étant moins, si je ne me trompe, l'agrément des savants que la recherche de la vérité, ne serait-il pas à craindre que vous ne le prissiez pas tout à fait au sérieux?

Les erreurs que nous découvrons chaque jour dans ce que nous avons dit, bien loin d'ébranler notre édifice, nous permettent de le consolider; car leur redressement a toujours pour résultat de faire disparaître des exceptions apparentes et de faire comprendre les lois.

Quant à l''erreur capitale' dont vous nous accusez, elle est purement imaginaire. Nul plus que Diez n'a insisté sur la prépondérance de l'élément latin dans les langues romanes; il a dit plusieurs fois qu'entre deux

---

206 B.N., n.acq.fr. 24432, ff. 368-369. Cette lettre est également éditée, avec de légères variantes, d'après une copie autographe de Bordier, par Champion 1973, pp. 516-517.

étymologies également possibles, l'une allemande et l'autre latine, il faut toujours préférer celle-ci. Encore ici, permettez-moi de vous le dire, vous attaquez un fantôme que vous avez vous-même créé. Les vaines questions d'un patriotisme aussi mesquin n'existent pas pour tout homme qui entre avec le recueillement voulu dans les *templa serena* de la science. Il est fort possible qu'un certain nombre de mots regardés jusqu'ici comme germaniques soient plus tard reconnus comme latins (et l'inverse aussi); mais ce ne sera pas par des accusations vagues et générales qu'on y arrivera, c'est en *démontrant* que l'étymologie latine est préférable pour le sens et pour la forme.

Comme vous ne me paraissez pas disposé à suivre cette route difficile, mais seule scientifique, je ne vois, je vous le répète, aucun profit à admettre dans la *Revue critique* des pages qui ne contiendront que les impressions personnelles. Peut-être pourrions-nous tout arranger, puisque vous tenez beaucoup à mettre ces impressions sous les yeux de nos lecteurs, en les imprimant, non pas dans un supplément qui ferait partie intégrante du recueil, mais dans une plaquette à part, qui pourrait être imprimée avec les mêmes caractères, et que je me chargerais volontiers de faire *encarter* dans un de nos numéros. Je ne pense pas que le comité de rédaction, qui a tout entier pour vous les sentiments de la plus haute estime, puisse faire d'objection à cette manière de procéder.

Comment pouvez-vous défendre *serratorius*? Encore faudrait-il *seratorius*, car je suppose que vous entendez que le geôlier enfermait les prisonniers et non qu'il les sciait. *Seratorius* ne pourrait vouloir dire s'il existait – que 'celui qui sert à fermer'; ce pourrait être tout au plus une épithète de *pène* ou *loquet*. Veuillez revoir le texte, et convenez que le sens est parfait en lisant: *Symons des Hales li juenes et ses serourjes, serjant de cele ville*, c'est-à-dire: Symon des Halles le jeune et son beau-frère, sergent de cette ville. Je ne sais si vous contestez aussi les règles de la déclinaison; si vous les admettez, vous verrez que si *les serourjes* étaient un nominatif pluriel, il faudrait *li serourje*, au lieu que *ses serourjes* est bien régulièrement le nominatif singulier» (lettre publiée dans Champion 1973, pp. 517-519).

Le débat se clôt ici. Henri Bordier ne se remettra jamais à la philologie. Il ne s'était pas, pour autant, laissé convaincre du bien-fondé de la méthode phonétique. Dans une note qu'il écrira sept ans après la dernière lettre de Gaston Paris, on lit:

> «J'ai été sage. Les lettres de M. Paris m'ont fait comprendre … avait raison de me dire que je condamnais Diez sans le conn… abandonner mon idée de signaler ce qu'il y a de faux, à ... crois (instinctivement, si l'on veut) dans les travaux de … je ne puis le faire qu'après avoir lu avec soin la grammaire… Or je n'ai pas encore eu le temps d'en lire une seule page … 1881» (cité dans Champion 1973, p. 519)[207].

[207] Les lacunes dans le texte se trouvent chez Champion.

Essayons de systématiser les éléments les plus importants de cette discussion.

La controverse entre Bordier et Gaston Paris (et avant lui Diez) est celle entre deux approches différentes de l'étymologie, le «procédé divinatoire» et la «méthode phonétique» – appellations que revendiquent les protagonistes eux-mêmes –, mais aussi, plus généralement, entre deux conceptions divergentes du statut et de l'utilité de la philologie comme science.

Le point litigieux est constitué par la notion de lois phonétiques. Bordier renie le statut nomothétique que les «nouveaux philologues» accordent à ces lois. Une raison principale, complexe, mais au fond circulaire, motive ses doutes: les lois entraînent la reconstruction de formes intermédiaires purement conjecturales, qui, n'étant pas attestées dans les textes, manquent donc de preuves matérielles; inversement, l'absence de preuves matérielles confère à ces formes, mais aussi aux lois qui en déterminent l'existence, un statut purement spéculatif, subjectif. Sans qu'il le dise explicitement, Bordier reproche ainsi aux philologues modernes de pécher contre l'un des principes mêmes qu'ils ne cessent de prêcher, à savoir celui selon lequel, en science, il faut se tenir aux «faits et uniquement aux faits». La supériorité que Bordier est prêt à accorder à la méthode phonétique est d'ordre purement quantitatif: elle résulte du grand nombre de textes étudiés, qui permet un relevé plus complet des formes lexicales que cela n'avait été le cas jusqu'alors. L'objet visé par Bordier est le mot dans sa singularité. Les lois phonétiques constituent à ses yeux un système artificiel et autoréférentiel, qui surdétermine la saisie de la réalité des mots pour ne satisfaire, en fin de compte, que sa propre logique. Le procédé divinatoire, en revanche, s'intéresserait aux mots pour eux-mêmes, en tant qu'entités individuelles.

Les deux approches, divinatoire et phonétique, se situent ainsi sur deux niveaux d'abstraction différents. La première s'arrête à la saisie des mots isolés, la deuxième a pour but, conformément à la visée des sciences historiques d'alors, la formulation de lois. Celles-ci sont, d'une part, le résultat d'un relevé de faits aussi exhaustif que possible, et, d'autre part, une fois formulées, elles sont censées être applicables à l'ensemble des mots et sur la totalité de l'évolution historique, indépendamment de l'existence matérielle des formes intermédiaires postulées. Ces lois sont certes des énoncés normatifs mais sont, en même temps, soumises à la règle de la falsification. La possibilité d'une modification de leur formulation dès qu'apparaît un cas nouveau, imprévu, fait partie intégrante du procès scientifique. Contrairement à ce que suggère Bordier, la remise en question permanente de ce que l'on pense être acquis, loin d'être une quelconque imperfection de la théorie, garantit en soi l'objectivité et le progrès scientifique.

Peut-on appeler les deux raisonnements en question respectivement préscientifique et scientifique? L'emploi de ces expressions, on le sait, est très controversé dans l'historiographie récente des sciences. La difficulté me semble pourtant tenir moins aux contenus conceptuels normalement véhiculés par les deux termes qu'à la valorisation binaire à laquelle ceux-ci sont très souvent soumis, la pensée scientifique étant seule censée assurer le progrès de notre connaissance sur le monde. Or, une fois que l'on abandonne ces jugements axiologiques – qui deviennent, à leur tour, l'objet du discours critique que nous tenons –, les termes de pré-scientifique et de scientifique me paraissent munis d'une valeur descriptive réelle, relativement peu problématique, qui recouvre les éléments que nous venons de voir et qui concerne donc essentiellement le degré d'abstraction et de désindividualisation, tant du raisonnement que des faits observés. Deux autres exemples suffisent à illustrer cette thèse.

Le statut des erreurs change radicalement d'une approche à l'autre. Pour Bordier, chaque cas concret où il marque un point constitue une confirmation de la supériorité de ses propres idées. Dans les *Anciens glossaires romans*, Diez avait longuement disserté sur une leçon des *Reichenauer Glossen*, «*verecundia leloco*», sans s'être aperçu que la bonne leçon avait dû être de toute évidence «*verecundiale loco*». Bordier, dans son *Philippe de Remi*, ne manqua pas de relever l'erreur de Diez, et Gaston Paris, dans son compte rendu de 1874, lui donne entièrement raison sur ce point. Bordier, alors, de triompher:

> «Cette distraction de M. Diez qui, rencontrant dans un texte du IXe siècle *verecundia leloco* disserte sur ces deux mots et cherche ce que signifie *leloco*, au lieu de restituer tout simplement *verecundiale loco*, n'est-ce pas une énormité? Aussi M. Paris, avec une parfaite mauvaise foi, dissimule la chose dans sa note comme insignifiante. C'est ce qu'avait fait M. Diez lui-même quand je lui fournis dans l'*Athenaeum* une liste de mots où il me paraissait s'être trompé [c'est sur cette liste que se trouvait aussi le mot de *cahier*]; tout en repoussant mes critiques avec hauteur, il s'en est trouvé une qu'il a bien été obligé d'accepter, mais il s'en tire en la glissant en note pour faire croire, comme ici son élève, que c'est un rien du tout» (note autographe de Bordier citée dans Champion 1973, p. 510).

Or, même si Bordier a quelquefois raison, cela ne saurait bien évidemment ébranler le moins du monde, aux yeux des «nouveaux philologues», la validité des lois phonétiques en tant que telles. Toute erreur locale est au contraire la bienvenue, qui sert à optimiser, et donc à corroborer, le système global. C'est ce qu'explique à sa manière Antoine Thomas, en 1902, dans un article de la *RdDM*:

> «'Si l'on vient à découvrir un fait nouveau en contradiction avec la loi, il y a lieu à révision; démaillant par ici, remmaillant par là nous réparons notre filet, c'est-à-dire que nous sacrifions la loi pour la remplacer par une loi nouvelle. C'est ainsi qu'on sauve les principes'» (cité dans G. Roques 1991, p. 271).

Chaque erreur bien comprise est féconde et fait avancer la science (c'est ce principe, on le sait, qui sera érigé en théorie par Karl Popper). En ce qui concerne les points marqués par Bordier, ils seront acceptés et intégrés, mais ils ne sauraient contribuer à augmenter le poids du procédé divinatoire, car, comme le formulait Hugo Schuchardt (duquel nous allons encore parler):

> «Die Beziehung richtiger Resultate auf möglicherweise falschen Prämissen widerspricht dem wissenschaftlichen Denken» (cité dans Schneider 1973, p. 78).

Ce qui est en jeu, c'est donc, en fin de compte, la concordance entre la méthode, l'objet et les résultats, concordance qui est seule garante du caractère scientifique des recherches.

Le deuxième exemple que je voudrais mentionner concerne l'impact idéologique de la méthode phonétique. Pour Bordier, les lois phonétiques ne constituent pas seulement un système purement autoréférentiel, mais leur validité est, de plus, nationalement surdéterminée, du simple fait que les méthodes historico-comparatives qui sont à leur base ont vu le jour en Allemagne. Les tenants de la méthode phonétique jetteraient ainsi, consciemment ou à leur insu, un regard germanique sur les faits. La preuve: trop de mots français qui se laisseraient facilement dériver du latin se verraient attribuer des racines gothiques et franciques. C'est le cas par exemple, d'après Bordier, de *musage*:

> «Que *museau* (et ses similaires) dérive des radicaux *mus* et *maul*, qui ont le même sens, cela est probable; mais pourquoi y joindre *muser* et *amuser* dont le sens est tout différent et ne peut être ramené là que par une contorsion? C'est se laisser guider par pure assonance» (Bordier 1980, p. 320).

*Muser* serait un doublet de *mésuser* (mal user). *Marison*, à son tour, ne viendrait pas, contrairement à ce que prétendait Diez, du gothique *marzjan*, mais renverrait à la racine latine *mar*, *moer* (*amarus*). La liste est encore longue, et il est inutile de dire qu'aucune des solutions proposées par Bordier n'a été retenue par les rédacteurs successifs du *FEW*. C'est en fait Bordier lui-même qui s'inscrit dans un contexte idéologique, en reprenant le vieux débat, largement dépassé à l'époque, sur l'origine allemande, celtique ou latine (vulgaire) du français[208].

Ce qui distingue ici le raisonnement pré-scientifique d'un Bordier du raisonnement scientifique d'un Gaston Paris, c'est précisément le fait que le premier nationalise les recherches et leurs résultats tandis que le deuxième

---

208 Voir par exemple, à ce sujet, l'excellent article de Lüdtke 1987.

ne cesse de proclamer la nécessité de dénationaliser les sciences. Ici encore, les deux approches se placent à des niveaux de généralisation différents, la première visant le particulier, les valeurs françaises, la deuxième l'universel, les valeurs scientifiques[209].

Si nous nous plaçons au point de vue des acquis scientifiques, force nous est de constater que la méthode phonétique a abouti à des résultats valables autrement plus nombreux que ne l'a fait le procédé divinatoire. Les méthodes historico-comparatives ont permis des progrès inégalés dans la connaissance historique de la langue française, progrès dont le *FEW*, qui vient d'être achevé, est certainement le monument à la fois le plus important et le plus impressionnant.

Mais le point de vue de la science – en l'occurrence des étymologies scientifiquement établies – n'est évidemment pas le seul possible, ni, peut-être, le seul important. Et c'est ici que la pensée pré-scientifique d'un Bordier a gardé toute son actualité. Il est en effet intéressant de noter que Bordier admet que sa propre méthode est «peu scientifique» et «quasi enfantine», mais que le critère de la scientificité n'est apparemment pas pour lui le seul valable. L'historien persiste à croire que le procédé divinatoire dont il se sert est parfois mieux à même de saisir la réalité des mots que la méthode phonétique. Nous nous trouvons donc ici devant un cas tout à fait remarquable, dans la mesure où un représentant d'une approche jugée «dépassée» au niveau de l'évolution de la science accepte ce jugement, mais continue à penser que l'approche a-scientifique qu'il pratique rend bien compte de la réalité, certes à sa façon, mais souvent mieux que l'approche scientifique. L'irréductible Bordier s'oppose ainsi au geste «totalitaire» des «nouveaux philologues», à leur volonté d'occuper l'ensemble du terrain linguistique, et revendique la part du procédé divinatoire dans la compréhension de la langue et du langage. Quand on regarde son argumentation, on voit bien, en effet, qu'elle se situe souvent au niveau de la compréhension des mots dans un contexte énonciatif précis, tandis que les tenants des méthodes historico-comparatives visent à établir l'étymologie des mots en dehors de leur inscription dans des textes concrets, en dehors même, plus généralement, de leur contenu sémantique. Le cas de *sororius*, malgré le fait que Bordier se soit trompé sur l'étymologie (et aussi sur le sens du passage où se trouve le mot), est un exemple typique de la différence du raisonnement: chez l'historien, le sens prime complètement sur la forme telle qu'elle résulterait de l'application des lois phonétiques, tandis que chez Gaston Paris, cette forme s'établit en toute indépendance du sens.

Le procédé divinatoire en étymologie, on le sait, n'a pas survécu. Mais, on va le voir, sa composante sémantique a été reprise, sur une autre base

[209] Nous parlerons longuement de ce problème dans la Partie III.

théorique et méthodologique, jusque par des philologues de formation historico-comparative[210].

*

* *

Peut-on penser l'approche historico-comparative, dont la méthode phonétique est solidaire, comme un paradigme scientifique ? On a beaucoup discuté de l'applicabilité, dans le domaine de la linguistique et des sciences humaines en général, du concept de paradigme tel qu'il a été développé dans les années 1960 par Thomas S. Kuhn pour le domaine des sciences naturelles, et, plus spécifiquement, pour celui de la physique[211]. Deux choses me semblent acquises au terme de ces discussions : 1° le concept n'est pas transposable sous sa forme originale des sciences naturelles aux sciences humaines (et même à l'intérieur des sciences naturelles, de nombreuses distinctions sont nécessaires)[212] ; 2° il est incontestable qu'il y a quelque chose que l'on comprend intuitivement comme des «paradigmes» quand on étudie l'histoire des sciences humaines, d'où, d'ailleurs, la diffusion inflationniste et souvent irréfléchie de ce terme dans les textes qui s'occupent de ces disciplines. La notion de paradigme a un côté «évident», qui, il est vrai, en fait souvent un pur et simple synonyme de «courant (dominant)».

Je ne pense pas, pourtant, que l'on ait gagné quoi que ce soit en écartant le terme de la discussion pour la simple raison qu'il est parfois pris dans «un sens tellement général qu'il ne veut plus rien dire»[213]. Au contraire, étant donné son succès même, je pars de l'idée qu'il saisit bien un aspect essentiel de la réalité du développement «normal» d'une science, aussi bien naturelle qu'humaine, et il me semble dès lors plus utile de discuter de cas en cas son possible contenu conceptuel.

Revenons donc aux méthodes historico-comparatives telles qu'elles se sont développées à partir du début du XIX^e^ siècle. Nous lisons à ce sujet chez Werner Bahner :

---

210 Par ailleurs, le procédé divinatoire a réapparu également dans un autre contexte, celui de l'interprétation des textes médiévaux. A titre d'exemple, on peut mentionner les études de Roger Dragonetti, qui s'inspire fréquemment des étymologies d'Isidore de Séville pour sonder la richesse des sens actualisés par les mots et les textes médiévaux. Inutile de dire que ce raisonnement ne touche pas la validité du *FEW*, mais se situe dans un domaine tout autre.

211 Le camp de ceux qui se prononcent pour l'utilisation du concept de paradigme d'origine kuhnienne dans l'historiographie de la linguistique est exemplairement représenté par E. F. K. Koerner (voir par exemple Koerner 1976). Des critiques, parfois très violentes, ont été formulées entre autres par Christmann, Malkiel et Thilo. – Pour une première orientation sur ce sujet, voir par exemple Einhauser 1989, pp. 96-119.

212 Chez Kuhn non plus la notion de paradigme n'est pas univoque. On a ainsi pu trouver non moins de 22 variantes de sens dans les textes du physicien (voir Thilo 1989, pp. 99-100).

213 Christmann 1989, p. 14.

«Dans la préface de sa *Deutsche Grammatik*, parue en 1819, Jacob Grimm exprimait avec véhémence son complet désaccord avec les méthodes usuelles d'étudier les phénomènes linguistiques. Et Friedrich Diez, suivant la voie tracée par Jacob Grimm, affirmait que 'la nouvelle méthode critique se soumet aveuglément aux principes et aux règles qu'a établis la phonétique historique, sans en dévier d'une ligne, à moins d'y être obligée par des exceptions constatées'. En effet, la découverte à cette époque de la régularité des changements phonétiques donnait pour la première fois une base méthodique aux recherches étymologiques qui s'orientaient trop souvent vers les ressemblances purement extérieures au moyen d'une série de formes intermédiaires arbitrairement supposées. Friedrich Diez admettait qu'il y avait quelques rencontres heureuses grâce à une sorte de don divinatoire, mais, affirme-t-il, il manquait l'élément principal permettant d'aboutir à un procédé scientifique: une approche systématique et bien fondée. C'est pour cette raison que Diez appelle sa méthode expressément 'la nouvelle méthode'» (Bahner 1989, p. 7).

Le conflit mentionné par Diez n'est autre, on l'aura compris, que celui qui oppose Gaston Paris à Bordier, à cette différence près qu'en France la discussion a lieu avec un retard de plusieurs décennies par rapport à l'Allemagne. Ce dernier point nous invite à lui seul à relativiser la notion de «révolution» qui, chez Kuhn, est inextricablement liée à celui de paradigme. Dans le domaine qui nous intéresse, le changement scientifique lié à la formulation et au développement des méthodes historico-comparatives s'est opéré sur une longue durée (au moins 60 ans), et, de plus, à des moments différents selon les pays. Il n'empêche que l'approche historico-comparative remplit un ensemble de critères qui pourraient bien constituer une sorte de définition minimale d'une théorie appelée paradigmatique[214]:

1° L'approche historico-comparative constitue, au niveau épistémologique, une *matrice disciplinaire*, qui se caractérise par quelques hypothèses fortes concernant les méthodes, les objets auxquelles on les applique et le but de leur application. A travers un relevé aussi complet que possible des faits linguistiques et leur comparaison tant diachronique (une langue dans la durée) que synchronique (différentes langues à un moment donné), elle vise à rendre compte de l'évolution ininterrompue des mots et des structures grammaticales et syntaxiques au moyen de la formulation de lois.

2° Cette approche mène à un rétrécissement de la perspective des recherches, qui permet en même temps, de par la focalisation sur quelques

[214] Etant donné le grand nombre de présentations à la fois commodes et très valides du modèle de Kuhn (voir par exemple, dans le domaine qui nous intéresse, Einhauser 1989, pp. 96-119 et Thilo 1989, pp. 82-114), je ne vais me référer que très ponctuellement aux textes originaux du physicien.

aspects circonscrits qu'il implique, une augmentation spectaculaire d'un savoir très précis sur les objets étudiés dans cette perspective. Les assertions générales de Kuhn[215] concordent sur ce point avec les constatations faites par des historiographes de la linguistique qui n'argumentent pas en termes kuhniens[216]. Le savant américain utilise dans ce contexte la métaphore du «rangement»:

> «Von denen, die nicht tatsächlich Fachleute in einer ausgereiften Wissenschaft sind, erkennen nur wenige, wieviel 'Aufräumarbeit' solcher Art ein Paradigma übrig lässt, und wie faszinierend diese Arbeit tatsächlich sein kann. Das aber gilt es zu verstehen. Aufräumtätigkeiten sind das, was die meisten Wissenschaftler während ihrer gesamten Laufbahn beschäftigt und sie machen das aus, was ich hier normale Wissenschaft nenne. Bei näherer Untersuchung, sei sie historisch oder im modernen Labor, erscheint dieses Unternehmen als Versuch, die Natur in die vorgeformte und relativ starre Schublade, welche das Paradigma darstellt, hineinzuzwängen» (Kuhn 1976, p. 38).

Or, n'est-il pas frappant de voir Gaston Paris employer cette même métaphore pour expliquer les bienfaits des méthodes qu'il applique en grammaire historique?

> «Quand on range une chambre où tout est dans un complet désordre, on commence par ce qui est le plus nécessaire et le plus facile; on sait bien qu'il faut qu'il y ait une place pour chaque chose et que chaque chose soit à sa place, mais ce n'est que peu à peu qu'on trouve chaque place et qu'on place chaque chose. Celui qui met où il faut les principaux meubles garnis de leurs plus importants accessoires a fait l'essentiel; ceux qui viendront après n'auront qu'à suivre et à corriger çà et là ses indications» (21, 1886, p. 438).

3° Passant au niveau social, on constate – je me borne ici à l'espace géographique français – que la méthode historico-comparative est partagée et pratiquée par des savants qui ont joui d'une formation très semblable, dont un élément indispensable est un voyage «d'initiation», physique[217] ou du moins «idéel», en Allemagne. La IV^e^ section de l'EPHE est un exemple prototypique de lieu qui héberge une communauté de scientifiques travaillant avec les mêmes méthodes et dans le même esprit à la réalisation des mêmes projets. A ce noyau, il faut ajouter quelques professeurs de l'Ecole des Chartes, Paul Meyer avant tout, et du Collège de France, où nous retrouvons Gaston Paris, mais où enseignent également Michel Bréal et Louis Havet.

---

215 Kuhn 1976, p. 38.

216 Voir à titre d'exemple Swiggers 1991, pp. 32-34.

217 Outre Gaston Paris, c'est le cas de Bréal, de Monod et de Brachet (voir Werner 1991c).

Ces savants fondent des revues, telles la *Revue critique*, la *Romania* et la *Revue historique*, ils lisent les mêmes publications et se réfèrent à quelques travaux exemplaires, c'est-à-dire qui contiennent des exemples de solutions réussies des problèmes qu'ils abordent. Dans le domaine de la philologie romane, l'œuvre de base, «la bible», comme le disait Gaston Paris, est la *Grammaire* de Diez. Il est tout à fait typique que, sauf à l'appui de quelques points isolés, Gaston Paris, pour ne parler que de lui, ne va jamais au-delà de Diez, dont les travaux sont ainsi censés marquer une rupture définitive avec le passé de la «discipline»[218].

4° Les «nouveaux philologues» essaient, d'une part, de convaincre les chercheurs non encore convertis à leurs méthodes de la supériorité de leur approche et, d'autre part, d'écarter systématiquement les «irréductibles» du champ du pouvoir scientifique et institutionnel. Le but est bien l'acceptation *exclusive* des méthodes historico-comparatives par l'ensemble des chercheurs s'occupant d'études philologiques. L'une des stratégies servant à atteindre ce but nous est démontrée par l'exemple de Bordier. Suite au compte rendu de Gaston Paris sur son *Philippe de Remi*, Bordier, nous l'avons vu, demande à s'exprimer à son tour dans la *Revue critique*. Il aurait notamment voulu y développer ses idées sur la surdétermination nationale, allemande, des méthodes historico-comparatives. Dans sa réponse, Gaston Paris allègue des motifs d'ordre pratique – manque de place et d'argent –, mais il est facile de reconnaître, et ceci d'autant plus que Bordier se dit prêt à payer les pages supplémentaires qui résulteraient de sa réplique, que la véritable raison est autre: il ne s'agit de rien moins que d'une censure. Même la dernière proposition faite par Gaston Paris, à savoir celle d'encarter une sorte de plaquette dans la *Revue critique*, ne fait que souligner la volonté de marquer la séparation – qui serait matériellement signalée et corroborée dans le cas de la plaquette – d'avec les idées de Bordier. Le cas est flagrant, car la *Revue critique* connaît bien le droit de réponse, et quelques-unes des controverses qui ont lieu dans cet organe sont, soit dit en passant, des plus intéressantes pour l'évolution des disciplines historiques[219]. L'approche de Bordier, en revanche, jugée totalement et définitivement dépassée, est rejetée hors du forum de la discussion publique. Comme le disait Gaston Paris lui-même dans une de ses lettres à l'historien: *Cum principia negantibus non est disputandum*[220]. La seule possibilité qu'avaient les «expulsés» était

---

218 Voir également Tappolet 1905, p. 105.

219 Voir Müller 1994, pp. 119-121. – Dans le numéro du 21 novembre 1874, numéro même où Bordier aurait voulu voir insérée sa prise de position, on trouve par exemple un débat entre Edouard Sayous et Gabriel Monod (*Revue critique*, 1874, 2e semestre, pp. 329-334).

220 Swiggers parle, au sujet des idées de Bordier, d'une «pratique [étymologique] de transition» entre la pratique dominante du XVIIIe et celle du XIXe siècle, tout en insistant sur

d'avoir recours à la loi, qui obligeait les rédacteurs de revues à insérer des réponses. C'est la solution qu'a choisie par exemple A. Loiseau, auteur d'une *Histoire de la langue française*, suite à un compte rendu assassin de Meyer dans la *Revue critique*[221]. On ne peut pas dire pour autant qu'il en ait tiré un véritable profit, car le commentaire de la rédaction fut encore plus cruel:

> «A la suite de l'article de M. Paul Meyer sur son *Histoire de la langue française*, M. Loiseau nous a envoyé par ministère d'huissier la 'réponse' suivante. S'il avait jugé à propos de nous demander notre avis sur l'insertion de cette lettre, nous l'aurions sans doute charitablement détourné de donner suite à son projet et nous y aurions peut-être réussi. Il ne nous a pas laissé ce moyen de lui rendre service. La loi nous oblige à insérer cette remarquable réponse, et nous le faisons en demandant pardon à nos lecteurs; mais qui forçait M. Loiseau à leur démontrer l'extrême indulgence avec laquelle M. Paul Meyer l'a traité?» (*Revue critique*, 1881, 1er semestre, p. 274).

Ces quatre points nous amènent à la mise en place d'une disposition topologique minimale, comportant un *domaine intraparadigmatique* et un *domaine extraparadigmatique*. Ces deux domaines semblent séparés l'un de l'autre par une limite non passante: le droit de réplique dans la *Revue critique* n'est en effet accordé qu'à des savants qui s'inscrivent d'une façon ou d'une autre dans le domaine intraparadigmatique tel qu'il est défini par les tenants de l'approche historico-comparative. Le but de cette stratégie est clair: il s'agit de ne pas accorder de place aux opposants afin que ceux-ci ne gagnent pas d'adeptes à leurs théories jugées fausses. Le rapport axiologique entre l'intraparadigmatique et l'extraparadigmatique est donc construit, de l'intérieur du domaine intraparadigmatique, comme un rapport de vrai à faux.

Outre l'étymologie «divinatoire», il y a d'autres théories linguistiques qui se situent dans le domaine extraparadigmatique, telle, on s'y attend, la grammaire logique dans la tradition de Port-Royal. A une critique de Bernard Jullien[222] du *Dictionnaire* de Littré, Gaston Paris répond, déjà en 1864:

> «La logique le [Jullien] guide dans ses travaux plus que l'histoire et la comparaison; or, la langue française, sur laquelle il ne voit qu'une effigie toute neuve, est faite d'un bien vieux métal et elle a été fondue dans un temps où on n'employait guère les procédés du nôtre. L'analogie, pour le

---

l'incompatibilité totale de cette pratique avec une «philologie enracinée dans la grammaire comparée» (Swiggers 1991, p. 35).

221 Voir *Revue critique*, 1881, 1er semestre, pp. 274-275.

222 Voir Jullien 1864/65. Bernard Jullien (1798-1881), professeur de lettres, directeur de la *Revue de l'Instruction publique* entre 1843 et 1850; auteur de nombreux travaux de grammaire et de littérature, de traités d'analyse grammaticale et d'analyse logique.

> grammairien, est la reine des langues; pour le philologue, elle n'est qu'un principe secondaire, qui les organise, il est vrai, mais trop souvent à faux et au prix des altérations les plus graves [...]. M. B. Jullien trouve inutile de rattacher *naître* au latin *nascere*; *crois* donnant *croître*, *nais* a amené *naître* par analogie. Il méconnaît là d'abord un fait philologique d'une très-grande importance: la destruction des verbes *déponents* par toutes les langues romanes, précédées en cela par le latin vulgaire, dont elles ne sont que l'épanouissement: c'est sur le latin et non sur le français que l'analogie avait fait son travail. Mais en outre, M. Jullien suppose toujours qu'une forme étant donnée, les autres formes du même mot en naissent logiquement. Le contraire absolument est arrivé pour les langues romanes; chaque mot latin, et j'entends par mot ici chaque forme différente du même mot, s'est métamorphosé insensiblement et indépendamment des autres» (160*, 1864/65, pp. 580-581).

Le domaine intraparadigmatique n'est pourtant pas uniforme. C'est au contraire un espace *modulé*, comportant des zones «bonnes» ou «chaudes», des zones «moins bonnes» ou «tièdes», et des zones «mauvaises» ou «froides». Quelques exemples concrets nous aideront à illustrer ce fait.

Dans son ouvrage *Die Lehnwörter in der französischen Sprache aeltester Zeit* (Leipzig, 1899), Henri Berger avait choisi un procédé que Gaston Paris taxe d'original, mais aussi de dangereux. L'auteur avait en effet établi pour chacun des mots étudiés

> «[...] la forme qu'il a ou qu'il devrait avoir d'après l'évolution normale des mots héréditaires, et, d'autre part, la forme la plus savante qu'il a prise ou qu'il aurait pu prendre: ainsi il place le mot *chapitle* (d'où *chapitre*) entre la forme *cheveil*, que *capitulum* aurait aujourd'hui s'il s'était comporté comme *vetulum*, et la forme *capitule*, qu'il a reçue dans la langue scientifique moderne» (54*, 1900, pp. 357-358).

Ce procédé, si ingénieux et suggestif qu'il paraisse à première vue, est beaucoup trop mécanique et, donc, pas assez historique aux yeux de Gaston Paris. Berger, décidément, est allé trop loin. Il n'a pas suffisamment tenu compte de la chronologie – ni absolue (là où elle est possible), ni relative – des changements phonétiques, ni du fait que la prononciation du latin des clercs s'était également transformée au cours des siècles, ni encore, plus spécifiquement, des effets de la réforme carolingienne sur la prononciation du latin. Mais, en dépit de ces critiques, Gaston Paris reste en somme élogieux:

> «[...] s'il [i.e. Berger] s'est parfois laissé égarer par la rigueur même de sa méthode strictement phonétique, il a du moins le grand mérite d'avoir appliqué cette méthode avec une conséquence parfaite et de l'avoir rendue claire à tous par des procédés ingénieux et convaincants» (*ibid.*, p. 375).

Si Berger applique les lois phonétiques de façon trop rigoureuse, dans l'abstrait, pour ainsi dire, et en négligeant les facteurs historiques – Gaston

Paris le disait bien, on l'a vu, dès 1868 : les lois historiques ne sont pas des lois mathématiques –, d'autres chercheurs, par contre, ne les respectent pas de manière assez conséquente. Ainsi Isak Collijn, dans *Les Suffixes toponymiques dans les langues française et provençale* (Upsal, 1902) :

> « [...] l'auteur, nous dit Gaston Paris, bien qu'il ait parfaitement le sens de la méthode historique, ne s'y astreint pas assez. [...] Il aurait fallu, pour traiter le sujet qu'avait en vue M. C[ollijn], suivre dans le cours des siècles l'apparition successive des noms en question, et soigneusement séparer ceux qui se présentent dans les textes vraiment populaires de ceux qui n'apparaissent que dans des documents d'un caractère visiblement savant. Pour avoir entassé pêle-mêle les formations anciennes et modernes, M. C[ollijn] a enlevé à son travail, au moins en bonne partie, l'intérêt historique et philosophique qu'il aurait pu avoir » (210, 1903, p. 312).

Au centre du domaine intraparadigmatique, on trouve chez Gaston Paris, comme chez nombre de ses collègues (et anciens élèves) – Antoine Thomas, Victor Henry, l'abbé Rousselot, mais aussi, du moins dans le domaine de l'étymologie *stricto sensu*, Arsène Darmesteter[223] –, une approche qu'on peut définir de néo-grammairienne, une approche, donc, qui pose les lois phonétiques en tant que telles comme absolues, mais qui, en vue de rendre compte de toute la variété des formes existantes, y ajoute d'autres « lois », de nature psychologique celles-ci, notamment pour expliquer le cas des analogies et des associations[224] :

> « Dans son approche des phénomènes linguistiques, Gaston Paris est avant tout un diachronicien fidèle aux principes de l'école néo-grammairienne. Cette approche comporte plusieurs implications : (1) primauté de la grammaire historique ; (2) recours aux lois phonétiques et à l'analogie ; (3) explication ultime du changement dans les conditions physiologiques et psychologiques ; (4) visée de la langue dans sa projection historique et géographique (et non dans sa projection sociale) ; (5) l'usage d'un modèle descriptif 'discrétisant', où sont distingués la phonétique, la formation des mots, la flexion, la syntaxe et le lexique » (Desmet/Swiggers 1996, p. 211).

Plusieurs textes de Gaston Paris montrent très clairement cette conception, ainsi, par exemple, un compte rendu de 1886 d'un livre de Kristoffer Nyrop sur *Adjectivernes Koensboejning I de romanske Sprog. Med en Inledning om Lydlov om Analogi*, critique où notre philologue s'explique longuement sur la question des lois phonétiques :

---

223 Voir G. Roques 1991, pp. 268-269.

224 En ce qui concerne les néo-grammairiens en général, voir par exemple Schneider 1973 et Einhauser 1989. Quant aux conceptions néo-grammairiennes de Gaston Paris, voir Desmet/Swiggers 1991 et Desmet/Swiggers 1996.

> « [...] M. N[yrop] précise plusieurs points dont on n'avait qu'une intuition plus ou moins exacte et appuie par un exemple frappant l'application à la grammaire romane de la méthode rigoureuse qui y prévaut aujourd'hui et qui se résume dans la stricte observation des lois phonétiques et dans l'obligation d'expliquer tout ce qui paraît leur échapper ou les contredire. [...] Il est clair que le même phonème, dans des conditions identiques, ne peut pas donner deux résultats différents ; tout ce qu'on fera pour ébranler cette vérité ne saurait rien prouver, car on répondra toujours que, du moment qu'un même phonème donne deux résultats différents, c'est qu'il s'est trouvé respectivement dans des conditions différentes, que ces conditions soient phonétiques ou d'un autre ordre. En somme, une loi phonétique *comme telle* agit d'une manière absolue et toujours identique et ne peut agir autrement ; mais l'action en est souvent entravée par d'autres lois, soit phonétiques, ce qui est tout simple, soit d'un autre ordre, ce qui complique la question. Le linguiste, après avoir posé la loi du développement régulier de chaque phonème dans une langue, doit donner aux exceptions apparentes des explications auxquelles jadis il ne se croyait pas rigoureusement astreint. On ne peut plus dire, comme faisait encore Diez : telle voyelle tonique brève devient dans tel dialecte tantôt ceci, tantôt cela, quelquefois autre chose. C'est là le progrès réalisé par les disciples du maître, qui n'ont fait d'ailleurs que continuer ce qu'il avait inauguré, qu'exécuter dans son esprit ce qu'il croyait déjà faire. Nous nous imaginons aujourd'hui être arrivé à une rigueur complète ; nos successeurs nous montreront et nous montrent tous les jours que nous sommes loin d'appliquer toujours dans la pratique ce que nous établissons en théorie. C'est là la marche naturelle de la science ; la philologie romane a, dès ses premiers pas, suivi avec une grande sûreté la voie où elle continue de s'avancer, et ce n'est pas dans son domaine qu'on aurait prétendu faire une révolution en proclamant le caractère général des lois phonétiques et la puissance de l'analogie. Ces deux flambeaux l'éclairent depuis plus d'un demi-siècle, et c'est à leur lumière qu'elle a fait tous ses progrès » (21, 1886, pp. 437-438).

Suit alors le passage déjà cité sur le travail scientifique comme activité de « rangement »[225].

Pour certains historiographes de la linguistique, la théorie des néo-grammairiens constitue un nouveau paradigme – avec toutes les modifications possibles qu'ils apportent par ailleurs à ce concept –, qui aurait remplacé l'ancien « paradigme schleicherien », du simple fait que les néo-grammairiens ont abandonné l'idée de la langue comme organisme naturel au profit d'une conception de la langue comme institution[226]. La plupart des cher-

---

225 D'autres textes importants de Gaston Paris sur les lois phonétiques sont, notamment, 144*, 1892 et 7, 1900, p. 583.

226 Pour un survol, voir Einhauser 1989, pp. 104-111.

cheurs qui réfléchissent sur l'évolution de la discipline sont en revanche d'accord pour considérer les idées néo-grammairiennes comme s'inscrivant tout naturellement dans un paradigme plus vaste, celui inauguré par les travaux des premiers comparatistes. C'est l'avis de Bruce L. Pearson[227], de Paul Diderichsen[228] et de Sylvain Auroux[229], pour ne citer qu'eux[230].

Or, tous ces savants se fondent évidemment sur la fameuse «querelle des lois phonétiques», mais presque uniquement telle qu'elle a eu lieu en Allemagne dans les années 1870 et 1880. Il me semble pourtant que la discussion gagnerait en pertinence si elle tenait également compte de ce qui se passe vers la même époque en France. Pour nous en tenir au cas de Gaston Paris, il est en effet intéressant de constater que celui-ci ne pense jamais à mettre en question l'héritage de ses prédécesseurs. Ses conceptions néo-grammairiennes ne sont, à ses yeux, que le point d'aboutissement conséquent des travaux initiés, dans le domaine de la philologie romane, par Diez. Nous avons également vu que Gaston Paris abandonne les idées schleicheriennes sur la nature de la langue dès 1868, avant donc que la discussion ne gagne du terrain en Allemagne. Les idées du philologue sur les lois phonétiques semblent s'être formées de façon tout à fait organique et antérieurement à la querelle allemande. En aucun cas il ne s'agit pour lui de marquer une discontinuité par rapport au cadre historico-comparatif. Gaston Paris s'inscrit au contraire toujours, et de façon tout à fait explicite, dans ce paradigme qui s'est mis en place, d'après ses propres déclarations, avec les travaux de Franz Bopp et de Jacob Grimm.

*

* *

Par rapport aux théories néo-grammairiennes qu'il défend, Gaston Paris voit évidemment d'un mauvais œil les travaux et les idées de Hugo Schuchardt[231]. Prenons comme exemple une discussion qui oppose pendant

---

[227] *Ibid.*, p. 108.

[228] Diderichsen 1974, pp. 301-302.

[229] Auroux 1979.

[230] Le cas de E. F. K. Koerner est un peu plus compliqué, dans la mesure où celui-ci a changé plusieurs fois d'opinion à ce sujet (voir Einhauser 1989, pp. 104-107). Einhauser elle-même propose une solution intermédiaire, qui consiste à considérer les théories néo-grammairiennes comme une «phase de transition» entre le paradigme historico-comparatif et le paradigme structurel (*ibid.*, p. 260). Curieusement, Einhauser ne cite pas l'excellent article de S. Auroux, qui formule la même idée (Auroux 1979, p. 10).

[231] Hugo Schuchardt (1842-1927), professeur de philologie romane à Graz à partir de 1876, a été un savant très novateur et très controversé à son époque. Il a inauguré des domaines de recherches qui n'ont été repris que plus tard, ainsi celui des langues créoles. Voir, quant

quelques années le maître de Graz à Antoine Thomas et, au-delà de celui-ci, à Gaston Paris lui-même.

Dans la *Romania* de 1900, Thomas publie un compte rendu du deuxième fascicule des *Romanische Etymologien* de Schuchardt, paru en 1899. Dans sa critique, le philologue français, tout en rendant justice aux «brillantes qualités» de l'auteur du *Vokalismus des Vulgärlateins*, œuvre déjà jugée «classique», reproche à Schuchardt d'abandonner les lois phonétiques au profit de seules considérations sémantiques, et condamne notamment sa tentative de faire dériver *trouver* de t u r b a r e (comme l'avait d'ailleurs déjà fait Diez) – expression de la langue des pêcheurs signifiant «troubler l'eau» – et non pas de *t r o p a r e, comme l'avait par contre proposé Gaston Paris, soutenu dans cette opinion par Paul Meyer:

> «S'il nous était permis de formuler respectueusement un regret, ce serait seulement de voir M. S[chuchardt] faire trop bon marché de la phonétique, sans l'aveu de laquelle on ne fera jamais rien de définitif en étymologie. La sémantique a trouvé en lui un brillant champion; j'ai bien peur qu'en voulant conquérir le monde pour sa dame, il ne sème les ruines sur sa route» (Thomas 1900, p. 438).

Schuchardt répond à la critique de Thomas dans la *Zeitschrift* de 1901. On y lit, entre autres, ceci:

> «[...] ich habe mich der Semantik aus einem andern Grunde angenommen: nämlich weil sie ein Aschenbrödel ist; dadurch dass ich ihre Rechte wahre, beeinträchtige ich nicht die der Phonetik. Laut und Begriff verbinden sich im Worte aufs Innigste [...]» (Schuchardt 1900, p. 593).

Le débat continue, de façon plus ou moins intense, pendant trois ans[232]. Thomas et Gaston Paris restent jusqu'au bout convaincus du bien-fondé de leur solution étymologique pour *trouver* (qui est d'ailleurs celle qui est retenue dans le *FEW*), et, plus généralement, du fait que les considérations sémantiques, sans qu'elles doivent être complètement négligées, sont à subordonner strictement aux lois phonétiques. Dans sa dernière prise de position, Schuchardt, devant les difficultés sémantiques que pose l'étymon *t r o p a r e, se montre étonné:

> «[Gaston Paris sagt,] dass er die Ansicht von Thomas teile, man müsse oft seine Ohren gegen die verführerischsten Anträge der Semantik verstopfen. Wie viel mehr also nicht gegen ihre nüchternen Ermahnungen! Ich gestehe, dass mich doch schliesslich diese starre Einseitigkeit bei

---

à la personnalité de Schuchardt, les articles de E. Richter (1977a et 1977b) et le *Lexicon Grammaticorum*, pp. 842-843 (article signé Daniel Baggioni).

232 Les différentes étapes de cette discussion sont résumées et analysées par Tappolet 1905, pp. 112-118.

> Paris in Erstaunen setzt, der sonst eine wirklich goldene Mittelstrasse zu wandern pflegt. Dass auch verführerische Lockungen der Phonetik sehr gefährlich werden können, das zeigen Thomassche Herleitungen wie *dedagna* } *decania*, *anar* } *annare* u.a. […]» (Schuchardt 1903, p. 100).

En schématisant ces données, nous pouvons dire que la *zone nucléaire* dans le domaine intraparadigmatique tel qu'il est défini par Gaston Paris et par Thomas prône le caractère absolu des lois phonétiques et la stricte subordination des changements sémantiques à ces lois[233], tandis que la *zone limitrophe* – toujours par rapport à la position de Gaston Paris et de Thomas – de Schuchardt proclame la coordination et l'équivalence de l'approche phonétique et de l'approche sémantique.

Gaston Paris, qui s'acharne sur la négation par Schuchardt du caractère absolu des lois phonétiques, ne veut ou ne sait pas reconnaître les nouvelles perspectives que les travaux et les méthodes de celui-ci sont à même d'ouvrir pour la linguistique tant diachronique que synchronique, tant dialectale que sociolectale, et ceci malgré l'estime et l'amitié qu'il porte par ailleurs au professeur de Graz, et malgré le fait qu'il ne nie en rien l'apport essentiel fourni par les études sémantiques à la compréhension générale de l'évolution de la langue[234]. Ce constat d'«incompréhension» devient plus surprenant encore quand on voit que Gaston Paris était bien conscient du fait

> «que le langage est une fonction sociale, c'est-à-dire qu'il n'existe pas chez l'individu isolé et ne peut être considéré que comme le produit d'une collaboration dont la forme la plus réduite comprend encore nécessairement deux facteurs, celui qui parle et celui qui écoute, le producteur et le récepteur» (203*, 1887, p. 69).

Mais, comme l'ont montré Piet Desmet et Pierre Swiggers, Gaston Paris, loin de les intégrer, juxtapose une «vue fondamentalement homogénéisante de l'histoire d'une langue (en l'occurrence, le français) et la reconnaissance, non explicitée, de la diversification sociale du langage»[235]:

---

233 Cette position est encore exemplairement formulée par Thomas dans la préface de ses *Mélanges d'étymologie française*, où l'on lit: «J'attache un prix particulier au concours de la phonétique et je crois qu'on ne le paie jamais trop cher. Je me suis appliqué à vivre en bon accord avec elle, et j'ai pris soin de dissiper les moindres malentendus. Je la vénère et j'observe ses lois religieusement […] La sémantique est inséparable, elle aussi, de la recherche étymologique; on peut même dire qu'elle en est comme la fleur. Je ne crois pas cependant qu'elle puisse jouer un rôle aussi actif, aussi décisif que la phonétique […] La sémantique est appelée à rendre de grands services à l'étymologiste; mais il faut qu'il sache la discipliner et lui inspirer l'esprit de la subordination vis-à-vis de la phonétique» (Thomas 1902, pp. I-II).

234 Voir Schneider 1973, pp. 69-80 et Swiggers 1982.

235 Desmet/Swiggers 1991, pp. 182-183.

> «On ne peut que regretter que Gaston Paris n'ait pas approfondi ces vues sur l'aspect socio-communicatif du langage, et qu'il n'ait pas intégré l'aspect social dans une théorie diachronique qui harmonise les facteurs internes et externes agissant dans l'histoire d'une langue, et qui transcende les explications physiologiques et psychologiques (surtout à l'échelle individuelle) par une visée de la langue en tant que diasystème, où la variation est la condition naturelle du changement» (Desmet/Swiggers 1991, pp. 193-194)[236].

Par rapport à Hugo Schuchardt, Gaston Paris et Antoine Thomas représentent ainsi, à l'intérieur du domaine intraparadigmatique, la zone nucléaire dominante, restreinte et rigide, et pourtant déjà vouée sinon à la disparition complète, du moins à une forte relativisation par d'autres courants, plus souples et donc *a priori* plus aptes à rendre compte de la réalité des phénomènes étudiés:

> «Gilliéron proclamera la faillite de l'étymologie phonétique. [...] Enfin et surtout, le jeune M. Roques consacre dans le *Journal des Savants*, 1905, pp. 420 sqq., un long et brillant article à l'étymologie. Il y fait un échange poli des travaux de Thomas, tout en soulignant la richesse des positions de Schuchardt. Il préconise pour l'étymologiste des objectifs bien plus ambitieux que les simples notules ponctuelles dont Thomas s'était fait une spécialité. Il s'agit d'un véritable manifeste qui dresse le programme d'une recherche d'envergure» (G. Roques 1991, p. 272)[237].

Contrairement à ce qui se passe avec des approches qui sont reléguées dans le domaine extraparadigmatique, les idées de Schuchardt, elles, sont l'objet de discussions scientifiques ouvertes – Gaston Paris va jusqu'à traduire *propria manu* les prises de position du professeur de Graz –, parce qu'elles se situent bien, malgré toutes les divergences d'avec les conceptions néo-grammairiennes, dans le domaine historico-comparatif. L'argumentation de Schuchardt vient de l'intérieur même du domaine, mais elle vient des limites de celui-ci, ce qui explique le caractère animé et souvent polémique de la discussion. Schuchardt ne nie pas les lois phonétiques, mais les relègue au rang de formules auxiliaires:

---

[236] Voir également la conclusion de Desmet/Swiggers dans un article de 1996: «On ne saurait donc accuser G. Paris de myopie théorique: il n'a pas manqué d'aborder des problèmes comme l'innovation et la propagation du changement, ses bases physiologiques et psychologiques, et les forces internes et externes qui agissent dans l'histoire d'une langue [...]. Il a bien vu que le langage est une fonction sociale [...], et il a reconnu l'importance des grands centres 'intellectuels et politiques' [...] dans le développement d'une langue. Seulement, il n'a pas intégré ses vues puissantes dans un modèle descriptif global» (Desmet/Swiggers 1996, p. 221).

[237] Voir également, au sujet de la mise en question de la théorie néo-grammairienne par Gilliéron, Baggioni 1996, pp. 151-154.

«Der Begriff des Lautgesetzes, der im allgemeinen in der Theorie der Sprachwissenschaft verbleiben kann, sollte Schuchardts Ansicht nach eine ausgesprochene Hilfsrolle übernehmen. Er sagte, dass er den 'Lautgesetzen' zwar Existenz und Nützlichkeit einräumt, aber nur in Gestalt einer Formel, die die Annäherung oder den Zusammenfall verschiedener Prozesse erklärt, sie aber keinesfalls definiert.

Schuchardts ablehnende Haltung zum Begriff des Lautgesetzes erklärt sich aus seiner allgemeintheoretischen Konzeption, die in einer Absage an den sogenannten Individualismus in der Sprachwissenschaft besteht und die These vom gesellschaftlichen Charakter der Sprache in den Vordergrund rückt; die Lautgesetze und der soziale Charakter der Sprache sind miteinander unvereinbar.

Man muss jedoch bemerken, dass Schuchardt, wenn er auch manchmal im Eifer des Gefechts die lautlichen Gesetzmässigkeiten ganz allgemein ablehnt, trotzdem in den konkreten linguistischen Forschungen selbst die Aufmerksamkeit auf die lautliche Seite der Sprache, auf die lautlichen Uebereinstimmungen, richtet» (Amirova/Ol'chovikov/Rozdestvenskij 1980, p. 435)[238].

Le point litigieux, encore une fois, est donc celui du *rapport exact* entre la phonétique et la sémantique dans les reconstructions étymologiques, et non pas celui de l'exclusion de l'un des principes au profit de l'autre[239].

---

238 Voir également Auroux: «Il y a dans la querelle des lois phonétiques deux faits qui embrouillent considérablement la question; si l'on pousse assez loin l'analyse, on s'aperçoit que tous les protagonistes acceptent l'existence des lois et d'une certaine façon personne n'y voit des lois au sens propre. Tout le monde accepte qu'il y ait dans le langage quelque chose comme des régularités; c'est pour cette raison que Schuchardt pense que la querelle est inutile [...]» (Auroux 1979, p. 15).

239 Quelques remarques, ici, sur l'article de Baggioni 1991, qui vise essentiellement à «réhabiliter» Schuchardt: tandis que le savant autrichien argumenterait par amour de la vérité et, donc, par réel intérêt scientifique, Gaston Paris et Thomas, eux, ne raisonneraient en fin de compte qu'en fonction de leur amour du pouvoir, tant intellectuel qu'institutionnel. Mais cela n'est pas encore assez car, rajoute Baggioni, derrière l'argumentation de Gaston Paris, il faut en réalité voir une polémique d'ordre national: le savant français aurait voulu récupérer l'étymon *t r o p a r e pour cette raison aussi que celui-ci était d'origine noble, contrairement à l'étymon retenu par Schuchardt, t u r b a r e, qui venait des classes populaires et aurait donc été moins valorisant pour la France. – Or, l'argumentation de Baggioni est très problématique, dans la mesure où elle est le résultat d'une grille de lecture dichotomique hautement sélective qui ne rend compte ni de la personnalité scientifique de Gaston Paris, ni du rapport personnel entre celui-ci et le maître de Graz, ni même, finalement, des textes cités: 1° Il n'est pas vrai, contrairement à ce que prétend Baggioni, que Gaston Paris n'argumente qu'à l'intérieur de son propre cadre de référence: il suit Schuchardt sur le terrain de la sémantique, en discutant les deux étymologies différentes de «trouver» (*Romania*, 31, 1902, pp. 12-13 [133*] et *ibid.*, pp. 625-630), tout comme Schuchardt le suit à son tour sur le terrain de la phonétique. 2° Gaston Paris n'exclut pas la sémantique des recherches étymologiques, tout comme Schuchardt tient également

On peut penser que le fait que Gaston Paris ait fortement soutenu le choix de Thomas pour la chaire de «Littérature française du moyen âge et philologie romane» à la Sorbonne était directement lié à leur vision commune du domaine intraparadigmatique. Mais, d'autre part, pour prendre tout de suite un contre-exemple, Gaston Paris semble avoir entretenu avec Michel Bréal une relation absolument non conflictuelle, tant sur le plan personnel que sur le plan institutionnel, Bréal dont les idées, notamment au sujet de la sémantique et de l'insertion sociale de la langue, étaient assez proches de celles exprimées par Schuchardt[240]. Ce constat nous met en garde contre une généralisation hâtive, qui consisterait à projeter sans examen préalable toutes les divergences théoriques sur le plan des luttes institutionnelles. Là où une telle projection directe semble par contre possible, c'est en ce qui concerne le rapport d'exclusion entre les deux domaines, intra- et extraparadigmatique.

*
* *

Sur la base des différents cas examinés, essayons maintenant d'affiner le modèle d'un espace paradigmatique.

---

compte, dans ses travaux, des transformations phonétiques. La question est celle du *rapport* entre la phonétique et la sémantique. 3° On peut accuser Gaston Paris de beaucoup de choses mais, pour quiconque a étudié tant soit peu l'œuvre et la pensée du philologue français, il est aberrant de vouloir déclarer que celui-ci n'argumente pas mû par une forte passion de la vérité. Ce n'est certainement pas sur ce plan qu'on arrivera à opposer Gaston Paris à Schuchardt. 4° Les deux savants se connaissaient depuis 1867. Leur rapport a toujours été marqué par la sympathie et le respect mutuel, ce dont témoignent à elles seules les lettres échangées entre Schuchardt et Gaston Paris (B.N. n.acq.fr. 24456 et 24457 et Universitätsbibliothek Graz, Nachlass Hugo Schuchardt, 08562-08659). S'il en fallait d'autres preuves, voici ce que Gaston Paris écrit en 1887 dans une lettre à Mistral à propos du *Vokalismus des Vulgärlateins* (1866-1868): «Je n'ai certainement pas besoin de vous dire que M. Hugo Schuchardt, professeur de Graz, en Autriche, qui vous remettra ce mot, est un des premiers savants de l'Allemagne; qu'il a écrit un livre sur le latin vulgaire, qui est, avec la *Grammaire* de Diez, le second ouvrage fondamental sur la philologie romane» (cité dans Boutière 1978, p. 198). 5° Enfin, le prétendu aspect national du débat me paraît également mal fondé en l'espèce. Ce n'est pas que le discours philologique de Gaston Paris soit exempt d'arguments idéologiques et plus précisément nationaux, bien au contraire (voir la Partie III de ce travail). Mais c'est justement parce que les éléments argumentatifs d'ordre national sont si nombreux dans les discours philologiques de l'époque qu'il importe de rester exact, et de ne pas en chercher là où il n'y en a pas. S'il avait mieux connu la pensée de Gaston Paris, Baggioni aurait su que celui-ci aurait été ravi de pouvoir dériver «trouver» d'un mot populaire (voir Partie IV, «Vue d'ensemble I»)! Schuchardt a certainement vu plus juste quand il écrivait: «[...] ich glaube zu begreifen dass die Studien über die mittelalterliche Dichtung, in denen wir ihn [Gaston Paris] bewundern, ihm ein *tropare melodias* unendlich näher legten als ein *turbare pisces*» (Schuchardt 1903, p. 101).

240 Quant aux conceptions linguistiques de Bréal, voir Desmet/Swiggers 1995, pp. 1-34.

Un espace paradigmatique comporte nécessairement deux domaines, un domaine intraparadigmatique et un domaine extraparadigmatique. On ne saurait en effet penser ce qui est admis sans penser en même temps ce qui est exclu. C'est cet ensemble des deux domaines seulement qui garantit l'identité d'un paradigme.

Le domaine intraparadigmatique s'articule autour d'un centre, une zone nucléaire, pour ainsi dire «chaude», et comporte plusieurs zones intraparadigmatiques s'étalant du centre à la périphérie, c'est-à-dire, pour filer la métaphore thermique, des zones de plus en plus «froides». Il est déterminé par les catégories logiques du *même* et du *non-même*, par rapport au domaine extraparadigmatique, marqué par la catégorie de l'*autre*. Le schéma de représentation *même/non-même vs autre* semble d'une valeur heuristique très générale, du moins dans la pensée occidentale. C'est celui qui préside par exemple, comme l'a montré Emile Benveniste, à notre répartition des pronoms personnels je/tu *vs* il[241]. Et c'est celui encore qui paraît opératoire dans la définition des «domaines notionnels» proposée par Antoine Culioli[242]. En se référant aux travaux de ces deux savants, Jacques Geninasca a mis en place le schéma topologique que voici:

Domaine/non-domaine[243]

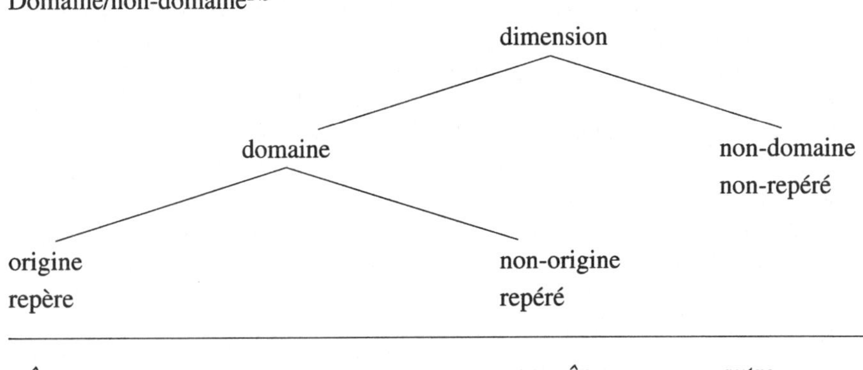


Et il commente cette grille positionnelle comme suit:

> «Appelons structure identité/différence l'ensemble ordonné d'opérations (de relations) responsable d'une première articulation des dimensions de l'espace, du temps et de la personne:

241 Voir, notamment, le chapitre «Structure des relations de personne dans le verbe», dans Benveniste 1966, pp. 225-236.

242 Voir par exemple Culioli 1990, pp. 47-65.

243 D'après Geninasca 1994, p. 77.

– la relation d'identité définit la classe de positions (même) coïncidant avec un repère-origine: ici, maintenant, je;

– celle de non-identité (non-même) la classe complémentaire des positions qui, distinctes du repère, sont repérées par rapport à lui: non-ici, non-maintenant, non-je, tu;

– les relations d'identité et de non-identité ne suffisent pas à définir la totalité des positions repère et repérées sans du même coup reconnaître l'existence d'une dernière classe, complémentaire des précédentes, la classe des positions qui ne sont ni repérantes ni repérées, correspondant à une position d'altérité: ailleurs, une fois, il» (Geninasca 1994, pp. 76-77).

Voici maintenant, sur la base de ce schéma topologique, les caractéristiques saillantes d'un espace paradigmatique telles qu'elles se dégagent des observations que nous avons faites jusqu'ici:

1° Entre le domaine intraparadigmatique et le domaine extraparadigmatique, le rapport est d'exclusion et se trouve surdéterminé, dans les discussions scientifiques, par le jugement théorique vrai/faux. Dans le domaine intraparadigmatique, les jugements théoriques sont graduels et se situent entièrement sur l'axe du vrai (vrai/moins vrai). S'y ajoutent les valeurs du type éthique, bon/mauvais, qui ne s'appliquent pas au non-domaine qu'est le domaine extraparadigmatique par rapport au domaine intraparadigmatique. En des termes plus prosaïques: les idées du domaine extraparadigmatique sont jugées comme étant «tellement fausses» que les valeurs «bon» et «mauvais» ne les concernent même plus.

2° Seules les théories intraparadigmatiques sont ouvertement discutées par les savants qui définissent l'espace paradigmatique. Les théories extraparadigmatiques, quant à elles, se voient bannies de la discussion publique de façon définitive et, de plus, unilatérale, par exemple par un compte rendu assassin[244]. On en trouve souvent trace, par contre, dans les correspondances privées[245].

---

244 Une telle situation est aussi décrite par Corbellari 1997, p. 181 en ce qui concerne l'origine de la légende de Tristan.

245 Mentionnons encore, à titre d'exemple, le cas de Célestin Hippeau, auteur d'un *Glossaire* descendu en flammes par Gaston Paris dans la *Revue critique* de 1867 (voir 36, 1867). Or, Hippeau a lui aussi pris la plume pour se plaindre en privé à Gaston Paris. Voici un extrait d'une lettre du 20 juin 1867: «Vous appartenez à une génération qui semble avoir adopté des principes tout différents. Vous ne craignez point de prodiguer l'injure et l'outrage aux hommes les plus honorables. Je ne puis que vous plaindre d'avoir osé écrire l'article que vous avez publié sur mon *Glossaire*. Vous êtes allé chercher en Allemagne auprès de quelques érudits un savoir dont il serait de bon goût de faire usage modeste. Mais vous ne perdriez rien à demander aux traditions de l'esprit français les habitudes d'urbanité et de bonne société, qui ne sont nullement incompatibles avec ce que vous appelez les devoirs de la critique. La *besogne*, dont rien ne vous force à vous charger, pourra vous

3° Un domaine intraparadigmatique ne se caractérise pas forcément par la domination absolue d'une seule approche. Il comporte le plus souvent des zones plus ou mois fluctuantes et plus ou moins déviantes par rapport au centre. Sylvain Auroux le dit bien:

> «Ce qui définit une discipline ce n'est pas l'absence de différences dans les connaissances qui la constituent, c'est la limite dans lesquelles les différences sont acceptées» (Auroux 1979, p. 6).

L'essentiel, semble-t-il, ne se passe pas dans le domaine intraparadigmatique, mais autour de la définition et la fixation des limites de celui-ci.

4° La représentation d'un espace paradigmatique est une coupe synchronique et relative, c'est-à-dire qu'elle reflète la situation scientifique à un moment donné et du point de vue d'un chercheur ou d'un groupe de chercheurs définis. On peut prendre les chercheurs qui représentent la zone dominante, comme je l'ai fait, mais on peut aussi prendre des chercheurs marginalisés comme Schuchardt, voire exclus comme Bordier, ce qui change évidemment, à chaque fois, la représentation des domaines intra- et extraparadigmatique.

5° Chaque représentation d'un espace paradigmatique correspond à une sorte d'instantané. Ce n'est qu'une fois établies un certain nombre de «cartes paradigmatiques» ponctuelles et successives que l'on pourra revenir sur le problème épineux du *changement* de paradigme.

6° Un espace paradigmatique n'est valable que par rapport à un objet scientifique, concret et/ou construit, donné. L'approche historique qui examine la langue dans son évolution diachronique reste valable jusqu'à nos jours, bien que sa place soit devenue plus restreinte dans le fonctionnement d'ensemble de la discipline depuis l'avènement d'autres courants linguistiques (structuraliste, chomskien etc.), qui se sont construit d'autres objets d'études. La linguistique, comme toutes les sciences humaines, est devenue une science pluriparadigmatique.

7° Deux séries de constructions d'espaces paradigmatiques semblent possibles et nécessaires:
(a) Une série diachronique: pour un même objet scientifique, telle l'étymologie historique, on peut établir un certain nombre de représentations d'espaces paradigmatiques échelonnées dans le temps, en sorte qu'il devienne possible de suivre le passage d'une approche dominante à une autre.

---

attirer l'approbation des étrangers, charmés de vous voir vous joindre à eux pour rabaisser le mérite de vos compatriotes; elle vous fera peu d'amis en France, et vous n'aurez rendu aucun service à ceux que vous attaquerez avec une rudesse que vous prenez à tort pour de la franchise» (lettre citée dans Armendares Pacreu 1993, p. 160). Le même jour, Hippeau envoie également une missive à contenu semblable à Meyer (voir *ibid.*, pp. 168-169).

(b) Une série synchronique : à différents objets scientifiques d'une même discipline – étymologie, pragmatique, sociolinguistique, etc. – correspondent différentes organisations paradigmatiques, qui, à un moment donné de l'histoire, peuvent coexister d'une façon ou d'une autre. Leur rapport est éventuellement un rapport de force en ce qui concerne l'influence institutionnelle, mais les discussions épistémologiques *stricto sensu* ont normalement lieu à l'intérieur de chaque espace paradigmatique.

Ces deux séries de constructions peuvent évidemment être combinées l'une avec l'autre.

Résumons. Tout comme pour la large majorité de ses contemporains, le domaine intraparadigmatique en linguistique est, pour Gaston Paris, le domaine historico-comparatif. A l'intérieur de ce domaine, la zone nucléaire que le philologue français représente correspond, depuis la fin des années 1860, à une approche de type néo-grammairien[246]. Des zones plus ou moins limitrophes sont, entre autres, en partant du centre : les mauvais travaux de type néo-grammairien, les idées de Schuchardt et les théories des linguistes naturalistes[247]. Dans le domaine extraparadigmatique on trouve, par exemple, la méthode divinatoire de Bordier et la grammaire logique de Jullien, ou

---

246 Voir également, à ce sujet, l'exemple du prix Diez décerné trois fois de suite, en 1892, 1896 et 1900, au néo-grammairien Meyer-Lübke (Storost 1990). Storost commente la première attribution du prix comme suit : « Trotz [der] Kritik Meyers [voir Partie I, n. 321] und übrigens auch der Kritik Hugo Schuchardts, der gute Gründe hatte, sich gegen die junggrammatische Richtung in der Romanistik auszusprechen, begann Wilhelm Meyer-Lübke (1861-1936) spätestens seit 1890 in der romanischen Philologie eine dominierende Rolle zu spielen, was sich nicht nur in allgemein breiter Anerkennung, sondern auch in seiner Behandlung durch die Diez-Stiftung in diesem Quadrennium und in den folgenden niederschlägt. [...] Mit der Entscheidung für Meyer-Lübke traf man gleichzeitig eine Abstimmung für die sich in der Romanistik durchsetzende Methode der junggrammatischen Richtung, die auf dem Gebiet der romanischen Philologie von dem Laureaten über Jahrzehnte mitbestimmt wurde » (*ibid.*, pp. 126-128).

247 Dans son grand travail sur *La Linguistique naturaliste en France* (1996), Piet Desmet oppose les théories naturalistes aux théories historico-comparatives, ce qui, dans notre représentation, relèguerait les linguistes naturalistes dans le non-domaine. Desmet ne problématise pourtant pas vraiment l'opposition « totale » des deux approches, opposition que, d'ailleurs, il déconstruit lui-même à plus d'un endroit. Pour d'autres historiographes de la discipline, tel Koerner, les linguistes naturalistes s'inscrivent de façon toute naturelle dans le cadre historico-comparatif. Personnellement, je tends à cette dernière solution, et ceci pour plusieurs raisons : Desmet lui-même montre que dans plus d'un cas, il y a des points de contact indéniables entre les deux approches. Cela est notamment vrai, du côté des tenants du modèle historico-comparatif, pour Victor Henry, Auguste Brachet, Arsène Darmesteter (Desmet 1996, pp. 80-81) et, du côté des adeptes de Schleicher, pour André Lefèvre (*ibid.*, pp. 323, 346ss.) et Lucien Adam (*ibid.*, p. 464). Ensuite, si on relit le compte rendu déjà mentionné que Gaston Paris consacre à la traduction française de deux ouvrages de Schleicher, il devient tout à fait clair que, loin de rejeter les idées de celui-ci dans leur ensemble, ce que le philologue nie est uniquement l'identification de la

encore, comme l'a très bien montré Jean-Claude Chevalier, l'approche «amateuriste» des collaborateurs de la *Revue historique de l'ancienne langue française et Revue des patois de la France* (également sous-titrée: *Revue de Philologie française*), qui ne paraît que pendant deux ans, en 1877 et 1878[248]. Si ces érudits de province, presque tous des non-spécialistes en philologie, ont pu se tenir pendant deux années à l'intérieur du domaine, mais seulement à ses limites et bien péniblement – c'est-à-dire que leurs travaux, jugés à peu près tous (très) mauvais, étaient du moins recensés dans la *Romania* –, ils en ont été expulsés assez rapidement, ce qui signifiait en même temps la fin de leur organe.

## Le plan de la littérature médiévale

La quatrième partie de ce travail étant entièrement consacrée aux recherches de Gaston Paris sur la littérature du moyen âge, nous n'allons ici aborder que quelques éléments de base aidant à cerner très globalement l'espace paradigmatique de la philologie romane dans sa branche littéraire.

Il y a *un* grand conflit sur le plan de la littérature médiévale que l'on pourrait taxer d'interparadigmatique, à savoir celui qui oppose l'approche historique des textes, prônée par les «nouveaux philologues», et l'approche classiciste de la littérature, défendue par les représentants de la tradition belles-lettriste. Ce conflit concerne au moins trois points, qui, bien qu'étroitement liés entre eux, n'en sont pas moins à différencier: 1° la notion de valeur esthétique, notamment en relation avec les textes médiévaux; 2° l'impact et l'utilité des études sur la littérature du moyen âge; 3° la nature ou les principes des recherches littéraires en général.

Le débat sur les valeurs esthétiques des œuvres médiévales n'était pas nouveau à l'époque. Avant l'avènement du romantisme, il était en général admis, même par les personnes, relativement peu nombreuses, qui s'étaient

---

langue à un organisme vivant: «La conception générale [de Schleicher] elle-même est juste en ce sens que la grande loi de développement et de différentiation qui dirige tout dans la nature est appliquée ici à un nouveau domaine. Et le rapprochement même qu'a choisi M. Schl[eicher] pour cxpliquer cette loi, offre bien des points incontestables et a le grand avantage de rattacher la démonstration à des faits connus et concrets, au lieu de l'appuyer sur des abstractions peu accessibles au plus grand nombre. Il a aussi le mérite de pousser la linguistique dans la seule voie où elle doive faire des progrès, celle d'une union de plus en plus intime avec les sciences naturelles et surtout la physiologie» (3, 1868, pp. 242-243). Ces déclarations démentent à elles seules la remarque de Desmet: «Quant à la réception de Schleicher en France, certains linguistes, comme Gaston Paris ou Paul Meyer, nient toute influence de la théorie schleicherienne» (voir également, quant à une réaction positive de Gaston Paris aux ouvrages de Schleicher, 1, 1868, pp. 329-330).

248 Voir Chevalier 1988.

réellement souciées d'examiner les productions littéraires du moyen âge, que ces œuvres n'avaient à peu près aucune valeur esthétique. Ainsi, Pierre Daniel Huet, dans son *Traité de l'origine des romans* de 1670, juge sévèrement les romans médiévaux, qui comportent des actions «multipliées sans ordonnance, sans liaison, & sans art»[249], et résume, plus loin:

> «Il me suffira de vous dire que tous ces ouvrages, ausquels l'ignorance avoit donné la naissance, portoient des marques de leur origine, & n'étoient qu'un amas de fictions grossierement entassées les unes sur les autres, & bien esloignées de ce souverain degré d'art & d'elegance, où nostre nation a depuis porté les Romans» (Huet 1966, p. 91).

La Curne de Sainte-Palaye était également de l'avis que la littérature du moyen âge manquait cruellement de «diction noble, pure et élégante»[250]. Et Diez lui-même, dont on connaît pourtant les antécédents romantiques, commence son œuvre sur les *Leben und Werke der Troubadours*, publiée en 1829, par les réflexions suivantes:

> «Die Frage, ob und in wiefern es sich auch der Mühe lohne, ein eigentliches Studium auf die Ueberreste der Troubadour-Poesie zu verwenden, bleibe auch diesmal der Entscheidung des einsichtigen Lesers anheimgestellt. [...] Wollen wir diese Ueberreste lediglich nach ihrem innern Werthe, als Denkmäler der Poesie, betrachten, so wird sich eine grosse Verschiedenheit der Meinungen ergeben: manche werden überall zu tadeln finden, andre werden sich leicht mit ihnen befreunden, darin aber möchten wohl alle, auch die Wohlwollenden, übereinstimmen, dass uns manches in ihnen begegnet, was unsern Kunstbegriffen nicht zusagt» (Diez 1829, pp. VII-VIII).

A l'époque de Gaston Paris, la discussion sur les qualités esthétiques des textes médiévaux gagne en vigueur en France, du fait même que la philologie romane commence à s'établir, lentement, puis de plus en plus vite, comme une discipline autonome, qui, sur les trois points que nous avons énumérés, entre en concurrence directe avec le paradigme littéraire dominant des Belles-Lettres. Or, les «nouveaux philologues» parlaient de la manière la plus naturelle – bien que dans des sens très divers, comme nous allons le voir – des qualités esthétiques des textes médiévaux, et ce fait aurait suffi à lui seul à provoquer la résistance des mandarins de la tradition classiciste.

*

* *

[249] Huet 1966, p. 44.

[250] Cité dans Gossman 1968, p. 255, qui continue: «On the whole, therefore, Sainte-Palaye was not interested in medieval literature as literature; he was interested in it as a source of information for the historians» (*ibid.*).

L'un des représentants les plus éloquents de cette tradition au temps de Gaston Paris est, sans aucun doute, Ferdinand Brunetière – encore lui, dont la position, on le voit, réunit tout un faisceau de traits «anti-philologiques». Brunetière s'exprime à plusieurs reprises sur le sujet, la première fois le 1er juin 1879, dans un article intitulé «L'érudition contemporaine et la littérature française du moyen-âge»[251]. Prenant comme base de ses réflexions – ou, mieux, comme prétexte car l'article n'est pas du tout le compte rendu annoncé dans le sous-titre – le livre de Charles Aubertin, *Histoire de la langue et de la littérature françaises au moyen-âge*, qui avait paru en deux volumes chez Eugène Belin (1876 et 1878), le critique procède à une féroce diatribe contre la littérature médiévale et, avec elle, contre une certaine forme de philologie[252].

Dans le système esthético-littéraire des représentants de la tradition belles-lettriste, la littérature française du XVIIe et du début du XVIIIe siècle a pris la place qu'avait occupée jadis, avant la Querelle des Anciens et des Modernes, la littérature gréco-romaine, et se voit, par conséquent, dotée d'un caractère normatif inébranlable[253]. Pour le futur directeur de la *RdDM*, l'histoire de la littérature française ne commence véritablement qu'avec la Renaissance, et ce sont ensuite les Malherbe et les Boileau qui ont donné à la France une langue et une littérature dignes de ce nom[254]. Ce que le critique reproche aux médiévistes, ou du moins à un certain groupe de médiévistes «endurcis», c'est de vouloir déplacer le centre de la littérature française de l'époque classique vers le moyen âge par un éloge exagéré, nous dit-il, des textes médiévaux. N'y a-t-il pas des philologues qui vont jusqu'à comparer ces indignes productions aux chefs-d'œuvre de l'antiquité grecque et romaine?

Or, le rhétoricien Brunetière, pour qui la forme est tout, ne reconnaît aucun statut d'art aux productions médiévales, qui, dans leur grande masse – à l'exception de quelques fabliaux et de quelques poèmes lyriques, dans lesquels, à force de patience et avec beaucoup de chance, on dénicherait, ici ou là, une «trouvaille d'expression» –, ne seraient nullement composées et n'auraient aucune clôture de droit. Manquant de début, de fin et de centre, elles pourraient être coupées et allongées à tout moment sans que pour autant leur caractère ne change le moins du monde.

Au niveau du contenu, qui, nous précise le critique, n'existe au fond pas sans la forme – mais Brunetière se montre généreux, il serait éventuellement

---

251 Voir Brunetière 1893a.

252 Dans ce qui suit, je synthétise les points centraux de l'article de Brunetière 1893a, sans indiquer à chaque fois la/les pages exacte/s.

253 Voir par exemple Grimm 1991b, pp. 247-248 et, quant à l'importance de la Querelle pour la conception de la littérature «moderne» en général, Jauss 1970.

254 Voir également, à ce sujet, Boulard 2000.

prêt à sacrifier quelques-uns de ses principes les plus chers si cela lui permettait de dénicher enfin quelques-unes des qualités tant vantées des textes médiévaux –, il n'y a rien à retenir non plus. L'impression d'interchangeabilité se confirmerait pleinement: les personnages, par exemple, se ressembleraient tous, ils ne se distingueraient que par leurs noms. Quant aux sentiments patriotiques et chrétiens que les spécialistes ne cesseraient de mettre en avant, notamment, bien sûr, dans les chansons de geste, Brunetière ne les voit guère. La seule chose qu'il retient, lui, dans ces textes, c'est la brutalité et la confiance absolue des guerriers dans leurs armes.

Reste un dernier espoir, l'aspect documentaire. Espoir vite déçu, car, même s'il est vrai que les textes médiévaux contiennent beaucoup de détails sur la vie de tous les jours – ce qui, Brunetière a hâte de le souligner, n'est pas un signe de qualité *eo ipso* –, les actes d'archives donneraient en fait les mêmes informations, avec cet avantage, justement, qu'il ne faudrait pas avoir recours à des textes aussi ennuyeux et aussi peu édifiants que les fabliaux, les mystères, les romans arthuriens et les chansons de geste.

Voici donc leur compte réglé aux textes (soi-disant) littéraires du moyen âge, une fois pour toutes et sur tous les plans! – Ne nous y méprenons pourtant pas: ce n'est pas que le moyen âge soit un âge de ténèbres pour Brunetière. Mais tout ce qu'il y a de grand à cette époque se situe, à ses yeux, au niveau de l'histoire politique et religieuse:

> «Nous ne sommes pas de ceux qui calomnieront le moyen-âge. Son histoire est une grande histoire. [...] Allons plus loin, homme pour homme, les plus illustres de l'antiquité païenne, ces politiques subtils et raffinés de la Grèce classique, ou ces durs héros de l'insensibilité romaine, sont petits quand on les compare à ces rois, à ces chevaliers, à ces moines du moyen-âge [...]. [Mais cette] force dont parlait l'historien ne s'est exercée, ne s'est déployée que dans le domaine de l'action, – de l'action politique ou religieuse, – et rien ou presque rien n'en a passé ni dans la distribution de la justice sociale, ni surtout, puisqu'ici c'est le seul point qui nous intéresse, dans le domaine de la littérature» (Brunetière 1893a, pp. 40-41).

Le mépris de Brunetière ne va donc pas au moyen âge comme époque historique, mais à la *langue* et, plus encore, à la *littérature* médiévales. Sur ce plan, pourtant, on l'a vu, son dédain est total. Et c'est ainsi qu'en raison même du sujet dont elle s'occupe, la philologie romane ne pourra jamais être autre chose, à ses yeux, qu'une science purement auxiliaire, au service de la linguistique et de l'histoire. C'est dans ce sens, affirme-t-il, que la pratiquaient les Bénédictins, modèles de modestie (et pas seulement religieuse), quand ils lançaient leur grand projet de l'*HLF*, car, en effet,

> «[ils] avaient trop de goût pour enfler démesurément la voix, trop de bon sens et de justesse d'esprit pour entreprendre de persuader à leurs

contemporains qu'il n'est pas de plus noble emploi de l'intelligence que la *recension* d'un texte carolingien ou le déchiffrement d'un parchemin gothique» (*ibid.*, pp. 2-3).

Jamais, en tout cas, la philologie ne saurait devenir une discipline littéraire:

> «Car, parmi toutes les erreurs qui, depuis quelques années, aspirent à sortir de cette glorification du moyen âge, de cette admiration volontairement aveugle de son art et de sa littérature, si les unes sont moins graves et qu'on puisse après tout s'en remettre au temps d'en faire bonne justice, les autres n'iraient à rien moins, sous prétexte de littérature et d'art, qu'à la falsification de l'histoire, si l'on n'essayait de se mettre en travers de la propagande» (*ibid.*, p. 39).

Derrière la diatribe de Brunetière, on devine bien sûr la peur du «préfet de police de la littérature»[255] de perdre de son influence en matière de jugements littéraires, tant au niveau institutionnel (chaires, revues) qu'à celui de l'opinion publique. Mais le conflit, qui tourne essentiellement autour de la question du caractère absolu ou relatif des catégories esthétiques et qui, de ce point de vue, est une deuxième Querelle, va beaucoup plus loin. Car ébranler les règles d'art traditionnelles revient, pour Brunetière, non seulement à corrompre le goût mais encore à mettre en péril la morale et, en dernière instance, l'ordre et la sécurité nationaux. Pour le secrétaire de rédaction de la *RdDM*, la philologie romane constitue ainsi un véritable danger pour la nation, dans la mesure où elle participe du mouvement de décadence qui caractérise la France à la fin du XIX<sup>e</sup> siècle, mouvement que lui-même propose de surmonter par la revalorisation et la réapplication des valeurs stables, «classiques», justement, tant sur le plan de la politique et de la religion (c'est ce que nous avons vu plus haut) que sur celui de l'esthétique[256]. Le terme de «propagande» qu'il utilise dans ce contexte montre clairement que Brunetière essaie de stigmatiser le courant médiéviste littéraire comme un programme idéologique dont le but ultime ne serait autre que la perte morale de la France. Etudier la littérature du moyen âge équivaut, pour le critique, à décomposer l'identité nationale.

*

* *

Devant de telles attaques, Gaston Paris comme Paul Meyer gardent en général le silence. Face à une critique «classiciste» du même type formulée en 1864, sur un ton il est vrai bien moins violent, par le déjà mentionné

---

255 Cité dans Hoeges 1980, p. 90.

256 Voir, entre autres, Thoma 1986.

Bernard Jullien, Gaston Paris se borne à dire – et nous reconnaissons là sa formule préférée quand il s'agit d'expulser des adversaires dans le domaine extraparadigmatique: «*Cum principia negantibus non est disputandum*»[257]. Meyer, quant à lui, sous prétexte que Brunetière «ne connaît le sujet où il s'est aventuré que par l'*Histoire de la littérature française au moyen âge* de M. Aubertin»[258] – ce qui, déclaré sous cette forme absolue, n'est certainement pas vrai car il faut reconnaître que Brunetière est relativement bien informé au sujet des travaux philologiques de l'époque –, refuse également de réagir, en justifiant son attitude par l'argument, bien connu lui aussi, que toute discussion publique de l'article du secrétaire de la *RdDM* ne ferait que lui fournir une publicité supplémentaire, en fin de compte plus nuisible qu'utile aux études médiévales:

> «Discuter point par point des paradoxes sans consistance, c'est leur donner une importance apparente. Le meilleur moyen de faire apprécier notre vieille littérature, c'est de travailler à la faire connaître» (Meyer 1880, pp. 477-478).

Cependant, s'ils gardent en général le silence – encore faut-il relativiser ce silence, nous allons le voir, en fonction du public auquel ils s'adressent –, Gaston Paris et Meyer semblent «opérer», plus subtilement, en coulisses. Comment expliquer autrement le fait que l'avis de Gaston Paris au sujet du livre d'Aubertin change brusquement du premier au second tome? Accueillie avec bienveillance en 1877[259], l'entreprise d'Aubertin se voit presque intégralement condamnée en 1880[260]. Ce changement d'appréciation est certes partiellement imputable à la qualité différente des deux volumes. Mais je ne crois pas qu'il soit trop hardi de le rattacher également à l'article de Brunetière. Tout se passe alors comme si, s'inscrivant en quelque sorte dans une logique de «coresponsabilité familiale», l'abus – abus aux yeux de Gaston Paris – d'un ouvrage retombait sur cet ouvrage même[261].

---

257 160*, 1864/1865, p. 581.

258 Meyer 1880, p. 477.

259 332, 1877.

260 333, 1880.

261 Il est en tout cas intéressant de voir qu'un médiéviste aussi réputé que Mario Sepet accueille l'ouvrage d'Aubertin très favorablement (Sepet 1879, p. 16). Körting, dans sa réaction à l'article de Brunetière de 1879, écrit: «Das Werk Aubertin's – um dies gelegentlich zu bemerken – leidet in wissenschaftlicher Hinsicht an gar manchen sehr erheblichen Mängeln und Schwächen», mais il admet que, faute d'une histoire littéraire du moyen âge qui réponde aux exigences scientifiques modernes, le livre d'Aubertin puisse toujours être consulté avec profit, et cela surtout par les débutants (Körting 1879, p. 129). Quelques années plus tard, Stengel, se souvenant peut-être du débat de 1879, dira que l'ouvrage d'Aubertin est sans valeur (Stengel 1885, pp. 131-132). – Brunetière lui-même loue à deux reprises le livre en question (1893a, p. 1, n. 1 et p. 36, n. 1).

Si le débat lancé par Brunetière n'est donc pas ouvertement repris par les philologues les plus prestigieux et les plus puissants de l'époque, le gant est pourtant relevé par un chercheur appartenant à ce qu'il faut bien appeler la «deuxième ligue». Anatole Boucherie[262], professeur de philologie romane à Montpellier et co-fondateur de la *Revue des Langues Romanes* – revue que la *Romania* essaie explicitement de tenir dans une position subalterne[263] –, se jette vaillamment dans la bataille et ne comprend pas que les professeurs parisiens n'en fassent pas autant[264].

Boucherie se montre alarmé par l'article publié dans la *RdDM*, l'organe des «anti-médiévistes» selon ses propres termes. Il sait que cette revue touche un large public et que l'opinion de Brunetière doit être considérée comme représentative de celle de la moyenne des lettrés de son temps. La situation est donc grave et Boucherie fait de son mieux pour lancer un cri de ralliement aux médiévistes, même si parfois, pour ce faire, il est forcé d'adapter un peu les arguments de Brunetière, lequel ne manquera pas de relever l'absence, chez son adversaire, de cette qualité éminemment philologique qu'est l'exactitude !

Boucherie s'oppose notamment à la tyrannie d'un canon littéraire :

> «[...] ne vous laissez pas plus gouverner dans le choix de vos lectures que lui [Sancho Pança] dans le choix de ses aliments. En pareil cas, mieux vaut la pléthore que l'anémie» (Boucherie 1880a, p. 24).

Dans son éloge de la littérature médiévale, il recourt fréquemment aux comparaisons, si violemment condamnées par Brunetière, avec la littérature de l'antiquité classique :

> «Rien ne surpasse la description des approches de la mort de Roland dont la poitrine et le cerveau se sont brisés dans l'effort qu'il a fait pour

---

262 Anatole Boucherie (1831-1883) fonda en 1869, avec quatre amis, la Société des langues romanes ; il s'est également occupé de philologie classique. Principales œuvres : *La vie de Sainte Euphrosine*, *Le dialecte poitevin au XII^e^ siècle*, *Additions au dictionnaire de Littré*.

263 «Un autre recueil, auquel nous regretterions vivement de faire du tort, se publie à Montpellier, depuis le mois de janvier 1870, sous le titre de *Revue des langues Romanes*. Dirigée par d'excellents et zélés travailleurs la *Revue* a déjà donné des articles d'un véritable intérêt ; il est à désirer, sous tous les rapports, que son succès se prolonge et s'affermisse. Mais le lieu même où elle se publie, les études de la plupart de ses collaborateurs, la prédisposent tout naturellement à se consacrer plus spécialement à la langue d'oc ancienne ou moderne et à sa littérature, et elle semble décidée à entrer franchement dans cette voie. Nous l'en féliciterions, car c'est dans ce cercle plus restreint qu'elle pourra surtout être utile et neuve, et la *Romania* trouverait en elle un auxiliaire des plus appréciés» (Prospectus de la *Romania*, voir également, pour le texte dans son intégralité, Annexe XVI). Au sujet de la *Revue des Langues Romanes* et de son rapport à la *Romania* et aux maîtres parisiens, voir par exemple Bergounioux 2001, Brun-Trigaud 2001 et Décimo 2001.

264 Les éléments qui suivent sont pris dans Boucherie 1880a.

envoyer jusqu'à Charlemagne, par-dessus les Pyrénées, l'appel désespéré de son olifant. Virgile lui-même n'a pas peint de couleurs tour à tour plus sombres et plus éclatantes les présages effrayants qui annoncent la mort de César» (*ibid.*, p. 18).

Boucherie ne se considère pas pour autant comme un «anti-classique» – et peu de philologues, affirme-t-il, le font, contrairement à ce qu'insinuerait Brunetière – mais, parlant dans son isotopie préférée, celle de l'agriculture, il exprime l'idée que le «culte des chefs-d'œuvre» mène à une sorte de monoculture dans le domaine de la littérature. Or, comme on sait combien cette façon de cultiver la terre peut avoir des conséquences néfastes sur la qualité du sol, il serait donc beaucoup plus sain, selon le philologue, d'intégrer dans la culture – ce terme est lisible dans les deux isotopies de l'agriculture et de la littérature et permet ainsi la transition de l'une à l'autre – les terrains à demi vierges de la littérature médiévale.

Le destin de la philologie romane, continue Boucherie, n'est certainement pas d'être une science auxiliaire. La philologie est une science de plein droit, qui s'occupe également des qualités esthétiques des textes médiévaux. Car ces textes ont bien des valeurs esthétiques. Celles-ci ne suffisent certes pas aux critères classiques, mais elles n'en sont pas moins réelles:

> «[...] s'il manque à 'nos vieux romanciers' les principales des qualités acquises, de celles qui supposent l'expérience personnelle ou transmise, et qui se résument en ce qu'on appelle l'art et le goût, ils ont toutes les qualités naturelles, depuis les moins grandes jusqu'aux plus élevées; ils ont surtout cette naïveté absolue qui est l'adorable privilège de la première enfance. [...] Tous ont l'allure calme du narrateur. Avec eux, l'effet produit n'est jamais cherché; il vient en quelque sorte tout seul, à sa place et à son heure, amené par le cours du récit et le jeu naturel des événements et des passions. Parfois cependant ils ont des élans oratoires, mais ils n'arrivent jamais jusqu'à la déclamation; défaut relativement moderne, né chez nous de l'imitation directe du latin classique» (*ibid.*, p. 16).

Si la «mécanique littéraire» des vieux auteurs n'atteint pas la perfection, ce dommage serait donc largement réparé – et nous reconnaissons ici un discours argumentatif qui s'inscrit directement dans la tradition romantique – par les qualités «naturelles» des textes, par leur caractère naïf, non recherché. Boucherie va alors jusqu'à suggérer l'idée que les tenants de la tradition classiciste sont des hommes décadents et efféminés, qui ne supportent plus la belle rudesse de la nature, en l'occurrence des textes médiévaux, stratégie habile, on en conviendra, qui inverse précisément le rapport entre décadence et littérature du moyen âge établi par Brunetière.

Mais les textes médiévaux ont encore bien d'autres qualités pour Boucherie. Quand on passe de la forme au fond – contrairement à Brunetière, le philologue montpelliérain admet tout naturellement la dissociabilité du plan du contenu de celui de l'expression –, on s'apercevrait que les propriétés morales et intellectuelles des auteurs médiévaux ne sont en rien inférieures à celles des modernes et que tout s'y trouve déjà, «toutes les passions de l'humanité, toutes ses souffrances et toutes ses joies»[265]. En élevant finalement des défauts formels au rang de qualités, Boucherie déclare:

> «[...] notre littérature du moyen-âge, par cela même qu'elle est moins parfaite dans la forme, mais infiniment plus variée et plus riche dans le fond qu'aucune de celles qui l'ont précédée, offre d'inappréciables avantages» (*ibid.*, p. 24).

Et le philologue d'enchaîner sur le vœu, d'origine romantique lui aussi, que les poètes et écrivains modernes puissent vouloir se retremper aux sources médiévales pour renouveler leur art (national).

Le débat entre Boucherie et Brunetière connaîtra un deuxième round, où le ton monte et les positions se durcissent sans que pour autant les arguments changent[266]. Le discours de Boucherie, notamment, devient de plus en plus passionnel. Se disant abandonné des philologues eux-mêmes, sous prétexte que Meyer, nous l'avons dit, refuse de répondre aux attaques de Brunetière, Boucherie instaure, à la manière d'Henri d'Andelys – mais un autre intertexte, plus significatif dans le débat, est certainement constitué par *Les Parallèles des anciens et des modernes* de Charles Perrault –, une bataille entre les arguments du secrétaire de la *RdDM* et les siens propres, qu'il renforce par des remarques émanant de différents critiques littéraires. Il juxtapose ainsi, au sens figuratif et non figuratif – les pages seront désormais typographiquement bipartites –, des citations des deux camps, sans toutefois qu'il soit toujours facile d'établir la relation que celles-ci sont censées cultiver entre elles ou avec l'ensemble. Au fond, Boucherie s'adonne à une simple énumération d'opinions, souvent redondante et très vite fatigante. La lecture de cette deuxième réplique fait comprendre pourquoi ni Paul Meyer ni Gaston Paris n'ont voulu se solidariser publiquement avec leur confrère de province. Indépendamment même de la qualité scientifique de certaines de ses opinions – Boucherie refuse par exemple toute influence germanique dans la naissance des chansons de geste – la valeur argumentative de son discours est de beaucoup inférieure, il faut l'avouer, à celle qui caractérise les textes de Brunetière.

*

* *

[265] *Ibid.*, p. 17.

[266] Voir les articles Brunetière 1893b et Boucherie 1880b.

Venons-en à la position de Gaston Paris. Pour ce dernier, c'est d'abord l'impact historique et plus spécifiquement national des études littéraires qui compte. Gaston Paris prend sur ce point, tout comme Boucherie, l'exact contre-pied de l'opinion de Brunetière. L'étude de la littérature médiévale est indispensable à la reconstruction de l'histoire intellectuelle et morale d'un pays, et donc à la construction d'une identité nationale sur la longue durée. Loin d'être un signe de décadence de la France, elle est au contraire la condition même de la régénération morale du pays. C'est ainsi qu'on lit en 1885, dans la préface à la première série des leçons et lectures sur *La Poésie du moyen âge*:

> «Ou bien la nationalité française disparaîtra, ce qu'à Dieu ne plaise, ou bien elle voudra se retremper à ses sources vives, et se fortifier par une sympathie tendre et ferme en même temps pour toutes ses manifestations sur le sol où elle s'est formée, depuis les chants naïfs de son enfance, si puissants déjà et qui retentissaient dans l'Europe entière, jusqu'aux œuvres les plus travaillées et les plus parfaites de son génie en pleine conscience de lui-même» (334*, 1885, éd. de 1906, p. X).

Rien que de ce point de vue déjà, l'histoire de la littérature médiévale a donc sa place parmi les sciences historiques.

Par rapport à cet aspect historique et national, le débat sur les qualités esthétiques des textes, tant médiévaux que modernes, est au fond secondaire. C'est le sens de la critique que Gaston Paris fait à l'ouvrage de Paul Albert sur *La Littérature française des origines au XVII^e^ siècle*:

> «Il manquera toujours à son livre, pour être un bon résumé de l'histoire de notre littérature, un sentiment plus élevé et plus national. Un ouvrage de ce genre devrait surtout s'attacher à faire comprendre et aimer le génie de la patrie dans ses évolutions successives, et renoncer une bonne fois à cette étroite préoccupation d'opposer toujours et de préférer une des formes à l'autre. M. A[lbert] dit fort bien, en terminant ce volume, à propos du XVII^e^ siècle, que cette époque n'est point un type immuable de perfection, dont on ne peut pas s'écarter: 'Ce fut une halte, un temps d'arrêt ... mais la France a marché depuis et marchera longtemps encore. Elle a suivi d'autres voies, s'est marqué d'autres buts, s'est renouvelée enfin. Cela vaut mieux après tout que de rester stationnaire: l'immobilité, c'est la mort'. Nous voudrions que cette pensée l'eût inspiré également en parlant des temps antérieurs au XVII^e^ siècle. Il serait grand temps de faire cesser cette bizarre opposition entre les savants qui s'occupent du moyen âge et ceux qui étudient l'histoire littéraire des derniers siècles: l'idée du développement continu de la vie intellectuelle de la France devrait les réunir dans un même esprit» (321, 1872, pp. 364-365).

Toutefois, bien qu'il soit d'avis que les critères classicistes sont sujets à une mise en perspective historique, Gaston Paris ne partage pas l'enthousiasme d'un Boucherie vis-à-vis des valeurs esthétiques des textes médiévaux. Il ne revendique pas pour les œuvres du moyen âge une gloire littéraire égale à celle des littératures dites classiques, et notamment de la grecque. En effet, tout comme la philologie classique est pour lui la seule qui puisse aspirer à être une véritable science générale de la culture, il considère la poésie grecque, et à l'intérieur de celle-ci la poésie épique populaire, comme le *summum* de la création artistique, « incomparable, éclose à un moment unique du génie du peuple poétiquement le mieux doué qui ait existé »[267]. Comme il l'écrivait en 1863 déjà, dans son étude sur « La *Chanson de Roland* et les *Nibelungen* » :

> « Les Grecs, 'enfants gâtés des filles de Mémoire', ont eu seuls le privilège de posséder une parfaite épopée, et toutes celles des autres peuples ne paraissent que des ébauches dès qu'on les approche de ce modèle [...] Parlerai-je de la forme ? et parmi les plus ardents admirateurs des poèmes du moyen âge s'en trouve-t-il un seul qui ne convienne de leur infériorité sur ce point ? [...] Là encore il faut se résigner à reconnaître la suprématie de ce peuple favorisé, et les nations modernes peuvent dire à leur épopée, en parlant de l'*Iliade*, ce que Stace disait à son poème à propos de l'*Enéide* : 'N'essaye point d'atteindre la divine *Iliade, Sed longe insequere et vestigia semper adora*' » (371*, 1863, dans 345*, 1900, pp. 19-21).

Nous nous retrouvons ici, dans le raisonnement de Gaston Paris, devant l'ambivalence déjà relevée entre une attitude normative (face au modèle grec) et une position historiciste (prônée, en l'occurrence, pour les études littéraires en général)[268].

Le rapport entre « goût » et « histoire » semble déjà beaucoup préoccuper le jeune Gaston Paris. En témoigne un carnet de 1861/1862, dans lequel celui-ci a esquissé le plan d'un ouvrage traitant *De la nécessité de concilier, dans l'histoire critique des lettres, le sentiment perfectionné du goût et les principes de la tradition avec les recherches inédites et l'intelligence historique du génie divers des peuples*[269]. Après avoir décrit la « révolution historique »

---

[267] 321, 1872, p. 364.

[268] Notons que c'est cette même ambivalence qui se fait jour chez Goethe, ainsi par exemple quand il écrit à Eckermann le 31 janvier 1827 : « Nationalliteratur will jetzt nicht viel sagen, die Epoche der Weltliteratur ist an der Zeit, und jeder muss jetzt dazu wirken, diese Epoche zu beschleunigen. Aber auch bei solcher Schätzung des Ausländischen dürfen wir nicht wie bei etwas Besonderem haften bleiben und dieses für musterhaft ansehen wollen. Wir müssen nicht denken, das Chinesische wäre es, oder das Serbische, oder Calderón, oder die Nibelungen ; sondern im Bedürfnis von etwas Musterhaftem müssen wir immer zu den alten Griechen zurückgehen, in deren Werken stets der schöne Mensch dargestellt ist. Alles übrige müssen wir nur historisch betrachten, und das Gute, soweit es gehen will, uns daraus aneignen » (Goethe 1948, p. 229).

[269] E.P., Fonds Gaston Paris, C/VI/75, f. 2 (voir, pour le plan dans son ensemble, Annexe XIV).

amorcée depuis la fin du XVIII^e siècle et les conséquences de celle-ci sur l'ensemble des sciences humaines, Gaston Paris, conscient du fait que la mise en perspective historique entraîne nécessairement une relativisation des valeurs esthétiques traditionnelles, se demande, inquiet: «Est-ce à dire que l'esthétique n'a plus aucune valeur, et que l'histoire prend complètement sa place?» A quoi il répond:

> Aucunement. De même, en effet, que l'histoire, tout en tenant compte des aptitudes diverses et des génies de chaque race, fait cependant planer sur le tout une morale unique, de même l'idée du beau parfait doit présider à tous les jugements de l'histoire littéraire. Seulement, elle doit l'appliquer non aux individus, mais aux époques et aux nations, comme l'histoire le fait de son côté pour la morale. Ainsi compris, bien loin de ne plus exister, le goût devient cent fois meilleur et nous fait admirer les belles choses avec bien plus d'intelligence et d'élévation[270].

Dans le texte qu'il rédige sur la base de son plan et qu'il intitule finalement *De la manière d'écrire l'histoire des lettres*[271], le jeune Paris est plus explicite au sujet qui nous intéresse. Il y distingue notamment le beau absolu et le beau relatif. Le beau absolu, parfait, existe bel et bien, écrit-il, mais il n'existe qu'à la manière d'une idée (platonicienne pourrions-nous ajouter). Les manifestations littéraires concrètes, quant à elles, ne feraient jamais que réaliser un beau relatif par rapport à ce beau absolu, qui reste la base de tout jugement esthétique. Or, Gaston Paris, et ceci n'a rien de vraiment surprenant, ne donne aucun critère objectif qui permettrait d'appréhender le beau parfait, faisant du sens esthétique une faculté de l'âme à caractère universel et éternel, innée chez les esprits doués pour la poésie et pour l'art. Les œuvres d'une époque et d'une nation – car pour Gaston Paris, on l'a vu, l'entité essentielle des études littéraires n'est pas l'individu mais la nation ou le «peuple» – seront donc jugées par rapport à un idéal absolu, ce qui amène tout naturellement à une hiérarchisation axiologique des textes littéraires. Encore une fois:

> De même en effet que l'histoire, tout en rendant compte des aptitudes diverses et des génies de chaque race, fait cependant planer sur le tout une morale unique, de même l'idée du beau parfait doit présider à tous les jugements de l'histoire littéraire[272].

On est loin, ici, des critiques de Nietzsche sur la relativisation pathologique des valeurs! Mais l'existence du beau absolu n'est, bien entendu,

---

270 *Ibid.*

271 Ce texte d'une quarantaine de pages, qui ne sera jamais publié, est achevé le 18 novembre 1862 (*ibid.*, ff. 4-47).

272 *Ibid.*, f. 2.

qu'un aspect du problème. Car l'autre versant, indispensable lui aussi, des études esthétiques est l'approche historique du beau. Il s'agit de replacer les textes dans leur contexte spatio-temporel et culturel afin de comprendre le beau relatif qu'ils mettent en œuvre. Chaque peuple aurait en effet, à chaque époque de son histoire, réalisé le beau qui lui correspondait le mieux :

> Nous apprenons quels étaient à tel moment les besoins littéraires de chaque peuple, et nous voyons, en constatant la différence si profonde des points de vue entre les esprits également élevés, que l'idéal ne peut trouver ici-bas une forme absolue et qu'il est conçu toujours d'une façon diverse, inégalement juste, mais presque toujours la seule possible dans les circonstances où elle se produit[273].

Aucune littérature ne pourra en revanche être prise comme le type absolu du beau, contrairement à ce qu'admettent les critiques classicistes, et ceci pour deux raisons complémentaires. D'abord parce qu'aucun beau relatif ne peut être posé comme absolu, et ensuite parce que si l'on songeait à le faire tout de même, l'on serait obligé de faire abstraction du contexte historique, ce qui va contre les principes même de l'histoire littéraire :

> Toutes les littératures nationales sont donc l'expression de la manière dont un peuple a conçu le beau, et à ce titre intéressent également l'histoire de l'humanité. Prendre l'une d'elles comme le type invariable du beau et prétendre en faire la mesure des autres est une prétention malheureuse, qui est incompatible et avec le but et le sens de l'histoire et avec l'idée du beau [absolu] elle-même[274].

Et Gaston Paris de continuer :

> [L'histoire critique des lettres] ne prétend plus juger les auteurs les plus éloignés les uns des autres avec un code uniforme, emprunté à telle ou telle époque d'une littérature quelconque ; elle proclame le principe éminemment libéral de la législation germanique : tout homme qu'elle juge peut demander à être jugé d'après la coutume de son pays, et il en résulte que l'historien doit se pénétrer intimement du génie de chaque peuple dont il aura des citoyens à apprécier[275].

Il ne s'agit donc pas, pour le jeune philologue, d'une relativisation absolue des valeurs esthétiques à l'image de celle qui s'est largement réalisée, on le sait, dans la société postmoderne qui est la nôtre, mais d'une relativisation toute relative – ce qui n'est aucunement une formule sophistique – qui, en dehors de l'assignation, à chaque littérature, d'une place définie sur l'échelle

273 *Ibid.*, f. 32.

274 *Ibid.*, f. 16.

275 *Ibid.*, f. 18.

du beau parfait, essaie d'apprécier les qualités esthétiques d'une œuvre par rapport à la situation géographique et historique qui l'ont vue naître. La mise en perspective historique n'amène pas, de cette sorte, à une révolution spectaculaire du canon esthétique, mais peut néanmoins conduire à des changements d'accent importants :

> On comprend cependant que notre nouvelle méthode modifiera souvent les jugements de nos pères ; nous aurons à prononcer bien des réhabilitations, à casser bien des arrêts. Il ne faut pas nous en laisser empêcher par un respect qui est une insulte pour d'autres ; il faut dire froidement la vérité. Mais toutefois il faut y regarder longtemps avant de réformer ainsi la sentence des siècles ; et même en la réformant, il faut faire comprendre que les ouvrages approuvés à tort avaient, sinon une valeur absolue, du moins un grand mérite relatif, puisqu'ils ont plu pendant si longtemps[276].

Gaston Paris n'a jamais publié ce texte, qui, notons-le en passant, n'est en rien centré sur la problématique de la littérature médiévale – au contraire, le cas de celle-ci n'y est exposé qu'accessoirement, sur une demi-page –, signe supplémentaire, s'il en était besoin, du fait que les réflexions du jeune homme à cette époque ne tournaient pas exclusivement autour de son futur domaine de prédilection. A aucun endroit, dans ses travaux ultérieurs, le philologue n'exposera sa conception de l'esthétique littéraire sous une forme aussi développée et claire. Ceci s'explique certainement par le fait que Gaston Paris, on l'a dit, a toujours mis l'accent sur l'impact historique, et plus spécifiquement national, des études littéraires médiévales et que, par rapport à ce premier souci, les considérations esthétiques, sans être absentes, étaient jugées par lui tout simplement moins essentielles. Pourtant, si cette hiérarchisation des objectifs correspondait effectivement au programme scientifique et aux convictions intimes de Gaston Paris, il est clair qu'elle a été en quelque sorte validée en fonction d'une stratégie de persuasion adoptée face à des critiques de type classiciste. Il était évidemment plus facile de convaincre les adversaires de ce champ de l'utilité des études philologiques pour la construction et la fortification de la conscience nationale que des valeurs esthétiques des textes médiévaux. C'est précisément cette stratégie que le jeune philologue met en œuvre dès la préface de son *Histoire poétique*, où il raisonne comme suit :

> «C'est donc à nos chansons de geste que je me suis surtout adressé, et c'est pourquoi j'ai cru devoir donner ici en quelques pages leur caractère général, et marquer les principaux traits de leur développement historique. Je n'entreprendrai point de démontrer leur valeur esthétique : les beautés de la poésie ne s'enseignent pas, elles se sentent. Je puis dire seu-

[276] *Ibid.*, f. 2.

> lement, pour ce qui est de moi, qu'elles m'ont procuré plus d'une fois, à ce point de vue, de véritables jouissances; mais je n'ose promettre à tout le monde des impressions semblables. Pour les éprouver, il faut être familier avec la forme et le génie de cette vieille poésie; il faut se mettre dans les dispositions de ceux pour qui elle a été faite, savoir se redonner, pour un instant, l'esprit naïf, le cœur simple, l'activité belliqueuse et la crédule ignorance des temps qui ne sont plus. Il y a un mot de Bacon qui mérite d'être médité: 'La science, dit-il, est semblable au royaume des cieux; il faut pour l'obtenir se rendre pareil aux petits enfants'. Il en est de même, je le crois, de la poésie primitive; et combien en auront la faculté et le vouloir?
>
> N'envisageons donc ces vieilles chansons, œuvres du génie de nos pères, qu'au point de vue historique: elles nous offriront assez de quoi travailler et apprendre» (356*, 1865, éd. de 1974, pp. 30-31).

On mesure la virulence de la résistance traditionaliste au courant médiéviste lorsqu'on sait que la commission du prix Gobert reprochera à Gaston Paris, au sujet de sa thèse précisément, «d'accorder aux poèmes du Moyen Age une trop grande valeur esthétique»![277]

Rédigée vingt ans plus tard, la préface à la première série de *La Poésie du moyen âge* montre que le philologue a largement maintenu sa position modérée:

> «[...] dans l'ensemble, je suis demeuré fidèle aux idées que j'exprimais dans ma jeunesse sur la poésie du moyen âge, sur l'importance qu'elle a pour l'intelligence du développement de notre conscience nationale, et sur l'esprit dans lequel il faut l'étudier et s'efforcer de la comprendre. On a célébré cette poésie, dans ces dernières années, avec un enthousiasme fort sincère, mais quelquefois peu judicieux dans son objet ou peu mesuré dans son expression; on l'a attaquée avec mauvaise humeur et en se plaçant à un point de vue qui n'a rien de scientifique. On ne trouvera dans les leçons et lectures qui forment ce recueil ni l'exaltation ni le dénigrement qui me semblent également surprenants en pareille matière. La poésie du moyen âge offre assurément même aux esprits les plus délicats et les plus cultivés, pourvu qu'ils ne se refusent pas de parti pris à les accepter, de véritables jouissances: elle frappe souvent l'imagination et touche le cœur par sa grandeur naïve, par sa simplicité, par l'intensité du sentiment qui la pénètre, ou elle plaît par la grâce svelte et la vive allure de l'expression. Il est sûr, d'autre part, que non seulement elle ne répond pas aux exigences du goût classique et qu'elle heurte toutes les habitudes dont nous trouvons souvent commode de faire des règles, mais encore qu'elle a des défauts généraux, des pauvretés et des faiblesses incontestables: on y relève souvent un singulier mélange de bizarrerie et de bana-

277 Citation d'une lettre de Gaston Paris à Renan (voir Werner 1990c).

> lité, de grossièreté et de convention; enfin il faut bien reconnaître que le plus habituel des défauts qu'elle présente, comme le plus insupportable, est la platitude. C'est malheureusement l'écueil que l'esprit français, à toutes les époques, côtoie volontiers et touche trop souvent, comme d'autres l'obscurité, le vague ou l'emphase.
>
> Je n'ai jamais songé, pour ma part, à réclamer pour cette poésie l'admiration de ceux qu'elle ennuie ou qu'elle révolte: il leur est bien facile de n'en pas prendre connaissance, et c'est un droit dont le public, en général, use largement. Mais je suis convaincu que, malgré tous les dédains et tous les anathèmes, elle se fera, par ses productions vraiment significatives, dans la culture générale, dans l'instruction des lettrés, dans l'éducation nationale, une part de moins en moins contestée, qui sera d'ailleurs et doit rester sagement restreinte» (334*, 1885, éd. de 1906, pp. VII-X).

On ne trouve rien, ici, de l'enthousiasme romantique de Boucherie, bien que les critères esthétiques que Gaston Paris retient – la «grandeur naïve», la «simplicité», l'«intensité du sentiment», la «vive allure de l'expression» – soient ceux mêmes allégués par le philologue montpelliérain. On ne trouve rien non plus, bien sûr, du mépris sarcastique de Brunetière: la littérature médiévale possède des valeurs esthétiques réelles, même si celles-ci sont, dans leur ensemble, plus faibles en comparaison de celles caractérisant les créations artistiques d'autres époques et d'autres civilisations; chacun a la possibilité d'une lecture esthétique réjouissante des textes médiévaux, à condition qu'il veuille bien prendre la peine de s'initier à l'époque, aux circonstances historiques et culturelles dans lesquelles ces productions sont nées[278]. Si Gaston Paris fait remarquer à ce sujet, dans la préface de son *Histoire poétique*, qu'un lecteur moderne devrait «se rendre pareil aux petits enfants» pour pouvoir véritablement goûter la littérature médiévale, cette affirmation est conditionnée par sa propre (re)construction historique du moyen âge comme une époque enfantine, primitive. Il n'est pas difficile de voir derrière ces qualificatifs, auxquels nous pouvons ajouter les épithètes mentionnés ci-dessus, de fortes réminiscences romantiques, qui coexistent de toute évidence, dans le discours du philologue, avec une position anti-romantique, résultat naturel de sa position historiciste. Il appartiendra à la Partie IV de cerner plus précisément ce rapport complexe, chez Gaston Paris, entre romantisme et anti-romantisme.

On l'aura d'ailleurs remarqué: dans sa préface à la première série de *La Poésie du moyen âge*, Gaston Paris prend bien, à sa façon, position par rapport aux attaques de Brunetière. Mais, chose importante, il ne lui fait pas l'honneur de mentionner son nom, le reléguant ainsi dans l'anonymat et, par

---

278 Quant à la position esthétiquement modérée de Gaston Paris en ce qui concerne la littérature médiévale, voir également Rajna 1903a.

là même, dans le non-domaine. Cette exclusion du domaine est efficacement soulignée par le jugement sur la non-valeur scientifique des arguments du critique («un point de vue qui n'a rien de scientifique»). Gaston Paris emploie une stratégie similaire d'anonymisation de l'«adversaire» – anonymisation certes toute relative, puisque tout le monde comprend immédiatement de qui il s'agit, mais néanmoins significative, puisque le nom de Brunetière n'est jamais prononcé et que l'on sait que refuser d'identifier une personne par son nom est quasiment nier son existence même – dans un discours qu'il prononce, le 18 juin 1879, à l'assemblée générale de la SATF:

> «L'intérêt que la littérature du moyen âge excite dans la partie la plus intelligente et la plus éclairée du public se montre par la réaction même qu'il provoque. Un recueil célèbre dans les deux mondes vient de publier contre cette littérature et ceux qui la cultivent une fantasque diatribe. On accuse nos chansons de geste et nos mystères de battre en brèche Homère et Virgile, Racine et Boileau. Nous n'avons certes mérité ni cet excès d'honneur ni cette indignité. L'esprit qui anime la *Société des anciens textes français* est, nous ne saurions trop le redire, purement historique. Nous ne prétendons ni dénigrer ni réhabiliter le moyen âge, ses institutions, ses croyances, ses mœurs, sa langue et sa littérature; nous prétendons le faire connaître et le faire comprendre. Cette curiosité, qui est l'âme de toute recherche historique, tout le monde l'approuve quand elle s'exerce sur des époques et des contrées éloignées de nous; il est plaisant qu'on y trouve à redire quand elle prend pour sujet notre propre histoire. Or, quoi de plus intime dans cette histoire que l'étude des façons de parler, de penser et de sentir de nos vieux pères? Grâce aux anciens textes, bien publiés et bien commentés, nous revivons de leur vie, nous savons ce qui les intéressait, ce qui les passionnait, ce qui les divisait, ce qui les faisait pleurer et rire; nous retrouvons leurs croyances, leurs mœurs, leurs habitudes d'esprit; nous pouvons presque, armés des méthodes pénétrantes et rigoureuses de la science moderne, entendre leurs voix éteintes depuis des siècles. Oui, de ces pages élégantes où l'imprimeur a fait passer pour toujours les lignes confiées jadis au fragile parchemin, leurs paroles, telles qu'ils les prononçaient et les écoutaient, peuvent se détacher et retentir à nos âmes comme l'écho tout vibrant des leurs. C'est là un spectacle digne qu'on s'y arrête, un spectacle plein d'instruction et de charme; pour le préparer à ceux qu'il intéresse, nous sommes résolus à n'épargner ni temps ni peine. Quant à ceux qui le trouvent ennuyeux, à ceux qui ne cherchent dans la lecture qu'un plaisir toujours du même ordre, ou qui, pour revivre un instant dans ce passé si lointain et qui nous touche de si près, refusent de se donner un peu de peine, et de s'arracher au présent qui les charme seul, qu'ils se détournent, qu'ils s'éloignent: ce n'est pas pour eux que nous travaillons; mais nous ne comprenons pas le sens de leurs récriminations contre nos paisibles études. Ces attaques singulières ne feront sans doute qu'appeler l'attention sur notre œuvre, qu'elles ne sauraient compromettre. Nous trouvons encore, heureusement,

> un nombre suffisant d'esprits ouverts, sérieux et distingués, qui en comprennent l'intérêt et la portée, qui ont aidé à entreprendre le petit cercle ...» (1081*, 1879, pp. 50-51).

L'anonymisation est certes moins complète que dans la préface de *La Poésie du moyen âge* de 1885, ce qui s'explique par le fait que les *Bulletins* de la SATF ne s'adressent pas à un grand public «laïque», qu'il s'agirait de mettre dans une disposition favorable vis-à-vis de la littérature du moyen âge, mais à un groupe relativement homogène de spécialistes et de «convertis», que l'on peut confronter sans danger à des critiques mettant en question le bien-fondé même de l'entreprise philologique. Mais encore une fois, même dans ce texte, ce n'est que la revue (sous une forme, qui plus est, tout allusive et ironique), et jamais Brunetière lui-même, qui est mentionnée.

En 1883, dans un autre *Bulletin* de la SATF, Gaston Paris publie quelques lignes d'hommage à Boucherie, qui venait de mourir dans sa cinquante-deuxième année. Ces lignes laissent entrevoir, une fois de plus, son mépris pour Brunetière, mais également, en même temps, sa sympathie un peu condescendante pour son ancien collègue de province, vis-à-vis duquel il avait d'ailleurs contracté une lourde dette. C'était en effet Boucherie qui avait découvert les fragments de *Mainet* ayant permis de valider la reconstruction hypothétique que Gaston Paris avait proposée de cette chanson de geste dans son *Histoire poétique*, et d'augmenter ainsi de façon spectaculaire le prestige scientifique de celui-ci[279]. Voici donc le passage en question:

> «Nous lui [à Boucherie] devons un hommage particulièrement ému et cordial. On sait par quels travaux il avait bien mérité de la philologie française, quel zèle, quelle chaleur d'âme il apportait, non-seulement à la faire progresser par ses travaux, mais à en éveiller dans le grand public le goût et la compréhension. Les injustes et superficiels dédains dont un critique, peu compétent d'ailleurs, avait cru devoir couvrir notre ancienne littérature tout entière, avaient soulevé son indignation, et il s'était élancé, comme un vrai chevalier qui entend outrager la dame de ses pensées, pour relever le gant, tandis que d'autres avaient cru mieux faire de passer et de sourire. Il a écrit à ce propos des pages pleines de conviction et de sens. Mais il servait mieux encore la cause qui est la nôtre en s'occupant, après diverses autres publications d'anciens textes, de l'édition d'un poème important qu'il avait découvert [i.e. *Galeran de Bretagne*]» (1090*, 1884, pp. 43-44).

La position modérée de Gaston Paris en ce qui concerne les valeurs esthétiques des textes médiévaux est partagée par bon nombre de philologues, d'ailleurs tant français qu'allemands. Gustav Körting, par exemple, qui réagit au premier article «anti-médiéval» de Brunetière,

---

[279] Voir 394*, 1875.

> «[e]in ganz merkwürdiger Artikel, der recht deutlich zeigt, in welcher traurigen und unheilvollen Verblendung selbst einzelne gelehrte und geistvolle Franzosen bezüglich ihrer eigenen nationalen Sprache und Litteratur noch jetzt befallen sind» (Körting 1879, p. 128),

enchaîne, trois ans plus tard:

> «Indessen, so einseitig Brunetière's Polemik gegen die altfranzös[ischen] Studien auch ist [...] *einen* nützlichen Hinweis vermag sie doch zu geben, den Hinweis darauf, dass auch die neufranzösische Sprache und Literatur und in Sonderheit diejenige des 17. Jahrhunderts ein würdiger Gegenstand philologischen Studiums ist und dass sie die Geringschätzung nicht verdient, mit welcher angehende Romanisten zuweilen auf sie herabblicken» (Körting 1882, p. 179).

Dans sa leçon inaugurale à l'université de Zurich, Heinrich Morf, réagissant, tout comme Körting, à la querelle qui avait lieu en Allemagne autour de la formation des professeurs de lycée, trop tournée, au jugement de ces derniers, vers le moyen âge[280], se prononce à son tour pour un usage modéré de la littérature médiévale:

> «Auch im Studium der Literaturgeschichte soll der neueren Zeit mehr Raum gewährt werden. Auch hier ist die Periode des Mittelalters allzusehr ins Zentrum des Unterrichts gerückt und zum Gegenstand einer sich selbst genügenden, beschreibenden Darstellung geworden. Gewiss haben diejenigen Unrecht, welche sich gegen die Beschäftigung mit der Literatur des Mittelalters deswegen aussprechen, weil Form und Inhalt dieses Schrifttums ferner Zeiten das ästhetische Bedürfnis des modernen Menschen nicht befriedige. Nicht künstlerischen Genuss sucht unser Studium in erster Linie in der mittelalterlichen Literatur – obschon ihr die Fähigkeit, solchen zu gewähren, wahrlich nicht abgeht – sondern unentbehrliche entwickelungsgeschichtliche Belehrung» (Morf 1890, pp. 46-47).

C'est sans doute, entre autres, la position modérée de Gaston Paris en matière d'«esthétique médiévale» qui a valu à la première série de *La Poésie du moyen-âge* un compte rendu relativement clément de la part de Brunetière, malgré le fait que celui-ci fût visé dans la préface même de ce volume à la manière que nous avons vue[281]. Je dis bien *relativement*, car le futur directeur de la *RdDM* reste impitoyable sur les deux points principaux que nous avons relevés, à savoir la quasi absence de valeurs esthétiques des textes médiévaux et le faible intérêt des études littéraires médiévales pour l'histoire. Mais, et c'est pour cela que sa critique nous intéresse encore ici,

---

280 Voir par exemple Curtius 1951, pp. 264-267, Bahner 1983, p. 30 et Christmann 1986.

281 Brunetière 1890.

il fustige également, cette fois-ci, les principes de l'histoire littéraire tels qu'il les voit proclamer par Gaston Paris, mais aussi par Taine et par Renan[282].

Il reproche en effet aux trois savants d'être complètement indifférents aux questions d'esthétique et de rhétorique, et de n'accorder de prix qu'à l'histoire, à ce qu'il y aurait donc précisément de moins littéraire dans les textes. Il les accuse également de faire abstraction de la forme, de ne considérer que le fond des œuvres et de ne considérer ce fond que comme le signe d'une société donnée à un moment donné et jamais comme le témoignage d'une identité individuelle, irréductible aux conditions extérieures. Or, même s'il est vrai que Brunetière, une fois n'est pas coutume, force les traits jusqu'à les fausser – Gaston Paris ne néglige pas les valeurs esthétiques, mais les relègue au second plan –, le dernier point mentionné est bien observé: la littérature est d'abord pensée, chez Gaston Paris comme chez la plupart de ses collègues, comme une production qui s'insère dans un cadre collectif, national avant tout. Et il n'est de même pas moins vrai que les «nouveaux philologues» abhorrent l'approche rhétorique de la littérature pour laquelle la France était connue dans le monde entier. Paulin Paris déjà, dans une de ses lettres à F. Wolf, s'en était violemment pris, on s'en souvient, à la superficialité des Français, à cette habitude de ses compatriotes de tout juger sur les apparences extérieures. Aux yeux de Gaston Paris et de Léon Gautier, et ils ne sont pas seuls, loin s'en faut, la prédominance du modèle rhétorique dans les études littéraires figure parmi les raisons de la défaite des Français en 1871, tout comme la forte présence des méthodes scientifiques outre-Rhin est à compter parmi les causes de la victoire des Allemands. Gautier est très clair à ce sujet:

> «Il est plusieurs excès qu'en matière d'enseignement il nous faudra, d'ailleurs, éviter très-soigneusement. Le plus dangereux, le Monstre que je redoute le plus, c'est la Rhétorique, c'est le beau-parler qui est si à la mode au Collège de France, à la Sorbonne, dans toutes nos Facultés, partout» (Gautier 1870, p. 505).

L'approche rhétorique, c'est, aux yeux de Gaston Paris, la transmission, d'une génération à l'autre, de formules banales et creuses sur telle ou telle œuvre, sur telle ou telle époque. Avant la guerre déjà, il notait à propos d'un livre sur Dante de Carl Hillebrand:

> «Si nous avions beaucoup d'études de ce genre sur les grandes œuvres des diverses littératures, nous verrions peu à peu le public sortir de son ignorance et de son indifférence, et les lettrés abandonner à tout jamais les banales formules qui se transmettent de livre en livre sur les chefs-d'œuvre du passé, et qui, plus encore que l'ignorance ou l'injustice,

[282] Voir, pour ce qui suit, *ibid.*

révoltent ceux qui connaissent et qui comprennent. M. H[illebrand] a l'enthousiasme de Dante; [...] Mais il ne dissimule pas à nos contemporains qu'on ne peut entreprendre sans préparation une pareille lecture; qu'il ne s'agit pas ici d'une de ces productions agréables qu'on parcourt rapidement, qu'on goûte et qu'on oublie; qu'il faut aborder avec recueillement cette œuvre immense, où une âme grande entre toutes a déposé sa vie tout entière et la vie d'un siècle avec la sienne; qu'il ne faut pas se laisser décourager par les difficultés, rebuter par les passages obscurs ou choquants; mais *travailler* avec persévérance, volonté et amour si on veut arriver au but. C'est là une exigence qui étonne bien des gens, habitués à jeter de côté sans autre examen ce que leur esprit léger et distrait ne saisit pas du premier coup. Est-ce trop demander pourtant qu'un travail sincère et continu pour entrer dans l'intimité d'un des hommes les plus extraordinaires de tous les temps et comprendre l'œuvre qu'il a laissée? 'La poésie n'est point un passe-temps, dit M. H[illebrand] dans une des belles pages qu'il a écrites à ce sujet, c'est un culte'» (792, 1869, p. 387).

Voici donc le mot lâché: la littérature n'est pas un passe-temps. La comprendre vraiment demande un travail que seul les professionnels, rompus aux nouvelles méthodes historiques, sont capables de faire, mais dont tout le monde peut s'approprier les résultats en s'initiant aux livres des spécialistes. Pour Gaston Paris, la «critique littéraire pure» – qu'il oppose à l'«histoire critique des lettres»[283] – a droit à l'existence, du moment qu'elle prend en considération les résultats fournis par la philologie, du moment, au fond, que, réduite à un style, à une façon de présenter les choses, elle se borne à transmettre dans une forme agréable le contenu fourni par l'érudition. Au sujet des *Causeries guernaises* de Paul Stapfer, Gaston Paris note:

«Ainsi comprise, ainsi pratiquée, la critique littéraire pure n'a rien que de bon et d'utile; elle a sa place marquée dans l'activité intellectuelle d'un pays; elle sert puissamment et répand dans des couches diverses la haute culture de l'esprit. Elle a droit d'exister à côté de la science; elle ne lui est ni hostile ni odieuse. Ce que nous avons toujours combattu, ce que nous combattrons toujours dans cette *Revue* [i.e. la *Revue critique*] c'est la critique littéraire qui dédaigne la science là où elle ne saurait se passer de son concours, qui se figure avoir fait une belle chose quand elle a répété sous une forme un peu variée des lieux communs déjà cent fois servis, qui a une orthodoxie, des saints et des réprouvés, et qui, incapable de rien découvrir et d'utiliser des découvertes des autres, méprise les faits sans avoir d'idées. M. Stapfer au rebours: il ne méprise pas l'érudition, et il s'excuse avec esprit [...] de n'en point faire, il reconnaît en même temps que tout ce travail minutieux, qu'il avoue n'être point de son goût,

[283] E.P., Fonds Gaston Paris, C/VI/75, f. 2.

est indispensable à qui veut écrire sérieusement sur n'importe quel sujet [...]. Mais à côté de l'érudition, il faudrait être bien borné pour ne pas admettre ces commentaires explicatifs, ingénieux et utiles, où un homme de goût et d'esprit se place entre le lecteur et l'auteur et les rapproche habilement l'un de l'autre, en indiquant au premier les points de vue justes et les traits originaux, importants et caractéristiques» (320, 1869, p. 320).

Rien n'exclut, évidemment, de voir réunis dans une seule et même personne le philologue et le critique littéraire, ainsi que c'est le cas, au dire de ses contemporains, de Gaston Paris lui-même[284].

Ne nous y méprenons pas: Brunetière se montre assez d'accord avec Gaston Paris sur les insuffisances d'une approche purement rhétorique de la littérature. Lui aussi se prononce pour une approche «objective» des documents littéraires, en opposition, notamment, aux critiques subjectives et impressionnistes d'un Anatole France et d'un Jules Lemaître. Lui aussi s'oppose aux «'généralisations oratoires' de la Sorbonne d'autrefois'»[285]. Brunetière représente certes une position classiciste, mais non pas une position purement rhétorique. Il n'empêche que ce qui compte le plus à ses yeux, quand on parle de littérature, ce sont tout de même les valeurs esthétiques proprement dites:

> «[...] en tant que document sur l'homme, ou, comme on dit, sur 'l'âme' du X^e^ siècle, *la Chanson de Roland* peut fort bien n'être pas moins instructive que la tragédie de Corneille ou de Racine sur l'âme du XVII^e^ siècle. On me pardonnera de persister à croire que, si ce point de vue n'est pas illégitime, il en est un plus juste, un meilleur, un plus vrai surtout pour l'appréciation des œuvres de la littérature et de l'art» (Brunetière 1890, p. 22).

Une dernière remarque s'impose ici au sujet de la notion de «scientifique». Brunetière reproche en effet aux «nouveaux philologues» de vouloir traiter la littérature de façon «scientifique»:

> «Gardons-nous [...] du fâcheux abus qui se fait aujourd'hui de ces mots de 'science' et de 'scientifique'. L'étude prétendue scientifique des œuvres littéraires n'atteint, ne peut atteindre en elles que ce qu'elles ont de moins littéraire; mais ce qui en fait le caractère propre est justement ce qui en échappe aux prises de toute méthode comme de toute formule scientifique» (*ibid.*, p. 5).

Or, on sait bien que Brunetière lui-même, dans sa théorie sur l'évolution des genres, a mis à profit une théorie scientifique, celle de Darwin en l'occur-

---

284 Voir par exemple Béthune 1903, p. 219, Minckwitz 1904, p. 285, Pakscher 1903, p. 170.

285 Cité dans Hoeges 1980, p. 68.

rence, et que, de façon générale, il parle lui aussi souvent de «science» en rapport avec la critique littéraire qu'il pratique, même s'il note à ce sujet:

> «[...] la critique est-elle une *science*? Le problème est litigieux; et pour ma part, je ne crois pas qu'elle en puisse prendre le nom, ni même, pour des raisons que je vous dirai, qu'elle ait aucun avantage à le prendre. Mais, en tout cas, nous nous convaincrons, je l'espère que pour n'être pas une *science*, la critique n'en a pas moins ses *méthodes* [...]» (cité dans Hoeges 1980, p. 74)[286].

Quand Brunetière reproche à Gaston Paris et à ses collègues de vouloir faire de l'histoire littéraire une «province de l'histoire naturelle»[287], cela le concerne donc d'abord lui-même[288]. Gaston Paris, en tout cas, nous l'avons vu plus haut, n'a jamais pensé à confondre les deux ordres de sciences, naturelles et humaines.

*

* *

Systématisons nos observations. Les chercheurs appartenant au domaine intraparadigmatique défini par l'objet de la littérature française médiévale sont convaincus de l'utilité, voire de la nécessité absolue de l'étude de cette littérature pour la reconstruction de l'histoire et, partant, de l'identité de la nation. Ils appliquent tous, dans leurs recherches, une approche historique des textes. Tous sont également d'avis que les œuvres médiévales ont des qualités esthétiques réelles. Leurs opinions diffèrent en revanche sur le degré exact de ces valeurs: à côté des modérés, il y a principalement les «trop enthousiastes», qui, de par leur glorification des textes médiévaux, menacent, aux yeux des premiers, de compromettre le caractère scientifique de l'entreprise philologique dans sa totalité. (Les «pas assez enthousiastes» semblent, de ce point de vue, beaucoup moins dangereux pour la discipline.) C'est pour cette raison que des chercheurs comme Boucherie ou Léon Gautier, autre grand enthousiaste, celui-ci, de la littérature médiévale[289], se voient expulsés du centre de l'espace paradigmatique. D'autres facteurs, il est vrai, relevant de querelles intraparadigmatiques, viennent stabiliser la position

286 Voir, pour l'approche scientifique de Brunetière en général, Hoeges 1980, pp. 67-93, et, pour une rapide et récente caractérisation, Nordmann 2001, pp. 112-120.

287 Brunetière 1890, p. 20.

288 Il est vrai que Brunetière a essayé dans ses dernières années de relativiser voire de neutraliser son héritage scientiste (voir Thoma 1986, pp. 172-173).

289 Ayant passé en revue quelques-uns des jugements plutôt négatifs de Gaston Paris sur la littérature médiévale dans la préface de la première série de *La Poésie du moyen-âge*, Brunetière écrit, sur un ton ironique: «Traite-t-on ainsi ce qu'on aime s'écrieront ici quelques dévots? et que dira M. Léon Gautier?» (Brunetière 1890, p. 7).

relativement marginale de ces deux philologues dans le domaine intraparadigmatique en ce qui concerne l'objet de la littérature médiévale, ainsi, pour Boucherie, son attitude anti-germanique dans la question de la genèse des chansons de geste[290], et, pour Gautier, son cadre d'interprétation catholique, mais aussi, plus simplement, son style d'écriture jugé trop ampoulé (voir ci-dessous).

Dans le domaine extraparadigmatique, on trouve la position de Brunetière, qui dénie non seulement toute valeur esthétique à la littérature médiévale mais qui, de plus, remet radicalement en question l'utilité même des études la concernant et va jusqu'à en faire un signe de décadence de la nation. Sont également considérées comme extraparadigmatiques, ensuite, l'approche purement rhétorique et les approches exclusivement subjective et impressionniste des textes littéraires.

Quant aux conflits intraparadigmatiques, ils sont coextensifs aux discussions philologiques portant sur la littérature du moyen âge, et c'est donc dans la Partie IV que nous les aborderons.

## Le plan du style scientifique

On ne songera certes pas à définir un espace paradigmatique à partir de la notion de style, parce qu'aucun chercheur ne se trouve rejeté du domaine intraparadigmatique, soit linguistique soit littéraire, par le simple fait que son style soit désapprouvé, et que, vice versa, aucun savant qui, de par ses positions théoriques, est considéré comme un extraparadigmatique ne sera admis dans le domaine intraparadigmatique pour son seul style. Ce dernier sert par contre à moduler l'intérieur des domaines intraparadigmatiques.

La question du style est évoquée dès le prospectus de la *Revue critique*. En parlant des principes qui vont guider la rédaction des comptes rendus, les quatre fondateurs écrivent :

> « Le premier point, celui auquel nous tenons le plus, est l'abstention complète de toute personnalité. Le livre seul est l'objet de la critique ; l'auteur pour elle n'existe pas. Nous écarterons avec la même sévérité la camaraderie et l'hostilité systématique. Nous ne voulons adopter ni attaquer personne, et nous ne prétendons servir qu'une cause, celle de la science » (« Prospectus » de la *Revue critique*)[291].

---

[290] Notons de plus qu'en ce qui concerne la linguistique, Boucherie fait clairement partie des extraparadigmatiques puisqu'il défend l'idée d'une forte parenté entre le latin et le gaulois et par là même, d'une origine celtique, ou du moins partiellement, du français (voir Brun-Trigaud 1990, p. 164).

[291] Pour le texte dans son intégralité, voir Annexe XV.

Et, dans le prospectus de la *Romania*, Gaston Paris et Paul Meyer répètent:

> «La critique des ouvrages qui paraîtront dans le domaine de nos études sera une partie importante du recueil. Fidèles aux principes que nous avons appliqués ailleurs [i.e. dans la *Revue critique*], nous l'exercerons avec impartialité, et nous croyons être utiles à la science en penchant plus du côté de la rigueur que de l'indulgence» («Prospectus» de la *Romania*)[292].

Le souci de dépersonnaliser les comptes rendus va évidemment de pair avec celui de faire accepter la philologie comme une discipline scientifique dont les résultats sont assumés – et, donc, doivent également se présenter – comme des vérités objectives, désindividualisées. Le style des travaux philologiques et le style des critiques sont censés se recouvrir parfaitement sur ce point. Ainsi, c'est précisément le style impersonnel de Gaston Paris qui est mis en valeur par Meyer dans son compte rendu de l'*Histoire poétique*:

> «Sa personnalité [de l'auteur, c'est-à-dire de Gaston Paris] n'apparaît pour ainsi dire pas, et l'on peut suivre sans distraction la fabuleuse histoire du grand empereur qu'on voit se dérouler régulièrement et comme d'elle-même» (Meyer 1867, p. 29).

Dans le cas des comptes rendus, les efforts de dépersonnalisation sont soulignés par le fait que les auteurs utilisent souvent tout simplement des initiales, des pseudonymes et des sigles ou restent même, bien que ce cas soit plus rare, complètement anonymes. Comme l'écrit très justement Bertrand Müller:

> «La notion d'auteur, comme catégorie individuelle, comme figure du créateur, telle qu'elle s'imposait progressivement dans le domaine littéraire, était totalement évacuée au seul profit du livre et de son intérêt pour le lecteur. Indifférents aux susceptibilités de l'auteur, les collaborateurs de la revue s'interdisaient uniquement de ne pas toucher à l'intégrité de la personne, de ne pas porter atteinte à sa dignité. Seules comptaient ses capacités à traiter d'un sujet, ses compétences, ses connaissances des travaux déjà publiés qu'il n'avait plus le droit d'ignorer. Le référentiel changeait, ce n'était plus l'auteur qui était jugé, mais la qualité de son travail par rapport à l'effort scientifique en cours qui était sanctionné» (Müller 1994, p. 117).

On aurait tort pourtant de s'attendre, d'après cette analyse, à ce qu'un ton calme et posé corresponde à l'objectivité et à l'impartialité proclamées. Tout au contraire, on est frappé, à la lecture des comptes rendus de l'époque, par la violence, voire la férocité, des jugements négatifs. On se rappelle la virulence

292 Pour le texte dans son intégralité, voir Annexe XVI.

des critiques adressées par Gaston Paris à Henri Bordier. Voici deux autres exemples, concernant tous les deux des publications de «celtomanes» – autre exemple, par ailleurs, d'une théorie extraparadigmatique –, à savoir d'érudits cherchant à tout prix à faire dériver le français du celtique (gallois, comme ils disent), le plus souvent, il s'entend, pour des raisons purement idéologiques. Le premier concerne un livre de Justin Cénac-Moncaut, le deuxième un ouvrage d'Adolphe Granier de Cassagnac:

> «Des livres comme celui dont on vient de lire le titre[293] échappent à la critique. Les deux volumes de M. Cénac Moncaut montrent une si complète ignorance de tous les éléments du sujet qu'il prétend traiter, une si incroyable légèreté, une si totale absence de justesse dans les vues et de sérieux dans le travail, qu'on ne saurait vraiment exiger de nous que nous exposions et que nous réfutions, avec une attention qu'il n'a pas apporté à les fabriquer, les théories aventureuses de l'auteur» (316, 1867, p. 372).

> «On ne peut assurer pourtant que la tentative insensée de M. Granier de Cassagnac ne provoquera partout que la risée qu'elle éveille parfois et l'ennui profond qu'elle inspire presque constamment. [...] On peut dire à peu près de l'*Histoire des origines de la langue française* ce que Rousseau dit de la Nouvelle Héloïse: 'Tout lecteur qui croira à ce livre est perdu; mais qu'il ne s'en prenne pas à l'auteur: il était perdu d'avance'» (139, 1873, pp. 289-290).

Cette violence, qui n'est plus de mise aujourd'hui (au regret des uns et au soulagement des autres), est certes pensée comme une manifestation de la passion pour la vérité qui anime les rédacteurs, mais il est souvent difficile de faire complètement abstraction des auteurs visés, et plus d'une des «victimes» a pris les choses comme une attaque toute personnelle. Dans l'annonce de la *Revue critique* pour l'année 1876, on lit ainsi:

> «Bien que le caractère spécial de ses articles [i.e. de la *Revue critique*] et la sévérité scientifique dont elle ne s'est jamais départie aient forcément limité le nombre de ses lecteurs [...] et malgré les susceptibilités éveillées maintes fois par la sincérité de sa critique, elle a su conquérir l'estime du monde savant et elle a vu s'agrandir chaque année le cercle de ses abonnés et de ses collaborateurs» (Annonce insérée, entre autres, dans le premier numéro de la *Revue historique*, 1876).

Le but avoué de ce ton violent étant, on l'a dit, de délimiter les frontières du domaine intraparadigmatique et d'expulser les «mauvais» chercheurs dans le domaine extraparadigmatique, l'attaque est bien, en dernière instance, personnelle. Un compte rendu dans la *Revue critique* constituait effec-

---

[293] Il s'agit donc de Cénac-Moncaut, *Histoire du caractère et de l'esprit français*, Paris, Didier, 1867.

tivement un vrai rite de passage, et, le cas échéant, une véritable consécration, de par l'admission dans la *scientific community*. C'est dans ce contexte aussi qu'il faut voir le fameux passage, dans *Le Crime de Sylvestre Bonnard*, où le narrateur, paléographe et philologue de l'ancienne génération[294], note:

> «[...] je me mis à lire une revue qui, bien que menée par des jeunes gens, est excellente. Le ton en est rude, mais l'esprit zélé. L'article que je lus passe en précision et en fermeté tout ce qu'on faisait dans la jeunesse. L'auteur de cet article, M. Paul Meyer, marque chaque faute d'un coup d'ongle décisif.
>
> Nous n'avions pas, nous autres, cette impitoyable justice. Notre indulgence était vaste. Elle allait à confondre le savant et l'ignorant dans la même louange. Pourtant il faut savoir blâmer et c'est là un devoir rigoureux» (France 1991, pp. 256-257).

Il est bien clair qu'une critique vigoureuse de ce type n'est possible que si la conviction en la vérité du propre faire est ferme, ce qui était justement le cas chez les «nouveaux philologues», dotés d'une conscience très saine et très développée de la valeur scientifique de leurs propres travaux.

En ce qui concerne maintenant les travaux scientifiques eux-mêmes, les «nouveaux philologues» prônent un ton sobre et détaché, même s'ils admettent qu'une dose bien pondérée d'emphase ne peut nuire. L'essentiel, c'est, ici encore, de dépersonnaliser autant que possible le contenu présenté. Jules François Champfleury, auteur, entre autres, d'une *Histoire de l'imagerie populaire* (1869), se voit sévèrement tancé:

> «C'est [...] une prétention peu acceptable, et trop familière à M. Champfleury, que celle d'avoir fait des recherches immenses, de s'être plongé dans une mer d'érudition pour composer ses petits livres: c'est ainsi que dans sa *dédicace* [...] il parle de son 'labeur excessif', ailleurs de l''amas et de la pesanteur des matériaux' qu'il a réunis, etc.; c'est ainsi que dans sa *Caricature antique* il se plaint de son 'énorme tâche', de l''énorme quantité de livres qu'il a consultés' et s'écrie en terminant: 'Les bibliothèques m'ont vu pendant des années entrer gaiment et sortir soucieux, accablé de lecture.' Il est inutile d'insister ainsi sur la peine qu'ont pu vous donner vos études; ce qui intéresse le public, c'est votre méthode ou vos résultats; le temps que vous avez perdu lui est complètement indifférent. Et d'ailleurs, il faut bien le dire, les études de M. Ch[ampfleury] ne portent pas la trace de travaux si considérables [...]» (971, 1869, p. 268).

Et il n'est pas le seul:

---

[294] Le rapport entre ancienne et nouvelle génération philologique dans ce roman n'est pas aussi simple, pourtant. Je me permets de renvoyer dans ce contexte à l'analyse que j'ai proposée du *Crime* (voir Bähler 1998).

> «M. Bladé écrit avec une vivacité toute méridionale: 'Il n'est pas d'homme ayant pour deux sols de bon sens qui veuille admettre,' etc. [...]. – 'Charlemagne détale, comme un pleutre, avec ses plumes noires et son manteau rouge, le costume du héros de *Robin des Bois*,' etc. [...]. Nous ne blâmons pas ces familiarités, qui mettent dans cette discussion de textes une note personnelle; nous engagerons seulement M. B[ladé] à serrer un peu son style, qu'il laisse couler avec la facile abondance de la conversation» («*Dissertation sur les chants héroïques des Basques*, par M. Jean-François Bladé, Paris, A. Franck, 1866», *Revue critique*, 1866, 2e semestre, p. 222).

Ce qu'il faut également éviter, aux yeux des Gaston Paris et des Paul Meyer, c'est, évidemment, un style qui rappelle par trop la tradition rhétorique, c'est-à-dire, pour les «nouveaux philologues», cette façon d'exposer bien française qui se borne à distribuer louange et blâme. C'est cette tendance rhétorique, relevée, en l'occurrence, d'une note trop personnelle, qui est souvent reprochée à Léon Gautier, qui, pourtant, on l'a vu, dit abhorrer lui-même, sinon la tradition rhétorique en tant que telle, du moins les effets ramollissants voire abêtissants que celle-ci aurait eus sur la qualité de l'enseignement français. C'est certainement le style particulier, ampoulé de Gautier, qui venait s'ajouter à son attitude enthousiaste vis-à-vis de la littérature médiévale, ainsi qu'à sa tendance à tout interpréter dans un cadre catholique, qui a beaucoup contribué à marginaliser ce savant, dont les idées, notamment sur l'origine germanique des chansons de geste, correspondaient par ailleurs tout à fait à celles de Gaston Paris et de Paul Meyer[295]. Ce dernier critique le style de Gautier comme suit:

> «Ce qui peut être critiqué, ce n'est pas une appréciation isolée [en l'occurrence celle, trop élogieuse, de la *Chanson de Roland*], si choquante qu'elle puisse paraître, c'est une tendance générale à juger plutôt qu'à exposer, c'est aussi la recherche de l'effet à laquelle l'auteur s'abandonne trop souvent, c'est pour tout dire en un mot le caractère subjectif du livre, caractère qui se révèle dans la nuance donnée aux faits, et parfois dans des préoccupations toutes personnelles qui se font jour en des questions où il conviendrait plutôt d'exposer simplement les résultats dus aux travaux d'autrui» (Meyer 1867, p. 323).

Et Gaston Paris, dans sa «Lettre à M. Léon Gautier sur la versification latine rythmique» de 1866, texte sur lequel nous allons revenir dans la Partie III, fait cet éloge ambigu du style de son collègue, qui, dans sa leçon d'ouverture à l'Ecole des Chartes, venait d'exprimer une opinion sur le rôle de l'accent dans la prosodie latine médiévale qui était en pleine contradiction avec ce qu'il pensait lui-même:

---

[295] Voir également Ridoux 2001, pp. 676-683.

«Certes, mon cher ami, cette sortie [il s'agit d'un passage de la leçon d'ouverture de Gautier à l'Ecole des Chartes] est éloquente; elle a toutes les qualités oratoires: le mouvement, la variété du ton, la chaleur, l'argumentation pressée; elle contient, dans son petit espace, une apostrophe et un sorite, et elle se termine brillamment par une citation triomphante. Mais elle a aussi les faiblesses du genre. L'orateur veut persuader et non prouver; il cherche à produire un effet actuel et non une conviction durable: de là vient qu'il est souvent vague et obscur, qu'il ne craint pas de se contredire, et qu'il emploie sans scrupule des moyens de peu de valeur, pourvu qu'ils servent son dessein immédiat» (253*, 1866, p. 580)[296].

Cependant, un style sobre et impersonnel n'exclut pas, d'autre part, un certain agrément de la forme, on l'a déjà dit. Et c'est ainsi que certains chercheurs se voient critiqués parce qu'ils tombent dans l'autre extrême, c'est-à-dire qu'ils sont trop secs... trop ennuyeux, pour tout dire. C'est le seul reproche que Gaston Paris adresse au grand livre de Léopold Sudre sur *Les Sources du* Roman de Renart:

«Il [Sudre] aurait pu assurément écrire sur le *Roman de Renard* [sic] une œuvre plus brillante, plus accessible au grand public, où il se serait attaché à rendre sensible au lecteur moderne le sel et la grâce piquante de plusieurs des récits de nos vieux rimeurs; ce n'est ni le talent ni le goût qui lui auraient manqué pour cela; il le fera peut-être un jour, et on ne peut que souhaiter qu'il s'y décide. Mais cette fois, fidèle à l'esprit qui a renouvelé dans ces derniers temps l'histoire littéraire du moyen âge et qui a produit tout récemment les œuvres si importantes de Jeanroy [*Les Origines de la poésie lyrique en France au moyen âge*], Langlois [*Les Origines et les sources du* Roman de la Rose] et Bédier [*Les Fabliaux*], il s'est intéressé à l'arbre moins pour ses larges branches, pour ses gracieuses fleurs ou ses fruits savoureux que pour ses racines et le terrain où elles s'allongent au loin en tout sens» (574*, 1894, pp. 542-43)[297].

Charles Joret, par contre, dans son ouvrage sur *La Rose dans l'antiquité et au moyen âge*, a su assez bien trouver, aux yeux de Gaston Paris, un équilibre entre un style sobre et informatif et une forme néanmoins agréable:

«On voit combien de lecteurs différents ce livre est susceptible d'intéresser. Il leur plaira également, car l'auteur, en traitant un sujet aussi gracieux, s'est attaché à ne pas l'alourdir par une exposition pédante et un étalage d'érudition inutile; il a dissimulé autant qu'il l'a pu la longueur et la difficulté des recherches qu'il lui avait fallu faire, et a présenté à ses

[296] Pour une critique semblable d'un style ampoulé et trop délié, voir également 623, 1862, p. 369 et 393, 1873, pp. 351-352.

[297] Pour une critique semblable, voir également 1037, 1866, p. 354 et 738, 1870, p. 392.

lecteurs un bouquet dont il avait délicatement enlevé les épines, non sans y être plus d'une fois piqué lui-même en le formant au milieu des haies et des fourrés» (968, 1893, p. 372).

*

* *

La critique du style faisait donc partie intégrante du programme réformateur des «nouveaux philologues»: le nouveau discours scientifique avait besoin d'un style particulier, qui lui correspondait en tous points[298]. Au fond théorique devait, en effet, s'ajouter une forme discursive propre à faire du nouveau paradigme un tout sémiotique cohérent.

En résumé, on le voit, être un philologue parfait aux yeux de Gaston Paris est chose difficile, et la zone proprement intraparadigmatique, telle qu'elle résulte de la superposition des espaces que nous avons délimités, n'est pas sans rappeler tel fameux trou d'aiguille par lequel aucun chameau jamais ne passera ![299]

---

298 Avec ceci, chaque nation était pourtant censée conserver son style individuel (voir Partie III).

299 La comparaison entre le philologue et le chameau, soit dit en passant, perd tout caractère dépréciatif quand on sait les valeurs de patience et de religiosité que l'on attribue à ces bêtes dans la tradition chrétienne…

## TROISIÈME PARTIE

# LA PROBLÉMATIQUE NATIONALE
## (ESSAI DE SYSTÉMATISATION)

## REMARQUES INTRODUCTIVES

Au cours des pages qui précèdent, nous avons déjà parlé à plusieurs reprises de questions touchant à ce que l'on peut appeler la «problématique nationale» de la philologie romane. Nous avons vu, notamment, comment l'histoire de la philologie romane s'est, et est encore construite dans un cadre national, plus spécifiquement franco-allemand, et comment cette construction est susceptible d'être exploitée à des fins idéologiques précises. Nous avons également vu que les représentants des nouvelles méthodes historico-comparatives étaient accusés par d'aucuns – je rappelle le cas de Juliette Adam – de germanophilie, du fait même qu'ils employaient des méthodes «allemandes», c'est-à-dire développées en Allemagne.

La philologie romane est en effet, dès sa naissance officielle, institutionnelle, étroitement associée à toute une série de questions d'ordre national, que cette troisième partie essaie d'analyser, de systématiser et de comprendre: à quels niveaux et de quelles manières notre discipline est-elle, intrinsèquement ou extrinsèquement, liée à des problèmes touchant au contexte national?

*

*   *

Avant d'entrer dans le vif du sujet, il peut être utile de rappeler qu'à l'époque qui nous intéresse, c'est-à-dire dans la deuxième moitié du XIXe siècle, les catégories de la nation, du génie national et du patriotisme ne peuvent plus guère – et de moins en moins au fur et à mesure que le siècle approche de son terme – être transcendées. Au contraire, ces catégories structurent de plus en plus fortement l'appréhension du monde et deviennent, par là même, garantes de l'identité des sujets occidentaux. Le 15 septembre 1871, Renan écrit à David-Friedrich Strauss:

> «Le sentiment des nationalités n'a pas cent ans. Frédéric II n'était pas plus mauvais allemand dans son dédain pour la langue et la littérature allemandes que Voltaire n'était mauvais français en se réjouissant de l'issue de la bataille de Ros[s]bach. Une cession de province n'était alors qu'une translation de biens immeubles d'un prince à un prince; les peuples y restaient le plus souvent indifférents. Cette conscience des peuples, nous l'avons créée dans le monde par notre Révolution; nous l'avons donnée à ceux que nous avons combattus et souvent injustement combattus; elle est notre dogme» (Renan 1992, p. 154).

En effet, la nation moderne est devenue avec une rapidité étonnante, depuis les guerres napoléoniennes et le congrès de Vienne – pour prendre comme repères des événements historiques précis –, le cadre dans lequel les individus pensent, perçoivent et sentent[1].

Le concept à première vue unitaire de la nation peut toutefois recouvrir des contenus idéologiquement divergents, mais, pour prendre le cas de la France, ce n'est au fond qu'avec le mouvement boulangiste et l'affaire Dreyfus que le sentiment national éclate ouvertement en différents « sentiments nationaux », qui vont se manifester, au cours de la dernière décennie du siècle, à travers des tendances politiques diamétralement opposées[2]. Même à ce moment, pourtant, tout le monde, à l'exception de quelques anarchistes et cosmopolites endurcis, se dit patriote :

> « Le sentiment national est vraiment alors [pendant la République conservatrice, 1889-1899] à son plus haut degré d'extension et de force pénétrante. Patriotisme républicain, patriotisme traditionnel des conservateurs chrétiens, nationalisme pur se réclament de prémisses philosophiques différentes mais aboutissent à des conclusions semblables et à des résultats communs : il faut aimer et servir la France. Toutes les écoles l'enseignent aux enfants, tous les discours officiels et la quasi-totalité des organes de presse le répètent aux adultes » (Agulhon 1990, pp. 133-134).

Ce qu'il s'agira d'examiner dans le cas du discours philologique de Gaston Paris, ce n'est donc pas son inscription, somme toute banale, dans un raisonnement national et patriotique, mais la façon précise dont cette inscription se fait et, surtout, les valeurs sémantiques véhiculées par les notions de nation, de patriotisme et de génie national.

*

* *

Ces quelques remarques introductives avaient pour principal but de mettre le lecteur dans une position de réception aussi neutre que possible vis-à-vis de l'argumentation qui va suivre. S'il semble presque impossible d'aborder de façon « objective » la « question nationale » au XIX^e^ siècle derrière l'écran des expériences terribles qui en découleront tout au long du XX^e^, il est néanmoins de notre devoir d'historiens de situer et de comprendre dans leur temps les catégories qui déterminent la perception du monde et la

---

[1] Hobsbawm 1996, notamment, a pourtant montré que, pendant très longtemps, le sentiment national était l'affaire des élites politiques et intellectuelles – l'affaire des « discours officiels » en quelque sorte – et que ce n'est que relativement tard – dans le dernier tiers du XIX^e^ siècle – que la population régionale et rurale a vraiment perçu la nation comme cadre de référence identitaire. – Les publications ayant pour sujet la nation sont devenues très nombreuses dans les dernières années. Pour une première orientation, voir Cabanel 1997, qui donne une bibliographie très informative.

[2] Voir par exemple Rebérioux 1976, pp. 414-415.

pensée d'une société à un moment donné de l'histoire. Avant de crier à la «contamination» nationale voire nationaliste de la philologie romane à chaque fois qu'on rencontre sous la plume d'un chercheur telle allusion aux Allemands ou telle déclaration sur le génie français, il convient de soumettre le discours en question à une analyse qui tient compte du contexte historique dans lequel il se place.

Nos réflexions partiront d'une sorte de «grille positionnelle». Les différentes «cases» ainsi que la structure qui les relie sont censées représenter un schéma de catégorisation à valeur générale, susceptible de soutenir une analyse comparative de différents discours philologiques d'une ou de plusieurs époques données. Pour le moment, nous nous concentrerons entièrement sur le discours de Gaston Paris, tout en indiquant, là où l'occasion se présente, des positions déviantes par rapport à la sienne.

## GRILLE

Les rapports entre la philologie romane et le «complexe national» se situent sur deux plans différents, qu'il est absolument nécessaire de distinguer si l'on veut éviter de tomber d'avance dans des erreurs d'interprétation flagrantes : celui de la discipline elle-même et celui des objets d'étude de la discipline. Chacun de ces deux plans comporte à son tour plusieurs aspects.

### 1. LA PHILOLOGIE ROMANE COMME DISCIPLINE SCIENTIFIQUE

#### Le lieu

Les méthodes historico-comparatives qui ont fait accéder les philologies au statut de disciplines scientifiques dans le sens moderne du terme ont été développées à partir des années 1810 par des chercheurs allemands (Franz Bopp, Jacob Grimm, Friedrich Diez), ont été introduites en France avec un retard de plusieurs décennies et y ont rencontré, nous l'avons vu, de fortes résistances. Du point de vue de la naissance de la discipline, entendue comme une activité scientifique «normalisée», disposant, au niveau méthodique, d'un *set* de règles bien définies, et, au niveau institutionnel, d'organes spécialisés et de chaires destinées à l'enseignement et à la recherche, l'Allemagne, Gaston Paris ne cesse d'insister sur ce point, doit être considérée comme le berceau de la philologie romane. Ainsi, en 1882, le philologue note à propos de la transformation, à la Sorbonne, de la maîtrise de conférence d'Arsène Darmesteter, «Littérature française du moyen-âge et histoire de la langue française», en une chaire :

«Ceux qui voulaient, il n'y a pas longtemps encore, s'adonner à l'étude de l'ancien français se trouvaient, dès l'abord, dans une situation embarrassante et pénible. Ils savaient que la science allemande avait créé la grammaire comparée des langues romanes et fait faire aussi de grands progrès à l'histoire des littératures du moyen âge; mais, pour être initiés aux méthodes et aux résultats de cette science nouvelle dont ils entrevoyaient l'importance, il leur fallait, ou se lancer sans guides dans des lectures qu'ils ne savaient comment ordonner, ou, ce qui n'était possible qu'à un petit nombre, aller chercher des maîtres de l'autre côté du Rhin. Tout est bien changé aujourd'hui: à l'Ecole des Chartes, au Collège de France, à la Faculté des Lettres, à l'Ecole des Hautes Etudes, les jeunes gens désireux de s'instruire trouvent un enseignement qui les met au courant de la science la plus récente et les initie, par des exposés théoriques et des exercices pratiques, aux meilleures méthodes de recherche et de travail» (1089*, 1882, p. 80).

Tout au long de sa carrière, Gaston Paris met l'accent sur le fait que les travaux effectués dans le domaine de la philologie romane en Allemagne ne sont pas seulement plus nombreux, mais également, dans leur ensemble, qualitativement supérieurs à ceux qui voient le jour en France. Selon la même ligne d'argumentation, il insiste sur cet autre fait que les Allemands continuent à disposer de plus de chaires et de plus de revues spécialisées que les Français. Nous lisons, par exemple, dans un compte rendu de 1886 d'un livre d'Eduard Koschwitz sur les plus anciens monuments de la littérature française:

«Les Allemands s'emparent de plus en plus du terrain des études romanes et spécialement du domaine de l'ancien français. C'est en vain que nous essayons de marcher au moins de conserve avec eux; nous sommes vaincus par le nombre d'abord, et nous sommes loin de posséder un outillage aussi commode. Ce que nous avons de mieux à faire est de profiter des travaux qu'ils accumulent et de les remercier quand ces travaux sont vraiment utiles» (156, 1886, p. 443).

L'Allemagne est l'unique point de référence national en ce qui concerne la naissance de la discipline, et reste le principal point de référence pour le développement tant quantitatif que qualitatif des recherches philologiques. Mais, au cours des quarante années que dure l'activité scientifique de Gaston Paris, d'autres nations entrent en jeu, ce qui paraît naturel[3]. En 1888, lors d'une longue critique, dans le *JdS*, d'un livre danois, Gaston Paris présente une sorte de panorama de la philologie romane dans différents pays:

---

3 Quelques exemples: 372, 1865, p. 384 (concernant la Belgique); 356*, 1865, éd. de 1974, p. 203 (concernant l'Italie); 393, 1873, p. 351 (concernant l'Italie); 583, 1880, p. 592 (concernant la France); 482, 1884, p. 441 (concernant la France); voir également, quant à la France, 138*, 1871, p. 533.

> « [...] la langue, la littérature et la civilisation de la vieille France sont [...] étudiées à l'étranger avec plus de zèle peut-être et, ce qui ne laisse pas que d'étonner au premier abord, quoiqu'on puisse sans trop de peine en discerner les raisons, avec plus de sympathie que chez nous. Il est inutile de rappeler les grands travaux des Allemands dans ce domaine, comme dans les autres parties de la science historique ; il est plus remarquable de voir les études sur la vieille France fleurir en Italie, où M. Rajna a écrit son magistral ouvrage sur les *Origines de l'épopée française* ; en Hollande, où M. van Hamel a donné une des meilleures éditions d'un vieux texte français qu'on ait publiées depuis longtemps ; en Russie même, où M. Wesselofsky, le profond connaisseur des littératures du moyen-âge, est en train de fonder une école de philologie romane, et aux Etats-Unis, où nos anciens poèmes trouvent aussi des éditeurs fort bien préparés. L'Angleterre semble s'apprêter à prendre sa part d'un travail qu'elle a jusqu'ici négligé, bien qu'à vrai dire il l'intéresse de plus près qu'aucune autre nation.
>
> Les pays scandinaves ont eu au moyen âge, directement ou indirectement, assez de contacts avec la France pour avoir pris de bonne heure, au moins dans ce siècle, intérêt à nos antiquités. La Suède compte aujourd'hui dans ses universités plusieurs savants qui ont publié et commenté des textes français et qui souvent en ont fait l'objet de recherches originales, MM. Geijer et Wahlund à Upsal, MM. Lidforss et Wulff à Lund, M. Vising à Gothenburg, sans parler de plusieurs jeunes gens qui ne sont encore connus que par de brèves dissertations et qui promettent de bonnes recrues à la science. A la Suède on peut, à certains points de vue, rattacher la Finlande : M. Estlander, à Helsingfors, s'est occupé avec compétence de la littérature française et provençale du moyen âge, et forme actuellement des élèves qui viennent compléter leur préparation en Allemagne et en France. La Norvège possède en M. J. Storm un romaniste de premier ordre, qui, il est vrai, ne s'occupe pas essentiellement de vieux français, en MM. Loeseth et Brekke deux jeunes philologues d'avenir, qui, au contraire, en font leur principale étude.
>
> Le Danemark prend à cette œuvre commune de toute l'Europe savante une part très active » (628*, 1888, pp. 664-665)[4].

Le point de référence national principal qu'est l'Allemagne en ce qui concerne l'établissement et l'évolution de la discipline peut être dit *contingent* dans la mesure où l'esprit scientifique qui a présidé à la formation de la philologie romane et au développement de ses méthodes n'est pas, en tant que tel, nationalement déterminé, même si le génie allemand a, aux yeux de Gaston Paris, une disposition plus naturelle à développer cet esprit scientifique que d'autres peuples (voir ci-dessous).

---

[4] C'est en 1895 que Gaston Paris dit pour la première fois, mais aussi pour la dernière, que les études de philologie romane en Allemagne, du moins en ce qui concerne les thèses, deviennent moins nombreuses (voir 683, 1895, p. 290).

Mais, et c'est ici que les choses deviennent plus compliquées, Gaston Paris formule également un point de référence national qu'il faut bien appeler *essentiel*. Il est en effet d'avis que le centre de chaque philologie moderne doit se situer dans la nation même dont elle étudie la langue et la littérature. La formule qu'on voit alléguée dans ces cas est la suivante: «l'étude d'une langue et d'une littérature nationales est *dévolue de droit* aux savants de cette nation». Ainsi, la France n'a pas seulement le devoir mais aussi le droit d'être le centre de la philologie française[5].

L'idée, communément admise parmi les chercheurs de l'époque, selon laquelle chaque nation a tant le droit que le devoir d'être le centre des recherches philologiques la concernant, peut être considérée comme l'expression de la combinaison libre d'au moins trois raisonnements différents.

Tout d'abord, c'est une question d'honneur national, comme le dit Gaston Paris dans un compte rendu de 1864 déjà:

> «On n'aime pas à voir des étrangers s'occuper des cendres de vos pères et leur procurer des monuments dignes d'elles: seulement il arrive quelquefois qu'on s'avise trop tard de leur disputer cet honneur» (1097*, 1864, p. 442).

Vingt-deux ans plus tard, lors d'un aperçu de l'activité de la SATF dans le *JdS*, c'est encore sur cet aspect que le philologue met l'accent:

> «Une des raisons qui ont engagé les premiers fondateurs de la Société à la créer, à lui consacrer une part souvent considérable de leur temps et de leurs peines, est une considération étrangère à la science pure: ils trouvaient regrettable que les étrangers publiassent les anciens monuments de notre littérature avec plus de zèle et souvent avec plus de compétence que nous. Cet état de choses n'a pas cessé, bien au contraire: il s'est fondé en Allemagne des collections d'anciens textes français qui déploient une activité chaque jour plus grande; de Suède, d'Italie, d'Angleterre, de Russie même, on vient dans nos bibliothèques copier nos manuscrits pour les mettre au jour avant nous. Rien n'est plus honorable pour la France d'autrefois que cet intérêt excité par sa littérature chez les étrangers; rien n'est plus explicable aussi, car cette littérature est en effet à la base de toutes les autres littératures nationales, elle les a fécondées, elle les a souvent fait naître; mais notre abstention ou notre langueur dans cette ému-

---

[5] Dans le prospectus de la *Romania* (voir Annexe XVI) Meyer et Paris écrivent: «[...] nous l'avouerons, il nous a semblé que le centre des études romanes devait être en France plutôt qu'en Allemagne [...]», déclaration qui pourrait faire penser, à première vue, que les deux rédacteurs veuillent accorder à la France une place de suprématie par rapport aux autres nations romanes dans le domaine de la philologie romane. Or, le propos de la phrase n'est pas du tout là, mais concerne uniquement la concurrence entre la France et l'Allemagne. Nous n'avons trouvé, de façon générale, aucun document de Gaston Paris qui permettrait de conclure à une position franco-centriste à l'intérieur de la Romania.

lation ferait au contraire peu d'honneur à la France d'aujourd'hui» (366*, 1886, pp. 395-396)[6].

Un deuxième raisonnement se laisse dégager du postulat selon lequel, étant donné que la langue et la littérature sont l'expression de l'âme d'un peuple[7], un locuteur natif est mieux qualifié que tout autre pour comprendre – dans le sens le plus complet, herméneutique de ce terme – les productions linguistiques et littéraires de son propre pays. C'est là l'idée qui se cache peut-être derrière cette déclaration de Gaston Paris:

> «[...] M. Fr[itsche] est capable de s'en tirer d'une façon satisfaisante [il s'agit d'un livre qui répertorie les noms propres dans l'œuvre de Molière]. Il serait à désirer cependant qu'un pareil ouvrage fût fait par un Français; outre que cet abandon de notre littérature à l'exploitation des Allemands commence à devenir ignominieux, il est certain que l'Allemand le plus laborieux et le plus instruit est moins bien qualifié pour cette entreprise qu'un Français, et que M. Fr[itsche], à Wehlau, n'aura pas sous la main bien des instruments de travail indispensables» (757, 1868, p. 141).

Le postulat en question, comme la plupart de ceux qui ont trait à la prétendue spécificité irréductible des différents peuples et de leurs cultures respectives, est née du romantisme allemand, et se trouve à la base des réflexions des premiers philologues. Habermas note ainsi à propos d'un discours tenu par Jacob Grimm lors d'une assemblée des germanistes allemands en 1846/47:

> «Die hermeneutische Einsicht in die Vorurteilsstruktur des Verstehens wird dahingehend pointiert, dass wir das Eigene besser verstehen als das Fremde. Gleiches muss von Gleichem erkannt werden. Das zeigt sich vor allem an der Poesie, die 'eigentlich nur in ihr (der Muttersprache) verstanden sein will'» (Habermas 1998, p. 19).

Dans la préface que Joseph von Görres, professeur à l'université de Munich, écrit, en 1846, à la *Darstellung der spanischen Literatur im Mittelalter* de Ludwig Clarus, nous voyons exprimée la même idée:

> «Denn die Geschichte des Fortschrittes in der allmählichen Entwicklung der Kunst bei einem Volke, sollte vor Allem dies Volk selber schreiben. Derselbe Grundstock geistigen Vermögens, mit dem dies Volk zu hausen angefangen, bleibt ihm unverkürzt auf alle Zeit... Das also wäre das Beste und Angemessenste, wollten die Völker selber ihres Geschichtlichen, insbesondere ihrer Kunstgeschichte, wahrnehmen. Das Beste aber

---

[6] Quant à l'argument de l'honneur national, voir également 38, 1868 (identique à 661, 1868).

[7] Il s'agit ici d'un aspect du domaine des objets de la philologie – voir ci-dessous, «invariant 1» – qui interfère dans le domaine scientifique.

schliesst das Gute, noch weniger das Bessere aus. Die Völker sind aufeinander angewiesen, und so mag auch der Angehörige eines fremden Volkes, im Gerichte über die Leistungen des Anderen, beisitzen» (cité dans Gumbrecht 1984, pp. 61-62).

Il n'est peut-être pas sans intérêt de noter que cette vision des choses se maintient avec ténacité jusqu'à nos jours, ainsi qu'a dû l'apprendre à ses dépens George Steiner:

> «In rassistischen, nationalistischen und tribalen Ideologien und ‚Säuberungs'-Programmen ist sie [die nachfolgend geäusserte Behauptung] seit dem 19. Jahrhundert ein heiseres Schibboleth. Nur der Muttersprachler kann in mystischen Tiefen *Blut und Boden, terre et les morts* der Rasse oder des Nationalstaates verkünden. In ihrem modernen Gewand geht diese Behauptung auf Herder und den romantischen Nationalismus, der von der Französischen Revolution und der Napoleonischen Saga entfesselt wurde, zurück. Gemeinschaftliche und persönliche Kohärenz, die Identität und Historizität der Kultur sind unveräusserlich an den Genius der Sprache gebunden, so wie er aus der schattigen Quelle des ethnischen Stromes emporsteigt. Kein Aussenseiter, kein Kurier oder Träger von Kontrabande zwischen Sprachen, selbst dort, wo ein derartiges Transportieren seit frühester Kindheit und in derselben Psyche stattfindet, kann völlig dazugehören» (Steiner 1999, pp. 122-123).

Et Steiner d'ajouter, à juste titre:

> «Die wirkliche Geschichte der abendländischen Literatur (sowie der Philosophie und der Naturwissenschaften) weist jedoch in die andere Richtung [...]» (*ibid.*, p. 123).

Or, dans le discours de Gaston Paris, l'argument de la supériorité absolue et apriorique d'un philologue locuteur natif sur tout chercheur appartenant à une communauté linguistique étrangère est, il faut le souligner, quasi absent, la seule occurrence que j'aie trouvée étant celle précédemment citée, occurrence qui, de plus, est problématique, puisqu'il n'y s'agit pas de la compréhension de la langue et de la littérature françaises proprement dites, mais seulement de celle de «noms propres»[8]. Tout porte à croire que Gaston Paris avait suffisamment bien en tête la qualité tant louée par lui des travaux allemands dans le domaine de la philologie romane pour contourner le piège d'un raisonnement culturel «exclusif» de ce genre.

---

8 Il est possible aussi que Gaston Paris se soit simplement inspiré dans ce compte rendu des déclarations de Fritsche lui-même, qui avait noté dans la conclusion de son livre: «'Les commentateurs français auront toujours sur les autres l'avantage de posséder un sentiment plus complet et plus spontané pour la langue [...]'» (cité par Gaston Paris dans 757, 1868, p. 144).

Quant au troisième argument qui appuie le principe «nationalo-centraliste» des philologies modernes – argument revendiqué à haute voix, tout comme le premier, par Gaston Paris –, il est lié à la visée attribuée à ces disciplines et sera discuté plus loin.

Une dernière remarque: tout comme le terme de «patriotique», le principe «centraliste» s'applique également, dans le discours de notre philologue, aux différentes contrées françaises. Ainsi, c'est d'abord aux Provençaux de s'occuper de la littérature occitane:

> «Jusqu'à présent les patriotes provençaux ont trop négligé la science; ils devraient ne laisser à personne le soin d'étudier et d'apprécier leur ancienne littérature» (825, 1868, p. 109)[9].

Il est pourtant clair, nous l'avons dit, que le centre philologique à l'intérieur de la France doit être, aux yeux de Gaston Paris, nulle part ailleurs qu'à Paris. Ceci ne veut pas dire pour autant, soulignons-le ici, que la position du savant au sujet du centralisme français en général, tant politique que culturel, ne soit pas tout à fait modérée. A plusieurs reprises, en effet, le philologue déplore les conséquences néfastes que les efforts d'égalisation ont eues et continuent à avoir pour la variété culturelle de la France. Lui-même semble bien défendre le principe de l'«unité dans la variété»[10]. En 1865 déjà, dans l'*Histoire poétique*, il donne à méditer l'exemple de Charlemagne:

---

9 D'autres exemples: 623, 1862, p. 368 (au sujet de la *Collection des poètes champenois du moyen âge* de Tarbé) et 937, 1864, p. 59 (également au sujet de Tarbé et de la poésie champenoise).

10 A cette conception correspond l'idée que Gaston Paris se fait du «paysage linguistique» de la France: tout en niant, comme Meyer, l'existence de dialectes dans le sens propre du terme (voir notamment, à ce sujet, la fameuse conférence sur «Les parlers de France» [226*, 1888]), le savant admet un espace linguistique varié, sous la domination de ce qu'il appellera en 1889 le «francien» (Bergounioux 1989, p. 34), domination qui s'expliquerait par des raisons toutes historiques. C'est ce qu'il explique à Mistral, dans une lettre du 25 avril 1894, suite à un malentendu déclenché par un article de journal où on lui avait fait dire que tous les parlers de la France, y compris le basque et le breton, n'étaient que des corruptions du français (Boutière 1978, p. 213): «[...] comment diable avez-vous pu croire que j'ai jamais dit les sottises qu'on me prête! [...] je n'ai jamais rien dit ni pensé de pareil à ce qu'on me fait dire, et [...] ma seule doctrine a toujours été que tous les parlers français (ou plutôt gallo-romans) sont des développements parallèles au latin et ont des droits et des titres de noblesse parfaitement égaux. Ce n'est que la politique d'une part, et la littérature de l'autre, qui ont donné à tel parler une suprématie plus ou moins durable. Ce qu'on me fait dire du français je l'ai dit du latin [...]» (cité dans *ibid.*, p. 215). C'est en tout cas, ici encore, le modèle «unité dans la variété» (voir aussi 226*, 1888, p. 4) qui est défendu par Gaston Paris, qui, tout en déclarant que la centralisation parisienne a eu de grands avantages pour le développement de la civilisation et de l'unité nationales, n'en constate pas moins avec regret la perte de la variété linguistique qu'elle a également entraînée (*ibid.*, p. 7). Voir aussi, à ce sujet, 334*, 1885, éd. de 1906, p. 48. – Pour la question de la dialectologie au XIX^e siècle en général, voir Brun-Trigaud 1990 et, tout

> «L'unité dans la variété, telle semble avoir été sa devise [de Charlemagne]; et notre époque, dont le grand problème est peut-être la détermination exacte du rapport de ces deux termes, doit saluer dans son œuvre un des plus puissants efforts qu'on ait faits pour le fixer» (356*, 1865, éd. de 1974, p. 450).

La conférence de 1870 sur la *Chanson de Roland* apporte encore un témoignage sur les idées de Gaston Paris au sujet de la centralisation française:

> «Il faut aimer notre vie nationale dans toutes ses variétés locales, dans toutes ses phases historiques, décentraliser notre passé aussi bien que notre présent; il faut nous donner des institutions larges, flexibles, pouvant se plier aux aptitudes et aux besoins différents des hommes qui composent la nation, en leur inspirant à tous également, bien que d'une façon diverse, la satisfaction de leur sort et la reconnaissance pour le pays qui le leur assure» (334*, 1885, éd. de 1906, p. 116).

## Les méthodes

Les principes des méthodes historico-comparatives qui déterminent le caractère scientifique de la philologie romane obéissent pour Gaston Paris, il n'est plus nécessaire d'insister sur ce point, à la raison scientifique en général et échappent par là même aux critères nationaux. La science et ses règles sont pensées comme étant universellement valables:

> «[...] il n'y a qu'une histoire, une critique, une érudition, comme il n'y a qu'une stratégie et une balistique» («A nos lecteurs», *Revue critique*, 1872, 1er semestre, p. 2).

Il peut y avoir, par contre, des rapports difficiles entre l'esprit scientifique et tel ou tel génie national. C'est notamment le cas, nous dit Gaston Paris, pour la France. Dans son discours de réception à l'Académie française, le philologue ne ménage pas la fierté de ses compatriotes:

> «Est-ce tout à fait à tort qu'on nous accuse de laisser trop facilement prendre une injuste prédominance à la forme sur le fonds, au sentiment

---

récemment encore, Goebl 2002, en part. pp. 34-35. – On a interprété la conception dialectologique de Gaston Paris et de Paul Meyer comme la manifestation d'une pensée jacobine, voire nationaliste: il se serait agi de proclamer une France une et indivisible sous la domination de Paris et du «francien» pour mieux pouvoir s'opposer aux autres nations, à l'allemande notamment (voir par exemple Bergounioux 1989 et 1996 et Chevalier 1998). Tout en étant globalement d'accord avec cette vision des choses – il y a sans aucun doute, chez les deux philologues, un souci très prononcé de construire une unité nationale française –, je n'irai cependant pas jusqu'à identifier cette conception avec une attitude nationaliste qui, c'est ce que j'espère montrer dans cette partie, ne paraît nullement correspondre aux convictions de Gaston Paris.

> sur la raison ; d'avoir des partis pris auxquels nous nous attachons en nous refusant à en examiner les bases ; de dédaigner l'exactitude, que nous traitons volontiers de pédantisme ; d'être complaisants aux illusions qui flattent nos désirs, indulgents aux exagérations ou même aux mensonges qui amusent notre malignité ou caressent nos passions ; d'être, enfin, toujours portés à 'croire les choses parce que nous voulons qu'elles soient' ? Je ne le pense pas, et je crois que ces tendances, qui sont dangereuses et pourraient devenir funestes, tiennent en partie à ce que l'esprit scientifique n'est pas assez répandu parmi nous » (1095*, 1897, pp. 51-53).

Si Gaston Paris est lui-même fortement imprégné des valeurs identitaires françaises, et fier de l'être – on se rappelle les jugements qu'il avait portés sur les Allemands lors de son séjour à Bonn et à Göttingen –, il n'hésite pas non plus à mettre en évidence à maintes reprises ce que le génie français et l'esprit scientifique ont, à ses yeux, d'incompatible. Il ne cache alors pas son opinion : non seulement les Français ont intérêt à acquérir les qualités propres à l'esprit scientifique s'ils veulent travailler de concert avec les chercheurs des autres nations, mais encore cet esprit peut-il corriger ou du moins atténuer les faiblesses propres au caractère français. La diffusion de l'esprit scientifique dans des cercles plus vastes de la population française doit passer par la réforme de l'enseignement et du système d'éducation, Gaston Paris, nous l'avons déjà vu, est d'accord là-dessus avec Renan et tant d'autres. Revenant, en 1875, du jubilé de l'Université de Leyde, qui avait réuni quelques-uns des savants les plus prestigieux d'Europe, le philologue, dans son rapport de voyage, lance cet appel aux lecteurs du *Journal des Débats* :

> « [...] on attend de nous de grands et mâles efforts. Je voudrais faire passer dans l'âme de tous la conviction qui anime depuis longtemps quelques esprits réfléchis, et qui est devenue plus vive encore chez ceux qui reviennent de Leyde : c'est par l'enseignement, et surtout par l'enseignement supérieur, que la France doit commencer à se relever » (1100*, 1875).

En dehors des méthodes, il y a pourtant aussi un *style* scientifique, c'est-à-dire, essentiellement, une façon de mettre en discours les résultats d'un travail, et ce style, lui, découle bel et bien, de l'avis du philologue, des différents génies nationaux. C'est à ce niveau des jugements portés sur la manière dont les auteurs présentent leur savoir que le « caractère français » de Gaston Paris réapparaît, à l'occasion, de façon très nette. Ce n'est en effet pas toujours aux travaux allemands que va, sous cet aspect, sa prédilection, et les catégories que le savant mobilise pour la description des deux styles, français et allemand, correspondent tout à fait à l'arsenal habituel des stéréotypes nationaux – ici, en France, la clarté, la légèreté et l'élégance, là, en Allemagne, le compliqué, la minutie exagérée et la lourdeur[11] :

[11] Quant à cette critique des styles nationaux, voir également Bollack 1985, pp. 471-474.

> «Il [le livre de Brachet, *Grammaire historique de la langue française*] a surtout l'avantage d'être élémentaire, parfaitement clair, débarrassé des formules techniques et des subdivisions par trop minutieuses qui hérissent les ouvrages allemands [...]» (135, 1868, p. 31).

A propos du livre de Karl Bartsch, *Untersuchungen über das Nibelungenlied* (1865), ouvrage qu'il apprécie beaucoup au niveau du contenu, Gaston Paris note:

> «Nous nous sommes surtout servi, pour ce qui va suivre, de ce gros livre, d'un usage peu commode et peu agréable. L'auteur suppose toujours son lecteur au courant de la question, procédé allemand qui a du bon, et qui vaut mieux assurément que la manie de reprendre toujours la guerre de Troie à l'œuf de Léda, mais qui ici et ailleurs est exagéré. Il en résulte que cinq ou six personnes seules peuvent comprendre, ou qu'on est obligé de faire de longues recherches que vous épargnerait parfois un seul mot d'explication» («*Deutsche Classiker des Mittelalters*, mit Wort- und Sacherklärungen. Herausgegeben von Franz Pfeiffer. – Dritter Band. *Das Nibelungenlied*, herausgegeben von Karl Bartsch, Leipzig, Brockhaus, 1866», *Revue critique*, 1866, 2e semestre, p. 183, n. 1).

A la fin de son compte rendu, il revient à la charge:

> «[…] puisque M. B[artsch] sait si bien écrire quand il le veut, nous lui demanderons d'éclaircir un peu à l'avenir et de rendre plus commodes au lecteur, même ses travaux d'érudition; ils sont trop souvent encombrés de détails répétés à satiété, et privés d'une division méthodique claire et saisissable. Herder a appelé un de ses ouvrages *Forêts critiques*; ce titre conviendrait assez à certains livres de M. B[artsch], tels que ses Recherches sur Karl Meinet, – sur Kudrun, – sur les Nibelungen: on n'y avance qu'à coup de hache. C'est une belle chose qu'une forêt, mais pour en jouir encore faut-il qu'il y ait des chemins, et M. B[artsch] ne craint-il pas, pour employer un proverbe allemand, que, dans ses livres si touffus, *les arbres n'empêchent de voir la forêt*?» (*ibid.*, p. 189)[12].

A titre de comparaison «croisée», citons ici le jugement, tout aussi stéréotypé, qu'un Allemand, Hermann Fritsche, porte à son tour sur le style français:

> «'Les commentateurs français [...] ont le singulier besoin d'envelopper leur auteur dans une masse de considérations esthétiques; ils le suivent pas à pas, d'une main la férule, de l'autre l'encensoir. Nous autres Allemands, nous nous passerions bien de ces digressions dans une édition critique où nous aimerions mieux trouver ce que nous cherchons souvent en

---

[12] Pour d'autres exemples qui vont dans le même sens, voir 583, 1880, p. 594; 299, 1882, p. 200, n. 1.

vain, l'explication des passages obscurs [...]. Les commentateurs français [...] ont l'habitude de présenter leurs remarques sans preuves à l'appui, sans citation (ou sans citation suffisante) des sources où ils puisent, sans tout ce qui est indispensable au lecteur savant auquel sont cependant destinées, à ce qu'il semble, ces éditions volumineuses'» (cité dans 757, 1868, p. 140).

Or, loin de se montrer en désaccord avec les jugements de Fritsche, Gaston Paris fustige souvent lui-même certaines propriétés du style français:

> «[...] l'idée de plaire au grand public en même temps qu'aux savants. Cette confusion, qui produit presque toujours des œuvres gauches et bâtardes, n'est pas d'ailleurs propre à ce sujet; elle se retrouve en France dans beaucoup d'autres domaines, et elle y a partout de fâcheuses conséquences» (931, 1882, pp. 259-260).

*
* *

Faisons le point: à l'instar de l'esprit scientifique en tant que tel, les méthodes scientifiques en général et les méthodes historico-comparatives en particulier sont par nature, pour Gaston Paris, indépendantes des différents génies nationaux. La science est une et indivisible. Sont en revanche déterminées par les génies nationaux les formes de manifestation concrètes de l'esprit et des méthodes scientifiques, soit au niveau du développement institutionnel d'une discipline, soit à celui de la qualité des recherches, soit, encore, en ce qui concerne le style des travaux. Gaston Paris pense bien que les Allemands, de par leur tempérament, sont en général plus portés aux recherches philologiques que les Français, mais les principes scientifiques qui sous-tendent ces recherches et les résultats qu'apporte leur stricte application se situent évidemment, pour lui, au-delà de toute catégorie nationale. Dans sa «Lettre à M. Léon Gautier sur la versification latine rythmique» de 1866, il revient sur un jugement émis par Mario Sepet à propos des idées que Gautier avait exprimées, dans sa leçon d'ouverture à l'Ecole des Chartes, au sujet de la versification latine dans les textes du moyen âge. Sepet avait en effet loué les «idées françaises» du jeune érudit qui, contrairement à Gaston Paris, croyait pouvoir négliger presque complètement le rôle de l'accent dans la prosodie latine médiévale[13]. Devant les déclarations de Sepet, Gaston Paris, auquel les futurs travaux sur le sujet donneront entièrement raison, ne peut que s'écrier:

> «Cet 'éloge qu'il vous fait' n'est pas bien clair: qu'est-ce que des *idées françaises* à propos de la versification latine du moyen âge? Cela veut

---

[13] Sepet 1866, p. 517.

dire sans doute que ceux qui ne pensent pas comme vous sur l'accent ont des *idées allemandes*. Cherchons surtout, si vous m'en croyez, à avoir des idées justes» (253*, 1866, p. 579).

D'autres ne sont pas de l'avis de Gaston Paris. Ils sont, au contraire, persuadés que les méthodes historico-comparatives sont allemandes par nature et que, en tant que telles, non seulement elles ne sauraient correspondre à l'esprit français mais produiraient de plus une vérité tout «allemande». Rappelons ici le cas d'Henri Bordier, l'extraparadigmatique, qui persévère dans l'opinion que la méthode phonétique, puisqu'elle est née en Allemagne, a naturellement privilégié les étymons germaniques, et qui, pour remédier à ce prétendu mal, n'hésite pas à remplacer ces derniers par des étymons latins, le plus souvent envers et contre toutes les évidences linguistiques. Rappelons également le reproche fait au jeune Gaston Paris par Juliette Adam: «Votre esprit est l'esprit d'Allemagne; votre méthode [...] *sa* méthode»[14]. Pour donner un troisième exemple, prenons le cas d'Alphonse Baudoin[15]. Auteur d'un livre sur le *Pamphile, ou l'art d'être aimé* (1874), ce dernier se voit vivement attaqué par Gaston Paris dans la *Revue critique*, tant pour son absence de méthode historique que, surtout, pour son attitude germanophobe, l'archiviste-paléographe étant allé jusqu'à mettre en doute la sincérité et la qualité des travaux de chercheurs allemands aussi méritoires que Jacob Grimm:

> «'La science, dit M. B[audoin] entre autres choses, n'est guère probe de l'autre côté du Rhin, parce qu'elle y est rarement impersonnelle. Pour un savant consciencieux, on y voit vingt opérateurs qui font métier d'exciter la curiosité de la foule en scalpant les auteurs graves'. A titre de revanche sans doute, M. B[audoin] s'amuse à 'scalper' Jacob Grimm auquel il ne manque qu''un peu de probité et de bon sens'» (291, 1874, p. 200)[16].

Conclusion de Gaston Paris:

> «Je sais bien que M. B[audoin] n'a pas qualité pour parler au nom des lettres françaises, et que le ridicule de ses attaques contre 'la science allemande' ne peut retomber que sur lui. Cependant on est trop disposé

14 Adam 1904, p. 459 (c'est moi qui souligne).

15 Alphonse – et non pas Alfred, contrairement à ce qu'indique le titre du compte rendu de Gaston Paris (291, 1874) – Baudoin (né en 1830), archiviste-paléographe à Langres.

16 Il faut bien admettre que l'attitude de Jacob Grimm n'a pas toujours été aussi détachée de tout souci idéologique que ne paraît le croire Gaston Paris (voir, notamment, Boehlich 1966); mais, d'autre part, il est vrai aussi que les idées problématiques de Jacob Grimm au sujet, notamment, de la supériorité du génie germanique, et plus spécifiquement allemand, ne semblent pas avoir laissé de traces directes dans les œuvres scientifiques, dont elles ont pourtant, dans une large mesure, motivé la naissance.

aujourd'hui, non-seulement en Allemagne, mais dans toute l'Europe savante, à la malveillance à notre endroit pour qu'il ne soit pas utile de désavouer hautement des incartades dont on se plairait sans aucun doute à tirer parti contre nous. Ce n'est point par de vaines et enfantines colères, par de fades plaisanteries, par un parti-pris d'admiration et de dénigrement également aveugles que la science française doit combattre pour maintenir son rang: c'est par des études sérieuses, impartiales et approfondies, pour lesquelles la connaissance intime des travaux étrangers est presque toujours indispensable» (*ibid.*, p. 201).

Baudoin contre-attaque par la publication d'une plaquette – on peut partir de l'idée que, autre extraparadigmatique, il n'a pas eu plus que Bordier de droit de réponse dans la *Revue critique* – intitulée *Le Pamphilus et M. Gaston Paris* (1875), dans laquelle il accuse ce dernier de l'«assommer» de son savoir et, finalement, le traite d'«Allemand». La réaction de Gaston Paris est un échantillon de plus du style agressif employé par le philologue vis-à-vis de savants rangés par lui dans le domaine extraparadigmatique:

> «C'est trop naturel. J'ai même été agréablement surpris: je m'attendais à 'Prussien'. Quant à lui, il a publié le *Pamphilus* 'par pur patriotisme'. Ce motif, auquel on ne s'attendait guère, est assurément fort respectable: un patriotisme non moins pur, mais plus éclairé, engagera désormais M. Baudoin, j'en ai la confiance, à ne rien publier du tout» (293*, 1875, p. 399).

De façon générale, les promoteurs des méthodes historico-comparatives se voient régulièrement accusés, surtout depuis la guerre de 1870, de germanophilie, voire de trahison «intellectuelle» de la patrie[17]. Pendant l'affaire Dreyfus, les experts de l'Ecole des Chartes qui, en alléguant l'objectivité de leurs méthodes d'investigation, niaient fermement l'identité de l'écriture de Dreyfus avec celle du bordereau, en faisaient la cruelle expérience. Ainsi Maurice Paléologue nota-t-il dans son *Journal de l'Affaire Dreyfus*:

> «Le conseil de guerre [à Rennes] les [Paul Meyer, Arthur Giry, Auguste Molinier] écoute avec une attention scrupuleuse mais pleine de méfiance; car il voit en eux surtout des 'intellectuels', ces pédants présomptueux qui

---

17 Voir par exemple la critique générale formulée par le philosophe E.-M. Caro dans la *RdDM* du 15 janvier 1871 à l'égard du «modèle allemand»: «Dans certains groupes d'élite, il était passé en règle absolue, on le sait, d'exalter les aptitudes critiques, scientifiques, esthétiques, des autres peuples, particulièrement du peuple allemand, en sacrifiant les nôtres, qui, tout en étant d'une nature spéciale, ont assurément leur valeur et sont au moins égales aux autres dans leur diversité. On se gardait avec soin de toute prédilection nationale comme un signe d'étroitesse d'esprit. La haute culture scientifique, c'était le nom de l'idole à laquelle nous étions tenus de sacrifier de gaieté de cœur nos prétentions surannées en faveur de ce vieil esprit français qui, au XVIIe et au XVIIIe siècle, avait fait la conquête du monde [...]» (cité dans Werner 1995, p. 194).

> se croient les aristocrates de l'esprit et qui ont tous perdu, plus ou moins, la mentalité nationale» (cité dans Joly 1989, p. 652)[18].

Nous avons déjà évoqué le potentiel éthique inhérent aux méthodes historico-comparatives en vertu du caractère *transsubjectif* et *transdisciplinaire* que leur assignaient les philologues dreyfusards[19]. Ce potentiel se voit naturellement renforcé par le postulat du caractère *transnational* des mêmes méthodes. Or, l'appel des «nouveaux philologues» à la transdisciplinarité et à la transnationalité de la science était tout sauf gratuit, comme l'a précisément montré l'Affaire: il pouvait, au contraire, aller de pair avec une attitude idéologique précise, affectant notamment la conception de la nation et de la patrie. Dans *Gaston Paris dreyfusard*, j'ai essayé de montrer pour quelles raisons et dans quelle mesure les «vertus des méthodes historico-comparatives» contenaient des éléments prédisposant à (ce qui ne veut pas dire déterminant) un raisonnement de type universaliste opposé à un raisonnement de type particulariste, et comment cette opposition pouvait recouvrir celle entre, d'un côté, un sentiment national et un patriotisme intégrants et, de l'autre, le nationalisme et le patriotisme exclusif assumés, depuis le boulangisme et plus massivement depuis l'Affaire, par les nouvelles droites[20]. Une dizaine d'années après l'affaire Dreyfus, lors de la «crise du français», cette opposition apparaîtra encore une fois de façon très nette. Dans *L'Esprit de la nouvelle Sorbonne* (1911), signé Agathon, les deux auteurs, Henri Massis et Alfred de Tarde, s'efforceront en effet de démontrer l'incompatibilité des méthodes «allemandes» et de l'esprit français et reprocheront aux professeurs de la Sorbonne d'être, sinon «sciemment antipatriotes», du moins «victimes du mirage allemand»[21]. Tout en restant, en principe, les défenseurs de la République, les deux jeunes hommes sont imprégnés d'un profond nationalisme, et leur discours est indéniablement tenu sur un ton d'inspiration barrésienne et maurrassienne[22]. Notons également que leur appel à l'«ordre classique» et, y corrélé, leur reproche aux professeurs de littérature de négliger les valeurs esthétiques des textes au seul profit d'une approche historique et documentaire, reprennent exactement les critiques que Brunetière, autre représentant d'une certaine forme de nationalisme (même si ce n'est pas sous sa forme intégrale)[23], avait adressées aux «nouveaux philologues» une trentaine d'années plus tôt. Un an après la parution du livre d'Agathon, Pierre Lasserre, porte-parole de l'Action française dans l'affaire de la «nou-

---

18 Charles Maurras adressa les mêmes reproches à G. Monod, autre représentant phare du paradigme historique «allemand» (voir Carbonell 1991, p. 181).

19 Voir Partie II, p. 300.

20 Voir Bähler 1999, notamment pp. 168-176.

21 Bompaire-Evesque 1988, p. 113.

22 *Ibid.*

23 Voir, à ce sujet, Compagnon 1997, et également Boulard 2000.

velle Sorbonne», n'hésitera plus, dans *La Doctrine officielle de l'Université*, à accuser la faculté des lettres de Paris d'une conspiration socialiste d'origine judéo-protestante[24].

La vision que Gaston Paris propage de la France est, à l'image de sa conception de la science, de type universaliste. La France n'est pour lui une valeur qu'en tant qu'elle défend des principes universels, c'est-à-dire qu'elle se subordonne à d'autres valeurs, qui sont censées lui être hiérarchiquement supérieures, telles, notamment, la justice et la vérité. C'est ce qui ressort clairement de l'ensemble de ses réactions tant publiques que privées lors de l'Affaire. Dans sa lettre ouverte à Albert Sorel, co-fondateur de la Ligue de la patrie française, lettre publiée dans le *Figaro* du 3 janvier 1899, le philologue écrit entre autres:

> «L'omission de tout hommage à la magistrature, au moment où l'on l'accable des injures à la fois les plus odieuses et les plus ridicules, n'est pas la seule qui frappe dans le manifeste. Il n'y est point parlé de la justice elle-même, ni de la recherche impartiale de la vérité. C'est cependant là le vrai terrain sur lequel j'aurais attendu que des hommes comme vous auraient convié tous les Français à s'entendre.
>
> L'amour de la justice est le signe à la fois le plus noble et le plus essentiel de la civilisation. Nous avons toujours, mon cher ami, été d'accord sur ce point. [...]
>
> S'il y a des lacunes dans ce manifeste d'apaisement, il y a aussi de singulières obscurités. Les ligueurs se proposent de 'travailler, dans les limites de leur devoir professionnel (?)[25], à maintenir, en les conciliant avec le progrès des idées et des mœurs, les traditions de la Patrie française.' Il me semble que ces traditions soient menacées. Par qui? Par ceux qui demandent la vérité et la justice? Je regarde, pour ma part, l'amour de ces deux grandes choses comme un de nos plus précieux héritages, et je tiens ceux qui veulent les sacrifier à un prétendu intérêt d'Etat pour infidèles à nos meilleures traditions» (*Le Figaro*, 3 janvier 1899)[26].

En s'inscrivant dans un système de valeurs de type universaliste, Gaston Paris se montre donc en opposition radicale avec les nouvelles droites, toutes largement antidreyfusardes, pour qui il ne saurait y avoir une valeur supérieure à celle, particulariste, de la patrie française – «my country, right or wrong»:

---

24 Ringer 1992, p. 246. – Notons ici que la sociologie durkheimienne a fait l'objet des mêmes attaques que les recherches philologiques (voir par exemple Lepenies 1985, pp. 86-87), et que, bien avant, les philologues classiques se sont déjà vus taxer de germanophiles et de francophobes (voir par exemple Loraux 1983).

25 Le point d'interrogation entre parenthèses se trouve dans le texte.

26 Pour cette lettre dans sa totalité et pour un commentaire détaillé, voir Bähler 1999, pp. 113-122.

> «[...] la France a besoin pour sa sécurité d'être au-dessus du doute: si on met en cause la justice militaire et l'armée, 'arche sainte' de la patrie, on affaiblit la cohésion nationale face à l'étranger. Mais la justice? Objection non recevable; elle n'a ici que faire; il y a la patrie, l'Etat et, en politique, la raison d'Etat. Le raisonnement antirévisionniste est donc, à son tour, exemplaire de la pensée de droite par ces deux aspects conjoints et solidaires: accepter un non-universel, la France, comme sommet de la hiérarchie des valeurs; et affirmer la spécificité du politique et de ses règles d'action au lieu de soumettre l'action politique aux règles de la morale générale» (Agulhon 1990, p. 148).

Quant à la conception universaliste que se fait Gaston Paris de la science, il n'est plus besoin d'y revenir. Citons simplement encore le passage suivant, qui se trouve dans un texte de l'immédiat après-guerre, ce qui explique la distinction très radicale que le philologue y établit entre raison et sentiment – distinction normalement plus nuancée, nous l'avons vu, dans son discours –, passage qui montre pourtant très bien dans quel sens le philologue entend séparer les deux domaines de la science et de la patrie:

> «La science doit remplir aujourd'hui le rôle qui, au moyen âge, appartenait à l'Eglise; elle doit former pour ceux qui la cultivent *en esprit et en vérité* une cité universelle où se rencontrent les citoyens de toutes les patries terrestres. Nos cœurs sont au pays qui nous a vus naître et qui nous a élevés, et ils lui appartiennent d'autant plus tendrement que ce pays est plus malheureux ou plus malade; mais les esprits de tous ceux qui se sont voués à la recherche du vrai sont rattachés par des liens qu'il ne doit être au pouvoir d'aucune force brutale de relâcher ou de rompre. Si on a vu des savants donner l'exemple et l'encouragement aux passions les plus étroites et aux haines les plus mesquines, ils ont été indignes de la science, voilà tout; mais elle est pure de tout ce qu'on a pu faire ou dire en son nom, et ceux qui prennent part, n'importe d'où ils viennent, à une œuvre commune inspirée par elle, font par cela même un acte noble, parfois courageux, et utile à l'humanité» (1051, 1872, p. 416).

Sans relâche, tant avant qu'après la guerre de 1870, Gaston Paris insiste sur la nécessité de débarrasser les recherches historiques des préoccupations patriotiques. Le patriotisme peut certes déclencher des investigations philologiques, mais ces investigations elles-mêmes doivent être libres de tout souci patriotique. Au sujet de certains savants belges, qui, sans alléguer la moindre preuve factuelle à l'appui de leur thèse, prétendent que les chansons de geste sont un produit originaire de leur pays, le philologue écrit en 1865:

> «[...] il en est du patriotisme comme de toutes les opinions préconçues, qui peuvent avoir du bon en maintes circonstances, mais qui troublent toujours la science et doivent en être sévèrement écartées» (372, 1865, p. 384).

Et comme il est conscient que la philologie, conformément à sa visée (voir ci-dessous), a un impact immédiat sur la construction des identités nationales, il exhorte les chercheurs, toujours en 1865, à rester vigilants:

> «L'histoire des légendes poétiques du moyen âge est une science encore bien nouvelle. Ceux qui s'en occupent se trouvent pour le moment en présence d'une difficulté qu'ils ne reconnaissent pas d'abord et qui vient s'ajouter à toutes celles, déjà assez fortes, qui sont inhérentes à la nature du sujet. Je veux parler des erreurs qui se transmettent religieusement de livre en livre depuis les premiers travaux auxquels donna lieu l'antiquité littéraire des peuples européens; ces erreurs, fondées en général sur un examen superficiel des textes, ont été admises sans contrôle par un grand nombre d'écrivains qui regardaient une minutieuse exactitude comme superflue en ces matières; mais elles ont trop souvent été accréditées et exploitées par ce déplorable patriotisme qui a faussé tant d'idées historiques, et qui a plus d'une fois été assez puissant pour altérer non-seulement le jugement, mais même la bonne foi des critiques. On ne saurait donc trop le répéter: de toutes les études, celles qui touchent à la poésie du moyen âge sont celles où un contrôle sévère et incessant des autorités alléguées est le plus indispensable. On est surpris, en faisant ce travail, de l'étonnant développement que peut prendre une toute petite erreur lancée un beau jour au hasard; elle fait boule de neige autour d'elle, et au bout de quelque temps on la retrouve sous forme d'un système imposant, ayant ses partisans et ses adversaires, ses commentateurs et ses continuateurs, et obstruant par sa masse la seule voie qui mène à la vérité» (845*, 1865, p. 250).

Il faut donc souligner, ici, combien on a tort de vouloir inscrire Gaston Paris, au niveau du rapport entre science et nation, dans un raisonnement de type particulariste. Se référant aux réflexions de Bernard Cerquiglini sur la méthode de Lachmann appliquée dans l'édition des textes par Gaston Paris, David F. Hult déclare:

> «[...] in order to resolve his own conflicted admiration of German academic accomplishments after the war, Paris doggedly pursued the imitation, and not the rejection, of their methods in order to 'lachmanniser vigoureusement la littérature médiévale française, et de montrer aux Prussiens... que l'on fait bien mieux qu'eux' [...]» (Hult 1996, p. 196).

Or, cette affirmation me paraît problématique, dans la mesure où elle suggère – à travers l'emploi des termes d'«imitation» et de «rejection» – que Gaston Paris ait pu admettre, ne serait-ce qu'en principe, l'existence d'une pluralité de méthodes et de sciences déterminées par les spécificités nationales. Rien, cependant, c'est ce qui ressort de l'ensemble des textes étudiés, n'était plus loin de la pensée du philologue qu'une telle idée.

Entendons-nous bien: la question qui a retenu notre attention n'était pas celle de savoir si les méthodes propagées par Gaston Paris et les autres «nouveaux philologues» ont été aussi universelles et objectives qu'ils le croyaient. Nous avons déjà évoqué quelques éléments d'ordre idéologique qui sous-tendent les principes mêmes de ces méthodes, et, de façon générale, personne ne songerait plus, de nos jours, à accepter sans de fortes nuances le postulat de l'objectivité dans les disciplines historiques. Ce qu'il s'agissait de mettre en évidence, c'est le rapport entre, d'une part, l'assomption des deux postulats de l'universalité et de l'objectivité et, d'autre part, une certaine attitude idéologique et éthique. C'est cette dimension que néglige par exemple B. Cerquiglini quand il fait le procès des «dinosaures»[27]. Au sujet de l'engagement dreyfusard de Louis Havet, philologue latiniste et grand ami de Gaston Paris, le lien important à établir n'est pas, à mon avis, celui entre la pratique philologique et l'«anthropologie criminelle»[28] – aussi intéressante que soit cette mise en rapport au niveau d'une réflexion sur l'interdépendance épistémique des disciplines –, mais bien celui entre cette pratique et un type de position idéologique, un type d'engagement du savant dans la cité[29].

Un dernier élément a pu brouiller les idées de certains. Du point de vue de la conception des sciences philologiques, il n'est pas pertinent de savoir si tel ou tel philologue a été ou non germanophobe. Ce qui est seul important, c'est de savoir si de tels sentiments ont été mêlés ou non à des considérations sur la validité et sur le caractère des méthodes historico-comparatives importées d'Allemagne. Le cas de Meyer est particulièrement instructif à ce sujet, dans la mesure où l'aversion apparente que le spécialiste de littérature occitane a développée contre les Allemands, surtout après la guerre de 1870, ne l'a jamais influencé dans ses jugements sur la validité absolue des méthodes philologiques développées outre-Rhin[30].

## La visée

La visée de la philologie romane est d'abord identique à celle de toutes les sciences, à savoir la recherche de la vérité, «a-nationale» par essence. Mais, et c'est ici que les choses se compliquent, cette vérité «a-nationale» s'identifie, dans le cas des philologies modernes, avec une vérité quant à elle toute nationale dans la mesure où l'un des buts explicites de ces disciplines, on l'a

---

27 «Gaston Paris et les dinosaures» est le titre d'un chapitre de l'*Eloge de la variante* (Cerquiglini 1989).

28 *Ibid.*, p. 78.

29 On peut recommander à ce sujet les travaux de Vincent Duclert (voir par exemple Duclert 1998).

30 Voir également Limentani 1991, p. 135.

dit, est de reconstruire, à travers l'étude de la langue et de la littérature (médiévales), le développement des différentes consciences nationales sur la longue durée. La philologie peut donc être au service d'une prise de conscience nationale, et c'est aussi pour cette raison qu'il est important, dans la logique des chercheurs de l'époque, que chaque philologie moderne ait son centre névralgique dans la nation dont elle s'occupe. Dans cette perspective, l'accent est mis sur la «connaissance de soi-même», comme l'explique Gaston Paris au sujet de la SATF:

> «C'est par cette publication [celle de tous les documents littéraires du moyen âge par la SATF] que nous pourrons enfin acquérir des notions exactes et impartiales sur ce qu'ont réellement été nos ancêtres, et, décidés en tous cas à les respecter et à les aimer, que nous arriverons à les comprendre. Cette connaissance du passé ne sera certes inutile ni à l'appréciation du présent ni à la prévision de l'avenir. Le premier précepte que doit suivre, pour se diriger, une nation comme un homme, c'est celui que l'oracle donna jadis à la Grèce: *Connais-toi toi-même*, et la science de nos jours a établi qu'on ne connaît que ce dont on sait les origines et le développement. Voilà pourquoi notre Société n'est pas seulement une entreprise intéressante au point de vue littéraire et philologique; voilà pourquoi elle est bien vraiment une œuvre nationale [...]» (1079*, 1877, pp. 57-58).

On comprend que cette visée nationale de la philologie romane ait été l'argument le plus souvent et le plus intensément allégué après la défaite de 1871 pour justifier et pour promouvoir l'entreprise philologique en France. Paul Meyer et Gaston Paris en parlent longuement dans le «Prospectus» de la *Romania*:

> «L'idée de ce recueil n'est pas nouvelle chez nous; nous l'avions conçue depuis longtemps, et sans les funestes événements de l'année qui vient de s'écouler, nous l'aurions déjà mise à exécution. Nous pensons que ces événements, loin de nous en détourner, doivent nous engager à la reprendre avec plus de zèle, à la poursuivre avec plus de persévérance: l'œuvre que nous voulons entreprendre, si elle est avant tout scientifique, est en même temps nationale, et nous avons la ferme conviction que la rupture trop brusque et trop radicale de la France avec son passé, l'ignorance de nos véritables traditions, l'indifférence générale de notre pays pour son histoire intellectuelle et morale, doivent être comptées parmi les causes qui ont amené nos désastres. Ce n'est pas que nous ayons l'intention de faire une œuvre de tendance: nous nous maintiendrons avec un soin rigoureux dans la plus pure région de la science impartiale; mais c'est précisément cette habitude d'impartialité et d'étude méthodique qu'il faudrait substituer pour toujours à la légèreté superficielle, aux vaines préventions qui nous ont fait tant de tort. Pour les peuples comme pour les individus, le premier mot de la sagesse, la première condition de toute activité raisonnée, la base de la vraie dignité et du développement normal,

> c'est encore le vieil axiome: *Connais-toi toi-même*» («Prospectus» de la *Romania*)[31].

«Comprendre la France de tous les temps», c'était bien là le slogan qui, s'il correspondait effectivement aux convictions intimes des «nouveaux philologues», était également scandé à des fins stratégiques, c'est-à-dire dans le but d'accélérer et de confirmer l'institutionnalisation de la philologie romane. En 1885 encore, dans la préface à la première série des leçons et lectures sur *La Poésie du moyen âge*, Gaston Paris lance ces paroles percutantes:

> «Ou bien la nationalité française disparaîtra, ce qu'à Dieu ne plaise, ou bien elle voudra se retremper à ses sources vives, et se fortifier par une sympathie tendre et ferme en même temps pour toutes ses manifestations sur le sol où elle s'est formée, depuis les chants naïfs de son enfance, si puissants déjà et qui retentissaient dans l'Europe entière, jusqu'aux œuvres les plus travaillées et les plus parfaites de son génie en pleine conscience de lui-même» (334*, 1885, éd. de 1906, p. X).

On voit bien, maintenant, dans quelle relation tendue la discipline de la philologie romane se trouvait au moment de sa fondation: réputée, parmi ses adversaires, être une science allemande – de par les méthodes qu'elle employait –, elle était en même temps proclamée – du point de vue de son objectif – science profondément nationale par ses propres représentants.

Arrêtons-nous encore un moment au *gnôthi seauton* qui motive les philologies modernes d'alors. Dans la même logique, on peut aussi, en effet, changer de perspective et arriver à l'idée qu'une philologie «étrangère» est au service, non plus, en premier lieu, de la «connaissance de soi-même», mais de la «connaissance de l'autre», et contribue ainsi à l'entente des peuples. C'est ce programme, aussi louable qu'ambitieux, que Gröber formula pour la romanistique dans son *Grundriss*:

> «Sie [die romanische Philologie] trägt in ihrem Teile dazu bei, den Zusammenhang der Bildung der Völker durch die Zeiten zu erhalten. Sie redet laut und deutlicher als andere geschichtliche Wissenschaften zur Gegenwart von der geistigen Mächtigkeit der Romanen, von ihren Schranken, Schwächen, Verirrungen und ruft ihnen zu und lehrt ihnen das *gnôthi seauton*[32], dessen die Völker, wie der Einzelne bedürfen, wenn sie selbst ihr Schicksal bestimmen wollen. Sie trägt, genötigt über die eigene Nation hinaus in fremde einzudringen, bei zur Versöhnung der Völker, zur Beseitigung törichter Vorurteile, zur Fernhaltung nationalen Eigendünkels» (Gröber 1904b, pp. 201-202).

---

31 Pour ce texte dans son intégralité, voir Annexe XVI.

32 En lettres grecques.

Or, il faut admettre avec Leo Spitzer[33] que cet idéal n'a pratiquement jamais été réalisé, et surtout pas par Gröber lui-même, qui a confié sa véritable opinion sur les peuples romans et sur d'autres peuples à un carnet d'aphorismes sur lequel nous reviendrons.

*
* *

Visant et fournissant un savoir sur l'identité des différents peuples, les philologies modernes peuvent déclencher, ou du moins favoriser, une prise de conscience nationale, comme cela a été le cas, nous dit à juste titre Gaston Paris, en Allemagne, qui a retrouvé son unité en partie grâce aux travaux des frères Grimm:

> «C'est de ce milieu [de l'«école romantique»] que sortit le magnifique mouvement scientifique dont les frères Grimm tiennent la tête, et qui reconstitua l'esprit national d'Allemagne, par le sentiment éclairé de la solidarité de son présent avec son passé» (356*, 1865, éd. de 1974, p. 132)[34].

Pour cette même raison, les philologies sont évidemment menacées d'être politiquement instrumentalisées et d'être ainsi détournées de leur but scientifique. Devant ce danger, Gaston Paris se hâte de remettre les choses à leur place: ce n'est que par la vérité que le philologue peut servir son pays, et ce n'est surtout pas au scientifique lui-même d'exploiter le savoir philologique à des fins pratiques, fût-ce de bonne foi. L'avertissement se faisait pressant en 1870: «Je ne crois pas, en général», disait alors le jeune savant, dans sa leçon sur la *Chanson de Roland*,

> «que le patriotisme ait rien à démêler avec la science. Les chaires de l'enseignement supérieur ne sont pas des tribunes; c'est les détourner de leur véritable destination que de les faire servir à la défense ou à l'attaque de quoi que ce soit en dehors de leur but spirituel. Je professe absolument et sans réserve cette doctrine, que la science n'a d'autre objet que la vérité, et la vérité pour elle-même, sans aucun souci des conséquences bonnes ou mauvaises, regrettables ou heureuses, que cette vérité pourrait avoir dans la pratique. Celui qui, par un motif patriotique, religieux et même moral, se permet dans les faits qu'il étudie, dans les conclusions qu'il tire, la plus petite dissimulation, l'altération la plus légère, n'est pas digne d'avoir sa place dans le grand laboratoire où la probité est un titre d'admission plus indispensable que l'habileté» (334*, 1885, éd. de 1906, p. 91).

---

[33] Spitzer 1945/46.

[34] Voir également 8*, 1863, p. III.

En dépit de ces déclarations de principe, les philologues sont à l'occasion bel et bien désignés pour former une sorte de tribunal, à caractère tout scientifique pourtant. C'est notamment le cas lorsqu'il s'agit de juger de l'authenticité de documents historiques allégués par certains groupements politiques pour inscrire l'identité nationale de leur peuple dans la longue durée. Les philologues accèdent alors véritablement au statut d'«experts en falsifications», comme c'est officiellement le cas, bien que dans un domaine quelque peu différent, pendant l'affaire Dreyfus, au cours de laquelle des chartistes comme Arthur Giry, Paul Meyer, Fernand Bournon et les frères Molinier sont appelés par la justice, en leur qualité même de philologues (paléographes, en l'occurrence), à se prononcer sur l'écriture du bordereau.

A l'époque de Gaston Paris, époque de gloire, s'il en fut, des mouvements nationaux, plusieurs «faux nationalistes», parmi lesquels les plus fameux, les vers ossianiques de Macpherson, sont démasqués une fois pour toutes. C'est le cas aussi des deux poèmes épiques basques, le *Chant des Cantabres* et le *Chant d'Altabiçar*, respectivement fabriqués au XVIII^e et au début du XIX^e siècle. L'établissement définitif de leur caractère de faux par Jean-François Bladé, en 1866, suscita ces considérations générales du jeune Paris:

> «La production de documents faux, ainsi que leur protection contre les attaques de la critique, a quatre causes principales: l'intérêt, la vanité, la religion et le patriotisme. [...] Mais c'est le patriotisme qui a dicté les plus remarquables et les plus heureuses de ces fraudes, et l'une des formes les plus habituelles qu'il a adoptées est celle de la poésie épique. [...] Cette forme a en effet tous les avantages: d'une part, elle est assez flottante pour qu'il soit difficile de lui appliquer les procédés rigoureux de la critique; d'autre part, en même temps qu'elle permet de fournir les renseignements qu'on veut faire accepter au public sur l'état passé d'un peuple, elle rehausse la valeur de ce peuple et lui donne une gloire poétique appréciée très-haut; enfin elle se prête à l'imagination du faussaire, qui est généralement un peu poëte, et le dispense des recherches trop minutieuses qu'exigerait la confection de chartes ou de chroniques [...] Enfin la philologie, devenue historique et comparative, apportait dans l'examen des textes ses redoutables procédés, ses méthodes inflexibles et sûres [...]» («*Dissertation sur les chants héroïques des Basques*, par M. Jean-François Bladé, Paris, A. Franck, 1866», *Revue critique*, 1866, 2^e semestre, pp. 218-219)[35].

Le manuscrit de Königinhof, fabriqué en 1817 par Václav Hanka – lui-même philologue – et censé prouver l'ancienneté de la nationalité tchèque, constitue un autre exemple de faux «nationaliste»[36]. En 1866 toujours, Louis

---

35 Voir également, sur le même sujet, 872, 1866, p. 313.

36 Václav Hanka (1791-1861), écrivain et philologue, avait fabriqué les manuscrits de Königinhof et de Grünberg, respectivement en 1817 et 1818, avec l'aide de ses amis J. Linda

Léger publia une traduction française des textes de ce manuscrit et, dans son introduction, s'opposa à la théorie de la falsification, telle qu'elle avait été formulée, entre autres, par J. Feifalik en 1860. Rendant compte dans la *Revue critique* de l'ouvrage de Léger, Gaston Paris se montre très sceptique au sujet de l'authenticité des documents en question et critique le savant français d'avoir injustement mis en doute le caractère « cosmopolite » qui caractériserait en général la philologie allemande. Le texte mérite d'être cité longuement :

> « L'authenticité de ces poèmes [ceux du manuscrit de Königinhof] a été attaquée par la critique allemande avec une grande force, défendue par les savants tchèques avec une vivacité qui a souvent dégénéré en violence. C'est que, sous cette discussion de textes et de mots, s'agite une antipathie de races, qui n'est pas loin peut-être de provoquer une explosion redoutable. La nationalité tchèque, presque détruite au XVII<sup>e</sup> et au XVIII<sup>e</sup> siècle, se reconstitue, depuis le commencement du nôtre, avec ardeur et persévérance. Les vieux chants héroïques découverts en 1817 donnèrent à la conscience nationale un point d'appui qui jusque-là lui avait manqué dans le passé. Ce fut sur cette base que se développa la jeune littérature tchèque, qui fit sa Bible du manuscrit de Königinhof, et le mouvement national lui-même ayant été tout littéraire à l'origine, on regarda ce manuscrit comme le palladium de la nationalité.
>
> On reprocha aux Allemands qui attaquèrent l'authenticité de ces poëmes d'être poussés par leur vieille haine d'oppresseurs et leur dépit de voir renaître le peuple qu'ils croyaient avoir étouffé ; et il ne fut plus permis à quiconque voulait être patriote de suspecter, même un instant, la sincérité de la précieuse découverte. Mais, comme je le faisais observer ici dernièrement, à propos des faux poëmes basques (Rc ii 218[37]), ces protestations indignées du sentiment national ont trop souvent protégé des fraudes, et si les savants tchèques ont accusé les Allemands de prévention, ils sont bien plus justement exposés à ce reproche. M. Léger me semble avoir accueilli bien facilement les rancunes des Bohêmes quand il parle des 'travestissements de la science allemande'. Nous ne sommes pas habitués à adresser aux Allemands de semblables accusations. Le trait distinctif de la science allemande est à coup sûr son cosmopolitisme. Ne l'avons-nous pas vue étudier, presque avant nous, nos anciens monuments épiques, éclairer l'histoire des langues romanes et de leurs littératures, porter avec amour la lumière dans les origines poétiques de tous les peuples, et recueillir précisément avec avidité les productions si remarquables de la poésie populaire slave ? En admettant que quelques Allemands, en cette

---

et V. A. Svoboda. Ces deux manuscrits contiennent de prétendus poèmes médiévaux tchèques censés remonter au IX<sup>e</sup> siècle. Leur caractère de faux a été établi pour la première fois en 1860 par J. Feifalik et a été confirmé par T. G. Masaryk et J. Gebauer entre 1886 et 1888.

37 *Revue critique*, 1866, 2<sup>e</sup> semestre, p. 218 (texte que nous venons de citer ci-dessus).

occasion spéciale, aient été préoccupés d'idées extra-scientifiques, il faut que les raisons alléguées aient paru fortes pour qu'aucun autre n'ait pris la défense des poëmes condamnés par ceux-là; et d'ailleurs, non-seulement, à ma connaissance, depuis les travaux dont je vais parler, aucun Allemand n'a défendu les poèmes tchèques, mais plusieurs Slaves les ont ou attaqués ou abandonnés, et ce sont des érudits de grand mérite, tels que Feifalik, enlevé prématurément à la science, et le premier slaviste actuel, M. Miklosich» (872, 1866, p. 313).

Le tribunal scientifique qui est désigné pour intervenir dans l'affaire du manuscrit de Königinhof serait composé *idealiter* de chercheurs n'appartenant à aucune des parties intéressées, par des philologues français donc, par exemple:

> «Quoi qu'il en soit, je le répète, ce serait le cas pour les savants français, absolument désintéressés dans la question, de prononcer un jugement froidement motivé. Malheureusement, personne chez nous n'est à la hauteur d'une pareille tâche» (*ibid.*).

Et Gaston Paris de conclure son compte rendu sur un appel à la «dénationalisation» complète de la science:

> «[...] je voudrais que dans l'enquête qui se poursuivra les savants tchèques missent de côté une passion qui ne peut que nuire à la clarté de leur jugement. Il est visible que ceux d'entre eux qui, jusqu'à présent, ont défendu le ms [manuscrit], ont fait de l'apologétique et non de la critique; [...] Ce n'est pas ainsi que procède la critique: elle arrive devant l'objet qu'elle étudie sans prévention comme sans arrière-pensée; elle ne cherche qu'en lui-même les raisons de la sentence qu'elle va rendre, et ne se laisse influencer par aucune considération extérieure. Elle ignore complètement les conséquences heureuses ou regrettables que pourra avoir sa décision[38], et ne se préoccupe que de savoir la vérité sur le point qu'elle s'est donné pour tâche d'éclaircir. D'ailleurs, il est bon de le dire, la vérité ne peut jamais être dangereuse: la nationalité tchèque est à présent fondée; l'abandon des poèmes de Königinhof ne la compromettrait en aucune façon; et, s'ils sont faux, un aveu sincère ferait plus d'honneur aux savants bohêmes que l'acharnement stérile d'un étroit patriotisme» (*ibid.*, p. 322)[39].

On voit, par cette dernière remarque, que l'une des épreuves glorifiantes par excellence consiste pour un philologue à démasquer scientifiquement

---

[38] On retrouve cette même formule dans la conférence de 1870 sur la *Chanson de Roland* (334*, 1885, éd. de 1906, p. 90).

[39] Voir encore, quant à cette histoire, deux autres textes de Gaston Paris (873, 1869 et 874*, 1878), dans lesquels le philologue se déclare désormais tout à fait convaincu du fait que le manuscrit de Königinhof est un faux.

l'inauthenticité d'un document censé – injustement, bien sûr – illustrer l'ancienneté de la conscience nationale du peuple auquel il appartient lui-même[40].

## L'organisation de la recherche

Gaston Paris rêve, on l'a dit, d'une «cité des sciences», d'une patrie parapolitique, scientifique, capable de contribuer à assurer l'identité du sujet moderne. Mais cette «cité», loin d'être un espace non conflictuel comme le laisseraient entendre ses connotations religieuses, est au contraire fondée sur la notion de concurrence, tant individuelle que nationale. Nous avons déjà vu la concurrence à l'œuvre au niveau des chercheurs individuels ou de groupes de chercheurs individuels, dans les différents processus qui mènent à l'établissement d'un espace paradigmatique. La concurrence est également opératoire au niveau des nations, où il ne s'agit plus, dans la plupart des cas, de la délimitation d'un espace paradigmatique, mais de la confrontation entre des chercheurs intraparadigmatiques appartenant à des nations différentes:

> «La valeur d'une nation ne consiste pas seulement dans sa force matérielle ni même dans sa bonne organisation; il faut qu'elle se montre à la hauteur de toutes les grandes tâches intellectuelles que la civilisation propose, sous peine de déchéance. Les sciences naturelles et historiques sont un des champs où s'exerce la féconde rivalité des peuples modernes et où nous devons avoir à cœur de lutter, sinon de vaincre» (1069*, 1882, pp. 5-6).

Or, la concurrence, on a parfois tendance à l'oublier, est l'un des mécanismes de base qui règlent les recherches scientifiques dans l'ère moderne[41]. En tant que telle, elle n'est pas nécessairement négative, mais peut au contraire avoir un côté très stimulant, qui profite en dernier lieu à la qualité des recherches et, donc, au progrès de la science. C'est en tout cas dans ce sens que Gaston Paris comprend les choses:

> «Gagnés de vitesse sur ce point [l'édition d'*Aiol*], les éditeurs français donnèrent, en revanche, leur volume complet près de cinq ans avant leur concurrent allemand. Enfin celui-ci acheva son édition en 1882, et put y joindre une critique de l'édition française, qui ne s'attache guère qu'à en relever les fautes. Ces fautes ne sont pas en général bien graves, et elles

---

40 D'autres occurrences au sujet de la nécessité de tenir le patriotisme à l'écart de la science se trouvent dans les textes suivants, cités dans l'ordre chronologique: 848, 1867, p. 141 (à propos des Allemands); 1044, 1868, pp. 293-294 (à propos des Bohémiens); 940, 1868, p. 291 (à propos des Allemands); 892, 1874, pp. 140-141 (à propos des Italiens); 953*, 1889, p. 544 (à propos des Italiens); 236, 1901, pp. 415-416 (à propos des Roumains).

41 Voir, pour une première orientation, Felt/Nowotny/Taschwer 1995, pp. 75ss.

> sont compensées par de réels mérites [...]. La concurrence à laquelle cette publication a donné lieu a profité à la vieille chanson: elle a été étudiée avec un soin particulier, et on peut dire que presque toutes les questions qu'elle soulève ont été éclaircies, autant que possible, dans les introductions française et allemande» (366*, 1886, p. 396).

Au-delà des valeurs propres au modèle augustinien qui lui est sous-jacent, la «cité des sciences» rêvée par Gaston Paris possède les qualités de nature tout immanente d'un «village olympique», où différentes nations se disputent la victoire en participant du même esprit et en partageant les mêmes valeurs[42]. Ce n'est pas un hasard, en effet, si les jeux olympiques (re)naissent à cette époque. La concurrence internationale est l'un des grands principes qui régissent la vie publique dans tous les domaines possibles au cours de la deuxième moitié du XIXe siècle. Ceci est également vrai pour la concurrence plus spécifiquement franco-allemande. Celle-ci est bien présente avant la guerre de 1870, et notamment sur le terrain des recherches historiques et philologiques où, nous l'avons vu à plusieurs reprises, l'Allemagne avait pris une réelle avance sur la France. Il était donc naturel que les Allemands fussent perçus et présentés comme les principaux concurrents des Français sur ce plan.

La concurrence scientifique, tant internationale que plus particulièrement franco-allemande, se voit déjà érigée en argument clef dans le rapport de Fortoul adressé à l'empereur «à l'appui de deux projets de décret relatifs aux laboratoires d'enseignement et de recherches et à la création d'une école pratique de hautes études», rapport rédigé en 1867 et qui aboutira, comme on sait, à la fondation, l'année suivante, de l'EPHE:

---

42 On pourrait également mentionner, dans ce contexte, la position de Gaston Paris dans les controverses sur la réforme de l'enseignement, controverses où s'affrontaient notamment deux camps, celui qui, d'une façon ou d'une autre, voulait s'inspirer du modèle allemand, considéré comme responsable, entre autres raisons, de la victoire de 1871, et celui qui refusait toute imitation de structures étrangères et, surtout, allemandes. Rendant compte de l'ouvrage de Ferdinand Lot, *L'Enseignement supérieur en France, ce qu'il est, ce qu'il devrait être*, paru en 1892, Gaston Paris prend la défense du jeune historien qui, tout comme lui-même, bien que de façon encore plus radicale, appartient au premier camp: «[...] je me rends bien compte que les idées du genre de celles qu'exprime M. Lot, et dont je partage au moins les principales, rencontrent aujourd'hui peu de faveur: elles sont visiblement entachées de germanisme, et cela suffit pour les faire rejeter d'emblée par beaucoup de gens, qui ne comprennent pas que la vraie lutte internationale consiste, pour un peuple, à se rendre, sur tous les points, aussi fort ou plus fort que ses rivaux, et que la sagesse indique d'employer, quand ils leur ont réussi, les moyens dont ils se sont servis» (1106*, 1894, p. 17). Une fois n'est pas coutume, Gaston Paris essaie d'orienter la discussion d'un cadre de référence purement national vers une réflexion plus abstraite sur l'utilité de telle ou telle structure à l'intérieur d'une culture donnée (voir encore, à ce sujet, la réplique de Lavisse, *ibid.*, p. 48 et la nouvelle réponse de Gaston Paris, *ibid.*, p. 52).

«Dans l'ordre de l'érudition et des sciences, la France, depuis nos grands critiques du XVIe siècle et les illustres savants du XVIIe, a donné l'impulsion à l'Europe savante plus souvent qu'elle ne l'a reçue. Elle la donne encore aujourd'hui dans certaines directions. Toutefois, les efforts accomplis à l'étranger pour renouveler les études d'histoire et de philologie, ceux qu'on fait partout, à cette heure, en Amérique comme en Allemagne, en Russie comme en Angleterre, pour constituer, à grands frais, ces arsenaux de la science qu'on appelle des laboratoires, les écoles enfin qui se forment autour des maîtres renommés et qui assurent la perpétuité du progrès scientifique, sont une sérieuse menace contre une de nos ambitions les plus légitimes. [...] nos maîtres, trop souvent dépourvus des instruments et des appareils qui sont devenus de si puissants moyens de découvertes ou d'enseignement, se trouvent comme désarmés en face de leurs rivaux [...]. Or il est de l'intérêt aussi bien que de la gloire de la France de susciter le progrès dans toutes les branches des hautes études, comme elle le fait pour les plus humbles. [...] Du jour où nos professeurs auront, comme ceux des universités allemandes, de véritables disciples, tout en gardant les précieuses qualités de notre esprit national et sans renoncer à cet art de bien dire, inséparable de l'art de bien penser, ils consacreront plus de temps au labeur de l'érudition littéraire ou historique*, trop peu en honneur aujourd'hui parmi nous. [*en marge: si fort en honneur de l'autre côté du Rhin]» (AN, F/17/13614).

Par la suite, le motif de la «concurrence scientifique», à l'instar de celui de l'«identité (historique) de la France», se retrouve régulièrement dans les documents officiels rédigés par des philologues dans le but de débloquer des fonds pour la réalisation de différents projets de recherches. Ainsi, demandant au ministre de l'Instruction publique, dans une lettre du 20 février 1873, de pouvoir envoyer Morel-Fatio à Bruxelles pour que celui-ci puisse y consulter un manuscrit en prose de *Fierabras* – manuscrit attribué à David Aubert –, Gaston Paris clôt son argumentation comme suit:

«Il serait désirable que cette question, intéressante à plusieurs points de vue [le rapport entre la version en prose et les versions en laisses de *Fierabras*], fût élucidée par l'Ecole des hautes études avant qu'un savant allemand mette la main sur le manuscrit qui contient le mot de l'énigme» (AN, F/17/13617).

Mais, et ceci relativise tout de suite notre propos, Gaston Paris demande également, dans la même lettre, le financement d'une mission confiée à Edmund Stengel, qui, à cette époque, était l'un des nombreux étudiants allemands à l'EPHE. – Les choses ne sont décidément jamais aussi simples qu'elles ne le paraissent à première vue, et cet exemple nous met encore utilement en garde contre des interprétations trop schématiques et trop simples dans le domaine délicat des rapports complexes entre la philologie (romane) et les questions d'ordre national.

Il est d'autre part incontestable que, dans bien des cas, les conflits de 1870-71 n'ont pas seulement conféré une autre qualité à la concurrence franco-allemande, qui d'olympique est souvent devenu guerrière, mais ont aussi, de manière générale, attisé la vigilance des «nouveaux philologues», qui se voyaient parfois obligés de corriger *a posteriori* leur perception trop positive de certains travaux allemands. Dans une note insérée dans le premier numéro de la *Revue critique* après la guerre, note intitulée «A nos lecteurs», Bréal, Meyer, Morel et Paris avouent s'être ingénument trompés sur le compte de plus d'un savant d'outre-Rhin qu'ils croyaient travailler dans le même esprit qu'eux :

> «Nous ne voulons pas dire cependant, que nous aussi n'ayons pas eu nos illusions. Il y a des passages dans les livres allemands que nous lisions sans les comprendre et qui aujourd'hui ont pris pour nous une signification que nous étions loin de soupçonner. Quand M. Westphal[43], dans la préface de sa grammaire allemande publiée en 1869, disait que par la pureté de ses voyelles et le bon état de conservation de ses consonnes, la langue allemande était bien au-dessus des idiomes romans et slaves, et quand il tirait de ce fait la conséquence qu'après la période de domination que l'Allemagne avait eue au moyen âge une période analogue se reproduirait certainement dans les temps modernes, nous nous contentions de sourire[44] : nous savons aujourd'hui de quel sentiment partait cette prédiction. Quand M. Kiepert[45], en 1867, parcourait le département des Vosges et du Haut-Rhin, et interrogeait des paysans pour amasser les matériaux d'une carte de la frontière des langues, publiée à son retour à Berlin, nous croyions naïvement que c'était la curiosité scientifique qui le guidait. Nous comprenons mieux les choses aujourd'hui. Mais si nous avons vu avec amertume comment la science était mise par nos voisins au service des passions les moins désintéressées, nous ne songerons pas à les imiter. Nous ne saurions pas mêler la haine à l'érudition et le pharisaïsme à la critique» («A nos lecteurs», *Revue critique*, 1872, 1er semestre, p. 2).

Pour Gaston Paris, de telles déviations – tant du côté des Allemands que du côté des Français – ne sont, en fin de compte, qu'une raison de plus pour rester fidèle aux principes qui lui sont chers et continuer à considérer la concurrence scientifique comme un processus d'émulation féconde profitant, en dernière analyse, au progrès du savoir. Rappelons ici ce que les deux

---

43 Rudolf Georg Hermann Westphal (1826-1892), philologue allemand très controversé et auteur, entre autres, d'une *Philosophisch-historische Grammatik der deutschen Sprache*, 1868 (voir note suivante).

44 Une note bibliographique s'insère ici : «*Grammatik der deutschen Sprache*. Préface, p. vj».

45 Johann Samuel Heinrich Kiepert (1810-1899), cartographe allemand.

rédacteurs de la *Romania* disent juste après la guerre, dans leur prospectus, sur le rapport entre le nouvel organe français et le vieux *Jahrbuch* allemand:

> «[...] nous avons cru, en voyant l'activité qui s'éveille depuis quelque temps dans ce domaine, que les deux journaux pouvaient vivre l'un à côté de l'autre. Nous espérons qu'il en sera ainsi, et que la concurrence – toute scientifique – entre le recueil de Paris et celui de Leipzig tournera uniquement à l'avantage du public» («Prospectus» de la *Romania*).

Voici un dernier exemple propre à illustrer la façon dont Gaston Paris entendait la concurrence scientifique. Il est tiré de la préface aux *Poèmes et Légendes du Moyen-Age*:

> «Et de même qu'elles rapprochent de notre poésie médiévale la poésie des peuples les plus divers, ces études [réunies dans le volume en question] doivent souvent le meilleur de leur contenu aux recherches de savants étrangers, allemands, anglais, russes, italiens et espagnols. Ainsi ce volume illustre une fois de plus le grand fait de l'échange qui s'est produit de tout temps entre les œuvres des différents génies nationaux et démontre l'utilité du secours mutuel que se prêtent, dans l'investigation scientifique, les efforts des chercheurs de tous les pays. Je serais heureux s'il pouvait contribuer à ce que cette double vérité fût de mieux en mieux reconnue et devînt de plus en plus féconde» (345*, 1900, pp. VI/VII)[46].

Tout comme le principe «centraliste» auquel on soumet les philologies modernes ne concerne pas seulement, dans les discours de l'époque, les nations, mais aussi les «patries régionales», celui de la concurrence, notons-le pour conclure, est également censé être valable et fécond au niveau des contrées d'un pays. En vue de l'Exposition Universelle de 1900, Gaston Paris lance ainsi cet appel aux délégués des sociétés départementales d'ethnographie et d'art populaire:

> «[...] que chacune d'elles [i.e. des sociétés départementales] se pique, dans une généreuse émulation, de faire mieux que les autres, de savoir mieux découvrir, révéler et mettre en lumière les trésors d'art, de traditions, de poésie de son pays, d'en exprimer le génie propre avec plus de plénitude et de variété: et l'Exposition qui doit clore ce siècle offrira un spectacle qui émerveillera le monde et nous remplira d'une profonde et salutaire émotion» («Discours prononcé à la Sorbonne le 24 mars 1895, à la réunion des délégués des sociétés départementales de Paris», *in La Tradition au pays basque, ethnographie, folk-lore, art populaire, histoire, hagiographie,* Donostia/Baiona, Elkar, 1982, p. 564).

---

[46] Pour d'autres passages dans ce contexte, voir 513, 1866, p. 57; 393, 1873, p. 366.

## Bilan

Le lieu des philologies modernes, comme celui de toute science à l'époque, est la nation. A part les méthodes, posées, elles, comme absolues, tous les autres aspects touchant la philologie (romane) comme discipline scientifique sont pensés à l'intérieur d'un cadre de référence national. A une exception près, pourtant, tous ces ancrages nationaux sont conçus comme symétriques et non comme exclusifs, c'est-à-dire qu'ils sont censés être également valables pour chaque nation. L'exception asymétrique et exclusive concerne le siège des philologies nationales: chaque nation a non seulement le droit, mais encore le devoir d'être le centre de la philologie la concernant.

Dans le cadre de la concurrence scientifique internationale, les jugements de valeurs sur les travaux de telle ou telle nation concernent la quantité et la qualité des recherches mesurées à l'aune d'une norme posée comme absolue, a-nationale. On n'aura, en principe, que des jugements du type *vrai/faux*, *bon/mauvais*, *plus/moins*, mais jamais du type *même/autre*, sauf sur le plan du style de la présentation des recherches, qui échappe aux principes scientifiques proprement dits.

La conception des sciences historiques se calque clairement, en tous ces points, sur celle des sciences naturelles:

> «Tous les hommes qui s'occupent en France de travaux historiques, philologiques et littéraires sentent vivement une lacune que vous aurez sans doute déplorée vous-même, l'absence d'un recueil consacré à une critique sérieuse et régulière. Ces études n'ont pas su se donner les auxiliaires précieux que possèdent les sciences physiques et mathématiques. [...] Nous avons pensé qu'il était possible, en quelque mesure, de remédier à ce mal notoire» («Prospectus» de la *Revue critique*).

La guerre de 1870 ne marque pas de rupture dans la pensée de Gaston Paris en ce qui concerne la «problématique nationale» liée à la philologie romane en tant que discipline scientifique. A partir de 1863, au plus tard, l'Allemagne est – pour les raisons exposées – le point de référence principal dans le discours du philologue, et ce fait ne change guère par la suite. A chaque fois que cela lui paraît nécessaire, Gaston Paris se distancie ouvertement – et aussi en privé, comme l'a montré l'exemple du «Kutschkelied» – des chercheurs français qui ne savent pas faire la distinction entre leurs sentiments personnels vis-à-vis de l'Allemagne et leur devoir scientifique, mais ne ménage pas non plus les savants allemands qui dévient dans la direction réciproque.

## 2. LES OBJETS D'ÉTUDE DE LA PHILOLOGIE ROMANE

Au niveau des rapports entre la langue, la littérature et la nation, les choses se présentent de façon à la fois plus simple et plus compliquée qu'au niveau de la science elle-même. De façon plus simple, parce qu'il suffit de distinguer deux postulats de base. De façon plus compliquée, parce que sur la base de ces deux invariants, on voit apparaître une multitude de cas concrets qui, de plus, contrairement aux principes scientifiques eux-mêmes, sont susceptibles de modalisations idéologiques en fonction des circonstances (politiques) du moment.

### Invariant 1 : langue – littérature – nation

Pour Gaston Paris, comme pour l'ensemble des philologues de l'époque, il n'y a pas de doute : la langue, la littérature et la nation sont des entités non seulement interdépendantes, mais encore superposables. Il s'agit là, en effet, d'un présupposé de base de l'entreprise philologique telle qu'elle a été formulée au XIX^e siècle.

L'imbrication de ces trois facteurs – langue, littérature, nation (ou peuple) – en un ensemble inextricable de nature essentialiste semble être, à l'origine, un concept tout allemand. On s'accorde en général à attribuer sa première formulation à Johann Gottfried Herder qui, en 1774, dans *Auch eine Philosophie der Geschichte zur Bildung der Menschheit*, avait développé, en opposition explicite aux conceptions universalistes françaises – et notamment à la philosophie (de l'histoire) voltairienne –, l'idée que les différents esprits ou génies des peuples s'exprimeraient essentiellement dans et à travers les différentes langues « nationales »[47] :

> « [...] pour parler de littérature nationale un présupposé est nécessaire et à cette époque bien peu partagé, savoir : qu'il y a une irréductible spécificité de chaque langue, et que conséquemment les langues ne se recouvrent pas les unes les autres comme les variations expressives d'un exprimé qui circulerait telle une identité immuable sous des signes variables. 'Chaque nation parle comme elle pense, chaque nation pense comme elle parle, puisque nous n'avons jamais de pensée sans mot' [Herder] » (Pénisson 1994, p. 112).

Cette idée a été reprise et développée par August Wilhelm Schlegel, Johann Gottlieb Fichte, les frères Grimm[48] et les poètes romantiques dans

---

47 Voir par exemple, récemment, Casanova 1999, pp. 110-118.

48 Voir Peck 1996.

leur ensemble. Elle est devenue un élément fondateur tant du discours philologique – l'essence de la nation sera cherchée dans la littérature et l'origine de la conscience nationale dans les poèmes, épiques avant tout, du moyen âge – que du discours politique, où elle a donné naissance au concept de nation-génie, opposé à celui, «français», de nation-contrat. La France avait en effet, on le sait, développé, au cours des Lumières et des événements révolutionnaires, une idée de la nation qui n'était pas fondée sur le génie prétendu inhérent à une culture donnée, mais sur la volonté des citoyens d'appartenir à l'état qu'ils s'étaient librement choisis. Dans cette théorie, le critère de la langue n'était pas de nature essentialiste mais revêtait un intérêt tout pragmatique[49]. Or, les deux conceptions «essentialiste» et «pragmatique» de la langue ainsi que les deux types de nations auxquels elles sont associées ne correspondent pas, contrairement à ce qu'on a trop facilement tendance à admettre, à un schéma binaire stable. On trouve en effet de nombreux discours, tant allemands que français, qui mélangent ou unissent des éléments appartenant aux deux traditions. C'est le cas, entre autres, de celui de Gaston Paris, ainsi que nous allons le voir plus en détail par la suite.

De façon générale, l'idée du génie national de la langue avait rapidement pénétré l'esprit des philologues français, lesquels étaient, il est vrai, plus imprégnés que d'autres par les idées romantiques, et donc allemandes. Chez Gaston Paris, on l'a dit, la congénialité de la nation, de la langue et de la littérature est chose admise:

> «Et ne sentons-nous pas chaque jour, en comparant l'allemand au français, que la profonde différence entre les deux peuples se reflète entre les deux langues?» (136*, 1868, p. 21).

> «Une langue pense et poétise d'une certaine façon: elle s'assimile mystérieusement l'esprit de celui qui la parle, et si Ennius exagérait en disant qu'il avait trois âmes parce qu'il parlait trois langues, il n'y a aucune exagération à dire que, pour un peuple, changer de langue, c'est changer d'âme» (334*, 1885, éd. de 1906, pp. 62-63).

> «La littérature est l'expression de la vie nationale: là où il n'y a pas de littérature nationale, il n'y a qu'une vie nationale imparfaite. Ce sentiment commun, cet idéal, cet amour dans lequel tous les citoyens d'une nation fraternisent, est, de sa nature, vague et indéterminé: ce n'est que par la littérature qu'il s'exprime, se précise et se fait reconnaître de tous avec enchantement. [...] Une littérature nationale est l'élément le plus indestructible de la vie d'un peuple; elle place cette vie au-dessus des hasards de l'histoire, des accidents matériels; elle la prolonge pendant des siècles après que tout le reste, et le sol même de la patrie, lui a été enlevé. La Bible n'est-elle pas, depuis deux mille ans, la seule vraie patrie des Juifs?

[49] Hobsbawm 1996, p. 105.

> Et la nationalité grecque existerait-elle sans Homère? C'est quand un peuple a pu éprouver, par la littérature, son union de cœur et d'âme, son identité de sentiments et d'aspirations, qu'il est véritablement assuré de vivre» (*ibid.*, pp. 99-100).
>
> «[...] pour un peuple, changer de langue, c'est presque changer d'âme» (335*, 1888, éd. de 1909, p. 12).
>
> «Le grand signe et le principal facteur de la nationalité, c'est la langue» (339*, 1895, éd. de 1913, p. 60).

Gaston Paris ne se prononce jamais sur l'identité de nations pluri-linguistiques, se tenant aux cas «simples» de la France, de l'Allemagne et d'autres pays où il n'y a qu'une seule langue officielle. Cependant, et c'est ce que nous allons voir plus loin, il ne pense pas non plus qu'une langue nationale soit à elle seule une base suffisante pour assurer une conscience nationale.

Un élément sur lequel on n'a peut-être pas assez insisté dans ce contexte est le rôle qu'acquiert, à travers cette imbrication de la langue, de la littérature et de la nation, l'histoire littéraire par rapport aux autres sciences historiques. Etant la discipline qui accède le plus intimement à la «vie intellectuelle et morale» – pour reprendre un syntagme fréquent à l'époque – des peuples, l'histoire littéraire devient en quelque sorte la reine des disciplines ayant pour but de reconstruire l'identité des nations sur la longue durée. Comme le dit Gaston Paris dans sa conférence sur la *Chanson de Roland*:

> «C'est à cette époque [vers le milieu du XI^e^ siècle] qu'appartient la grande poésie épique dont la *Chanson de Roland* est le spécimen le plus complet: en l'étudiant, nous comprendrons, mieux que par l'histoire des faits, la signification morale et intime de cette époque» (334*, 1885, éd. de 1906, pp. 102-103)[50].

L'idée selon laquelle la littérature est plus proche de l'âme qu'aucune autre manifestation humaine n'est évidemment pas née du romantisme allemand. Elle remonte au moins à Aristote, qui distingue déjà la poésie, qui serait de l'ordre de l'essentiel, de l'histoire, qui, elle, se mouvrait dans l'accidentel[51]. Cette conception de la littérature et de la poésie n'a jamais disparu mais détermine sous une forme ou une autre les recherches littéraires jusqu'à nos jours. A l'époque de Gaston Paris, elle se voit exemplairement formulée par Wilhelm Dilthey, pour qui la poésie n'exprime pas «ein Erkennen der Wirklichkeit, sondern die lebendigste Erfahrung vom Zusammenhang unserer Daseinsbezüge in dem Sinn des Lebens»[52]. Le changement

---

50 Voir, pour d'autres occurrences sur la littérature comme «produit direct de l'âme», 334*, 1885, éd. de 1906, p. XI et p. 36; 915*, 1900, dans *Annales du Midi*, pp. 5-6.

51 Ricœur 1975, p. 308.

52 Dilthey 1922, p. 179.

qu'a opéré le romantisme et qui a été décisif pendant tout le XIX^e siècle et jusque dans les années 1950, c'est le transfert du trait sémantique «essentiel», pensé comme inhérent aux productions littéraires, de l'âme humaine en général sur l'âme du peuple ou de la nation en particulier[53]. C'est ainsi que les études littéraires sont devenues, dans la plupart des cas, des études littéraires *nationales*.

Si nous ajoutons un dernier élément à ce faisceau de facteurs qui faisaient des études littéraires la base même de la compréhension de l'identité d'une nation, à savoir l'importance accordée depuis les romantiques à la quête des racines, on comprend que les philologies modernes, dont l'un des buts explicites était de sonder les origines des littératures nationales, pouvaient aspirer à une place de choix dans le concert des sciences humaines de l'époque.

*

* *

La littérature, tout comme la philologie, peut favoriser voire susciter une prise de conscience nationale. A l'appui de cette thèse, Gaston Paris, dans sa conférence sur la *Chanson de Roland* en décembre 1870, donne les exemples de la Bohême et de l'Allemagne, en attribuant à l'œuvre de Goethe un rôle tout à fait décisif dans le mouvement intellectuel qui a mené à la réunification allemande:

> «On a vu de nos jours des littératures créer des nations, c'est-à-dire que la conscience nationale, presque complètement éteinte, ne vivant plus que dans un petit cercle d'élite, a retrouvé, sous l'influence des efforts incessants de ce petit cercle, concentrés dans la littérature, la plénitude de sa force et de sa vie. Ces mouvements sont d'abord quelque peu factices, et déplaisent à l'observateur impartial; mais quand il les voit réussir aussi rapidement que plusieurs d'entre eux l'ont fait, il ne peut se refuser à admettre qu'ils répondaient à un fait réel, et que la littérature a seulement réveillé dans la nation une conscience qui sommeillait. C'est ainsi qu'en cinquante ans nous avons vu renaître en Bohême la nationalité tchèque qu'on croyait éteinte, et cette nationalité allemande elle-même, qui paraît actuellement si puissante et si orgueilleuse, elle ne s'est réellement développée que sous l'action assez récente de la littérature. Il n'y a pas trois quarts de siècle que Goethe adressait à ceux qui, les premiers, essayèrent cette action, un avertissement peu propre à les encourager: 'Faire de vous

---

[53] Voir aussi l'exemple de la *Deutsche Vierteljahresschrift für Literaturwissenschaft und Geistesgeschichte* (DVjs), revue fondée en 1923: «Nicht erst Dilthey ordnete der Kunst, der Dichtung, eine privilegierte Position für die Erkenntnis der Geschichte des Geistes zu. Genau darauf gründete der – sich in der DVjs manifestierende – Anspruch der Literaturwissenschaft, 'Zentralwissenschaft vom deutschen Geist' zu sein (Dainat/Kolk 1995, p. 128).

> une nation, dit-il dans un de ses distiques, Allemands, vous l'espérez en vain; plus librement, en revanche, faites de vous des hommes'. La nation s'est pourtant faite, et Goethe lui-même, tout cosmopolite qu'il était, a puissamment contribué à la fonder: il a donné à l'âme allemande une expression que nul avant lui n'avait su atteindre, et il a créé ainsi, avec les autres grands hommes de son siècle, entre tous ses compatriotes, ce lien intime et vivant qui unit mieux que toutes les chaînes et résiste à toutes les épées» (334*, 1885, éd. de 1906, pp. 100-101).

Cependant, toute littérature qui voit le jour dans une nation donnée n'en est pas pour autant nationale:

> «Il ne suffit pas d'avoir de grands écrivains pour avoir une littérature nationale: il faut que, dans ces écrivains, se soit exprimée avec puissance l'âme même de la nation. Il y a dans les auteurs, surtout dans les poètes véritablement nationaux, tel vers, telle tournure, telle manière de comprendre un sentiment, telle conception du monde et de la vie exprimée d'un mot qui, dans l'âme de tous les concitoyens de l'écrivain, fait vibrer une corde secrète, unisone, intime, muette chez les étrangers qui le lisent» (*ibid.*, pp. 99-100).

Quelques pages plus loin, le philologue enchaîne, au sujet de la littérature française moderne:

> «Cependant quelques esprits, frappés de certains faits en apparence sans portée, se demandaient avec inquiétude, dans ces derniers temps, si cette sécurité [de l'unité nationale] était bien entièrement justifiée. [...] Ils ne voyaient pas, – et cet aveu surprendra peut-être ceux qui me font l'honneur de m'entendre, – ils ne voyaient pas dans notre littérature, toute nationale qu'elle est à plusieurs points de vue, un centre suffisant de vitalité: ils trouvaient que la période dite classique de cette littérature était définitivement morte, et que dans la période nouvelle les œuvres véritablement nationales faisaient presque défaut» (*ibid.*, pp. 114-115).

Gaston Paris se garde bien, pourtant, de citer nommément les auteurs français contemporains qui, à ses yeux, ne sont pas nationaux, et parmi lesquels figurent certainement Zola et d'autres écrivains naturalistes[54]. Il sera plus explicite, en revanche, en ce qui concerne le moyen âge, considérant tout un pan de la production littéraire de cette époque, à savoir la littérature cléricale, comme a-nationale[55].

---

54 Gaston Paris déteste, en effet, l'art naturaliste de Zola. A propos de *La Débâcle* par exemple, il confie à Monod le 20 septembre 1892: «Plus on m'en fait l'éloge, plus je me sens repoussé. Je trouve odieux de faire de la littérature avec ces scènes épouvantables où on ne sort du sang que pour tomber dans la boue» (B.N., n.aqc.fr. 24465, f. 42).

55 Voir Partie IV, en particulier le chapitre «Vue d'ensemble I: Littérature(s) et stratifications socioculturelles».

## Invariant 2 : le même et l'autre

La description, c'est-à-dire, de notre point de vue moderne, la construction de l'identité d'une nation passe essentiellement par des analyses comparatives. Le «je» se définit par un «tu». Il s'agit ici d'un principe sémiotique de base, qu'il semble difficile de transcender et qu'il est naturel de voir actualisé, dans la deuxième moitié du XIX$^{e}$ siècle, au niveau de l'entité de la nation : l'émergence du sens, c'est-à-dire à la fois sa production et sa saisie, est liée à la présence d'au moins deux éléments comparables. L'identité se perçoit et se construit sur un fond de différence[56].

Dans les discours philologiques de l'époque, l'élément comparatif ou contrastif opère tant au niveau du travail scientifique (voir le principe de la concurrence discuté ci-dessus) qu'à celui de l'expérience vécue des peuples, qui sont censés prendre conscience d'eux-mêmes par rapport aux peuples qui les entourent. C'est cette dernière idée qu'énonce Renan dans la *RdDM* du 15 septembre 1870, dans un article intitulé «La guerre entre la France et l'Allemagne» :

> «Une nation ne prend d'ordinaire la complète conscience d'elle-même que sous la pression de l'étranger. La France existait avant Jeanne d'Arc et Charles VII ; cependant c'est sous le poids de la domination anglaise que le mot de France prend un accent particulier. Un *moi*, pour prendre le langage de la philosophie, se crée toujours en opposition avec un autre *moi*. La France fit de la sorte l'Allemagne comme nation» (Renan 1992, p. 85)[57].

Dans sa préface aux *Questions contemporaines*, publiée en 1869, Renan avait déjà écrit :

> «Réprimons ces accès malsains d'amour-propre national qui nous font croire que la puissance d'une nation repose sur la division et l'affaiblissement de ses voisins. Il ne faut pas pousser le principe des nationalités jusqu'à la subtilité ni jusqu'au fanatisme. [...] Au lieu de se haïr et de se contrarier, que les nations s'étudient les unes les autres, profitent tour à tour de leurs expériences. Les deux conditions essentielles du salut du monde moderne, les deux conditions qui feront (telle est ma ferme confiance) que la destinée de notre civilisation ne sera pas de disparaître, comme les civilisations de l'antiquité, après un éclat passager, sont, d'une

---

[56] Voir par exemple l'article «Différence» dans Greimas/Courtés 1979.

[57] Dans la deuxième lettre qu'il écrit à D.-F. Strauss, le 15 septembre 1871, Renan énonce le même principe en ces termes : «L'Allemagne [...] a fait la faute d'écraser son adversaire. Qui n'a pas d'antithèse n'a pas de raison d'être» (Renan 1992, p. 153), et dans la *Réforme intellectuelle et morale*, on lit : «[...] l'émulation des nations est la condition du progrès général» (Renan 1990, p. 118).

part, la division de l'Europe en plusieurs Etats, garantie de sa liberté, et, d'autre part, cette profonde fraternité qui fait que les esprits des races les plus diverses s'entendent dans la grande unité de la science, de l'art, de la poésie, de la religion» (*ibid.*, p. 77).

On peut certainement admettre que Gaston Paris avait en tête les deux textes de Renan, et surtout le premier, au moment où il donnait sa conférence sur la *Chanson de Roland*, le 8 décembre 1870. On trouve en effet dans ce discours une longue réflexion sur l'opposition nécessaire entre les nations et sur les conséquences heureuses que cette opposition peut avoir si elle est bien comprise:

> «L'opposition des nations les unes aux autres, qui complète la conscience intime de chacune d'elles, a malheureusement trop souvent pour conséquence la jalousie, la haine, l'étroitesse d'esprit. Réduite à ses justes limites, elle ne doit donner aux peuples divers que la jouissance de leur variété dans une unité plus haute: cette unité plus haute se compose de ce que chaque peuple a de meilleur; elle forme ce qu'on appelle la civilisation, et plus particulièrement la civilisation européenne, patrie agrandie où nous ne désespérons pas, même dans les cruels moments que nous traversons, de voir se donner la main toutes les nations qui y participent. Mais l'opposition des nations les unes aux autres est nécessaire pour qu'elles apprennent, non seulement à apprécier les autres, mais à se comprendre elles-mêmes. Elles y puisent un attachement plus vif à ce qui fait leur vie propre; elles peuvent, si elles savent en profiter, y perfectionner leurs qualités et y corriger leurs défauts» (334*, 1885, éd. de 1906, pp. 98-99).

A l'instar de la concurrence scientifique, l'émulation des génies nationaux est pensée, chez Gaston Paris, comme un processus d'enrichissement réciproque qui est en même temps au service d'une unité plus grande, en l'occurrence celle de la civilisation européenne[58]. La «patrie de la civilisation (européenne)» correspond ainsi, sur le versant scientifique, à la «patrie des sciences», dont le philologue parle longuement, nous l'avons vu, dans son discours de réception à l'Académie française.

Ce que nous avons dit du caractère universel de la conception qu'a Gaston Paris de la nation se confirme pleinement ici. La vision «européenne» du philologue correspond en effet tout à fait au «nationalisme culturel» que Tzvetan Todorov a décrit à la suite des *Messages révolutionnaires* d'Antonin Artaud, en l'opposant au «nationalisme civique» (notons que ni le terme de nationalisme ni encore celui de civique ne sont très heureux dans ce contexte: le terme de nationalisme est en principe réservé aux mouvements de droite, et le terme de civique signifie d'habitude le côté volontariste et

[58] Cette vision européenne est aussi celle de Renan (voir Renan 1992, pp. 98ss. et pp. 105-106).

donc positivement connoté d'une nation; pourtant, le contenu recouvert par le «nationalisme culturel» correspond exactement à l'idée de Gaston Paris):

> «Le nationalisme culturel, c'est-à-dire l'attachement à sa culture, est une voie qui conduit vers l'universel – en approfondissant la spécificité du particulier dans lequel on vit. Le nationalisme civique, tel que l'évoque Artaud, est un choix préférentiel pour son pays contre les autres pays – un choix, donc, antiuniversaliste» (Todorov 1989, p. 238).

Rien de surprenant, donc, à ce que les jugements que Gaston Paris porte sur les différents génies nationaux – grandeurs irréductibles, pourtant – ne basculent quasiment jamais du côté de préjugés ou d'«images de l'ennemi» («Feindbilder»), mais restent en général au niveau des stéréotypes tout à fait traditionnels de l'époque[59], tout comme les jugements qu'il porte sur le génie français ne frôlent jamais le chauvinisme mais sont, au contraire, souvent très critiques:

> «Il est rare que les individus aient cette bonne ou cette mauvaise fortune de surprendre ce que les autres pensent réellement d'eux. Les peuples, qui, au moins autant que les individus, ont besoin de se connaître pour se diriger dans la lutte pour la vie, pour tirer parti de leurs qualités, pour atténuer leurs défauts ou au moins les conséquences fâcheuses que ces défauts peuvent avoir, ont plus souvent la chance de savoir comment ils sont jugés par leurs voisins. Et l'opinion d'autrui est peut-être encore plus nécessaire à connaître pour les nations que pour les hommes. Elles sont plus sujettes que ceux-ci, ou au moins que les plus réfléchis d'entre eux, à une infatuation qui apparaît presque à chaque citoyen en particulier comme une exigence et une preuve de sa piété patriotique. La lecture d'un certain nombre d'appréciations indépendantes corrige cette tendance excusable, mais dangereuse, et qui, si l'on admet la justesse d'une des observations sur lesquelles nos voisins sont le plus d'accord, est particulièrement familière aux Français. C'est un breuvage généralement amer, mais salutaire, et dans lequel il se trouve aussi de temps à autre une gorgée assez délectable» (1042*, 1891).

Quelques exemples peuvent suffire pour illustrer le genre de stéréotypes nationaux dont il est question chez Gaston Paris. A propos des Finnois, le philologue écrit, dans un style tainien:

---

59 Quant à la distinction ici adoptée entre le terme de préjugé, où domine une attitude affective dévalorisante vis-à-vis de l'autre, et celui de stéréotype, où l'accent est mis sur le mode cognitif de la représentation schématique de l'autre, voir, par exemple, Amossy/Herschberg Pierrot 1997, pp. 34ss. – Je connais un seul cas où le jugement de Gaston Paris s'identifie nettement à un préjugé. C'est quand il dit, au sujet des Juifs, dans une lettre à Paul Meyer du 11 septembre 1899: «Vous savez qu'on a découvert que le tact est la seule faculté qu'on ait localisée: elle siège dans le prépuce» (voir Bähler 1999, pp. 149-152).

> «Le Finnois est lent d'esprit, mais extrêmement tenace, sérieux et même triste, avec de brusques accès de gaieté; rebelle à toute innovation, et fortement attaché à ce qu'il a une fois fait sien; modérément travailleur et d'une énergie intermittente, mais patient, résigné, doux et bienveillant. De petite taille, de carrure trapue, d'une physionomie peu mobile où la jeunesse même paraît de bonne heure fanée, il a pris l'empreinte de son dur climat, et ses longs hivers sans soleil, de sa vie enfermée et réduite» (1045*, 1895, p. 364).

Quant aux Danois, on lit:

> «Les Danois ne sont pas des faiseurs de systèmes, des abstracteurs de quintessence ni des 'hypercritiques': ce sont des esprits positifs, qui ne se laissent entraîner ni à l'exagération ni à la subtilité, qui ne prétendent voir que ce qu'ils voient, mais qui habituellement voient sinon très loin au moins très clair» (628*, 1888, p. 665).

Quand Gaston Paris parle du génie des Siciliens, sur un ton, il est vrai, quelque peu paternaliste, voire colonialiste, il devient particulièrement manifeste à quel point le patriotisme est valorisé à cette époque:

> «Les Siciliens ont des défauts graves, dont la plupart tiennent à l'étrange façon dont les ont gouvernés pendant des siècles les Espagnols d'abord, puis les Napolitains. Mais ils ont des qualités de fond qui leur assurent un bel avenir le jour où ils seront plus éclairés et mieux conduits, car ce sont des qualités vraiment propres aux races nobles, qui les font respecter par ceux mêmes auxquels ils ne sont pas sympathiques. Une de ces qualités est un patriotisme ardent qui va parfois, dans son amour-propre, jusqu'à l'enfantillage ou à l'aveuglement, mais qui offre, à la main qui saura la saisir, une anse maniable et sûre. Une autre... c'est une hospitalité qui, pour être antique dans le fond, n'en est pas moins très moderne dans la forme» (1053*, 1875).

C'est évidemment, beaucoup plus que les jugements sur les différents génies nationaux, la valorisation des «races» telle qu'elle apparaît ici qui nous semble aujourd'hui problématique. Car, s'il est clair que les «races» indo-européenne et sémitique sont pour Gaston Paris des «races nobles»[60],

60 Renan parle couramment, lui aussi, de «races nobles» et de l'inégalité naturelle des races (voir, par exemple, Renan 1992, p. 75 et p. 156 et Renan 1990, pp. 92-94) sans que le terme de race ne soit pour autant dans tous les cas à prendre dans le sens biologique. Cependant, même si l'on essaie de les replacer dans leur contexte historique, les énoncés renaniens qui se rapportent aux races n'en choquent pas moins le lecteur moderne. Voir par exemple ce passage: «La conquête d'un pays de race inférieure par une race supérieure, qui s'y établit pour le gouverner, n'a rien de choquant. [...] La nature a fait une race d'ouvrier; c'est la race chinoise, d'une dextérité de main merveilleuse sans presque aucun sentiment d'honneur; gouvernez-la avec justice, en prélevant d'elle pour le bienfait d'un

à caractère complémentaire – au génie «passionnel» des indo-européens correspondrait le génie «réfléchi» des sémites[61] –, nul besoin de chercher très loin, sans doute, pour savoir quelles sont les «races moins nobles», même si le philologue ne les nomme jamais ouvertement[62]. Ce qui pose également problème dans ce contexte, c'est la position franchement eurocentriste adoptée par Gaston Paris, notamment dans une leçon de 1869 consacrée aux «Origines de la littérature française», leçon sur laquelle nous reviendrons plus en détail par la suite. Ayant passé en revue la désintégration de l'empire carolingien et la formation des nouveaux états qui en résulta, le philologue écrit:

> «Dans cette crise, terrible assurément, mais nécessaire, s'est décidée peut-être la suprématie que les nations européennes devaient un jour exercer sur tout le globe» (334*, 1885, éd. de 1906, p. 85).

De telles déclarations, ainsi que l'expression de «race noble» elle-même, doivent pourtant être replacées dans leur temps, où, il faut bien l'admettre, elles n'ont rien de scandaleux[63].

Pour revenir aux stéréotypes proprement nationaux, il est intéressant de noter que Gaston Paris ne se prononce que rarement sur le génie des Allemands, en dehors des jugements – dont nous avons relevé quelques exemples – qu'il porte sur leur style de pensée et d'écriture. En 1865, ne prévoyant pas encore la réunification imminente, le philologue écrit à propos de la légende de Frédéric Barberousse:

> «L'Allemagne, toujours séduite par ses rêves de grandeur politique qu'elle n'essaye guère de réaliser, se plaît à attendre leur accomplissement du réveil de quelqu'un de ses grands hommes morts» (356*, 1865, éd. de 1974, p. 427).

Et, un an après, sur ce ton à la fois bienveillant et un rien ironique qui caractérisait déjà certaines de ses lettres d'Allemagne, il constate:

---

tel gouvernement un ample douaire au profit de la race conquérante, elle sera satisfaite; – une race de travailleurs de la terre, c'est le nègre; soyez pour lui bon et humain, et tout sera dans l'ordre» (*ibid.*). – En dehors de l'expression «races nobles», je n'ai rien trouvé, chez Gaston Paris, qui se rapproche des déclarations de Renan, ce qui ne veut pas dire que le philologue romaniste n'ait pas partagé les opinions de son protecteur à ce sujet.

61 886*, 1868, pp. 2-4.

62 Voici une trace de ce qu'il pense probablement sur les Arabes: «En Afrique, ce ne furent pas les Vandales qui mirent fin au romanisme; il paraît au contraire probable que là comme en Espagne et en Gaule les Germains finirent par se fondre avec les vaincus, et il se serait sans doute formé dans le royaume de Genseric une langue romane particulière, si l'établissement vandale n'avait pas été détruit par les Grecs, et surtout si la funeste invasion des Musulmans n'avait arraché ces belles contrées au monde chrétien» (12*, 1872, p. 18).

63 Voir également Joël Roman dans Renan 1992, p. 24.

> «L'Allemagne est le pays des anniversaires. Nulle part on ne se complaît autant à célébrer le retour périodique des journées marquées par quelque souvenir intéressant. Dans le monde littéraire et savant, cet usage est plus répandu que partout ailleurs. Les vivants en profitent comme les morts. Si les étudiants célèbrent par des sérénades et des cortèges aux flambeaux le *jubilé* de leurs professeurs favoris, si une souscription, à laquelle les savants français tiendront à honneur de prendre part, s'organise en ce moment même pour perpétuer, par une fondation scientifique, le souvenir du cinquantième anniversaire de la nomination de Bopp à sa chaire de Berlin, les grands auteurs nationaux ne sont pas oubliés pour cela, et chaque circonstance de leur vie qui a de l'importance par elle-même ou quelque intérêt local est l'objet de réunions et de solennités. Une sorte de calendrier nouveau est en train de se constituer de la sorte, et tout en souriant un peu de cet enthousiasme toujours prêt que les Allemands apportent à la célébration de dates souvent insignifiantes, nous ne pouvons qu'admirer chez nos voisins ce culte des grands hommes et des souvenirs nationaux, et que regretter l'indifférence profonde qui le remplace chez nous» (846, 1866, pp. 205-206).

Voilà à peu près tout ce que l'on trouve chez Gaston Paris au sujet du génie allemand. Il faut y ajouter quelques jugements sur la «race germanique» au temps des invasions, tel celui-ci: «l'imagination allemande [était] déjà mélancolique et profonde»[64], jugement tout à fait traditionnel, ou cet autre, peut-être un peu plus problématique, mais lui aussi bien connu, selon lequel les Germains auraient eu un «penchant héréditaire pour la boisson»[65].

Tout compte fait, le génie national dont Gaston Paris parle le plus souvent est bien le génie français, et les remarques du philologue à ce sujet, on l'a dit, ne sont jamais entièrement auto-glorifiantes. Au contraire, celui-ci aime à souligner que le caractère français, à l'instar de tous les caractères nationaux, constitue un mélange complexe de qualités et de défauts. Ainsi en 1898, quand, dans la préface à sa traduction de *Huon de Bordeaux* dédiée et destinée à la «jeunesse française», il présente le héros éponyme de cette chanson de geste comme un vrai Français:

> «Par ses charmantes qualités, et même par ses excusables défauts, Huon n'est guère moins attrayant. C'est un type absolument français, avec son courage aventureux, sa loyauté à toute épreuve, sa générosité confiante, et aussi son étourderie, son imprudence, et cette 'légèreté de cœur' que lui reproche Auberon et qui lui cause ses malheurs sans lui enlever notre sympathie» (451*, 1898, p. III)[66].

---

64 334*, 1885, éd. de 1906, pp. 71-72.

65 *Esquisse*, 1907, p. 30. – Quant à la caractérisation des races germaniques en général, voir plus loin, au chapitre «Identité(s) nationale(s)».

66 Voir également par exemple 1020, 1867, pp. 68-69.

Pour les mêmes raisons, c'est Roland et non Olivier qui, dès l'*Histoire poétique*, se voit érigé en figure type du Français:

> «Au premier plan des héros nous distinguons surtout Roland et Olivier. Leur caractère est heureusement nuancé de manière à ce qu'ils se fassent ressortir sans se nuire: *Roland est preux, et Olivier est sage.* Roland, on le sent, a les prédilections de la poésie: il représente admirablement la vraie valeur française, qui va jusqu'à la témérité, et arrache la sympathie passionnée tout en méritant le blâme. Il est pieux, dévoué à son souverain et à la France, chef aimé des soldats, ami fidèle, loyal et inaccessible au mensonge; il aime avec une chaste profondeur, sans laisser prendre à l'amour trop de place dans son âme. Mais avec toutes ses vertus il est pénétré jusqu'à l'excès du besoin de la gloire et de ce sentiment nouveau qu'on appelle l'honneur; il porte très-haut la conscience et même l'orgueil de sa valeur individuelle; sa fierté va jusqu'à l'arrogance, son indépendance parfois jusqu'à la hauteur [...]» (356*, 1865, éd. de 1974, pp. 16-17).

D'autres traits caractéristiques du génie français, aux yeux de Gaston Paris, sont «le bon sens, l'esprit, la malice, la bonhomie fine, la grâce légère, le bonheur de l'expression vive et juste»[67], «la bonne humeur, la vivacité, [et] la légèreté»[68], mais aussi la superficialité et le manque d'esprit scientifique, ainsi que nous l'avons déjà vu.

En décrivant les différents génies nationaux comme il le fait, Gaston Paris se meut, somme toute, dans un univers de stéréotypes tout à fait traditionnels, qui, une fois (re)mis dans leur contexte historique, n'ont rien de proprement révoltant[69]. Pour éviter, ici encore, des jugements trop hâtifs et des condamnations anachroniques, il peut être utile de rappeler que de tels stéréotypes remplissent souvent une fonction importante, voire indispensable, dans la construction par un sujet, tant individuel que collectif, de la réalité et de la perception de l'«autre»:

> «Il serait cependant erroné de ne considérer que le versant négatif du stéréotype. Depuis plusieurs décennies, nombreuses sont les discussions critiques qui visent à relativiser les reproches qui lui sont traditionnellement adressés. Bien plus, les psychologues sociaux en viennent à reconnaître le caractère inévitable, voire indispensable, du stéréotype. Source d'erreurs et de préjugés, il apparaît aussi comme un facteur de cohésion sociale, un élément constructif dans le rapport à soi et à l'Autre» (Amossy/Herschberg Pierrot 1997, p. 43).

---

67 335*, 1888, éd. de 1909, p. 32.

68 451*, 1898, p. VIII; voir également 1069*, 1882, p. 7.

69 Quant à la mise en circulation de quelques-uns de ces stéréotypes dans la deuxième moitié du XVIIIe siècle, voir Woesler 1989, en part. pp. 728-730.

On ne trouve en tout cas rien, chez Gaston Paris, qui serait semblable à certains passages venimeux des *Wahrnehmungen und Gedanken* de Gröber. Et, ne serait-ce qu'à titre comparatif, il vaut la peine de citer quelques aphorismes du chapitre « Vom Volkscharakter » :

> « Franzosen empfinden wie Frauen und rechnen wie Juden. Kritische Denker sind unter ihnen selten, häufig Satiriker und Komiker » (Gröber s.d., p. 34).
>
> « Der französischen Sprache fehlt ein ungelehrtes Wort für keusch (gelehrt *chaste*) und Keuschheit (gelehrt *chasteté*). Sie gebraucht dafür *sage*, wonach die Keuschheit in Frankreich eine Sache der Klugheit ist » (*ibid.*).
>
> « Die Deutschen dürfen die denkende Nation heissen, die Engländer die handelnde, die Amerikaner die rechnende, die Franzosen die spielende, die Italiener die müssige, die Spanier die verdummte, die Russen die unmündige Nation » (*ibid.*, p. 36).

La différence de contenu et de ton entre ces jugements et ceux que porte Gaston Paris sur les différents génies nationaux saute aux yeux. Jamais, même dans sa correspondance privée, on ne trouverait sous la plume du philologue français des énoncés de ce genre[70].

*

* *

Ce qui est vrai pour les différents génies nationaux l'est aussi pour les littératures nationales que ceux-ci produisent : les principes de la concurrence et de l'émulation y sont également censés être opératoires. Chaque nation a un génie littéraire propre, dont elle doit être fière, mais ce génie a besoin de s'enrichir au contact des autres génies s'il ne veut pas tomber dans la stérilité. Ces idées ne sont énoncées nulle part ailleurs avec la même insistance que dans la préface à la deuxième série de la *Poésie du moyen âge*, parue en 1895. Passant en revue les différentes contributions rassemblées dans ce volume, Gaston Paris arrive à la conclusion suivante :

---

70 Voir également à ce sujet Spitzer 1945/46, surtout p. 590. Curtius, dans son très élogieux article de 1951 sur Gröber, n'indique les *Wahrnehmungen und Gedanken* qu'en passant, et sans en discuter ses côtés problématiques. A le lire, on a toutefois l'impression qu'il aimerait bien rattacher la naissance de cet opuscule à l'état de santé (artériosclérose) de son ancien maître (voir Curtius 1951, pp. 281-282). Autre détail piquant dans ce contexte : dans un compte rendu de *Romanisches und Keltisches* de Schuchardt, Gröber, tout en faisant l'éloge de ce recueil d'articles, avait critiqué le linguiste de Graz de sa « zu weltbürgerliche Gesinnung » (cité dans *ibid.*, p. 267) ! Pour des déclarations désobligeantes de Gröber sur les Juifs, voir Hillen 1993, p. 244.

> «[...] quand nous remontons aux temps les plus reculés de notre vie littéraire, nous y trouvons, au lieu d'un développement isolé, une extraordinaire abondance de germes étrangers de toute provenance, adoptés, assimilés, transformés, et c'est grâce à cette large pénétration de tous les éléments ambiants dans sa circulation intime que cette vie déploie une sève assez puissante et assez généreuse pour féconder toute l'Europe autour d'elle. Quand la France ne puise plus à des sources étrangères pour enrichir et renouveler sa poésie, elle produit la pauvre poésie du XIV^e^ siècle et la poésie vieillotte et étriquée (malgré le génie original de Villon) du XV^e^ siècle, et elle n'exerce plus aucune action sur les nations voisines. Pour reprendre sa force intérieure, il lui faudra se retremper dans l'antiquité et l'Italie au XVI^e^ siècle, dans l'Espagne au XVII^e^, dans l'Angleterre aux XVIII^e^ et XIX^e^: quoi d'étonnant à ce qu'aujourd'hui elle ne s'obstine pas, comme on le lui conseille, à se boucher les oreilles et à se bander les yeux pour ne rien entendre et voir de ce qui se fait au delà de ses frontières?» (339*, 1895, éd. de 1913, pp. X-XI).

Et le savant de formuler une loi «qui domine le développement et l'action réciproque des littératures modernes»:

> «Aimez, et on vous aimera; ouvrez-vous, et on s'ouvrira à vous; en un mot, comme le démontre si magnifiquement Panurge: Empruntez pour qu'on vous emprunte. Qui ne veut être débiteur, dans ce commerce d'idées, de sujets et de formes, ne sera pas créancier» (*ibid.*, p. XII).

Après avoir mis l'accent sur le fait que cette règle a surtout été féconde au moyen âge et assuré qu'assimilation d'éléments étrangers ne signifie pas imitation, mais qu'il est important, au contraire, que le génie national persiste tout en se transformant dans cet échange continuel entre le propre et ce qui n'est pas lui – bref, après avoir insisté sur le fait que la littérature française doit toujours être «nationale et toujours européenne»[71], le philologue conclut: «le monde intellectuel est le monde du libre-échange, et plus on importe plus on a de chances d'exporter»[72].

Par cette conception, qu'il défend d'ailleurs dès 1866[73], Gaston Paris s'inscrit dans une tradition de pensée qui compte parmi ses fondateurs les noms illustres de Madame de Staël et de Goethe. La première a souligné maintes fois la nécessité de féconder la littérature nationale ainsi que l'identité culturelle nationale en général dans un échange perpétuel avec les autres littératures et cultures nationales. Dans *De l'Allemagne*, on lit:

> «'Il faut recourir au bon goût français contre la vigoureuse exagération de quelques Allemands, comme à la profondeur des Allemands contre la fri-

[71] 339*, 1895, éd. de 1913, p. XIV.

[72] *Ibid.*, p. XV.

[73] Voir ci-dessous.

> volité dogmatique de quelques Français. Les nations doivent se servir de guides les unes aux autres, et toutes auraient tort de se priver des lumières qu'elles peuvent mutuellement se prêter. Il y a quelque chose de très singulier dans la différence d'un peuple à un autre : le climat, l'aspect de la nature, la langue, le gouvernement, enfin surtout les événements de l'histoire, puissance plus extraordinaire encore que toutes les autres, contri buent à ces diversités, et nul homme, quelque supérieur qu'il soit, ne peut deviner ce qui se développe naturellement dans l'esprit de celui qui vit sur un autre sol et respire un autre air : on se trouvera donc bien en tout pays d'accueillir les pensées étrangères ; car, dans ce genre, l'hospitalité fait toute la fortune de celui qui reçoit' » (cité dans Macherey 1988, p. 424).

Il s'agit donc, pour Madame de Staël, d'un va-et-vient constant entre le propre et l'étranger, ces deux catégories s'interdéterminant jusqu'à leur existence même, idée très novatrice à l'époque, comme le souligne Pierre Macherey :

> « [...] M^me^ de Staël a été amenée à formuler une thèse théorique qui est complètement nouvelle dans ces dernières années du XVIII^e^ siècle où elle a commencé à la formuler : il n'y a d'identité culturelle qu'à l'intérieur du rapport culturel qui rassemble toutes les cultures en les opposant entre elles. De ce point de vue, la contradiction entre l'universalisme classique et le particularisme romantique doit être surmontée, puisqu'il est tout aussi illusoire d'affirmer l'autonomie radicale de chaque forme de culture que de les confondre toutes à l'intérieur d'un même modèle idéal qui les coupe de leur enracinement. Une culture n'existe jamais par elle-même, mais elle se constitue et se fait connaître à l'intérieur du système collectif différencié, où toutes les cultures se répondent en se contestant, et se complètent, non en additionnant leurs acquis respectifs, mais en comparant leurs lacunes et leurs défauts » (*ibid.*, p. 425).

Pour en venir à Goethe, son concept de « Weltliteratur » – dont il parle pour la première fois en 1827, entre autres dans une lettre à Johann Peter Eckermann, mais qui semble avoir été introduit par Wieland[74] – ne signifie pas non plus l'abandon de toute individualité nationale au profit d'un vaste ensemble universel, mais l'enrichissement mutuel des différentes littératures nationales, qui auraient toutes leur place dans le grand concert de la littérature mondiale, où elles produiraient une nouvelle musique, de nouvelles harmonies. L'une des métaphores chères à Goethe pour exprimer cet idéal est celle même utilisée par Gaston Paris dans la citation reproduite ci-dessus, à savoir la métaphore commerciale du libre-échange :

> « Für Goethe sind die Verschiedenheiten der Sprachen und Volkscharaktere durchaus nicht das trennende, sondern, wie die Münzsorten, das

---

[74] Woesler 1989, p. 732, n. 69.

> verbindende Medium zwischen den Nationen. Weltliteratur bedeutet nicht Unterdrückung, sondern vielmehr die Bewährungsprobe des Besonderen, geschichtlich Eigentümlichen. In der Einleitung zu Carlyles 'Leben Schillers' von 1830 schreibt Goethe: 'Daraus entstand das Gefühl nachbarlicher Verhältnisse, und anstatt dass man sich bisher zugeschlossen hatte, kam der Geist nach und nach zu dem Verlangen, auch in den mehr oder weniger freien geistigen Handelsverkehr mit aufgenommen zu werden'. Auch hier wieder das Goethe geläufige Bild vom Warenaustausch und freien Handelsverkehr!» (Schrimpf 1968, p. 47)[75].

Le «nationalisme culturel» que nous avons dégagé de la conception qu'a Gaston Paris de l'émulation féconde des génies nationaux en général se retrouve donc ici, ce qui paraît naturel, dans le domaine plus spécifique des littératures nationales[76].

*

* *

Tout comme le principe de la concurrence au niveau de la science, celui de l'émulation au niveau des littératures nationales implique que chaque nation aspire naturellement à la «victoire», c'est-à-dire, en l'occurrence, à prendre la tête de la littérature européenne, voire mondiale. C'est dans ce sens qu'il faut comprendre, dans le discours de Gaston Paris, les déclarations empreintes de fierté patriotique sur la suprématie de la littérature française à deux reprises, au moyen âge et au XVII^e siècle:

> «Partout d'ailleurs où la littérature française a été implantée, elle a suscité ou fécondé la littérature nationale. On peut comparer notre ancienne poésie à ces arbres étonnants qui croissent dans l'Inde et dont les rameaux, recourbés au loin, atteignent la terre, s'y enracinent et deviennent des arbres à leur tour. Comme un figuier des Banyans produit une forêt, ainsi la poésie française a vu peu à peu l'Europe chrétienne se couvrir autour d'elle d'une merveilleuse frondaison: la souche première était cette grande littérature du XII^e siècle dont nous devrions être si fiers et que

---

75 Voir également, à ce sujet, Jurt 1992.

76 Lucien Herr exprimera à son tour cet idéal dans une lettre adressée à Maurice Barrès, le 15 février 1898: «L'âme française ne fut vraiment grande et forte qu'aux heures où elle fut à la fois accueillante et donneuse» (*Revue blanche*, 15 février 1898). – Les affirmations trop catégoriques de Petrucelli 1981, pp. 686-687 au sujet de l'influence du «nationalisme» des médiévistes sur leur conception de la littérature nationale doivent être beaucoup nuancées, du moins en ce qui concerne le cas de Gaston Paris, que le savant cite explicitement. – Notons également ici que la conception que se fait Brunetière d'une littérature nationale correspond exactement à ce raisonnement «exclusif» que nous lui avons déjà attribué et se distingue, sur ce point encore, du raisonnement «intégrant» de Gaston Paris: «Selon Brunetière, le temps de la perfection littéraire 'dure à peu près ce que dure l'indépendance d'une littérature à l'égard des littératures étrangères' et 'C'est là proprement ce que nous appelons une littérature classique'» (cité dans Boulard 2000, p. 223).

nous connaissons si peu. La vieille forêt est presque entièrement morte aujourd'hui ; à peine çà et là quelques branches ont conservé leur verdure, quelques vieux troncs couverts de mousse ne sont pas tout à fait desséchés : plus d'une fois déjà, depuis ce temps, ont refleuri pour l'Europe ces printemps qui rajeunissent le monde. Une autre fois encore, c'est la France qui a été le point de départ de la rénovation et de la renaissance : la littérature française du temps de Louis XIV n'a pas été moins brillante, moins expansive et moins féconde que celle du temps de Louis le jeune. Ces deux grandes conquêtes pacifiques et bienfaisantes ont été dues aux mêmes causes : au XII^e^ comme au XVII^e^ siècle, la France avait réalisé la première l'idéal inconscient de l'Occident ; elle avait, à deux reprises, développé avant toutes les autres nations la forme de société, de culture et de poésie qui était dans les besoins du temps. Seule entre toutes ses sœurs, elle a joui deux fois de cette hégémonie intellectuelle qui est le plus noble but de l'ambition d'un grand peuple » (« La littérature française au douzième siècle », leçon d'ouverture au Collège de France, le 7 décembre 1871, dans 339*, 1895, éd. de 1913, pp. 43-44).

On aura remarqué, et cet élément est capital, que la conception de la suprématie d'une nation dans le domaine de la littérature échappe de nouveau au seul registre du particulier pour s'inscrire dans une vision plus large, qui est celle de l'« idéal » des pays occidentaux dans leur ensemble[77]. La littérature, tout en étant nationale, est toujours aussi censée être porteuse de valeurs idéelles qui dépassent le seul cadre de la nation dans laquelle elle est née, de valeurs tendant vers l'universel et exprimant, du moins en partie, l'idéal humain[78]. Au cours de l'histoire, les différentes nations se relaieraient donc à la tête de la mission littéraire universelle, ou du moins européenne. Ainsi la France ferait-elle place, au XIV^e^ siècle, à l'Italie :

---

[77] Voir également, à ce sujet, 388*, 1891, p. XXXIV : « Cette immense diffusion de la *Chanson de Roland* à l'étranger, cette influence qu'elle a exercée sur tant de littératures, sont des éléments impossibles à négliger dans l'appréciation de cette œuvre ; elles nous en font mieux comprendre la grandeur unique et l'importance exceptionnelle, due à la hauteur de son inspiration et à cette circonstance que l'idéal de dévouement, de fidélité, de courage et d'honneur qu'elle incarnait, idéal formé dans la France féodale et chrétienne, était celui qui s'imposait alors à toute l'Europe et qui allait pendant longtemps en dominer les aspirations et la poésie dans ce qu'elles avaient de plus élevé ».

[78] On peut encore rapprocher cette conception de l'idée de la « Weltliteratur » de Goethe : « 'Es ist aber sehr artig, dass wir jetzt, bei dem engen Verkehr zwischen Franzosen, Engländern und Deutschen, in den Fall kommen, uns einander zu korrigieren. Das ist der grosse Nutzen, der bei einer Weltliteratur herauskommt und der sich immer mehr zeigen wird' (zu Eckermann, 15. Juli 1827). Das heisst jedoch auch, und hier wird bei allem Respekt vor der Geschichte Goethes weltbürgerlich selektives Denken wieder deutlich, dass immer die Literatur mit Vorrang zur Wirkung gelangen und vernommen werden sollte, in der das allen Menschen Zukommende und Zukömmliche und Gemeinsame in der wie auch immer gearteten besonderen Ausprägung am stärksten zum Tragen kommt » (Schrimpf 1968, p. 47).

> «[…] ce grand nom de Dante marque une ère nouvelle. Pour cette fois, l'initiative nous est enlevée: ce n'est plus chez nous que se lève l'aurore. Formés par nos poètes lyriques ou nos conteurs, les trois grands trécentristes italiens les dépassent, et guident la poésie dans des voies nouvelles» («La poésie du moyen âge», leçon d'ouverture au Collège de France le 3 décembre 1866, dans 334*, 1885, éd. de 1906, p. 43).

Dès la fin du XVIIIe siècle, c'est l'Allemagne qui dominerait progressivement la scène littéraire:

> «[Ce fut] dans la seconde moitié du dix-huitième siècle que le génie poétique de l'Allemagne, se réveillant avec son génie philosophique et son génie savant, arriva à ce triple épanouissement dont l'éclat est peut-être unique dans les annales de l'humanité, et qui entoure d'une si splendide auréole la patrie de Kant, de Humboldt et de Goethe» (356*, 1865, éd. de 1974, p. 130)[79].

Il est vrai que Gaston Paris est particulièrement fier du fait que la France soit le seul pays à avoir dominé par deux fois la littérature européenne, mais cela ne l'empêche pas de reconnaître qu'elle n'occupe plus cette place au XIXe siècle. Dès 1866, le philologue exhorte les Français à s'ouvrir à nouveau à la littérature des autres nations:

> «Pour que la France se retrouve au premier rang, il faudra qu'elle ait passé quelque temps à l'école des nations dont elle a été la maîtresse, et qu'elle apprenne d'elles à les vaincre à son tour. L'histoire littéraire du monde moderne est celle de l'influence des peuples les uns sur les autres et de leur successive hégémonie: c'est tantôt l'un tantôt l'autre, qui se trouve avoir fait le premier l'évolution que tous doivent accomplir à sa suite. Il ne faut donc pas nous indigner et nous révolter si, à certaines époques, notre développement intellectuel dépend étroitement de celui des peuples voisins: c'est en se suivant qu'on se dépasse, et nous pouvons dire avec une fierté rassurante pour l'avenir que nous sommes la seule nation qui, par deux fois, ait été la tête de colonne des autres, qui ait, par deux fois, soumis ses rivales à l'ascendant de son génie» («La

[79] Voir également, à ce sujet: «Il est temps que l'hostilité cesse entre la France et l'Allemagne. Celle-ci n'a plus à craindre une invasion littéraire de notre part: elle s'est créé une littérature et une science qui ne laisseront plus péricliter son indépendance intellectuelle; elle doit abandonner les traditions d'une époque où la lutte contre le goût et l'esprit français était imposée par les circonstances à ceux qui voulaient affranchir l'esprit allemand. Lessing a eu raison de faire ce qu'il a fait; mais ce grand esprit prendrait en pitié les épigones qui s'acharnent encore sur un ennemi qui depuis longtemps n'est plus à redouter et qui d'ailleurs ne se doute même pas des coups qu'on lui porte. Heureusement cette période où l'Allemagne n'était injuste que pour la France, où sa critique, si large et si sympathique pour toutes les autres littératures, se faisait mesquine et hargneuse dès qu'il s'agissait de la nôtre, cette période semble passée» (1049, 1867, pp. 79-80).

poésie du moyen âge», leçon d'ouverture au Collège de France le 3 décembre 1866, dans 334*, 1885, éd. de 1906, p. 34)[80].

*

* *

Un dernier problème qui concerne le rapport entre nation et littérature, problème important dans les débats philologiques de l'époque, est celui des «attributions»: quelle nation est à l'origine d'un genre littéraire donné? Dans ce contexte, les chansons de geste surtout ont provoqué de violentes discussions. Tant la Belgique que la Hollande et l'Allemagne avaient en effet revendiqué leur part dans la création de l'épopée française, et Gaston Paris, dès son *Histoire poétique*, se montre intransigeant face aux «usurpations patriotiques» de ce genre, même s'il reconnaît que quelques-unes d'entre elles, à la manière des erreurs fécondes décrites par Renan, ont eu des conséquences heureuses sur les recherches philologiques:

> «On ne saurait blâmer bien sévèrement nos voisins [allemands], dans le premier moment où se réveilla en eux l'amour et l'orgueil de leur histoire, d'avoir mêlé à la science un patriotisme parfois intempestif [...] qu'importe, après tout, que nos chansons de gestes soient ainsi méconnues, et qu'on prétende, sans aucune raison, les faire dériver de l'allemand [...] entre les mains des poëtes allemands, surtout de Louis Uhland et de M. Simrock, les anciens récits ont repris une fraîcheur nouvelle, et peut-être n'auraient-ils pas été ressuscités avec cet amour sans l'erreur plus ou moins involontaire de ceux qui les ont chantés. La France, vraie patrie de la plupart d'entre eux, ne les a pas encore autant compris ni autant aimés; c'est à sa négligence à revendiquer son bien qu'il faut attribuer les prétentions que d'autres élèvent sur ce qui devrait depuis longtemps faire à ses yeux un de ses meilleurs titres de gloire» (356*, 1865, éd. de 1974, pp. 132-133)[81].

## 3. DEUX HORIZONS DE TOTALITÉ (BILAN)

Tandis que des jugements de valeur sur la qualité des travaux philologiques font partie intégrante du processus scientifique, la catégorie *vrai/faux*, qui détermine, dans ces jugements, celle de *bon/mauvais*, fait place, dans le

[80] L'esprit de Gaston Paris se montre aussi dans la déclaration suivante, où le philologue réprimande un savant pour avoir été trop élogieux au sujet de la littérature française: «Nous ne pouvons que savoir gré à l'auteur de sa sympathie pour notre littérature, mais nous ne saurions trouver bon qu'on déprime injustement à son profit celle des autres pays», la littérature italienne, en l'occurrence (324, 1883, p. 602, n. 1).

[81] Voir également 845*, 1865, p. 250.

domaine des objets de la philologie, à la catégorie *même/autre*. Si l'on trouve également des appréciations de type *bon/mauvais* dans ce domaine, celles-ci ne sont jamais que relatives. D'un domaine régi par des normes posées comme absolues, on passe à un domaine largement déterminé par le relatif culturel et historique.

Le domaine scientifique et le domaine des objets de la philologie sont certes intimement liés, notamment en ce qui concerne le lieu de la philologie et son but spécifique, ces deux aspects se fondant en effet sur les deux postulats de base du domaine des objets, mais sont néanmoins à séparer de façon claire et nette. Les horizons de totalité vers lesquels ils tendent et par rapport auxquels ils se définissent respectivement sont radicalement différents : il s'agit pour le premier du paradigme des sciences naturelles, pour le deuxième de l'identité de la nation. Ainsi les philologies modernes s'installent-elles presque par définition dans une *relation tensive* entre, d'un côté, l'*ethos* impartial de la science et, de l'autre, les objets nationaux de cette même science[82].

Prenons, pour conclure, un exemple de commentaire critique contemporain dans lequel les deux domaines ainsi que les deux invariants du deuxième domaine me semblent être mêlés d'une façon qui peut amener le lecteur à des conclusions problématiques. Il s'agit d'un passage d'un article, par ailleurs fort riche et intéressant, de David F. Hult, passage dont nous avons déjà discuté un extrait plus haut. Le voici maintenant dans son ensemble :

> « In his opening lecture of [1869][83], Paris had implicitly called upon some of his arguments advanced in his earlier *Histoire poétique* (1865) in speaking of the French as a fusion of two races, Teutonic and Latin, just as the chansons de geste was a hybrid version of an essentially Germanic poetic mode. In the 1870 address[84], however, Paris, without having totally abandonded his earlier scheme of literary history, accentuates questions of national unity, solidarity, love of one's native land, and cultural heritage. The discourse of 'fusion' that he had professed earlier is here turned into one of conflict. Leaving aside the transcultural scientific ideal of a *human* solidarity, he speeks of international conflict as an unexpected source of cultural formation : 'l'opposition des nations les unes aux autres est nécessaire pour qu'elles apprennent, non seulement à apprécier les autres, mais à se comprendre elles-mêmes ... elles peuvent,

---

82 Voir également l'affirmation de Habermas à propos des germanistes : « Spätestens seit dem Kaiserreich geht auch in den Köpfen der Germanisten selbst das unpolitische Ethos der Wissenschaftlichkeit mit einer von nationalen Mythen geprägten Mentalität Hand in Hand » (Habermas 1998, p. 43).

83 « Les origines de la littérature française », leçon d'ouverture faite au Collège de France le 7 décembre 1869, dans 334*, 1885, éd. de 1906, pp. 41-86.

84 « La *Chanson de Roland* et la nationalité française », leçon d'ouverture faite au Collège de France le 8 décembre 1870, dans *ibid.*, pp. 87-118.

> si elles savent en profiter y perfectionner leurs qualités et y corriger leurs défauts' [...].
>
> If we accept Gumbrecht's contention that the discourse of nationalism imported from Prussia never succeeded in effacing a deeply rooted French *episteme* inherited from the Enlightenment, predicated upon 'the SYNCHRONIC framework of *science de l'homme*' [...], then we are witnessing here the double irony of Paris using the precepts of German ideology in order to combat German ideology in a sociopolitical context that was itself inimical to that ideology. Cerquiglini has made a similar point about Paris's work in textual criticism: in order to resolve his own conflicted admiration of German academic accomplishments after the war, Paris doggedly pursued the imitation, and not the rejection, of their methods in order to 'lachmanniser vigoureusement la littérature médiévale française, et de montrer aux Prussiens... que l'on fait bien mieux qu'eux'» (Hult 1996, pp. 195-196).

Le développement de Hult suscite des remarques de deux ordres:

1° Le discours «fusionnel» de la conférence de 1869 concerne effectivement, comme le dit Hult, la naissance de la nation française et l'origine des chansons de geste. La nation et sa littérature épique y sont présentées comme des produits complexes résultant d'un mélange d'éléments gallo-romains et germaniques (francs). Cette vision des choses est constante dans les écrits de Gaston Paris[85]. Par contre, le «conflit», dans la conférence de 1870, ne concerne pas l'origine de la France mais le principe d'émulation des différents génies nationaux tel que nous l'avons décrit. Dans la leçon de 1869, Gaston Paris traite de l'invariant 1: comment l'identité de la France est-elle historiquement née? Dans celle de 1870, de l'invariant 2: comment l'identité de la France prend-elle (aujourd'hui) conscience d'elle-même au contact des autres nations européennes? Ces deux questions ne se touchent pas directement. Tout ce que l'on pourra donc en dire – et cette interprétation semble en effet appropriée – est que, sous le coup des événements, Gaston Paris, dans la conférence de 1870, met l'accent sur le deuxième problème. On n'en conclura en revanche pas que la première question soit «transformée» en la seconde.

2° A partir de l'idée que, en 1870, Gaston Paris aurait transformé son discours de «fusion» en un discours de «conflit», Hult conclut, en adoptant la thèse de Gumbrecht sur la persistance du paradigme synchronico-universel en France, que le philologue, «de façon doublement ironique» – et donc à son insu? –, aurait adopté l'idéologie allemande pour la combattre en même temps. Or, comme j'espère l'avoir montré dans les pages

---

85 Voir ci-dessous, au chapitre «Identité(s) nationale(s)» et Partie IV, «De la 'germanicité' de l'épopée française».

qui précèdent, le but de Gaston Paris n'était justement pas de «combattre idéologiquement» les Allemands sur le terrain de la science. Les notions d'idéologie et de science s'excluent au contraire radicalement dans le raisonnement du savant, et tout le discours philologique de celui-ci est finalement au service de cette distinction. L'horizon de totalité que constitue, au niveau de la discipline, le paradigme des sciences naturelles soustrait la philologie à une discussion nationale de ce type. Si concurrence il y a, celle-ci ne concerne pas une «science allemande» et une «science française», mais bien les travaux effectués dans le domaine de l'unique science possible. Gaston Paris n'hésite pas à fustiger, dans ce contexte, la germanophobie d'autres chercheurs – on se rappelle le cas de Baudoin – précisément parce qu'elle serait «très-mal à sa place en de pareilles questions [scientifiques et philologiques]»[86]. Pour lui, il n'y a pas d'idéologie scientifique, il n'y a que des individus qui pratiquent la science avec des arrière-pensées idéologiques.

Nous ne voulons pas dire par là que le discours de Gaston Paris soit complètement exempt des conflits nationaux de l'époque. Cependant, les points problématiques ne se situent pas au niveau de la science proprement dite mais bien à celui de la construction des objets de la philologie. C'est ce que nous allons voir maintenant.

## IDENTITÉ(S) NATIONALE(S)

Par deux fois en l'espace d'un an, Gaston Paris réfléchit longuement à la question des identités nationales – de celle, bien sûr, de la France avant tout –, question surgie avec violence du conflit franco-allemand et qui sera discutée avec brio par Renan, le 11 mars 1882, dans la fameuse conférence «Qu'est-ce qu'une nation?»: la première fois, en pleine guerre, le 8 décembre 1870, dans sa conférence sur la *Chanson de Roland*, la deuxième fois, juste après la guerre, dans son article d'introduction à la *Romania*, intitulé «*Romani*, *Romania*, *lingua romana*, *romancium*».

Avant d'analyser en détail ces deux textes, jetons un rapide coup d'œil au dispositif interprétatif de la naissance et de l'identité de la France tel qu'il est mis en place par le philologue avant l'«année terrible».

### 1. AVANT LA GUERRE

Le 7 décembre 1869, dans sa leçon d'ouverture au Collège de France sur «Les origines de la littérature française», Gaston Paris, fidèle au principe

---

86 291, 1874, p. 197.

selon lequel l'histoire d'une littérature serait en rapport direct avec l'histoire du peuple qui la produit, commence par présenter à son public les origines de la France, en insistant, comme l'a remarqué à juste titre Hult dans le passage cité ci-dessus, sur le fait que la nation française est le produit historique d'un mélange de races:

> «[...] le peuple qui depuis plus de mille ans porte le nom de *français* n'est pas une de ces races simples dont l'histoire, quelque obscure qu'elle puisse être à certaines périodes, offre cependant une suite logique de faits identiques et continus; ce n'est pas un groupe naturel, demeuré pur de tout mélange depuis les plus anciens temps: c'est au contraire, si je puis ainsi dire, un produit tout historique, où des éléments divers et parfois antipathiques ont été combinés et fondus soit par la force, soit par les siècles» (334*, 1885, éd. de 1906, pp. 43-44).

Le philologue s'emploie alors à dégager l'apport successif des Celtes, des Romains et des Germains (Francs) à la constitution de la nation française, qu'il fait commencer «réellement», comme il le dit lui-même, avec le baptême de Clovis (Chlodovech), en alléguant la force unificatrice du christianisme[87]. Notons ici qu'à côté de ce point de départ catholique de la France, on rencontre également, dans les textes de Gaston Paris, celui, politique, de 843[88]; on trouve souvent d'ailleurs les deux en même temps, le premier étant censé marquer le début de la conscience nationale française, le deuxième l'origine de la France politique et territoriale[89]. Le savant n'entre pourtant jamais dans la controverse sur la date de naissance «officielle» de la France, et s'il est sans doute vrai que l'on peut souvent dégager des tendances idéologiques précises de l'emploi des différentes dates retenues à ce propos[90], une telle interprétation ne va pas sans problèmes dans le cas de Gaston Paris, qui mentionne tantôt le baptême de Clovis, date «catholique» et «monarchique», et tantôt le traité de Verdun, date «républicaine», tout en étant lui-même farouchement anti-clérical et, du moins depuis la fin des années 1870, républicain modéré.

---

87 334*, 1885, éd. de 1906, p. 75.

88 Voir par exemple *ibid.*, p. 102; *Esquisse*, 1907, p. 51. On retrouve la version «catholique» dans 364*, 1884, p. 604.

89 Voir par exemple 335*, 1888, éd. de 1909, p. 3 et p. 25.

90 Voir par exemple Amalvi 1996, pp. 125-130 et Agulhon 1995, p. 57: «Erstens muss daran erinnert werden, dass die Lehrmeinung über Frankreich lange Zeit von Kontroversen über den Ursprung des Landes gekenntzeichnet war. Seit wann gibt es Frankreich? Seit Chlodwig, wie das royalistische, dynastische und christliche Dogma lautet? Seit Vercingetorix, wie die Verfechter der gallischen, populären und republikanischen These meinen? Oder seit Karl dem Kahlen, dem Vertrag von Verdun und der spektakulären Dreiteilung des Karolingerreiches, aus dem die ‚francia occidentalis' hervorging? Also seit Hugo Capet? Wir neigen ganz klassisch der dritten Auffassung zu, doch die langen Debatten über die beiden ersten Anschauungen sprechen für sich».

L'autre moment «républicain», par contre, à savoir le soulèvement gaulois organisé par Vercingétorix, est bien interprété par Gaston Paris comme le signe d'une prise de conscience nationale gauloise[91], mais jamais, pourtant, comme le début d'une prise de conscience française proprement dite. Cela n'empêche pas le philologue de désigner les Gaulois comme les «pères» des Français[92], faisant ainsi appel, chez ses auditeurs/lecteurs, au sens de la continuité historique et, corollairement, au sentiment de solidarité vis-à-vis des «aïeux», stratégie habile, évidemment, pour rassembler le public autour du programme philologico-national. Les Gaulois, sans être déjà des Français, sont à l'origine d'une série d'événements qui donneront naissance à la nation française. Ils sont le point de départ et, en même temps, le point de perspective du discours de Gaston Paris, du moins au début du texte. L'emploi fréquent du pronom personnel «nous» pour parler des Celtes associe directement le lecteur/auditeur aux Gaulois, dont il suivra l'évolution comme si elle le concernait directement. Ainsi le savant note-t-il à propos de l'adoption par les Gaulois de la langue de leurs vainqueurs:

> «*Notre* esprit tout entier sera dorénavant déterminé en grande partie par la forme qu'il sera obligé de revêtir pour s'exprimer, car la connexité de la pensée et de la parole est tellement intime que parler latin, pour un peuple, c'est, – qu'on me passe l'expression, – c'est presque penser latin» (*ibid.*, p. 63; c'est moi qui souligne).

En d'autres termes, on pourrait dire qu'il y a, au début de l'histoire de la France, un acteur – au sens sémiotique du terme – nommé «Gaulois», qui va se transformer peu à peu en «Français», s'investir par degrés des valeurs identitaires françaises.

De manière générale, Gaston Paris est très prudent quand il s'agit de déterminer l'influence directe des Celtes sur la formation de l'identité nationale française, réaction sans doute due, en partie du moins, aux théories des «celtophiles» et des «celtomanes» – outre Cénac-Moncaut et Granier de Cassagnac, on peut également citer Henri Martin[93] – qu'il combat, nous l'avons dit, avec violence. Dans les notes ajoutées en 1899 à la quatrième édition de la première série de *La Poésie du moyen âge*, où se trouve réimprimée la conférence que nous sommes en train de discuter, le philologue tempérera encore ses propos de 1869 concernant l'influence des Celtes sur le génie français, notamment sur la langue et les superstitions populaires[94].

---

91 Voir par exemple 335*, 1888, éd. de 1909, p. 25 et *Esquisse*, 1907, p. 35.

92 Voir par exemple 334*, 1885, éd. de 1906, p. 53.

93 Henri Martin (1810-1883), auteur d'une *Histoire de France* en 17 volumes (1837-1854), qui accorde aux Celtes une influence excessive dans la genèse de la civilisation française. Voir aussi 364, 1884, p. 598.

94 334*, 1885, éd. de 1906, pp. 255-256.

La seule influence celtique qu'il admettra désormais sans réserve sera celle exercée par la matière celtique sur la littérature française du moyen âge, problème qui nous occupera dans la Partie IV.

Revenons au texte de la conférence de 1869. Gaston Paris y présente les Gaulois comme «complètement romanisés» au moment des invasions germaniques, «n'ayant conservé aucun souvenir de leur existence nationale, se qualifiant eux-mêmes de *Romani*, et ne parlant plus que la langue de leurs conquérants»[95]. Mais cette fusion, aussi complète qu'elle paraisse au niveau de la langue et des structures politiques et sociales, cacherait en réalité un manque profond. Quelques pages plus loin, en effet, Gaston Paris nous explique que les peuples conquis par les Romains auraient perdu la conscience de leur propre nationalité, sans que pour autant un sentiment de solidarité avec l'empire ne fût venu combler la lacune «morale» ainsi créée:

> «Au milieu de la civilisation matériellement florissante, au moins pour un temps, que l'administration impériale donna à la Gaule, la vie morale des peuples allait diminuant chaque jour. La conscience de la nationalité, détruite par la conquête, ne pouvait être remplacée par un sentiment de solidarité avec l'empire que des déchirements trop fréquents empêchaient de se développer, et le haut orgueil patriotique qui donne à l'esprit romain son plus grand caractère n'était pas fait pour les nations conquises» (*ibid.*).

Le christianisme aurait remédié pendant un certain temps à ce manque «spirituel» mais, à la longue, ses effets bienfaiteurs se seraient affaiblis et le monde gallo-romain aurait à nouveau sombré dans un état d'abattement moral:

> «Ce qui provenait du fond celtique primitif était tout à fait oublié et recouvert par l'alluvion romaine; ce que la civilisation gréco-romaine avait apporté était surtout matériel et social et ne fournissait à l'esprit qu'un aliment sans goût et sans force; le sentiment national, complètement éteint, n'avait pas été remplacé par une conception plus haute de l'humanité ni même par la conscience de l'unité romaine [...]. Dans cet abaissement et cette tristesse, le christianisme avait fait briller un rayon d'en haut: il avait rajeuni les croyances, ému les cœurs, exalté les imaginations. Mais, une fois que la période héroïque des martyrs fut close, une fois qu'il fut arrivé à la domination paisible, il sembla perdre sa puissance sur les âmes et s'abaisser lui-même au niveau de la médiocrité générale» (*ibid.*, p. 67).

Devant ce triste tableau, Gaston Paris présente les Germains comme une force salutaire, qui arracha heureusement le monde gallo-romain à la décadence dans laquelle celui-ci sombrait. «Race vigoureuse et solide», les

---

95 *Ibid.*, p. 55.

Germains auraient été des «barbares dans toute la force du terme: ils avaient de la barbarie les vertus et les défauts»[96]. Et le philologue de continuer sur une métaphore biologiste, vitaliste, censée exprimer la régénération de la vie des peuples:

> «Ils [les Germains] jetaient brutalement dans les veines épuisées du monde antique l'élément vital qui devait rajeunir ce sang appauvri; dans ces pays pacifiés et éteints par la longue domination d'une administration savante, ils apportaient l'amour passionné de la liberté; à ces races autrefois glorieuses, qui avaient perdu jusqu'au souvenir de leur nationalité et ne se distinguaient plus que par les circonscriptions romaines auxquelles elles appartenaient, ils venaient rapprendre par leur exemple l'orgueil et l'enthousiasme national; à la vie trop souvent vaine et frivole des Gallo-Romains ils opposaient le culte de la famille, le respect des femmes, le sérieux sentiment du devoir, sensible même dans les plus grands enivrements de leurs victoires; enfin ils apportaient avec eux une poésie riche et puissante, qui devait, en se transformant, féconder l'esprit des nations auxquelles ils s'unirent, et devenir la base d'un développement poétique aussi grandiose qu'inattendu» (*ibid.*, pp. 69-70).

Les Germains seraient donc à l'origine du principe des nations dans le sens moderne du terme[97]. En ce qui concerne la France, Gaston Paris va jusqu'à dire que les Gallo-Romains auraient salué dans les Francs la «glorieuse nation» qui venait enfin délivrer leur terre «du joug de Rome et [venger] la foi des persécutions de jadis»[98], énoncé qui relativise évidemment à son tour le degré de fusion postulée entre les Gaulois et les Romains, puisqu'il fait croire qu'un principe national gaulois aurait «hiberné» chez les Gallo-Romains pendant toute la domination romaine, prêt à se revivifier au contact des Francs.

A partir des invasions germaniques, l'histoire de la France s'agence en deux grandes phases dans la description de Gaston Paris. La première phase,

---

[96] *Ibid.*, p. 68.

[97] C'est également l'avis de Renan (voir Renan 1992, p. 39). Littré, par contre, dans ses *Etudes sur les Barbares et le moyen âge* (1867), avait essayé de minimiser l'influence germanique. Dans le compte rendu de ce livre, Gaston Paris écrit: «[...] à nos yeux le moyen-âge est le produit des trois éléments qu'on veut réduire à deux. Le germanisme, selon M. Littré, n'a été qu'une perturbation passagère, un ouragan qui a passé en dévastant tout, mais après la fin duquel ce qui était semé a continué à pousser, non modifié, froissé seulement et diminué: à nos yeux, l'orage a été fécond, et il a versé à flots sur les terres stérilisées des trésors qui plus tard ont fait croître les riches moissons. Plus on étudie l'histoire des institutions, du droit, de la poésie au moyen-âge, plus on pénètre, à travers la forme romane, jusqu'au vrai fond germanique; plus on suit, dans toutes ses phases successives, le développement un et complexe qui n'existerait pas sans son élément germain; plus on se convainc que la terrible secousse du cinquième siècle est la vraie date à laquelle commence le monde moderne» (997, 1867, pp. 247-248).

[98] 334*, 1885, éd. de 1906, p. 76.

qui couvre les VIII^e^ et IX^e^ siècles, est caractérisée par la fusion des deux races ou nationalités, gallo-romaine et germanique (franque), sous la domination spirituelle du christianisme:

> «C'est en France, en effet, et seulement en France que la fusion des trois éléments que j'ai présentés à votre attention se fit d'une façon complète et qu'il en sortit un produit véritablement nouveau» (*ibid.*, p. 73).

Le signe le plus visible de cette fusion serait le nom même de France, qui unit une terminaison latine à un radical allemand[99]. La deuxième phase, beaucoup plus longue celle-là, et censée être toujours en cours au moment où le philologue écrit son texte, marquerait le lent recul de l'élément germanique «devant la réaction de plus en plus puissante de l'élément romain», ces éléments ethniques concernant avant tout, en l'occurrence, l'organisation sociale et politique, à savoir l'organisation féodale du moyen âge:

> «[...] la féodalité, qui n'est que l'organisation de la conquête allemande, a été complètement détruite; les groupes provinciaux eux-mêmes se sont dissous dans l'unité nationale; à la royauté féodale, entourée d'une hiérarchie militaire et religieuse, a succédé une démocratie industrielle gouvernée par une administration centrale; les coutumes bigarrées issues des vieilles lois teutoniques ont fait place à un code uniforme» (*ibid.*, p. 85)[100].

En résumé, le rôle attribué par Gaston Paris aux Romains dans la formation de la France est à la fois important et modeste. Important, parce que les Romains auraient imposé à l'ensemble des peuples vaincus leur langue et que «changer de langue», on s'en souvient, c'est «changer d'âme». Modeste, parce que l'empire romain n'aurait pas été capable d'assurer une véritable vie nationale aux différents peuples soumis à sa domination, même une fois le métissage des «races» accompli. L'apport le plus important des Germains aurait été celui du principe national, qui aurait rendu possible l'émergence des nations dans le sens moderne du terme. Le christianisme, finalement, aurait joué le rôle d'unificateur spirituel, de lien entre les différentes nationalités en jeu.

---

[99] *Ibid.*, p. 77.

[100] Dans *La Réforme intellectuelle et morale*, qu'il publie en novembre 1871, Renan, pour expliquer la faiblesse de l'esprit militaire en France, dira à son tour: «La France au moyen âge est une construction germanique, élevée par une aristocratie militaire germanique avec des matériaux gallo-romains. Le travail séculaire de la France a consisté à expulser de son sein tous les éléments déposés par l'invasion germanique, jusqu'à la Révolution, qui a été la dernière convulsion de cet effort. L'esprit militaire de la France venait de ce qu'elle avait de germanique; en chassant violemment les éléments germaniques et en les remplaçant par une conception philosophique et égalitaire de la société, la France a jeté du même coup tout ce qu'il y avait en elle d'esprit militaire» (Renan 1990, pp. 24-25).

## 2. LA CONFÉRENCE SUR LA *CHANSON DE ROLAND*

Dans sa conférence sur la *Chanson de Roland* du 8 décembre 1870, «au milieu de ce cercle de fer» que les armées de l'Allemagne avaient installé autour de Paris[101], Gaston Paris, face aux événements les plus récents, s'interroge anxieusement sur ce qui fait l'identité de la France, sur ce qui fait l'identité d'une nation en général. Il commence alors par définir deux types de nation.

Le premier correspond à une association politique dans laquelle les citoyens seraient réunis par la «force», par l'«habitude» et/ou par des «intérêts» en dernière analyse tout égoïstes. Une nation de ce type, dont les empires seraient l'expression la plus fréquente – empires orientaux, empire romain, empire de Charlemagne, empire de Napoléon I –, se voit comparée à un mécanisme artificiel disposant d'un ressort extérieur qui le tient en marche. Ce ressort vient-il à manquer – en cas de conflits guerriers, par exemple – et le mécanisme se brise immédiatement en mille pièces à jamais détachées. Une nation «mécanique» jouirait, en fin de compte, d'une existence purement matérielle.

Le deuxième type de nation est de nature organique. Les nations «organiques» auraient à leur base un «principe vital» qui les rendrait quasi indestructibles. Ce principe, nécessairement mystérieux, et donc en dernière analyse inexplicable, ferait que chaque membre d'une nation donnée se sente solidaire avec elle et, au-delà de toutes les divergences individuelles possibles et réellement existantes, avec les autres membres de la communauté. Un lien spirituel unirait les citoyens. En dépit de son caractère essentiellement insaisissable, le principe vital peut être ramené, nous explique le philologue, à trois sources différentes: la «race», la «culture» et/ou la «religion». Mais ce qui est plus important que ces facteurs en eux-mêmes, c'est qu'ils deviennent, par la force du temps, une seconde nature:

> «[...] la conscience nationale peut avoir des sources diverses et se développer de plusieurs manières. Tantôt elle repose sur la race, tantôt sur la culture, tantôt sur la religion, souvent sur une communauté de vie assez longtemps prolongée pour devenir une seconde nature. Cette dernière origine est même, au fond, celle à laquelle l'analyse réduit toutes les autres. Dans l'histoire des peuples comme dans celle des êtres vivants, au point de vue de la philosophie physiologique, c'est l'habitude suffisamment prolongée et emmagasinée, pour ainsi dire, par l'hérédité, qui finit par déterminer et développer les fonctions, les organes mêmes, les espèces et les groupes» (*ibid.*, pp. 96-97).

---

[101] 334*, 1885, éd. de 1906, p. 88.

Même la race, on le voit, n'est plus, dans cette description, pensée comme un facteur héréditaire dans le sens biologique du terme – le syntagme comparatif «pour ainsi dire» doit en effet être pris au sérieux – mais, à l'instar des autres éléments allégués, comme un facteur avant tout historique[102]. C'est la force du temps qui opère un changement qualitatif au cours duquel on passe d'une simple «habitude extérieure» à un «instinct intime».

La mise en opposition de la métaphore mécanique et de la métaphore organique pour la description d'organisations politiques constitue une tradition bien établie à l'époque de Gaston Paris. Le plus souvent – mais ce fait n'est pas généralisable pour autant –, le principe mécanique se voit dévalorisé au profit du principe organique. Ainsi, Herder, pour ne citer que lui, emploie déjà, dans *Auch eine Philosophie der Geschichte zur Bildung der Menschheit* (1774), l'image de la machine pour accuser le caractère artificiel et en dernière instance mort de certains états, et, à l'instar de Gaston Paris, donne l'empire romain comme exemple particulièrement évident de ce type de nationalité, en l'opposant à la force vive des Germains[103]. Mais, tandis que chez le philosophe allemand les principes mécanique et organique dépendent bien moins du génie des peuples que de leur âge – chaque nation devenant tôt ou tard un mécanisme –, ils qualifient, chez Gaston Paris, deux types de nation en principe immuables. Une nation organique peut certes devenir un pur mécanisme – c'est justement ce contre quoi le philologue met en garde ses lecteurs français – mais ce processus n'est pas pour autant inévitable.

Si les sources du principe vital qui garantit une conscience nationale solide seraient ainsi, du moins à l'origine, diverses, la forme de manifestation en serait pourtant toujours la même, à savoir l'amour: «La nation n'existe réellement que quand elle aime et qu'elle est aimée»[104]. Seule une nation «organique» mériterait d'être appelée patrie, lexème qui désigne donc la nation investie de valeurs passionnelles positives. Une nation «organique», continue le philologue, ne peut être détruite que si la pression exercée sur elle par une force étrangère est extrêmement violente et longue, comme ce serait le cas en Pologne. Normalement, pourtant, les nations «organiques», parmi lesquelles Gaston Paris compte tant la France que l'Italie et l'Allemagne, arriveraient toujours à se régénérer de l'intérieur.

Après avoir mis en place cette opposition entre les deux types de nation, mécanique et organique, Gaston Paris revient sur la naissance de la France, en insistant, une fois de plus, sur le mélange des races. Sa vision des choses n'a pas changé depuis la leçon de 1869:

---

102 Voir également 364, 1884, p. 599, n. 2.

103 Voir Demandt 1978, p. 272 et, en général, pp. 271-276.

104 334*, 1885, éd. de 1906, p. 97.

> «Nous avons vu [dans les cours de l'année passée] la Gaule privée par la conquête romaine de la nationalité celtique, adoptant extérieurement la civilisation des vainqueurs, mais ne prenant aucune part à la vie nationale des Romains. Vers la fin de l'empire, ce pays était dans le plus triste désarroi moral; seul, à défaut de patrie terrestre, le christianisme était venu donner aux âmes au moins un refuge commun dans une espérance d'outre-tombe. L'invasion germanique amena sur le sol de la Gaule une jeune nationalité, dans la plénitude et la joie de sa force nouvellement éprouvée. Nous avons dit comment les Francs et les Gallo-Romains, rapprochés par le christianisme, s'étaient peu à peu fondus, et comment de leur union était sorti, lors du démembrement de l'empire carolingien, un nouveau peuple, animé d'un véritable esprit national et qui fondait sa conscience et son unité sur la fusion de la fierté germanique et de la fraternité chrétienne» (*ibid.*, p. 102).

Au bout d'une époque tumultueuse pendant laquelle se serait peu à peu mise en place une organisation féodale sous la domination d'un roi, la nation française aurait été définitivement constituée «vers le milieu du XI^e^ siècle»:

> «[...] grâce à l'expulsion de la dynastie carolingienne, la royauté représente désormais sans contestation l'unité française, et la constitution féodale permet aux instincts d'indépendance provinciale de s'affirmer sans compromettre la cohésion nationale» (*ibid.*, p. 103).

On aura remarqué que le philologue passe ici complètement sous silence le caractère alors toujours conflictuel du système féodal, ainsi que la relative modestie du pouvoir royal, au profit d'une image parfaitement harmonique de la situation politique et sociale de la France[105].

A travers une analyse de la *Chanson de Roland*, «spécimen le plus complet»[106] de la poésie épique de cette période, Gaston Paris essaie dans un deuxième temps de saisir les traits essentiels du génie français. A côté des trois sentiments de base que seraient «l'amour du sol», «l'honneur national» et «l'amour des institutions nationales»[107], il y aurait deux grandes tendances qui domineraient le développement et les actions de la nation, à savoir la «tendance à l'unité» et la «tendance à l'expansion»[108]. Et le savant de montrer tant les côtés négatifs que les aspects positifs qui ont résulté, au cours de l'histoire, de la mise en pratique de ces deux principes, et notamment du deuxième. Car, si la «noble ambition de la France» a consisté depuis toujours à «répandre sur le monde la vérité et le bonheur», cette mis-

[105] Georges Duby nous avertit par contre du danger qu'il y aurait à sous-estimer le pouvoir et le prestige royaux des premiers Capétiens (Duby 1986, pp. 290ss.).

[106] 334*, 1885, éd. de 1906, p. 103.

[107] *Ibid.*, p. 110.

[108] *Ibid.*

sion, si louable soit-elle, n'aurait pas toujours eu des conséquences heureuses, et, surtout, aurait employé trop souvent les moyens condamnables de la violence. Donnant en exemple les Croisades et la Révolution, Gaston Paris insiste pourtant sur le fait que, interprété dans la perspective du progrès de la civilisation, le cas des révolutionnaires est plus accablant et moins excusable que celui des «soldats de Dieu»:

> «[...] au XIe siècle, on ne connaissait guère que la force brutale, personne ne concevait le moindre doute sur la légitimité de semblables actes. Aujourd'hui, tout en conservant ce noble besoin d'expansion qui a fait et fera dans le monde la grandeur de notre pays, comprenons, instruits par l'expérience de la philosophie, que la liberté est le premier de tous les droits, et que l'oppression, sans être moins criminelle, devient plus odieuse encore quand elle se donne la fraternité pour masque et est censée faire le bonheur de ceux qu'elle écrase» (*ibid.*, p. 107)[109].

Tout en relevant les qualités des Français, Gaston Paris n'hésite donc pas, au moment même où la France se voit menacée de l'extérieur, à mentionner également ce qu'il considère comme leurs faiblesses. Ceci est d'autant plus remarquable que le philologue s'abstient de toute observation hostile vis-à-vis des Allemands. – Ce qu'il déclare haut et fort, par contre, c'est que la France aurait été le premier pays européen à avoir pris conscience de sa nationalité:

> «Oui, messieurs, il y a huit siècles, alors qu'aucune des nations de l'Europe n'avait encore pris véritablement conscience d'elle-même, quand plusieurs d'entre elles, comme l'Angleterre, attendaient encore pour leur formation des éléments essentiels, la patrie française était fondée: le sentiment national existait dans ce qu'il a de plus intime, de plus noble, de plus tendre. C'est dans la *Chanson de Roland* qu'apparaît cette divine expression de 'douce France' [...]» (*ibid.*, p. 108)[110].

C'est à cet endroit seulement que le philologue lance une petite pointe aux «agresseurs» d'outre-Rhin, qui «nous [aux Français] ont envié ce mot [douce France] et ont vainement cherché à en retrouver le pendant dans leur poésie nationale»[111]. Quelques pages plus loin, il admet pourtant sans hésitation que la conscience nationale retrouvée par les Allemands, grâce notamment aux travaux de leurs philologues et de leurs poètes, serait beaucoup

---

[109] Il ne faut pas voir de position anti-révolutionnaire proprement dite derrière ces déclarations, mais bien une critique de la Révolution comme événement politique, c'est-à-dire une critique de la façon dont on a essayé de réaliser les idées «révolutionnaires» (voir Partie I, «Profil idéologique et politique»).

[110] Voir également 334*, 1885, éd. de 1906, p. 111.

[111] *Ibid.*, p. 108.

plus solide que celle de ses concitoyens français, auxquels il donne à méditer l'exemple de l'«ennemi» même:

> «Il y a longtemps que les Allemands envisagent autrement les choses [le rapport des sujets à la tradition]: ils ont appuyé en partie la régénération de leur nationalité sur leur ancienne poésie. Jacob Grimm n'est pas seulement le plus grand philologue de l'Allemagne dans ce domaine: il sera toujours cité comme un des véritables fondateurs de la nationalité allemande moderne. Il s'efforça de réveiller la conscience nationale assoupie par le sentiment, à la fois scientifique et passionné, de la solidarité du présent de l'Allemagne avec son passé» (*ibid.*, p. 113).

En résumé, le discours de Gaston Paris présente les choses de façon tout à fait équilibrée: la France l'emporterait sur l'Allemagne en ce qui concerne l'âge et la continuité, l'Allemagne sur la France en ce qui concerne la force et la solidité de la conscience nationale. Ceci ne veut pas dire pour autant que Gaston Paris, profondément patriote lui aussi, ne laisse pas clairement entendre que le devoir le plus urgent des Français est de délivrer le sol envahi[112], ni encore, plus généralement, que toute la conférence ne soit pas au service de la mobilisation des forces intellectuelles contre l'adversaire: au «cercle de fer» que les Allemands ont installé autour de Paris, Gaston Paris oppose en effet l'«enceinte»[113] de la salle de conférence du Collège de France. L'une des stratégies de persuasion mise à l'œuvre par le jeune philologue est celle – déjà utilisée, plus discrètement il est vrai, dans la conférence de 1869 – de l'emploi de la métaphore familiale: l'histoire de la France est présentée aux lecteurs comme les «commencements de [leurs] annales»[114], les hommes du moyen âge comme leurs «pères»[115], et eux-mêmes comme les «fils de ceux qui sont morts à Roncevaux et de ceux qui les ont vengés»[116]. L'appel à la solidarité familiale est un appel à l'étude de la littérature du moyen âge et, en retour, c'est l'étude de cette littérature qui est présentée comme pouvant fortifier le sentiment de solidarité et de responsabilité des Français vis-à-vis de la nation et de l'histoire nationale, sentiment qui se serait fâcheusement relâché au cours du temps – surtout depuis la rupture amenée par la Révolution –, et qui serait pourtant plus indispensable que jamais à la (sur)vie de la France. Le programme scientifique et le programme

---

[112] *Ibid.*, p. 94. – Il y aura, dans d'autres textes de Gaston Paris, mais très rarement, quelques allusions critiques à l'usurpation de l'Alsace-Lorraine par les Allemands; voir par exemple, dans l'immédiat après-guerre, 339*, 1895, éd. de 1913, pp. 9-10 et pp. 20-22 (conférence de 1871 sur «La littérature française au douzième siècle»).

[113] 334*, 1885, éd. de 1906, p. 91.

[114] *Ibid.*, p. 89.

[115] *Ibid.*, p. 111.

[116] *Ibid.*, p. 118.

national se voient ainsi efficacement associés l'un à l'autre, se conditionnant et se justifiant réciproquement[117].

## 3. L'ARTICLE INTRODUCTIF DE LA *ROMANIA*

L'article introductif de la *Romania*, intitulé «*Romani*, *Romania*, *lingua romana*, *romancium*», constitue la tentative de sonder le passé d'un nom de langues – le «roman» – et, avec ce nom, le passé d'une communauté de peuples, les «Romans». Il s'agit d'emblée d'une construction dichotomique, visant à rassembler un certain nombre de nations européennes dans un espace culturel commun et à les opposer, dans leur ensemble, aux pays germaniques. Cette construction binaire détermine le texte de bout en bout. Elle déclenche des changements de perspective et des déplacements d'accents et de valorisations tout à fait inhabituels dans l'argumentation de Gaston Paris.

Le philologue montre d'abord la «nationalité romaine» du IV^e^ et du V^e^ siècle comme le résultat de la fusion successive de plusieurs «races» en une «seule patrie»[118], dont l'unité aurait contrasté avec la diversité des tribus germaniques menaçant les frontières de l'empire et qui, elles, n'auraient eu, à ce moment, aucune conscience de leur appartenance à une unité plus grande:

> «Ces tribus n'avaient point alors de nom commun par lequel elles pussent exprimer leur nationalité collective; le mot *Germani*, naturellement, est tout à fait inconnu à cette époque [...]. Il est permis de douter que les Allemands aient eu à cette époque la conscience bien nette de leur unité de race» (12*, 1872, pp. 3-4).

La nationalité romaine nous est donc présentée comme une totalité individuée, face à des tribus germaniques, pensées, elles, comme une multitude inorganisée – «mille peuples étrangers»[119] – et sans aucun sentiment d'une identité commune.

A cette première opposition se voit corrélée une deuxième, qui concerne les appellations utilisées à cette époque par les deux groupes ethniques pour se désigner mutuellement. Tandis que le terme de *barbari*, que les Romains employaient pour désigner les Germains, tout comme l'avaient déjà fait les Grecs pour qualifier les Romains, n'aurait comporté aucun aspect péjoratif – les Germains l'acceptaient eux-mêmes –, celui de *walah* (*welch)* par lequel ces derniers appelaient les *Romani* aurait bien eu, lui, une note dévalorisante:

---

[117] Voir déjà, à ce sujet, la fin de l'article sur «La *Chanson de Roland* et les *Nibelungen*» de 1863 (371*, 1863, dans 345*, 1900, pp. 21-23).

[118] 12*, 1872, p. 2.

[119] *Ibid.*

> «Le mot *welche* a en français une nuance méprisante qu'il avait à coup sûr, à cette époque, dans l'esprit des Allemands qui le prononçaient. Les conquérants avaient une haute opinion d'eux-mêmes et se regardaient comme très-supérieurs aux peuples chez lesquels ils venaient de s'établir» (*ibid.*, p. 5).

Ayant cité quelques exemples dans lesquels les *Walahen* sont jugés de façon dépréciative par les Germains, et notamment la fameuse phrase du *Glossaire de Kassel*: «Stulti sunt romani sapienti sunt paioari; modica sapientia est in Romanis; plus habent stultitia quam sapientia», Gaston Paris s'écrie:

> «Comment ne pas remarquer qu'au bout de dix siècles des appréciations presque semblables sur le 'waelschen Lug und Trug', sur la 'waelsche Sittenlosigkeit', sur la 'tiefe moralische Versunkenheit der romanischen Voelker' se font encore entendre en allemand?» (*ibid.*, p. 6).

Même si ces observations correspondent tout à fait à la réalité, telle du moins que nous pouvons la reconstruire[120], on a l'impression que Gaston Paris se complaît particulièrement, ici, à faire l'éloge de la tolérance des Romains et de leur langage *politically correct*, pour pouvoir accuser d'autant plus facilement l'arrogance du discours germanique, tant celui du passé que celui du présent. – Dans ce développement, ainsi que dans ceux qui suivent, on note, en effet, plusieurs changements de perspective et d'accent par rapport au discours habituel du philologue, changements qui ont tous pour but de dévaloriser d'une façon ou d'une autre les Germains au profit des Romains:

1° Tandis que dans la conférence sur «Les origines de la littérature française» et dans celle sur la *Chanson de Roland* l'empire romain est allégué comme un exemple type d'une nation «mécanique», en fin de compte purement administrative et donc naturellement vouée à la disparition, le même empire est ici présenté, sans que pour autant l'expression s'y trouve, comme une nation «organique», ou en tout cas comme une «patrie»[121], assurant l'identité des différents peuples qu'il embrasse. Ainsi, Gaston Paris note-t-il encore à propos du nom de *Romania*, formé à partir de celui de *Romanus*:

> «L'avènement de ce nom indique d'une façon frappante le moment où la fusion fut complète entre les peuples si divers soumis par Rome, et où tous, se reconnaissant comme membres d'une seule nation, s'opposèrent en bloc à l'infinie variété des *Barbares* qui les entouraient» (*ibid.*, p. 13).

[120] Voir, par exemple, Tagliavini 1998, pp. 119-124.

[121] 12*, 1872, p. 2.

2° En 1869 et en 1870, Gaston Paris affirme que les Gaulois ne se sont assimilés aux Romains que de façon superficielle et extérieure. En 1872, il insinue que cette assimilation a été des plus profondes.

3° De façon générale, les invasions germaniques du Ve siècle, qui nous étaient présentées jusqu'ici comme un événement salutaire qui délivra l'empire romain de son état décadent, sont maintenant décrites comme se produisant juste au moment où la prise de conscience nationale des Romains aurait été à son apogée:

> «[l]a Romania avait a peine pris conscience d'elle-même qu'elle allait être ruinée au moins dans son existence matérielle» (*ibid.*, p. 13),

fait propre, nous dit Gaston Paris, à susciter une «réflexion mélancolique»[122].

4° Si, dans les deux textes précédemment étudiés, le philologue nous présentait les Germains avant tout comme une force novatrice et pleine d'énergie, il change de perspective, dans l'article introductif à la *Romania*, ne mettant plus l'accent sur ce que les tribus franques avaient apporté de nouveau et de fécond aux Gallo-Romains mais, bien au contraire, sur la capacité de ces derniers à absorber l'élément germanique, matériellement, c'est-à-dire, en l'occurrence, géographiquement, mais aussi «idéellement»:

> «Les pertes que la *Romania* a faites il y a quatorze siècles, ne sont pas sans compensations. Non-seulement elle a absorbé toutes les tribus germaniques qui ont pénétré dans le cœur de son territoire, mais elle a reculé de tous côtés les frontières que lui avait faites l'époque des invasions. Sur presque tous les points où elle s'est trouvée en contact avec l'élément allemand, en Flandre, en Lorraine, en Suisse, en Tyrol, en Frioul, elle a opéré un mouvement en avant qui lui a rendu une partie plus ou moins grande de son ancien territoire» (*ibid.*, p. 19).

Il est vrai qu'une page plus loin, le philologue parle de «l'influence considérable et même salutaire de l'élément germanique dans la constitution du monde moderne», mais c'est pour insister aussitôt sur le fait que «la civilisation de l'Europe est essentiellement fille de la civilisation romaine»[123].

La suite du texte renforce l'opposition entre le «monde roman» et le «monde allemand»[124]. La *Romania*, nous explique Gaston Paris, a fait des conquêtes de deux genres. Les premières sont de nature purement matérielle,

---

[122] *Ibid.*, p. 13.
[123] *Ibid.*, p. 20.
[124] *Ibid.*, p. 15.

c'est-à-dire qu'elles résultent essentiellement de la force militaire – petite pointe, de nouveaux, ici, aux Allemands, même si ce n'est qu'en note: «les empiétements de la *Germania* sur la *Romania* appartiennent exclusivement à cette première catégorie»[125] –, les deuxièmes, plus substantielles, sont des «victoires de la langue»[126]:

> «Une langue romane placée à côté d'une autre langue, – et spécialement d'une langue germanique, – prend presque fatalement le dessus [...]. A quoi tient ce phénomène remarquable, cette influence destructive exercée peu à peu par les langues romanes sur leurs voisines? Les causes qu'on peut en donner sont de trois ordres: les unes tiennent à la puissance politique, à la splendeur sociale qui à diverses reprises ont apparu aux pays romans: la France de Louis XIV, par exemple, exerçait en Europe un véritable prestige [...]. Une autre cause est dans la construction des langues romanes comparées aux langues germaniques: ayant eu une vie historique beaucoup plus longue, elles sont, elles étaient jadis plus claires, plus maniables, parce qu'elles avaient servi à des usages bien plus variés; elles demandent moins d'efforts non-seulement aux organes de la voix, mais à la pensée. – Enfin la dernière raison doit être cherchée dans ce fait indéniable: c'est que, malgré l'influence considérable, et même salutaire, de l'élément germanique dans la constitution du monde moderne, la civilisation de l'Europe est essentiellement fille de la civilisation romaine, comme le christianisme a été transmis au monde moderne par le monde romain. Les langues romanes ont eu pour auxiliaire perpétuel le latin, organe de la science, de la philosophie, du droit et de la religion. Aussi voyons-nous dès le moyen-âge entre les pays romans et les nations germaniques le même rapport qui se reproduit plus tard: les langues romanes, surtout le français, sont connues, parlées et lues dans le monde chrétien tout entier, tandis que les exemples de Romani connaissant une langue allemande pourraient sans doute se réduire à un nombre presque imperceptible. La raison alléguée ici est si réelle qu'on a vu également les nations slaves, quand elles se sont mises à participer à la civilisation moderne, commencer leur éducation par apprendre le français. Cette langue est encore dans le monde entier, avec l'italien, le signe et le véhicule d'une certaine culture affinée, c'est-à-dire de ce qu'il y a de plus délicat dans la civilisation aux peuples modernes, venue des Romains, transmise et développée par les nations romanes» (*ibid.*, pp. 19-20).

Même si, à y regarder de près, l'argumentation de Gaston Paris reste fidèle aux principes linguistiques qu'il a énoncés ailleurs, selon lesquels une langue n'est pas un organisme dans le sens biologique du terme, mais une fonction sociale inscrite dans un développement historique[127], une lecture

---

[125] *Ibid.*, p. 19.

[126] *Ibid.*

[127] Voir Partie II, pp. 251-254 et pp. 335-336.

superficielle de ce passage, et notamment des énoncés concernant la « construction » des langues, pourrait amener le lecteur non averti – et cet effet est bien probablement voulu – à croire que les langues romanes sont *par nature* supérieures aux langues germaniques[128]. On aura également noté que, autre stratégie de manipulation subtile, la valorisation respective des idiomes latins et germaniques est habilement déguisée par l'emploi de l'adjectif « destructif », négativement connoté, pour exprimer la prétendue suprématie des premiers sur les seconds.

Tout comme le philologue s'était demandé, en décembre 1870, si l'identité de la France était encore intacte, il se demande maintenant, pour finir, si les nations latines ont encore une identité commune bien vivante qui dépasse leur simple appartenance à une même communauté linguistique : « la Romania forme-t-elle vraiment un domaine intellectuel et moral, ou n'est-elle constituée que par l'origine commune des langues romanes ? »[129]. C'est pour répondre à cette question que le philologue revient sur la définition de la nation, non sans avoir préalablement averti son public que les éléments qu'il va présenter ne sont qu'une première approche du problème, et qu'ils ne sont, en règle générale, étayés par aucun fait historique précis, aveu qui constitue par ailleurs un autre élément inhabituel pour le lecteur familier des textes de Gaston Paris.

Le premier point sur lequel insiste le philologue est qu'il n'y a pas de races latines au sens propre du terme :

> « La langue et la civilisation romaines ont été adoptées, plus ou moins volontairement, par les races les plus diverses, Ligures, Ibères, Celtes, Illyriens, etc. C'est donc sur le sacrifice de la nationalité propre et originelle que repose l'unité des peuples romans ; elle a pour base un principe tout différent de celui qui constitue l'unité germanique ou slave » (*ibid.*, pp. 20-21).

Toutes les nations romanes ont en effet pour base la culture gréco-latine adoptée par les différents peuples autochtones (on aura remarqué que Gaston Paris anticipe ici l'exergue de la *Revue de linguistique romane* « Le razze latine non esistono, esiste la latinità »). Face à cette unité culturelle, les Germains se voient de nouveau présentés comme une force avant tout destructrice, dont les effets dévastateurs auraient pourtant été heureusement amortis par la puissance cohésive du christianisme, en sorte que l'héritage romain n'aurait pas été entièrement perdu :

> « Les invasions germaniques ont presque détruit cette culture ; grâce à la conversion des envahisseurs à la religion des Romani, elles ne l'ont pas

---

[128] On pourrait penser que c'est ici une sorte de réaction contre le livre de Westphal critiqué par les rédacteurs de la *Revue critique* en 1872 (voir la citation reproduite plus haut).

[129] 12*, 1872, p. 20.

complètement anéantie, et le monde moderne a pu renouer la tradition interrompue» (*ibid.*, p. 21).

Suivant sa théorie habituelle, mais mettant l'accent, ici encore, sur l'aspect polémique du processus en question, Gaston Paris présente le moyen âge comme une phase de luttes perpétuelles entre l'élément romain et l'élément germanique, avec pour aboutissement des degrés de fusion différents, la France étant de tous les pays romans celui à avoir «subi» – verbe qui renforce l'impression du caractère non-volontaire et négatif du processus d'assimilation – le plus fortement l'influence germanique.

Le philologue en vient alors à l'Europe moderne, qu'il présente comme une autre version de l'empire de Charlemagne, tout en insistant sur la différence fondamentale qu'il y aurait, à l'intérieur de cette communauté de peuples, entre les nations romanes d'un côté et les nations germaniques et slaves de l'autre. Il va plus loin encore, déclarant que ces dernières s'éloigneraient en fait peu à peu de la «communauté européenne»:

> «Dans le sein de cette association, les peuples romans forment un groupe plus étroitement uni, auquel s'opposent, tenant à l'ensemble par un lien de plus en plus lâche, les deux grandes nations des Germains et des Slaves» (*ibid.*).

Tandis que l'identité des peuples germaniques et slaves serait basée sur la race et le sang, celle des pays romans représenterait la victoire de la civilisation et de l'histoire sur la biologie:

> «Chez ces peuples [les Germains et les Slaves], la nationalité est exclusivement le produit du sang; la Romania au contraire est un produit tout historique. Son rôle paraît donc être, en face des sociétés qui ne sont que des tribus agrandies, de représenter la fusion des races par la civilisation. C'est dans cette pensée que les divers peuples qui parlent encore le latin, sans abjurer en rien leur individualité propre, peuvent trouver la base d'une sympathie raisonnée et même d'une action commune» (*ibid.*).

A l'intérieur des nations de type organique que, en 1870, il avait opposées aux nations de type mécanique, Gaston Paris donne maintenant comme antithétiques les *nations-cultures* et les *nations-races*, en soumettant ces deux formes de vie nationale à des jugements de valeur très précis:

> «Le principe des nationalités fondées sur l'unité de race, trop facilement accepté même chez nous, n'a point eu jusqu'ici de fort heureuses conséquences. A ce principe qui ne repose que sur une base physiologique, s'oppose heureusement celui qui fonde l'existence et l'indépendance des peuples sur l'histoire, la communauté des intérêts[130] et la participation à

[130] Comme le rappelle opportunément Bergounioux 1984, p. 37, cette formule est celle même de Littré, qui définit ainsi la nation: «'Nation: réunion d'hommes habitant un

> une même culture. Il oppose le libre choix et l'adhésion qui provient de la reconnaissance des mêmes principes à la fatalité de la race; il est éminemment progressif et civilisateur, tandis que l'autre sera toujours par son essence conservateur et même exclusif» (*ibid.*).

Nous voyons donc ici le philologue adopter, du moins en partie, la conception «française» de la nation telle qu'on la trouve dans la deuxième lettre de Renan à D.-F. Strauss[131], et telle, surtout, qu'elle sera développée dix ans plus tard par le même Renan dans sa conférence «Qu'est-ce qu'une nation?». Gaston Paris oppose en effet l'idée élective de la nation, «le libre choix et l'adhésion aux mêmes principes», à l'idée ethnique, à la «fatalité de la race». Et même s'il ne va pas jusqu'à identifier *expressis verbis* ces deux principes aux fondements respectifs de la France et de l'Allemagne, on peut certainement partir de l'hypothèse qu'il avait en tête ces deux pays précisément. Il est intéressant d'observer que Gaston Paris ne mentionne plus, dans cet article, le terme d'organisme, qui, à s'en tenir à la conférence de 1870, est censé subsumer les deux formes de vie nationale ici décrites. Est-ce parce que ce terme se voit de plus en plus exclusivement accolé au seul principe racial, au point d'en devenir un synonyme?

Même chez Renan, le principe électif ne se réduit pourtant pas à un acte purement volontaire d'adhésion à la nation, contrairement à ce que l'on admet trop souvent et trop hâtivement en alléguant la formule métaphorique devenue célèbre: «la nation est un plébiscite de tous les jours». Une bonne partie de l'argumentation de Renan vise au contraire à expliquer qu'une nation ne vit pas seulement par le présent, mais aussi par le passé:

> «Une nation est une âme, un principe spirituel. Deux choses qui, à vrai dire, n'en font qu'une, constituent cette âme, ce principe spirituel. L'une est dans le passé, l'autre dans le présent. L'une est la possession en commun d'un riche legs de souvenirs; l'autre est le consentement actuel, le désir de vivre ensemble, la volonté de continuer à faire valoir l'héritage qu'on a reçu indivis» (Renan 1992, p. 54).

Et l'hébraïsant de continuer à propos du deuxième aspect:

> «L'homme, Messieurs, ne s'improvise pas. La nation, comme l'individu, est l'aboutissant d'un long passé d'efforts, de sacrifices et de dévouements. Le culte des ancêtres est de tous le plus légitime; les ancêtres nous ont faits ce que nous sommes. Un passé héroïque, des grands hommes, de la gloire (j'entends de la véritable), voilà le capital social sur lequel on assied une idée nationale» (*ibid.*).

---

même territoire, soumis ou non à un même gouvernement, ayant depuis longtemps des intérêts assez communs pour qu'on les regarde comme appartenant à la même race'» (cité dans *ibid.*, p. 36, n. 102).

[131] Renan 1992, pp. 156ss.

Conclusion:

> «Avoir des gloires communes dans le passé, une volonté commune dans le présent; avoir fait de grandes choses ensemble, vouloir en faire encore, voilà les conditions essentielles pour être un peuple» (*ibid.*).

C'est donc à juste titre que Joël Roman note, dans son excellente introduction à *Qu'est-ce qu'une nation?*:

> «[La] volonté de vivre ensemble ne saurait [...] en aucun cas [chez Renan] être assimilée à une décision ponctuelle, analogue à un contrat de quelque nature que ce soit. La définition moderne et élective que nous propose Renan recèle ainsi un élément de recours à la tradition, une tradition héritée et non réfléchie, qui relève d'habitus constitués et non d'une délibération» (Roman dans *ibid.*, p. 25).

Or, d'une façon certes moins développée que Renan, Gaston Paris, dix ans avant la célèbre conférence de ce dernier, conjugue déjà, lui aussi, le principe électif, ancrage des individus dans le présent, au principe traditionnel, ancrage des mêmes individus dans le passé. Le philologue se hâte en effet de mettre l'accent sur le fait que le libre choix, c'est-à-dire l'adhésion volontaire et rationnelle des citoyens à la nation, ne saurait suffire à assurer une vie nationale solide, qu'il faut qu'il s'y ajoute le sentiment de la tradition, et plus précisément de la tradition culturelle:

> «Ce n'est pas que le rationalisme pur, qu'on est habitué en France à introduire dans la politique, soit moins dangereux que l'esprit de race: le jeu opposé du principe de tradition et du principe de progrès est la condition de tout développement régulier. Mais le lien qui unit entre elles les nations romanes est précisément, par sa nature, à la fois traditionnel et rationnel» (12*, 1872, pp. 21-22).

Tout comme dans la conférence sur la *Chanson de Roland*, c'est donc ici encore la dimension historique qui est alléguée comme facteur décisif dans la formation d'une nation, conception s'inscrivant bien évidemment dans la pensée historiciste qui détermine le point de vue de Gaston Paris dans son ensemble[132].

En même temps, c'est également autour de ces énoncés que nous pouvons cerner et ancrer le principal changement de perspective opéré par Gaston Paris dans l'article introductif de la *Romania*: tandis que dans les conférences de 1869 et de 1870 l'attention du philologue était portée sur le sentiment national proprement dit, et avant tout le sentiment national français, elle l'est, dans le texte de 1872, sur l'adhésion des nations dites romanes

---

[132] Ceci est également vrai, bien sûr, pour Renan (voir Joël Roman dans *ibid.*, pp. 24-25).

à un héritage culturel commun. C'est ainsi qu'en 1872, les Germains sont mis entre parenthèses au profit de la continuité de la tradition culturelle latine, tandis qu'en 1869 et en 1870, c'est au contraire la domination romaine qui se voyait reléguée à un épisode, culturellement déterminant certes, mais non décisif pour le développement de la conscience nationale (française), formée essentiellement grâce à l'influence germanique. – On peut schématiser ces observations comme suit:

Situation 1 (1869/70) / point de vue: sentiment national français
Développement: Gaulois –› (Romains)[133] –› Francs –› Français.

Situation 2 (1872) / point de vue: héritage culturel
Développement: Gaulois –› Romains –› (Francs) –› Français.

Les deux points de vue entraînent deux modes de représentation différents des Germains, «fusionnel» dans le premier cas, «différentiel» dans le deuxième, et deux valorisations non moins différentes: d'une force énergique et novatrice, les Germains deviennent, dans l'appréciation de la deuxième perspective, un danger pour la continuité de la culture latine, tant à l'époque des invasions qu'à l'époque contemporaine. La fin de l'article ne fait que confirmer cette interprétation. D'après Gaston Paris, la mission des nations romanes dans le monde moderne est en effet de garantir le progrès d'une civilisation commune, progrès interrompu précisément – et c'est le coup de grâce pour les Allemands – par les invasions germaniques:

> «Héritières de Rome, elles [les nations romanes] doivent conserver de son esprit ce qui est le plus utile à l'humanité, la tendance vers une civilisation commune, équitable et éclairée. Elles doivent tenir à honneur de se rattacher au grand effort tenté il y a seize siècles, qui échoua si misérablement au moment même où on en célébrait l'heureux succès; elles doivent viser à réaliser autant que possible ces belles hyperboles des poètes latins [sur l'*orbis Romanus* qui embrasserait le monde entier[134]], qui peuvent devenir un jour des vérités; elles ont pour mission de représenter dans le monde moderne l'idée d'une cité commune, entrevue par les Romains, en la fondant sur des bases plus solides» (*ibid.*, p. 22).

La revue *Romania* se voit confier un rôle important dans ce programme civilisateur, puisqu'elle est censée revivifier à sa façon, à travers l'étude des langues et des littératures romanes, la solidarité des peuples latins. Et Gaston Paris de conclure sur son *credo* scientifique habituel, qui, cette fois-ci, nous laisse plus sceptique que d'habitude:

---

133 Les parenthèses signifient le procédé de «mise entre parenthèses» qu'on vient de décrire.

134 12*, 1872, pp. 2-3.

> «Nous ne poursuivrons, cela va sans dire, d'autre intérêt que celui de la science: les faits seuls parleront; nous ne les choisirons ni ne les interpréterons avec aucune idée préconçue. Mais c'est précisément au point de vue purement scientifique que le rapprochement perpétuel entre les langues et les littératures des diverses nations qui composent la Romania est le plus utile et le plus fructueux. Elles s'éclairent sans cesse l'une par l'autre, au point qu'il est impossible d'approfondir l'étude d'une seule d'entre elles si on n'a des autres une connaissance familière. C'est pour cela que nous les réunissons dans ce recueil, auquel nous avons donné le beau nom, depuis longtemps oublié, par lequel les *Romani* d'Italie, de Gaule, d'Espagne et d'Orient désignaient jadis la grande cité dans laquelle ils étaient tous entrés à leur tour» (*ibid.*).

Au total, le rassemblement des peuples romains longuement prêché dans l'article introductif à la *Romania* semble bien signifier en même temps l'exclusion totale des «Barbares». Le nom de la revue prend alors un sens supplémentaire, caché aux non-initiés: dans la mesure où l'appellation de «Romani» – Gaston Paris s'est efforcé de le montrer au début de son texte – ne s'est jamais trouvée dans la bouche des «Barbares»[135], l'expression de «Romania» est à son tour dépositaire d'une valeur pragmatique purement autoréférentielle qui la soustrait subtilement au discours des Germains, et par là même, c'est ce qu'on est en droit d'inférer, également à celui des Allemands contemporains. – Qu'on est loin, ici, de la vision équilibrée et harmonieuse suggérée par le prospectus du nouvel organe:

> «Le nom que nous avons choisi indique suffisamment l'idée que nous serions heureux de représenter; il nous a été suggéré par ce vers célèbre où Fortunat, mettant en regard les deux mondes qui venaient de se choquer et commençaient déjà à se fondre, réunissait, dans les louanges données au jeune roi des Francs, les Germains et les anciens habitants de l'Empire: 'Hinc cui Barbaries, illinc Romania plaudit'» («Prospectus» de la *Romania*[136])!

*

* *

C'est donc à propos de cet article, début il est vrai peu prometteur de la revue qu'il inaugure (du moins sous l'aspect qui nous intéresse ici), que l'on peut affirmer, en reprenant une idée chère à David F. Hult[137], que le discours

---

135 *Ibid.*, p. 5: «L'emploi de ce mot [*walah*, *welch*] et de celui de *Romanus* est précisément inverse: le premier n'est jamais employé que par les Barbares, le second que par les Romains».

136 Pour le texte dans son intégralité, voir Annexe XVI.

137 Voir la citation de Hult plus haut.

de fusion a tourné en un discours d'opposition, et l'on ne se trompe certainement pas si l'on admet ici une influence directe des événements de la guerre. Deux remarques, pourtant, s'imposent afin d'éviter tout malentendu :

1° Le déplacement d'un discours à l'autre se fait à l'intérieur de ce que j'ai appelé le domaine des objets de la philologie et ne touche pas les principes du domaine scientifique, à savoir, notamment, la validité et la qualité des méthodes dites « allemandes » et des travaux philologiques allemands.
2° Rien de ce qui est dit par Gaston Paris dans cet article n'est vraiment faux, scientifiquement parlant. Ce qui fait toute la différence, c'est le changement de perspective et les valorisations plus ou moins cachées que ce changement entraîne.

On pourrait formuler l'hypothèse qu'il s'agit, dans le cas de l'article introductif de la *Romania*, d'une sorte d'« action compensatrice » de la part de Gaston Paris. Devant la victoire des Allemands et l'usurpation de l'Alsace-Lorraine, le philologue opère une double stratégie de manipulation : d'une part, il n'aborde en rien le plan de la philologie romane comme discipline scientifique, ce qui, pour un article de ce genre sous sa plume, est très inhabituel ; d'autre part, sur le plan des objets de la philologie, il met expressément l'accent sur les *différences* (Gallo-Romains *vs* Germains ; peuples latins *vs* peuples germaniques et slaves), en procédant qui plus est à des valorisations également très étonnantes pour un lecteur familier de ses textes. Tout se passe donc comme si le fait même que, de par la qualité de leurs travaux, les Allemands ne soient pas critiquables sur le plan de la science, le seul où des valorisations sont possibles voire requises, amenait le savant à moduler les énoncés du plan des objets de la philologie, plan qui, en théorie, est exempt de jugements de valeur de cet ordre[138].

Après ce que l'on vient de dire, le lecteur ne sera pas étonné d'apprendre que c'est dans cet article aussi que Gaston Paris insiste lourdement sur le fait que l'Alsace était presque entièrement romanisée aux temps des invasions germaniques, en adoptant ainsi le raisonnement de type ethnique qu'il condamne dans le reste du texte (c'est donc à propos de ce sujet précis que l'on pourrait observer avec Hult « the double irony of Paris using the precepts of German ideology in order to combat German ideology »[139]) :

> « Les pays situés sur la rive gauche du Rhin qui ont été germanisés ne l'ont pas été tous à la même époque ; ils doivent leur germanisation soit à

---

[138] L'idée d'« action compensatrice » pourrait s'ajouter à la distinction « discours externe-discours interne » proposée par Werner 1991b, p. 222 pour rendre compte du rapport ambigu des Français au modèle philologique allemand.

[139] Voir la citation de Hult plus haut.

la dépopulation causée par le voisinage menaçant des Barbares (Provinces rhénanes, Alsace-Lorraine), soit à l'extermination des habitants Romains par les envahisseurs (Flandre). Mais il est sûr, particulièrement pour l'Alsace, que l'établissement germanique avait été précédé par une romanisation à peu près complète» (*ibid.*, p. 17).

## 4. RETOUR A LA NORMALITÉ

Curieusement, l'article introductif de la *Romania* ne paraît guère avoir provoqué de réactions critiques de la part des philologues allemands[140]. Mais il faut dire aussi que ce texte, de par les points problématiques qu'il contient, occupe une place isolée dans l'œuvre de Gaston Paris. En 1884 au plus tard, dans un long compte rendu qu'il consacre à *Le origini dell'epopea francese* de Pio Rajna, le philologue est revenu à son raisonnement habituel. Rajna, dont les résultats de recherches sur l'épopée romane convergeaient largement avec ceux de Gaston Paris (voir Partie IV), avait formulé la crainte que l'acceptation de l'élément germanique dans la naissance de la chanson de geste n'affectât la fierté nationale des Français. Gaston Paris ne peut que s'indigner d'une telle supposition:

> «J'avoue pour ma part que je ne vois dans l'influence allemande qui se manifeste à l'origine de l'épopée française aucune raison pour la France d'être moins fière de l'avoir produite. La nation française n'est pas exclusivement gallo-romaine (pourquoi alors ne serait-elle pas exclusivement celtique?). Les Germains qui se sont établis en Gaule se sont intimement mêlés à l'ancienne population, et la nation française est le résultat de ce mélange. 'L'esprit germanique dans une forme romane', c'est précisément ce qu'exprime si admirablement le mot 'français' lui-même, avec son thème allemand et son suffixe latin» (364, 1884, p. 626)[141].

Dans son *Manuel d'ancien français*, le philologue présente également la version traditionnelle des choses, au point d'y parler d'un sentiment patrio-

---

140 Seul Boehmer semble avoir réagi – et encore de façon assez modérée, en prenant un ton ouvertement ironique: «Eine würdige Eröffnung bildet der Aufsatz von Gaston Paris über die Bedeutung des Namens Romanen und den geographischen Umfang des Romanischen Sprachgebiets (an die gründliche Untersuchung schliesst sich ungezwungen eine kleine politische Causerie über Romanenthum und Germanenthum, wobei jenes selbstverständlich wieder als éminemment progressif et civilisateur gepriesen wird, während dieses, nur auf physiologischer Basis beruhend, stets conservateur et même exclusif sein müsse)» (Boehmer 1871-75, p. 302). Il est vrai aussi que le rapport entre Boehmer et les chercheurs français (Gaston Paris, Paul Meyer, Arsène Darmesteter) a été des plus difficiles, notamment pour des raisons philologiques (voir par exemple 376, 1873; 1181, 1875, 1878 et 1879).

141 Voir également Meyer-Lübke 1903, p. 324.

tique «gallo-franc»[142], expression qui, dans l'explication de la formation du sentiment national français, met de nouveau entre parenthèses, voire évacue tout court, l'élément romain. Ce dernier se voit fortement mis en valeur, par contre, du point de vue de la formation culturelle de la France[143]. De façon générale, les Germains sont de nouveau présentés comme cette force novatrice venue à temps délivrer le monde gallo-romain de son état décadent:

> «Ainsi une race jeune renouvelait un monde vieilli, et, en le faisant retomber momentanément dans la barbarie, l'ignorance et la brutalité, préparait en même temps une évolution qu'il semblait incapable d'accomplir. Grâce à l'adoption du catholicisme par les Francs, il se forma entre eux et les Romans de Gaule une véritable unité de sentiments, et pour la première fois, depuis l'éclair passager qu'avait allumé Vercingétorix, une conscience nationale s'éveilla dans notre pays» (335*, 1888, éd. de 1909, p. 25).

L'histoire globale de la France, et ceci nous ramène au compte rendu des *Origini* de Rajna, est toujours celle de l'expulsion successive et naturelle de l'élément germanique au profit de l'élément roman, non plus uniquement dans le domaine institutionnel, pourtant, comme cela nous a été présenté dans la conférence de 1869, mais bien dans tous les domaines de la vie nationale:

> «[La] germanisation a atteint son maximum vers la fin du VIIIe siècle, et bientôt après a commencé une réaction de laquelle on a pu dire que son histoire est l'histoire même du moyen âge. Institutions, lois, mœurs, costume, tout depuis lors perd de plus en plus le caractère germanique introduit par la conquête; la langue elle-même, qui, tout en restant romaine, avait emprunté à l'allemand une masse de mots, en perd un assez grand nombre, bien qu'elle conserve encore beaucoup qui attestent mieux que tous les faits extérieurs la profondeur à laquelle avait pénétré l'influence des étrangers devenus les maîtres. On peut regarder la Renaissance et la Révolution comme les deux dernières phrases de cette réaction, naturellement inconsciente, qui a expulsé de plus en plus de notre vie nationale, dans le fonds comme dans la forme, l'élément germanique» (364, 1884, p. 598).

Avec le temps, un équilibre harmonieux s'est donc installé, dans le discours de Gaston Paris, entre l'appréciation de l'élément germanique, donné comme indispensable à la formation de l'esprit national, et celle de l'élément romain, jugé essentiel pour le développement culturel de la France. Cette référence «nationale» dédoublée ne se voit plus jamais soumise à une valorisation problématique à la manière de celle que nous avons décelée dans

[142] 335*, 1888, éd. de 1909, p. 4.

[143] *Ibid.*, pp. 11ss.

l'article introductif de la *Romania*, mais fait dorénavant partie, de la façon la plus naturelle, du devenir complexe de la nation française.

Le seul véritable « acquis », chez Gaston Paris, des conflits et discussions des années 1870-71, est peut-être une certaine fierté, mais sans exagération et sans aucun accent chauviniste, de l'histoire « métissée » de la France. Ainsi, en 1895, dans un discours à la Société d'ethnographie nationale, le philologue entonne cet hymne à son pays :

> « Est-ce donc pour rien que nous sommes le pays privilégié entre tous, qui réunit les climats et les dons les plus opposés [...]? Est-ce pour rien que nos frontières, même restreintes, hélas ! enferment des régions aussi différentes, des montagnes gigantesques et des plaines infinies [...]? Est-ce pour rien que sous ce nom de Français, qui n'est pas un nom de race, mais un nom d'amour et de longue histoire commune, les vieux habitants dont nous ignorons les noms, et les Ibères, et les Ligures, et les Celtes, et les Romains, et les Germains, et les Scandinaves, mêlent aujourd'hui leur sang et leur génie ? » (« Société d'ethnographie nationale et d'art populaire. Discours prononcé à la Sorbonne le 24 mars 1895, à la réunion des délégués des sociétés départementales de Paris », *in La Tradition au pays basque, ethnographie, folk-lore, art populaire, histoire, hagiographie*, Donostia/Baiona, Elkar, 1982, p. 565).

De tels éloges patriotiques ne s'accompagneront pourtant plus jamais d'un ton ou de remarques dévalorisants vis-à-vis des pays germaniques, et il ne sera plus jamais question non plus d'un prétendu éloignement de ces pays de la civilisation européenne.

# REMARQUES CONCLUSIVES

## 1. APPRÉCIATION GÉNÉRALE

Tant les deux horizons de totalité qui déterminent respectivement le domaine de la philologie comme science et celui des objets de la philologie que la position qu'occupe l'Allemagne à l'intérieur des deux domaines sont en place, dans le discours de Gaston Paris, avant 1870-71, et le resteront par la suite. De façon générale, on peut dire que la grille ou le système philologico-national de ce savant ne porte pas, en tant que tel, les marques de la guerre franco-allemande. Celle-ci a bien laissé des traces, mais uniquement, d'une part, à l'intérieur du deuxième domaine, le seul qui permette, dans la logique du système, des modalisations idéologiques conjoncturelles, et, d'autre part, dans l'équilibre ou dans la mise en rapport des deux domaines. L'exemple de l'article introductif de la *Romania* nous a fourni un exemple frappant, mais, semble-t-il, isolé, de ce type d'« interaction compensatrice ».

Le plan de la science et le plan des objets de la science ne doivent pas être mélangés et ne l'ont effectivement jamais été par Gaston Paris. On peut aller plus loin et dire que les chercheurs qui ne respectent pas la différence de nature entre ces deux plans et qui, en particulier, soumettent les principes scientifiques à des catégories nationales appartiennent, aux yeux de Gaston Paris et des «nouveaux philologues», à l'espace extraparadigmatique[144].

Si l'Allemagne apparaît comme principal point de référence national dans les travaux de Gaston Paris, ceci tient avant tout à deux raisons, étroitement liées l'une à l'autre: tout d'abord, l'Allemagne a été pendant longtemps, et l'est encore du temps de Gaston Paris, le centre des études de philologie romane; ensuite, elle est plus généralement, au XIX^e^ siècle, porteuse d'une «mission» à valeur universelle, à savoir la «mission» historico-philologique. Ces deux faits piquent le sentiment d'honneur du philologue: «[o]n n'aime pas à voir des étrangers s'occuper des cendres de vos pères»[145], et: «[r]épandre sur le monde la vérité et le bonheur, telle a été à plusieurs reprises la noble ambition de la France»[146]. Toutefois, si Gaston Paris regrette sincèrement que son propre pays ne soit pas à l'initiative du nouveau mouvement intellectuel, il ne met pas en doute pour autant la nature universelle des principes propagés par ce mouvement même.

*

* *

Arrivé à ce point de notre analyse, on peut affirmer sans hésitation que Gaston Paris est un philologue qui, sur l'ensemble de sa vie et de son œuvre, a su maîtriser de façon exemplaire les tensions franco-allemandes. Ni germanophobe[147] ni encore excessivement germanophile et, surtout, patriote sans jamais être chauviniste, le philologue correspond d'assez près, il faut le souligner, à l'image idéale qu'ont dressée de lui, sous cet aspect, nombre de ses contemporains, tant français qu'allemands, aussi bien de son vivant qu'après sa mort. Dès le 2 janvier 1867, Sauppe avait écrit à Gaston Paris:

> Sie haben nun schon längere Zeit Ihre Vorlesungen begonnen: möge Ihnen diese neue Tätigkeit volle Befriedigung gewahren. Ich bin überzeugt, dass Sie auf dem Katheder, wie in Ihren Schriften, das geistige

---

[144] Aux exemples que nous avons vus, on pourrait ajouter le cas de Charles-Félix Lenient (voir Bähler 1996b).

[145] 1097*, 1864, p. 442.

[146] 334*, 1885, éd. de 1906, p. 105.

[147] La déclaration de Cerquiglini 1989, p. 79 à ce sujet se fonde sur une extrapolation plus que douteuse de quelques remarques de Gaston Paris sur la personne de Lachmann, remarques qui ne permettent en aucun cas une interprétation «nationale».

> Verständnis zwischen Frankreich und Deutschland in derselben ausgezeichneten Weise zu fördern bemüht sind, für die wir Ihnen und Ihren Freunden zum lebhaften Danke verpflichtet sind[148].

Et Arthur Pakscher, pour ne citer que lui, n'hésitera pas, dans sa notice nécrologique, à faire de Gaston Paris un personnage clef dans le lent rétablissement des rapports franco-allemands:

> «[...] die allmählich Platz greifenden friedlicheren Beziehungen zwischen Deutschland und Frankreich dürften vornehmlich auch auf Rechnung seiner Persönlichkeit zu setzen sein, und die bei der Gelegenheit der 200jährigen Gedenkfeier der Berliner Akademie der Wissenschaften ihm übersandte Auszeichnung durch den an Ausländer so selten verliehenen Orden 'Pour le mérite' hat wohl nicht nur seiner wissenschaftlichen Tätigkeit gelten sollen» (Pakscher 1903, p. 170)[149].

Contrairement à ce que l'on constate pour Gröber, les déclarations de principe sur l'impact que peut avoir la philologie sur l'entente des peuples et la mise en pratique de ces principes forment bien, chez Gaston Paris, – l'article introductif de la *Romania* mis à part – un tout cohérent et sincère.

## 2. QU'EST-CE QU'UNE NATION?

La conception qu'a Gaston Paris de la nation, on l'aura remarqué au fil des pages qui précèdent, est de nature complexe. Elle ne correspond entièrement ni au modèle dit «allemand» d'une nation-génie (ou nation romantique) ni à celui, réputé «français», d'une nation-contrat (ou nation révolutionnaire), mais combine de toute évidence des éléments appartenant à chacune des deux traditions[150]. Dans le but de systématiser ces éléments, ou du moins les plus importants d'entre eux, je propose de remplacer la distinction traditionnelle entre une nation-contrat et une nation-génie, distinction qui, très souvent, ne semble pas assez souple pour rendre compte de la complexité d'un

---

148 B.N., n.acq.fr. 24456, f. 231. – Voir également la lettre de Sauppe que nous avons citée dans la Partie I, p. 143 et qui va exactement dans le même sens.

149 Voir aussi Bédier 1904, p. 55; D'Ovidio 1903; Monaci 1903, p. 349; Morf, 1903a, p. 14; Muret 1903; Schröder 1903, p. 98; Söderhjelm 1903, p. 8; Wilmotte 1903, p. 73. On se rappelle également la lettre de Bréal à Duruy du 13 janvier 1869, citée dans la Partie I, p. 126 et dans laquelle on lit, entre autres: «Le mérite de ses [i.e. de Gaston Paris] travaux antérieurs, sa connaissance approfondie des méthodes et des publications allemandes, la critique et l'esprit scientifique dont il a donné ses preuves, le désignent tout spécialement pour remplir à l'Ecole le rôle d'un intermédiaire compétent entre la science allemande et l'esprit français».

150 Pour une discussion de ces deux conceptions de la nation, voir Renaut 1991.

discours donné, par celle entre un pôle *universaliste* et un pôle *particulariste* de la nation. Dans le raisonnement de Gaston Paris, la nation s'articule en effet autour de ces deux pôles.

Le pôle universaliste, qui oriente largement la dimension politique de la nation, se caractérise par l'idée que cette dernière se définit par sa volonté de défendre les valeurs universelles de la justice et de la liberté. La nation française, et cela ressort de façon particulièrement nette de l'ensemble des prises de position de Gaston Paris pendant l'Affaire, ne saurait avoir le statut de patrie, valeur nécessairement particulariste, qu'à condition qu'elle s'inscrive dans ce système de valeurs universelles. Un autre élément universaliste est celui de l'adhésion volontaire des citoyens à la nation, tel qu'il apparaît dans l'article introductif de la *Romania*.

Le pôle particulariste se situe, quant à lui, sur le versant culturel de la nation. Il comporte, dans le discours de Gaston Paris, trois idées de base : celle de l'existence objective de différents génies nationaux spécifiques et irréductibles, celle du rapport d'interdétermination exclusive et non moins objective de la nation et de la langue/littérature, et, finalement, celle de la nécessité d'une conscience historique collective. Le pôle particulariste ne saurait pourtant être identifié tout simplement avec la conception traditionnelle de la nation-génie. Il convient en effet de distinguer au moins deux formes de nation-génie chez Gaston Paris, une première de type ethnique, une deuxième de type historique. L'idée d'héritage culturel, capitale sous le pôle particulariste de la nation, prend un sens différent selon la forme de nation-génie qu'elle est censée illustrer :

1° Dans le premier cas, la culture est également pensée en termes d'adhésion, adhésion aux résultats successifs d'un processus historique complexe au cours duquel la culture spécifique d'une nation se forme au contact d'éléments étrangers. L'identité nationale ainsi constituée comporte certes une sorte de noyau identitaire stable, mais est en même temps censée être soumise à des changements permanents qui pourront la modifier. Ce caractère ouvert se montre dans le fait, par exemple, que le génie national soit critiquable, toute critique contenant l'appel à l'amélioration, et donc au changement.

2° Dans le deuxième cas, par contre, la culture désigne un héritage essentiellement stable et clos, qu'il s'agit de maintenir à son état « pur », en excluant tout élément étranger.

Les deux formes d'héritage culturel s'opposent donc comme un processus ouvert à l'avenir s'oppose à un état à jamais fermé. Gaston Paris adhère complètement au premier type de nation-génie, et la France est pour lui l'un des pays qui illustrent le mieux le mélange fécond d'éléments provenant d'origines diverses. Cette dernière forme de nation-génie, de type historique et ouvert, reconduit directement au pôle universaliste, c'est-à-dire, en l'occurrence, au «nationalisme culturel» (Artaud), saisissable, chez Gaston Paris, dans l'idée de l'échange nécessaire et fructueux des génies nationaux et des littératures nationales.

Les deux pôles, universaliste et particulariste, ancrent simultanément la nation dans le présent et dans le passé et en font, dans le discours du philologue, un concept riche et complexe, qui échappe aux catégorisations habituelles d'une nation-contrat «française» et d'une nation-génie «allemande»[151].

---

[151] Renaut 1991 montre que chez Fichte déjà, prétendu représentant-phare de l'idée de la nation-génie, les choses sont autrement plus compliquées qu'on a voulu le faire croire. Et Joël Roman (dans Renan 1992) arrive à une conclusion semblable au sujet de Renan.

QUATRIÈME PARTIE

# LE MOYEN ÂGE ET SA LITTÉRATURE

# EXEMPLE 1 : LA MATIÈRE DE FRANCE

## 1. L'ÉPOPÉE : UN GENRE DE PRÉDILECTION

« [C']est, en effet, par l'épopée que la poésie française du moyen âge mérite le plus d'intéresser les historiens et les critiques, et qu'elle se recommande le plus légitimement à l'attention de la postérité »[1]. C'est par cette déclaration que Gaston Paris clôt, en 1887, l'une de ses longues critiques dans le *JdS*, consacrée, en l'occurrence, aux différentes éditions des chansons de geste publiées par la SATF depuis sa fondation. Comme celle de la plupart des philologues de l'époque, la préférence de Gaston Paris, à l'intérieur du domaine de la littérature du moyen âge, va très nettement à la matière épique, c'est-à-dire aux chansons de geste[2]. Plusieurs raisons concomittantes contribuent à expliquer cette prédilection : 1° le prestige accordé à l'épopée en général dans les traités poétiques depuis la Renaissance ; 2° l'âge de la poésie épique française par rapport aux autres productions médiévales, mais aussi par rapport aux autres épopées modernes ; 3° l'originalité attribuée aux chansons de geste, et 4° la valeur nationale qu'on leur associait.

1° Dans les traités poétiques allant de la Renaissance jusqu'au XVIIIe, voire jusqu'au XIXe siècle, l'épopée, étant censée réunir l'ensemble des qualités des autres genres, totaliser la somme du savoir disponible et requérir le talent d'écriture le plus développé, se trouvait le plus souvent au sommet de la hiérarchie des genres[3]. En France, la description poétologique n'allait pourtant pas de pair avec une production épique qui aurait réalisé cet ambitieux programme, constat qui, on le sait, avait amené Voltaire à formuler sa fameuse sentence selon laquelle les Français n'auraient pas « la tête épique »[4]. Or, avec la découverte des chansons de geste, et, avant tout, de la *Chanson de Roland*, certains auteurs et théoriciens voyaient enfin apporté un démenti formel à cette thèse si provocatrice pour l'orgueil national :

---

1 « Publications de la Société des Anciens Textes Français [...], quatrième et dernier article », *JdS*, 1887 (suite de 366*, 1886), p. 629.

2 Rappelons que l'appellation de chansons de geste a été introduite par Roquefort. Dans sa conférence sur « Paulin Paris et la littérature du moyen âge » en 1881, Gaston Paris l'attribue à son père (1058*, 1881 dans 334*, 1885, éd. de 1906, p. 223) mais, en 1885, dans sa « Notice sur Paulin Paris, un des auteurs des tomes XX-XXVIII de l'*Histoire littéraire de la France* », il note bien que c'est Roquefort qui est à l'origine de cette appellation (1062*, 1885, p. XIII, n. 1).

3 Pour l'ensemble de cette question, voir Himmelsbach 1988.

4 Quant à l'échec de la poésie épique au XIXe siècle, voir Hunt 1941.

> «[...] en 1850, F. Génin remarque avec sérénité que 'le rapprochement est aussi légitime entre Homère et Théroulde qu'entre Achille et Roland' et signale de plus, l'avantage de la France en regard des autres nations: 'Notre orgueil national doit éprouver une satisfaction légitime à voir couler de toutes parts chez les nations voisines ce grand fleuve de poésie épique dont la source jaillissait en France'» (Himmelsbach 1988, p. 45).

Et les médiévistes de mettre désormais l'accent sur le fait que la France non seulement avait la tête épique[5], mais que, en plus, elle avait surpassé, dans le domaine de l'épopée, les autres nations européennes. L. Gautier, notamment, s'insurge avec violence contre la sentence de Voltaire:

> «On attribue généralement à Voltaire le fameux mot: 'Les Français n'ont pas la tête épique'; il faut loyalement reconnaître qu'il n'est pas de lui, mais de M. de Malezieu. Voltaire, d'ailleurs, le cite avec un sourire approbatif, et exprime EXACTEMENT la même pensée en d'autres termes: 'Il faut avouer, dit-il, qu'il est plus difficile à un Français qu'à un autre de faire un poème épique. C'EST QUE, DE TOUTES LES NATIONS, LA NÔTRE EST LA MOINS POÉTIQUE.' A ces derniers mots, nous découvrons avec une sorte d'effroi les profondeurs de l'ignorance, et nous comprenons l'indignation de Génin citant le passage. Boileau croyait à l'existence de *nos vieux romanciers*: Voltaire ne la soupçonne même pas. Dans quel ébahissement il serait tombé, si on avait seulement essayé de lui démontrer que la plus épique de toutes les nations modernes, c'est la France.
>
> Nous avons lu l'*Essai sur la poésie épique* de Voltaire. A franchement parler, c'est un pauvre ouvrage; mais où il faut voir le reflet exact de toutes les opinions du temps» (Gautier 1966, t. II, pp. 669-670).

Dans le premier tome, déjà, il avait noté:

> «Mais nous ne voulons pas tracer par avance tout le portrait du plus grand et du plus Français de tous les héros de nos chansons [i.e. Charlemagne]. Il fallait, encore une fois, il fallait un homme de cette dimension pour que l'Epopée française ne périt pas. Sans lui, nous aurions peut-être mérité le reproche stupide qui nous est souvent adressé: 'La France n'a pas la tête épique.' Avec lui, nous avons un avenir de deux cents épopées et de cinq cents ans de poésie épique» (*ibid.*, t. I, p. 60).

Quant à Gaston Paris, s'il n'entre jamais ouvertement dans le débat sur le génie épique de la France[6], il insiste pourtant à plusieurs reprises, comme

---

5 En 1917, Maurice Wilmotte publiait un petit livre précisément intitulé *Le Français a la tête épique*, dans lequel il essayait de démontrer sa théorie d'une origine latine des chansons de geste (voir Wilmotte 1917).

6 On trouve quelques allusions dans l'*Histoire poétique*, 356*, 1865, éd. de 1905, pp. 111-117 et surtout p. 160: «Les gens qui ont dit que les Français n'avaient pas la *tête épique*

nous l'avons déjà vu, sur le rôle que son pays avait eu dans la formation, non seulement épique, mais littéraire en général, de l'Europe, et il semble bien que la problématique de la «tête épique», c'est-à-dire la réfutation de l'opinion de Voltaire et de ceux qui pensaient comme lui, soit présente, du moins en sourdine, dans l'ensemble de ses écrits sur l'épopée.

De manière générale, la discussion sur le caractère épique des Français a pu jouer un rôle important dans la justification de la médiévistique littéraire en France et, à l'inverse, a probablement eu comme conséquence l'attention portée par les médiévistes sur les chansons de geste, souvent au détriment des autres productions poétiques du moyen âge[7].

2° Le facteur «âge», qui confère aux phénomènes étudiés un caractère d'autorité et d'authenticité, est allégué par les philologues de l'époque, et Gaston Paris ne fait pas exception ici, de deux façons différentes. D'abord par rapport aux autres nations, la France étant le premier pays de l'Europe moderne à avoir eu des productions épiques, et ensuite par rapport aux autres textes français du moyen âge, les chansons de geste ayant précédé tous les autres genres, à l'exception peut-être du genre hagiographique, né pourtant, ce dernier, sous l'influence des clercs.

3° Par «originalité», il faut comprendre le fait que les chansons de geste sont nées, en France, d'une situation historique particulière, et que, tout en partageant des traits avec la production épique d'autres nations et d'autres époques, elles ont des propriétés que l'on ne retrouve dans aucune autre épopée. Par «originalité», il faut également comprendre l'idée, communément admise jusqu'à la parution des *Légendes épiques* de Bédier, préfigurées dans leur essence par les travaux trop souvent oubliés de Philippe August Becker[8], que les chansons de geste françaises sont nées en toute indépendance de la tradition savante, cléricale.

4° L'aspect le plus important des chansons de geste dans le discours philologique de la deuxième moitié du XIXe siècle est pourtant leur prétendu caractère national. Les chansons de geste et la nation française se voient alors liées dans un rapport de présupposition réciproque qui fait que «national» et «épique» deviennent très souvent des expressions strictement synonymes.

---

n'hésitaient pas à reconnaître chez les Italiens une grande disposition à l'épopée. Nous nous faisons maintenant de l'épopée une idée si différente que nous ne serions pas loin de déclarer inhabile à la faire naître la patrie de Virgile et du Tasse, tandis que nous saluons de ce beau nom les œuvres de nos vieux trouvères».

7 Bergounioux note que, dans le dernier tiers du XIXe siècle, c'est uniquement dans le domaine de la philologie médiévale que des cours entiers sont consacrés à l'épopée: «L'épopée est réservée aux médiévistes» (Bergounioux 1991, p. 256).

8 Voir Lange 1989, pp. 40-41, Hillen 1993, pp. 89ss. et Corbellari 1997, pp. 353-354.

Ces quatre facteurs que, pour certains, nous rencontrerons plus en détail par la suite et auxquels s'en ajouteront d'autres, font des chansons de geste l'objet d'études préféré des philologues de l'époque, constat dont témoignent à eux seuls les monuments critiques que sont l'*Histoire poétique de Charlemagne* (1865) de Gaston Paris, *Les Epopées françaises* (1865-1868) de Léon Gautier et *Le Origini dell'epopea francese* (1884) de Pio Rajna, pour ne pas dépasser la deuxième moitié du XIX^e siècle[9].

*
* *

Dès son *Histoire poétique*, Gaston Paris distingue deux grandes phases dans la production épique française, dont la première se caractérise par la présence de chants nationaux ou chants lyrico-épiques, et la deuxième par celle de l'épopée nationale proprement dite, c'est-à-dire les chansons de geste. Examinons ces deux phases, l'une après l'autre.

## 2. NAISSANCE ET DÉVELOPPEMENT I: LES CHANTS LYRICO-ÉPIQUES

### Terminologie

Au début de la tradition épique française, il y a, pour Gaston Paris, des chants en langue vulgaire, contemporains d'événements historiques réels, essentiellement guerriers.

Pour désigner ces chants, le savant, sauf dans sa thèse où il l'emploie de façon plus systématique, n'utilise que rarement le terme de «cantilène», que l'on semble rencontrer pour la première fois, à en croire Bédier, en 1835, sous la plume de Leroux de Lincy[10]. Voulant se libérer de toute évidence des connotations romantico-mystiques et, plus précisément, des implications wolfiennes et lachmaniennes de cette expression – nous allons dégager peu à peu la façon dont le philologue, tout en y restant attaché par certains côtés, prend ses distances vis-à-vis de l'univers de pensée romantique en général –, Gaston Paris révoque explicitement celle-ci dans sa critique des *Origini* de Rajna:

---

[9] En Allemagne, les choses ne sont pas différentes: là aussi, la préférence tant des chercheurs que du public va à l'épopée et avant tout au *Nibelungenlied* (voir Grosse 1986).

[10] Bédier 1912, t. III, pp. 231-232. Voir également, quant au terme de cantilène, Meyer 1867, pp. 331-333. – Dans l'*Histoire poétique*, le terme de cantilène ne se trouve pas du tout dans l'importante introduction. Il y apparaît pour la première fois à la page 43 seulement, où Gaston Paris l'introduit comme suit: «[…] ces premières chansons, qu'on est convenu de désigner sous le nom de *cantilènes* […]» (356*, 1865, éd. de 1905, p. 43).

> « Assurément il [Rajna] a raison de combattre les exagérations auxquelles a donné lieu la théorie des 'cantilènes', mot qui, précisément parce qu'il est mal défini et qu'il a une apparence scientifique, a entraîné ceux qui s'en sont servi à des théories assez fantastiques » (364, 1884, p. 616)[11].

Et, en note :

> « Je l'ai, pour mon compte, bien rarement employé ; il m'a toujours déplu comme ayant l'air de dire quelque chose et ne disant rien de clair » (*ibid.*, n. 5).

Afin d'éviter tout malentendu de départ, il convient donc, en discutant des idées de Gaston Paris sur la naissance des épopées, de parler de « théorie lyrico-épique », ainsi qu'il le fait lui-même[12] et ainsi que le fait également Meyer dans le riche compte rendu qu'il consacre à l'*Histoire poétique*[13], plutôt que de « théorie des cantilènes », comme ne cesse, en revanche, de le faire Bédier, dans ses *Légendes épiques*, avec une arrière-pensée bien précise, celle de rattacher les idées de son maître, malgré la constatation de notables différences, aux théories d'origine romantique.

## Présupposés généraux

Gaston Paris adopte pour théorie la genèse dite longue des épopées françaises. Deux présupposés généraux, subordonnés l'un à l'autre, soutiennent cette thèse. D'abord la pensée historiciste, et ensuite l'horizon de totalité de la nation française, dont l'histoire est également inscrite, nous l'avons vu dans la Partie III, dans la longue durée. Le devenir historique en général et le devenir de la nation française en particulier, voici en effet le double cadre de référence à l'intérieur duquel la théorie des origines anciennes des chansons de geste prend place.

L'acception de l'idée de base de l'historicisme, selon laquelle tous les phénomènes du monde sont le résultat d'un devenir historique – « die Einsicht, dass alles und jedes geschichtlich geworden und geschichtlich vermittelt ist »[14] –, amène presque nécessairement le philologue à admettre une histoire « longue » de l'épopée, et ceci en l'absence totale, au fond, de traces positives, même si la reconstruction de ces traces constitue, en un deuxième temps, l'un des buts même des recherches philologiques qui, dans un mouvement circulaire propre à l'ensemble des constructions théoriques, sont censées matérialiser, étayer et donc prouver la thèse de départ.

---

11 Quant à la critique du savant italien, voir Rajna 1884, pp. 469-485.

12 Voir, par exemple, 364, 1884, p. 617.

13 Meyer 1867.

14 Oexle 1996, p. 17.

Pour appuyer cette dernière, Gaston Paris exploite une classe de métaphores particulièrement efficace dans ce contexte, à savoir les métaphores végétales. A propos de cette longue période de formation de l'épopée dont nous n'avons conservé que très peu de traces matérielles, et, en tout état de cause, aucun chant lyrico-épique proprement dit, Gaston Paris écrit dans l'*Histoire poétique*:

> «Mais cet intervalle, stérile en apparence, ne fut pas plus perdu pour la poésie que ne l'est pour la plante la période obscure où le germe se développe et s'attache de ses racines à la terre nourricière, tandis que sa tige naissante cherche l'air et le soleil» (356*, 1865, éd. de 1905, p. 49)[15].

La métaphore végétale articule en effet deux propriétés sémantiques transposables du contenu corrélé au contenu topique, c'est-à-dire, dans le cas présent, du domaine des plantes au domaine de l'épopée: le trait sémantique de la croissance organique et, plus important en l'occurrence du point de vue argumentatif, la catégorie *invisible/visible*. Ce qui est invisible pour nous – les racines/les chants lyrico-épiques – n'en existe pas moins. Au-delà de la crédibilité scientifique que confère au raisonnement de Gaston Paris l'appel au discours biologique, l'un des discours scientifiques phares de l'époque[16], la métaphore végétale a aussi un impact pathémique à valeur persuasive. Cet impact devient net si l'on oppose l'imaginaire végétal que Gaston Paris convoque pour la description de la formation de l'épopée à l'image employée par Bédier au même sujet. Loin d'être face à un «silence universel», angoissant parce qu'évoquant, dans le registre de l'acoustique, un grand vide – effet voulu et habilement mis au service de la disqualification de la théorie des origines anciennes des chansons de geste –, nous sommes, dans le discours de Gaston Paris, en présence d'un univers «plein», d'un univers pullulant de vie, d'un univers en gestation, qui exprime et, par là même, transmet la confiance en la puissance créatrice de la vie, mais aussi, en même temps, en la théorie sur la formation lente des chansons de geste. La métaphore, décidément, n'est pas simplement un pur moyen d'illustration d'un contenu conceptuel défini au préalable. Elle contribue au contraire à créer un concept, en même temps qu'elle en fait l'objet d'une stratégie de

---

15 Voir également, pour un autre exemple, 356*, 1865, éd. de 1905, pp. 445-446.

16 Voir par exemple, pour une première orientation, Mann 1973. – L'appel au discours biologique est constant dans les textes de Gaston Paris. Voir également, quant à la reconstruction des épopées mérovingiennes et carolingiennes, le passage suivant: «Nous éprouverons, à restituer, à l'aide d'indices souvent fugitifs, des formations poétiques disparues en ne nous laissant qu'un ou deux fragments isolés, la joie que ressent le naturaliste à faire revivre par la pensée, avec de rares débris et par la connaissance des règles générales et des rapports nécessaires des produits organiques, les anciens et gigantesques habitants de nos forêts détruites» («La poésie du moyen âge», leçon d'ouverture faite au Collège de France le 3 décembre 1866, dans 334*, 1885, éd. de 1906, p. 37).

persuasion efficace, qui, certes, fait appel aux compétences cognitives du lecteur, mais encore plus à ses réactions pathémiques spontanées[17].

## Caractère poétique et mode de transmission

Selon Gaston Paris, les chants nationaux – il les appelle aussi héroïques – dont sortiront peu à peu les chansons de geste ont, à leur naissance, un caractère lyrico-épique, que le jeune philologue décrit comme suit dans sa thèse:

> «On comprend facilement que cette poésie [héroïque ou nationale] participe aux deux genres poétiques; elle est le plus souvent lyrique par sa forme, et épique par son sujet. Elle parle de batailles, de triomphes ou de défaites, d'aventures hardies, d'exploits merveilleux, mais elle ne les raconte pas, elle s'exhalte à leur propos; étant improvisée et contemporaine des faits, elle ne cherche guère qu'à rendre et à concentrer l'impression qu'ils ont produite, et, obéissant aux lois de la poésie, elle les présente dans un ordre particulier et leur donne une signification idéale» (*ibid.*, p. 2).

Le caractère lyrico-épique est donc avant tout l'expression poétique d'un état pathémique irréfléchi résultant de la perception et de l'expérience immédiates des événements vécus. Les qualités esthétiques des chants héroïques s'inscrivent, de par ce fait même, dans le registre du discontinu:

> «[La forme des chansons tudesques et romanes] était sans doute rapide, brusque et concise; l'événement dont il s'agissait était brièvement raconté, et quelques détails seuls étaient traités avec une ampleur lyrique au moins autant qu'épique. Des tableaux saisissants et sans lien, des dialogues heurtés, des exclamations de joie, d'admiration ou de douleur, tels étaient leurs principaux éléments» (*ibid.*, p. 48).

Cette description des premiers chants peut très bien s'inspirer, le fait n'est pas sans importance, d'un passage analogue d'une étude publiée par Lemcke en 1862 au sujet des principes historiques qu'il convient d'appliquer, selon lui, dans les recherches sur les ballades traditionnelles de l'Ecosse. Gaston Paris cite ce travail dans l'*Histoire poétique*, mais, comme nous allons le voir, à propos d'un autre problème. Rien ne nous empêche pourtant de rapprocher les deux textes dès à présent, car il est trop évident que le jeune philologue y a largement puisé pour établir le cadre général de l'introduction de sa thèse. Le directeur du *Jahrbuch* décrit en effet comme suit les premières productions épiques nationales:

---

17 Pour des remarques intéressantes au sujet du travail de Bédier sur des métaphores philologiques traditionnelles, celle de l'arbre avant tout, voir Hult 1991, pp. 124-125.

> «Da aber die Producte dieser epischen Volksdichtung hervorgehen aus dem Drange des Augenblicks, aus der unmittelbaren Inspiration, da sie zur unmittelbaren Mittheilung, 'zum Singen und Sagen' bestimmt sind, so geben sie auch keine breit entfaltete Erzählung des Geschehenen sondern in kurzen und lebendigen Zügen das objective Bild einer einzelnen That, eines Ereignisses, Abenteuers u. s. w. Die ächte epische Volksdichtung ist rhapsodisch» (Lemcke 1862, p. 149).

Prenons comme exemple concret d'un chant lyrico-épique celui qu'aurait composé Bertolai de Laon lors de cette bataille de 943 au cours de laquelle, à en croire les *Annales* de Flodoard, un nommé Raoul, fils de Raoul de Gouy, trouva la mort, chant qui, selon Gaston Paris, serait devenu peu à peu la chanson de geste *Raoul de Cambrai*:

> «Il est fort difficile de se représenter ce que pouvait être sa chanson. Conçue au lieu même de la bataille, destinée à être entendue par ceux qui y avaient pris part, il est clair qu'elle ne racontait pas tout au long des faits que connaissaient tous les auditeurs. Elle reflétait surtout les sentiments des divers personnages, elle les mettait en scène et les faisait parler, elle signalait les principaux incidents du combat [entre l'armée de Raoul et l'armée des fils d'Herbert], elle concluait sans doute par un chant de victoire mêlé à un 'regret' des morts et même de Raoul. Elle devait accentuer beaucoup plus que ne le fait le poème actuel le fond du différend entre Raoul et les fils d'Herbert, essentiellement lié aux circonstances contemporaines, et qui se devine encore à travers les altérations des remaniements postérieurs» («Publications de la Société des Anciens Textes Français [...], quatrième et dernier article», *JdS*, 1887 [suite de 366*, 1886], pp. 624-625).

Quant à leur forme proprement dite, les chants lyrico-épiques auraient déjà comporté des laisses, plus précisément des laisses régulières[18], avec un refrain à place fixe, dont l'AOI de la *Chanson de Roland* du manuscrit d'Oxford aurait éventuellement gardé une trace[19]. La mélodie aurait peut-être suivi le schéma que l'on trouve, pour les parties chantées, dans le manuscrit d'*Aucassin et Nicolette*, c'est-à-dire que le premier vers aurait eu sa mélodie et les suivants, à part le refrain, la leur[20]. S'appuyant sur la *Vie de saint Faron*,

---

18 Dans l'*Esquisse*, 1907, p. 38, le philologue relativise pourtant cette opinion, concession sans doute à l'opinion de ceux qui, comme Meyer et Rajna, pensaient que les premières laisses avaient été irrégulières: «On ne peut dire si à l'époque primitive les vers de chaque laisse étaient en nombre fixe ou, comme plus tard, variable».

19 Voir par exemple 356*, 1865, éd. de 1905, p. 48: «Il est probable que les vers se groupaient en strophes [...] assonantes pour les chants romans; dans ces derniers, il est permis de supposer que la division en strophes était rendue plus frappante par un refrain». Quant à l'AOI, voir *ibid.*, p. 21 et p. 48, n. 3.

20 364, 1884, p. 620. Dans l'*Esquisse*, 1907, pp. 38-39, Gaston Paris s'exprime comme suit: «Ils [les vers] se chantaient sur une mélopée qui dans chaque poème était la même pour

c'est-à-dire, plus précisément, sur la fameuse «cantilène de saint Faron», Gaston Paris va jusqu'à dire, du moins à deux endroits de son œuvre, que les chants lyrico-épiques auraient parfois été chantés par des femmes en dansant[21], ce qui, il est vrai, nous éloigne singulièrement, comme l'a déjà fait remarquer Rajna, du milieu guerrier d'où ces chants seraient sortis, et où, comme le philologue ne cesse de l'expliquer, il n'y aurait guère eu de place pour les femmes ![22]

Au cours de l'évolution ultérieure, l'élément lyrique aurait peu à peu été expulsé des chants nationaux au profit du seul élément épique :

> «Sa forme[23] [celle de la poésie nationale], encore passionnée, fragmentaire et saisissante, est cependant obligée de devenir bien plus claire, plus régulière, plus objective ; l'élément lyrique perd beaucoup de terrain ; la poésie nationale s'achemine vers l'épopée» (356*, 1865, éd. de 1905, p. 2).

La théorie des chants lyrico-épiques fait évidemment penser d'emblée au modèle développé par F. A. Wolf (1795) pour expliquer la genèse des poèmes homériques, modèle qu'appliquèrent par la suite Ludwig Uhland (1812) et Claude Fauriel (1835) aux chansons de geste françaises. Mais, nous allons le voir au cours de nos développements, elle n'en diffère pas moins fondamentalement.

*

* *

Gaston Paris défend la théorie des chants lyrico-épiques vis-à-vis de deux modèles concurrents, principalement : celui de la tradition orale, dont Meyer s'est fait le héraut, et celui des poèmes narratifs, développé par Rajna.

1° Il n'y a pas de tradition historique orale. Voici le dogme, de nature anthropologique, qui distingue la position de Gaston Paris de celle de Meyer, qui, du moins pour certaines chansons de geste contenant des éléments historiques, admet, tout comme Fauriel avant lui, des traditions orales recueillies à un moment donné de l'histoire par un poète. A propos de la

---

toutes les laisses, et qui dans chaque laisse était la même pour tous les vers, sauf le premier et le dernier, à moins que le dernier ne fût suivi d'un refrain (comme c'était probablement le cas le plus ordinaire)».

21 Voir 364, 1884, p. 618 et l'*Esquisse*, 1907, pp. 34-35. – Quant à la «cantilène de saint Faron» voir, en dernier lieu, Banniard 1992, pp. 295-299.

22 Voir Rajna 1884, pp. 474-475. Curieusement, Gaston Paris, dans son long compte rendu des *Origini*, ne prend pas position sur cette question.

23 Par forme, il faut ici entendre, de toute évidence, la mise en forme du contenu dans le sens le plus général et non pas la structure formelle proprement dite des chants.

*Chanson de Roland*, Meyer écrit dans son compte rendu de l'*Histoire poétique*:

> «Pour moi, je considère comme tout aussi vraisemblable l'hypothèse que l'auteur du Roland a puisé dans une tradition qui n'était pas encore devenue un poëme. [...] Toute mon objection se réduit à ceci: en principe on ne peut nier qu'il ait existé des chansons de geste contemporaines à *Roland* et même plus anciennes; loin de le contester, je suis porté à regarder comme de véritables chansons de geste les *vulgaria carmina* et les *cantilenae* dont parlent les auteurs du neuvième siècle; mais je considère comme une prémisse fausse l'idée que tous les faits légendaires fournis par la tradition ont été chantés, et qu'ils l'ont été avant la composition du *Roland* d'Oxford. Force est bien de reconnaître qu'il n'en a pas été ainsi pour les récits que nous a transmis le moine de Saint-Gall; on doit user de la même réserve à l'égard des allusions contenues dans *Roland*» (Meyer 1867, p. 41)[24].

Meyer résume ses idées à la fin de son compte rendu:

> «J'ai voulu montrer, dit-il, que les plus grandes probabilités sont en faveur d'une épopée formée directement d'après une tradition, en certains cas presque contemporaine des faits, en d'autres déjà lointaine [...]» (*ibid.*, p. 342).

Gaston Paris accepte la théorie de la tradition orale comme seule alternative théoriquement valable à celle qu'il défend lui-même:

> «A la théorie des chants lyrico-épiques on ne peut en opposer qu'une autre, celle de la tradition orale; c'est celle qu'a soutenue P. Meyer» (364, 1884, p. 617, n. 1).

Mais il montre aussi pourquoi il la regarde comme inadmissible. C'est que la tradition orale n'assure pas la transmission du savoir historique tel qu'on le trouve, bien que de façon le plus souvent très déformée – conséquence naturelle du développement normal du genre –, dans les chansons de geste qui nous sont parvenues. Dans son étude sur le *Carmen de prodicione Guenonis*, il écrit:

> «La tradition orale, qu'on a invoquée comme une autre source où auraient pu puiser les poèmes, ne conserve pas aussi longtemps et aussi fidèlement

---

24 Voir également Meyer 1867, p. 32. Dans le même texte, Meyer essaie de minimiser – à tort – le poids des chants lyrico-épiques dans la théorie de Gaston Paris: «[...] M. Gaston Paris [...] intercale, lui aussi, une petite période de chants 'lyrico-épiques' entre les événements et les chansons de geste, mais en ayant bien soin de la réduire à la moindre durée possible, pour ne pas trop retarder la période proprement épique» (*ibid.*, p. 335). En réalité, Meyer donne l'existence des premières chansons de geste au IXe siècle, tandis que Gaston Paris hésiterait beaucoup à la faire remonter plus haut que le XIe.

> le souvenir des faits historiques : elle n'existe guère, à vrai dire, en dehors des formes poétiques qu'elle peut avoir reçues dès son origine, si ce n'est grâce à quelque circonstance tout à fait particulière » (382*, 1882, p. 482)[25].

Deux ans plus tard, dans le compte rendu des *Origini*, il insiste une nouvelle fois sur cette idée :

> « [...] je pense que tout ce qui dans l'épopée est historique provient nécessairement de chants absolument ou presque absolument contemporains des événements qui en sont le sujet (à moins qu'il n'y ait emprunt fait par les poètes à des sources historiques proprement dites). A mon sens il n'y a pas de tradition historique orale ; les faits les plus importants s'oublient en une ou en deux générations s'ils ne sont pas conservés par des récits poétiques » (364, 1884, p. 603).

A part le cas du genre « histoire » proprement dit, fixé dans l'écriture, la transmission d'un savoir historique ne serait donc possible que si celui-ci est moulé dans une certaine forme poétique plus ou moins stable[26]. Cette forme n'empêcherait pas le fait, d'autre part, que les éléments historiques se voient successivement transformés et déformés jusqu'à être tout à fait méconnaissables ou, mieux, jusqu'à ne plus être reconnaissables que par les yeux du philologue :

> « L'épopée va toujours s'éloignant des faits qui lui ont servi de point de départ, si bien qu'au bout d'un certain temps d'évolution il arrive qu'ils sont presque complètement transformés ou n'ont laissé dans l'épopée que quelques traces, appréciables seulement pour la critique, et qui sont souvent en contradiction avec l'ensemble et finissent par disparaître d'elles-mêmes » (*ibid.*, p. 602).

---

25 Gaston Paris exprime la même idée en 1898, dans un compte rendu de *La leyenda de los Infantes de Lara*, par Menéndez Pidal : « J'ai contesté à maintes reprises et je conteste encore l'existence de la tradition historique indépendamment d'une forme poétique qui la fixe et la transmette. Mais j'ai toujours admis qu'il y avait des exceptions à cette règle lorsque la tradition pouvait s'attacher à quelque objet extérieur, comme un monument ou une sépulture, qui conservait le souvenir au moins de certains noms et de certains traits essentiels et qui provoquait des explications parfois d'ailleurs purement imaginaires » (841*, 1898, p. 327). C'est la solution qu'il allègue, précisément, pour l'explication de la légende des *Infants de Sala*. – C'est à propos de ce passage que Ferdinand Lot dira dans son compte rendu des *Légendes épiques* : « Il semble que l'ouvrage de M. Bédier soit l'application à l'ensemble des chansons de geste françaises de cette remarque que Gaston Paris faisait valoir, à propos de l'étude de M. Menéndez Pidal, pour chercher dans l'église de Salas en Vieille-Castille l'origine de la célèbre légende des Infants de Salas, dits plus tard de Lara. Il ressort, en effet, de ces quatre volumes que tous les poèmes français, tous ceux du moins qui ne sont pas de simples romans versifiés, sont liés à un sanctuaire » (Lot 1958, p. 17).

26 Voir également 676*, 1881, p. XLVIII ; 902, 1884 ; 953*, 1889, p. 612.

La thèse selon laquelle le savoir historique est incompatible avec la tradition orale a été largement étayée, mémoires personnels à l'appui, par Bédier, ici encore pourtant dans le souci de démolir toute théorie admettant des origines anciennes aux chansons de geste[27].

2° Quant à la théorie de Rajna, elle combine en fait des éléments de celle de Meyer avec des éléments nouveaux. Rajna pense qu'au début de la tradition, il n'y a pas de chants lyrico-épiques, mais déjà de véritables chansons de geste, moins longues, certes, que celles qui nous sont parvenues, mais déjà caractérisées par un style narratif. Cette thèse se trouve être préfigurée par des réflexions émises par Meyer en 1867:

> «L'existence de chants très-anciens, presque contemporains des événements auxquels ils s'appliquent, n'est pas contestable, au moins en ce qui concerne la France; mais si on ne suppose que dès l'origine ils contenaient une narration suffisamment développée, je n'arrive pas à me représenter comment ils ont pu constituer des poëmes tels que le *Roland*, par exemple, le *Couronnement de Louis* ou la *Bataille d'Aliscamps*» (Meyer 1867, p. 32).

Selon Rajna, ces poèmes longs ne seraient pourtant pas nés immédiatement des événements, mais au bout d'un certain temps – dont il ne spécifie pas la durée – pendant lequel les faits historiques auraient été transmis et donc conservés par la tradition orale:

> «Credo [...] che l'epopea prenda le prime mosse dai fatti, in quanto sopravvivano nelle memorie dei populi» (Rajna 1884, p. 11).

Cette dernière affirmation concorde largement, on le voit, avec les idées de Meyer, et Gaston Paris, en s'y opposant, ne peut que répéter les arguments cités plus haut. Quant à la prétendue forme narrative des premières manifestations épiques, Gaston Paris, ne tenant aucunement compte de ce laps de temps, il est vrai assez flou, pendant lequel, aux yeux de Rajna, la tradition historique se serait conservée oralement, ce qui rend théoriquement possible la composition de poèmes longs puisqu'à ce moment l'impression immédiate produite par les événements est passée, allègue une nouvelle fois les raisons poétologiques que nous avons vues: comme les productions épiques naissent immédiatement des événements, elles ne cherchent pas à exposer ceux-ci, censés être connus de tous, mais à exprimer l'état émotionnel des chanteurs et des auditeurs face à ce qui s'est passé. Il est donc exclu qu'elles puissent revêtir une forme narrative au moment de leur création. Gaston Paris résume la différence entre les deux modèles en présence – chants lyrico-épiques d'un côté, poèmes longs de

[27] Bédier 1912, t. III, pp. 267-271.

l'autre – au moyen d'une métaphore utilisée par Rajna lui-même, métaphore qu'il tourne habilement dans le sens de sa propre théorie :

> «Pour prendre une de ces comparaisons qu'affectionne M. Rajna, de ce qu'un papillon est engendré par un autre papillon, il ne s'ensuit pas qu'il ne soit pas d'abord chenille, puis chrysalide. Pour M. Rajna, les chansons de geste sont nées adultes ; pour moi elles sont nées sous une forme sensiblement différente de celles qu'elles devaient revêtir, et il n'est contraire à aucune loi naturelle, comme il semble le dire, d'admettre des 'métamorphoses' dans l'évolution des êtres organisés» (364, 1884, p. 617).

Il se voit finalement contraint de combattre un dernier argument allégué contre ses idées tant par Meyer que par Rajna : comment expliquer le fait que dans les pays où l'on trouve des chants épiques, telle l'Espagne, on ne trouve pas de poèmes longs et que, à l'inverse, dans les pays où l'on rencontre des poèmes longs, comme en France, on ne rencontre plus de chants épiques ? Filant la métaphore précitée, il répond simplement :

> «[...] l'épopée quand elle se développe, remplace ce qui l'avait préparée ; on ne peut pas avoir le même individu à la fois à l'état de chrysalide et à l'état de papillon» (*ibid.*, p. 618).

Gaston Paris resta toute sa vie convaincu de la validité de la théorie des chants lyrico-épiques, tout en étant bien conscient du fait que, sur la base des documents existants, celle-ci ne pouvait être prouvée. C'est ainsi que dans son dernier livre, à savoir l'*Esquisse*, il fit cette concession aux idées de Rajna et de Meyer[28] :

> «Nous ne pouvons déterminer avec certitude le caractère de ces anciens poèmes. Etaient-ils courts et du genre qu'on appelle lyrico-épique, ou avaient-ils des proportions plus amples et une allure décidément narrative ? Nous ne le savons pas. Le fragment du poème sur la guerre des Saxons [dans la *Vie de Saint Faron*] semble appartenir plutôt au premier genre, mais le second genre dut se développer aussi de bonne heure» (*Esquisse*, 1907, p. 39).

---

[28] A moins que ce dernier ne soit lui-même responsable de cette concession, car, selon son propre dire (*Esquisse*, 1907, p. IX), il a, dans la révision à laquelle il a soumis le livre en question après la mort de son ami, «rectifié quelque assertion que les progrès de l'érudition, depuis quarante ans, ont rendue caduque». Je ne crois pas, pourtant, que l'intervention de Meyer, qui frôlerait alors la manipulation, soit allée aussi loin sur ce point délicat. – Notons ici que l'*Esquisse* est, de manière générale, un livre qui pose problème, étant souvent obscur et trop peu explicatif, voire franchement contradictoire, ce qui tient sans doute à son devenir complexe et lent (voir l'introduction à l'*Esquisse* par Meyer, pp. V-X). Comme je l'ai déjà indiqué, je n'ai pas eu l'occasion de consulter l'édition anglaise, parue en 1902, et qui semble déjà avoir été un ouvrage problématique.

Cependant, une fois cette concession faite, le philologue continue tranquillement à faire des chants lyrico-épiques le propos de ses réflexions :

> «Les chants lyrico-épiques pouvaient être composés par les guerriers eux-mêmes [...]» (*ibid.*).

Contrairement à ce que prétend Ramón Menéndez Pidal, Gaston Paris n'a donc, en tout état de cause, jamais abandonné la théorie des chants lyrico-épiques[29].

*

* *

Un mot sur le problème entrevu dans le dernier passage cité, à savoir celui des acteurs historiques censés être responsables de la composition des chants lyrico-épiques et de leur transmission. A l'origine, nous dit Gaston Paris, plus d'un homme d'armes aurait composé lui-même de tels chants. Mais, très tôt, il y aurait également eu, remplaçant de plus en plus les «guerriers-chanteurs», une classe spéciale de poètes et d'exécutants qui se seraient appelés «joglers» ou «jogledors», plus tard «jouleors» ou «jougleurs», «comme les musiciens ambulants et faiseurs de tours légués à la société nouvelle par la société gréco-romaine»[30]. La substitution aurait pourtant été lente, car Gaston Paris note encore à propos de Bertolai de Laon, «témoin oculaire» de la sus-mentionnée bataille de 943 et prétendu responsable d'au moins l'un des chants préfigurant *Raoul de Cambrai* :

> «Ce n'était pas sans doute un jongleur de profession, mais un guerrier ; à cette époque, ceux qui livraient les combats savaient aussi faire les chansons. Déjà cependant les jongleurs les exécutaient. [...] Toute la vie de ces guerriers est ainsi enveloppée de poésie vivante ; ils se sentent eux-mêmes des personnages épiques, et ils entendent d'avance, au milieu du

---

29 Voir Menéndez Pidal 1959, p. 11 : «En su tan reeditada *Littérature française au Moyen Age*, 1880, 1890, etc., [...] [Gaston Paris] no habla jamás de 'cantilènes' primitivas, ni de 'chants lyrico-épiques', sino sólo de 'chants épiques' y de 'épopée' [...] La moderna crítica francesa olvida siempre esta última actitud de Gaston Paris, aunque expuesta en el libro más divulgado del autor, porque Bédier la olvidó completamente [...]». Menéndez Pidal est pourtant forcé d'admettre que, même dans la cinquième édition des *Extraits* de la *Chanson de Roland* parue en 1896, Gaston Paris maintient toujours l'hypothèse selon laquelle ce poème a pris son origine dans des «chants courts et pathétiques» et attribue cette prétendue «vacilación» au fait que le philologue n'aurait simplement pas modifié, à cet endroit, le texte des versions antérieures !

30 335*, 1888, éd. de 1909, p. 39. Dans le *Manuel*, Gaston Paris rattache les jongleurs, du moins en partie, à la tradition des «scôpas» *francs*, tandis que dans le compte rendu des *Origini* de Rajna, il met l'accent sur le fait que l'on ne trouve des «scôpas» que chez les Anglo-Saxons et les Scandinaves (364, 1884, p. 603).

> bruit de leurs coups de lance et d'épée, la chanson glorieuse ou insultante qu'on fera sur eux» («Publications de la Société des Anciens Textes Français [...], quatrième et dernier article», *JdS*, 1887 [suite de 366*, 1886], p. 624).

En réalité, le remplacement définitif des «guerriers-chanteurs» par des jongleurs professionnels n'aurait été accompli qu'au XI^e^ siècle.

## Ancrage historique

Les chants lyrico-épiques étant censés être immédiatement nés d'événements historiques, l'un des traits saillants de l'épopée française serait son caractère historique. Les quelques éléments mythiques que l'on trouve ici et là dans les chansons de geste de la deuxième phase sont, d'après le philologue, d'importation secondaire et postérieure. L'épopée française se distinguerait, par son caractère historique, tant de l'épopée indienne que des épopées iranienne et grecque. L'avis du philologue sur ce sujet est fixé dès l'*Histoire poétique* et ne changera plus par la suite:

> «L'époque à laquelle se développa l'épopée carolingienne n'était pas propre à la formation de mythes. Une religion bien définie, solidement assise dans tous les esprits, s'opposait à la création de ces figures hardies par lesquelles les hommes primitifs expriment leur sentiment du divin, et qui prennent par la suite, dans l'imagination des peuples, une réalité objective qu'elles n'avaient pas à l'origine. Dès ses premiers bégayements, la poésie populaire française chante des héros très-vivants, des actions très-concrètes; il n'y a pas à rechercher derrière ses personnages de passé mystérieux; il n'y a pas à constater d'altération introduite par l'ignorance et le changement des temps, et aboutissant à des récits où se retrouve à peine la trace de leur source. Là est la grande différence entre notre épopée et celles de l'Inde, de l'Iran et de la Grèce. Elle a germé, elle est née et elle a fleuri sur un sol tout historique [...].
>
> Si donc il y a dans l'épopée française un mélange mythique, on peut affirmer qu'il n'est pas originaire [...]» (356*, 1865, éd. de 1905, pp. 431-432).

Le caractère historique de l'épopée française, qui se confond avec le caractère national, ne relève pas seulement d'un constat, mais équivaut à un jugement de valeur. Dans son travail sur «La *Chanson de Roland* et les *Nibelungen*» de 1863, Gaston Paris taxe l'épopée germanique d'«inférieure»[31] à l'épopée française, précisément sous cet aspect de l'historicité: tandis que la

[31] 371*, 1863, dans 345*, 1900, p. 15.

*Chanson de Roland* respirerait et exprimerait les conditions historiques dans lesquelles elle serait née, on ne trouverait, dans les *Nibelungen*, aucun « vestige des idées, des sentiments, des passions de cette époque [des invasions], ni, disons-le, d'aucune autre époque »[32]. Rien de proprement historique, donc, dans les *Nibelungen*, qui, par contre, l'emporteraient sur la *Chanson de Roland* – le programme de l'article, nous l'avons dit, consiste à dégager la complémentarité des épopées française et allemande et à les opposer toutes deux à l'*Iliade*, modèle inégalé – en ce que ce poème exprimerait à un degré suprême des idées et des sentiments universellement humains, universellement vrais :

> « En un mot, les *Nibelungen* sont un poème humain, la *Chanson de Roland* est un poème national. On sent que ce que l'épopée allemande perd en force, en inspiration, en importance historique, elle le regagne en vérité, en intérêt et en valeur esthétique » (371*, 1863, dans 345*, 1900, p. 18).

Sur la base aussi de ce qui a été dit dans la troisième partie de cet ouvrage, il me semble donc que c'est en premier lieu le caractère historique de l'épopée française et moins le moment historique de l'après-guerre, comme le suggère Mary Speer[33], qui explique le refus constant et décidé de Gaston Paris de toute interprétation mythologique des chansons de geste, telle qu'elle était proposée, à l'époque, par des savants allemands, avant tout par Max Müller et Hugo Meyer. A propos d'une étude consacrée par ce dernier à « La mythologie allemande dans *Girard de Vienne* », Gaston Paris note, en 1872, sur un ton ouvertement sarcastique :

> « Les [i.e. les héros épiques] voilà donc tous qui vont successivement devenir l'éternel et insipide mannequin dans lequel le Dieu-Soleil est, je ne veux pas dire incarné, mais empaillé par les mythologues à outrance. Pour eux, si on suit les traces de M. Meyer, plus d'amour, plus de patrie, plus de batailles ardentes, plus de fraternité d'armes, plus de triomphes. Ils joueront sans cesse et partout, sous les noms les plus divers, le même drame à deux personnages, la lutte de l'hiver et du printemps, chacun battu et battant à son tour, et recommençant toujours à battre, comme ces jouets d'enfants où deux bonshommes de bois martèlent à tour de rôle et indéfiniment la même enclume » (878*, 1872, p. 102)[34].

---

[32] *Ibid.*, p. 14.

[33] Speer 2000, p. 327, n. 21.

[34] Voir également, à ce sujet, Bédier 1912, t. III, pp. 244-245.

## Epopée et nation

### (a) La «loi de Lemcke»

La naissance et le développement de la matière épique sont inextricablement liés, dans la conception de Gaston Paris, à la naissance et au développement de la nation française. C'est en effet la fusion des «nationalités» gallo-romaine et germanique en un tout organique d'un nouvel ordre qui est regardée comme un moment particulièrement propice à la naissance de la poésie épique. Dans l'*Histoire poétique*, on lit:

> «[...] il se trouva que la fusion de races qui s'opéra du huitième au dixième siècle[35] sur ce vieux sol gaulois recouvert par tant d'alluvions successives, était éminemment favorable à la poésie épique [...]» (356*, 1865, éd. de 1905, p. 463).

Mais il y a plus. Le rapport de causalité entre le processus de la fusion des races et la production épique ne concerne pas, aux yeux du philologue, le seul cas de la France, mais accède au statut de loi générale. Nous sommes ici, en effet, en présence d'une de ces lois que les recherches historiques, suivant le programme positiviste de Gaston Paris, ont mission de dégager. Toujours dans l'*Histoire poétique*:

> «Presque toutes les nations reposent sur le mélange de diverses races, combinées, soit par la violence, soit par le consentement, dans des proportions diverses. Au moment où s'opère ce mélange, il se produit dans la nation une sorte de fermentation exaltée qui est très-favorable à la naissance d'une poésie épique» (*ibid.*, p. 3).

Cette loi, Gaston Paris ne l'a pas inventée. Il l'a trouvée formulée dans le travail déjà cité de Lemcke, où l'on lit en effet:

> «Ein Blick auf die Entwickelungsgesetze fast aller Kulturvölker lässt eine Thatsache erkennen, welche, wie man glauben muss, auf einem Naturgesetz beruht, nämlich, dass überall wo auf historischem Boden aus der Mischung verschiedener Volkselemente eine neue Nation entsteht, der Neubildungsprocess selbst eine erste, unmittelbare Quelle der neuen nationalen Dichtung wird. Wenn es erlaubt ist, Vorgänge in der moralischen Welt mit solchen der physischen zu parallelisiren, so möchte man sagen: die Poesie begleitet den natürlichen Mischungsprocess von Völkern wie die Wärmeentwickelung denjenigen der chemischen Elemente» (Lemcke 1862, p. 148).

---

[35] Dans l'*Histoire poétique*, la fusion des races est encore datée assez tardivement. Très tôt pourtant, nous l'avons vu, le philologue la fait commencer, et cela semble juste, dès les invasions du Ve siècle.

Le philologue reprend jusqu'à la métaphore de Lemcke:

> «De même que toute combinaison chimique est accompagnée d'un dégagement de chaleur, toute combinaison de nationalité est accompagnée d'un dégagement de poésie» (356*, 1865, éd. de 1905, p. 3).

Notons ici que Gaston Paris, s'il cite explicitement, à cet endroit précis de son développement, l'«excellent travail»[36] du savant allemand, ne le fait plus par la suite, même s'il s'en inspire largement à d'autres propos, ainsi que nous l'avons déjà vu et que nous le verrons encore. De façon générale, l'introduction de l'*Histoire poétique*, introduction dont on a pu dire avec quelque raison qu'elle contient des énoncés aprioriques que la suite du travail ne développe guère[37], mais sur lesquels, tout au contraire, elle se fonde, présente dans son ensemble un caractère étonnamment gnomique et ne comporte que relativement peu de notes justificatives.

Dans le raisonnement de Gaston Paris, la «loi de Lemcke» déploie sa force explicative dans deux sens. Elle explique d'une part l'absence de poésie épique chez les nations qui, comme l'Italie, n'auraient pas connu, à l'époque de leur formation, une fusion de races complète et durable:

> «[...] la vraie cause de l'absence d'épopée italienne, c'est l'absence en Italie, au moyen âge, d'une vie véritablement nationale. La fusion du germanisme et du romanisme, qui n'a été bien complète qu'en France, a été très-imparfaite en Italie, et n'a pas été le point de départ d'un nouveau développement. Le grand passé antique, sous son double aspect romain et chrétien, y a en effet persisté avec une ténacité plus grande qu'ailleurs, et par là même a nui à la production d'une originalité spontanée. L'Italie n'est vraiment elle qu'à la Renaissance, qui est son œuvre et sa gloire, et une gloire bien suffisante» (892, 1874, pp. 140-141).

D'autre part, la loi infère nécessairement – c'est-à-dire même en l'absence de toute trace concrète à l'appui de la thèse – l'existence d'une poésie épique dans tous les pays qui auraient connu à leurs débuts une telle fusion. En dehors des rares témoignages documentaires qui, selon lui, permettent de conclure à l'existence de chants lyrico-épiques dans le Midi de la France, Gaston Paris est donc *a priori* convaincu que le Sud a eu – a *dû* avoir – une production épique à peu près aussi intense que le Nord. A propos de l'édition de *Daurel et Beton* dans la SATF par Meyer (1880), il écrit de façon péremptoire et quelque peu provocatrice:

> «La chanson de *Daurel et Beton*, publiée par M. Paul Meyer, offre cet intérêt particulier qu'elle est écrite en langue d'oc. On sait combien nous

[36] 356*, 1865, éd. de 1905, p. 3, n. 2.

[37] Brault 1996, p. 67.

> avons peu de compositions provençales (pour employer un terme dont l'impropriété est excusée par l'usage établi et la commodité) qui appartiennent, pour le fond et pour la forme, à l'épopée nationale. Tous les critiques sont aujourd'hui d'accord pour reconnaître que la production épique, à l'époque ancienne, a dû être, au midi de la France, sinon aussi riche qu'au nord, du moins également spontanée et probablement assez abondante» (366*, 1886, pp. 539-540).

Gaston Paris ne comprend pas les réticences de son ami:

> «M. Meyer [...] dit qu'il n'y a 'aucune raison de nier que le midi de la France ait possédé, comme le nord, bien qu'en nombre infiniment moindre, des «chansons de geste»'. On ne voit pas bien pourquoi ce nombre aurait été 'infiniment moindre'» (*ibid.*, n. 1).

En effet:

> «Les conditions de la naissance de l'épopée étaient les mêmes. Dans les deux pays l'établissement des Germains avait donné naissance à une classe dominante, essentiellement guerrière, et qui, même quand elle eut abandonné sa langue originaire pour adopter l'idiome roman, dut conserver le goût héréditaire pour les chants épiques célébrant les exploits des anciens héros ou les combats auxquels elle prenait part» (*ibid.*, p. 540).

Je ne voudrais pas développer ici plus amplement la discussion entre Gaston Paris et Meyer au sujet de l'épopée provençale[38]. Meyer, d'ailleurs, met en question la validité de la «loi de Lemcke» elle-même: pour le spécialiste de la littérature occitane, c'est en effet moins la fusion que, bien plus, le «choc des nations» qui est favorable à la naisssance de la poésie épique[39] (derrière les deux modèles de la «fusion» et du «choc», on entrevoit pourtant un même imaginaire, celui de la rencontre de différents éléments ethniques). Il m'importait, en revanche, de souligner le poids quasi apriorique de la «loi de Lemcke» dans le raisonnement de Gaston Paris.

L'histoire et la nature de l'épopée sont donc pensées comme étant isomorphes à l'histoire et à la nature de la nation française, et cette idée explique à elle seule le prestige accordé à l'épopée, à la fois expression et signe de la conscience nationale (on se rappelle, à cet égard, la leçon de Gaston Paris sur la *Chanson de Roland* dans Paris encerclé). La nation tout comme l'épopée

---

38 Le lecteur trouvera d'importants éléments sur cette discussion dans l'article que nous venons de citer; voir également 429, 1877. Quant aux développements sur ce sujet dans l'*Histoire poétique* (356*, 1865, éd. de 1974, p. 68 et pp. 79-91), voir la discussion détaillée du problème par Meyer 1867, p. 38 et pp. 42-63. On consultera également Pirot 1976 et Ridoux 2001, pp. 685-686. – Au sujet de la «revendication occitane» de la *Chanson de Roland*, voir Lafont 1988.

39 Meyer 1867, p. 31.

sont le produit d'un mélange de différents éléments nationaux en une totalité d'un nouvel ordre. L'acceptation de cette idée entraîne deux séries de problèmes pour les recherches sur l'épopée française. Il fallait déterminer, d'une part, comme c'est le cas pour la nation, le poids des différents éléments dans le produit «final», et, d'autre part, cerner la langue des premiers chants lyrico-épiques. Ces deux problèmes, qui sont étroitement liés à un troisième, à savoir celui de l'époque de la naissance des premiers chants nationaux, concernent essentiellement la question, hautement explosive à l'époque, de la «germanicité» des chansons de geste françaises.

### (b) **De la «germanicité» de l'épopée française**

Ce qui est vrai de la nation l'est aussi de sa production épique. Le tout est plus que la somme de ses parties, c'est-à-dire, en l'occurrence, la fusion des différents éléments nationaux en jeu aboutit à un produit final d'un nouvel ordre[40]:

> «Notre épopée est allemande d'origine, elle est latine de langue; mais ces mots n'ont, pour l'époque où elle est vraiment florissante, qu'un sens scientifique: elle est profondément, intimement française; elle est la première voix que l'âme française, prenant conscience d'elle-même, ait fait entendre dans le monde [...]» (364, 1884, pp. 626-627).

Gaston Paris a condensé ses réflexions sur le caractère de l'épopée française dans une formule devenue célèbre: l'épopée française, disait-il, c'est «l'esprit germanique dans une forme romane»[41]. Comme l'a montré Bédier, cette idée a déjà été exprimée par Uhland dans une de ses leçons de 1831: «das karolingische Epos... ist in einem germanischen Volksstamme, dem fränkischen, erzeugt, aber abgefasst und ausgebildet in einer romanischen Mundart»[42]. Toutefois, l'opinion de Gaston Paris, qui, sauf erreur, ne cite à aucun endroit de son œuvre la définition d'Uhland, n'a pas toujours été celle contenue dans la formule susmentionnée. Dans l'*Histoire poétique*, le jeune savant, se référant au caractère historique de l'épopée française opposé au caractère mythique de l'épopée allemande, se prononce encore pour une «formation purement romane» des chansons de geste[43]. Cette thèse ne manque pas de nous surprendre, puisque la «loi de Lemcke», énoncée dans cet ouvrage même, aurait pu, voire aurait dû, amener tout naturellement Gaston Paris à l'idée que la poésie nationale française, à l'instar de la nation fran-

---

40 Pour ce qui est de la nation proprement dite, je renvoie le lecteur à la Partie III.

41 Voir par exemple 458, 1868, p. 385 et 364, 1884, p. 626.

42 Cité dans Bédier 1912, t. III, p. 251, p. 452 et 1913, t. IV, p. 344. La citation est prise dans Uhland 1868, p. 654.

43 356*, 1865, éd. de 1905, p. 433.

çaise elle-même, comporte nécessairement une certaine proportion d'éléments germaniques. Peut-être est-ce son opposition marquée à la «théorie tudesque» de Charles d'Héricault[44], théorie qu'il discute dans le second chapitre du premier livre («Les premières traditions poétiques»), qui a amené le jeune philologue à radicaliser sa position «romane», au risque de négliger l'apport des Germains à la constitution du genre épique français? Les tenants de la théorie de d'Héricault prétendaient en effet que la langue française n'aurait pas été «en état de supporter la poésie»[45] avant le dixième siècle, moment où les chansons épiques allemandes auraient été adoptées et adaptées en français. Or, indépendamment même des références à l'existence de chants romans avant le Xe siècle que Gaston Paris croit pouvoir déceler dans des textes qui nous sont parvenus (ainsi, en premier lieu, dans le *fragment de la Haye* – qu'il était le premier, on le sait, à lire comme la traduction latine d'un poème en langue romane perdu[46] –, mais aussi dans la *Vie de Saint Faron*, qui attesterait un chant roman en l'honneur de Clotaire II et prouverait ainsi l'existence de tels chants dès le VIIe siècle[47]), il y a, pour le philologue, un problème majeur dont la «théorie tudesque» ne tiendrait pas compte: pourquoi, à moins d'admettre une tradition nationale et poétique déjà longue à son sujet, se serait-on brusquement intéressé, dans la France du Xe siècle, à Charlemagne, et ne se serait-on pas contenté de chanter des événements et des personnages contemporains comme le fait *Raoul de Cambrai*? On voit que cette question sera reprise par Bédier, qui la posera pour le XIe et le XIIe siècle, en y répondant toutefois par la formulation de la théorie cléricale. D'ailleurs, Gaston Paris, dans ce contexte, anticipe en quelque sorte la théorie bédiériste, en la présentant d'emblée comme impossible, du moins en ce qui concerne le Xe siècle:

> «Comment d'ailleurs les Romans du dixième siècle, auxquels on fait d'habitude l'honneur d'avoir créé notre poésie épique, auraient-ils conservé de Charlemagne un souvenir assez vivant et gardé à sa mémoire un culte assez ardent pour en faire le sujet de tous les poëmes? Ils étaient assurément incapables de concevoir l'idée toute moderne d'étudier les documents écrits et de construire des poëmes avec des matériaux historiques» (356*, 1865, éd. de 1905, p. 45).

---

44 Pour une caractérisation de l'*Essai sur l'origine de l'épopée française* de d'Héricault, voir, par exemple, Wilmotte 1947, pp. 23-25. Voir également le compte rendu de Meyer dans la *BdECh* (Meyer 1861).

45 356*, 1865, éd. de 1905, p. 45.

46 Pour Gaston Paris, il s'agit d'un poème provençal, voir 356*, 1865, éd. de 1905, pp. 84-86; voir également la critique de Meyer 1867, p. 46.

47 Quant au poète saxon, Gaston Paris l'allègue comme preuve de l'existence de chants en langue vulgaire, mais non pas de chants en langue romane, comme a essayé de le faire R. Lejeune suite à un travail d'A. Vantuch (voir Kloocke 1972, pp. 362-363).

Pour cette même raison d'un manque de motivation nationale – selon Ebert l'argument le plus solide du raisonnement de Gaston Paris[48] –, il est impossible, nous dit le philologue, de présupposer – outre le fait qu'on s'imagine mal le procédé de transmission et de traduction lui-même[49] – que les Français aient traduit, au dixième siècle, des poèmes allemands sur Charlemagne et fondé ainsi *a posteriori* leur sentiment national sur un héros « allemand » qui, de plus, les aurait peu intéressés jusque-là[50]. Et Gaston Paris de conclure :

> « [...] Charlemagne a dû être célébré de son vivant même et immédiatement après sa mort, dans des chansons tudesques *et* romanes » (*ibid.*, p. 48, c'est moi qui souligne).

La position « romane », c'est-à-dire la thèse d'une tradition épique romane remontant au-delà du X^e^ siècle, est partagée par Meyer[51] ; elle est acceptée par Bartsch[52], qui voudrait pourtant écarter de la démonstration la *Vie de Saint Faron*, texte qui, d'après lui, fait allusion à une chanson en langue francique[53] (opinion vivement critiquée par Meyer[54]) ; elle est également adoptée, bien que de façon plus mitigée, par Ebert, qui pense que les premiers chants sous Charlemagne étaient encore plutôt en bas latin qu'en roman[55], tandis que Gautier, dans la première édition de ses *Epopées*, se rallie à la thèse de d'Héricault[56].

Il est donc bien possible que Gaston Paris, en s'efforçant de démontrer qu'il y a eu des chants romans dès l'époque carolingienne et même avant, ait quelque peu perdu de vue, dans son *Histoire poétique*, la question du caractère germain de l'épopée française. Quoi qu'il en soit, il s'occupe, dès 1867, dans son cours au Collège de France, de l'épopée mérovingienne, et ce sont ces recherches, ainsi que les réflexions de Gautier, de Bartsch et de Meyer[57], qui l'amènent à modifier son opinion sur « la formation purement romane » des chansons de geste. Plus on fait remonter la naissance des chants épiques, fussent-ils romans, à un passé lointain, et moins on peut, effectivement, négliger l'élément germanique. Déjà une année après, en 1868, dans un compte

---

48 Ebert 1866, p. 89.

49 Voir également, à ce sujet, Meyer 1861, pp. 87-88.

50 356*, 1865, éd. de 1905, p. 46.

51 Meyer 1867, p. 34-35.

52 Bartsch 1866b, p. 225.

53 Bartsch 1866a, pp. 407-408.

54 Meyer 1867, p. 326.

55 Ebert 1866, pp. 89-90.

56 Voir la critique de Meyer 1867, pp. 324-326.

57 Je parle du premier tome des *Epopées* de Gautier et des comptes rendus de Meyer (1867) et de Bartsch (1866a et 1866b) de cet ouvrage et de l'*Histoire poétique*.

rendu de l'édition de *Loher et Maller* par Karl Simrock, Gaston Paris lance donc pour la première fois sa célèbre formule:

> «[...] je crois devoir dire que des études plus approfondies m'ont amené à modifier sensiblement mon opinion en ce qui touche le caractère germanique de notre poésie épique au moyen-âge. Je me rapprocherais actuellement des idées qu'a émises à ce propos M. Léon Gautier, et surtout de l'opinion que M. Bartsch a exprimée ici-même [...][58]. La question est délicate et compliquée; la trancher en quelques mots serait la fausser. Ce n'est donc qu'avec bien des réserves et en l'appliquant seulement à une partie de notre ancienne poésie, que je me permettrai d'énoncer ici la formule qui me semble aujourd'hui la plus satisfaisante: Prise en gros, et au moins sous un de ses aspects les plus importants, l'épopée française du moyen-âge peut être définie: l'esprit germanique dans une forme romane. J'espère développer quelque jour ce point de vue. Il ne sera pas éloigné, je pense, de celui de M. Simrock, et je suis heureux de me rapprocher de lui sur l'ensemble, après m'en être écarté sur un point de détail» (458, 1868, p. 385).

Contrairement à sa promesse, Gaston Paris n'a jamais repris en détail le problème – le seul endroit où il discutera, mais de façon bien incomplète, certains aspects de la question sera le compte rendu des *Origini* de Rajna – et n'a jamais non plus modifié la formule en question[59], tout à fait homologable, on l'aura remarqué, avec l'interprétation étymologique du mot «France» lui-même, qui réunit, le philologue n'a de cesse de l'expliquer, un radical allemand et une terminaison latine. Gaston Paris établit lui-même ce rapprochement:

> «'L'esprit germanique dans une forme romane', c'est précisément ce qu'exprime si admirablement le mot 'français' lui-même, avec son thème allemand et son suffixe latin» (364, 1884, p. 626).

---

58 L'opinion de Bartsch n'est que très sommairement exprimée dans le texte cité, qui n'est autre que le compte rendu des *Epopées* de Gautier. On y lit: «Il [Gautier] tient, et en cela nous sommes complètement de son avis, que, par son origine et par son esprit, elle [l'épopée française] est essentiellement germanique, que le monde celtique n'a exercé sur elle, aussi bien que le monde romain, aucune influence considérable. Le fond des idées, des sentiments, des mœurs est tout germanique, et on peut même dire que les épopées françaises les plus anciennes (car il ne peut s'agir que de celles-là) forment un complément des plus précieux, et jusqu'ici à peine exploité, à l'épopée allemande qui, par le malheur des temps, nous a laissé de sa première époque bien moins de restes que la française» (Bartsch 1866a, p. 407).

59 La mention suivante de la formule se trouve dans la conférence sur «Les origines de la littérature française» de 1869: «Ainsi se constitua cette poésie nationale française où l'esprit germanique a revêtu une forme romane [...]» (334*, 1885, éd. de 1906, p. 78). On la retrouve encore dans le dernier livre de Gaston Paris, à savoir dans l'*Esquisse*, 1907, p. 61.

Par cette formule, fixée par écrit pour la première fois en 1868 – mais on peut croire que le philologue l'a divulguée dès son cours au Collège de France en 1867 –, l'épopée et la nation se voient définitivement associées dans des développements historiques parallèles. Si, dans l'*Histoire poétique*, la première phase de la production épique française commence encore essentiellement avec Charlemagne, bien que Gaston Paris y admette déjà la possibilité de chants romans contemporains de certains règnes mérovingiens[60], le philologue sera donc amené peu à peu à faire commencer l'histoire de l'épopée française avec celle de la nation elle-même. Par conséquent, le baptême de Clovis se voit érigé en un double point de départ:

> «J'aurais voulu qu'il [Rajna] insistât davantage sur ce fait, qui me semble encore capital pour l'histoire de l'épopée, comme pour celle du sentiment national: la conversion de Clovis au catholicisme est le point de départ de l'histoire de France comme de l'histoire de la poésie française; en rassemblant les *Romani* catholiques du Nord, ennemis des ariens de Bourgogne et de Gothie, autour du chef des Francs, elle a créé une nation nouvelle, qui dès lors a eu des intérêts et des sentiments communs; et dans l'exaltation née de ce grand événement, qui dut profondément ébranler les âmes, les *Romani*, devenus membres du *regnum Francorum* dont le chef avait été béni par Remi, essayèrent peut-être pour la première fois d'imiter les Francs qui célébraient la gloire de leur roi, et osèrent employer à des chants épiques leur *lingua rustica* et les rythmes de leurs chansons familières» (*ibid.*, pp. 604-605)[61].

Quant à la langue et au caractère de ces premiers chants épiques nationaux sur le sol gaulois, les choses sont, on l'aura remarqué à la lecture de ce passage, plus compliquées que ne le laisse entendre la fameuse formule de Gaston Paris. Sur deux points, notamment, il convient d'ajouter des précisions:

1° Pour les tout premiers temps de la domination franque, le savant admet, on vient de le voir, non seulement des chants germaniques, mais également des chants romans, c'est-à-dire des chants nés «chez les *Romani*

---

60 356*, 1865, éd. de 1974, p. 47 et pp. 443-445.

61 Voir également, quelques pages plus loin: «Qu'on se figure la place que la religion tenait alors dans les âmes, la terreur des *Romani* catholiques du nord qui se voyaient au sud entourés d'ariens et qui venaient d'être conquis par un roi païen: quel soulagement, quelle joie, quelle reconnaissance quand ce païen se fit catholique, protégea l'Eglise et bientôt détruisit l'arianisme! Si des chants romans sortirent de l'émotion qui se produisit alors, il est clair, malgré toutes les preuves de la distinction longtemps maintenue entre Francs et *Romani*, qu'ils furent remplis de sympathie pour Clovis et ne séparèrent pas, dans le sentiment de la communauté religieuse et déjà nationale, les vainqueurs et les vaincus de la veille: ces chants durent être le germe de cette branche importante de notre épopée dont la *Chanson de Rollant* est le type» (364, 1884, p. 614).

eux-mêmes»[62]. Il y aurait donc eu une époque de bilinguisme, qui aurait vu naître des chants nationaux dans les deux langues. C'est ce que Gaston Paris explique aussi dans le *Manuel*:

> «Nous avons vu [...] comment l'épopée s'était préparée en France sous les Mérovingiens, dont quelques règnes glorieux, semblant réaliser plus ou moins l'idéal de la nouvelle nation sortie de la fusion des éléments romain, chrétien et barbare, furent l'objet de chants nationaux à la fois en allemand et en roman» (335*, 1888, éd. de 1909, p. 36).

Or, les indications de Gaston Paris concernant les chants romans de cette première période sont des plus contradictoires. Ceux-ci seraient tantôt nés sous la double influence des chants épiques germaniques et des chants religieux gallo-romains, comme c'est le cas dans le texte cité ci-dessus, et tantôt ils semblent échapper à toute influence germanique directe, version présentée dans l'*Esquisse*: «[a]u reste, il est possible qu'un genre, au moins, d'épopée nationale se soit produit chez les Gallo-Romains en dehors de l'influence directe des chants épiques germains»[63]. Tantôt même, et c'est le cas dans l'*Esquisse* encore, le philologue met en doute le fait que ces chants soient nés en roman. Faisant allusion aux paroles prêtées à saint Remi par Grégoire de Tours, il écrit: «Mais on n'ose pas affirmer qu'ils [ces chants] fussent en latin vulgaire; il paraît même assuré qu'il y en avait tout au moins un en latin grammatical et en hexamètres»[64]. Dans le compte rendu des *Origini*, Gaston Paris avait déjà énoncé le même doute. Suite au passage concernant le baptême de Clovis cité ci-dessus, il avait ajouté:

> «Je dis 'peut-être', parce que la conversion de Clovis a pu aussi n'être chantée que dans une œuvre toute littéraire, dans un poème en hexamètres classiques, poème dont l'existence est en tout cas rendue probable par les fragments de vers et les vers presque entiers qui semblent s'en être conservés dans le récit de Grégoire de Tours. C'est une question à reprendre encore et à étudier de près» (364, 1884, p. 605)[65].

L'élément pour ainsi dire constant, qui est en même temps l'élément le plus important dans ce contexte, c'est l'idée que les *Romani*, c'est-à-dire les Gallo-Romains, n'ont pas seulement influencé la formation des chansons de geste au niveau de leur forme (langue, versification), mais aussi

---

62 *Ibid.*

63 *Esquisse*, 1907, p. 35.

64 *Ibid.*

65 Cette modalisation épistémique ne conduira pourtant pas, comme l'aurait voulu Wilmotte (1947, pp. 40-41 et p. 43), à la thèse «latine» de l'origine de l'épopée, mais se perdra rapidement.

du point de vue de leur contenu, en y apportant notamment l'esprit chrétien. Cet apport est admis par Gaston Paris indépendamment du problème de l'existence de chants romans «autochtones».

2° S'il y a eu des chants purement romans au tout début de l'établissement des Germains en Gaule, ils se sont en tout état de cause, nous dit le philologue, très vite fondus aux chants des Francs qui, de leur côté, ne tardèrent pas à se romaniser[66], de sorte qu'il n'y eut bientôt plus qu'une seule tradition épique, de langue romane et de caractère proprement français, c'est-à-dire, nous le savons déjà, mélangeant des éléments des traditions gallo-romaine et germanique:

> «L'esprit national, qui n'avait apparu en Gaule qu'un moment et pour être aussitôt écrasé par César, s'éveillait à la fois pour l'action et pour la poésie: il embrassait les Francs, dans lesquels il saluait la force mise au service de ses aspirations, et qui avaient reçu de Dieu la mission de combattre l'hérésie intérieure et l'idolâtrie barbare. C'est par la fusion de cet esprit national avec l'inspiration plus individualiste de l'épopée germanique que se forme l'épopée nationale ou royale: la nation française, dans laquelle on ne distingue pas les Francs des Romains, y est toujours présentée comme soutenant la cause de Dieu» (*Esquisse*, 1907, pp. 35-36).

Gaston Paris admet donc, à certains endroits de son œuvre, des chants romans de deux genres se succédant dans le temps: ceux nés chez les «*Romani* eux-mêmes», et ceux nés après la fusion des Gallo-Romains et des Germains. Cette vision des choses est particulièrement manifeste dans l'important compte rendu des *Origini* de Rajna, où, tout en étant d'accord avec ce dernier sur l'inspiration germanique des chansons de geste françaises, Gaston Paris n'en essaie pas moins de contrebalancer les «exagérations germaniques» de son collègue et ami italien, qui voudrait attribuer la formation de l'épopée française aux seuls Francs romanisés:

> «[...] on peut dire que l'épopée a une origine romane[67], puisque certains poèmes remontent directement à ces chants romans nés spontanément de l'impression des faits et n'ont aucune source allemande. C'est le cas certainement pour les poèmes dont les faits appartiennent au IX^e siècle (le

[66] On peut certainement donner raison à Gaston Paris quand il fait remarquer que cette romanisation s'est effectuée très rapidement: «Je lui accorde [à Rajna] que les successeurs de Clovis, au moins jusqu'à la fin du VII^e siècle, avaient 'il linguaggio franco per lo meno altrettanto familiare quanto il volgare della Gallia'; mais l'aristocratie franque de Neustrie, éparse dans ses possessions territoriales et bientôt profondément mêlée d'éléments romans, dut de bien meilleure heure abandonner sa langue originaire. Elle n'en conservait pas moins sans doute ses goûts et ses habitudes épiques, et quand il se produisait un fait de nature à susciter le chant, le chant naissait en roman, comme il serait né naguère en allemand» (364, 1884, pp. 613-614).

[67] C'est-à-dire: gallo-romano-franque.

> *Roi Louis*, *Raoul de Cambrai*, etc.); ce peut être le cas déjà pour des poèmes qui célèbrent des faits du VIe siècle. Toutefois, si j'ai raison de croire que des chants sur certains événements frappants ont pu naître, dès la fin du Ve siècle, chez les *Romani* eux-mêmes, l'origine romane[68] de l'épopée est ici plus réelle. Et ce qui me paraît rendre admissible l'existence de ces chants, c'est l'élément chrétien qui devait y prédominer, élément que M. R[ajna] me semble laisser trop dans l'ombre. Il est bien probable qu'il existait dans la population gallo-romaine des chants religieux, composés dans la langue et le rythme populaires; ce sont ces chants qui auront servi de modèle à ceux qu'inspira sans doute la conversion de Clovis» (364, 1884, p. 614).

Et, un peu plus loin:

> «Revenant sur la façon dont s'est opérée la romanisation de l'épopée allemande, M. R[ajna] penche à l'attribuer tout entière aux Francs romanisés; j'ai dit plus haut que je ne croyais pas devoir exclure les *Romani*, et cela dès une époque très ancienne» (*ibid.*, p. 616).

En dehors des quelques témoignages factuels bien connus et qui, on le sait, sont aussi rares que controversés, la preuve principale de l'existence de chants romans – des deux genres – dès une époque très reculée est toujours celle, pour Gaston Paris, de la continuité historique d'une tradition nationale née avec le baptême de Clovis, et dont on trouverait des éléments dans les poèmes du cycle carolingien. On lit ainsi, toujours dans le compte rendu des *Origini*:

> «[...] le meilleur appui de l'existence d'une poésie épique romane sur les Mérovingiens est toujours la visible continuation d'une poésie épique antérieure dans l'épopée française dont Charlemagne est le centre» (*ibid.*, pp. 611-612).

Quant aux chants purement «tudesques», pour ainsi dire austrasiens, qui auraient vu le jour jusqu'à l'époque de Charlemagne, ils n'auraient exercé que très peu d'influence sur le développement de l'épopée romane. Dans un compte rendu de 1901 qu'il consacre à la *Geschichte der französischen Litteratur* de Hermann Suchier et Adolf Birch-Hirschfeld, Gaston Paris écrit:

> «Je crois [...] qu'il [Suchier] fait une part trop large à la production, continuée jusqu'au temps de Charlemagne, de chants épiques en langue franque, ou du moins à l'influence qu'auraient exercée ces chants sur l'épopée romane» (346*, 1901, p. 651)[69].

[68] C'est-à-dire: gallo-romain.

[69] Voir également 382*, 1882, pp. 482-483.

Suchier avait fondé sa thèse sur trois couples de noms, allemand/français, que l'on trouve respectivement dans la tradition épique germanique et française: Madelgêr/Maugis, Valand/Gualant et Alberich/Auberon. Or, aucune de ces identifications ne s'explique, répond Gaston Paris, par une influence directe de poèmes allemands sur les poèmes français: la première ne dépasse pas le niveau d'une vague parenté des noms; la deuxième se borne à l'identification du nom et ne rencontre aucun écho au niveau du contenu des textes en question, en sorte que «le nom a fort bien pu pénétrer dans nos poèmes par communication orale, simplement comme celui d'un bon fabricant d'épées, indépendamment de toute tradition poétique»[70]; quant à la troisième, qui finalement est réelle, elle peut facilement être expliquée par une légende locale que l'auteur de *Huon de Bordeaux* aurait pu – tardivement – recueillir dans le Hainaut, «tout voisin de Saint-Omer, où sans doute il vivait»[71]. Et Gaston Paris de résumer:

> «Les Francs, en se romanisant, ont gardé le goût de la poésie épique et en ont fait naître une forme romane; mais en même temps ils ont oublié leurs anciens poèmes, et si ceux d'entre eux qui ne s'étaient pas romanisés ont continué à produire des chants épiques dans leur langue, on n'a aucune preuve que ces chants aient agi sur l'épopée romane, et cela ne paraît pas probable» (*ibid.*).

Il admet pourtant deux exceptions: 1° une tradition poétique germanique que l'on pourrait reconstituer, d'après Grégoire de Tours, sur l'expulsion et les amours de Childéric, et dont les principaux traits se retrouveraient dans plusieurs chansons de geste françaises (*Lohier et Maller*, *Mainet*, *Baudoin de Sebourc*) et 2° un poème sur «Chlodoving», un fils de Chlodovech (Clovis), poème «qui, en passant en français, a fait de cette épithète tout allemande le nom même du héros, *Flodovenc*, *Floovent*»[72]. Conclusion:

> «Mais l'épopée allemande et la française, si elles présentent certains traits communs, sont en général parfaitement indépendantes et comme esprit et comme forme» (*ibid.*, p. 652).

*
* *

---

70 346*, 1901, p. 651.

71 *Ibid.*; dans l'*Esquisse*, 1907, p. 33, Gaston Paris défend une position quelque peu différente; voir également 444*, 1861 dans 345*, 1900, pp. 24-96 et 455*, 1900.

72 Dans ses premiers travaux, Gaston Paris identifie «Chlodoving» à «Dagobert Chlodoving», c'est-à-dire Dagobert le «Chlodovingien», terme qui aurait existé à côté de celui de mérovingien (voir 393, 1873; 402, 1877; 364, 1884, pp. 607-608). Dans le compte rendu de Suchier, il se rallie explicitement à l'avis de Rajna (346*, 1901, p. 652, n. 1).

A ce point de notre analyse, il faut reconnaître que la formule « l'épopée française = esprit germanique dans une forme romane », de par la dichotomie qu'elle suggère entre forme et fond, ne rend que très imparfaitement compte des idées de Gaston Paris au sujet de la formation des chansons de geste françaises. Elle laisse notamment dans l'ombre l'idée, fondamentale dans le raisonnement du philologue, selon laquelle le contenu même des premiers chants nationaux serait à la fois roman et germanique, français, justement.

Quant aux traits germaniques et romans que Gaston Paris croit pouvoir déceler dans l'épopée française, ils correspondent largement, l'on s'y attendait, à ceux qui caractérisent, dans le discours du philologue, les nationalités germanique et gallo-romaine dans leur ensemble[73]. Parmi les traits germaniques, on trouve donc : un « individualisme poussé à l'excès »[74], c'est-à-dire un sentiment prononcé de « liberté », mais aussi, en même temps, un sentiment de « solidarité des membres d'une même famille ou des fidèles d'un même seigneur »[75], sentiment qui aurait amené peu à peu à l'établissement du système féodal. Quant à l'appréciation générale du caractère germanique de l'épopée française, Gaston Paris conclut avec Rajna, mais aussi, si l'on veut, avec L. Gautier, avec Meyer, avec Bartsch et avec la quasi totalité des philologues de l'époque :

> « Les institutions, les mœurs, les sentiments des chansons de geste, surtout des plus anciennes, sont germaniques » (364, 1884, p. 615).

Les Gallo-Romains, eux, auraient laissé leur trace, nous l'avons dit, avant tout à travers l'inspiration chrétienne, qui aurait amené à l'idée, omniprésente dans les chansons de geste, selon laquelle les Français sont le peuple élu de Dieu auquel il incombe de lutter contre les Sarrasins (dans le sens le plus large de ce terme). Le philologue note ainsi à propos de la « geste du roi », dont la *Chanson de Roland* est le type même, et « où la nation française, groupée autour de son chef, est considérée comme particulièrement aimée de Dieu et consacrée à défendre la chrétienté contre les infidèles »[76] :

> « Ce n'est pas là une conception germanique : à quelque époque qu'on la fasse remonter, elle est foncièrement française et romane. L'épopée germanique est toujours restée individualiste, ou n'a pas dépassé l'unité de la tribu. Une épopée vraiment nationale, telle que nous l'offre le *Rollant*, une épopée où le sentiment individuel est abaissé devant le sentiment de la discipline et de la solidarité, une épopée où les héros sont les champions

73 Voir Partie III, au chap. « Identité(s) nationale(s) ».

74 Cette citation ainsi que les suivantes sont tirées de 346*, 1901, p. 656.

75 Voir également *Esquisse*, 1907, p. 57.

76 364, 1884, p. 614.

de Dieu et de *douce France*, ne pouvait pas se former d'éléments purement germaniques» (*ibid*., p. 614).

On est donc loin, encore une fois, de la dichotomie entre un esprit allemand et une forme romane ou française qu'évoque irrésistiblement la (trop) célèbre formule de Gaston Paris. La position du philologue est en réalité plus nuancée: l'impulsion première de la poésie épique française, ainsi qu'un certain nombre d'éléments qu'on y rencontre, sont germaniques; d'autres éléments, par contre, en sont gallo-romains, et le caractère d'ensemble de cette poésie n'est en fin de compte ni franc ni gallo-romain, mais bel et bien français. La définition de l'épopée française que l'on trouve dans le *Manuel* est en tous les cas beaucoup plus proche de ces idées que ne l'est la formule, décidément trop réductrice, en question:

> «L'épopée française est le produit de la fusion de l'esprit germanique, dans une forme romane, avec la nouvelle civilisation chrétienne et surtout française» (335*, 1888, éd. de 1909, p. 26)[77].

Enfin, l'énoncé suivant est tout à fait clair, qui se trouve de nouveau dans le compte rendu des *Origini* de Rajna et qui, par le biais de la métaphore familiale, exprime particulièrement bien la complémentarité des traditions gallo-romaine et germanique dans la formation de l'épopée française telle que la conçoit Gaston Paris:

> «Que l'épopée française ait une origine germanique, cela n'empêche pas qu'elle n'ait une origine romane; elle a, si on me permet la comparaison, un père et une mère: le germe est allemand, le développement est roman, et en somme il faut bien reconnaître dans l'épopée française, une fois qu'elle est adulte, des traits qui n'appartiennent à aucune forme de l'épopée allemande» (364, 1884, p. 613).

Une page plus loin, le philologue reprend la métaphore:

> «Je le répète: le père est venu d'outre-Rhin, mais la mère est gallo-romaine, et si l'enfant ne renie pas son père, il porte aussi dans sa physionomie et dans sa constitution la plus intime la ressemblance de sa mère» (*ibid*., p. 614).

Si l'on se rappelle ce que nous avons dit dans la Partie III concernant la double origine germanique, c'est-à-dire politico-institutionnelle, et gallo-romaine, c'est-à-dire essentiellement culturelle, de la France, il est intéressant de constater, notons-le en passant, que la première correspond, dans l'imaginaire du philologue, au pôle masculin, la deuxième au pôle féminin,

---

[77] Voir également la note additionnelle de Meyer dans l'*Histoire poétique* (356*, 1865, éd. de 1905, pp. 515-516).

répartition tout à fait traditionnelle dans la pensée occidentale : ici, la guerre et la politique, rattachées à l'homme-père, là, la culture foncière (dans les deux sens du terme), associée à la femme-mère.

*

* *

Au moins deux aspects sont donc à distinguer dans la « théorie germanique » de Gaston Paris : d'une part l'impulsion première qui aurait été donnée à la poésie épique française par les Germains, impulsion jugée en effet capitale et indispensable au développement d'une poésie épique sur le sol gaulois et, d'autre part, le poids tout relatif qu'aurait eu l'élément germanique vis-à-vis de l'élément roman dans cette poésie elle-même, qui serait devenue très vite un genre exclusivement et typiquement français. Très souvent, cette distinction n'a pas été faite, ce qui a amené certains critiques à de fâcheuses confusions et, partant, à des jugements erronés sur les idées de Gaston Paris et de ses semblables. Italo Siciliano, par exemple, dans sa contribution au *Dictionnaire du moyen âge, littérature et philosophie* (« Chanson de geste »), insinue l'inanité de la théorie « germanique » en mettant l'accent sur le fait que le caractère chrétien des chansons de geste ne se laisserait en aucune manière ramener à la tradition germanique[78], comme si les tenants de la théorie qu'il essaie d'invalider avaient jamais affirmé le contraire ! Siciliano répète de plus une erreur de Bédier qui, confondant ce que dit Gaston Paris sur la tradition épique germanique de la Neustrie (tradition qui aurait été complètement absorbée par l'épopée française) et sur celle de l'Austrasie (qui, elle, serait pratiquement restée sans influence sur cette épopée), pense pouvoir affirmer que le philologue, à la fin de sa carrière, c'est-à-dire dans le passage du compte rendu de l'histoire de la littérature française de Suchier et Birch-Hirschfeld que nous avons analysé plus haut, aurait « presque renié » la formule qu'il avait reprise à Uhland au profit d'une définition purement romane – et donc française – des chansons de geste ![79]

De manière générale, la question de la « germanicité » des chansons de geste est un point très problématique chez Bédier, comme le montrent, pour ce qui est de la réception de son œuvre, les pages que Corbellari a consacrées, dans son *Joseph Bédier*, aux lectures nationalistes des *Légendes épiques*[80] :

---

78 Siciliano 1999, pp. 250-251.

79 Voir Bédier 1913, t. IV, p. 344 et Siciliano 1951, p. 38 et n. 1.

80 Corbellari 1997, pp. 403-407.

> «Surtout, en affirmant que la chanson de geste était française et uniquement française, Bédier était sûr de s'attirer l'admiration durable de nombre de ses compatriotes» (Corbellari 1997, p. 405).

Et Corbellari d'évoquer les réactions enthousiastes de Robert Brasillach, de Pierre Lasserre et de Léon Daudet. Et Bédier lui-même? A-t-il réagi à ces récupérations nationalistes? Corbellari admet qu'il «y consentait dans une certaine mesure»[81], mais l'on aimerait bien en savoir un peu plus. Les remarques ironiques du philologue sur la génération de ceux qui, comme Gaston Paris, percevaient dans les chansons de geste un «souffle germanique» et son insistance réitérée sur le caractère «purement français» de cette poésie font pour le moins entrevoir un rapport difficile à la question.

Les idées de Gaston Paris au sujet de la «germanicité» des chansons de geste sont par contre, une fois n'est pas coutume, larges et sereines. Il suffit pour s'en convaincre de se souvenir de la réaction scandalisée du philologue à la façon dont Rajna, dans ses *Origini*, avait cru devoir s'excuser auprès des Français du fait que leur poésie épique était, du moins en partie, d'origine allemande![82]

Notons, pour conclure ce chapitre, que l'identification de l'épopée avec la nation est telle, chez Gaston Paris – et on ne peut que rester stupéfait devant la cohérence de sa pensée –, que les deux épopées, allemande et française, ont les mêmes qualités que les deux nations dont elles sont le miroir, qualités que nous avons subsumées dans la partie précédente sous la catégorie *clos/ouvert*. Dans le passage conclusif du compte rendu des *Origini* de Rajna, on reconnaît en effet les deux principes, «réactionnaire» et «progressif», qui caractérisent respectivement, dans la conception de Gaston Paris, les nations germaniques et les nations latines:

> «[...] germanique par son premier point de départ, l'épopée française, du moment qu'elle s'est exprimée en roman, a pris un caractère différent de l'épopée germanique et est allée s'en éloignant de plus en plus. Lisez l'un après l'autre *Rollant* et les *Nibelungen*, le *Charroi de Nîmes* et la *Rabenschlacht*, *Huon de Bordeaux* même et *Ortnit*: vous vous trouverez en présence de produits si différents, que jamais l'idée ne nous viendrait, au premier abord, qu'ils ont quelque chose de commun. L'épopée allemande est restée bien plus liée à son passé lointain, elle ne s'est pas pliée aux conditions du monde nouveau créé par la pénétration intime des deux mondes romain et germain; aussi est-elle demeurée sans influence en dehors de son pays d'origine, sans importance, malgré ses hautes quali-

---

81 *Ibid.*, p. 407.

82 Voir Partie III, p. 450; il faut corriger dans ce sens les énoncés de G. Roques 1986, p. 80 sur la difficulté qu'auraient eue les philologues français de l'époque avec l'idée de l'origine germanique des chansons de geste formulée par Rajna.

> tés, dans l'histoire du développement littéraire de l'Europe. Au contraire l'épopée française, s'accomodant à l'esprit des temps successifs, est arrivée à produire, aux XI^e et XII^e siècles, ce qu'attendaient toutes les âmes, ce qui répondait aux besoins et aux aspirations du monde sorti du chaos barbare ; aussi a-t-elle été adoptée, traduite, imitée dans l'Europe entière, depuis l'Islande jusqu'à la Sicile, et l'Allemagne même a-t-elle emprunté avec admiration ce qu'elle n'avait pas pu produire et ce qu'elle ne savait pas avoir indirectement suscité » (364, 1884, p. 627).

## (c) **Ancrage social**

Les chants lyrico-épiques n'ont rien, chez Gaston Paris, de populaire dans le sens romantique du terme, ce que de nombreux critiques n'ont pas vu ou n'ont pas voulu voir. Citons une nouvelle fois Siciliano :

> « Gaston Paris [...] reste profondément enraciné dans la mystique romantique. Pour lui, la cantilène contemporaine de l'événement est un dogme, comme l'est l'évolution de la cantilène du VIII^e siècle jusqu'au poème du X^e siècle, comme l'est le travail obscur mais ininterrompu qui s'accomplit dans la nuit des siècles et dans le mystère de l'âme populaire » (Siciliano 1951, p. 31)[83].

Outre le fait que la naissance des chants lyrico-épiques ne se situe pas « dans la nuit des siècles » mais est ancrée dans des événements historiques précis, dont la reconstruction est l'un des buts même des analyses du philologue, les chants lyrico-épiques ne se forment pas non plus, aux yeux de Gaston Paris, dans « le mystère de l'âme populaire » : ils ne prennent pas leur origine dans l'inconscient du peuple considéré comme un tout anonyme et indifférencié, ils ne sont pas une émanation du « Volksgeist » herderien et, enfin, contrairement à une autre idée chère au romantisme, et avant tout aux frères Grimm, ils ne sont pas « révélés » au peuple par une instance transcendante. Tout au contraire, les chants lyrico-épiques seraient fortement ancrés non seulement dans le temps, mais également dans la société. En 1882, à la fin de sa longue étude sur le *Carmen de prodicione Guenonis*, Gaston Paris écrit :

> « En poursuivant ces études d'analyse critique, qui ne font que commencer, on arrivera de plus en plus à se convaincre que, pour être lointaine et anonyme, l'épopée n'est pas dans d'autres conditions que les autres produits de l'activité poétique humaine ; qu'elle ne se développe que par une suite d'innovations individuelles, marquées sans doute au coin de leurs époques respectives, mais qui n'ont rien d'inconscient ni de populaire au

---

83 Voir également Nelson 1983, pp. 59-60.

sens presque mystique qu'on attache quelquefois à ce mot» (382*, 1882, p. 518).

Tout d'abord, la poésie épique n'est pas collective dans le sens romantique du terme puisque sa création serait imputable à un certain nombre d'individus se succédant dans le temps. Même si ces individus ne nous sont plus connus, l'anonymat est donc tout relatif. Ensuite, autre rupture radicale avec la pensée romantique, les productions épiques ne naîtraient pas dans le peuple au sens large du terme, mais dans une classe sociale spécifique, à savoir la classe guerrière, ou du moins dans l'entourage immédiat de celle-ci. Il s'agit ici d'un aspect très important des réflexions de Gaston Paris sur la genèse des chansons de geste, aspect dont personne, à ce que je sache, n'a pourtant tenu compte. Ce n'est en effet ni Milá y Fontanals, comme l'affirme Menéndez Pidal[84], ni Rajna, comme le suggère Wilmotte[85], ni encore Wechssler, comme semble l'admettre Egidio Gorra[86], mais bien Gaston Paris qui paraît avoir introduit la «thèse aristocratique» dans la discussion sur les origines de l'épopée française, en se fondant, comme nous allons le détailler ci-après, sur des travaux allemands consacrés à l'évolution «naturelle» de la poésie populaire («Volksdichtung»).

L'idée selon laquelle l'épopée est affaire de classe supérieure est présente, dans sa pensée, dès l'article sur «La *Chanson de Roland* et les *Nibelungen*» de 1863. Ayant commencé par des énoncés qui évoquent, il est vrai, l'univers de pensée romantique:

> «Le caractère d'une épopée est, avant tout, d'être vraiment nationale, d'être sortie des entrailles du peuple qui l'a produite, de résumer sous une forme poétique les grandes idées de son siècle, et principalement celles qui touchent la religion et la patrie; de s'adresser à tous les citoyens, et de remuer en tous la fibre qui peut s'exalter jusqu'à l'héroïsme; d'offrir, en un mot, à chacun, idéalisés par l'imagination et dramatisés par le récit, les sentiments qui constituent le plus essentiellement sa personnalité sociale» (371*, 1863, dans 345*, 1900, p. 6),

le jeune savant a pourtant hâte de préciser les choses (c'est ce que n'a pas vu Siciliano dans la note assassine qu'il consacre à Gaston Paris dans *Les Chansons de geste et l'épopée*[87]):

> «Et cependant il ne faudrait pas pousser trop loin cette remarque, dont on risquerait de fausser le sens en l'exagérant. Le grand malheur du moyen

---

84 Menéndez Pidal 1959, pp. 8-9.

85 Wilmotte 1947, p. 39; c'est encore l'avis que semble partager Zink 1990, p. 37. – Voir, par exemple, Rajna 1884, p. 362 et p. 470, n. 4, où l'on trouve les affirmations mêmes de Gaston Paris.

86 Gorra 1914, pp. 1033-1034.

87 Siciliano 1968, p. 157, n. 2.

âge, en politique comme en littérature, a été la division trop rigoureuse de la nation en trois classes distinctes: le clergé, qui formait pour ainsi dire une patrie à part pour ses membres, la noblesse, guerrière et toute-puissante, et ce qu'on appela plus tard le tiers état, dans l'embarras où l'on se trouvait de le désigner par un nom plus précis, c'est-à-dire la masse du peuple. [...] les barons avaient leurs chansons épiques, et ce n'est guère que de cette classe, la plus importante au point de vue de la civilisation, qu'il s'agit, quand on parle de littérature nationale. Quelque opinion qu'on ait de l'ignorance plus ou moins profonde de la foule au moyen âge, quelque littérature dont on lui attribue la connaissance, on sera obligé de convenir que, antérieurement au XIII^e siècle, la poésie est à peu près exclusivement destinée à l'aristocratie, et que des poèmes surtout de la nature de celui qui nous occupe ne pouvaient être écrits qu'en vue d'un public chevaleresque [...]. C'est donc dans ce sens que nous pouvons regarder la *Chanson de Roland* comme nationale: c'est surtout pour la classe aristocratique et guerrière de la nation qu'elle était vraiment épique» (*ibid.*, pp. 7-8).

Nous reprendrons plus loin la question, tout à fait capitale dans le raisonnement de Gaston Paris, des stratifications socioculturelles de la société médiévale. Ce qui nous intéresse pour le moment, c'est le rapport de quasi exclusivité établi dès cette étude de jeunesse entre l'épopée et la classe guerrière, aristocratique. Dès le départ, la poésie épique est, pour Gaston Paris, un genre appartenant essentiellement à la classe supérieure, et c'est pour cette raison même qu'elle est une nouvelle fois dite inférieure à l'*Iliade*, dans laquelle – on hésiterait beaucoup aujourd'hui à l'affirmer – la nation tout entière, et pas seulement une certaine caste, aurait trouvé «l'expression idéale de tout ce qui constituait sa vie publique»[88]. La conception de l'épopée comme une forme de manifestation artistique propre à la classe aristocratique se maintiendra tout au long de l'œuvre du philologue. On lit ainsi, dans le *Manuel*:

> «La poésie épique allait ainsi s'accroissant et se renouvelant sans cesse. Elle naissait et se développait dans la classe guerrière, comprenant les princes, les seigneurs et tous ceux qui se rattachaient à eux» (335*, 1888, éd. de 1909, p. 38).

La classe supérieure aurait pourtant eu ceci de particulier – et c'est ici que l'opinion de Gaston Paris diffère par exemple de celle de Wechssler – qu'elle se serait située, pendant les premiers siècles du moyen âge, jusqu'à la constitution des milieux courtois au XII^e siècle, à peu de choses près au même niveau culturel que le peuple au sens social du terme. Gaston Paris n'est pas le premier à avoir formulé cette thèse. Il s'agit en effet, ici encore,

88 371*, 1863, dans 345*, 1900, pp. 19-20.

d'une idée chère à Lemcke, mais également à Ferdinand Wolf, autre auteur cité dans l'*Histoire poétique*, avant tout, bien sûr, au sujet des *romances* espagnoles.

Les deux chercheurs allemands, marquant à leur tour leur distance vis-à-vis des idées romantiques, herderiennes surtout, avaient mis l'accent sur le fait que ce qu'on était convenu d'appeler «poésie populaire» n'était très souvent pas le produit du peuple au sens traditionnel du terme, mais, au contraire, et ceci surtout dans la première phase de l'évolution d'une littérature nationale, des classes supérieures. A propos des ballades et des romances «populaires» castillanes, catalanes et portugaises, mais aussi suédoises, écossaises et autres, F. Wolf avait écrit, en 1856, dans sa préface au *Schwedische Volkslieder der Vorzeit* de R. Warrens:

> «[...] in Bezug auf ihre Entstehung wenigstens vorzugsweise in *adeligen* und *ritterlichen* Kreisen [kann] ihre Bezeichnung als 'Lieder des Volks' nur insofern auf wissenschaftliche Geltung Anspruch machen, als man den Begriff 'Volk' nicht, wie jetzt vom socialen und ästhetischen Standpunkt aus üblich geworden ist, auf den Gegensatz zu dem [sic] höhern gebildeten Classen beschränkt, sondern, wie politisch und culturhistorisch, so auch hier literaturgeschichtlich die der Abstammung und Sprache, dem Geiste und der Sitte nach zusammengehörigen darunter begreift, und die Objectivierung dieses Gemeinsam-Eigenthümlichen, im Gegensatz zu jedem Fremdartig-Ueberkommenen und zu jeder blos subjectiven Tendenz, als das *Volksthümliche* und *Volksmässige* begreift» (F. Wolf 1890, p. 264)[89].

Dans la première période de la formation d'une nation, les classes socialement supérieures et le peuple au sens traditionnel du terme constitueraient ensemble, du point de vue de leur niveau culturel, le peuple tout court, tandis que, dans une deuxième phase, les besoins intellectuels et culturels de l'«aristocratie» s'éloigneraient de plus en plus de ceux du «peuple». Projetant, sans le dire explicitement, le modèle wolfien et lemckien[90] sur la France, Gaston Paris conçoit que le peuple, pendant la période de la formation des chansons de geste, s'oppose dans sa totalité, en tant que «masse illettrée», aux clercs, c'est-à-dire aux lettrés. C'est dans ce sens que l'aristocratie guerrière appartient pleinement au peuple et peut être considérée comme le peuple. C'est dans ce sens aussi que le savant, à l'instar de F. Wolf et de Lemcke, qui, notons-le en passant, ne prennent guère en considération le clivage entre le peuple et les clercs, continue à parler, au sujet des chansons de

---

[89] On trouve les mêmes idées, de façon un peu moins concise, dans les *Studien zur Geschichte der spanischen und protugiesischen Nationalliteratur* (1859), livre cité dans l'*Histoire poétique*.

[90] Voir Lemcke 1862.

geste, de «Volksepos»[91], tandis que Wechssler, aux yeux duquel l'élite sociale et l'élite culturelle se confondent dès le départ, se voit naturellement obligé d'abandonner ce terme au profit de celui de «Adelspoesie»[92].

La vision que Gaston Paris avait des choses, avec des modifications certes importantes touchant à quelques rares centres culturels pourtant à peu près isolés, comme la cour carolingienne autour de 800, celle d'Alfred le Grand en Angleterre au IX^e^ siècle ou encore, plus tard, certaines cours d'Aquitaine, est de nouveau acceptée de nos jours, depuis que les travaux d'Erich Auerbach, et avant tout son *Literatursprache und Publikum in der lateinischen Spätantike und im Mittelalter* (1958), ont corrigé les idées trop optimistes d'Ernst Robert Curtius sur l'existence ininterrompue d'une véritable élite culturelle laïque de la basse antiquité jusqu'à la fin du moyen âge.

Quant à la distinction entre «Volksepos» et «Kunstepos», elle était devenue banale à l'époque de Gaston Paris, qui la fait sienne dès son étude de 1861 sur *Huon de Bordeaux*:

> «Les critiques allemands, Jacob Grimm et Lachmann à leur tête, ont fait, à propos de toute espèce d'épopée, une distinction fondamentale, que M. Génin a aussi essayé de tracer à propos de la chanson de Roncevaux: c'est la distinction entre le *Volks-Epos* et le *Kunst-Epos*, l'épopée populaire et l'épopée artistique. La première est pour ainsi dire la voix d'une nation tout entière sur les lèvres d'un seul poète, simple reproducteur ou tout au plus arrangeur de traditions qui vivent dans le peuple et qui reçoivent par le poète une forme définitive. La seconde est le résultat de l'imagination et de l'art d'un écrivain qui met à profit soit l'histoire, soit les

91 A ce sujet encore, Siciliano se trompe quand il écrit: «[...] le problème des origines du genre a été posé dans les termes de l'antithèse 'peuple-aristocratie' et de la sous-antithèse 'épopée naturelle – épopée artificielle'» (Siciliano 1968, p. 242). En note, on trouve une autre remarque mal fondée: «Ce grand romaniste [Gaston Paris], qui voit partout des sources populaires et qui ne fait que parler de poésie populaire, semble seulement en ignorer le caractère et les mœurs» (*ibid.*, n. 1).

92 Voir également, pour tout ceci, l'analyse de Gorra 1914, pp. 1033-1034. Il y a d'autres différences entre la position de Gaston Paris et celle de Wechssler: pour ce dernier, la «Adelspoesie» est germanique, et ne devient «Nationalpoesie», c'est-à-dire poésie en langue romane, qu'au X^e^ siècle (c'est à ce moment seulement que le philologue allemand admet une fusion complète des Francs et des Gallo-Romains). Réaction de Gaston Paris: «Il y a dans l'article de M. W[echssler] [cité plus haut] des idées ingénieuses, mais bien aventurées, et présentées souvent sous forme d'assertions bien décisives. Ainsi [...], l'épopée française étant une poésie de cour, 'nous ne pouvons être embarassés sur la date où elle a commencé: ce n'est que quand le gallo-romain est devenu langue de cour au lieu du francique qu'une épopée romane a pu naître,' et cela, d'après l'opinion générale, est advenu sous Charles le Chauve. Il faudrait prouver que beaucoup plus anciennement il n'y avait pas une classe guerrière qui pouvait jouir d'une poésie faite pour elle, et expliquer comment la chanson de *Hlodoving* et autres sont arrivées de l'époque mérovingienne au IX^e^ siècle» (1192, 1901, p. 603).

> légendes, mais qui a la conscience de ce qu'il fait, qui maîtrise son sujet, le taille, l'allonge, le façonne à sa fantaisie, et rapproche sa matière autant que possible de l'idéal esthétique qu'il entrevoit. Le type de la première classe est le poème des *Nibelungen*, où l'impersonnalité du poète s'accuse dès les premiers vers. Les œuvres telles que l'*Enéide* ou la *Gerusalemme* appartiennent à la seconde classe» (444*, 1861 dans 345*, 1900, pp. 26-27).

On peut, ici encore, rapprocher les idées de Gaston Paris de celles de F. Wolf:

> «Denn das Hauptmerkmal der Volkspoesie ist nicht, dass sie das Product einer bestimmten Schicht oder Classe einer gegebenen Gesellschaft sei, welche relativ zu andern (höhern oder gebildetern) 'Volk' genannt wird; sondern dass sie das *naiv-objective Product dichterischer Eindrücke auf eine* (durch gleiche Abstammung, Sprache, Sitte) *bestimmte Gesammtheit sei.* Sie unterscheidet sich von der Kunstpoesie durch die *Naivetät*, d. h. durch das unvorbereitete, reine Wiedergeben des poetischen Eindrucks, ohne selbstbewusste künstlerische Absicht und Bildung; durch die *Objectivität*, trotzdem, dass sie so gut von *einem* dichtenden Subject ausgeht, wie ein Product der Kunstpoesie, und nicht, wie man so häufig missverstanden hat, von einem nebulosen Dichteraggregat, Volk genannt: aber dieses dichtende Subject sucht dann nicht *seine* besondern, individuellen Gefühle, Stimmungen oder Ansichten auszusprechen, sondern es ist nur das von dem poetischen Eindruck zuerst oder am mächtigsten aufgeregte Organ, spricht diesen Eindruck wie genöthigt durch dessen Uebermacht und in plötzlicher Begeisterung aus, um ihn zu idealisiren, d. i. poetisch zu ojectiviren, nicht in der Absicht, sich dadurch vor andern auszuzeichnen, sondern vielmehr dem rein Menschlichen, gemeinsam Gefühlten *im Sinne einer bestimmten Gesammtheit* Ausdruck zu geben. Ist dies wirklich im Sinne dieser Gesammtheit geschehen, so wird sie ein solches Product ihres Organs auch als Gemeingut sich immer völliger aneignen (daher die Namenlosigkeit dieser Producte), und es ist dann wirklich die dichterische That nicht mehr eines Einzelnen, eines Individuums, sondern einer gleichgesinnten Gesammtheit, einer *nationellen Individualität*, es ist – stamme es nun aus den obersten oder aus den untersten Schichten dieser Gesammtheit – *Volkspoesie im höhern* oder allein wissenschaftlichen Sinne. Daher ist in der Tat die Volkspoesie die *Poesie eines Volks*, der naturwüchsige, reinste Ausdruck seines idealen Humanismus und seines nationellen Selbstbewussteins» (F. Wolf 1890, pp. 264-265).

Personne ne niera qu'il y a dans le concept de «Volksliteratur» ainsi présenté de fortes réminiscences romantiques, saisissables avant tout autour de l'idée de la naïveté et de l'absence, chez les poètes «populaires», d'une conscience artistique proprement dite. Mais, en même temps, on constate aussi une prise de distance très nette vis-à-vis de l'imaginaire romantique traditionnel, en ce que F. Wolf et Gaston Paris refusent l'idée du «peuple créateur»

– «ein nebuloses Dichteraggregat» – pour insister sur le fait que la poésie dite populaire est, tout comme la «Kunstpoesie», le résultat d'un acte de création individuel. Cet acte aurait pourtant ceci de particulier qu'il représenterait une expérience poétique non seulement individuelle mais encore collective, en sorte que la personnalité de l'auteur serait comme neutralisée par la perception objectivante et globalisante du monde et des choses qu'offre sa poésie. C'est donc l'acte de la réception tout autant que l'acte de la création qui est responsable du statut impersonnel et anonyme de l'œuvre d'art «populaire». Avec cette conception, F. Wolf et Gaston Paris renouent en fait avec une opinion déjà émise par Goethe comme par Hegel:

> «Für Goethe existierte das epische Erzählerindividuum – er nennt es den Rhapsoden – durchaus, aber es darf, und hierin liegt eine tiefe historische Einsicht begründet, nicht als Individuum seinem Stoff selbständig gegenüber gestellt sein. 'Der Rhapsode sollte – so meinte Goethe in seinem berühmten Aufsatz *Ueber epische und dramatische Dichtung* – als ein höheres Wesen in seinem Gedicht nicht selbst erscheinen; er läse hinter einem Vorhang am allerbesten.' Und Hegel schrieb, vom antiken Epos ausgehend, in seiner *Aesthetik*: 'Um der Objektivität des Ganzen willen muss (...) der Dichter als *Subjekt* von seinem Gegenstand zurücktreten und in demselben verschwinden', aber: 'es dichtet doch ein Volk als Gesamtheit nicht, sondern nur einzelne'» (Köhler 1985, p. 75).

Tout nous indique pourtant que Gaston Paris s'éloigne encore plus des théories romantiques traditionnelles que ne le font Lemcke et F. Wolf. Le philologue français semble en effet distinguer très clairement le niveau culturel, supposé à peu près égal pour tous les membres du peuple (celui-ci étant opposé aux clercs), et les intérêts idéologiques et politiques distincts, eux, selon les classes sociales, idée qui l'amène à une modalisation restrictive du caractère «national» de l'épopée:

> «L'épopée a nécessairement un caractère général, c'est-à-dire qu'elle exprime l'idéal et les sentiments de la nation tout entière, ou *au moins de la classe aristocratique et guerrière, comme en France*» (335*, 1888, éd. de 1909, p. 36, c'est moi qui souligne).

Dans le compte rendu déjà mentionné de la *Geschichte der französischen Litteratur* de Suchier et Birch-Hirschfeld, Gaston Paris est encore plus explicite. Suchier avait noté à propos des chansons de geste:

> «Der Geist der Dichtung reisst den Menschen aus der niedrigen Sphäre seines alltäglichen Lebens und trägt ihn zu jenen Höhen empor, wo kleinliche Sorgen dem Blick entschwinden und nur noch grosse Gedanken und starke Gefühle als ragende Bergesgipfel des irdischen Daseins erkennbar sind. Vom 9. bis zum 12. Jahrhundert bildete die Chanson de geste neben dem fast nur dem Ausdruck der Liebe dienenden epischen oder lyrischen

> Volksliede für den grössten Teil des Volkes die einzige geistige Nahrung, die ihnen einen litterarisch-aesthetischen Genuss bieten konnte. Fürst und Krieger, Bürger und Bauer konnten sich zu einer Zeit, wo ihre geistige Bildung fast auf dem gleichen Niveau stand, auch an denselben Dichtungen gleichmässig erbauen» (Suchier/Birch-Hirschfeld 1900, p. 21).

Or, Gaston Paris, dans sa critique, juge «excessive» une telle opinion:

> «Les chansons de geste, surtout les plus anciennes, ne pouvaient guère être goûtées que par la classe guerrière, pour laquelle elles étaient composées; il est bien vrai que 'la culture était à peu près au même niveau' pour toutes les classes; mais les faits et les personnages de l'épopée, aussi bien que les sentiments qui l'animent, ne devaient guère avoir d'intérêt pour 'les bourgeois et les paysans'. C'est quand l'épopée fut plutôt une œuvre d'imagination qu'une représentation de la réalité qu'elle pût être comprise en dehors de la classe guerrière [...]» (346*, 1901, pp. 652-653, n. 4).

La question qui se pose est donc celle de savoir dans quelle mesure la poésie épique, aristocratique, que Gaston Paris se plaît à appeler nationale, est vraiment nationale. Elle l'est, d'abord et avant tout, par son mode de naissance: la poésie épique ne puise, d'après le philologue, qu'à ses propres sources, c'est-à-dire qu'elle est le résultat et le signe de l'histoire nationale en train de se faire. Elle ne dépendrait d'aucun savoir autre que celui issu de ce processus de formation et, surtout, d'aucune tradition «extérieure», savante, cléricale. En ce qui concerne les valeurs idéologiques, ensuite, le caractère national de l'épopée française chez Gaston Paris peut apparemment être compris dans un sens à la fois très restreint et très large. Dans un sens très restreint parce que l'épopée, au moment de sa formation, n'exprimerait que les intérêts et les sentiments de la classe guerrière, aristocratique. Dans un sens très large parce qu'outre le fait que cette classe ne se distinguerait pas de manière significative des autres *laici* en ce qui concerne son niveau culturel, les valeurs qu'elle prônerait dans les poèmes épiques sont censées être liées, du moins dans une certaine mesure, à celles partagées par le reste du peuple, liaison dont la réception des chansons de geste par un public plus large, dans une phase ultérieure de l'évolution du genre, serait la preuve. On entrevoit ici des idées très modernes dans le raisonnement de Gaston Paris, qui vont dans le sens d'un discours d'élite à vocation idéologique, discours qui aurait lentement imposé ses valeurs à l'ensemble des classes sociales. Mais, loin de poursuivre cette piste de réflexion, le philologue se plaît à faire régner un certain flou dans ses déclarations sur le caractère national des chansons de geste, en passant assez souvent sous silence l'aspect «particulariste» de la poésie épique au profit d'une vision totalisante et harmonisante de la nation et de sa poésie (on aura remarqué que dans le compte rendu cité ci-dessus, il ne met sa remarque rectificative qu'en note, et comme à contrecœur). C'est notamment le cas dans la conférence de 1870 sur la *Chanson de Roland*, où il ne souffle mot du caractère aristocratique de l'épopée française: au moment où il s'agissait de solidariser la nation sans distinction de sexe, d'âge et de classe, une précision de ce point, on ne le comprend que trop facilement, n'aurait guère été opportune. Si l'on constate effectivement une certaine indécision dans les déclarations de Gaston Paris sur le caractère «national» de la poésie épique, les raisons s'en trouvent donc moins, à mon avis, dans de quelconques tentations romantiques, comme le suggère encore Siciliano[93], que, bien plutôt, dans des considérations d'ordre idéologique[94].

En résumé, sa conception de l'épopée française dans la première phase de sa production et de sa diffusion est décidément moins romantique que celle de maint chercheur contemporain, pour qui les chansons de geste sont «Volksdichtung in dem Sinne, dass ihr Publikum das Volk in seiner Gesamtheit war und dass ihr Dichter ganz in diesem Geist dachte und gestaltete»[95].

L'ancrage social de la poésie épique chez Gaston Paris va d'ailleurs plus loin encore, car le philologue ne cesse de dire que l'épopée est une littérature essentiellement mâle:

> «L'épopée nationale était née dans la classe guerrière et n'était faite que pour les hommes. Elle incarnait l'idéal viril des siècles où elle s'est formée: elle chantait les combats, les conquêtes lointaines, les luttes intérieures, les rivalités des races, de nations, d'individus. Les sentiments qu'elle peignait et qu'elle excitait étaient ceux des guerriers: le courage, l'honneur, l'orgueil, la haine, l'attachement du seigneur à ses hommes et leur dévouement pour lui, l'esprit de famille et de caste, le besoin d'indépendance, la revendication du droit tel qu'on le comprenait alors, la cupidité, le goût de périlleuses et profitables aventures. La femme et l'amour n'y obtenaient qu'une faible place: si plusieurs poèmes sont consacrés à la conquête, par le héros, d'une lointaine fiancée [...] ce n'est jamais sur la femme que porte l'intérêt principal; l'amour ne forme qu'un épisode entre beaucoup d'autres dans la vie du héros, ou sert surtout à motiver les luttes sanglantes, les vengeances et les représailles» (557*, 1898, pp. 762-763)[96].

---

93 Siciliano 1951, p. 38, n. 3.

94 Un autre exemple de ce type se trouve dans la leçon d'ouverture sur «La poésie du moyen âge» faite au Collège de France le 3 décembre 1866: «Ni en Grèce ni au moyen âge cette distinction [entre les lettrés et les illettrés à l'intérieur du peuple même] n'a existé: la même poésie plaisait à tous, au prince comme au bourgeois, au chevalier comme au paysan; l'un n'avait en fait d'art ni plus d'ignorance ni plus d'exigence que l'autre, et le jongleur qui venait de *vieller* et de chanter la mort de Roland sur une place publique pouvait la répéter avec le même succès à la table du roi lui-même» (334*, 1885, éd. de 1906, p. 22).

95 C'est un énoncé de Köhler cité par Hausmann 1996, p. 180.

96 Et encore, dans le même article: «L'inspiration de la vraie épopée française, de celle qui est née sur notre sol, dans la classe guerrière, aux temps mérovingens et carolingiens, est,

La place de plus en plus importante que les chansons de geste accorderont à l'élément féminin équivaut ainsi, tout naturellement, à un signe de décadence[97]. – Devant de telles déclarations, la définition par le même Paris des chants lyrico-épiques comme d'éventuelles chansons de danse deviennent, il faut l'avouer, plus surprenantes encore !

*

* *

Le couple sémantique « populaire »/« spontané », si fréquent dans les textes du XIXe siècle, prend ainsi, chez Gaston Paris, un sens restreint et précis. Comme le terme de « national », ces deux expressions se définissent principalement par opposition à celles de « savant » et de « factice » : les chants épiques sont populaires et spontanés, dans la mesure où leur création n'est pas, selon le philologue, subordonnée à un savoir et à une expérience autres que ceux qui sont liés à la perception et à l'expérience vécue d'événements historiques importants pour la constitution de la conscience nationale. Plus que le caractère immédiat et aussi, en un sens, non médité des chants héroïques, qui naîtraient sous le coup des émotions, c'est donc tout simplement leur caractère non lettré qui se voit désigné par les épithètes de « spontané »[98] et de « populaire » : la poésie épique est la « création la plus spontanée et la plus directe du génie national »[99] dans ce sens, encore une fois, qu'elle ne s'inspirerait d'aucune source (de savoir) extérieure, et se passerait complètement, du moins au moment de sa formation, de la collaboration des clercs[100]. On voit par là même déjà combien il aurait été difficile à Gaston Paris d'admettre la théorie générale de Bédier, qui déclarera que « toute légende à base historique suppose la participation des clercs, est par essence d'origine savante »[101].

---

je le répète, toute virile. Aude n'apparaît dans la *Chanson de Roland* que comme un pâle et fugitif rayon qui brille un moment pour s'éteindre aussitôt » (557*, 1898, pp. 763).

97 Voir par exemple *ibid.*

98 Dans d'autres contextes, et notamment dans celui du « développement organique », le terme de « spontané » a encore un autre sens, et s'oppose notamment à « héréditaire », par exemple dans l'énoncé suivant : « [...] il s'agit là [dans le cas de l'épopée française], comme dans toute vie organique, non de génération spontanée, mais de transmission héréditaire » (364, 1884, p. 612).

99 335*, 1888, éd. de 1909, p. 36.

100 *Ibid.*, p. 77.

101 Bédier 1913, t. IV, p. 474.

## Bilan

Trois points méritent d'être retenus.

Premièrement, il semble bien que les facteurs prépondérants dans l'établissement de la théorie de Gaston Paris sur la formation lente des chansons de geste ne doivent être cherchés ni du côté de l'héritage romantique ni de celui des faits historiques allégués. Les facteurs vraiment déterminants sont d'un autre ordre, que j'appellerais les *grandes représentations*, à savoir, en l'occurrence, la pensée historiciste, continuiste, d'une part, et l'horizon de totalité de la nation d'autre part. A l'intérieur de cette dernière représentation, et se jumelant avec la première, il s'agit plus précisément de l'isomorphisme et du développement parallèle postulés pour la nation et pour l'épopée. Le poids de cette représentation est devenu particulièrement évident dans le cas de la naissance proprement dite de l'épopée, naissance que Gaston Paris recule progressivement jusqu'au jour du baptême de Clovis, sans que pour autant la base factuelle, même après la parution des *Origini* de Rajna, ne le lui permette vraiment. C'est que, dans l'imaginaire de Gaston Paris, le point de départ de la nation et celui de l'épopée étaient fatalement destinés à coïncider. Tout ceci nous rappelle de façon très nette qu'une attitude «positiviste» n'exclut pas le fait que c'est une ou plusieurs idées organisatrices dominantes qui déterminent l'interprétation des faits historiques, ainsi que Gaston Paris, nous l'avons vu dans la Partie II, l'admet lui-même[102]. A côté des grandes représentations, il y a, pour ainsi dire, les *petites représentations*, telle la «loi de Lemcke», qui orientent l'interprétation des faits à un niveau plus local. L'ensemble de ces représentations constitue un imaginaire plus ou moins clos et plus ou moins individuel, responsable de la cohérence du discours qui en dépend.

Deuxièmement, le discours philologique de Gaston Paris, tout en comportant des résidus romantiques, ne se propose pas moins, comme nous l'ont montré toute une série de prises de distance explicites – auxquelles nous en verrons s'ajouter d'autres –, de transcender l'univers de pensée romantique. Et, ici, on peut entièrement souscrire aux affirmations de Bédier, quand il déclare, dans son historique des théories sur la naissance des chansons de geste, après un survol cavalier de l'*Histoire poétique*:

> «Certes on a reconnu l'hypothèse générale de Herder et de Wolf, et les pensées admises depuis Grimm et Fauriel. Pourtant, cette doctrine, pour une grande part héritée, Gaston Paris la renouvelle. On peut bien çà et là retrouver sous sa plume des formules qui procèdent des Grimm [...]. Mais ce ne sont plus guère chez Gaston Paris que des 'survivances', et la théorie des cantilènes apparaît ici à demi dégagée du mysticisme où elle

102 Voir pp. 270-272.

> baignait naguère. Gaston Paris ne s'en tient plus à attribuer les poèmes à 'l'instinct créateur des foules', à 'l'effusion spontanée du génie populaire'; il cherche des auteurs, individus ou groupes d'individus: les 'guerriers', les 'jongleurs'. Il ne s'en tient plus à la vague notion des 'âges primitifs', il cherche des dates: du VII^e siècle à la fin du X^e, dit-il, période des cantilènes[103]; du X^e à la fin du XII^e, période de l'épopée. Un souci tout nouveau de précision et de clarté pénétra de ce jour dans ces spéculations, et ce fut un grand bien-fait» (Bédier 1912, t. III, pp. 243-244).

Bédier a effectivement bien vu que Gaston Paris prend ses distances vis-à-vis de l'imaginaire romantique par le fait même qu'il essaie d'ancrer la production des chants lyrico-épiques à la fois dans le temps et dans l'espace social.

Troisièmement, les recherches menées depuis la mort de Gaston Paris ayant montré, dans leur ensemble, que les origines lointaines des chansons de geste – sous quelque forme qu'on se les représente – sont ce qu'il y a de plus probable, ce que l'on peut reprocher à Gaston Paris dans ce domaine est surtout l'exclusivité avec laquelle il a défendu le seul modèle des chants lyrico-épiques, au détriment d'autres formes possibles de transmission orale d'un noyau historique, soit poétiques, soit légendaires[104]. C'est donc la forme particulière qu'il a donnée à l'idée de la genèse lente des chansons de geste (mais uniquement, nous allons le voir, des chansons de geste «traditionnelles»), et non pas cette idée elle-même, qui constitue le point problématique de sa théorie sur la formation de l'épopée française[105].

## 3. NAISSANCE ET DÉVELOPPEMENT II: LES CHANSONS DE GESTE

### Typologie des voies de formation

Que l'on ne s'y méprenne pas: contrairement à ce que pourrait faire croire l'ampleur de la discussion sur la théorie des chants lyrico-épiques, Gaston

---

103 Bédier, je l'ai déjà dit, persiste à parler de «théorie des cantilènes» à propos des travaux de Gaston Paris, et va même jusqu'à remplacer, dans une citation de l'*Histoire poétique*, «chanson» par «cantilène» (Bédier 1912, t. III, p. 241).

104 On peut rappeler à ce sujet ce passage de Frappier: «[...] le champ des hypothèses reste toujours ouvert quand on cherche à combler l'espace entre l'époque carolingienne et la fin du XI^e siècle. Quelles formes a revêtues alors l'inspiration épique? Cantilènes, ballades, chants lyrico-épiques, poèmes en latin, et, déjà, véritables chansons de geste? Toutes ces formes ont pu exister, mais il est très probable que le genre et sa technique étaient constitués avant le *Roland* d'Oxford, très probable aussi qu'ils n'ont pas été l'œuvre d'un seul jour ni d'un seul poète» (Frappier 1957, p. 12).

105 Voir notamment, à ce sujet, la mise au point de Kloocke 1972.

Paris n'a pas admis une seule et même voie de formation pour toutes les chansons de geste qui nous sont parvenues (pour ne pas parler de toutes celles qui se sont perdues, véritablement ou, en nombre sans doute infiniment plus grand, dans la seule imagination du philologue, pour qui chaque événement historique est le point de départ potentiel d'une tradition épique[106]). Le modèle des chants lyrico-épiques n'est valable que pour les chansons de geste qui se seraient développées «normalement», ainsi la *Chanson de Roland*, qui aurait comme noyau historique la bataille de Roncevaux (778), *Gormond et Isembart*, dont le point de départ serait la bataille de Saucourt (881) ou encore, pour prendre un dernier exemple, *Raoul de Cambrai*, qui serait le point d'aboutissement de chants épiques entonnés à la mort de Raoul, fils de Raoul de Gouy, en 943.

A l'intérieur de ce premier type de chansons de geste, il y a deux grands groupes, qui auraient pris leurs origines respectives à deux époques différentes. Tout d'abord l'épopée purement nationale ou royale, la plus ancienne, dont les premiers chants, nés entre le VIe et le VIIIe siècle, seraient antérieurs à la constitution de la féodalité[107], et dont «la *Chanson de Roland* est le plus beau type»[108]. Ces chansons auraient originairement eu comme sujet les «guerres nationales, sous la conduite des rois, contre les ennemis du nord, de l'est ou du sud»[109]. L'«âge héroïque de la féodalité», ensuite, c'est-à-dire les IXe et Xe siècles, aurait vu naître des chants épiques qui auraient évolué vers l'épopée féodale, dont le modèle serait *Raoul de Cambrai*[110]:

> «[...] quand sur les débris de la monarchie carolingienne s'élève et s'organise la féodalité, les chants épiques renaissent, se renouvellent et expriment l'idéal féodal» (335*, 1888, éd. de 1909, p. 37).

Les chansons de geste féodales s'organiseraient, du point de vue de leur contenu, en deux sous-groupes, dont le premier comprend des poèmes qui chantent la lutte de la féodalité contre la royauté, le deuxième ceux qui traitent de conflits guerriers entre les barons eux-mêmes[111].

A un endroit de son œuvre, dans un compte rendu important de la deuxième édition de *Raoul de Cambrai* par Paul Meyer et August Longnon

[106] Voir également, à ce sujet, la critique de Meyer 1867, pp. 39-40.

[107] 335*, 1888, éd. de 1909, p. 44.

[108] 425*, 1872, p. 186.

[109] 335*, 1888, éd. de 1909, pp. 44-45.

[110] 425*, 1872, pp. 186-187.

[111] 335*, 1888, éd. de 1909, pp. 47-48. – Je précise qu'il s'agit ici d'une typologie des voies de formation et non pas d'une typologie qui, à la suite de Bertrand de Bar-sur-Aube, classerait les chansons de geste de manière thématique en cycle du roi, cycle de Garin de Monglane et cycle de Doon de Mayence, classification que Gaston Paris ne juge d'ailleurs pas très satisfaisante: «Ces divisions factices peuvent être commodes dans certains cas; nous n'en tiendrons que peu de compte» (*ibid.*, p. 44).

(1882), Gaston Paris soumet les deux épopées, royale et féodale, à un jugement de valeur qui peut sembler curieux à première vue mais qui s'explique à la réflexion:

> «Cette épopée féodale, dont *Raoul de Cambrai* nous a conservé un reflet, est, dans le domaine poétique, la production la plus originale de l'ancienne France. Elle doit, il est vrai, sa forme extérieure et son style (assonance, vers décasyllabique, laisse) à l'épopée royale ou nationale de l'époque précédente, qui elle-même remonte pour la forme à la poésie latine vulgaire, pour l'inspiration sans doute à l'épopée germanique. Mais l'épopée féodale est bien elle-même. Elle s'est dégagée spontanément, aux IXe et Xe siècles, dans l'immense et tumultueux chaos où s'est constitué le vrai moyen âge. Elle n'a pas été faite pour charmer des auditeurs indifférents; elle est l'écho immédiat des sentiments, des passions, des triomphes, des deuils de ceux qui la font et qui l'entendent. Elle ne demande ses sujets ni à la tradition, ni à l'invention; elle n'en a pas d'autres que les faits contemporains, qui s'y reflètent sous le jour où les voient les acteurs eux-mêmes; elle est, avec cette restriction, absolument sincère, et aurait, si nous la possédions dans sa forme originale, la valeur d'un document historique de premier ordre» («Publications de la Société des Anciens Textes Français [...], quatrième et dernier article», *JdS*, 1887 [suite de 366*, 1886], pp. 625-626).

Les chansons féodales sont ici présentées comme étant la «production la plus originale de l'ancienne France», et donc comme étant apparemment plus originales que les chansons royales. Ce raisonnement s'explique par l'époque à laquelle remontent, selon Gaston Paris, les racines de l'épopée féodale, époque qui représente dans l'histoire de la France une étape déjà bien avancée sur le chemin de la constitution de la nation. En d'autres termes (et toujours dans la logique du philologue), la France est déjà plus la France, au IXe et au Xe siècle, que ce n'est le cas aux siècles antérieurs, et la poésie épique qui naît à ce moment est donc plus originalement française que celle de l'époque précédente, plus fortement tributaire, quant à elle, de la tradition purement franque, purement germanique. On n'en conclura pas, par contre, comme cela serait également possible à une lecture superficielle du passage, que la poésie épique féodale n'aurait ainsi plus de caractère germanique du tout. Se modelant sur l'épopée royale, elle possède en fin de compte les mêmes «ingrédients» que cette dernière, les mêmes «ingrédients» que la France elle-même. De manière générale, la poésie féodale telle qu'elle est décrite dans la deuxième moitié du passage ne s'oppose pas à la poésie royale mais à d'autres créations poétiques qui, elles, seraient conventionnelles ou savantes, c'est-à-dire essentiellement influencées par les clercs. Le terme d'originalité désigne, ici comme ailleurs dans le discours du philologue, le fait que la France, pour ce qui est de la poésie épique, n'aurait puisé qu'à ses propres sources.

Après la fin du X^e siècle, plus aucun événement guerrier, nous dit Gaston Paris, n'a déclenché – n'a *pu* déclencher – des chants épiques dans le vrai sens du terme[112]. C'est qu'au XI^e siècle, les chansons de geste auraient atteint leur forme parfaite et le temps «naturel» accordé à la production spontanée de chants lyrico-épiques serait définitivement passé:

> «[...] c'est précisément parce que les chansons de geste étaient alors [au XI^e siècle] arrivées à leur forme parfaite que leur forme rudimentaire et primitive ne pouvait plus se produire; il est impossible de citer un seul événement du XI^e s[iècle] qui soit devenu le point de départ d'une chanson de geste, comme c'est le cas pour la guerre où Raoul de Cambrai trouva la mort en 942 [sic] et pour d'autres faits dont les plus récents sont de la fin du X^e siècle» (440, 1900, p. 120).

Le raisonnement de Gaston Paris se fonde ici sur une règle d'évolution générale, par ailleurs tout à fait traditionnelle, mais présente de façon particulièrement insistante dans le discours historiciste, selon laquelle chaque phénomène historique parcourt nécessairement les différentes étapes de la «vie biologique» (croissance, épanouissement, décadence)[113]. Mais il se fonde également sur le parallélisme postulé entre l'évolution de l'épopée et celle de la nation: une fois la nation constituée, son épopée l'est aussi. C'est ce que le philologue explique dans le *Manuel*:

> «Ainsi, préparée depuis Chlodovech, commençant vraiment avec Charles Martel, à son apogée sous Charlemagne, renouvelée puissamment sous Charles le Chauve et ses premiers successeurs, la fermentation épique, si l'on peut ainsi dire, d'où devait sortir l'épopée s'arrête au moment où la nation est définitivement constituée et a revêtu pour quelques siècles la forme féodale» (335*, 1888, éd. 1909, pp. 37-38).

Le terme de fermentation désigne l'ensemble de l'époque pendant laquelle des chants lyrico-épiques auraient pu naître et seraient effectivement nés, mais aussi pendant laquelle chacun de ces chants, ou certains groupes de ces chants, auraient pu évoluer progressivement vers de longs poèmes épiques de plus en plus accomplis. L'époque de fermentation comprend donc à chaque moment donné une multitude de chants et de poèmes épiques arrivés à différentes étapes de leur évolution naturelle.

Comme il fait coïncider la fin de l'époque de fermentation épique avec la fin du X^e siècle, Gaston Paris n'admet pas, contrairement à Suchier[114] et à

---

[112] Voir par exemple *Esquisse*, 1907, p. 67.

[113] Voir Demandt 1978, pp. 55-59.

[114] Voir 346*, 1901, p. 652. Suchier avait écrit dans sa *Geschichte der französischen Litteratur*: «Zu den kleineren Gesten gehörte auch die *Kreuzzugsgeste*. Der erste Kreuzzug war das letzte Ereignis, das mächtig genug wirkte, um epischen Volksgesang zu wecken» (Suchier/Birch-Hirschfeld 1900, p. 49).

beaucoup d'autres, que les croisades aient pu donner lieu à des chants lyrico-épiques dans le vrai sens du terme:

> «Le cycle de la première croisade s'est formé après la période proprement épique. Il comprend bien, comme la vraie épopée, des faits historiques, mais les chants primitifs que ces faits ont suggérés, et qui sont la base des poèmes postérieurs, différaient beaucoup de ceux qui ont donné naissance aux vraies chansons de geste. Ceux-ci ont été composés, sous l'impression des événements, pour ceux et par ceux qui y avaient pris part, non pour raconter les faits, mais pour exprimer les sentiments qu'ils inspiraient; les autres ont été faits surtout pour ceux qui n'avaient pas assisté aux événements et dans le dessein de les leur faire connaître: ils les racontaient presque exactement; ils n'avaient guère de la poésie que la forme, au fond ils étaient de l'histoire. Aussi l'inspiration épique leur fait-elle généralement défaut. A cet élément historique s'est jointe, dans les poèmes que nous avons, l'invention pure et simple des jongleurs français [....]» (*ibid.*, pp. 51-52).

Tandis que les vrais chants lyrico-épiques sont pour Gaston Paris, nous le savons, avant tout l'expression d'un état d'âme, de passions vécues par ceux qui auraient été présents aux événements chantés, les chants qui ont pu voir le jour lors des croisades auraient été, dès le départ, au service de la transmission d'un savoir historique précisément destiné à ceux qui seraient restés en France, loin des événements[115].

Les conquêtes normandes n'auraient, pas plus que les croisades et pour les mêmes raisons, donné naissance à de véritables épopées:

> «En fait, au XIe s[iècle], l'âge de la transformation de l'histoire en épopée était passé (les Croisades n'ont pas donné une vraie épopée), et les Normands n'ont pas eu d'épopée à eux» (434, 1895, p. 457)[116].

A côté des chansons de geste que l'on pourrait appeler *traditionnelles*, c'est-à-dire qui se seraient développées de façon naturelle – «normale», dirait Gaston Paris – à partir de chants contemporains d'événements guerriers, le philologue admet, pour une foule d'autres poèmes – appelons-les *non traditionnels* –, une toute autre voie de formation. Les chansons de geste qui ne s'appuient pas sur un noyau historique peuvent en effet, nous dit-il, se fonder soit sur l'imitation de poèmes antérieurs, traditionnels ou non traditionnels, soit sur l'invention personnelle d'un poète, soit, dans la plupart des cas, sur un mélange des deux. Parmi les chansons de geste de ce deuxième type, on trouverait comme premier et meilleur spécimen, au jugement de Gaston Paris, le *Pèlerinage de Charlemagne*:

---

115 Voir également 346*, 1901, p. 652 et *Esquisse*, 1907, pp. 67-68.

116 Voir également 381*, 1882, p. 409.

> «Notre vieille épopée est primitivement la poésie des hommes d'armes, des *barons* ou des *vassaux fervêtus*: les *jongleurs* chantaient leurs vers soit dans les châteaux, soit en accompagnant les expéditions guerrières ou même en engageant le combat. Mais bientôt ils cherchèrent naturellement un public plus nombreux et plus varié, et profitèrent des assemblées qu'attiraient les pèlerinages ou les foires pour y faire entendre leurs chansons. Celles qu'ils composèrent en vue de ce nouvel auditoire, naturellement très-mêlé, durent avoir un autre caractère que les anciennes, tout en leur empruntant leur cadre, leurs personnages, leur forme et une partie de leur inspiration. Les poètes de cette nouvelle école ne s'appuient que très-légèrement sur la tradition; ils cherchent le succès dans leur invention personnelle et mêlent sans scrupule le comique au sérieux; au lieu de chanter, comme leurs prédécesseurs, ce qu'ils croient vrai, ils *trouvent* ce qu'ils jugent amusant; placés en dehors de leur sujet, ils le façonnent avec toute la liberté de l'artiste, tandis que les pères de l'épopée étaient dominés par la 'matière' traditionnelle et ne s'attachaient qu'à exprimer aussi fidèlement qu'ils en étaient capables l'inspiration qu'elle leur fournissait. Notre poème [*Pèlerinage*] est le meilleur type de cette série de chansons épiques, en même temps qu'il est pour nous le plus ancien» (401*, 1877, pp. 164-165)[117].

Né sous l'influence de l'épopée royale, le *Voyage de Charlemagne*, l'un des textes préférés de Gaston Paris – et l'on voit par là même que, contrairement à ce que l'on pourrait attendre, celui-ci n'apprécie pas les seules chansons de geste traditionnelles (dans son propre système de classification, s'entend) –, combinerait donc des éléments traditionnels avec des éléments nouveaux et témoignerait déjà de l'ouverture du genre à un public plus vaste, qui ne serait plus exclusivement guerrier. Le texte s'éloignerait encore des chansons de geste traditionnelles par le fait que la notion d'auteur individuel y gagnerait en importance.

Cependant, même les chansons de geste traditionnelles subiraient, au cours de leur développement, l'influence analogique d'autres chansons de geste, tant traditionnelles que non traditionnelles, de telle sorte que, dans la multitude des poèmes épiques qui nous sont parvenus, il ne semble y avoir qu'une seule grande distinction à établir du point de vue de la formation, à savoir celle entre les chansons qui comporteraient un noyau historique, si déformé soit-il dans la version «finale», et celles qui n'en comporteraient

[117] Voir également *Esquisse*, 1907, pp. 73-74: «On peut faire remonter la courte chanson du *Pèlerinage de Charlemagne* aux environs de 1060; elle est d'origine parisienne. C'est la seule œuvre d'une date aussi haute que nous possédions dans sa forme originale [...]. Par là ce texte est d'un grand prix déjà, mais ce qui en augmente beaucoup le prix, c'est le caractère et la valeur poétique de la chanson. Elle est de pure invention, ou du moins elle applique à Charlemagne et à ses pairs des aventures fabuleuses dont le motif général flottait peut-être dans le *folklore*, mais dont le poète a créé tout le détail».

pas. Le philologue résume son opinion dans le compte rendu des *Origini* de Rajna:

> «Je pense donc que l'épopée française des XI$^{e}$-XIV$^{e}$ siècles, si nous l'examinons dans son ensemble, comprend des poèmes de deux genres principaux: les uns sont des imitations de poèmes antérieurs, dont les plus anciens sont germaniques [du type *Chlodoving*, sans doute]; les autres sont le développement, de plus en plus narratif, de moins en moins conforme à l'histoire réelle, de plus en plus accomodé à la convention épique et à l'analogie des poèmes antérieurs, de chants originairement courts, nés de l'impression immédiate des faits, d'un ton beaucoup plus lyrique, et, pour les faits qu'ils contiennent, presque absolument historiques; ces poèmes n'en ont pas moins d'ailleurs un caractère germanique, et par l'usage même auquel ils doivent l'existence, et par l'esprit qui les anime, et par le milieu où ils se sont formés et développés» (364, 1884, pp. 618-619).

La production épique française s'organiserait donc, en fin de compte, en un réseau complexe de chansons de geste qui entretiendraient entre elles de multiples rapports d'analogie – ce sont ces rapports, entre autres, que le philologue se propose de reconstruire –, et dont quelques-unes remonteraient à des chants lyrico-épiques contemporains d'événements historiques, dont la détermination et la reconstruction exactes font également partie du programme philologique.

Derrière ce modèle de la naissance et de la formation des chansons de geste, nous arrivons à cerner deux figures de pensée dominantes qui structurent le raisonnement du philologue: celle, d'abord, qui organise en un couple dichotomique *formation traditionnelle* et *formation non traditionnelle*, et celle, ensuite, qui oppose *formation régulière* et *formation analogique*. Contrairement à ce que l'on pourrait penser à première vue, ces deux figures ne sont pas superposables, mais entretiennent, sinon en logique du moins en pratique, un rapport hiérarchique, la deuxième étant censée être opératoire à l'intérieur de la première, de façon facultative au niveau de la formation traditionnelle, de façon quasi nécessaire à celui de la formation non traditionnelle (il n'y a que le cas de l'«invention pure» qui pourrait échapper à cette règle, cas pourtant jamais répertorié par Gaston Paris). Ces deux figures de pensée déterminent les recherches sur la formation des chansons de geste, tout comme elles déterminent le raisonnement étymologique, qui distingue des mots héréditaires, dont l'évolution régulière est souvent censée être entravée par des phénomènes d'analogie, et des mots d'emprunt qui, tout en suivant l'évolution régulière à partir du moment où ils entrent dans l'histoire d'une langue, subiraient également la force analogique[118].

118 Sur la force de l'analogie dans le raisonnement de Gaston Paris en ce qui concerne ses études folkloriques, voir Speer 2000, p. 321.

L'analogie n'est pourtant pas la seule «loi», tant s'en faut, qui déterminerait le développement des chansons de geste des deux genres, traditionnel et non traditionnel. Un certain nombre d'autres lois viendraient s'y ajouter, ainsi celle de la déformation successive des données historiques, par la fusion, par exemple, de plusieurs personnages du même nom en un seul:

> «[...] la poésie épique ne connaissait pour ainsi dire qu'une trinité royale: un Pépin, un Charles, un Louis, dans lesquels elle englobait tous les princes du même nom dont elle avait gardé quelque souvenir» (460*, 1881, 253)[119].

Les données géographiques perdraient aussi leur précision au cours de l'évolution normale des chansons de geste. Aux déclarations de Ferdinand Lot à propos de *Garin le Loherain*:

> «'Si le fonds remontait à une époque reculée, la géographie aurait forcément subi de graves altérations par la suite du temps'»,

le philologue ajoute:

> «Elle serait loin surtout, suivant toute vraisemblance, d'être aussi précise, aussi détaillée, et, dans la grande majorité des cas, aussi claire pour nous» (424, 1897, p. 110)[120].

Il y aurait, ensuite, l'adjonction d'éléments légendaires et de plus en plus merveilleux ou romanesques, le transfert à des héros français de récits qui se trouvent ailleurs rapportés à d'autres personnages, ou encore ce que l'on pourrait appeler la syntagmatisation référentielle des événements, c'est-à-dire le rajout de suites, de transitions et d'introductions mais aussi, de manière générale, l'accommodation continue des vieux poèmes aux goûts du temps et du public – tous phénomènes bien connus, auxquels on pourrait facilement en ajouter d'autres. Chaque chanson de geste est ainsi pensée comme le résultat d'une combinatoire de différentes règles transformationnelles, tantôt à partir d'un noyau historique et tantôt à partir de l'imitation d'un ou de plusieurs poèmes antérieurs. Les éléments qui ne s'expliqueraient par aucune de ces règles sont censés ressortir de l'invention personnelle d'un poète, mais même cette part d'invention se laisse souvent ramener, selon Gaston Paris, à des règles, de nature avant tout psychologique.

Contrairement à ce que l'on entend affirmer très fréquemment, Gaston Paris ne part donc aucunement d'un seul schéma explicatif pour la genèse de l'ensemble des chansons de geste, mais admet une pluralité de solutions. Ce

---

[119] Voir également 335*, 1888, éd. de 1909, p. 37 et, quant aux différents Guillaume de la *geste de Guillaume d'Orange*, 425*, 1872, p. 186.

[120] Voir également 356*, 1865, éd. de 1905, p. 458.

qui a pu amener à l'affirmation contraire est la concomittance de deux phénomènes : d'une part, c'est la formation traditionnelle qui a été au centre des préoccupations de Gaston Paris, au point qu'il n'a parlé que relativement peu des autres voies de formation ; d'autre part, c'est également elle qui a été et qui est encore la plus controversée, et qui occupe ainsi la place centrale dans les discussions critiques. Mais Gaston Paris lui-même aurait été entièrement d'accord avec Carl Voretzsch, qui écrit : « Die entwicklung des altfranzösischen heldenepos hat sich nicht schematisch vollzogen »[121].

Toujours est-il que, selon le programme positiviste du philologue, cette pluralité de solutions se laisse ramener, du moins théoriquement, à un certain nombre de règles transformationnelles. C'est déjà ce projet qui est au centre de l'*Histoire poétique de Charlemagne* :

> « C'est une étude de cristallisation, pour ainsi dire : étant donnés certains faits et certaines idées, connaissant les lois générales de l'imagination populaire et le milieu où elles agissaient, il fallait chercher ce qui s'était produit et ramener à une formation normale les irrégularités apparentes des phénomènes » (356*, 1865, éd. de 1905, p. 30).

Ramener l'irrégulier apparent au régulier caché, voici l'un des rêves scientifiques de Gaston Paris qui nous semblent aujourd'hui bien peu dignes, il faut le dire, d'être rêvés, voici l'un de ces efforts de démystification qu'on a reprochés, souvent à juste titre, aux positivistes. Car ce qui risque d'échapper le plus facilement aux filets des différentes lois et règles, c'est, décidément, l'aspect poétique des œuvres que l'on soumet à un tel examen. Ce n'est pas, hâtons-nous de le dire, que Gaston Paris ne soit pas, dès le départ de sa carrière, très conscient de la différence entre l'histoire poétique et l'histoire référentielle – cette différence même est à la base du projet de l'*Histoire poétique* – mais, à ses yeux, les deux genres d'« histoire », comme tous les phénomènes historiques, doivent et peuvent être *expliqués*. Ce n'est pas non plus, et, ici encore, une précision immédiate s'impose, que Gaston Paris ait complètement négligé, comme on aime à le répéter, le caractère esthétique des œuvres littéraires du moyen âge (nous y reviendrons), mais les analyses esthétiques ne sont pas (toujours), il est vrai, au centre de ses préoccupations.

## Seuil critique

Revenons aux chansons du premier type, du type traditionnel. A leur égard, il est clair que le modèle de Gaston Paris prévoit une sorte de seuil critique, lequel se situe au tournant du Xe au XIe siècle et marque le passage de la

---

[121] Voretzsch 1925, p. 98.

«fermentation épique» aux chansons de geste formées. Il s'agit d'un seuil critique à plusieurs points de vue.

C'est, d'abord, un seuil axiologique. Le point d'aboutissement de la poésie épique nationale à une épopée proprement dite, à des chansons de geste, dans le cas de la France, constitue pour Gaston Paris un signe d'excellence, un signe de supériorité culturelle. Tous les peuples qui ont produit une poésie nationale sous forme de chants lyrico-épiques, voire de poèmes narratifs plus longs, n'ont pas nécessairement eu par la suite de vraies épopées, nous explique le jeune savant dans sa thèse. Ces dernières, tout au contraire, ne se rencontreraient que chez un «petit nombre de peuples âryiens»:

> «L'épopée suppose chez un peuple une faculté poétique remarquable et le sentiment vif du concret, ce qui lui donne la puissance de personnifier, en les idéalisant, ses aspirations et ses passions; elle a besoin de s'appuyer sur une nationalité fortement enracinée et ne se développe encore que dans des circonstances historiques particulières» (356*, 1865, éd. de 1905, pp. 2-3)[122].

A la fin de son introduction à l'*Histoire poétique*, Gaston Paris va jusqu'à dire que seules les «nations d'élite» ont une «véritable épopée», et l'on peut croire qu'il fait ici allusion à la querelle sur la «tête épique» des Français:

> «C'est pour la France un sujet de légitime fierté de pouvoir montrer une épopée véritable, cette production rare et magnifique dont ne peuvent s'enorgueillir que les nations d'élite: plus on étudiera l'histoire de l'humanité dans son véritable esprit, plus ce fait prendra d'importance, et plus son souvenir tiendra sa place dans notre conscience nationale» (*ibid.*, p. 31).

Le seuil critique du X^e^ au XI^e^ siècle marque également, on l'a dit, le moment où la «matière épique» apparaît comme définitivement muée en des chansons de geste. Comment le philologue envisage-t-il alors le processus de transformation des chants lyrico-épiques en des chansons de geste accomplies? Il est temps, alors, de parler de son attitude à l'égard de la théorie des cantilènes de F. A. Wolf et de Lachmann.

Dans ses *Origini*, Rajna présente le modèle des chants lyrico-épiques de Gaston Paris comme une «malencontreuse application des théories de Wolf»[123]. Réponse du philologue français qui, en l'occurrence, s'appuie avant tout sur la *Vie de saint Faron*:

---

[122] Plus loin, Gaston Paris restreint encore plus, à l'intérieur des peuples aryens, ceux qui ont possédé une vraie épopée: «Les véritables épopées sont celles de l'Inde, de la Perse, de la Grèce, de l'Allemagne, de la Bretagne et de la France» (356*, 1865, éd. de 1905, p. 9).

[123] Ce sont les mots de Gaston Paris, dans 364, 1884, p. 617; ceux de Rajna 1884, p. 469, sont moins durs.

> «C'est une erreur: ces idées sont le fruit d'une simple tentative de se représenter les faits comme ils ont dû se produire» (364, 1884, p. 617).

Dès 1866, dans un compte rendu de l'édition du *Nibelungenlied* par Karl Bartsch, Gaston Paris avait sévèrement critiqué le procédé wolfien appliqué par Lachmann au plus ancien poème épique allemand et s'y était prononcé, tout comme son confrère allemand, pour un auteur unique, qui n'aurait été autre que Konrad von Kürenberg (hypothèse que personne ne retient plus aujourd'hui) et qui aurait fondu en une seule œuvre «diverses traditions ou chansons populaires»[124]. Bilan:

> «La démonstration de l'existence d'un auteur unique pour le poëme original des *Nibelungen* est un fait de la plus grande importance pour la science; autant l'hypothèse de Wolf sur les poëmes homériques a été fortifiée par l'éclatante application que Lachmann en fit à l'épopée germanique, autant elle est ébranlée par sa défaite sur ce même terrain. En France aussi on a voulu y conformer nos chansons de geste, et elles ont résisté. Il est à croire qu'un jour ou l'autre on s'étonnera d'avoir vu avec tant de confiance, dans l'Iliade une collection de chansons populaires. L'épopée n'est pas un produit tout à fait primitif; elle s'appuie, il est vrai, sur des chants héroïques antérieurs, mais elle les transforme en se les appropriant; elle est un tout organique, qui s'est assimilé ses éléments, et non un assemblage fortuit de pièces de rapport» (Gaston Paris, «*Deutsche Classiker des Mittelalters*, mit Wort-und Sacherklärungen. Herausgegeben von Franz Pfeiffer. – Dritter Band. *Das Nibelungenlied*, herausgegeben von Karl Bartsch, Leipzig, Brockhaus, 1866», *Revue critique*, 1866, 2e semestre, p. 187).

En 1901, vingt-sept ans après les remarques critiques de Rajna, Gaston Paris, dans un compte rendu d'une étude d'Eduard Wechssler intitulée «Bemerkungen zu einer Geschichte der französischen Heldensage», se voit toujours obligé de se défendre du soupçon wolfien et lachmanien (ainsi que d'un autre, qui concerne la vieille thèse sur la prétendue antériorité de la poésie lyrique par rapport à la poésie épique):

> «Je remarquerai [...] que mon opinion sur l'existence de chants contemporains des événements comme sources premières des chansons de geste n'a nullement 'sa racine dans une certaine théorie esthétique' qui regarderait la poésie lyrique comme antérieure à la poésie épique[125] (question

---

[124] Gaston Paris, «*Deutsche Classiker des Mittelalters*, mit Wort-und Sacherklärungen. Herausgegeben von Franz Pfeiffer. – Dritter Band. *Das Nibelungenlied*, herausgegeben von Karl Bartsch, Leipzig, Brockhaus, 1866», *Revue critique*, 1866, 2e semestre, p. 186.

[125] C'est l'avis, notamment, de L. Gautier. Selon ce dernier, les premières paroles qui sortirent de la bouche du premier homme furent un hymne au Créateur, ce qui donna naissance à la poésie lyrique; après la poésie lyrique vint la poésie épique et, finalement, le drame

qui ne peut avoir d'intérêt quand il s'agit du moyen âge), mais s'appuie sur des raisons d'un tout autre ordre, que j'ai indiquées plus d'une fois. Cette opinion n'est d'ailleurs nullement identique à la théorie Wolf-Lachmann, d'après laquelle on peut encore trouver dans les poèmes épiques parvenus jusqu'à nous les chants primitifs à l'aide desquels ils ont été composés» (1192, 1901, p. 603).

L'épopée n'est donc aucunement, aux yeux de Gaston Paris, le produit d'une simple juxtaposition de plusieurs chants lyrico-épiques qui y seraient encore reconnaissables (c'est le modèle que défend par contre L. Gautier dans la première édition de ses *Epopées*[126]), mais le résultat d'une transformation organique qui s'accomplit, du moins en partie, sous l'impulsion d'une instance individuelle.

Les chants lyrico-épiques se seraient certes vus exposés à des transformations dès leur naissance: ils auraient d'abord perdu leur caractère lyrique, seraient très vite devenus plus longs et sembleraient même s'être assez rapidement groupés en conglomérats plus étendus[127] (les indications de Gaston Paris à ce sujet ne sont guère plus détaillées, et, d'ailleurs pouvaient-elles l'être ?[128]). Mais il paraît néanmoins qu'ait été décisif, ici encore, le passage du Xe au XIe siècle: en effet, il ne marque pas seulement la fin de la production spontanée de chants lyrico-épiques; c'est bien à ce moment précis

---

(Gautier 1966, t. I, pp. 3-6). Voir la critique de Bartsch 1866a, p. 407, qui, lui, propose la série épopée, poésie lyrique, drame.

126 Malgré quelques résistances générales qu'il oppose lui-même à ce procédé, L. Gautier pense en effet, dans la première édition de ses *Epopées*, pouvoir reconstituer des cantilènes isolées à partir de la *Chanson de Roland*, ainsi par exemple une «cantilène d'Aude» (voir à ce sujet la critique de Bartsch 1866a, pp. 408-409). Dans la deuxième édition, Gautier, sous l'influence des critiques qui lui ont été adressées, modifiera sensiblement cette opinion (voir Voretzsch 1925, pp. 94-95). Et, dans la préface à l'une de ses nombreuses réimpressions corrigées de son édition de la *Chanson de Roland*, Gautier écrit: «Nous avions autrefois pensé que les auteurs de nos plus anciens poèmes n'avaient guère eu qu'à souder ensemble ces cantilènes populaires pour en faire une seule et même geste...Cette opinion était excessive. Nous sommes aujourd'hui convaincu que nos premiers épiques n'ont pas soudé réellement, matériellement, des cantilènes préexistantes. Ils se sont seulement inspirés de ces chants populaires; ils en ont seulement emprunté les éléments traditionnels et légendaires; ils n'en ont pris que les idées, l'esprit et la vue. Et ils ont trouvé le reste» (cité dans Wilmotte 1947, pp. 27-28).

127 Voir par exemple, à propos de ces différentes transformations, ce passage sur les chants nés à Roncevaux: «Il est probable que les chants dont il s'agit durent naître dans l'armée même de Charlemagne aussitôt après le désastre et être portés par elle dans tout le royaume des Francs [...]. Ils furent particulièrement bien accueillis, et probablement dès ces premiers temps amplifiés, dans la marche de Bretagne, dont Hruodland était comte et où son nom resta en grand honneur, et c'est sans doute dans cette région que se forma, par des additions successives, le noyau du poème qui nous est parvenu» (382*, 1882, pp. 482-483).

128 La critique de Bédier à ce sujet est tout à fait justifiée (voir Bédier 1912, t. III, p. 448).

qu'apparaissent également, selon le philologue, les chansons de geste «parfaites» et, avec elles, élément tout à fait capital, la notion d'auteur individuel.

Dans l'*Histoire poétique*, c'est d'abord au moyen d'une métaphore végétale que le philologue décrit le procédé transformationnel qui aboutit aux épopées:

> «Alors, comme la plante s'empare pour germer de tous les éléments analogues que contient la terre où elle est semée, l'épopée saisit tous ces éléments épars, les transforme suivant sa propre loi, se les assimile et s'épanouit bientôt dans la richesse et la puissance de sa végétation splendide» (356*, 1865, éd. de 1905, p. 3).

Dans le passage qui suit immédiatement, il reprend la description sur un mode non métaphorique:

> «L'épopée n'est autre chose en effet que la poésie nationale développée, agrandie et centralisée. Elle prend à celle-ci son inspiration, ses héros, ses récits même, mais elle les groupe et les coordonne dans un vaste ensemble où tous se rangent autour d'un point principal. Elle travaille sur des chants isolés et elle en fait une œuvre une et harmonieuse. Elle efface les disparates, fond les répétitions du même motif dans un thème unique, rattache entre eux les épisodes, relie les événements dans un plan commun, aux dépens de la géographie et de la chronologie, et construit enfin, avec les matériaux de l'âge précédent, un véritable édifice» (*ibid.*, pp. 3-4).

Il s'agit donc de la construction d'une œuvre cohérente autour d'une idée centrale, à partir de chants – ou de poèmes[129] – isolés portant sur un même sujet ou sur des sujets apparentés. Le fait que cette construction soit attribuée, dans le passage cité, à l'épopée elle-même est le signe d'une certaine indécision du philologue quant au rôle qu'il convient d'attribuer dans ce processus à l'individualité d'un poète. Ainsi, si Gaston Paris note encore, en conclusion au passage qu'on vient de lire, que «ce travail [de construction], elle [l'épopée] ne le fait pas avec préméditation: il s'opère, pour ainsi dire, de lui-même»[130], il n'hésite plus, à peine une page plus loin, à attribuer le même travail, comme cela paraît naturel, à un poète individuel doué de conscience artistique:

> «Dans l'épopée on conçoit facilement que l'individualité du poëte joue déjà un rôle plus considérable que dans la poésie précédente; le choix des récits, leur arrangement, leur forme, ne peuvent se soustraire à une initiative personnelle. Mais un fond national devant lequel le poëte indivi-

[129] Dans le détail, les indications de Gaston Paris sur la façon exacte dont la création de l'épopée se fait, et même sur les éléments – chants, poèmes longs –, sont, encore une fois, fort peu détaillées.

[130] 356*, 1865, éd. de 1905, p. 4.

> duel s'efface est absolument indispensable. L'épopée comprend donc un élément objectif et normal et un élément subjectif et arbitraire. Suivant que l'un ou l'autre des deux termes prédominera, l'épopée devra avoir un caractère différent» (*ibid.*, p. 5).

Une fois entré dans la phase de production des chansons de geste, on quitte donc le domaine de la seule «poésie populaire» pour entrer, du moins partiellement, dans celui de la «poésie artistique» (dans le passage sur l'auteur du *Nibelungenlied* cité plus haut, le philologue, décrivant la construction de l'œuvre comme une totalité organique, écrit, on s'en souvient: «[l']épopée n'est pas un produit tout à fait primitif»). Gaston Paris a d'ailleurs pu, ici encore, s'inspirer de Lemcke qui, dans son étude citée sur les ballades écossaises, décrit en des termes très semblables à ceux qu'utilise le philologue français le processus de transformation en question:

> «Gleich dem Volke selbst wird auch dessen Dichtung aus ihrem rhapsodischen, ephemeren, so zu sagen atomistischen Zustande hinaus nach fester einheitlicher Form streben; die rhapsodischen Gesänge werden einen Mittelpunkt suchen, gleich den atomistischen Gliedern der bisherigen Gesellschaft. Das Resultat dieses Strebens ist, wie für die Nation selbst die erste staatliche Ordnung, so für seine Dichtung die erste Kunstform» (Lemcke 1862, p. 150).

Bartsch ne s'exprime pas autrement dans le compte rendu qu'il consacre à la thèse de Gaston Paris:

> «[...] le génie épique ne fait pas non plus défaut pour donner à l'ancienne matière de nouvelles formes, la pénétrer d'une idée centrale et grouper ses éléments dans une unité grandiose; et le poëte qui accomplit ce travail est tout autre chose que le simple compilateur des cantilènes existantes» (Bartsch 1866a, p. 409).

On cerne ici une autre figure de pensée récurrente qui structure le raisonnement de Gaston Paris – tout comme celui de Lemcke et de Bartsch –, à savoir celle qui oppose la *somme des parties* au *tout*. Cette figure est à l'œuvre dans l'explication du caractère de la nation française à partir des différents éléments nationaux en jeu, tout comme elle l'est dans l'analyse du caractère national de l'épopée française. Elle est également opératoire, de toute évidence, en ce qui concerne l'interprétation de la transformation de chants ou de poèmes isolés en des œuvres épiques proprement dites: le tout, ici encore, est plus que la somme de ses parties[131]. Cette idée ressort particulièrement bien de l'énoncé suivant, qui se trouve dans l'*Histoire poétique*:

---

131 Les parties, au fond, ne désignent pas seulement les chants et les poèmes isolés, mais également les compléments de divers genres qui viennent s'y ajouter.

> «L'épopée est donc une narration poétique, fondée sur une poésie nationale antérieure, mais qui est avec elle dans le rapport d'un tout organique à ses éléments constitutifs» (356*, 1865, éd. de 1905, p. 4)[132].

Le glissement d'une poésie purement «populaire» vers une poésie au moins en partie «artistique», naissant sous la direction d'un acteur individuel doué de conscience esthétique, semble donc également s'articuler autour du seuil critique que nous sommes en train de cerner. Ce seuil ne concerne que les chansons de geste traditionnelles, toutes les autres étant censées être nées, au plus tôt, précisément au XIe siècle. La notion d'auteur individuel est, par là même, plus importante encore dans le cas des chansons de geste non traditionnelles que dans celui des chansons de geste traditionnelles. Rappelons le passage déjà cité sur le *Pèlerinage de Charlemagne*, passage où on lit, entre autres :

> «Les poètes de cette nouvelle école ne s'appuient que très-légèrement sur la tradition; ils cherchent le succès dans leur invention personnelle et mêlent sans scrupule le comique au sérieux; au lieu de chanter, comme leurs prédécesseurs, ce qu'ils croient vrai, ils *trouvent* ce qu'ils jugent amusant; placés en dehors de leur sujet, ils le façonnent avec toute la liberté de l'artiste, tandis que les pères de l'épopée étaient dominés par la 'matière' traditionnelle et ne s'attachaient qu'à exprimer aussi fidèlement qu'ils en étaient capables l'inspiration qu'elle leur fournissait (401*, 1877, p. 164).

Dans les deux cas, la question de l'individualité du poète semble être, en fin de compte, une question d'équilibre entre le caractère impersonnel, national et le caractère individuel, «arbitraire» des œuvres, ainsi que Gaston Paris l'écrivait déjà dans l'*Histoire poétique* (voir passage cité plus haut). C'est certainement dans ce sens aussi qu'il faut comprendre le passage suivant du *Manuel*:

> «Aussi l'auteur de l'épopée a-t-il une personnalité fort peu marquée; il ne commence à être distinct que dans une période déjà voisine de la décadence» (335*, 1888, éd. de 1909, p. 36).

*

* *

Quelques remarques, ici, sur les différents acteurs historiques en jeu. D'abord, qui sont ces «auteurs», ces «poètes», ces «trouveurs» responsables

---

[132] Voir également 356*, 1865, éd. de 1905, p. 69.

des chansons de geste? Très souvent, ils semblent s'identifier, dans le discours de Gaston Paris, aux jongleurs[133]. Dans le *Manuel*, on lit:

> «Les jongleurs ont joué un rôle capital dans la formation et le développement de l'épopée française [...] Les jongleurs colportèrent les chants épiques de lieu en lieu, se les communiquèrent les uns aux autres, les rattachèrent par des liens de leur invention, les fondirent et les unifièrent. Ainsi se constitua une immense matière épique, qui, vers le milieu du XIe siècle, commença à se distribuer en longs poèmes et plus tard se répartit en cycles» (*ibid.*, pp. 39-40)[134].

Parfois, Gaston Paris semble faire une distinction entre le jongleur, qui subirait sa matière plus qu'il ne la formerait et le «trouveur», qui, au contraire, la dominerait plus qu'il ne la subirait. C'est le cas, on s'en souvient, dans le passage cité sur le *Pèlerinage de Charlemagne*. Quant à l'«arrangeur cyclique», troisième acteur en jeu, il n'entrerait en fonction qu'au XIIIe siècle et n'aurait guère de compétence créative[135].

Un dernier mot sur les pèlerins, c'est-à-dire sur le rôle que leur attribue Gaston Paris dans la création et la diffusion des chansons de geste. Maurice Wilmotte a mis à juste titre l'accent sur fait que bien avant Bédier, on avait déjà accordé une place importante aux pèlerins dans la vie du genre épique:

> «[...] bien avant la publication du premier volume des *Légendes Epiques*, l'attention avait été attirée par des spécialistes sur les relations qui ont dû exister entre les jongleurs et les pèlerins, amusés de leurs récits, mais surtout attentifs à leurs culbutes et à leurs tours d'adresse. Dès 1887, M. Rajna signalait la grande vraisemblance qui s'attache à une étymologie expliquant *Monjoie*, ce nom familier à notre épopée, par l'allégresse des pèlerins qui, se dirigeant vers les sanctuaires d'Italie, atteignent enfin ce point élevé (Mons Gaudii) [...] Il marquait d'un trait

133 Au sujet des jongleurs en général, Gaston Paris écrit dans son *Manuel*: «Nous ne les trouvons pas expressément mentionnés avant le IXe siècle, et ce n'est qu'à cette époque qu'ils ont pu exister tels que nous les connaissons par les descriptions postérieures [...]» (335*, 1888, éd. de 1909, pp. 39).

134 Voir également l'article consacré à «Roncevaux» en 1901: «C'est que la France était alors [dans la deuxième moitié du VIIIe siècle] en pleine activité épique: les événements ou les personnages qui frappaient l'imagination des hommes appartenant à la classe guerrière étaient aussitôt l'objet de chants qui, originaires d'un point quelconque, se répandaient promptement, grâce aux 'jongleurs', – ces aèdes du moyen âge, – dans le pays tout entier, s'adaptaient aux dialectes divers, et s'accroissaient dans leur marche comme les ondes formées par un choc vont s'élargissant autour de leur centre» (389*, 1901, dans 348*, 1903, éd. de 1970, pp. 6-7).

135 Dans une analyse des poèmes du *cycle de Guillaume d'Orange*, Gaston Paris répartit ces trois acteurs sur l'axe chronologique: les jongleurs aux XIe, les trouveurs au XIIe et les arrangeurs cycliques au XIIIe siècle. Sauf pour ce qui est de la place du dernier acteur, cette répartition ternaire n'a pourtant rien de systématique dans l'œuvre du philologue.

rapide, mais juste, la relation d'ailleurs incontestable qu'il y a entre le passage en Italie de nos traditions chevaleresques et les routes fréquentées par les pèlerins, attirés par les sanctuaires de la Ville Eternelle. Toutefois, il se refusait à renverser les rapports, comme M. Bédier l'a tenté, et sur le point de paternité à remonter des jongleurs aux moines» (Wilmotte 1947, p. 59).

Et Ridoux écrit:

«C'est bien dans le milieu des conférences de Gaston Paris à l'Ecole des Hautes Etudes qu'est née, vers la fin des années 1880, l'attention portée au lien entre les pèlerinages et certaines chansons de geste, thématique qui deviendra centrale dans les études de Bédier sur les légendes épiques au début du siècle suivant» (Ridoux 2001, p. 630).

En effet, Gaston Paris, sans insister particulièrement il est vrai, accorde de la façon la plus naturelle – qui relève, comme il l'aurait probablement dit lui-même, du simple bon sens historique – une place relativement importante aux pèlerins, certes moins dans la création proprement dite des chansons de geste – bien qu'il admette que le *Moniage Guillaume* soit éventuellement l'œuvre d'un pèlerin[136] et que l'auteur du *Pèlerinage de Charlemagne* se soit certainement inspiré de récits de pèlerins[137] – que bien plus dans leur propagation. Ainsi, il s'oppose explicitement à l'opinion de Rudolf Zenker, qui avait «cru devoir s'élever contre le rôle qu'on attribue aux pèlerins dans la diffusion des légendes épiques»[138]:

«Je n'en vois pas bien l'opportunité: les pèlerins, qui étaient très souvent des 'professionnels', étaient des propagateurs naturels de toute sorte de récits, et dans plus d'une chanson de geste il est fait un appel formel à leur témoignage» (543, 1900, p. 123, n. 2)[139].

Dans l'article de 1901 sur «Roncevaux», on lit encore:

«Les pèlerins qui, dès la fin du IX<sup>e</sup> siècle, passaient les monts pour aller à Compostelle étaient imbus des récits des chansons de geste, et les répandirent autour d'eux. Les jongleurs français, qui venaient en nombre chercher fortune aux cours de Castille, y apportèrent ces chansons elles-mêmes [...]» (389*, 1901, dans 348*, 1903, éd. de 1970, p. 35).

Mais Gaston Paris va plus loin encore en admettant que les pèlerins aient pu influencer directement la légende de Roncevaux, et ceci de deux manières:

---

136 *Esquisse*, 1907, p. 75.

137 403*, 1880, pp. 16-29.

138 543, 1900, p. 123, n. 2.

139 Voir également *ibid.*, p. 123 en général.

d'une part en cherchant sur les lieux mêmes des traces concrètes de la bataille, de Charlemagne et de Roland, traces que l'on n'aurait pas hésité à leur indiquer, et d'autre part en racontant dans leurs pays ce qu'ils avaient vu sur la route. Leurs récits auraient ainsi pu être intégrés, du moins partiellement, dans les différentes versions de la légende :

> «Les pèlerins apportaient à Roncevaux leur connaissance du poème, – qui avait évolué loin de là – et ils prétendaient retrouver sur place ce qu'ils avaient dans la mémoire. La *Chanson* elle-même invoque leur témoignage, à propos du prétendu tombeau de Roland à Blaye ; elle peut aussi bien leur devoir des traits relatifs à Roncevaux…» (*ibid.*, p. 47).

A propos de plusieurs dénominations topographiques (Port de Cise, les ports d'Aspe, Saragosse, l'Ebre, la Rune etc.), le philologue note :

> «[…] ces noms peuvent bien avoir été ajoutés après coup et provenir des récits des pèlerins, d'autant plus que plusieurs d'entre eux ou ne se laissent pas identifier ou ne se trouvent pas dans la région où opéra réellement l'armée francque en 778» (*ibid.*, p. 57)[140].

C'est en rapport avec ces réflexions sur la collaboration des pèlerins à la formation de la *Chanson de Roland* que le philologue écrit le fameux

140 Notons que cette version de la «collaboration» entre les pèlerins et les différents auteurs de la *Chanson de Roland* est très exactement celle que Bédier met dans la bouche des traditionalistes qui, selon lui, ne se seraient guère expliqués à ce sujet ! Voir Bédier 1912, t. III., pp. 362-363 : «Or ces faits topographiques peuvent-ils se concilier après coup avec la théorie des origines anciennes de la légende de Roland, et s'y intégrer ? *Ses partisans ne s'en étant guère expliqués, nous poserons la question à leur place, nous mettant en l'état de pensée que leur doctrine suppose.* Voici, semble-t-il, comment elle peut supposer que les choses se sont passées. A l'origine, au temps de Charlemagne, des chants sur Roland, ou des récits, dont la géographie était fondée sur des relations véridiques de la bataille. Ces récits, ces chants, ces poèmes auront évolué librement en Bretagne, ou dans l'Anjou, ou dans l'Ile-de-France, en diverses provinces du Nord de la France, sans garder d'autres attaches avec Roncevaux et les routes des Pyrénées que les primitives données géographiques que les compagnons de Roland y avaient d'abord introduites. Mais du succès même de ces récits et poèmes et de leur popularité, il dut résulter que les voyageurs se seront mis à apporter à Roncevaux des souvenirs littéraires ; ils se seront mis à y chercher Roland, comme aujourd'hui les touristes cherchent à Tintagel Iseut la Blonde, Laure à la Fontaine de Vaucluse, et sur les bords de Lignon les bergers de l'*Astrée*. Réciproquement, les clercs de diverses églises, remarquant la curiosité de ces voyageurs, se seront ingéniés à la satisfaire, et par exemple les chanoines de Saint-Seurin auront fait emplette d'un cor d'ivoire, et l'auront ingénieusement fendu par le milieu pour le montrer comme une relique. De retour dans la France du Nord, les voyageurs y auront redit leurs souvenirs et impressions de voyage, qui finalement auront enrichi de quelques laisses nouvelles les antiques poèmes sur la bataille de Roncevaux. Et ce ne seraient là que des faits d'exploitation et de localisation fortuits, récents, négligeables» (c'est moi qui souligne).

paragraphe qu'on a souvent allégué pour prouver l'enracinement de son discours dans l'univers romantique:

> «L'auteur de la *Chanson de Roland* s'appelle Légion, et parmi ceux qui, du VIII^e^ au XI^e^ siècle, auraient le droit de se lever pour répondre à l'appel que nous adresserions à cet auteur, il serait bien téméraire d'affirmer qu'il n'y en a pas un qui ait passé par Roncevaux, à une époque où tant de gens y passaient. On peut même croire que l'auteur de la première chanson – noyée dans les accroissements successifs qu'elle a reçus – y était avec l'armée de Charles» (*ibid.*, pp. 47-48).

Or, replacé dans son contexte, replacé surtout dans le discours de Gaston Paris dans son ensemble, ce passage ne signifie rien d'autre que le fait que les auteurs successifs de la *Chanson de Roland* ont été influencés, tels les auteurs modernes, par les récits qui circulaient autour d'eux. Les différentes versions de la *Chanson* n'en sont pas moins attribuées à des instances individuelles, ainsi que nous allons le voir plus précisément encore.

## Périodisation et valorisations

A l'instar de l'ensemble des phénomènes historiques, les chansons de geste parcourent, dans la pensée de Gaston Paris, toutes les étapes de la «vie biologique», de la naissance jusqu'à l'épanouissement et, finalement, à la mort, sans que ces phases ne soient jamais renouvelables. Tout a son temps de vie et de mort. Si le jeune philologue déclare dans l'*Histoire poétique*:

> «L'épopée n'est pas une œuvre d'art; c'est un produit presque naturel, qui a sa loi de croissance, de développement et aussi de dépérissement» (356*, 1865, éd. de 1905, pp. 25-26),

nous savons maintenant dans quel sens il faut relativiser l'aspect purement «naturel» du genre et la négation absolue de son caractère artistique – il s'agit en fait, ici encore, de marquer l'opposition à la pure «Kunstpoesie», à la poésie «savante» et «factice» –, mais le raisonnement biologique en tant que tel qui s'exprime également dans ce passage est une constante dans les réflexions de Gaston Paris sur la vie des genres littéraires (sur ce point au moins, il était parfaitement d'accord avec Brunetière).

Le philologue distingue quatre phases épiques[141]:

1° La première est celle de la formation du genre, de la «fermentation épique», celle, donc, qui verrait la production spontanée de chants lyrico-

---

[141] Pour une visualisation de l'ensemble des éléments touchant à l'évolution des chansons de geste dans le discours de Gaston Paris, voir Annexe XVII.

épiques contemporains d'événements guerriers. Nous avons vu que pour le philologue cette période dure du V$^{e}$ jusqu'à la fin du X$^{e}$ siècle. Aucun monument de cette première période épique ne nous serait parvenu.

2° La deuxième période, datée dans le *Manuel* de 1050 à 1120, correspond à l'apogée des chansons de geste du point de vue de leur qualité. Si aucune des chansons de geste ne nous est parvenue dans sa forme originale, nous aurions du moins trois chansons conservées dans des versions proches des originaux: la *Chanson de Roland*, le *Pèlerinage de Charlemagne* et *Gormond et Isembart* (le *Roi Louis*)[142].

3° La troisième période, qui va de 1100 à 1180 – on voit que la périodisation de Gaston Paris contient de légers recoupements –, comporte avant tout des «renouvellements d'anciens chants dont nous ne connaissons pas directement la forme, de compléments ajoutés pour raccorder ces chants entre eux, et déjà, surtout vers la fin, d'inventions pures»[143]. Les chansons de geste, destinées à l'origine à fortifier la conscience nationale des classes guerrières, deviendraient peu à peu des créations dont le but principal serait la simple distraction de cercles sociaux de plus en plus vastes. Dans l'*Histoire poétique*, le philologue exprime cette «aliénation» épique comme suit: «Ainsi, un siècle ou deux encore, le corps de l'épopée se conserve; mais ce n'est plus son âme qui l'anime»[144].

4° La quatrième période, finalement, qui, dans le *Manuel*, va de 1150 à 1360, ne comprendrait plus que «des *rifacimenti* des poèmes de la période précédente, des inventions sans valeur ou des adaptations de sujets originairement étrangers à l'épopée nationale»[145]. C'est la période des grands cycles, et c'est également la période où les changements de forme, c'est-à-dire essentiellement le remplacement des assonances par les rimes et la prolifération de formules épiques devenues banales, deviendraient systématiques. Bilan de Gaston Paris:

> «L'épopée était morte [au XIV$^{e}$ siècle] et ne pouvait renaître; bientôt les productions qui en subsistaient encore allaient commencer à être mises en prose et sortir pour toujours de la scène des êtres vivants» (335*, 1888, éd. de 1909, p. 53).

Après quelques tentatives, entreprises au XIV$^{e}$ siècle même, pour créer une nouvelle épopée, tels les *Vœux de l'Epervier* ou le *Combat des Trente* – peine perdue d'avance, selon le philologue, puisque le temps naturel accordé au genre était passé –, les chansons de geste mises en proses et

---

142 Faut-il rappeler que Gaston Paris ne connaissait pas la *Chanson de Guillaume* découverte en 1903 seulement?

143 335*, 1888, éd. de 1909, p. 42.

144 356*, 1865, éd. de 1905, pp. 20-21.

145 335*, 1888, éd. de 1909, p. 42.

devenues de simples «romans de chevalerie» auraient trouvé un dernier asile, combien misérable, dans la «Bibliothèque bleue» et auraient persisté à vivoter dans la littérature populaire.

Le modèle d'évolution générale des chansons de geste propagé par Gaston Paris est largement partagé à l'époque. Ainsi, Meyer note-t-il, lui aussi, à propos de l'état du genre au XIVe siècle:

> «La vérité est qu'au quatorzième siècle, la chanson de geste française acheva de mourir, non par l'effet d'un choc extérieur, mais parce qu'elle avait passé par tous les degrés de la décadence» (Meyer 1867, p. 335).

Derrière ces jugements et la périodisation de la production épique telle que nous venons de la voir se cache en réalité une véritable *loi axio-chronologique*, qui devient un principe quasi autodynamique dans l'appréciation des œuvres. Cette loi contient un axiome de base d'origine romantique: «ce qui est vieux est bon», axiome qui amène, en bonne logique, à deux autres principes évaluatifs selon lesquels «ce qui n'est pas vieux ne peut pas être bon» et «ce qui est bon doit être vieux». Prenons deux exemples concrets illustrant le fonctionnement de cette loi.

A propos de la fin de *Raoul de Cambrai*, où on lit comment le vieux Guerri, ayant tué Bernier et sentant qu'il ne pourra se défendre longtemps contre la vengeance de ses petits-fils, monte sur son cheval, sort de la ville et disparaît dans la nuit – on raconta, nous dit le texte, qu'il se fit ermite –, Gaston Paris écrit:

> «Je veux dire un mot, en terminant, de la seconde partie du poème. Elle est, dans son ensemble, visiblement postérieure, et d'un ton tout romanesque qui contraste avec l'allure épique du premier chant; mais la fin a un caractère de si grande et haute poésie que je ne puis me résoudre à l'attribuer au jongleur du XIIe siècle qui a composé d'autres épisodes. Il faut que, pour ce dénouement, il ait eu une source plus ancienne, et je reconnaîtrais volontiers là la main du poète à qui nous devons, pour le fond, la fin de la partie rimée» («Publications de la Société des Anciens Textes Français [...], quatrième et dernier article», *JdS*, 1887 [suite de 366*, 1886], pp. 626-627).

Comme il est quasiment exclu qu'un jongleur du XIIe siècle atteigne cette «soudaineté de sentiment, cet envahissement subit et irrésistible de l'âme par la passion du moment qui caractérise si vivement les héros de l'épopée féodale»[146], il faut presque nécessairement que ce morceau de bravoure soit vieux. On notera que les seules preuves alléguées par Gaston Paris sont des

---

146 «Publications de la Société des Anciens Textes Français [...], quatrième et dernier article», *JdS*, 1887 [suite de 366*, 1886], p. 627.

preuves de goût, de sentiment et d'intuition, contrairement encore à ce que laisserait supposer le programme positiviste, selon lequel il faut d'abord des preuves factuelles et uniquement des preuves factuelles.

Le cas de *Galien* est tout aussi significatif:

> «L'idée de faire naître un fils des amours passagères d'Olivier et de la princesse de Constantinople, d'envoyer ce fils devenu homme à la recherche de son père, de ne le lui faire retrouver que mourant sur le champ de bataille de Roncevaux, de lui faire recueillir les derniers soupirs de ce père heureux, de le presser une fois dans ses bras, et de le faire expirer en le vengeant, n'est pas une idée vulgaire ni dénuée de valeur poétique. Nous supposons volontiers qu'elle appartient au poète du XIIIe et du XIIe siècle qui avait renouvelé la chanson du Pèlerinage. Le compilateur du XIVe siècle, en l'adoptant, l'a amplifiée, c'est-à-dire gâtée» (459*, 1881, p. 233).

Puisqu'on ne prête – ici encore – qu'aux riches, en l'occurrence aux «vieux auteurs» du XIIe et du XIIIe siècle, l'idée même d'accorder au compilateur du XIVe siècle le statut d'auteur ne vient jamais à l'esprit de Gaston Paris. Etant le dernier des «rédacteurs» et ayant vécu au XIVe siècle, époque de décadence aux yeux du philologue, ce compilateur ne saurait en effet avoir produit quelque chose de vraiment bon.

Ces deux exemples peuvent suffire à montrer le poids de la loi axio-chronologique dans l'argumentation de Gaston Paris. Mais il y a plus, car cette loi se trouve en fait être complétée par une deuxième, tout à fait parallèle, qui ajoute aux jugements de valeur bon/mauvais ceux de intéressant/non intéressant: «ce qui est vieux est (seul) intéressant», et qui comprend le principe corrélatif suivant: «ce qui n'est pas vieux n'est pas intéressant». Prenons, ici encore, deux exemples.

Au sujet du *Galien* toujours, Gaston Paris décrit ainsi les trois «parties» du poème:

> «La première partie de Galien n'est que le *rifacimento* de l'ancienne chanson du Pèlerinage de Charlemagne; une autre partie considérable nous raconte une fois de plus, avec quelques variantes, l'héroïque et funèbre histoire de Roncevaux; enfin les aventures propres du héros, qui seules appartiennent au compilateur du XIVe siècle, forment le reste du récit, et sont assurément ce qu'il contient de moins intéressant» (*ibid.*, p. 228).

Une telle opinion ne requiert, dans la logique du philologue, aucune justification supplémentaire mais va quasiment de soi.

Dans le cas d'*Aiol*, Gaston Paris croit pouvoir distinguer trois phases de transformation successives. On aurait d'abord eu un épisode isolé de la chanson d'*Elie*; ensuite, cet épisode aurait été augmenté de la conquête de Mirabel par Aioul et de l'histoire de leurs fils; finalement, ce poème, encore en vers décasyllabiques, aurait été amplifié à l'aide d'un long ajout en vers alexandrins, qui n'aurait pas conservé la fin de la forme antécédente mais aurait, par contre, introduit une masse d'aventures nouvelles. Bilan:

> «L'intérêt des trois éléments du poème, tel que nous l'avons, va décroissant avec leur ancienneté, comme il est naturel» (366*, 1886, p. 403).

On ne saurait être plus clair. Les conséquences de cette deuxième loi pour les œuvres auxquelles elle est appliquée sont encore plus lourdes que celles de la première, dans la mesure où les parties estimées peu anciennes, et donc peu intéressantes, ne sont même pas jugées dignes d'être étudiées. En fait, elles ne sont là que pour être éliminées. C'est ainsi que Gaston Paris enchaîne, dans le passage précité sur *Galien*:

> «Nous passerons légèrement dans notre examen sur les banalités que nous avons déjà rencontrées plus d'une fois sous une forme à peine différente, et nous nous attacherons aux parties du roman qui nous conservent des éléments anciens plus ou moins remaniés, et qui, par conséquent, intéressent davantage l'histoire de notre vieille poésie» (459*, 1881, p. 228).

Les effets immédiats résultant de l'application des deux lois en question sautent aux yeux: les œuvres, et surtout les œuvres composites plus récentes, ne sont pas étudiées en elles-mêmes mais fragmentées en des parties isolées. Ces parties sont ensuite classées selon leurs probables dates de composition, et seules les plus anciennes sont prises en considération, parce que l'horizon des recherches, dans le cas des études littéraires comme dans celui de l'édition des textes, c'est le (prétendu) *original*. Tous les éléments qui n'appartiennent pas à la version (prétendument) originale ou primitive sont non seulement inintéressants mais proprement gênants, puisqu'ils ne font que dérober à la vue ce qui est seul essentiel[147]. La figure de pensée qui se cache derrière ce raisonnement, figure de pensée commune aux recherches éditoriales et aux recherches littéraires, est celle de l'arbre généalogique, du *stemma*, celle donc de ramifications multiples à partir d'un point unique, point qui est, en même temps, l'unique but des recherches philologiques.

Il s'agit donc en fin de compte d'un regard doublement sélectif, sélectif par rapport aux différentes couches que l'on peut rencontrer à l'intérieur d'une seule œuvre, et sélectif par rapport aux différentes périodes de production des chansons de geste. Plus un texte est ancien, et plus il a de chance d'être étudié en lui-même.

Cependant, aucune règle n'est sans exception. Il y a aussi des textes appartenant à des périodes «tardives», c'est-à-dire à la troisième et à la qua-

---

[147] Voir encore, par exemple, cet énoncé, à propos d'*Elie de Saint-Gilles*: «Nous avons donc à reconnaître dans la dernière laisse tout entière l'œuvre d'un continuateur, sans doute du remanieur même qui a fait d'Elie de Saint-Gilles le père d'Aioul, et nous n'en tiendrons pas compte dans notre appréciation de la chanson» (366*, 1886, p. 474).

trième périodes épiques, que Gaston Paris apprécie en tant que totalités artistiques. C'est le cas, par exemple, de *Baudoin de Sebourc*[148] et d'*Elioxe*:

> «Ce poème est une œuvre remarquable, dont l'auteur a fait souvent preuve d'un talent original. Je n'y ai relevé plus haut que ce qui intéressait l'histoire du sujet; il mérite d'être étudié en lui-même: il nous montre fort bien comment un trouveur de la fin du XIIe siècle s'y prenait pour amplifier une matière un peu courte et surtout pour l'adapter au cadre de l'épopée chevaleresque où il voulait la faire entrer» (464, 1890, p. 332).

D'ailleurs, la loi axio-chronologique qui est à la base des jugements de Gaston Paris ne semble guère avoir perdu de son importance chez les philologues modernes. Il suffit pour s'en convaincre d'ouvrir la dernière édition du *DLF* à l'article «chanson de geste», où Daniel Poirion écrit:

> «L'histoire des chansons de geste est donc celle d'un perpétuel remaniement. On peut ainsi supposer qu'elle commence avant nos premiers textes. Cependant l'âge d'or de l'épopée française se situe entre 1150 et 1250. Après, il faut bien parler de décadence: la forme et la signification du genre se perdent dans les redites et le délayage. On reste pourtant frappé par la survivance, au moins jusqu'au XVIe siècle, des thèmes de l'épopée française, associés à l'idéal d'une chevalerie romanesque» (Poirion 1992, p. 242).

Et chez Jean Charles Payen, on lit:

> «C'est ainsi que naquit et prospéra l'art des chansons de geste. Sans doute évolua-t-il trop vite. L'épopée française perdit beaucoup quand elle ne fut plus psalmodiée et qu'elle se fit romanesque» (Payen 1997, p. 104).

Ces extraits prouvent à eux seuls que notre perception moderne de l'évolution générale du genre n'est pas sensiblement différente de celle des savants du XIXe siècle, que l'on accuse plus souvent, par contre, d'être encore ancrés dans le paradigme romantique![149]

## Questions esthétiques

Il est une rumeur tenace, selon laquelle Gaston Paris ne se serait guère intéressé aux aspects esthétiques des textes médiévaux[150]. Comme la plupart des

---

148 Voir «La littérature française au quatorzième siècle», leçon d'ouverture faite au Collège de France le 7 décembre 1875, dans 339*, 1895, éd. de 1913, p. 192; 462, 1878.

149 Voir, à ce sujet, Duggan 1985, pp. 401-402.

150 Voir encore tout récemment, à propos de la *Chanson de Roland* plus spécifiquement, Ridoux 2001, p. 620.

rumeurs, celle-ci est fausse mais comporte un grain de vérité. L'appréciation de la valeur littéraire d'un texte fait partie intégrante du programme philologique de Gaston Paris. Un travail «standard» sur un texte donné comporte en effet les parties obligatoires suivantes: résumé de l'intrigue, détermination de la date de composition, de la patrie (langue), des sources, analyse du caractère et du style (traits particuliers, relief, originalité). Dans l'interprétation qu'on a donnée des fameuses déclarations par lesquelles Gaston Paris, en 1881, avait pris ses distances vis-à-vis de son père – «[...] nous comprenons aujourd'hui un peu différemment l'étude du moyen âge. Nous nous attachons moins à l'apprécier et à le faire apprécier qu'à le connaître et à le comprendre»[151] –, on a en général passé sous silence l'adverbe comparatif, au profit d'une mise en opposition radicale entre une approche «esthétique» et une approche «scientifique» de la littérature du moyen âge. Mais en réalité tout, ou presque, est dans l'adverbe *moins*: la place accordée à des questions d'esthétique est certes plus réduite chez Gaston Paris que chez ses prédécesseurs, plus réduite surtout que chez les romantiques mais, en même temps, ces questions sont bien présentes dans ses réflexions.

Nous avons déjà vu pour quelles raisons le souci de la valeur esthétique des textes médiévaux était relégué à l'arrière-plan par le noyau dur des «nouveaux philologues»[152]. C'est que le conflit avec les représentants des Belles-Lettres était ressenti par eux comme ayant des conséquences néfastes sur la discipline de la philologie romane elle-même. Il valait mieux se retrancher derrière l'intérêt historique et national de la littérature médiévale que de proclamer à haute voix ses qualités esthétiques et déclencher ainsi des débats inutiles avec les «classicistes», débats d'autant plus oiseux que la position des philologues intraparadigmatiques, on l'a vu, n'était souvent pas très différente, sur ce point, de celle des membres du paradigme belles-lettriste.

Dans son article de 1861 consacré à *Huon de Bordeaux*, Gaston Paris s'était encore explicitement proposé d'analyser le «mérite littéraire» de cette œuvre[153]. Quatre ans plus tard, dans la préface à l'*Histoire poétique*, le jeune philologue met l'accent sur le fait que là n'est pas l'essentiel, et qu'il ne pourra s'agir de convaincre les réticents et les sceptiques d'apprécier les textes médiévaux. Le souci esthétique se voit donc désormais relégué au second plan mais, à ce plan du moins, il est constamment présent. Un autre facteur, plus profane, a d'ailleurs également contribué, en dehors de toute considération «idéologique», à diminuer le poids accordé à des questions d'esthétique: c'est que la place nécessitée par l'immense travail de défrichement du terrain philologique – descriptions exactes et étendues de manus-

---

151 1058*, 1882, dans 334*, 1885, éd. de 1906, p. 219.

152 Voir Partie II, «Jeux de pouvoir – espaces paradigmatiques», «Le plan de la littérature médiévale».

153 444*, 1861, dans 345*, 1900, p. 26.

crits, longs résumés de textes, analyses détaillées de sources et de filiations etc. – ne laissait tout simplement plus de place, dans bien des cas, à des considérations littéraires proprement dites.

Parlons des chansons de geste. Qu'est donc, pour Gaston Paris, une belle chanson de geste ? C'est une chanson derrière laquelle on entrevoit encore la version à la fois primitive et parfaite du XIe siècle, celle qui est censée satisfaire aux critères esthétiques – dans le sens le plus large de ce terme – caractéristiques du « Volksepos » en général, mais d'un « Volksepos » des premiers temps, des temps encore barbares, avec tout ce que ce terme implique à la fois de négatif (brutalité, violence, absence de mœurs civilisées) et de positif (santé physique et morale, authenticité). Parmi ces caractéristiques, on trouve notamment la simplicité, la rudesse, l'expression de passions élémentaires et d'émotions fortes, tant dysphoriques (haine, deuil) qu'euphoriques (dévouement, joie), des caractères-types tracés sans nuances psychologiques, des constructions paratactiques à tous les niveaux du récit, allant de la structure syntaxique à la structure narrative :

> « Le style de l'épopée ancienne est roide et sobre comme sa conception. La phrase, comme dans toutes les œuvres primitives, est très-simple ; la langue ne sait pas faire de périodes, elle range les idées successivement sans pouvoir exprimer leur rapport ; les phrases courtes, concises, hachées, se suivent vers par vers ; les modes subordonnés, comme le subjonctif et le conditionnel, sont rares ; les temps simples sont presque les seuls employés ; l'imparfait même se trouve à peine » (356*, 1865, éd. de 1905, p. 23).

Prenons encore cette description de *Raoul de Cambrai* :

> « Malgré ces conditions défavorables [de la transmission dégénérative de la version originale du poème], la puissance épique du sujet, l'inspiration héroïque et barbare de la première chanson ont dominé ceux qui l'ont successivement accommodée aux goûts de leur temps et de leur public, et, sous les repeints hésitants, grossiers et maladroits de l'image que nous avons sous les yeux, on peut encore entrevoir les traits simples, hardis, grandioses, l'emportement, la brusquerie, la passion ardente, la beauté farouche de la fresque primitive » (« Publications de la Société des Anciens Textes Français [...], quatrième et dernier article », *JdS*, 1887 [suite de 366*, 1886], pp. 617-618)[154].

Un certain nombre des caractéristiques mentionnées, avant tout celles qui concernent la psychologie des acteurs mis en scène, ne correspondraient pas uniquement au « Volksepos » des temps primitifs mais au genre épique en

---

154 Voir également, pour d'autres exemples, 403*, 1880, p. 48 ; 437*, 1896, p. VI ; 452*, 1899, pp. LIII-LIV.

général. Dans un article d'hommage à Mistral en «poète épique», Gaston Paris écrit ainsi:

> «L'épopée vit de grands partis pris; elle a besoin de figures simples et fortes, qui se meuvent avec aisance dans un sens toujours facile à suivre et même à prévoir; les raffinements et les complications ne sont pas de son affaire. Il ne faut donc demander aux caractères qu'elle nous présente d'être très particuliers ou d'être finement analysés dans leur développement: il doit suffire qu'ils soient vrais et bien marqués, que les actes des personnages nous apparaissent avec une réalité morale égale à leur réalité physique» (833*, 1894/1895, dans 787*, 1896, p. 146).

Les traits que nous avons énumérés peuvent être subsumés sous ceux, plus abstraits, de la *discontinuité*[155] – héritage pour partie des chants lyrico-épiques mais, plus encore, expression de la mentalité de la classe guerrière du XI^e^ siècle – et de l'*intensité maximale* (l'*excessif*). Ils se voient surdéterminés dans leur ensemble par un jugement de valeur de type éthique, étant présentés comme autant de marques de la sincérité et de l'honnêteté du sujet (collectif et/ou individuel) énonçant, qui est un sujet *véridique*. Les chansons de geste sont en effet, de par leur présupposé mode de naissance déjà, regardées par Gaston Paris comme des récits historiquement vrais, du moins au départ[156], qui, si nous les possédions sous leur forme première, combleraient plus d'une lacune de notre savoir historique sur les âges mérovingien et carolingien. On se rappelle le passage cité plus haut sur *Raoul de Cambrai*. Et d'ailleurs, nous dit le savant, la *Chanson de Roland*, n'a-t-elle pas contribué à démasquer le caractère de faux de la version que nous présentent les annales carolingiennes de l'expédition espagnole entreprise par Charlemagne en 778, et à authentifier la version des sources arabes?[157]

---

155 Le trait de la discontinuité, du moins au niveau discursif, semble être, dans le discours de Gaston Paris, une propriété de la seule poésie épique française. Voir, par exemple, cette description de la *Chanson de Roland*: «On peut dire que la *Chanson de Roland* se développe, non pas, comme les poèmes homériques, par un courant large et ininterrompu, non pas, comme le *Nibelungenlied*, par des battements d'ailes égaux et lents, mais par une suite d'explosions successives, toujours arrêtées court et toujours reprenant avec soudaineté» (388*, 1891, p. XVIII).

156 «Nés des événements, exprimant les sentiments de ceux qui y prenaient part, les chants épiques prétendaient être véridiques, et à l'origine, sauf la déformation inévitable imposée à la réalité par la passion, ils l'étaient» (335*, 1888, éd. de 1909, p. 40).

157 Voir 389*, 1901, dans 348*, 1903, éd. de 1970, p. 4, pp. 56-57 et 346*, 1901, p. 653, où Gaston Paris, en faisant référence au premier article ici cité, résume ainsi son opinion: «[...] comme je l'ai récemment indiqué [*Revue de Paris*, 15 septembre 1901] et comme j'essaierai de l'établir prochainement, [...] les sources arabes prouvent que c'est la chanson de geste qui a raison contre les historiens francs en faisant figurer les musulmans à Roncevaux». L'article annoncé par Gaston Paris n'a jamais paru. – Voir également, à propos de cette question, Kloocke 1972, pp. 336-341.

Un dernier aspect, finalement, vient surdéterminer à son tour l'ensemble des traits mentionnés, à savoir celui déjà évoqué de la *masculinité*, qui fait entre autres que, dans les «vraies» chansons de geste, l'amour entre homme et femme ne joue qu'un rôle très secondaire et uniquement en tant qu'amour conjugal.

Dans l'analyse suivante d'*Orson de Beauvais*, nous voyons réunis quelques-uns de ces traits:

> «Tout est encore conçu et exprimé à la façon simple et fruste de l'ancienne épopée; les mœurs sont peu raffinées et même brutales, mais honnêtes; l'amour filial est un des ressorts de l'action; l'amour conjugal est hautement honoré, tandis que l'amour adultère ne provoque que le blâme du poète; quant à l'amour visant au mariage, il n'a dans la vie du jeune héros qu'une part accessoire, et l'amour féminin est peint, dans le rôle d'Oriente, tout à fait sans nuances, aussi dénué de coquetterie» (452*, 1899, pp. LXXV-LXXVI).

Les chansons de geste réunissent ainsi chez Gaston Paris les valeurs nationale, historique, véridique et masculine et, dotées de ces qualités, seront opposées, ainsi que nous allons le voir, aux romans bretons, littérature d'origine étrangère, fictive, «mensongère» et essentiellement féminine. Sous l'aspect de la véridicité, Gaston Paris, on l'aura remarqué, ne fait en un sens que reprendre les jugements de valeur énoncés par Jean Bodel dans les vers initiaux de la *Chanson des Saisnes* sur la matière de France et la matière de Bretagne[158]. Mais, d'un autre côté, l'ensemble des traits mentionnés se trouvent aussi chez un savant comme Fauriel:

> «Popular poetry [selon l'auteur des *Chants populaires de la Grèce moderne* (1824-25)] is direct in its expression of the national character and faithful in its representation of the customs of the people. Its hallmarks are transparency and truthfulness» (Glencross 1995, p. 123)[159].

La caractérisation des chansons de geste par Gaston Paris marque ainsi la permanence de certaines catégories d'appréciation romantiques dans un discours par ailleurs «positiviste» qui, entre autres, remet radicalement en question le caractère populaire, dans le sens romantique du terme justement, de la poésie épique française.

Tout, pourtant, n'est pas positiviment valorisé dans l'épopée du moyen âge, serait-elle «parfaite». Le trait de l'intensité va, nous dit Gaston Paris, avec celui de l'étroitesse, qui caractérise avant tout la vision du monde représentée dans les chansons de geste:

---

[158] Voir 499*, 1888, p. 16, où Gaston Paris reprend explicitement à son compte les vers de Bodel.

[159] Voir également Glencross 1995, p. 129, à propos du trait de la masculinité.

> «Nos chansons ne peuvent se mesurer avec les poèmes homériques: elles ont été composées pour des hommes trop enfermés dans les murs de leurs châteaux et les mailles de leurs amures, trop peu doués d'imagination, trop peu ouverts d'esprit, trop peu poètes et trop peu artistes» (335*, 1888, éd. de 1909, p. 58).

A propos de la *Chanson de Roland*, le philologue écrit, dans l'*Histoire poétique*:

> «Les sentiments généraux de l'humanité apparaissent à peine; tout est spécial, marqué au coin d'une civilisation transitoire, et même d'une classe déterminée, celle des hommes d'armes. Leur existence bornée à trois ou quatre points de vue restreints, leurs passions simples et intenses, leur incapacité de sortir d'un horizon assez factice, la naïveté de leurs idées, la logique obstinée de leurs convictions, se peignent à merveille dans le poëme, où la profondeur des sentiments n'a d'égale que leur étroitesse. La vie manque partout; les lignes sont hautes, droites et sèches; les mouvements sont roides, l'inspiration uniforme» (356*, 1865, éd. de 1905, p. 18).

S'il fallait chercher une représentation spatiale pour les chansons de geste dans l'appréciation de Gaston Paris, ce serait celle d'un espace vertical à volume minimal. A la fin de l'introduction aux *Extraits* de la *Chanson de Roland*, le philologue écrit, à propos de cette dernière:

> «Elle se dresse à l'entrée de la voie sacrée où s'alignent depuis huit siècles les monuments de notre littérature comme une arche haute et massive, étroite si l'on veut, mais grandiose, et sous laquelle nous ne pouvons passer sans admiration, sans respect et sans fierté» (388*, 1891, p. XXX).

Notons pourtant dès maintenant que l'«étroitesse», dans le discours de Gaston Paris, ne concerne pas seulement le monde chevaleresque mis en scène dans les chansons de geste mais, comme nous allons le voir, le monde médiéval dans son ensemble.

D'autres traits négatifs, au niveau formel surtout, caractérisent aux yeux de Gaston Paris les chansons de geste dès les monuments les plus anciens: ce sont les longueurs et les répétitions, qui produiraient inévitablement un effet de monotonie:

> «Ces poèmes-là, tels que *Roncevaux*, *Oger le Danois*, *Gormond et Isembard*, sont vraiment des œuvres primitives, des *Volks-Epen*: de là cette absence d'art qui s'y fait sentir, de là ces brutalités, ces longueurs, ces répétitions qui nous choquent autant qu'elles plaisaient sans doute à nos pères; mais de là aussi cet intérêt puissant qui s'y attache, cette couleur vraie et forte et cette simplicité grandiose qui atteignent parfois le sublime» (444*, 1861 dans 345*, 1900, p. 29).

Si les caractéristiques jugées positives par le philologue se laissent subsumer sous les traits sémantiques de la *discontinuité* et de l'*intensité*, celles qui se voient dévalorisées se rangent sous les traits, complémentaires aux premiers, de la *continuité* et de l'*extensivité*. Les catégories *discontinuité/continuité* et *intensité/extensivité* semblent ainsi structurer à un haut degré les jugements esthétiques de Gaston Paris[160].

*

* *

Prenons maintenant de manière plus détaillée un cas concret, celui de la *Chanson de Roland*, «la plus intéressante, à tous les points de vue, de nos chansons de geste»[161]. Gaston Paris a fourni deux descriptions littéraires un peu plus fouillées de cette œuvre, la première en 1888, dans le *Manuel*, la deuxième en 1891, dans l'édition commentée des *Extraits* de la *Chanson de Roland* destinée aux lycéens. Les deux textes étant pratiquement identiques, nous nous bornerons à citer celui de 1891.

Pour commencer, il nous faut savoir à quel texte ou, mieux, à quelle version du poème le philologue pense quand il parle de la *Chanson de Roland*. La description la plus détaillée des différentes versions du *Roland* selon Gaston Paris se trouve dans son édition commentée du *Carmen de prodicione Guenonis*, publiée en 1882[162]. Le savant y distingue trois versions principales: un noyau ancien (RT)[163], que l'on pourrait reconstruire à partir de certains éléments du *Pseudo-Turpin*; une version un peu plus récente (RC), qui formerait la base commune de la *Chanson de Roland* et du *Carmen*, et, finalement, la version du *Roland* (R)[164]. C'est cette dernière, qui aurait reçu sa forme définitive et écrite sous Philippe Ier, mais avant la première croisade[165], et dont le manuscrit d'Oxford serait le meilleur représentant, qui constitue l'objet des commentaires littéraires de Gaston Paris.

---

160 Un autre exemple typique de l'appréciation des chansons de geste par Gaston Paris est son analyse de *Huon de Bordeaux* dans 451*, 1898, pp. IV-VII.

161 335*, 1888, éd. de 1909 p. 52.

162 382*, 1882. Une autre description, quasi identique à celle-ci, se trouve dans l'introduction de l'édition des *Extraits* de la *Chanson de Roland* (388*, 1891).

163 Voici les sigles qu'il utilise: R = *Roland*, C = *Carmen de prodicione Guenonis*, T = *Pseudo-Turpin*.

164 Pour une critique de ce «stemma» avec des indications bibliographiques, voir Bédier 1912, t. III, p. 395; voir également, pour des réactions contemporaines de Gaston Paris, Ridoux 2001, p. 623.

165 Quant à cette problématique, voir notamment 381*, 1882 et 1019, 1902. Je reproduis à titre d'illustration l'argumentation de Gaston Paris au sujet du nom de Butentrot, dont l'existence dans la *Chanson de Roland* est l'une des plus fortes objections qui aient été alléguées contre une datation d'avant la première croisade: «J'ai eu l'occasion de rappeler

Déjà au sujet des formes RT et RC, le philologue n'hésite pas à parler de «poètes» individuels qui en seraient responsables. Mais c'est à propos de R qu'il parle d'un «poète éminent»[166] qui, tout en ayant gardé le noyau de RC, aurait «profondément modifié» cette version:

> «Celle-ci [la forme R], qui appartient encore au onzième siècle, est le produit d'une nouvelle modification, où l'on ne peut méconnaître l'intervention individuelle d'un poète éminemment doué du génie épique» (388*, 1891, p. XII).

S'il est vrai que Gaston Paris utilise également, pour désigner ce poète, les expressions de «dernier rédacteur»[167] et même d'«arrangeur»[168], l'idée qui prévaut largement dans son argumentation n'en reste pas moins celle selon laquelle l'auteur de R a été un vrai poète, et Bédier, dans le procès qu'il intente aux chorizontes, a tort de passer ce fait sous silence[169].

Gaston Paris admet que tous les changements et additions n'appartiennent peut-être pas à un seul et même auteur, mais les étapes intermédiaires entre RC et R échappant complètement à la connaissance, il se décide néanmoins à en attribuer la plupart au poète responsable de R[170]. Voici donc quelques-unes des modifications les plus importantes que l'on doive, selon lui, à ce poète: Marsile est l'initiateur du traité de paix proposé à Charlemagne, innovation jugée «assez malheureuse» par Gaston Paris, puisqu'on ne verrait plus très bien le sens de l'ambassade de Ganelon à

---

ailleurs (*Rom[ania]*, IX, [1880], 19s.) que les pèlerinages pacifiques antérieurs aux croisades avaient eu une importance considérable et avaient entraîné pendant tout le XI^e siècle des milliers d'hommes vers l'Orient. C'est ainsi que le nom de la vallée de Botentrot put être connu en France, comme celui de Lalice (dans *Alexis*) et sans doute bien d'autres» (381*, 1882, p. 405). Un peu plus loin, Gaston Paris résume son opinion: «L'époque où la *Chanson de Rollant* a pris la forme que nous pouvons (et encore bien imparfaitement) restituer à l'aide de nos huit manuscrits français et des versions étrangères du moyen âge me paraît toujours devoir être placée antérieurement à la croisade. La version allemande de Conrad a été faite, d'après une version latine antérieurement composée par lui, avant 1139, probablement avant 1133; dans l'hypothèse de M. Suchier, le poème français aurait été traduit en allemand presque aussitôt que terminé. Il est plus probable qu'il fallut à l'œuvre nouvelle ou plutôt renouvelée un certain temps pour passer le Rhin. Ce n'est pas sous Henri I^er d'Angleterre, mais sous Philippe I^er de France, dans l'intervalle qui s'écoula entre l'expédition de Guillaume le Bâtard et celle de Godefroi de Bouillon, qu'un poète inconnu remania, dans l'esprit du plus pur patriotisme français, la vieille chanson de la marche de Bretagne consacrée au souvenir du comte Rolland» (*ibid.*, p. 409).

166 382*, 1882, p. 518.

167 *Ibid.* et 388*, 1891, p. XVIII.

168 *Ibid.*, p. XX.

169 Bédier 1912, t. III, p. 394.

170 Voir 388*, 1891, p. XVIII, n. 3.

Saragosse[171] ; Ganelon est présenté pour la première fois comme parâtre de Roland; encore en route pour Saragosse, Ganelon se laisse séduire par un Sarrazin, ce qui ferait percevoir le défi lancé à Marsile comme une autre contradiction; la belle fiction du «grand deuil» de toute la nature lors de la mort de Roland; à la fin, la translation à Aix du procès et de l'exécution de Ganelon et l'épisode de la mort d'Aude. Le rôle important attribué à Olivier, ainsi que la relation entre Aude et Roland, seraient eux aussi le résultat de l'intervention toute individuelle de l'auteur de R[172]. L'addition à la fois la plus importante et la plus poétique selon Gaston Paris est pourtant

> «[...] la scène où Olivier, qui, du haut d'un rocher, a vu l'immense armée des païens se mettre en mouvement dans les vallées, invite Roland à sonner son cor pour faire revenir Charlemagne, et où celui-ci refuse par orgueil, par honneur de famille, par *desmesure*, causant ainsi le désastre où il va périr avec tous ses compagnons. A cette scène le poète a donné plus tard comme pendant celle où Roland se décide à sonner du cor et où c'est Olivier qui l'en dissuade» (*ibid.*, pp. XIX-XX).

Bédier écrit au sujet de ces scènes que seul un «poète de génie» pouvait les trouver[173]. Mais Gaston Paris dit-il autre chose?

Quant à l'épisode de Baligant, Gaston Paris semble presque instinctivement vouloir l'écarter de R, tout en faisant preuve d'une certaine hésitation à ce sujet[174]. Quoi qu'il en soit, cet épisode, bien qu'il constitue un ajout relativement tardif, se voit très positivement valorisé par le philologue, ce qui, notons-le en passant, constitue une autre exception à la loi axio-chronologique qui régit en général ses appréciations. Dans un compte rendu de 1885, il s'oppose ainsi à l'opinion de Pakscher:

> «Au reste, soit dit en passant, M. P[akscher] déprécie beaucoup trop ce poème de Baligant: de ce qu'il n'a pas de base traditionnelle, il n'en résulte nullement qu'il soit l'œuvre d'un 'Stümper'; il y a peu de choses plus impressionnantes dans notre épopée que la résolution du vieux Baligant, quand son devin lui a annoncé sa défaite inévitable et qu'il a appris la mort de son fils, de mourir d'une façon digne de lui, et plus d'un détail atteste chez l'auteur de rares facultés poétiques» (385, 1885, p. 596).

Le philologue discute aussi la thèse de l'origine cléricale de la version R pour la réfuter aussitôt: si l'auteur avait été un clerc, il aurait consulté bien

171 On sait que Bédier a essayé, de façon tout à fait convaincante, de réfuter la plupart des (prétendues) contradictions que les philologues ont vues dans le poème (1912, t. III, pp. 391-453).

172 Pour tous ces éléments, voir 388*, 1891, pp. XVIII-XXI.

173 Bédier 1912, t. III, p. 431.

174 Voir 372, 1865, p. 387; 382*, 1882, pp. 495-496; 388*, 1891, pp. XXII-XXIII; *Esquisse*, 1907, pp. 69-70.

d'autres sources (latines) que la *geste Francor* et la prétendue charte de saint Gilles de Provence. De plus, l'esprit clérical se serait alors manifesté de façon plus nette :

> «L'esprit qui anime son livre est resté essentiellement belliqueux et féodal; s'il paraît par endroit très pénétré de l'idée religieuse, c'est que l'âme des hommes de ce temps en était profondément imbue; mais on n'y trouve rien de clérical, ce qui distingue nettement notre poète du rédacteur de la chronique de Turpin» (388*, 1891, p. XXVI).

Et Gaston Paris de conclure que l'auteur de R avait certainement connu des clercs, et qu'il avait peut-être, à l'instar de beaucoup de jongleurs, commencé des études, qu'il aurait toutefois vite abandonnées.

Aux yeux de notre philologue, la version R de la *Chanson de Roland* est donc due à un auteur qui, loin d'être un «renouveleur ordinaire», était doué d'un génie éminemment poétique. Malgré son génie, ce poète serait pourtant responsable d'un certain nombre d'incohérences (nous en avons vues quelques-unes) que Gaston Paris essaie d'expliquer par le fait que l'auteur, en recherchant des effets dramatiques immédiats, aurait parfois perdu de vue l'unité de l'œuvre :

> «On peut presque toujours comprendre ce qui a amené ces contradictions : c'est le désir de mieux présenter tel ou tel événement et surtout de rendre plus dramatique tel ou tel détail; le poète, d'ailleurs habile et puissant, perd de vue, pour l'effet momentané qu'il veut obtenir, l'ensemble de la composition» (*ibid.*, p. XXVII).

En même temps, le philologue met l'accent sur la construction «réfléchie» et «symétrique» de certaines parties du poème – «les trois batailles successives que livrent Roland et les siens se décomposent en petits combats qui se font rigoureusement pendant»[175] –, ainsi que sur la subordination de tous les détails à une idée générale, «celle de la lutte des chrétiens, sous l'hégémonie de la France, contre les Sarrasins»[176]. Pour finir, il résume les mérites littéraires du *Roland* à travers une comparaison avec le théâtre français classique qui préfigure la mise en rapport bédiériste du poème médiéval et de l'*Iphigénie* de Racine[177] :

> «L'art incontestable qui éclate dans cette œuvre est déjà essentiellement un art *français*, et la chanson de geste du onzième siècle rappelle en beaucoup de points, par sa conception et son exécution, nos tragédies les plus classiques» (*ibid.*).

---

175 388*, 1891, p. XXVII.

176 *Ibid.*

177 Tout au long de la partie consacrée, dans les *Légendes épiques*, à la *Chanson de Roland*, Bédier fait en effet référence à l'*Iphigénie* de Racine.

Gaston Paris ne va toutefois pas aussi loin que Bédier dans l'affirmation des qualités esthétiques du *Roland* – notons pourtant que même ce dernier, qui a si admirablement défendu la thèse de l'unité du poème, admet quelques incohérences qui ne seraient pas imputables à des scribes négligents[178] – et, malgré une comparaison avec l'art classique propre à provoquer la haine du colérique Brunetière mais également, il faut le souligner, très rare dans ses textes, il reste ici encore fidèle à sa position modérée, se gardant prudemment d'exagérer le mérite littéraire de l'œuvre dans son ensemble. Ce sont notamment certaines propriétés du style qui lui déplaisent:

> «Le style est simple, ferme, efficace; il ne manque par endroits ni de grandeur ni d'émotion; mais il est sans éclat, sans nuances, sans véritable poésie et sans aucune recherche d'effet; il n'est ni plat ni prolixe comme celui de beaucoup de poèmes postérieurs, mais on peut dire qu'il est terne, monotone, quelque peu triste. Il n'est nullement imagé: on ne trouve dans tout le poème qu'une seule comparaison, et elle n'a rien d'original ni de vu (*Si com li cers s'en vait devant les chiens, Devant Rodlant si s'en fuient paien*). Il y a déjà dans *Roland* beaucoup de formules toutes faites, héritage de l'épopée antérieure, qui facilitent au poète l'expression de ses idées, mais la rendent facilement banale, et qui l'empêchent trop souvent de voir directement et avec une émotion personnelle les choses qu'il veut peindre» (*ibid.*, pp. XXVIII-XXIX)[179].

Sans que Gaston Paris ne le dise explicitement, il semble évident que, dans cette description, c'est avant tout le manuscrit d'Oxford qui est à la base de l'appréciation et non pas la version, toute abstraite de ce point de vue, appelée R. Notons également que la remarque sur la banalité des formules épiques en tant qu'héritage de la poésie épique antérieure est faite pour nous rappeler qu'à la fin du XI^e siècle, aux yeux du philologue, les chansons de geste «parfaites» appartiennent déjà irrémédiablement au passé.

Quant aux laisses similaires, Gaston Paris hésite entre une interprétation stylistique – il s'agirait d'un moyen de renforcer l'effet dramatique produit sur l'auditeur – et une interprétation qui, surtout dans les cas où l'on constate des contradictions entre les différentes laisses, y voit une conséquence naturelle de la transmission lente des chansons de geste. C'est ainsi que l'on trouve, dans un même texte, les deux argumentations:

> «De la poésie plus ancienne vient aussi sans doute un procédé dont l'auteur fait usage parfois avec un grand bonheur, et qu'on retrouve dans les chansons de geste les plus anciennes après la nôtre: la répétition du même récit, du même tableau, du même dialogue sur des assonances différentes.

[178] Voir, au sujet de l'argument de la «cohérence» chez Bédier, Corbellari 1997, pp. 356-360.

[179] Voir également l'*Esquisse*, 1907, p. 71.

> C'est ainsi que trois fois Roland, mourant, essaye de briser son épée, etc.» (*ibid.*, p. XXIX).
>
> «Quelques-unes de ces répétitions, qui ne figurent pas dans tous les textes, paraissent avoir été ajoutées par un rhapsode ou provenir de rédactions concurrentes: ainsi Roland, dans deux laisses successives du manuscrit O, accueille tout différemment la proposition faite par Ganelon de lui confier le commandement de l'arrière-garde; Charlemagne, se représentant par avance la tristesse de sa vie en France après la mort de son neveu, place la scène du tableau qu'il se fait une fois à Aix et l'autre fois à Laon, et ces deux capitales de la royauté carolingenne appartiennent à des époques toutes différentes» (*ibid.*)[180].

L'appréciation des laisses similaires est tout à fait caractéristique de la façon dont Gaston Paris comprend l'art propre aux chansons de geste en général. Le philologue hésite en effet constamment entre «Volksepos» et «Kunstepos», entre le poids de la tradition et la liberté créatrice d'un individu. C'est ainsi qu'il nous présente l'auteur de R tantôt comme un «poète éminent», très soucieux des effets dramatiques et de la construction de certaines scènes, voire de l'œuvre tout entière, et tantôt comme un simple «rédacteur», voire «arrangeur», victime inconsciente ou presque des incohérences que lui lègue la lente transmission de la légende. Le cas du *Pèlerinage* nous fournit un autre exemple à ce sujet. De l'auteur de ce poème, Gaston Paris nous dit tantôt qu'«avec la naïveté populaire, il ne s'est pas rendu compte de l'opposition qui existait entre ces deux matières»[181] (à savoir celle des *gabs*, primitivement étrangère à Charlemagne, et celle de la tradition épique de Charlemagne), et tantôt, dans le même article, qu'«il est complètement au-dessus de son sujet et le façonne avec toute la liberté de l'artiste»[182]. Là où le philologue penche vers le «Kunstepos», ce sont en même temps – comme c'est d'ailleurs également le cas chez Bédier – les critères esthétiques du classicisme français qui deviennent la base de comparaison, tandis que ces mêmes critères ne jouent aucun rôle quand il s'agit de rendre justice à cette esthétique *autre* que constitue l'art «brut» des chansons de geste, art jugé intéressant et beau dans la mesure même où il est différent de l'esthétique classique. Nous allons voir que c'est l'une des grandes ambiguités qui caractérisent sa vision du moyen âge en général que cette attitude hésitante entre un sujet poétique qui est dominé par sa matière et un sujet poétique qui domine la sienne.

Pour revenir à la *Chanson de Roland*, le philologue conclut sur un passage qui réunit une dernière fois les deux aspects en question:

---

180 Voir également, pour la même juxtaposition, 387*, 1889, p. 73.

181 403*, 1880, p. 15.

182 *Ibid.*, p. 48.

> «Avec ses défauts de composition, qui tiennent à son lent *devenir*, et ses faiblesses d'exécution que nous n'avons pas dissimulées, la *Chanson de Roland* n'en reste pas moins un imposant monument du génie français, auquel les autres nations modernes ne peuvent rien comparer [...] Dans sa grandeur simple et un peu sèche, dans sa conception exclusive et presque abstraite de la vie, dans son émotion contenue mais souvent saisissante, dans son entente déjà remarquable de la mise en scène, elle nous apparaît à la fois comme le premier et comme le plus purement national des chefs-d'œuvre de l'art français» (*ibid.*, p. XXX).

Un mot encore sur la forme des chansons de geste. Pour Gaston Paris, les laisses irrégulières que comportent la plupart de nos chansons sont le résultat d'une dégénération de laisses au départ régulières. Le philologue, dont l'opinion est aujourd'hui communément acceptée, était d'accord sur ce point avec Gautier, tandis que Meyer et Rajna pensaient tout au contraire que les laisses irrégulières avaient été la première forme des poèmes épiques[183]. Quant à la mélodie, rien n'aurait profondément changé depuis la naissance du genre, il s'agirait toujours d'une sorte de longue mélopée, très simple, qui a pu varier, mais pas nécessairement, d'une chanson à l'autre[184].

## 4. BILAN

«Les chansons de geste sont nées au XI<sup>e</sup> siècle seulement»[185] – la conclusion des *Légendes épiques* aurait bien probablement été acceptée, à la préhistoire du genre près bien entendu, par Gaston Paris, puisque les chansons de geste sont effectivement autre chose aux yeux de notre philologue que la tradition épique antérieure, et que lui aussi date leur émergence du XI<sup>e</sup> siècle. La différence entre les conceptions des deux philologues se situe donc exactement au seuil critique que nous venons de décrire. Bédier voudrait réduire à un minimum la place accordée, dans les recherches philologiques, à la période de fermentation – «'Chassez enfin cette obsédante préoccupation des versions antérieures: elle est stérile'»[186] –, tout en admettant que cette période existe bien sous une forme ou sous une autre, du moins en ce qui concerne la *Chanson de Roland*:

> «Je ne nie pas qu'une plus ancienne *Chanson de Roland* ait pu exister, différente et plus fruste. [...] Assurément, entre le poème de Turold et les

---

183 Voir 364, 1884, pp. 619-620. – Gaston Paris relativise son opinion dans l'*Esquisse*: «On ne peut dire si à l'époque primitive les vers de chaque laisse étaient en nombre fixe ou, comme plus tard, variable» (*Esquisse*, 1907, p. 38).

184 Voir par exemple 335*, 1888, éd. de 1909, p. 41.

185 Bédier 1913, t. IV, p. 473 et p. 477.

186 Bédier 1912, t. III, p. 447.

> plus anciennes fictions sur Charlemagne et sur Roland, bien des choses se sont interposées : d'autres légendes, d'autres poèmes peut-être qui retraçaient certains épisodes des 'set anz tuz pleins' passés par Charles en Espagne, une *Prise de Nobles* peut-être, ou une *Chanson de Basant et Basile* ; d'autres romans, qui ont pu lui fournir les personnages d'Ogier le Danois, de Girard de Roussillon, des douze pairs ; d'autres légendes en tous cas, et d'autres poèmes, qui lui offraient le type du roi-prêtre Charlemagne, menant en croisade une armée de preux. Et plus notre analyse aura fait apparaître que le poème de Turold relève d'un art déjà complexe, plus elle aura rappelé qu'un genre littéraire ne débute pas par son chef-d'œuvre et que Turold eut des modèles, trouva une technique déjà constituée avant lui » (Bédier 1912, t. III, pp. 447-448).

Ce n'est pas seulement la place attribuée aux recherches sur la période de formation de l'épopée mais cette période elle-même que Bédier voudrait réduire au « strict minimum » :

> « Mais la question est de savoir [...] si, pour susciter ces modèles et constituer cette technique, trois siècles, cinq siècles furent nécessaires, ou si ce ne fut pas assez des cent années de ce XIe siècle, qui, dans les divers domaines de l'action et de la pensée, fut l'âge créateur entre tous » (*ibid.*, p. 448).

Gaston Paris, quant à lui, inscrit l'histoire du genre dans la longue durée, tout en admettant une transformation importante – mal expliquée, il faut en convenir – au passage du Xe au XIe siècle. Depuis les chants lyrico-épiques jusqu'aux chansons de geste accomplies, il n'y aurait pas de solution de continuité. La recherche des différentes formes intermédiaires et des différentes versions des chansons de geste, ainsi que l'établissement de la prétendue base historique de certaines d'entre elles, occupent une place très importante, voire prépondérante, dans ses travaux. On aurait pourtant tort de croire qu'il ne s'intéresse pas aux chansons de geste en tant que telles, en tant qu'œuvres littéraires et, surtout, en tant qu'œuvres individuelles. Ses analyses de la *Chanson de Roland* ou du *Pèlerinage de Charlemagne* suffisent pour nous convaincre du contraire. Gaston Paris, dont les interprétations littéraires ne peuvent certes concurrencer la finesse de celles de Bédier, accorde une place non seulement à la tradition, mais également à la création. Il aurait sans doute été bien surpris de voir qu'à peine une décennie après sa mort, on puisse ne pas considérer les deux aspects de la question comme allant de pair.

La différence entre la position de Gaston Paris et celle de Bédier est donc bien moins radicale qu'on ne le pense en général[187] et, surtout, qu'elle ne

---

[187] Voir également Ridoux 2001, pp. 684-685 et pp. 688-689.

l'est effectivement devenue après eux (la polémique entre Lot et Bédier fut certainement pour beaucoup dans le creusement d'un fossé de plus en plus profond entre les deux positions en jeu). Corbellari le dit bien:

> «Finalement, dans le domaine des théories sur les chansons de geste, Bédier, comme il le dit lui-même, n'est pas si éloigné qu'on pourrait le croire de l'opinion de Gaston Paris: on se souvient que ce dernier voyait entre le Xe et le XIe siècle une rupture[188] séparant la décadence des cantilènes de l'émergence des chansons de geste. Bédier radicalise la rupture: il balaie l'influence historique directe (laissant, peut-être, la porte ouverte aux hypothèses folklorisantes…) et attire notre attention sur la notion d'écriture […]» (Corbellari 1997, p. 376).

Pour ce qui est de Gaston Paris et de Bédier, la distinction entre une théorie «traditionaliste» et une théorie «individualiste» ne peut être acceptée qu'avec la plus grande prudence, et uniquement, au fond, dans le sens d'une orientation des recherches: le poids est mis, chez l'un, sur la période de formation et, chez l'autre, sur les analyses des textes qui nous sont parvenus, et, surtout, tels qu'ils nous sont parvenus.

Toutefois, cette fâcheuse scission des philologues en deux camps ennemis est largement imputable à Bédier lui-même qui, d'une part, veille à rester assez flou au sujet de la nature de la tradition épique – notamment, encore une fois, en ce qui concerne la *Chanson de Roland*[189] – et, d'autre part, n'hésite pas à réduire la position des «traditionalistes» à quelques idées clefs – théorie des cantilènes, le peuple anonyme comme force créatrice, absence des notions d'œuvre d'art et d'auteur individuel etc. – qui, telles qu'elles sont présentées par lui, ne tiennent aucunement compte de la position nuancée d'un Gaston Paris ni d'un Paul Meyer. La radicalisation des deux positions par Bédier a donc eu deux effets diamétralement opposés: d'une part, comme le suggère également Corbellari, elle a été nécessaire jusqu'à un

[188] Le mot rupture, notons-le en passant, n'est pas très heureux, car il s'agit toujours d'une forme d'évolution organique.

[189] Voir également les remarques suivantes de Kloocke: «Bédier zu widerlegen ist nicht leicht. Das hängt nicht nur mit der sehr umsichtigen, vorsichtigen Formulierung seiner Thesen zusammen, die überall eine genaue Kenntnis des Dokumentationsmaterials verraten, selbst wenn ein direkter Verweis fehlt. Ein zweiter Grund dürfte in der zögernden, merkwürdig unscharfen Form seiner These zur *Chanson de Roland* liegen, bei der, im Gegensatz zur Wilhelmsepik, die lokale, kirchliche, aber auch vom Volk getragene Legende, möglicherweise eine weit in die Jahrhunderte zurückreichende Ueberlieferung eine grosse Rolle spielt. Die Akzente verschieben sich allmählich, und statt des Stoffes rückt die epische Form in den Mittelpunkt des Interesses. So verfolgt denn auch der 3. Band der *Légendes Epiques* in erster Linie das Ziel, die Trennung von epischer Form und dem verarbeiteten Erzählstoff zu begründen, wobei die Genese des Stoffes als ein sehr viel diffuseres und auch zweitrangiges Problem erscheint» (Kloocke, 1972, p. 451).

certain point pour que la nouvelle orientation des recherches soit perçue comme telle[190], tous les changements de direction requérant en effet une phase de violence et d'exagération; d'autre part, elle est également responsable d'un certain «recul» dans l'histoire de la discipline puisqu'elle a créé des polémiques gratuites et des discordes inutiles jusqu'à ce que, dans les années 1960, on soit enfin revenu à l'idée que les deux directions, «traditionaliste» et «individualiste», sont complémentaires.

Un seul exemple peut suffire à illustrer à quel point une position «intermédiaire» comme celle de Gaston Paris a pu être oubliée dans les décennies qui ont suivi la disparition du philologue. Dans son article fondamental intitulé «Les chansons de geste: le problème des origines», qui, plus qu'un simple compte rendu du livre de Siciliano sur *Les Chansons de geste et l'épopée* (1968), est une véritable mise au point sur la question, Pierre Le Gentil, en déplorant l'attitude inflexible tant des «individualistes» que des «néo-traditionalistes», écrit à propos de ces derniers:

> «Disons à sa décharge [de celle de Siciliano] que le néo-traditionalisme est parfois lui aussi très polémique et irritant [...] quand, non sans peine, on lui a fait accepter le terme *remanieur de génie* et envisager des *phénomènes de mutation*, il n'a plus qu'un souci, déprécier ou limiter le rôle du premier et contester la soudaineté des seconds, dans la crainte de sortir, si peu que ce soit, des genèses continues dont il fait article de foi» (Le Gentil 1970, p. 1003).

Or, n'avons-nous pas vu Gaston Paris parler tout naturellement d'un «remanieur de génie», voire d'un «poète éminent», à propos de la rédaction R de la *Chanson de Roland*? On croirait d'ailleurs en effet, à plus d'un endroit, lire Gaston Paris quand Le Gentil explique ce qu'il entend par «mutation», concept propre, selon lui, à mettre un terme au «dialogue de sourds»[191]:

> «Comme on peut se méprendre sur ces mutations dont les mécanismes, évidemment, risquent de défier l'analyse, essayons au moins d'en donner une idée assez souple, qui tienne compte de réalités vraisemblablement très complexes. Une mutation, ce peut être d'abord le résultat de la géniale intervention du Poète des individualistes, un chef-d'œuvre qui, en un sens, est à lui-même son commencement et sa fin. Ce peut être aussi autre chose, qui déplairait moins aux traditionalistes – sans pour autant se heurter, je crois, au veto de leurs adversaires. Car enfin, sous prétexte de rendre pleinement justice à Turold, il ne faut pas commettre l'erreur de surfaire ses qualités ou ses initiatives. Il se peut certes que, regroupant un ensemble de chants ou de récits encore informes et dispersés, il ait dû, pour composer son Roland, largement inventer, ou tout au moins com-

190 Voir Corbellari 1997, p. 345.

191 Le Gentil 1970, p. 1003.

> plètement repenser, transformer, renouveler ses sources. Il peut avoir aussi, de façon plus discrète, mais avec tout autant d'efficacité poétique, imprimé sa marque personnelle sur un poème déjà existant, sur l'œuvre déjà organisée d'un prédécesseur, sur le legs en partie élaboré d'une longue tradition. En dépit de toutes les dettes contractées et des suggestions reçues, il n'en mériterait pas moins d'apparaître comme l'auteur prestigieux du *Roland* d'Oxford. En raisonnant ainsi on ne devrait choquer personne, les traditionalistes n'ayant en définitive pas plus intérêt à réduire à rien le rôle de Turold que les individualistes à déprécier par trop l'apport traditionnel dont ils doivent bien admettre l'existence» (*ibid.*, p. 1004).

Il a donc fallu soixante-dix bonnes années pour retrouver des vérités que Gaston Paris avait toujours prêchées...[192]

Ce qui manque peut-être le plus, dans les différentes analyses des chansons de geste par Gaston Paris, c'est l'étude des «raisons vivantes» des poèmes qui nous sont parvenus. Certes, le philologue pressent bien que nombre de chansons de geste – celles, avant tout, qui ont pour sujet des conflits féodaux – sont susceptibles d'une interprétation «idéologique» ou «sociologique» qui tiendrait compte des réalités des XI^e^ et XII^e^ siècles. Au sujet de la *Chanson de Roland*, il note par exemple qu'elle «exprim[e] essentiellement, – avec des traits qui remontent à une époque plus ancienne encore, – les idées et les sentiments du XI^e^ siècle où, sous la direction de ses rois, la France avait déjà pris d'elle-même une si pleine conscience et inspirait tant d'amour à ses fils»[193], au point que l'on pourrait presque dire que «*la croisade n'aurait pas eu lieu sans la Chanson de Roland*»[194]. Ses commentaires sur le *Couronnement de Louis* comportent également des réflexions tout à fait pertinentes sur l'ancrage idéologique de cette œuvre: «l'esprit primitif de cette poésie est celui des barons qui, en défendant contre

---

[192] D'autres, bien avant Le Gentil, avait déjà prôné la réconciliation des deux approches, E. Gorra, par exemple, qui conclut son article consacré à l'examen des travaux de Becker et de Bédier comme suit: «[...] non approvo le esagerazioni a cui si lasciarono trasportare coloro che gran parte del loro tempo spesero nei tentativi di ricostruire poemi che forse non sono mai esistiti; e quindi non so dar torto al Lanson quando, come già vedemmo, afferma: 'Nous avons été élevés dans l'admiration d'une épopée française qui n'existait pas, et dans le dédain de celle qui existe'. Ma non vorrei che si arrivasse a un eccesso opposto, imitando coloro di cui si lagna Victor Hugo nella prefazione al *Cromwell*: 'On ne visite guère les caves d'un édifice dont on a parcouru les salles, et quand on mange le fruit d'un arbre, on se soucie peu de la racine'. Da un lato dunque i 'gaudenti', dall'altro coloro che, tutti intenti a scavare e a frugare nelle tenebre, troppo disdegnano o trascurano quanto si allieta della luce del sole» (Gorra 1914, p. 1040).

[193] 1019, 1902, p. 417.

[194] *Ibid.*, p. 410; Gaston Paris reprend ici, en la transformant, une déclaration d'A. Marignan, qui avait affirmé: «Sans la première croisade, la *Chanson de Roland* n'existerait pas sous la forme actuelle».

les usurpateurs les descendants de Charlemagne, défendaient surtout leurs intérêts propres et cherchaient à éviter l'avènement d'un pouvoir central efficace»[195]. Dans l'ensemble, pourtant, les analyses idéologiques restent discrètes.

## VUE D'ENSEMBLE I: LITTÉRATURE(S) ET STRATIFICATIONS SOCIOCULTURELLES

La façon dont Gaston Paris juge les différentes productions littéraires médiévales est fonction directe des conditions socioculturelles qui, d'après lui, en ont déterminé la naissance.

Dans son appréciation globale du moyen âge, Gaston Paris accorde énormément de poids aux deux grandes «scissions» socioculturelles que sont, d'une part, la séparation du monde des clercs de celui des laïcs, et, d'autre part, celle du monde des *courtois* de celui des *vilains*. La première, nous dit le savant, s'installe dès l'ère gallo-romaine, avec l'établissement d'une différence de plus en plus marquée entre le latin classique, pratiqué par la seule élite culturelle, et le latin populaire ou vulgaire, employé par la grande masse. Elle se renforcerait après les invasions germaniques – les clercs seuls maîtrisant encore le latin (plus précisément le bas latin), le peuple parlant désormais un idiome roman – pour se perpétuer jusqu'au XII^e siècle, moment où elle serait relayée ou, mieux, complétée par la séparation, non moins radicale, des *courtois*, groupe qui comprendrait la classe aristocratique et une partie du clergé, et des *vilains*, qui se verraient exclus de ce groupe[196].

Cette vision générale des choses correspond tout à fait, on l'aura noté, à la *communis opinio* d'aujourd'hui. En effet, ce qui est en jeu ici n'est pas tant l'existence de ces clivages socioculturels eux-mêmes – et aux deux principaux qu'on vient de mentionner on pourrait bien sûr en ajouter d'autres, également quoique beaucoup plus rarement évoqués par Gaston Paris, notamment celui qui se dégage du fameux schéma trifonctionnel – que leur perception et, partant, leur valorisation par le philologue.

### 1. LE MOYEN ÂGE «POÉTIQUE»

L'intérêt principal de Gaston Paris va à la littérature des laïcs, à la littérature dite vulgaire produite par des membres du peuple que l'on se gardera pour-

195 425*, 1872, p. 186.

196 Voir par exemple, pour tout ceci, «La littérature française au douzième siècle», leçon d'ouverture prononcée au Collège de France le 7 décembre 1871, dans 339*, 1895, éd. de 1913, pp. 1-3 et l'*Esquisse*, 1907, pp. 1-5.

tant, l'exemple des chansons de geste nous l'a clairement montré, d'identifier trop rapidement au «bas» ou «menu» peuple. Cette prédilection est en même temps une sélection, et plus précisément une double sélection. D'abord, le savant retranche quasi *a priori* le domaine français du domaine médiolatin. Dans sa leçon d'ouverture sur «La poésie du moyen âge» prononcée au Collège de France le 3 décembre 1866, il est tout à fait clair là-dessus:

> «Je ne dis rien ici des clercs, de ceux qui savaient le latin, l'écrivaient et le parlaient entre eux; ceux-là restèrent sans influence sur la poésie vulgaire qu'ils dédaignaient, et leur immixtion dans ce domaine, la fusion de leur science avec la langue et la poésie du peuple, telle qu'elle se produisit presque simultanément en France et en Italie vers la fin du XIII^e^ siècle, marque l'ouverture d'une nouvelle période» (334*, 1885, éd. de 1906, p. 22).

Cette première sélection est illustrée de façon particulièrement frappante par le projet d'«histoire poétique», dont l'*Histoire poétique de Charlemagne* n'est qu'un exemple, bien que de loin le plus complet, dans l'œuvre du philologue[197]. Dans sa thèse, Gaston Paris motive comme suit le choix des textes pris en considération:

> «L'histoire poétique d'un grand homme comprend essentiellement ce que le sentiment et l'imagination populaire ont fait de lui, sa vie plus ou moins fabuleuse dans le cœur de l'humanité. La principale qualité qu'elle demande aux monuments qui l'occupent est la spontanéité; elle n'accorde qu'une attention distraite aux produits artificiels de la poésie lettrée; du moment qu'une œuvre est voulue et arbitrairement composée, l'histoire poétique lui refuse toute valeur comme document» (356*, 1865, éd. de 1905, p. 33).

S'il est vrai que la poésie latine du moyen âge fait, dès 1866, l'objet de leçons publiques professées par Léon Gautier à l'Ecole des Chartes[198], il n'en reste pas moins que le domaine médiolatin ne sera véritablement remis à l'honneur que suite aux travaux de Bédier. En revalorisant la figure du clerc et, avec elle, la littérature «cléricale», celui-ci ouvrait en effet la voie à la création, en 1924, de la chaire de «Littérature latine du Moyen Age» au Collège de France, chaire qui, de par son influence encore, fut occupée par son fidèle disciple Edmond Faral[199].

---

[197] Gaston Paris a en effet esquissé un certain nombre d'autres histoires poétiques, celle, notamment de Pépin (voir 413*, 1895). Voir également, au sujet d'une possible «histoire poétique de Tristan», 517*, 1886, p. 602.

[198] Sepet 1866, p. 515.

[199] Voir Corbellari 1997, pp. 491-492. Voir également la leçon d'ouverture de Faral dans Faral 1983, pp. XIII-XLVI et Tilliette 1993. – En Allemagne, par contre, le *Grundriss* de

Mais, Gaston Paris écarte de façon tout aussi délibérée des recherches littéraires médiévales françaises une bonne partie des textes en langue vulgaire d'origine (prétendument) cléricale :

> «Il y a donc dans toute histoire littéraire du moyen âge deux parts bien distinctes à faire : l'une pour la littérature des clercs, l'autre pour celle du peuple. Par littérature des clercs, je n'entends pas leurs ouvrages en latin : ceux-là ne rentrent réellement pas dans notre cadre ; j'entends les livres dans lesquels ils ont parlé aux laïques et ont écrit en langue vulgaire sur des sujets religieux ou profanes. Quant à la littérature ou plutôt à la poésie populaire, elle s'inspire directement de la vie, elle exprime les idées, les passions, les rêves de tous, elle est véritablement la voix du peuple. Aussi est-ce elle qui mérite le plus notre intérêt et attirera le plus notre attention. La littérature cléricale, surtout dans les origines, quand les clercs ne se résignent qu'à grand'peine à parler français, n'a guère qu'un intérêt philologique ; elle nous a conservé les documents les plus anciens sur l'état de notre langue, mais ni son inspiration, ni même souvent sa forme, n'est [sic] nationale. Au contraire, la poésie populaire, pour ces époques lointaines, ne nous est généralement parvenue que dans des remaniements et des rajeunissements qui lui enlèvent sa valeur philologique ; mais même à travers ces déguisements successifs, dont quelques-uns sont des travestissements véritables, on peut reconnaître encore ses traits hardis et gracieux, la liberté de sa démarche, la vivacité de son allure ; et l'écho le plus lointain de sa voix, recueilli par hasard, nous va plus droit au cœur et nous en apprend plus sur nos pères que toutes les homélies, les pieuses légendes et les compilations indigestes que les clercs ont bien voulu traduire en français, et qui dorment aujourd'hui dans nos bibliothèques» («Les origines de la littérature française», leçon d'ouverture faite au Collège de France le 7 décembre 1869, dans 334*, 1885, éd. de 1906, pp. 82-83).

La concentration sur les textes médiévaux français (considérés comme) non cléricaux s'explique à nouveau par la combinaison des idées de Gaston Paris sur la marche générale de l'histoire et de l'horizon de totalité que constitue, pour ses études littéraires, la nation. Le peuple seul est, aux yeux du savant, porteur de l'identité nationale, parce que c'est à travers lui seulement qu'est censé avoir lieu le développement libre et spontané de l'histoire. Seule la littérature populaire serait donc véritablement nationale. Les clercs, quant à eux, représenteraient un monde artificiel, immobile, figés qu'ils seraient tantôt dans une imitation anachronique des Anciens et tantôt dans une propagation achronique des vérités chrétiennes ; leur milieu serait à peu

---

Gröber formule déjà une alliance étroite entre les études médiolatines et les études romanes (voir Curtius 1951, pp. 275-276, qui, notons-le au passage, répète l'interprétation «romantique» du terme de peuple chez Gaston Paris).

près complètement coupé de l'évolution naturelle de l'histoire, et la littérature qu'ils produisent n'aurait, par conséquent, dans cette première période du moyen âge, aucune valeur nationale proprement dite. Le principal mérite de la littérature cléricale serait au fond celui, certes important mais aucunement littéraire, d'avoir perpétué la connaissance de la littérature classique et postclassique et d'avoir préservé «les œuvres grâces auxquelles la tradition devait un jour se renouer non plus seulement à la surface, mais dans le fond et dans l'esprit»[200].

Tout nous invite évidemment à mettre en rapport cette représentation des deux groupes socioculturels avec les convictions politiques de Gaston Paris, et à admettre ainsi une surdétermination, plus ou moins consciente mais tout à fait capitale, de la pensée scientifique par la pensée idéologique: à l'instar des clercs modernes – rappelons que le philologue est farouchement anticlérical –, les clercs médiévaux figurent de toute évidence un milieu réactionnaire, tandis que les laïcs, de leur côté, incarnent les principes libéraux chers au savant.

Pour «aggraver» le cas des clercs, Gaston Paris aime à mettre en évidence, comme c'est le cas dans la citation de la leçon sur «La poésie du moyen âge» reproduite plus haut, le mépris qu'auraient eu – et qu'ont effectivement eu, on le sait, jusqu'à un certain degré – ces derniers pour la poésie des laïcs, et ne manque aucune occasion de taxer la littérature cléricale d'«intéressée», voire de «frauduleuse». Prenons comme exemple ces déclarations sur la légende du voyage de Charlemagne en Terre Sainte:

> «L'idée d'un voyage de Charlemagne en Terre Sainte se répandit de bonne heure, d'un côté dans la foule, de l'autre dans l'Eglise; elle se produisit dans chacune de ces directions, comme nous le verrons plus tard, sous une forme bien différente. Née d'une croyance assez explicable et parfaitement désintéressée, cette idée fut exploitée par les moines dans un intérêt tout spécial, et donna lieu à des fraudes qu'on est bien obligé de signaler comme coupables. Sur cette donnée, admise par les populations, ils édifièrent de misérables légendes sans aucune valeur, qui n'avaient d'autre but que de garantir l'authenticité de certaines reliques fort suspectes: tel est le caractère que cette histoire a revêtu dans les monastères et qui s'accuse dans plusieurs fictions sorties de là» (356*, 1865, éd. de 1905, p. 54).

Ce dédain pour la littérature des clercs, Gaston Paris n'est pas seul, loin s'en faut, à en faire montre. Dans son compte rendu de l'*Histoire poétique*, Meyer, par exemple, reprend à son compte la vision dichotomique d'une littérature populaire «sincère» et d'une littérature cléricale «mensongère» parce qu'idéologiquement surdéterminée:

---

[200] 902, 1884, p. 577.

> «Le chapitre III [de l'*Histoire poétique*, donc], *la Légende de Charlemagne dans l'Eglise*, n'est pas l'un des moins intéressants du livre, mais c'est lui qui s'écarte le plus du sujet général. Les compositions cléricales dont il offre la série appartiennent à la légende de Charlemagne en ce sens qu'elles prennent pour point de départ des traditions populaires et naïves ; mais elles entrent de plein droit dans la catégorie des faux parce qu'elles modifient ces traditions en vue d'un but déterminé, tel que celui de donner la vogue à un pèlerinage ou les apparences de l'authenticité à des reliques» (Meyer 1867, pp. 35-36).

Et Meyer de conclure ses réflexions sur les légendes cléricales consacrées à Charlemagne par cette phrase assassine :

> «Tout cela est fort misérable et mérite peu qu'on s'y arrête» (*ibid.*, p. 37).

Il faudra, ici encore, attendre Bédier pour voir revalorisée la figure du clerc, qui ne tardera pas alors à devenir le «principal artisan»[201] de la littérature médiévale et, avec elle, de la nation française. Loin d'être, comme c'est le cas dans le discours de Gaston Paris, à peu près complètement retranché de l'évolution naturelle, régulière de l'histoire nationale, le clerc accédera au contraire, chez l'auteur des *Légendes épiques*, à rien moins qu'au statut de «garant historique et moral de la conscience patriotique» ![202] Notons qu'avec cette glorification du clerc, c'est en même temps le concept d'idéologie (cléricale, toujours) qui sera réinterprété dans un sens positif : n'est-ce pas grâce aux soucis «propagandistes» des clercs, justement, que nous possédons ces chefs-d'œuvre de la littérature française médiévale que sont les chansons de geste ? – Les discours philologiques, décidément, ne sont jamais innocents !

Jeune homme déjà, Gaston Paris n'a jamais caché, en ce qui concerne la littérature et la poésie modernes cette fois-ci, son goût pour les auteurs dits populaires, auteurs non nécessairement issus de la classe populaire au sens sociologique du terme mais connus et compris par les membres de cette couche tout comme par le reste de la population. Nous avons conservé un débat épistolaire très révélateur entre Gaston Paris et Amédée Durande au sujet de Béranger, aussi adoré par le premier que détesté par le second. De ce débat, je ne cite ici qu'une lettre de 1857, dans laquelle le jeune Paris écrit à son ami :

> [...] vois-tu, mon cher, quand un homme en est arrivé à mettre les vers dans la mémoire et dans la bouche d'un peuple entier, sois sûr que c'est un grand homme. Quel est le poète que connaissent et qu'aiment nos ouvriers ? Est-ce Lamartine, est-ce Hugo ? non, c'est Béranger, c'est lui

[201] Corbellari 2000, p. 24.

[202] *Ibid.*, p. 26.

> qui vit dans le peuple, et certes c'est une belle gloire que d'être ainsi dans l'âme d'une nation entière. Et c'est une gloire si haute que, depuis Homère, elle a déjoué toutes les autres, et que ce sont toujours les poètes qui ont le plus été chers à leurs contemporains, ou du moins au *peuple*, que la postérité a aussi le plus adoptés. – Béranger est l'Horace de la France[203].

On pourrait voir derrière cette argumentation une position foncièrement démocratique, mais ce que nous avons dit dans la première partie de ce travail sur l'attitude politique de Gaston Paris nous prévient d'emblée contre une telle interprétation. Tout comme Renan, ce dernier est de l'avis que le peuple a besoin d'une élite qui le dirige, politiquement et moralement, mais aussi culturellement[204]. Cependant, chose importante, au lieu de se retrancher dans un monde à part comme cela aurait été le cas au moyen âge, où le clergé aurait formé «pour ainsi dire une patrie à part pour ses membres»[205], cette élite devrait prendre activement part à l'évolution normale, régulière de l'histoire et de l'identité nationales, et y puiser les sujets de ses réflexions et de sa littérature. Toutes les couches du peuple devraient ainsi pouvoir participer d'une façon ou d'une autre à la littérature produite par l'élite culturelle. L'horizon de totalité du raisonnement de Gaston Paris est donc constitué, en l'occurrence, par l'idéal d'une nation culturellement unie (ce qui ne veut pas dire pour autant culturellement unifiée[206]). Le clivage entre clercs et laïcs au moyen âge aurait en effet eu ceci de funeste, nous dit le philologue, qu'une partie importante du pouvoir intellectuel, loin de participer à la vie nationale, se serait retiré dans un univers factice, où elle aurait dépensé «stérilement pendant des siècles une activité intellectuelle considérable»[207], tandis que le peuple de son côté, privé des «esprits les plus élevés et les plus cultivés de la nation»[208], n'aurait guère été en mesure de voler bien haut dans les sphères

---

203 B.N., n.acq.fr. 24464, ff. 67-70, lettre expédiée depuis Bonn le 23 juillet 1857.

204 Voir, en ce qui concerne Renan, Revel 1967, pp. 21-23.

205 371*, 1863, dans 345*, 1900, p. 7.

206 En effet, Gaston Paris n'envisage pas l'existence d'une seule et même littérature pour toutes les couches du peuple, mais rêve d'une littérature ou, mieux, de littératures à la lecture/audition desquelles tout le monde puisse comprendre quelque chose et éprouver des émotions.

207 «Les origines de la littérature française», leçon d'ouverture prononcée au Collège de France le 7 décembre 1869, dans 334*, 1885, éd. de 1906, p. 81. – On rapprochera cette idée de celles d'Auerbach, qui déclare, au sujet des premiers siècles du moyen âge: «Es gibt nur noch gelehrte und zeremonielle Literatur, in einer Sprache, die nur sehr wenige besonders ausgebildete Personen verstehen, und die eine *eigentlich literarische Entwicklung und Neuschöpfung kaum zulässt*» (Auerbach 1958, p. 197; c'est moi qui souligne; voir également *ibid.*, p. 257).

208 «Les origines de la littérature française», leçon d'ouverture prononcée au Collège de France le 7 décembre 1869, dans 334*, 1885, éd. de 1906, p. 80.

intellectuelles et artistiques. Cette situation expliquerait le fait – dont la construction par Gaston Paris est capitale pour la compréhension de son attitude dans l'ensemble réservée vis-à-vis des qualités de son objet d'étude – que la poésie française du moyen âge soit restée pratiquement tout le temps au-dessous de ses propres possibilités, et n'ait jamais atteint une quelconque perfection, aussi relative soit-elle:

> «La coexistence, dans la société médiévale, de deux mondes, le monde latin et le monde vulgaire, le monde clérical et le monde laïque, ne saurait être assez rappelée à l'attention de ceux qui veulent comprendre cette époque. C'est par là que la France du moyen âge diffère des sociétés de l'Inde ou de la Grèce auxquelles nous l'avons comparée. La masse de la nation puise son instruction ailleurs que dans les livres; elle a une poésie à elle, transmise oralement et renouvelée sans cesse avec les changements de la langue. A part de cette multitude, au-dessus d'elle intellectuellement, se maintient le cercle étroit des hommes qui savent le latin, qui connaissent l'antiquité latine, sacrée et profane, qui, seuls d'abord, écrivent l'histoire, cultivent la théologie, la philosophie et le peu de science qui s'est sauvé du naufrage. Cette juxtaposition de deux mondes était inconnue à la Grèce primitive, où l'écriture était étrangère à toute la nation; elle était inconnue à la Grèce plus civilisée et à Rome, où l'écriture était familière à toute la nation, ou du moins, à toute la classe supérieure; particulière à notre moyen âge, elle a été pour la littérature vulgaire de ce temps une cause de manifeste infériorité. Cette littérature ne fut pas cultivée, d'ordinaire, par les hommes qui se sentaient une valeur intellectuelle et des lumières supérieures. Puis, quand les clercs se décidèrent à y prendre part, ce fut pour y introduire des conventions, une science, des idées qui n'étaient pas, comme en Inde ou en Grèce, sorties spontanément de la nation, mais étaient empruntées telles quelles à une tradition éloignée, mécaniquement transmise et comprise très imparfaitement. C'est ainsi que l'évolution du génie poétique français fut constamment entravée, puis dérivée, qu'elle ne se déroula pas avec la même liberté, la même originalité que celle des autres poésies, et que finalement elle avorta, pour faire place à la littérature dite classique, laquelle est nationale par la forme, mais dépend, pour le fond, de l'antiquité, d'ailleurs plus intimement comprise et utilisée d'une manière plus féconde» (*Esquisse*, 1907, pp. 6-7)[209].

C'est bien la désintégration culturelle de la nation qui constitue, aux yeux de Gaston Paris, l'une des plus grandes faiblesses du moyen âge au niveau de ses productions intellectuelles et plus particulièrement littéraires. Chez lui, le peuple – et ce constat, qu'on ne saurait assez souligner, marque une autre différence capitale d'avec la pensée romantique traditionnelle – n'est

[209] Voir également, au sujet des chansons de geste plus particulièrement, 356*, 1865, éd. de 1905, p. 100.

donc pas valorisé dans l'absolu, mais uniquement dans le relatif: entre le peuple, porteur du développement normal de l'identité nationale, et le clergé, retranché dans un monde quasi anhistorique, la préférence et le seul véritable intérêt de Gaston Paris vont tout naturellement au premier. Mais, il est important de le répéter, cette position n'équivaut en aucun sens à une quelconque glorification d'inspiration romantique de la littérature populaire en tant que telle, comme cela était encore nettement le cas chez un Michelet, par exemple[210]. Au contraire, celle-ci est, dans son ensemble, jugée assez sévèrement par Gaston Paris. Il est donc temps d'écarter définitivement l'opinion erronée, exprimée entre autres par Michel Bréal, selon laquelle notre philologue aurait placé «dans un lointain passé», à savoir au moyen âge, une «idée de perfection de la poésie»[211].

Un autre aspect tout à fait capital qui sépare définitivement la pensée de Gaston Paris d'une conception romantique de la littérature populaire, aspect que nous avons déjà analysé en parlant de la naissance des chansons de geste, peut maintenant être saisi de façon plus générale: la littérature dite populaire, même dans la première phase du moyen âge, n'est pas, aux yeux du philologue, le produit d'une création collective diffuse, qui trouverait son origine dans la masse anonyme du menu peuple, mais celui d'un pouvoir créateur socialement ancré dans les classes supérieures. Les passages les plus explicites à ce sujet se trouvent dans l'*Esquisse*:

> «Ce serait une grande erreur, en effet, de croire que la littérature du moyen âge, prise dans son ensemble, est une littérature populaire. Ceux qui l'ont faite et pour qui elle a été faite étaient bien du peuple (c'est le sens de *laici*), en regard des clercs; mais ce peuple embrassait toutes les classes, depuis le roi jusqu'aux ouvriers et aux paysans. Or ce n'est pas pour les ouvriers et les paysans que la littérature du moyen âge a été faite; si quelqu'un de ceux-ci y a participé, c'est qu'il est sorti de sa classe, était devenu clerc, ou s'était mêlé au monde chevaleresque ou bourgeois.
>
> Le vrai peuple, au moyen âge, n'avait pas plus de littérature qu'il n'en a aujourd'hui; il en avait même moins, puisqu'aujourd'hui il sait lire et qu'on écrit pour lui. Tout au plus possédait-il quelques contes et quelques chansons dont la littérature des classes supérieures a pu profiter. Quelque chose de celle-ci a fini, mais très tard, par descendre jusqu'au bas peuple; au XIV^e^ siècle, et déjà au XIII^e^, les jongleurs chantaient les chansons de geste, faites pour l'aristocratie, sur les places publiques des villes et même des villages. – Bien plus tard, quand on eut mis en prose quelques-unes de ces chansons et qu'on les eut imprimées, elle firent, parfois jusqu'à nos jours, les délices des artisans et des villageois.

[210] Voir par exemple, récemment, Corbellari 2000, pp. 21-22.

[211] Bréal 1903, p. 292. – Cette idée est encore présente chez Hult 1996, p. 208.

Mais à l'origine elles avaient été le charme et le stimulant des barons féodaux, dont elles reflètent les idées, les sentiments et la façon de vivre [...].

[D]ans sa partie la plus ancienne et la plus originale, la littérature, et surtout la poésie du moyen âge français est une littérature, une poésie aristocratique» (*Esquisse*, 1907, pp. 17-19).

Chez Gaston Paris, l'épithète de populaire, nous l'avons dit, désigne tout d'abord l'origine non cléricale, nationale, de la littérature qui en est qualifiée et implique le fait que le niveau culturel qui est à la base de cette littérature, de provenance pourtant aristocratique, ne diffère pas de façon sensible de celui dont dispose le peuple au sens social du terme[212]:

> «Cela n'empêche pas qu'elle [la littérature du moyen âge français dans sa partie la plus ancienne] ne nous présente beaucoup des caractères qui distinguent généralement l'art populaire: une grande simplicité de conception et d'exécution, un penchant marqué pour les types surhumains et les aventures merveilleuses, un médiocre souci de la vraisemblance et de l'observation, une forme négligée, et souvent des trivialités et des grossièretés. C'est que la haute société, pendant longtemps, ne s'est distinguée du peuple que par son pouvoir, sa richesse et des occupations guerrières. Elle n'avait pas reçu, sauf en ce qui concernait la vocation propre, d'autre instruction que celle de la masse, pensait comme elle, sauf son orgueil de caste, et parlait comme elle» (*ibid.*, p. 19).

Le point le plus problématique, dans cette conception de la poésie médiévale des premiers siècles, semble bien être le fait que le philologue conçoive la cloison entre la culture cléricale et la culture laïque – cloison dont personne ne nierait l'existence – comme étant par trop hermétique. S'il est vrai que Gaston Paris admet toute une série de points de contact entre le monde des clercs et celui des laïcs, notamment, bien sûr, dans le domaine de l'enseignement religieux[213], son idée de base n'en est pas moins que la littérature populaire, dans la première phase du moyen âge, ne doit rien à la littérature savante et réciproquement. Or, même si l'on n'est pas d'accord avec Bédier sur la part qu'il convient d'accorder aux clercs dans la création des chansons de geste – seuls spécimens de littérature laïque, en effet, qui nous soient parvenus de la première période du moyen âge –, il sera difficile de nier toute influence cléricale dans les textes qui nous sont conservés, les premiers agents de la fixation par écrit étant tout naturellement des clercs, sous la

[212] On se gardera donc de confondre, comme semble le faire Ridoux 2001, p. 627, littérature aristocratique et littérature savante, du moins pour cette première période du moyen âge, celle des chansons de geste.

[213] Voir par exemple «Les origines de la littérature française», leçon d'ouverture prononcée au Collège de France le 7 décembre 1869, dans 334*, 1885, éd. de 1906, pp. 80-81.

plume desquels les chansons en question ont dû nécessairement subir d'une façon ou d'une autre des modifications. D'autre part, l'influence de la littérature populaire orale, ici encore principalement épique, sur des textes cléricaux en langue vulgaire, notamment hagiographiques, ne semble pas moins importante, si l'on s'en tient aux travaux initiés par Erich Auerbach, Cesare Segre et Erich Köhler, travaux qui ont montré que certains procédés rhétoriques populaires ont naturellement été adoptés et imités par les clercs à des fins propagandistes, c'est-à-dire en vue de faciliter la circulation des idées religieuses parmi les laïcs[214]. Donnons la parole à Auerbach, qui, tout en partageant les idées de Gaston Paris au sujet d'un niveau culturel à peu près homogène parmi le peuple – les *laici* donc – jusqu'aux environs de 1100/1150, explique, à propos de l'expression «littérature populaire»:

> «Es wäre auch falsch, mein Wort 'volkstümlich' als 'frei von gelehrten Einflüssen' zu interpretieren; solch eine Volkstümlichkeit gibt es im europäischen Mittelalter nicht, da bei allem, was zur Aufzeichnung gelangte, der klerikale oder klerikal erzogene Schreiber Pate stand; ja selbst die aus den Tiefen der Volksdichtung stammende Ueberlieferung enthielt Formen antiken Ursprungs. Dennoch ist das Wort 'volkstümlich', wie es die romantischen Philologen für die Anfänge der vulgärsprachlichen mittelalterlichen Literatur gebrauchten, durchaus berechtigt; da es keine Schicht von vulgärsprachlich Gebildeten gab, welche durch ihren Geschmack herrschte, so ist es das Volk, dessen ursprünglichste Tendenzen in dieser Literatur zum Ausdruck gelangen. [...]
>
> Das Verhältnis zwischen kirchlichen Kreisen und Jongleurs muss sich, trotz der unverändert verdammenden Haltung der meisten kirchlichen Verlautbarungen über mimi und ioculatores, schon seit dem 11. Jahrhundert an vielen Stellen im Sinne einer Zusammenarbeit und eines Austausches, ja manchmal zur Verschmelzung beider Funktionen in einer Person entwickelt haben. Die Gründe dafür sind einleuchtend. Kleriker verfassten volkssprachliche Heiligenlegenden, sie brauchten Jongleurs, um sie vorzutragen, sie trugen sie zuweilen selbst vor und suchten den Jongleurs die Mittel, mit denen sie das Interesse der Zuhörer erregten, abzulernen; auch entdeckten sie sehr bald, wie wichtig es war, auf die profane epische Volksliteratur Einfluss zu gewinnen. Umgekehrt ist es klar, wie grosses Interesse die Jongleurs hatten, mit geistlichen Stellen in dauernder und guter Beziehung zu bleiben; literarische und musikalische Ausbildung etwas höherer Art war nur von dort zu erlangen, die kirchlichen Festtage waren die Hauptgelegenheiten für ihre Tätigkeit, und die Pilgergruppen waren ein dankbares Publikum» (Auerbach 1958, pp. 215-217).

[214] Voir Köhler 1985, pp. 26-33, qui discute, entre autres, l'article de Cesare Segre, «Il 'Boeci', i poemetti agiografici e le origine della forma epica» (1974).

Malgré le clivage bien documenté, aux premiers siècles du moyen âge, entre le monde clérical et le monde populaire ou laïque, les interactions culturelles entre les deux univers ont certainement été plus intenses et plus fréquentes que ne l'admet le modèle trop «séparatiste» de Gaston Paris[215].

*

*    *

Cette première époque du moyen âge, dominée par la scission entre la culture des clercs et celle des laïcs, Gaston Paris l'appelle volontiers le «vrai» moyen âge, mais aussi le moyen âge «poétique», «héroïque» ou «mâle».

Les termes d'héroïque et de mâle[216] concernent le fait que cette époque est, avant tout, celle des chansons de geste. En ce qui concerne la littérature en langue vulgaire, le «vrai» moyen âge a donc ceci de particulier qu'il est au fond, jusqu'à la fin du XI^e^ siècle, et les poèmes de type hagiographique mis à part, un moyen âge d'avant les textes même, dont le vide factuel est pourtant comblé par la construction de la genèse lente des chansons de geste. A force de longues descriptions et de minutieuses analyses de «textes» dont nous n'avons que très peu de traces, cette construction confère aux premiers siècles du moyen âge une épaisseur littéraire qu'ils n'ont pas si l'on s'en tient aux seules évidences documentées. Et c'est cette épaisseur même, presque fabriquée de toutes pièces, qui, dans un mouvement circulaire, confère une réalité au moyen âge «poétique» tel que le philologue nous le décrit[217].

Le terme de poétique, quant à lui, reçoit sa signification par l'inscription des différentes époques historiques sur l'axe du développement progressif de la raison raisonnante qui structure fortement, nous l'avons vu, la pensée historiciste de Gaston Paris:

> «Le moyen âge est une époque essentiellement poétique. J'entends par là que tout y est spontané, primesautier, imprévu: les hommes d'alors ne font pas à la réflexion la même part que nous; ils ne s'observent pas, ils vivent naïvement, comme les enfants, chez lesquels la vie réfléchie que développe la civilisation n'a pas étouffé encore la libre expansion de la vitalité naturelle. Ils n'ont ni dans le monde physique ni dans le monde

---

215 Un autre point problématique dans le modèle de Gaston Paris est constitué par le fait que le savant exagère beaucoup tant la durée que le degré de l'«immobilité» de la littérature médiolatine. Si celle-ci a vraiment été simplement reproductive pendant un certain laps de temps, ce qui est tout sauf certain, personne ne contesterait plus, aujourd'hui, qu'elle ne soit devenue très rapidement «créative».

216 Voir par exemple «La littérature française au douzième siècle», leçon d'ouverture prononcée au Collège de France le 7 décembre 1871, dans 339*, 1895, éd. de 1913, p. 1.

217 Sur le désir de l'épaisseur historique et la peur du vide, voir également Zumthor 1980, p. 51.

social cette idée de régularité prévue que nous a donnée la raison» («La poésie du moyen âge», leçon d'ouverture faite au Collège de France le 3 décembre 1866, dans 334*, 1885, éd. de 1906, p. 9).

Assez paradoxalement donc, du moins à première vue, la vision d'un moyen âge poétique ne s'oppose pas en résidu d'un discours romantique à l'approche historiciste et positiviste pratiquée par le philologue, mais, au contraire, découle immédiatement de celle-ci. Le moyen âge est poétique parce qu'il est caractérisé par le déploiement de l'imagination libre, non subordonnée à la raison raisonnante, dont la maîtrise constitue pourtant le but suprême de l'humanité: «[...] la raison est la faculté souveraine et maîtresse, et sa possession doit être le but le plus haut de nos efforts [...]»[218]. Le parfum poétique du moyen âge est certes par moments séduisant, mais, en somme, il est important de le souligner, il ne marque pas, chez Gaston Paris, un paradis perdu. Si les vers de Musset inspirés de Sainte-Beuve: «Il existe, en un mot, chez les trois quarts des hommes, un poète mort jeune à qui l'homme survit»[219], sont employés par lui dans un sens à la fois phylo- et ontogénétique: «Il existe aussi, nous dit il, chez les peuples, ce poète mort jeune»[220], cela ne revient aucunement, ici non plus, à une glorification romantique du moyen âge.

La valorisation ambiguë du caractère poétique attribué aux premiers siècles médiévaux se montre également dans une autre «figurativisation» que prend, chez le savant, l'absence de réflexion, à savoir celle de l'enfance. «Les hommes étaient alors en toute chose plus semblables aux enfants»[221], écrit-il, en plaidant pour l'indulgence, dans ses *Extraits* de la *Chanson de Roland* et de la *Vie de saint Louis* destinés aux élèves du secondaire! Dans l'*Histoire poétique*, il parle avec condescendance d'«esprit naïf» et de «cœur simple»[222]. Si la naïveté est l'un des traits de caractère propres à l'esprit enfantin, un autre, qui se trouve également dans le discours de Gaston Paris, en est la puérilité. Celle-ci s'observerait notamment chez les clercs, dans une certaine «tendance logicienne»[223], par exemple, qui se ferait jour, entre autres, dans leur effort pour systématiser sans aucune distance ironique les préceptes ovidiens sur l'amour[224]. – «Nos

---

218 «La poésie du moyen âge», leçon d'ouverture faite au Collège de France le 3 décembre 1866, dans 334*, 1885, éd. de 1906, p. 9.

219 Alfred de Musset 1957, p. 378.

220 «La poésie du moyen âge», leçon d'ouverture faite au Collège de France le 3 décembre 1866, dans 334*, 1885, éd. de 1906, p. 10.

221 387*, 1889, p. 109, n. 125.

222 356*, 1865, éd. de 1905, p. 30.

223 526*, 1883, p. 520.

224 *Ibid.*

pères, ces enfants»[225], c'est par ce syntagme qui, à l'intérieur de l'isotopie familiale – dont la convocation fréquente par le philologue est un moyen rhétorique efficace pour provoquer la sympathie des lecteurs du XIXe siècle pour le moyen âge et sa littérature –, combine l'antériorité temporelle avec l'infériorité intellectuelle que se résume l'attitude de Gaston Paris vis-à-vis des premiers siècles du moyen âge, et même, très souvent, vis-à-vis du moyen âge tout court[226].

## 2. LE MOYEN ÂGE «CLASSIQUE»

La structure jusque-là essentiellement binaire de la stratification socioculturelle change, nous dit Gaston Paris – et, sur ce point encore, son opinion recouvre tout à fait celle qui prédomine aujourd'hui encore –, au cours du XIIe siècle, avec la formation et l'établissement d'un milieu ou, plutôt, de milieux courtois:

> «A partir d'un certain moment les choses se modifièrent: les guerres étant devenues moins continuelles et les loisirs plus fréquents, l'aristocratie se donna une culture à elle, où les femmes prirent une large part; la littérature qui en fut l'image, et qui se caractérise par le nom de 'courtoise', fut l'apanage exclusif de la partie de la nation qui était initiée à cette culture» (*Esquisse*, 1907, pp. 19-20).

Avec l'avènement de la littérature courtoise – par littérature courtoise, est-il nécessaire de le souligner, on ne comprendra pas uniquement la poésie ayant comme sujet l'amour courtois, mais toute la production littéraire sociologiquement liée aux cours et à leurs publics[227] –, la classe des laïcs elle-même se scinderait en deux et les écarts entre les différentes couches du peuple, de caractère uniquement social jusque-là, deviendraient également culturels. Les «courtois», qui comprennent aussi une partie du clergé, s'opposeraient désormais aux «vilains»:

> «[…] par un effet naturel et ordinaire, dans cette société calmée se forme et se détache pour ainsi dire dans les hauteurs une société plus restreinte,

225 Je condense ici une phrase qui se trouve dans la préface à la traduction que Gaston Paris a faite de *Huon de Bordeaux*: «[Nos pères] étaient, au regard de nous, enfants par bien des côtés» (451*, 1898, pp. VII-VIII).

226 L'isotopie de l'enfance notamment est utilisée par Gaston Paris à propos d'auteurs appartenant aux époques «classique» et «tardive» également. Ainsi, elle est présente de façon particulièrement insistante dans le grand article que le philologue consacre à Joinville dans l'*HLF* (600*, 1898). Charles d'Orléans est lui-aussi taxé d'enfant (707*, 1885, dans 339*, 1895, éd. de 1913, p. 231) tout comme Villon (729*, 1901, p. 80).

227 Quant à cette confusion fréquente mais néanmoins fâcheuse, voir Kelly 1986/87, p. 305.

> qui cherche à se distinguer du reste par l'élégance de sa vie, le raffinement de ses mœurs, la politesse conventionnelle de ses manières. Cette élite se groupe naturellement à la cour des rois et des princes: aussi le nom de *courtoisie* est-il celui qu'elle emploie pour désigner son idéal. Dès lors les hommes se divisent en deux classes, les *courtois* et les *vilains*, ceux qui font partie de la société élégante, en connaissent les usages, en partagent les idées, et ceux qui en sont exclus et en ignorent les finesses; et comme il est dans la nature de l'homme civilisé d'établir sur la forme seule les vanités et les distinctions sociales, les premiers n'ont pas assez de mépris pour les seconds. Dans cet essai d'une aristocratie polie, le rôle important revient aux femmes: ce sont elles qui introduisent dans les dehors, sinon dans les mœurs réelles, la douceur et l'urbanité, qui mêlent à la rude et étroite bravoure du seigneur féodal le sentiment nouveau de la galanterie [...]» («La poésie du moyen âge», leçon d'ouverture faite au Collège de France le 3 décembre 1866, dans 334*, 1885, éd. de 1906, pp. 23-24)[228].

Gaston Paris n'aime pas particulièrement la littérature courtoise, et, arrivés à ce point de notre analyse, nous comprenons facilement pourquoi: c'est qu'elle exclut à ses yeux de manière radicale et tout à fait discourtoise une bonne partie du peuple et, par là même, désintègre encore une nation déjà trop désunie du point de vue culturel. Conséquence naturelle de cette nouvelle division: le peuple au sens social du terme, ainsi privé de son élite culturelle, n'aurait guère été capable de produire une bonne poésie, tandis que cette élite elle-même, tout comme naguère les clercs seuls, se serait enfermée dans un monde littéraire de plus en plus artificiel, de plus en plus conventionnel[229].

> «La vieille poésie nationale, image de la féodalité des X^e et XI^e siècles, ne suffit pas aux chevaliers et aux dames réunis dans les fêtes brillantes [au XII^e siècle]. Une autre poésie, inintelligible ou froide pour les classes populaires, surgit à l'usage de l'aristocratie, souvent même sous ses mains, et pour la première fois, à côté de la grande distinction des clercs et des laïques, s'accuse la distinction entre ceux qui participent à la culture de la haute société et ceux qui en sont exclus, ou, pour parler comme alors, entre les *courtois* et les *vilains*. Cette distinction devait aller en grandissant et creuser peu à peu un abîme entre les diverses parties de la nation; elle devait avoir pour dernier résultat dans le peuple la grossièreté et l'absence de toute jouissance poétique, dans les hautes classes le mauvais

---

228 Voir également 526*, 1883, p. 520.

229 Les valorisations respectives, dans le discours de Gaston Paris, de la poésie épique populaire et de la poésie courtoise ne me semblent subir aucune modification au cours du temps, mais dépendre du début à la fin des idées du philologue sur les stratifications socioculturelles telles que nous avons essayé de les présenter. Mon opinion diffère sur ce point de celle de Hult 1996, pp. 212ss., selon qui, à partir des années 1880, Gaston Paris aurait remis en valeur la littérature courtoise au détriment de la poésie populaire épique.

goût, la convention et trop souvent la corruption; elle devait notamment introduire dans la littérature ces raffinements puérils, ces recherches excessives de forme, qui, jointe à une désolante pauvreté de fond, caractérisent un trop grand nombre des œuvres des siècles suivants» («La littérature française au douzième siècle», leçon d'ouverture faite au Collège de France le 7 décembre 1871, dans 339*, 1895, éd. de 1913, pp. 2-3).

La littérature courtoise a certes eu des conséquences heureuses même aux yeux de Gaston Paris, notamment sur la qualité de la langue, qui aurait atteint avec elle un premier sommet dans son évolution – «la langue des poètes courtois, puisée tout fraîchement à la grande source populaire, devait seulement à leurs soins une clarté, une pureté, une élégance inconnues jusqu'à eux»[230] –, et aussi sur le progrès de la civilisation. Car, bien conscient, d'une part, du fait que la littérature n'offre qu'un miroir brisé de l'état (moral) de la société qui la produit, le philologue est pourtant convaincu, d'autre part, qu'elle peut en retour, au moins dans une certaine mesure, influencer la réalité[231]. Ainsi, les romans courtois, tout comme la poésie lyrique, d'oc et d'oïl, auraient fortement contribué à l'adoucissement des mœurs et à l'établissement d'un nouveau rapport entre hommes et femmes. Malgré les qualités qu'il reconnaît à ces textes, le philologue met néanmoins l'accent sur les effets séparateurs qu'ils auraient eus, et qu'ils ont effectivement eus jusqu'à un certain degré, sur l'unité culturelle de la nation, et donc, par là même, sur leur côté «réactionnaire». Car, tout comme la littérature cléricale s'est enfermée, selon Gaston Paris, dans un monde à part, la littérature courtoise se serait elle aussi retranchée dans un univers clos, coupé de l'évolution «normale», régulière du peuple. D'où, nous dit le philologue, l'insistance croissante sur la forme au détriment du fond, d'où aussi le caractère scolastique, conventionnel et cérébral de cette poésie. Le jugement que le philologue porte sur *Cligès* a valeur représentative:

> «On peut y [i.e. dans *Cligès*] admirer le maniement de la langue, parfois l'ingéniosité de l'imagination, presque toujours la finesse des détails; mais il faut reconnaître que ces longs morceaux, où le poète ne cherche qu'à faire briller son esprit, manquent absolument de naturel, de chaleur et de vérité; ils nous font sentir mieux que tout le reste combien la poésie courtoise du XII<sup>e</sup> siècle était déjà une poésie de société, toute conventionnelle, et cherchant à plaire à l'esprit bien plus qu'à satisfaire le cœur» (482, 1884, p. 443).

230 Gaston Paris, «La littérature française au douzième siècle», leçon d'ouverture faite au Collège de France le 7 décembre 1871, dans 339*, 1895, éd. de 1913, p. 3.

231 Voir par exemple 557*, 1898, p. 770: «[...] il leur [i.e. aux réunions des cours brillantes] fallait des récits, – comme elles avaient déjà des chansons, – où l'amour jouât le rôle principal, et qui puisassent leur inspiration dans la société pour laquelle ils étaient composés et sur laquelle ils influaient à leur tour».

On comprend que Gaston Paris puisse considérer les romans courtois, à l'instar, ici encore, de la poésie lyrique, tant celle du Sud que celle du Nord, comme marquant déjà le début de la décadence dans l'évolution de la littérature médiévale: c'est, à ses yeux, une poésie certes de plus en plus virtuose de forme, mais aussi de plus en plus monotone de fond, une poésie, surtout, qui ne participe pas à la plénitude de la vie du peuple; un jeu social réservé à une élite. Les remarques du philologue au sujet de la nature des métaphores dans les littératures dites décadentes s'appliquent en fait, dans son discours, au caractère général de celles-ci:

> «Le style des époques de décadence, trop saturées de littérature, est presque toujours caractérisé par une tendance maladive vers l'excès des métaphores et par la suppression des intermédiaires poussée jusqu'à l'obscurité; cette poésie peut offrir de grands charmes aux initiés, et elle développe les ressources les plus variées de l'art et de l'artifice; mais elle n'est jamais nationale; elle ne s'adresse qu'à de petits cercles raffinés, où l'on est fier d'une compréhension laborieusement acquise: quand ils disparaissent, la poésie qu'ils ont admirée meurt avec eux, et ne laisse plus aux âges suivants qu'une collection d'énigmes rebutantes, sauf pour la curiosité des érudits» (203*, 1887, p. 71).

L'appréciation très modérée par Gaston Paris de la littérature courtoise se résume par cette phrase: «[a]ussi cette littérature courtoise, qui rejeta peu à peu dans l'ombre la primitive poésie [épique], est-elle loin de la valoir»[232]. Ce jugement n'isole pas le savant, mais exprime, bien au contraire, l'opinion de la communauté philologique de son époque. Ainsi, Karl Bartsch, pour ne citer que lui, note-t-il, dans sa critique du premier tome des *Epopées françaises* de Léon Gautier:

> «[...] M. G[autier] examine l'influence que les romans de la Table Ronde ont exercée sur la poésie nationale, et ne peut s'empêcher de la signaler comme nuisible. Nous sommes entièrement de cet avis: la vigueur et la naïveté épiques furent détruites par ces contes amollissants et le plus souvent immoraux; et comme la littérature des divers peuples au moyen âge offre des analogies les plus surprenantes, le même élément a fait, en Allemagne aussi, le plus grand tort à l'épopée nationale. L'Allemagne a aussi peu de raison de remercier la France du présent qu'elle lui a fait en lui transmettant ces récits, que la France d'être reconnaissante aux pays celtiques qui les lui ont suggérés» (Bartsch 1866a, p. 412).

On entrevoit, à la lecture de cet extrait, que des facteurs autres que socioculturels ont également contribué à restreindre la valeur des romans courtois aux yeux des chercheurs de l'époque, facteurs que nous analyserons plus

232 «La poésie du moyen âge», leçon d'ouverture faite au Collège de France le 3 décembre 1866, dans 334*, 1885, éd. de 1906, p. 26.

loin. Retenons simplement ici, une fois de plus, combien les chansons de geste sont le genre paradigmatique par excellence dans le discours philologique de la deuxième moitié du XIX^e siècle, et même au-delà car, dans ce domaine du moins, les jugements de Bédier, par exemple, ne diffèrent guère de ceux de son maître.

En dépit de l'attitude mitigée qu'ils adoptent vis-à-vis des romans courtois, les spécialistes tombent évidemment d'accord sur le fait que ceux-ci, à l'instar de tous les autres textes, sont dignes d'être étudiés en tant que manifestations, avant tout, d'un certain état d'esprit à un moment donné de l'évolution de la société française. Les déclarations suivantes de Gaston Paris montrent que les recherches littéraires telles qu'il les conçoit se situent au confluent de deux versants, un versant «sources», presque nécessairement diachronique, et un versant «social», par nature synchronique. On a donc tort de vouloir réduire les travaux du philologue à la seule recherche des origines, réelles ou fictives:

> «En somme, les romans de la Table ronde sont l'expression la plus complète de la société 'courtoise' du temps de Louis VII, de Philippe II et de saint Louis; ils ont à leur tour exercé sur cette société, non moins que sur la littérature subséquente, une influence incontestable, et ils méritent d'être étudiés à ce titre autant que pour les traditions celtiques conservées dans quelques-uns d'entre eux» (499*, 1888, p. 17).

Malgré les restrictions générales auxquelles il soumet la littérature du XII^e siècle, c'est néanmoins cette période que le philologue considère comme «classique», c'est-à-dire comme marquant un moment d'arrêt et d'épanouissement. Selon lui, le XII^e siècle désigne donc, dans le domaine de la littérature, le début de la décadence tout en se maintenant lui-même à une certaine hauteur[233].

## 3. LE MOYEN ÂGE «RATIONNEL»

La troisième période, qui commence aux environs de 1300, est entièrement caractérisée, chez Gaston Paris, par l'affermissement de l'existence parallèle des deux grandes classes culturelles qui se seraient formées à l'âge classique, à savoir, d'une part, les lettrés, qui comprendraient l'aristocratie et le clergé mais aussi, de plus en plus, la bourgeoisie, et, d'autre part, les illettrés, qui deviendraient toujours plus ignorants et s'identifieraient largement, désormais, au menu peuple. Les différences culturelles recouperaient ainsi définitivement les différences sociales.

---

233 Voir également «La littérature du douzième siècle», leçon d'ouverture faite au Collège de France le 7 décembre 1871, dans 339*, 1895, éd. de 1913, p. 3.

Le désir des laïcs de s'initier à la science des clercs a certes eu, Gaston Paris s'empresse de le souligner, des effets positifs, notamment sur la diffusion de la culture antique dans ces cercles plus vastes, et, ici encore, sur le développement de la langue qui, à force d'être utilisée par des savants, serait devenue un instrument plus souple qu'avant et plus à même d'exprimer des contenus conceptuels. Mais, en ce qui concerne la valeur nationale proprement dite, la pénétration de plus en plus intime de la littérature en langue vulgaire par le savoir clérical aurait été néfaste, parce qu'elle aurait étouffé peu à peu la poésie nationale sous le poids de plus en plus écrasant de l'héritage antique et notamment de l'allégorie[234]. Le moment charnière dans cette évolution serait marqué par l'apparition du *Roman de la Rose*, et plus précisément par le passage de la première à la deuxième partie:

> «Dans la première partie, c'est l'aimable fleur et comme le couronnement de la poésie artiste des clercs de l'époque aristocratique et courtoise; dans la seconde, c'est l'inauguration de la littérature des clercs de l'époque bourgeoise et raisonneuse» (*Esquisse*, 1907, p. 200)[235].

L'effet de clôture provoqué, selon Gaston Paris, par la partie attribuée à Jean de Meung se voit formulé de façon plus claire encore quelques lignes plus tard:

> «On a cru longtemps, – et c'était une grave erreur, – que le *Roman de la Rose* ouvre la littérature française: il en ouvre en réalité une période, mais il en clôt une autre. Le rêve spontané, inconscient, presque enfantin, du moyen âge est fini, ou ne reparaîtra plus que par fugitives intermittences: la littérature moderne, dont la pensée philosophique et la connaissance de l'antiquité sont les principes, est inaugurée» (*ibid.*, pp. 200-201).

Ces «fugitives intermittences», qui seules touchent au cœur Gaston Paris, sont essentiellement au nombre de trois: les mystères, François Villon et la lyrique populaire.

Les mystères sont en effet, aux yeux du philologue, le seul genre dans l'histoire de la littérature médiévale qui, après les chansons de geste, ait encore été capable de réunir toute la nation autour de certaines valeurs culturelles comme autour de certaines émotions collectives, interprétation qui, notons-le en passant, correspond tout à fait à l'opinion des chercheurs modernes[236]:

---

234 Voir par exemple *Esquisse*, 1907, pp. 14-15.

235 Voir également 335*, 1888, éd. de 1909, p. 190: «Le *Roman de la Rose* a longtemps été regardé comme ouvrant la littérature française; il est plus juste de dire qu'il clôt la littérature du vrai moyen âge, en y introduisant des éléments nouveaux, dont quelques-uns, comme la connaissance de l'antiquité et la réflexion philosophique, feront partie intégrante de la littérature moderne».

236 Ainsi Emmanuèle Baumgartner, pour ne citer qu'elle, parle-t-elle, à propos des chansons de geste, d'une «[c]ommunication rituelle et ritualisée dont on retrouve peut-être

> «Plus tard encore, malgré la séparation du peuple en deux, malgré l'introduction de la science des clercs dans la littérature vulgaire, il y eut une poésie qui s'adressa à toute la nation: ce fut le théâtre. Au XIV^e et au XV^e siècle, les mystères furent ce qu'avaient été autrefois les chansons de geste. Leur sujet, exclusivement religieux, leur donnait des droits égaux à la sympathie et au respect de tous; l'unité chrétienne, suppléant l'unité nationale, faisait battre un seul cœur dans la poitrine des milliers de spectateurs» («La poésie du moyen âge», leçon d'ouverture faite au Collège de France le 3 décembre 1866, dans 334*, 1885, éd. de 1906, p. 29).

Mais, venant du clergé et non pas du peuple et propageant des valeurs non pas nationales mais religieuses, les mystères, qui plus est dépourvus, à quelques exceptions près, de qualités esthétiques dignes de ce nom – «[s]i dans les épopées anciennes le style manquait, il est mauvais dans les mystères»[237] –, seraient restés tout de même nettement inférieurs, dans leur ensemble, aux chansons de geste, seul genre littéraire véritablement national qu'ait produit le moyen âge:

> «On a dit plus d'une fois que les mystères – on finit par appeler ainsi même les vies de saints, les épisodes de l'histoire biblique et jusqu'à des drames profanes, – furent pour le XV^e siècle ce qu'avaient été les chansons de geste pour le haut moyen âge; mais ils avaient, en comparaison de celles-ci, le grand désavantage de n'être pas sortis spontanément de l'inspiration nationale, d'être puisés à des sources latines, d'être soumis au contrôle de l'Eglise, et de manquer, par suite, de liberté autant que d'originalité» (*Esquisse*, 1907, p. 267).

De par l'ensemble de ces facteurs, l'impact passionnel des mystères se trouve naturellement diminué aux yeux du philologue:

> «Toujours intéressants pour l'histoire des mœurs, des idées et de la littérature, ils n'éveilleront jamais dans les âmes françaises, même préparées par l'étude, la chaude et filiale sympathie qu'y font si facilement naître les chansons de geste, et le mystère de la Passion ne redeviendra pas une œuvre nationale comme a pu le faire la *Chanson de Roland*» (707*, 1885, dans 339*, 1895, éd. de 1913, pp. 247-248).

Venons-en à François Villon. Pourquoi, en effet, Gaston Paris aime-t-il tant cet ancêtre des «poètes maudits» au sein de ce XV^e siècle qui, dans son

---

l'équivalent au XV^e siècle avec les grands *Mystères de la Passion*» (Baumgartner 1987, p. 76).

[237] Gaston Paris, «La poésie du moyen âge», leçon d'ouverture faite au Collège de France le 3 décembre 1866, dans 334*, 1885, éd. de 1906, p. 30.

ensemble, trouve si peu grâce à ses yeux ?[238] C'est que la poésie villonienne, toute cléricale qu'elle soit, rétablirait le contact avec le peuple :

> «La poésie du XV^e^ siècle était condamnée à manquer d'inspiration épique, de grandeur morale et du vrai sentiment de la nature. Elle n'avait pas d'ailes à déployer ni de chants sublimes à faire entendre ; quand elle essayait de quitter le sol, elle s'enlevait lourdement et retombait vite ; elle ne pouvait que voleter près de terre et se perdait en gentils gazouillements ou en prétentieux ramages. Elle n'était faite ni pour les sommets, ni pour les libres plaines, ni pour les nobles avenues. C'est dans les rues étroites et bruyantes du quartier latin qu'elle a rencontré, grâce à la vie ardente et heurtée d'un 'fruit sec' qui se trouvait avoir du génie et d'un 'mauvais garçon' qui se trouvait avoir du cœur, le sujet et le représentant qui pouvaient la faire sortir de sa banalité emphatique ou maniérée et qui lui méritent, plus que tout le reste, l'attention de la postérité» (729*, 1901, pp. 161-162).

Villon, pourrions-nous dire – et cette comparaison n'aurait probablement pas déplu à Gaston Paris –, c'est un peu, du point de vue socioculturel, le Béranger du XV^e^ siècle. Certes, sa poésie, Gaston Paris le souligne bien, est également une poésie «érudite», qui s'inspire de la tradition cléricale et utilise celle-ci à ses propres fins[239], mais, comme c'est le cas de Béranger, les morceaux de Villon ont circulé oralement, et également dans le peuple[240].

En cette fin de moyen âge, il y a finalement une autre exception «positive» aux yeux du philologue, à savoir les chansons populaires du XV^e^ siècle, par l'édition desquelles il avait inauguré, en 1875, les publications de la SATF. Ces chansons, en effet, ne seraient ni bien vieilles ni encore d'une qualité esthétique exceptionnelle, mais, du moins, elles sortiraient du peuple :

> «Dans ce quinzième siècle, où fleurit l'*art et science de rhétorique*, qui s'ouvre avec Alain Chartier et se termine avec Crétin, où règnent sans partage la fatigante allégorie et la lourde imitation du latin, où Villon seul, suivi de loin par quelques disciples, fait descendre la muse de son estrade solennelle pour la mener, non aux champs, mais dans les rues boueuses de Paris, – une veine de poésie toute neuve, abondante, fraîche et savoureuse, vient à sourdre dans quelques provinces et à gazouiller doucement. C'est le vrai courant français qui s'échappe par une fissure, au lieu de se porter tout entier dans ces pompeuses machines où l'on en fait des jets d'eau et des cascades pour délecter les yeux des princes» (703*, 1875, p. IX).

---

238 Voir par exemple «La poésie française au quinzième siècle», leçon d'ouverture faite au Collège de France le 9 décembre 1885, dans 339*, 1895, éd. de 1913, pp. 213-261.

239 729*, 1901, p. 161.

240 *Ibid.*, p. 164 ; Gaston Paris cite le témoignage de Marot à l'appui de cette interprétation.

Ainsi, les mystères, Villon et les chansons populaires seraient ce que la fin du moyen âge aurait de plus précieux ! On ne saurait mieux faire ressortir le poids de l'horizon de totalité que constitue, pour les interprétations de Gaston Paris, le peuple en tant que porteur de l'évolution régulière de l'identité et de la littérature nationales. L'élite culturelle, quant à elle, ne ferait, pour le dire de manière certes quelque peu exagérée, que rester sur place et hypostasier à l'excès des jeux formels développés à l'infini. En général, les textes deviendraient de plus en plus entortillés, de plus en plus longs, de plus en plus monotones et, donc, pour lâcher le mot, de plus en plus ennuyeux.

*

* *

Dans l'*Esquisse*, Gaston Paris appelle cette troisième époque «moderne», «bourgeoise» et «rationnelle»[241]. Dans le *Manuel*, qui ne va que jusqu'à l'avènement des Valois, il présente le début du XIV^e^ siècle comme celui d'une «longue période de transition» qui va du «vrai moyen âge» – ou du «moyen âge proprement dit» – à la Renaissance[242]. On le voit: Gaston Paris définit l'existence d'un «vrai» moyen âge, d'un moyen âge authentique, pour ainsi dire, à l'aune duquel il mesure ensuite les autres siècles, procédé qui, s'il ne manque pas à première vue de surprendre chez un savant qui se réclame de l'approche «objective» et «spécifique» de chaque période de l'histoire, nous montre à l'évidence, une fois de plus, que l'approche historiciste du philologue, loin de mener à un relativisme des valeurs, est au contraire déterminée par quelques grandes représentations, par quelques grandes «lois» à impact axiologique. Ainsi, outre l'idée du développement progressif de la raison raisonnante, qui fait qu'on s'éloigne nécessairement de plus en plus du moyen âge «poétique», intervient ici encore dans le raisonnement de Gaston Paris la grande loi d'évolution générale qui prévoit que chaque phénomène, et donc en l'occurrence le moyen âge pris dans son ensemble, parcoure nécessairement les trois stades – croissance, épanouissement, dégénérescence – de la vie biologique.

Ce cadre général d'interprétation détermine les limites à l'intérieur desquelles les appréciations esthétiques de Gaston Paris prennent place, mais n'empêche pas que, même mis à part les cas «populaires» mentionnés, tel morceau «artistique» et «savant» (ainsi, pour le XIII^e^ siècle, l'épigramme contre les Béguines de Rutebeuf, «un pur chef-d'œuvre»[243]) ou tel auteur «de société» (comme «la très honnête» Christine de Pisan[244] ou le «galant

---

241 *Esquisse*, 1907, p. 173.

242 335*, 1888, éd. de 1909, p. XI.

243 *Esquisse*, 1907, p. 193.

244 *Ibid.*, p. 226.

prince» Charles d'Orléans, «le plus charmant représentant qu'ait jamais eu la poésie de société»[245]) se voient jugés tout à fait positivement par le philologue. Dans l'ensemble, celui-ci ne peut pourtant qu'approuver le peu d'importance accordée dans la *Geschichte der französischen Litteratur* de Suchier et Birch-Hirschfeld au moyen âge tardif:

> «La proportion est juste: le XIVe et le XVe siècle, malgré quelques noms brillants, – Jean le Bel, Froissart, Christine de Pisan, Charles d'Orléans, Martin le Franc, Villon, Antoine de la Sale, Chastellain, Commynes, Jean Le Maire, – forment une période assez stérile pour l'histoire littéraire» (346*, 1901, p. 780)[246].

Inutile de dire combien les valorisations ont, sur ce point, et à juste titre, changé depuis!

## EXEMPLE 2: LA MATIÈRE DE BRETAGNE

### 1. DÉDALE

Durant l'hiver 1879/1880, tous les mercredis, dès treize heures quarante-cinq, Gaston Paris donne au Collège de France un cours sur les «Romans de la Table Ronde». L'été suivant, le 14 juillet 1881, il écrit à Rajna, depuis Avenay:

> J'ai beaucoup travaillé ces derniers temps sur les romans de la Table Ronde, et j'ai bien des choses à en dire. J'espère jeter un peu de lumière dans ce que mon pauvre père appelait si bien *questa selva selvaggia ed aspra e forte*. Dans tout ce que je médite sur ce sujet, je me demande toujours si j'aurai votre approbation. Votre regard si fin et si pénétrant me tourmente souvent et semble me dire: tu te laisses aller à l'hypothèse, tu prends le *vraisemblable* pour le *vrai*; méfie-toi: j'ai des révélations à te faire qui souffleront sur tes bulles de savon. Enfin, cependant, l'année prochaine, si je puis, je commencerai à publier quelques bribes dans la *Romania*; mais j'ai un temps si misérablement haché que je ne puis même penser avec suite. [...] Je vous écris à bâtons rompus, par une chaleur ardente, à la campagne où je me suis réfugié pour éviter le tintamarre patriotique du 14 juillet. Je suis dans la petite maison de mon père, dans la chambre où il a travaillé tant d'années et avec tant de plaisir. Je suis né dans cette maison, et j'y retrouve tous les meilleurs et les plus doux souvenirs de ma vie[247].

---

245 *Ibid.*, pp. 230-231.

246 Voir également «La littérature française au quatorzième siècle», leçon d'ouverture faite au Collège de France le 7 décembre 1875, dans 339*, 1895, éd. de 1913, pp. 185-211.

247 B.N., n.acq.fr. 24466, ff. 63-64, version dactylographiée de M. Roques.

En 1882 et pendant l'année 1885-1886, il consacre de plus les réunions du dimanche matin à la matière tristanienne, ce qui donne lieu à la publication d'une série de travaux menés à bien par les étudiants ayant participé à ces deux cycles de conférences[248]. – C'est donc bien dans les années qui entourent la mort de son père que Gaston Paris s'est mis à travailler avec entrain sur les romans bretons, sujet duquel Paulin Paris s'était déjà, on le sait, occupé avec passion[249]. On ne saurait mieux faire que de reproduire ici le passage émouvant dans lequel le fils se souvient de l'immense travail fourni par son père pour la diffusion de la connaissance des romans en prose:

> «Le premier et le seul depuis des siècles, il avait lu dans leur entier ces immenses compositions dont il a donné des traductions ou analyses qui permettent à tout le monde d'avoir une connaissance suffisante au moins de quelques-unes d'entre elles. Et cette lecture, fastidieuse pour tant d'autres, avait pour lui un attrait infini. Je le vois encore, courbé sous ces énormes volumes du XIIIe siècle, aux innombrables feuillets couverts sur trois ou quatre colonnes d'une écriture fine et serrée, laissant passer les heures sans en avoir conscience, et se replongeant, après une interruption presque toujours importune, dans le monde enchanté qu'évoquaient ces pages antiques et où, pendant de nouvelles heures, il vivait tout entier» («Paulin Paris et la littérature française du moyen âge», 1058*, 1882, dans 334*, 1885, éd. de 1906, p. 233).

Au cours de ses études, Gaston Paris sera amené à plusieurs reprises à rendre hommage à l'auteur de la «Dissertation sur les romans de la Table Ronde» (1836)[250] et des *Romans de la Table Ronde mis en nouveau langage* (1868-1877), tout en rectifiant à plus d'un sujet les opinions de celui-ci,

---

248 Gaston Paris a rendu compte de ces travaux, dont la plupart ont été publiés dans la *Romania* (517*, 1886). Voir également Ridoux 2001, pp. 817-826 (notons simplement que les réunions du dimanche n'ont pas eu lieu à l'EPHE, comme l'écrit Ridoux, mais bien à la maison de Gaston Paris). Ont pris part à ces conférences: Fécamp, Thomas, Gilliéron, Ulrich, Vetter, Nyrop, Bédier, Lutoslawski, Sudre, Söderhjelm, Muret, Löseth, Grand, Ernst, Bonnier et W. Meyer (voir 517*, 1886, p. 597). Morf, par contre, contrairement à ce qu'écrit Ridoux, ne semble pas avoir pris part aux conférences elles-mêmes, mais avoir «simplement» publié, sur la demande de Gaston Paris, la *Folie* de Berne (voir *ibid.*). – Pour une discussion contemporaine de ces travaux et une présentation de l'état de la recherche tristanienne vers 1895, voir Röttiger 1897.

249 Hult 1996 fonde son argumentation sur ce rapport entre la date de mort de Paulin Paris et le début des travaux de Gaston Paris sur les romans bretons. Je vois moi aussi un tel rapport, mais je n'irai pas aussi loin dans sa spécification. Je ne crois pas que l'émergence du «concept» d'amour courtois chez Gaston Paris en 1881/1883 soit à comprendre dans le cadre d'un «parricide». Ma divergence d'opinion avec Hult sur ce point s'explique par le fait que nous interprétons de manière différente les valeurs que revêtent, dans le discours de Gaston Paris, la notion d'«amour courtois», la littérature courtoise en général et Chrétien de Troyes en particulier (voir plus loin).

250 Publiée dans le premier volume des *Manuscrits françois de la Bibliothèque du Roi.*

notamment, bien sûr, en ce qui concerne le problème de la chronologie relative des romans en prose et des romans en vers, problème dans lequel Paulin Paris s'était embrouillé dès le départ et que son fils résoudra une fois pour toutes[251].

Gaston Paris commence la publication des «quelques bribes» annoncées à Rajna et qui, sous le titre d'«Etudes sur les Romans de la Table Ronde» avaient pris des dimensions considérables, par deux articles dans la *Romania* consacrés à Lancelot du Lac. Le premier, qui paraît en 1881, a comme point de départ le *Lanzelet* d'Ulrich von Zatzikhoven, et peut être considéré dans son ensemble comme une réplique à la dernière contribution de Fauriel à l'*HLF*, contribution qui avait paru à titre posthume en 1853, dans le volume XXII. Fauriel y avait tenté une dernière fois de défendre l'idée selon laquelle la matière bretonne aurait d'abord été développée sous forme littéraire dans le Sud de la France, et, pour ce faire, s'était notamment appuyé sur l'identification du «welsches buoch», qu'Ulrich von Zatzikhoven dit avoir traduit, avec un roman en prose sur Lancelot attribué à Arnaut Daniel[252]. Gaston Paris détruit une fois pour toutes – il avait pourtant déjà amorcé ce travail dans un article de 1865[253] – les arguments de Fauriel, qu'il attaque violemment de mauvaise foi, dans une longue analyse critique de cette *translatio erroris* que constitue l'attribution d'un roman arthurien au troubadour périgourdin, et qui a comme point de départ un passage mal interprété dans la *Divine Comédie* de Dante[254]. Le second article, publié deux ans plus tard, propose une analyse du *Conte de la Charrette* de Chrétien de Troyes et introduit notamment le fameux «concept» d'amour courtois, dont il nous faudra reparler[255].

Au début du premier travail, le savant expose son projet global et ne cache pas les difficultés qu'il rencontre dans sa tentative de mettre un peu d'ordre dans la masse des textes arthuriens, tant en vers qu'en prose:

> «J'ai entrepris depuis quelque temps une exploration méthodique de ce grand domaine poétique qu'on appelle le cycle de la Table Ronde, le cycle d'Arthur, ou le cycle breton. J'avance en tâtonnant, et bien souvent, revenant vingt fois sur mes pas, je m'aperçois que je suis perdu dans un dédale inextricable. Il me semble cependant que j'ai reconnu quelques

---

251 Gaston Paris retrace l'historique du problème et y apporte sa propre solution dans 526*, 1883, pp. 485-498. Voir également, au sujet de la position de Paulin Paris, Ridoux 2001, pp. 767-770.

252 Voir également Glencross 1995, pp. 81-82.

253 845*, 1865.

254 Voir 522*, 1881, pp. 478-486 et également 526*, 1883, p. 459, n. 1.

255 Hult 1996, pp. 199-200 fait remarquer à juste titre que l'expression «amour courtois» est déjà présente à un endroit dans l'article de 1881. Mais le développement «conceptuel» de cette expression ne se trouve que dans l'article de 1883 (voir plus loin).

> directions assez sûres, rectifié quelques indications erronées de mes devanciers, relevé quelques points de repères. J'ai l'espoir d'accroître, en continuant mes recherches, la somme de mes connaissances précises, et de pouvoir peut-être, un jour, présenter dans un ouvrage d'ensemble des résultats dont chacun ne prend toute sa valeur que si on le rapproche des autres» (522*, 1881, p. 465).

L'image dominante qui semble avoir hanté le philologue, tout comme déjà son père, au cours de son travail sur les romans bretons – «ce cycle immense et bizarre de la Table Ronde, dont l'apparition est le grand événement littéraire du XII^e siècle»[256] – est bien celle d'un labyrinthe, labyrinthe dont le savant, malgré le fait qu'il a été l'un des premiers à avoir trouvé le fil d'Ariane, à avoir (entre)vu la structure d'ensemble, ne s'est guère senti capable de sortir[257]. La réalisation du vaste projet annoncé, qui aurait eu comme sujets – outre Lancelot du Lac – Erec, Ivain, Yder, Gauvain, Perceval et le graal, l'histoire religieuse de l'Angleterre, les lais, Nennius et Geoffroy de Monmouth, Merlin, Tristan et, finalement, les différents romans en prose[258], s'arrêta en fait aux deux études mentionnées. Une troisième, qui porte également le titre de «Etudes sur les Romans de la Table Ronde» et qui traite de *Guinglain* ou *Le Bel Inconnu* de Renaut de Beaujeu[259], n'est autre que le chapitre consacré à cette œuvre dans le tome XXX de l'*HLF*, qui paraît en 1888. C'est en effet dans ce tome sur le XIV^e siècle que Gaston Paris donne son magistral «coup d'œil rétrospectif»[260] sur l'ensemble des textes rimés, «[p]remière étude d'ensemble sur le roman arthurien en vers qui constitue la somme des connaissances de l'époque»[261] et qui ne comporte pas moins de 270 pages. En 1894, finalement, le savant publiera, dans la *Revue de Paris*, une très belle étude sur *Tristan et Iseut*[262]. Outre ces quatre travaux de portée générale, il a rédigé plusieurs articles de nature plus spécifique sur la matière bretonne et, surtout, quelques comptes rendus circonstanciés, notamment de différentes éditions des romans de Chrétien de Troyes établies par Wendelin Foerster. Comme c'est toujours le cas dans l'œuvre de Gaston Paris, ces comptes rendus constituent, ici encore, un complément indispensable à ses travaux «originaux»[263]. Pour terminer ce survol biblio-

---

[256] «La littérature française au douzième siècle», leçon d'ouverture faite au Collège de France le 7 décembre 1871, dans 339*, 1895, éd. de 1913, p. 31.

[257] Tant Paulin Paris que l'abbé de La Rue avaient déjà employé le qualificatif de «labyrinthe» en rapport avec la matière de Bretagne (voir Glencross 1995, p. 79).

[258] 522*, 1881, p. 465.

[259] 528*, 1886.

[260] 499*, 1888, p. 1.

[261] Trachsler 1997a, p. 63.

[262] 518*, 1894.

[263] 482, 1884; 532, 1891; 346*, 1901.

graphique, mentionnons encore, outre les pages sur la matière bretonne dans le *Manuel*[264] et dans l'*Esquisse*[265], l'édition de quatre lais bretons anonymes (*Tyolet*, *Guingamor*, *Doon*, *Tydorel*)[266], celle du *Merlin* du manuscrit Huth, préparée pour la SATF en collaboration avec Jacob Ulrich[267], ainsi que la préface au *Tristan et Iseut* de Bédier[268]. – Une fois de plus, un «ouvrage d'ensemble» annoncé par Gaston Paris n'aura pas vu le jour. Une fois de plus, le savant, dont l'emploi du temps devient toujours plus serré à l'époque où il commence la publication des «Etudes de la Table Ronde», n'a apparemment pas trouvé les loisirs nécessaires à la réalisation d'un grand projet, s'étant sans doute, de plus, égaré dans mille petits problèmes pour le moment insolubles. En 1901, il s'écrie, quelque peu découragé:

> «[...] il est écrit que dans cette *terrible* 'matière de Bretagne', flottante et tournoyante comme les 'palais aventureux' qu'on y rencontre, les faits qui semblent le mieux acquis à la critique doivent être perpétuellement remis en question» (346*, 1901, p. 706)[269].

Et, d'ailleurs, les choses ont-elles vraiment changé depuis ? Frank-Rutger Hausmann commence sa présentation de la matière de Bretagne comme suit:

> «Bei keinem Gelehrten, der sich mit der Artusepik befasst, gibt es einen Zweifel, dass es sich dabei um einen der vielgestaltigsten, farbigsten und ausbaufähigsten Stoffe der abendländischen Literatur handelt. Ansonsten wird über fast alles gestritten» (Hausmann 1996, p. 195).

Quoi qu'il en soit, il n'en reste pas moins que, dans le domaine des romans bretons tout comme dans celui des chansons de geste, Gaston Paris a contribué à faire progresser nos connaissances de façon tout à fait substantielle.

## 2. **ORIGINES ET FORMATIONS**

### Origine(s) historico-géographique(s) et voie(s) de transmission

Suite, sans entrer dans le détail, à la réception des idées de l'abbé de La Rue par Hersart de La Villemarqué au début des années 1840, la théorie de

---

264 335*, 1888, éd. de 1909, pp. 92-111.

265 *Esquisse*, 1907, pp. 76-79; pp. 110-120; p. 174; pp. 212-213.

266 506*, 1879; Gaston Paris y formule (p. 33) le projet d'une édition de lais dans la collection de la SATF, autre projet jamais réalisé.

267 527*, 1886.

268 519*, 1900.

269 Voir encore, pour une autre déclaration sur le «chaos indigeste» de la matière bretonne, et avant tout des romans en prose, 536, 1895, p. 472.

l'origine celtique de la matière arthurienne (y incluse celle de Tristan) était arrivée peu à peu à remplacer celle de l'origine provençale, défendue avant tout par Fauriel, pour devenir, autour des années 1850, la nouvelle doctrine officielle[270]. Cette situation ne devait guère changer jusqu'à la parution, en 1929, de *La Légende arthurienne* d'Edmond Faral et, trois ans plus tard, de *Classical Mythology and Arthurian Romance* de Charles Bertram Lewis, ouvrages qui se proposaient essentiellement de réduire à un strict minimum l'apport authentiquement celtique dans la matière arthurienne au profit de la tradition (post)classique. Certes, même durant la période de l'«entente celtique», d'autres sources d'inspiration, chrétiennes, folkloriques ou gréco-latines, furent également alléguées pour expliquer certains romans bretons ou certains épisodes de ces romans. Ainsi le graal fut-il très tôt rattaché à la tradition chrétienne[271] et, dans *Yvain*, pensa-t-on pouvoir reconnaître la légende de la matrone d'Ephèse[272] (*Cligès* était très tôt considéré comme un cas à part, comme un roman antique, rattaché uniquement de façon superficielle à la matière bretonne). Dans l'ensemble, pourtant, on tombait d'accord sur le fait que les lais et les romans bretons français ne pouvaient pas se concevoir en dehors d'un cadre de référence celtique traditionnel, c'est-à-dire populaire, qu'on considérât celui-ci comme essentiel (c'était l'avis de Gaston Paris) ou comme accidentel (c'était l'avis de Wendelin Foerster, dont les travaux anticipent et préparent à maints égards les ouvrages de Faral et de Lewis, lesquels, pourtant, ne se souviendront guère de leur illustre prédécesseur). Et, après la parenthèse «latine» ou «cléricale» – et aussi «individualiste», car, pour Faral, l'œuvre de Geoffroy de Monmouth, qui aurait «'lancé' la poésie bretonne, un peu comme, huit siècles après, Macpherson devait lancer l'ossianisme»[273], serait surgie «inattendue, sans préparation apparente»[274] –, parenthèse ouverte, ici encore, par le courant de réflexion bédiériste, la chose semble de nouveau entendue aujourd'hui, suite, avant tout, aux travaux de Roger Sherman Loomis et de son école, qui, tout excessifs sur certains points qu'ils nous paraissent aujourd'hui, ont du moins mis hors de doute l'apport celtique traditionnel dans la création arthurienne française. La *communis opinio* d'aujourd'hui est exprimée par Michel Zink en ces termes :

> «[...] l'originalité et l'ancienneté des littératures et des traditions celtiques sont trop avérées, et les rapprochements avec les romans français

---

[270] Glencross 1995, p. 139. Voir, au sujet de la position des philologues de la première génération en général, *ibid.*, pp. 130-143.

[271] Voir Bruce 1974, vol. I, pp. 219-268 et Brogsitter 1971, pp. 63-64.

[272] Voir par exemple Foerster 1887, p. XXI et p. XXIV.

[273] Faral 1923, p. 19.

[274] Faral 1929, t. II, p. 386.

trop constants et trop frappants pour que l'on puisse sérieusement nier que les seconds aient emprunté aux premiers. Malgré le scepticisme excessif d'Edmond Faral [...], et comme d'autres critiques l'ont à l'inverse soutenu (Roger Sherman Loomis, Jean Marx), il n'est pas douteux que Geoffroy de Monmouth a effectivement emprunté à des sources celtiques et que les romanciers français ont ensuite, directement ou indirectement, fait de même, sans qu'il soit, bien entendu, le moins du monde légitime de réduire leur œuvre à ces sources» (Zink 1990, p. 70).

Les deux grandes questions qui divisaient les esprits au temps de Gaston Paris étaient celle, d'une part, on s'y attendait, de la voie ou des voies de transmission de la matière bretonne des populations celtiques aux poètes français, à Chrétien de Troyes et à Marie de France avant tout, et, d'autre part, plus intéressante à nos yeux, celle du poids qu'il convenait d'accorder à la tradition celtique dans la création littéraire de ces écrivains. – Commençons par le premier ensemble d'interrogations.

### (a) **Contes et lais**

Au début, nous dit Gaston Paris, il y a eu des contes et des lais celtiques, dont aucun ne nous serait pourtant directement connu puisque, bien probablement, aucun n'a jamais été fixé par écrit, mais dont quelques-uns du moins se laisseraient reconstruire à partir de témoignages plus tardifs, tels, pour les contes, les *Mabinogion*. Contrairement à ce que laissent entendre les critiques qui lui ont été adressées de son vivant, avant tout par Wendelin Foerster[275] et par Heinrich Zimmer[276], l'*alter ego* celtisant de celui-ci, Gaston Paris semble bien admettre une différence de nature entre les contes bretons d'un côté et les lais bretons de l'autre. Le reproche des savants allemands est néanmoins justifié, dans la mesure où plusieurs de ses textes, et notamment son *Manuel*, estompent voire abolissent cette distinction[277]. Il faut admettre que ses réflexions à ce sujet n'ont jamais abouti à un modèle fixe mais sont en général restées à l'état de première ébauche, d'où, justement, de nombreux ambiguïtés et flous. Dans sa contribution au tome XXX de l'*HLF*, pourtant, les choses sont assez claires. Tenons-nous en donc à ce texte.

Les contes, nous y dit le philologue, sont pour les Bretons, toutes proportions gardées, ce que les chansons de geste sont pour les Français, à savoir les manifestations d'une tradition épique nationale. L'épopée bretonne, de

---

[275] Voir par exemple Foerster 1887, p. XXIX.

[276] Zimmer 1890, p. 805 *et passim*.

[277] 335*, 1888, éd. de 1909, pp. 97-99 et p. 101. L'*Esquisse* est également très ambiguë à ce sujet puisqu'elle affirme, dans certains passages, que la seule source des romans arthuriens est constituée par les lais celtiques, quitte pourtant à admettre une distinction entre contes et lais des dizaines de pages plus loin (voir *Esquisse*, 1907, pp. 76-77 et p. 110).

nature mythologique à l'origine, aurait pris un caractère historique pendant les conflits guerriers entre les Bretons et les Saxons, conflits dont elle aurait gardé maintes traces, ainsi, notamment, les exploits d'un chef militaire du nom d'Arthur. Cette épopée, sous sa forme hybride, à la fois mythologique et historique, se serait conservée chez les Bretons après que ceux-ci eurent été confinés, sur l'île, dans les limites étroites du pays de Galles et de la Cornouailles[278]. Au cours de l'évolution, le caractère historique, suivant la mentalité propre aux Celtes – et ici, comme ailleurs, Gaston Paris s'inspire largement des idées de Renan sur l'« âme celtique », où l'imagination dominerait le sens du réel[279] –, se serait successivement perdu au profit d'une vision de plus en plus fantastique des événements :

> « On célébra moins les guerres d'Arthur contre les Saxons que la splendeur incomparable qui entoura son règne après qu'il les eut vaincus, et que, non seulement, comme le voulait l'orgueil breton exalté jusqu'à la folie, il les eut chassés de l'île, mais qu'il eut conquis l'Ecosse, l'Irlande, les pays scandinaves et la Gaule même. On se représenta ce règne d'Arthur comme une époque où le monde entier avait été dominé et ébloui par les Bretons, et de ce Salomon national l'imagination populaire se fit en outre un Messie » (499*, 1888, p. 4).

Bien que Gaston Paris admette qu'il ne s'agit peut-être pas, dans le cas des contes bretons, d'une « véritable épopée nationale », mais uniquement de « fragments » et de « matériaux » d'une telle épopée[280], l'idée générale d'une poésie épique bretonne est bien là, et le philologue va même jusqu'à parler de « chants »[281] nationaux bretons. A ce sujet précis, Zimmer, le grand spécialiste *in celticis*, a certainement raison de mettre en évidence le fait que l'ancienne épopée celtique ne semble jamais avoir été célébrée sous forme lyrique mais paraît avoir employé dès le départ une forme en prose[282]. En dépit de quelques légères restrictions qu'il y apporte lui-même, l'argumentation de Gaston Paris au sujet de la naissance de l'épopée celtique est de toute évidence modelée sur celle mise en œuvre pour l'explication de la genèse des chansons de geste françaises, et nous rencontrons ici un premier cas apparent de ce que j'appellerai un *raisonnement analogique ou paral-*

---

278 Voir 499*, 1888, p. 3. – Notons ici que ce n'est qu'à la fin de sa carrière que Gaston Paris commence à évoquer l'importance de la tradition irlandaise dans l'élaboration de la « matière de Bretagne » (voir par exemple 541*, 1899).

279 Voir Renan 1948, en part. pp. 258-259 et p. 300. Gaston Paris parle aussi de « rêveries de plus en plus fantastiques » (499*, 1888, p. 4).

280 *Ibid.*, p. 3.

281 *Ibid.*, p. 4.

282 Zimmer 1890, pp. 806-809, et, avant tout, p. 808. Voir également Bruce 1974, vol. I, p. 58 et Loomis 1949, p. 22.

*lèle*, c'est-à-dire un raisonnement qui se voit transféré d'un domaine à un autre sans que la qualité des indices et de l'argumentation ne permette nécessairement ce transfert, lequel semble d'ailleurs s'effectuer le plus souvent de façon spontanée, inconsciente[283].

Bien qu'il se trompe, selon toute vraisemblance, sur la forme propre à l'épopée celtique, Gaston Paris n'associe donc pas, du moins dans l'étude que nous sommes en train d'analyser (car, nous l'avons dit, le *Manuel* et l'*Esquisse* sont beaucoup plus ambigus à ce sujet), cette épopée aux lais. Seuls les contes et récits bretons sont, aux yeux du philologue, censés dériver directement de la poésie épique des Celtes, pour aboutir finalement, par des voies qu'il nous faudra encore examiner, aux romans arthuriens français.

Quant aux lais, dans lesquels, comme le fait remarquer Gaston Paris en accord avec l'opinion de la plupart des spécialistes tant anciens que modernes, la musique jouait bien probablement le rôle principal chez les Celtes et dont les bardes étaient les propagateurs, ils se seraient référés «toujours, mais peut-être sans la raconter précisément, à quelque histoire d'amour et généralement de malheur»[284]. Les lais ne semblent donc pas, chez Gaston

[283] Notons au passage que le cas de l'épopée bretonne tel qu'il est mis en évidence par Gaston Paris contredit la «loi de Lemcke», puisque les chants épiques qui composent cette épopée sont censés être nés non pas d'une «fusion», mais d'un «choc» des différentes nationalités. Ce serait donc Meyer qui aurait raison. – Ridoux 2001, p. 756 construit une homologation, dans la pensée de Gaston Paris, entre le développement des romans arthuriens et celui des chansons de geste. Il met en rapport une série «source celtique (orale) – première rédaction anglo-normande (perdue) – rédaction définitive française» avec une autre «chants héroïques – chants lyrico-épiques (perdus) – chansons de geste». Ce n'est pas ainsi que nous voyons les choses, car: 1° il n'y a pas de différence, dans le raisonnement de Gaston Paris, entre chants héroïques et chants lyrico-épiques; 2° il n'y a pas de différence de nature non plus, chez le philologue, entre les romans anglo-normands et les romans français, tandis qu'il y en a bien une entre les chants lyrico-épiques et les chansons de geste, ainsi que nous l'avons vu. Le raisonnement parallèle tel que nous l'entendons ne touche pas l'évolution des deux «genres» dans leur totalité mais concerne la seule *naissance* des épopées celtique et française. L'analyse de Ridoux se rapproche de celle de Nykrog 1996b, pp. 15-16, qui, pour des raisons qui me restent inconnues, parle constamment de romans «anglo-saxons» au lieu de romans «anglo-normands» (voir plus loin)!

[284] 499*, 1888, p. 8. La critique de Bruce 1974, vol. I, p. 58, n. 38 à ce sujet est injustifiée. Bruce note: «It was natural that Gaston Paris, who had no firsthand knowledge of Celtic literature, should have mistaken the force of these allusions [les allusions à des lais bretons que l'on trouve dans les lais français] and assumed that they referred to narrative poems in a Celtic language of the same character as the French lais themselves». Gaston Paris le dit bien: «Ces 'lais bretons' étaient des morceaux de musique accompagnés de paroles; la musique, la 'note', comme on disait, y jouait le rôle principal» (499*, 1888, p. 7). Il n'a jamais prétendu que les lais celtiques fussent les poèmes narratifs qu'ils sont devenus en français. – Voir également, au sujet des lais en général, 506*, 1879 et 507, 1885.

Paris – contrairement encore à ce qu'insinuent Foerster[285] et Zimmer[286] –, originairement liés à Arthur, mais rattachés à l'univers arthurien, « fort extérieurement d'ailleurs »[287], dans quelques-uns des lais bretons français seulement. Cette thèse (qui est celle même de Foerster[288]) d'une « arthurisation postérieure » des lais bretons, si elle ne fait pas l'unanimité, sera également défendue par Ernest Hoepffner dans *Arthurian Literature in the Middle Ages*[289]. C'est seulement à propos des lais que Gaston Paris énonce, mais en les restreignant à quelques romans très rares et non originairement rattachés à Arthur, telles, notamment, les versions rimées de *Tristan et Iseut*, les principes de juxtaposition et d'amplification[290] qui évoquent pour Foerster, et sur ce point on lui donne en principe entièrement raison, l'ancienne théorie sur les cantilènes[291]. Mais, d'une part, cette théorie, nous l'avons montré, n'est précisément pas acceptée par Gaston Paris en ce qui concerne le développement des chansons de geste, et, d'autre part, l'idée que les romans français sur *Tristan et Iseut* sont le résultat d'une construction réfléchie à partir de plusieurs épisodes au départ indépendants est communément admise de nos jours encore[292].

En résumé, la critique formulée tant par Foerster que par Zimmer au sujet d'une prétendue confusion, chez Gaston Paris, entre les lais et les contes, a besoin d'être fortement atténuée. Dans sa contribution à l'*HLF* de 1888, du

---

285 Foerster 1887, p. XXX.

286 Zimmer 1890, pp. 815-816.

287 499*, 1888, p. 9.

288 Foerster 1899, p. CXII : « Diese *lais* [i.e. les lais bretons] stehen mit der Artussage in keiner Verbindung ; erst in später Zeit wird das eine oder andere Lai rein äusserlich damit kontaminiert ».

289 Hoepffner 1959, p. 121.

290 Voir 499*, 1888, p. 9. – Mais, à ce sujet encore, le *Manuel* est beaucoup plus ambigu (voir 335*, 1888, éd. de 1909, p. 99). Quant au principe de juxtaposition en rapport avec *Tristan et Iseut*, voir également 518*, 1894, dans 345*, 1900, p. 149.

291 Foerster 1887, p. XXIX. Voir également Bruce 1974, vol. I, p. 67, n. 64, qui, notons-le en passant, répand de fausses idées sur la conception qu'a Gaston Paris de la naissance des chansons de geste. – Le résumé de Bédier 1891, pp. 845-846, comme souvent trop simplificateur, ne tient pas non plus compte de la complexité de la « théorie » de Gaston Paris au sujet des contes et les lais. Ce n'est certainement pas Gaston Paris qui aurait souscrit à cette déclaration : « Il me semble indéniable que les grands romans de la Table-Ronde proviennent de ces lais bretons » (*ibid.*, p. 859). Et ce n'est pas sans un léger sentiment d'ironie que l'on voit Bédier tomber dans un raisonnement « cantiléniste » quand il poursuit : « Ce sont ces contes bleus minuscules qui, reliés en chapelets, ont constitué les plus anciens romans d'où est sortie l'immense épopée arthurienne » (*ibid.*). Une quinzaine d'années plus tard, Bédier se moquera de ce même raisonnement par « chapelets et bouquets de lais » appliqué au développement de la matière tristanienne (Bédier 1905, p. 370). Décidément, la conséquence est chose difficile !

292 Voir par exemple Walter 1989, pp. 15-16 et Baumgartner 1991, p. 24.

moins, le philologue établit une distinction très nette entre les deux sortes de «textes» à travers lesquels la matière bretonne aurait pénétré dans la littérature française. Ainsi, la conclusion de Zimmer, mise à part l'origine armoricaine de la tradition bretonne, problème que nous allons discuter ci-dessous, aurait même eu toute la chance d'être acceptée par notre philologue:

> «Lässt man den '*lai breton*' und den '*musicien et chanteur breton*', die nirgends als Träger der Arthursage bezeugt sind, hinweg und versteht unter '*breton*' den französisierten (normannisierten) aremorikanischen Bretonen, so ist Alles in Ordnung. [...] Wenn man G. Paris' Schilderung liest von den *conteurs*, die sich neben den *jongleurs et chanteurs* am Hofe Arthurs befinden, dann glaubt man er spreche von irischen Zuständen: neben den *scēlid* (Sagenerzählern, *conteurs*) treffen wir *aes cīuil ocus airfite* (Leute der Musik und des Scherzes, *jongleurs*) und Barden (*chanteurs*).
>
> Darüber lassen die von G. Paris angeführten Thatsachen in Verbindung mit den oben [...] entwickelten Gesichtspunkten kaum einen Zweifel darüber aufkommen, dass der 'chanteur breton' der keltische Barde ist und dass der 'conteur breton' der keltische Träger der Heldensage und Sage überhaupt, der ir. *scēlid*, welsche *storiawr*, ist; die Form, in der die Arthursage durch diese Sagenerzähler der französisierten aremorikanischen Bretonen zu Normannen und Nordfranzosen kam, ist die gemeinkeltische Prosaerzählung, wie ich sie diese Anzeigen [...] charakterisiert habe» (Zimmer 1890, pp. 816-817)[293].

## (b) **Théorie insulaire – théorie continentale**

La rencontre entre la société française et la matière bretonne «sous la double forme du lai et du conte»[294] se serait pour l'essentiel opérée en Angleterre. Gaston Paris est en effet un adepte de la «thèse insulaire», laquelle s'oppose à la «thèse continentale» qui, mise en circulation par l'abbé de La Rue et défendue, du vivant même du philologue, par des chercheurs allemands avant tout, tels Foerster et Zimmer, sera encore fermement soutenue, quelques décennies plus tard, par Roger Sherman Loomis et son école, tandis que la «thèse insulaire» trouvera, elle, un nouveau champion en la personne d'un Jean Marx, mais aussi, plus près de nous, d'une Rachel Bromwich[295]. Il est

---

293 L'autre critique à laquelle il est ici fait allusion est celle du livre d'Alfred Nutt, *Studies on the Legend of the Holy Grail*, 1888, dans les *Göttingische gelehrte Anzeigen*, Nr. 12, 10 juin, 1890, pp. 488-528.

294 499*, 1888, p. 12.

295 Bromwich conclut son article consacré aux éléments celtiques dans les romans arthuriens comme suit: «It cannot be too strongly stressed that the problem of Arthur is first and foremost a Welsh literary problem» (Bromwich 1983, p. 55).

d'ailleurs intéressant de voir que, sur ce point encore, Gaston Paris reprend en fait l'avis de Renan, lequel, dans son essai de 1854 sur «La poésie des races celtiques», s'était déjà prononcé pour l'origine insulaire de la propagation de la matière arthurienne contre les préférences armoricaines de La Villemarqué[296].

Plus précisément, les lais et les romans bretons français sont le produit, nous dit Gaston Paris, du contact entre la société française et les Celtes insulaires par l'intermédiaire des Anglo-Normands installés en Grande Bretagne depuis 1066. Les Celtes de la petite Bretagne, par contre, n'auraient joué un rôle important dans la transmission des contes et des lais bretons qu'une fois la tradition celtique de la Grande Bretagne déjà plus ou moins diffusée sur le continent. L'une des preuves alléguées par Gaston Paris en faveur de l'existence de conteurs gallois est le personnage de Bréri qui est mentionné par Thomas mais également, sous des formes variées, par plusieurs autres textes français du XII^e^ et du début du XIII^e^ siècle, et que le philologue était le premier à rapprocher du *famosus ille Bledhericus fabulator* dont parle Giraldus Cambrensis (Guiraut de Barri) dans sa *Descriptio Cambriae*[297]. Dans l'*HLF*, Gaston Paris soumet pourtant son opinion à une modalisation épistémique qui semble une concession aux tenants de la «théorie continentale». Son avis personnel n'en ressort pas moins très clairement:

> «La 'matière de Bretagne' nous vient surtout d'Angleterre, car c'est la Grande Bretagne que désigne ici le mot 'Bretagne'. Non pas que l'Armorique n'ait connu, au moins en grande partie, les récits et les croyances qui en composent le fond; mais on ne semble avoir commencé à les lui demander qu'après la grande invasion des contes de la Bretagne d'outre-mer, et sous l'influence du succès de ces contes. Ce fut l'établissement des Normands en Angleterre qui amena entre le monde roman et ce qui restait du monde celtique un contact plus intime qu'il ne l'avait été jusque-là» (499*, 1888, p. 3)[298].

Ce débat, à l'instar de tant d'autres touchant aux romans arthuriens, est toujours ouvert, et comme nous n'avons ni les moyens ni l'intention d'apporter de nouveaux éléments de solution, il n'est pas besoin d'énumérer ni

---

[296] Voir Glencross 1995, pp. 139-140. Renan a modifié quelque peu son opinion entre la première parution de son article dans la *RdDM* en 1854 et la deuxième dans les *Essais de morale et de critique* cinq ans plus tard, et il paraît bien probable que cette modification soit due à un geste de réconciliation avec La Villemarqué (voir *ibid.*, p. 140, n. 61).

[297] 516*, 1879, pp. 427-428.

[298] Gaston Paris semble également prêt à faire des restrictions à sa propre théorie dans 532, 1891, p. 157 et p. 165, n. 6. Dans l'*Esquisse*, finalement, il pousse encore plus loin la concession, en déclarant au sujet des «contes venus de Bretagne»: «que ce soit de la Bretagne insulaire ou de la Bretagne continentale, il n'importe» (*Esquisse*, 1907, p. 110; voir également *ibid.*, p. 76).

de discuter ici en détail les arguments allégués par Zimmer et par d'autres adeptes de la théorie «continentale» pour prouver 1° que les contacts entre les anciens habitants de la petite Bretagne et les Normands ont été très réguliers dès le Xe siècle et que des échanges culturels entre les deux civilisations dès cette époque sont donc ce qu'il y a de plus probable, et 2° que les contacts entre les Bretons d'outre-mer et les Anglo-Normands, par contre, ont été beaucoup moins intenses, avant le début du XIIe siècle, qu'on n'a voulu le faire croire[299]. Il suffit de retenir, dans ce contexte, qu'à côté des tenants d'une attitude essentiellement «monosolutionnelle», soit insulaire soit continentale, il y a également, à commencer par Bédier[300], Joseph Loth[301], Ferdinand Lot[302] et Eduard Wechssler[303], des défenseurs d'une solution mixte ou intermédiaire qui, tant *a priori* qu'*a posteriori*, a certainement plus de chance d'approcher la vérité, comme l'a fait remarquer à plusieurs reprises Jean Frappier, ennemi de toute position dogmatique en ces questions relevant aussi du bon sens historique:

> «Les deux théories [insulaire et continentale] ne s'excluent pas réciproquement: on peut bien admettre que les conteurs armoricains ont propagé les légendes armoricaines, et que les conteurs gallois ont propagé les légendes galloises et admettre encore que les deux courants se sont croisés plus d'une fois 'quelque part en France'. Mettons d'accord les deux théories adverses en disant que ni l'une ni l'autre n'est tout à fait vraie ni tout à fait fausse: 'Ne tut mençunge, ne tut veir', selon l'expression de Wace. Voilà une conclusion à la manière normande, mais la sagesse, dans le cas présent, me paraît être de se rallier à elle» (Frappier 1950, pp. 81-81)[304].

Bien qu'il défende en principe la «théorie insulaire», Gaston Paris, nous l'avons dit, semble prêt, surtout vers la fin de sa carrière, à faire des concessions aux tenants de la «théorie continentale»[305]. Il est tout à fait clair aussi que, dans l'allocution qu'il prononce, en septembre 1898, lors d'une fête

---

299 Voir Zimmer 1890, pp. 788-793 et pp. 803ss.; Foerster 1899, pp. CIX-CXXV; Bruce 1974, vol. I, pp. 68-72; Loomis 1949, p. 29. – Pour une rapide discussion de ces arguments, voir également Frappier 1978, pp. 208-209.

300 Bédier 1891, pp. 847-849.

301 Loth 1892, pp. 479ss.

302 Voir Wechssler 1898, p. 133.

303 *Ibid.*

304 Voir également Frappier 1978, pp. 208-210.

305 L'attitude de Foerster devient également plus conciliante avec le temps. Ainsi celui-ci note-t-il dans son édition du *Karrenritter*: «Gewiss, das haben ja Zimmers epochemachende Arbeiten gelehrt, es hat sicherlich eine Einsickerung von insularen einzelnen Zügen in die festländische Artussage stattgefunden – dies leugnet ja seither Niemand mehr» (Foerster 1899, p. CLII).

bretonne à Ploujean – c'était d'ailleurs là la première fois qu'il mettait les pieds en Bretagne –, devant un public majoritairement paysan, le philologue ne peut qu'adopter la stratégie de la minimisation du problème:

> «On dispute aujourd'hui avec passion en France, en Angleterre, en Allemagne, pour savoir si la poésie arthurienne, – qui, sous tant de rapports, est la mère de la poésie moderne –, est d'origine continentale ou insulaire: cela n'est, au point de vue où nous nous plaçons aujourd'hui, que de peu d'importance; qu'ils fussent nés dans notre province ou dans les régions restées celtiques de l'Angleterre, les conteurs et les chanteurs bretons qui promenèrent dans le monde féodal le charme aussi nouveau qu'enchanteur de leur poésie et de leur musique étaient des Bretons: recueillis par les Français ou par les Anglo-Normands, les lais bretons ont tous le même caractère, la même profondeur de sentiment, les mêmes données merveilleuses, la même inspiration à la fois tendre et idéale, la même nostalgie d'un bonheur surhumain, la même exaltation d'amour, la même union intime avec la nature. La Bretagne armoricaine a certainement eu sa grande part dans cette éblouissante révélation d'une poésie nouvelle [...]» (885*, 1898).

Ce discours qui, une fois de plus, s'inspire fortement des idées exprimées par Renan en 1854, ne manqua pas son but. L'un des nombreux «humbles» – ce terme est celui même que choisit Le Braz dans le *Journal des Débats* – l'ayant écouté confia au journaliste:

> «Certes [...], il y avait dans les 'sermons' de ces messieurs [outre Gaston Paris, le public avait également entendu Michel Bréal] quantité de phrases qui nous échappaient. Mais, quand nous entendons proclamer que la Bretagne est un pays magique, que nos pères ont fait des merveilles et que notre langue a droit qu'on la vénère, croyez qu'il n'est parmi nous personne qui ne comprenne» (*ibid.*).

Et Le Braz de conclure son reportage: «J'ai même ouï dire à plus d'un qu'il avait pleuré»[306].

Dans le contexte de la «thèse insulaire», on a fortement critiqué une autre opinion de Gaston Paris. Il s'agit des contacts qu'auraient eus les bardes et conteurs bretons avec les Anglo-Saxons avant 1066. Gaston Paris avait en effet noté à ce sujet, dans le tome XXX de l'*HLF* toujours, et en se référant aux expressions anglaises de *garwall*, *nihtegale* et *gotelef* chez Marie de France et de *lovendris* chez Béroul:

> «Dès avant la conquête de l'Angleterre par les Normands, les musiciens gallois avaient, semble-t-il, franchi les limites de leur patrie pour venir exécuter chez les Anglo-Saxons eux-mêmes ces 'lais' qui depuis eurent un si grand charme pour le public français» (499*, 1889, p. 7).

[306] 885*, 1898.

Il y avait pourtant tout de suite ajouté :

> «Mais ce fut surtout chez les nouveaux maîtres de l'Angleterre que les chanteurs et musiciens bretons trouvèrent un accueil empressés» (*ibid.*)[307].

Dans son compte rendu de ce texte, Zimmer s'écrie :

> «Hat denn Gaston Paris wirklich keine Ahnung von dem unauslöschlichen Hass, der die Welschen im 10./11. Jahrhundert ebenso gegen die Angelsachsen erfüllte wie im 6.-9. Jahrh[undert], dass er eine solche Erfindung für wahrscheinlich hält?» (Zimmer 1890, p. 791).

L'idée de Gaston Paris, si elle a été partiellement partagée par Loth[308], lequel, à bien des égards, a été pour Gaston Paris ce que Zimmer a été pour Foerster, s'est vue rejeter aussi bien par Bruce[309] et par Loomis[310] que par Frappier[311], et semble à peu près complètement abandonnée aujourd'hui. Contrairement à ce qu'insinue Foerster[312], Gaston Paris n'a pourtant jamais envisagé, à une exception près peut-être, les poèmes anglais de l'époque pré-normande comme un maillon *nécessaire* dans la chaîne de transmission de la matière bretonne des Celtes insulaires aux Anglo-Normands, mais est toujours parti de l'hypothèse que les lais et les contes bretons avaient été, dans leur majeure partie, propagés *directement*, par des bardes et des conteurs, dans les milieux anglo-normands. L'exception semble bien être la matière tristanienne, pour laquelle le philologue admet explicitement, dès 1885, dans son compte rendu de l'édition des lais de Marie de France par Karl Warnke, des intermédiaires anglais sans lesquels rien ou presque ne serait arrivé de l'histoire des deux amants aux poètes anglo-normands ni, par eux, aux poètes français[313]. Cependant, même dans ce cas, il admet également une transmission directe de la légende des chanteurs bretons aux Anglo-Normands. En 1886, dans sa présentation des travaux d'étudiants issus des conférences du dimanche matin de l'année 1885-1886, Gaston Paris écrit ainsi, de façon nuancée :

---

307 Si ce qui est dit ici des lais vaut également, dans le raisonnement de Gaston Paris, pour les contes bretons, il paraît bien pourtant que le philologue pense beaucoup plus aux lais qu'aux contes quand il parle des intermédiaires anglais (voir également le *Manuel* 1888, éd. de 1909, p. 97).

308 Loth 1892, pp. 485-488.

309 Bruce 1974, vol. I, pp. 61-62 et p. 69.

310 Loomis 1949, p. 21.

311 Frappier 1950, pp. 80-81 et Frappier 1978, p. 209.

312 Foerster 1887, p. XXIX.

313 Voir 507, 1885, p. 606.

> «[…] c'est, au moins en partie, par un intermédiaire anglais que les récits sur Tristan ont passé aux conteurs français […]. Ce résultat important concorde avec le fait curieux de l'absence à peu près complète du nom de Tristan dans ce qui nous reste de la littérature galloise du moyen âge. L'épopée nationale des Bretons avait été accueillie, grâce à leurs chanteurs errants, par les Anglais dès avant 1066, et elle passa ainsi aux Normands; dans sa propre patrie, elle paraît avoir été presque oubliée au bout d'assez peu de temps. On trouve cependant encore en gallois des traces assez nombreuses de l'épopée proprement arthurienne, qui d'ailleurs, en général, ne coïncident guère avec ce que nous en connaissons par les poèmes français; mais l'épopée particulière de Tristan a péri a peu près entièrement sous sa forme originaire; nous n'avons non plus rien qui s'y rapporte en anglais (en dehors du *Sir Tristrem*, de provenance française), de sorte que nous ne la connaîtrions aucunement si les Normands n'avaient pénétré en Angleterre juste à temps pour recueillir, soit de la bouche des chanteurs bretons, soit de celle des conteurs anglais, les récits qui circulaient, sous des formes variées, des aventures héroïques et amoureuses du héros gallois» (517*, 1886, p. 598).

Cette même opinion se retrouve en 1894, dans le grand article de Gaston Paris sur *Tristan et Iseut* dans la *Revue de Paris*[314]. En 1902, dans une note de son compte rendu de la deuxième édition du *Cligès* par Foerster, le philologue formule pourtant une idée beaucoup plus précise, en supposant désormais un roman anglais unique sur *Tristan et Iseut* duquel proviendraient l'ensemble des versions connues en français:

> «Je me permets de dire ici en passant, – c'est une opinion que je pense avoir l'occasion de développer quelque jour, – que je suis actuellement porté à croire que tous les poèmes français sur *Tristan* reposent sur un poème anglais perdu (qui était peut-être incomplet)» (490*, 1902, p. 302, n. 2).

Le philologue n'a plus – hélas ! – eu l'occasion de développer cette hypothèse. Cependant, quoi qu'il en soit, celle-ci semble bien constituer un développement naturel de ses idées sur les intermédiaires anglais esquissées dès 1885, au plus tard, et il me paraît pour le moins téméraire d'affirmer, comme le fait Corbellari en reprenant une déclaration de Bédier, que Gaston Paris l'a formulée sous l'impression immédiate de l'introduction de l'édition de Thomas qu'il avait encore eu le temps de lire avant sa mort[315]. Dans un passage de cette introduction, interpolé après le décès de Gaston Paris, Bédier écrit en effet, au sujet de la note citée ci-dessus:

[314] 518*, 1894 dans 345*, 1900, p. 142 et, avant tout, n. 1, et aussi p. 147.

[315] Corbellari 1997, p. 176.

> «Cette note paraîtra énigmatique et singulière à quiconque a suivi la série des études si belles consacrées par G. Paris à la légende de Tristan: toutes sont fondées, non pas sur l'hypothèse qu'un même poème perdu serait à la base des romans conservés, mais sur la théorie contraire des 'lais' et des 'compilations'. C'est que, aux dernières années de sa vie, commissaire responsable des éditions de Béroul et de Thomas, G. Paris avait repris l'examen de ces problèmes avec une ardeur généreuse dont l'éditeur de Béroul, M. Ernest Muret, ne fut pas le seul à éprouver les bienfaits. Au jour où il nous rendit, chargé de notes de sa main, le manuscrit du présent livre, ce fut pour nous un moment d'émotion profonde quand il nous dit que, longtemps rebelle à l'hypothèse d'un archétype unique, il avait été conduit, par des observations différentes des nôtres, mais concordantes, à la tenir pour fondée en vérité. Mais il ajouta (et c'est ce qu'exprime la note, postérieure de quelques mois, du *Journal des Savants*), que, à son avis, ce poème primitif devait être anglais et qu'il avait dû rester inachevé» (Bédier 1905, pp. 314-315).

Or, *primo*, loin d'être «énigmatique» et «singulière», l'hypothèse de Gaston Paris, je l'ai dit, apparaît au contraire comme le résultat naturel des réflexions amorcées par lui, au plus tard à partir de 1885, sur les intermédiaires anglais. *Secundo*, la théorie de la juxtaposition de lais également assumée par Gaston Paris n'est ni plus ni moins irréconciliable avec l'idée d'un roman «archétypique» perdu – qu'il soit anglais ou français – que ne l'est celle de la juxtaposition d'épisodes qu'admet également, d'une certaine façon, l'éditeur de Thomas[316]. Il s'agit tout simplement de deux étapes différentes de l'évolution de la matière tristanienne. – Même s'il est possible, voire vraisemblable que les travaux de Bédier aient poussé Gaston Paris à clarifier ses propres idées au sujet d'un archétype perdu, le rapport de filiation des idées n'est certainement pas aussi simple et unilatéral que ne le suggère Bédier dans un de ces gestes quelque peu impérialistes qui lui sont propres.

## (c) **Poèmes anglo-normands**

S'il semble prêt, surtout vers la fin de sa carrière, à faire des concessions aux tenants de la théorie continentale, Gaston Paris reste par contre fermement convaincu, tout au long de sa carrière, de l'existence de poèmes anglo-normands consacrés à des sujets celtiques, poèmes qui, s'inspirant des contes et lais celtiques propagés sur l'île, seraient à la base des premières œuvres françaises, de plusieurs poèmes anglais du XIII$^{e}$ et du XIV$^{e}$ siècles, ainsi que des trois contes *Geraint*, *Owein* et *Peredur* des *Mabinogion*[317]. A l'exception des

[316] *Ibid.*, p. 188.

[317] 522*, 1881, p. 467; 499*, 1888, p. 13.

fragments tristaniens de Béroul et de Thomas, nous n'aurions conservé aucun de ces poèmes anglo-normands[318], qui se laisseraient pourtant reconstruire, du moins partiellement, à partir des poèmes mentionnés. Tout comme il le fait pour les poèmes épiques «disparus», Gaston Paris va alors jusqu'à proposer de longues et détaillées reconstructions de quelques-uns de ces poèmes anglo-normands prétendument perdus, ainsi, notamment, d'un *Perceval*[319]. Les conteurs anglo-normands et français auraient fait subir à la matière de Bretagne une transformation à peu près complète, en inscrivant les récits qui leur avaient été transmis dans un univers chevaleresque courtois, complètement inconnu sous cette forme à l'ancienne civilisation galloise. Cette inscription dans l'univers courtois, amorcée par les conteurs anglo-normands, aurait été efficacement accomplie par les écrivains français[320].

La théorie anglo-normande, dont l'existence dans le modèle de Gaston Paris découle directement de la «thèse insulaire»[321], a été vivement contestée, à nouveau et avant tout par Foerster qui l'a réfutée à plusieurs reprises, notamment dans une longue addition à l'introduction de son édition du *Chevalier de la Charrette*[322]. Le philologue allemand y expose toute une panoplie de raisons, dans l'ensemble bien fondées, contre la théorie de Gaston Paris[323]. Un premier groupe concerne l'absence de toute trace concrète de romans anglo-normands concernant Arthur, absence pour le moins curieuse, comme le note à juste titre Foerster, vu la masse de manuscrits anglo-nor-

---

318 *Ibid.*, p. 22.

319 Voir 523*, 1883; 335*, 1888, éd. de 1909, pp. 104-105.

320 522*, 1881, p. 468.

321 Dans la mesure, précisément, où la théorie des poèmes anglo-normands (perdus) dépend directement de la «thèse insulaire», il n'y a pas lieu, à mon avis, de parler de trois théories en place sur les origines des romans bretons, comme le fait Ridoux 2001, p. 749. Il faut bien avouer que l'agencement de la présentation de Ridoux, qui commence par la «thèse anglo-normande» et ne parle qu'en dernier lieu de la «théorie insulaire» (*ibid.*, pp. 755-765), sans établir, qui plus est, de lien entre les deux, ne paraît pas très clair sur ce point.

322 Foerster 1899, pp. XCIX-CLII, en part. pp. CXXV-CXXVII.

323 L'argument le plus discutable de Foerster dans ce contexte – mais que Gaston Paris ne mentionne à aucun endroit – est certainement celui selon lequel les Anglo-Normands n'auraient eu aucun intérêt à glorifier l'histoire des Celtes à travers Arthur (Foerster 1890, p. XXXII; voir également Foerster 1910, p. XXVII-XXVIII, n. 3). De nombreux travaux effectués depuis ont montré, on le sait, une affinité idéologique entre la cour anglo-normande, celle de Henri II avant tout, et l'«histoire» du roi Arthur comme figure complémentaire du Charlemagne des Capétiens (voir, avant tout, Schmolke-Hasselmann 1980; Lange 1972, p. 171, n. 50 cite à tort Foerster comme ayant défendu cette opinion; Foerster construit bien une interprétation idéologique d'Arthur comme figure complémentaire de Charlemagne, mais uniquement pour Geoffroy de Monmouth et les *Celtes proprement dits* [voir Foerster 1899, p. CLII et Foerster 1914, pp. 15*-16*]). Et même si l'on commence depuis quelque temps à remettre en question le poids et l'exclusivité du rapport entre romans bretons et idéologie anglo-normande, anti-française, il y a loin de là à dire que la tradition arthurienne a déplu au milieu anglo-normand, comme le pensait Foerster.

mands de toutes sortes de textes qui nous sont parvenus. L'autre groupe d'arguments allégués par le savant éditeur de Chrétien de Troyes touche à des problèmes proprement poétologiques, et nous les discuterons plus loin.

Le seul argument quelque peu solide de Gaston Paris à l'appui de sa thèse restait celui d'éventuelles sources anglo-normandes qui seraient venues s'ajouter aux romans de Chrétien de Troyes pour donner naissance aux trois textes mentionnés des *Mabinogion*. Au début, Gaston Paris, l'un des premiers à avoir démenti la dépendance des textes du romancier champenois à l'égard des *Mabinogion*[324], partait de l'idée que les romans de Chrétien et les trois textes gallois en question avaient des sources anglo-normandes communes. Suite à la thèse de Karl Othmer, un élève de Foerster, sur *Das Verhältniss von Christian's von Troyes 'Erec und Enide' zu dem Mabinogion des roten Buches von Hergest 'Geraint ab Erbin'* (1899), il modifiait sa thèse, du moins pour le *Geraint*, en admettant dorénavant une dépendance directe du conte gallois à l'égard de l'*Erec* de Chrétien, tout en y ajoutant également une source anglo-normande perdue qui expliquerait certaines divergences entre les deux textes[325]. La «Mabinogionfrage», à l'instar de la plupart des questions touchant aux sources celtiques, reste toujours ouverte aujourd'hui, mais un consensus prudent semble s'être établi pour dire que les trois contes des *Mabinogion* se fondent en partie sur une version des romans de Chrétien de Troyes et en partie sur des sources celtiques plus anciennes, qui ont bien pu être celles même que Chrétien, sous une forme ou sous une autre, a eues à sa disposition[326]. L'opinion de Gaston Paris s'approche donc plus de ce consensus actuel que celle de Foerster et de ses partisans, qui admettent une dépendance directe, unilatérale et exclusive des trois contes gallois envers les romans de Chrétien (tels, pourtant, qu'ils se présenteraient dans d'autres manuscrits que ceux qui nous sont parvenus)[327], à cette difficulté près, évidemment, que le philologue français veut à tout prix qu'au moins une partie des sources communes ait eu la forme de romans anglo-normands.

---

324 Voir Bruce 1974, vol. II, p. 62.

325 Foerster 1899, p. CVI se trompe pourtant quand il pense que Gaston Paris, suite à la dissertation d'Othmer, aurait accepté, à côté du texte de Chrétien, une source française et non pas anglo-normande pour *Geraint*. Gaston Paris dit simplement: «La solution la plus naturelle paraît être que ce rédacteur [du conte gallois] avait à sa disposition, outre le poème de Chrétien, une autre source, c'est-à-dire une des variantes françaises de ce conte d'Erec dont, à l'époque où Chrétien rimait, il existait tant de versions. Cette variante était-elle continentale ou anglo-normande? La question n'importe pas pour le moment» (532, 1891, pp. 156-157). – Voir également l'annonce de la thèse d'Othmer par Gaston Paris dans la chronique de la *Romania*, XIX, 1890, pp. 156-157.

326 Voir le survol de Koch 1996.

327 Foerster 1899, pp. CXXVII-CLII, et notamment p. CL. Voir également, à ce sujet, Hirdt 1993b, Teil I, pp. 211-213.

L'argumentation de Gaston Paris en faveur de l'existence de romans anglo-normands perdus comme sources de Chrétien de Troyes n'est pas très solide dans son ensemble, et il semble bien que Loth et Wechssler[328] soient à peu près les seuls à avoir opté pour elle, ce qui n'a pas empêché le premier de valoriser en même temps, et cette fois-ci contre Paris, l'apport armorique dans l'histoire des romans bretons français[329]. Il ne faut pas oublier pourtant que, dans le système de représentation de Gaston Paris, les romans anglo-normands perdus ne sont qu'une des possibles voies de transmission de la matière bretonne des îles britanniques en France :

> « D'Angleterre, la matière de Bretagne, écrit-il dans l'*HLF*, a passé en France, soit directement par les chanteurs et conteurs bretons, soit par l'intermédiaire des conteurs anglo-normands, soit déjà mis en vers dans les lais et les poèmes anglo-normands » (499*, 1888, pp. 13-14).

Les poèmes anglo-normands, on n'a pas assez insisté sur ce point, ne constituent donc qu'un des trois modes de transmission admis par le philologue, ce qui relativise *eo ipso* le poids qu'il faut attribuer à la thèse anglo-normande dans l'argumentation de Gaston Paris prise comme un ensemble. C'est également le sens de la déclaration suivante que le savant fait dans son compte rendu de l'édition d'*Erec et Enide* par Foerster :

> « Quand on montrerait que le conte d'*Erec* est de provenance armoricaine et non galloise, quand on étendrait cette démonstration à d'autres contes 'bretons', il ne s'en suivrait pas qu'il n'y ait pas eu de poèmes anglo-normands sur la matière de Bretagne, et que ces poèmes n'aient pas servi de sources à des poèmes français plus élégants et plus raffinés, et par là-même plus éloignés des sources celtiques. M. Foerster conteste avec une grande véhémence, comme il l'avait déjà fait dans la préface d'*Ivain*, l'existence de ces poèmes et la possibilité de ces emprunts. [...] Mon savant contradicteur me permettra, malgré cet arrêt, d'essayer de défendre, en la restreignant peut-être, cette 'hypothèse' qui, à mon avis, contient au moins une part d'incontestable vérité. Seulement je ne le ferai pas dans ce compte rendu, ni sans doute de si tôt » (532, 1891, p, 157).

Gaston Paris n'a jamais fourni la « réplique » annoncée. Et il faut convenir que cela lui aurait été bien difficile face aux contre-démonstrations très solides, sur ce point spécifique, de Foerster et de Zimmer.

A côté de la tradition populaire, la seule en fait qui nous ait occupé jusqu'ici, Gaston Paris admet également, pour la transmission de la matière bretonne, une tradition savante et cléricale, essentiellement représentée par Geoffroy de Monmouth et par Wace, ainsi que par quelques textes de nature

---

[328] Wechssler 1898, p. 134.

[329] Loth 1892, p. 485. – Il reprend cette opinion en 1913, dans la préface à son édition-traduction des *Mabinogion* (Loth 1975, pp. 66ss).

hagiographique. Conformément à son modèle de base des stratifications socioculturelles de la civilisation médiévale, Gaston Paris présente ces deux traditions comme s'excluant presque complètement l'une l'autre, non pas certes pour les romans en prose mais pour les premiers textes arthuriens français, au point qu'il n'admet aucune influence directe de Geoffroy de Monmouth ou de Wace sur Chrétien de Troyes[330]. Or, une telle influence, si réduite qu'on la souhaite, ne peut être niée[331]. La distinction de base entre une tradition cléricale et une tradition populaire de la matière de Bretagne est, il n'y a pas de doute là-dessus, entièrement justifiée. Ce qui pose problème chez Gaston Paris, c'est, une fois de plus, l'étanchéité de la cloison que le philologue construit entre les deux univers «poétiques» et qui ne rend guère compte de la complexité des phénomènes en question.

## Typologie

La fameuse distinction entre romans «biographiques», «consacrés à chacun des chevaliers de la Table Ronde», et romans «épisodiques», «racontant quelque aventure particulière, quelque exploit isolé d'un chevalier célèbre» et «presque tous consacrés à Gauvain», a été introduite par Gaston Paris dans son premier article sur Lancelot du Lac en 1881[332] et est entrée, dès cette époque, pour son évidence même – plus apparente pourtant que réelle –, dans le savoir canonique des médiévistes. Cependant, cette distinction de nature thématique n'est qu'une sous-distinction dans une typologie à dominante chronologique, émanation, en grande partie, d'une figure de pensée que nous connaissons déjà bien.

Embrassant en une seule classe de textes romans «biographiques» et romans «épisodiques», Gaston Paris, toujours dans le travail de 1881, caractérise celle-ci comme formant «le vrai fond celtique et ancien du cycle» des romans bretons[333]. A cette première classe de textes, «qui, bien qu'indirectement, tient encore à la tradition galloise et en reproduit, quoique en les altérant dans le fond et dans la forme, les épisodes les plus populaires»[334], vient se juxtaposer une deuxième qui, elle, comprendrait les romans consacrés au graal et à l'amour entre Lancelot et Guenièvre[335]:

---

330 499*, 1888, pp. 5-6; voir également 522*, 1881, p. 488; 335*, 1888, éd. de 1909, pp. 95-96.

331 Voir par exemple Frappier 1978, pp. 189-191 et pp. 202-203.

332 522*, 1881, pp. 466-467.

333 *Ibid.*, p. 467.

334 *Ibid.*, p. 468.

335 Cette «mise à part» des romans consacrés au graal rappelle la classification proposée par l'abbé de La Rue, en 1834, dans ses *Essais sur les bardes, les jongleurs et les trouvères normands et anglo-normands* (voir Glencross 1995, p. 79).

> «En face de ce groupe de récits isolés s'en place un autre qui, par sa masse même, par ses éléments variés, par son immense succès, a plus vivement attiré l'attention, et qui propose à la critique des problèmes bien plus compliqués. Ce sont ceux où il est question du saint graal, et dont on ne peut séparer ceux qui sont consacrés à Lancelot» (522*, 1881, p. 469).

Ayant passé en revue les principaux traits de ces textes, le philologue conclut:

> «[...] on [n'y] sent pas, comme dans les romans de l'autre groupe, le vieux fond mythologique et national» (*ibid.*, p. 470).

D'après cette description, on se trouverait donc, du moins à première vue, devant un classement à deux branches: d'un côté, les romans «épisodiques» et «biographiques», qui s'appuieraient sur un vieux fond celtique, et, de l'autre, les romans autour du graal et de l'amour entre Lancelot et Guenièvre, qui ne disposeraient pas d'une base traditionnelle. Or, il suffit, pour démentir la validité de cette opposition, de se référer à l'analyse que le philologue fournit, dans l'article suivant, du *Chevalier de la Charrette*, et qui aboutit précisément à l'établissement, pour ce roman, d'un noyau celtique de départ (voir plus loin). Dans la citation qu'on vient de lire, l'accent doit apparemment être mis sur le verbe «sentir»: d'après Gaston Paris, on sentirait moins fortement et moins immédiatement le fond celtique dans les romans du deuxième groupe que dans celui du premier, constatation, empressons-nous de le dire, qui demeure problématique.

Le démenti apporté à la conclusion qui semble s'imposer à une lecture rapide de l'étude en question ne signifie pas pour autant que la distinction entre les romans qui auraient à leur base un noyau celtique et ceux qui n'en auraient pas ne soit pas pertinente dans le discours de Gaston Paris. Tout au contraire, même. Dans une note, celui-ci précise, au sujet du premier groupe, celui des romans «épisodiques» et «biographiques»:

> «Il est très difficile de distinguer de ces romans français fondés sur des poèmes anglo-normands perdus d'autres romans composés en France à l'imitation des premiers, mais n'ayant pas de modèle anglo-normand et par conséquent pas de base galloise. Ce sont aussi des romans *biographiques* et *épisodiques*, et les aventures dont ils sont pleins ressemblent tout à fait à celles qui font le sujet des romans ayant vraiment un fond celtique. L'étude de chaque roman à part peut seule éclairer la critique sur le caractère qu'on doit lui assigner, et décider s'il faut le regarder comme provenant réellement d'une source celtique ou comme étant le produit de l'invention ou plutôt de l'imitation française» (*ibid.*, p. 468, n. 1).

Dans sa contribution à l'*HLF*, Gaston Paris reprend cette distinction entre les romans à fond celtique et les romans d'imitation ou d'invention, parmi lesquels il range notamment *Mériadeuc*, *Rigomer*, *Meraugis de Portlesguez*, le *Bel desconeu* et *Jaufré*[336] :

> «La plupart des autres poèmes [que ceux de Chrétien de Troyes] du cycle [des romans bretons] ont visiblement été composés sous l'influence de Chrétien: ils sont souvent, comme les siens, puisés plus ou moins indirectement à des sources celtiques; mais il est clair que souvent aussi ils nous présentent de pures inventions françaises, ou plutôt des imitations qui parfois ne consistent guère qu'à mettre dans un autre ordre ou à rapporter à d'autres personnages des lieux communs de romans arthuriens» (499*, 1888, p. 14).

La distinction principale pour Gaston Paris n'est pas celle entre romans «épisodiques» et romans «biographiques», mais bien celle entre romans à fond celtique et romans d'imitation et d'invention. Or, cette classification binaire, on l'aura remarqué, reprend exactement celle que nous avons dégagée du discours du philologue sur la formation des chansons de geste. La distinction de base entre *traditionnel* et *non traditionnel* est en effet la même: au noyau historique des chansons de geste correspond l'élément gallois des romans bretons. Nous nous trouvons, une fois de plus, devant un raisonnement parallèle déterminant à la fois la classification des chansons de geste et celle des romans bretons. Ce raisonnement conjugue à nouveau, comme nous l'avons expliqué à propos des chansons de geste, les deux figures de pensée *formation traditionnelle – formation non traditionnelle* et *formation régulière – formation analogique*. La catégorisation de nature temporelle, qui distingue le devenir continu, régulier d'un texte à partir d'un noyau de contenu «traditionnel» de l'émergence subite d'un texte par imitation – et donc par analogie – ou par invention, prime de façon très nette dans la pensée de Gaston Paris sur toute catégorisation thématique et donc synchronique. La distinction entre romans «épisodiques», romans «biographiques», romans du graal et de Lancelot-Guenièvre n'a guère plus d'importance, dans le raisonnement de notre philologue, que les trois gestes du roi, des vassaux fidèles et des vassaux rebelles dans la classification des chansons de geste[337].

---

[336] 522*, 1881, pp. 468-469, n. 1.

[337] La preuve en est que ni dans le *Manuel* ni dans l'*Esquisse*, l'accent n'est mis sur la distinction entre romans «biographiques» et «épisodiques». C'est à peine si, dans le dernier de ces ouvrages, Gaston Paris glisse un mot à ce sujet (*Esquisse*, 1907, p. 114). – Ajoutons que la typologie des lais est la même dans le discours de Gaston Paris: «Le caractère ordinaire des lais fit donner le même nom à de petits poèmes narratifs qui avaient pour sujet des aventures analogues, mais qui ne se rapportaient en rien à la Bretagne» (499*, 1888, p. 8); voir également 506*, 1879.

## Bilan

La matière bretonne est une matière nationale étrangère, importée en France postérieurement. Or, si cette importation a eu, aux yeux de Gaston Paris, des résultats poétiques très valables, qui influenceront toute la littérature occidentale et qui semblent donc parfaitement confirmer la validité de l'adage «empruntez pour qu'on vous emprunte» si cher au philologue, il ne faut pas non plus oublier que dans la logique de celui-ci, une matière épique étrangère ne pourra jamais égaler une matière nationale autochtone. Rien que par ce fait déjà, auquel s'ajoutent les conditions socioculturelles de leur naissance, les romans bretons ne seront jamais mis sur un pied d'égalité avec les chansons de geste.

La suprématie de la littérature épique nationale sur toute autre littérature en langue française était une idée généralement admise depuis au moins une génération et qui avait eu, par ailleurs, des conséquences immédiates sur la politique éditoriale de l'époque «pré-professionnelle»:

> «Dans la *Lettre à M. de Monmerqué* qui sert de préface à son édition de *Berte* [1832], [Paulin] Paris rappelle la fameuse division tripartite des sujets poétiques du Moyen Age et justifie sa décision de publier un roman du cycle des Français (la matière de France selon l'expression de Bodel), plutôt qu'un ouvrage tiré des traditions antiques (la matière de Rome), ou bretonnes (la matière de Bretagne). La raison est tout simplement que le cycle de Charlemagne serait plus authentiquement national et véridique que les deux autres. Les romans à fonds antique sont sans intérêt pour Paris parce qu'ils n'offrent qu'un 'tableau confus privé de toute espèce de perspective'. Son attitude envers les romans du cycle d'Artus est plus nuancée. Ils ont certes un attrait pour les amateurs d'histoires d'amour et de galanterie mais, malheureusement aux yeux de Paris, ils n'ont rien conservé des traces d'une vérité historique. [...] Il en sera de même au cours des années 50 lorsque le *Recueil des anciens poètes de la France* consacrera ses dix volumes aux chansons de geste. Tout au long de la première partie du XIX^e siècle, l'érudition se met au service d'une certaine idée de la France et recourt bien plus volontiers à l'empereur Charlemagne qu'au roi Artus comme symbole de l'identité et de l'unité nationales» (Glencross 1991, pp. 97-98).

Assez paradoxalement, d'ailleurs, par rapport à cet argument d'ordre national qui détermine si fortement la valorisation respective des deux genres en question, Gaston Paris admet que le caractère proprement épico-national n'est plus que très discrètement, voire plus du tout perceptible dans les romans bretons français, lesquels, au contraire, passent alors – et ceci de nouveau en opposition aux chansons de geste – pour une littérature de «pure fiction», pour une littérature d'évasion et de divertissement, ou, selon l'expression de Jean Bodel, pour des textes «vains et plaisants», c'est-à-dire dépourvus tant de vérité nationale que de vérité historique, ces deux vérités ne faisant qu'une[338]. Avec cette appréciation générale, Gaston Paris se rapproche du discours romantique d'un Fauriel, et s'écarte pour une fois des enthousiasmes de Renan, mais aussi de Quinet, qui, tous les deux, tout en recourant aux mêmes catégories descriptives, placent les romans arthuriens plus haut que les chansons de geste[339].

De par l'ensemble de ces facteurs, les romans bretons, aussi réussis qu'ils soient au niveau de leur forme, et même s'ils ouvrent la voie à la littérature moderne, surtout en ce qu'ils attachent pour la première fois de l'importance «à des faits tout moraux, d'un caractère individuel, à des nuances, à des conflits intimes»[340], entrent déjà fortement handicapés dans la lice du palmarès littéraire médiéval tel que le conçoivent la majorité des spécialistes de l'époque.

## 3. AUTOUR DE CHRÉTIEN DE TROYES ET DE *LANCELOT*

Derrière le problème tant discuté des sources, la vraie question qui sépare les esprits est en fait, on l'aura remarqué, autrement plus importante, puisqu'il s'agit de rien moins que du potentiel créateur et du statut d'artiste que l'on veut bien attribuer aux romanciers français du moyen âge, et avant tout, en l'occurrence, à Chrétien de Troyes. En effet, le point crucial dans les discussions sur les origines de la matière bretonne n'est pas celui qui touche à la provenance, insulaire ou continentale, des éléments celtiques que l'on trouve dans les romans bretons français, mais bien celui qui concerne les poèmes anglo-normands que Gaston Paris construit comme modèles des romans de Chrétien de Troyes. Plus précisément encore, la question centrale, dont la théorie anglo-normande chez notre philologue n'est qu'un épiphénomène, est celle de savoir si oui ou non le poète champenois a été l'inventeur du roman arthurien.

Afin d'aborder cet ensemble de questions, prenons l'exemple du *Chevalier de la charrette*, de tous les romans de Chrétien de Troyes celui sur lequel Gaston Paris a le plus travaillé.

---

338 Voir par exemple ces énoncés: «[...] de là vient aussi la recherche, inconnue à notre vieille épopée, de l'aventure pour l'aventure, la chevalerie 'errante' avec ses bravades, ses combats sans raison, ses 'coutumes' étranges, toute une vie dénuée de réalité, mais captivante pour l'imagination. Le poète et ses auditeurs ne voient dans tout cela que sujet d'amusement, et, pas plus qu'ils ne sentent dans les contes de Bretagne, qu'ils jugent 'vains et plaisants', une vraie épopée nationale, ils n'y soupçonnent le reliquat d'une ancienne mythologie» (*Esquisse*, 1907, pp. 111-112); voir également 557*, 1898, p. 767.

339 Glencross 1995, p. 74 et pp. 140-141.

340 499*, 1888, p. 17.

## Chrétien de Troyes: rédacteur ou créateur?

Gaston Paris admet bien que le *Chevalier de la charrette* a une certaine unité globale, mais il est surtout d'avis que le récit comporte une foule de «bizarreries», de «lacunes» et d'«incohérences»[341]. C'est même le but déclaré de son analyse – c'est-à-dire de son résumé –, dans le deuxième article qu'il consacre à Lancelot du Lac, que de faire ressortir l'ensemble de ces traits. Pour parvenir à cette fin, le philologue, loin de procéder à un «résumé fidèle»[342] comme il le dit lui-même, met au contraire en œuvre une stratégie de lecture bien précise. Celle-ci est de nature inférentielle et référentielle, c'est-à-dire qu'elle interprète les données du texte à la fois à travers une logique inférentielle – de type avant-après, *post hoc-propter hoc* – et un ensemble de scénarios enregistrés dans le savoir commun[343]. Si elle est très simple et très courante, dépendant largement du bon sens lié au savoir encyclopédique d'une culture donnée à un moment donné, cette pratique de lecture n'en est pas pour autant innocente.

Afin d'illustrer ce mode d'interprétation non seulement dominant, mais proprement écrasant dans la lecture de la *Charrette*, je choisis quelques exemples parmi tant d'autres, en leur opposant à chaque fois un très bref «contre-argument», de nature volontairement provocatrice et censé moins démentir l'interprétation de Gaston Paris en tant que telle – car celle-ci est théoriquement possible – que démasquer la fausse évidence du bon sens dont elle dépend[344]:

1° «N'en avoit a cel tans que une [i.e. une charrette]» (v. 325[345]): «inutile de faire remarquer l'absurdité de cette assertion». – Qu'y a-t-il d'absurde dans cette assertion? Et quoi de plus absurde que de dire d'un soulier qu'il est en verre, ou d'un chat qu'il est botté?

2° Le nain qui conduit la charrette: «Qui était ce nain? comment savait-il le chemin que la reine devait suivre? le poète ne nous le dit pas. C'est de lui sans doute que la reine apprit plus tard l'aventure de la charrette [...]; mais on ne nous explique pas comment». – Qui a mis «Rumpelstilzchen» au courant du sort de la fille du meunier et, au fait, d'où sort-il?

3° L'aventure du lit périlleux: «Cette aventure [...], qui ne sert ici à rien et n'est même remarquée par personne, est un lieu commun des romans bre-

341 526*, 1883, p. 464.

342 *Ibid.*

343 Ce type de lecture a été particulièrement bien décrit, sous la dénomination de «rationalité pratique», par Geninasca (voir par exemple Geninasca 1997, Index, «rationalité [inférentielle] pratique»).

344 Voir, pour ce qui suit, 526*, 1883, pp. 464-485, surtout les notes.

345 Les indications de vers se rapportent à l'édition de Charles Méla (voir Chrétien de Troyes 1992).

tons. En la racontant, on en donne généralement le sens: la lance tue tous ceux qui se couchent dans le lit, et ne doit épargner que le meilleur chevalier du monde; c'est ce qui devrait être exprimé ici». – Il est évident que c'est ce qui *est* exprimé ici. Et, au passage, le lecteur (qui, lui, «voit» bien cette qualification du héros) n'est-il personne?

4° La demoiselle du château qui est violée par un chevalier et délivrée par Lancelot: «On ne voit pas bien si ce péril était réel ou simulé par elle». – Importe-t-il, pour la logique du récit, que ce viol, qui donne lieu à une qualification supplémentaire du héros, soit «réel» ou «fictif»?

5° Les deux fils d'un vavasseur qui accompagnent Lancelot jusqu'au pont de l'épée: «On n'en entend plus parler; ils retournent sans doute tranquillement chez eux». – Et pourquoi pas?

6° Méléagant qui entre dans la chambre de la reine pendant la nuit: «Cette liberté indiscrète de Méléaguant [sic] n'est guère en harmonie avec ce qui a été dit plus haut sur la réserve que lui impose son père». – Précisément!

7° La sœur de Méléagant qui libère Lancelot de sa prison: «Ce récit est très bref et peu clair. Lancelot dit qu'une fois la fenêtre élargie il pourra descendre à l'aide de la corde dont il se sert pour monter son manger. La fenêtre est donc située au haut de la tour; alors comment la demoiselle a-t-elle pu lui tendre le pieu[346]?» – Par la même corde, peut-être? – «Au reste, quand il s'en va, on ne parle plus de cette corde». – Aurait-il été vraiment nécessaire d'en parler?

8° La structure globale du texte: «[...] si le plan général du récit est simple et clair, il n'en est pas de même d'un grand nombre des traits dont ce récit se compose. D'abord plusieurs épisodes sont absolument inutiles: la première partie du roman, prise en bloc, n'a aucun lien avec la seconde». – Sans commentaire[347].

On l'a dit, la lecture inférentielle et référentielle n'est pas aussi naïve et naturelle qu'il n'y paraît à première vue. N'étant certainement pas apte à tenir compte ni de la spécificité de la structure de *Lancelot* ni encore, plus généralement, de celle des textes dits mythiques dont les textes littéraires tout comme les contes font, par hypothèse, partie[348], elle n'est pas la seule,

---

346 Toujours pour des raisons de nature inférentielle et référentielle, Gaston Paris préfère la leçon *pieu* à celle de *pic* (voir vers 6620 dans l'édition mentionnée de Méla, qui par ailleurs ne donne pas cette variante de T). «C'est la leçon de T, qui me paraît préférable à celle de J: *un pic*. Où, dans le désert, se serait-elle [la sœur de Méléagant] procuré un pic?» (526*, 1883, p. 482, n. 1).

347 Gaston Paris résume ses points de critique, tout en en ajoutant un certain nombre d'autres, qui vont tous à peu près dans le même sens, sur deux pages entières (voir 526*, 1883, pp. 483-484).

348 Je fais ici mienne la théorie littéraire de Geninasca 1997, qui, sur ce point, rejoint pourtant une tradition bien établie de l'approche de la littérature.

en effet, que Gaston Paris maîtrise et met en œuvre. Pour d'autres genres que les romans courtois et pour d'autres textes que le *Chevalier de la Charrette*, le philologue admet bien soit que les incohérences font partie intégrante d'une certaine poétique, soit que les textes littéraires obéissent à une logique qui leur est propre et qui permet précisément un libre jeu avec le vraisemblable. La première caractérisation s'applique avant tout aux textes rangés par Gaston Paris dans la catégorie de la « Volkspoesie », la deuxième à ceux classés dans celle de la « Kunstpoesie ». D'un côté, il s'agirait donc d'un procédé inconscient, relevant d'une poétique populaire et naïve, de l'autre d'un procédé conscient, signe d'une réflexion artistique développée. Le premier cas est évidemment illustré par les chansons de geste, où les obscurités et les ruptures de logique, si elles ne sont pas érigées en qualités esthétiques proprement dites, échappent au fouet du philologue dans la mesure même où elles sont censées être l'expression directe de l'âme populaire (dans le sens précis que nous avons donné à ce terme) à l'état d'enfance. Ainsi, dans la préface à sa traduction de *Huon de Bordeaux*, Gaston Paris explique-t-il à ses lecteurs, et avant tout aux enfants :

> « Il ne faut pas chicaner le poète sur les vraisemblances, lui demander, par exemple, comment il se fait que son voyageur rencontre dans le monde entier des parents ou des amis ; la naïveté même de ce procédé finit par nous amuser, et quand il rencontre, sur un rivage désert, entre les villes, inconnues aux géographes, de Monbranc et d'Aufalerne, un vieux ménéstrel, nous sommes presque désappointés en voyant qu'il n'est pas son cousin germain. Une fois qu'on a fait au conteur, sur ce terrain et sur quelques autres, les concessions que ne lui marchandait pas la crédulité de ses contemporains, on reconnaît que son œuvre est bien composée et, du commencement à la fin, soutient, renouvelle et accroît l'intérêt » (451*, 1898, p. IV).

Quant au deuxième cas, à savoir celui de la littérature dite artistique, on peut alléguer l'exemple des lais du *Mantel mal taillé* et du *Cor*, à propos desquels le philologue procède au raisonnement suivant :

> « Dans les récits de la première époque, celle-ci [Guenièvre] est toujours donnée pour le modèle des épouses et des reines, comme Arthur est le modèle des rois et des chevaliers. Il est vrai que, dans les diverses versions du *Manteau mal taillé* ou de la *Corne enchantée*, elle est présentée comme ne réussissant pas très bien dans cette terrible épreuve ; mais c'est qu'elle doit être sacrifiée à l'héroïne du récit : c'est ainsi que le héros de chaque roman désarçonne tous les chevaliers d'Arthur (dont chacun est toujours vainqueur dans le roman qui lui est consacré) et lutte contre Gauvain sans que la victoire se décide » (522*, 1881, p. 486).

Ici donc, on le voit, la logique « poétique » propre au récit prime sur toute réflexion de nature référentielle et inférentielle.

Mais il y a mieux. Car, même à l'intérieur de la catégorie des textes «artistiques», les illogismes qui résultent d'une lecture obéissant à la seule rationalité pratique sont allégués dans des sens parfaitement opposés selon le contexte argumentatif. Un exemple, ici encore. Dans son ouvrage *Zur Lanzelotsage. Eine litterarhistorische Untersuchung* (1880), Paul Märtens avait essayé de montrer que Chrétien et l'auteur du *Lancelot* en prose avaient travaillé sur une source commune, plus complète que le texte du *Chevalier de la Charrette*. L'un des multiples arguments invoqués par Märtens était que Méléagant n'explique pas, dans le roman de Chrétien, pourquoi il tient prisonniers les gens de Logres, et que, par conséquent, les auditeurs savaient déjà par un autre ouvrage, précisément la source commune, le pourquoi et le comment de cette histoire[349]. Or, pour invalider la thèse du savant allemand, Gaston Paris n'hésite pas, cette fois-ci, à remettre en question le bien-fondé du raisonnement inférentiel mis en œuvre par celui-ci:

> «Il est singulier qu'un auteur qui refait un ancien poème y laisse de côté certaines parties qu'il suppose ensuite connues de son public. Mais que nous importe et qu'importait à Chrétien l'histoire de ces prisonniers? le fait seul de leur captivité est intéressant, et suffisait aux auditeurs du XIIe s. comme aux lecteurs du XIXe» (526*, 1883, p. 494).

Tous ces exemples nous montrent à l'évidence que la lecture référentielle et inférentielle, loin d'être innocente, est au contraire à chaque fois au service d'une certaine interprétation, et donc, puisqu'elle est ambivalente par nature, que c'est à chaque fois le contexte argumentatif dans lequel elle se place qu'il faut prendre en considération. Si Gaston Paris passe avec pesanteur la *Charrette* – ainsi que tous les autres romans de Chrétien[350] – au crible de la rationalité pratique, c'est qu'il poursuit, par cette voie, un but bien précis, qui consiste essentiellement à relativiser les qualités artistiques du poète champenois.

Les incohérences relevées sont en effet, d'après Gaston Paris, l'expression de deux phénomènes différents qui, conjugués l'un à l'autre, ne laissent pas beaucoup de place au talent poétique de Chrétien: elles montreraient, d'une part, que celui-ci se serait fondé sur des récits déjà complets, mais qui lui seraient le plus souvent parvenus à l'état lacunaire et que, quoi qu'il en soit, il n'aurait pas toujours bien compris, et, d'autre part, qu'il aurait rajouté de son propre gré des illogismes à ses sources. Nous voyons maintenant comment la lecture inférentielle et référentielle, interprétée dans un certain sens – au mode de lecture en tant que tel s'ajoute en effet l'interprétation des résultats que celui-ci amène –, est inextricablement liée à la théorie du

---

349 526*, 1883, p. 494.

350 Pour *Erec et Enide*, et avant tout pour l'épisode de la «Joie de la cour», voir 532, 1891; pour *Cligès*, voir 490*, 1902, en particulier pp. 457-458, n. 2.

philologue sur la formation des romans bretons. Prenons encore le cas du *Chevalier de la Charrette*.

Le schéma généalogique, car c'en est un, qui préside à la reconstruction de ce roman par Gaston Paris est celui même que le savant admet, avec des variantes, pour l'ensemble des romans bretons français traditionnels et dont nous avons déjà décrit les éléments les plus importants. Il prévoit, en l'occurrence, quatre niveaux différents, pensés comme autant d'étapes dans la transmission et la transformation successives de la matière celtique : 1° mythes celtiques, 2° contes bretons (gallois), 3° poèmes anglo-normands, 4° textes français, anglais et allemands. On aurait ainsi, au début, un mythe celtique saisonnier (et, plus loin encore, universel, mais ce fait importe peu, l'essentiel étant que c'est sous sa forme celtique que le mythe universel a pénétré en France[351]), dans lequel le roi du pays des morts enlève une reine, qui est délivrée par son époux. Transformant ce mythe de base, d'anciens contes gallois auraient raconté comment Melwas[352], en se déguisant d'un vêtement de feuillage, aurait enlevé la femme d'Arthur lors de la cueillette de mai, et comment celle-ci aurait été libérée par son époux[353]. Ensuite, troisième étape, plusieurs poèmes anglo-normands, se fondant à leur tour sur ces contes, auraient remplacé Arthur par un chevalier dans le rôle du libérateur de la reine. Gaston Paris postule l'existence d'au moins trois récits anglo-normands quelque peu différents, qui nous seraient connus à travers, respectivement, *Le Chevalier de la Charrette* de Chrétien de Troyes, *Le Morte Darthure* de Malory et *Die Crône* de Heinrich von dem Türlin, et ces textes représentent donc en même temps la quatrième étape de l'évolution du mythe celtique de départ.

Ce qui est important dans cette généalogie, c'est que Gaston Paris admet l'existence de romans bretons entièrement développés *avant* Chrétien de Troyes, lequel, ainsi, ne peut pas être l'inventeur du genre. Le fait que ces

---

351 Cette distinction tout à fait essentielle entre un mythe universel et la forme concrète sous laquelle ce mythe a pénétré dans une culture et dans un récit donnés est celle même de Lot, quand il écrit, à propos d'un livre de Golther sur *Tristan et Iseut* : « Personne ne soutient actuellement qu'il y ait des légendes purement celtiques ou purement germaniques ; une légende est celtique quand elle a été transmise par les Celtes, germanique quand elle provient des Germains. Que nous importe ici que le combat de Tristan contre un dragon se retrouve en Perse ? Ce n'est point à Firdousi que les poètes français du XIIe siècle l'ont emprunté, c'est évidemment à une tradition galloise, bretonne ou cornouaillaise, comme l'on voudra ; ce récit est donc celtique, quand bien même les Celtes l'auraient emprunté à l'Orient » (cité dans Ridoux 2001, p. 827).

352 Quant à Melwas, voir *ibid.*, pp. 794-795.

353 Je n'entre pas dans les détails, souvent hyperconstruits, de la démonstration. Voir, pour tout ce qui suit, 526*, 1883, pp. 498-515. – Notons au passage que cette interprétation générale de Gaston Paris a été communément acceptée par la suite (voir par exemple Loomis 1949, pp. 265-266).

romans soient supposés anglo-normands importe par contre assez peu dans ce contexte. D'autres savants défendent en effet la même idée de base, tout en rejetant l'hypothèse anglo-normande. Ainsi, Loomis, pour ne citer que lui, admet-il de «long narratives in French prose» comme sources du poète champenois[354].

Chrétien, nous dit Gaston Paris, a pourtant eu connaissance du récit anglo-normand sur lequel il a fondé son *Lancelot* uniquement par voie orale: c'est bien probablement Marie de Champagne qui le lui aurait raconté, avec déjà maintes lacunes, qu'il aurait laissées subsister dans son roman. C'est cet état lacunaire du récit tel qu'il lui serait parvenu qui constitue la première source des incohérences que l'on trouve, d'après le philologue, dans la *Charrette*, et c'est déjà dire que Chrétien n'était guère capable, aux yeux de celui-ci, d'un travail artistique très consistant.

La deuxième source d'incohérences n'est pas faite, elle non plus, pour rehausser le prestige artistique du poète champenois, car c'est lui-même qui en aurait introduit un nombre assez élevé «par sa manière d'inventer des épisodes qui ne se tiennent pas et ne servent qu'à allonger le récit»[355]:

> «A ces obscurités, qui tiennent sans doute en bonne part à l'état où il avait recueilli le conte, Chrétien se plaît à en ajouter d'autres, qui font partie de sa manière et qui sont destinées à rendre le récit plus piquant [...]» (*ibid.*, p. 484).

Curieusement, Gaston Paris ne pense jamais sérieusement à voir dans cette «manière» de l'écriture de Chrétien un trait stylistique individuel dans le plein sens du terme, mais se borne en général à condamner une à une les «inventions obscurisantes» du romancier. Un exemple supplémentaire peut suffire à illustrer une nouvelle fois le caractère plus que problématique de la plupart de ces critiques:

> «Chrétien, qui ne sait plus ce que veut dire ce pays 'dont nul ne retourne,' veut que la délivrance de la reine entraîne celle de tous les autres prisonniers qui y sont retenus: c'est évidemment une malencontreuse addition» (526*, 1883, p. 534).

Or, n'est-ce pas précisément cette «malencontreuse addition» qui en associant au programme purement individuel (délivrer Guenièvre) un programme social et collectif (libérer les prisonniers de Gorre), fait toute la richesse et la complexité du *Chevalier de la Charrette*?

Nous saisissons ici sur le vif le caractère contradictoire de l'argumentation de Gaston Paris, argumentation qui, le problème de l'origine bretonne

---

[354] Voir par exemple *ibid.*, p. 463. Le terme de «French» désigne ici le français continental.

[355] 526*, 1883, p. 534.

ou galloise des récits celtiques mis à part, se retrouvera telle quelle chez Loomis, dont les idées sont en effet très proches à ce sujet de celles de notre philologue: Chrétien serait à la fois dominé par sa matière – il ne comprend pas ses sources et reprend leurs défauts (lacunes, obscurités etc.) sans s'en rendre compte – et dominateur de celle-ci, capable à tout le moins d'inventer des épisodes entiers, dont Gaston Paris établit d'ailleurs une longue liste[356]. Peu importe que le philologue taxe de mauvaises la plupart des inventions qu'il attribue à Chrétien: l'essentiel est qu'il reconnaît à celui-ci une certaine faculté de création qui contraste singulièrement avec l'image générale qu'il donne du poète champenois comme simple rédacteur, qui, de plus, n'aurait souvent pas très bien compris ce qu'il écrivait. Apparaît alors un autre élément problématique dans les analyses de Gaston Paris. Celui-ci est en effet d'avis que le fait même que Chrétien soit, du moins par moments, un poète doté d'une conscience (auto)réflexive nuit fortement à la qualité de ses textes, puisque ses efforts de rationalisation détruiraient le charme des mythes celtiques contenus dans les sources:

> «Le poète, ici [dans l'épisode de la 'Joie de la cour'] comme dans d'autres épisodes de ses romans, en essayant d'atténuer le merveilleux des contes qu'il recueillait et rimait, en rapprochant de l'humanité réelle les personnages fantastiques de ses récits, n'a fait que rendre les contes et leurs héros à la fois plus vraisemblables et plus plats» (532, 1891, p. 155).

Ce n'est pas la moindre des contradictions que nous avons constatées dans la démonstration de Gaston Paris que celle de voir ici Chrétien de Troyes accusé de «rendre vraisemblables» les contes celtiques de départ alors que c'est en général précisément le manque de vraisemblance qui lui est si sévèrement reproché! L'argument de la prétendue rationalisation des mythes celtiques par le romancier champenois (puis par tous les autres poètes français), déjà présent chez Renan[357] et perpétué un siècle plus tard par Loomis[358], se maintiendra d'ailleurs avec ténacité et se trouvera encore tant chez Jean Frappier que chez Alexandre Micha, qui tous deux, le premier pourtant plus que le second, regretteront la perte de «poésie» qui aurait résulté de ce procédé de «profanisation» initié par Chrétien[359].

Si le poète champenois n'est pas un très grand artiste aux yeux de Gaston Paris, cela ne veut pas dire pour autant, hâtons-nous de le souligner, que le philologue ne lui reconnaisse aucune qualité d'écrivain. Cependant, ces qualités se bornent en général à une bonne maîtrise de la langue française, maî-

356 *Ibid.*, pp. 514-516.

357 Renan 1948, p. 278.

358 Voir par exemple Loomis 1949, Index of subjects, «rationalization».

359 Frappier 1950, p. 6, p. 44, p. 112; Micha 1978, p. 252.

trise que Gaston Paris – ici encore, il est vrai, avec de fortes modalisations – n'a de cesse de vanter:

> «Mais ce qui fit sans doute son principal succès [i.e. de Chrétien], et ce qui le recommande encore, plus que tout le reste, à l'attention de la postérité, c'est son style: il 'prenait le beau français à pleines mains', – comme dit, au XIIIe siècle, Huon de Méri, – avec une élégance, une grâce et une facilité qui ont charmé ses contemporains et provoqué partout l'imitation. Non pas que son style même ne soit sans fautes, et sans fautes graves: il est loin d'avoir partout l'aisance et la clarté que je viens de louer; il est fréquemment laborieux et gêné; on y remarque souvent de l'obscurité, plus souvent encore un maniérisme parfois insupportable, singulièrement accompagné d'une vulgarité choquante chez un écrivain qui a de telles prétentions à la 'courtoisie'. Il n'échappe pas non plus à la banalité, à la platitude, aux formules toutes faites et toujours répétées, tandis que d'autre part il tombe souvent dans la bizarrerie et la puérilité. Mais ces défauts n'empêchent pas que Chrétien n'ait manié, dans ses bons morceaux, la langue poétique avec une véritable maîtrise et ne l'ait marquée de son empreinte» (490*, 1902, p. 292).

*
* *

L'ensemble (ou presque) des textes que Gaston Paris dédie à Chrétien de Troyes doit être lu, on l'aura remarqué depuis longtemps, non seulement comme le produit de ses propres réflexions philologiques mais comme autant de réactions aux idées de Foerster, le successeur de Diez à Bonn[360]. En effet, les deux savants se sont affrontés au sujet des romans bretons et de Chrétien de Troyes pendant plus de vingt ans:

> «In jeder neuen Veröffentlichung behackten sie [Foerster et Gaston Paris] sich ihr philologisches Fell, verbissen, spitzfindig, unter einem enormen Aufwand von Geist und Tinte, und doch gleichzeitig mit bemerkenswertem Respekt voreinander» (Köhler 1985, p. 123).

En dépit de la courtoisie générale du débat soulignée par Köhler, les deux philologues n'ont pas toujours su éviter les attaques personnelles[361]. Sans

---

360 Quant à la personnalité tant scientifique qu'individuelle de Wendelin Foerster, voir Hirdt 1993b, Teil I, pp. 141-229.

361 Gaston Paris ne participe pas aux mélanges offerts à Foerster en 1901 pour ses vingt-cinq ans d'enseignement à l'Université de Bonn. Il me semble probable que les conflits entre les deux savants, conflits loin d'être tout à fait apaisés à cette époque comme pense pouvoir l'affirmer Hirdt 1993b, Teil I, pp. 195-196, aient influencé ce fait d'une façon ou d'une autre, et je ne suis pas convaincue qu'il faille lire le compte rendu de Gaston Paris de la deuxième édition de *Cligès* (490*, 1902) comme un hommage retardé du philologue français à son collègue allemand.

vouloir innocenter le moins du monde Gaston Paris qui, nous l'avons dit, pouvait à l'occasion se montrer extrêmement rude et violent – et qui, dans un geste orgueilleux à peine auto-ironisé, clôt son compte rendu de l'édition d'*Erec* par Foerster en alléguant contre celui-ci les fameux vers de Thomas: «Il sunt del cunte forsveié / Et de la verur esluingnié»[362] –, il n'est peut-être pas inutile de citer ici, pour caractériser le style souvent polémique de Foerster, un dicton de l'époque selon lequel il y aurait deux romanistes rhénans, dont l'un serait «grob (nämlich Foerster), der andere Gröber»[363].

Mais, ce qui est plus important dans ce contexte, c'est que le conflit personnel entre les deux savants semble bien avoir influencé l'évolution, ou tout au moins la formulation, de leurs opinions respectives. On constate ainsi que les jugements de Gaston Paris sur les qualités artistiques de Chrétien deviennent plus négatifs à proportion qu'augmentent en intensité les louanges de Foerster. Car, en 1868, le philologue français est encore loin de ses appréciations ultérieures:

> «[Les manuscrits des œuvres de Chrétien] satisfont sous tous les rapports: [...] Ils nous représentent dans l'écriture ce que les poëmes de Chrétien sont dans l'histoire de la littérature et de la langue; ils ont aussi quelque chose d'élégant et de simple, de concis et en même temps de clair, de fini et cependant de naturel» (211*, 1868, p. 325).

On peut donner raison à Foerster quand celui-ci parle, en 1914, d'un «in stets steigendem Masse wegwerfenderen Urteil, das G. Paris über den armen Kristian fällt»[364]. Le cas de Chrétien semble donc exemplaire pour l'historiographie de la discipline, dans la mesure où il nous permet de saisir sur le vif un phénomène certainement assez fréquent, mais pas toujours aussi ouvertement présent, à savoir que le débat proprement scientifique se trouve doublé d'un débat personnel qui mène à un durcissement croissant des deux positions; ces positions ont alors tendance à s'autonomiser de plus en plus par rapport à la base factuelle de départ pour devenir des «blocs» argumentatifs de nature presque apriorique. Il est évidemment très tentant, dans le cas présent, d'ajouter une troisième dimension à la polémique, qui serait d'ordre national, mais cette dimension, si elle a probablement joué un certain rôle en sourdine, n'a guère laissé de traces objectivables.

*

* *

---

[362] 532, 1891, p. 166.

[363] Rapporté par Hirdt 1993b, Teil I, p. 212.

[364] Foerster 1914, p. 66*.

Comme on s'y attendait donc, l'opinion de Foerster sur les qualités artistiques de Chrétien de Troyes est autrement plus enthousiaste que celle de Gaston Paris, et ceci dans l'exacte mesure où, contrairement à ce dernier, le philologue allemand nie fermement l'existence de romans bretons avant ceux de Chrétien: «Kristian ist und bleibt der Schöpfer des Artusromans»[365], déclare-t-il pour la énième fois dans l'introduction de son *Wörterbuch*. Et, un peu plus loin, dans le même ouvrage:

> «Dass es Leute geben kann, die angesichts dieser Tatsachen Kristian als Dekadenten, einen bloss schwächeren Bearbeiter von einer vorausgehenden Blütezeit angehörenden ausgezeichneten Artusromanen ansehen, lehrt, mit welcher Methodelosigkeit man ohne alle Rücksicht auf Tatsachen die wüstesten Einfälle verzapfen kann» (Foerster 1914, p. 19*, n. 1).

Pour en rester à l'exemple de *Lancelot*, Foerster suppose comme source du roman de Chrétien un conte oral, «eine mündliche, von fahrenden bretonischen Erzählern herumgetragene Erzählung[366]». Ce conte aurait certes comporté quelques éléments celtiques, mais le nœud même de l'histoire, à savoir le rapt de Guenièvre et sa libération, proviendrait de la tradition classique:

> «Schon das Altertum kennt die Entführung der jungfräulichen Persephone in den Hades und ihre Befreiung durch ihre Mutter, sowie die Entführung Euridykes und deren Befreiung durch ihren Gemahl Orpheus» (*ibid.*, p. 86*).

Nous avons vu que, sur ce point, Gaston Paris est en principe d'accord, mais qu'il insiste sur le fait que l'important est que ce mythe soit parvenu à Chrétien sous forme celtique. Les deux savants sont unanimes, ensuite, pour dire que Chrétien a ajouté maint épisode à son modèle, qui est un roman anglo-normand oralement transmis chez Gaston Paris et un conte oral chez Foerster. Ce dernier accorde pourtant, comme il semble naturel vu sa position générale, beaucoup plus de liberté artistique à Chrétien[367] et, surtout, lui attribue des «inventions» beaucoup plus originales et essentielles, poétiquement parlant, que Gaston Paris:

> «Er wird auch einige [...] Motive erfunden haben. Hier eine Entscheidung zwischen diesen zwei Arten der Romanmotive zu fällen, wie es G. Paris [...] versucht hat[368], wage ich nicht zu tun. So würde ich mit ihm das Zauberbett, die Art der Herausforderung u.ä. dieser Vorratskammer

[365] *Ibid.*, p. 19*.

[366] Foerster 1899, pp. LXVI-LXVII. Dans l'introduction de son *Wörterbuch*, Foerster parle de *plusieurs* contes (Foerster 1914, p. 84*).

[367] Foerster 1899, p. LXXXVI.

[368] Voir 526*, 1883, pp. 514-516.

> zuweisen, aber im Gegensatz zu ihm die tiefe Träumerei Lancelots (vgl. dieselbe nochmals im Perceval) gerade dem Dichter zuschreiben. Andererseits möchte ich umgekehrt die sinnlose Art des Geschenkbittens, ohne dass man es näher bestimmt, der Ueberlieferung, und in keiner Weise dem Dichter zusprechen. So alles das, was wie eine *coutume* aussieht; solche erfindet man kaum. Sicher aber ist Gauvains Parallelakzion eine Erfindung Kristians. Er brauchte ihn als Folie für seinen Helden (ebenso später im Gral), und machte den Roman um so spannender, als jedermann neugierig sein musste, wer von den beiden das Werk ausführen würde» (*ibid.*, pp. 91*-92*).

Les deux philologues sont encore d'accord pour dire que la *Charrette* comporte de nombreuses incohérences et obscurités. A l'instar de son homologue français, Foerster en donne une longue liste[369], tout en précisant que Gaston Paris a, selon lui, beaucoup exagéré en établissant la sienne. Mais, s'il pratique la même stratégie de lecture que Gaston Paris, et ce probablement sous l'influence de ce dernier, le philologue allemand interprète autrement les prétendues incohérences de ce texte, lequel, d'ailleurs – qui s'en étonnera? –, est celui de Chrétien qui lui plaît le moins, alors que Gaston Paris le préfère à tous les autres, en raison principalement de sa mise en scène de l'«amour courtois» (voir plus loin):

1° Tout d'abord, Foerster insiste sur le fait, très exact, que peu de romans, même modernes, résisteraient à une lecture aussi obsessionnellement inférentielle que celle à laquelle Gaston Paris soumet le roman de Chrétien:

> «Manche der vorgebrachten Bemängelungen lassen sich irgendwie wohl beseitigen; bei andern muss bemerkt werden, dass sie beim Lesen nicht auffallen. Noch bei andern darf man nicht Dinge erwarten, die selbstverständlich sind und jedermann einfallen müssen. Ferner darf man nicht vergessen, dass wenige Romane, wenn man sie mit derselben Lupe untersuchen würde, nur halbwegs standhalten könnten (*ibid.*, p. 93*).

2° Il essaie donc de comprendre les «obscurités» et «lacunes» du roman dans un cadre proprement poétologique:

> «[Es] sind dem Dichter die Fälle nicht als Fehler anzurechnen, wo er seiner Komposizionsart zufolge, um die Spannung der Leser zu sichern und zu steigern, seine beliebte Geheimniskrämerei treibt, z.B. Persönlichkeiten treten auf, die wir nicht kennen, die erst später, oft erst zum Schluss genannt und erklärt werden. Derlei findet sich schon im Erec, und *darf nicht als Komposizionsfehler angesehen werden.* Unsre heutigen Romanschreiber tun es noch oft ebenso» (*ibid.*).

---

369 Foerster 1899, pp. LXXXIII-LXXXV.

Loin d'être des défauts, les «incohérences» sont donc un trait stylistique propre à Chrétien et, à ce titre, elles sont au service de la production d'un sens précis:

> «Ich glaube, dass der Roman so die Spannung seiner Leser reizen, sichern und stets steigern sollte. Dies wäre aber bei einer durchsichtigen, platten Anlage, wo jedes Abenteuer sich glatt abspielt und der Leser immer aufgedeckte Karten vor sich liegen sieht, nicht der Fall gewesen» (*ibid.*, p. 94*)[370].

3° Il allègue finalement le fait que le roman n'a pas été achevé par Chrétien et que, bien probablement, certains problèmes auraient trouvé une solution satisfaisante si le poème avait reçu une conclusion de la plume du poète champenois lui-même[371].

Ayant analysé tous ces aspects, Foerster revient au deuxième point, en effet le plus important, c'est-à-dire au style propre à Chrétien:

> «Das einzige, was übrig bleibt, ist die eigentliche *Komposizionsmanier*, die sich ebenso später in seinem Perceval, aber nicht in den früheren Stücken (höchstens in schwachen Anläufen) findet» (*ibid.*).

Voulant expliquer cette évolution dans le style du poète champenois, le philologue allemand hésite entre le développement personnel de Chrétien – «er merkte, wie derlei Kunstgriffe die Leser in Spannung erhielten»[372] – et l'influence de Marie de Champagne. Et c'est ici que la conclusion de Foerster pose elle aussi problème car, étant convaincu que la nouvelle conception de l'amour telle qu'elle apparaît dans le *Lancelot* déplaisait fortement à Chrétien et la condamnant à son tour, Foerster est prêt à attribuer tout ce qu'il juge négatif dans le roman à la mécène du poète:

> «Allein, wenn wir all dies, was zur Entschuldigung oder Rechtfertigung Kristians irgend vorgebracht werden kann, abziehen, so bleibt in der Karre doch noch einiges, was sie uns im Vergleich mit seinem Erec, Cligés und besonders Yvain als recht schwach erscheinen lässt. Dies dürfte doch irgendwie die Schuld seiner Auftraggeberin gewesen sein» (*ibid.*)[373].

Malgré cette délégation plus que problématique des faiblesses «irréductibles» de la *Charrette* à Marie de Champagne – délégation principalement motivée par des raisons morales (l'amour illicite entre Guenièvre et Lancelot) –, les réflexions de Foerster ont évidemment ceci de remarquable

---

370 Voir également *ibid.*, p. LXXXVI.

371 Foerster 1914, pp. 93*-94*.

372 *Ibid.*, p. 94*.

373 Voir également Foerster 1899, p. LXXXVII.

qu'elles font des «obscurités» et des «incohérences» chez Chrétien un trait stylistique attribuable à un artiste dans le plein sens du terme. Jean Frappier et Alexandre Micha – tout en mettant beaucoup plus de poids que Foerster sur la tradition celtique – n'argumenteront pas autrement[374], tandis que Loomis, de son côté, partant de la même idée de base que Gaston Paris, à savoir l'existence de récits arthuriens pleinement développés antérieurement à Chrétien, reprendra assez exactement l'opinion et l'appréciation générale du philologue français. Dans son chapitre sur Chrétien de Troyes dans *Arthurian Literature in the Middle Ages*, Frappier essaie de corriger les jugements «esthétiques» de son collègue américain:

> «[...] Loomis attributed the looser structure and the more fantastic matter of *Lancelot* and of *Perceval* to the cruder narratives on which they were based and which were chosen for him by his patrons. [...] I do not believe that such awkwardness and incoherence as one finds in the two latter poems was due to Chrétien's failure to recognize and eliminate the defects of his sources. In both *Lancelot* and *Perceval* an attentive analysis reveals a fine gradation from one episode to another and a careful structure.
>
> Far from being mastered by the Matter of Britain, Chrétien treated it with a light and skilful hand, often retaining its inconsequences and extravagances deliberately in order to pique the curiosity of his readers by an enigma or to startle them with a surprise, at times also seasoning the tale with ironic humour» (Frappier 1959, p. 164).

Si Gaston Paris se montre parfois prêt, on l'a vu, à attribuer lui aussi à Chrétien une certaine prédilection méditée pour les «secrets» et «obscurités»[375] comme moyen d'entretenir la curiosité du lecteur, il ne pense jamais pour autant à en faire un procédé stylistique *sui generis* qui caractériserait l'art, dans le plein sens du terme, du poète champenois. Foerster semble ainsi l'un des premiers, sinon le premier, à accepter les «incohérences» et «ambiguïtés» dans les textes de Chrétien comme un procédé poétique conscient et, surtout, sans rapport direct avec la qualité des sources, de quelque nature qu'elles soient[376].

*

* *

---

374 Voir par exemple Micha 1978, p. 250; quant à Frappier, voir ci-dessous.

375 Voir également ce passage: «Chrétien a eu souvent de mauvais originaux; il n'a connu les récits que défigurés par des lacunes, des altérations, des incohérences dont il ne s'est pas trop soucié; il semble au contraire avoir pris un certain plaisir à ces obscurités, qu'il a parfois même augmentées en s'amusant à cacher pendant longtemps le nom d'un personnage, le motif d'un acte ou le sens d'un épisode» (335*, 1888, éd. de 1909, p. 102).

376 On regrette de ne pas voir figurer le nom de Foerster dans le survol de Grimbert 1988, pp. 1-6, de la façon dont la critique a interprété les «ambiguités» dans les textes de

Le même débat entre les deux philologues se répète, avec quelques variantes, pour tous les romans de Chrétien de Troyes. Derrière ces discussions se dessinent deux attitudes radicalement différentes vis-à-vis du poète champenois : tandis que Gaston Paris fait de celui-ci essentiellement un *rédacteur*, Foerster l'érige en véritable *créateur*. En 1890, dans sa grande édition d'*Erec et Enide*, le savant allemand résume ainsi la position de Gaston Paris :

> «[...] Kristian [müsste] also der sklavischste Nachahmer sein [...], den je Frankreichs Mittelalter hervorgebracht hat. Der Urheber einer verjüngten Redaktion einer Chançon de Geste ist gegen ihn ein kühner Himmelstürmer» (Foerster 1890, p. XXV)[377].

Foerster touche ici un point tout à fait essentiel, car le rôle que Gaston Paris attribue à Chrétien est effectivement l'exact pendant de celui qu'il accorde également au rédacteur R de la *Chanson de Roland* – à cette différence capitale près, pourtant, qu'il ne taxe jamais le poète champenois de génial ! Les appellations que Gaston Paris emploie couramment pour caractériser ce dernier sont, de fait, «rimeur»[378], «arrangeur»[379] et «imitateur»[380]. Il s'agit donc, une fois de plus, d'un raisonnement parallèle tout à fait flagrant, qui, tant pour les chansons de geste traditionnelles que pour les romans de Chrétien de Troyes, postule une genèse lente avec, au bout, un rédacteur dont nous avons conservé la version.

Par sa façon de juger l'œuvre du poète champenois, Foerster anticipe en quelque sorte, dans le domaine des romans arthuriens, l'attitude individualiste, liée au postulat de la genèse courte, qu'adoptera Bédier dans le domaine des chansons de geste. Or, il est tout à fait intéressant, dans ce contexte, de voir que Foerster s'oppose vivement à une genèse courte des poèmes épiques[381], tandis que Bédier admet, contre Foerster et en accord avec Gaston Paris, une genèse lente pour les romans arthuriens de Chrétien ![382] Nous nous trouvons donc en présence d'un cas de figure singulièrement croisé, seul Gaston Paris admettant une genèse lente pour les deux genres. La question

---

Chrétien de Troyes, car il est certain que la chronologie des différentes approches établie par l'auteur s'en trouverait quelque peu modifiée. – En ce qui concerne la lecture «inférentielle» des romans de Chrétien et l'interprétation des «incohérences» qui en résulte, il faut séparer plus nettement Foerster de Gaston Paris que ne le fait Nykrog 1996b, p. 17 ; ce n'est pas une question de «degré», mais de qualité.

377 Voir également Foerster 1887, p. XXIV.

378 Voir par exemple 532, 1891, p. 162.

379 Voir par exemple 490*, 1902, p. 457.

380 Voir par exemple 523*, 1883, p. 99.

381 Foerster 1914, p. 5*.

382 Voir Corbellari 1997, p. 63.

cruciale derrière les deux positions en place, la traditionaliste et l'individualiste, est bien celle du pouvoir créateur qu'on est prêt à accorder aux poètes du moyen âge en général. Foerster remarque à juste titre:

> «[...] die Schule, die uns hier beschäftigt [celle de Gaston Paris], tritt ja immer dafür ein, dass im Mittelalter bloss abgeschrieben, zusammengestellt, nichts erfunden, kaum je etwas geändert wird, sondern sucht und hypothetiert für jede Kleinigkeit immer eine selbständige Quelle» (Foerster 1899, p. CXVI).

Avant d'en venir à cette problématique, disons pour résumer que, en ce qui concerne la question des mythes celtiques, Gaston Paris a sans doute mieux compris l'univers d'inspiration propre aux romans arthuriens de Chrétien de Troyes que Foerster, alors que ce dernier a beaucoup mieux saisi que son confrère français les qualités artistiques et poétiques du poète champenois, qualités que personne ne contesterait plus aujourd'hui.

## Tradition – invention

«Mais ce récit, où l'a-t-il pris? C'est ce qu'il faut toujours se demander pour les conteurs du moyen âge, qui n'inventent guère de toutes pièces»[383], écrit Gaston Paris dans sa préface à la traduction d'*Aucassin et Nicolette* par Alexandre Bida. De manière générale, en effet, le moyen âge n'est pas, aux yeux de Gaston Paris, une époque créatrice à proprement parler, du moins dans le domaine de la poésie. Quand le philologue écrit, dans un article du *Journal des Savants*:

> «Le moyen âge français est devenu, pour la plupart des nations cultivées de l'Europe, comme une seconde antiquité[384]. Outre qu'elles y trouvent souvent les origines de leur poésie, de leurs institutions et de leurs mœurs, elles y apprécient une époque originale, créatrice ou au moins spontanée en beaucoup de points, attrayante parfois par la profondeur, la noblesse ou la finesse de ses idées, souvent simplement par sa naïveté, quelquefois par sa bizarrerie même» (628*, 1888, p. 664),

cette appréciation concerne beaucoup moins la littérature que la civilisation et les institutions politiques médiévales.

La prétendue absence de création poétique s'applique tout d'abord et avant tout à la littérature en langue latine produite par les clercs, qui, d'après Gaston Paris, nous le savons déjà, ne feraient que copier et reproduire sans

---

383 479*, 1878, dans 345*, 1900, p. 103.

384 C'est Jean Chapelain qui, le premier, paraît avoir parlé du moyen âge comme de «notre seconde antiquité» (voir Baader 1991, p. 78).

bien les comprendre des modèles de la basse latinité. Ce jugement global entérine évidemment la valorisation péjorative de la littérature cléricale telle que nous l'avons dégagée plus haut. A propos d'un livre de Friedrich Lauchert sur le *Physiologus*, le savant note ainsi, en s'opposant de toute évidence au mythe romantique d'un moyen âge libre, spontané et créateur :

> «Son livre [i.e. de Lauchert] prend sa place à côté de quelques autres qui, dans ces derniers temps, ont éclairé l'histoire des idées et des croyances du moyen âge : les recherches de ce genre aboutissent et aboutiront de plus en plus à montrer combien peu ces idées et ces croyances ont été originales. Loin d'être une époque d'imagination créatrice, comme on l'a souvent répété, le moyen âge, sauf dans quelques domaines assez restreints (et qui n'appartiennent pas à l'ordre religieux), n'a fait que croire passivement et répéter avec plus ou moins d'intelligence et de fidélité ce qui lui était transmis par l'antiquité chrétienne» (605, 1889, p. 467).

Pour ce qui est de la littérature laïque, Gaston Paris, spécifiant les «quelques domaines assez restreints», écrit en note :

> «L'épopée est naturellement mise à part, comme étant une production vraiment spontanée et où l'invention ne joue à l'origine qu'un rôle secondaire ; on trouve au contraire des fictions qui semblent originales dans beaucoup des romans dits de la Table Ronde, dans quelques romans d'aventure, etc.» (*ibid.*, n. 1).

Mais, tout compte fait, le poids des «fictions originales» serait bien léger même dans la littérature laïque, qui, tout comme la littérature savante, se caractériserait beaucoup plus, dans son ensemble, par l'imitation que par l'invention :

> «Les récits qui forment le sujet de la plupart des romans du moyen âge ne sont cependant pas sortis de l'imagination de ceux qui leur ont donné leur forme française»,

écrit le philologue dans un article sur les romans d'aventure dans *Cosmopolis*, magazine qui s'adresse à un public très large. Et il continue :

> «Contrairement à une opinion encore assez répandue, le moyen âge n'a guère inventé : il s'est borné à traiter à sa façon et à varier ensuite plus ou moins librement des fictions de provenances diverses. L'antiquité, la Grèce byzantine, l'Orient, le monde celtique, la tradition populaire, ont fourni à nos conteurs les sources où ils ont puisé» (557*, 1898, p. 761).

L'originalité du moyen âge consisterait essentiellement dans la variation et dans la mise en forme spécifique des imitations. Si invention médiévale il y a, elle ne se situerait presque jamais à un niveau global, mais uniquement à un niveau local. En effet, les auteurs médiévaux seraient bien capables, par moments, d'inventer des épisodes entiers, même *ex nihilo*. L'un des exemples

les plus éclatants à ce sujet dans le discours de Gaston Paris est le *Roman de Renart*, pour lequel le philologue admet, certes, une origine en partie populaire, mais dans la création duquel il attribue, on ne l'a peut-être pas suffisamment dit, un rôle tout à fait prépondérant à l'invention des clercs. Dans son compte rendu du grand livre de Léopold Sudre sur les sources du *Roman de Renart* (1893), il critique précisément le fait que celui-ci n'ait pas assez mis en valeur cette part de création individuelle :

> « Il est vrai que les poètes du moyen âge ont fortement marqué de leur empreinte les récits qu'ils ont empruntés à la tradition antérieure ; mais il ne faut pas oublier qu'ils en ont créé plusieurs de toutes pièces, et que ce sont ceux-là qui font surtout l'originalité de l'œuvre, qui en font une épopée animale, au lieu d'un simple recueil de contes et de fables » (574*, 1894, p. 727)[385].

Il revient sur ce problème à la fin de sa critique :

> « [...] une partie, et même la plus considérable, du *Roman de Renard* [sic] n'a pas de 'sources' au vrai sens du mot. Déjà les traits qui lui donnent son caractère propre, qui en font véritablement une épopée animale, – l'attribution de noms d'hommes aux animaux, la désignation d'Isengrin et de Renard comme compères, le rattachement de tous les épisodes épars à leur hostilité d'abord latente puis déclarée, – ces traits ont été créés en dehors de toute tradition » (574*, 1895, pp. 106-107)[386].

De telles déclarations sont pourtant plutôt rares sous la plume du philologue, même s'il est vrai que celui-ci se montre prêt à attribuer des inventions locales à bon nombre d'auteurs, à Benoît de Sainte-Maure, par exemple[387], et aussi, bien que de façon plus réticente, nous l'avons dit, à Chrétien de Troyes. Elles nous montrent en tout cas que l'option « invention », aussi réduite que soit sa place par rapport à celle de la tradition, était réellement présente dans le système d'appréciation de Gaston Paris. Si celui-ci ne l'a pas appliquée de façon plus massive à l'œuvre du poète champenois, d'autres raisons que l'image générale d'un moyen âge imitateur en étaient donc également responsables. Ces raisons me semblent résider, d'une part, dans une appréciation *a priori* très modérée de la littérature courtoise, comparée avant tout aux chansons de geste, et, d'autre part, dans la discussion de plus en plus polémique avec Foerster. Cette discussion a eu pour résultat ultime la formulation de deux thèses qui, dans leur radicalité, ne correspondaient certainement plus exactement aux vraies opinions respectives des deux savants, et poussaient l'un à écraser Chrétien sous le poids de la tradition celtique et

---

385 Voir également 574*, 1894, pp. 729-730 et 1895, pp. 103-104.

386 Voir également 574*, 1894, pp. 547-548 (au sujet du *Plaid de Renart*).

387 467, 1874, p. 292.

l'autre à ériger le même poète en créateur quasi absolu du roman arthurien. Il est fort intéressant de voir que, dans l'*Esquisse*, le jugement de Gaston Paris sur la faculté d'invention de Chrétien est nettement plus positif que dans les autres textes que nous avons analysés et qui, eux, sont à comprendre comme des réactions directes aux prises de position formulées par Foerster :

> «Et même de plus d'un épisode de ces romans [les romans arthuriens en vers après Chrétien], ou de plus d'un roman tout entier, il serait vain de rechercher la source ; il n'y en a pas d'autre que l'invention de l'écrivain. Chrétien avait donné l'exemple de cette liberté en amplifiant à l'aide d'épisodes tirés de son imagination les thèmes traditionnels, auxquels il empruntait seulement son cadre et son sujet principal» (*Esquisse*, 1907, p. 114).

Une telle opinion n'est finalement pas si éloignée des idées de Foerster !

Mais, malgré la part que Gaston Paris est prêt à attribuer, ici et là, à l'invention et à la créativité des auteurs médiévaux, le moyen âge est bien, à ses yeux, une époque foncièrement dominée par la tradition. Les grandes matières, les grands thèmes et même la plupart des récits particuliers seraient déjà là, prêts à prendre une forme spécifiquement médiévale. L'originalité de la littérature du moyen âge est ainsi, sur l'ensemble de sa production, une originalité secondaire et toute relative :

> «[...] mais la forme que nos auteurs ont donnée aux thèmes qu'ils empruntaient de toutes parts ne mérite pas moins l'attention et, pour le moment, attirera seule la nôtre.
>
> C'est là, en effet, qu'est leur originalité, leur mérite et le grand intérêt de leur œuvre. La France médiévale a créé la littérature moderne en osant donner, soit à des narrations écrites en latin, soit à des récits purement oraux, une forme poétique en langue vulgaire, qui leur a valu chez toutes les nations européennes un succès mêlé d'enchantement et de surprise, et a suscité de tous côtés d'abord des traductions, puis des imitations, et enfin une production libre et féconde» (557*, 1898, p. 761).

Or, une fois passée notre indignation de voir Gaston Paris largement insensible aux qualités artistiques de Chrétien, ne faut-il pas reconnaître que le philologue a bien saisi un aspect tout à fait capital de la mentalité médiévale, à savoir son culte de la tradition ? Quand il note, à propos de *Daniel* du Stricker :

> «Quelque singulier que cela puisse nous paraître, on sait qu'au moyen âge il n'y avait rien dont un romancier se défendît plus que du soupçon d'avoir inventé son récit» (499*, 1888, p. 138),

cela n'a en effet rien que de très vrai. Certes, Foerster est beaucoup plus proche de nous autres modernes quand il déclare, dans la préface de son édition d'*Yvain*, après avoir mis en relief tout le travail créateur qui, d'après lui, caractérise ce roman :

> «Ich weiss, dass diese meine Meinung gegen die von manchen Fachgelehrten vorgetragene Lehre : die Dichter jener Zeit erfinden nichts, ahmen nur nach, verstösst. Für die mittelhochdeutschen Dichter mag es stimmen – darüber mass ich mir kein Urteil an –, für die französische Literatur des XII. Jahrhunderts ist sie sicher falsch. Wir haben sicher Fälle, wo die Dichter nicht nur kleine Sagenstoffe als Kern einer grossen, geschickten, inhaltreichen, von ihnen ganz erfundenen Komposition verwendet, sondern ganze Abenteurromane (und nicht etwa schlechte) absolut aus nichts verfasst haben» (Foerster 1887, pp. XXVIII-XXIX).

Mais, aussi sympathique qu'une telle opinion nous soit instinctivement, on ne peut pas ne pas reprocher au savant allemand d'avoir projeté une image par trop anachronique sur le *faire poétique* des auteurs médiévaux en général, et de Chrétien de Troyes en particulier. La notion d'originalité telle que l'entend Foerster, liée à celles de l'unicité de l'œuvre d'art et du génie de l'auteur individuel, est, on le sait, d'origine relativement récente, essentiellement romantique, et ne semble guère apte à rendre compte de la spécificité de la création médiévale, dont l'attachement sous quelque forme que ce soit à la tradition peut être compris comme critère définitoire même[388]. Entre le poids écrasant de la tradition (Gaston Paris) et la création absolue, *ex nihilo* (Foerster) – ces deux positions, encore une fois, sont à comprendre comme des tendances, et ne sont certainement pas assumées dans cette radicalité ni dans cette exclusivité par les deux savants –, Bédier a, quant à lui, formulé une vision des choses autrement plus féconde en déclarant à propos de l'auteur de la *Chanson de Roland*: «recréer et créer sont termes exactement synonymes»[389], déplaçant ainsi la question de la présence, certes indubitable, de la tradition vers les possibilités artistiques d'un individu de manier celle-ci à ses propres fins. Zimmer, d'ailleurs, anticipe cette idée à sa façon. En 1890 déjà, il écrit au sujet de Chrétien :

> «Die Form, in der die Stoffe der bretonischen Arthursage durch die französisch redenden bretonischen conteurs nach Nordfrankreich und der Normandie kamen, war vornehmlich die Prosaerzählung und zwar in wenig künstlerischer Anlage mit Vorliebe für das rein Stoffliche. Solche Prosaerzählungen lieferten Chrétien das Material, das er, wohl auch umdichtend und durch eigene Erfindung bereichernd, seinen dichterischen Ideen dienstbar machte. Seine Arthurepen verhalten sich also zu den ihm vorliegenden Erzählungen der Bretonen wie Shakespeares Kauf-

[388] Voir par exemple, récemment, Haug 1993.

[389] Cité dans Corbellari 1997, p. 375 ; voir aussi le développement *ibid.*, pp. 374-376.

mann von Venedig und andere Dramen zu den den Rohstoff liefernden Novellen. Mit dieser Stellung Chrétiens wird wohl auch Förster zufrieden sein. – Dass weniger schöpferische Naturen als Chrétien weniger selbständig mit dem Stoff verfahren, ist natürlich» (Zimmer 1890, p. 832).

L'idée selon laquelle la création littéraire – tant celle du moyen âge que celle de toute autre période – est le résultat d'un certain rapport défini à la tradition, rapport plus ou moins libre, plus ou moins conscient selon les époques et les auteurs, domine largement aujourd'hui, on le sait, notre conception du fait littéraire[390].

Si Gaston Paris a bien saisi une caractéristique essentielle du moyen âge, à savoir l'attachement des auteurs à la tradition, il a certainement sous-estimé de beaucoup la créativité littéraire développée par les auteurs médiévaux à l'intérieur de ce cadre d'«expérimentation» traditionnel. Mais il y a un aspect plus problématique encore, me semble-t-il, dans les jugements du philologue. Car s'il est bien vrai que celui-ci postule une caractéristique globalement vraie pour le moyen âge littéraire – celle, encore une fois, du culte de la tradition – et qu'il évite ainsi le «piège» romantique dans lequel tombe Foerster, il n'en juge pas moins les œuvres médiévales à l'aune des valeurs modernes de la création originale. C'est-à-dire, concrètement, qu'il reproche aux auteurs médiévaux leur manque d'originalité, alors que c'est justement ce manque d'originalité qui caractérise, à ses yeux, le moyen âge dans le domaine de la création littéraire. Quand il critique par exemple l'auteur du *Châtelain de Coucy* en ces termes:

> «L'invention n'est pas sa partie forte: il a puisé dans des récits plus anciens non seulement, comme nous le verrons, le dénouement célèbre de son roman, mais plusieurs des épisodes qu'il y fait entrer» (548*, 1881, p. 355),

une telle appréciation ne manque pas de provoquer notre étonnement, car elle ne postule en fait rien de moins que la possibilité pour les auteurs médiévaux de transcender leur propre époque! Gaston Paris applique le critère de l'originalité de l'invention tout au long de ses analyses malgré le fait qu'il reconnaisse que ce critère n'est justement pas apte à saisir l'«originalité» du moyen âge. Tout ceci nous rappelle une fois de plus ce que nous avons constaté de façon très globale dans la Deuxième Partie, à savoir que l'approche historiciste ne s'identifie aucunement, dans le discours de Gaston Paris, à un relativisme des valeurs. S'il y a bien historicisme dans la mise en place des catégories descriptives, il y a très souvent anachronisme dans la valorisation de ces catégories.

---

[390] Voir par exemple, au sujet des romans arthuriens plus spécifiquement, les déclarations de principe formulées par Lange 1972, p. 203.

Le problème de la «transcendance» nous amène à une autre contradiction interne non résolue dans l'argumentation de Gaston Paris, qui, cette fois-ci, touche à l'état de conscience (auto)réflexive des auteurs médiévaux. «C'est le propre de tous les conteurs des époques encore peu conscientes d'être les esclaves de leur 'matière'»[391], écrit-il dans son article sur *Tristan et Iseut* dans la *Revue de Paris*. Cette appréciation du moyen âge, ou du moins des premiers siècles du moyen âge, comme époque peu consciente et, dans ce sens, enfantine et poétique, découle directement de la vision générale qu'a notre philologue de l'histoire comme progrès continu de la raison raisonnante. Le problème, ici, c'est que le prétendu manque de conscience (auto)réflexive ne s'applique apparemment pas de la même façon à tous les auteurs, voire à tous les procédés «artistiques» d'un même auteur. Gaston Paris n'hésite pas, on l'a vu, à affirmer à la fois que Chrétien n'a pas réalisé les incohérences de ses sources et qu'il y a ajouté des obscurités de son propre gré, pour ainsi dire en toute connaissance de cause. L'interprétation des laisses similaires et identiques des chansons de geste témoigne de la même ambivalence, dans la mesure où Gaston Paris, nous l'avons dit, hésite entre un phénomène formel imposé par la tradition et un procédé stylistique utilisé à des fins poétiques précises. Cette ambiguïté caractérise le discours du philologue à d'autres égards encore, comme, pour prendre un dernier exemple, en ce qui concerne les formules toutes faites si chères au moyen âge, tels les fréquents appels à des sources: si, chez Chrétien, ces appels sont à prendre à la lettre, tant il est vrai que le poète champenois n'inventerait guère, la référence de Wolfram d'Eschenbach à Kyot serait, par contre, une façon ingénieusement réfléchie de la part de cet auteur de détourner le fait qu'il invente lui-même![392]

## Amour courtois – cours d'amour

Si le *Lancelot* occupe, parmi les romans de Chrétien de Troyes, une place privilégiée dans le jugement de Gaston Paris, c'est avant tout parce qu'il introduit une certaine conception de l'amour jusque-là inédite:

> «Le *Chevalier de la charrette* me paraît en effet avoir, dans l'histoire de la littérature française au moyen âge et particulièrement du chapitre qui nous occupe, une importance plus grande que celle qu'on lui a d'ordinaire attribuée. L'originalité de ce poème, une fois la question du fond et du sens primitif mise à part, consiste dans la façon dont il présente ses personnages, dans les mobiles qu'il donne à leurs actions, et notamment dans la conception qu'il nous offre de l'amour» (526*, 1883, p. 516).

---

[391] 518*, 1894, dans 345*, 1900, p. 173.

[392] 523*, 1883, p. 100.

Gaston Paris, qui n'hésite pas, dans ce contexte, à parler d'«originalité» (mais cette originalité concerne moins Chrétien que Marie de Champagne, entièrement responsable, selon lui, du *sen* du roman), a été le premier, faut-il le rappeler, à désigner cette nouvelle conception de l'amour par le syntagme d'*amour courtois*, mais également, et ce fait est important quoique beaucoup moins connu, par celui d'*amour courtois et chevaleresque*[393]. Si le philologue utilise le terme d'amour courtois dès son premier article sur Lancelot du Lac[394], c'est pourtant dans le deuxième seulement qu'il en donne une description détaillée. Il ne me semble pas inutile de citer ici l'appréciation de Per Nykrog, qui nous rappelle ce que l'analyse faite par Gaston Paris de l'amour dans la *Charrette* avait de vraiment novateur à l'époque:

> «Nulle part dans la littérature antérieure on n'avait discuté ainsi le sens d'un roman de Chrétien; depuis c'est devenu une préoccupation majeure, et bien qu'on ait remis en question cet amour courtois selon Gaston Paris – le terme, la rigidité du concept – son importance dans l'histoire des études médiévales a été incalculable» (Nykrog 1996b, p. 14).

Autre vérité bien connue: si tout le monde parle depuis d'amour courtois, cela ne veut pas dire pour autant qu'il y ait consensus sur le contenu de cette expression. Tout au contraire, il y a le plus souvent confusion totale. Le fait est, comme le remarque à juste titre Henry Ansgar Kelly, que les articles en question de Gaston Paris, et avant tout celui de 1883, appartiennent à ceux que tout le monde cite et que personne n'a vraiment lus, en sorte que les malentendus autour de la notion d'amour courtois telle que le philologue français l'avait définie se sont multipliés et que la notion elle-même est devenue un véritable terme passe-partout[395]. Devant cette situation, plus d'un savant s'est demandé avec Francis L. Utley: «Must we abandon the concept of courtly love?»[396], pour y répondre par l'affirmative[397]. Tant la question que

---

[393] 526*, 1883, p. 518 et p. 532. – Notons que l'expression «amour chevaleresque» était pourtant déjà employée par Fauriel (voir Frappier 1973, pp. 38-39).

[394] 522*, 1881, p. 478.

[395] Kelly 1985, p. 217 et 1986/87, p. 301.

[396] C'est le titre d'un état des recherches publié par Utley en 1972 (voir par exemple Schnell 1989, p. 72).

[397] Deux ordres d'arguments très différents ont été avancés par les «adversaires» du concept d'amour courtois: 1° le contenu sémantique recouvert par le syntagme amour courtois serait une invention de Gaston Paris et ne correspondrait à aucune réalité médiévale (c'était notamment l'avis, assez absurde il faut le dire et fortement critiqué, d'un certain nombre de médiévistes américains, parmi lesquels D. W. Robertson, Jr., John Benton et Charles S. Singleton, lors d'un colloque tenu en 1967 [*The Meaning of Courtly Love*, State University of New York Press, Albany, 1968; voir le compte rendu de Frappier 1973, pp. 61-96]); 2° les différents sens qui ont proliféré autour de la notion d'amour courtois depuis Gaston Paris seraient devenus si nombreux que la notion elle-même ne

la réponse paraissent d'autant plus pertinentes à première vue que le terme d'amour courtois n'apparaît jamais tel quel dans la littérature médiévale elle-même (à deux reprises seulement, comme le note Luciano Rossi, on trouve le syntagme de «cortez'amor», une fois chez Peire d'Alvernhe et une autre dans *Flamenca*[398]). – Il ne pourra s'agir d'analyser, ni même tout simplement de présenter ici de façon tant soit peu complète le sort de la notion d'amour courtois dans la littérature critique après Gaston Paris, littérature qui l'a interprétée et utilisée dans presque tous les sens possibles et impossibles, ni encore de réexaminer les textes médiévaux eux-mêmes[399]. Les seules questions jugées importantes dans notre contexte sont les suivantes: qu'est-ce que Gaston Paris a réellement entendu lui-même par amour courtois? Comment et dans quel cadre cet amour se voit-il interprété par lui?

Devant le constat de non-lecture des textes de Gaston Paris déploré à juste titre par H. A. Kelly, il me semble utile, voire indispensable de reproduire *in extenso* la définition en quatre points que le philologue fournit de l'amour particulier entre Lancelot et Guenièvre tel qu'il apparaîtrait pour la première fois dans la *Charrette*:

> «1° Il [l'amour] est illégitime, furtif. On ne conçoit pas de rapports pareils entre mari et femme; la crainte perpétuelle de l'amant de perdre sa maîtresse, de ne plus être digne d'elle, de lui déplaire en quoi que ce soit, ne peut se concilier avec la possession calme et publique; c'est au don sans cesse révocable d'elle-même, au sacrifice énorme qu'elle a fait, au risque qu'elle court constamment, que la femme doit la supériorité que l'amant lui reconnaît.
>
> 2° A cause de cela, l'amant est toujours devant la femme dans une position inférieure, dans une timidité que rien ne rassure, dans un perpétuel tremblement, bien qu'il soit d'ailleurs en toutes rencontres le plus hardi des guerriers. Elle au contraire, tout en l'aimant sincèrement, se montre avec lui capricieuse, souvent injuste, hautaine, dédaigneuse; elle lui fait sentir à chaque moment qu'il peut la perdre et qu'à la moindre faute contre le code d'amour il la perdra.
>
> 3° Pour être digne de la tendresse qu'il souhaite ou qu'il a déjà obtenue, il accomplit toutes les prouesses imaginables, et elle de son côté songe toujours à le rendre meilleur, à le faire plus 'valoir'; ses caprices apparents, ses rigueurs passagères, ont même d'ordinaire ce but, et ne sont que des moyens ou de raffiner son amour ou d'exalter son courage.

---

pourrait plus être sauvée (c'est l'avis, par exemple, de Kelly 1986/87, p. 324). – Voir également, pour tout ceci, Schnell 1989, pp. 72-73.

398 Rossi 1989, p. 452.

399 Voir, pour un survol, Boase 1977, pp. 5-61 (et la critique de Kelly 1979) et, avant tout, Schnell 1985, pp. 77-137. Pour une orientation bibliographique très utile et très complète, on consultera également Schnell 1989.

> 4° Enfin, et c'est ce qui résume tout le reste, l'amour est un art, une science, une vertu, qui a ses règles tout comme la chevalerie ou la courtoisie, règles qu'on possède et qu'on applique mieux à mesure qu'on a fait plus de progrès, et auxquelles on ne doit pas manquer sous peine d'être jugé indigne.
>
> Dans aucun ouvrage français, autant qu'il me semble, cet amour *courtois* n'apparaît avant le *Chevalier de la Charrette*» (526*, 1883, pp. 518-519)[400].

Or, si Chrétien, poursuit le philologue, a bien été le premier à présenter sous la forme décrite les sentiments particuliers qui lient Guenièvre et Lancelot, les éléments qui se sont conjugués pour donner naissance à cette représentation seraient, eux, d'origine multiple :

1° Il y aurait d'abord une influence littéraire, à savoir l'*Ars amatoria* d'Ovide, «livre si goûté des clercs, si lu dans les écoles, et que Chrétien lui-même, comme nous l'avons vu, avait traduit à ses débuts»[401]. Les points de contact qui, au-delà de toutes les différences, lieraient les deux conceptions de l'amour, celle de l'*Art d'aimer* et celle de la *Charrette*, seraient le caractère illégitime de cet amour ainsi que le fait qu'il soit présenté comme une «science» comportant un certain «code» et passible d'une «jurisprudence». Cette interprétation de l'amour ovidien serait pourtant le résultat d'une lecture erronée, c'est-à-dire d'une lecture sérieuse – et donc anhistorique –, de la part des clercs médiévaux, d'un traité à l'origine ironique, et montrerait, une fois de plus, le manque de sens de l'altérité et la tendance «logicienne et généralisatrice» des clercs, qui auraient transformé «en rigides maximes les frivoles préceptes de [la] théorie mondaine» d'Ovide[402].

---

400 Sur le rapport entre cette description et les idées sur l'«amour chevaleresque» mises en place par Fauriel déjà, voir Liebertz-Grün 1977, pp. 10-12.

401 526*, 1883, pp. 519.

402 *Ibid.*, p. 520. – Dans son compte rendu de la deuxième édition du *Cligès* par Foerster (490*, 1902, pp. 351-353) ainsi que dans l'*Esquisse*, 1907, p. 111, Gaston Paris ajoute un autre élément constitutif de l'amour courtois à partir de l'œuvre d'Ovide, à savoir les monologues amoureux tels qu'ils auraient déjà été présents avant Chrétien dans les romans antiques. Il faut donc quelque peu atténuer la critique formulée à ce sujet par Frappier 1973, p. 80, qui note : «S'il [Gaston Paris] a vu très nettement que la *fine amor* n'était pas un amour purement platonique, éthéré, qu'elle était à la fois désir érotique et sentiment idéal, n'a-t-il pas trop laissé dans l'ombre un élément aussi important chez les amants courtois que le rôle de la raison lucide et de la volonté, de la *délibération* – signe d'une résistance à la fatalité de la passion ou d'un essai pour la comprendre et la justifier ?». S'il est vrai que cet élément ne se trouve pas explicitement dans l'article de 1883, il se trouve bien dans les textes que nous venons de citer (voir également Kelly 1986/87, p. 316).

2° La réception de cette référence littéraire serait indissociable de l'établissement, au cours du XII^e siècle, d'une société courtoise qui, disposant de plus de loisirs que l'aristocratie précédente et désireuse de marquer plus nettement ses distances vis-à-vis du peuple, vis-à-vis des « vilains », aurait créé et adopté une « étiquette subtile et souvent bizarre » pour initiés, étiquette dont auraient naturellement fait partie des préceptes réglant sur une base nouvelle le comportement entre les deux sexes[403]. Ce changement dans les mœurs se serait produit presque simultanément dans le Nord, en Angleterre, à la cour d'Henri I, et dans le midi de la France. Pour illustrer le cas de la cour anglo-normande, Gaston Paris cite – et il semble bien le premier à le faire – le fameux passage de l'*Historia Regum Britanniae*, où Geoffroy décrit le couronnement d'Arthur à Caerleon, le jour de la Pentecôte, et où l'on lit, dans la traduction du philologue :

> «'[...] les femmes, non moins célèbres par leur courtoisie, n'estimaient dignes de leur amour que ceux qui avaient donné des preuves de leur valeur dans trois combats différents. Ainsi la valeur des hommes était un encouragement pour la chasteté des femmes, et l'amour des femmes était un aiguillon pour la valeur des chevaliers'» (*ibid*., p. 521)[404].

Gaston Paris précise en note que le terme de « chasteté » n'est pas très clair dans ce contexte et qu'il faut certainement le comprendre dans le sens de « perfection féminine »[405], orientant ainsi son interprétation vers le caractère illégitime de ce que sera l'amour courtois dans la *Charrette*. Il propose ensuite de lire cette description de la cour d'Arthur, tout à fait isolée dans l'œuvre de Geoffroy, comme se référant en réalité aux « cours fastueuses et galantes » du roi Henri I, « dont l'imitation se répandit bientôt en France, et qui, par les tournois et les assemblées des deux sexes, formèrent le vrai point de départ et le foyer de la société courtoise, amoureuse et raffinée »[406].

Une évolution parallèle, mais toutefois indépendante, serait observable dans les différentes cours seigneuriales du Sud de la France. Dans cette « société assez oisive et de mœurs peu sévères, s'était produite une poésie qui, de bonne heure, avait été surtout une poésie d'amour, et d'amour raffiné et savant, d'amour de tête, comme on l'a fort bien dit, et non

403 526*, 1883, p. 520.

404 Quant aux problèmes que pose ce passage, voir Frappier 1973, p. 29 et Kelly 1986/87, p. 304, n. 4. – Dans un compte rendu d'un ouvrage de Trojel sur les cours d'amour (voir plus loin), Gaston Paris cite au même sujet un passage du *Concile de Remiremont* (628*, 1888, pp. 731-732, n. 5).

405 526*, 1883, p. 521, n. 1. – Voir également Frappier 1973, p. 29, n. 78.

406 526*, 1883, p. 521.

d'amour de cœur»[407]. Contrairement à ce qui serait vrai pour la conception de l'amour courtois dans le Nord, celle qui dominerait dans le Sud ne comporterait pas le côté chevaleresque, le côté «prouesse». Ce qui serait pareil d'une région à l'autre ce serait l'idée que «l'amour est une vertu et qu'il excite à toutes les autres, surtout aux vertus sociales»[408], et aussi celle que l'amour est un «art, une science, et que pour avoir le droit de s'en mêler il fallait en posséder les règles»[409]. Le troisième point commun, finalement, serait le caractère illégitime de cet amour.

Ces multiples influences du Nord et du Midi se seraient trouvées réunies à la cour de Marie de Champagne, qui aurait ainsi pu donner à Chrétien, outre la «matière», c'est-à-dire le sujet du conte celtique (déformé) que nous avons vu et qui aurait raconté l'enlèvement et la libération de la reine, l'idée centrale de la *Charrette*, son «*sen*», qui ne serait autre que le rapport particulier entre Lancelot et Guenièvre, rapport inexistant quant à lui dans la tradition celtique. Cet avis, formulé par Gaston Paris contre La Villemarqué[410], a généralement été accepté par la suite, et ceci même par Loomis ![411] Le philologue attribue ainsi le rôle principal dans la transmission des idées sur l'amour (courtois) à des femmes, avant tout à Aliénor d'Aquitaine et à sa fille Marie[412].

Avec cette analyse du *Chevalier de la Charrette*, Gaston Paris a mis en place une structure d'exégèse de base à l'intérieur de laquelle la plupart des futures interprétations, aussi variées et divergentes qu'elles soient – et de tous les romans de Chrétien, c'est peut-être celui-ci, plus encore que le *Conte du Graal*, qui a reçu le plus d'interprétations différentes –, ont pris place[413].

A ces développements toujours très valables sur la genèse de l'amour courtois dans le Nord – notons au passage que l'article de Frappier «Vues sur les conceptions courtoises dans les littératures d'oc et d'oïl au XII<sup>e</sup> siècle» (1959)[414] peut être lu, malgré toutes les précisions et informations

---

407 *Ibid.*

408 *Ibid.*, p. 522.

409 *Ibid.*

410 522*, 1881, p. 492.

411 Loomis 1949, p. 194.

412 526*, 1883, p. 523. – Nous n'entrons pas ici dans la discussion sur le rôle qu'il faut réellement attribuer à ces femmes dans le transfert culturel de l'époque, discussion dont les deux pôles extrêmes sont représentés, on le sait, par les travaux de Rita Lejeune et par ceux de John Benton. – Notons ici que, dans sa théorie sur l'«origine masculine» de la notion d'amour courtois chez Gaston Paris, Hult 1996, pp. 215-216, ne tient pas compte du fait que selon le philologue cette idée a été introduite précisément par des femmes.

413 Pour une première orientation, voir Fritz 1992, pp. 272-274.

414 Dans Frappier 1973, pp. 1-31.

supplémentaires qu'il apporte par ailleurs, comme une simple amplification des idées exprimées par Gaston Paris en 1883 –, le philologue ajoute des réflexions sur le traité *De arte honeste amandi* (*De Amore*) d'André le Chapelain et, ainsi, sur les fameux «jugements d'amour»[415].

Restons-en encore, pour le moment, à l'amour courtois. H. A. Kelly a le mérite d'avoir clarifié à deux reprises les idées de Gaston Paris sur ce sujet et de les avoir, par là même, libérées d'un certain nombre de malentendus, de confusions et de fausses interprétations[416]. Ainsi Frappier, pour ne citer que lui, a-t-il induit nombre de chercheurs en erreur en affirmant trop hâtivement, à plusieurs reprises, que l'amour courtois de Gaston Paris s'identifiait tout simplement à la *fin'amor* chantée par les troubadours[417]. Or nous avons vu, et Kelly insiste à juste titre sur ce point, que celui-ci fait une distinction très nette entre ces deux formes d'amour, seul l'amour courtois du Nord ayant d'après lui comme élément constitutif la prouesse chevaleresque proprement dite[418].

Gaston Paris semble quelque peu hésiter en ce qui concerne la première apparition de l'amour courtois et chevaleresque tel qu'il le décrit dans son article de 1883. Dans ce dernier, il fait déjà allusion, en note, à un passage d'Eilhart, qui reflèterait bien quelque chose comme un amour codifié:

> «Pleherin, qui prend pour Tristan un cavalier qui s'enfuit, l'adjure en vain au nom d'Iseut de s'arrêter. Iseut, croyant Tristan coupable de cette infraction aux lois de l'amour, le repousse et le fait cruellement maltraiter le lendemain quand, déguisé en lépreux, il essaie de s'approcher d'elle» (*ibid.*, p. 519, n. 1).

Réflexion faite, le philologue conclut pourtant à une interpolation postérieure sur la base d'un poème français plus récent que la *Charrette*. En 1894, dans son beau travail sur *Tristan et Iseut*, il modifie cette opinion et admet bien cette fois-ci que, déjà dans Béroul et également dans le poème très voisin qu'aurait suivi Eilhart, l'amour n'est plus purement sauvage (et donc celtique), mais qu'il est déjà «l'amour 'courtois', l'amour conventionnel et réglementé qui trouvera son expression complète dans la liaison de Lancelot et de Guenièvre»[419]. Finalement, dans le compte rendu de la *Geschichte der französischen Litteratur* de Suchier et Birch-Hirschfeld, Gaston Paris semble revenir à sa première idée. Suchier avait écrit que Thomas avait probablement été le premier poète français à peindre l'amour chevaleresque. Commentaire de Gaston Paris:

---

415 526*, 1883, pp. 523-532.

416 Kelly 1985 et Kelly 1986/87.

417 Voir par exemple Frappier 1973, pp. 39-41, p. 79.

418 Kelly 1985, p. 219.

419 518*, 1894, dans 345*, 1900, p. 156.

> «[...] les traits même que M. Suchier emploie pour caractériser cet amour dans le *Tristan* de Thomas n'ont rien de particulièrement chevaleresque. Il me paraît avoir plus raison quand il dit [...] que le *Lancelot* de Chrétien 'a introduit l'amour chevaleresque, tel que le comprenaient les troubadours, du Midi dans le Nord, de la poésie lyrique dans la poésie épique'» (346*, 1901, p. 704, n. 2).

Je ne pense pas qu'il faille résoudre l'hésitation du philologue à ce sujet: celle-ci, à l'instar d'autres, semble au contraire constitutive de ses réflexions[420].

Ce que l'on peut critiquer à juste titre dans la définition de Gaston Paris – et c'est ce que, bien avant Frappier[421], avait déjà fait Foerster, qui par ailleurs taxait les passages sur l'amour courtois dans l'article de 1883 d'un «prächtiges Kapitel»[422] –, c'est l'accent que le philologue met sur l'aspect «codification» dans la *Charrette* même:

> «Dagegen lässt sich vielleicht einwenden, dass in der Karre von einer solchen *science* und ihren *règles* nicht viel oder eigentlich nichts zu entdecken ist» (Foerster 1914, p. 88*).

Bien que l'on puisse comprendre le comportement de Guenièvre et surtout celui de Lancelot comme obéissant à certaines règles, il est bien vrai aussi que celles-ci ne se voient pas explicitement formulées dans le roman. L'accent mis par le philologue sur la codification est bien probablement le résultat d'une sorte de lecture rétrospective de la *Charrette* à la lumière d'André le Chapelain, comme semble le penser également Frappier[423]. Il n'empêche que c'est ici que se situe le point central de la conception de Gaston Paris de l'amour courtois. H. A. Kelly a raison d'insister sur l'importance du dernier point de la définition du savant[424]: «Enfin, *et c'est ce qui résume tout le reste*, l'amour est un art, une science, une vertu, qui a ses règles *tout comme* la chevalerie ou la courtoisie»[425]. Il s'agit bien ici d'une comparaison, et cela

---

420 Voir également Kelly 1986/87, pp. 308-310.

421 Frappier 1973, p. 80.

422 Foerster 1914, p. 87*.

423 Frappier 1973, p. 80. Voir également Liebertz-Grün 1977, p. 27. – Notons ici que Gaston Paris ne souffle mot à aucun endroit du troisième livre, «De reprobatione amoris», de l'ouvrage du Capellanus, livre qu'il connaissait pourtant par l'édition de Raynouard (1817) et, plus tard, par celle de Trojel (1892). C'est cette absence, très curieuse il est vrai, de toute référence à ce livre III qui fait qu'aucun élément perturbateur ne pouvait venir brouiller sa lecture du traité d'André comme reflet fidèle de la casuistique amoureuse de l'époque, au même titre que, dans le registre romanesque, le *Chevalier de la Charrette*. Voir, quant à cette problématique en général, Karnein 1985.

424 Kelly 1985, p. 220, et Kelly 1986/87, p. 303.

425 C'est moi qui souligne. – On retrouve une formulation semblable dans le compte rendu déjà mentionné de Gaston Paris de l'ouvrage de Trojel sur les cours d'amour: «[...] quand

ne signifie rien d'autre que l'amour courtois, dans le discours de Gaston Paris, ne se résume ni aux préceptes de la chevalerie ni à ceux de la courtoisie mais véhicule, *comme ces dernières*, un code et des règles de comportement[426]. C'est pour cette raison, me semble-t-il, que le savant utilise plus tard le terme d'amour chevaleresque également en rapport avec la poésie des troubadours, bien que celle-ci, dans sa propre définition, ne comporte justement pas cet aspect «prouesse» et «faits d'armes». C'est que, vu sous l'angle de la codification, amour courtois et amour chevaleresque pouvaient désormais être employés comme des synonymes[427].

C'est le côté codifié qui prime dans les idées de Gaston Paris sur l'amour courtois et qui fait que cet amour, indissociable de la société courtoise qui l'a vu naître, n'a guère de valeur aux yeux du philologue[428]. Un amour codifié ne saurait être un vrai amour. Stendhal aussi pensait ainsi quand il écrivait en 1822, dans *De l'amour*, à propos de la «galanterie provençale»: «[...] je dis galanterie, car en tout temps l'amour-passion est une exception plus curieuse que fréquente, et l'on ne saurait lui imposer des lois»[429]. Gaston Paris défend la même opinion dès 1859, année où, dans une critique assez sévère de l'*Amour* de Michelet dans une de ses «Lettres sur l'évolution de la poésie nationale française» dans le *Jahrbuch*, il avance l'idée que l'amour ne s'apprend pas et ne se laisse pas résumer par un traité:

> «Dans cette monographie passionnée, l'auteur a mêlé d'une façon étrange et parfois extrêmement désagréable l'étude morale à l'étude pathologique et l'anatomie à l'analyse. Il enseigne l'amour comme un art, qu'on peut, avec une certaine application et des dispositions heureuses, porter à une perfection aussi grande que tout autre. Pour cela, il a voulu donner une connaissance complète de l'objet de cet art, de ses instruments et de

---

il fut admis que l'amour était un art comme la guerre, une vertu sociale comme la chevalerie, une science comme la philosophie scolastique, qu'il avait des lois et un droit, il arriva naturellement que certaines personnes passèrent pour s'y entendre particulièrement [...]» (628*, 1888, p. 732).

426 Je ne pourrais donc adhérer à cette opinion de Frappier 1973, p. 80: «[...] il me paraît à peu près sûr, d'ailleurs, que G. Paris a pris *courtois* moins au sens de 'dépendant d'une étiquette de cour', 'lié à cette forme de vie sociale qu'était une cour féodale', qu'à celui de 'généreux, noble et d'une élégance raffinée'».

427 Cette interprétation me paraît confirmée par les développements de Kelly 1986/87, pp. 311ss.

428 Il me paraît donc difficile de souscrire à l'interprétation de Hult quand celui-ci écrit: «In the 'courtly love' article, he [Gaston Paris] [...] valorizes the 'bizarre and excessive' refinement of love in Chrétien's romance [...]» (Hult 1996, p. 212).

429 Cité dans Frappier 1973, p. 37. – Notons également que Renan, dans son article sur la «Poésie des races celtiques», parle de «la rhétorique du sentiment, trop familière aux races latines», en l'opposant à l'«infinie délicatesse de sentiment qui caractérise la race celtique» (Renan 1948, p. 257; voir également pp. 275-276).

ses moyens. Malheureusement toute cette industrie est précisément ce qu'il y a de plus contraire à l'amour, qui ne s'apprend pas par petites recettes médicales ou psychologiques» (775*, 1859, p. 390)[430].

Il y a bien, derrière un tel jugement, l'idée romantique que le seul vrai amour est purement passionnel et, par là même, échappe à toute systématisation comme à toute casuistique rationnelles. Dans cette même tradition, la catégorie *tête/cœur* que Gaston Paris allègue fréquemment dans ses analyses de la littérature courtoise en général implique également un jugement sur la sincérité et la véridicité des poètes: aux yeux du philologue, cette littérature est en effet essentiellement factice voire mensongère[431]. Sur ce point encore, Bédier se montre complètement d'accord avec son maître. Dans son article sur «Les lais de Marie de France», il écrit, à propos de la conception de l'amour telle qu'elle serait venue du Sud dans le Nord:

> «L'amour n'est plus une passion, c'est un art, pis encore, un cérémonial; il aboutit à un sentimentalisme de romances pour guitare, et les trouvères passent, sans transition, des passions rudimentaires des chansons de geste, aux pires fadeurs du troubadourisme» (Bédier 1891, p. 853).

Comme la critique a mis l'accent, jusqu'ici, avant tout sur les ruptures épistémologiques entre les travaux de Gaston Paris et ceux de Bédier, on n'a peut-être pas assez remarqué le profond accord des deux savants en ce qui concerne non seulement les origines des romans bretons, mais aussi la valeur de la littérature courtoise en général et des romans de Chrétien de Troyes en particulier. Cependant, si, chez Gaston Paris, l'appréciation de ces textes découle tout naturellement du système de pensée qui est le sien et que nous avons décrit tout au long des pages qui précèdent, les jugements négatifs du disciple me semblent moins facilement compréhensibles, surtout quand on pense au modèle «individualiste» mis en place par Foerster et qui, à mon avis, se serait parfaitement accordé avec la position épistémologique générale de Bédier[432]. Il est intéressant, en tout état de cause, de faire remarquer que Becker, qui anticipe sur bien des points les idées bédiéristes sur la formation des chansons de geste, n'hésite pas un instant, lui, à prendre parti pour Foerster, quand, en 1913, celui-ci se voit fortement attaqué par Rudolf Zenker au sujet de l'interminable «Mabinogionfrage». Becker s'enthousiasme, en effet:

---

430 Dans une lettre à Durande datée du 7 avril 1868, Gaston Paris, empêtré dans son histoire malheureuse avec Madame B., écrit: «Le sort seul fait l'amour: la raison et le choix n'y sont pour rien» (voir Annexe XIII).

431 Quant au rapport entre le conventionnel et le sincère, voir par exemple Held 1989, pp. 35-39.

432 Corbellari 1997 n'est pas très prolixe à ce sujet; voir pourtant ses brèves remarques aux p. 166, p. 177, p. 183 et p. 321.

> « 'Es ist W. Foersters grosse Tat und bleibendes Verdienst, für die ihm die Literaturforschung ewig verbunden sein wird, dass er mit unerbittlicher Strenge jene wesenlosen Hypostasen, jene hypothetischen Vordichtungen, die man aus den fremdländischen Bearbeitungen der Crestienschen Arturromane erschliessen wollte, in ihre wesenlose Nichtigkeit zurückgestossen und damit für die richtige Würdigung von Chrestiens grossartiger Erfindungsgabe und feinsinnigem Darstellungstalent erst Raum geschaffen hat. Wenn G. Paris, E. Muret, G. Lanson und F. Lot in Chrestien nur den oberflächlichen, manirierten und oft verständnislosen Bearbeiter fertig gegebener Sagen sehen, so ist ihr Blick eben durch das Phantom jener erschlossenen älteren Vorlagen getrübt [...]' » (cité dans Hirdt 1993b, Teil I, p. 213).

*

* *

Le caractère conventionnel reconnu – à tort ou à raison, cela n'importe guère ici – à l'amour courtois peut aussi être compris comme un frein à toute interprétation trop mimétique et référentielle de la part de Gaston Paris non seulement de cet amour lui-même, mais également des fameuses *cours d'amour*, auxquels on avait attribué pendant longtemps, suite surtout aux *Vies des plus célèbres et anciens poëtes provençaux* (1575) de Jean de Nostredame, un statut juridique tout à fait réel[433]. La théorie fallacieuse du frère du célèbre astrologue fut reprise et amplifiée par Le Grand d'Aussy, mais également par Raynouard, qui la voyait superbement confirmée par le *De arte honeste amandi* d'André le Chapelain, traité qu'il venait de (re)découvrir[434] et sur lequel, dans le deuxième volume de son *Choix de poésies originales des troubadours* (1817), il bâtissait tout un système

> « [...] d'après lequel le moyen âge aurait connu et fait fleurir, sous la protection de reines et de princesses et avec la tolérance des pouvoirs civils et religieux, la plus étrange des institutions: des tribunaux de femmes mariées consacrés à réglementer l'adultère, – car il n'y a pas d'autre mot pour désigner cet amour qui est déclaré solennellement inconciliable avec le mariage – à statuer sur les différends des amants, et à créer pour eux une jurisprudence qui d'un bout de la France à l'autre prenait force de loi. Comme le dit très bien Fauriel, le bon Raynouard parle de tout cela avec une naïveté incomparable [...]» (628*, 1888, p. 669).

---

433 Voir, pour un rapide survol, Rémy 1954/55, Liebertz-Grün 1977, pp. 59-63 et Karnein 1993.

434 Comme le rappelle Gaston Paris, il existait pourtant deux éditions du *De Amore*, l'une du XV^e siècle et l'autre de 1610, mais elles n'avaient pas attiré l'attention des savants (628*, 1888, p. 666, n. 2).

La légende des cours d'amour est également présente en appendice à *De l'Amour* de Stendhal[435]. D'autres, par contre, comme Fauriel, s'étaient montrés plus sceptiques. Diez avait lui aussi dès 1825, dans son essai *Ueber die Minnehöfe*, formellement dénié tout statut réel aux cours d'amour (tout en s'étant largement trompé, notons-le au passage, sur la date du traité du Chapelain, qu'il situait vers la fin du XIV^e siècle). Paulin Paris, finalement, écrivait à Ferdinand Wolf, dans une lettre du 6 mai 1865 :

> Ce que vous dites de la tradition des Cours d'amour plus ancienne que Diez ne l'avait cru, est plein d'intérêt et de justesse[436]. Vous n'entendez pas affirmer cependant que ces cours aient réellement fonctionné. Non ; c'étoit un jeu des assemblées élégantes fort en usage au XII^e siècle et dont on crut devoir rattacher l'origine aux usages de la cour d'Artus. C'étoit à cette cour qu'on avoit l'habitude de tout rapporter, les tournois, les réceptions solennelles, les vœux, et enfin les Cours d'amour. Quand on préparait une fête chevaleresque, au XII^e s. et au XIII^e, on désignoit ceux qui devoient y figurer sous les noms d'Artus, de Gauvain, de Keu, de Genièvre [sic] et de Lancelot. Les dames qui rendoient les sentences amoureuses étoient autour de reines Genièvre [sic] ou Iseult : mais tous ces arrêts, *autant* sans doute *en emportoit le vent*, comme nous disons en France[437].

Gaston Paris est évidemment d'accord avec son père et avec le maître de Bonn : les jugements d'amour présentés par André le Chapelain sont de simples amusements de société, analogues aux décisions que prenaient les arbitres désignés dans d'autres genres littéraires, tels les jeux partis et les tençons[438]. Vis-à-vis d'Ernst Trojel qui, dans sa monographie sur les *Middelalderens Elskovshoffer* (les cours d'amour du moyen âge), penchait, du moins pour un certain nombre de « iudicia », du côté de Raynouard, il se montre ferme :

> « [...] si le badinage des sociétés courtoises du XII^e siècle nous paraît parfois un peu lourd, ce n'est pas une raison, assurément, pour manquer à notre tour de la légèreté voulue en pareille matière et pour le prendre au sérieux » (628*, 1888, p. 729).

S'il y avait vraiment eu de tels jugements dans la réalité, continue Gaston Paris, et qui auraient sanctionné en pratique telle ou telle relation extramatrimoniale entre des gens nobles et bien connus, l'Eglise n'aurait assurément pas manqué de réagir et nous aurions des traces de ces débats[439].

---

[435] Voir par exemple Rémy 1954/55, pp. 183-184.

[436] La lettre à laquelle est ici fait référence ne nous est pas connue.

[437] HAB, Cod. Guelf. 504.4 Novi, Nr. 3.73.

[438] 628*, 1888, p. 727 et pp. 730-731.

[439] *Ibid.*, p. 730.

Ne nous y méprenons pourtant pas: les jugements décrits par André, la fameuse lettre sur la jalousie de Marie de Champagne citée par lui, tout cela, loin de relever de la pure fiction littéraire comme on a généralement tendance à l'admettre aujourd'hui[440], est bien réel aux yeux de Gaston Paris, qui pense en effet que des questions sur l'amour – questions hypothétiques ou également réelles? même là-dessus, le philologue n'est pas toujours très clair – ont été publiquement débattues lors de certaines réunions de cour:

> «Nul doute qu'un des amusements favoris des réunions que présidaient ces belles et peu sévères princesses n'ait été la solution de questions galantes et l'établissement d'un code de jurisprudence d'amour» (526*, 1883, p. 529).

Ce qui à coup sûr n'est pas réel aux yeux du philologue, c'est la mise en pratique des jugements. Et c'est justement parce qu'un «jugement ne signifie rien s'il n'a pas de sanction»[441] qu'il se serait agi de «purs jeux d'esprit»[442]. – La différence «référentielle» entre les deux interprétations en place, si elle existe bel et bien, n'est, on le voit, pas aussi importante qu'on pourrait le croire au premier abord, et, en un sens, elle se réduit encore quand on ajoute ces réflexions de Gaston Paris sur le rapport entre société et littérature:

> «[...] ces jugements ne pouvaient avoir aucune application et n'étaient que de purs jeux d'esprit, au moins en ce qui concerne les cas particuliers. Mais la tendance générale qu'ils expriment dépassait quelque peu cette définition: il faut y reconnaître, chez les grandes dames de ce temps où apparaît ce qu'on appelle 'le monde', un effort pour créer et faire accepter aux hommes un amour idéal et raffiné, nullement platonique toutefois, et fondé sur la pleine possession, mais ne laissant aux sens qu'une part secondaire, étroitement lié à la pratique et à l'accroissement des vertus sociales, et donnant à la femme, à cause du risque qu'elle courait en s'y livrant, une supériorité constante qu'elle justifiait par l'influence ennoblissante qu'elle devait exercer sur son amant» (*ibid.*, pp. 529-530).

Cinq ans plus tard, dans son compte rendu de l'ouvrage mentionné de Trojel, le philologue reprend cette idée:

> «C'est donc bien à des jeux d'esprit, à des amusements de société, comme Diez et d'autres l'ont dit, que s'est bornée la juridiction des dames dont André le Chapelain nous a transmis les décisions. Que ces décisions, étant donné le singulier état d'esprit que nous fait connaître la littérature courtoise du XII<sup>e</sup> siècle, aient pu exercer parfois une influence sur les idées, sur les sentiments, partant sur les actions de tel ou tel chevalier, de

---

440 Voir par exemple Schnell 1982, pp. 81-85.

441 628*, 1888, p. 729.

442 526*, 1883, p. 529.

> telle ou telle dame, c'est ce que je me garderais bien de contester; mais elles en ont exercé comme la philosophie à la mode, les romans et les poésies du jour, le ton changeant des conversations mondaines, en exercent dans tous les temps» (628*, 1888, pp. 733-734).

La vie à la cour de Marie de Champagne, la représentation de l'amour telle qu'elle apparaît chez Chrétien de Troyes et chez André le Chapelain, l'art même du poète champenois, tout cet univers rappelle à Gaston Paris les salons des précieuses:

> «C'est quelque chose de fort analogue, avec bien des nuances amenées par la différence des temps, à ce qu'essaya plus tard l'hôtel de Rambouillet; et Chrétien de Troyes, dans le *Conte de la Charete*, a été le poète épique de ces précieuses du XII^e^ siècle, auxquelles les poètes lyriques n'ont pas manqué» (526*, 1883, p. 530).

La comparaison entre l'art de Chrétien de Troyes et celui des poètes précieux n'est pas innocente, loin s'en faut, mais a une valeur nettement dépréciative[443]. Dans cette qualité, elle a été reprise par Bédier qui, lui aussi, parle de «Chrétien de Troyes, ce précieux» dans un sens très clairement méprisant[444]. Or cette assimilation entre l'art romanesque de Chrétien et la rhétorique précieuse est devenue un élément descriptif traditionnel et se trouve encore fréquemment de nos jours, sans que pour autant la valorisation qu'elle impliquait au départ ne soit toujours très clairement visible ni, bien probablement, assumée[445].

## 4. PÉRIODISATION ET VALORISATIONS

Chrétien de Troyes n'est pas, chez Gaston Paris, est-il encore nécessaire d'insister là-dessus, le poète incomparable qu'il est chez Foerster. Dans son compte rendu de l'édition foersterienne d'*Erec et Enide*, le philologue français s'écrie:

> «Il semble d'ailleurs que M. F[oerster] soit, à son insu, provoqué par tout ce qu'il m'arrive d'écrire sur les romans bretons à une contradiction dont sont victimes les écrits ou les auteurs auxquels j'ai montré de la sympathie. J'ai attaché – à bon droit, je crois – une haute importance au *Lancelot* de

---

[443] Il suffit pour s'en convaincre de lire les passages sur la poésie précieuse dans l'*Histoire de la littérature française* de Lanson 1912, pp. 375-390. Il est pourtant intéressant de noter en même temps que Lanson lui-même, malgré sa caractérisation somme toute assez négative de l'art de Chrétien, ne songe jamais à une comparaison entre le poète champenois et les poètes précieux. Il préfère le comparer à Bourget (*ibid.*, p. 58).

[444] Corbellari 1997, p. 166.

[445] Voir par exemple Baumgartner 1992, p. 75.

> Chrétien; M. F[oerster], chaque fois qu'il le mentionne, le proclame 'la plus faible des productions de l'auteur'. J'ai rendu justice au talent de Raoul de Houdenc et expliqué qu'on l'ait mis presque au rang de Chrétien; M. F[oerster] s'écrie [...]: 'Il suffit de lire une fois un poème de Chrétien, même *Erec*, qui n'est pas le meilleur, et aussitôt après le *Meraugis*, pour mesurer la grande distance entre le grand maître et le lourd et ennuyeux imitateur.' C'est à mon avis trop rabaisser Raoul, qui a des qualités (et des défauts) bien à lui, et surtout beaucoup trop exalter Chrétien, qui ne mérite à aucun titre d'être appelé un 'grand maître'» (532, 1891, p. 157, n. 2).

En 1902, dans sa critique de la deuxième édition de *Cligès* par Foerster, il revient encore sur cette opinion:

> «Chrétien [...] a eu des contemporains qui l'ont presque égalé en renommée et dont plusieurs pourraient lui disputer le premier rang: les auteurs de *Partenopeu* et de *Floire et Blanchefleur*, Gautier d'Arras, Huon de Rotelande, Guiot de Provins et d'autres» (490*, 1902, pp. 307-308).

De tous les romans arthuriens en vers, celui qu'il apprécie le plus semble pourtant être *Yder*:

> «Nous reconnaissons dans ce récit ce caractère simple et primitif des plus anciennes compositions arthuriennes [...] Ce poète était en effet un homme de talent et un homme d'esprit. Il n'y a pas de roman de la Table ronde où le récit soit plus agréable, le style plus coulant, l'expression plus nette et plus vive que le sien» (499*, 1888, pp. 201-207)[446].

D'autres textes arthuriens qui trouvent grâce devant son jugement sont le *Meraugis de Portlesguez* de Raoul de Houdenc et le *Guinglain* de Renaut de Beaujeu, et on voit par là même que Gaston Paris ne préfère pas *a priori*, à l'intérieur de son système de représentation, les romans «traditionnels» (avec noyau celtique) aux romans «non traditionnels» (sans noyau celtique) – c'est en effet, nous l'avons dit, dans cette dernière catégorie qu'il range les deux romans cités –, tout comme il ne préfère pas par principe les chansons de geste «traditionnelles» (avec noyau historique) aux chansons de geste «non traditionnelles» (sans noyau historique), ainsi que nous l'a notamment montré le cas du *Pèlerinage de Charlemagne*.

Le fait, certes déplorable en soi, que Gaston Paris n'ait pas mieux su saisir les qualités artistiques de Chrétien a donc également eu au moins une conséquence au fond positive, à savoir que le chercheur n'a pas mis entre le poète champenois et tous les autres auteurs de romans bretons en vers l'écart apriorique qu'a mis Foerster et qu'on a systématiquement mis à partir des

[446] C'était aussi l'avis de Meyer, qui, dès 1878, parlait d'*Yder* comme d'un «poème d'un excellent style et tout à fait digne de Chrestien de Troyes» (voir Ridoux 2001, p. 745).

années 1940 et 1950. Cet écart, même s'il s'est de nouveau réduit depuis une trentaine d'années, et de manière plus importante depuis la parution de la thèse de Beate Schmolke-Hasselmann, *Der arthurische Versroman von Chrestien bis Froissart* (1980), domine encore largement la critique médiévistique[447]. Il suffit pour s'en convaincre, d'ouvrir le *DLF* à l'entrée «Chrétien de Troyes» où Jean-Marie Fritz n'hésite pas à déclarer le poète champenois «le plus grand romancier du Moyen Age»[448].

Mais l'on constate en même temps que presque tous les textes que Gaston Paris apprécie véritablement appartiennent à la première période de la création après Chrétien et que la loi axio-chronologique que nous avons dégagée en analysant les jugements portés par le philologue sur les chansons de geste est également opératoire dans le domaine des romans arthuriens en vers pris dans leur totalité. Dans l'ensemble, en effet, la courbe de qualité est bien censée baisser avec le temps. Sont alors observables les mêmes «règles d'appréciation» que dans le domaine des poèmes épiques: si un épisode a l'air «moins trivial» que le reste du poème, il cache presque obligatoirement un conte plus ancien, celtique de préférence, comme ce serait le cas de telle «aventure» dans *Rigomer*[449]; si un poème est récent, il ne peut guère être bon, comme le montreraient très clairement *Gauvain et Hunbaut* – «ce roman est un des derniers du cycle comme il en est l'un des plus faibles»[450] – et *Claris et Laris*,

> «[...] le plus récent et le plus long des romans en vers de la Table Ronde; et ces deux qualités suffisent à faire pressentir qu'il n'est pas le plus intéressant; c'est un vrai produit de décadence, une perpétuelle imitation d'imitations, une interminable compilation de lieux communs» (*ibid.*, p. 124).

Le jugement sur *Escanor* n'est guère différent. Ici encore, il s'agirait d'un interminable «délayage de lieux communs cent fois rebattus»[451], ce qui n'aurait rien de surprenant étant donné que «Girard d'Amiens a tous les défauts du temps de décadence où il a vécu»[452]. Quant au *Méliador* de Froissart, finalement, véritable «anachronisme», on se trouverait devant une «œuvre longue, et en général assez fastidieuse», mais dont la lecture serait pourtant assez «supportable»[453]. La longueur des textes est à coup sûr un critère tout

---

447 Voir Trachsler 1997a, pp. 22-24. – Voir également, pour tout ceci, le survol «Chrétien chez les médiévistes» de Nykrog 1996b, pp. 7-40.

448 Fritz 1992, p. 266.

449 499*, 1888, p. 91.

450 *Ibid.*, p. 71.

451 *Esquisse*, 1907, p. 174.

452 461*, 1893, p. 151.

453 *Ibid.*, pp. 212-213.

à fait capital dans les appréciations de l'époque. Rappelons ici que si Paulin Paris a choisi, en 1831, d'ouvrir la série des «Romans des douze pairs» par *Berte aux grands pieds*, ce n'est pas parce que c'était à son avis la plus belle ou la plus intéressante des chansons de geste mais bien parce que c'était la plus courte ![454] Gaston Paris, quant à lui, est prêt à admettre que le public du moyen âge ne ressentait pas au même degré l'effet de monotonie, tel surtout que celui-ci résulterait de la lecture à la file de quelque quarante textes – exercice auquel il s'était soumis pour la rédaction de sa contribution à l'*HLF*[455] –, mais ne persiste pas moins à trouver beaucoup de romans arthuriens en vers plutôt ennuyeux, et ceci à proportion, en général, de leur volume, le plus souvent corrélé à une (présumée) date de rédaction tardive. Si *Floriant et Florete* se lit, d'après lui, «d'un bout à l'autre avec plaisir»[456], c'est donc aussi parce que ce roman ne comporte qu'un peu plus de 8000 vers.

Pour les romans en prose, les choses se déroulent exactement comme prévu. *Lancelot*, «[l]e plus ancien probablement de ces romans, et certainement le plus remarquable»[457], trouve grâce aux yeux de Gaston Paris, ainsi que *Tristan*. Dans l'ensemble, pourtant, toute cette production issue «de la pauvre imagination des auteurs de romans en prose»[458] se voit très modérément appréciée. Le philologue note ainsi, au sujet du *Merlin* du manuscrit Huth:

> «[A part un seul épisode jugé positif] c'est une suite de contes qui valent à peu près tous les autres du même genre, avec cette infériorité que les héros en sont, pour un grand nombre, des personnages qui ne nous intéressent pas, et que les aventures, variantes banales d'aventures mieux racontées ailleurs, nous fatiguent plus que les premières par leur creuse et monotone invraisemblance. Notre auteur n'avait pas l'imagination féconde et parfois réellement poétique des auteurs de *Lancelot* et de *Tristan*, et il nous semble même pas pouvoir être mis au même rang que son émule, l'autre faux Robert de Boron, qui a donné au *Merlin* sa continuation la plus connue» (527*, 1886, p. LXIX).

Bilan:

> «Pour nous, tant comme conception que comme style, ces romans [en prose] ont quelque chose de trop factice et de trop maniéré pour nous plaire; mais on ne peut disconvenir qu'ils contiennent de beaux morceaux (notamment le *Tristan*), et qu'ils nous montrent une prose déjà très sûre d'elle-même et s'efforçant de produire des effets artistiques» (335*, 1888, éd. de 1909, p. 111).

---

454 Voir Glencross 1995, pp. 74-75 et également, sur cette question de la longueur, Cerquiglini-Toulet 1991, p. 363.

455 499*, 1888, p. 215.

456 *Ibid.*, p. 162.

457 *Esquisse*, 1907, p. 118.

458 527*, 1886, p. LXIX.

## 5. AUTOUR DE *TRISTAN ET ISEUT*

Quand Gaston Paris parle de *Tristan et Iseut*, il parle, suivant le schéma généalogique dont il admet l'existence et la validité pour la matière bretonne en général – avec pourtant les variantes souvent importantes que nous avons vues –, de trois choses différentes:

1° du noyau légendaire (voire, plus loin, mythique) tel qu'il aurait existé à l'état pur, pour ainsi dire, chez les Celtes;
2° des récits celtiques perdus ayant eu pour sujet ce noyau associé à divers épisodes de la vie de Tristan;
3° des romans médiévaux proprement dits qui se seraient fondés sur ces récits perdus tels qu'ils auraient circulé dans des lais bretons, également perdus; la musique joue, selon Gaston Paris, un rôle tout à fait capital dans la transmission de la matière tristanienne, et ce des Bretons jusqu'à Wagner: «La musique est sans cesse mêlée aux amours de Tristan et d'Iseut»[459].

C'est pourtant très nettement le premier aspect du problème qui l'intéresse le plus, à savoir l'«essence du récit»[460], son «thème fondamental»[461], qui est l'amour fatal et coupable des deux protagonistes. En 1886, le philologue déclare:

> «Il faut [...] laisser aux Celtes la gloire d'avoir créé, en face de[s] épopées plus héroïques que d'autres races ont produites ou qu'ils ont enfantées eux-mêmes, l'incomparable épopée de l'amour» (517*, 1886, pp. 598-599).

Et, en 1894, dans son bel article sur la légende tristanienne dans la *Revue de Paris*, article qui est malheureusement presque complètement tombé dans l'oubli malgré une tentative de résurrection très méritoire de W. Ann Trindade[462], le savant s'exprime comme suit:

> «Dans le concert à mille voix de la poésie des races humaines, c'est la harpe bretonne qui donne la note pas[s]ionnée de l'amour illégitime et fatal, et cette note se propage de siècle en siècle, enchantant et troublant

---

459 518*, 1894 dans 345*, 1900, p. 144.
460 *Ibid.*, p. 136.
461 *Ibid.*, p. 137.
462 Trindade 1985. – On constate avec quelque surprise que Corbellari 1997, critique par ailleurs si avisé dans le domaine tristanien, ne parle pas de cet article de Gaston Paris, pas plus que Ridoux 2001.

> les cœurs des hommes de sa vibration profonde et mélancolique» (518*, 1894 dans 345*, 1900, p. 117).
>
> «[...] une conception de l'amour telle qu'elle ne se trouve auparavant chez aucun peuple, dans aucun poème, de l'amour illégitime, de l'amour souverain, de l'amour plus fort que la mort, de l'amour qui lie deux êtres l'un à l'autre par une chaîne que les autres et eux-mêmes sont impuissants à rompre ou à relâcher, de l'amour qui les surprend malgré eux, qui les entraîne dans la faute, qui les conduit au malheur, qui les amène ensemble à la mort, qui leur cause des douleurs et des angoisses, mais aussi des joies et des ivresses tellement incomparables et presque surhumaines que leur histoire, une fois connue, resplendit éternellement, au ciel du souvenir, d'un éclat douloureux et fascinant, cette conception est née et s'est réalisée chez les Celtes dans le poème de Tristan et Iseut, et forme une des gloires de leur race» (*ibid.*, pp. 139-140).

L'amour particulier – passionnel, coupable, fatal, tragique – que l'on trouve dans *Tristan et Iseut* est en effet typiquement celtique aux yeux de Gaston Paris. Si cet avis est partagé par des savants comme Sudre[463], Lot[464] et Loth[465], il est par contre violemment rejeté par d'autres, à commencer par Henry d'Arbois de Jubainville qui, dans un rapide compte rendu de l'article cité de Gaston Paris, s'écrie à ce sujet: «Malgré tout le talent littéraire de l'éloquent et sympathique auteur, je ne crois pas un mot de tout cela»[466]. Et le savant celtisant de mettre en rapport l'apparition de la conception tristanienne de l'amour avec les profondes mutations affectant la société féodale au XIIe siècle, société qui verrait renforcée la position des femmes, désormais héritières de fiefs et accédant, par là même, au mécénat littéraire, jusque-là exclusivement réservé aux hommes – vision de l'évolution de la civilisation que Gaston Paris, nous l'avons dit, partage parfaitement. Celui-ci, dans sa brève réplique à son ami, se borne à faire une fois de plus appel à son idée de base selon laquelle les poètes français du moyen âge ne seraient guère inventeurs:

> «Le rôle des femmes, comme protectrices des poètes, dans la France et l'Angleterre du XIIe siècle, est incontestable; mais le désir de leur plaire aurait-il suffi à faire inventer la merveilleuse histoire dont il s'agit, – et tant d'autres histoires d'amour qui remplissent les lais et romans bretons, – à des gens chez lesquels on constate une stérilité d'invention (sauf dans le détail) aussi complète que chez les contemporains de Wace et de Chrétien de Troyes?» (*Romania*, 24, 1895, p. 154).

---

463 Ridoux 2001, p. 823.

464 *Ibid.*, p. 828.

465 *Ibid.*, pp. 1028-1029.

466 Arbois de Jubainville 1894, p. 407.

Et Gaston Paris de conclure que si l'amour tristanien n'est pas celtique, ce qui lui paraît néanmoins la théorie de loin la plus vraisemblable, il est encore plus probable qu'il soit d'origine germanique avant que d'être une invention française[467]. On sait que Bédier, tout comme Arbois de Jubainville, tentera lui aussi, mais pour d'autres raisons, qui tiennent essentiellement, ici encore, me semble-t-il, à ses constants efforts pour «franciser» au maximum les textes qu'il étudie, de montrer que l'amour entre Tristan et Iseut n'est pas de provenance celtique:

> «Pour prouver que la légende de Tristan, sous une forme *comparable* [...] à celle qui nous est familière, est bien française, il suffira donc de prouver que l'amour-passion n'existe pas chez les Celtes» (Corbellari 1997, p. 177)[468].

Dans la conception de Gaston Paris, le noyau thématique de l'amour coupable et fatal, qu'il construit par ailleurs, suivant en ceci un principe méthodologique qu'il applique dans l'ensemble de ses analyses de contes et de légendes, en superposant les différentes versions connues pour en dégager ensuite le plus grand dénominateur commun[469], est certes originairement ancré dans l'esprit celtique d'il y a un millier d'années. Mais, en même temps, il aurait ceci de particulier qu'il transcende son origine géographique, ethnique et temporelle pour accéder au statut de sujet éternel intéressant l'humanité entière à toutes les époques de l'histoire. Et c'est précisément à ce titre qu'il fascine le philologue:

> «La vieille légende a un sens plus profond, et c'est par là qu'elle a mérité de vivre et de tenir sa place parmi les grandes créations de l'humanité. Aux lois sociales, aux conventions nécessaires qui règlent les rapports des hommes et qui frappent de châtiment ou de réprobation les actes qui les violent, elle oppose une loi plus ancienne et en même temps moins changeante, cette 'loi non écrite' qui dicte ses arrêts au fond des cœurs et qui, quand elle apparaît dans son éternelle réalité, réduit à néant les lois promulguées par les hommes. Au-dessus des devoirs ordinaires, notre légende proclame le droit qu'ont de s'appartenir malgré tous les obstacles

467 *Romania*, 24, 1895, p. 154.

468 En fait, Bédier n'essaiera pas tant de montrer que l'amour-passion n'existait pas chez les Celtes que de prouver qu'un tel amour n'était pas en conflit, chez eux, avec les lois du mariage, puisque cette institution n'aurait pas eu le même statut dans la société celtique qu'en France. Dans cette opinion, il est précédé par Foerster, qui, lui aussi, regarde l'amour conjugal comme étant une invention française et étrangère en tant que telle aux Celtes, opinion qui ne fait que sourire Gaston Paris, pour qui le mariage est au contraire une institution à peu près universelle (voir 532, 1891, p. 165).

469 Voir 518*, 1894 dans 345*, 1900, pp. 136-137. – Voir, à ce sujet, Speer 2000, pp. 317ss. – Le procédé qui consiste à dégager le plus grand dénominateur commun rappelle de toute évidence celui décrit par Taine quand il parle des «types» (voir Partie II, pp. 259-260).

> deux êtres que pousse l'un vers l'autre un invincible et inextinguible besoin de s'unir» (518*, 1894 dans 345*, 1900, p. 174).

Bédier, quant à lui, déclarera, dans son édition de Thomas: «Le conflit douloureux de l'amour et de la loi, c'est toute la légende»[470]. Mais ne nous y méprenons pas car, sur la base d'une définition presque identique, les deux savants interprètent de façon très différente la tension mise en place dans la légende entre les lois sociales d'un côté et les lois individuelles de l'autre. Tandis que Gaston Paris est surtout sensible au «droit» qu'ont les deux amants de s'appartenir l'un à l'autre, à l'extrême pouvoir et aussi, en un sens, au charme et même à la joie de leur amour, qui relègue les lois sociales au second plan, Bédier insiste beaucoup plus sur la présence de celles-ci et sur la souffrance morale – nous pourrions également dire, plus banalement, la mauvaise conscience – que les deux amants ressentent face à leur propre non respect des valeurs collectives:

> «[...] cette conception centrale [fait l'essence de la légende]: un couple de héros liés à jamais par l'amour, mais sentant sur eux la pression de la loi sociale qui soumet la femme à l'époux, le vassal au seigneur, et subissant cette loi en telle guise que chacune de leurs voluptés se mêle d'horreur» (Bédier 1905, p. 161).

On chercherait en vain, dans ce contexte, le terme d'«horreur» chez Gaston Paris. Peut-être est-ce aller trop loin que de mettre en rapport ces deux interprétations avec les personnalités respectives des deux savants? Le faire est en tout cas tentant: d'un côté Gaston Paris, romantique et mélancolique de tempérament, ayant beaucoup de sympathie pour cette passion fatale qui lie Tristan et Iseut, et ceci d'autant plus que lui-même, à son grand regret, n'a que rarement connu un tel sentiment; de l'autre Bédier, plus rationaliste en ces choses et jugeant la légende de *Tristan et Iseut* à l'aune des valeurs bourgeoises intériorisées par lui. Cette hypothèse me paraît confirmée par d'autres remarques des deux philologues. A partir de son interprétation générale de la donnée légendaire, Gaston Paris formule une de ces réflexions de nature philosophique qu'il aime à développer, nous l'avons dit dans la Deuxième Partie[471], dans presque toutes ses analyses de légendes:

> «C'est en somme, on le voit, la théorie du droit de la passion, chère aux romantiques, la théorie du droit de l'expansion individuelle, chère à des poètes et à des penseurs contemporains. Cette théorie, sous quelque forme qu'elle se présente, est aussi périlleuse que séduisante, mais elle constitue, avec la théorie opposée du devoir et de la soumission, un des

---

470 Bédier 1905, p. 161.

471 Voir pp. 241-244.

pôles entre lesquels oscillera éternellement la vie morale de l'humanité» (518*, 1894 dans 345*, 1900, p. 175).

Bédier écrira:

> «Leur amour [de Tristan et d'Iseut] n'est pas une luxure inquiète qui cherche à se justifier par la thèse romantique des droits souverains de la passion. Tristan n'est pas un révolté, il ne renie pas l'institution sociale, il la respecte au contraire, il en souffre, et seule cette souffrance confère à ses actes la beauté» (Bédier 1905, p. 166).

Est-ce à cause de sa propre attirance pour l'amour tristanien que Gaston Paris se croit obligé de faire appel au sens moral des lecteurs contemporains ainsi qu'à leur faculté de discerner poésie et vérité (et de conjurer, par là même, l'«effet Werther»)?

> «Le grand danger qu'elle offre [i.e. cette théorie], c'est que, faite pour des natures et pour des situations exceptionnelles, elle peut être et elle est souvent invoquée en dehors des conditions qui seules pourraient la faire admettre: ces conditions, les poètes les imaginent sans peine, mais elles se rencontrent rarement dans la vie, et on est trop facilement porté à les croire réalisées pour soi» (518*, 1894 dans 345*, 1900, p. 175)[472].

Concluant sur des réflexions poétologiques, Gaston Paris met l'accent sur le fait que la seule épopée d'amour possible est celle de l'amour adultère, et la seule épopée d'amour adultère vraiment digne et grande une épopée nécessairement tragique[473]. L'amour et la mort:

> «L'alliance de l'amour et de la mort n'a jamais été plus intimement conçue que dans ce sombre drame, où la vie et le jour sont des ennemis et n'apportent que des douleurs» (*ibid.*, p. 179).

*
* *

Pour en venir aux textes médiévaux français qui nous sont parvenus, Gaston Paris distingue une «version française», qu'il nomme aussi «version commune» et qui comprendrait Béroul, la source d'Eilhart, le roman en

---

472 La même idée se retrouve dans la préface de Gaston Paris au *Tristan* de Bédier, voir 519*, 1900, éd. de 1929, pp. IX-X.

473 Risquerions-nous, ici encore, une lecture autobiographique? En effet, quand Gaston Paris dit à propos de «[...] l'amour adultère, qui ne peut, comme le fait l'amour conjugal, s'apaiser sans s'avilir, ni se relâcher sans se dégrader dans son origine même» (518*, 1894 dans 345*, 1900, p. 178), ne le fait-il pas aussi en souvenir de son histoire avec Madame B.?

prose ainsi que le poème perdu de Chrétien, et une «version anglaise», représentée par le seul Thomas et ses adaptateurs/traducteurs étrangers. Ces appellations ne recouvrent pourtant pas les mêmes contenus sémantiques que celles de «version commune» et «version courtoise» mises en circulation par Bédier. Chez Gaston Paris, les termes de «français» et de «commun» se rapportent au simple fait que c'est la version ainsi désignée qui, d'après lui, a été la plus répandue en France. Quant à la «version anglaise» de Thomas, elle n'est pas appelée «courtoise» mais tout simplement «version personnelle à l'auteur»[474]. Nous verrons en effet que si Gaston Paris reconnaît bien l'inscription du *Tristan* de Thomas dans un univers courtois, celle-ci lui semble pourtant loin de celle réalisée par les romans de Chrétien de Troyes, tandis que le texte de Béroul ne lui paraît pas très différent, sous cet aspect, de celui de Thomas. Ce n'est que Bédier qui rapprochera étroitement Thomas du poète champenois, les rangeant tous deux dans la catégorie des poètes courtois «précieux» et les opposant en cette qualité, jugée négative, nous l'avons dit, à Béroul[475].

Comme on s'y attendait, les textes français qui nous sont parvenus sous forme fragmentaire se voient d'emblée inscrits dans un procès de décadence par rapport à leurs hypothétiques sources celtiques, tout comme c'était déjà le cas pour les romans de Chrétien de Troyes. Dès 1866, Gaston Paris note, à propos de la thèse d'Adolphe Bossert qui, le premier, avait établi un rapport de filiation directe entre le roman de Thomas et celui de Gottfried von Strassburg:

> «Il [Bossert] envisage surtout le *Tristan* comme un poëme chevaleresque, et c'est en effet ce qu'il est devenu entre les mains des trouvères et des minnesinger; mais, sous la forme que lui a donnée la poésie courtoise du XII$^e$ et du XIII$^e$ siècle, apparaît un fond d'une tout autre nature, une histoire évidemment très-ancienne, toute pénétrée du génie celtique, mythique encore par bien des points, infiniment plus belle, dans sa grâce primitive et barbare, que les remaniements postérieurs» (513, 1866, p. 57).

Par conséquent, les auteurs français de poèmes tristaniens sont valorisés par Gaston Paris de deux façons différentes, difficilement réconciliables à première vue. D'une part, ils sont appréciés dans la mesure même où ils sont censés avoir conservé quelque chose de leurs sources perdues:

> «On trouve encore, dans les plus anciens poèmes qui nous sont parvenus, de nombreuses traces de cette docilité première [qui caractériserait l'attitude des poètes français devant la matière tristanienne], grâce à laquelle nous avons conservé les traits primitifs, barbares, souvent bizarres et

---

474 Pour toutes ces expressions, voir 518*, 1894 dans 345*, 1900, pp. 149-152.

475 Voir Corbellari 1997, p. 166 et pp. 184-185.

presque inintelligibles, des anciens lais, et nous bénissons l'absence de personnalité de ces vieux conteurs» (518*, 1894 dans 345*, 1900, p. 154).

Comment ne pas voir que derrière cette «docilité» des écrivains médiévaux, habituellement fustigée au nom de l'originalité et tant vantée, en l'occurrence, par Gaston Paris, se cache une figure de pensée que nous avons déjà rencontrée dans des domaines *a priori* très éloignés, celui de la «profession du philologue» et celui de l'édition de textes, à savoir celle qui préfère une médiocrité purement reproductive à une intervention créatrice, si géniale soit-elle? La visée, derrière cet éloge de l'absence de création, est toujours la même: il s'agit de retrouver la version prétendument originale des textes. Un peu plus loin, dans l'article de 1894 encore, Gaston Paris formule la même idée comme suit:

> «Ne nous plaignons pas trop de ce manque de sympathie, chez nos poètes, pour les traits de la vieille histoire qui précisément nous attirent le plus: ils en ont encore laissé subsister assez pour que notre imagination, guidée par la critique, puisse la restituer dans sa physionomie originaire, et c'est au travail d'accommodation qu'elle a subi entre leurs mains que cette histoire, trop en dehors des mœurs et des sentiments du moyen âge chevaleresque pour être adoptée par lui telle quelle, doit en somme de nous avoir été conservée» (*ibid.*, p. 157).

Ce n'est pourtant ici qu'un aspect des choses, capital certes mais auquel on aurait tort de s'arrêter. Car si les textes en question sont appréciés, d'une part, comme de purs «transmetteurs» d'un message plus original et plus précieux, ils se voient aussi valorisés, d'autre part, pour ce qu'ils sont eux-mêmes, pour leurs qualités esthétiques spécifiquement médiévales. En effet, pour Gaston Paris, Thomas, duquel il parle d'ailleurs beaucoup plus que de Béroul, est un vrai poète,

> «[...] j'oserais dire un grand poète si chez lui l'expression répondait toujours à l'inspiration, et s'il ne gâtait souvent par des enfantillages, par des subtilités et surtout par des redites les délicatesses de son sentiment et les finesses de sa psychologie» (*ibid.*, pp. 157-158)[476].

Fidèle sans le dire aux idées exprimées par Madame de Staël, dans *De l'Allemagne*, au sujet des différences entre les écrivains allemands (et germaniques tout court) et les écrivains français – «un auteur allemand forme son public; en France le public commande aux auteurs»[477] –, le philologue oppose Thomas d'Angleterre, poète écrivant d'abord pour lui-même, intéressé au seul fond de l'histoire et ne se souciant guère de son style, à Chrétien

---

476 Voir également 517*, 1886, p. 599; 335*, 1888, éd. de 1909, p. 100; *Esquisse*, 1907, p. 116.

477 Germaine de Staël 1968, p. 160.

de Troyes, poète de société, avide de plaire et centré sur la forme[478]. Rien d'étonnant donc à ce qu'il ne regrette pas outre mesure le *Tristan* – ou mieux le «*Marc et Iseut*» – perdu de Chrétien[479]:

> «[...] nous pouvons du moins nous représenter la différence que nous offriraient les deux œuvres [celle de Chrétien et celle de Thomas]: le poète champenois nous présenterait, gracieusement posée sur un brillant 'tailloir' et ciselée d'une main habile et légère, la coupe où les deux amants burent le breuvage d'amour; le poète anglo-normand l'a vidée, et nous sentons encore trembler dans ses vers l'ivresse que son cœur y a puisée» (*ibid.*, p. 159)[480].

Pour Gaston Paris, les choses sont claires: tandis que le poète champenois est un habile mais peu sincère beau parleur, Thomas, au contraire, est un poète moins raffiné mais d'autant plus véridique. Une grande homologation se dessine alors dans son discours, homologation qui met en rapport le thème – l'amour (adultère) – et le style des deux poètes: l'adultère mondain et l'amour conventionnel et codifié qui lieraient Lancelot et Guenièvre s'opposent en effet à l'adultère archaïque et à l'amour passionnel et vrai entre Tristan et Iseut, tout comme le style froid et maniéré de Chrétien s'oppose à la chaleur et à la véracité de Thomas:

> «[Chrétien] était, en somme, un homme d'esprit beaucoup plus que de sentiment, – l'amour, qui tient la première place dans ses poèmes, y est le plus souvent représenté d'une manière subtile et conventionnelle qui exclut toute chaleur, toute réelle participation du cœur» (490*, 1902, p. 291).

Un autre problème encore montre tant les différences d'opinion entre Foerster et Gaston Paris que la distance que ce dernier met entre les poèmes sur Tristan et les poèmes de Chrétien de Troyes. Ce problème concerne le roman de *Cligès* dans son rapport au *Tristan*. Il ne fait de doute ni pour un savant ni pour l'autre que l'hypotexte de *Cligès* est bien une version du *Tristan*. Mais, sur la base de cet accord, leurs interprétations divergent de façon sensible. Pour Foerster, Chrétien est un poète qui, personnellement, défend

---

478 518*, 1894 dans 345*, 1900, pp. 158-159; voir également 490*, 1902, p. 292.

479 En 1886, Gaston Paris déclare que Chrétien a écrit un poème entier sur Tristan et Iseut, et va même jusqu'à faire de ce poème la source principale du roman en prose (517*, 1886, p. 602). Dans le compte rendu de la deuxième édition du *Cligès* par Foerster, il formule en revanche l'idée que le poète champenois n'a écrit qu'un petit texte, développant quelque épisode isolé ayant trait au roi Marc (490*, 1902, pp. 299-302). Dans l'article de l'*HLF* (499*, 1888, p. 23), dans le *Manuel* (335*, 1888, éd. de 1909, p. 98) et dans l'*Esquisse*, 1907, p. 110, il est tout simplement question d'un poème perdu de Chrétien sur Tristan, sans qu'on nous précise la nature ni la longueur de ce texte.

480 Voir également 490*, 1902, pp. 353-355.

l'amour conjugal et se repentit de son *Lancelot* en écrivant *Perceval*. Quant à *Cligès*, ce roman est pour lui une version morale de *Tristan* – et, donc, un «anti-Tristan» –, puisque Fénice ne partage pas son corps entre son mari et son amant[481]. Gaston Paris voit bien autrement les choses. Pour lui, le partage d'Iseut entre son mari et son amant n'est pas l'idéal du *Tristan*, comme le suggère Foerster, mais au contraire la cause même de la souffrance et du drame. Ce partage aurait été insupportable aux dames de la cour de Marie, et c'est elles qui auraient demandé à Chrétien d'écrire un «nouveau Tristan». Pourtant, *Cligès* n'obéirait pas pour autant à une morale «bourgeoise» puisqu'il s'agirait toujours d'un amour illégal et que Fénice se soustrairait même au devoir le plus strict du mariage. Tout comme dans *Tristan*, c'est l'amour absolu qui serait le sujet du roman, mais, contrairement à *Tristan*, cet amour, chez Chrétien, serait de nouveau un amour plus raffiné – puisque, justement, il «n'admet pas le partage de la femme» – et, par là même, moins sincère, et aussi moins touchant. Conclusion:

> «[*Cligès*] est non un *Anti-Tristan*, mais un pendant de *Tristan*, non un '*Tristan* retourné', mais un 'nouveau *Tristan*', mieux adapté que l'ancien au goût et aux façons de sentir de la haute société française du XIIe siècle, et particulièrement des femmes de cette société. La tentative eut le plus grand succès, comme le montrent les éloges dont *Cligès* est l'objet dans un grand nombre de textes, et on assura sans doute le poète, dans les cercles mondains, que le nouveau *Tristan* était bien supérieur à l'ancien. On sait aujourd'hui à quoi s'en tenir: *Cligès* ne sera jamais lu que par les érudits, et *Tristan*, sous les diverses formes qu'il a revêtues et qu'il revêtira encore, restera un enchantement pour les générations successives des hommes» (*ibid.*, pp. 445-446).

Toutefois, malgré de nombreux vestiges d'une prétendue originalité primitive, l'univers courtois aurait bien laissé des traces chez Thomas comme chez Béroul, et ce sont évidemment celles-ci que Gaston Paris apprécie le moins dans les textes des deux poètes français. A propos de Béroul, il écrit (nous avons déjà fait allusion à ce passage en parlant de l'amour courtois):

> «Dans le poème de Béroul et dans le poème, très voisin, qu'a suivi Eilhart, Tristan n'est pas seulement un archer incomparable et un terrible joueur d'épée: il manie la lance, et renverse dans un tournoi les meilleurs chevaliers de la Table Ronde. *Ce qui est plus grave*, son amour n'est plus seulement l'amour sauvage et passionné des légendes celtiques, qui remue si étrangement l'âme parce qu'il jaillit de ses profondeurs les plus intimes et les plus mystérieuses: c'est déjà l'amour 'courtois', l'amour conventionnel et réglementé qui trouvera son expression complète dans

[481] Foerster 1910, pp. XXXIX-LVII.

la liaison de Lancelot et de Guenièvre» (518*, 1894 dans 345*, 1900, p. 156, c'est moi qui souligne).

*
* *

Derrière les romans français plus ou moins courtois de *Tristan et Iseut* se cacheraient donc les récits et les lais bretons dont la reconstruction et l'appréhension, nous l'avons dit, sont des buts majeurs des analyses de Gaston Paris. Ce qui caractériserait ces «textes» celtiques – tous oraux et perdus, s'entend –, c'est essentiellement leur barbarie et leur sauvagerie:

> «A travers les altérations et les atténuations de tout genre des poètes français, nous découvrons un monde d'une étrange barbarie. Les hommes qui ont conçu cette étonnante histoire d'amour menaient une vie presque sauvage, au sein de forêts à peine éclaircies çà et là» (*ibid.*, p. 125).

Tout comme c'est le cas pour les chansons de geste, la barbarie et la sauvagerie sont, ici encore, dans le discours de Gaston Paris, des termes tout à fait positifs, et se voient à nouveau rapprochés de la sincérité et de la véracité. De façon générale, il est étonnant de voir à quel point les chansons de geste et l'histoire de Tristan et Iseut telle qu'elle aurait existé chez les Celtes se ressemblent dans les descriptions du philologue[482]. Outre les caractéristiques déjà mentionnées, nous retrouvons la brutalité, la violence et l'excès, et tous ces traits se laissent subsumer, ici encore, sous celui du *discontinu*:

> «Si le *costume* des poèmes de Tristan, là où il n'a pas été altéré par les remanieurs, est tout à fait primitif, les mœurs des personnages sont encore plus incultes que leur façon de vivre; leurs âmes, tout impulsives, passent d'un excès à l'autre avec la soudaineté des barbares» (*ibid.*, p. 127).

Afin d'expliquer ce parallélisme, il me paraît utile de recourir une fois de plus au schéma topologique que j'ai présenté dans la deuxième partie de cet ouvrage pour rendre compte de la constitution des «espaces paradigmatiques»[483]. Tout se passe en effet comme si tant les chansons de geste, dans l'espace culturel français, que les récits celtiques (ou présumés tels), à l'intérieur d'un espace culturel étranger, représentaient le domaine du *tout autre*, le domaine de ce qui est radicalement différent par rapport à la position *même*, c'est-à-dire par rapport aux attentes et aux valeurs du sujet de repérage qu'est le philologue de la deuxième moitié du XIX^e^ siècle, tandis que

---

482 La même chose se constate chez Bédier (voir Bédier 1905, pp. 152-153).

483 Voir Partie II, pp. 339-340.

les romans courtois, eux, marqueraient simplement la position de l'*autre* par rapport à ce *même*. Cette représentation topologique se voit doublée de jugements de valeur. Il est apparemment plus facile, pour Gaston Paris, de juger positivement les textes médiévaux qui, pour lui, accusent une différence radicale par rapport au canon esthétique de sa propre époque que les textes qu'il perçoit comme étant proches de ce canon. En d'autres termes, comme les romans courtois évoquent irrésistiblement les romans contemporains, ils tombent automatiquement sous le coup des critères esthétiques modernes et en sortent (forcément) dépréciés. Les chansons de geste, par contre, et *a fortiori* les récits celtiques perdus, tous les deux sans postérité directe, ont la chance, essentiellement pour cette raison même, d'être appréhendés dans toute leur altérité. Tandis que les chansons de geste et l'histoire de Tristan et Iseut telle qu'elle aurait existé chez les Celtes sont perçues dans leur originalité et, par là même, échappent largement aux jugements esthétiques anhistoriques, les romans courtois sont lus comme des textes «connus», mais taxés en général de plus mauvais que les romans modernes. C'est parce qu'ils n'ont pas la chance de l'altérité qu'ils se voient fortement critiqués.

*
* *

J'aimerais évoquer ici un dernier point. S'il fallait un seul exemple pour montrer à quel point Gaston Paris était également sensible aux qualités esthétiques des textes qu'il étudiait, il suffirait de prendre son travail sur *Tristan et Iseut* dans la *Revue de Paris*, et notamment les passages dans lesquels il parle du rôle que joue la mer dans cette histoire d'un amour fatal et tragique. Le savant a en effet saisi quelque chose de tout à fait essentiel quand il fait remarquer que le centre organisateur du récit est l'océan, qui accèderait ainsi au statut de véritable «acteur passionné»:

> «Dans ce drame, tumultueux, profond et changeant comme la mer, la mer est sans cesse en vue ou en action; elle y joue presque le rôle d'un acteur passionné; elle le berce tout entier. A chaque instant reviennent des vers comme ceux-ci:
>
> 'A grant espleit s'en vont par l'onde,
> Trenchant s'en vont la mer parfonde'» (*ibid.*, p. 123).

Les remarques étonnamment prosaïques de Bédier à ce sujet – «chez eux [les anciens poètes français], la mer ne joue nullement le rôle d'un 'acteur passionné', mais rend plus modestement les services d'un chemin nécessaire ou commode pour se transporter d'une région à l'autre»[484] – ne se justifient

[484] Bédier 1905, p. 145.

en aucun sens, et personne ne contesterait plus, aujourd'hui, la fonction poétique de l'océan dans l'histoire de Tristan et Iseut, notamment chez Thomas[485]. Je ne voudrais certes pas minimiser ici la sensibilité esthétique de Bédier, mais il est temps qu'on cesse de s'obstiner à vouloir réduire Gaston Paris à un philologue «positiviste» dans le sens restreint et péjoratif du terme, qui se serait intéressé uniquement aux sources, aux faits et aux dates. Nous avons vu à maintes reprises que les appréciations littéraires font partie intégrante des travaux du savant.

## 6. **BILAN**

Avec les romans bretons – mais aussi avec les romans antiques et les romans d'aventure –, le moyen âge, nous dit Gaston Paris, s'achemine vers l'époque moderne[486]. Le roman médiéval dans son ensemble s'inscrirait en effet dans une évolution continue, contrairement à ce qui serait vrai d'autres genres qui seraient morts d'eux-mêmes, du moins sous leur forme originelle, telles les chansons de geste, ou qui se seraient vus arrêtés dans leur évolution naturelle par la Renaissance, tels les mystères.

Le roman courtois préfigure, dans le discours de Gaston Paris, le roman moderne en ce qu'il fait de l'amour son grand sujet et en ce qu'il porte son attention sur l'analyse psychologique des caractères; il contribuerait également, et surtout, à faire évoluer la langue et le style français; et, finalement, ce serait en partie grâce à lui aussi que la civilisation et les mœurs se seraient adoucies, même si l'idéal qu'il mettait en scène n'aurait correspondu que très imparfaitement à la réalité[487]. A tous ces points de vue, les romans médiévaux – parmi lesquels les romans bretons occupent chez Gaston Paris une place de choix – marqueraient un progrès très net par rapport aux chansons de geste. Et pourtant, ce sont bien ces dernières qui sont les plus chères au philologue, et de beaucoup. A ce point de notre analyse, les raisons peuvent en être systématisées comme suit:

---

485 Voir par exemple Trindade 1985, p. 639 et pp. 640-641, et Baumgartner 1991, pp. 92-93.

486 Voir également 499*, 1888, p. 16 et 503, 1896, p. 603. – Tandis qu'il s'occupe avec quelque passion des romans d'aventure dans un article important paru dans *Cosmopolis*, article dans lequel il essaie de présenter ces romans comme le début, justement, de la littérature moderne, il ne s'intéresse que peu aux romans antiques, pour des raisons qui, à ce point de notre analyse, n'ont plus besoin d'être explicitées. Exemple: «La narration poétique imitée de l'antiquité n'a pas pour nous le même genre de charme que les récits propres au moyen âge, mais elle offre un curieux phénomène littéraire et présente beaucoup d'aspects dignes d'étude [...]» (1094*, 1895, p. 42).

487 Voir encore, à ce sujet, 335*, 1888, éd. de 1909, p. 111.

| **Chansons de geste** | **Romans bretons** |
|---|---|
| Matière nationale autochtone | Matière nationale étrangère[488] |
| Matière restée historique | Matière devenue fictive |
| Poésie aristocratique à valeur socioculturellement unificatrice, et, dans ce sens, populaire | Poésie aristocratique à valeur socioculturellement ségrégative |
| Poésie masculine | Poésie féminine |
| Poésie véridique à valeur morale | Poésie «mensongère», pur amusement de société |
| Poésie à haut impact passionnel | Poésie de tête, poésie froide |
| Poésie fruste, centrée sur le fond | Poésie raffinée, centrée sur la forme |
| Poésie sans postérité | Poésie avec postérité |
| Poésie s'inscrivant globalement dans le registre esthétique de la «Volkspoesie» et de l'altérité (*tout autre*) par rapport à la littérature moderne[489] | Poésie s'inscrivant globalement dans le registre esthétique de la «Kunstpoesie» et de l'identité (*même/autre*) par rapport à la littérature moderne |

488 Voir encore, à ce sujet, ce passage: «Compositions factices, dénuées, dans leur forme française et surtout dans leur forme prosaïque, de la base réelle et nationale qu'ils [les romans de la Table Ronde] avaient eue dans leur patrie d'origine et qui fait la grandeur de notre vraie poésie épique, ils reflètent l'idéal particulier, souvent bizarre et toujours très conventionnel, d'un monde aristocratique à la fois naïf et raffiné, et ils ont été les ancêtres de tous les romans idéalistes qui les ont suivis, en même temps qu'ils ont contribué, plus que toute chose, à entourer le moyen âge de cette auréole de galanterie et de chevalerie aventureuse sous laquelle ses traits véritables ont été parfois méconnus» («Paulin Paris et la littérature française du moyen âge», 1058*, 1882, dans 334*, 1885, éd. de 1906, p. 234).

489 Voir encore ce passage admirable pris dans l'*Histoire poétique*: «Si ces premiers poëmes manquent d'ornement, ils n'ont rien en revanche de superflu; on peut lire trois cents vers de la *Chanson de Roland* sans y trouver un mot à retrancher: pas une cheville, aucune concession à la rime: tout est plein, nerveux et solide; le tissu est serré, le métal de bon aloi. Ce n'est ni riche ni gracieux; c'est fort comme un bon haubert et pénétrant comme un fer d'épée. Il n'y a aucune recherche d'harmonie: pourvu que les vers y soient, peu importe que les mots se heurtent de trop près, que les élisions se pressent, que les consonnes s'accumulent. Les vers, sans variété de coupe, sans enjambement, le plus souvent composés d'une phrase entière, avec ses verbes au présent, et son allure tout d'une pièce, que n'assouplissent pas les particules, se suivent, et retentissent pareillement l'un après l'autre comme des barons pesamment armés. Et pourtant cette poésie barbare vous domine: on sort d'une première lecture étonné, sinon charmé» (356*, 1865, éd. de 1905, p. 24).

Un autre critère «discriminatoire», par contre, suggéré entre autres par Bartsch quand il parle de «ces contes amollissants et le plus souvent immoraux»[490] que sont d'après lui les romans bretons, n'est guère invoqué par Gaston Paris pour dévaloriser les romans de la Table Ronde. Le philologue écrit au contraire dans l'*HLF* (1888):

> «L'amour, tel qu'il est conçu dans nos romans, est étroitement lié à la courtoisie, et c'est faire grand tort à ces romans que de les accuser d'immoralité ou de licence. A quelques rares exceptions près (comme dans les vieux poèmes sur Tristan, antérieurs à la période proprement française), l'adultère y est inconnu: le héros aspire dès le commencement du récit à la main d'une jeune fille, qu'il finit par obtenir, et il montre dans sa passion autant de constance que d'exaltation; quant aux scènes un peu trop vives, on en trouverait tout au plus une ou deux dans la masse énorme des vers qui composent le cycle breton. Les caractères de femmes sont généralement très purs, et, s'ils pèchent par quelque endroit, c'est par la banalité et non par l'incorrection» (499*, 1888, p. 15).

Même s'il ne souffle mot ici de *Lancelot*, il faut convenir que Gaston Paris ne pratique pas l'approche moraliste et moralisante de nombre de savants, allemands avant tout, comme Bartsch et Foerster[491].

Les appréciations esthétiques de Gaston Paris s'expriment très souvent, on l'aura remarqué, à travers l'isotopie thermique, manifestation immédiate de l'attachement ou du non attachement passionnel du philologue aux textes qu'il étudie: à la «froideur» des romans courtois correspond, dans ses descriptions, la «chaleur» des chansons de geste. Prenons encore, pour ce qui est de ces dernières, cet exemple récapitulatif tout à fait typique:

> «La poésie à cette époque [des chansons de geste] était, je le répète, profondément mêlée à la vie; elle nous arrive toute chaude encore, toute pénétrée de cette passion sincère que ne compense pas la forme la plus élégante, nous apportant dans ses rudes vers, dans ses prodiges, dans ses batailles, dans ses prières, dans sa joie et dans ses larmes, l'âme même, l'âme simple, naïve, héroïque et barbare de nos pères» («La poésie du moyen âge», leçon d'ouverture faite au Collège de France le 3 décembre 1866, dans 334*, 1885, éd. de 1906, p. 28).

---

490 Bartsch 1866a, p. 412; pour la citation dans son intégralité, voir plus haut, p. 557.

491 Il faut modifier à ce sujet les déclarations de Grimm 1991b, p. 245, n. 5.

## VUE D'ENSEMBLE II : APPRÉCIATION GÉNÉRALE

Quand on passe en revue le palmarès des œuvres médiévales établi par Gaston Paris, une première caractéristique s'en dégage d'emblée : il s'agit, dans presque tous les cas, soit de genres soit d'œuvres à caractère « erratique », c'est-à-dire qui, d'une façon ou d'une autre, sont restés isolés. Dans le registre des genres, ce sont les chansons de geste et les mystères, qui n'ont connu ni les unes ni les autres de postérité directe. Dans le registre des œuvres particulières, on trouve la *Chanson de Roland*, première apparition et modèle inégalé du genre épique d'après Gaston Paris (et pas seulement d'après lui) ; le *Pèlerinage de Charlemagne*, chanson de geste à plusieurs égards tout à fait atypique ; *Aucassin et Nicolette*, seul spécimen de « chantefable » conservé, et *Tristan et Iseut*, seule histoire d'amour, toujours d'après le philologue, à valeur éternelle.

Dans les analyses de ces textes, Gaston Paris ne cache pas son enthousiasme et ne craint pas de recourir à ces comparaisons avec la littérature « classique », tant antique que française, qu'il n'emploie en général, nous l'avons dit, qu'avec la plus grande prudence. Qu'il suffise de reproduire ce jugement sur *Aucassin et Nicolette* :

> « Les dialogues sont des chefs-d'œuvre à la fois, si on peut le dire, de naturel et de convention. Certaines formules qui y reviennent sans cesse, quand l'occasion s'en présente, leur donnent quelque chose d'antique et presque d'homérique ; d'autre part, pour la précision, la grâce et la vivacité des tournures, ils nous offrent assurément la fleur de la langue parlée au temps d'Aliénor de Poitiers. Ç'a été, à toutes les époques où notre littérature a jeté de l'éclat, son triomphe particulier que le dialogue simple, spirituel, légèrement ému, souple, ironique ou passionné : je ne crains pas de dire que les meilleures pages que le français moderne a produites en ce genre ne l'emportent pas sur les bons morceaux de notre vieille *chantefable*.
>
> [...] Le morceau le plus achevé, à mon sens [...] est l'entretien des deux amoureux quand Nicolette s'est approchée du souterrain où elle a entendu Aucassin gémir. [...] Cela ne rappelle-t-il pas cette admirable scène de *Tartuffe*, que Dorine clôt en s'écriant : 'A vous dire le vrai, les amants sont bien fous' ? (479*, 1878, dans 345*, 1900, pp. 108-109).

Et, une page plus loin :

> « Les temps modernes n'ont rien produit de meilleur : Voltaire ou Musset auraient envié cette grâce dégagée et cette allure à la fois négligée, sûre et rapide » (*ibid.*, p. 111).

Et le philologue de conclure sur une comparaison avec la *Chanson de Roland* et un appel, peu accoutumé sous cette forme inconditionnelle, à la participation esthétique aux deux œuvres en question :

> « On peut donc recommander la lecture d'*Aucassin et Nicolette* à ceux qui doutent que notre vieille littérature ait produit de véritables œuvres d'art et des œuvres qui puissent encore émouvoir et charmer. Si la *Chanson de Roland* nous fait l'effet d'un grand bas-relief aux figures imposantes, mais raides et un peu farouches, la chantefable d'*Aucassin* ressemble à un de ces délicats ivoires où, dans des rinceaux curieusement fouillés, des figurines gracieuses se regardent, et se sourient avec des gestes à la fois vrais et légèrement maniérés. L'une et l'autre ont droit de figurer dans notre grand musée national, objets non seulement de curiosité pour l'archéologue, mais d'admiration pour l'artiste et de jouissance pour le spectateur » (*ibid.*, pp. 111-112)[492].

Un tel enthousiasme de Gaston Paris pour des textes littéraires du moyen âge est très inhabituel mais est bel et bien réel, il est important de le souligner, pour quelques œuvres de choix. Toutes ces œuvres ont ceci de commun qu'elles sont perçues par le philologue comme étant *originales*, c'est-à-dire comme sortant de la masse des autres textes légués par le moyen âge et dont la lecture à la file provoque sur Gaston Paris, comme sur la plupart de ses confrères, un immanquable effet de monotonie (sur ce point l'avis de Gaston Paris n'était en somme pas très différent de celui de Brunetière). Ce qui pose une fois de plus problème aux philologues de l'époque est la question, par bien des côtés anachronique, du rapport qui existait au moyen âge entre création (absolue) et tradition, sauf que la notion de tradition ne concerne pas cette fois-ci de (prétendus) modèles pré-médiévaux : le manque d'originalité attribué par Gaston Paris à la plupart des poètes du moyen âge ne se définit pas seulement par rapport à la tradition antérieure, mais également par rapport aux textes eux-mêmes, dans la mesure où ceux-ci génèrent pour ainsi dire leur propre *sérialisation*. Ce phénomène, dont l'exemple de la poésie lyrique est certainement le plus éclatant mais qui concerne, à des degrés différents, presque tous les autres genres médiévaux, se fait jour dans la répétition plus ou moins variée de différents éléments discursifs allant des scénarios et des dispositifs énonciatifs aux formules stéréotypées, en passant par les motifs. Ce que nous lisons aujourd'hui – suite avant tout au courant de réflexion initié dans le domaine de la lyrique courtoise d'oïl par Robert Guiette[493], courant qui a eu des répercussions « structuralistes » sur l'interprétation de la littérature médiévale dans son ensemble – comme un jeu formel et dialogique (intertextuel) à l'intérieur d'un système spécifique donné ne provoque chez la plupart des philologues du XIXe siècle qu'un simple

492 Voir également ces déclarations : « [...] avec la *Chanson de Roland*, et dans un autre genre tout à fait différent, *Aucassin et Nicolette* est sans doute l'œuvre que la postérité conservera comme la plus représentative de la poésie française au moyen âge » (*Esquisse*, 1907, p. 127).

493 Voir Guiette 1972.

effet d'ennui. L'exemple le plus frappant – et le plus tragique – à ce sujet est certainement celui de Jeanroy qui, à plus de quatre-vingt-dix ans, avoua s'être ennuyé toute sa vie à la lecture de la poésie lyrique du moyen âge dont il avait pourtant fait son champ de recherches privilégié ![494] Sans aller aussi loin, Gaston Paris se plaint lui aussi à maintes reprises, on l'a vu, de la monotonie de la littérature médiévale, et c'est même là, peut-être, le plus grand défaut qu'il reconnaît à son objet d'étude. Déjà en 1859, à l'âge de vingt ans, il écrivait, au sujet de la *Vie de Saint Thomas* par Garnier de Pont-Sainte-Maxence :

> «Ceux qui sont habitués à lire les poésies de ces siècles, et qui connoissent les défauts habituels dont la plupart sont semées, la prolixité, la monotonie, la versification surchargée de chevilles et tourmentée, l'indécision, l'absence d'individualité et d'originalité seront frappés de la tournure hardie et mâle des strophes de notre poëte, de la sûreté avec laquelle il manie la langue et le vers, de la solidité compacte de son tissu poétique. Cà et là brillent des vers vraiment admirables, des strophes où une forte pensée est revêtue d'une éloquente et pittoresque expression» (670, 1859, p. 307).

En résumé, une fois de plus, tout en reconnaissant que le phénomène de la sérialisation caractérise l'identité de la littérature médiévale, Gaston Paris, loin de tenir compte de cette identité, la juge au contraire à l'aune d'une originalité mal comprise, d'une originalité en tout état de cause anachronique, s'orientant largement au goût de l'esthétique moderne.

*
* *

Dans l'ensemble, les jugements de valeur que Gaston Paris porte sur la littérature médiévale sont modérés et même, il faut l'avouer, souvent décevants à nos yeux. Nous avons analysé tout au long de cette étude les raisons qui en sont responsables et parmi lesquelles les trois plus importantes, qui déterminent presque à elles seules le cadre d'interprétation général, sont la vision particulière de l'évolution de l'esprit humain comme progrès continu de la raison raisonnante, l'interprétation des stratifications socioculturelles du moyen âge immédiatement surdéterminée par les convictions idéologiques du savant, et l'application de jugements de valeur anachroniques à des catégories descriptives historicistes. Ces trois mécanismes d'appréciation contrecarrent violemment toute vision romantique de la littérature

[494] Cette anecdote a été rapportée par William D. Paden dans une conférence non publiée sur Jeanroy prononcée lors du colloque «Gaston Paris et la naissance des études médiévales» à Cerisy-la-Salle en été 1994.

médiévale, laquelle se voit définitivement reléguée dans le passé et sincèrement appréciée pour elle-même seulement pour une faible part.

L'une des conséquences directes de cette attitude anti-romantique est le scepticisme que Gaston Paris éprouve en général vis-à-vis du potentiel créateur de la poésie du moyen âge pour l'art des temps modernes. Si, dans l'*Apologie de l'école romantique*, son père plaidait encore avec ferveur pour une fécondation de la littérature contemporaine par la littérature médiévale[495], on chercherait en vain un tel appel chez le fils. L'altérité du moyen âge est ressentie et présentée par Gaston Paris comme étant trop radicale pour que les œuvres médiévales puissent encore véritablement parler à l'homme moderne. Dans sa préface à l'adaptation dramatique de *Guillaume d'Orange* par Georges Gourdon, auteur par ailleurs d'un poème panégyrique sur Gaston Paris[496], celui-ci ne passe pas sous silence ses réserves de principe:

> «L'œuvre est noble et tentante, mais elle n'est pas aisée. Il est très difficile de transcrire, non seulement dans notre langage actuel, mais dans notre forme de sentiment et de pensée, ces œuvres nées dans des conditions si éloignées de celles où nous vivons, destinées à un public si différent de celui auquel s'adressent nos écrivains» (437*, 1896, p. VI).

Trop importantes, en effet, seraient les différences de sentiment moral et esthétique pour qu'une communication immédiate entre la littérature du moyen âge et le public fin de siècle soit possible. D'où une difficulté majeure intrinsèque au programme philologique de Gaston Paris: comment résoudre la tension entre le postulat historiciste – présenter les œuvres «telles qu'elles étaient» – et la sensibilité esthétique contemporaine, qui demanderait une accommodation de ces œuvres au goût moderne? Ce problème proprement irréductible transparait dans la même préface:

> «Les figures de notre vieille épopée ont souvent quelque chose de rude, de heurté, de barbare dans leur grandeur, d'énigmatique dans leur naïve complexité, que l'on ne peut conserver tel quel dans une imitation moderne, et qu'on ne peut cependant atténuer ou développer sans leur faire perdre en partie ce qu'il y a de plus frappant dans leur caractère. Les légendes nées de l'imagination populaire, les inventions par lesquelles nos 'trouvères' les ont complétées, choquent parfois nos habitudes d'esprit ou notre besoin de vraisemblance; en outre, elles nous sont d'ordinaire parvenues dans des remaniements où des données de provenance diverse ont été juxtaposées, plutôt que fondues, avec une négligence qui aboutit trop souvent à l'incohérence. Ce n'est pas une tâche commode que de tirer de ces éléments frustes et disparates une œuvre d'art harmonieuse et logique» (*ibid.*).

---

495 P. Paris 1824.

496 Gourdon 1904.

Comment donc assurer la communication entre la littérature médiévale et le public moderne, car « c'est ce public qu'il s'agit de conquérir ; c'est dans son esprit et dans son cœur qu'il faut faire pénétrer les hauts enseignements qui se dégagent de la vieille Geste et qui font l'inspiration de votre poème [i.e. celui de Gourdon] » ?[497] « Connaître et comprendre » la littérature médiévale, postulat de base de l'entreprise scientifique des « nouveaux philologues », qui ne fait appel qu'aux facultés cognitives, ne saurait évidemment suffire à faire adhérer un public étranger à cette littérature. Or, la solution choisie par Gaston Paris semble essentiellement consister en une sorte de transfert de la participation passionnelle souhaitée des textes aux hommes, à savoir des œuvres médiévales à ceux qui les ont produites. C'est à travers l'établissement d'un lien sentimental avec les « ancêtres » que le savant espère gagner un public plus large à la littérature du moyen âge. Ce transfert, il le réalise de façon particulièrement manifeste dans la préface à la première série des leçons et lectures sur *La Poésie du moyen âge* :

> « Les Français du XI^e siècle étaient déjà de vrais Français : ils aimaient la France autant que nous, et s'aimaient entre eux plus peut-être que nous ne faisons ; leur génie ressemblait au nôtre, et nous les comprenons pour peu que nous nous en donnions la peine. Qui ne pleure avec Charlemagne la mort héroïque de Roland ? Qui ne rira encore des gaietés toutes parisiennes du *Pèlerinage* ? Qui ne retrouve dans nos meilleures chansons de geste l'esprit héroïque de nos tragédies, et dans nos fabliaux et nos farces la verve réaliste de nos comédies ? Qui ne reconnaît, dans les élégants romans de Chrétien de Troyes et de ses émules, avec les premiers modèles de nos romans, l'image de cette société polie dont la France, alors comme plus tard, a donné l'exemple ? La littérature du moyen âge, pour peu qu'on sache lui demander ce qu'elle contient, est le premier chapitre de nos mémoires de famille, et, ne fût-ce qu'à ce titre, elle a droit, semble-t-il, à notre intérêt et à notre sympathie » (334*, 1885, éd. de 1906, p. XIV).

De toute évidence, les « mémoires de famille » ne sont pas seulement un « vêtement figuratif » du trait sémantique de la *continuité* caractéristique de la pensée historiciste de Gaston Paris. La métaphore choisie actualise bien d'autres valeurs encore, de nature passionnelle, précisément : elle fait appel à l'esprit de solidarité, à l'amour et au respect que l'on a pour ses aïeux. En même temps, elle réalise, sur le plan purement linguistique, un effet d'embrayage et stimule, par là même, le sens de la responsabilité personnelle des lecteurs : tout un chacun doit se sentir concerné par la littérature médiévale comme il se sent concerné par sa propre famille. On voit, ici encore, avec quelle maîtrise Gaston Paris exploite la force persuasive, voire manipulatrice, inhérente aux métaphores bien construites !

---

[497] 437*, 1896, p. IX.

Il est vrai que le philologue admet par endroits que la littérature médiévale, ou du moins une partie de cette littérature, précisément de par son caractère (prétendument) inachevé et imparfait, ouvre des perspectives à la production d'œuvres modernes. A y regarder de près, il s'agit pourtant, dans la plupart de ces cas, moins de textes médiévaux proprement dits, c'est-à-dire spécifiquement et exclusivement ancrés dans la civilisation médiévale, que de légendes et de mythes qui, aux yeux de Gaston Paris, comportent un noyau de signification à valeur universelle, transcendant le cadre médiéval dans lequel ils ont cependant très souvent trouvé la forme la plus ancienne qui nous soit parvenue. C'est le cas de *Tristan*, par exemple, où l'imperfection de la transmission est érigée en principe même de fécondation. Ainsi, à propos de la reconstruction de Bédier, ce «Béroul moderne», Gaston Paris note-t-il:

> «S'étant ainsi bien pénétré de l'esprit du vieux conteur, s'étant assimilé sa façon naïve de sentir, sa façon simple de penser, jusqu'à l'embarras parfois enfantin de son exposition et la grâce un peu gauche de son style, il a refait à ce tronc une tête et des membres non pas par une juxtaposition mécanique, mais par une sorte de régénération organique, telle que nous la présentent ces animaux qui, mutilés, se complètent par leur force intime sur le plan de leur forme parfaite.
>
> Ces régénérations réussissent, on le sait, d'autant mieux que l'organisme est moins arrêté et moins développé» (519*, 1900, éd. de 1929, pp. III-IV).

On pourrait encore alléguer l'exemple de *Tannhäuser*. Au sujet de l'adaptation wagnérienne de cette légende, Gaston Paris écrit en effet:

> «Les chefs-d'œuvre classiques ont leur perfection en eux-mêmes: la poésie n'ose pas les transformer, la musique qu'on leur ajoute n'est qu'un ornement accessoire, un lierre qui s'enroule autour d'une colonne. Au contraire, le moyen âge a produit en masse des œuvres imparfaites, où des idées profondes, des pressentiments sublimes ont pris des formes souvent vagues et imprécises qui permettent à l'imagination moderne de les interpréter et de les compléter à son gré» (914*, 1898, dans 348*, 1903, éd. de 1970, pp. 115-116).

Cependant, pour bien réaliser à quel point les potentialités artistiques ainsi vantées des textes médiévaux échappent justement au moyen âge lui-même – qui, une fois de plus, n'aurait pas bien compris la richesse des «symboles» qu'il mettait en scène –, il peut suffire de citer ces réflexions développées par le philologue à partir d'une analyse de *Perceval*:

> «Ces vieux contes offrent à l'art des ressources merveilleuses, précisément parce qu'ils laissent à l'imagination le soin de compléter leurs données, et qu'ils n'imposent pas une forme arrêtée, et nécessairement insuffisante, au rêve de bonheur que l'œuvre d'art doit exciter chez l'artiste et provoquer chez le spectateur ou l'auditeur. Le moyen âge ne comprenait peut-être pas les symboles qu'il a créés ou qu'il nous a fait

connaître ; mais nous pouvons leur inspirer la vie et la pensée qui leur manquent, et ils nous fournissent en échange une matière incomparablement fertile, souple et puissante, parce qu'elle a été conçue avec une naïveté qui ne nous est plus possible. C'est en France qu'ils ont pris jadis la forme qui les a rendus populaires dans toute l'Europe ; je voudrais que nos poètes, nos musiciens, nos peintres ne laissassent pas aux étrangers le soin de les mettre en œuvre » (523*, 1883, pp. 101-102).

Le seul genre spécifiquement médiéval qui, aux yeux de Gaston Paris, conserve des germes d'un renouvellement artistique est le théâtre, les miracles et les mystères donc :

> « La mise en scène, le spectacle ! voilà quel fut le grand élément de cet incomparable succès des mystères. Les conditions dans lesquelles était né le drame chrétien l'avaient amené à se créer un logis à son propre usage, qui disparut probablement sans retour avec la renaissance du drame grec, et qui cependant marque une des formes les plus remarquables, peut-être susceptible de renouvellement, de l'art dramatique » (690*, 1878, p. XIX).

A propos du mystère de la *Destruction de Troye*, le savant note :

> « [...] ce mystère emprunté d'une fable antique, en même temps que celui du *Siège d'Orléans*, tiré directement d'une réalité prochaine, ouvrait une voie ; cette double initiative eût pu conduire, semble-t-il, à un drame à la fois national, laïque et moderne ; mais Milet, bien que son œuvre ait été très goûtée, n'eut pas d'imitateurs » (*Esquisse*, 1907, p. 280).

On aura remarqué – et cela n'a rien de surprenant à ce point de notre analyse – que l'une des conditions d'un succès moderne des mystères est, pour Gaston Paris, l'élimination radicale du soubassement chrétien d'origine, et c'est entre autres pour cette raison que celui-ci, toujours sous l'angle d'un possible renouveau, met les miracles au-dessus des mystères :

> « Ces pièces [i.e. les miracles] n'ont d'ailleurs, sauf quelques endroits assez naïfs et touchants, qu'une très faible valeur littéraire ; elles sont construites avec une simplicité tellement dénuée d'artifice qu'elles en deviennent plates et souvent presque grotesques ; mais elles montrent de quel développement était susceptible la forme des *miracles*, bien supérieure, au point de vue dramatique, à celle des mystères. Ceux-ci, gênés par la sainteté même de l'action qu'ils représentaient, ne pouvaient prendre aucune liberté et étaient emprisonnés dans des données surnaturelles exclusives de tout intérêt vraiment humain ; dans les miracles, au contraire, l'action est tout humaine, et le poète est libre de la traiter comme il l'entend : la Vierge ou le saint qui, par un miracle, doit la dénouer n'apparaît qu'à la fin, vrai *deus ex machina*, sans peser, pendant la durée du drame, sur la conduite des personnages. Entre les mains de poètes quelque peu habiles, le miracle aurait pu devenir le vrai drame moderne, en éliminant

peu à peu l'intervention surnaturelle qui le terminait» (335*, 1888, éd. de 1909, pp. 268-269).

Il y aurait donc eu très peu de chances, on le voit, pour que Gaston Paris eût goûté l'entreprise théophilienne, de nature essentiellement théiste et mystique, de Gustave Cohen ![498]

Ces quelques cas exceptionnels mis à part, le savant est d'avis que la littérature médiévale revêt un caractère à jamais clos et à jamais révolu, et qu'il n'est guère possible ni même souhaitable de l'adapter au goût et à la sensibilité modernes. Dans un article d'hommage à Mistral, il est on ne peut plus clair là-dessus en ce qui concerne plus spécifiquement la poésie lyrique occitane:

> «L'œuvre des félibres du Rhône n'est nullement une renaissance de la poésie des troubadours, qu'ils ne connaissaient guère que de nom et qu'ils se sont peu souciés d'étudier. Il ne faut pas du tout le regretter: la poésie des troubadours n'est compréhensible qu'au prix de longues et laborieuses études; même comprise et goûtée, elle ne pourrait en rien féconder une poésie moderne: en l'imitant on n'aurait abouti qu'à des parodies» (833*, 1895, dans 787*, 1896, pp. 128-129).

Dans le domaine des chansons de geste, son avis ne ressort pas moins clairement des remarques suivantes suscitées par l'*Obéron* de Wieland, ce dernier s'étant basé, pour son poème, sur un extrait d'une version en prose de *Huon de Bordeaux* fourni par le comte de Tressan à la «Bibliothèque universelle des romans»:

> «Wieland [...] a tiré, en somme, un heureux parti de son sujet, et on ne peut guère lui reprocher que d'avoir traité ce sujet-là; car les qualités qu'il lui a fait perdre [...], la naïveté, la candeur, l'inconscience (qu'on me passe le mot) de l'auteur et des personnages, ces qualités ne pouvaient se retrouver dans l'œuvre d'un poète du XVIII^e^ siècle: elles appartiennent exclusivement au premier âge des littératures. La question serait donc de savoir s'il est bon en général d'imiter et de chercher à rajeunir les anciens sujets, et si en particulier les traditions poétiques du moyen âge contiennent une matière épique qu'il soit encore possible d'exploiter» (444*, 1861 dans 345*, 1900, pp. 94-95).

L'idée de base, qui découle immédiatement de la pensée historiciste de Gaston Paris, est bien celle-ci: chaque époque doit créer sa propre littérature, produit et reflet à la fois de ses besoins esthétiques et moraux[499]. Ici encore, donc, notre philologue se révèle être un homme résolument moderne.

*
* *

[498] Voir, au sujet de Cohen et des Théophiliens, Solterer 1996.

[499] Voir également, à ce sujet, les remarques sceptiques de Gaston Paris sur *Merlin l'Enchanteur* de Quinet (777*, 1861, pp. 397-398).

Décidément, le moyen âge, il n'est plus nécessaire d'insister sur ce fait, n'est pas un quelconque âge d'or aux yeux de Gaston Paris. Dans l'ensemble, celui-ci pense au contraire que cette époque manque singulièrement de profondeur psychologique et morale – avant tout de par son inscription non réfléchie dans un univers de croire monologique – et ne pourra satisfaire les esprits modernes, confrontés quant à eux à un univers dialogique autrement plus compliqué et plus intéressant, à un univers où le doute radical fait partie de l'existence. Cet avis, il l'exprime de façon particulièrement claire dans son *Manuel*:

> «L'antiquité, surtout dans les derniers siècles, est dominée par la croyance à une décadence continue; les temps modernes, dès leur aurore, sont animés par la foi en un progrès indéfini; le moyen âge n'a connu ni ce découragement ni cette espérance. [...] Le monde matériel apparaît à l'imagination comme aussi stable que limité, avec la voûte tournante et constellée de son ciel, sa terre immobile et son enfer; il en est de même du monde moral: les rapports des hommes entre eux sont réglés par des prescriptions fixes sur la légitimité desquelles on n'a aucun doute, quitte à les observer plus ou moins exactement. [...] Ces conditions enlèvent à la poésie du moyen âge beaucoup de ce qui fait le charme et la profondeur de celle des autres époques: l'inquiétude de l'homme sur sa destinée, le sondement douloureux des grands problèmes moraux, le doute sur les bases mêmes du bonheur et de la vertu, les conflits tragiques entre l'aspiration individuelle et la règle sociale» (335*, 1888, éd. de 1909, p. 31).

Le moyen âge, nous dit Gaston Paris, avait certes sa beauté propre, mais celle-ci ne pourrait correspondre en rien à l'idéal moderne. La littérature de la deuxième moitié du XIX$^{e}$ siècle a selon lui le devoir non pas, décidément, de puiser aux œuvres médiévales, mais de tenir compte de la condition de l'homme moderne déchiré entre le croire et le savoir, entre l'aspiration à des valeurs transcendantes et la prise de conscience de plus en plus lucide de sa solitude existentielle. C'est ce qu'aurait réussi à faire de manière exemplaire Sully Prudhomme[500]. Et c'est à cause de la représentativité du sentiment d'existence exprimé par ce poète, jugé aujourd'hui peu intéressant, que Gaston Paris a soutenu la candidature de l'auteur des *Stances et poëmes* au prix Nobel[501]. Lisons donc, pour conclure, un morceau de cet *alter ego* poétique du philologue:

---

[500] Gaston Paris est de cet avis dès 1865 (voir 779, 1865/66); voir également, plus tard, 786*, 1895/96, dans 787*, 1896, pp. 164-297.

[501] Voir également Partie I, n. 173 et Partie II, pp. 240-241.

## L'ART

A Gaston Paris

### Prologue

Que je puisse à mon gré peupler un panthéon
Des plus grands immortels nés de la race humaine!
J'aime la grâce attique et la force romaine,
Je porterai Lucrèce à droite de Platon:

Ces hommes, l'âme haute et la tête baissée,
Scrutent d'un œil puissant deux infinis divers:
Lucrèce dans l'atome abîme l'univers,
Platon dans l'idéal abîme la pensée.

Mais je veux assigner au marbre de Hegel,
Dans mon temple étoilé, la coupole profonde;
Hegel a mesuré la croissance du monde
De son germe inquiet à son type éternel.

Désormais, fatigué d'interroger les choses,
L'esprit ferme les yeux et dit: Je concevrai.
Il n'est plus le miroir, mais l'artisan du vrai,
Il procède, et son pas marque le pas des causes;

De tous les changements il sait l'ordre et le flux
Dans la chaîne et le cours de ses propres idées,
Il y voit à leurs fins les essences guidées
S'échapper du néant pour ne s'arrêter plus.

Ainsi que la Babel, effrayante spirale
Qui d'assise en assise a conquis l'horizon,
Pour élargir sans fin le ciel de sa prison
Il dresse obstinément sa logique fatale;

Jalouse aussi de Dieu, cette orgueilleuse tour
Enfonce sans effroi son large pied dans l'ombre,
Puis au faîte hardi de ses marches sans nombre
S'épanouit enfin dans la beauté du jour![502]

---

[502] Sully Prudhomme 1883, pp. 265-266.

# CONCLUSION

> *«Aujourd'hui que le temps a déjà fait son œuvre, l'amertume des regrets du premier jour doit se mélanger d'un autre sentiment plus durable et plus digne d'un homme de cette haute valeur. Gaston Paris, malgré sa fin prématurée, a pu accomplir une œuvre considérable, qui demeure, après lui, un témoignage impérissable de ce qu'il a été [...] il ne pourra même être oublié ou méconnu de quiconque voudra embrasser en son ensemble le mouvement des idées dans la seconde moitié du XIX^e^ siècle» (Croiset 1904, p. 172).*

Il ne saurait être question de résumer ici l'ensemble des résultats partiels auxquels la présente étude a abouti. On trouvera suffisamment de passages et de chapitres de nature récapitulative et synthétique à l'intérieur des différentes parties, et toute formulation plus condensée risque de simplifier les phénomènes que tout notre effort a consisté à saisir précisément dans leur complexité. Pour terminer, j'aimerais en revanche retenir quelques aspects généraux qui me semblent particulièrement dignes d'attention.

* * *

Oui, Gaston Paris nous concerne encore. Mais, de manière assez surprenante, moins peut-être par son œuvre philologique proprement dite – bien que celle-ci conserve également une partie non négligeable de sa valeur – que par ses idées sur sa profession de philologue et sur la place des sciences dans la société. Gaston Paris, n'en déplaise à certains savants modernes, était un penseur. Peut-être pas un penseur génial, ni même très original (bien que, selon Brunetière – et l'on mesure le poids de ces mots quand on se rappelle l'ensemble des idées qui opposaient le directeur de la *RdDM* au philologue –, «il n'eût dépendu que de lui d'être Taine ou Ernest Renan»[1]). Mais là n'est pas la question. L'essentiel est que Gaston Paris n'a cessé de réfléchir sur les fondements et le bien-fondé non seulement de sa propre discipline et de son propre *faire scientifique*, mais également sur le rôle que la science en général est appelée à jouer dans la direction morale de l'homme

[1] Brunetière 1903, p. 82.

moderne. Ce faisant, il ne s'est pas arrêté à la théorie, mais a réalisé un véritable projet de vie. Il a fait de la science et des postulats éthiques qu'il a liés à celle-ci rien moins qu'une manière d'être-dans-le-monde dont, à deux reprises, en 1870-71 et pendant l'affaire Dreyfus, il a pu démontrer la consistance et l'honnêteté. Certes, on l'a vu, la science n'est qu'un aspect de la philosophie individuelle du philologue, et celui-ci n'a jamais pensé à l'ériger en seul guide moral de la société. Il n'a pas prétendu non plus que la science puisse fournir des réponses aux préoccupations métaphysiques, jugées pourtant essentielles, de l'homme moderne déchiré entre la soif de vérités transcendantes et la reconnaissance d'un «ciel théologique» (Littré)[2] de plus en plus vide. Mais il était fermement convaincu qu'en vertu des valeurs qu'elle contient en germe, la science – et donc la philologie – avait un rôle important à jouer dans l'orientation morale de l'humanité. Ces valeurs, dont les plus importantes sont la recherche impartiale de la vérité, le désintéressement de la recherche, l'objectivité, le contrôle intersubjectif des résultats et des méthodes, ainsi qu'une attitude critique vis-à-vis des arguments d'autorité et une remise en question permanente de vérités sédimentées, dépassent en effet de loin le domaine des seules sciences. Comprises comme des impératifs moraux, elles peuvent par leur actualisation déterminer, ou du moins influencer l'attitude des individus aussi bien dans la vie publique que dans la vie privée, et notamment contribuer à surmonter le subjectivisme tant social qu'individuel que Gaston Paris, à l'instar de Brunetière, voit comme un signe de la décadence de son temps. Malgré l'attitude socialement conservatrice du philologue, sa pensée revêt sous cet angle un caractère foncièrement démocratique, dans ce sens que l'un des buts de son programme d'enseignement est de remplacer l'acceptation aveugle de vérités traditionnelles, «classiques», par une compréhension intime du *pourquoi* de ces vérités, lesquelles, par là même, deviennent sujettes à discussion voire, le cas échéant, à modification. C'est dans ce contexte qu'il faut situer le caractère «chicanier» que Gaston Paris, dans sa lettre du 1er juin 1896 à Per Johan Vising[3], attribue à la philologie, en opposant celle-ci au savoir normatif promulgué par l'Académie française. Ajoutons encore cette phrase emblématique prise dans un rapport sur la réforme de l'orthographe rédigé par le savant en 1900: «On trouve dans les grammaires élémentaires trop de règles compliquées que les enfants sont réduits à apprendre par cœur et à appliquer au hasard, sans essayer de les comprendre parce que, plus on réfléchit, moins on les comprend»[4].

---

2 Voir Partie II, p. 213.

3 Voir Partie I, p. 145.

4 Cité dans Caput 1991, p. 63; sur le caractère démocratique de la philologie, voir également Espagne 1991, p. 158.

Certes, le postulat de la vérité au sens ontologique du terme n'est plus guère d'actualité de nos jours (mais, soit dit en passant, n'a-t-on pas souvent l'impression qu'une fois le signe [post]moderne de la seule vérité discursive et contextualisée affiché, tout le monde continue tranquillement à penser que ce qu'il écrit est bien vrai, dans le sens le plus banal – et donc ontologique – du terme ?). L'essentiel, pourtant, n'est pas tant dans la notion de vérité objective et une que dans l'attitude morale du savant, attitude qui consiste tout d'abord à être soi-même vrai dans ce qu'on fait, à travers l'actualisation des valeurs décrites, et qui est censée être transposée dans les domaines de la vie privée et publique. C'est cet aspect totalisant, cet aspect *forme de vie*, justement, qui fait que Gaston Paris nous propose un modèle encore digne d'être médité, à un moment où la plupart des philologues semblent avoir pris le parti du chercheur « pathologique » pour parler avec Kant[5].

De par l'ensemble de ses idées sur la science et leur impact moral et social, Gaston Paris, même s'il a soigneusement distingué la sphère de la politique proprement dite de celle de la science, appartient pleinement à ce nouveau groupe des « savants intellectuels » dont la naissance a été brillamment décrite par Christophe Charle[6], et l'on peut donc à bon droit espérer trouver son nom dans une prochaine édition du *Dictionnaire des intellectuels*[7].

Le caractère « intellectuel » de l'œuvre de Gaston Paris était bien présent à l'esprit des contemporains. Il suffit de rappeler ici les paroles de Joseph Reinach, qui, en essayant de convaincre le savant de prendre publiquement position en faveur de Picquart, lui écrivait : « Croyez bien qu'un article de vous, même sur ce sujet brûlant, sera accueilli avec empressement par le *Figaro*. L'effet en sera immense. Votre intervention sera aujourd'hui ce qu'e[û]t été, il y a dix ans, celle de Renan, il y a vingt ans, celle de Hugo »[8]. Assez rapidement, pourtant, Gaston Paris l'intellectuel est tombé dans l'oubli, seul le philologue ayant survécu, et encore sous forme de moins en moins complète.

*

* *

Les postulats éthiques de la philologie tels que Gaston Paris les a défendus étaient étroitement liés à la notion de méthode. C'est par la propagation de la méthode historico-comparative, mais aussi de l'idée de méthode tout court, que les « nouveaux philologues » entendaient réformer la philologie romane. Or, la notion de méthode recèle de toute évidence deux potentialités

[5] Voir Partie II, pp. 230-231.

[6] Charle 1990.

[7] Julliard/Winock 1996.

[8] Pour cette lettre dans son intégralité, voir Bähler 1999, pp. 95-96.

radicalement opposées. D'une part, elle peut amener à une ouverture vers l'universel en ce qu'elle permet de penser et d'actualiser les catégories de la *transsubjectivité* (la communicabilité et le contrôle intersubjectif d'un *savoir faire* et de ses résultats), de la *transdisciplinarité* (une même méthode pour plusieurs disciplines) et même de la *transnationalité* (dénationaliser la méthode historico-comparative était l'un des buts majeurs des «nouveaux philologues»), toutes catégories qui, on l'a dit, peuvent être transposées de façon salutaire du domaine de la science dans d'autres domaines de l'activité humaine. Mais, d'autre part, la notion de méthode est également porteuse d'un pouvoir foncièrement réducteur dès qu'elle est comprise comme une simple technique au service de la production «industrialisée» d'un savoir philologique de base. C'est malheureusement cette deuxième virtualité qui, dans l'évolution de la philologie romane, l'a très vite emporté sur la première et a amené l'établissement d'une classe de philologues de «pur métier», dont l'énergie s'épuisait dans la récolte, la description et la classification des faits, conformément aux leçons méthodologiques inlassablement promulguées par les «nouveaux philologues» eux-mêmes. C'est un aspect en fin de compte assez tragique de l'enseignement de Gaston Paris et de ses pairs que celui qui touche à ce rétrécissement des valeurs inhérentes à la notion de méthode et, en fin de compte, au nivellement des capacités intellectuelles mises au service de la philologie romane, dont la visée totalisante, dans le sens d'une science de la culture, allait rapidement, dans la plupart des cercles spécialisés, se perdre par la même voie.

*
* *

Autre point capital: la question de l'enracinement de la philologie romane dans le cadre idéologique de la nation a besoin d'être dédramatisée, du moins en ce qui concerne Gaston Paris. Nul doute que c'est la nation qui constitue le cadre de référence des analyses philologiques du savant: la première valeur des textes médiévaux est bien celle d'être des sources pour l'histoire nationale, non pas en première ligne en tant que documents «archéologiques» pourtant – bien que cet ancien paradigme de lecture soit également présent chez Gaston Paris (mais faut-il rappeler par la même occasion qu'il l'est encore couramment de nos jours ?[9]) –, mais en tant que manifestations de l'«état moral» et de l'évolution du génie français, et donc de l'identité française, sur la longue durée. A cet égard, le présent travail a pleinement

[9] Qu'on pense par exemple aux travaux de Georges Duby, qui s'est appuyé avec prédilection sur les textes littéraires du moyen âge, jusqu'à en faire une «spécialité» (voir ses propres déclarations dans l'*Histoire continue*, Duby 1991, pp. 17-19).

confirmé les résultats de recherches antérieures menées sur l'étude de la littérature française médiévale dans la deuxième moitié du XIXe siècle[10].

Cependant, le dédoublement de l'horizon de totalité selon qu'il s'agisse de la philologie vue sous l'angle de ses méthodes ou sous celui de ses objets d'étude s'est avéré une condition nécessaire à une juste compréhension de l'ancrage national de la philologie romane. Tous les efforts des «nouveaux philologues» ont pour but de «dénationaliser» la science et, avec elle, la méthode historico-comparative réputée allemande, et ce n'est pas en mettant en doute ces efforts qu'on fera avancer l'historiographie de la discipline. Là où le discours «néo-philologique» peut en revanche comporter des jugements de valeur plus ou moins problématiques (à intensité variable selon les chercheurs et les moments), c'est au niveau de l'analyse des objets d'étude, c'est-à-dire, essentiellement, au niveau de la construction des identités et des littératures nationales. A part l'article introductif de la *Romania*, l'ensemble des textes de Gaston Paris fait pourtant preuve à cet égard d'une position équilibrée et sereine, tant en ce qui concerne la place que le savant accorde à l'élément germanique dans l'histoire de la littérature et de la nation françaises que pour ce qui est de son attitude face aux Allemands avant et après la guerre de 1870-71. De manière générale, son discours s'inscrit dans la tradition culturellement «cosmopolite» et «libre-échangiste» d'un Goethe et d'une Madame de Staël. N'adhérant entièrement ni au concept de la nation-génie de provenance allemande ni à celui de la nation-contrat d'origine française, Gaston Paris, fervent patriote comme tout le monde ou presque à l'époque, définit l'identité française comme un procès culturel historique non essentialiste[11]. La culture française, pour lui, est un processus à jamais ouvert, qui allie l'attachement à la tradition et la disposition à l'ouverture et au changement permanent. Culture métissée dès le départ, c'est précisément ce caractère particulier qui lui confère toute sa richesse. Pour en venir finalement au versant politique, la nation française ne saurait être, aux yeux du savant, une patrie digne de ce nom qu'à condition de défendre les valeurs universelles de la vérité, de la justice et de la liberté.

On le voit: sa conception de la nation et de l'histoire culturelle de la France n'a absolument rien de condamnable. Bien au contraire, la position du savant à ce sujet, tout comme celle de Renan, garde encore toute son actualité: au moment où il s'agit de penser l'Europe comme un ensemble de nations culturellement différenciées et politiquement unifiées au nom de certaines valeurs universelles de base, le modèle de Gaston Paris, qui réalise une alliance saine et raisonnable entre les éléments de nature particulariste

---

10 Voir, de façon exemplaire, Wolfzettel 1991, pp. 190ss. et Grimm 1991b.

11 Les déclarations de Wolfzettel 1991, p. 190 à ce sujet ont donc à mon avis besoin d'être nuancées.

et les éléments à caractère universaliste, correspond tout à fait à l'opinion de l'élite éclairée d'aujourd'hui.

Ce qui est sûr, en tout état de cause, c'est que l'ancrage national de la philologie romane chez Gaston Paris n'a rien de scandaleux. Le problème se pose, une génération plus tard, avec Bédier et ses efforts inlassables pour «franciser»[12] la littérature médiévale. Mais c'est là un autre chapitre, qui, à y regarder de près, se révélera certainement lui aussi plus compliqué qu'il n'y paraît à première vue.

* * *

Gaston Paris positiviste ? Certes – mais je ne parle ici que de l'approche scientifique, car pour ce qui est de la philosophie d'inspiration comtienne proprement dite, le refus du savant, on l'a vu, est total –, en ce sens que les points essentiels de son programme philologique officiel sont bien la récolte des faits, leur analyse et leur classification au moyen de la méthode historico-comparative, ainsi que la formulation de lois. Ces points, il les a remplis lui-même tout au long de sa carrière, bien que la formulation de lois, sauf dans le domaine de la phonétique historique, soit restée à l'état plutôt rudimentaire (rappelons ici la «loi de Lemcke»). Ce n'est pourtant ici qu'un aspect des choses, et qui concerne la seule «base» du travail philologique. La «superstructure» de ce même travail, qui, au fond, touche déjà à la «base» elle-même, n'a rien de positiviste dans le sens d'«objectif» et d'«impartial» – termes chers aux «nouveaux philologues» –, mais est au contraire déterminée par un ensemble de ce que j'ai appelé *grandes représentations*. De nature foncièrement idéologique, celles-ci orientent de bout en bout les recherches de Gaston Paris et ceci, on ne le soulignera jamais assez, indépendamment même de toute base factuelle (bien qu'une telle assise puisse évidemment «valider» à l'occasion l'une ou l'autre de ces représentations). Elles sont essentiellement au nombre de quatre. Il suffit de les rappeler ici sous forme condensée :

1° La pensée historiciste, continuiste, qui fait que tous les phénomènes sont pensés sur la longue durée et qui favorise *eo ipso* des théories d'une genèse lente des textes étudiés.
2° L'horizon de totalité de la nation, qui inscrit l'ensemble des recherches littéraires et linguistiques dans un cadre national.
3° L'idée de l'évolution de l'esprit humain comme progrès continu de la raison raisonnante, qui fait que la littérature du moyen âge est perçue comme enfantine et comme inférieure par rapport à la littérature moderne.

---

12 Voir Partie IV, pp. 489-490 et p. 627.

4° L'idéologie libérale et anticléricale, qui a comme conséquence que la littérature populaire – non pas dans un sens romantique du terme, pourtant, mais dans le sens socioculturel précis que nous avons vu – est considérée comme seule digne d'être étudiée, et qui rejette dans l'ombre tant la littérature cléricale, médiolatine, que la littérature courtoise, littératures d'élite jugées socioculturellement ségrégatives et «réactionnaires», néfastes, en tout état de cause, à l'évolution dite «normale» de la littérature nationale[13]. C'est certainement ici l'aspect le plus problématique du modèle de représentation de Gaston Paris que ce dédain des littératures cléricale et courtoise. Et c'est ici sans doute qu'il faut situer l'un des grands mérites de Bédier, qui, tout en maintenant le jugement négatif de son maître sur la littérature courtoise, a du moins su revaloriser durablement la figure du clerc et, avec elle, la littérature savante et donc aussi médiolatine.

Les postulats d'impartialité et d'objectivité, capitaux, fertiles et toujours dignes d'être médités au niveau de l'(auto)définition morale du sujet scientifique – et, à mon avis, on ne mettra jamais assez en valeur cet aspect moral inhérent au «positivisme», qu'il nous semble par ailleurs si facile de tourner en ridicule –, ne sont donc pas réalisés, loin s'en faut, en ce qui concerne la construction des objets d'étude de la philologie romane, celle-ci étant largement soumise aux grandes représentations que je viens de décrire[14]. L'ensemble de ces représentations idéologiques ancrent l'œuvre philologique de Gaston Paris dans son temps et, tout en lui conférant une unité conceptuelle rare[15], en limitent forcément la portée à nos yeux. Ce constat, décevant à première vue, n'en recèle pas moins une leçon salutaire: ne croyons pas, en effet, que le décalage entre nos propres proclamations de principe, qu'elles soient de nature postmoderne ou simplement moderne, et notre construction de la langue et de la littérature médiévales soit moins grand!

En dessous ou à côté – ce rapport reste à déterminer – des grandes représentations de nature idéologique, il y a d'autres représentations qui structurent l'argumentation et l'imaginaire de Gaston Paris et que j'ai appelées *figures de pensée*. Les plus importantes parmi celles que nous avons vues sont: *formation traditionnelle / formation non traditionnelle*; *formation*

---

13 Sur ce point, les jugements de Gaston Paris n'ont jamais varié, contrairement à ce que pense Hult 1996, en part. pp. 212-213.

14 Parlant à ce sujet de «discursive doubling», Mary Speer 2000 a également fait état du décalage entre les déclarations de principe de Gaston Paris et leur mise en pratique, sans pour autant prendre en considération l'impact moral des affirmations méthodologiques, impact tout à fait capital, on l'aura compris, à mes yeux.

15 L'œuvre de Bédier semble moins unie à cet égard, non pas, certes, en ce qui concerne sa cohérence interne (sur cette question l'ouvrage de Corbellari 1997 ne laisse plus de doute), mais en ce qui concerne sa cohérence pour ainsi dire externe, i.e. son ancrage dans l'univers idéologique du savant (voir, à ce sujet, Aarsleff 1985, p. 107).

*régulière / formation analogique*; *intelligence / fidélité*; *noyau / variantes*; *parties / tout*; *multiple / un*; *stemma*; *loi axio-chronologique*. Ces figures de pensée, qui, on l'aura remarqué, ont le plus souvent une structure binaire, ne semblent pas être fortement ancrées dans des idéologies précises mais revêtent un caractère plus universel, presque anthropologique. Proches des métaphores sans en être pour autant, elles paraissent, comme bon nombre de ces dernières, circuler depuis des siècles, tout en subissant des mouvements conjoncturels, de l'ordre des *épistémès*, qui déterminent tant la fréquence de leur apparition que leur interprétation[16]. Cette question reste à étudier de près. Ce que je retiens pour l'instant, c'est le pouvoir de structuration très fort de ces figures. Elles peuvent notamment amener, comme j'ai essayé de le montrer, à des *raisonnements parallèles ou analogiques*, c'est-à-dire à un transfert de l'argumentation d'un domaine à un autre, sans qu'il y ait nécessairement – ici pas plus que dans le cas des grandes représentations – une base factuelle suffisante pour justifier ce transfert, lequel, en outre, semble s'effectuer de façon largement inconsciente.

L'ensemble des grandes représentations idéologiques et des figures de pensée sont responsables de l'identité, et aussi, soulignons-le, de la vivacité et de l'originalité du discours philologique de Gaston Paris et nous montrent à l'évidence combien il serait peu juste de taxer son approche de simplement positiviste. En dehors des questions qui touchent à l'*ethos* scientifique, l'aspect positiviste de son œuvre se résume en fin de compte, de façon absolument banale, dans le fait que le savant, tout comme les «nouveaux philologues» dans leur ensemble, s'est mis au service de la récolte d'une masse presque inimaginable d'informations qu'on peut bien appeler factuelles (et qui sont de l'ordre de la description des manuscrits et des textes, de leur datation, de leur localisation et de leur attribution, de l'ordre des relevés de dates linguistiques, etc.). Et, ne serait-ce qu'à ce titre – je ne suis pas la première à le dire –, les travaux des pères fondateurs de notre discipline dans le sens moderne du terme constituent toujours la base de notre réflexion actuelle. Peter Szondi, dont on mesure pourtant facilement toute la distance qu'il mettait entre sa propre approche «philologique» et celle des pionniers du XIX^e^ siècle, le disait bien en 1970 déjà, dans des termes aussi simples que sereins: «Der Ertrag der positivistischen Richtung ist zu gross, als dass diese Entwicklung beklagt werden sollte»[17]. On ne gagne certainement pas grand-chose à vouloir réduire l'époque «positiviste» à un simple «intermède»[18].

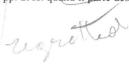

16 Pour la permanence de quelques métaphores traditionnelles et leurs différentes interprétations au cours des siècles dans des textes à caractère historique et politique, voir notamment Demandt 1978.

17 Szondi 1970, p. 13.

18 Voir, à titre d'exemple, Bloch 1990, p. 39. Voir également l'incroyable arrogance de Cantor 1991, pp. 29ss. quand il parle des historiens médiévistes du XIX^e^ siècle.

Je m'abstiendrai – bien que la tentation soit grande – de recourir ici à la fameuse image des géants et des nains mise en circulation par Bernard de Chartres. Une phrase à potentiel aphoristique formulée naguère par Ulrich Wyss mérite pourtant d'être méditée dans ce contexte: «Wer einem anderen Materialreichtum nachsagt, écrit l'auteur de la *Wilde Philologie*, vermisst insgeheim den Reichtum an Gedanken und nimmt für sich eine überlegene denkerische Potenz in Anspruch, eine Kraft der Reflexion, die dem bloss fleissigen Stoffhuber nicht gegeben sei»[19]. Or, pouvons-nous être toujours si sûrs de notre supériorité sur ce point? A chacun de décider pour soi. – L'«étape Gaston Paris» a tout naturellement préparé les suivantes. L'œuvre de ce savant a eu des conséquences tant positives que négatives à nos yeux, tout comme l'auront nos propres travaux au jugement de ceux qui nous suivront. Une chose pourtant est sûre: Gaston Paris et les philologues de sa génération, loin d'avoir «enseveli» la littérature du moyen âge – autre *topos* cher aux *New Medievalists* – l'ont, au contraire, fait sortir de son tombeau une fois pour toutes.

Il convient certainement d'adopter la même attitude à la fois de respect et de réexamen critique en ce qui concerne la délimitation de l'espace paradigmatique de la philologie romane par les «nouveaux philologues». J'ai essayé de décrire par quels moyens ceux-ci sont arrivés à établir l'identité et, surtout, les frontières de cet espace, en fin de compte très étroit. Cependant, c'est précisément l'une des caractéristiques de base d'un «paradigme» que son étroitesse, qui, tout en éliminant une foule d'éléments et d'aspects importants, rend en même temps possible un progrès de connaissance spectaculaire dans un secteur certes restreint mais néanmoins important. Chaque «paradigme» est à la fois réducteur et producteur. Les éléments provisoirement éliminés ont en général cette propriété d'«hiberner» quelque part – dans des documents momentanément oubliés, dans le (sub)conscient des chercheurs? –, quitte à réapparaître avec force pour faire éclater l'unité de l'espace paradigmatique dominant. Il semble bien que ce soit là la marche normale de la science, à moins que l'on n'accorde la préférence à une théorie de l'éclectisme, d'un chaos fertile ou d'un *anything goes* d'inspiration feyerabendienne. Il n'y a pas de doute, en revanche, que c'est grâce aux efforts de canalisation – ou d'«hygiène»[20] – des «nouveaux philologues» que la philologie romane, dans toutes ses branches, a eu droit de cité dans les institutions académiques, et, de ce point de vue encore, nous profitons toujours de leur engagement.

*

*   *

---

19 Wyss 1979, p. 1.

20 C'est l'expression utilisée par Jean-Claude Chevalier dans sa conférence prononcée lors du colloque «Gaston Paris» tenu à Montpellier le 15 décembre 2001 (les actes de ce colloque paraîtront dans la *Revue des langues romanes* en 2003).

Gaston Paris romantique ?[21] Non, tout d'abord, et de manière décidée, en ce qui concerne son attitude «philosophique» générale. Gaston Paris s'est révélé un homme résolument moderne, pour qui le moyen âge a certes son charme propre, mais est, dans son ensemble, une époque à jamais révolue et inférieure à presque tous les égards aux temps présents. Cette attitude farouchement antiromantique a pour effet qu'à nos yeux le savant s'est laissé bien peu envoûter par les textes qu'il étudiait. Contrairement à une opinion énoncée entre autres par Michel Bréal[22] et qui circule encore de nos jours, Gaston Paris n'a jamais pensé à situer une quelconque perfection poétique au moyen âge.

Pour ce qui est de ses travaux philologiques proprement dits, les choses se présentent de façon quelque peu plus compliquée. Nous avons vu que dans le domaine où l'on a le plus souvent voulu ancrer le romantisme de Gaston Paris, à savoir dans celui de la genèse des chansons de geste, la position du savant s'éloigne en réalité de façon assez radicale du discours romantique d'un Herder ou des frères Grimm. Les mêmes efforts de «démystification historiciste» de la part de Gaston Paris se constatent dans d'autres domaines de recherche, ainsi, par exemple, en ce qui concerne l'interprétation des cours d'amour, dont le philologue défend le caractère essentiellement littéraire et ludique contre la théorie référentielle – et par là même romantique – d'un Raynouard. Un autre exemple qu'on pourrait alléguer dans ce contexte est celui des déclarations du savant sur le caractère aristocratique et conventionnel des chansons de danse que les romans où elles sont intercalées, tels *Guillaume de Dole* et le *Roman de la Violette*, ont «voulu faire passer pour des débris de la poésie du peuple»[23]. Mais d'autre part, dans le domaine de la poésie lyrique, Gaston Paris reste un fervent adepte de la théorie des fêtes de mai, théorie que l'on peut taxer à bien des égards de romantique[24]. Ses idées sur les origines orientales des contes semblent également imprégnées d'une forme de romantisme. Cependant, dans tous ces domaines, des analyses plus systématiques, à la manière de celles que j'ai essayé de fournir pour les chansons de geste et les romans arthuriens, devront apporter des éléments de réponse plus détaillés et plus nuancés.

De façon générale, ce qui a pu amener à formuler des jugements souvent erronés sur le prétendu ancrage romantique du discours philologique de Gaston Paris, c'est la présence de certaines catégories de représentation qu'on a pris l'habitude de classer sous l'étiquette du «romantisme» – celles du

---

21 Sur le fait que romantisme et positivisme ne s'excluent en aucune façon, voir par exemple Aarsleff 1985, en part. p. 109 et Wolfzettel 1991, pp. 191-192.

22 Voir Partie IV, p. 549.

23 631*, 1892, p. 423.

24 Voir, pour une première orientation, Axhausen 1937, en part. pp. 29-30.

peuple, de l'enfance, de la naïveté, celles aussi de la « Volkspoesie » et de la « Kunstpoesie » etc. – mais qui, en réalité, une fois inscrites dans le discours historiciste de Gaston Paris, reçoivent une toute autre valorisation, voire une toute autre signification. Il s'avère donc indispensable de distinguer les catégories descriptives en tant que telles et leur investissement sémantique et passionnel dans un discours donné. Mais même une fois le problème posé en ces termes, il reste bien vrai que le discours globalement antiromantique de Gaston Paris conserve quelques résidus du discours romantique traditionnel des premiers philologues, allemands surtout. Cette indécision, qui, encore une fois, ne touche pas aux grandes lignes du système d'interprétation et de valeurs de Gaston Paris, fait partie intégrante de son œuvre. Comme toute grande œuvre probablement, celle-ci comporte des zones floues, qu'il serait chimérique de vouloir éradiquer au moyen d'un commentaire analytique exhaustif.

*

* *

C'est l'un des grands lieux communs dans l'historiographie de la discipline que celui qui consiste à dire que ce n'est qu'avec Bédier qu'on serait passé d'une approche historique (dans le sens que nous avons donné à ce terme) à une approche esthétique des textes médiévaux. Ce *topos* a, lui aussi, besoin d'être nuancé. Certes, il est bien vrai que le souci esthétique, en partie pour des raisons idéologiques, en partie aussi pour des raisons stratégiques, n'est pas ce qui prédomine dans les travaux philologiques de Gaston Paris. Cependant, les jugements littéraires sont omniprésents et font partie intégrante des analyses du savant. Certes encore, Gaston Paris n'apprécie qu'une faible partie de cette littérature ; mais il y a bien quelques (rares) textes qu'il aime sincèrement, et pour eux-mêmes. C'est notamment autour des chansons de geste et de la matière tristanienne qu'on entrevoit, chez lui, une sorte d'esthétique spécifiquement médiévale, esthétique « barbare » qui, tout en rappelant certaines descriptions romantiques – mais, en même temps, la « barbarie » était fréquemment invoquée, au temps du philologue même, contre l'état languissant de la société fin de siècle –, n'est pourtant jamais glorifiée mais simplement présentée au lecteur moderne comme possible expérience réjouissante ou tout au moins intéressante, parce que dépaysante. Une telle expérience est en revanche quasiment exclue, aux yeux du philologue, en ce qui concerne les romans courtois. Je ne reviendrai plus, ici, sur les multiples facteurs qui déterminent ce système d'appréciation à caractère duel, s'articulant autour des catégories *même/autre – tout autre*[25], mais ajouterai,

[25] Voir notamment Partie IV, pp. 634-635.

pour terminer, une autre dimension reliant les objets d'appréciation dont il est question aux deux discours «littéraires» concurrents en place dans la deuxième moitié du XIXe siècle. On l'a dit: tandis que les chansons de geste sont appréciées par Gaston Paris pour leur style fruste et, surtout, pour leur contenu, censé être historique et véridique – en un mot: sérieux –, les romans courtois se voient dévalorisés pour cette raison, entre autres, qu'ils mettraient l'accent uniquement sur la forme alors que leur contenu ne serait qu'un pur amusement de société. Or, la même dichotomie entre forme et fond joue également un rôle important, nous l'avons vu, dans la définition du discours «néo-philologique» par ses propres représentants. Pour le dire en termes simples: en même temps que les «nouveaux philologues» préconisent un discours fruste mais vrai, c'est-à-dire centré sur le contenu, ils accusent le discours belles-lettriste d'être habile mais vain, de promulguer sous une forme rhétorique, certes virtuose, toujours les mêmes vérités à caractère souvent problématique, voire éculé. Tout se passe donc comme si, dans la logique de Gaston Paris et de ses pairs, les chansons de geste étaient aux romans courtois ce que le discours «néo-philologique» est au discours belles-lettriste, et cette homologation est susceptible d'expliquer à son tour – en s'ajoutant aux autres raisons relevées au cours de cette étude – pourquoi ces romans sont dévalorisés par beaucoup de spécialistes de l'époque.

De façon générale, on rencontre dans les appréciations esthétiques de Gaston Paris le problème déjà évoqué du décalage entre les catégories descriptives mises en place et leur investissement sémantique et passionnel. On a pu constater plus d'une fois que les catégories invoquées par le philologue pour la description des textes étudiés étaient au fond tout à fait aptes à saisir des spécificités médiévales – rappelons ses remarques sur l'originalité ou la sérialité –, mais que, par les jugements de valeur auxquels il les soumettait, elles perdaient leur force explicative historiciste pour s'inscrire pleinement dans un discours moderniste et, par là même, anachronique. Dans le domaine du goût esthétique encore, et cela n'a rien de surprenant, Gaston Paris s'est révélé un homme de son temps. Il n'a jamais laissé planer le moindre doute sur le fait qu'au-delà de toute relativisation historique des valeurs esthétiques a toujours comptée pour lui l'idée du Beau parfait qui, sans s'identifier à aucune esthétique particulière – à ses yeux c'est pourtant le génie grec (et non pas la littérature française dite classique) qui s'est rapproché le plus de cet idéal –, amène tout naturellement une hiérarchisation des littératures. C'est autour de cette conception du Beau parfait et des valeurs esthétiques qui se définissent par rapport à lui que l'on peut fixer une cinquième grande représentation surdéterminant le discours philologique de Gaston Paris.

*

*     *

Parmi ceux qui n'ont pas encore abandonné le concept de progrès dans les sciences philologiques – et j'avoue en faire partie –, personne, je pense, n'oserait plus affirmer que ce progrès suit un mouvement linéaire. S'il fallait des preuves supplémentaires pour démentir cette vieille idée, nos analyses en ont fourni deux, éclatantes. En ce qui concerne les chansons de geste, le discours de Gaston Paris contenait en fait tous les éléments pour réconcilier les deux positions, «traditionaliste» et «individualiste», lesquelles sont devenues largement irréconciliables suite avant tout à la présentation simplificatrice des différentes conceptions par Bédier. Sur ce point précis, les *Légendes épiques*, tout en ouvrant de nouvelles perspectives – et même, si l'on veut, tout en inaugurant un nouveau paradigme, centré sur la notion de l'«unicité du texte»[26] –, ont néanmoins provoqué un véritable recul dans l'histoire de la philologie romane, recul qu'il a coûté plus d'un demi-siècle à rattraper. Dans le cas des romans courtois, en revanche, c'est Gaston Paris lui-même qui a freiné l'évolution de la discipline, en ne sachant ou en ne voulant pas reconnaître tout ce que la position de Foerster contenait de potentialités pour le développement des recherches littéraires, notamment sur Chrétien de Troyes. Il s'avère donc qu'un même savant peut tantôt accélerer et tantôt bloquer, selon les domaines de recherche dont il s'agit, la marche de sa propre discipline.

*

* *

Concluons. Quelque temps après la mort de Gaston Paris, Jean Psichari évoqua le désarroi des disciples du philologue: «Le lendemain des obsèques, les jours qui suivirent, on ne savait que faire, on allait les uns chez les autres, causer de lui, retrouver ses propres sensations dans les cœurs des amis»[27], et finit en ces termes: «Son amour, ses enseignements, sa parole resteront parmi ses fidèles, qui lui dresseront des chapelles où d'autres aussi viendront communier»[28]. Il y a longtemps de cela, et les paroles pathétiques de Psichari ne nous arrachent plus guère qu'un sourire de sympathie. Il y a longtemps aussi que nous ne comptons plus, si nous l'avons jamais fait, les années philologiques à partir de la mort de Gaston Paris, contrairement à ce qu'avait prédit Michel Bréal[29], et tout cela n'a finalement rien que de très sain et de très normal. Et pourtant, souvenons-nous un instant. Ayant appris le mariage imminent de leur beau-père avec Marguerite Mahoû, les enfants de la première femme de Gaston Paris estimèrent que la mémoire de leur mère avait

---

26 Corbellari 1997, p. 567.

27 Psichari 1903, p. 195.

28 *Ibid.*, p. 207.

29 Bréal 1903, p. 297.

été trahie. Inquiet, mais aussi révolté, Gaston Paris avait alors écrit à son ami Henri-François Delaborde :

> [...] j'espère qu'ils s'y accoutumeront peu à peu, et qu'ils comprendront pour moi, comme ils l'ont compris pour leur chère mère, qu'on peut allier le culte le plus pieux du passé à la fondation d'un nouvel avenir[30].

Allier le passé au présent en vue d'un nouvel avenir, voilà bien un autre aspect capital de cette forme de vie que constitue la philologie pour Gaston Paris. Et, sur ce point encore, le projet du savant semble n'avoir rien perdu de son actualité.

---

30 Voir Partie I, n. 519.

# ANNEXES

## I. Tableau des sources

- Archives de l'Institut de France: Deux dossiers de l'AF, qui contiennent notamment: quelques lettres éparses de Gaston Paris sur des sujets divers; des documents sur son élection à l'AF; des portraits, des fiches bibliographiques; des coupures de journaux concernant la mort du philologue, ses funérailles, diverses activités de commémoration, la publication posthume des *Légendes du moyen âge*, le *Journal des savants*, le vingt-cinquième anniversaire de son élection à l'AIBL (1901) et l'affaire Dreyfus.

- Archives du Collège de France: Dossier Gaston Paris, C-XII; contenu très hétéroclite; on y trouve entre autres: des photos de Gaston Paris, la correspondance Gaston Paris – Henri Dehérain, 1902-1903, au sujet du *Journal des Savants*; la lettre de Gaston Paris à l'Administrateur du Collège pour la candidature à la chaire de langue et littérature françaises du moyen âge en 1872; une lettre de Gaston Paris à Adolf Noreen (1854-1925), professeur de langues nordiques à Upsal; une lettre de Gaston Paris à Claes Annerstedt (1839-1927), directeur de la Bibliothèque de l'Université d'Upsal; des lettres de Gaston Paris à Carl Wahlund (1846-1913), professeur de langues romanes à Upsal; la liste des cours de Gaston Paris au Collège de France (1867-1902); l'avis de nomination de Gaston Paris au Collège de France; des lettres de Gaston Paris à Fredrik A. Wulff (1845-1930), professeur de langues romanes à l'Université de Lund; des nécrologies, des lettres de condoléance et divers documents sur les funérailles de Gaston Paris.

- Archives Nationales (AN): Différents dossiers dans la série F/17, parmi lesquels: F/17/25874: dossier personnel de Gaston Paris; F/17/13617: IV^e section de l'EPHE; F/17/2979: mission en Italie avec Joseph de Laborde en 1872; F/17/21434: dossier Louis Paris; F/17/13614: EPHE; F/17/2835: Comité des Travaux historiques, dossier Gaston Paris; F/17/3296: projet de publication (1868/69). Gaston Paris. *Anciens glossaires inédits latins-français, français-latins de la langue française*; F/17/3851: documents sur le Collège de France; F/17/3997: rapports imprimés sur l'EPHE 1868-1881.

- Archives de la Préfecture de Police de Paris (A.P.P.): Dossiers Ea 12 et Ba 1213, qui contiennent notamment des coupures de journaux, un passeport et le procès-verbal des funérailles de Gaston Paris.

- Bibliothèque de la IV^e section de l'EPHE (E.P.): Fonds Gaston Paris; fonds très riche, avec un plan de classement détaillé, comprenant les sections A. L'Enfant et l'étudiant B. Cours et conférences C. Carnets et cahiers personnels D. Travaux divers sur feuillets non reliés E. Correspondance F. Travaux divers transmis à Gaston Paris G. Congrès, Académies, Sociétés savantes H. Presse I. Pièces diverses. – On y trouve notamment des cahiers de jeunesse de Gaston Paris (section A). – Il y a également un fonds Paulin Paris, dont le classement se trouve dans le même dossier que celui du fils.

- Bibliothèque de l'Institut de France (B.I.F.) : Carton de lettres de, à et concernant Gaston Paris non encore classées (on y trouve notamment la correspondance entre Gaston Paris et Karl Bartsch et les lettres de Gaston Paris à Arthur Piaget et à Pio Rajna) ; missives diverses dans différents fonds, ainsi les lettres de Gaston Paris à Ludovic Halévy (M.S. 4488), à Mario Roques (M.S. 6157) et à Henri-François Delaborde (M.S. 2154) ; correspondance de la Société amicale Gaston Paris (M.S. 6139).
- Herzog August Bibliothek Wolfenbüttel (HAB) : Neuf lettres de Paulin Paris et deux de Gaston Paris à Ferdinand Wolf, saisies sous la cote Cod. Guelf. 504.4 Novi, Nr. 3.63-3.73.
- Universitäts- und Landesbibliothek Bonn : Nachlass Friedrich Diez ; deux lettres de Paulin Paris à Diez (cote : Diez I, sans autre spécification).
- Universitätsbibliothek Graz : Nachlass Hugo Schuchardt ; lettres de Gaston Paris à Hugo Schuchardt (cote : 08562-08659).
- Bibliothèque nationale de France (B.N.) : Fonds Gaston Paris, n.acq.fr. 24430-24466 ; ces volumes contiennent la plupart des lettres reçues par Gaston Paris ainsi qu'un certain nombre de missives rédigées par lui ; en 1930, P. M. Bondois a dressé un inventaire très complet de cette correspondance, qui porte la cote n.acq.fr. 13247 ; de nombreuses lettres écrites par Gaston Paris se trouvent également dans d'autres fonds conservés à la B.N., ainsi, notamment, dans celui de Louis Havet, de Paul Meyer et de Joseph Reinach. Mentionnons encore le volume n.acq.fr. 22865 intitulé « Autographes du XIXe siècle », qui contient plusieurs documents tant sur Paulin que sur Gaston Paris.

## II. *Curriculum vitae* établi par Gaston Paris en 1871[1]

| | |
|---|---|
| 1839 | 9 août, Naissance à Avenay |
| 1845 | août, Perte d'un œil à Bellevue |
| 1849 | octobre, Entrée au collège Rollin |
| 1856 | 9 août, Sortie du collège. Départ pour la Russie |
| 1856 | 17 octobre, Départ de S. Petersbourg |
| 1856 | 1 novembre, Visite à Frohsdorff [sic] |
| 1856 | novembre, Arrivée à Bonn |
| 1857 | mai, Arrivée de ma mère à Bonn |
| 1857 | août, Retour en France |
| 1857 | octobre, Départ pour Göttingen |

[1] D'après E.P., Fonds Gaston Paris, C/VI/75, ff. 3-4.

1858 août, Retour définitif en France

1858 novembre, Entrée à l'Ecole des Chartes. – Commencement du droit

1859 28 avril, Licence ès lettres

1859 juillet, Premier examen de l'Ecole des Chartes

1859 août, Premier examen de droit. – Etretat

1860 juillet, Deuxième examen de l'Ecole des Chartes

1860 août, Baccalauréat en droit

1861 février, Cours de littérature au quai Malaquais

1861 juillet, Troisième examen de l'Ecole des Chartes[2]

1861 août, [1er][3] [examen] de licence en dr[oit]. – Voyage en Dauphiné, Savoie, Provence

1862 janvier, Thèse d'archiviste-paléographe

1862 février, *Etude sur le rôle de l'accent latin*

avril, 2e [examen] de licence [en droit]

1862 juin, Voyage en Angleterre

1862 28 août, Thèse de droit

Diez-Trad[uction]

1863 février, Voyage en Italie

1864 janvier-avril, Séjour à Cannes

1864 août, Voyage en Espagne. – hiver: cours chez Mme Luscombe[4]

1865 2 mars[5]

1865 décembre, Thèse de doctorat

1866 janvier, Fondation de la *Revue critique*

1866 juin, Prix Gobert

1866 août, Voyage en Allemagne (Rostock)

1866 décembre, Cours au Collège de France (1è[re] a[nnée])

1867 juin[6]

1867 août, Voyage en Suisse (Clarens)

1867 décembre, Cours à la rue Gerson (1è[re] année)

1868 août, Divonne

1868 décembre, Cours au Collège de France (2e a[nnée]), à la rue Gerson (2e a[nnée])

1869 janvier, Cours à l'Ecole des H[autes] E[tudes] (1è[re] a[nnée])

1869 juin, Voyage en Alsace (Bida)

1869 août, Avenay

1869 décembre, Cours au Collège de France (3)[7], à l'Ecole (2)

1870 8 septembre, Retour à Paris

1870 décembre, Cours au Collège (4) et à l'Ecole (3)

---

[2] En cet endroit, Gaston Paris marque également: «Deuxième de licence en droit», mais le deuxième examen de licence en droit n'a lieu qu'en avril 1862, comme il le note lui-même.

[3] Gaston Paris écrit «2e», mais il doit bien s'agir ici du 1er examen de licence en droit. De toute évidence, le jeune savant a confondu les dates des différents examens de droit.

[4] Je n'ai pas pu identifier cette personne.

[5] Il n'y a pas d'entrée sous cette date, mais il est clair qu'il s'agit de la mort de sa mère.

[6] Il n'y a pas d'entrée sous cette date.

[7] Les chiffres entre parenthèses désignent les années.

| | |
|---|---|
| 1871 | février, Voyage à Avenay |
| 1871 | 31 mars, Départ de Paris, voyage en Alsace, Suisse, Avenay |
| 1871 | septembre, Avenay |

## III. Reconstruction du *curriculum vitae* de Gaston Paris

| | |
|---|---|
| 1839, 9 août | Naissance à Avenay |
| 1855, été | Mariage de sa seconde sœur, Louise, avec François Urbain |
| 1856, août | Sortie du collège |
| 1856, sept.-oct. | Séjour en Russie |
| 1856, 17 octobre | Départ de S. Petersbourg |
| 1856, 1er novembre | Visite à Frohsdorf |
| 1856, nov.-1857, oct. | Année universitaire à Bonn |
| 1857, mai-août | Visite de sa mère et de sa sœur Elisabeth à Bonn |
| 1857, août-septembre | Séjour à Paris |
| 1857, octobre | Retour à Bonn |
| 1857, nov.-1858, mi-août | Année universitaire à Göttingen |
| 1858, août | Retour définitif en France |
| 1858, novembre | Entrée à l'Ecole des Chartes, commencement du droit, préparation de la licence ès lettres |
| 1859, 28 avril | Licence ès lettres |
| 1859, juillet | Premier examen de l'Ecole des Chartes |
| 1859, août | Premier examen de droit, puis à Etretat |
| 1860, juillet | Deuxième examen de l'Ecole des Chartes |
| 1860, août | Baccalauréat en droit |
| 1861, février | Cours de littérature française au quai Malaquais |
| 1861, été | Troisième examen de l'Ecole des Chartes |
| 1861, été | Premier examen de licence en droit |
| 1862, janvier | Sortie de l'Ecole des Chartes (thèse d'archiviste-paléographe: *Etude sur le rôle de l'accent latin*) |
| 1862, avril | Deuxième examen de licence en droit |
| 1862, juin | Voyage en Angleterre |
| 1862, 28 août | Thèse de droit (thèse latine: *De tutela*, thèse française: *De la tutelle*) |
| 1863, février | Voyage en Italie |
| 1864, 13 janv.-1864, mi-avr. | A Cannes, avec sa mère |
| 1864 | Mariage de sa sœur Elisabeth |
| 1864, août | Voyage en Espagne |
| 1865, 2 mars | Mort de sa mère à Cannes |
| 1865, décembre | Soutenance des deux thèses, *Histoire poétique de Charlemagne* et *De Pseudo-Turpino* |
| 1865 | Fondation de la *Revue critique* |
| 1866, janvier | Numéro inaugural de la *Revue critique* |
| 1866, juin | Prix Gobert pour *l'Histoire poétique de Charlemagne* |
| 1866, sept.-oct. | Voyage en Allemagne, à Rostock (Bartsch), Heidelberg, Giessen (Diez) |

| | |
|---|---|
| 1866/67 | Remplaçant de son père au Collège de France (1re année) |
| 1867, août | Voyage en Suisse (Clarens) |
| 1867/68 | Professeur aux cours libres de la rue Gerson (1re année) |
| 1868/69 | Remplaçant de son père au Collège de France (2e année) |
| 1868/69 | Professeur aux cours libres de la rue Gerson (2e année) |
| 1868, décembre | Nommé répétiteur de la conférence des langues romanes à l'EPHE |
| 1869 | Cours à l'EPHE (1re année) |
| 1869, novembre | Nommé directeur adjoint à l'EPHE |
| 1869/70 | Cours à l'EPHE (2e année) |
| 1869/70 | Remplaçant de son père au Collège de France (3e année) |
| 1870, 8 septembre | Retour à Paris |
| 1870/71 | Cours à l'EPHE (3e année) |
| 1870/71 | Suppléant de son père au Collège de France (4e année) |
| 1871, février | A Avenay |
| 1871, 31 mars | Départ de Paris, voyage en Alsace, Suisse, Avenay |
| 1871, juin | Reprise des cours à l'EPHE |
| 1871, septembre | A Avenay |
| 1872, janvier | Fondation de la *Romania* |
| 1872 | Prix Gobert pour l'édition de *Saint Alexis* |
| 1872, été | Mission gratuite, avec Joseph Delaborde, en Italie pour rechercher les documents relatifs à l'histoire et la littérature de la France (arrêté du ministère de l'Instruction publique, des Cultes & des Beaux-Arts du 29 juillet 1872, signé Jules Simon) |
| 1872, 1er août | Titulaire de la chaire de langue et littérature françaises du moyen âge au Collège de France (décret présidentiel en date du 24 juillet 72) |
| 1872, octobre | A Rome |
| 1872, 6 novembre | Directeur d'études à l'EPHE |
| 1872 | Membre du Conseil supérieur de l'Instruction publique |
| 1873 | Président de la Société de linguistique de Paris |
| 1874, printemps | En Angleterre |
| 1874 | Projet de mariage |
| 1874, été | Première crise de diabète (séjour à Vichy) |
| 1875 | Chevalier de la Légion d'honneur |
| 1875, août | A Palerme, pour le Congrès des savants italiens |
| 1875 | Fondation de la SATF |
| 1876, 12 mai | Election à l'AIBL |
| 1876 | Membre de la Commission extra-administrative pour étudier la question de la réorganisation de l'enseignement supérieur |
| 1876, automne | En Russie |
| 1877 | Président de la SATF |
| 1877 | Membre adjoint de la Commission de l'*HLF* |
| 1877 | Représentant du Collège de France à Upsal lors de la fête de l'Université |

| | |
|---|---|
| 1878, avril | A Londres |
| 1878 | Cofondateur de la Société de l'Enseignement supérieur |
| 1881 | Mort de son père |
| 1881 | Membre titulaire de la Commission de l'*HLF* |
| 1881 | Membre du Conseil de perfectionnement de l'Ecole des Chartes |
| 1881 | Membre du comité directeur de la «Diez-Stiftung» |
| 1882 | Membre correspondant de la «Königliche Akademie der Wissenschaften» (Berlin) |
| 1883 | Président de la Société des anciens élèves de l'Ecole des Chartes |
| 1884 | Fondateur, avec P. Meyer, de la collection «Bibliothèque française du moyen âge» chez Vieweg |
| 1885, 23 juin | Président de la IVe section à l'EPHE, après la mort de Léon Renier |
| 1885, 20 juillet | Mariage, à Avenay, avec Marie Talbot, veuve Delaroche-Vernet |
| 1886 | Première candidature à l'AF |
| 1886, 29 octobre | Officier de la Légion d'honneur |
| 1888, mai-juin | Voyage en Italie avec Boissier lors du Congrès international de philologie romane à Bologne |
| 1888, 6 juillet | Membre correspondant de la «Kaiserliche Akademie der Wissenschaften» (Wien) |
| 1889, 15 juin | Officier de l'Instruction publique |
| 1889, printemps | Mort de sa nièce |
| 1889, juin | Fiançailles d'Horace Delaroche-Vernet avec la fille de Léon Heuzey |
| 1889, août | *Recueil de mémoires philologiques*, présenté à monsieur Gaston Paris par ses élèves suédois le 9 août 1889, à l'occasion de son cinquantième anniversaire[8] |
| 1889, septembre | Commandeur de l'ordre de l'Etoile polaire (Suède) |
| 1889, novembre | Membre correspondant de la «Königliche Gesellschaft der Wissenschaften» |
| 1889, 23 décembre | Mort de sa femme d'une pneumonie |
| 1890, 29 décembre | *Etudes Romanes*, dédiées à Gaston Paris, le 29 décembre 1890 (25e anniversaire de son doctorat ès lettres), par ses élèves français et ses élèves étrangers des pays de langue française[9] |
| 1891, 10 septembre | Mariage avec Marguerite Savary née Mahou |
| 1892, février | Parrain du fils d'Antoine Thomas |
| 1892, 30 août | Naissance de sa fille Marguerite (dite Griette) |
| 1892, 15 novembre | Vice-président de l'Association des professeurs du Collège de France |

8 Stockholm, Imprimerie centrale, 1889.

9 Paris, E. Bouillon, 1891.

| | |
|---|---|
| 1893, 23 mars | Deuxième candidature à l'AF |
| 1893, 14 août | Naissance d'une seconde fille morte après quelques heures |
| 1894 | Membre du Conseil d'administration de la Société de la *Revue d'histoire littéraire de la France* |
| 1895 | Président de la Société de la *Revue d'histoire littéraire de la France* |
| 1895, 22 mai | Administrateur du Collège de France, en remplacement de Gaston Boissier |
| 1895, 12 juin | Président honoraire de la IV^e^ section de l'EPHE |
| 1895, 31 octobre | Commandeur de la Légion d'honneur |
| 1896 | Membre d'honneur de l'Académie des sciences, arts et belles-lettres d'Aix |
| 1896, 27 mai | Election à l'AF |
| 1896, juillet | Mort de sa sœur aînée |
| 1896, septembre | Mariage de sa belle-fille Lily avec Paul Desjardins |
| 1897, été | Séjour en Italie |
| 1897, 27 octobre | Membre d'honneur de la Ligue pour prévenir les drames de la misère |
| 1898, 8 février | Membre de l'« Accademia della Crusca » |
| 1898 | Pour la deuxième fois président de la Société des anciens élèves de l'Ecole des Chartes |
| 1898, 23 mai | Réélu administrateur du Collège de France |
| 1898, septembre | A Ploujean, en Bretagne |
| 1900, mars | A Berlin, pour la fête de l'Académie |
| 1901, Pâques | A Roncevaux |
| 1901, 22 mai | Réélu administrateur du Collège de France |
| 1902, fin mars-avril | Séjour en Italie |
| 1902, automne | Ordre pour le mérite prussien |
| 1902, 6 décembre | Président honoraire de la section d'histoire et de philologie du Comité des travaux historiques et scientifiques |
| 1902, Noël | Anthrax, opération |
| 1903, janvier-février | Erysipèle |
| 1903, fin février | Départ pour Cannes |
| 1903, 5 mars | Mort à Cannes |

## IV. **Article biographique anonyme sur Paulin Paris (1865)**[10]

Paris (Alexis-Paulin), né à Avenay (Marne), le 25 mars 1800.

D'une famille honorable, originaire du Blanc et de Latillé (Berry et Poitou), établie depuis deux siècles, d'abord en Picardie puis en Champagne.

---

[10] B.N., nouv.acq.fr. 22865, ff. 77-78. – Je renonce à donner des indications biographiques pour les nombreux noms mentionnés dans ce document ; tous ces noms – outre le fait qu'une bonne partie d'entre eux est suffisamment spécifiée dans le document même – sont bien connus et le lecteur intéressé trouvera facilement des informations plus détaillées dans les sources signalées dans l'Introduction.

Il commença ses études à Pierry, chez un ancien et savant bénédictin, dom Manuel, prieur d'Hautvillers, et les termina, en 1818, au lycée de Reims.

Après avoir habité deux ans à Epernay, chez son frère aîné, il vint à Paris pour y suivre les cours de droit commercial et prendre rang parmi les élèves vice-consuls. Mais, plus assidu dans les bibliothèques publiques que sur les bancs de l'Ecole de droit, il céda bientôt à son goût naturel pour la critique littéraire et les recherches historiques. Dès lors, il entreprit plusieurs ouvrages, dont il jeta successivement au feu les premières pages; il fit cependant imprimer, en 1824, une brochure dont on parla quelques jours, où, sous le titre d'*Apologie de l'Ecole romantique*, il contestait le génie et même la valeur de tous les classiques et de tous les romantiques de ce temps-là.

En 1826, il se maria à l'une de ses parentes, M^lle^ Pauline Rougé, qui lui apporta pour dot une rare beauté, l'esprit, le jugement, l'ordre, la raison, en un mot toutes les qualités de la femme du monde et de la véritable mère de famille. Cette personne, si distinguée, a cessé de vivre le 2 mars 1865. M. Paulin Paris avait perdu son père peu de temps avant son mariage, et le patrimoine de la famille, divisé entre six enfants, ne lui permettait pas d'aspirer à l'indépendance si nécessaire aux gens de lettres.

Grâce à l'intérêt affectueux que lui portait M. Auger, ancien ami de son père et devenu secrétaire perpétuel de l'Académie française, il fut nommé secrétaire de la commission d'examen des ouvrages présentés à l'Opéra. Cette commission, composée d'Auger, Alexandre Duval, Roger, Campenon, Berton, Cherubini, Carafa et Le Sueur, fut supprimée, en 1830, par le nouvel administrateur de l'Opéra, M. Véron.

M. Paulin Paris avait été, en 1828, présenté par M. Auger aux conservateurs de la Bibliothèque royale, Dacier, Abel Rémusat, Jomard et Van-Praet; déjà connu par une traduction du *Don Juan* de lord Byron, il entra comme auxiliaire dans le département des manuscrits, à la place que venait de quitter volontairement, en sa faveur, son ami M. Floquet, de Rouen, l'excellent historien de Bossuet et du parlement de Normandie. Il publia dans *l'Universel*, durant les deux années de l'existence de ce journal, plusieurs articles d'une critique généralement assez vive. Tant qu'il se contenta d'être littéraire, *l'Universel* était dirigé par Abel Remusat et Saint-Martin; il comptait parmi ses rédacteurs les Génin, les Nettement, les Raoul Rochette, les Eyriès et les Burnouf. Mais ce journal ne caressait aucune des opinions alors dominantes, et celles-ci, victorieuses en juillet 1830, ne lui permirent pas de vivre après que l'émeute eut brisé ses presses. On voit ensuite M. Paulin Paris attaché à la rédaction littéraire de *la Quotidienne*, puis aux feuilletons du *Temps*, dirigé par Coste. C'est dans *le Temps* qu'il soutint une lutte vive et rude contre MM. Quinet et Michelet, à l'occasion d'une centaine d'épopées celtiques que le premier prétendait avoir découvertes dans la poudre de la Bibliothèque royale, et dont le second ne mettait pas en doute l'existence réelle[11].

A partir de là, M. Paulin Paris parut se vouer exclusivement à l'étude des monuments de l'histoire et de la littérature du moyen âge. Il donna, en 1831[12], le premier volume de la collection des *Romans des Douze Pairs*, titre assez inexact, auquel il eût fallu substituer celui de *Chansons de geste*; mais alors le mot n'était pas encore

[11] Voir, pour une première orientation, P. Paris 1831.

[12] En réalité: 1832.

prononcé, et c'est M. Paulin Paris qui, le premier, dans la *Lettre à M. de Monmerqué*, le définit et le fit admettre en France[13]. Dans cette lettre, placée en tête de la *Berte aus grans piés*, l'auteur avançait également le premier que la fameuse chanson de Roland n'était pas perdue, qu'elle existait dans un grand nombre de manuscrits, et que c'était une *Chanson de geste*. Il importe peut-être de tenir compte de ces origines de la critique française, appliquée aux œuvres du moyen âge. Le roman ou plutôt la *Chanson de Berte aus grans piés* fut suivie de *Garin le Loherain*, composition bien plus ancienne et autrement remarquable. La préface du deuxième volume de cette édition offre une réfutation amère et violente du système de critique professé dans une chaire de la Sorbonne et dans la *Revue des Deux Mondes*, par Fauriel[14]. M. Paulin Paris donna encore à la collection des *Douze Pairs*, mais seulement en 1848, au moment d'une nouvelle révolution complément de la précédente, la *Chanson d'Antioche*, en deux volumes. C'est assurément le meilleur travail qu'il ait fait dans cet ordre de publications. De 1830 à 1848, il avait encore publié : 1° *le Romancero françois*, histoire de quelques anciens trouvères et de leurs meilleures chansons ; Paris, Techener, 1833 ; 2° les *Grandes Chroniques de Saint-Denis*, en 6 volumes in-12°, accompagnées de deux dissertations historiques sur les auteurs de ces chroniques ; Techener, 1836-1840 ; 3° le *Livre de Villehardouin de la conquête de Constantinople*, in-8°, 1838, Renouard ; 4° les *Manuscrits français de la Bibliothèque du roi*, leur histoire et celle des autres textes italiens, espagnols, flamands, allemands, anglais, de la même collection, 1836-1848. Le septième volume de cet ouvrage, le plus important des travaux de l'auteur, parut en même temps que le second volume de la *Chanson d'Antioche*, c'est-à-dire le jour même de la révolution de février. Très-faiblement encouragé d'un côté par le gouvernement, de l'autre par l'administration de la Bibliothèque royale – nationale – impériale, l'impression n'en a pas été continuée, et l'on peut dire que toutes les grandes bibliothèques de l'Europe ne cessent de le regretter. On doit encore à M. Paris une édition entièrement nouvelle, accompagnée de longs et curieux commentaires, des *Historiettes de Tallemant des Réaux*, 9 vol. in-8°, Paris, Techener, 1853 à 1860 ; un essai de réduction en prose moderne du *Garin le Loherain*, Paris, Hetzel, 1863, et *les Avantures de maître Renart et de son compère Isengrin*, Paris, Techener, 1862, in-18°.

Devenu progressivement, d'auxiliaire dans la Bibliothèque royale, employé, premier employé, puis conservateur adjoint au département des manuscrits, M. Paris n'avait pas encore obtenu cette dernière position quand, en 1837, il fut élu membre de l'Académie des inscriptions et belles-lettres, à la place que la mort de l'illustre Raynouard venait de laisser vacante. L'année suivante, il fut nommé membre de la commission de l'*Histoire littéraire de la France*, commencée par les Bénédictins et continuée sous les auspices de l'Académie des inscriptions. Il a concouru à ce titre à la rédaction des cinq derniers volumes de ce grand ouvrage. Il a donné plusieurs dissertations au recueil des Mémoires de la compagnie ; enfin il a soutenu d'assez nombreuses et toujours vives polémiques sur plusieurs points de critique littéraire : avec M. Naudet, alors directeur de la Bibliothèque royale, *sur la nécessité de*

[13] Voir P. Paris 1832. – Rappelons ici que c'est en réalité Roquefort qui a été le premier à introduire le terme de chanson de geste (voir Partie IV, n. 2).

[14] Voir P. Paris 1833 et Raynouard 1833.

*commencer, continuer et achever le catalogue général de la Bibliothèque royale*; avec M. B. Guérard, à l'occasion de la candidature de ce dernier à une chaire du Collège de France; avec M. Letronne, à propos de la découverte du cœur de saint Louis sous le sanctuaire de la Sainte-Chapelle, découverte dont M. Letronne contestait l'attribution.

En 1861, il lut à l'Académie de Reims, dont il est membre, une dissertation piquante sur la *Particule nobiliaire*, imprimée dans le recueil de cette compagnie.

Il était, depuis 1846, membre du conseil de perfectionnement de l'*Ecole des chartes* quand, en 1852, une chaire fut créée au Collège de France pour la langue et la littérature du moyen âge; M. Paulin Paris fut appelé à l'honneur de la remplir par le président de la république, aujourd'hui Napoléon III. Comme professeur, il parle moins correctement qu'il n'écrit; il développe mal ce qu'il semble avoir bien étudié; il se trouble facilement; néanmoins, il réunit d'ordinaire un auditoire assez nombreux et très-bienveillant.

Ajoutons qu'il appartient à la *Société des Bibliophiles français*, et qu'à titre de curieux amateur de livres et de possesseur d'une importante bibliothèque, il a donné de nombreux articles au *Bulletin du Bibliophile* de Techener.

M. Paris est père de quatre enfants: ses trois filles ont été successivement mariées à d'honorables négociants établis à Moscou pour un temps limité; son fils, M. Gaston Paris, élève de l'Ecole des chartes et licencié en droit, est sur le point de soutenir, pour le titre de docteur ès-lettres, une *Thèse sur les sources de l'histoire fabuleuse de Charlemagne*. Il s'est déjà fait avantageusement connaître par une étude approfondie sur *le Rôle de l'accent latin dans la formation de la langue française* et par un certain nombre d'articles de philologie et de critique littéraire, publiés dans les revues allemandes et dans la *Revue de l'Instruction publique*.

## V. Lettre de Paulin Paris à Ferdinand Wolf (11 septembre 1856)

Moscou, 11 septembre 1856[15]

Monsieur et honorable ami,

Vous serez assez surpris, j'en suis sûr, de recevoir une lettre de moi datée de Moscou; mais vous le serez aussi d'apprendre que je vis dans l'espérance de passer bientôt quelques jours à Vienne et de vous y serrer la main. Je vous avais donné de mes nouvelles, il y a trois mois environ, par l'occasion de M. Piquart[16], un de mes amis qui se proposait de séjourner quelque temps à Vienne: je ne vous y disais rien et pour cause du voyage que j'ai réalisé. Je n'y pensais pas alors. Mais l'occasion s'est présentée. Je vous parlais, dans la lettre que M. Piquart vous a dû remettre[17], d'abord, de la joie que j'avais éprouvée en voyant que nous avions eu la majorité dans l'académie, quand votre candidature s'est prononcée; vous avez facilement cru à notre satisfaction, si bien partagée par l'excellent Edelstand Du Méril, qui aurait

[15] HAB, Cod. Guelf. 504.4 Novi, Nr. 3.69.

[16] Personnage non identifié.

[17] Il s'agit d'une lettre du 6 mai 1856, conservée à la HAB, Cod. Guelf. 504.4 Novi, Nr. 3.68.

dû pouvoir contribuer à votre élection, s'il y avait de la justice sur la terre[18]. Je vous parlais aussi du grand projet de publication du Corps des poètes du moyen âge, entreprise par notre ministre de l'Instruction publique, M. Fortoul[19], et je vous exprimais la crainte de voir échouer ce beau projet, par l'effet[20] des moyens d'exécution qu'on paraissait préférer. En même temps que l'on travaillait aux préliminaires de cette grande entreprise, on sentait le besoin de faire de nouvelles recherches dans toutes les grandes collections publiques et particulières de l'Europe. Je demandai une mission littéraire en Allemagne et en Russie, pour deux ou trois raisons distinctes ; je me portais mal, et j'avais besoin du *repos* des voyages ; – je désirais vivement aller voir ma seconde fille, mariée depuis un an à Moscou ; – je me faisais une joie de repasser par Vienne, à cause de vous ; enfin, je pensais trouver en Allemagne et même dans les collections manuscrites de Saint Petersbourg et de Moscou, des textes nouveaux ou meilleurs sous quelques rapports que ceux des Bibliothèques de France. Le ministre, qui était décidé à ne pas suivre le plan de publication que je lui avais soumis, ne demanda pas mieux de me donner la clef des champs, comme nous disons ici ; il fut décidé que je commencerais par la Russie et que je partirais sur le bateau qui conduirait une partie du matériel et du personnel de l'ambassade extraordinaire de M. de Morny[21]. Mais quelques jours avant le moment fixé pour le départ, M. Fortoul s'avisa de mourir, et l'on ne m'a pas envoyé les instructions qui devaient me servir dans mon voyage pour avoir un meilleur accueil de tous nos confrères en bibliothèque. Cela ne m'a pas empêché de partir ; je suis accrédité sans l'être ; je puis dire que j'ai une mission du gouvernement français et je ne devrai en donner les preuves. Une autre raison personnelle aussi forte pour le moins que les précédentes a décidé mon voyage ; je devrais être rejoint à Moscou par ma femme et par mon fils, à l'époque du couronnement ; et j'avais en pensée de revenir avec mon fils par Varsovie, Breslau, Vienne, Berlin, et de prendre vos bons avis et vos judicieux conseils relativement à ce garçon de dix-sept ans, qui vient d'achever avec assez d'éclat ses études universitaires en France, et que je voudrais laisser en Allemagne une ou deux années, pour qu'il y pût compléter ses études et son éducation. Il ne sait pas un mot d'allemand, il l'apprendrait : et comme mes représentations ne l'empêchent pas de désirer suivre la carrière des lettres et de l'érudition, comme il a d'ailleurs peu de goût soit pour les sciences exactes, soit pour les beaux-arts ; comme ses principales dispositions me semblent porter sur les études grammaticales et philologiques, je le verrais avec plaisir, dans une ville et à la portée d'une université où l'étude du sanscrit serait cultivée. Qui mieux que vous, Monsieur et ami, pouvez me donner de sages conseils et une bonne direction ? Quand nous avons eu le plaisir de voir votre cher fils à Paris, je lui ai déjà touché quelque chose de ces projets, de ces espérances pour mon enfant, et peut-être vous en aura-t-il parlé. Veuillez donc avoir la bonté de me répondre un mot sur ce point, et d'excuser une importunité que la

---

[18] Ferdinand Wolf a été élu membre correspondant de l'AIBL en 1855.

[19] Il s'agit des *Anciens poëtes de la France*.

[20] *effet* : leçon incertaine.

[21] Duc Charles de Morny (1811-1865), fils naturel du général de Flahaut et de la reine Hortense, et donc frère utérin du futur Napoléon III ; membre du Corps législatif de 1852 à sa mort ; nommé ambassadeur à Saint-Pétersbourg (1856-1857).

paternité justifiera d'ailleurs à vos yeux. Mais ce n'est pas tout que le choix d'une bonne université: mon fils est d'un bon naturel, je le crois; mais il a de grands défauts: il est un peu ce que nous appelons étourneau, c'est-à-dire, distrait, sans ordre, incapable pour ainsi dire de se conduire seul; je ne voudrais donc pas l'abandonner tout à fait à lui-même, comme vous avez pu le faire, sans doute, avec M. votre fils. Je m'imagine que l'on pourrait trouver une bonne maison bourgeoise, soit de *ministre*, soit de père de famille, où il trouverait *victus, potus et lectus*: une maison dans laquelle on prendrait soin de son linge, de ses habits, où l'on se chargerait de lui donner chaque mois sa petite pension, ou son argent de poche. Serez-vous bon, cher Monsieur, pour me dire, si mes vœux pourront aisément se réaliser; si je fais bien de penser à laisser mon fils dans votre bonne et studieuse Allemagne, enfin si je peux à la fois trouver pour lui maison honnête et presque paternelle, moyens d'études et d'occupations sérieuses? Après tout, la faculté de suivre les cours de sanscrit, n'est qu'un objet très secondaire pour moi. L'important, c'est que vous m'approuviez dans mon projet de laisser mon fils en Allemagne pour une ou deux années et c'est sur ce point que j'ai d'abord et principalement besoin de votre jugement.

Nous venons de voir ici de très belles fêtes; l'entrée de l'Empereur[22] et le couronnement. Tout ce qu'on peut imaginer de plus beau, de plus grandiose s'est réalisé dans cette dernière cérémonie. J'en ai fait une courte relation que j'ai envoyée à un de mes amis de Paris[23] et qui sera je pense insérée dans quelque journal[24]; mais j'en garderai un bien long souvenir quoiqu'il arrive. J'ai trouvé en passant à Copenhague quelques beaux manuscrits; je n'ai fait que *brûler* saint Petersbourg et je reviendrai pour les grandes collections de l'Hermitage. En tout cas je suis encore ici pour trois semaines, et si vous avez besoin de mes services, il va sans dire, mon cher collègue, confrère et ami, que je suis entièrement à votre disposition, comme je vous supplie d'être assuré de tous mes sentiments de cordiale affection et d'entier dévouement. Mes compliments à votre aimable fils.

P. Paris

## VI. Lettre de Georg Steffens au *Gaulois* (17 mars 1903)

«Monsieur le directeur,

M. Paul Meyer, directeur de l'Ecole des Chartes, dans une réponse qu'a publiée le *Petit Temps* du dimanche a déjà rectifié l'assertion du *Gaulois*, affirmant qu'il y avait eu aux obsèques de Gaston Paris un 'petit scandale chez les romanistes'.

Voici ce que je crois devoir ajouter à la lettre de M. Meyer:

1° Il est absolument impossible que j'aie voulu répondre au discours de M. Meyer puisque le mien était préparé à l'avance. La copie en avait été remise au *Journal des Débats* dès le matin même du jour de la cérémonie.

---

22 Alexandre II Nikolaïevitch (1818-1881).

23 *Paris*: leçon incertaine.

24 Cet article a-t-il paru? Je ne saurais le dire.

2° Je ne suis pas en français un improvisateur assez habile pour avoir eu la pensée de répondre *ex abrupto* aux paroles de M. Meyer, dans lesquelles il n'y avait du reste à relever aucune inexactitude.
3° J'aurais cru commettre un manque de tact très grave – pour ne pas dire plus – en engageant une polémique de cette sorte devant le cercueil de mon vénéré maître.
4° Je constate enfin, que je n'ai pas encore pensé à faire mes visites d'adieux et que, dans *toutes* les visites que j'ai eu l'occasion de faire, j'ai été l'objet de l'accueil le plus empressé et le plus cordial.

Veuillez agréer, monsieur le directeur, l'expression de mes sentiments les plus distingués

Georg Steffens, docteur en philosophie, chargé de cours à l'Université de Bonn».

## VII. **Lettre de Gaston Paris à Ernst Curtius (26 décembre 1860)**

Paris, ce 26 décembre 1860[25]

Monsieur,

Vous avez dû avoir une mauvaise idée du souvenir que j'avais gardé de votre hospitalité si aimable et si douce, par le temps que j'ai mis à vous remercier de l'envoi de votre beau Discours[26]; mais vous me connaissez assez pour attribuer plutôt à la négligence qu'à l'ingratitude et à l'oubli un silence qui s'est beaucoup trop prolongé, mais que je romps avec plaisir. En lisant cette *Festrede*, je me suis cru encore au temps de mon séjour à Göttingen; il m'a semblé que je revoyais la grande salle de l'Université, les professeurs, l'assemblée, et surtout l'orateur qui seul en Allemagne, de ceux du moins que j'ai entendus, me rappelait cette recherche de la forme et cette éloquence facile que nous aimons tant en France et à laquelle nous sacrifions peut-être trop. Ce souvenir d'un temps où j'étais éloigné de ma patrie, de ma famille, de tous ceux que j'aime, a cependant pour mon imagination un charme particulier qui fait qu'elle aime souvent à se le retracer; je ne saurais à quoi attribuer ce sentiment qui est presque un regret, si je ne me souvenais de cette famille Curtius où j'ai trouvé tout ce qui peut faire aimer un séjour, la bonté et l'affection du cœur unie à l'élévation et à l'attrait de l'esprit. Pardonnez-moi, Monsieur, de vous exprimer ainsi des sentiments que je dois supposer vous être connus; j'ai à cœur que vous ne pensiez pas que les Français sont aussi oublieux que vous leur reprochez d'être légers, et je serais désolé si vous mettiez ce qui vient de la reconnaissance la plus sincère sur le compte de cette politesse dont on nous loue tant pour nous refuser des qualités plus sérieuses. Je serais bien heureux si je pouvais vous répéter ce que je viens de vous écrire à vous-même in *propriâ personâ*, et cependant, depuis deux ans et demi que j'ai quitté l'Allemagne, je ne vois point que vous teniez cette ancienne promesse, si solennellement faite et si volontiers reçue, de venir à Paris. J'en accuse

[25] B.N., n.acq.fr. 24464, ff. 7-8.

[26] Il s'agit bien probablement de la «Festrede» intitulée *Die Bedingungen eines glücklichen Staatslebens*, Göttingen, 1860.

surtout Madame Curtius, qui a peur sans doute d'être obligée d'avouer que Paris est tolérable comme séjour et assez beau comme ville ; ma mère serait cependant bien contente de pouvoir la remercier de l'amitié qu'elle a bien voulu me témoigner et de l'aider à ne pas trop s'ennuyer dans notre capitale.

Mon père, qui ne désire pas moins vivement que moi vous voir sur les bords de la Seine, me charge de vous dire que dans la dernière séance de l'Académie des Inscriptions et Belles-Lettres il vous avait désigné au choix de ses collègues pour une place de correspondant vacante par une de ces nombreuses morts que nous avons à reprocher à l'année 1860 ; plusieurs autres membres, entre autres MM. Guigniaut et Maury[27], ont vivement appuyé cette proposition, et si vous n'avez pas à l'élection, qui se fera sans doute cette semaine ou la suivante, la majorité des suffrages, vous en aurez du moins réuni un nombre important qui vous assurera la première place libre. J'espère que vous ne seriez pas indifférent à une distinction si méritée sans doute, mais enfin qui n'est pas aisée à obtenir[28].

Peut-être désirez-vous savoir, Monsieur, de quoi je m'occupe en ce moment ; je suis encore au milieu des examens et des études préparatoires qui sont indispensables. Me voici dans ma troisième année de l'Ecole des Chartes, et dans un an j'en serai sorti. Je n'aurai plus alors à m'occuper que de mon doctorat ès lettres, qui n'est guère avancé, puisque je n'ai encore de sujet bien déterminé ni pour ma thèse latine, ni pour ma thèse française. Je crois cependant que je choisirai pour la première un sujet qui me rapprochera plus de vos travaux que mes études ordinaires ; ce serait un travail d'ensemble sur les premiers historiens ou logographes grecs, et principalement sur ceux qui ont écrit des *ktiseis poleôn*[29], en même temps que sur les héros *ktistai*[30] auxquels ont été attribués les origines de presque toutes les cités. Mais d'ici à ce que je puisse m'occuper de cette étude, j'ai d'autres occupations plus pressantes, entre autres un travail qui pourra devenir un livre, sur un sujet de prix proposé par l'Académie française, l'histoire du roman en France depuis l'Astrée jusqu'à René, c'est-à-dire aux derniers siècles. J'ai aussi à faire une thèse pour l'Ecole des Chartes et je la ferai sans doute sur nos anciens poèmes épiques ou chansons de geste.

Voilà, Monsieur, quelles sont mes études pour le moment ; peut-être vous intéressez-vous encore assez à un ancien élève pour être bien aise de les connaître. J'espère que vous n'êtes pas endormi sur le succès si légitime de votre belle histoire grecque[31] et que vous allez bientôt donner quelque ouvrage nouveau. Je serai bien sûr des premiers à le lire, persuadé d'avance que j'y trouverai le fonds le plus intéressant revêtu d'un style excellent.

Je ne veux pas retenir plus longtemps votre attention, Monsieur ; il me suffit de me rappeler à votre bon souvenir. Permettez-moi, au moment où l'année va s'ouvrir,

---

27 Alfred Maury (né en 1817), historien ; il remplacera Guigniaut comme professeur d'histoire et de morale au Collège de France ; auteur, entre autres, de *Fées au moyen âge* (1855) et de *Forêts de la Gaule et de l'ancienne France* (1867).

28 Ernst Curtius ne semble jamais avoir été élu membre correspondant de l'AIBL.

29 En lettres grecques.

30 En lettres grecques.

31 Ce n'est que le premier tome de la *Griechische Geschichte* (*Bis zur Schlacht bei Lade*), qui avait paru jusque-là.

de vous offrir, ainsi qu'à Madame Curtius, dont les bontés et la conversation sont toujours présentes à ma mémoire, mes souhaits les plus sincères pour votre bonheur pendant l'année 1861. Si venir à Paris est une chose que vous désiriez, vous souhaiter l'accomplissement de vos vœux, c'est demander égoïstement ce qui me fait plaisir à moi-même. Si vos deux charmants petits enfants ne m'ont pas tout-à-fait oublié, je les embrasse de tout cœur. Croyez, Monsieur, je vous prie, à mes sentiments d'affections et de respect.

Votre tout dévoué serviteur
Gaston Paris
10 Place royale

## VIII. **Les cours au quai Malaquais n° 3 (1861)**[32]

«[p. 1] L'entreprise que nous avons conçue l'an dernier était peut-être hardie: faire pénétrer les femmes dans un sanctuaire, en dehors duquel on les avait jusqu'à présent forcées à vivre, leur faire lire le nom du Créateur dans le livre mystérieux de la création, voilà le plan que nous nous étions tracé.
Pour l'exécuter nous avions surtout besoin du concours bienveillant de ce monde d'élite auquel nous nous adressions. Aujourd'hui, nous sommes heureux et fier de pouvoir le dire, ce concours ne nous a pas fait défaut. Notre humble parole a trouvé un public attentif et sympathique, et une fois de plus a été constaté ce fait qu'on a, en vain, voulu nier: c'est que l'esprit des femmes n'est rebelle à aucun enseignement, inaccessible à aucune vérité.
Fort de ce premier succès, nous avons songé à compléter l'œuvre commencée: l'éducation qu'on donne aux femmes les laisse, en général, presque aussi étrangères à la littérature et aux arts qu'aux sciences. Un cours d'histoire littéraire et un cours d'histoire des beaux-arts se joindront, cette année, aux cours d'astronomie et de physique.
[p. 2] M. G. Paris étudiera notre littérature nationale; M. A. Durande prendra l'histoire de la peinture à son origine et la poursuivra jusqu'à nos jours.
Nous osons demander à l'auditoire qui a bien voulu déjà suivre nos leçons avec intérêt, de nous encourager encore par sa présence dans l'œuvre que nous nous proposons de continuer et que nous espérons mener heureusement à bout.
Nous osons compter sur toutes les sympathies des femmes du monde, qui veulent arriver par l'instruction à fortifier et à agrandir leur esprit, que de tant de côtés on cherche à affaiblir et à étouffer.
Ce qui nous donne de la confiance dans le succès de nos cours, c'est la croyance généralement répandue que, non-seulement les lettres, les arts et les sciences sont au nombre des occupations les plus agréables, mais encore que la religion, la vertu et l'élévation morale ne sauraient avoir de bases plus larges et plus inébranlables que la vraie instruction et la vraie lumière».

---

[32] E.P., Fonds Gaston Paris, E/XIV/148.

Programme du Cours de Littérature dispensé par Gaston Paris :

« [p. 5] Ce Cours aura lieu le vendredi, de 2 heures à 3 heures 1/4.
Histoire de la littérature française du moyen âge
1[è]re Leçon. – Préliminaires. – Origines, formation et phases successives de la langue.
2e Leçon. – Anciennes traditions épiques.
3e Leçon. – Les épopées Carlovingiennes. – La chanson de Roncevaux.
4e Leçon. – Les romans du Cycle d'Artus. – Les romans d'aventures.
5e Leçon. – Les poèmes inspirés de l'antiquité. – Les poèmes historiques. – Les romans des Croisades. – Les vies des saints.
[p. 6] 6e Leçon. – Les fabliaux. – Les légendes. – Les fables.
7e Leçon. – Le roman de Renart.
8e Leçon. – La poésie lyrique avant et depuis l'influence des troubadours.
9e Leçon. – La théologie. – La scholastique. – Les sciences.
10e Leçon. – Le Roman de la Rose.
11e Leçon. – Origines du théâtre. – Les mystères.
12e Leçon. – L'histoire : Villehardouin, Joinville, Froissart.
13e Leçon. – Progrès de la prose au XVe siècle : Comines, Antoine de la Sale.
14e Leçon. – Influence du Roman de la Rose sur la poésie. – Eustache Deschamps, Alain Chartier, Charles d'Orléans.
15e Leçon. – La poésie populaire et satirique au XVe siècle. Farces, soties et moralités : Patelin.
15e [sic] Leçon. – Guillaume Coquillard. François Villon.
17e Leçon. – Approche de la Renaissance. – Fin du moyen-âge ».

## IX. A propos de la traduction de la *Grammatik der Romanischen Sprachen* de Diez

En même temps que Gaston Paris, le bibliothécaire belge August Scheler[33] avait également eu l'idée de traduire la *Grammatik der Romanischen Sprachen* de

[33] August Scheler (1819-1890), né à Ebnat (Saint-Gall) en Suisse, fils d'un pasteur allemand et d'une nièce de Pestalozzi, Susette Schulthess. En 1825, il suit son père à Lausanne, en 1830 en Allemagne, puis à Bruxelles. Il étudie la théologie à Erlangen et la philologie classique à Bonn. En 1839, il est reçu docteur en philosophie auprès de l'université d'Erlangen. La même année, il est appelé par le roi des Belges comme bibliothécaire adjoint et professeur des princes. En 1853, son titre est converti en bibliothécaire. Scheler a préparé un certain nombre d'éditions de textes médiévaux et de glossaires et a publié un *Dictionnaire d'étymologie française* (1862) ; après la mort de Diez, il donne, en 1878, la quatrième édition de *l'Etymologisches Wörterbuch der Romanischen Sprachen*, à laquelle il ajoute un supplément considérable. Les éditions de Scheler ont été moyennement appréciées par les « nouveaux philologues » français. Meyer écrit dans sa nécrologie : « Scheler s'était approprié plutôt les résultats que la méthode des linguistes de l'époque actuelle. Sa phonétique est toujours restée un peu arriérée, et sa connaissance des diverses phases de l'histoire du français manquait de précision » (*Romania*, XX, 1891, p. 180). Gaston Paris, dans un compte rendu de l'édition des œuvres d'Adenet le Roi par Scheler, juge le travail éditorial de celui-ci comme suit : « On peut cependant reprocher aux publications de M. Scheler de ne pas répondre encore absolument aux rigoureuses exigences de la critique, tant en ce qui touche les leçons qu'en ce qui concerne la méthode suivie pour l'impression. Pour

Diez. Le 10 mai 1862, il avait informé ce dernier de son projet[34], qu'il voulait réaliser avec l'éditeur Didot, et le maître de Bonn lui avait, de toute évidence, donné son autorisation :

> «Diez scheint, da ja Paris die Absicht, das ganze Werk zu übertragen, nie geäussert hatte, seine Zustimmung gegeben und Scheler daraufhin eine vorläufige Anzeige seines Unternehmens veröffentlicht zu haben» (Tobler 1912b, p. 453).

Le fait que l'auteur de la *Grammatik* avait bel et bien donné son autorisation à Scheler se voit confirmé par une lettre que celui-ci envoie à Diez le 29 octobre 1863, et dans laquelle il cite la missive en question (voir ci-dessous).

Dans une lettre du 8 septembre 1862 à Diez, Gaston Paris évoque le prospectus que Scheler avait fait publier entre-temps pour promouvoir sa traduction de la *Grammatik*:

> «La traduction de votre *Introduction* s'imprime rapidement et sera sans doute publiée le mois prochain. L'annonce de la publication de M. Scheler ne m'a pas découragé, parce que j'aurai d'abord l'avantage de le prévenir, et ensuite parce que l'*Introduction*, plus générale et plus restreinte, trouvera sans doute un public plus considérable» (lettre citée dans *ibid.*, p. 451).

Au cours des mois qui suivent, Scheler et Gaston Paris ont dû se mettre d'accord pour travailler ensemble et pour publier la traduction chez Herold, le propriétaire de la maison d'édition A. Franck à Paris et Leipzig, le même éditeur, donc, qui avait déjà publié la traduction de l'*Einführung* effectuée par Gaston Paris. Ce dernier écrit à Diez en été 1863 :

> «Mais pour parler de choses qui vous intéressent plus directement, vous avez sans doute appris que la grande affaire de la traduction de la *Grammaire* est décidément en bonne voie. Il a été convenu que Scheler enverrait sa traduction ici, que je reverrais les épreuves et à l'occasion que je pourrais changer ou annoter, et que le tout serait imprimé chez Herold, l'aimable et intelligent éditeur de l'*Introduction*. [...] j'espère que notre entreprise réussira bien. Au moins l'*Introduction* se vend-elle et a-t-elle déjà assez bien préparé le terrain.
>
> Je viens de recevoir le prospectus de M. Scheler pour la traduction qu'il préparait à lui seul l'an dernier; il pense qu'on pourrait l'utiliser pour la nouvelle. Je suppose que vous l'avez vu. Pour moi, je crois qu'il vaudrait mieux en faire un autre. D'abord le style de M. Scheler est lourd et un peu embarrassé ; puis il parle de *ses peines et de ses sacrifices* ce qui est d'assez mauvais goût à mon sens et ce que je

---

le premier point, les quatre manuscrits d'*Ogier*, les six manuscrits de *Berte*, n'ont été ni classés ni même complètement collationnés: l'éditeur s'est borné à 'prendre pour base' le manuscrit qui lui a semblé le meilleur et à indiquer les variantes importantes de ceux qu'il a consultés en outre. Cette manière de faire a peu d'inconvénients, on doit le reconnaître, pour les œuvres auxquelles M. Sch[eler] l'a appliquée: les manuscrits d'Adenet sont à peu près de son temps, ils n'offrent que bien peu de différences, et l'éditeur a su presque toujours s'aider des variantes de manière à fournir au lecteur la bonne leçon. Ainsi n'est-ce que pour le principe que je présente cette observation, convaincu que M. Scheler, dans des circonstances différentes, s'astreindrait à la rigueur des procédés seuls vraiment scientifiques» (397, 1876, pp. 115-116). – G. Roques 1991, p. 266 est moins sévère au sujet de Scheler.

34 Cette lettre est publiée dans Tobler 1912b, pp. 452-453.

ne voudrais pas prendre pour moi. Il y a beaucoup de petites observations de ce genre qui me feraient rejeter ce prospectus. En outre, il intitule votre livre*: Exposé de la Formation et de la Grammaire des Langues Romanes.* Je crois qu'il vaut mieux mettre simplement*: Grammaire* (ou *Gr[ammaire] comparée*?) *des Langues Romanes.* Je serais content de savoir quel est le titre qui vous conviendrait le mieux» (lettre citée dans *ibid.*, p. 456).

C'est à ce moment pourtant que surgissent des difficultés juridiques concernant les droits de traduction. Diez répond ainsi à Gaston Paris le 6 août 1863:

> «Buchhändler Weber protestiert gegen meine Teilnahme an der französischen Ausgabe der *Grammatik* und man kann ihm dies nicht übel nehmen, aber dieser Protest ist überflüssig. Was den Prospectus von Hrn. Scheler betrifft, so bin ich in allen Punkten Ihrer Meinung. Der passendste Titel scheint auch mir *Grammaire des langues rom[anes].* Vielleicht aber ist *Gr[ammaire] Comparée etc.* mehr nach französischem Geschmack. Die Stelle: 'avec le concours de l'auteur' muss ich bitten zu unterdrücken sowohl mit Rücksicht auf meinen Verleger wie auch auf das richtige Sachverhältnis. Ebenso die Worte 'avec l'assentiment de l'éditeur'; ich glaube wenigstens nicht, dass dies stattgefunden hat» (lettre citée dans *ibid.*, p. 458).

Dans une lettre à Diez du 3 octobre 1863, Scheler se montre très étonné de cette nouvelle situation:

> «Dass es mir gelungen ist, die Francksche Buchhandlung in Paris dazu zu bewegen, meine Uebersetzung Ihrer Romanischen Grammatik in Verlag zu nehmen, ist Ihnen vielleicht durch H[errn] Gaston Paris, der sich mehr oder weniger an meiner Arbeit beteiligen wird, bekannt geworden. Der Druck des Werkes sollte eben beginnen, als ich von meinem Verleger benachrichtigt wurde, dass der Ihrige, H[err] Weber, Einsprache gegen das Erscheinen der Uebersetzung bei ihm eingelegt habe.
>
> Sofort schrieb ich H[errn] Weber, dass ich nicht nur, bereits im Mai 1862, von Ihnen als Verfasser zur Ausführung meines Vorhabens ermächtigt worden sei, sondern dass Sie mir in demselben Briefe auch die Erlaubnis des Verlegers notifiziert hätten.
>
> In seiner Antwort bestätigte H[err] W[eber] ganz einfach seinen Protest und nahm von jenem erwähnten Briefe gänzlich Umgang. Auf die umgehend am 10. Sept[ember] an ihn gerichtete Anfrage, ob er den Inhalt Ihres Briefes vom Mai 1862 anerkenne oder nicht, habe ich bis jetzt keine Antwort. Er ist natürlich in die unangenehme Lage versetzt, entweder sich selbst oder Ihnen ein Dementi zu geben.
>
> Ich hielt es für meine Pflicht, Sie von dieser ebenso unerwarteten als leidigen Ungelegenheit in Kenntnis zu setzen. Vielleicht sind Sie im stande, durch vermittelndes Einschreiten, die Schwierigkeit zu lösen.
>
> Ich kann mir nicht vorstellen, dass H[err] Weber bei vernünftiger Ueberlegung des durch seinen Protest der Anerkennung Ihres Verdienstes, der Belohnung meiner mühsamen Arbeit, seinem eigenen merkantilischen Rufe, und vor allem den Interessen der Wissenschaft erwachsenden Schadens bei seinem Widerstande verharrt.
>
> Vielleicht werden mich bald einige Zeilen von Ihrer Hand hierüber beruhigen» (lettre citée dans *ibid.*, pp. 457-458).

N'ayant pourtant obtenu aucune réponse de Diez, Scheler, le 29 octobre de la même année, envoie une autre lettre à Bonn :

> «Meinen vor etwa drei Wochen an Sie abgesandten Brief, worin ich Ihnen die von H[errn] Weber gegen das Erscheinen der franz[ösischen] Ausgabe Ihrer Grammatik erhobene Einsprache gemeldet, werden Sie bei Ihrer Rückkunft vorgefunden haben.
>
> Es liegt mir nun um so mehr daran Ihre Ansicht über diese leidige Angelegenheit zu kennen, als H[err] Weber mir in seinem Briefe vom 14. Okt[ober] schreibt, er überlasse es Ihnen sich über die Erlaubnis auszusprechen, die Sie mir in Ihrem Schreiben vom 28. Mai 1862, betreffend die Uebersetzung des Werkes, in Ihrem und des Verlegers Namen, erteilt haben. Er beruft sich darauf, dass Sie die Richtigkeit meiner Aussage bezweifelt, als er Ihnen davon gesprochen, und überhaupt sich über das Unternehmen Francks in Paris nicht in sehr befriedigender Weise ausgesprochen hätten.
>
> Bis ich hierüber von Ihnen selbst ins Klare gesetzt werde, erlaube ich mir den betreffenden Passus Ihres Briefes vom Mai 1862 hier beizufügen:
>
> 'Meine Zustimmung also, wegen deren Sie bei mir anzufragen die Güte hatten, haben Sie hiermit. Zum Ueberflusse *habe ich auch die des Verlegers noch eingeholt*. Ich fand Herrn Weber mehrmals nicht, mit welchem Umstand ich die verzögerte Antwort zu erklären und zu entschuldigen bitte'.
>
> Sie sehen, dass ich es nach so bestimmter Genehmigung mir nicht einfallen lassen konnte, von Bonn aus auf Hindernisse zu stossen. Ich bin aus Liebe zur Sache ans Werk gegangen, habe vieles auf die Seite geworfen, um es schnell zu Ende zu führen, und soll nun mit dem Verdachte belohnt werden, mich unrechtmässiger Weise fremden Eigentums haben bemächtigen zu wollen.
>
> Ich hoffe noch immer, dass Ihre Dazwischenkunft die Sache auf gütlichem Wege lösen wird» (lettre citée dans *ibid.*, pp. 461-462).

Si la lettre de Diez que Scheler cite ici contenait vraiment les propos en question – et il n'y a, *a priori*, aucune raison d'en douter –, il s'agit, en effet, d'un curieux trou de mémoire chez Diez !

Entre-temps, Gaston Paris a également été mis au courant. Tout comme Scheler, il se montre très étonné et fait comprendre à Diez, dans une lettre du 31 octobre 1863, que lui aussi, loin de vouloir s'imposer pour cette traduction, a d'autres travaux à faire :

> «Je ne sais si vous êtes au courant des négociations qui sont intervenues depuis quelque temps entre M. Weber, M. Scheler et M. Herold à propos de la traduction de votre *Grammaire des langues romanes*. J'étais absent de Paris, et vous l'étiez de Bonn, pendant que s'échangeaient la plupart des lettres de ces messieurs, depuis la première où M. Weber a notifié à la librairie Franck (Herold) son refus de consentir à la traduction jusqu'à une lettre de M. Scheler à M. Herold qui vient de m'être communiquée et qui me jette dans la plus grande surprise. Je n'ai pas douté jusqu'ici de la bienveillance que vous m'avez toujours témoignée ; j'ai plus d'une lettre de vous où vous m'en donnez les assurances ; je sais, et par votre conversation et par votre correspondance, que vous désirez vivement voir votre livre traduit en français ; et quand je vous ai écrit que je me décidais à m'associer à M. Scheler pour atteindre ce but, vous m'avez répondu, le 9 [probablement le 6] août dernier, que cette nouvelle vous était extrêmement agréable, que vous ne

doutiez pas de l'heureux succès de notre entreprise, et quant à ma traduction de l'*Introduction*, que vous la trouviez très-réussie. Après de pareilles assurances, que votre loyauté et votre caractère me rendaient et me rendent encore parfaitement au-dessus de tout soupçon, jugez de mon étonnement en lisant ce matin dans une lettre de M. Weber à M. Scheler, dont celui-ci reproduit des passages, les phrases suivantes (celui-ci rappelait à M. Weber que dans une lettre de mai vous l'aviez assuré du consentement de ce libraire): 'Nur so viel ist mir gegenwärtig, dass, als ich vor ca. 6 Wochen, vor seiner Abreise, mit ihm (Prof. Diez) in bezug auf Ihre Aeusserung darüber sprach, er doch in Abrede stellte, Ihnen *meine Einwilligung* dazu mitgeteilt zu haben, sich aber über das ganze Unternehmen, wie es sich nun Ihrerseits und seitens des H[err]n Gaston Paris und Franck jetzt herausstellen soll, nicht eben in sehr befriedigender Weise äusserte. Ich habe daraus wenigstens nicht entnehmen können, dass es ihm besonders angenehm sei. – Ob er in seiner Antwort auf ein Schreiben des H[err]n Gaston Paris, das ich ihm entziffern half, dies auch angedeutet hat, weiss ich nicht zu sagen'.

Vous comprendrez assurément que j'invoque en réponse à cette insinuation toute la franchise de votre témoignage; je compte d'autant plus sur une déclaration contraire à l'interprétation de M. Weber que la lettre à laquelle il fait allusion, et dont j'ai rappelé le fond tout-à-l'heure, lui est complètement opposée. J'en ai aussi le plus grand besoin; car je me suis résolu à accepter les propositions qui me sont faites, pour cette traduction, surtout par le désir de vous être agréable en réalisant un vœu que je sais que vous formez depuis longtemps. Sans cette idée et celle de servir la science je n'aurais certainement pas consenti à me charger d'un travail qui sans doute ne me rapportera rien et qui me dérange au milieu d'occupations nombreuses et très-différentes. Aussi n'hésiterais-je pas à en abandonner la pensée si je croyais que M. Weber eût raison, et que vous ne vissiez pas cette entreprise avec plaisir; j'ai donc le plus grand intérêt à savoir ce qui en est. Je désire aussi, si vous donnez raison à mes espérances, que vous fassiez bien nettement part de vos dispositions à M. Weber; il ne pourra plus ainsi nous cacher des refus dont le but pécuniaire me paraît assez clair derrière une prétendue répugnance de votre part. Oserai-je vous demander, Monsieur et cher maître, de me donner sans retard une réponse? Si M. Weber a dit vrai, ne croyez pas que je vous en veuille pour cela; vous aurez sans doute pensé que votre livre gagnerait à attendre un traducteur plus digne, et je sais trop quelle est mon insuffisance pour ne pas comprendre cette manière de voir, qui me surprendrait seulement en ce qu'elle contredirait toutes vos assertions précédentes et m'enlèverait une illusion qui m'était précieuse, celle de votre sympathique approbation pour mes travaux.

Pardonnez-moi, cher Monsieur, d'avoir pu supposer que vous ne m'eussiez pas dit la vérité tout entière; au fond je ne doute pas que Weber n'ait ou mal compris ou mal rendu vos paroles, et je me persuade que vous me regardez toujours comme votre disciple. Veuillez donc m'en donner promptement la bonne assurance; je pense que votre intervention auprès de Weber ne pourrait nous être que d'un très-bon secours» (lettre citée dans *ibid.*, pp. 460-461).

Et Tobler de commenter:

«Ueber dem, was Ursache gewesen war zu diesen beiden Briefen, und was leicht nicht bloss die Fortführung der begonnenen Arbeit hätte in Frage stellen, sondern auch das Einvernehmen zwischen Diez und seinen Uebersetzern gefährden können, liegt einiges Dunkel. Diez scheint insofern nicht ganz ohne Schuld gewesen zu sein, als er, wie sich aus Schelers Brief vom 29. Oktober 1863 ergibt, letzterem im Mai 1862 geschrieben hatte, er habe die Zustimmung des Verlegers eingeholt, während er dieser Zustimmung doch so wenig sicher war, dass er am 6. August 1863 an Paris schrieb: 'ich glaube wenigstens nicht, dass dies (*assentiment*) stattgefunden hat.' Leider fehlen hier Briefe, die gewechselt worden sein müssen: von Scheler liegt mir überhaupt kein weiterer mehr vor; der nächstfolgende von Gaston Paris, vom 22. März 1864, spricht zwar noch von Schikanen des deutschen Verlegers, erwähnt aber nicht mit der leisesten Andeutung des früheren, jetzt offenbar völlig geschwundenen Misstrauens gegenüber dem Meister, und Diezens darauf antwortender Brief vom 23. April 1864 spricht gegen Ende von einem letzten Schreiben, in welchem er Paris auf ein neues französisches Gesetz und die Deutung des darin vorkommenden Ausdruckes *contrefaçon* aufmerksam gemacht habe, und dieser Brief fehlt im Nachlass. Bis auf weiteres wird man glauben müssen, wenn irgendwo man es an der wünschenswerten Geradheit habe fehlen lassen, so sei es beim deutschen Verleger gewesen» (*ibid.*, pp. 462-463).

La lettre mentionnée de Gaston Paris à Diez du 22 mars 1864 est la suivante:

«Mon départ pour Cannes, qui a été tout-à-fait imprévu et subit, et qui coïncidait avec celui de M. Herold pour Alger, a suspendu pour quelque temps l'affaire de la traduction. Mais nous sommes décidés à passer outre et à ne tenir aucun compte des chicanes de M. Weber, qui ne nous semblent aucunement fondées. Avez-vous fait avec lui un traité dans lequel vous lui cédiez votre droit d'autoriser une traduction? Si vous ne l'avez pas fait, il vous reste plein et entier, et votre permission nous suffit pleinement pour être dans notre droit. D'ailleurs, le titre du livre ne contient aucune prohibition de traduction, et dans ce cas-là la loi prussienne, m'a-t-on assuré, ne donne aucun droit à l'éditeur original. Il est impossible qu'un éditeur prussien ait en France un droit qu'il n'a pas dans son pays. Nous sommes donc résolus à imprimer. Dès que je serai de retour à Paris, c'est-à-dire dans trois semaines, nous allons mettre sous presse, et je tâcherai de faire marcher la chose rondement, une fois commencée» (lettre citée dans *ibid.*, pp. 464-465).

Et voici la réponse de Diez du 23 avril 1864:

«Es ist ein schöner Entschluss, dass Sie die Uebersetzung der *Rom[anischen] Gramm[atik]* nicht aufzugeben gedenken. Was Ihre Frage betrifft, so bemerke ich, dass ich Herrn Weber das Recht, eine Uebersetzung zu autorisieren, nicht abgetreten habe. Dieses Recht gehört nämlich in Preussen und ohne Zweifel in ganz Deutschland, dem Verleger, *nicht dem Verfasser*; ich konnte es ihm also nicht cedieren. Der Ausländer aber ist an dieses Recht des deutschen Verlegers nicht gebunden, und wenn er den deutschen Verleger oder Verfasser um ihre Einwilligung ersucht, so ist dies eine blosse Sache der Höflichkeit. Weber gab Herrn Scheler diese Einwilligung, weil er juristisch kein Mittel gegen die Uebersetzung hatte, denn er glaubte, das Buch sollte in Belgien erscheinen. Ob aber ein deutscher Buchhändler eine Uebersetzung *in Frankreich* hindern kann, ist eine andere Frage. Dass der Titel des Originals in diesem Falle das Verbot der Uebersetzung enthalten müsse, ist, so viel ich weiss, nicht nötig. Eine Hinterlegung (*consignation*) von 2 Exemplaren des Originals bei einem der Ministerien zu Paris (ich weiss nicht bei welchem?) ist genügend, und dies hat W[eber] getan. Alles kommt darauf an, was in dem neuen französischen Gesetz unter *contrefaçon* zu verstehen ist. Doch darauf habe ich Sie in meinem letzten Schreiben bereits aufmerksam gemacht; ich wünschte auch, dass Sie H[er]rn Herold darauf aufmerksam machten, damit er in keinen Schaden käme, denn ich halte es für möglich, dass

W[eber] deshalb eine Klage bei den französischen Gerichten anstellen könnte» (lettre citée dans *ibid.*, pp. 466-467).

Les difficultés ont apparemment continué. Cependant, une année après, le 19 août 1865, Gaston Paris écrit à Meyer que Vieweg, le successeur de Herold, est finalement prêt à publier l'ouvrage en question:

> Vieweg paraît décidé à reprendre le Diez; j'irai voir, en allant à Heidelberg, Diez, Weber et Scheler, et je tâcherai d'arranger ça. Ce serait encore une bonne affaire[35].

Le 21 novembre 1865, il informe Diez:

> «[...] l'affaire de la traduction de votre *Grammaire* revient sur l'eau. Herold le libraire, est mort, ainsi que Scheler; mais Vieweg, successeur d'Herold, est dans les mêmes idées, et je compterais m'associer précisément Brachet, qui serait heureux de prendre part à une œuvre si honorable et si utile. Vieweg a dû écrire ces jours-ci à Weber pour savoir définitivement le prix qu'il demanderait pour autoriser la traduction; c'est là en somme le nœud de la question. Je n'ai pas besoin de vous dire que je compte, si vous êtes consulté, que vous userez de votre influence en notre faveur» (lettre citée dans Tobler 1912b, p. 468).

Commentaire de Tobler:

> «Der Verleger Herold war laut dem Brief vom 22. März 1864 krankheitshalber nach Algier gereist und nunmehr gestorben. Scheler aber war nichts weniger als tot, hat im Gegenteil noch jahrelang eine sehr rührige und verdienstliche Tätigkeit enfaltet und bis 1890 gelebt [...]. Wenn Paris hier von ihm als von einem Verstorbenen spricht, so meint er damit wohl nur, dass er für das geplante Unternehmen ein Abgeschiedener sei. Was seinen Zurücktritt veranlasste, vermag ich nicht zu sagen. Dass Gaston Paris wenig Wohlgefallen an Schelers Schreibweise hatte, erhellt aus dem Briefe ohne Datum vom Sommer 1863; vielleicht war auch in Fällen von Meinungsverschiedenheit mit dem zwanzig Jahre älteren Gelehrten weniger leicht fertig zu werden als mit dem 1844 geborenen Brachet» (*ibid.*, p. 469).

Presque sept ans plus tard, le 7 mai 1872, Gaston Paris écrit à Diez:

> «Enfin nous avons conclu avec le ministère un traité qui assure la traduction de votre *Grammaire*. Le premier volume paraîtra le 1er août (ce ne sera qu'un demi-volume); les trois volumes doivent avoir paru avant le 1er janvier 1874. Il n'est que temps, car si nous avions tardé nous aurions sûrement été devancés par les Italiens. Il est vrai que ceux-ci trouvent une sorte de compensation dans l'abrégé de Fornacciaro [sic][36]; ce qu'il a ajouté de son cru est rare et mauvais [...]» (lettre citée dans *ibid.*, p. 471).

Ce plan de publication ne fut respecté qu'en partie, mais le premier tome paraîtra effectivement en 1872 et le deuxième en 1874. Le 1er février 1875, Gaston Paris écrit de nouveau à Diez:

---

35 B.N., n.acq.fr. 24425, ff. 59-60.

36 Gaston Paris parle ici de Raffaello Fornaciari, qui, en 1872, avait résumé de façon très malheureuse les passages de la *Grammatik* de Diez concernant l'italien (voir Tagliavini 1998, p. 7).

> «Je vous écris surtout pour vous demander un éclaircissement avant de donner le *bon à tirer* de la sixième feuille du tome III de cette traduction. [...]
>
> Au reste, ce 3e volume offre des difficultés de traduction toutes particulières. La langue française est si peu habituée à traiter ces sujets qu'il faut à tout moment créer des mots ou trouver des équivalents; et nous serons bien loin d'arriver à rendre ce style si concis et en même temps si animé.
>
> Je vous en écrirais plus long si je ne craignais de vous fatiguer. Laissez-moi seulement vous dire que je vous serais bien reconnaissant de m'indiquer les fautes que vous aurez remarquées dans les deux volumes imprimés. Elles doivent surtout être nombreuses dans le premier, pour lequel j'avais un collaborateur moins exact et moins attentif [i.e. Brachet] que pour les deux autres [i.e. Morel-Fatio]» (lettre citée dans *ibid.*, pp. 473-474).

Le troisième tome verra finalement le jour en 1876. – L'explication des péripéties de cette entreprise, qui ne dura pas moins de quatorze ans, ne saurait être due à une seule cause: il y a la concurrence, au début surtout, entre Gaston Paris et Scheler[37]; il semble bien y avoir concurrence également entre les maisons d'édition allemande (Weber) et française (Franck); le choix de Brachet comme collaborateur ne fut pas très heureux, indépendamment des qualités scientifiques de celui-ci; et, finalement, il faut avouer que le rôle de Diez dans cette affaire est bien obscur.

## X. **Autographe de Paulin Paris sur la religion chrétienne (25 juin 1865)**[38]

On peut contester les faits miraculeux, qui sont le cortège obligé de toutes les croyances religieuses: on ne peut contester le plus grand de tous les miracles, la foi de toutes les sociétés de toutes les époques dans un être éternel et suprême, arbitre des destinées humaines, connaissant les pensées, tenant compte des actions, punissant et récompensant pendant la vie et après la mort. Quand cette révélation naturelle nous tromperoit, quand les choses de notre terre ne seroient pas soumises à une Providence, il ne dépendroit pas de nous de résister à cette tendance, et dès que nous ne la violenterons pas, nous nous croirons toujours en présence d'une divinité sensible à nos prières, à nos respects. Le liège comprimé remontera sur l'eau de lui-même, et ceux qui feront les plus continuels efforts pour nier la divinité, se surprendront toujours à l'invoquer, à se réclamer d'Elle. Il en est de l'instinct religieux comme de celui qui nous attire vers les femmes: il n'est dans notre nature ni de ne pas aimer les femmes ni de ne pas craindre Dieu. Les rares exceptions à cette double règle ne font que la confirmer.

Du sentiment religieux que la nature a gravé dans notre âme, est dérivé *naturellement* le culte, et la théorie des devoirs et des vertus fondée sur le dogme *naturel* de la Providence. Il faut une maison pour abriter notre corps; il faut un temple, il faut des prêtres, pour satisfaire aux aspirations de notre âme; pour donner une force, une consécration aux grands événements de notre vie: à notre entrée dans le monde, à notre mariage, à notre départ de ce monde. Ainsi, le culte, la religion positive

37 Voir également Werner 1991c, p. 143.

38 B.N., nouv.acq.fr. 22865, f. 89.

dérivant nécessairement de l'instinct religieux, on n'a le droit d'attaquer un culte, une religion positive, que dans la persuasion qu'on peut leur substituer une religion plus épurée et non moins puissante sur la société à laquelle on la recommande. Telle fut la mission de Notre Seigneur Jésus-Christ. Que la révélation ne se rapporte qu'au sentiment religieux ; que Dieu ait laissé aux hommes le choix de la religion la plus pure et la plus parfaite que l'état de la société pût comporter, c'est une seconde question très distincte de la première. Pour moi je suis chrétien, et je demeurerai chrétien, très dévoué à ma mère la Sainte Eglise, jusqu'à ce qu'on me présente une forme religieuse plus dégagée de superstitions, plus pure, plus poétique, plus puissante sur le cœur, l'imagination, et les aspirations invincibles[39] de l'humanité.

P[aulin] Paris
25 juin 1865

## XI. Quelques poèmes de jeunesse de Gaston Paris

***Vive le Roi !***

Tant qu'en mon cœur brûlera quelque flamme,
Tant que la vie existera dans moi,
Ce cri toujours partira de mon âme :
Vive le Roi !

Le despotisme affreux et tyrannique
A fait plier mon pays sous sa loi ;
Et moi je dis, sous son empire inique :
Vive le Roi !

Si l'on voulait, d'une main assassine,
Faire à mon cœur abjurer cette foi,
Je redirais, en offrant ma poitrine :
Vive le Roi !

C'était le cri de notre vieille France,
Devant Crécy comme aux champs de Rocroi
Dans le bonheur comme dans la souffrance :
Vive le Roi !

Lorsque tonnait la voix de la bataille,
Chaque soldat ne songeait plus à soi ;
Ce cri français dominait la mitraille :
Vive le Roi !

Et lorsque enfin la balle meurtrière
Venait frapper le guerrier sans effroi,
Ce cri partait avec son âme fière :
Vive le Roi !

Décembre 1854[40]

---

[39] *Invincibles* : leçon incertaine.
[40] E.P., Fonds Gaston Paris, C/II/71, f. 9.

***Au XIX^e^ siècle***
***Invective***

Malheur sur toi, siècle de honte,
Siècle lâche, impur, et sans foi,
Siècle de trafic et d'escompte,
Siècle maudit, malheur sur toi !
Depuis cinquante ans tu te traînes
Sur le budget et dans l'égout ;
Et tu portes toutes les chaînes,
Sans amour comme sans dégoût.
Que t'importe la servitude ?
Que t'importe la liberté ?
Le gain est ton unique étude,
Et l'or est ta divinité !
Chaque jour tu lui sacrifies
Honneur, vertu, religion ;
Et, si tu possédais deux vies,
Tu mourrais pour un million !
Pour toi l'amour est ridicule,
Par les sots il fut inventé,
Et tu plonges dans la crapule,
Pour y trouver la volupté.
Corrompu jusqu'au fond de l'âme
Tu n'aimes qu'un brutal plaisir,
Et crois que Dieu créa la femme
Seulement pour te faire jouir.
La foi dans ton cœur est éteinte ;
Tu railles la voix du Seigneur ;
Tu meurs sans prière et sans plainte,
Comme tu vécus sans honneur.
Eh bien, va toujours, siècle infâme,
Va dans ton ignoble chemin,
Sans t'inquiéter de ton âme,
Sans te soucier de demain.
Va, sans craindre que Dieu se venge,
Vautre-toi bien dans ton bourbier :
Si tu disparais sous la fange,
Il ne pourra te foudroyer !

Le vendredi 15 décembre 1854[41]

***Tristesses et dégoûts***

Bien souvent, quand je songe à tout ce que je vois,
Un amer désespoir vient s'emparer de moi.
Car il me faut, à moi, pour que j'aime la vie,
Il me faut liberté, gloire, amour, poésie,

---

[41] *Ibid.*, f. 11.

Il faut surtout que j'aime et que je sois aimé,
Mais d'un amour profond, pur, désintéressé ;
Car de la volupté je méprise les fanges,
Et je voudrais n'aimer que comme aiment les anges.
Mais, hélas ! je ne vois ici de tout côté,
Que l'égoïsme vil, l'immonde impureté.
Oh ! l'égoïsme, ver aux morsures secrètes,
Qui tue et ronge au cœur, du sein de ses retraites,
Le chêne dont le tronc est encore verdoyant,
Si bien que sous l'écorce il est tout pourrissant.
Sous les coups odieux de ce fils de Voltaire,
L'âme quitte le ciel pour ramper sur la terre,
Son étreinte terrible étouffe dans le cœur
L'héroïque vertu, la charité, l'honneur.
Chacun, chacun pour soi, voilà le triste adage
Qui peint en un seul mot et résume notre âge.
Alors, lorsque je vois tant de vices partout ;
Tant de fronts abaissés, si peu de fronts debout,
Mon âme, retombant des voûtes éternelles,
Comme un oiseau par nous privé de ses deux ailes,
Se replie en soi-même, et ne croit plus à rien,
Et mes songes dorés s'envolent bien, bien loin !
D'ailleurs, on dit toujours que la jeunesse folle
Est séduite aisément par un espoir frivole :
« Vous croyez à l'amour, naïve bonne foi !
L'amour, c'est l'égoïsme ; on n'aime que pour soi.
Vous aspirez, enfant, à devenir poète,
De Dieu, de la nature l'éloquent interprète ?
Ah ! rejetez bien loin ce malheureux désir :
Si vous êtes poète, il vous faudra souffrir,
Dans ce monde trompeur où tout est égoïsme,
Calcul, indifférence, intérêt, athéisme,
Il vous faudra souffrir mille secrets tourments,
Qui viendront déchirer votre âme à tous moments.
Vous voulez, dites-vous, arriver à la gloire,
Et laisser après vous du moins quelque mémoire ?
Hélas ! Si vous saviez, au siècle où vous vivez,
De la gloire quels sont les infâmes degrés,
Vous rougiriez, vos pas s'enfuiraient en arrière,
Et vos yeux effrayés craindraient tant de lumière.
Vous aimez, dites-vous, la sainte liberté ?
Mot vain et sonnant creux, mot qui fut inventé
Par des ambitieux pour captiver la masse,
Et guider à plaisir la sotte populace !
Voyez quel cas ils font de votre liberté,
Ces peuples, ces Français ! Naguère ils ont jeté
Pour en jouir enfin, deux monarques par terre ;
Et maintenant arrive un bandit, un corsaire,
Et d'un front insolent il ose sur leurs cous
Mettre un pied despotique : ils courbent les genoux ;
Et nul n'ose élever une voix courageuse
Pour braver et flétrir la tyrannie heureuse ! »

Et quand j'entends parler ainsi les gens de cœur,
Ceux qui n'ont pas perdu tout sentiment d'honneur,
Mon âme, sous le poids d'une telle infamie,
Se courbe en gémissant comme un roseau qui plie;
Et lassé d'un spectacle indigne de mes yeux,
Je me prends à rêver en regardant les cieux!

Janvier 1855[42]

***Honte et souffrance***

Mon Dieu, qui protégiez la France,
Ne l'abandonnez pas ainsi!
Ne retirez pas l'espérance
A celle qui dans sa souffrance,
Vous demande grâce et merci!
A. de Beauchesne

Français, qu'avez-vous fait de votre noble mère?
Indignes et lâches enfants,
Vous l'avez garrottée, et, dans un lupanar,
Prostituée aux plus offrants!

Après avoir chassé les enfants d'Henri Quatre,
Vous avez tendu votre cou,
Et d'un vil intrigant, sans lutter ni combattre,
Vous avez tous porté le joug!

Mais enfin, indignés en voyant tant de honte,
De parjure et de lâcheté,
Un souverain courtier et l'honneur en escompte,
D'un mot vous avez tout jeté!

Ah! jusque-là peut-être on pouvait vous excuser
Donner au moins quelques discours;
Sans que vous vissiez rien, une infernale ruse
Vous avait pris dans ses détours;

Mais maintenant, Français, ah! devant cette enquête,
Baissez votre front rougissant;
Car je verrais encor marqué sur votre tête
Le talon de votre tyran.

Lâches! vous l'avez vu creuser sa mine sombre,
Et séduire tous vos soldats,
Puis enfin, assuré de la force et du nombre,
Etouffer la France en ses bras;

Vu l'avez vu cacher sous le manteau d'abeilles
La plaie hideuse de son corps;
Vous l'avez entendu crier à vos oreilles:
Votez ou bien vous êtes morts!

---

[42] *Ibid.*, ff. 18-19.

Et vous n'avez rien dit, et, tout tremblants, dans l'urne
Vous avez plongé votre main,
Plus coupables que si par un meurtre nocturne
Vous aviez souillé le [...][43];

Car vous avez trahi la patrie et votre âme,
Par crainte d'un sabre levé
Et vous serez honnis comme une race infâme,
Dans toute la postérité

Allez, continuez, léchez la main qui frappe;
Baisez la trace de ses pas,
Adorez à genoux le valet, le satrape:
Vous ne vous dégoûterez pas!

Devant ce nain botté qui singe le grand homme,
Vous ne vous lèverez jamais;
Vous recevrez les coups, viles bêtes de somme,
Et vous porterez le harnais.

Quand il voit chaque jour, au lever de l'aurore,
A ses pieds ces hommes ramper,
Oh! quel profond dégoût, si son cœur bat encore,
De son âme doit s'emparer!

Il doit être tenté de détourner la face,
Et de cracher sur tous ces fronts,
Et d'un pied dédaigneux les poussant de leur place,
De les rassasier d'affronts;

Mais rien n'irriterait ces êtres faits de boue;
Ils se croiraient trop honorés
Si le bout de son pied venait toucher leur joue,
Et le baiseraient inclinés!

Donc ce n'est point assez, ô justice divine!
D'avoir fait couler tant de sang,
D'avoir, dans la bataille ou sous la guillotine
De la France épuisé le flanc;

Donc ce n'est pas assez que Louis en prière,
Ait reçu le coup du bourreau;
Que le sang des Français ait par toute la terre
Ruisselé sur votre drapeau!

Non! Il faut ajouter la honte à la torture,
Il faut, pour votre châtiment,
Après le fer cruel qui fait une blessure,
Le fer qui marque en flétrissant;

Il faut sur votre front une marque éternelle,
Qui dise aux siècles à venir:
Frémis, qui que tu sois, ô nation rebelle!
Voilà comme Dieu sait punir!

[43] Mot illisible.

Grâce, grâce, mon Dieu ! Trop grand est le supplice ;
Nous ne pouvons plus résister ;
Oh ! quand donc aurons-nous épuisé ce calice,
Que tu te plais à nous verser ?

Pardonne, Dieu du ciel, ah ! pardonne à nos larmes,
Pardonne à notre repentir ;
Remets dans ton carquois les redoutables armes,
Et ne les en fais plus sortir !

Car depuis soixante ans nous souffrons ta vengeance,
Et nous endurons ton courroux ;
Les étrangers riants se moquent de la France :
O grand Dieu, prends pitié de nous !

Ouvre les yeux au peuple, amène-lui ce traître ;
Fais-lui voir l'objet de sa peur ;
Et que, tout indigné d'avoir pris un tel maître,
Il l'écrase dans sa fureur !

Et puis que cette main si rude en la vengeance,
Pour nous guérir nous touche enfin ;
Rends-nous la liberté, rends-nous notre puissance ;
Rends-nous notre vrai souverain !

Et la France à genoux, le front dans la poussière,
Chantera ta louange en chœur ;
Et tu verras à toi monter cette prière,
Comme un tourbillon de vapeur !

Le vendredi 4 mai 1855[44]

*[Sans titre]*

Si l'Empereur faisait un pet,
Troplong dirait qu'il sent la rose,
Le Sénat s'agenouillerait,
Pour flairer aussitôt la chose[45].

## XII. Extrait d'une lettre de Gaston Paris à Amédée Durande (28 mars 1864)

Cannes, ce 28 mars 1864[46]

[...]

Presque toutes mes connaissances d'ici s'en vont tour à tour ; il ne reste que les vrais malades. Mérimée est parti il y a huit jours, et je ne l'ai pas beaucoup regretté ; je m'étais promis de beaucoup jouir de lui, et j'en ai été pour mes frais ; il ne m'a

---

[44] E.P., Fonds Gaston Paris, C/II/71, ff. 28-30.

[45] E.P., Fonds Gaston Paris, C/I/70, f. 14, sans date.

[46] B.N., n.acq.fr. 24464, ff. 129-131.

pas regardé, si bien que je ne lui ai plus parlé. Cousin nous a quitté aussi; nous ne l'avons pas vu beaucoup non plus, mais parce qu'il est affligé d'une maladie qui ne lui permet guère les visites; au moins il est communicatif et il a un talent de tartiner à propos de tout qui arrive quelquefois jusqu'à l'éloquence. Nous avons eu Garnier-Pagès[47], qui est parti quelques jours avant l'élection; il avait promis de revenir, mais on ne le voit pas. En dehors de cela, nous voyions quelques personnes assez peu piquantes, que je n'ai pas cultivées; j'ai été aussi sauvage que possible, et sans Bruyères, où je vais environ deux fois par semaine, je n'aurais guère parlé ici à personne. La dame de cette jolie villa part à peu près en même temps que moi, ce qui m'enlève décidément tout regret. Elle a charmé en réalité tout mon séjour ici, et je ne puis attribuer qu'à elle l'inconcevable rapidité avec laquelle le temps s'est écoulé. Il me semble que je suis ici depuis huit jours, et si je devais continuer à vivre comme cela, je ne demanderais pas mieux. Mais elle seule peuple Cannes; elle partie, ce sera un vrai désert, et je ne me plaindrai pas de ne pas y être. Je vois avec chagrin se terminer sans retour cette charmante intimité avec une femme aussi séduisante; je le sens trop clairement, la dernière visite que je lui ferai ici sera la fin de cette jolie période de solitude et de libre commerce. Comme je n'ai jamais envisagé la chose autrement, je dis adieu dès maintenant à tout cela, qui n'est plus déjà ou ne sera plus bientôt que souvenir, mais souvenir exquis et ineffaçable. Mon pauvre vieux, décidément, je n'aurai jamais la chance d'aimer quelqu'un qui m'aime; les amours que je pourrais peut-être avoir, je n'y tiens pas, et tous ceux que j'ai rêvés sont impossibles. Je vieillis tous les jours dans le même horizon, je tourne dans le même cercle, je m'abrutis un peu plus, et cela durera sans doute indéfiniment. Pourquoi donc n'ai-je pas, moi, le bonheur que d'autres ont bien ? C'est rageant, quand je vois cela, quand je sens tout le triste et aussi le ridicule de mon existence, de mes aspirations toujours juvéniles, et, comme tu le dis, comme c'est vrai, toujours au fond un peu factices, parce qu'elles n'ont jamais eu d'espoir devant elles, parce que rien n'est venu les entretenir et les approcher de la réalité. Je m'apparais souvent à moi-même sous le jour le plus grotesque, une espèce de clerc d'avoué romantique qui fait des phrases creuses et croit les sentir; mais par moments aussi, je sens une vraie réalité dans ce qui me fait souffrir, je suis épouvanté de ce vide qui est toujours dans moi. Et puis je me dis que ne j'arriverai jamais, je le vois trop, à faire naître l'amour dans quelque cœur qui puisse vraiment satisfaire le mien; je l'ai éprouvé ici, quelquefois avec résignation, d'autres jours avec rage; car enfin est-ce que je ne vaudrais pas bien, pour une femme jeune, vive, tendre, un homme déjà âgé et sans doute blasé sur bien de points, qui certainement ne jouit pas de son bonheur avec l'ardeur que j'aurais ? Si, je le vaudrais, et jamais je n'aurai, cependant, ce bonheur-là; je le sens; mais cependant Dieu sait si je le désire. Peut-être ferai-je une tentative, tout en sachant bien que je n'ai pas même une chance sur un million; mais enfin il y a des gens qui gagnent à la loterie, et celle-là en vaut la peine. Toutefois l'enjeu est fort, c'est me donner très probablement un ridicule gratuit, peut-être détruire des relations qui me seront toujours très agréables. Ce qu'il y a de stupide dans ces choses-là, c'est de penser combien une femme comme celle-là a dû voir de ces amours plus ou moins

---

47 Louis Antoine Garnier-Pagès (1803-1878), homme politique, représentant de l'opposition dans le Corps législatif sous le Second Empire; auteur d'une *Histoire de la révolution de 1848* (1860-1872).

sincères venir se déclarer à elle, et combien elle doit être ennuyée et blasée de pareilles aventures. Quelquefois je me jure de garder toujours le plus profond silence, dans d'autres moments, mille idées me viennent à la tête, je me trouve absurde de ne pas au moins essayer. C'est affaire d'inspiration et d'occasion; si je le fais, je m'en repentirai sans doute; si je ne le fais pas, je m'en irai en me faisant mille reproches de ma bêtise et en me disant que cependant ce n'est que comme cela qu'on peut arriver. Depuis huit jours je suis beaucoup plus pris qu'avant; je sens qu'il est heureux que tout cela finisse, si je ne dois y gagner que des ennuis. J'ai passé l'autre jour trois heures seul avec elle; elle me retenait toujours quand je voulais partir, et je ne résistais guère. De combien de choses nous avons parlé, et quelle infinie jouissance je pressens dans la possession et la direction en certains points d'un esprit si ouvert, si intelligent, si ardent ! Si tu savais combien de choses sont tout au fond de mon cœur que je n'ai jamais dites, combien je souffre quelquefois de ne pouvoir les dire et de me sentir vieillir comme cela ! Je passe des heures à rêver à tout ce que je lui dirais, à ce que pourrait être pour moi un amour comme celui-là ! C'est une nature charmante, très-droite, très-souple et très-délicate, qui n'a pas toujours été dans le milieu qui lui convenait, et qui encore maintenant gagnerait, je crois, à être entourée de gens moins exclusivement dans la même voie. J'entrevois vaguement que je lui serais utile en diverses choses, tandis qu'elle me ferait certainement un bien immense. Ce sont de folles rêveries, je te vois le dire d'ici; mon bon ami, je le sais bien, mais je m'y livre volontiers, et je comprends si bien le bonheur que je trouverais là, que je me trouverais bête de ne pas au moins lui dire que je le comprends. C'est mon idée, mais il est probable que le sentiment de ma déraison arrêtera toujours ma parole au bon moment.

[...]

## XIII. Extraits d'une lettre de Gaston Paris à Amédée Durande (7 et 15 avril 1868)

Mercredi matin [7 avril 1868][48]

[...]

La dernière fois que je t'ai écrit, mon bon vieux, c'était le 31 décembre. En te quittant, je suis allé chez la personne que tu sais. Le retour sur moi-même que j'avais été obligé de faire en t'écrivant m'avait disposé à un changement de conduite avec elle qui a duré depuis lors. Je me suis trouvé, en me regardant ainsi en dedans, bien dur, bien égoïste et bien injuste. La vue de cette femme qui se mourait pourquoi ? parce qu'elle m'aimait toujours et que moi je lui avais dit brutalement que je ne l'aimais plus. Ta pensée, à toi si tendre, si bon, si délicat, la lettre aussi que j'avais reçue le matin et dont je t'avais parlé, je crois, tout cela m'avait amolli et pénétré quand j'entrai chez elle. Je pleurais donc, je lui dis que j'avais eu tort, que je m'étais imposé, par des principes trop rigoureux, un sacrifice que j'avais cru plus facile; bref il fut convenu qu'elle reviendrait me voir. Son mari arrivait le soir; c'était le dernier jour de cette lutte à laquelle je ne peux penser sans terreur. – Il fut convenu

[48] *Ibid.*, ff. 146-148.

seulement que nous prendrions deux jours par semaine pour nous voir, toujours les mêmes, car c'était l'irrégularité et le désordre que cette liaison jetait dans ma vie qui m'avait en partie poussé à la rompre. Depuis trois mois nous avons vécu ainsi, tristement, car elle ne se fait que peu d'illusion, mais assez doucement, au moins sans crises violentes. Pour moi, il me semble que j'ai passé ce temps sous un étouffoir. Ah! mieux vaut encore la privation de l'amour que cet amour sans chaleur et sans vie, qui nous alourdit l'âme tout entière et la tient dans un état permanent d'inertie. La privation complète aiguise, enflamme, surexcite; mais cet état ressemble à ces temps lourds d'été où il ne se lève pas un souffle de vent, où il n'y a rien d'aigu, mais où on se sent accablé par on ne sait quoi.

Telle est ma vie, et voilà pourquoi, en vraie vérité, je ne t'ai pas écrit. Tout courage m'a manqué; j'ai craint tout mouvement qui me ferait sortir de ma tranquillité, comme quand on est sur mer, et qu'on a peur d'ouvrir les yeux et de remuer, sentant qu'on en serait malade à l'instant. Et puis, que te dire? Dans la situation où j'étais avec elle, je ne voulais pas me tirer au clair à moi-même mes vrais sentiments; j'évitais de m'en parler, et comment t'écrire autrement qu'à moi-même? comment ne pas te dire toute la vérité, et dès lors ne pas me dire à moi-même ce que je ne voulais pas m'avouer nettement? Mais, comme dit une chanson russe,

Les jours tombent, comme tombe la pluie,
Les semaines poussent, comme pousse la mousse,
Les mois coulent, comme coule le fleuve,

Et voilà un grand changement dans cette position. M. B. vient d'être nommé membre du parlement douanier d'Allemagne; il part avec sa femme dans quelques jours, car la session commence, si je ne me trompe, le 21. Cette candidature l'a tenu loin de Paris la plus grande partie de l'hiver. (Il est du reste depuis longtemps plus que froid avec moi, et, quand je vais chez lui, ne m'engage pas à aller le voir). Elle reviendra vers la fin de mai passer encore peut-être quelques semaines ici, et elle conserve l'espérance d'y revenir l'hiver. Mais j'en doute. Il me semble qu'on n'admettrait guère ici qu'un de nos députés ait son domicile en Prusse; la réciproque doit être vraie. – Cette grande nouvelle a été reçue par elle mieux que je ne l'aurais pensé, avec beaucoup de courage et de douceur; c'était d'autant plus pénible qu'elle était harcelée des félicitations de tout le monde, cette place ayant été très-désirée par son mari. Quant à moi, en la perdant je sens que je l'aime réellement, d'amitié certes bien plus que d'amour, et je me dis, avec cette tristesse et ce serrement qui vous prennent toujours lors des séparations: où trouverai-je un cœur si fidèle et si dévoué, si entièrement à moi? une âme si haute? un esprit si grand, si riche et si cultivé? une entente si parfaite, une intelligence si complète et si près de tout ce que je pense, veux et suis? n'ai-je pas été fou, n'ai-je pas été niais autant que méchant de ne pas jouir de ce trésor, de ne pas comprendre ce qui se donnait à moi, de ne penser à tout ce qu'elle valait que quand elle part? ... Ainsi, nos derniers jours sont très-doux. Elle m'a dit des paroles pleines de tendresse; maintenant que la séparation est inévitable, elle accepte et souhaite même vivement ce prolongement en amitié qu'elle avait si violemment repoussé il y a quatre mois. Pour moi, je le désire du fond du cœur. Le sort seul fait l'amour: la raison et le choix n'y sont pour rien, et après tout je sens clair comme le jour que je ne suis pas responsable de ma froideur pour elle. Mais l'amitié se fonde sur des motifs plus sérieux, et je ne puis trouver quelqu'un en faveur de qui ils parlent davantage. J'aurai voulu seulement que ce nouveau pacte d'alliance fût conclu cette fois et dans ce premier départ; mais elle, qui pense revenir seule ici dans six semaines, ne fait rien qui me le permette, et parle toujours dans la ferme supposition que nous passerons le temps qu'elle sera ici comme nous avons déjà passé tant de semaines (il y aura le 3 mai un an que je la connais, et le 22 juin un an que dure notre liaison): je ne veux pas lui dire non, et après tout je serai peut-être heureux moi-même de ce renouvellement passager. – Mais c'est à condition que je serai libre enfin après, libre! Oh! mon ami, que de choses dans ce mot! Il me semble que je ferai la connaissance nouvelle du soleil, de la verdure et de tous les êtres. Libre! en pensant à cela, je me sens tressaillir tout entier. «Et, mon cœur, tout ce qui te plaira, tout, oui tout, tu pourras l'aimer (Heine).» Voilà les sentiments qui roulent l'un après l'autre dans mon cœur je ne dis pas déchiré, mais *fatigué*, très-fatigué. Je t'ai écrit mes impressions comme elles passaient devant moi. Elles doivent être vagues et contradictoires; je ne suis pas, je te le répète, en pleine possession de moi, et je ne vois, ni ne veux voir de trop près ce qui se passe en moi. Tu en as assez pour juger l'état général. Au fond, je crois que je suis bien jeune encore, et que le terrain n'a encore été que préparé, pour faire sortir une moisson nouvelle et bien plus riche.

Mercredi 15 avril

[...] Depuis lors rien de nouveau, si ce n'est que suivant toute probabilité *ils* vont relouer un appartement à Paris et revenir ici l'année prochaine. Je ne sais trop comment tout finira par s'arranger. En tout cas, je ne recommencerai pas à vivre aussi sottement que je l'ai fait.

[...]

## XIV. Plan d'un ouvrage de Gaston Paris sur la manière d'écrire l'histoire littéraire (1861/62)[49]

Idées sur le sujet suivant:

De la nécessité de concilier, dans l'histoire critique des lettres, le sentiment perfectionné du goût et les principes de la tradition avec les recherches érudites et l'intelligence historique du génie divers des peuples.

Division I. – De l'importance qu'a prise de nos jours l'histoire des lettres. Cette importance se justifie par diverses raisons: 1° on étudie aujourd'hui l'histoire non pas comme un recueil de faits ni même de leçons morales, mais comme le mot[50] et l'explication des problèmes qui nous sont posés, comme la phase antérieure à nous d'un développement dont nous faisons nous-mêmes partie; l'histoire des idées devient donc plus intéressante que celle des faits; 2° nous ne nous renfermons pas dans l'admiration exclusive des classiques du temps jadis; nous avons soumis toutes les littératures à la même étude, et nous leur avons reconnu en les comparant une importance inégale, mais réelle pour toutes; 3° nous demandons à l'histoire des lettres beaucoup de renseignements sur l'histoire des mœurs, des religions, des philosophies, etc., qu'on y cherchait beaucoup moins autrefois.

---

49 E.P., Fonds Gaston Paris, C/VI/75, f. 2.

50 *Mot*: leçon incertaine.

Insister sur le premier point, qui à vrai dire est le seul important. Tableau général et rapide des révolutions des sciences historiques; embrasser d'abord l'histoire, les religions, les philosophies, l'histoire littéraire, l'archéologie, l'ethnologie, la philologie, etc. Se restreindre ensuite à l'histoire littéraire, et accuser la différence qui existe entre la manière dont on la traite aujourd'hui et celle dont on la traitait jadis. L'histoire littéraire n'a pu changer de rôle sans changer de procédé, de système et de limites. L'histoire littéraire proprement dite existe toujours; mais au-dessus d'elle s'est élevée l'histoire critique des lettres, qui a un but bien plus élevé et en même temps plus difficile à atteindre.

II. – Du sentiment du génie divers des peuples. A notre siècle appartient la gloire d'avoir créé l'ethnologie. L'histoire, aidée de l'histoire naturelle et surtout de la philologie, a constitué des races et constaté leur influence. Elle a rompu avec la vieille idée, insuffisamment détruite par le christianisme, qui se traduit par le mot de *barbares*. Elle a reconnu à chaque race des *Fähigkeiten* et son rôle. L'histoire des lettres a dû s'en ressentir. Au lieu de prendre un type universel qu'elle appliquait à toutes les productions hétérogènes et qu'elle employait pour les juger souvent bien injustement, la critique a vu dans les manifestations les plus diverses des peuples différents autant de phénomènes intéressants par leur variété même et par la lumière qu'ils jetaient sur le génie des races. Idées très-vraies d'Ernest Renan sur notre préférence pour le primitif et le naïf même sur tout ce qui lui est esthétiquement préférable. Comparaison avec la philologie. Analogie du génie humain et de la nature, toujours la même et éternellement variée. – Quelques exemples: les poèmes de l'Inde, Shakespeare, les épopées du moyen-âge, Aristophane.

III. – Du goût. – Est-ce à dire que l'esthétique n'a plus aucune valeur, et que l'histoire prend complètement sa place? Aucunement. De même en effet que l'histoire, tout en tenant compte des aptitudes diverses et des génies de chaque race, fait cependant planer sur le tout une morale unique, de même l'idée du beau parfait doit présider à tous les jugements de l'histoire littéraire. Seulement, elle doit l'appliquer non aux individus, mais aux époques et aux nations, comme l'histoire le fait de son côté pour la morale. Ainsi compris, bien loin de ne plus exister, le goût devient cent fois meilleur et nous fait admirer les belles choses avec bien plus d'intelligence et d'élévation. Exemple: la Bible, Homère, Eschyle, Lucrèce, etc.

IV. – Des principes de la tradition. – On comprend cependant que notre nouvelle méthode modifiera souvent les jugements de nos pères; nous aurons à prononcer bien des réhabilitations, à casser bien des arrêts. Il ne faut pas nous en laisser empêcher par un respect qui est une insulte pour d'autres; il faut dire froidement la vérité. Mais toutefois il faut y regarder longtemps avant de réformer ainsi la sentence des siècles; et même en la réformant, il faut faire comprendre que les ouvrages approuvés à tort avaient, sinon une valeur absolue, du moins un grand mérite relatif, puisqu'ils ont plu pendant si longtemps.

V. – Des recherches érudites. – Tout cela nous amène à reconnaître la nécessité pour l'historien des lettres d'être, sinon un érudit, du moins au courant de tout ce que découvre chaque jour l'érudition. Facile à développer, en insistant sur les conséquences bien plus graves qu'on ne pense que peut avoir l'ignorance d'un fait en apparence minime.

VI. – Ce que peut être l'histoire des lettres ainsi comprise.

## XV. **Prospectus de la *Revue critique* (1865)**

REVUE CRITIQUE
D'HISTOIRE ET DE LITTÉRATURE
67, Rue Richelieu

---

Paris, ce 25 octobre 1865

MONSIEUR,

Nous venons vous demander votre concours pour une entreprise qui nous semble mériter d'être encouragée.

Tous les hommes qui s'occupent en France de travaux historiques, philologiques et littéraires sentent vivement une lacune que vous aurez sans doute déplorée vous-même, l'absence d'un recueil consacré à une critique sérieuse et régulière. Ces études n'ont pas su se donner les auxiliaires précieux que possèdent les sciences physiques et mathématiques. Aucune revue ne s'est imposée la tâche exclusive d'en suivre les développements, de marquer jour par jour le progrès qui s'opère dans chacune de leurs branches, de signaler toutes leurs productions importantes et de les soumettre à un jugement motivé.

Nous avons pensé qu'il était possible, en quelque mesure, de remédier à ce mal notoire. Nous avons conçu l'idée de consacrer à ces études une publication périodique destinée à la fois à rapprocher ceux qui s'y livrent et à contrôler leurs travaux.

Cette publication sera hebdomadaire; elle ne se composera que d'articles critiques sur les ouvrages nouveaux; elle embrassera dans son cadre l'étude du passé à toutes ses périodes, et sous tous ses aspects: histoire, mythologie, littérature, philologie, archéologie. Les principes sur lesquels nous voulons la fonder sont à peu près les suivants.

Le premier point, celui auquel nous tenons le plus, est l'abstention complète de toute personnalité. Le livre seul est l'objet de la critique; l'auteur pour elle n'existe pas. Nous écarterons avec la même sévérité la camaraderie et l'hostilité systématique. Nous ne voulons adopter ni attaquer personne, et nous ne prétendons servir qu'une cause, celle de la science.

Les articles devront être courts et substantiels, éviter toute phraséologie inutile, et s'attacher uniquement à leur objet. Devant un ouvrage du genre de ceux que nous examinerons, la tâche de la critique est clairement marquée: elle doit donner du livre une idée exacte et complète, signaler ce qu'il ajoute aux notions déjà acquises, relever les erreurs ou les lacunes qui peuvent s'y trouver. Nous voulons que nos lecteurs puissent se reposer en toute sûreté sur notre journal pour la connaissance et l'appréciation des livres dont il parlera. Aussi désirons-nous que les ouvrages qui se rattachent à chaque genre d'études soient jugés par des hommes spéciaux. Eux seuls savent le fort et le faible de chaque ouvrage et se passent des amplifications que suggère une connaissance imparfaite du sujet. Nous ne craindrons pas les détails et les particularités techniques; nous savons que ces minuties apparentes sont plus utiles à la science que des considérations pompeuses et vaines.

Nous cherchons avant tout à servir d'organe à l'érudition française, mais nous comptons bien ne pas négliger les contrées étrangères. Il est aujourd'hui impossible de traiter d'une façon complète un sujet quelconque sans connaître les travaux de l'Allemagne, de l'Angleterre, et souvent de l'Italie, de l'Espagne, de la Hollande, des pays slaves ou scandinaves. Non-seulement nous recevrons de quelques-uns des savants les plus distingués de ces pays des correspondances régulières, mais nous voulons encore que notre journal examine les principaux ouvrages qui s'y publient. Nous regardons l'ignorance où sont trop souvent les Français du mouvement scientifique qui se fait à l'étranger comme un des grands obstacles au progrès des études dans notre pays.

L'œuvre que nous tentons n'est pas sans précédents : vous connaissez le *Literarisches Centralblatt* de Leipzig, l'*Athenaeum* de Londres. En France même, des efforts ont déjà été faits dans un sens analogue, et il ne leur a sans doute manqué, pour obtenir un plein succès, qu'un peu plus de persévérance et peut-être une direction mieux définie. Nous espérons être plus heureux, car nous sentons que nous allons au-devant d'un besoin réel ; mais le concours d'hommes d'une valeur reconnue peut seul nous promettre une complète réussite ; nous avons d'ailleurs tout lieu de croire qu'il ne nous fera pas défaut.

Si les idées que nous venons d'exposer obtiennent votre approbation, nous vous serons reconnaissants, Monsieur, de vouloir bien nous faire parvenir votre adhésion le plus tôt possible. Nous comptons publier très-prochainement la liste des collaborateurs de la REVUE CRITIQUE et nous serions heureux de pouvoir y inscrire votre nom.

Croyez, Monsieur,
à nos sentiments de haute considération.

Paul MEYER, Ch. MOREL,
Gaston PARIS, H. ZOTENBERG

F. VIEWEG
*Propriétaire et administrateur*

## XVI. **Prospectus de la *Romania* (1871)**

LIBRAIRIE A. FRANCK (F. VIEWEG, PROPRIÉTAIRE),
67, RUE RICHELIEU, PARIS.

---

PROSPECTUS.

---

# ROMANIA

*Recueil trimestriel consacré à l'étude des langues et des littératures romanes,*

PUBLIÉ PAR

PAUL MEYER ET GASTON PARIS.

---

Pur remenbrer des ancessurs
les diz e les faiz e les murs.
WACE.

L'idée de ce recueil n'est pas nouvelle chez nous; nous l'avions conçue depuis longtemps, et sans les funestes événements de l'année qui vient de s'écouler, nous l'aurions déjà mise à exécution. Nous pensons que ces événements, loin de nous en détourner, doivent nous engager à la reprendre avec plus de zèle, à la poursuivre avec plus de persévérance: l'œuvre que nous voulons entreprendre, si elle est avant tout scientifique, est en même temps nationale, et nous avons la ferme conviction que la rupture trop brusque et trop radicale de la France avec son passé, l'ignorance de nos véritables traditions, l'indifférence générale de notre pays pour son histoire intellectuelle et morale, doivent être comptées parmi les causes qui ont amené nos désastres. Ce n'est pas que nous ayons l'intention de faire une œuvre de tendance: nous nous maintiendrons avec un soin rigoureux dans la plus pure région de la science impartiale; mais c'est précisément cette habitude d'impartialité et d'étude méthodique qu'il faudrait substituer pour toujours à la légèreté superficielle, aux vaines préventions qui nous ont fait tant de tort. Pour les peuples comme pour les individus, le premier mot de la sagesse, la première condition de toute activité raisonnée, la base de la vraie dignité et du développement normal, c'est encore le vieil axiome: *Connais-toi toi-même.*

La France, c'est à dire la vieille France, celle du midi comme celle du nord, tiendra donc le premier rang et occupera la place centrale dans notre recueil; mais nous y ferons une large part aux langues et aux littératures des autres peuples romans. Unies par l'héritage commun de la langue et de la civilisation de Rome, les grandes nations qui l'ont reçu l'ont toutes fait fructifier à leur manière, et ont imprimé au fond patrimonial le sceau de leur individualité propre. L'Italie et l'Espagne surtout présentent un développement aussi riche que grandiose, et dont l'originalité n'est limitée, en regard de celui de la France, que par la communauté du point de départ. Nous voudrions que la *Romania* pût servir à rapprocher les savants qui, dans les divers pays, étudient soit l'ensemble des langues et des littératures néo-latines, soit l'une ou l'autre en particulier. Le nom que nous avons choisi indique suffisamment l'idée que nous serions heureux de représenter; il nous a été suggéré par ce vers célèbre où Fortunat, mettant en regard les deux mondes qui venaient de se choquer et commençaient déjà à se fondre, réunissait, dans les louanges données au jeune roi des Francs, les Germains et les anciens habitants de l'Empire:

> Hinc cui Barbaries, illinc Romania plaudit.

L'Allemagne possède, pour l'étude de ses antiquités littéraires, un recueil justement estimé qui porte le nom de *Germania*; il nous a paru naturel de donner le nom de *Romania* au recueil où nous voulons faire pour les nations romanes ce que la *Germania* fait pour les nations germaniques.

Notre journal est exclusivement consacré à la période ancienne des langues et des littératures néolatines; les études qu'il contiendra ne dépasseront pas, sauf exception très-rare, l'époque de la Renaissance et de la Réforme; mais dans ces limites, en dehors de l'archéologie, de l'histoire et de la théologie pures, nous admettrons des études du genre le plus divers, nous chercherons à servir le public lettré par tous les moyens, et nous nous efforcerons de justifier l'épigraphe que nous empruntons à notre vieux poète national et de travailler comme lui

> Pur remenbrer des ancessurs
> Les diz e les faiz e les murs.

Voici quels sujets principaux et habituels seraient traités dans la *Romania*, si elle parvenait à remplir le programme que nous lui assignons. Les langues romanes, tant dans leur origine que dans leurs développements subséquents, seront étudiées d'après les méthodes aujourd'hui bien établies. Nous attacherons surtout du prix, soit à des recherches sur le latin vulgaire, source encore peu explorée de nos idiomes, soit à des études sur un dialecte représenté par des monuments anciens, soit à des monographies sur la langue de tel ou tel écrivain. Les étymologies, les déterminations du sens de mots encore inexpliqués, les constatations de formes grammaticales intéressantes, donneront lieu souvent, nous l'espérons, à des articles de peu d'étendue dont chaque numéro présentera, sous le titre de *mélanges*, un nombre plus ou moins considérable. Nous écartant ici, pour des raisons faciles à comprendre, de la règle chronologique posée plus haut, nous serons heureux d'accueillir toutes les études qui pourront contribuer à faire connaître les *patois* modernes, surtout ceux de la France, que ces études se présentent sous forme de recherches grammaticales, de dépouillements lexicologiques ou de textes recueillis de première main.

La partie consacrée aux littératures offrira plus de variété encore. Le centre sera ici, plus encore que pour la linguistique, notre ancienne littérature française, dont l'influence sur toutes ses voisines au moyen-âge n'a plus besoin d'être démontrée. La simple énumération des richesses qu'elle offre à l'exploitation scientifique, soit dans la poésie, soit dans la prose, soit en langue d'oïl, soit en langue d'oc, nous entraînerait beaucoup trop loin. Bornons-nous à rappeler tout ce qui reste à faire dans ce domaine, après tout ce qu'on a déjà fait. Que de manuscrits dorment ou inconnus ou mal connus, dans la poussière des bibliothèques ! Que d'ouvrages importants sont inédits ! Que de chapitres d'histoire littéraire sont à faire ou à refaire ! La seule poésie épique, si on considère l'abondance et l'importance exceptionnelle de ses monuments, suffirait à défrayer un recueil spécial. Notre position et nos relations diverses nous mettront à même de connaître et de produire au jour bien des trésors qui ne sont pas encore signalés, soit à Paris soit ailleurs, et notamment en Angleterre. Par ce côté, notre journal sera une sorte de *recueil de matériaux* ; mais il publiera aussi des travaux d'histoire littéraire proprement dits, où ces matériaux seront mis en œuvre. Nous appelons tout particulièrement les recherches de littérature comparée, celles qui ont pour but d'éclaircir les origines, l'histoire et les rapports des différentes productions littéraires : nouvelles encore, ces études ont déjà fait de grands progrès, et promettent, si elles sont dirigées par une critique sévère, de nous donner bientôt les résultats les plus importants. A ce point de vue, l'étude de notre littérature nationale offre un intérêt considérable pour les autres peuples de l'Europe, dont les poètes ont si largement imité les nôtres. Nous serons heureux de publier des travaux approfondis sur ce point, et de rapprocher sans cesse des œuvres de nos anciens écrivains les œuvres qu'elles ont inspirées non-seulement à ceux des autres nations romanes, mais à ceux des divers pays germaniques, de la Scandinavie, de la Grèce elle-même. L'Angleterre occupe à ce point de vue une place exceptionnelle. Un dialecte spécial du français s'est parlé pendant trois siècles sur son sol, et la littérature anglaise du moyen-âge s'appuie en bonne partie, soit directement, soit à travers des intermédiaires indigènes, sur celle de la France. Aussi la langue et la littérature anglo-normandes et plus tard anglaises (étudiées dans leurs éléments romans) trouveront-elles place dans la *Romania* presque au même titre que celles des pays néolatins.

Tout en accordant à la littérature de la France une faveur bien naturelle, nous souhaitons vivement que celles des nations sœurs soient largement représentées dans notre recueil. L'Italie, à laquelle il était réservé de donner à certaines des idées du moyen-âge la consécration de la beauté artistique, occupe dans l'histoire de la littérature européenne une place à laquelle correspondra, nous l'espérons, celle qu'elle tiendra dans notre Revue ; l'Espagne a un développement littéraire, sinon aussi riche à l'époque ancienne, du moins extrêmement intéressant et original auquel nous consacrerons plus d'une page ; nous ne parlons pas ici des pays moins importants, qui tous, autant que nous le pourrons, fourniront à la *revue des langues et littératures romanes* le sujet d'études diverses. Nous faisons appel tout spécialement, en dehors de France, à la bonne volonté et à la science de ceux qui trouveront que notre entreprise mérite d'être soutenue.

L'exception que nous avons faite pour les patois, au sujet de la limite chronologique, se répète à propos de la littérature populaire. Un de nos vœux le plus chers serait de recueillir, dans tous les pays romans, mais surtout en France, les contes, les légendes, les chansons du peuple. La simple publication de textes sincères, aussi bien que les études auxquelles ces textes donneront lieu, auront accès dans la *Romania*, et lui donneront, si nous ne nous trompons, un intérêt spécial et durable.

La *critique* des ouvrages qui paraîtront dans le domaine de nos études sera une partie importante du recueil. Fidèles aux principes que nous avons appliqués ailleurs, nous l'exercerons avec impartialité, et nous croyons être utiles à la science en penchant plus du côté de la rigueur que de l'indulgence. Nous l'emploierons surtout à répandre les saines méthodes qui, tout en facilitant le travail, en rendent les résultats à la fois bien plus sûrs et plus abondants ; mais nous ne nous refuserons pas à ces articles étendus où le sujet est traité à l'occasion du livre, et qui ont souvent moins pour objet de le critiquer que de le compléter.

Telle est l'entreprise pour laquelle nous venons vous demander le concours de tous ceux qui s'intéressent aux études romanes, au passé de la France, à l'histoire intellectuelle du monde moderne. Ce concours est la condition indispensable, nous ne dirons pas de notre succès, – nous avons peu d'illusions à cet égard, – mais de notre existence, et dans ces limites, nous comptons que tant en France qu'à l'étranger il ne nous fera pas défaut.

Un mot encore. La *Romania* n'est pas le premier recueil qu'on ait consacré à ces études. Depuis douze ans, le *Jahrbuch für romanische und englische Literatur*, fondé par Wolf, dirigé successivement par MM. Ebert et Lemcke, travaille à la même œuvre que nous ; il a rendu, rend et rendra encore les plus grands services à la science. Mais d'une part, bien que les articles écrits dans les différentes langues romanes y soient admis, c'est l'allemand, naturellement, qui domine dans ce recueil, et ce fait a beaucoup nui a sa diffusion dans les pays romans ; d'autre part, nous l'avouerons, il nous a semblé que le centre des études romanes devait être en France plutôt qu'en Allemagne, et nous avons cru, en voyant l'activité qui s'éveille depuis quelque temps dans ce domaine, que les deux journaux pouvaient vivre l'un à côté de l'autre. Nous espérons qu'il en sera ainsi, et que la concurrence – toute scientifique – entre le recueil de Paris et celui de Leipzig tournera uniquement à l'avantage du public.

Un autre recueil, auquel nous regretterions vivement de faire du tort, se publie à Montpellier, depuis le moins de janvier 1870, sous le titre de *Revue des langues romanes*. Dirigées par d'excellents et zélés travailleurs la *Revue* a déjà donné des articles d'un véritable intérêt ; il est à désirer, sous tous les rapports, que son succès se prolonge et s'affermisse. Mais le lieu même où elle se publie, les études de la plupart de ses collaborateurs, le prédisposent tout naturellement à se consacrer plus spécialement à la langue d'oc ancienne ou moderne et à sa littérature, et elle semble décidée à entrer franchement dans cette voie. Nous l'en féliciterions, car c'est dans ce cercle plus restreint qu'elle pourra surtout être utile et neuve, et la *Romania* trouverait en elle un auxiliaire des plus appréciés.

La *Romania* paraîtra à partir du premier janvier 1872, en livraisons trimestrielles de huit feuilles (128 pages) in-8°. Elle admet les articles écrits dans les diverses langues romanes et en anglais. Les articles envoyés dans d'autres langues seront traduits en français.

# XVII. Schéma: les chansons de geste

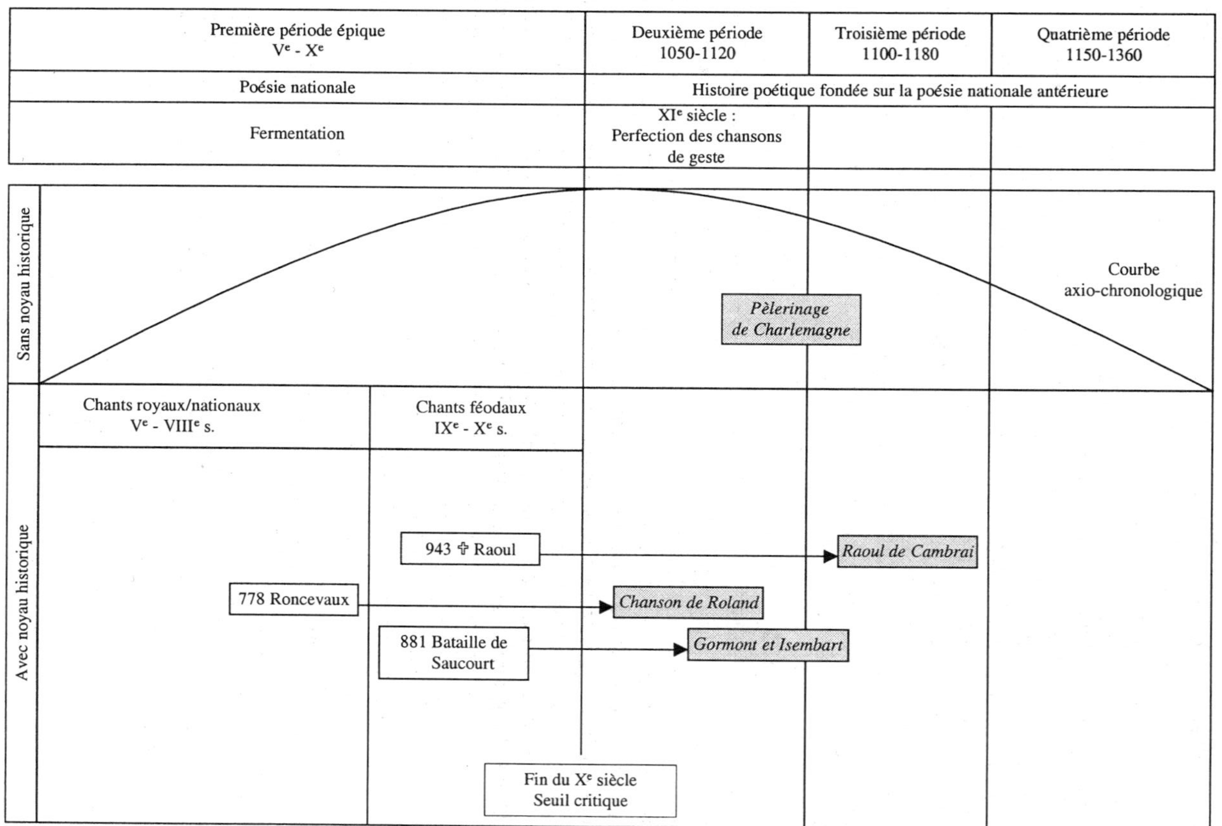

# BIBLIOGRAPHIE

## TEXTES DE GASTON PARIS

### 1. Réimpression de la Bibliographie de Bédier/Roques 1904

1839-1903

SOCIÉTÉ AMICALE GASTON PARIS

# BIBLIOGRAPHIE

## DES TRAVAUX

DE

# GASTON PARIS

PUBLIÉE PAR

JOSEPH BÉDIER ET MARIO ROQUES

PARIS

MDCCCCIV

# AVERTISSEMENT

Nous avons adopté pour cette bibliographie l'ordre méthodique. Il est inutile d'expliquer ici l'ensemble et les détails de notre classement : la table des matières en rend compte. A l'intérieur de chacune des divisions par nous établies, les travaux de G. Paris sont rangés chronologiquement. Cette répartition selon la nature des sujets traités nous a semblé préférable à l'ordre purement chronologique; elle comporte pourtant, sans parler de nos erreurs, une part inévitable d'arbitraire : l'index alphabétique placé à la fin du volume y remédiera.

Nous avons recueilli, sur l'indication de M. P. Meyer, les articles de la *Revue critique* signés Ψ et Ξ et quelques articles signés Δ (nos 287 et 358) et XXX (n° 330).

G. Paris a rendu compte dans la *Romania* d'un grand nombre de publications collectives (voyez les nos 1108-1193). On ne pouvait songer à classer à sa place logique chacun des innombrables articles de revues qu'il a été ainsi amené à critiquer, parfois en deux ou trois lignes. Nous nous en sommes tenus aux recueils non périodiques de mémoires, auxquels il a consacré de si importants comptes rendus ; encore avons-nous renoncé à relever les recensions les plus sommaires. Nous avons aussi, et pour des motifs analogues, sacrifié les notes nombreuses publiées par G. Paris dans la *Chronique* de la *Romania* : beaucoup ne sont pas signées, beaucoup sont très brèves. La *Table* de la *Romania*, que publiera bientôt M. le Dr A. Bos, complétera à cet égard notre travail.

Nous avons marqué d'un astérisque, pour les distinguer des comptes rendus, les travaux originaux de G. Paris. Nous avons cru devoir mettre aussi l'astérisque à un certain nombre de grands articles, parus presque tous dans le *Journal des Savants*, et les désigner comme des travaux originaux, bien qu'ils aient été publiés comme des comptes rendus de livres récents. En prenant ce parti, nous n'avons fait que suivre une indication de G. Paris : lorsqu'il publiait ces articles en tirage à part, il les munissait à l'ordinaire d'un titre nouveau, et ce titre ne faisait plus mention de l'ouvrage qui avait servi d'occasion ou de prétexte à son étude (voyez, par exemple, le n° 54).

Plusieurs de nos confrères de la Société amicale Gaston Paris nous ont assistés de leurs conseils : nous les en remercions tous, et surtout M. P. Meyer et M. A. Morel-Fatio. M. L. Sainéan nous a donné plusieurs indications fort utiles. Nous avons été obligeamment aidés dans nos recherches à la Bibliothèque nationale par MM. Pillon-Dufresne et Huet, à la Bibliothèque de la Sorbonne par M. Mortet.

---

# LINGUISTIQUE

## I. — LINGUISTIQUE GÉNÉRALE

1\. — Bidrag till Läran om de konsonantiska Ljudlagarna i äldre och nyare Språk, af Mårten Birger Richert .I. Upsala, 1866.

*Revue critique*, 3e année (1868), 1er semestre, p. 328-331.

2\. — La langue latine étudiée dans l'unité indo-européenne.....Par A. de Caix de Saint-Aymour. T. I. Paris, 1868.

*Revue critique*, 3e année (1868), 1er semestre, p. 344-349.

3\. — Collection philologique. Recueil de travaux originaux ou traduits relatifs à la philologie et à l'histoire littéraire, avec un avant-propos de Michel Bréal. Premier fascicule. La théorie de Darwin; de l'importance du langage pour l'histoire naturelle de l'homme, par A. Schleicher. Paris, 1867.

*Revue critique*, 3e année (1868), 2e semestre, p. 241-244.

4\. — Prima lezione del corso linguistico straordinario di Fausto Lasinio, professore ordinario nella R. Università di Pisa. Pisa.

[Signé Ψ. ]

*Revue critique*, 4e année (1869), 1er semestre, p. 369.

5. — A Wallensköld. Zur Klärung der Lautgesetzfrage. (*Tobler-Abhandlungen*, p. 288).

*Romania*, t. XXIV, 1895, p. 458.

6*. — Maurice Grammont. La dissimilation consonantique dans les langues indo-européennes et dans les langues romanes. Dijon, 1897.

*Journal des Savants*, 1898, p. 81-97.

Tiré à part. Paris, impr. nationale. In-4°, 18 pages.

7. — Ed. Wechssler. Giebt es Lautgesetze ? (*Festgabe für H. Suchier*, 1900, p. 349).

*Romania*, t. XXIX, 1900, p. 583-584.

---

# II. — LINGUISTIQUE ROMANE

---

## 1. Latin vulgaire et Grammaire comparée des langues romanes.

8*. — Frédéric Diez. Introduction à la Grammaire des langues romanes, traduite de l'allemand par Gaston Paris. Paris et Leipzig, A. Franck. Albert L. Herold, successeur, 1863. In-8, XXIV-163 pages.

9. — Altromanische Glossare, berichtigt und erklärt von Friedrich Diez. Bonn, 1865.

*Revue critique*, 1re année (1866), 1er semestre, p. 85-88.

10. — Noms propres anciens et modernes, études d'onomatologie comparée, par Robert Mowat. Paris, 1869.

[Signé Ξ.]

*Revue critique*, 4e année, 1869, 2e semestre, p. 154-158.

11*. — Anciens glossaires romans, corrigés et expliqués par Frédéric Diez. Traduit par Alfred Bauer, . . . Paris, 1870, XI-140 pages (*Bibliothèque de l'École pratique des Hautes Études*, fascicule V).

L'avant-propos de cet ouvrage est de G. Paris, qui a ajouté des notes, pages 131-135.

12*. — *Romani*, *Romania*, *lingua romana*, *romancium*.

*Romania*, t. I, 1872, p. 1-22.

Un second article sur ce sujet a été annoncé, mais non publié.

13*. — Grammaire des langues romanes, par Frédéric Diez. Troisième édition, refondue et augmentée. Tome Ier, traduit par Auguste Brachet et Gaston Paris. Paris, Franck, 1872. In-8, VIII-476 pages. Tome II (1874), traduit par Alfred Morel-Fatio et Gaston Paris, 460 pages. Tome III (1874), traduit par Alfred Morel-Fatio et Gaston Paris, 456 pages.

error 1876

14. — Romanische Wortschöpfung, von Friedrich Diez. Bonn, 1875.

*Romania*, t. V, 1876, p. 236.

15. — Die formelle Entwicklung des Participium praeteriti in den romanischen Sprachen. [Inaugural-Dissertation] von Jacob Ulrich. Winterthur, 1879.

*Romania*, t. VIII, 1879, p. 445-449.

16. — Una lettera glottologica di G. J. Ascoli, pubblicata nell' occasione che raccoglievasi in Berlino il quinto congresso degli orientalisti. Torino, 1881. (Extrait de la *Rivista di filologia ed istruzione classica*, t. X, f. 1.)

*Romania*, t. XI, 1882, p. 130-134.

17*. — La prononciation de *H* en latin.

*Romania*, t. XI, 1882, p. 399.

18. — Römisch und Romanisch. Ein Beitrag zur Sprachgeschichte, von Franz Eyssenhardt. Berlin, 1882.

*Romania*, t. XI, 1882, p. 418-419.

19. — Die lokalen Verschiedenheiten der lateinischen Sprache, mit besonderer Berücksichtigung des afrikanischen Lateins, von Dr Karl Sittl. Erlangen, 1882.

*Romania*, t. XII, 1883, p. 118-120.

20*. — Pentateuchi versio latina antiquissima e codice lugdunensi. Version latine du Pentateuque antérieure à saint Jérôme, publiée d'après le manuscrit de Lyon.....par Ulysse Robert, Paris, 1881.

*Journal des Savants*, 1883.
1er article, p. 276-288.
2e — p. 386-399.



21. — Kristoffer Nyrop. Adjectivernes Kœnsbœjning i de romanske Sprog. Med en Inledning om Lydlov om Analogi. Copenhague, 1886.

*Romania*, t. XV, 1886, p. 437-441.

22. — Gr. Ascoli. Due lettere glottologiche (*Miscellanea Caix e Canello*, p. 425-471).

*Romania*, t. XV, 1886, p. 462.

23*. — L' « Appendix Probi ».

*Mélanges Renier. Recueil de travaux publiés par l'École pratique des Hautes Études, section des sciences historiques et philologiques, en mémoire de son président, Léon Renier*. Paris, 1886. In-8, p. 301-309.

Tiré à part. Paris, F. Vieweg, 1886.

24*. — Les faits épigraphiques ou paléographiques allégués en preuve d'une altération ancienne du *C* latin.

*Comptes rendus des séances de l'Académie des inscriptions et belles-lettres*, 4e série, t. XXI, 1893, p. 81-94.
Tiré à part. Paris, impr. nationale, 1893. In-8, 13 pages.

25*. — L'altération romane du *C* latin.

*Annuaire de l'École pratique des Hautes Études*, 1893, p. 7-37.

26. — L. Havet. L'*S* latin caduc (*Études romanes*, p. 303).

*Romania*, t. XXII, 1893, p. 148-149.

27. — Le développement de *facere* dans les langues romanes, par Gust. Rydberg. Paris, 1893.

*Romania*, t. XXII, 1893, p. 569-574.

28. — Egidio Gorra. Dell' epentesi di iato nelle lingue romanze. Roma, 1893 (Extrait du t. VI des *Studj di filologia romanza*, p. 465).

*Romania*, t. XXIII, 1894, p. 594-601.

29. — G. Sundstedt. Sur le cas fondamental de la déclinaison romane (*Mélanges Wahlund*, 1896, p. 315).

*Romania*, t. XXVI, 1897, p. 107.

30. — G. Rydberg. *Viginti, triginta* ou *viginti, triginta?* (*Mélanges Wahlund*, 1896, p. 357).

*Romania*, t. XXVI, 1897, p. 107-108.

31. — Les origines romanes. La première personne du pluriel en gallo-roman, par le Dr F. Geo. Mohl. Prague, 1900 (Extrait des *Mémoires de la Société royale des Sciences de Bohême*, classe des sciences philosophiques, historiques et philologiques).

*Romania*, t. XXX, 1901, p. 578-587.

32. — H. O. Ostberg. Sur les pronoms possessifs au singulier dans le vieux français et le vieux provençal (*Mélanges Geijer*, 1901, p. 292).

*Romania*, t. XXXI, 1902, p. 449.

33. — L. Gauchat. *Sono avuto* (*Mélanges Monaci*, 1901, p. 61).

*Romania*, t. XXXI, 1902, p. 604.

34*. — Sur l'*Appendix Probi*.

*Mélanges Boissier*. Paris, A. Fontemoing, 1903, p. 5-9.

35*. — Le mode et les étapes de l'altération du *C* en gallo-roman.

*Romania*, t. XXXIII, 1904, p. 321-332.

## 2. Lexicographie romane et notes étymologiques.

36. — Collection des poëmes français du XIIe et du XIIIe siècles, par C. Hippeau. Glossaire (première partie). Paris, 1866.

*Revue critique*, 2e année (1867), 1er semestre, p. 373-376.

37. — Die germanischen Elemente in der französischen Sprache. Ein Versuch, von Felix Atzler. Coethen, 1867.

*Revue critique*, 2e année (1867), 2e semestre, p. 330-333.

38. — Alexis. — Pariser Glossar 7692. Von Conrad Hofmann.



München, 1868 (Extrait des *Comptes rendus de l'Académie de Bavière*).

*Revue critique*, 3e année (1868), 2e semestre, p. 105-108.

39. — Auguste Brachet. Dictionnaire des doublets de la langue française (*Collection philologique*, deuxième fascicule). Paris, 1868.

*Revue critique*, 3e année (1868), 2e semestre, p. 274-280.

40. — Manuel pour l'étude des racines grecques et latines avec une liste des principaux dérivés français, précédé de notions élémentaires sur la phonétique des langues grecque, latine et française, par An. Bailly. Paris, 1869.

*Revue critique*, 4e année (1869), 1er semestre, p. 248-252.

41. — Französisch-englisches etymologisches Wörterbuch innerhalb des Lateinischen..... von Dr S. Nagel. Berlin. [Signé Ξ.]

*Revue critique*, 4e année (1869), 2e semestre, p. 332.

42. — Beiträge zur altfranzösischen Lexicographie. Von Oberlehrer Goldbeck. Berlin, 1872 (*Jahresbericht der Luisen-Schule*).

*Romania*, t. I, 1872, p. 250.

43. — De quelques mots slaves passés en français. Avis aux éditeurs de La Fontaine (Extrait du *Bulletin de la Société scientifique et littéraire d'Alais*, 1877).

*Revue critique*, 11e année (1877), 1er semestre, p. 262-263.

44. — Etymologisches Wörterbuch der romanischen Sprachen, von Friedrich Diez. Vierte Ausgabe, mit einem Anhange von August Scheler. Bonn, 1878.

*Romania*, t. VIII, 1879, p. 127.

45. — Studî di Etimologia italiana e romanza, osservazioni ed aggiunte al « Vocabolario etimologico delle lingue romanze » di Fr. Diez del Dre N. Caix. Firenze, 1878.

*Romania*, t. VIII, 1879, p. 616-620.

46*. — Les origines de la fauconnerie.

*Romania*, t. XII, 1883, p. 99-100.

47. — G. Gröber. Etymologien (*Miscellanea Caix e Canello*, p. 39).

*Romania*, t. XV, 1886, p. 452-453.

48. — A. Tobler. Etymologisches (*Miscellanea Caix e Canello*, p. 71).

*Romania*, t. XV, 1886, p. 453-454.

49*. — Un article du dictionnaire de M. Godefroy.

*Romania*, t. XV, 1886, p. 613.

50. — M. Goldschmidt. Allerlei Beiträge zu einem germano-romanischen Wörterbuche (*Tobler-Abhandlungen*, 1895, p. 164).

*Romania*, t. XXIV, 1895, p. 454-455.

51. — Etymologisches, von Ad. Tobler. Berlin, 1896 (Extrait des *Sitzungsberichte* de l'Académie de Berlin, classe de philosophie et d'histoire, 1896, p. 851).

*Romania*, t. XXV, 1896, p. 621-625.

52. — E. G. Parodi. Etimologie (*Miscellanea Rossi-Teiss*, 1897, p. 335).

*Romania*, t. XXVII, 1898, p. 152-153.

53. — C. Salvioni. Quisquiglie etimologiche (*Miscellanea Rossi-Teiss*, 1897, p. 401).

*Romania*, t. XXVII, 1898, p. 154.

54*. — Die Lehnwörter in der französischen Sprache ältester Zeit, von Heinrich Berger. — Les mots d'emprunt dans le plus ancien français, par Henri Berger. Leipzig, 1899.

*Journal des Savants*, 1900.

1er article, p. 294-307.
2e — p. 356-375.



Tiré à part, sous le titre : Les plus anciens mots d'emprunt du français, par Gaston Paris. Paris, impr. nationale, 1900. In-4, 32 pages.

55. — D. Behrens. Zur Wortgeschichte des Französischen (*Festgabe für G. Gröber*, 1899, p. 149).

*Romania*, t. XXIX, 1900, p. 118-119.

56. — P. Marchot. Deux étymologies. [1. *Nienle* et similaires. 2. A. fr. *laier*.] (*Miscellanea Ascoli*, 1901, p. 27).

*Romania*, t. XXX, 1901, p. 568.

57. — H. Suchier. Kleinere Beiträge zur romanischen Sprachgeschichte (*Miscellanea Ascoli*, 1901, p. 65).

*Romania*, t. XXX, 1901, p. 568-569.

58. — C. Salvioni. Etimologie (*Miscellanea Ascoli*, 1901, p. 75).

*Romania*, t. XXX, 1901, p. 569-570.

59. — W. Meyer-Lübke. Etymologisches (*Miscellanea Ascoli*, 1901, p. 415).

*Romania*, t. XXX, 1901, p. 573.

60. — S. Pieri. Appunti etimologici (*Miscellanea Ascoli*, 1901, p. 421).

*Romania*, t. XXX, 1901, p. 573-575.

61. — G. de Gregorio. Etimologie (*Miscellanea Ascoli*, 1901, p. 447).

*Romania*, t. XXX, 1901, p. 575.

62. — L. Biadene. Note etimologiche (*Miscellanea Ascoli*, 1901, p. 549).

*Romania*, t. XXX, 1901, p. 577.

63*. — Mots obscurs et rares de l'ancienne langue française, par A. Delboulle.

1er article : *Romania*, t. XXXI, 1902, p. 350-375; Gaston Paris y a joint des notes, aux pages 350, 351, 352, 353, 354, 355, 356, 365, 367, 368, 372, 373, 375.

2e article : *Romania*, t. XXXIII, 1904, p. 344-367 ; Gaston Paris y a joint des notes, aux pages 345, 351, 354, 356, 357, 360, 361, 363, 364, 367.

64. — M. Goldschmidt. Germanisches Kriegswesen im Spiegel des romanischen Lehnwortes (*Festgabe für W. Förster*, 1901, p. 49).

*Romania*, t. XXXI, 1902, p. 611.

65. — D. Behrens. Zur Wortgeschichte des Französischen (*Festgabe für W. Förster*, 1901, p. 233).

*Romania*, t. XXXI, 1902, p. 616-617.

66. — Etymologisches, von A. Tobler. Berlin, 1902 (Extrait des *Sitzungsberichte der kön. preuss. Akademie*, 1902, VII).

*Romania*, t. XXXII, 1903, p. 127-131.

67*. — *Abrier*[1], *abri.*

*Romania*, t. XXVIII, 1899, p. 433-435.

68*. — *Accoutrer; fatras.*

*Romania*, t. XIX, 1890, p. 287-290.

69*. — *Agacer.*

*Romania*, t. VIII, 1879, p. 436 (note additionnelle à un article de M. H. Wedgwood).

70*. — *Andain.*

*Romania*, t. XIX, 1890, p. 449-455.

71. — E. Bovet. Ancora il problema *andare* (*Mélanges Monaci*, 1901, p. 243).

*Romania*, t. XXXI, 1902, p. 606-607.

1. Pour les notes étymologiques qui suivent, nous remplaçons l'ordre chronologique par l'ordre alphabétique.



72*. — *Antenois.*

*Romania*, t. XXI, 1892, p. 597.

73. — Fr. Neumann. Lat. *auca* > altfrz. *oie oue* und Verwandtes (*Festgabe für W. Förster*, 1901, p. 247).

*Romania*, t. XXXI, 1902, p. 617-618.

74*. — *Avoir son olivier courant.*

*Romania*, t. XVIII, 1889, p. 133-135.

75*. — *Bascauda.*

*Romania*, t. XXI, 1892, p. 400-406.

76*. — *Bédane.*

*Romania*, t. XXII, 1893, p. 549.

77*. — *Blaireau.*

*Romania*, t. VIII, 1879, p. 436 (note additionnelle à un article de M. H. Wedgwood.)

78. — Em. Walberg. *Blou*, *bloi* en ancien français (*Mélanges Geijer*, 1901, p. 83).

*Romania*, t. XXXI, 1902, p. 444-445.

79*. — *Boute-en-courroie.*

*Romania*, t. XXI, 1892, p. 407-413.

80*. — Étymologies françaises. [1. *Bouvreuil.* — 2. *Cahier.* — 3. *Caserne.* — 4. *A l'envi.* — 5. *Lormier.* — 6. *Moise*].

*Mémoires de la Société de linguistique de Paris*, t. I, 1868, p. 283-292.

81*. — *Cahier.*

Voyez n° 80.

82*. — *Caserne.*

Voyez n° 80.

83*. — *Choisel.*

*Romania*, t. XVI, 1887, p. 564-565.

84*. — *Combr-.*

*Romania*, t. XXIII, 1894, p. 243-245.

85*. — *Comment.*

*Romania*, t. X, 1881, p. 216 (note additionnelle à un article de M. Cornu).

86*. — *Corrot, corine.*

*Romania*, t. XXVIII, 1899, p. 287-289.

87*. — *Debé.*

*Romania*, t. XVIII, 1889, p. 469-472.

88. — E. Staaf. *Desver* et *rêver*, essai étymologique (*Mélanges Geijer*, 1901, p. 251).

*Romania*, t. XXXI, 1902, p. 448-449.

89*. — *Dîner.*

*Romania*, t. VIII, 1879, p. 95-100.

90*. — *Dioré.*

*Romania*, t. XIV, 1885, p. 274-275.

91. — A. Lindström. *Dispensare, distornare* (*Mélanges Wahlund*, 1896, p. 281).

*Romania*, t. XXVI, 1897, p. 106.

92. — A. Morel-Fatio. *Duelos y quebrantos* (*Études romanes*, p. 407).

*Romania*, t. XXII, 1893, p. 152-153.

93*. — *Dôme.*

*Romania*, t. XXIV, 1895, p. 274-276.

Réimprimé dans les *Cahiers de la Quinzaine*. Paris, 14 avril 1904, 14e cahier de la 5e série, p. 101-104.

94*. — *Elme, osberc.*

*Romania*, t. XVII, 1888, p. 425-429.

95*. — *Empreu.*

*Romania*, t. XVII, 1888, p. 100-101.



96*. — *A l'envi.*

Voyez n° 80.

97*. — *Estaler, estal.*

*Romania*, t. XVIII, 1889, p. 132; cf. p. 472 (note additionnelle à un article de M. A. Delboulle.)

98*. — *Estrumelé.*

*Romania*, t. X, 1881, p. 399-401 et p. 590-591.

99*. — *Faîte.*

*Romania*, t. I, 1872, p. 96-101.

100*. — *Fatras.*

Voyez n° 68.

101*. — *Ficatum* en roman.

*Miscellanea linguistica in onore di Graziadio Ascoli*, p. 41-63. Torino, 1901.

Tiré à part. Torino, Loescher. In-4, 23 pages.

102*. — [Addition au mémoire sur « *Ficatum* en roman ».]

*Romania*, t. XXX, 1901, p. 568 (compte rendu de la *Miscellanea Ascoli*.)

103*. — *Figer.*

*Romania*, t. VIII, 1879, p. 434-435.

104*. — *Gens, giens.*

*Mémoires de la Société de linguistique de Paris*, t. I, 1868, p. 189-192.

105*. — *Guet-apens.*

*Romania*, t. XXIX, 1900, p. 262-263.

106*. — *Juge.*

*Romania*, t. XIX, 1890, p. 300 (note additionnelle à un article de M. A. Bos.)

107*. — *Labaustre.*

*Romania*, t. XXIX, 1900, p. 426-429.

108*. — A. fr. *laïs.*

*Romania*, t. XXVIII, 1899, p. 113-118.

109*. — *Longaigne*.
Romania, t. XXI, 1892, p. 406-407.

110*. — *Lormier*.
Voyez n° 80.

111*. — *Mastin*.
Romania, t. XXI, 1892, p. 597.

112*. — *Maufé*.
Romania, t. V, 1876, p. 367.

113*. — *Moise*.
Voyez n° 80.

114*. — *Navrer*.
Romania, t. I, 1872, p. 216-218.

115*. — *Nuptias* en roman.
Romania, t. X, 1881, p. 397-398.

116*. — *Or est venus qui aunera*.
Romania, t. XXXII, 1903, p. 442.

117*. — *Osterin*.
Romania, t. XXIX, 1900, p. 429-432.

118*. — *Parche*.
Romania, t. XVIII, 1889, p. 472.

119*. — *Par ci le me taille*.
Romania, t. XVIII, 1889, p. 288-289.

120*. — *Parpaing, perpigner*.
Romania, t. XXVII, 1898, p. 481-484.

121*. — *Peaigne*.
Romania, t. XXI, 1892, p. 85-86 (note additionnelle à un article de M. Louis Havet).

122*. — *Perpetuon*.
Romania, t. XXI, 1892, p. 87 (note additionnelle à un article de M. A. Delboulle).



123*. — *Poulie*.
Romania, t. XXVI, 1898, p. 484-489.

124*. — *Pruekes*.
Romania, t. VI, 1877, p. 588-590.

125. — J. Vising. *Quomodo* in den romanischen Sprachen (*Tobler-Abhandlungen*, 1895, p. 113).
Romania, t. XXIV, 1895, p. 453-454.

126. — G. Cohn. *Rêver* und gelegentlich desselben (*Tobler-Abhandlungen*, p. 269).
Romania, t. XXIV, 1895, p. 457-458.

127. — J. Schmitt. Ῥιζικόν-*risico* (*Miscellanea Ascoli*, 1901, p. 389).
Romania, t. XXX, 1901, p. 572-573.

128*. — *Sancier, essancier*.
Romania, t. VIII, 1879, p. 265-266.

129. — La Fosse du Soucy, étude philologique, par A. Joly. Paris, 1876.
Romania, t. VI, 1877, p. 148-149.

130*. — *Soucy, solside, somsir*.
Romania, t. VI, 1877, p. 436-437.

131*. — *Surge*.
Romania, t. VII, p. 103-104.

132*. — *Trouver*.
Romania, t. VII, 1878, p. 418-419.

133*. — *Trouver*.
Romania, t. XXXI, 1902, p. 12-13 (note additionnelle à un article de M. Antoine Thomas).

134*. — *Vapidus* « *fade* ».
*Mémoires de la Société de linguistique de Paris*, t. I, 1868, p. 90-93.

## 3. Grammaire historique du français.

### a) Généralités

135. — Grammaire historique de la langue française, par Auguste Brachet. Paris, 1867.

*Revue critique*, 3e année (1868), 1er semestre, p. 23-31.

136*. — Grammaire historique de la langue française. Cours professé à la Sorbonne, rue Gerson, en 1868, par Gaston Paris. Leçon d'ouverture. Paris, Franck, 1868. In-8, 30 pages.

137. — Palaestra gallica, or an Introduction to the philology of the french language... By A. L. Meissner... London, 1868.

*Revue critique*, 3e année (1868), 2e semestre, p. 368.

138*. — Les Études sur la langue française.

*Revue de France*, 1re année, 1871.

1er article, p. 395-398.
2e — p. 434-439.
3e — p. 492-495.
4e — p. 528-533.

139. — Histoire des origines de la langue française, par A. Granier de Cassagnac. Paris, 1872.

*Revue critique*, 7e année (1873), 1er semestre, p. 289-301.

140. — Les nouvelles recherches sur la langue française et leurs résultats, par J. Bastin. Bruxelles, 1872.
[Signé Ψ.]

*Revue critique*, 7e année (1873), 2e semestre, p. 291-292.

141. — La philologie française au temps jadis. Deux discours sur la nation et la langue françaises faits par des Français et



datant de la fin du XVIe siècle et du commencement du XIXe, réimprimés... par Carl Wahlund (*Mémoires philologiques*, p. 103).

*Romania*, t. XIX, 1890, p. 128-129.

142*. — Dictionnaire général de la langue française, du commencement du XVIIe siècle jusqu'à nos jours... par Adolphe Hatzfeld et Arsène Darmesteter. Paris, 1890. Premier fascicule : Introduction. *A — Ajournement*.

*Journal des Savants*, 1890.

1er article, p. 603-620.
2e — p. 665-684.
Tiré à part. Impr. nationale, 1890. In-4, 39 pages.

143. — Arsène Darmesteter. Cours de grammaire historique de la langue française, Première partie : Phonétique, publiée par les soins de M. Ernest Muret. Paris, 1891.

Ouvrage présenté à l'Académie des inscriptions. *Comptes rendus des séances de l'Académie des inscriptions et belles lettres*, 4e série, t. XX, 1892, p. 129-130.

144*. — Une histoire de la langue française.

[*A propos du livre intitulé* : Arsène Darmesteter. Cours de grammaire historique de la langue française. Première partie : Phonétique, publiée par les soins de M. Ernest Muret. Paris, 1891.]

*Journal des Débats*, n° du 4 mai 1892.

145. — Essai de grammaire de l'ancien français (IX-XIVe siècles), par E. Étienne. Paris et Nancy, 1895.

*Romania*, t. XXIV, 1895, p. 287.

146*. — Histoire de la langue française, par Ferdinand Brunot. (fait partie de l'*Histoire de la Langue et de la littérature française des origines à 1900*, publiée sous la direction de L. Petit de Julleville. Paris, 1896 et années suivantes).

*Journal des Savants*, 1897.

1er article, p. 542-555.
2e — p. 596-613.
3e — p. 659-675.

147. — Beiträge zur Geschichte der französischen Grammatik im siebzehnten Jahrhundert. I. Der Purismus bei Uebersetzern, Lexicographen, Grammatikern, Verfassern von Observations und Remarques. II. Gilles Ménage und seine *Observations sur la langue française*. Von Marie J. Minckwitz. Berlin, 1897.

*Journal des Savants*, 1897, p. 747-748.

148*. — Un nouveau dictionnaire de la langue française.

[Dictionnaire général de la langue française.... par Adolphe Hatzfeld, Arsène Darmesteter et Antoine Thomas.]

*Revue des Deux Mondes*, 1901, t. V.

1er article, 15 septembre, p. 241-262.

2e — 15 octobre, p. 802-828.

## b) Les plus anciens monuments de la langue française (ixe-xe siècles)

149*. — La *Vie de saint Léger*, texte revu sur le manuscrit de Clermont-Ferrand.

*Romania*, t. I, 1872, p. 273-317.

150*. — La *Passion du Christ*, texte revu sur le manuscrit de Clermont-Ferrand.

*Romania*, t. II, 1873, p. 295-314.

151*. — Société des anciens textes français. Les plus anciens monuments de la langue française (ixe-xe siècles), publiés avec un commentaire philologique, par Gaston Paris. Album. Paris, Firmin Didot, 1875.

[Album de neuf planches exécutées par la photogravure. Le commentaire philologique annoncé n'a pas été publié.]

152. — Die ältesten französischen Mundarten. Eine sprachgeschichtliche Untersuchung von Gustav Lücking. Berlin, 1877.

*Romania*, t. VII, 1878, p. 111-140.



153. — Ueber die Verbalflexion der ältesten französischen Sprachdenkmäler, bis zum Rolandslied einschliesslich. Inaugural-Dissertation... von Heinrich Freund. Heilbronn, 1878.

*Romania*, t. VII, 1878, p. 620-624.

154. — La *Cançun de saint Alexis* und einige kleinere altfranzösische Gedichte des 11. und 12. Jahrhunderts, nebst vollständigem Wortverzeichniss zu E. Koschwitz's : *Les plus anciens monuments de la langue française*, und zu beifolgenden Texten, von E. Stengel. Marburg, 1882 (*Ausgaben und Abhandlungen veröffentlicht von* E. Stengel, I).

*Romania*, t. XI, 1882, p. 603-604.

155*. — G. Paris. Les Serments de Strasbourg; introduction à un commentaire grammatical (*Miscellanea di filologia, dedicata alla memoria dei professori Caix e Canello*. Firenze, 1886. In-4, p. 77-89).

Tiré à part. Firenze, 1886. In-4, 12 pages.

156. — Commentar zu den ältesten französischen Denkmälern, von Dr Ed. Koschwitz. I. Eide, Eulalia, Jonas, Hohes Lied Stephan. Heilbronn, 1886.

*Romania*, t. XV, 1886, p. 443-449.

157. — H. Suchier. Die Mundart der Strassburger Eide (*Festgabe für W. Förster*, 1901, p. 199).

*Romania*, t. XXXI, 1902, p. 615-616.

## c) Phonétique

158*. — Du rôle de l'accent latin dans la langue française.

*École impériale des Chartes. Positions des thèses soutenues par les élèves de la promotion 1860-1861 pour obtenir le diplôme d'archiviste-paléographe.* Paris, Jouaust, 1861, p. 17-19.

159*. — Étude sur le rôle de l'accent latin dans la langue française, par Gaston Paris. Paris, impr. Jouaust; libr. Franck, 1862. In-8, 140 pages.

— Étude sur le rôle de l'accent latin dans la langue française, par Gaston Paris. Paris, libr. Franck. In-8, 132 pages.

Réimpression de 1877 ou 1878, exécutée à Poitiers, chez A. Dupré.

— Étude sur le rôle de l'accent latin dans la langue française, par Gaston Paris (29 janvier 1862). Paris, A. L. Herold. 1862. In-8, 132 pages.

Réimpression de 1896, exécutée à Poitiers, chez A. Dupré.

160*. — [Lettre au Rédacteur en chef de la *Revue de l'Instruction publique*.]

*Revue de l'Instruction publique*, t. XXIV, 1864-1865, p. 580-581.
(A propos d'articles de M. B. Jullien, parus dans cette revue et intitulés : *Du déplacement de l'accent latin dans les mots français et de la valeur des poèmes anciens*.)

161. — De l'*H* initiale dans la langue d'oïl. Von Dr Süpfle. Gotha, 1867.

*Revue critique*, 2e année (1867), 2e semestre, p. 295.

162. — De Francicae linguae recta pronuntiatione, Theodoro Beza auctore. Genevae, apud Eustathium Vignon. MDLXXXIII. Berlin et Paris, 1868.
[Signé Ξ.]

*Revue critique*, 3e année (1868), 1er semestre, p. 309.

163*. — Anc. fr. *IÉ* = mod. *É*.

*Romania*, t. IV, 1875, p. 122-125.

164*. — Français *R* = *D*.

*Romania*, t. VI, 1877, p. 129-133.

165*. — Phonétique française : *O* fermé.
*Romania*, t. X, 1881, p. 36-62.
Un second article a été annoncé, mais non publié.



166. — Französisches *oi*, von Philipp Rossmann. Erlangen (Extrait du tome I des *Romanische Forschungen* publiées par M. Vollmöller).

*Romania*, t. XI, 1882, p. 604-609.

167*. — Ch. Thurot. De la prononciation française depuis le commencement du XVIe siècle, d'après les témoignages des grammairiens. Paris, Impr. nationale, 1881-1883. Grand in-8, 2 volumes.

G. Paris a mis une préface à l'*Index* de cet ouvrage.

168. — F. Neumann. Die Entwickelung von consonant + *w* im Französischen (*Miscellanea Caix e Canello*, p. 167-174).

*Romania*, t. XV, 1886, p. 454.

169. — Das *S* vor consonant im Französischen..., von Wilhelm Köritz. Strasbourg, 1886.

*Romania*, t. XV, 1886, p. 615-623.

170. — *C* und *Ch* vor lateinischen *A* in altfranzösischen Texten...,von K. Beetz. Darmstadt, 1888.

*Romania*, t. XVI, 1887, p. 580-581.

171*. — [Le groupe *lj* entre voyelles.]

*Romania*, t. XVIII, 1889, p. 550-552 (note additionnelle à un article de A. Mussafia, intitulé *Osservazioni sulla fonologia francese*).

172. — Précis de phonétique française, ou exposé des lois qui régissent la transformation des mots latins en français, par E. Bourciez. Paris, 1889.

*Romania*, t. XVIII, 1889, p. 583-588.

173. — Quelques remarques sur l'amuïssement de l'*r* finale en français, par Hermann Andersson (*Mémoires philologiques*, p. 1).

*Romania*, t. XIX, 1890, p. 118-119.

174. — Exemples de l'*r* adventice dans des mots français, par S. F. Eurén (*Mémoires philologiques*, p. 11).

*Romania*, t. XIX, 1890, p. 119-123.

175. — Sur quelques cas de labialisation en français, par P.-A. Geijer (*Mémoires philologiques*, p. 21).

*Romania*, t. XIX, 1890, p. 123-125.

176*. — Dictionnaire phonétique de la langue française, complément nécessaire de tout dictionnaire français, par H. Michaelis..., et P. Passy..., avec préface de Gaston Paris. Hanovre et Berlin, 1897. In-8, VI-320 pages.

177. — A. Wallensköld. Un cas de métathèse constante pendant la période de l'ancien français (*Mélanges Wahlund*, 1896, p. 145).

*Romania*, t. XXVI, 1897, p. 103.

178. — E. Staaff. Quelques remarques sur le passage d'*eu* atone à *u* en français (*Mélanges Wahlund*, 1896, p. 243).

*Romania*, t. XXVI, 1897, p. 105-106.

179. — I. Uschakoff. Zur Frage von den nasalierten Vokalen im Altfranzösischen (*Mémoires d'Helsingfors*, II, 1897, p. 19).

*Romania*, t. XXVII, 1898, p. 300-304.

180. — E. S. Sheldon. On Anglo-French and Middle English *au* for french *a* before a nasal (*Child Memorial Volume*, 1896, p. 69).

*Romania*, t. XXVII, 1898, p. 320-321.

181. — G. Gröber. Eine Tendenz der französischen Sprache (*Miscellanea Ascoli*, 1901, p. 263).

*Romania*, t. XXX, 1901, p. 571-572.



### d) Morphologie

182. — Die Declination der Substantiva in der Oïl-Sprache. I. Bis auf Crestien de Troyes. Inaugural-Dissertation... [von] C. von Lebinski. Posen, 1878.

*Romania*, t. VII, 1878, p. 619-620.

183. — Behrens. Substitution inorganique des sons dans le développement formel du thème verbal en français (*Französische Studien*, t. III).

*Romania*, t. XII, 1883, p. 122.

184*. — Les flexions du singulier de l'indicatif présent dans les verbes français en *dre* et dans quelques verbes en *oir*.

*Revue de Philologie française et provençale*, t. IV, 1890, p. 85. (« Opinion » de G. Paris sur un article de M. L. Clédat).

185*. — La première personne du pluriel en français.

*Romania*, t. XXI, 1892, p. 351-360.

186. — E. Muret. Sur quelques formes analogiques du verbe français (*Études romanes*, p. 465).

*Romania*, t. XXII, 1893, p. 155-157.

187. — Ivan Uschakoff. Zur Erklärung einiger französischen Verbalformen (*Mémoires d'Helsingfors*, I, 1893, p. 131).

*Romania*, t. XXII, 1893, p. 567-568.

188*. — Le pronom neutre de la 3e personne en français.

*Romania*, t. XXIII, 1894, p. 161-176.

189*. — Les accusatifs en *-ain*.

*Romania*, t. XXIII, 1894, p. 321-348.
Un second article, annoncé, n'a pas été publié.

### e) Formation des mots

190. — Observations sur un procédé de dérivation très fréquent dans la langue française et dans les autres idiomes néo-latins, par M. Egger. Paris, 1864.

*Bibliothèque de l'École des chartes*, 26ᵉ année (1865), tome I de la 6ᵉ série, p. 172-177.

191*. — Traité de la formation des mots composés dans la langue française comparée aux autres langues romanes et au latin, par Arsène Darmesteter..., deuxième édition revue, corrigée et en partie refondue, avec une préface par Gaston Paris. Paris, Émile Bouillon, 1894. In-8, VI-365 pages.

192. — Les substantifs postverbaux dans la langue française.., par Gustaf Lené. Upsal, 1899.

*Romania*, t. XXIX, 1900, p. 440-445.

### f) Syntaxe

193*. — *Ti*, signe d'interrogation.

*Romania*, t. VI, 1887, p. 438-442.

194. — Vermischte Beiträge zur französischen Grammatik, gesammelt, durchgesehen und vermehrt von Ad. Tobler. Leipzig, 1886.

*Romania*, t. XV, 1886, p. 441-443.

195*. —[L'accord du participe passé.]

*Revue de philologie française et provençale*, t. III, 1889, p. 255-256.

196. — Vermischte Beiträge zur französischen Grammatik, gesammelt, durchgesehen und vermehrt von Adolf Tobler. Zweite Reihe. Leipzig, 1894.

Ouvrage présenté à l'Académie des inscriptions. *Comptes rendus de l'Académie des inscriptions et belles-lettres*, 4ᵉ série, t. XXII, 1894, p. 249.



197. — G. Ebeling. Zur Asymmetrie im Ausdruck im Altfranzösischen (*Tobler-Abhandlungen*, 1895).

*Romania*, t. XXIV, 1895, p. 459.

198. — J. Vising. Remarques sur la syntaxe du substantif français (*Mélanges Wahlund*, 1896, p. 63).

*Romania*, t. XXVI, 1897, p. 102.

199. — Ph. B. Marcou. The french historical infinitive (*Child Memorial Volume*, 1896, p. 77).

*Romania*, t. XXVII, 1898, p. 321.

200. — Vermischte Beiträge zur französischen Grammatik, gesammelt... von Adolf Tobler. Dritte Reihe. Leipzig, 1899.

Ouvrage présenté à l'Académie des inscriptions. *Comptes rendus de l'Académie des inscriptions et belles-lettres*, 4ᵉ série, t. XXVII, 1899, p. 207-208.

201. — G. Sundstedt. Sur l'extension dialectale du subjonctif dans les propositions comparatives du vieux français (*Mélanges Geijer*, 1901, p. 99).

*Romania*, t. XXXI, 1902, p. 445.

### g) Sémantique

202. — Comment les mots changent de sens, par E. Littré, avec un avant-propos et des notes, par Michel Bréal. Paris, 1888.

*Revue critique*, 22ᵉ année (1888), 2ᵉ semestre, p. 411-413.

203*. — La vie des mots étudiée dans leurs significations, par Arsène Darmesteter. Paris, 1887.

*Journal des Savants*, 1887.
1ᵉʳ article, p. 66-77.
2ᵉ — p. 149-158.
3ᵉ — p. 241-249.

## h) Onomastique et toponomastique

204. — De la formation française des anciens noms de lieux. Traité pratique..., par J. Quicherat. Paris, 1867.

*Revue critique*, 2e année (1867), 2e semestre, p. 342-350.

205. — Origine des noms propres ou explications curieuses et instructives de la signification des noms de famille, des prénoms et des noms de baptême les plus répandus, par M. Bourdonné. Tome Ier. Paris, 1868.
[Signé Ξ.]

*Revue critique*, 4e année (1869), 1er semestre, p. 158-160.

206. — Étymologie et histoire des mots « Orléans » et « Orléanais », par Anatole Bailly. Orléans, 1871.

*Revue critique*, 6e année (1872), 1er semestre, p. 330-332.

207. — Recherches sur l'origine de la propriété foncière et des noms de lieux habités en France (période celtique et période romaine), par H. d'Arbois de Jubainville, avec la collaboration de G. Dottin. Paris, 1890.

*Romania*, t. XIX, 1890, p. 464-477.

208. — A. Beljame. La prononciation du nom de Jean Law le financier (*Études romanes*, p. 487).

*Romania*, t. XXII, 1893, p. 157-158.

209. — O. Schultz. Ueber einige französische Frauennamen (*Tobler-Abhandlungen*, p. 180).

*Romania*, t. XXIV, 1895, p. 455-456.

210. — Les suffixes toponymiques dans les langues française et provençale. Première partie : développement des suffixes *-anus*, *-inus*, *-ensis*, par Isak Collijn. Upsal, 1902.

*Romania*, t. XXXII, 1903, p. 312-313.



## i) Orthographe

211*. — De l'histoire de l'orthographe française.

*Bulletin du Bibliophile*, 34e année, 1868, p. 322-346 et p. 473-507.

212*. — [Lettre sur la réforme de l'orthographe.]

*Le Temps*, no du 28 janvier 1887.

213*. — La Grammaire et l'orthographe.

*Revue de philologie française et provençale*, t. VIII, 1894, p. 144-153.
Réimprimé « avec quelques modifications », pour servir de préface au livre intitulé *Grammaire raisonnée de la langue française*, par Léon Clédat, avec préface de Gaston Paris. Paris, H. Le Soudier, 1894. In-12, VI-236 pages.
Tiré à part : *Bulletin de la Société de réforme orthographique*, avril-juillet 1894. La Grammaire et l'orthographe. Signé : Gaston Paris. Chalon-sur-Saône, imp. I. Marceau (s. d.). In-8, 14 pages.

## j) Dialectes et patois

214. — Étude sur le dialecte picard dans le Ponthieu d'après les chartes des XIIIe et XIVe siècles (1254-1333), par Gaston Raynaud. Paris, 1876.

*Romania*, t. VI, 1877, p. 614-620.

215. — Les Patois lorrains, par Lucien Adam. Paris, 1881.

*Romania*, t. X, 1881, p. 601-609.

216. — E. Görlich. Les dialectes du sud-ouest de la langue d'oïl (Poitou, Aunis, Saintonge et Angoumois) (*Französische Studien*, t. III).

*Romania*, t. XII, 1883, p. 122.

217. — Les origines du patois de l'île Bourbon, par Auguste Vinson (*Bulletin de la Société des sciences et arts de l'île de la Réunion*, 1883, p. 88).

*Bulletin du Comité des trav. hist.*, 1884, p. 195.

218. — Essai sur un patois vosgien (Uriménil près d'Épinal), par M. Haillant (*Annales de la Société d'émulation du département des Vosges*, 1883, p. 198).

*Bulletin du Comité des trav. hist.*, 1884, p. 205.

219. — Concours de l'idiome populaire du patois vosgien à la détermination des noms de lieux des Vosges..., par M. Haillant (*Annales de la Société d'émulation du département des Vosges*, 1883, p. 205).

*Bulletin du Comité des trav. hist.*, 1884, p. 205.

220. — Essai sur un patois vosgien..., par M. Haillant. Troisième section : Grammaire (*Annales de la Société d'émulation du département des Vosges*, 1884, p. 345).

*Bulletin hist. et philol.*, 1885, p. 179.

221. — Traduction de l'Évangile selon saint Mathieu en patois bourguignon, par H. Mignard (*Mémoires de l'Académie des sciences, arts et belles-lettres de Dijon*, 1883-1884, p. 49).

*Bulletin hist. et philol.*, 1885, p. 246-247.

222. — Essai sur la langue vulgaire du Dauphiné septentrional au moyen âge, par l'abbé A. Devaux. Paris et Lyon, 1892.

Ouvrage présenté à l'Académie des inscriptions. *Comptes rendus des séances de l'Académie des inscriptions et belles-lettres*, 4e série, t. XX, 1892, p. 143-144.

223. — M. Wilmotte. Gloses wallonnes du ms. 2640 de Darmstadt (*Études romanes*, p. 239).

*Romania*, t. XXII, 1893, p. 146.

224. — P. Bonnardot. Trois textes en patois de Metz (*Études romanes*, p. 351).

*Romania*, t. XXII, 1893, p. 149-152.

225. — A. Rousselot. L'*s* devant *t*, *p*, *c* dans les Alpes (*Études romanes*, p. 475).

*Romania*, t. XXII, 1893, p. 157.



226*. — Les parlers de France. Lecture faite à la réunion des Sociétés savantes, le 26 mai [1888]. Paris, Impr. nationale, 1888. In-4, 13 pages.

Les parlers de France. Lecture faite à la séance générale de clôture du Congrès des Sociétés savantes, le samedi 26 mai 1888, par M. Gaston Paris.

*Bulletin hist. et phil.*, 1888, p. 131-147. Tiré à part.

— Extrait du *Bulletin du Comité des trav. hist.*, section d'histoire et de philologie, année 1887 (*sic*). In-8, 20 pages.

— Réimprimé dans la *Revue des Patois gallo-romans*, t. II (1888), p. 161-175.

— Réimprimé dans le *Bulletin de la Société des parlers de France*, t. I (1895-1897), p. 1-19.

227. — Ed. Koschwitz. Ueber einen Volksdichter und die Mundart von Amiens (*Festgabe für G. Gröber*, 1899, p. 1).

*Romania*, t. XXIX, 1900, p. 117.

228. — M. Wilmotte. Le dialecte du ms. f. fr. 24764 (*Festgabe für H. Suchier*, 1900, p. 45).

*Romania*, t. XXIX, 1900, p. 579-580.

229. — Notice sur l'Atlas linguistique de la France, publié par Gilliéron et Edmont. Articles de MM. Gaston Paris, Adolf Tobler, Meyer-Lübke, Antoine Thomas, Mario Roques. Paris, H. Champion (1903). In-8, 22 pages.

L'article de G. Paris, qui avait paru d'abord dans la *Chronique* de la *Romania*, t. XXXI, 1902, p. 470, est aux pages 3-4.

## 4. Autres langues romanes.

### a) Roumain

230. — Die griechischen und türkischen Bestandtheile im romænischen, von Dr E. R. Roesler. Wien, 1865.

*Revue critique*, 2e année (1867), 1er semestre, p. 93-94.

231. — Dictionnaire d'étymologie daco-romane; éléments latins, comparés aux autres langues romanes. Par A. de Cihac. Francfort-sur-Mein et Paris, 1870.

*Romania*, t. I, 1872, p. 126.

232. — Essai sur le vocalisme roumain, précédé d'une étude historique et critique sur le roumain, par C.-D. Géorgian. Bucarest, 1876.

*Romania*, t. VI, 1877, p. 147-148.

233. — A. Taverney. Phonétique roumaine. Le traitement de *tj* et du suffixe *ulum*, *ulam* en roumain (*Études romanes*, p. 267).

*Romania*, t. XXII, 1893, p. 147.

234. — W. Meyer-Lübke. Zur Geschichte des Infinitivs im Rumänischen (*Tobler-Abhandlungen*, 1895, p. 79).

*Romania*, t. XXIV, 1895, p. 453.

235. — A. Philippide. Lateinischer und rumänischer Wortaccent (*Festgabe für H. Suchier*, 1900, p. 28).

*Romania*, t. XXIX, 1900, p. 579.

236. — Histoire de la langue roumaine, par Ovide Densusianu. Tome premier. Fascicule I. Paris, 1901.

*Romania*, t. XXX, 1901, p. 415-418.

## b) Réto-roman

237. — Les gloses de Cassel, le plus ancien texte réto-roman, par Paul Marchot. Fribourg, 1895.

Les gloses de Vienne, vocabulaire réto-roman du XIe siècle, publiées... par Paul Marchot. Fribourg, 1895.

*Romania*, t. XXIV, 1895, p. 595-597.



## c) Italien

238. — Darstellung der Romagnolischen Mundart, von Dr Adolf Mussafia. Wien, 1871 (Extrait des *Comptes rendus de l'Académie de Vienne*).

*Romania*, t. I, 1872, p. 240.

239. — Beitrag zur Kunde der norditalienischen Mundarten im XV. Jahrhunderte, von Adolf Mussafia. Wien, 1873 (Extrait du t. XXII des *Mémoires de l'Académie de Vienne*).

*Romania*, t. III, 1874, p. 112-113.

240. — G. Flechia. Intorno ad una peculiarità di flessione verbale in alcuni dialetti lombardi. Roma, 1876.

*Romania*, t. VI, 1877, p. 302.

241. — P. E. Guarnerio. Nuove postille sul lessico sardo (*Miscellanea Ascoli*, 1901, p. 229).

*Romania*, t. XXX, 1901, p. 570-571.

242. — C. de Lollis. Dell' *A* in qualche dialetto abruzzese (*Miscellanea Ascoli*, 1901, p. 275).

*Romania*, t. XXX, 1901, p. 572.

243. — E. G. Parodi. Il tipo italiano *aliáre aléggia* (*Miscellanea Ascoli*, 1901, p. 457).

*Romania*, t. XXX, 1901, p. 575-576.

244. — F. d'Ovidio. Ancora dello zeta in rima (*Raccolta d'Ancona*, 1901, p. 617).

*Romania*, t. XXX, 1901, p. 595.

245. — G. Cappuccini. L'eteroclisia in *are* e *ire* (*Mélanges Monaci*, 1901, p. 311).

*Romania*, t. XXXI, 1902, p. 608.

### d) Provençal

246*. — Sur les glossaires du *Donat Provençal.*

*Romania*, t. I, 1872, p. 234.

247. — C. Voretzsch. Zur Geschichte der Diphthongierung im Altprovenzalischen (*Festgabe für H. Suchier*, 1900, p. 575).

*Romania*, t. XXIX, 1900, p. 584-585.

### e) Espagnol

248. — Observations sur les composés espagnols du type *alabierto*, par Åke W:son Munthe (*Mémoires philologiques*, p. 31).

*Romania*, t. XIX, 1890, p. 126.

249. — Un chapitre de phonétique andalouse, par Fredrik Wulff (*Mémoires philologiques*, p. 211).

*Romania*, t. XIX, 1890, p. 130.

250. — C.-M. de Vasconcellos. *Yengo* (*engo*) — *enguedat* — *enguar* (*Miscellanea Ascoli*, 1901, p. 521).

*Romania*, t. XXX, 1901, p. 576-577.

251. — W. Munthe. Bemerkungen zu Baists Schrift *Longimanus und Manilargo* (*Mélanges Geijer*, 1901, p. 57).

*Romania*, t. XXXI, 1902, p. 444.

### f) Portugais

252. — Theoria da conjugação em latim e portuguez. Estudo de grammatica comparativa por F. Adolpho Coelho. Lisboa, 1870.

*Romania*, t. I, 1872, p. 241-243.

---

## III. — VERSIFICATION ROMANE

---

253*. — Lettre à M. Léon Gautier sur la versification latine rythmique.

*Bibliothèque de l'École des Chartes*, 27e année (1866), tome II de la 6e série, p. 578-610.

Réimpression : Lettre à M. Léon Gautier sur la versification latine rhythmique. Paris, Franck, 1866. In-8, 37 pages.

254. — Ueber den Einfluss von Metrum, Assonanz und Reim auf die Sprache der altfranzösischen Dichter. Von Hugo Andresen. Bonn, 1874.

*Romania*, t. IV, 1875, p. 280-288.

255. — Ritornell und Terzine. Von Dr Hugo Schuchardt. Halle, 1875.

*Romania*, t. IV, 1875, p. 489-491.

256. — Études historiques et philologiques sur la rime française. Essai sur l'histoire de la rime, principalement depuis le XVe siècle jusqu'à nos jours, par Léon Bellanger. Paris, 1876.

*Romania*, t. VI, 1877, p. 622-625.

257*. — [Les Rapports de la versification du vieil irlandais avec la versification romane.]

*Romania*, t. VIII, 1879, p. 154 (note additionnelle à un article de M. d'Arbois de Jubainville).

258*. — La versification irlandaise et la versification romane.

*Romania*, t. IX, 1880, p. 184-191.

259*. — Le vers français ancien et moderne, par Ado Tobler..., traduit sur la deuxième édition allemande Karl Breul et Léopold Sudre, avec une préface par Ga Paris. Paris, F. Vieweg, 1885. In-8, XVI-209 pages.

260. — Contribution à l'étude des origines du décasyl roman, par Victor Henry. Paris, 1886.

*Romania*, t. XV, 1886, p. 137-138.

261. — Edm. Stengel. Ueber den lateinischen Ursprung romanischen Fünfzehnsilbner und damit verwandter w rer Versarten (*Miscellanea Caix e Canello*, p. 5).

*Romania*, t. XV, 1886, p. 452.

262. — La pronunzia popolare dei versi quantitativi latin bassi tempi ed origine della verseggiatura ritmica. Mem di F. Ramorino. Torino, 1893 (Extrait des *Memorie R. Academia delle scienze di Torino*).

*Romania*, t. XXII, 1893, p. 574-576.

## IV. — LANGUES NON ROMANES

### 1. Langue grecque.

263. — Cinq lettres sur l'accentuation, les dialectes et la paléographie de la langue grecque, écrites par un Lecteur et professeur de grec, à propos d'un article sur une nouvelle grammaire grecque. Paris, 1865.

[Signé Ψ.]

*Revue critique*, 1re année (1866), 2e semestre, p. 248-249.

### 2. Latin médiéval.

264. — Novum glossarium latino-germanicum mediae et infimae aetatis. Beiträge zur wissenschaftlichen Kunde der neulateinischen und der germanischen Sprachen, von Dr Lorenz Diefenbach. Frankfurt am Mein, 1867.

*Revue critique*, 3e année (1868), 2e semestre, p. 389-392.

265. — La Vie de sainte Euphrosyne, texte romano-latin du VIIIe-IXe siècle. Par A. Boucherie. Montpellier et Paris, 1872 (Extrait de la *Revue des langues romanes*).

*Romania*, t. I, 1872, p. 238.

266. — A. Eberhardi in Johannis de Alta Silva libro qui inscribitur *Dolopathos* emendationum spicilegium. Magdeburg, 1875.

*Romania*, t. IV, 1875, p. 291.

267. — Das *Doctrinale* des Alexander de Villa-Dei. Kritisch exegetische Ausgabe.....bearbeitet von Dietrich Reich-

ling. Berlin, 1893 (*Monumenta Germaniae paedagogica.....* im Auftrage der Gesellschaft für deutsche Erziehungs- und Schulgeschichte herausgegeben von Karl Kehrbach).

*Romania*, t. XXIII, 1894, p. 588-594.

268. — Giovanni Mari. I trattati medievali di ritmica latina. Milano, 1899 (Extrait des *Memorie dell' Instituto Lombardo*, t. XX, fasc. 8).

*Romania*, t. XXVIII, 1899, p. 620-621.

## 3. Langues germaniques.

269. — Geschichte der deutschen Sprache, von Jacob Grimm. Troisième édition. Leipzig, 1868.

*Revue critique*, 3e année (1868), 1er semestre, p. 200-201.

270. — Die Kosenamen der Germanen. Eine Studie, von Dr Franz Stark. Wien, 1868.

*Revue critique*, 3e année (1868), 2e semestre, p. 259-261.

271. — Altniederdeutsche Eigennamen aus dem neunten bis eilften Jahrhundert. Zusammengestellt von Dr Moritz Heyne. Halle, 1867.

[Signé Ξ.]

*Revue critique*, 3e année (1868), 2e semestre, p. 285-286.

272. — Zur Geschichte der deutschen Sprache, von Wilhelm Scherer. Berlin, 1868.

[Signé Ξ].

*Revue critique*, 3e année (1868), 2e semestre, p. 354-357.

273. — Svenskt Dialekt-Lexicon, af Johan Ernst Rietz. Malmö et Leipzig, 1867.

*Revue critique*, 4e année (1869), 1er semestre, p. 362-363.



274. — Die gotische Sprache im Dienste des Kristenthums. Von Dr Karl Weinhold. Halle, 1870.

[Signé Ψ.]

*Revue critique*, 7e année (1873), 1er semestre, p. 322.

## 4. Langue basque.

275. — I Leiçarragas Baskische Bücher von 1571 (Neues Testament, Kalender und *A B C*),... herausgegeben von Th. Linschmann und H. Schuchardt. Strasbourg, 1900.

Ouvrage présenté à l'Académie des inscriptions. *Comptes rendus de l'Académie des inscriptions et belles-lettres*, 1901, p. 300-301.

---

# LITTÉRATURE

## I. — LITTÉRATURE LATINE

### 1. Littérature latine classique.

276. — Lucrèce. De la nature des choses, en vers français, par de Pongerville..., texte en regard. Avec un discours préliminaire, la vie de Lucrèce, et des notes. Nouvelle édition. Paris, 1866.

[Signé Ξ.]

*Revue critique*, 1re année (1866), 2e semestre, p. 357-360.

### 2. Littérature latine du moyen âge.

277. — Ayrers Dramen, herausgegeben von Adelbert von Keller. Stuttgart, 1864-65.

*Revue critique*, 1re année (1866), 1er semestre, p. 28-30.

278. — Lateinische Hymnen des Mittelalters, grösstentheils aus Handschriften schweizerischer Klöster... herausgegeben von P. Gall Morel. Einsiedeln, 1866.

*Revue critique*, 2e année (1867), 1er semestre, p. 290-294.

279. — Roswitha und Conrad Celtes, von Joseph Aschbach.

Wien, 1867 (Extrait des *Mémoires de l'Académie de Vienne*).
[Signé Ξ.]

*Revue critique*, 3e année (1868), 1er semestre, p. 169-170.

280. — Lateinische Hymnen des Mittelalters grösstentheils aus Handschriften schweizerischer Klöster... herausgegeben von P. Gall Morel. Zweite Hälfte. Einsiedeln, New-York und Cincinnati, 1868.

*Revue critique*, 3e année (1868), 1er semestre, p. 213-214.

281. — Beiträge zur Herstellung der alten lateinischen Bibel-Uebersetzung. Zwei handschriftliche Fragmente,... herausgegeben von Dr Albrecht Vogel. Wien, 1868.

*Revue critique*, 3e année (1868), 2e semestre, p. 185-186.

282. — Roswitha und Conrad Celtes, von Joseph Aschbach. Zweite vermehrte Auflage. Wien, 1868.
[Signé Ξ.]

*Revue critique*, 3e année (1868), 2e semestre, p. 372-377.

283. — Die lateinischen Sequenzen des Mittelalters, in musikalischer und rhythmischer Beziehung dargestellt von Karl Bartsch. Rostock, 1868.

*Revue critique*, 3e année (1868), 2e semestre, p. 401.

284. — Hrosuit von Gandersheim. Zur Litteraturgeschichte des zehnten Jahrhunderts. Von Rudolf Köpfe. Berlin, 1869.

*Revue critique*, 4e année (1869), 1er semestre, p. 329-333.

285*. — Lettre à M. le Rédacteur de la *Revue de l'Instruction publique*.

[Sur Hrosuit et sur l'authenticité de ses œuvres.]
*Journal de l'Instruction publique*, t. XXIX, 1869-1870, p. 560-561.

286*. — Dissertation critique sur le poème latin du *Ligurinus* attribué à Gunther.

*Académie des inscriptions et belles-lettres. Comptes rendus des séances de l'année 1871*. Nouvelle série, t. VII (1871), p. 91-152; — avec une addition, p. 411-443.
— Réimpression : Dissertation critique sur le poème latin du *Ligurinus* attribué à Gunther, par Gaston Paris. Paris, Franck, 1872. In-8, VIII-97 pages.



287. — Dissertation critique sur le poème latin du *Ligurinus* attribué à Gunther, par Gaston Paris. Paris, 1872.
[Signé Δ].

*Revue critique*, 6e année (1872), 2e semestre, p. 347-348.

288. — *Gesta Romanorum*, herausgegeben von Hermann Œsterley. Berlin, 1872.

*Revue critique*, 7e année (1873), 1er semestre, p. 19-23.

289*. — L'auteur du *Ligurinus*.

*Revue critique*, 7e année (1873), 2e semestre, p. 32-38.

290. — Philologische Bemerkungen zum *Waltharius*, von Wilhelm Meyer aus Speyer. München, 1873 (Extrait des *Mémoires de l'Académie des sciences*).

*Revue critique*, 8e année (1874), 1er semestre, p. 329-330.

291. — Pamphile, ou l'art d'être aimé, comédie latine du xe siècle, précédée d'une étude critique et d'une paraphrase, par Adolphe Baudouin. Paris, 1874.

*Revue critique*, 8e année (1874), 2e semestre, p. 195-202.

292. — *Aulularia* sive *Querolus*, Theodosiani aevi comoedia. Edidit R. Peiper. Leipzig, 1875.

*Revue critique*, 9e année (1875), 1er semestre, p. 374-377.

293*. — Un pamphlet à propos de *Pamphile*.

*Revue critique*, 9e année (1875), 2e semestre, p. 398-399.

294*. — *Turris Alithie*.

*Romania*, t. VII, 1878, p. 94-95.

295. — Zur Geschichte der lateinischen Schulpoesie des XII.

und XIII. Jahrhunderts, von Kuno Francke. München, 1879.

*Revue critique*, 14e année (1880), 1er semestre, p. 290-291.

296. — Ueber den Streit von Leib und Seele. Ein Beitrag zur Entwicklungsgeschichte der *Visio Fulberti*,... von Gustav Kleinert. Halle, 1880.

*Romania*, t. IX, 1880, p. 311-314.

297. — De arte scribendi epistolas apud gallicos medii aevi scriptores rhetoresve. Facultati litterarum Parisiensi thesim proponebat Natalis Valois. Paris, 1880.

[Signé Ψ.]

*Revue critique*, 15e année (1881), 1er semestre, p. 324-325.

298*. — Institut de France. Siger de Brabant, par Gaston Paris. Lu dans la séance publique annuelle des cinq académies du 25 octobre 1881. Paris, Firmin-Didot, 1881. In-4, 16 pages.

Réimprimé dans la *Revue politique et littéraire*, 3e série, tome II, tome XXVIII de la collection (1881-1882), p. 582-586.

Réimprimé dans *La Poésie au moyen âge*, deuxième série. Voyez n° 339.

299. — *Ludus de Antichristo* und über die lateinischen Rythmen, von Dr Wilhelm Meyer aus Speyer. München, 1882.

*Revue critique*, 16e année (1882), 2e semestre, p. 200-201.

300. — Der Verfasser des *Ligurinus*. Studien zu den Schriften des Magister Gunther, von A. Pannenborg. Göttingen, 1883.

*Revue critique*, 17e année (1883), 1er semestre, p. 310-311.

301. — Martin von Bracara's Schrift *De correctione Rusticorum*, zum ersten Male herausgegeben... von C. P. Caspari. Christiania, 1883.

[Signé Ψ.]

*Revue critique*, 18e année (1884), 1er semestre, p. 105-106.



302*. — Lantfrid et Cobbon.

*Le Moyen âge*, t. I, 1888, p. 179-184.
Tiré à part. Liège, impr. de Ch. Aug. Desoer, 1888. In-8, 8 pages.

303*. — Lantfrid et Cobbon.

*Le Moyen âge*, t. II, 1889, p. 285-289.
Tiré à part. Liège, impr. de Ch. Aug. Desoer. In-8, 5 pages.

304. — Annibale Gabrielli. Su la poesia dei *goliardi*, saggio critico. Città di Castello, 1889.

*Bibliothèque de l'École des Chartes*, t. L, 1889, p. 258-260.

305*. — Egberts von Lüttich *Fecunda Ratis*. Zum ersten Male herausgegeben, auf ihre Quellen zurückgeführt, von Ernst Voigt. Halle, 1889.

*Journal des Savants*, 1890, p. 559-572.

306. — A. Wallensköld. Das Verhältniss zwischen den deutschen und den entsprechenden lateinischen Liedern in den *Carmina Burana* (*Mémoires d'Helsingfors*, I, 1893, p. 71-109).

*Romania*, t. XXII, 1893, p. 567.

307*. La mort de Siger de Brabant.

*Romania*, t. XXIX, 1900, p. 107-112.

308. — *Carmina de Mensibus* di Bonvesin da la Riva, a cura di Leandro Biadene. Turin, 1901 (Extrait des *Studj di filologia romanza*, vol. IX, fasc. 24).

*Romania*, t. XXX, 1901, p. 597-602.

309. — A. Silvagni. Un ignoto poema latino del secolo XIII sulla creazione (*Mélanges Monaci*, 1901, p. 414).

*Romania*, t. XXXI, 1902, p. 609.

310. — G. Salvadori. I sermoni d'occasione, le sequenze e i ritmi di Remigio Girolami Fiorentino (*Mélanges Monaci*, 1901, p. 455).

*Romania*, t. XXXI, 1902, p. 609-610.

### 3. Littérature latine moderne.

311. — Josephi Rossii Carmina. Editio tertia ab auctore emendata et prioribus locupletior. Faventiæ, 1867.
[Signé Ξ.]

*Revue critique*, 2ᵉ année (1867), 2ᵉ semestre, p. 380-381.

---

## II. — LITTÉRATURE FRANÇAISE

### OUVRAGES GÉNÉRAUX; MÉLANGES

---

312. — Histoire de la littérature française depuis ses origines jusqu'à la Révolution, par Eugène Gerusez. Paris, 1859.

*La Critique française*, t. I, 1861, p. 369-380.

313. — Le Trésor littéraire de la France, recueil en prose et en vers de morceaux empruntés aux écrivains les plus renommés... de notre pays depuis le XIIIᵉ siècle jusqu'à nos jours, publié par la Société des gens de lettres. Les Prosateurs. Paris, 1866.

*Revue critique*, 1ʳᵉ année (1866), 1ᵉʳ semestre, p. 157-162.

314. — Jahrbuch für Litteraturgeschichte, herausgegeben von Richard Gosche. Erster Band. Berlin, 1865.

*Revue critique*, 1ʳᵉ année (1866), 2ᵉ semestre, p. 88-95.

315. — Geschichte der französischen Nationallitteratur von ihren Anfängen bis auf die neueste Zeit für die oberen Klassen höherer Lehranstalten... bearbeitet von Fr. Kreyssig. Berlin, 1866.

*Revue critique*, 2ᵉ année (1867), 1ᵉʳ semestre, p. 294-296.

316. — Histoire du caractère et de l'esprit français depuis les temps les plus reculés jusqu'à la Renaissance, par Cénac-Moncaut. Paris, 1867.

*Revue critique*, 2ᵉ année (1867), 2ᵉ semestre, p. 372-376.

317. — Énigmes et découvertes bibliographiques, par P.-L. Jacob, bibliophile. Paris, 1866.
[Signé Ξ.]

*Revue critique*, 3ᵉ année (1868), 2ᵉ semestre, p. 78-80 (cf. p. 160).

318. — Album ausländischer Dichtung in vier Büchern : England, Frankreich, Serbien, Polen. In deutscher Uebersetzung von Heinrich Nitschmann. Danzig, 1868.

[Signé Ψ.]

*Revue critique*, 4e année (1869), 1er semestre, p. 374-375.

319. — Les supercheries littéraires dévoilées, galerie des écrivains français de toute l'Europe qui se sont déguisés sous des... pseudonymes..., par J. M. Quérard. Seconde édition..., publiée par Gustave Jannet... Tome I, 1re partie : *Supercheries littéraires dévoilées, A-Callisthène* ; 2e partie : *Calmels-Eyonal*. Paris, 1869.

[Signé Ξ.]

*Revue critique*, 4e année (1869), 2e semestre, p. 206-208.

320. — Causeries guernesiaises, par Paul Stapfer. Édition accompagnée de dix lettres en anglais sur des sujets littéraires. Guernesey et Paris, 1869.

*Revue critique*, 4e année (1869), 2e semestre, p. 319-320.

321. — La littérature française des origines au XVIIe siècle, par Paul Albert. Paris, 1872.

*Revue critique*, 6e année (1872), 2e semestre, p. 360-365.

322. — Essais de critique et d'histoire, par H. Taine. Troisième édition. Paris, 1874.

[Signé Ψ.]

*Revue critique*, 8e année (1874), 1er semestre, p. 318.

323*. — Catalogue de livres anciens et modernes composant la bibliothèque de feu M. Paulin Paris, membre de l'Institut, dont la vente aura lieu le lundi 7 novembre et les dix-sept jours suivants, 28, rue des Bons-Enfants... Paris, Léon Techener, 1881. In-8, XII-478 pages.

La préface, p. V-XII, est signée Gaston Paris.



324. — A short history of french Literature, by George Saintsbury. Oxford, 1882.

*Romania*, t. XII, 1883, p. 602-4.

325. — Geschichte der deutschen Kultureinflusses auf Frankreich, mit besonderer Berücksichtigung der litterarischen Einwirkung. Von Th. Süpfle. Erster Band. Von den ältesten germanischen Einflüssen bis auf die Zeit Klopstocks. Gotha, 1886.

*Romania*, t. XV, 1886, p. 614.

---

## III. — LITTÉRATURE FRANÇAISE DU MOYEN AGE

### 1. Généralités.

a) Ouvrages généraux ; Mélanges

326. — Origines littéraires de la France, par Louis Moland. Paris, 1862.

*Revue de l'Instruction publique*, t. XXII, 1862-1863, p. 550-551.

327. — La France de saint Louis d'après la poésie nationale..., par Ed. Sayous. Paris, 1866.

*Revue critique*, 2e année (1867), 1er semestre, p. 109-112.

328*. — La poésie du moyen âge. Leçon d'ouverture prononcée au Collège de France.

*Revue des Cours littéraires de la France et de l'Étranger*, t. IV, 1867 (no du 29 décembre 1866), p. 71-80.

Réimprimé dans *La Poésie au moyen âge*, voyez no 334.

329*. — [Rapport sur les études relatives à la littérature française du moyen âge.]

*Recueil de rapports sur l'état des lettres et les progrès des sciences en France. Sciences historiques et philologiques. Progrès des études classiques et du moyen âge ; philologie celtique, numismatique. Publication faite sous les auspices du Ministère de l'Instruction publique.* Paris, Imprimerie impériale, 1868. — Les pages 121-130 de cette publication sont de G. Paris (voyez *Revue critique*, 4e année (1869), 1er semestre, p. 68).

330. — Recueil de rapports sur l'état des lettres et les progrès des sciences en France. Sciences historiques et philologiques. Progrès des études classiques et du moyen âge ;



philologie celtique, numismatique. Publication faite sous les auspices du Ministère de l'Instruction publique. Paris, 1868.

[Signé XXX.]

*Revue critique*, 4e année (1869), 1er semestre, p. 65-71.

331*. — La Sicile dans la littérature française du moyen âge.

*Nuove Effemeridi siciliane*. Serie terza, vol. 2, p. 217-223.

Réédité dans la *Romania*, t. IV, 1876, p. 108-113.

332. — Histoire de la langue et de la littérature françaises au moyen âge, d'après les travaux les plus récents, par Charles Aubertin. Tome I. Paris, 1876.

*Romania*, t. VI, 1877, p. 454-466.

333. — Histoire de la langue et de la littérature françaises au moyen âge, d'après les travaux les plus récents, par Charles Aubertin. Tome II. Paris, 1878.

*Romania*, t. IX, 1880, p. 306-311.

334*. — La Poésie au moyen âge, leçons et lectures, par Gaston Paris. [Première série]. — La poésie au moyen âge. — Les origines de la littérature française. — La *Chanson de Roland* et la nationalité française. — Le *Pèlerinage de Charlemagne à Jérusalem*. — L'Ange et l'ermite. — L'*Art d'aimer* d'Ovide. — Paulin Paris et la littérature française au moyen âge. — Paris, Hachette, 1885. In-16, XIV-254 pages.

Deuxième édition, sans changements, 1887.
Troisième — — 1895.
Quatrième — — 1899.
Cinquième — — 1903.

335*. — Manuel d'ancien français. La littérature française au moyen âge (XIe-XIVe siècle), par Gaston Paris. Paris, Hachette, 1888. In-16, VII-292 pages.

Deuxième édition, revue, corrigée, augmentée et accompagnée

d'un tableau chronologique. Paris, Hachette, 1890. In-16, XII-316 pages.

Troisième édition, corrigée et augmentée d'après un exemplaire annoté par Gaston Paris (sous presse).

336. — La langue et la littérature françaises depuis le IXe siècle jusqu'au XIVe siècle. Textes et glossaires par Karl Bartsch, précédés d'une grammaire de l'ancien français, par Adolf Horning. Paris, 1887.

*Romania*, t. XVIII, 1889, p. 136-159.

337. — Les débuts du style français, par Johan Vising (*Mémoires philologiques*, p. 175-210).

*Romania*, t. XIX, 1890, p. 129-130.

338. — Geschichte der deutschen Literatur. Erster Theil. Von den ersten Anfängen bis zum Ausgang des Mittelalters. Von Wolfgang Golther. Stuttgart, 1892.

*Romania*, t. XXII, 1893, p. 164-167.

339*. — La Poésie au moyen âge, leçons et lectures, par Gaston Paris. Deuxième série. — La littérature française au XIIe siècle. — L'esprit normand en Angleterre. — Les contes orientaux dans la littérature française au moyen âge. — La légende du mari aux deux femmes. — La parabole des trois anneaux. — Siger de Brabant. — La littérature française au XIVe siècle. — La poésie française au XVe siècle. — Paris, Hachette, 1895. In-16, XV-267 pages.

Deuxième édition, sans changements, 1903.

340*. — Histoire de la langue et de la littérature françaises, des origines à 1900, publiée sous la direction de L. Petit de Julleville. Tome I. Moyen âge (des origines à 1500). Paris, A. Colin, 1896. Grand in-8, *a-v*, LXXX-408 pages.

Préface aux tomes I et II, par Gaston Paris, pages *a-v*.

341. — Histoire de la langue et de la littérature françaises, des



origines à 1900, publiée sous la direction de M. L. Petit de Julleville. Tome I. Moyen âge (des origines à 1500). Paris, 1896. Première partie : *a-v*, LXXX-408 pages ; deuxième partie : 500 pages.

*Romania*, t. XXV, 1896, p. 593-612.

342*. — Chrestomathie du moyen âge, extraits publiés avec des traductions, des notes, une introduction grammaticale et des notices littéraires, par G. Paris et E. Langlois. Paris, Hachette [1897]. Petit in-16, XCIII-352 pages.

Deuxième édition, XCIII-352 pages [1899].
Troisième — revue, corrigée et augmentée, XCIII-368 pages [1903].

343*. — Récits extraits des poètes et prosateurs du moyen âge, mis en français moderne, par Gaston Paris. Paris, Hachette, 1896. Petit in-16, VIII-232 pages.

Deuxième édition, sans changements, 1898.
Troisième — — 1899.
Quatrième — — 1903.

344*. — Gaston Paris. La littérature normande avant l'annexion (912-1204). Discours lu à la séance publique de la Société des antiquaires de Normandie, le 1er décembre 1898.

Tiré à part. Paris, Émile Bouillon, 1899. In-8, 57 pages.

345*. — Gaston Paris. Poèmes et légendes du moyen âge. Paris, Société d'édition artistique, 1900. In-8, VIII-268 pages.

[Avant-propos. — La *Chanson de Roland* et les *Nibelungen*. — *Huon de Bordeaux*. — *Aucassin et Nicolette*. — Tristan et Iseut. — Saint Josaphat. — Les sept infants de Lara. — La « Romance mauresque » des *Orientales*.]

346*. — Geschichte der französischen Litteratur von den ältesten Zeiten bis zur Gegenwart, von Prof. Dr Hermann Suchier und Dr Adolph Birch-Hirschfeld. Leipzig und

Wien. Die ältere Zeit. Von der Urzeit bis zum 16. Jahrhundert. Von Prof. Dr Hermann Suchier.

*Journal des Savants*, 1901.
1er article, p. 645-660.
2e — p. 699-717.
3e — p. 779-788.

347*. — Mediæval french Literature, by Gaston Paris. 1903, 29 and 30, Bedford street, London (*The Temple primers*). In-12, 161 pages.

Une édition française de cet ouvrage est sous presse.

348*. — Légendes du moyen âge, par Gaston Paris. — Roncevaux. — Le paradis de la reine Sibylle. — La légende du Tannhäuser. — Le Juif errant. — Le *lai de l'Oiselet*. Paris, Hachette, 1903. In-16, IV-291 pages.

Deuxième édition, conforme à la précédente, 1904.

349*. — Gaston Paris. Studier öfver medeltida Sagor. Öfversättning af Erik Staaf. Stockholm, P. A. Norstedt & söners förlag, 1903. In-12, IV-194 pages.

[Ängeln och eremiten. — Likneslen om de tre ringarna. — Drottning Sibyllas paradis. — Sagan om Tannhäuser. — Tristan och Isolde. — De sju infanterna från Lara.]

b) Manuscrits

350. — E. Stengel. Mittheilungen aus französischen Handschriften der Turiner Universitäts-Bibliothek. Marburg, 1873.

*Romania*, t. III, 1874, p. 109-111.

351*. — Notice du manuscrit de la Bibliothèque de Dijon nº 298[2].

*Bulletin de la Société des anciens textes français*, 1re année, 1875, p. 44-49.

352*. — Inventaire des manuscrits en langue française possédés



par Francesco Gonzaga I, capitaine de Mantoue, mort en 1407.

*Romania*, t. IX, 1880, p. 501-514.
Tiré à part. Nogent-le-Rotrou, impr. Daupeley-Gouverneur, 1881.

353*. — Un ancien catalogue de manuscrits français.

*Romania*, t. XVII, 1888, p. 104-105.

354. — H. Omont. Les manuscrits français des rois d'Angleterre au château de Richmond (*Études romanes*, p. 1).

*Romania*, t. XXII, 1893, p. 136.

## 2. Épopée nationale.

### a) Généralités

355*. — La *Karlamagnus-Saga*, histoire islandaise de Charlemagne.

*Bibliothèque de l'École des Chartes*, 25e année (1864), tome V de la 5e série, p. 89-123, et 26e année (1865), tome I de la 6e série, p. 1-42.

356*. — Histoire poétique de Charlemagne, par Gaston Paris. Paris, A. Franck, 1865. In-8, XVII-513 pages.

Une seconde édition de cet ouvrage est sous presse.

357*. — De Pseudo-Turpino disseruit Gaston Paris. Parisiis, apud A. Franck, 1865. In-8, 68 pages.

358. — Histoire poétique de Charlemagne, par Gaston Paris. Paris, 1865.

[Signé Δ.]

*Revue critique*, 1re année (1866), 1er semestre, p. 74-76.

359. — Deutsche Handschriften aus dem Britischen Museum. In Auszügen herausgegeben von Dr Jacob Bæchtold. Schaffhausen, 1873.

*Romania*, t. II, 1873, p. 134.

360. — Les rapports de l'Église du Puy avec la ville de Girone en Espagne et la comté de Bigorre, par Charles Rocher. Le Puy, 1873.

*Romania*, t. III, 1874, p. 309-310.

361. — L'empereur Charlemagne, par Lucien Double. Paris, 1881.

(Signé Ψ.)

*Revue critique*, 15e année (1881), 1er semestre, p. 291-292.

362*. — Un manuscrit inconnu de la *Chronique de Weihenstephan*.

*Romania*, t. XI, 1882, p. 110-114.

363*. — Sur la *Chronique de Weihenstephan*.

*Romania*, t. XI, 1882, p. 409-410.

364. — Le Origini dell' epopea francese, indagate da Pio Rajna. Firenze, 1884.

*Romania*, t. XIII, 1884, p. 598-627.

365. — Kristoffer Nyrop. Den oldfranske Heltedigtning. Kobenhavn. Paris, 1883.

*Romania*, t. XIV, 1885, p. 143-146.

366*. — Publications de la Société des anciens textes français (1872-86). Les chansons de geste. — *Aiol*, chanson de geste, publiée par J. Normand et Gaston Raynaud, 1877. *Élie de Saint-Gilles*, publié par Gaston Raynaud, 1879. — *Daurel et Beton*, publié par Paul Meyer, 1880. — *Raoul de Cambrai*, publié par Paul Meyer et Auguste Longnon, 1882. — La *Mort Aimeri*, publiée par A. Couraye du Parc, 1885. — *Aimery de Narbonne*, publié par Louis Demaison, 1886.

*Journal des Savants*, 1886.
1er article, p. 393-407.
2e — p. 469-480.
3e — p. 539-550.
Tiré à part. Impr. nationale, 1886.



367. — Die Legende Karls des Grossen im 11. und 12. Jahrhundert, von Gerhard Rauschen. Mit einem Anhang von Hugo Lœrsch. Leipzig, 1890.

*Romania*, t. XXI, 1892, p. 295-296.

368. — J. Flach. Le compagnonnage dans les chansons de geste (*Études romanes*, p. 141).

*Romania*, t. XXII, 1893, p. 145.

369. — J. Falk. Antipathies et sympathies démocratiques dans l'épopée française du moyen âge (*Mélanges Wahlund*, 1896, p. 102).

*Romania*, t. XXVI, 1897, p. 102.

370. — G. Gröber. Der Inhalt des Faroliedes (*Raccolta d'Ancona*, 1901, p. 583).

*Romania*, t. XXX, 1901, p. 594-595.

### b) La chanson de Roland

371*. — La *Chanson de Roland* et les *Nibelungen*.

*Revue germanique*, t. XXV, 1863, p. 292-302.

Réimprimé dans *Poèmes et légendes du moyen âge*; voyez n° 345.

Réimprimé dans *Ausgewählte Essais hervorragender französischer Schriftsteller des 19. Jahrhunderts* herausgegeben und erklärt von Dr M. Fuchs. Bielerfeld und Leipzig, 1902 (Verhagen und Klasings Sammlung französischer und englischer Schulausgaben. Prosateurs français. 142 Lieferung).

372. — La *Chanson de Roncevaux*, fragments d'anciennes rédactions thioises, avec une introduction et des remarques, par J. H. Bormans. Bruxelles, 1864.

*Bibliothèque de l'École des Chartes*, 26e année (1865), tome I de la 6e série, p. 384-392.

373. — La *Chanson de Roland*, traduction nouvelle avec une introduction et des notes, par Adolphe d'Avril. Paris, 1865.

*Revue critique*, 1re année (1866), 1er semestre, p. 9-11.

374*. — La géographie de la *Chanson de Roland*.

*Revue critique*, 4e année (1869), 2e semestre, p. 173-176.

375. — La *Chanson de Roland*, publiée par Léon Gautier. Tours, 1872.

*Romania*, t. I, 1872, p. 113-114.

376. — La *Chanson de Roland*, texte critique par Léon Gautier. 3e édition. Tours, 1872.

*Rencesval*. Édition critique du texte d'Oxford de la *Chanson de Roland*, par Edouard Bœhmer. Paris, 1872.

*Romania*, t. II, 1873, p. 97-111.

377. — Zum normannischen Rolandsliede..., von Hans Loeschhorn. Leipzig, 1873.

*Romania*, t. II, 1873, p. 261-265.

378*. — Noms de peuples païens dans la *Chanson de Roland*.

*Romania*, t. II, 1873, p. 329-334 et p. 480.

379. — Ueber das Metrum der *Chanson de Roland*..., von Franz Hill. Strasbourg, 1874.

*Romania*, t. III, 1874, p. 398-401.

380. — La *Chanson de Roland*, texte critique, traduction et commentaire, grammaire et glossaire, par Léon Gautier. Édition classique. Tours, 1875.

*Romania*, t. V, 1876, p. 114.

381*. — Sur la date et la patrie de la *Chanson de Roland*.

*Romania*, t. XI, 1882, p. 400-409.

382*. — Le *Carmen de prodicione Guenonis* et la légende de Roncevaux.

*Romania*, t. XI, 1882, p. 465-518.

Tiré à part. Nogent-le-Rotrou, impr. Daupeley-Gouverneur, 1882.



383*. — L'épitaphe de Roland.

*Romania*, t. XI, 1882, p. 570-571.

384*. — La légende du *Saut Rolland*.

*Romania*, t. XII, 1883, p. 113-114.

385. — Zur Kritik und Geschichte des altfranzösischen Rolandsliedes. Von A. Pakscher. Berlin, 1885.

*Romania*, t. XIV, 1885, p. 594-598.

386. — La *Chanson de Roland*. Nouvelle édition classique,... par L. Clédat. Paris, 1886.

*Romania*, t. XV, 1886, p. 138-144.

387*. — Extraits de la *Chanson de Roland* et de la *Vie de saint Louis*, par Jean de Joinville, publiés avec introductions, notes et glossaires complets, par Gaston Paris. Hachette, 1887. Petit in-16, 342 pages.

Deuxième édition, revue et corrigée, 1889, XI-264 pages.

388*. — Extraits de la *Chanson de Roland*, publiés avec une introduction littéraire, des observations grammaticales, des notes et un glossaire complet, par Gaston Paris. Paris, Hachette, 1891. Petit in-16, XXXIV-160 pages. Troisième édition [pour les deux premières, voyez le nº 387], 1891.

Quatrième édition, revue et corrigée, 1893.
Cinquième — — — 1896.
Sixième — — — 1899.
Septième — — — 1902.

389*. — Roncevaux.

*Revue de Paris*, 8e année (1901), t. V, p. 225-259.
Réimprimé dans *Légendes du moyen âge*; voyez nº 348.

390. — P. Rajna. Un eccidio sotto Dagoberto e la leggenda epica di Roncisvalle (*Festgabe für W. Förster*, 1901, p. 253).

*Romania*, t. XXXI, 1902, p. 618.

391. — G. Baist. Variationen über *Roland* 2074, 2156 (*Festgabe für W. Förster*, 1901, p. 213).

*Romania*, t. XXXI, 1902, p. 616.

### c) Autres poèmes de la geste du roi

392. — Die handschriftlichen Gestaltungen der Chanson de geste *Fierabras* und ihre Vorstufen, von Dr Gustav Gröber. Leipzig, 1869.

*Revue critique*, 4e année (1869), 2e semestre, p. 121-126.

393. — *I Reali di Francia*. Volume I. Ricerche intorno ai *Reali di Francia*, per Pio Rajna, seguite dal libro delle *Storie di Fioravante* e dal cantare di *Bovo d'Antona*. Bologna, 1872.

*Romania*, t. II, 1873, p. 351-366.

394*. — *Mainet*. Fragments d'une chanson de geste du XIIe siècle.

*Romania*, t. IV, 1875, p. 305-337.
Tiré à part. Nogent-le-Rotrou, impr. Gouverneur, 1875.

395. — La *Mort du roi Gormond*, fragment unique d'une chanson de geste inconnue,... réédité littéralement... et annoté par Auguste Scheler. Bruxelles, 1876 (Extrait du *Bibliophile belge*).

*Romania*, t. V, 1876, p. 377-381.

396. — De nederlandsche *Ogier*, door J.-C. Matthes. Groningen, s. d.

*Romania*, t. V, 1876, p. 383-384.

397. — Les *Enfances Ogier*, par Adenés li Rois, publié pour la première fois et annoté par Auguste Scheler. Bruxelles, 1874.

*Li romans de Berte aus grans piés*, par Adenés li Rois, publié avec notes et variantes par Auguste Scheler. Bruxelles, 1874.

*Bueves de Commarchis*, par Adenés li Rois, chanson de geste publiée pour la première fois et annotée par Aug. Scheler. Bruxelles, 1874.

*Romania*, t. V, 1876, p. 115-119.



398. — Ueberlieferung und Sprache der *Chanson du Voyage de Charlemagne à Jérusalem et à Constantinople*. Eine kritische Untersuchung von Ed. Koschwitz. Heilbronn, 1876.

*Romania*, t. VI, 1877, p. 146.

399*. — La ville de Pui dans *Mainet*.

*Romania*, t. VI, 1877, p. 437-438.

400*. — La *Chanson du Pèlerinage de Charlemagne*. Lu à la séance publique de l'Académie des inscriptions et belles-lettres du 7 décembre 1877.

*Comptes rendus des séances de l'Académie des inscriptions et belles-lettres*, 4e série, t. V, 1878, p. 432-553.
Réimprimé dans *La Poésie au moyen âge*, voy. n° 334.

401*. — L'origine parisienne de la *Chanson du Pèlerinage de Charlemagne*.

(Extrait de la lecture faite par M. Gaston Paris à la séance publique de l'Académie des inscriptions et belles-lettres du 7 décembre 1877.)
*Bulletin de la Société de l'histoire de Paris*, t. IV, 1877, p. 164-167.

402. — De *Floovante*, vetustiore gallico poemate, et de merovingo cyclo scripsit et adjecit nunc primum edita Olavianam Floventi Sagæ versionem et excerpta e Parisiensi codice *Il Libro di Fioravante* A. Darmesteter. Lutetiae Parisiorum, 1877.

*Romania*, t. VI, 1877, p. 605-613.

403*. — La *Chanson du Pèlerinage de Charlemagne*.

*Romania*, t. IX, 1880, p. 1-50.
Tiré à part. Nogent-le-Rotrou, impr. Gouverneur, 1880.

404. — Le *Roman d'Aquin* ou la *Conqueste de la Bretaigne par le roy Charlemagne*, chanson de geste du XIIe siècle, publiée par F. Joüon des Longrais. Nantes, 1880.

*Romania*, t. IX, 1880, p. 445-463.

405. — Nouvelles recherches sur l'*Entrée de Spagne*, chanson de geste franco-italienne, par Antoine Thomas. Paris, 1882.

*Romania*, t. XI, 1882, p. 147-149.

406. — The english Charlemagne Romances. Part I. *Sir Ferumbras*, edited by Sydney J. Herrtage. London, 1879. — Part II. *The Sege of Melayne* and *The romance of Duke Rouland and Sir Otuell of Spayne*, together with a fragment of *the Song of Roland*, edited by Sydney J. Herrtage, London, 1880. — Part III-IV. *The Lyf of Charles the Grete*, translated by William Caxton... edited by Sidney J. Herrtage, London, 1880-1881. — Part V. *The romance of the sowdone of Babylone*, re-edited by Emil Hausknecht. London, 1881.

*Romania*, t. XI, 1882, p. 149-153.

407. — Karls des Grossen Reise nach Jerusalem und Constantinopel, ein altfranzösisches Heldengedicht, herausgegeben von Eduard Koschwitz. Zweite... Ausgabe. Heilbronn, 1883.

*Romania*, t. XIII, 1884, p. 126-133.

408*. — La *Chanson du Pèlerinage de Charlemagne à Jérusalem.*

*Romania*, t. XIII, 1884, p. 199-200 (note additionnelle à un article de M. H. Morf).

409*. — La traduction de la légende latine du *Voyage de Charlemagne à Constantinople*, par Pierre de Beauvais.

*Romania*, t. XXI, 1892, p. 263-264.



140. — *Karel ende Elegast.* Opnieuw uitgegeven door E. T. Kuiper. Amsterdam, 1890.

*Romania*, t. XXI, 1892, p. 296-298.

411*. — *Anseïs de Carthage* et la *Seconda Spagna*.

*Rassegna bibliografica della letteratura italiana*, t. I, 1893, p. 174-183.

Tiré à part. Pisa, impr. Fr. Mariotti. In-8, 12 pages.

412. — Selections from the Hengwrt Mss. preserved in the Peniarth library. — Vol. II, containing *Campen Charlymaen*,... etc. Edited with a Translation by the Rev. Robert Williams, and the Translation continued by the Rev. G. Hartwell Jones. London, 1892.

*Romania*, t. XXII, 1893, p. 296-299.

413*. — La légende de Pépin le Bref.

*Mélanges Julien Havet*, 1895, p. 603-633.

Tiré à part. Paris, Ernest Leroux, 1895. In-8, 32 pages.

414. — Zwei altfranzösische Bruchstücke des *Floovant* [Inaugural-Dissertation]... von Paul Gehrt. Erlangen, 1896.

*Romania*, t. XXVI, 1897, p. 112-116.

415. — Kerstin Hård af Segerstad. Sur l'âge de l'auteur du fragment de Bruxelles, *Gormund et Isembard* (*Mélanges Geijer*, 1901, p. 125).

*Romania*, t. XXXI, 1902, p. 445-448.

416. — E. Modigliani. Intorno alle origini dell' epopea d'*Aspremont* (*Mélanges Monaci*, 1901, p. 569).

*Romania*, t. XXXI, 1902, p. 610.

### d) Geste féodale

417. — Die schöne Historie von dem Ritter Malegis, der das berühmte Ross Baiart genaun, und viel wunderbare und abenteuerliche Geschichten betrieb... Frankfurt a. M., s.d.

*Revue critique*, 2e année (1867), 1er semestre, p. 175-176.

418*. — Complainte sur l'assassinat de Guillaume Longue-Épée, duc de Normandie ; poème inédit du x^e siècle.

[Lettre à M. Jules Lair, et édition de ce poème.]
*Bibliothèque de l'École des Chartes*, t. XXXI, 1870, p. 390-393.

419. — Rinaldo da Montalbano, pel prof. Pio Rajna. Bologna, 1870 (Estratto del *Propugnatore*).

*Revue critique*, 6^e année (1872), 1^er semestre, p. 220-222.

420. — *Renout van Montalbaen*, met Inleiding en Aanteekeningen, door D^r J. C. Matthes. Groningen, 1875.

*Romania*, t. IV, 1875, p. 471-474.

421. — Das altfranzösische Lothringer Epos. Betrachtungen über Inhalt, Form und Entstehung des Gedichts im Anschluss an die Steinthal' sche Theorie über die Entstehung des Volks-Epos überhaupt, von D^r Georg Büchner. Leipzig, 1887.

*Romania*, t. XVI, 1887, p. 581-582.

422*. — La Chanson de la *Vengeance de Rioul* ou de la *Mort de Guillaume Longue Espée*.

*Romania*, t. XVII, 1888, p. 276-280.

423. — Étude sur la vie et la mort de Guillaume Longue-Épée, duc de Normandie, par J. Lair. Paris, 1893.

*Romania*, t. XXII, 1893, p. 576-577.

424. — F. Lot. L'élément historique de *Garin le Lorrain* (*Études dédiées à G. Monod*, 1896, p. 201).

*Romania*, t. XXVI, 1897, p. 109-110.

e) Geste de Garin de Monglane

425*. — Sur un vers du *Coronement Loois*.

*Romania*, t. I, 1872, p. 177-189.

426. — Ueber die Quelle Ulrichs von dem Türlin und die älteste Gestalt der *Prise d'Orenge* (Habilitations-Schrift), von Hermann Suchier. Paderborn, 1873.

*Romania*, t. II, 1873, p. 111-112.



427. — *Wilhelm von Orange*. Heldengedicht von Wolfram von Eschenbach. Zum ersten Male aus dem Mittelhochdeutschen übersetzt von San-Marte (A. Schulz). Halle, 1873.

[Signé ψ.]
*Revue critique*, 7^e année (1873), 2^e semestre, p. 301-302.

428. — *Bueves de Commarchis*, publié par Auguste Scheler, 1874.

Voyez n° 397.

429. — Étude historique et littéraire sur l'ouvrage latin intitulé *Vie de saint Guillaume*, par Charles Révillout. Paris, 1876. (Extrait des *Publications de la Société archéologique de Montpellier*).

*Romania*, t. VI, 1877, p. 467-471.

430*. — Sur un épisode d'*Aimeri de Narbonne*.

*Romania*, t. IX, 1880, p. 515-546.
Tiré à part. Nogent-le-Rotrou, impr. Daupeley, 1880.

431*. — Le Roman de la Geste de Monglane.

*Romania*, t. XII, 1883, p. 1-13.

432. — Classification des manuscrits des *Enfances Vivien*, par Alfred Nordfelt (*Mémoires philologiques*, p. 63-102).

*Romania*, t. XIX, 1890, p. 126-128.

433. — A. Thomas. Vivien d'Aliscans et la légende de saint Vidian (*Études romanes*, p. 121).

*Romania*, t. XXII, 1893, p. 142-145.

434. — W. Cloetta. Die der Synagon-Episode des *Moniage*

*Guillaume II* zu Grunde liegenden historischen Ereignisse (*Tobler-Abhandlungen*, p. 239).

*Romania*, t. XXIV, 1895, p. 456-457.

435*. — Les vers 1-378 du *Couronnement de Louis*, d'après le manuscrit de Boulogne.

*Bulletin de la Société des anciens textes français*, 22e année, 1896, p. 51-58.

436*. — Aymeri de Narbonne dans la *Chanson du Pèlerinage de Charlemagne*.

*Romania*, t. XXV, 1896, p. 496 (note additionnelle à un article de M. Ov. Densuşianu).

437*. — Georges Gourdon. Guillaume d'Orange, poème dramatique. Préface de M. Gaston Paris. Paris, Lemerre, 1896. In-12, IX-70 pages.

438. — R. Weeks. The Messenger in *Aliscans* (*Child Memorial Volume*, 1896, p. 126).

*Romania*, t. XXVII, 1898, p. 322.

439. — Victor Chauvin. Pacolet et les *Mille et une Nuits*, Liège, 1898 (Extrait de la *Wallonia*, 6e année).

*Romania*, t. XXVII, 1898, p. 325-326.

440. — R. Zenker. Die historischen Grundlagen der zweiten Branche des *Couronnement de Louis* (*Festgabe für G. Gröber*, 1899, p. 171).

*Romania*, t. XXIX, 1900, p. 119-121.

441*. — L'élément historique dans la branche II du *Coronement Looïs*.

*Romania*, t. XXX, 1901, p. 181-183 (note additionnelle à un article de M. Mario Roques).

442*. — Naimeri — nAymeric.

*Mélanges Léonce Couture. Études d'histoire méridionale dédiées à la mémoire de Léonce Couture (1833-1902)*. Toulouse, 1902, p. 349-357. Tiré à part.



443. — R. Zenker. Die Synagon-Episode des *Moniage Guillaume II* (*Festgabe für W. Förster*, 1901, p. 129).

*Romania*, t. XXXI, 1902, p. 612-614.

f) ÉPOPÉE « BIOGRAPHIQUE » ET ÉPOPÉE « ADVENTICE »

444*. — Huon de Bordeaux.

*Revue germanique française et étrangère*, t. XVI, 1861, p. 350-390. Réimprimé (avec de nombreux changements) dans *Poèmes et légendes du moyen âge*, 1900; voyez n° 345.

445. — Ueber die Beziehungen der *Ortnit* zu *Huon de Bordeaux*. Inaugural-Dissertation... von Dr F. Lindner. Rostock, 1872.

*Romania*, t. III, 1874, p. 494-495.

446. — I Complementi della *Chanson d'Huon de Bordeaux*, testi francesi... pubblicati da A. Graf. I. *Auberon*. Halle, 1878.

*Romania*, t. VII, 1878, p. 332-339.

447. — *Octavian*, altfranzösischer Roman.....zum ersten Mal herausgegeben von Karl Vollmöller. Heilbronn, 1883.

*Romania*, t. XI, 1882, p. 609-614.

448. — J. Schoppe. Sur le mètre et l'assonance de la chanson de geste *Amis et Amiles* (*Französische Studien*, t. III).

*Romania*, t. XII, 1883, p. 121.

449. — W. Söderhjelm. Saint Martin et le *Roman de la belle Hélène de Constantinople* (*Mémoires d'Helsingfors*, I, 1893, p. 32).

*Romania*, t. XXII, 1893, p. 566.

450. — A. Stimming. Das gegenseitige Verhältniss der französischen gereimten Versionen der Sage von *Beuve de Hanstone* (*Tobler-Abhandlungen*, 1895, p. 1).

*Romania*, t. XXIV, 1895, p. 452.

451*. — Aventures merveilleuses de Huon de Bordeaux, pair de France, et de la belle Esclarmonde, ainsi que du petit roi de féerie Auberon, mises en nouveau langage par Gaston Paris. Se trouve à la maison Didot, 56, rue Jacob, à Paris. Grand in-8, VIII-315 pages, illustré par Manuel Orazi. Achevé d'imprimer le 30 novembre 1898.

— Sagam om Riddar Huons af Bordeaux underbara äfventyr, om den sköna Esclarmonde och om den eine elfkonungen Oberon. Efter Gaston Paris' nyfranska bearbetning tiu svenskan öfverflyttad af Mauritz Boheman. Beijers Bokförlagsaktiebolag, Stockholm, 1902. In-4.

452*. — Société des anciens textes français. — *Orson de Beauvais*, chanson de geste du XIIe siècle publiée d'après le manuscrit unique de Cheltenham, par Gaston Paris. Paris, Firmin Didot, 1899. In-8, LXXX-190 pages.

453. — F. Ed. Schneegans. Zur Chanson de geste *Aiol et Mirabel* (*Festgabe für G. Gröber*, 1899, p. 397).

*Romania*, t. XXIX, 1900, p. 124.

454. — Der anglonormannische *Boeve de Haumtone*, zum ersten Mal herausgegeben von Albert Stimming. Halle, 1899 (*Bibliotheca normannica*, VII).

*Romania*, t. XXIX, 1900, p. 127.

455*. — Sur *Huon de Bordeaux*.

*Romania*, t. XXIX, 1900, p. 209-218.

456*. — *Orson de Beauvais*, chanson de geste publiée... par G. Paris. Paris, 1899.

*Romania*, t. XXX, 1901, p. 132-138 (compte rendu par M. Hermann Suchier; G. Paris a joint des notes à cet article).

457. — L. Morsbach. Die angebliche Originalität des frühmittelenglischen *King Horn*, nebst einem Anhang über anglofranzösische Konsonantendehnung (*Festgabe für W. Förster*, 1901, p. 297).

*Romania*, t. XXXI, 1902, p. 618.



## g) Poèmes cycliques

458. — *Loher und Maller*. Ritterroman erneuert von Karl Simrock. Stuttgart, 1868.

*Revue critique*, 3e année (1868), 1er semestre, p. 381-385.

459*. — *Galien*.

*Histoire littéraire de la France*, t. XXVIII, 1881, p. 221-239. Tiré à part : voyez n° 648.

460*. — *Lohier et Mallart*.

*Histoire littéraire de la France*, t. XXVIII, 1881, p. 239-253. Tiré à part : voyez n° 648.

461*. — Girard d'Amiens.

*Histoire littéraire de la France*, t. XXXI, 1893, p. 151-205; cf. p. 791 pour des additions et corrections. Cf. *supra* le n° 439.

## h) Cycle de la croisade

462. — *Li Bastars de Buillon* (faisant suite au roman de *Baudouin de Sebourg*), poème du XIVe siècle, publié pour la première fois... par Aug. Scheler. Bruxelles, 1877.

*Romania*, t. VII, 1878, p. 460-462.

463*. — La *Chanson d'Antioche* provençale et la *Gran Conquista de Ultramar*.

1er article, *Romania*, t. XVII, 1888, p. 513-541.
2e — — t. XIX, 1890, p. 562-591.
3e — — t. XXII, 1893, p. 345-363.

464. — *La naissance du Chevalier au cygne*, ou les Enfants

changés en cygnes, french poem of the XII[th] century, published... by Henry Alfred Todd. Baltimore, 1889.

*Romania*, t. XIX, 1890, p. 314-340.

465*. — Un fragment épique [fragment des *Enfances Godefroi*].

*Romania*, t. XXIX, 1900, p. 106-107.

466*. — Mayence et Nimègue dans le *Chevalier au cygne*.

*Romania*, t. XXX, 1901, p. 404-409.

## 3. Imitation de l'antiquité.

467. — Daretis Phrygii de excidio Troiae historia. Recensuit Ferdinandus Meister. Leipzig, 1873.

*Revue critique*, 8e année (1874), 1er semestre, p. 289-292.

468*. — Historia Daretis Frigii de Origine Francorum.

*Romania*, t. III, 1874, p. 129-144.

469. — La légende d'Œdipe, étudiée dans l'antiquité, au moyen âge et dans les temps modernes, en particulier dans le *Roman de Thèbes*, texte français du XIIe siècle, par L. Constans. Paris, 1880.

*Romania*, t. X, 1881, p. 270-277.

470. — *Li hystore de Julius Cesar*. Eine altfranzösische Erzählung in Prosa von Jehan de Tuim, zum ersten Mal herausgegeben von Dr. F. Settegast. Halle, 1881.

*Romania*, t. XII, 1883, p. 380-383.

471*. — Un poème retrouvé de Chrétien de Troyes. [*La Muance de la hupe et de l'aronde et del rossignol*.]

*Comptes rendus des séances de l'Académie des inscriptions et belles-lettres*, 4e série, t. XII, 1885, p. 84-85.
Reproduit dans la *Romania*, t. XIII, 1884, p. 399-400.



472*. — La *Vengeance d'Alexandre* par Jean le Venelais.

*Romania*, t. XV, 1886, p. 623-624.

473. — *Eneas*. Texte critique publié par Jacques Salverda de Grave. Halle, 1891 (*Bibliotheca normannica*, IV).

*Romania*, t. XXI, 1891, p. 281-294.

474. — Le *Roman de Thèbes*, publié d'après les manuscrits par Léopold Constans (Paris, 1890, publications de la *Société des anciens textes français*).

Ouvrage présenté à l'Académie des inscriptions. *Comptes rendus des séances de l'Académie des inscriptions et belles-lettres*, 4e série, t. XIX, 1892, p. 534-535.

475. — L. Constans. Notes pour servir au classement des manuscrits du *Roman de Troie* (*Études romanes*, p. 195).

*Romania*, t. XXII, 1893, p. 146.

476. — L'épopée antique, par Léopold Constans (chapitre III du tome I de l'*Histoire de la littérature française* publiée sous la direction de L. Petit de Julleville, 1896).

*Romania*, t. XXV, 1896, p. 601-602.

## 4. Romans grecs et byzantins et Roman des Sept Sages.

### a) Romans grecs et byzantins

477. — *Aucassin et Nicolette*, roman de chevalerie provençal-picard (*sic !*), publié... par Alfred Delvau. Paris, 1866.

*Revue critique*, 2e année (1867), 1er semestre, p. 15-16.

478. — Philippe de Remi, sire de Beaumanoir, jurisconsulte et poète national du Beauvaisis, par H.-L. Bordier. Paris, 1869.

*Revue critique*, 8e année (1874), 2e semestre, p. 280-282.

479*. — *Aucassin et Nicolette*, chantefable du XIIe siècle, traduite par A. Bida; revision du texte original et préface par G. Paris. Paris, Hachette, 1878. Petit in-4, XXXI-104 pages (avec neuf eaux-fortes de Bida).

Cette préface a été réimprimée dans *Poèmes et légendes du moyen âge*, 1900; voyez n° 345.

480*. — Un fragment inconnu.

*Romania*, t. VIII, 1879, p. 266-267 (cf. *ibid.*, p. 631, où ce fragment est identifié à un passage du roman de *Cligès*).

481. — *Aucassin und Nicolete* neu nach der Handschrift mit Paradigmen und Glossar, von Hermann Suchier. Paderborn, 1878.

*Aucassin et Nicolette*, chantefable du XIIe siècle, traduite par A. Bida; revision du texte original et préface par G. Paris. Paris, 1878.

*Romania*, t. VIII, 1879, p. 284-293.

482. — Christian von Troyes sämtliche Werke. I. *Cliges*, zum ersten Male herausgegeben von W. Foerster. Halle, 1884.

*Romania*, t. XIII, 1884, p. 441-446.

483*. — L'auteur du *Comte d'Anjou*.

*Romania*, t. XIX, 1890, p. 106-109.

484. — Christian von Troyes. *Cliges*. Textausgabe mit Einleitung und Glossar, herausgegeben von W. Förster (*Romanische Bibliothek*, I).

*Romania*, t. XXI, 1892, p. 276.

485*. — Jehan Maillart, auteur du *Roman du Comte d'Anjou*.

*Histoire littéraire de la France*, t. XXXI (1893), p. 318-350. Signé P[aulin] P[aris] et G[aston] P[aris].

486. — J. Psichari. Le *Roman de Florimont*; contribution à



l'histoire littéraire; étude des mots grecs dans ce roman (*Études romanes*, p. 507).

*Romania*, t. XXII, 1893, p. 158-163.

487. — A. Risop. Ungelöste Fragen zum *Florimont* (*Tobler-Abhandlungen*, 1895, p. 430).

*Romania*, t. XXIV, 1895, p. 460.

488. — De middennederlandsche bewerking van den *Parthonopeus-Roman* en hare verhouding tot het oudfransche origineel... door Anton van Borkum. Groningen, 1897.

*Romania*, t. XXVI, 1897, p. 574-575.

489. — *Aucassin und Nicolete*. Mit Paradigmen und Glossar, von Hermann Suchier. Vierte Auflage. Paderborn, 1899.

*Romania*, t. XXIX, 1900, p. 287-292.

490*. — Christian von Troyes. *Cliges*. Textausgabe mit Einleitung, Anmerkungen und Glossar, herausgegeben von W. Förster. Zweite Auflage. Halle, 1901.

*Journal des Savants*, 1902.
1er article, p. 57-69.
2e — p. 289-309.
3e — p. 345-357.
4e — p. 438-458.
5e — p. 641-655.

## b) Roman des Sept Sages

491. — Ricerche intorno al libro di *Sindibad*, per Domenico Comparetti. Milano, 1869.

*Revue critique*, 4e année (1869), 2e semestre, p. 327-330.

492. — Johannis de Alta Silva *Dolopathos, sive de rege et septem sapientibus*. Herausgegeben von Hermann Oesterley. Strasbourg, 1873.

*Romania*, t. II, 1873, p. 481-503.

493*. — Le récit *Roma* dans les *Sept Sages*.

*Romania*, t. IV, 1875, p. 125-129.
Tiré à part. Nogent-le-Rotrou, impr. Gouverneur, 1875.

494*. — Société des anciens textes français. Deux rédactions du *Roman des Sept Sages de Rome* publiées par Gaston Paris. Paris, Firmin-Didot, 1876. In-8, XLIII-217 pages.

495. — Die catalanische metrische Version der sieben Weisen Meister. Von Adolf Mussafia. Wien, 1876 (Extrait des *Mémoires de l'Académie de Vienne*).

*Romania*, t. VI, 1877, p. 297-300.

496*. — Una versione in ottava rima del *Libro dei Sette Savi*.

*Romania*, t. X, 1881 (article de M. Pio Rajna, auquel G. Paris a mis des notes, aux pages 3, 4, 6, 7, 12, 19, 20, 21).

497. — Die hystorie van die seuen wijse mannen van Romen, bewerkt door A. J. Botermans. Tekst. Haarlem, 1898.

Die hystorie van die seven wijse mannen van Romen, door A. J. Botermans. Haarlem, 1898.

De Middelnederlandsche bewerking van het gedicht van den VII vroeden van binnen Rome,... door Hermann Peter Barend Plomp. Utrecht, 1899.

*Romania*, t. XXVIII, 1899, p. 448-450.

## 5. Les romans bretons.

### a) Généralités et questions d'origine

498. — L'*Historia Britonum* attribuée à Nennius et l'*Historia Britannica* avant Geoffroi de Monmouth, par Arthur de la Borderie. Paris, 1883.

Les véritables Prophéties de Merlin. Examen des poèmes bretons attribués à ce barde, par Arthur de la Borderie. Paris, 1883.

*Romania*, t. XII, 1883, p. 367-376.



499*. — Romans en vers du cycle de la Table Ronde.

*Histoire littéraire de la France*, t. XXX, 1888, p. 1-270; cf., pour des additions et corrections, p. 600.
Tiré à part. Imprimerie nationale, 1887. In-4, 270 pages.

500. — Les *Mabinogion*, traduits en entier, pour la première fois, en français, par J. Loth, tome I, Paris, 1889, formant le tome III du *Cours de littérature celtique* de MM. H. d'Arbois de Jubainville et J. Loth.

Ouvrage présenté à l'Académie des inscriptions. *Comptes rendus des séances de l'Académie des inscriptions et belles-lettres*, 4e série, t. XVII, 1890, p. 79-80.

501. — Les *Mabinogion*, traduits.... par J. Loth, tome II, Paris, 1890, formant le tome IV du *Cours de littérature celtique* de MM. H. d'Arbois de Jubainville et J. Loth.

*Comptes rendus des séances de l'Académie des inscriptions et belles-lettres*, 4e série, t. XVIII, 1891, p. 152.

502*. [Note sur le royaume d'Ostregales.]

*Romania*, t. XXV, 1896, p. 32 (note additionnelle à un article de M. Ferdinand Lot intitulé *Études sur la provenance du cycle arthurien*).

503. — L'épopée courtoise, par Léon Clédat (chapitre IV du tome I de l'*Histoire de la littérature française* publiée sous la direction de L. Petit de Julleville, 1896).

*Romania*, t. XXV, 1896, p. 602-603.

504*. — [Glastonbury et Avalon.]

*Romania*, t. XXVII, 1898, p. 573 (note additionnelle à un article de M. Ferdinand Lot).

### b) Les lais

505. — De aetate rebusque Mariae Francicae nova quaestio instituitur. Dissertatio inauguralis quam... defendet Eduardus Mall. Halis Saxonum, 1867.

*Revue critique*, 2e année (1867), 2e semestre, p. 71-72.

506*. — Lais inédits de *Tyolet*, de *Guingamor*, de *Doon*, du *Lecheor* et de *Tydorel*.

*Romania*, t. VIII, 1879, p. 29-72.

507. — Die Lais der Marie de France, herausgegeben von Karl Warnke. Mit vergleichenden Anmerkungen von Reinhold Koehler. Halle, 1885.

*Romania*, t. XIV, 1885, p. 598-608.

508. — Le *Lai du Cor*, restitution critique par Fredrik Wulff. Lund et Paris, 1888.

*Romania*, t. XVII, 1888, p. 300-302.

509. — Studier i den forne-franska lais-litteraturen, af Axel Ahlström. Upsal, 1892.

*Romania*, t. XXIV, 1895, p. 528 (note additionnelle à un article de M. Ferdinand Lot, intitulé *Études sur la provenance du cycle arthurien*).

510. — F. Wulff. *Eliduc* (*Mélanges Wahlund*, 1896, p. 305).

*Romania*, t. XXVI, 1897, p. 305.

511. — H. Schofield. The Lay of *Guingamor* (*Child Memorial Volume*, 1896, p. 221).

*Romania*, t. XXVII, 1898, p. 323.

512*. — [Note additionnelle à un article de M. Ferdinand Lot, intitulé *La Patrie des « lais bretons »*.]

*Romania*, t. XXVIII, 1899, p. 48.

### c) Les romans sur Tristan

513. — *Tristan et Iseut*, poème de Gotfrit de Strasbourg, comparé à d'autres poèmes sur le même sujet, ...par A. Bossert. Paris, 1865.

*Revue critique*, 1re année (1866), 1er semestre, p. 56-58.

514. — Pièces inédites du roman de Tristan, précédées de



recherches sur son origine et son développement, par Carl G. Estlander (Extrait des *Actes de la Société des sciences de Finlande*). Helsingfors, 1866.

*Revue critique*, 2e année (1867), 1er semestre, p. 127-128.

515. — Edward Tyrrell Leith. On the Legend of Tristan, its origin in myth and its development in romance (*Journal of the Asiatic Society*, t. IX, 1868).

*Revue critique*, 4e année (1869), 1er semestre, p. 221-222.

516*. — Breri.

*Romania*, t. VIII, 1879, p. 425-429.

517*. — Note sur les romans relatifs à Tristan.

*Romania*, t. XV, 1886, p. 597-602.

518*. — Tristan et Iseut.

*Revue de Paris*, 1894, t. I, p. 138-179.
Tiré à part. Paris, E. Bouillon, 1894.
Réimprimé dans *Poèmes et légendes du moyen âge*. Voyez n° 345.
Traduit en suédois. Voyez n° 349.

519*. — Le Roman de Tristan et Iseut, traduit et restauré par Joseph Bédier. Préface de Gaston Paris. Paris, P. Sevin et E. Rey, s. d. (1900). In-12, 284 pages.

La préface occupe les pages 7-18.

520. — J. Bédier. Spécimen d'un essai de reconstruction conjecturale du *Tristan* de Thomas (*Festgabe für H. Suchier*, 1900, p. 75).

*Romania*, t. XXIX, 1900, p. 581.

### d) Les autres romans bretons

521. — Der Gral und sein Name. Von Paulus Cassel. Berlin, 1865.

*Revue critique*, 1re année (1866), 2e semestre, p. 103.

522*. — Études sur les romans de la Table Ronde. Lancelot du Lac. I. Le *Lanzelet* d'Ulrich de Zatzikhoven.

*Romania*, t. X, 1881, p. 465-496.
Tiré à part. Nogent-le-Rotrou, impr. Daupeley-Gouverneur, 1881.

523*. — Perceval et la légende du Saint-Graal. Conférence.

*Société historique et cercle Saint-Simon. Bulletin.* N° 2. Paris, 1883.

524. — R. Grosse. Le style de Crestien de Troyes (*Französische Studien*, t. I, p. 127).

*Romania*, t. XII, 1883, p. 120-121.

525. — *Sir Gawayne and the green knight*, a comparison with the french *Perceval*, preceded by an investigation of the author's other works.. By Martha Carey Thomas. Zurich, 1883.

*Romania*, t. XII, 1883, p. 376-380.

526*. — Études sur les romans de la Table Ronde. Lancelot du Lac. II. Le conte de la Charrette.

*Romania*, t. XII, 1883, p. 459-534.
Tiré à part. Nogent-le-Rotrou, impr. Daupeley-Gouverneur, 1883.

527*. — Société des anciens textes français. — *Merlin*, roman en prose du XIII^e^ siècle, publié avec la mise en prose du poème de *Merlin* de Robert de Boron d'après le manuscrit appartenant à M. Alfred H. Huth, par Gaston Paris et Jacob Ulrich. Paris, Firmin Didot, 1886, 2 vol. in-8. Tome I, XCI-280 pages. Tome II, 306 pages.

528*. — *Guinglain* ou le *Bel Inconnu*.

*Romania*, t. XV, 1886, p. 1-24.

529*. — Sur le *Roman de la Charrette*.

*Romania*, t. XVI, 1887, p. 100-101.

530. — I. *Merlin*, roman en prose du XIII^e^ siècle, publié par Gaston Paris et Jacob Ulrich. Paris, Didot, 1886.



II. *Historia dos cavalleiros da mesa redonda e da demanda do santo Graal*. Handschrift n° 2594 der k. k. Hofbibliothek zu Wien, zum ersten male veröffentlicht von Karl von Reinhardstöttner. Erster Band. Berlin, 1887.

*Romania*, t. XVI, 1887, p. 582-586.

531. — Studies on the legend of the Holy Grail, with especial reference to the hypothesis of its Celtic origin, by Alfred Nutt. London, 1888.

*Romania*, t. XVIII, 1889, p. 588-590.

532. — *Erec und Enide*, von Christian von Troyes, herausgegeben von Wendelin Förster. Halle, 1890.

*Romania*, t. XX, 1891, p. 148-166.

533. — *Libeaus Desconus*, die mittelenglische Romanze vom schönen Unbekannten,... herausgegeben von Max Kaluza. Leipzig, 1890.

Der *Bel Inconnu* des Renaut de Beaujeu in seinem Verhältniss zum *Lybaus Desconus*, *Carduino* und *Wigalois*. Eine litterarhistorische Studie... von Albert Mennung. Halle, 1890.

*Romania*, t. XX, 1891, p. 297-302.

534. — Selections from the Hengwrt Mss. preserved in the Peniarth library. Vol. I. *Y Seint-Greal*,... originally written about the year 1200. Edited... by the Rev. Robert Williams. London, 1876. — Vol. II. Containing *Campen Charlyamen*, *Purdan Padric*,... Edited, with a Translation, by the Rev. Robert Williams, and the Translation continued by the Rev. G. Hartwell Jones. London, 1892.

*Revue celtique*, t. XIV, 1893, p. 338-341.

535. — Selections from the Hengwrt Mss. preserved in the Peniarth library. Vol. I. *Y Seint-Greal*, being the adventures of King Arthur's knights of the Round Table in the

Quest of the Holy Greal, and on other occasions,... originally written about the year 1200. Edited with a Translation and Glossary by the Rev. Robert Williams. London, 1876.

*Romania*, t. XXII, 1893, p. 296-299.

536. — Ueber die verschiedenen Redaktionen des Robert von Borron zugeschriebenen Graal-Lancelot-Cyclus, von Eduard Wechssler. Halle, 1895.

*Romania*, t. XXIV, 1895, p. 472-476.

537*. — Un épisode d'*Érec et Énide*.

*Romania*, t. XXV, 1896, p. 294 (note additionnelle à un article de M. Emmanuel Philipot).

538. — A. Ahlström. Sur l'origine du Chevalier au lion (*Mélanges Wahlund*, 1896, p. 289).

*Romania*, t. XXVI, 1897, p. 106-107.

539*. — Fragment du *Vallet à la cote mal tailliee*.

*Romania*, t. XXVI, 1897, p. 276-278 (description du manuscrit signée P[aul] M[eyer]; commentaire littéraire du fragment, signé G.P.)

540. — *Meraugis von Portlesguez*, altfranzösischer Abenteuerroman von Raoul von Houdenc, zum ersten Mal nach allen Handschriften herausgegeben von Dr Mathias Friedwagner (*Raoul von Houdenc sämtliche Werke*. Erster Band). Halle, 1897.

*Romania*, t. XXVII, 1898, p. 307-318.

541*. — Caradoc et le serpent.

*Romania*, t. XXVIII, 1899, p. 214-231.

542. — M. Kaluza. Ueber den Anteil des Raoul de Houdenc an der Verfasserschaft der *Vengeance Raguidel* (*Festgabe für G. Gröber*, 1899, p. 119).

*Romania*, t. XXIX, 1900, p. 117-118.

543. — E. Freymond. Artus' Kampf mit dem Katzenungetüm.



Eine Episode der Vulgata des *Livre d'Artus*; Die Sage und ihre Lokalisierung in Savoyen (*Festgabe für G. Gröber*, 1899, p. 311).

*Romania*, t. XXIX, 1900, p. 121-124.

544. — *Le Chevalier à l'épée*, an old french poem, edited by Edward Cooke Armstrong. Baltimore, 1900.

*Romania*, t. XXIX, 1900, p. 593-600.

## 6. Les romans d'aventure.

545*. — *André de France*.

*Romania*, t. I, 1872, p. 105-107.

546. — *Richars li Biaus*. Zum ersten Male herausgegeben von Dr Wendelin Förster. Wien, 1874.

*Romania*, t. IV, 1875, p. 478-480.

547*. — *Le Roman du Châtelain de Couci*.

*Romania*, t. VIII, 1879, p. 343-374.
Tiré à part. Nogent-le-Rotrou, impr. Gouverneur, 1879.

548*. — Jakemon Sakesep, auteur du *Roman de Châtelain de Couci*.

*Histoire littéraire de la France*, t. XXVIII, 1881, p. 352-390.
Tiré à part. Paris, Impr. nationale, 1880.

549. — *Joufrois*. Altfranzösisches Rittergedicht, zum ersten Mal herausgegeben von Konrad Hofmann und Franz Muncker. Halle, 1880.

*Romania*, t. X, 1881, p. 411-419.

550. — Van den Borchgrave van Couchi. Fragmenten uitgegeven door M. de Vries. Leiden, 1887.

*Romania*, t. XVII, 1888, p. 456-459.

551. — *Le roman de Galerent, comte de Bretagne* par le trouvère Renaut, publié par Anatole Boucherie. Paris et Montpellier, 1888.

Ouvrage présenté à l'Académie des inscriptions. *Comptes rendus des séances de l'Académie des inscriptions et belles-lettres*, 4ᵉ série, t. XVI, 1889, p. 163-165.

552. — *Ille et Galeron*, von Walter von Arras. Altfranzösischer Abenteuerroman des XII. Jahrhunderts,... herausgegeben von Wendelin Förster. Halle, 1891 (*Romanische Bibliothek*, VIII).

*Romania*, t. XXI, 1892, p. 277-278.

553. — *Wistasse le Moine*. Altfranzösischer Abenteuerroman des XIII. Jahrhunderts... Herausgegeben von Wendelin Förster und Johann Trost. Halle, 1891 (*Romanische Bibliothek*, t. IV).

*Romania*, t. XXI, 1892, p. 278-279.

554. — K. Breul. *Le Dit de Robert le Diable*. Zum ersten Mal... kritisch herausgegeben (*Tobler-Abhandlungen*, 1895, p. 465).

*Romania*, t. XXIV, 1895, p. 461-462.

555*. — *Le Roman de Richard Cœur de Lion*.

*Romania*, t. XXVI, 1897, p. 353-393.

556. — *King Ponthus and the fair Sidone*, edited by P. J. Mather. Baltimore, 1897 (*Publications of the Modern Language Association of America*, vol. XII, nº 1).

*Romania*, t. XXVI, 1897, p. 468-470.

557*. — Les Romans d'aventure.

*Cosmopolis*, t. XI, 1898, p. 760-778.



558*. — Sur *Amadas et Idoine*.

*An english miscellany presented to Dr. Furnivall in honour of his seventy-fifth birthday*. Oxford, 1901, p. 386-392.

Tiré à part. Oxford, Clarendon Press.

559*. — Sur *Sone de Nansai*.

*Romania*, t. XXXI, 1902, p. 113-132.

## 7. Fableaux.

560*. — Les Contes orientaux dans la littérature française du moyen âge.

*Revue politique et littéraire*, 2ᵉ série, tome VIII ; tome XV de la collection (1875), p. 1010-1017.

Tiré à part. Paris, Franck, 1875. In-8, 24 pages.

Réimprimé dans *La Poésie au moyen âge*, 2ᵉ série. Voyez nº 339.

Traduit en italien. Biblioteca critica della letteratura italiana diretta da Francesco Torraca [fasc. 5]. Gaston Paris. I racconti orientali nella letteratura francese. Traduzione di Mario Menghini. In Firenze, Sansoni, 1895. In-12, 55 pages.

561*. — Le lai de *l'Épervier*.

*Romania*, t. VII, 1878, p. 1-21.

Tiré à part. Nogent-le-Rotrou, impr. de G. Daupeley, 1878.

562. — Œuvres de Henri d'Andeli, trouvère normand du XIIIᵉ siècle, publiées par A. Héron. Rouen, 1880.

*Romania*, t. XI, 1882, p. 137-144.

563*. — Le lai de *l'Oiselet*, poème français du XIIIᵉ siècle, publié d'après les cinq manuscrits de la Bibliothèque nationale et accompagné d'une introduction, par Gaston Paris. Paris, typographie Georges Chamerot, 1884. In-8, 99 pages. [Sur la couverture : Imprimé pour le mariage Depret-Bixio, 19 avril 1884.]

Réimprimé dans *Légendes du moyen âge*, 1903 ; voyez nº 348.

564. — Le lai de *l'Ombre*, publié par Joseph Bédier. Fribourg, 1890.

*Romania*, t. XIX, 1890, p. 609-615.

565. — J. Bédier. Le fabliau de *Richeut* (*Études romanes*, p. 23).

*Romania*, t. XXII, 1893, p. 136-138.

566. — G. Ebeling. Zur Berliner Fableauxhandschrift (*Tobler-Abhandlungen*, 1895, p. 321).

*Romania*, t. XXIV, 1895, p. 549.

567. — Les Fabliaux, par Joseph Bédier (chapitre II du tome II de l'*Histoire de la littérature française* publiée sous la direction de L. Petit de Julleville, 1896).

*Romania*, t. XXV, 1896, p. 602-603.

568. — Das Fableau von den *Trois Bossus Menestrels* und verwandte Erzählungen früher und später Zeit; ein Beitrag zur altfranzösischen und zur vergleichenden Litteraturgeschichte, von Alfred Pillet. Halle, 1901.

*Romania*, t. XXXI, 1902, p. 136-144.

## 8. Fable ésopique et Roman de Renard.

569. — Die zwanzigste branche des *Roman de Renart*, und ihre Nachbildungen, von Knorr (programme des examens du gymnase d'Eutin). Eutin, 1886.

[Signé Ξ].

*Revue critique*, 1re année (1866), 1er semestre, p. 286-288.

570*. — Un fragment de *Renart*.

*Romania*, t. III, 1874, p. 373-376.

571. — *Ysengrimus*. Herausgegeben und erklaert von Erns. Voigt. Halle, 1884.

*Revue critique*, 18e année (1884), 2e semestre, p. 174-177.



572*. — Les fabulistes latins depuis le siècle d'Auguste jusqu'à la fin du moyen âge, par Léopold Hervieux. T. I et II. Phèdre et ses anciens imitateurs directs et indirects. Paris, 1883.

Fables de Phèdre, anciennes et nouvelles, publiées par Léopold Hervieux. Paris, 1883.

*Journal des Savants*.
1er article, 1884, p. 670-686.
2e — 1885, p. 37-51.
Tiré à part. Paris, Impr. nationale, 1885.

573. — Les sources du *Roman de Renart*, par Léopold Sudre. Paris, 1893.

Ouvrage présenté à l'Académie des inscriptions. *Comptes rendus des séances de l'Académie des inscriptions et belles-lettres*, 4e série, t. XXI, 1893, p. 195-196.

574*. — Les sources du *Roman de Renart*, par Léopold Sudre. Paris, 1893.

*Journal des Savants*.
1er article, 1894, p. 542-559.
2e — — p. 595-613.
3e — — p. 715-730.
4e — 1895, p. 86-107.
Tiré à part, sous ce titre : Le Roman de Renard, par Gaston Paris. Paris, Bouillon, 1895. In-4, 72 pages.

575. — — Les fables et les romans du Renard, par L. Sudre (chapitre I du tome II de l'*Histoire de la littérature française* publiée sous la direction de L. Petit de Julleville, 1896).

*Romania*, t. XXV, 1896, p. 602.

576*. — Les fabulistes latins depuis le siècle d'Auguste jusqu'à la fin du moyen âge, par Léopold Hervieux. — Jean de Capoue et ses dérivés. — Paris, 1899.

*Journal des Savants*, 1899, p. 207-226.

577*. — Les manuscrits du *Kalila et Dimna* de Jean de Capoue (addition au compte rendu du tome V des *Fabulistes latins* par M. Léopold Hervieux).

*Journal des Savants*, 1899, p. 581-595.

578. — K. Warnke. Die Quellen des *Esope* der Marie de France (*Festgabe für H. Suchier*, 1900, p. 161).

*Romania*, t. XXIX, 1900, p. 581.

579*. — Une fable à retrouver.

*Romania*, t. XXXI, 1902, p. 101-103.

## 9. Chroniqueurs.

580. — Jean, sire de Joinville. *Histoire de saint Louis, Credo et Lettre à Louis X*, texte original accompagné d'une traduction par Natalis de Wailly. Paris, 1874.

*Romania*, t. III, 1874, p. 401-413.

581. — Benoit de Sainte-More. Eine sprachliche Untersuchung über die Identität der Verfasser des *Roman de Troie* und der *Chronique des ducs de Normandie*, von Franz Settegast. Breslau, 1876.

*Romania*, t. V, 1876, p. 381-383.

582. — Der Münchener *Brut*. Gottfried von Monmouth in französischen Versen des XII. Jahrhunderts... zum ersten Mal herausgegeben von Konrad Hofmann und Karl Vollmöller. Halle, 1877.

*Romania*, t. VII, 1878, p. 144-146.

583. — Maistre Wace's *Roman de Rou et des ducs de Normandie*. Nach den Handschriften von neuen herausgegeben von Hugo Andresen. Heilbronn, 1877.

*Romania*, t. IX, 1880, p. 592-614.



584. — Untersuchungen über die *Chronique ascendante* und ihren Verfasser, von Hermann Hormel. Marburg, 1880.

*Romania*, t. X, 1881, p. 258.

585. — Die Trojanersage der Britten, von Georg Heeger. München, 1886.

*Romania*, t. XV, 1886, p. 449-451.

586*. — Extraits de la *Vie de Saint Louis*, par Jean de Joinville, publiés... par Gaston Paris.

Voyez n° 387.

587*. — Henri de Valenciennes.

*Romania*, t. XIX, 1890, p. 63-72.

588*. — Philippe de Novare.

*Romania*, t. XIX, 1890, p. 99-102.

589*. — Extraits des Chroniqueurs français, Villehardouin, Joinville, Froissart, Commines, publiés avec des notices, des notes, un appendice, un glossaire des termes techniques et une carte par Gaston Paris et A. Jeanroy. Paris, Hachette, 1891. Petit in-16, III-480 pages.

Deuxième édition, 1892.
Troisième — 1893.
Quatrième — 1897.
Cinquième — 1902.

590. — Rapport sur une communication de M. Pélicier [charte de Jean, sire de Joinville].

*Bulletin hist. et philol.*, 1893, p. 494.

591*. — La composition du livre de Joinville sur saint Louis.

*Romania*, t. XXIII, 1894, p. 508-524.
Fragment de la notice sur Jean de Joinville publiée dans le t. XXXII de l'*Histoire littéraire de la France* (voyez n° 600).

592. — L'historiographie, par Ch.-V. Langlois (chapitre VI du

tome II de l'*Histoire de la littérature française* publiée sous la direction de L. Petit de Julleville, 1896).

*Romania*, t. XXV, 1896, p. 608-609.

593*. — Collection de documents inédits sur l'histoire de France publiés par les soins du ministère de l'Instruction publique. — *L'Estoire de la Guerre sainte*, histoire en vers de la troisième croisade (1190-1192), par Ambroise, publiée et traduite d'après le manuscrit unique du Vatican, et accompagnée d'une introduction, d'un glossaire et d'une table des noms propres, par Gaston Paris. Paris, Impr. nationale, 1897. In-4, XC-578 pages, plus un *Avant-propos* de trois pages non chiffrées.

594. — A. Molinier. Les *Grandes Chroniques de France* au XIII^e siècle (*Études dédiées à G. Monod*, 1896, p. 307).

*Romania*, t. XXVI, 1897, p. 110.

595. — H. Pirenne. Les sources de la *Chronique de Flandres* jusqu'en 1342 (*Études dédiées à G. Monod*, 1896, p. 361).

*Romania*, t. XXVI, 1897, p. 111.

596. — C. Couderc. Le manuel d'histoire de Philippe de Valois (*Études dédiées à G. Monod*, 1896, p. 415).

*Romania*, t. XXVI, 1897, p. 111.

597*. — *Tote listoire de France* (*Chronique saintongeaise*), now first edited from the only two mss., with introduction, appendices and notes, by F.-W. Bourdillon, with prefatory letter by Gaston Paris. London, David Nutt, 1897. In-4, XLIV-113 pages.

598. — *Tole listoire de France* (*Chronique saintongeaise*), now first edited... by F.-W. Bourdillon... London, 1897.

Ouvrage présenté à l'Académie des inscriptions. *Comptes rendus des séances de l'Académie des inscriptions et belles-lettres*, 4^e série, t. XXV, 1897, p. 306-307.



599. — *Tote listoire de France* (*Chronique saintongeaise*), now first edited... by F.-W. Bourdillon, with prefatory letter by Gaston Paris. London, 1897.

*Romania*, t. XXVI, 1897, p. 573-574.

600*. — Jean, sire de Joinville.

*Histoire littéraire de la France*, t. XXXII, 1898, p. 291-459 (cf., pour une correction, p. 598).

Tiré à part. Paris, Impr. nationale, 1897. In-4, 173 pages.

601*. — Les *Mémoires* de Philippe de Novare.

*Revue de l'Orient latin*, t. IX, 1901-1902, p. 164-206.

Tiré à part, impr. R. Marchessou. In-8, 42 pages.

## 10. Littérature didactique.

### a) Scientifique

602. — Brunetto Latinos Levnet og skrifter, af Thor Sundby. Kjœbenhavn, 1869.

*Revue critique*, 5^e année (1870), 2^e semestre, p. 1-4.

603*. — Les Lapidaires français du moyen âge, des XII^e, XIII^e et XIV^e siècles, publiés par Léopold Pannier, avec une notice préliminaire, par G. Paris. Paris, Vieweg, 1882 (*Bibliothèque de l'École des Hautes-Études*, 52^e fascicule).

La « notice préliminaire » occupe les pages I-XI.

604. — Språklig Undersokning af *Le lapidaire de Cambridge*, en fornfransk œfversættning af biskop Marbods *Lapidarius*. Akademisk Afhandling af Alfred Johansson. Upsala, 1886.

*Romania*, t. XVI, 1887, p. 586-587.

605. — Geschichte des *Physiologus*, von Friedrich Lauchert. Strasbourg, 1889.

*Revue critique*, 23^e année (1889), 1^er semestre, p. 464-468.

606*. — *La fontaine de toutes sciences* du Philosophe Sidrach.

Signé Ern[est] R[enan] et G[aston] P[aris].
*Histoire littéraire de la France*, t. XXXI, 1893, p. 285-318; cf. additions et corrections, p. 795 et 796.
Tiré à part. Paris, Impr. nationale. In-4, 34 pages.

607. — Littérature didactique, par Arthur Piaget (chapitre IV du tome II de l'*Histoire de la littérature française* publiée sous la direction de L. Petit de Julleville, 1896).

*Romania*, t. XXV, 1896, p. 606-607.

608. — Le Bestiaire de Philippe de Thaün. Texte critique publié avec introduction, notes et glossaire par Emmanuel Walberg. Lund et Paris [1900].

*Romania*, t. XXIX, 1900, p. 589-592.

609. — It. Pizzi. Un riscontro arabo del Libro di Sidrac (*Raccolta d'Ancona*, 1901, p. 235).

*Romania*, t. XXX, 1901, p. 593.

## b) MORALE OU SATIRIQUE : PROVERBES, ARTS D'AMOUR, ROMAN DE LA ROSE

610. — *Li romanz de la Rose*. Première partie, par Guillaume de Lorris. Von Dr Püschel. Berlin, 1872.

*Romania*, t. I, 1872, p. 390.

611*. — Un lai d'amours.

*Romania*, t. VII, 1878, p. 407-416.

612*. — Les anciennes versions françaises de l'*Art d'aimer* et les *Remèdes d'amour* d'Ovide.

*Comptes rendus des séances de l'Académie des inscriptions et belles-lettres*, 4e série, t. XII, 1885, p. 537-551.



613*. — Chrétien Legouais et autres traducteurs ou imitateurs d'Ovide.

*Histoire littéraire de la France*, t. XXIX, 1885, p. 455-525 et (notes additionnelles), p. 612 et p. 619.
Tiré à part. Impr. nationale, 1885.

614*. — Le *Lai de la Rose a la dame leal*, imprimé pour les noces d'argent de Adolf Tobler et Ottilie Hirzel, 24 novembre MDCCCXCIII. Mâcon, Protat frères. In-12 non paginé (54 pages). Tiré à 52 exemplaires.

615*. — Le *Lai de la Rose a la dame leal*.

*Romania*, t. XXIII, 1894, p. 117-140.

616. — W. Freymond. Handschriftliche Miscellen... Berner Stadtbibliothek Hs. no 10. *Crestien li gois?* (*Tobler-Abhandlungen*, 1895, p. 306).

*Romania*, t. XXIV, 1895, p. 458.

617*. — *Le Donnei des Amants*.

*Romania*, t. XXV, 1896, p. 497-541.

618. — Le *Roman de la Rose*, par Ernest Langlois (chapitre III du tome II de l'*Histoire de la littérature française* publiée sous la direction de L. Petit de Julleville, 1896).

*Romania*, t. XXV, 1896, p. 605-606.

619. — *Li Proverbe au vilain*. Die Sprichwörter des gemeinen Mannes, altfranzösische Dichtung, nach den bisher bekannten Handschriften herausgegeben von Adolf Tobler. Leipzig, 1895.

*Romania*, t. XXV, 1896, p. 618-620.

620. — W. Söderhjelm. *Le dit du courtois donneur* (*Mélanges Wahlund*, 1896, p. 51).

*Romania*, t. XXVI, 1897, p. 102.

621*. — Le roman de *Fauvel.*

*Histoire littéraire de la France*, t. XXXII, 1898, p. 108-153 (cf., pour une correction, p. 597).

622. — Les *Enseignements* de Robert de Ho, dits *Enseignements Trebor*. Publiés pour la première fois, d'après les manuscrits de Paris et de Cheltenham, par Mary-Vance Young. Paris, 1901.

*Romania*, t. XXXII, 1903, p. 141-150.

## II. Poésie lyrique.

623. — Les œuvres de Blondel de Néele, Reims, 1862 (*Collection des poètes de Champagne antérieurs au XVI^e siècle*, publiée par P. Tarbé).

*Le Cabinet historique*, t. VIII, 1862, p. 368-370.

624. — Étude sur Bruneau de Tours, trouvère du XIII^e siècle, par Auguste Brachet. Paris et Leipzig.

*Revue critique*, 1^re année (1866), 1^er semestre, p. 12-23.

625. — Mas Latrie. Guillaume de Machaut et la prise d'Alexandrie (*Bibliothèque de l'École des Chartes*, 1876).

*Revue historique*, t. IV, 1877, p. 215-217.

626*. — Une traduction d'André le Chapelain au XIII^e siècle.

*Romania*, t. XIII, 1884, p. 403-404.

627*. — La Comtesse Élisabeth de Flandres et les troubadours.

*Romania*, t. XVII, 1888, p. 591-595.

628*. — Middelalderens Elskovshoffer. Literaturhistorik-kritisk undersögelse af E. Trojel. Copenhague, 1888, in-8. (Les cours d'amour du moyen âge, étude d'histoire littéraire, par E. Trojel.)

*Journal des Savants*, 1888.
1^er article, p. 664-675.
2^e — p. 727-736
Tiré à part. Impr. nationale, 1888.



629*. — Hugues de Berzé.

*Romania*, t. XVIII, 1889, p. 553-570.
Tiré à part. Mâcon, impr. Protat, 1889.

630*. — L'auteur de la *Complainte de Jérusalem.*

*Romania*, t. XIX, 1890, p. 294-296.

631*. — Les Origines de la poésie lyrique en France au moyen âge. Études de littérature française et comparée, par Alfred Jeanroy. Paris, 1889.

*Journal des Savants*, 1891.
1^er article, p. 674-688.
2^e article, p. 729-742.
1892.
3^e article, p. 155-167.
4^e — p. 407-429.
Tiré à part sous ce titre : Les Origines de la poésie lyrique en France au moyen âge, par Gaston Paris. Paris, Impr. nationale, in-4.

632. — G. Huet. Remarques sur les rédactions diverses d'une chanson du XIII^e siècle (*Études romanes*, p. 15).

*Romania*, t. XXII, 1893, p. 136.

633. — A. Jeanroy. Une pièce artésienne du XIII^e siècle (*Études romanes*, p. 83).

*Romania*, t. XXII, 1893, p. 140-141.

634. — De Nicolao Museto (gallice Colin Muset), francogallico carminum scriptore, thesim Facultati litterarum Parisiensi proponebat Joseph Bédier. Paris, 1893.

*Romania*, t. XXII, 1893, p. 285-296.

635*. — La chanson composée à Acre en juin 1250.

*Romania*, t. XXII, 1893, p. 541-547.

636*. — Société des anciens textes français. — Le *Roman de la Rose* ou de *Guillaume de Dole*, publié d'après le manuscrit du Vatican par G. Servois. Paris, Firmin-Didot, 1893.

Les pages LXXXXIX-CCXI, intitulées *Les Chansons*, sont signées Gaston Paris.

637*. — Une chanson du XII^e siècle.

*Romania*, t. XXIII, 1894, p. 248-251.

638*. — Jeu-parti entre Maistre Jehan et Jehan Bretel.

*Romania*, t. XXIII, 1894, p. 251-254.

639*. — Bele Aaliz.

*Mélanges de philologie romane dédiés à Carl Wahlund à l'occasion du cinquantième anniversaire de sa naissance (7 janvier 1896)*. Mâcon, impr. Protat frères. In-8, p. 1-12.

640*. — Huit chants héroïques de l'ancienne France (XII^e-XVIII^e siècle). Poèmes et musique recueillis et publiés avec notices historiques par Pierre Aubry. Préface de G. Paris. Paris, imprimerie Dumoulin et aux bureaux de l'Union pour l'action morale (152, rue de Vaugirard) [1896]. In-4, 19 pages de texte, 25 pages de musique.

Deuxième édition [1896], non mise dans le commerce.

641. — Les Chansons, par A. Jeanroy (chapitre V du tome I de l'*Histoire de la littérature française* publiée sous la direction de L. Petit de Julleville, 1896).

*Romania*, t. XXV, 1896, p. 603-604.

642. — Chants et dits artésiens du XIII^e siècle, publiés avec une introduction, un index des noms propres et un glossaire, par Alfred Jeanroy et Henri Guy. Bordeaux, 1898 (fasc. II de la *Bibliothèque des Universités du midi*).

*Romania*, t. XXVII, 1898, p. 490-508.



643. — H. Waitz. Der kritische Text der Gedichte von Gillebert de Berneville (*Festgabe für G. Gröber*, 1899, p. 39).

*Romania*, t. XXIX, 1900, p. 117.

644. — G. Schläger. Ueber Musik und Strophenbau der französischen Romanzen (*Festgabe für H. Suchier*, 1900, p. 115).

*Romania*, t. XXIX, 1900, p. 581.

645. — *Canchons* und *Partures* des altfranzösischen Trouvere Adan de le Hale le Bochu d'Aras, herausgegeben von R. Berger. Erster Band : *Canchons*, Halle, 1900.

*Romania*, t. XXX, 1901, p. 145-149.

## 12. Littérature religieuse.

646*. — Fragment d'un petit poème dévot du commencement du XII^e siècle.

*Jahrbuch für romanische und englische Litteratur*, t. VI, 1865, p. 362-369.

647. — Le *Besant de Dieu*, von Guillaume Le Clerc de Normandie, mit einer Einleitung über den Dichter und seine sämmtlichen Werke, herausgegeben von Ernst Martin. Halle, 1869.

*Revue critique*, 4^e année (1869), 2^e semestre, p. 54-60.

648*. — Wilham de Wadington, auteur du *Manuel des Péchés*.

*Histoire littéraire de la France*, t. XXVIII, 1881, p. 179-207.

Tiré à part : Wilham de Wadington, auteur du *Manuel des péchés* — Macé de la Charité — *Galien* — *Lohier et Mallart* [s.l. n.d.] In-4.

649*. — Macé de la Charité, auteur d'une *Bible* en vers français.

*Histoire littéraire de la France*, t. XXVIII, 1881, p. 208-221.

Tiré à part : voy. n° 648.

650*. — Société des anciens textes français. — Trois versions rimées de l'*Évangile de Nicodème* par Chrétien, André de Coutances et un anonyme, publiées d'après les manuscrits de Florence et de Londres, par Gaston Paris et Alphonse Bos. Paris, Firmin Didot, 1885. In-8, L-245 pages.

651. — *Li Romans de Carité* et *Miserere* du Renclus de Moiliens; édition critique..., par A.-G. van Hamel. Paris, 1885 (*Bibliothèque de l'École pratique des Hautes Études*).

Ouvrage présenté à l'Académie des inscriptions. *Comptes rendus des séances de l'Académie des inscriptions et belles-lettres*, 4e série, t. XIII, 1886, p. 196-198.

652. — Alixandre dou Pont's *Roman de Mahomet*. Ein altfranzösisches Gedicht des XIII. Jahrhunderts neu herausgegeben von Boleslas Ziolecki. Oppeln, 1887.

*Romania*, t. XVI, 1887, p. 588-589.

653*. — Robert le Clerc d'Arras, auteur des *Vers de la Mort*.

*Romania*, t. XX, 1891, p. 137-139.

654*. — La chanson à boire anglo-normande parodiée du *Letabundus*.

*Romania*, t. XXI, 1892, p. 260-263.

655. — La Règle de saint Benoit traduite en vers français par Nicole, publiée par A. Héron. Rouen, 1895 (extrait des *Mélanges de la Société d'histoire de Normandie*).

*Romania*, t. XXV, 1896, p. 321-326.

656. — Sermonnaires et traducteurs, par Arthur Piaget (chapitre v du tome II de l'*Histoire de la littérature française* publiée sous la direction de L. Petit de Julleville, 1896).

*Romania*, t. XXV, 1896, p. 607-608.

657. — A. Salmon. Trois poèmes de Jean Brisebarre le Court, de Douai (*Mélanges Wahlund*, 1896, p. 213).

*Romania*, t. XXVI, 1897, p. 104-105.



658. — Le *Sermon des plaies*. Sermon en vers du XIIIe siècle, extrait d'un manuscrit de la la bibliothèque de Mons (Belgique) et publié pour la première fois par Henri Ehrismann. Strasbourg, 1896.

*Romania*, t. XXVI, 1897, p. 465-468.

659*. — Note sur le manuscrit de l'*Évangile de Nicodème* d'André de Coutances.

*Bulletin de la Société des anciens textes français*, 14e année, 1898, p. 79-80.

660. — C. Wahlund. *Les quinze Oroisons de saincte Brigide* (*Mélanges Geijer*, 1901, p. 1).

*Romania*, t. XXXI, 1902, p. 444.

## 13. Littérature hagiographique.

### a) Vie de saint Alexis

661. — *Alexis*. — Pariser Glossar 7692. Von Conrad Hofmann. München, 1868 (Extrait des *Comptes rendus de l'Acamie de Bavière*).

*Revue critique*, 3e année (1868), 2e semestre, p. 105-108.

662*. — La *Vie de saint Alexis*, poème du XIe siècle et renouvellements des XIIe, XIIIe et XIVe siècles, publiés avec préfaces, variantes, notes et glossaire, par Gaston Paris et Léopold Pannier. Paris, A. Franck, 1872. In-8, XII-416 pages (*Bibliothèque de l'École pratique des Hautes-Études*, 7e fascicule).

Il existe de cet ouvrage une réimpression anastatique.
Reproduction de l'*Avant-propos*. *Romania*, t. I, 1872, p. 111-113.

663*. — La *Vie de saint Alexi* en vers octosyllabiques.

*Romania*, t. VIII, 1879, p. 163-180.
Tiré à part. Nogent-le-Rotrou, impr. Gouverneur, 1879.

664. — *De saint Alexis*. Eine altfranzösische Alexiuslegende aus dem 13. Jahrhundert. Herausgegeben von Joseph Herz. Francfurt am Mein, 1879.

*Romania*, t. IX, 1880, p. 151-152.

665*. — La *Vie de saint Alexis*, poème du XI^e siècle. Texte critique, publié par Gaston Paris (10 novembre 1884). Paris, Vieweg, 1885. In-12, VIII-26 pages.

666*. — Le second manuscrit de la rédaction rimée (*M*) de la *Vie de saint Alexis*.

*Romania*, t. XVII, 1888, p. 106-120.

667. — Zur Alexiuslegende, von Max Friedrich Blau. Wien, 1888.

*Romania*, t. XVIII, 1889, p. 299-302.

668. — La légende syriaque de saint Alexis, l'homme de Dieu, par Arthur Amiaud. Paris, 1889 (*Bibliothèque de l'École des Hautes Études*).

Ouvrage présenté à l'Académie des inscriptions. *Comptes rendus des séances de l'Académie des inscriptions et belles-lettres*, 4^e série, t. XVII, 1890, p. 231-232.

669*. — La *Vie de saint Alexis*, poème du XI^e siècle. Texte critique accompagné d'un lexique complet et d'une table des assonances publié par Gaston Paris. Nouvelle édition. Paris, Bouillon, 1903. In-12, 63 pages.

### b) Autres vies de saints

670. — La *Vie de saint Thomas le Martyr*, archevêque de Canterbury, par Garnier de Pont-Sainte-Maxence, publiée par C. Hippeau. Paris, 1859.

*Le Cabinet historique*, t. V, 1859, p. 305-311.



671*. — Épître farcie pour le jour de saint Étienne.

*Jahrbuch für romanische und englische Literatur*, t. IV, 1862, p. 311-317.

672. — *Barlaam et Josaphat*, poème français de Gui de Cambrai... publié par Hermann Zotenberg et Paul Meyer. Stuttgart, 1864.

*Revue de l'Instruction publique*, t. XXV, 1865-1866, p. 88-90.

673. — *Vie de seint Auban*, a poem in Normanfrench, ascribed to Matthew Paris, now for the first time edited.... by Robert Atkinson. London, 1876.

*Romania*, t. V, 1876, p. 384-389.

674. — Handschriftliche Studien auf dem Gebiete romanischer Literatur des Mittelalters, von Alfred Weber. I. Untersuchungen über die *Vie des Anciens Pères*. Frauenfeld, 1876.

*Romania*, t. V, 1876, p. 494-495.

675. — Ueber die Mathaeus Paris zugeschriebene *Vie de seint Auban*, von Hermann Suchier. Halle, 1876.

*Romania*, t. VI, 1877, p. 145.

676*. — Société des anciens textes français. — La *Vie de saint Gilles* par Guillaume de Berneville, poème du XII^e siècle, publié d'après le manuscrit unique de Florence, par Gaston Paris et Alphonse Bos. Paris, Firmin-Didot, 1881. In-8, CXVI-188 pages.

677*. — La *Vie de sainte Catherine*, de sœur Clémence de Barking.

*Romania*, t. XIII, 1884, p. 400-403.

678. — Notice sur le livre de *Barlaam et Joasaph*, accompagnée d'extraits du texte grec et des versions arabe et éthiopienne, par H. Zotenberg. Paris, 1886.

*Revue critique*, 21^e année (1886), 1^er semestre, p. 444-447.

679. — Rapport sur une communication de M. de la Rochebrochard [fragment de 82 vers octosyllabiques français appartenant à la *Vie des Pères*].

*Bulletin hist. et philol.*, 1888, p. 220.

680. — *De saint Laurent*, poème anglo-normand du XIIe siècle, publié par Werner Söderhjelm. Paris, 1888.

*Romania*, t. XVII, 1888, p. 610-612.

681. — W. Söderhjelm. Le poème de saint Laurent dans le ms. Egerton 2710 (*Mémoires d'Helsingfors*, 1893, p. 21).

*Romania*, t. XXII, 1893, p. 565-566.

682. — Dvě Verse starofrancouzské legendy o sv. Katerine Alexandrinské. Vydal Jan Urban Jarník. Prague, 1894.

*Journal des Savants*, 1894, p. 635-636.

683. — *L'Espurgatoire seint Patriz* of Marie de France. Published with an introduction and a study of the language of the author by Thomas Atkinson Jenkins. Philadelphie, 1894.

*Romania*, t. XXIV, 1895, p. 290-295.

684. — B. Wiese. Zur Margarethenlegende (*Tobler-Abhandlungen*, 1895, p. 124).

*Romania*, t. XXIV, 1895, p. 454.

685*. — Saint Josaphat.

*Revue de Paris*, 2e année, 1895, t. III, p. 529-550.
Réimprimé dans *Poèmes et légendes du moyen âge*. Voyez n° 345.

686. — *La Vie de sainte Catherine d'Alexandrie*, as contained in the Paris Manuscript La Clayette, publ. by Henry E. Todd (Extrait des *Publications of the Modern Language Association of America*, vol. XV, n° 1).

*Romania*, t. XXX, 1901, p. 430-432.



## 14. Théâtre.

687. — Les anciennes fêtes genevoises, par F.-N. Le Roy. Genève, 1868.

*Revue critique*, 4e année (1869), 2e semestre, p. 239-240.

688. — De l'origine du théâtre à Paris, par Paul Milliet. Paris, 1870.

[Signé Ψ.]

*Revue critique*, 7e année (1873), 1er semestre, p. 31-32.

689*. — Société des anciens textes français. — *Miracles de Nostre Dame par personnages* publiés d'après le manuscrit de la Bibliothèque nationale par Gaston Paris et Ulysse Robert. Paris, Firmin Didot, 1876-1903, 8 vol. in-8.

Tome I, 1876, VI-398 pages.
Tome II, 1877, 408 pages.
Tome III, 1878, 370 pages.
Tome IV, 1879, 388 pages.
Tome V, 1880, 338 pages.
Tome VI, 1881, 300 pages.
Tome VII, 1883, 369 pages.
Tome VIII (Glossaire et Tables par François Bonnardot), 1903, II-368 pages.

690*. — Le *Mystère de la Passion*, d'Arnoul Greban, publié d'après les manuscrits de Paris avec une introduction et un glossaire par Gaston Paris et Gaston Raynaud. Paris, F. Vieweg, 1878. In-4, LI-471 pages.

691. — M. Sepet. Observations sur le *Jeu de la Feuillée* d'Adam de la Halle (*Études romanes*, p. 69).

*Romania*, t. XXII, 1893, p. 140.

692. — Le Théâtre, par L. Petit de Julleville (chapitre VIII du

tome II de l'*Histoire de la littérature française* publiée sous la direction de L. Petit de Julleville, 1896).

*Romania*, t. XXV, 1896, p. 610-611.

693. — Note sur le *Mystère de la Résurrection* attribué à Jean Michel, par Gustave Maccon. Paris, 1898 (Extrait du *Bulletin du Bibliophile*).

*Romania*, t. XXVII, 1898, p. 623-624.

694. — Rapport sur une communication de M. R. Merlet [relative au poète Jean le Marchant, chanoine de Péronne].

*Bulletin hist. et philol.*, 1898, p. 40.

695. — Origines catholiques du théâtre moderne, par Marius Sepet. Paris, 1901.

Ouvrage présenté à l'Académie des inscriptions. *Comptes rendus des séances de l'Académie des inscriptions et belles-lettres*, 1901, p. 328-329.

696. — Observations sur quelques vers de la *Farce de Maître Pierre Pathelin*, par Kr. Nyrop (Extrait du *Bulletin de l'Académie royale des sciences et des lettres de Danemark*, 1900, n° 5). Copenhague.

*Romania*, t. XXX, 1901, p. 432-434.

697. — G. Gröber. Ein Marienmirakel (*Festgabe für W. Förster*, 1901, p. 421).

*Romania*, t. XXXI, 1902, p. 619-620.

## 15. Littérature du XV^e^ siècle; Villon.

### a) Littérature du xv^e^ siècle

698. — Poème inédit de Jehan Marot,... publié par G. Guiffrey. Paris, 1860.

*Le Cabinet historique*, t. VI, 1860, p. 302-303.



699. — La France littéraire au xve siècle ou Catalogue raisonné des ouvrages en tout genre, imprimés en langue française jusqu'à l'an 1500, par Gustave Brunet. Paris, 1865.

*Revue critique*, 1re année (1866), 1er semestre, p. 42-45.

700. — Étude sur Olivier Basselin et les compagnons du Vau-de-Vire, par A. Gasté. Caen, 1866.

A. Gasté. Chansons normandes du xve siècle. Caen, 1866.

*Revue critique*, 1re année (1866), 2e semestre, p. 347-352.

701. — Le *Romant de Jehan de Paris*, revu... sur deux manuscrits de la fin du xve siècle, par Anatole de Montaiglon. Paris, 1867.

*Revue critique*, 2e année (1867), 2e semestre, p. 154-158.

702. — Les *Faictz merveilleux de Virgile*, réimpression textuelle de l'édition sans date publiée à Paris chez Guillaume Nyverd, suivie d'une Notice bibliographique par Philommeste (*sic*) junior. Genève, 1867.

[Signé Ξ.]

*Revue critique*, 2e année (1867), 2e semestre, p. 296.

703*. — Société des anciens textes français. — Chansons du xve siècle, publiées d'après le manuscrit de la Bibliothèque nationale de Paris, par Gaston Paris, et accompagnées de la musique transcrite en notation moderne par Auguste Gevaert. Paris, Firmin Didot, 1875. In-8, xx-175 pages, plus 78 pages de musique non numérotées.

704. — Recueil de poésies françoises des xve et xvie siècles..., réunies et annotées par Anatole de Montaiglon et James de Rothschild. Tome X. Paris, 1875.

*Revue critique*, 10e année (1876), 1er semestre, p. 340-346.

705. — Recueil de poésies françoises des xve et xvie siècles..., réunies et annotées par Anatole de Montaiglon et James de Rothschild. Tome XI. Paris, 1876.

*Revue critique*, 11e année (1877), 1er semestre, p. 44-50 (cf. p. 88).

706. — Les Vaux de Vire. — *Les Vaux de Vire*, de Jean Le Houx, publiés pour la première fois sur le manuscrit autographe du poète, par Armand Gasté. Paris.

*Le Courrier littéraire*, 2e année, 1877, p. 206-213.

707*. — Gaston Paris. La Poésie française au xve siècle. Leçon d'ouverture faite au Collège de France, le 9 décembre 1885.

*Le Monde poétique*, 3e année (1886), p. 194-206 et p. 242-256.
Tiré à part. Paris, Lanier, 1886. In-4, 32 pages.
Réimprimé dans *La Poésie au moyen âge*, 2e série. Voyez n° 339.

708*. — La poétique de Baudet Herenc.

*Romania*, t. XV, 1886, p. 135-136.

709*. — Note additionnelle [à un article de M. P. Meyer (voy. *Romania*, t. XIV, p. 227)] sur Jean de Grailli, comte de Foix.

*Romania*, t. XV, 1886, p. 611-613.

710*. — Un poème inédit de Martin le Franc.

*Romania*, t. XVI, 1887, p. 383-437.

711. — Martin le Franc, prévôt de Lausanne, par Arthur Piaget. Lausanne, 1888.

*Romania*, t. XVIII, 1889, p. 319-320.

712. — Anteckningar om Martial d'Auvergne och hans Kärleksdommar, af W. Söderhjelm. Helsingfors, 1889.

*Romania*, t. XVIII, 1889, p. 512-514.

713. — A. Piaget. Chronologie des Épîtres sur le *Roman de la Rose* (*Études romanes*, p. 113).

*Romania*, t. XXII, 1893, p. 141-142.

714. — W. Söderhjelm. Notice et extraits d'un manuscrit latin-français du xve siècle se trouvant en Finlande (*Mémoires d'Helsingfors*, 1893, p. 64).

*Romania*, t. XXII, 1893, p. 566-567.



715*. — Pietro Toldo. Contributo allo studio della novella francese del xv e xvi secolo, considerata specialmente nelle sue attinenze con la letteratura italiana (*Cent Nouvelles nouvelles*, *Heptaméron*, *Comptes du Monde adventureux*, *Grand Parangon des nouvelles nouvelles*, *Joyeux devis*). Rome, 1895.

*Journal des Savants*, 1895.
1er article, p. 289-303.
2e — p. 342-361.
Tiré à part. Paris, Impr. nationale, 1895.

716*. — La *dance Macabré* de Jean Le Fèvre.

*Romania*, t. XXIV, 1895, p. 129-132.

717. — Les derniers poètes du moyen âge... par L. Petit de Julleville (chapitre vii du tome II de l'*Histoire de la littérature française* publiée sous la direction de L. Petit de Julleville, 1896).

*Romania*, t. XXV, 1896, p. 609-610.

718*. — Le poète Guillaume Coquillart, chanoine et official de Reims.

*Revue de Champagne et de Brie*, 21e (lisez : 22e) année, 2e série tome IX (1897), p. 321-328.

719*. — Le poète Guillaume Coquillart, chanoine et official de Reims, lecture à la séance publique annuelle de l'Académie nationale de Reims, le 22 juillet 1897, par Gaston Paris. Paris, imprimerie de l'Académie (Nestor Monce, Dir.), 1898. In-8, 13 pages.

Extrait du tome CI des *Travaux de l'Académie de Reims*. Tirage à 50 exemplaires.

720. — E. Gorra. Di un poemetto francese inedito del secolo xv (*Miscellanea Rossi-Teiss*, 1897, p. 371).

*Romania*, t. XXVII, 1898, p. 153.

721. — Werner Söderhjelm. Antoine de la Sale et la légende de

Tannhäuser (*Mémoires d'Helsingfors*, II, 1897, p. 101).

*Romania*, t. XXVII, 1898, p. 304-307.

722. — Rapport sur une communication de M. Alcius Ledieu [pièce de vers du xv^e^ siècle sur le sacre du roi à Reims].

*Bulletin hist. et philol.*, 1901, p. 407.

## b) François Villon

723. — Œuvres complètes de François Villon, suivies d'un choix des poésies de ses disciples..., publiées par Pierre Jannet. Paris, 1867.

*Revue critique*, 2^e^ année (1867), 1^er^ semestre, p. 248-251.

724. — François Villon et ses légataires, par Auguste Longnon (Extrait de la *Romania*).

Notice sur François Villon, d'après des documents nouveaux et inédits tirés des dépôts publics, par Auguste Vitu. Paris, 1873.

*Revue critique*, 7^e^ année (1873), 2^e^ semestre, p. 190-199.

725. — Étude biographique sur François Villon, d'après les documents inédits conservés aux Archives nationales, par Auguste Longnon. Paris, 1877.

*Revue critique*, 11^e^ année (1877), 1^er^ semestre, p. 319-322.

726. — Le Jargon du xv^e^ siècle, étude philologique. Onze ballades en jargon attribuées à François Villon..., par Auguste Vitu. Paris, 1884.

[Signé Ψ.]

*Revue critique*, 18^e^ année (1884), 2^e^ semestre, p. 317-320.

727*. — Une question biographique sur Villon.

*Romania*, t. XVI, 1887, p. 573-579.



728. — E. Langlois. *Archipiada* (*Mélanges Wahlund*, 1896, p. 173).

*Romania*, t. XXVI, 1897, p. 173.

729*. — Les grands écrivains français. — François Villon, par Gaston Paris. Paris, Hachette, 1901. In-16, 190 pages.

730*. — Villoniana.

*Romania*, t. XXX, 1901, p. 352-390.

---

# IV. — LITTÉRATURE FRANÇAISE MODERNE

## 1. Littérature du XVIe siècle.

731. — Vie de Jacques, comte de Vintimille, conseiller au parlement de Bourgogne, littérateur et savant du XVIe siècle, d'après des documents inédits, par Ludovic de Vauzelles. Orléans, 1865.

*Revue critique.* 1re année (1866), 1er semestre, p. 107.

732. — Essai sur la vie et les ouvrages de Florimond de Raymond, conseiller au parlement de Bordeaux, par Ph. Tamizey de Larroque. Paris, 1867.

*Revue critique*, 2e année (1867), 1er semestre, p. 363-366.

733. — Recherches sur la recension du texte posthume de Montaigne, par Reinhold Dezeimeris. Bordeaux, 1866.

*Revue critique*, 2e année (1867), 1er semestre, p. 413-414.

734. — La versification de Ronsard, von Herrn Gymnasiallehrer Büscher (dans le *Jahresbericht über das Wilhelm-Ernstische Gymnasium zu Weimar*). Weimar.

*Revue critique*, 2e année (1867), 2e semestre, p. 57-58.

735. — Œuvres complètes de Remy Belleau, nouvelle édition publiée... par A. Gouverneur. Nogent-le-Rotrou, 1867.

*Revue critique*, 2e année (1867), 2e semestre, p. 137-144.

736. — Œuvres de Rabelais, édition conforme aux derniers



textes revus par l'auteur, avec des variantes de toutes les éditions originales... Paris, 1867-1868.

Les œuvres de maistre François Rabelais, accompagnées d'une notice sur sa vie et ses ouvrages... par Ch. Marty-Laveaux. T. Ier (1re partie). Paris, 1868.

Les Quatre livres de maistre François Rabelais, suivis du manuscrit du cinquième livre, publiés par les soins de A. de Montaiglon et Louis Lacour. Paris, 1868.

*Revue critique*, 4e année (1869), 1er semestre, p. 148-150.

737. — La famille de Ronsart, recherches généalogiques, historiques et littéraires sur P. de Ronsard et sa famille, par Achille de Rochambeau. Paris, 1868.

[Signé Ξ.]

*Revue critique*, 4e année (1869), 2e semestre, p. 239, note.

738. — Œuvres de Rabelais,... accompagnées d'un commentaire nouveau par Burgaud des Marets et Rathery. Seconde édition, revue et augmentée. Tome Ier. Paris, 1870.

*Revue critique*, 5e année (1870), 1er semestre, p. 390-392.

739. — *Essais* de Michel de Montaigne, texte original de 1580, avec les variantes des éditions de 1582, publié par R. Dezeimeris et A. Barckhausen. Bordeaux, 1870.

*Bibliothèque de l'École des Chartes*, t. XXXII, 1871, p. 417-419.

740. — Œuvres de Jean Rus, poète bordelais de la première moitié du XVIe siècle, publiées par Philippe Tamizey de Larroque. Paris, 1875.

*Revue critique*, 9e année (1875), 1er semestre, p. 397-398.

741*. — Une ballade hippique.

*Romania*, t. VI, 1877, p. 271-272.

742. — Rabelais et ses œuvres, par Jean Fleury,... Paris, 1877.

*Revue critique*, 11e année (1877), 2e semestre, p. 211-216.

743. — A. d'Ancona. L'Italia alla fine del secolo XVI. Giornale del viaggio di Michele de Montaigne in Italia, nel 1580 e 1581. Nuova edizione del testo francese ed italiano. Città di Castello, 1889.

Ouvrage présenté à l'Académie des inscriptions. *Comptes rendus des séances de l'Académie des inscriptions et belles-lettres*, 4e série, t. XVII, 1890, p. 144-145.

744. — C. Wahlund. Ueber Anne Malet de Graville, eine vernachlässigste französische Renaissance-Dichterin (*Tobler-Abhandlungen*, 1895, p. 404).

*Romania*, t. XXIV, 1895, p. 460.

745*. — Les dernières poésies de Marguerite de Navarre, publiées par Abel Lefranc. Paris, 1896 (Publications de la *Société d'histoire littéraire de la France*).

*Journal des Savants*, 1896.
1er article, p. 273-288.
2e — p. 356-368.

746. — A. Thomas. Fragments d'une sottie inconnue, représentée en 1517 (*Mélanges Wahlund*, 1896, p. 197).

*Romania*, t. XXVI, 1897, p. 104.

747. — La Pléiade françoise, avec notices bibliographiques et notes par Ch. Marty-Laveaux. Appendice. La langue de la Pléiade. Paris, 1896.

*Journal des Savants*, 1898, p. 318-319.

748. — Les idées religieuses de Marguerite de Navarre, d'après son œuvre poétique, par Abel Lefranc. Paris, 1898.

*Journal des Savants*, 1898, p. 696-698.



## 2. Littérature du XVIIe siècle.

749. — Les *Caractères* de Théophraste, traduits du grec avec les *Caractères ou les Mœurs de ce siècle*, par La Bruyère. Nouvelle édition... par Adrien Destailleur. Paris, 1861.

*Revue de l'Instruction publique*, t. XXI, 1861, p. 217-218.

750*. — Les derniers travaux sur Molière.

*Revue de l'Instruction publique*, t. XXIII, 1863-1864, p. 553-556 et p. 761-764.

751. — Petite comédie de la critique littéraire ou Molière selon trois écoles philosophiques, par Paul Stapfer. Paris, 1866.

*Revue critique*, 1re année (1866), 1er semestre, p. 133-135.

752. — Les Contemporains de Molière, recueil de comédies jouées de 1650 à 1680, par Victor Fournel. Tome II. Paris, 1866.

*Revue critique*, 1re année (1866), 1er semestre, p. 289-294.

753. — Œuvres de Regnier, édition Louis Lacour, imprimée par D. Jouaust. Paris, 1867.

*Revue critique*, 2e année (1867), 2e semestre, p. 109-112.

754. — Œuvres complètes de Regnier, revues sur les éditions originales, avec préface, notes et glossaire, par Pierre Jannet. Paris, 1867.

*Revue critique*, 2e année (1867), 2e semestre, p. 388-389.

755. — *Pensées* de Pascal, publiées... par Ernest Havet. Deuxième édition. Paris, 1866.

*Revue critique*, 3e année (1868), 1er semestre, p. 108-111.

756. — La Morale de Molière, par C.-J. Jeannel. Paris, 1867. [Signé Ξ.]

*Revue critique*, 3e année (1868), 1er semestre, p. 360.

757. — Molière-Studien. Ein Namenbuch zu Molière's Werken mit philologischen und historischen Erklärungen, von Hermann Fritsche. Danzig, 1868.

*Revue critique*, 3ᵉ année (1868), 2ᵉ semestre, p. 140-144.

758. — Molière-Lully. *Le Mariage forcé*, comédie-ballet en trois actes... Nouvelle édition, publiée d'après le manuscrit de Phillidor l'aîné, par Ludovic Celler, avec des fragments inédits de Molière... Paris, 1867.

[Signé Ξ.]

*Revue critique*, 3ᵉ année (1868), 2ᵉ semestre, p. 153-154.

759. — Vie des poètes agenais (Antoine de la Pujade, Guillaume du Sable), par Guillaume Colletet, publiées... par Philippe Tamizey de Larroque. Agen, 1868.

*Revue critique*, 3ᵉ année (1868), 2ᵉ semestre, p. 172.

760. — Molière et la Comédie italienne, par Louis Moland. Paris, 1867.

*Revue critique*, 3ᵉ année (1868), 2ᵉ semestre, p. 173-174.

761. — *L'homme à bonnes fortunes*, comédie en cinq actes en prose, par Michel Baron, avec préfaces et notes, par Jules Bonnassies. Paris, 1870.

*Revue critique*, 7ᵉ année (1873), 1ᵉʳ semestre, p. 267-268.

762. — Poésies françaises, latines et grecques de Martin Despois, avec une introduction et des notes, par Reinhold Dezeimeris. Bordeaux, 1875.

*Revue critique*, 9ᵉ année (1875), 2ᵉ semestre, p. 125-126.

763. — Les Contemporains de Molière, recueil de comédies rares ou peu connues, jouées de 1650 à 1680,... par Victor Fournel. Tome III. Théâtre du Marais. Paris, 1875.

*Revue critique*, 10ᵉ année (1876), 2ᵉ semestre, p. 190-191.



764. — Les points obscurs de la vie de Molière, les années d'étude, les années de lutte et de vie nomade, les années de gloire,... par Jules Loiseleur. Paris, 1877.

*Revue critique*, 12ᵉ année (1878), 2ᵉ semestre, p. 75-78.

765. — Procès du vin de Bourgogne et du vin de Champagne ; intervention du cidre : Grenais, Coffin, Duhamel et les deux Ybert, par H. Moulin (*Mémoires de l'Académie de Caen*, 1883, p. 417).

*Bulletin du Comité des trav. hist.*, 1884, p. 184.

766. — Œuvres complètes de La Rochefoucauld, nouvelle édition... par A. Chassang. Tome second. Les *Maximes*. — *Réflexions diverses*. — Correspondance. Paris, 1884.

[Signé Ψ.]

*Revue critique*, 18ᵉ année (1884), 2ᵉ semestre, p. 10-12.

767. — Molière-Studien. Ein Namenbuch zu Molière's Werken mit philologischen und historischen Erläuterungen, von Hermann Fritsche. 2ᵉ édition. Berlin, 1887.

*Revue critique*, 22ᵉ année (1888), 2ᵉ semestre, p. 426-428.

768*. — Malherbe, à propos d'un livre récent.

*Journal des Débats*, nᵒ du 21 août 1892.

769*. — Discours prononcé à l'inauguration du buste de Peiresc à Aix, le 19 novembre 1895.

*Bibliothèque de l'École des Chartes*, t. LVI, 1895, p. 747-755.

770*. — La source italienne de la *Courtisane amoureuse* de La Fontaine (*Raccolta di studii critici dedicata ad Alessandro d'Ancona festeggiandosi il XL anniversario del suo insegnamento*. Firenze, G. Barbèra, MCMI. Grand in-8, p. 375-385).

Tiré à part.

### 3. Littérature du XVIII^e siècle.

771. — Un Napolitain du dernier siècle. Contes, lettres et pensées de l'abbé Galiani, avec introduction et notes par Paul Ristelhuber. Paris, 1866.
[Signé Ξ.]
*Revue critique*, 1re année (1866), 2e semestre, p. 227-228.

772. — Un procès d'histoire littéraire. Les poésies de Clotilde de Surville. Études nouvelles, suivies de documents inédits, par Antonin Macé. Grenoble, 1870.
Clotilde de Surville et ses poésies (documents inédits), par Henry Vaschalde. Paris, 1873.
*Revue critique*, 7e année (1873), 1er semestre, p. 133-140.

773. — Les poésies de Clotilde de Surville, étude par Anatole Loquin. Bordeaux, 1873.
Une fausse résurrection littéraire. Clotilde de Surville et ses nouveaux apologistes, par Jules Guillemin. Chalon, 1873.
Marguerite Chalis et la légende de Clotilde de Surville, par A. Mazon. Paris, 1873.
*Revue critique*, 8e année (1874), 1er semestre, p. 347-351.

774. — Étude sur l'authenticité des poésies de Clotilde de Surville, par W. Kœnig. Halle, 1875.
*Revue critique*, 9e année (1875), 2e semestre, p. 313.

### 4. Littérature du XIX^e siècle.

775*. — Uebersicht der Entwickelung der französischen Nationalliteratur im Jahre 1858.
Lettre à l'éditeur du *Jahrbuch für romanische und englische Literatur*. Berlin, t. I, 1859, p. 388-399 (le titre seul est en allemand).
[*L'Amour* de Michelet. — *Fanny* d'Ernest Feydeau. — Les *Lionnes pauvres*, la *Jeunesse* d'E. Augier. — *Le Roman d'un jeune homme pauvre* d'O. Feuillet. — *La Maison de Penarvan* de Jules Sandeau. — *Trente et Quarante* d'E. About. — Le *Fils naturel* d'A. Dumas, etc.]



776*. — [Seconde lettre]. Die französische Nationalliteratur im Jahre 1859.
*Jahrbuch für romanische und englische Literatur*, t. III, 1861, p. 1-31.
[La *Légende des siècles* de V. Hugo. — *Elle et Lui* de G. Sand. — *Lui et Elle* de P. de Musset. — *Lui* de Louise Collet. — Œuvres posthumes d'A. de Musset. — *Petits Poèmes* d'Ed. Grenier. — *Sonnets humoristiques* de J. Soulary. — *Mirèio* de Mistral. — *Christian* de Francis Wey. — *Un petit-fils de Mascarille* de Meilhac. — *Un père prodigue* d'A. Dumas. — *Un beau mariage* d'E. Augier. — *La Femme* de Michelet, *La Démocratie* de Vacherot, etc.]

777*. — [Troisième lettre]. Die französische Nationalliteratur im Jahre 1860.
*Jahrbuch für romanische und englische Literatur*, t. III, 1861, p. 385.
[*Les Parasites* d'E. Pailleron. — *La Comédie enfantine* de L. Ratisbonne. — *Jean de La Roche* et *Le Mis de Villemer* de G. Sand. — *M. et Mme Fernel* de L. Ulbach. — *M. de Boisd'hyver* de Champfleury. — *Les pattes de mouche* de V. Sardou. — *Merlin l'Enchanteur* d'Edgar Quinet, etc.]

778*. — [Quatrième lettre]. Die französische Nationalliteratur im Jahre 1861.
*Jahrbuch für romanische und englische Literatur*, t. IV, 1862, p. 353-370.
[*Épîtres rustiques* d'Autran. — *Les Nuits d'hiver* d'Henri Mürger. — *L'Homme à l'oreille cassée, Le Nez d'un notaire, Le Cas de M. Guérin* d'E. About. — *Les Effrontés* d'E. Augier. — *Histoire de la littérature française* de D. Nisard, etc.]

779. — Stances et poèmes, par Sully Prudhomme. Paris, 1865.
*Revue de l'Instruction publique*, t. XXV, 1865-1866, p. 312-313.

780. — L'année littéraire et dramatique, revue annuelle des principales productions de la littérature française..., par G. Vapereau. Huitième année (1865). Paris, 1866.
[Signé Ξ.]

*Revue critique*, 1re année (1866), 1er semestre, p. 429-431.

781. — Homère. L'Iliade, traduction nouvelle, par Leconte de Lisle. Paris, 1867.

*Revue critique*, 2e année (1867), 1er semestre, p. 180-182.

782. — L'année littéraire et dramatique, revue annuelle des principales productions de la littérature française..., par G. Vapereau. Neuvième année (1866). Paris, 1867.
[Signé Ξ.]

*Revue critique*, 2e année (1867), 1er semestre, p. 400.

783. — Henry Beyle (otherwise de Stendahl [*sic*]), a critical and biographical study, aided by original documents and unpublished letters,... by A. A. Paton. London, 1874.

*Revue critique*, 8e année (1874), 2e semestre, p. 28-29.
Réimprimé dans : *Vingt jugements inédits sur Henri Beyle (Stendhal)* recueillis et publiés par Albert Lumbroso (Nuptiis Roussel-Larroumet, 1902. Tiré à 150 exemplaires imprimés par L. Franceschini et Cie, à Florence, p. 70-75).

784. — Les *Contes en vers* d'Andrieux, suivis de lettres inédites, avec notice et notes, par P. Ristelhuber. Paris, 1882.
[Signé Ψ.]

*Revue critique*, 16e année (1882), 2e semestre, p. 155.

785*. — La réception d'hier à l'Académie [réception de M. Albert Sorel].

*Journal des Débats*, 8 février 1895.
Réimprimé dans *Penseurs et poètes*. Voyez n° 787.



786*. — Sully Prudhomme.

*Revue de Paris*.
1er article, 2e année, 1895, t. V, p. 761-796.
2e — 3e année, 1896, t. I, p. 77-110.
Réimprimé dans *Penseurs et poètes*. Voyez n° 787.
Traduit en suédois : *Sully Prudhomme, en Karakteristik*, af Gaston Paris. Bemyndegad Ofversättning utgiven på Föranstaltande af Svenska Akademiens Nobel-Kommitte. Stockholm, Norstedt. In-4.

787*. — Gaston Paris. Penseurs et poètes. — James Darmesteter. — Frédéric Mistral. — Sully Prudhomme. — Alexandre Bida. — Ernest Renan. — Albert Sorel. — Paris, Calmann Lévy, 1896. In-12, IV-348 pages.

788*. — La *Romance mauresque* des Orientales.

*Revue d'histoire littéraire de la France*, t. VI, 1899, p. 333-342.
Réimprimé dans *Poèmes et légendes du moyen âge*. Voyez n° 345.

## V. — LITTÉRATURE ITALIENNE

789. — La leggenda di Sant' Albano, prosa inedita del secolo XIV e la storia di San Giovanni Boccadoro,... per cura d'Alessandro d'Ancona. Bologna, 1865.

*Revue critique*, 1re année (1866), 1er semestre, p. 45-46.

790. — Giovan Francesco Straparola da Caravaggio, von F.-M. Brakelmann. Gœttingen, 1867.

*Revue critique*, 3e année (1868), 2e semestre, p. 109-110.

791. — Scelta di curiosità letterarie inedite o rare del secolo XIII al XVII, in appendice alla Collezione di opere inedite o rare. Bologna, 1867.

Dispensa LXXVIII. *Due Sermoni e la Laudazione di Josef, di santo Effrem.* Volgarizzamento del buon secolo..... pubblicato per cura di Achille Neri. — Disp. LXXIX, *Cantare del bel Gherardino*, novella cavalleresca in ottava rima del secolo XIV.....— Disp. LXXX, *Fioretti de' Remedii contro Fortuna di messer Fr. Petrarca* volgarizzati per D. Giovanni Dassamminiato..... — Disp. LXXXI, *Compendio di più ritratti* di Gio. Maria Cecchi.....

*Revue critique*, 3e année (1868), 2e semestre, p. 147-150.

792. — Études historiques et littéraires, par K. Hillebrand. Tome I. Études italiennes. Paris, 1868.

*Revue critique*, 4e année (1869), 1er semestre, p. 386-388.

793. — Scelta di curiosità letterarie inedite o rare del secolo XIII al XVII, in appendice alla Collezione di opere inedite o rare. Bologna, 1867.

Dispensa XCIII. *Libro di Novelle antiche.* — Disp. XCVII. *Novelette, esempi morali e apologhi* di San Bernardino da Siena. —



Disp. XCIX. *La leggenda di Vergogna*, testi del buon secolo in prosa e in verso, e *la leggenda di Giuda*, testo italiano antico in prosa e francese antico in verso.

*Revue critique*, 4e année (1869), 1er semestre, p. 407-415.

794. — Cantilene e ballate, strambotti e madrigali nei secoli XIII e XIV, a cura di Giosué Carducci. Pisa, 1871.

*Romania*, t. I, 1872, p. 115-119.

795. — Il viaggio di Carlo Magno in Ispagna per conquistare il camino di San Giacomo, testo di lingua inedito pubblicato per cura di Antonio Ceruti. Bologna, 1871.

*Revue critique*, 7e année (1873), 1er semestre, p. 10-11.

796. — Sacre Rapprezentazioni dei secoli XIV, XV et XVI, raccolte e illustrate per cura di Alessandro d'Ancona. Firenze, 1872.

*Romania*, t. II, 1873, p. 266-267.

797. — Les contes et facéties d'Arlotto de Florence, avec introduction et notes, par P. Ristelhuber. Paris, 1873.

[Signé Ξ.]

*Revue critique*, 8e année (1874), 1er semestre, p. 236.

798. — Il *contrasto* di Ciullo d'Alcamo, ristampato secondo la lezione del cod. Vaticano 3793, con commenti e illustrazioni di Alessandro d'Ancona. Bologna, 1874. Extrait de la *Raccolta di rime antiche* (*Collezione di opere inedite o rare*).

*Romania*, t. III, 1874, p. 495-498.

799. — Giacomo Leopardi, sa vie et ses œuvres, par A. Bouché-Leclercq. Paris, 1874.

*Revue critique*, 9e année (1875), 2e semestre, p. 59-62.

800*. — La Passione di Gesù Cristo, rappresentazione sacra in Piemonte nel secolo XV, edita da Vincenzo Promis. Torino, 1888.

*Journal des Savants*, 1888, p. 512-526.

801*. — Alessandro d'Ancona. Origini del teatro italiano. Libri tre, con due appendici sulla rappresentazione drammatica del contado toscano e sul teatro mantovano nel sec. XVI. Seconda edizione. Torino, 1891.

*Journal des Savants*, 1892, p. 670-685.
Tiré à part. Impr. nationale. In-4, 16 pages.

802. — Dott. Franco Ridella. Una sventura postuma di Giacomo Leopardi. Studio di critica biografica. Turin, 1897.

*Journal des Savants*, 1897, p. 191-192.

803. — C. Appel. Das Sonett Guido Cavalcanti's « I' vegno 'l giorno a te infinite volte » (*Mélanges Wahlund*, 1896, p. 335).

*Romania*, t. XXVI, 1897, p. 107.

804. — Per la storia della novella italiana nel secolo XVII. Note di Giambattista Marchesi. Roma, 1897.

*Journal des Savants*, 1897, p. 560.

805. — *Le Rime* di Torquato Tasso, edizione critica su i manoscritti e le antiche stampe, a cura di Angelo Solerti. Tomes I et II, Bologne (*Collezione di opere inedite o rare*).

*Journal des Savants*, 1898, p. 132.

806. — Fl. Pellegrini. Alcune rime toscane inedite del secolo XIII (*Miscellanea Rossi-Teiss*, 1897, p. 421).

*Romania*, t. XXVII, 1898, p. 155.

807. — *Le Piacevoli Notti* di Messer Gian Francesco Straparola. Ricerche di Giuseppe Rua. Roma, 1898.

*Journal des Savants*, 1898, p. 196.

808. — Foscolo, Manzoni, Leopardi. Saggi di Arturo Graf, aggiuntovi « Prerafaelliti, Simbolisti ei Esteti, Letteratura dell' avvenire ». Turin, 1898.

*Journal des Savants*, 1898, p. 260.



809. — *Il cantare di Fiorio e Biancifiore*, edito ed illustrato da Vincenzo Crescini. Bologne, 1899 (*Scelta di curiosità letterarie inedite o rare*).

*Romania*, t. XXVIII, 1899, p. 439-447.

810. — G. Ulrich. Il Favolello del Geloso (*Miscellanea Ascoli*, 1901, p. 7).

*Romania*, t. XXX, 1901, p. 566-567.

811. — E. Bellorini. Note sulla traduzione delle Eroidi ovidiane attribuita a Carlo Figiovanni (*Raccolta d'Ancona*, 1901, p. 13).

*Romania*, t. XXX, 1901, p. 591-592.

812. — H. Varnhagen. Die Quellen der Bestiär-Abschnitte im *Fiore di Virtù* (*Raccolta d'Ancona*, 1901, p. 515).

*Romania*, t. XXX, 1901, p. 594.

813. — Fr. Novati. Sopra un' antica storia lombarda di sant' Antonio di Vienna (*Raccolta d'Ancona*, 1901, p. 741).

*Romania*, t. XXX, 1901, p. 596.

814. — V. de Bartholomaeis. Un frammento bergamasco e una novella del *Decamerone* (*Mélanges Monaci*, 1901, p. 203).

*Romania*, t. XXXI, 1902, p. 605-606.

## DANTE

815. — Ueber Dante's Schrift *De vulgari eloquentia*. Nebst einer Untersuchung des Baues der Danteschen Canzonen, von Eduard Böhmer. Halle, 1868.

[Signé ψ.]

*Revue critique*, 4e année (1869), 2e semestre, p. 330-332.

816. — Dante secondo la tradizione e i novellatori, ricerche di Giovanni Papanti. Livorno, 1873.

*Revue critique*, 8e année (1874), 2e semestre, p. 157-158.

817. — The system of courtly love, studied as an introduction to the *Vita nuova* of Dante, by Lewis Freeman Mott. Boston et Londres, 1896.

*Journal des Savants*, 1897, p. 255.

818. — Il trattato *De Vulgari eloquentia* di Dante Alighieri, per cura di Pio Rajna. Edizione minore. Firenze, 1897.

*Journal des Savants*, 1897, p. 749.

819. — G. Mazzoni. Il primo accenno alla *Divina Commedia* (*Miscellanea Rossi-Teiss*, p. 129-138).

*Romania*, t. XXVII, 1898, p. 151.

820. — P. Chistoni. Le forme classiche e medievali del Catone dantesco che unifica il Censorino e l'Uticense (*Raccolta d'Ancona*, 1901, p. 97).

*Romania*, t. XXX, 1901, p. 592.

821. — F. Romani. Il martirio di santo Stefano (nota dantesca) (*Raccolta d'Ancona*, 1901, p. 539).

*Romania*, t. XXX, 1901, p. 594.

822. — G. Mazzoni. Se possa *Il Fiore* essere di Dante Alighieri (*Raccolta d'Ancona*, 1901, p. 657).

*Romania*, t. XXX, 1901, p. 595-596.

823. — O. Antognoni. L'epigrafe incisa sul sepolcro di Dante (*Mélanges Monaci*, 1901, p. 326).

*Romania*, t. XXXI, 1902, p. 608.

824. — C. de Lollis. *Quel di Lemosì* (*Mélanges Monaci*, 1901, p. 353).

*Romania*, t. XXXI, 1902, p. 608.

## VI. — LITTÉRATURES PROVENÇALE ET CATALANE

825. — Bidrag till den provençaliska litteraturens historia.., af Dr C. G. Estlander. Helsingfors, 1868.

*Revue critique*, 3e année (1868), 2e semestre, p. 108-109.

826. — Grundriss zur Geschichte der provenzalischen Literatur, von Karl Bartsch. Elberfeld, 1872.

*Revue critique*, 6e année (1872), 1er semestre, p. 70-73.

827*. — Une fête littéraire dans le Midi.

*Journal des Débats*, n° du 13 avril 1875.

828. — Ad. Birch-Hirschfeld. Ueber die den provenzalischen Troubadours des XII. und XIII. Jahrhunderts bekannten epischen Stoffe. Leipzig, 1878.

*Romania*, t. VII, 1878, p. 455-460.

829. — *Libre del orde de Cavayleria* compost a Miramar de Mallorca, per mestre Ramon Lull. Barcelona, 1879.

*Romania*, t. XII, 1883, p. 695-696.

830. — Deux manuscrits provençaux du XIVe siècle, contenant des poésies de Raimon de Cornet, de Peire de Ladils et d'autres poètes de l'école toulousaine, publiés... par le Dr J.-B. Noulet et C. Chabaneau. Montpellier et Paris, 1888.

Ouvrage présenté à l'Académie des inscriptions. *Comptes rendus des séances de l'Académie des inscriptions et belles-lettres*, 4e série, t. XVI, 1889, p. 59-60.

831*. — Jaufré Rudel.

*Revue historique*, t. LIII, 1893, p. 225-260.
Réimprimé dans les *Cahiers de la Quinzaine*. Paris, 14 avril 1904, 14e cahier de la 5e série, p. 45-97.

832. — A. Pagès. La version catalane de l'*Enfant sage* (*Études romanes*, p. 181).

*Romania*, t. XXII, 1893, p. 146.

833*. — Frédéric Mistral. I. L'homme. II. L'œuvre.

*Revue de Paris.*
1er article, 1re année, 1894, t. VI, p. 478-498.
2e — , 2e — , 1895, t. I, p. 59-89.
Réimprimé dans *Penseurs et poètes*. Voyez no 787.

834. — El Testamento de Ramon Lull y la escuela luliana in Barcelona... por D. Francisco de Bofarull y Sans. Barcelona, 1896.

*Revue historique*, t. LXIII, 1897, p. 375-377.

835. — E. Gorra. L'alba bilingue del codice vaticano *Regina* 1462 (*Miscellanea Ascoli*, 1901, p. 489).

*Romania*, t. XXX, 1901, p. 576.

---

## VII. — LITTÉRATURES ESPAGNOLE ET PORTUGAISE

836. — Geschichte der schönen Literatur in Spanien. Von Georg Ticknor. Deutsch mit Zusätzen herausgegeben von Nicolaus Heinrich Julius. Supplementband... bearbeitet von Adolf Wolf. Mit einer Vorrede von Ferdinand Wolf. Leipzig, 1867.
[Signé Ξ.]

*Revue critique*, 2e année (1867), 1er semestre, p. 398.

837. — Theoria da historia da litteratura portugueza, por Theophilo Braga. Porto, 1872.

*Revue critique*, 6e année (1872), 2e semestre, p. 331-332.

838*. — Une romance espagnole écrite en France au xve siècle.

*Romania*, t. I, 1872, p. 373-378.

839. — Les vieux auteurs castillans, par le comte de Puymaigre. Nouvelle édition, 1re série. Paris, 1888.

Ouvrage présenté à l'Académie des inscriptions. *Comptes rendus des séances de l'Académie des inscriptions et belles-lettres*, 4e série, t. XVII, 1890, p. 85-86.

840. — J. Cornu. Études sur le *Poème du Cid* (*Études romanes*, p. 419).

*Romania*, t. XXII, 1893, p. 153-155.

841*. — Ramon Menéndez Pidal. La leyenda de los Infantes de Lara. Madrid, 1896.

*Journal des Savants*, 1898.
1er article, p. 296-309.
2e — p. 321-335.
Tiré à part, sous ce titre : La légende des infants de Lara, par Gaston Paris. Paris, Impr. nationale, 1898. In-4, 28 pages.

842*. — Les sept Infants de Lara.

*Revue de Paris*, 5e année, 1898, t. VI, p. 372-395.
Réimprimé dans *Poèmes et légendes du moyen âge*. Voyez n° 345.

843. — J. Cornu. Das Hohelied in castillanischer Sprache des XIII. Jahrhunderts nach der Handschrift des Escorial I. I.-6 (*Festgabe für W. Förster*, 1901, p. 120).

*Romania*, t. XXXI, 1902, p. 612.

844. — Discursos leidos ante la Real Academia española en la recepcion pública de D. Ramon Menéndez Pidal, el 19 de octobre 1902. Madrid. [Sur Tirso de Molina].

*Journal des Savants*, 1903, p. 69-70.

---

## VIII. — LITTÉRATURES GERMANIQUES

### 1. Littérature allemande.

845*. — Ulrich de Zazikhoven et Arnaud Daniel.

*Bibliothèque de l'École des Chartes*, 26e année (1865), tome I de la 6e série, p. 250-254.

846. — Ueber den fünffüssigen Jambus, mit besonderer Rücksicht auf seine Behandlung durch Lessing, Schiller und Gœthe, von Dr Friedrich Zarncke. Leipzig, 1865.

*Revue critique*, 1re année (1866), 1er semestre, p. 205-211.

847. — Alfred Hédouin. Gœthe, sa vie et ses œuvres, son époque et ses contemporains. Lettres, documents inédits. Paris, 1866.

[Signé Ξ.]

*Revue critique*, 1re année (1866), 2e semestre, p. 354-355.

848. — Herders *Cid* und seine französische Quelle, von Reinhold Kœhler. Leipzig, 1867.

*Revue critique*, 2e année (1867), 1er semestre, p. 141-144.

849. — Michael Bernays. Ueber Kritik und Geschichte des Goetheschen Textes. Berlin, 1866.

[Signé Ξ.]

*Revue critique*, 2e année (1867), 2e semestre, p. 11-13.

850. — Das *Nibelungenlied*, herausgegeben von Friedrich Zarncke. Dritte Auflage. Leipzig, 1868.

*Revue critique*, 3e année (1868), 1er semestre, p. 229-233.

851. — Der saturnische Vers und die altdeutsche Langzeile. Beitrag zur vergleichenden Metrik, von Karl Bartsch. Leipzig, 1867.

*Revue critique*, 3e année (1868), 2e semestre, p. 119-120.

852. — Verzeichniss der von A. W. von Schlegel nachgelassenen Briefsammlung, von Ad. Klette. Bonn, 1868.
[Signé Ξ.]

*Revue critique*, 3e année (1868), 2e semestre, p. 287.

853. — *Herzog Ernst*. Herausgegeben von Karl Bartsch. Wien, 1869.

*Revue critique*, 4e année (1869), 2e semestre, p. 215-218.

854. — *Sanct Brandan*. Ein lateinischer und drei deutsche Texte. Herausgegeben von Dr Carl Schröder. Erlangen, 1871.

*Revue critique*, 6e année (1872), 2e semestre, p. 327-328.

855. — Sebastian Brands *Narrenschiff* in neuhochdeutscher Uebertragung von Karl Simrock... Berlin, 1872.

*Revue critique*, 7e année (1873), 1er semestre, p. 24-38.

856. — Zur Textkritik der *Nibelungen*. Von Konrad Hofmann. München, 1872 (Extrait des *Mémoires de l'Académie des sciences*).

*Revue critique*, 7e année (1873), 1er semestre, p. 189-191.

857. — August Koberstein's Grundriss der Geschichte der deutschen Nationalliteratur. 5te umgearbeitete Auflage von Karl Bartsch. Leipzig, 1872-74.

*Revue critique*, 8e année (1874), 1er semestre, p. 326-328.

858. — Zwei altdeutsche Rittermären. *Moriz von Craon. Peter von Staufenberg*. Neu herausgegeben von Ed. Schröder. Berlin, 1894.

*Romania*, t. XXIII, 1894, p. 466-474.



## 2. Littérature néerlandaise.

859. — W. A. Jonckbloet's Geschichte der niederländischen Literatur. Deutsche Ausgabe von Wilhelm Berg... Leipzig, 1870.
[Signé Ψ.]

*Revue critique*, 7e année (1873), 1er semestre, p. 414-415.

## 3. Littérature anglaise.

860. — Der englische Hexameter, eine Abhandlung, von Karl Elze. Dessau, 1867.

*Revue critique*, 2e année (1867), 2e semestre, p. 286-287.

861. — Histoire littéraire du peuple anglais, par J.-J. Jusserand. Des origines à la Renaissance. Paris, 1894.

Ouvrage présenté à l'Académie des inscriptions. *Comptes rendus de l'Académie des inscriptions et belles-lettres*, 4e série, t. XXII, 1894, p. 249-251.

862. — The *Recuyell of the Historyes of Troye*, written in french by Raoul Lefevre, translated and printed by William Caxton (about A. D. 1474), the first english printed book, now faithfully reproduced... by H. Oskar Sommer. London, 1894.

*Romania*, t. XXIV, 1895, p. 295-298.

863. — J.-J. Jusserand. Jacques Ier d'Écosse fut-il poète ? Étude sur l'authenticité du *Cahier du roi*. Paris, 1897 (extrait de la *Revue historique*).

Ouvrage présenté à l'Académie des inscriptions. *Comptes rendus des séances de l'Académie des inscriptions et belles-lettres*, t. XXV, 1897, p. 263.

864. — G. L. Kittredge. Who was sir Thomas Malory? (*Child Memorial Volume*, 1896, p. 85).

*Romania*, t. XXVII, 1898, p. 321-322.

865. — The chronicles of Froissart, translated out of French by sir John Bourchier lord Berners, annis 1523-1525, with an introduction by William Paton Ker. Volume I. London, 1901.

*Journal des Savants*, 1901, p. 127-128.

### 4. Littératures scandinaves.

866. — Samlingar utgifna af svenska Fornskrift-Sællskapet, Hœft 11, 14-16, 19-27, 29-30, 32-39, 41, 43-49. Stockholm, 1847-1867.

*Revue critique*, 4e année (1869), 1er semestre, p. 343-345.

867. — *Riddarasœgur. Parcevals Saga, Valvers Thattr, Ivents saga, Mirmans saga.* Zum ersten Mal herausgegeben und mit einer literarhistorichen Einleitung versehen, von Dr Eugen Kölbing. Strasbourg, 1872.

*Revue critique*, 7e année (1873), 1er semestre, p. 6-8.

868. — Notices sur les sagas de *Magus* et de *Geirard* et leurs rapports aux épopées françaises. Par F. A. Wulff. Lund, 1874.

*Romania*, t. IV, 1875, p. 474-478.

869. — Beiträge zur vergleichenden Geschichte der romantischen Poesie und Prosa des Mittelalters, unter besonderer Berücksichtigung der englischen und nordischen Litteratur, ...von Eugen Kölbing. Breslau, 1876.

*Romania*, t. VI, 1877, p. 146-147.

---

## IX. — LITTÉRATURES DE L'EUROPE ORIENTALE

### 1. Littérature finnoise.

870. — Le *Kalevala*, épopée nationale de la Finlande et des peuples finnois, traduit... par L. Léouzon Le Duc. I. L'épopée. Paris, 1868.

[Signé Ξ.]

*Revue critique*, 3e année (1868), 1er semestre, p. 295-296.

871. — Ueber die epischen Dichtungen der finnischen Völker, besonders die *Kalewala*. Ein Vortrag gehalten von W. J. A. Freiherrn von Tettau. Erfurt, 1873.

[Signé Ξ.]

*Revue critique*, 8e année (1874), 2e semestre, p. 37-38.

### 2. Littérature tchèque.

872. — Chants héroïques et chansons populaires des Slaves de Bohême, traduits sur les textes originaux, avec une introduction et des notes, par Louis Leger. Paris, 1866.

*Revue critique*, 1re année (1866), 2e semestre, p. 312-322.

873. — Die gefälschten bömischen Gedichte aus den Jahren 1816-1849... Von Dr J. J. Hanusch. Prag, 1869.

*Revue critique*, 4e année (1869), 2e semestre, p. 12-16.

874*. — Encore les faux manuscrits tchèques.

*Revue critique*, 12e année (1878), 1er semestre, p. 375-378.

---

# FOLK-LORE

## 1. Généralités. Questions de méthode.

875. — Chants et chansons populaires des provinces de l'Ouest, Poitou, Saintonge et Angoumois, ...recueillis par Jérôme Bujeaud. Niort, 1866.

*Revue critique*, 1re année (1866), 1er semestre, p. 302-312.
Réimprimé sous ce titre : De l'étude de la poésie populaire en France, dans *Mélusine*, t. I, 1878, p. 1-6.

876. — Études de mythologie celtique, par Jules Leflocq. Orléans, 1869.

*Revue critique*, 4e année (1869), 1er semestre, p. 369-371.

877. — Abhandlung über Roland, von Dr Hugo Meyer. Brême, 1868 (Programme de la *Hauptschule* de Brême).
Sagnet om Holger Danske, dets udbredelse og forhold til Mythologien, ved L. Pio. Copenhague, 1870.

*Revue critique*, 5e année (1870), 1er semestre, p. 98-107.

878*. — La mythologie allemande dans *Girard de Vienne*.

*Romania*, t. VI, 1872, p. 101-104.

879. — La Chaîne traditionnelle. Contes et légendes au point de vue mythique. Par Hyacinthe Husson. Paris, 1874.

*Revue critique*, 8e année (1874), 2e semestre, p. 113-114.

880. — Les *Contes* de Charles Perrault, avec deux Essais sur la vie et les œuvres de Perrault et sur la mythologie dans ses contes,... par André Lefèvre. Paris, 1875.

*Revue critique*, 9ᵉ année (1875), 2ᵉ semestre, p. 363-365.

881. — De la poésie populaire, par Ph. Le Duc (*Revue de la Société littéraire, historique et archéologique de l'Ain*), 1884, p. 18.

*Bulletin du Comité des trav. hist.*, 1884, p. 181.

882. — Revue des traditions populaires, 2ᵉ année. Paris, 1887.

Publication présentée à l'Académie des inscriptions. *Comptes rendus des séances de l'Académie des inscriptions et belles-lettres*, 4ᵉ série, t. XVI, 1889, p. 273-274.

883. — La nature des dieux, études de mythologie gréco-latine par Charles Ploix. Paris, 1888.

Ouvrage présenté à l'Académie des inscriptions. *Comptes rendus des séances de l'Académie des inscriptions et belles-lettres*, 4ᵉ série, t. XVI, 1889, p. 387-388.

884. — Alfred Maury. Croyances et légendes du moyen âge. Nouvelle édition des *Fées du moyen âge* et des *Légendes pieuses*, publiée... par Auguste Longnon et G. Bonet-Maury, avec une préface de Michel Bréal. Paris, 1896.

*Journal des Savants*, 1896, p. 379-380.

885*. — [Un épilogue de la « Journée de Ploujean ».]

*Journal des Débats*, nᵒ du 10 septembre 1898 (discours sur la poésie des peuples bretons, inséré dans un article de M. A. Le Braz).

## 2. Légendes et contes.

### a) Monographies de légendes et de contes

886*. — Le Petit Poucet.

*Mémoires de la Société de linguistique de Paris*, t. I, 1868, p. 372-404.



887*. — Le Petit Poucet et la Grande Ourse, par Gaston Paris. Paris, 1875, lib. Franck. In-16, VIII-95 pages.

[« Nouvelle forme, revue, corrigée et augmentée » de l'étude publiée dans les *Mémoires de la Société de linguistique*.]

888. — Novella della figlia del re di Dacia, testo inedito de buon secolo della lingua. Pisa, 1866.

*Revue critique*, 3ᵉ année (1868), 1ᵉʳ semestre, p. 10-13.

889. — Gargantua, essai de mythologie celtique, par H. Gaidoz (Extrait de la *Revue archéologique*). Paris, 1868.

*Revue critique*, 4ᵉ année (1869), 1ᵉʳ semestre, p. 326-329.

890. — Recherches sur Gargantua en Poitou avant Rabelais, par L. Desaivre (Extrait de la *Revue de l'Aunis, de la Saintonge et du Poitou*). Niort, 1869.

*Revue critique*, 5ᵉ année (1870), 2ᵉ semestre, p. 78-79.

891. — Sulla Leggenda del Legno della Croce, studio di Adolfo Mussafia. Wien (Extrait des *Comptes rendus de l'Académie de Vienne*).

*Revue critique*, 5ᵉ année (1870), 2ᵉ semestre, p. 88-89.

892. — Virgilio nel medio evo, per Domenico Comparetti. In Livorno, 1872.

*Revue critique*, 8ᵉ année (1874), 1ᵉʳ semestre, p. 133-142.

893*. — La légende de Trajan.

*Mélanges publiés par la section historique et philologique de l'École des Hautes-Études pour le dixième anniversaire de sa fondation.* Paris, 1878. In-8, p. 267-298.

Tiré à part. Paris, Impr. nationale, 1878.

894*. — La légende du Juif errant.

*Encyclopédie des sciences religieuses*, dirigée par Lichtenberger, t. VII, 1880, p. 498-514.

Tiré à part. Paris, Sandoz et Fischbacher, 1880. In-8, 20 pages.
Réimprimé dans *Légendes du moyen âge*. Voyez nᵒ 348.

895*. — L'ange et l'ermite, étude sur une légende religieuse. Lu dans la séance publique annuelle de l'Académie des inscriptions et belles-lettres, le 12 novembre 1880.

*Comptes rendus des séances de l'Académie des inscriptions et belles-lettres*, 4e série, t. VIII, 1881, p. 427-449.

Réimprimé dans la *Revue politique et littéraire*, 2e série, tome XIX, tome XXVI de la collection (1881), p. 462-469.

Réimprimé dans *La Poésie au moyen âge*, 1re série. Voyez n° 334.

896*. — La femme de Salomon.

*Romania*, t. IX, 1880, p. 436-443.

897. — Abelardo ed Eloisa secondo la tradizione popolare. Ricerche di Francesco Sabatini. Roma, 1880.

*Romania*, t. IX, 1880, p. 617-618.

898*. — Le Juif errant en Italie au XIIIe siècle.

*Romania*, t. X, 1881, p. 212.

899*. — La légende du Châtelain de Couci dans l'Inde.

*Romania*, t. XII, 1883, p. 359-363.

900*. — [Communication sur des variantes orientales de la légende du Châtelain de Couci.]

*Comptes rendus des séances de l'Académie des inscriptions et belles-lettres*, 4e série, t. XI, 1884, p. 154-155.

901. — Le mythe de la Mère Lusine (Meurlusine, Merlusine, Mellusigne, Mellusine, Mélusine, Méleusine)... par L. Desaivre (*Mémoires de la Société de statistique, sciences, lettres et arts des Deux-Sèvres*, 1882).

*Bulletin du Comité des trav. hist.*, 1884, p. 189-191.

902. — Roma nella memoria e nelle imaginazioni del medio evo, di Arturo Graf. Torino, 1881-1883.

*Journal des Savants*, 1884, p. 557-577.



903*. — La Parabole des Troix anneaux, conférence faite à la Société des études juives, le 9 mai 1885.

*Revue des Études juives*, t. XI, 1885.

Tiré à part. Paris, A. Durlacher, 1885. In-8, 19 pages.

Réimprimé dans *La Poésie au moyen âge*, 2e série. Voyez n° 339.

904*. — Une version orientale du thème de *All's well that ends well*.

*Romania*, t. XVI, 1887, p. 98-100.

905*. — Institut de France. La légende du Mari aux deux femmes, par M. G. Paris,... Lu dans la séance publique annuelle de l'Académie des inscriptions et belles-lettres, le vendredi 18 novembre 1887. Paris, Firmin Didot, 1887. In-4, 21 pages.

Réimprimé dans les *Comptes rendus des séances de l'Académie des inscriptions et belles-lettres*, 4e série, t. XV, 1888, p. 571-586.

Réimprimé dans la *Revue politique et littéraire* (*Revue bleue*), 3e série, tome XIV, tome XL de la collection (1887-1888), p. 651-656.

Réimprimé dans *La Poésie au moyen âge*, 2e série. Voyez n° 339.

906. — Poemetti popolari italiani, raccolti ed illustrati da Alessandro d'Ancona. Bologna, 1889.

*Romania*, t. XVIII, 1889, p. 508-512.

907*. — L'Ebreo errante in Italia [par M. S. Morpurgo]. Firenze, 1890.

*Journal des Savants*, 1891, p. 541-556.

Tiré à part sous ce titre : Le Juif errant en Italie, par Gaston Paris. Paris, E. Bouillon, 1891. In-4, 16 pages.

Réimprimé dans *Légendes du moyen âge*. Voyez n° 348.

908*. — Il Saladino nelle leggende francesi e italiane del medio evo. Appunti di A. Fioravanti. Reggio-Calabria, 1891.

*Journal des Savants*, 1893.

1er article, p. 284-299.
2e — p. 354-365.
3e — p. 428-438.
4e — p. 486-498.

Tiré à part sous ce titre : La légende de Saladin, par Gaston Paris. Paris, E. Bouillon, 1893, in-4.

Traduit en italien : Biblioteca critica della Letteratura italiana, diretta da Francesco Torraca (fasc. 8). — Gaston Paris. La leggenda di Saladino, traduzione di Mario Menghini. In Firenze, G. S. Sansoui, 1896. In-12, 75 pages.

909. — G. Raynaud. I. La *Mesnie Hellequin* ; II. Le poème perdu du comte Hernequin ; III. Quelques mots sur Arlequin (*Études romanes*, p. 51).

*Romania*, t. XXII, 1893, p. 138-140.

910*. — Le conte de la Rose dans le *Roman de Perceforest*.

*Romania*, t. XXIII, 1894, p. 78-116.

911*. — Der Ring der Fastrada. Eine mythologische Studie, von Dr jur. August Paul. Aachen, 1896.

*Journal des Savants*, 1896.
1er article, p. 637-643.
2e — p. 718-730.

Tiré à part, sous ce titre : L'Anneau de la morte, histoire d'une légende, par Gaston Paris. Paris, Impr. nationale, 1897. In-4, 22 pages.

912*. — Le Paradis de la Reine Sibylle.

*Revue de Paris*, 4e année, 1897, t. VI, p. 763-786.
Réimprimé dans *Légendes du moyen âge*. Voyez n° 348.

913. — Das Motiv der unterschobenen Braut in der internationalen Erzählungs-litteratur, mit einem Anhang : Ueber den Ursprung und die Entwicklung der Bertasage... von P. Arfert. Schwerin, 1897.

*Romania*, t. XXVI, 1897, p. 575-576.

914*. — La légende du Tannhäuser.

*Revue de Paris*, 5e année, 1898, t. II, p. 307-325.
Réimprimé dans *Légendes du moyen âge*. Voyez n° 348.

915*. — Congrès des Sociétés savantes à Toulouse. — Discours prononcés à la séance générale du Congrès, le samedi



8 avril 1899, par M. Héron de Villefosse, M. B. Baillaud, M. Gaston Paris, et M. Georges Leygues. Paris, Imp. nationale, 1899. In-8°, 64 pages. — *Le Roman du Comte de Toulouse*, p. 43-54.

Réimprimé dans le *Bulletin hist. et philol.*, 1899, p. 160-169.
Réimprimé (et enrichi de notes nombreuses) dans les *Annales du Midi*, t. XII, 1900, p. 1-32.

916*. — Die Taenzer von Kölbigk, ein Mirakel des XI. Jahrhunderts. Von Edward Schröder. Gotha, 1896 (*Zeitschrift für Kirchengeschichte*, t. XVII, p. 94).

*Journal des Savants*, 1899, p. 733-747.
Tiré à part sous ce titre : Les Danseurs maudits, légende allemande du XIe siècle, par Gaston Paris. Paris. Impr. nationale, E. Bouillon, 1900. In-4, 17 pages.

917*. — La légende de la vieille Ahès.

*Romania*, t. XXIX, 1900, p. 416-424.

918. — E. Gorra. Una *commedia elegiaca* nella novellistica occidentale (*Raccolta d'Ancona*, 1901, p. 165).

*Romania*, t. XXX, 1901, p. 592.

919. — M. Kerbaker. La leggenda epica di Rishyasringa (*Raccolta d'Ancona*, 1901, p. 465).

*Romania*, t. XXX, 1901, p. 593.

920. — Sohrab and Rustem. The epic theme of a combat between father and son ; a study of its genesis and use in literature and popular tradition, by Murray Anthony Potter. London, 1902.

*Journal des Savants*, 1903, p. 123.

921*. — Le conte de la *Gageure* dans Boccace (*Décamér.*, II, 9).

*Miscellanea di studj critici edita in onore di Arturo Graf*, 1903, p. 107-116.
Tiré à part. In-4, 10 pages,

922*. — Die undankbare Gattin, von Gaston Paris.
*Zeitschrift des Vereins für Volkskunde in Berlin.* Heft 1, 1903, p. 1-24; Heft 2, 1903, p. 129-149.

923*. — Le cycle de la *Gageure*.
*Romania*, t. XXXII, 1903, p. 481-551.

## b) Recueils de contes populaires

924. — Contes et proverbes populaires recueillis en Armagnac, par M. Jean-François Bladé. Paris, 1867.
*Revue critique*, 2e année (1867). 1er semestre, p. 261-265.

925. — Old Deccan days, or Hindoo Legends current in southern India. Collected from oral tradition by M. Frere... With an introduction and notes by sir Bartle Frere. London, 1868.
*Revue critique*, 3e année (1868), 2e semestre, p. 1-6.

926. — Lo Rondallayre. Quentos populars catalans coleccionats per Francisco Maspons y Labros. Primeria serie. Barcelona, 1871.
*Romania*, t. I, 1872, p. 257-258.

927. — Contes bretons recueillis et traduits par F. M. Luzel. Quimperlé, 1870.
*Revue critique*, 6e année (1872), 1er semestre, p. 313-315.

928. — Awarische Texte, herausgegeben von A. Schiefner (*Mémoires de l'Académie des sciences de Saint-Pétersbourg*). Saint-Pétersbourg, 1873.
*Revue critique*, 8e année (1874), 2e semestre, p. 1-3.

929. — Fiabe popolari veneziane, raccolte da Dom. Giuseppe Bernoni. Venezia, 1873.
*Romania*, t. III, 1874, p. 418.



930. — Paul Sébillot. Contes populaires de la Haute-Bretagne. Paris, 1880.
*Romania*, t. IX, 1880, p. 328-329.

931. — Collection de contes et de chansons populaires. Paris, Ernest Leroux (1881-82). — I. *Recueil de contes populaires grecs*, traduits... par Legrand. — II. *Romanceiro*, choix de vieux chants portugais traduits... par le comte de Puymaigre. — III. *Contes albanais*, recueillis et traduits par Auguste Dozon. — IV. *Recueil de contes populaires de la Kabylie du Djurjura*, recueillis et traduits par J. Rivière. — V. *Recueil de contes populaires slaves*, traduits sur les textes originaux, par Louis Leger.
*Revue critique*, 16e année (1882), 2e semestre, p. 253-261.

932. — Kaffir Folk-lore, or a selection from the traditional tales current among the people living on the eastern border of the Cape Colony... by Geo. Mc Call Theal. London, 1882.
*Revue critique*, 16e année (1882), 2e semestre, p. 246-247.

933. — Les contes populaires du Poitou, par Léon Pineau. Paris, 1891. — Le Folk-lore du Poitou, par Léon Pineau. Paris, 1892.
Ouvrages présentés à l'Académie des inscriptions. *Comptes rendus des séances de l'Académie des inscriptions et belles-lettres*, 4e série, t. XXI, 1893, p. 198.

934. — [Note sur divers ouvrages de M. Michel Dragomanoff.]
*Comptes rendus des séances de l'Académie des inscriptions et belles-lettres*, 4e série, t. XXI, 1893, p. 269-270.

935. — Basmele Romàne in comparatiune cu Legendele antice clasice... Studiu comparativŭ de Lazăr Șainénu. Bucharest, 1895.
*Romania*, t. XXIV, 1895, p. 304.

936. — Kleinere Schriften von Reinhold Köhler, herausgegeben von Johannes Bolte. Weimar et Berlin, 3 vol., 1898-1900.
*Journal des Savants*, 1901, p. 331-332.

### 3. Chansons populaires.

937. — Romancero de Champagne, publié par P. Tarbé. Première partie : Chants religieux. Deuxième partie : Chants populaires. Reims, 1862.

*Le Cabinet historique*, t. IX, 1863, p. 59-64.

938. — Cancionero popular, coleccion escogida de seguidillas y coplas recogidas y ordenadas por D. Emilio Lafuente y Alcantara. Madrid, 1865.

*Revue critique*, 1re année (1866), 2e semestre, p. 137-141.

939. — Cansons de la Terra. Cants populars catalans, col-leccionats per Francesch Pelay Briz y Candi Candi, I, Barcelona, 1866. Id., col-leccionats per Francesch Pelay Briz y Joseph Salto, II, Barcelona, 1867.

*Revue critique*, 3e année (1868), 1er semestre, p. 188-190.

940. — Handbüchlein für Freunde des deutschen Volksliedes, von A. F. C. Vilmar. Marburg, 1867.
[Signé Ξ.]

*Revue critique*, 3e année (1868), 1er semestre, p. 291-292.

941. — Histoire du Lied ou la Chanson populaire en Allemagne, avec une centaine de traductions en vers et sept mélodies, par Édouard Schuré. Paris, 1868.

*Revue critique*, 3e année (1868), 2e semestre, p. 303-304.

942*. — La chanson du Chevreau.

*Romania*, t. I, 1872, p. 218-225.

943. — Canti popolari Monferrini, raccolti ed annotati del Dr Giuseppe Ferraro. Torino-Firenze, 1870.

*Romania*, t. I, 1872, p. 255-257.



944. — Die Volkslieder des Engadin. Von Alfons von Flugi. Strasbourg, 1873.
[Signé Ψ.]

*Revue critique*, 7e année (1873), 2e semestre, p. 382.

945. — Canti popolari veneziani, raccolti da Dom. Giuseppe Bernoni. Venezia, 1872.

*Romania*, t. II, 1873, p. 366-368.

946. — Chansons hébraïco-provençales des Juifs contadins, réunies et transcrites par E. Sabatier. Nîmes, 1874.

*Romania*, t. III, 1874, p. 498.

947. — Französische Volkslieder, zusammengestellt von Moriz Haupt, und aus seinem Nachlass herausgegeben. Leipzig, 1877.

*Revue critique*, 11e année (1877), 1er semestre, p. 395.

948*. — Versions inédites de la chanson de Jean Renaud.

*Romania*, t. XI, 1882, p. 96-108.

949*. — Nouvelles versions de la chanson de Renaud.

*Romania*, t. XII, 1883, p. 114-118.

950*. — La claire fontaine.

*Romania*, t. XII, 1883, p. 331 (note additionnelle à un article de M. J. Gilliéron).

951. — La légende de Marie Anson, par M. de la Sicotière (*Bulletin de la Société historique et archéologique de l'Orne*, t. I, 1883, p. 231).

*Bulletin hist. et philol.*, 1885, p. 175.

952. — R. Renier. Un mazzetto di poesie populari francesi (*Miscellanea Caix e Canello*, p. 271).

*Romania*, t. XV, 1886, p. 458.

953*. — Canti popolari del Piemonte, pubblicati da Costantino Nigra. Torino, 1888.

*Journal des Savants*, 1889.
1er article, p. 526-545.
2e — p. 611-621.
3e — p. 666-675.
Tiré à part sous ce titre : Gaston Paris. Les chants populaires du Piémont. Paris, Impr. nationale, 1890. In-4, 39 pages.

954. — Chansons populaires recueillies en Franche-Comté par Charles Beauquier. Paris, 1894.

Ouvrage présenté à l'Académie des inscriptions. — *Comptes rendus des séances de l'Académie des inscriptions et belles-lettres*, 4e série, t. XXVI, 1898, p. 94-95.

955. — Les vieux chants populaires scandinaves... par Léon Pineau. Paris, 1898.

Ouvrage présenté à l'Académie des inscriptions. *Comptes rendus des séances de l'Académie des inscriptions et belles-lettres*, 4e série, t. XXVI, 1898, p. 227-228.

956*. — Les vieux chants populaires scandinaves (*Gamle nordiske fokeviser*). Étude de littérature comparée, par Léon Pineau. I. Époque sauvage. Les Chants de magie. Paris, 1898.

*Journal des Savants*, 1898, p. 385-401.
Tiré à part. Paris, Impr. nationale. In-4, 17 pages.

957. — Rapport sur une communication de M. Dujarric-Descombes [Le guilanneu en Périgord].

*Bulletin hist. et philol.*, 1899, p. 25.

958. — Léon Pineau. Les vieux chants populaires scandinaves. II. Époque barbare. La légende divine et héroïque. Paris, 1902.

Ouvrage présenté à l'Académie des inscriptions. — *Comptes rendus des séances de l'Académie des inscriptions et belles-lettres*, 1902, p. 112.



## 4. Blason populaire, proverbes, devinettes.

959. — La Priamèle dans les différentes littératures anciennes ou modernes, par Frédéric-Guillaume Bergmann (Extrait de la *Revue d'Alsace*). Strasbourg et Colmar, 1868.

*Revue critique*, 3e année (1868), 2e semestre, p. 193-194.

960. — Devinettes ou Énigmes populaires de la France, suivies de la réimpression d'un recueil de 77 *indovinelli* publié à Trévise en 1628, par Eugène Rolland, avec une préface de Gaston Paris. Paris, F. Vieweg, 1877. In-12, XII-178 pages.

961. — Blason populaire de la France, par H. Gaidoz et P. Sébillot. Paris, 1884.

*Revue critique*, 18e année (1884), 2e semestre, p. 48-53.

962. — Romance de la tierra, chanson populaire asturienne, publiée par Åke W:son Munthe (*Mémoires philologiques*, p. 57).

*Romania*, t. XIX, 1890, p. 126.

963. — Blason populaire de Franche-Comté, sobriquets, dictons, contes relatifs aux villages du Doubs, du Jura et de la Haute-Saône, par Charles Beauquier. Paris, 1897.

Ouvrage présenté à l'Académie des inscriptions. — *Comptes rendus des séances de l'Académie des inscriptions et belles-lettres*, 4e série, t. XXVI, 1898, p. 94-95.

964. — Ch. Bonnier. Proverbes de Templeuve (*Festgabe für H. Suchier*, 1900, p. 1).

*Romania*, t. XXIX, 1900, p. 579.

## 5. Flore populaire.

965. — Die Korndämonen. Beitrag zur germanischen Sittenkunde, von Wilhelm Mannhardt. Berlin, 1868.
[Signé Ξ.]

*Revue critique*, 3e année (1868), 2e semestre, p. 120-121.

966. — Le Livre des simples, inédit, de Modène, et son auteur, par Charles Joret. Paris, 1888 (Extrait du *Bulletin de la Société des Antiquaires de Normandie*).

Ouvrage présenté à l'Académie des inscriptions. *Comptes rendus des séances de l'Académie des inscriptions et belles-lettres*, 4e série, t. XVI, 1889, p. 273.

967. — Ch. Joret. La légende de la rose au moyen âge chez les nations romanes et germaniques (*Études romanes*, p. 279).

*Romania*, t. XXII, 1893, p. 147-148.

968. — La rose dans l'antiquité et au moyen âge, histoire, légendes et symbolisme, par Charles Joret. Paris, 1892.

*Bibliothèque de l'École des chartes*, t. LIV, 1893, p. 371-372.

969. — Flore populaire, ou histoire naturelle des plantes dans leurs rapports avec la linguistique et le folk-lore, par E. Rolland. Tome I. Paris, 1896.

Ouvrage présenté à l'Académie des inscriptions. — *Comptes rendus des séances de l'Académie des inscriptions et belles-lettres*, 4e série, t. XXIV, 1896, p. 210-211.

970*. — Les plantes dans les civilisations antiques.

*Journal des Débats*, n° du 14 septembre 1897.



## 6. Coutumes populaires. Jeux. Livres et Imagerie populaires.

971. — Histoire de l'imagerie populaire, par Champfleury. Paris, 1869.

*Revue critique*, 4e année (1869), 2e semestre, p. 267-271.

972. — Note sur un usage singulier qui existait autrefois à Couches, en Bourgogne, par Anatole de Charmasse (*Mémoires de la Société Éduenne*, 1882).

*Bulletin du Comité des trav. hist.*, 1883, p. 59-60.

973. — Traditions populaires; La bûche et le charbon de Noël; La légende des bœufs parlants; La part au bon Dieu, par M. C. Saint Marc (*Bulletin de la Société de statistique, sciences, lettres et arts du département des Deux-Sèvres*, 1886, p. 367).

*Bulletin hist. et philol.*, 1887, p. 401-402.

974. — A. Salmon. Remèdes populaires du moyen âge (*Études romanes*, p. 253).

*Romania*, t. XXII, 1893, p. 146-147.

975. — R. Lenz. Ueber die gedruckte Volkspoesie von Santiago de Chile (*Tobler-Abhandlungen*, 1895, p. 141).

*Romania*, t. XXIV, 1895, p. 454.

976. — Costumi ed usanze dei contadini di Sicilia, delineati da Salvatore Salomone-Marino. Palermo, 1897.

*Journal des Savants*, 1897, p. 320.

977. — Celtic Folklore, Welsh and Manx, by John Rhys. Oxford, 1901.

*Journal des Savants*, 1901, p. 129.

978. — Studien zur Erzählungsliteratur des Mittelalters, von Anton E. Schönbach. Fünfter Theil. Die Geschichte des Rudolf von Schlüsselberg. Vienne, 1902 (Extrait des *Sitzungsberichte der k. k. Akademie der Wissenschaften zu Wien*).

*Journal des Savants*, 1903, p. 121-122.

---

# HISTOIRE
# ARCHÉOLOGIE
## ET HISTOIRE DE L'ART

---

### 1. Généralités; mélanges.

979. — Bulletin bibliographique (*Histoire du règne de Henri IV*, par Miss Martha Walter Freer; *Histoire de Verdun*, par Charles Buvignier; *Examen critique de l'inscription de Saint-Donat, relative à l'occupation de Grenoble par les Sarrazins au Xe siècle*, par Alfred de Terrebasse; *Le Nobiliaire de Guienne et Gascogne, histoire véritable de ce qui s'est passé à Thoulouze à la fin du mois d'octobre MDCXXXII, en la mort de M. de Montmorency*).

*Le Cabinet historique*, t. VI, 1859, p. 155-160.

980. — De l'usage non interrompu jusqu'à nos jours des tablettes de cire, par E. du Méril. Paris, 1861.

*Le Cabinet historique*, t. VII, 1861, p. 346-347.

981. — Dictionnaire littéraire et historique de la Grèce, de Rome et du moyen âge... par T. Mello. Paris, 1873.
[Signé Ψ.]

*Revue critique*, 6e année (1872), 2e semestre, p. 401-402.

982. — As Raças historicas da peninsula iberica e a sua in-

fluencia no direito portuguez, por Julio de Vilhena. Coimbra, 1873.

*Revue critique*, 9e année (1875), 1er semestre, p. 22-24.

983. — Kulturgeschichte in ihrer natürlichen Entwicklung bis zur Gegenwart, von Fr. von Hellwald. 3e éd., Augsburg, 1884.
[Signé Ψ.]

*Revue critique*, 18e année (1884), 1er semestre, p. 469.

## 2. Antiquité et Christianisme.

984. — Histoire romaine par Théodore Mommsen, traduite par M.-C.-A. Alexandre. T. I et II. Paris, 1863.

*Bibliothèque de l'École des chartes*, 25e année (1864), tome V de la 5e série, p. 567-571.

985. — Cyrille et Méthode. Étude historique sur la conversion des Slaves au christianisme, par Louis Leger. Paris, 1868.
[Signé Ξ.]

*Revue critique*, 4e année (1869), 1er semestre, p. 171-174.

986. — Saint-Clément de Rome. Description de la basilique souterraine récemment découverte. Par Th. Roller. Paris, 1873.
[Signé Ψ.]

*Revue critique*, 7e année (1873), 2e semestre, p. 338-341.

987*. — Byssus (βύσσος).

*Dictionnaire des Antiquités grecques et romaines...* ouvrage rédigé par une société d'écrivains spéciaux... sous la direction de Ch. Daremberg et Edm. Saglio. Paris, 1877, t. I, p. 756.

988. — G. S. Remundo. Commodiano e la reazione pagana di Giuliano l'apostata (*Mélanges Monaci*, 1901, p. 215).

*Romania*, t. XXXI, 1902, p. 606.



## 3. Les Provinces romaines; la Gaule.

989. — Les Forêts de la Gaule et de l'ancienne France, aperçu sur leur histoire, leur topographie et la législation qui les a régies..., par L.-F. Alfred Maury. Paris, 1867.

*Revue critique*, 3e année (1868), 1er semestre, p. 298-302.

990. — Note sur l'emplacement de l'Ebromagus de saint Paulin, par Reinhold Dezeimeris. Bordeaux, 1874.

*Revue critique*, 8e année (1874), 2e semestre, p. 137-138.

991. — Romænische Studien. Untersuchungen zur älteren Geschichte Romæniens von Robert Roesler. Leipzig, 1871.

*Romania*, t. I, 1872, p. 238-240.

992. — Rœmer und Romanen in den Donaulændern. Historisch-ethnographische Studien von Julius Jung. I. Innsbruck, 1877.

*Romania*, t. VII, 1878, p. 608-619.

993. — Die romanischen Landschaften des römischen Reiches. Studien über die inneren Entwicklungen in der Kaiserzeit. Von Julius Jung. Innsbruck, 1881.

*Romania*, t. XI, 1882, p. 599-600.

994. — Die Ausbreitung der lateinischen Sprache über Italien und die Provinzen des römischen Reiches, von Alexander Budinszki. Berlin, 1881.

*Romania*, t. XI, 1882, p. 600-603.

995. — L'émigration bretonne en Armorique du ve au viie siècle de notre ère, par J. Loth. Paris, 1883.

*Romania*, t. XIII, 1884, p. 436-441.

996. — Rapport sur une communication de M. Vacher de Lapouge [sur la langue de la Gaule avant les Gaulois].

*Bulletin hist. et philol.*, 1898, p. 327.

## 4. Le moyen âge.

### a) Europe

997. — Études sur les Barbares et le moyen âge, par E. Littré. Paris, 1867.

*Revue critique*, 2ᵉ année (1867), 2ᵉ semestre, p. 246-250.

998. — La Vie au temps des trouvères, croyances, usages, mœurs intimes des XIᵉ, XIIᵉ et XIIIᵉ siècles, d'après les lais, chroniques, dits et fabliaux, par Antony Méray. Paris, 1873.

[Signé Ψ.]

*Revue critique*, 8ᵉ année (1874), 1ᵉʳ semestre, p. 342-343.

999. — La Vie au temps des cours d'amour, par Antony Méray. Paris, 1876.

[Signé Ψ.]

*Revue critique*, 10ᵉ année (1876), 2ᵉ semestre, p. 328-329.

1000. — The relations between ancient Russia and Scandinavia and the origin of the Russian State, by Wilhelm Thomsen. Oxford and London, 1877.

*Revue critique*, 12ᵉ année (1878), 1ᵉʳ semestre, p. 127 (note additionnelle à un article de M. Louis Leger).

1001. — Recherches sur l'histoire et la littérature de l'Espagne pendant le moyen âge, par R. Dozy. Troisième édition, Leyde, 1881.

*Romania*, t. XI, 1882, p. 419-426.



1002. — Origine des cagots, capots ou christians, par Adrien Lavergne (Extrait des *Travaux du Congrès archéologique de Dax*).

*Bulletin du Comité des trav. hist.*, 1883, p. 52.

1003. — La seigneurie des évêques de Nantes, par Léon Maître (*Société archéologique de Nantes*, 1882, p. 66).

*Bulletin du Comité des trav. hist.*, 1883, p. 54.

1004. — Rapport sur une communication de M. L. Merlet [copie d'un marché conclu au mois de mars 1271-1272].

*Bulletin hist. et philol.*, 1887, p. 283.

1005. — A. Mary-F. Robinson. The end of the middle ages. Essays and questions in history [Londres, 1889].

Ouvrage présenté à l'Académie des inscriptions. *Comptes rendus des séances de l'Académie des inscriptions et belles-lettres*, 4ᵉ série, t. XVII, 1890, p. 128-129.

1006*. — Le *Viandier* de Taillevent.

[A propos du livre intitulé : *Le Viandier de Guillaume Tirel, dit Taillevent*, publié sur le manuscrit de la Bibliothèque nationale par le baron Jérôme Pichon et Georges Vicaire. Paris, 1892.]

*Journal des Débats*, nᵒ du 2 mars 1892.

1007. — Rapports sur divers documents communiqués par M. P. Pélicier.

*Bulletin hist. et philol.*, 1893, p. 377 et p. 493; 1895, p. 505; 1896, p. 100.

1008. — J. Jusserand. Les Anglais au moyen âge; L'épopée mystique de William Langland. Paris, 1893.

Ouvrage présenté à l'Académie des inscriptions. *Comptes rendus des séances de l'Académie des inscriptions et belles-lettres*, 4ᵉ série, t. XXII, 1894, p. 74-75.

1009. — Fr. Strohmeyer. Das Schachspiel im altfranzösischen (*Tobler-Abhandlungen*, 1895, p. 460).

*Romania*, t. XXIV, 1895, p. 460.

1010. — R. P. J.-J. Berthier, des Frères Prêcheurs. La plus ancienne danse macabre, au Klingenthal, à Bâle. Paris, s. d.

*Journal des Savants*, 1897, p. 504-505.

1011. — Rapport sur une communication de MM. Hérelle et Pélicier [quatre-vingt-deux chartes en langue vulgaire, datées de 1327 à 1337].

*Bulletin hist. et philol.*, 1897, p. 623-624.

1012. — E. Berger. Requête adressée au roi de France par un vétéran des armées de saint Louis et de Charles d'Anjou (*Études dédiées à G. Monod*, 1896, p. 343).

*Romania*, t. XXVI, 1897, p. 110-111.

1013*. — Un procès criminel sous Philippe le Bel [Le procès de Guichard, évêque de Troyes].

*Revue du Palais*, 2e année (1898), 6e volume, p. 241-261.

1014*. — Marcellin Boudet. Thomas de la Marche, bâtard de France (1318-1361). Paris, 1900.

*Journal des Savants*, 1900, p. 694-707.

1015. — Charles le Bel et Thomas de la Marche, par Marcellin Boudet. — Paris, 1901 (Extrait du *Moyen âge*, t. XIV, p. 315-356).

*Journal des Savants*, 1901, p. 789-790.

1016. — Les Sports et jeux d'exercices de l'ancienne France, par J. Jusserand. Paris, 1901.

Ouvrage présenté à l'Académie des inscriptions. *Comptes rendus des séances de l'Académie des inscriptions et belles-lettres*, 1902, p. 64-65.

1017. — Sophus Bugge. Hönen-Runerne fra Ringerike. Christiania, 1902.

Ouvrage présenté à l'Académie des inscriptions. *Comptes rendus des séances de l'Académie des inscriptions et belles-lettres*, 1902, p. 280-281.



1018. — Rapport sur une communication de M. Leroux [La légende du roi Aigoland et les origines de Limoges].

*Bulletin hist. et philol.*, 1902, p. 604-605.

1019. — La Tapisserie de Bayeux. Étude archéologique et critique, par A. Marignan, Paris, 1902 (*Petite bibliothèque d'art et d'archéologie*, XXVI).

*Romania*, t. XXXI, 1902, p. 404-417.

## b) Les Croisades ; l'Orient latin

1020. — Essai sur la domination française en Syrie durant le moyen âge, par E.-G. Rey. Paris, 1866.

*Revue critique*, 2e année (1867), 1er semestre, p. 68-69.

1021. — Guntheri Alemanni scholastici, monachi et prioris Parisiensis, *De expugnatione urbis Constantinopolitanae*... seu *Historia Constantinopolitana*, ad fidem codicum manuscriptorum recognita. Genevae, 1875.

*Revue critique*, 9e année (1875), 2e semestre, p. 85-88.

1022. — Alexii I Comneni Romanorum imperatoris ad Robertum I Flandriae comitem epistola spuria. Paris, 1879.

*Revue critique*, 13e année (1879), 2e semestre, p. 379-388.

1023*. — Robert Courte-Heuse à la première croisade.

*Comptes rendus des séances de l'Académie des inscriptions et belles-lettres*, 4e série, t. XVII, 1890, p. 207-212.

1024*. — Un poème latin contemporain sur Saladin.

*Revue de l'Orient latin*, t. I, 1893, p. 433-444.
Tiré à part. Paris, E. Leroux, 1893. In-8, 12 pages.

1025. — *Regesta regni Hierosolymitani* (*MXLVII-MCCXCI*) edidit Reinhold Röhricht. Œniponti, 1893.

*Journal des Savants*, 1893, p. 506-508.

1026. — Geschichte des Königreichs Jerusalem (1160-1291), von Reinhold Röhricht. Innsbruck, 1898.

*Journal des Savants*, 1898, p. 195-196.

1027. — Geschichte des ersten Kreuzzuges, von Reinhold Röhricht. Innsbruck, 1901.

*Journal des Savants*, 1901, p. 330-331.

1028. — H. Hagenmeyer. Epistolae et chartae ad historiam primi sacri belli spectantes. Innsbruck, 1901.

Ouvrage présenté à l'Académie des inscriptions. *Comptes rendus des séances de l'Académie des inscriptions et belles-lettres*, 1902, p. 26-27.

## 5. Les temps modernes.

### a) XVI^e SIÈCLE

1029. — Journal historique de Denis Généroux, notaire à Parthenay (1566-1576), publié pour la première fois et annoté par Bélisaire Ledain. Niort, 1865.

*Revue critique*, 1^re année (1866), 1^er semestre, p. 107-109.

1030. — Lettres inédites de Dianne de Poytiers, publiées... par Georges Guiffrey. Paris, 1866.

*Revue critique*, 1^re année (1866), 1^er semestre, p. 321-325.

1031. — Journal d'un curé ligueur de Paris sous les trois derniers Valois, suivi du journal du secrétaire de Philippe du Bec, archevêque de Reims, de 1588 à 1605, publiés... par Édouard de Barthélemy. Paris, 1866.

*Revue critique*, 1^re année (1866), 2^e semestre, p. 155.

1032. — Mémoires de Félix Platter, médecin bâlois. Genève, 1866.

[Signé Ξ.]

*Revue critique*, 3^e année (1868), 2^e semestre, p. 170-171.

1033*. — Études sur François premier, roi de France, sur sa vie



privée et son règne, par Paulin Paris, publiées d'après le manuscrit de l'auteur et accompagnées d'une préface par Gaston Paris. Paris, Techener, 1885. 2 vol. in-8.

La préface occupe les pages I-IX du tome I.

1034. — L'hôtel d'Estissac à Niort, sous Henri II, et le château de Coulonges-les-Royaux, par M. Léo Desaivres (*Bulletin de la Société de statistique, sciences, lettres et arts du département des Deux-Sèvres*, 1886, p. 396).

*Bulletin hist. et philol.*, 1887, p. 402.

1035. — Pier de Nolhac e Angelo Solerti. Il Viaggio in Italia di Enrico III e le feste a Venezia, Ferrara, Mantova e Torino. Turin, 1890.

Ouvrage présenté à l'Académie des inscriptions. *Comptes rendus des séances de l'Académie des inscriptions et belles-lettres*, 4^e série, t. XIX, 1892, p. 156.

### b) XVII^e SIÈCLE

1036. — Traité du célibat des prestres, par Urbain Grandier, curé de Loudun, opuscule inédit. Introduction et notes par Robert Luzarche. Paris, 1866.

[Signé Ξ.]

*Revue critique*, 1^re année (1866), 1^er semestre, p. 400-401.

1037. — Duguay-Trouin, par Adolphe Badin. Paris, 1866.

[Signé Ξ.]

*Revue critique*, 1^re année (1866), 2^e semestre, p. 354-355.

### c) XVIII^e SIÈCLE

1038. — Histoire de la Terreur, par M. Mortimer-Ternaux. T. IV. Paris, 1864.

*Le Cabinet historique*, t. X, 1864, p. 276-278.

1039. — Dourneau (Démophile), poète à Roye en 1793, par F^d Pouy. Amiens, 1866.

*Revue critique*, 1^re année (1866), 1^er semestre, p. 62.

1040. — Mémoire sur l'Angoumois, par Jean Gervais, lieutenant criminel au présidial d'Angoulême, publié... par G. Babinet de Rencogne. Paris, 1864.

*Revue critique*, 1re année (1866), 1er semestre, p. 147-148.

1041. — La Convention nationale, par M. F. de Mouisse (tome I). Le roi Louis XVI. Paris, 1866.
[Signé Ξ.]

*Revue critique*, 1re année (1866), 1er semestre, p. 278-279.

1042*. — Paris en 1786, d'après un voyageur italien.

A propos du livre intitulé : *Parigi, La Corte e la Città*. Ragguagli tratti dalle relazioni di Cassiani dal Pozzo (1625) e di Giov.-Batt. Malaspina (1786).

*Journal des Débats*, nos du 28 août et du 2 septembre 1891.

### d) XIXe SIÈCLE

1043. — Joseph, Carle et Horace Vernet. Correspondance et biographies, par Amédée Durande. Paris, 1865.

*Revue de l'Instruction publique*, t. XXV, 1865-1866, p. 75-76.

1044. — Joseph Fricz et Louis Leger. La Bohême historique, pittoresque et littéraire. Paris, 1867.

*Revue critique*, 3e année (1868), 1er semestre, p. 293-295.

1045*. — La Finlande.

*Revue de Paris*, 2e année, 1895, t. V, p. 354-375.

1046*. — Souvenirs sur Alexandre Bida.

*Gazette des Beaux Arts, courrier européen de l'art et de la curiosité*, t. XIII, 3e période, 1895, p. 332-345.

Réimprimé dans *Penseurs et poètes*. Voyez n° 787.

1047*. — Maurice Gandolphe. La vie et l'art des Scandinaves. Avec une lettre de M. Gaston Paris. Paris, Didier, 1899. In-16, VIII-308 pages.

La lettre de G. Paris est aux pages VII-VIII.

---

# HISTOIRE DES SCIENCES

## ET DE L'ÉRUDITION

## SOCIÉTÉS SAVANTES, ENSEIGNEMENT

---

## I. — HISTOIRE DES SCIENCES

### BIBLIOGRAPHIE

---

1048. — Tables biographiques et bibliographiques des sciences, des lettres et des arts, indiquant les œuvres principales des hommes les plus connus en tous pays et à toutes les époques, avec mention des éditions les plus estimées, par A. Dantès. Paris, 1866.
[Signé Ξ.]

*Revue critique*, 1re année (1866), 1er semestre, p. 213-214.

1049. — La *Revue Internationale* de Vienne.

*Revue critique*, 2e année (1867), 1er semestre, p. 78-80.

1050. — Martin Hylacomylus Waltzemüller, ses ouvrages et ses collaborateurs. Voyage d'exploration et de découvertes à travers quelques épîtres dédicatoires, préfaces et opuscules

en prose du commencement du XVIe siècle ; notes, causeries... par un Géographe bibliophile. Paris, 1867.
[Signé Ξ.]

*Revue critique*, 2e année (1867), 1er semestre, p. 310-312 (voyez l'*erratum*, p. 352).

1051. — Revue celtique, publiée avec le concours des principaux savants des Iles Britanniques et du continent, et dirigée par H. Gaidoz. Tome I. Paris, 1870-1872.

*Revue critique*, 6e année (1872), 2e semestre, p. 415-416.

1052. — I dialoghi di Galileo Galilei sui massimi sistemi, Tolemaico e Copernicano. Livorno, 1874.
[Signé Ψ.]

*Revue critique*, 8e année (1874), 1er semestre, p. 365-366.

1053*. — Le Congrès des savants italiens à Palerme.

*Journal des Débats*, n° du 24 septembre 1875.
Traduit en italien : *Venti giorni in Sicilia. Il congresso di Palermo*. Lettera al Direttore della *Revue des Deux Mondes*, [par Ernest Renan]. Versione di P.B. H. Il Congresso degli scienziati. Lettera al Direttore del *Journal des Débats*, [par G. Paris]. Palermo 1876, in-8.

1054. — E. Langlois. Quelques dissertations inédites de Claude Fauchet (*Études romanes*, p. 97).

*Romania*, t. XXII, 1893, p. 141.

1055*. — Le Journal des Savants.

*Journal des Savants*, nouvelle série, 1re année, 1903, p. 5-34.

---

# II. — BIOGRAPHIES DE SAVANTS ET D'ÉRUDITS

## 1. Notices biographiques.

1056. — Il professore Frederigo Diez e la filologia romanza nel nostro secolo, per Ugo Angelo Canello. Firenze, 1872 (Extrait de la *Rivista europea*).

*Romania*, t. I, 1872, p. 237.

1057*. — Asbjœrnsen.

*Mélusine*, t. I, 1878, p. 393-398.

1058*. — Paulin Paris et la littérature française du moyen âge. Leçon d'ouverture du cours de langue et littérature françaises du moyen âge au Collège de France, le jeudi 8 décembre 1881.

*Romania*, t. XI, 1882, p. 1-21.
Tiré à part. Nogent-le-Rotrou, imp. Daupeley-Gouverneur, 1882, in-8.
Réimprimé dans la *Revue internationale de l'Enseignement* du 15 janvier 1882. Tiré à part. Typographie G. Chamerot. In-8, 27 pages.
Réimprimé dans *La Poésie au moyen âge*. Voyez n° 334.

1059. — Friedrich Diez' kleinere Arbeiten und Recensionen, herausgegeben von Hermann Breymann. München und Leipzig, 1883.

*Romania*, t. XII, 1883, p. 364.

1060. — Erinnerungsworte an Friedrich Diez. Erweiterte Fassung der Rede welche zur Enthüllungsfeier der an Diez' Geburtshaus angebrachten Gedenktafel in Giessen am 9. Juni 1883 gehalten wurde von E. Stengel. Marburg, 1883.

*Romania*, t. XII, 1883, p. 601-602.

1061*. — Métrique naturelle du langage, par Paul Pierson, avec une notice préliminaire par Gaston Paris. Paris, F. Vieweg, 1884. In-8, xv-260 pages (*Bibliothèque de l'École des Hautes Études*, 56e fascicule).

1062*. — Notice sur Paulin Paris, un des auteurs des tomes XX-XXVIII de l'*Histoire littéraire de la France*.

*Histoire littéraire de la France*, t. XXIX (1885), p. v-xx.
Tiré à part. Paris, Impr. nationale, 1885. In-4.

1063. — Arsène Darmesteter. Reliques scientifiques recueillies par son frère. Paris, 1890.

Ouvrage présenté à l'Académie des inscriptions. *Comptes rendus de l'Académie des inscriptions et belles-lettres*, 4e série, t. XVIII, 1891, p. 107-108.

1064. — Festskrift til Vilhelm Thomsen, fra Disciple udgivet. Copenhague, 1894.

Ouvrage présenté à l'Académie des inscriptions. *Comptes rendus des séances de l'Académie des inscriptions et belles-lettres*, t. XXII, 1894, p. 165.

1065*. — Frédéric Diez.

*Journal des Débats*, n° du 2 mars 1894.
Réimprimé dans la *Revue de philologie française et provençale*, t. VIII, 1894, p. 64-65.

1066*. — James Darmesteter.

*Revue de Paris*, 2e année (1895), t. II, p. 483-512.
Réimprimé dans *Penseurs et Poètes*. Voyez n° 787.
Traduit en anglais dans *The Contemporary Review*, janvier 1895, p. 81-104.



1067. — Carteggio di Michele Amari. Turin, 1896.

Ouvrage présenté à l'Académie des inscriptions. *Comptes rendus des séances de l'Académie des inscriptions et belles-lettres*, 4e série, t. XXIV, 1896, p. 485-487.

1068*. — Cinquantenaire scientifique de M. Berthelot, 24 novembre 1901. Paris, Gauthier-Villars, 1902. In-4.

Discours de M. Gaston Paris, p. 37-40.

## 2. Discours funéraires.

1069*. — Discours prononcé aux funérailles de Charles Graux, maître de conférences à la Faculté des lettres et à l'École des Hautes Études, par G. Paris (janvier 1882).

Publié dans *L'Université de Salamanque*, par Charles Graux. Paris, A. Dupret, 1887, p. 58-66.

1070*. — Paroles prononcées à l'Académie des inscriptions et belles-lettres, dans sa séance du 5 mai 1882, en mémoire de M. Jules Quicherat.

*Bibliothèque de l'École des chartes*, t. XLIII, 1882, p. 267-268.

1071*. — Institut de France. Académie des inscriptions et belles-lettres. Funérailles de M. F. Baudry, membre de l'Académie, le 5 janvier 1885. Discours prononcé par M. G. Paris. Paris, Firmin Didot, 1885. In-4.

1072*. — Allocution sur M. Miller, prononcée à l'Académie des inscriptions et belles-lettres dans sa séance du 15 janvier 1886.

*Comptes rendus des séances de l'Académie des inscriptions et belles-lettres*, 4e série, t. XIV, 1887, p. 8-12.

1073*. — Institut de France. Académie des inscriptions et belles-lettres. Funérailles de M. Jourdain, membre de l'Académie, le samedi 24 juillet 1886. Discours de M. G. Paris, président de l'Académie. Paris, F. Didot [1886], in-4.

Réimprimé dans la *Bibliothèque de l'École des chartes*, t. XLVII, 1886, p. 456-459.

Réimprimé dans le *Bulletin hist. et philol.*, 1886, p. 309-313.

1074*. — Institut de France. Académie des inscriptions et belles-lettres. Funérailles de M. Ernest Desjardins, membre de l'Académie, le 24 octobre 1886. Discours de M. G. Paris, président de l'Académie. Paris, F. Didot, [1886]. In-4.

1075*. — Allocution sur M. N. de Wailly, prononcée à l'Académie des inscriptions et belles-lettres, dans sa séance du 10 décembre 1886.

*Comptes rendus des séances de l'Académie des inscriptions et belles-lettres*, 4e série, t. XIV, 1887, p. 438-443.

1076*. — Institut de France. Académie des inscriptions et belles-lettres. Funérailles de M. N. de Wailly, membre de l'Académie, le 10 décembre 1886. Discours prononcé par M. G. Paris. Paris, Firmin Didot, 1886. In-4.

Réimprimé dans la *Bibliothèque de l'École des chartes*, t. XLVII, 1886, p. 604-607.

1077*. — Discours prononcé aux obsèques d'Arsène Darmesteter, le 18 novembre 1888.

Brochure intitulée : *Arsène Darmesteter, professeur à la Faculté des lettres de Paris, né à Château-Salins (Meurthe), le 5 janvier 1846, mort à Paris, le 16 novembre 1888.* In-8, 30 pages, s. l. n. d. (Corbeil, imprimerie Crété), p. 18-25.

Réimprimé dans les *Reliques scientifiques* [d'Arsène Darmesteter] *recueillies par son frère.* Paris, Léopold Cerf, 1890. Tome I, p. LII-LIX.

Réimprimé dans le *Bulletin de la Société de linguistique de Paris*, t. VI, 1888, p. XXXVII-XLV.



1078*. — Discours prononcé aux funérailles d'Ernest Renan, au nom du Collège de France.

Réimprimé dans le *Bulletin hist. et philol.*, 1892, p. 424-429.

Réimprimé dans la *Revue critique*, 26e année (1892), 2e semestre, p. 236-239.

Réimprimé dans *Penseurs et poètes*. Voyez n° 787.

---

# III. — SOCIÉTÉS SAVANTES

1079*. — Discours prononcé à l'assemblée générale de la Société des anciens textes français, le 21 juin 1876.

*Bulletin de la Société des anciens textes français*, 3e année, 1877, p. 53-58.

Réimprimé dans la *Bibliothèque de l'École des chartes*, t. XXXVIII, 1877, p. 651-654.

1080*. — Rapport sur le concours des Antiquités de la France pour l'année 1878.

*Comptes rendus de l'Académie des inscriptions et belles-lettres*, 1878, p. 325-348.

Réimprimé dans la *Bibliothèque de l'École des chartes*, t. XL, 1879, p. 68-87.

1081*. — Discours prononcé à l'assemblée générale de la Société des anciens textes français, le 18 juin 1879.

*Bulletin de la Société des anciens textes français*, 5e année, 1879, p. 46-52.

Réimprimé dans la *Bibliothèque de l'École des chartes*, t. XL, 1879, p. 637-640.

1082*. — Rapport sur le concours des Antiquités de la France pour l'année 1879.

*Comptes rendus de l'Académie des inscriptions et belles-lettres*, 1879, p. 352-363.

Réimprimé dans la *Bibliothèque de l'École des chartes*, t. XLI, 1880, p. 136-141.



1083*. — Rapport lu à l'Académie des inscriptions, le 21 mai 1880 au nom de la commission du Prix Bordin sur la question relative à la vie et aux œuvres de Christine de Pisan.

*Comptes rendus de l'Académie des inscriptions et belles-lettres*, 1880, p. 122-124.

1084*. — Rapport lu à l'Académie des inscriptions au nom de la commission du prix Delalande-Guérineau.

*Comptes rendus de l'Académie des inscriptions et belles-lettres*, 1880, p. 125-126.

1085*. — Extrait du rapport lu à l'Académie des inscriptions, le 29 octobre 1880, au nom de la commission des Antiquités de la France, sur les ouvrages envoyés au concours de l'année 1880.

*Bibliothèque de l'École des chartes*, t. XLI, 1880, p. 663-664.

1086*. — Discours prononcé à l'assemblée générale de la Société des anciens textes français, le 21 décembre 1881.

*Bulletin de la Société des anciens textes français*, 7e année, 1881, p. 77-82.

Réimprimé dans la *Bibliothèque de l'École des chartes*, t. XLIII, 1882, p. 149-152.

1087*. — Rapport fait au nom de la commission des Antiquités de la France sur les ouvrages envoyés au concours de l'année 1881.

*Comptes rendus des séances de l'Académie des inscriptions et belles-lettres*, 1882, p. 291-306.

Réimprimé dans la *Bibliothèque de l'École des chartes*, t. XLIII, 1882, p. 132-142.

1088*. — Rapport fait au nom de la commission des Antiquités de la France sur les ouvrages envoyés au concours de l'année 1882.

*Comptes rendus des séances de l'Académie des inscriptions et belles-lettres*, 1883, p. 231-248.

Réimprimé dans la *Bibliothèque de l'École des chartes*, t. XLIII, 1882, p. 551-562.

1089*. — Discours prononcé à l'assemblée générale de la Société des anciens textes français, le 20 décembre 1882.

*Bulletin de la Société des anciens textes français*, 8e année, 1882, p. 75-81.

Réimprimé dans la *Bibliothèque de l'École des chartes*, t. XLIV, 1883, p. 124-128.

1090*. — Discours prononcé à l'assemblée générale de la Société des anciens textes français, le 2 mai 1884.

*Bulletin de la Société des anciens textes français*, 10e année, 1884, p. 41-47.

1091*. — Séance publique annuelle de l'Académie des inscriptions et belles-lettres, du vendredi 19 novembre 1886. Discours d'ouverture de M. G. Paris, président de l'année 1886.

*Comptes rendus des séances de l'Académie des inscriptions et belles-lettres*, 4e série, t. XIV, 1887, p. 504-525.

Institut de France. Académie des inscriptions et belles-lettres, Séance publique annuelle du vendredi 19 novembre 1886, présidée par M. Gaston Paris. Paris, F. Didot. In-4, 27 pages.

Réimprimé dans la *Bibliothèque de l'École des chartes*, t. XLVII, 1886, p. 610-623.

1092*. — Discours prononcé à l'assemblée générale de la Société des anciens textes français, le 30 mai 1888.

*Bulletin de la Société des anciens textes français*, 14e année, 1888, p. 41-46.

Réimprimé dans la *Bibliothèque de l'École des chartes*, t. XLIX, 1888, p. 564-567.

1093*. — Discours prononcé à l'assemblée générale de la Société des anciens textes français, le 17 décembre 1891.

*Bulletin de la Société des anciens textes français*, 17e année, 1891, p. 40-48.

1094*. — Discours prononcé à l'assemblée générale de la Société des anciens textes français, le 30 mai 1895.

*Bulletin de la Société des anciens textes français*, 21e année, 1895, p. 39-52.



1095*. — Académie française. Discours de M. Gaston Paris, prononcé dans la séance publique du 28 janvier 1897, en venant prendre séance à la place de M. Pasteur.

*Recueil des Discours, rapports et pièces diverses lus dans les séances publiques et particulières de l'Académie française*, 1890-1899, 2e partie. Paris, F. Didot, 1900, p. 319-346.

Réimprimé dans la *Bibliothèque de l'École des chartes*, t. LVIII, 1897, p. 223-238.

Institut de France. Académie française. Discours prononcé dans la séance publique tenue par l'Académie française pour la réception de M. Gaston Paris, le 28 janvier 1897. Paris, Firmin-Didot, 1897. In-4, 30 pages.

Séance de l'Académie française du 28 janvier 1897. Discours de réception de Gaston Paris. Paris, Calmann-Lévy, 1897. In-16, 55 pages.

1096*. — Discours prononcé à l'assemblée générale de la Société des anciens textes français, le 26 décembre 1900.

*Bulletin de la Société des anciens textes français*, 26e année, 1900, p. 41-50.

# IV. — ENSEIGNEMENT

1097*. — La philologie romane en Allemagne.

*Bibliothèque de l'École des chartes*, 25e année (1864), tome V de la 5e série, p. 435-445.

1098. — Joh. Storm. De romanske Sprog og Folk. Skildringer fra en Studiereise med offentligt Stipendium. Kristiania, 1871.

*Revue critique*, 6e année (1872), 1er semestre, p. 94-96.

1099*. — L'enseignement supérieur français à l'exposition de Vienne.

*Revue critique*, 8e année (1874), 1er semestre, p. 380-382.

1100*. — Le Jubilé de l'Université de Leyde.

*Journal des Débats*, n° du 22 février 1875.

1101. — L'enseignement de la philologie romane à Paris et en Allemagne (1883-1885). Rapport à M. le Ministre de l'Intérieur et de l'Instruction publique, par M. Wilmotte. Bruxelles, 1886.

*Romania*, t. XV, 1886, p. 623-624.

1102*. — École pratique des Hautes Études; IVe section. Sciences historiques et philologiques. Paris, Delalain, 1868-1889.

| 1868-1872 | Rapport sur les conférences de M. G. Paris, | p. 17-19. |
|---|---|---|
| 1872-1873 | — — — | p. 10-11. |
| 1873-1874 | — — — | p. 12. |
| 1874-1875 | — — — | p. 13. |
| 1875-1876 | Rapport sur les conférences de M. G. Paris, | p. 15-17. |
| 1876-1877 | — — — | p. 152-153. |
| 1877-1878 | — — — | p. 22-23. |
| 1878-1879 | — — — | p. 24-26. |
| 1879-1880 | — — — | p. 31-32. |
| 1880-1881 | — — — | p. 30-31. |
| 1881-1882 | — — — | p. 32-33. |
| 1882-1883 | — — — | p. 25-26. |
| 1883-1884 | — — — | p. 27-28. |
| 1884-1885 | — — — | p. 34-36. |
| 1885-1886 | — — — | p. 27-29. |
| 1886-1887 | — — — | p. 29-30. |
| 1887-1888 | — — — | p. 25-26. |
| 1888-1889 | — — — | p. 28-29. |



1103*. — École pratique des Hautes Études. Section des sciences historiques et philologiques. Paris, Imprimerie nationale, 1893-1902.

| Annuaire | 1893 | Rapport sur les conférences de M. G. Paris, | p. 76-77. |
|---|---|---|---|
| — | 1894 | — — — | p. 50-52. |
| — | 1895 | — — — | p. 92-93. |
| — | 1896 | — — — | p. 64-66. |
| — | 1897 | — — — | p. 74-76. |
| — | 1898 | — — — | p. 63-64. |
| — | 1899 | — — — | p. 58-60. |
| — | 1900 | — — — | p. 62-63. |
| — | 1901 | — — — | p. 91-92. |
| — | 1902 | — — — | p. 80-82. |

1104. — École pratique des Hautes Études. Section des sciences historiques et philologiques. Annuaire 1893. Paris, 1893.

Ouvrage présenté à l'Académie des inscriptions. *Comptes rendus des séances de l'Académie des inscriptions et belles-lettres*, 4e série, t. XXI, 1893, p. 52.

1105*. — Le haut enseignement en France.

A propos d'un livre de M. Ferdinand Lot, intitulé : *L'enseignement supérieur en France*.

*Journal des Débats*, nos des 15 et 24 septembre et du 8 octobre 1893.

1106*. — Le haut enseignement historique et philologique en France, par Gaston Paris. Paris, H. Welter, 1894. In-12, 61 pages.

Réimpression des articles du *Journal des Débats*. Voyez n° 1105.

1107*. — Résumé des cours de langue et littérature françaises professés au Collège de France.

*Annuaire du Collège de France*, Paris, Leroux.
Première année, 1901, p. 57-58.
Deuxième année, 1902, p. 50-52.

---

# COMPTES RENDUS DE PUBLICATIONS COLLECTIVES

## 1. Recueils de mémoires; collections [1].

1108. — Französische Studien, herausgegeben von G. Koerting und E. Koschwitz. Heilbronn. T. I et t. III, 1881 et années suivantes (*Französische Studien*).

*Romania*, t. XII, 1883, p. 120-123.

1109. — In memoria di Napoleone Caix e Ugo Angelo Canello, miscellanea di filologia e linguistica. Firenze, 1886 (*Miscellanea Caix e Canello*).

*Romania*, t. XV, 1886, p. 452-463.

1110. — Recueil de mémoires philologiques présenté à M. Gaston Paris... par ses élèves suédois, le 9 août 1889, à l'occasion de son cinquantième anniversaire. Stockholm, 1889 (*Mémoires philologiques*).

*Romania*, t. XIX, 1890, p. 118-130.

1111. — Romanische Bibliothek, herausgegeben von W. Foerster. Halle, 1888-1892 (Tomes I-VIII) (*Romanische Bibliothek*).

*Romania*, t. XXI, 1892, p. 275-281.

1. Les comptes rendus des divers mémoires qui composent ces recueils ont, pour la plupart, été classés à leur ordre logique dans les sections précédentes; nous faisons suivre le titre de chaque recueil de l'abréviation qui nous a servi jusqu'ici à le désigner.

1112. — Études romanes dédiées à Gaston Paris le 29 décembre 1890 (25e anniversaire de son doctorat ès lettres), par ses élèves de France et ses élèves étrangers des pays de langue romane. Paris, 1891 (*Études romanes*).

*Romania*, t. XXII, 1893, p. 134-163.
Tiré à part : Protat, Mâcon, 1893. In-8, 29 pages.

1113. — Mémoires de la Société néo-philologique à Helsingfors. Tome I. Helsingfors, 1893 (*Mémoires d'Helsingfors*).

*Romania*, t. XXII, 1893, p. 565-569.

1114. — Abhandlungen Herrn Prof. Dr Adolf Tobler zur Feier seiner fünfundzwanzigjährigen Thätigkeit als ordentlicher Professor an der Universität Berlin von dankbaren Schülern in Ehrerbietung dargebracht. Halle, 1895 (*Tobler-Abhandlungen*).

*Romania*, t. XXIV, 1895, p. 452-462.

1115. — Kritischer Jahresbericht über die Fortschritte der romanischen Philologie. Unter Mitwirkung von 115 Fachgenössen herausgegeben von Karl Vollmöller und Richard Otto. Ier Jahrgang, 1890. Munich, 1895.

*Romania*, t. XXIV, 1895, p. 597-602.

1116. — Mélanges de philologie romane dédiés à Carl Wahlund à l'occasion du cinquantième anniversaire de sa naissance (7 janvier 1896). Mâcon, 1896 (*Mélanges Wahlund*).

*Romania*, t. XXVI, 1897, p. 101-108.

1117. — Études d'histoire du moyen âge dédiées à Gabriel Monod. Paris, 1896 (*Études dédiées à G. Monod*).

*Romania*, t. XXVI, 1897, p. 109-111.

1118. — Miscellanea nuziale Rossi-Teiss. Trento settembre 1897. Bergamo, 1897 (*Miscellanea Rossi-Teiss*).

*Romania*, t. XXVII, 1898, p. 151-155.



1119. — Mémoires de la Société néo-philologique à Helsingfors. Tome II, Paris, 1897 (*Mémoires d'Helsingfors*).

*Romania*, t. XXVII, 1898, p. 300-307.

1120. — Child Memorial Volume. Boston, 1896 (*Studies and Notes in philology and literature*, vol. V) (*Child Memorial Volume*).

*Romania*, t. XXVII, 1898, p. 320-323.

1121. — Beiträge zur romanischen Philologie. Festgabe für Gustav Gröber. Halle, 1899 (*Festgabe für G. Gröber*).

*Romania*, t. XXIX, 1900, p. 117-124.

1122. — Forschungen zur romanischen Philologie. Festgabe für Hermann Suchier, zum 15. März 1900. Halle, 1900 (*Festgabe für H. Suchier*).

*Romania*, t. XXIX, 1900, p. 579-585.

1123. — Miscellanea linguistica in onore di Graziadio Ascoli. Torino, 1901 (*Miscellanea Ascoli*).

*Romania*, t. XXX, 1901, p. 567-577.

1124. — Raccolta di studii critici dedicata ad Alessandro d'Ancona, festeggiandosi il XL anniversario del suo insegnamento. Firenze, 1901 (*Raccolta d'Ancona*).

*Romania*, t. XXX, 1901, p. 590-596.

1125. — Uppsatser i romansk filologi tillägnade Professor P. A. Geijer på hans sextioårsdag den 9 April 1901. Upsala, 1901 (*Mélanges Geijer*).

*Romania*, t. XXXI, 1902, p. 444-449.

1126. — A Ernesto Monaci per l'anno XXV del suo insegnamento gli scolari. Scritti vari di filologia. Roma, 1901, in-8 (*Mélanges Monaci*).

*Romania*, t. XXXI, 1902, p. 604-610.

1127. — Beiträge zur romanischen und englischen Philologie.

Festgabe für Wendelin Foerster zum 26. Oktober 1901. Halle, 1902 (*Festgabe für W. Förster*).

*Romania*, t. XXXI, 1902, p. 611-620.

## 2. Recueils périodiques [1].

1128. — Allgemeine Zeitung.

Année 1872, n^os^ 122-123 (*1872*).

1129. — Annales de la Faculté des lettres de Bordeaux.

T. I-II (*1880*) ; année 1889 (*1889*).

1130. — Annuaire de la Faculté des lettres de Lyon.

T. I, 3 (*1883*).

1131. — Archiv für das Studium der neueren Sprachen.

T. XLIX, 3-4 (*1872*) ; L, 1-2 (*1873*) ; LII-LVI (*1877*) ; LX (*1879*) ; LXIV-LXV (*1881*) ; LXVI-LXVII (*1883*) ; LXXXIV (*1890*).

1132. — Archiv für Gynækologie.

T. XXVII, 1 (*1885*).

1133. — Archiv für lateinische Lexicographie und Grammatik.

T. I, 1 (*1884, 1885*).

1134. — Archivio glottologico italiano.

T. II-IV (*1880*) ; X, 1-3 (*1889*) ; XI (*1890*).

1135. — Archivio storico lombardo.

T. XIV, 1 (*1887*).

1136. — Beiträge zur Geschichte der deutschen Sprache und Literatur.

T. II, 1 (*1875*).

1. Nous substituons ici l'ordre alphabétique à l'ordre chronologique. Presque tous les articles qui suivent ayant été imprimés dans la *Romania*, sous la rubrique *Périodiques* pour laquelle les tables annuelles rendent les recherches très faciles, il nous a paru suffisant d'indiquer l'année de leur publication : c'est ce que marquent les dates en italique qui suivent entre parenthèses les numéros des volumes ou des fascicules recensés par G. Paris.



1137. — Bibliographia critica de historia e litteratura.

Année 1872, 1-6 (*1873*).

1138. — Bibliophile belge.

T. XIII (*1879*).

1139. — Bibliothèque de l'École des chartes.

T. XXXV, 1-3 (*1874*) ; XXXIX ; XL, 1-2 (*1879*), 4 ; XLI (*1880*) ; XLIV (*1885*).

1140. — Bulletin de la Société de linguistique de Paris.

N^os^ 14-26 (*1894*).

1141. — Bulletin de la Société historique et archéologique du Périgord.

Année 1875 (*1875*).

1142. — Bulletin de la Société polymathique du Morbihan.

Année 1871, 1^er^ semestre (*1872*).

1143. — Bulletins de l'Académie royale de Belgique.

Deuxième série, t. XXXVII, 3 ; XXXIX, 4 (*1875*).

1144. — Deutsche Literaturzeitung.

Année 1880, octobre-décembre ; 1881, janvier-mars (*1881*).

1145. — Französische Studien.

Voyez n° 1108.
T. IV-VI, 1 (*1887*).

1146. — Germania.

T. XVI, 4 ; XVII, 1 (*1872*) ; XXII (*1878*) ; XXIII-XXVI (*1881*).

1147. — Germanistische Studien.

T. II (*1875*).

1148. — Giornale di filologia romanza.

T. I, 1 (*1878*), 5 (*1880*).

1149. — Göttingische gelehrte Anzeigen.

Année 1872, n^os^ 23 (*1872*), 48 (*1873*) ; 1874, n° 33 (*1874*).

1150. — Internationale Revue.... Wien.
T. I, 1-4 ; voyez n° 1049.

1151. — Jahrbuch für romanische und englische Literatur.
T. XII, 3-4 (*1872*).
Nouvelle série, I, 3-4 (*1874*) ; III, 1-2 (*1876*).

1152. — Jahrbuch für Literaturgeschichte.
Voyez n° 314.

1153. — Journal des Savants.
Année 1876, mars (*1876*).

1154. — Kritischer Jahresbericht über die Fortschritte der romanischen Philologie.
Voyez n° 1115.
T. III, 2 ; IV (*1902*).

1155. — Literaturblatt für germanische und romanische Philologie.
Année 1880, 1-2 (*1880*) ; 1883, 10-12 ; 1884, 1-6 (*1884*), 7-12 (*1885*).

1156. — Mémoires de la Société académique de Maine-et-Loire.
T. XXVII (*1874*) ; XXIX-XXX (*1875*).

1157. — Mémoires de la Société de linguistique de Paris.
T. II, 2 (*1873*) ; V-VIII, 3 (*1894*).

1158. — Mémoires de la Société éduenne.
T. XII (*1883*).

1159. — Mémoires de la Société nationale des antiquaires de France.
T. XLII (*1883*).

1160. — Nordisk Tidskrift for Filologi.
Nouvelle série, VI (*1884*).

1161. — Nuova Antologia.
T. III (*1874*) ; IV (*1876*).



1162. — Nuova Galleria universale.
T. III, 3 (*1880*).

1163. — Propugnatore.
T. V, 1-3 (*1872*); VI, 3 (*1873*).

1164. — Publications of the Modern Language Association of America.
T. VIII (*1893*).

1165. — Rassegna settimanale.
Année 1880, 6 décembre; 1881, 16 janvier (*1881*).

1166. — Recueil des travaux de la Société d'agriculture, sciences et arts d'Agen.
Deuxième série, t. III (*1873*); t. IV (*1875*).

1167. — Revista Lusitana.
T. I, 1 (*1888*).

1168. — Revista pentru Storie, Archeologie și Filologie.
T. I, 1 (*1883*).

1169. — Revue celtique.
Voyez n° 1051.
T. VI, 1 (*1883*).

1170. — Revue de Bretagne et de Vendée.
Sixième série, t. V, 1 (*1884*).

1171. — Revue des langues romanes.
T. V, 2 (*1874*); VI, 4 (*1875*) ; troisième série, t. II, 7-8 (*1880*).

1172. — Revue des questions historiques.
Année 1879, janvier (*1879*).

1173. — Revue historique de l'ancienne langue française.
Année 1877, avril-juin (*1877*).

1174. — Rheinisches Museum für Philologie.
T. XXVII, 1 (*1872*).

1175. — Rivista di filologia ed istruzione classica.
Année 1881, juin (*1881*).

1176. — Rivista di filologia romanza.
T. I, 2 (*1873*), 3 (*1874*); II, 2 (*1875*).

1177. — Rivista di letteratura popolare.
T. I, 3 (*1878*).

1178. — Rivista europea.
Année 1876, juin (*1876*).

1179. — Rivista filologico-letteraria.
T. II, 2-3 (*1873*).

1180. — Romanische Forschungen.
T. I, 1 (*1882*), 2 (*1883*), 3 (*1886*); II (*1887*); III (*1889*); IV-VI (*1893*); VII (*1894*); X (*1901*); XI-XIII (*1902*).

1181. — Romanische Studien.
T. I, 2 (*1872*), 3-4 (*1874*), 5; II, 1 (*1875*); III, 1-2 (*1878*), 3; IV, 1 (*1879*), 2-4 (*1880*); V, 2 (*1881*).

1182. — Studies and notes in philology and literature (Harvard University).
T. I (*1893*).

1183. — Tablettes historiques du Velay.
T. III, 4 (*1873*).

1184. — The American journal of Philology.
T. I, 1 (*1880*).

1185. — Tidskrift for Philologie og Pædagogik.
Nouvelle série, t. I (*1874*).

1186. — Transactions of the philological Society.
Année 1873-74, I (*1873*), II (*1874*).

1187. — Zeitschrift für das Realschulwesen.
T. XIV, 2 (*1889*).



1188. — Zeitschrift für deutsches Alterthum.
Nouvelle série, t. III, 3 (*1872*); IV, 2 (*1873*); V, 3; VI, 1 (*1874*), 2 (*1875*); IX (*1878*); X (*1879*).

1189. — Zeitschrift für die œsterreichischen Gymnasien.
T. VII (*1875*).

1190. — Zeitschrift für Kirchenrecht.
T. XIV, 2 (*1878*).

1191. — Zeitschrift für neufranzösische Sprache und Literatur.
T. I, 1 (*1880*).

1192. — Zeitschrift für romanische Philologie.
T. I, 1-3 (*1877*), 4; II, 1-2 (*1878*), 3-4; III, 1-2 (*1879*), 3-4; IV, 1 (*1880*), 2-3; V, 1 (*1881*), 2-4; VI, 1-3 (*1882*), 4; VII, 1 (*1883*), 4 (*1884*); VIII, 2-4 (*1885*); IX (*1886*); X (*1887*); XI; XII, 1-2 (*1888*), 3-4; XIII, 1-2 (*1889*), 3-4; XIV, 1-2 (*1890*), 3-4; XV, 1-2 (*1891*), 3-4; XVI, 1-2 (*1892*), 3-4; XVII, 1-2 (*1893*), 3-4; XVIII, 1-2 (*1894*), 3-4; XIX, 1-3 (*1895*), 4; XX, 1-3 (*1896*), 4; XXI, 1-3 (*1897*), 4; XXII, 1-3 (*1898*), 4; XXIII, 1-3 (*1899*), 4; XXIV, 1-3 (*1900*), 4; XXV, 1-4 (*1901*), 5-6; XXVI, 1-4 (*1902*), 5 (*1903*).

1193. — Zeitschrift für vergleichende Sprachforschung.
Nouvelle série, I, 4-5 (*1873*); III, 4 (*1877*); X (*1889*).

---

# DIVERS

1194*. — Jason tue Absyrte sous les yeux même de Médée, sa sœur (traduit d'Apollonius de Rhodes, *Les Argonautiques*, chant IV, v. 445-487, par Paris (Gaston-Bruno-Paulin), d'Avenay (Marne), élève de rhétorique au Collège Rollin.

*Concours général. — Devoirs donnés au Concours général entre les élèves des lycées et collèges de Paris et de Versailles, suivis de copies d'élèves couronnés*, recueillis et publiés par N. A. Dubois, année 1856. Paris, Jules Delalain, p. 52-53.

1195*. — Thèses de licence en droit, soutenues le jeudi 28 août 1862 ; droit romain, *De tutela;* droit français, *De la tutelle;* imprimées à Paris, chez Jouaust, père et fils, 1862.

1196*. — Allocution prononcée au banquet annuel de l'Association amicale des anciens élèves du Collège Rollin, le 6 février 1896.

*Association amicale des anciens élèves du Collège Sainte-Barbe-Rollin.* Paris, imprimerie générale Lahure, 1896, p. 11-15.

* * *

1197*. — La ligue de la Patrie française. — A M. Albert Sorel, de l'Académie française.

*Le Figaro*, n° du 3 janvier 1899.

# INDEX [1]



1. Les noms imprimés en petites capitales sont ceux des auteurs ou des éditeurs de textes dont Gaston Paris a recensé les travaux ; les noms en minuscules sont ceux des écrivains dont il a recensé des éditions ou dont il a lui-même édité les œuvres.

G. Paris [1]



[1] Pour le classement des travaux originaux de G. Paris, il n'a été tenu compte ni de l'article, ni de la préposition qui commence parfois le titre.

*

---

# TABLE

---

## LITTÉRATURE

## FOLK-LORE



## HISTOIRE, ARCHÉOLOGIE ET HISTOIRE DE L'ART







## HISTOIRE DES SCIENCES ET DE L'ÉRUDITION; SOCIÉTÉS SAVANTES; ENSEIGNEMENT



## COMPTES RENDUS DE PUBLICATIONS COLLECTIVES

## 2. *Errata*

Cette liste correspond aux erreurs relevées au cours de ma lecture des textes de Gaston Paris. Elle ne prétend pas être exhaustive.

1. p. *329*-331.

2. p. *345*-349.

13*. Tome Ier (*1874*), Tome III (*1876*).

72*. p. 597-*598*.

74*. p. *132*-135.

131*. *1878.*

133*. *et p. 625-630.*

148*. 1er article, p. 241-*269*.

167*. La préface se trouve dans le *vol. 2, 1883, p. I-XVIII.*

168. p. *456*.

169. p. *614*-623.

193*. *1877.*

203*. 1er article, p. *65*-77.

213*. Revue de phil. franç. et prov., p. *145*-153.

228. p. *580-581*.

246*. p. 234-*236*.

268. p. *621-622*.

284. Rudolf *Köpke*.

324. p. 602-*605*.

334*. La Poésie *du* moyen âge, leçons et lectures… – La poésie *du* m. â.

339*. La Poésie *du* moyen âge.

341. Paul Meyer et Charles-Marc Des Granges ont également contribué à ce compte rendu.

352*. p. *500*-514.

p. 61 140. pour *410*.

473. Romania…, *1892*.

474. Comptes rendus…, *1891*.

487. p. 460-*461*.

500. Comptes rendus…, *1889*.

501. Comptes rendus…, *1890*.

510. p. *107*.

523*. *p. 98-102.*

536. p. 472-*475*.

553. p. *279-280*.

566. p. *459*.

567. p. *604-605*.

578. p. 581-*583*.

579*. p. *100*-103.

610. p. *391-392*.

611*. p. 407-*415*.

616. p. 458-*459*.

624. p. 12-*13*.

636*. Pages LXXXXIX-*CXXI*.

651. Comptes rendus…, *1885*.

668. Comptes rendus…, *1889*.

728. p. *103-104*.

777*. p. 385-*398*.

810. p. *567-568*.

819. p. 151-*152*.

829. p. *605-606*.

830. Comptes rendus…, *1888*.

839. Comptes rendus…, *1889*.

855. p. 24-*31*.

882. Comptes rendus…, *1888*.

883. Comptes rendus…, *1888*.

900*. Comptes rendus…, *1883*.

910*. p. 78-*140*.

937*. t. *X*, *1864*.

948*. p. *97*-108.

949*. p. 114 seulement.

966. Comptes rendus…, *1888*.

978. p. 122 seulement.

979. Le Cabinet historique…, *1860*.

1005. Comptes rendus…, *1889*.

1007. Bulletin hist. et philol., 1893, p. 377 et p. *494*.

1031. p. *152*-155.

1035. Comptes rendus…, *1891*.

1036. *2e* semestre.

1037. p. 354 seulement.

1045*. t. V, *15 sept.*

1082*. Comptes rendus…, p. *311-319*.

1087*. Comptes rendus…, *1881*.

1088*. Comptes rendus…, *1882*.

1103*. 1893, p. 76-*78*; 1894, p. 50-*51*; *1903, p. 71-73*.

## 3. Textes non répertoriés dans la *Bibliographie* de Bédier/Roques 1904

Sont énumérés ici par ordre chronologique les travaux de Gaston Paris cités dans la présente étude qui ne se trouvent pas répertoriés dans la *Bibliographie* de Bédier/Roques 1904, soit qu'ils aient été oubliés, soit qu'ils aient paru après 1904, soit encore qu'ils fassent partie de textes non isolément saisis dans cette bibliographie, telles les «chroniques» de la *Romania*.

MEYER, Paul/MOREL, Charles/PARIS, Gaston/ZOTENBERG, Hermann, *Prospectus de la* Revue critique, 25 octobre 1865.

PARIS, Gaston, «*Deutsche Classiker des Mittelalters*, mit Wort- und Sacherklärungen. Herausgegeben von Franz Pfeiffer. – Dritter Band. *Das Nibelungenlied*, herausgegeben von Karl Bartsch, Leipzig, Brockhaus, 1866», *Revue critique*, 1866, 2e semestre, pp. 183-189.

PARIS, Gaston, «*Dissertation sur les chants héroïques des Basques*, par M. Jean-François Bladé, Paris, A. Franck, 1866», *Revue critique*, 1866, 2e semestre, pp. 217-222.

MEYER, Paul/PARIS, Gaston, *Prospectus de la* Romania, 1871.

PARIS, Gaston, «Chronique» [notice nécrologique sur Diez], *Romania*, 5, 1876, p. 412.

PARIS, Gaston, «Publications de la Société des Anciens Textes Français [...], quatrième et dernier article», *JdS*, 1887, pp. 615-629 (suite de 366*, 1886).

PARIS, Gaston, «Chronique» [notice nécrologique sur Nicolaus Delius], *Romania*, 18, 1889, p. 337.

PARIS, Gaston, «*Etudes romanes dédiées à Gaston Paris* le 29 décembre 1890 (25e anniversaire de son doctorat ès lettres), par ses élèves de France et ses élèves étrangers des pays de langue romane, Paris, E. Bouillon, 1891», *Romania*, 22, 1893, pp. 134-163 (ce très long compte rendu de Gaston Paris n'a pas de numéro d'ensemble dans la bibliographie Bédier/Roques 1904, chaque contribution critiquée ayant reçu un numéro séparé que l'on trouve sous le nom des différents auteurs qui ont contribué à ces mélanges).

PARIS, Gaston, «Chronique» [allocution de Gaston Paris lors d'une fête de la commémoration du centenaire de Diez, le 2 mai 1894, organisée par l'abbé Rousselot et par Léopold Sudre], *Romania*, 23, 1894, pp. 290-292.

PARIS, Gaston, «Chronique» [à propos d'un compte rendu d'Arbois de Jubainville de l'article de Gaston Paris sur *Tristan et Iseut* dans la *Revue de Paris* (518*, 1894)], *Romania*, 24, 1895, p. 154.

PARIS, Gaston, «Périodiques. *Zeitschrift für Romanische Philologie*, XXVI, 4. – P. 385, Schuchardt, *Etymologische Probleme und Prinzipien* (*zu* A. Thomas, Romania, XXXI, 1 ff. *und* Mélanges d'étymologie française)», *Romania*, 31, 1902, pp. 625-630.

PARIS, Gaston, «Société d'ethnographie nationale et d'art populaire. Discours prononcé à la Sorbonne le 24 mars 1895, à la réunion des délégués des sociétés départementales de Paris», *in La Tradition au pays basque, ethnographie, folklore, art populaire, histoire, hagiographie*, Donostia/Baiona, Elkar, 1982, pp. 563-566.

PARIS, Gaston, «Discours funéraire sur M. J. Bertrand», *in Institut de France. Académie française. Funérailles de M. J. Bertrand*, Paris, Didot, 1900, pp. 17-22.

PARIS, Gaston, *Esquisse historique de la littérature française du moyen âge, depuis les origines jusqu'à la fin du XV^e siècle*, Paris, Armand Colin, 1907.

## LISTE DES LIVRES ET ARTICLES CITÉS

Sont également incluses dans cette liste les œuvres littéraires. Les articles de presse anonymes ne se trouvent pas dans la bibliographie (les références exactes sont données dans le texte même).

AALTO, Pentti (1987). «The Flowering of Romance Philology. Gaston Paris and Werner Soederhjelm», *in id., Modern Language Studies in Finland 1828-1918*, Helsinki, Societas Scientiarum Fennica, 1987, pp. 31-54.

AARSLEFF, Hans (1985). «Scholarship and Ideology: Joseph Bédier's Critique of Romantic Medievalism», *in Historical Studies and Literary Criticism*, Jerome J. McGann, éd., Madison, Wisconsin, The University of Wisconsin Press, 1985, pp. 93-113.

*Actes du colloque Emile Littré (1801-1881), Paris, 7-9 octobre 1981*, Paris, Albin Michel, 1983 (numéro spécial de la *Revue de Synthèse*).

ADAM, Juliette (1904). *Mes premières armes littéraires et politiques*, Paris, A. Lemerre, 1904.

AGULHON, Maurice (1985). «La Réforme intellectuelle et morale, texte de circonstance», *Etudes Renaniennes*, 60, 1985, pp. 3-13.

AGULHON, Maurice (1990). *La République. L'élan fondateur et la grande blessure (1880-1932)*, édition revue et augmentée, bibliographie originale, t. I, Paris, Hachette, 1990 (Histoire de France Hachette, «Pluriel»).

AGULHON, Maurice (1995). «Die nationale Frage in Frankreich: Geschichte und Anthropologie», *in Nation und Emotion. Deutschland und Frankreich im Vergleich, 19. und 20. Jahrhundert*, Etienne François, Hannes Siegrist, Jakob Vogel, éd., Göttingen, Vandenhoeck & Ruprecht, 1995 («Kritische Studien zur Geschichtswissenschaft», 110), pp. 56-65.

AMALVI, Christian (1996). *Le Goût du moyen âge*, Paris, Plon, 1996.

AMIROVA, T. A./OL'CHOVIKOV, B. A./ROZDESTVENSKIJ, Ju. V. (1980). *Abriss der Geschichte der Linguistik*, ins Deutsche übersetzt von Barbara Meier, hrsg. von Georg Friedrich Meier, Leipzig, VEB Bibliographisches Institut, 1980.

AMOSSY, Ruth/HERSCHBERG PIERROT, Anne (1997). *Stéréotypes et clichés. Langue, discours, société*, Paris, Nathan, 1997 («128», lettres et sciences sociales).

ARBOIS DE JUBAINVILLE, Henry d' (1894). «*Revue de Paris*, p. 138 et suivantes. – Article de M. Gaston Paris sur la légende de Tristan et Iseult», *Revue celtique*, XV/1, 1894, pp. 405-408.

*Archives biographiques françaises. Fusion dans un ordre alphabétique unique de 180 ouvrages de référence biographiques français publiés du XVII*[e] *au XX*[e] *siècle*, rédactrice: Susan Bradley, conseiller scientifique: Alfred Fierro, Saur, London/Paris/Munich/New York/, s. d. (s'y réfère: *Index Biographique Français*, 2e édition cumulée et augmentée, compilée par Tommaso Nappo, München, Saur, 1998, 7 volumes).

ARMENDARES PACREU, Carmina et Vicente (1993). «La filología románica en Francia en el última tercio del siglo XIX: Norte y Sur», *Revista de filología románica*, 19, 1993, pp. 155-218.

ARNAULD, Michel (1903). «Gaston Paris», *Revue blanche*, 15 mars 1903, pp. 466-467.

ARNDT, Dora (1933). *Juliette Adam*, Würzburg, Dissertationsdruckerei und Verlag Konrad Triltsch, 1933.

AUERBACH, Erich (1958). *Literatursprache und Publikum in der lateinischen Spätantike und im Mittelalter*, Bern, Francke Verlag, 1958.

AUROUX, Sylvain (1979). «La querelle des lois phonétiques», *Linguisticae Investigationes*, III/1, 1979, pp. 1-27.

AXHAUSEN, Käte (1937). *Die Theorien über den Ursprung der provenzalischen Lyrik*, Diss. Marburg, Dissertations-Verlag G. H. Nolte, Düsseldorf, 1937.

BAADER, Renate (1991). «Ein *moderner* Ancien: Jean Chapelains Dialog *De la lecture des vieux romans* (1647)», *in* Grimm 1991a, pp. 75-88.

B[AECHTOLD]., J. (1872). «Sanct Alexius», *Allgemeine Zeitung*, no 122, 1er mai 1872, p. 1847.

BÄHLER, Ursula (1995). «Notes sur l'acception du terme de philologie romane chez Gaston Paris», *Vox Romanica*, 54, 1995, pp. 23-40.

BÄHLER, Ursula (1996a). «Lettres choisies de la correspondance Gaston Paris – Joseph Bédier», *in Mélanges offerts à M.-R. Jung*, Luciano Rossi, éd., avec la collaboration de Ch. Jacob-Hugon et d'U. Bähler, Alessandria, Edizione dell'Orso, 1996, pp. 775-793.

BÄHLER, Ursula (1996b). «Entre science, patrie et foi. Lectures du moyen âge en France: 1870-71», *in Lire le Moyen Age ?*, *Equinoxe*, 16, 1996, pp. 39-54.

BÄHLER, Ursula (1996c). «R. Howard BLOCH, Stephen G. NICHOLS, éd., *Medievalism and the Modernist Temper*, Baltimore/London, The Johns Hopkins University Press, 1996, 496 pp.», *in ibid.*, pp. 147-154.

BÄHLER, Ursula (1998). *De la place du sujet individuel à l'époque scientiste.* Le Crime de Sylvestre Bonnard, *Nouveaux Actes Sémiotiques*, 60, 1998, avec un avant-propos de Jacques Fontanille.

BÄHLER, Ursula (1999). *Gaston Paris dreyfusard. Le savant dans la cité*, avec une préface de Michel Zink, Paris, CNRS Editions, 1999 («Histoire»).

BAGGIONI, Daniel (1991). «Schuchardt et la conception individualiste de l'étymologie: la polémique avec A. Thomas sur l'étymologie de *trouver* et *caillou* (1899-1905)», *in* Chambon/Lüdi 1991, pp. 275-287.

BAGGIONI, Daniel (1996). «De Coquebert de Montbret et Raynouard au duo G. Paris/P. Meyer: Aux sources de la linguistique et dialectologie romanes françaises», *Revue des Langues Romanes*, C, 1996, pp. 135-162.

BAHNER, Werner (1983). *Kontinuität und Diskontinuität in der Herausblidung der romanischen Sprachwissenschaft*, Sitzungsberichte der Sächsischen Akademie der Wissenschaften zu Leipzig, Philologisch-Historische Klasse, Bd. 124, Heft 3, Akademie-Verlag, Berlin, 1983.

BAHNER, Werner (1989). «Quelques problèmes méthodologiques dans l'historiographie de la linguistique romane», *in Actes du XVIII^e^ Congrès International de Linguistique et de Philologie Romanes, Université de Trèves (Trier) 1986*, Dieter Kremer, éd., tome VII, Tübingen, Max Niemeyer Verlag, 1989, pp. 4-10.

BALDINGER, Kurt (1995). «Der Max Niemeyer Verlag und die Romanistik», *in* Harsch-Niemeyer 1995, pp. 161-191.

BANNIARD, Michel (1992). *Viva voce. Communication écrite et communication orale du IV^e^ au IX^e^ siècle en Occident latin*, Paris, Institut des Etudes Augustiniennes, 1992 («Série Moyen-Age et Temps Modernes», 25).

BARTSCH, Karl (1866a). «*Les Epopées françaises*, Etudes sur les origines et l'histoire de la littérature française, par Léon Gautier, tome 1, Paris, Palmé, 1865», *Revue critique*, 1866, 2^e^ semestre, pp. 406-414.

BARTSCH, Karl (1866b). «Paris, Gaston, *Histoire poétique de Charlemagne*, Paris 1865», *Germania*, XI, 1866, pp. 224-229.

BARTSCH, Karl (1872). «Le Kutschke-Lied. Réponse de M. Karl Bartsch», *Revue critique*, 1872, 1^er^ semestre, pp. 349-350.

BAUM, Richard (1976). «Claude Fauriel und die romanische Philologie», *in* Niederehe/Haarmann 1976, pp. 275-325.

BAUM, Richard (1993). «Friedrich Diez», *in* Hirdt 1993a, Teil I, pp. 46-140, Teil II, pp. 457-913.

BAUM, Richard (1999). «Die Wende in der Philologie: Die Geburt der Sprachwissenschaft aus dem Geiste der Romantik – Jacob Grimm und Friedrich Diez», *in Zur Geschichte und Problematik der Nationalphilologien in Europa. 150 Jahre Erste Germanistenversammlung in Frankfurt am Main (1846-1996)*, Frank Fürbeth, Pierre Krügel, Ernst E. Metzner *et al.*, éd., Tübingen, Max Niemeyer Verlag, 1999, pp. 221-240.

BAUMGARTNER, Emmanuèle (1987). *Histoire de la littérature française, Moyen Age, 1050-1486*, Paris, Bordas, 1987 («Univers des lettres Bordas»).

BAUMGARTNER, Emmanuèle (1991). *Tristan et Iseut. De la légende aux récits en vers*, Paris, Presses Universitaires de France, 2^e^ édition, 1991 («Etudes littéraires»).

BAUMGARTNER, Emmanuèle (1992). *Chrétien de Troyes.* Yvain, Lancelot, *la charrette et le lion*, Paris, Presses Universitaires de France, 1992 («Etudes littéraires»).

BEAUCHESNE, A., marquis de (1910). *Souvenirs universitaires. La distribution des prix au concours général en 1856, à propos de Gaston Paris*, Lyon, Imprimerie Emmanuel Vitte, 1910 (extrait de l'«Université Catholique»).

BEAUNIER, André (1903). «Gaston Paris», *Le Figaro*, 7 mars 1903.

BÉDIER, Joseph (1891). «Les lais de Marie de France», *RdDM*, 107, 1891, pp. 835-863.

BÉDIER, Joseph (1894). «La Société des Anciens Textes Français», *RdDM*, 121, 1894, pp. 906-934.

BÉDIER, Joseph (1904). *Hommage à Gaston Paris. Leçon d'ouverture du cours de langue et littérature françaises du moyen âge prononcée au Collège de France le 3 février 1904*, Paris, Champion, 1904.

BÉDIER, Joseph (1905). Le Roman de Tristan *par Thomas, poème du XII^e siècle*, publié par Joseph Bédier, t. II, Paris, Firmin Didot et C^ie, 1905 («Société des Anciens Textes Français»).

BÉDIER, Joseph (1908-1913). *Les Légendes épiques. Recherches sur la formation des chansons de geste*, 4 vols., Paris, Champion, 1908-1913.

BÉDIER, Joseph (1935). «L'Académie et nos écrivains du moyen âge», *in 1635-1935. Trois siècles de l'Académie Française*, par les quarante, Paris, Firmin-Didot et C^ie, 1935, pp. 399-410.

BÉDIER, Joseph/ROQUES, Mario (1904). *Bibliographie des travaux de Gaston Paris*, Paris, Société amicale Gaston Paris, 1904.

BEHRENS, Dietrich (1895). «Mitteilungen aus Carl Ebenau's Tagebuch», *ZfSpLit*, 17, 1895, pp. 128-187.

BENVENISTE, Emile (1966). *Problèmes de linguistique générale*, t. 1, Paris, Gallimard, 1966.

BÉRANGER, Pierre-Jean de (1854). *Chansons de Béranger*, édition complète, conforme à la dernière édition publiée par l'auteur, Bruxelles/Leipzig, Kiessling, Schnée et Compagnie, 1854.

BERGER, Elie (1903). «Discours de M. Elie Berger», *BEC*, 64, 1903, pp. 206-207.

BERGOUNIOUX, Gabriel (1984). «La science du langage en France de 1870 à 1885: du marché civil au marché étatique», *Langue française*, 63, 1984, pp. 7-41.

BERGOUNIOUX, Gabriel (1989). «Le francien (1815-1914): la linguistique au service de la patrie», *Mots/Les langages du politique*, 19, 1989, pp. 23-40.

BERGOUNIOUX, Gabriel (1990). «L'enseignement de la linguistique et de la philologie en France au XIX^e siècle, d'après les affiches de cours des facultés de lettres (1845-1897)», *Archives et Documents de la Société d'Histoire et d'Epistémologie des Sciences du Langage (SHESL)*, Seconde série, no 2, juin 1990.

BERGOUNIOUX, Gabriel (1991). «L'introduction de l'ancien français dans l'université française (1870-1900)», *Romania*, 112, 1991, pp. 243-258.

BERGOUNIOUX, Gabriel (1996). «La définition de la langue au XIX^e siècle: science et politique», *in Histoire et grammaire du sens. Hommage à Jean-Claude Chevalier*, Sylvain Auroux, Simone Delesalle, Henri Meschonnic, éd., Paris, Armand Colin, 1996, pp. 72-85.

BERGOUNIOUX, Gabriel (2001). «Les enjeux de la fondation de la *Revue des Langues Romanes*», *in Autour de la* Revue des Langues Romanes, études réunies par Philippe Martel et Pierre Boutan, actes du colloque tenu à Montpellier les 7 et 8 avril 2000, *Revue des Langues Romanes*, CV, 2001, pp. 385-407.

BERTRAND, Joseph (1897). *Réponse de M. J. Bertrand, directeur de l'Académie française, au discours de M. G. Paris, prononcé dans la séance du 28 janvier 1897*, Paris, Firmin-Didot et Cie, 1897, pp. 31-46.

BETHUNE, François (1903). «Gaston Paris (1839-1903)», *Bulletin bibliographique et pédagogique du Musée belge*, VII, 1903, pp. 217-220.

BLANC-PÉRIDIER, A. (1936). *Une Princesse de la Troisième République, Juliette Adam*, Paris, Editions «Education intégrale», 1936.

BLOCH, R. Howard (1989). «842. The First Document and the Birth of Medieval Studies», *in A New History of French Literature*, Denis Hollier, éd., Cambridge, Harvard University Press, 1989, pp. 6-13.

BLOCH, R. Howard (1990). «New Philology and Old French», *Speculum*, 65/1, 1990, pp. 38-58.

BLOCH, R. Howard (1996). *Le Plagiaire de Dieu. La fabuleuse industrie de l'abbé Migne*, Paris, Seuil, 1996 («La librairie du XXe siècle»).

BLOCH, R. Howard/NICHOLS, Stephen G. (1996). *Medievalism and the Modernist Temper*, R. Howard Bloch, Stephen G. Nichols, éd., Baltimore/London, The Johns Hopkins University Press, 1996.

BOASE, Roger (1977). *The Origin and the Meaning of Courtly Love*, Manchester, Manchester University Press, 1977.

BOECKH, August (1877). *Enzyklopädie und Methodologie der Philologischen Wissenschaften*, Ernst Bratuscheck, éd., Leipzig, Druck und Verlag von B. G. Treubner, 1877.

BOEHLICH, Walter (1966). «Aus dem Zeughaus der Germanistik. Die Brüder Grimm und der Nationalismus», *Der Monat*, 217, 1966, pp. 56-69.

BOEHMER, Eduard (1871-75). «Beiblatt zu den Romanischen Studien», *Romanische Studien*, 1, 1871-1875, pp. 302-308.

BOISSIER, Gaston (1903). «Gaston Paris [suivi d'une bibliographie des articles de Gaston Paris parus dans le *JdS* de 1883 à 1903, établie par L. D.]», *JdS*, 1, nouvelle série, 1903, pp. 189-192.

BOLLACK, Jean (1985). «M. de W.-M. (en France). Sur les limites de l'implantation d'une science», *in Wilamowitz nach 50 Jahren*, Wiliam M. Calder III, Helmut Flashar, Theodor Lindken, éd., Darmstadt, Wissenschaftliche Buchgesellschaft, 1985, pp. 468-512.

BOLLACK, Mayotte/WISMANN, Heinz (1983). *Philologie und Hermeneutik im 19. Jahrhundert. Philologie et herméneutique au 19e siècle*, Mayotte Bollack, Heinz Wismann, éd., rédigé par Theodor Lindken, Göttingen, Vandenhoeck & Ruprecht, 1983.

BOMPAIRE-EVESQUE, Claire-Françoise (1988). *Un Débat sur l'université au temps de la Troisième République. La lutte contre la nouvelle Sorbonne*, Paris, Aux Amateurs de Livres, 1988.

BONNEROT, Jean (1955). «Sainte-Beuve et Gaston Paris. Une correspondance inédite», *Le Divan*, 47/293, 1955, pp. 12-20.

BORDIER, Henri (1853a). [Compte rendu du *Etymologisches Wörterbuch der Romanischen Sprachen* de Diez], *Athenaeum français*, 8 octobre 1853, pp. 961-962.

BORDIER, Henri (1853b). [Réponse à Grandgagnage 1853], *Athenaeum français*, 12 novembre 1853, pp. 1093-1094.

BORDIER, Henri (1980). *Philippe de Remi, Sire de Beaumanoir, jurisconsulte et poëte national du Beauvaisis, 1246-1296*, Genève, Slatkine Reprints, 1980 (édition originale: Paris, Techener, 1869).

BOUCHERIE, Anatole (1880a). «La langue et la littérature françaises au moyen âge et la *Revue des Deux-Mondes*», *Revue des Langues Romanes*, XVII, 1880, pp. 5-36.

BOUCHERIE, Anatole (1880b). «La langue et la littérature françaises au moyen âge. (Réponse à M. Brunetière)», *Revue des Langues Romanes*, XVIII, 1880, pp. 209-247.

BOULARD, Gilles (2000). «Ferdinand Brunetière et le classicisme, ou la conjonction des nationalismes», *Revue d'Histoire littéraire de la France*, 100/2, 2000, pp. 217-235.

BOURQUIN, Jacques (1991). «Léon Clédat (1850-1930) et la *Revue de Philologie Française*», *in La Grammaire française entre comparatisme et structuralisme, 1870-1960*, Hélène Huot, éd., Paris, Armand Colin, 1991, pp. 25-55.

BOUTIÈRE, Jean (1978). *Correspondance de Frédéric Mistral avec Paul Meyer et Gaston Paris*, introduction d'Hedwige Boutière, Paris, Didier, 1978 (Publications de la Sorbonne, série «Documents», 28).

BRACHET, Auguste (1868). *Grammaire historique de la langue française*, avec une préface par E. Littré, Paris, Hetzel et C^ie^, 1868 (édition originale, sans la préface de Littré: 1867).

BRAULT, Gérard J. (1978). «'C'est presque la quadrature du cercle': Francisque Michel's Letter Announcing his Discovery of the Oxford Manuscript of the *Chanson de Roland* (1835)», *Olifant*, 5, 1978, pp. 271-275d.

BRAULT, Gérard J. (1996). «Gaston Paris et l'*Histoire poétique de Charlemagne*», *Studi Francesi*, 118, 1996, pp. 63-70.

BRAULT, Gérard J. (1998). «Gaston Paris», *in Medieval Scholarship, Biographical Studies on the Formation of a Discipline*, vol. 2, *Literature and Philology*, Helen Damico, éd., with Donald Fennema and Karmen Lenz, New York/London, Garland Publishing, Inc., 1998, pp. 151-165.

BRÉAL, Michel (1903). «Gaston Paris», *Revue de Paris*, 15 mars 1903, pp. 291-298.

BREITINGER, Heinrich (1877). *Studium und Unterricht des Französischen. Ein encyclopaedischer Leitfaden*, Zürich, Druck und Verlag von Friedrich Schulthess, 1877.

BROGSITTER, Karl Otto (1971). *Artusepik*, 2. verbesserte Auflage, Stuttgart, Metzlersche Verlagsbuchhandlung, 1971.

BROMWICH, Rachel (1983). «Celtic Elements in Arthurian Romance», *in The Legend of Arthur in the Middle Ages. Studies presented to A. H. Diverres by colleagues, pupils and friends*, P. B. Grout, R. A. Lodge, C. E. Pickford *et al.*, éd., Cambridge, Brewer, 1983, pp. 41-55.

BRUCE, James Douglas (1974). *The Evolution of Arthurian Romance from the Beginnings down to the Year 1300*, Genève, Slatkine Reprints, 1974 (édition originale: Göttingen, Vandenhoeck & Ruprecht/Baltimore, The Johns Hopkins University Press, vol. I, 1928, second edition, with a supplement by Alfons Hilka [première édition: 1923], vol. 2, 1924).

BRUN-TRIGAUD, Guylaine (1990). *Le Croissant: le concept et le mot. Contribution à l'histoire de la dialectologie française au XIX$^e$ siècle*, Lyon, Université Lyon III, Jean Moulin, 1990 (Centre d'études linguistiques Jacques Goudet, Série dialectologie, 1).

BRUN-TRIGAUD, Guylaine (2001). «*Revue des Langues Romanes* et *Romania*: échanges de comptes rendus», *in Autour de la* Revue des Langues Romanes, études réunies par Philippe Martel et Pierre Boutan, actes du colloque tenu à Montpellier les 7 et 8 avril 2000, *Revue des Langues Romanes*, CV, 2001, pp. 429-454.

BRUNETIÈRE, Ferdinand (1890). «La poésie française au moyen-âge», *in id.*, *Nouvelles questions de critique*, Paris, Calmann-Lévy, 1890, pp. 1-26 (première publication de cet article: 1885).

BRUNETIÈRE, Ferdinand (1893a). «L'érudition contemporaine et la littérature française du moyen-âge», *in id.*, *Etudes critiques sur l'histoire de la littérature française*, Paris, Librairie Hachette et C$^{ie}$, $^3$1893, première série, pp. 1-61 (première publication de cet article: 1879).

BRUNETIÈRE, Ferdinand (1893b). «La langue et la littérature françaises au moyen-âge», *in ibid.*, pp. 283-304 (première publication de cet article: 1880).

BRUNETIÈRE, Ferdinand (1898a). «Après le procès», *RdDM*, 15 mars 1898, pp. 428-446.

BRUNETIÈRE, Ferdinand (1898b). *Après le procès. Réponse à quelques intellectuels*, Paris, Perrin, 1898.

BRUNETIÈRE, Ferdinand (1903). «Funérailles de M. Gaston Paris. Discours de M. F. Brunetière, directeur de l'Académie française», *Bulletin historique et philologique du Comité des travaux historiques et scientifiques*, 1903, pp. 80-86.

BRUNETIÈRE, Ferdinand (1910). *Cinq Lettres sur Ernest Renan*, Paris, Perrin et C$^{ie}$, 1910.

*Bulletin de la Société amicale Gaston Paris*, Paris, Société amicale Gaston Paris, 1903/4-1913.

BUSBY, Keith (1993). «*Variance* and the Politics of Textual Criticism», *in Towards a Synthesis? Essays on the New Philology*, Keith Busby, éd., Amsterdam/ Atlanta, Rodopi, 1993, pp. 29-45.

BUSBY, Keith (1994). «Three Frenchmen Abroad: De La Rue, Michel, and Meyer in England», *Nineteenth-Century French Studies*, 22/3-4, 1994, pp. 348-363.

CABANEL, Patrick (1997). *La Question nationale au XIX^e siècle*, Paris, Editions de la Découverte, 1997.

CAMILLE, Michael (1996). «Philological Iconoclasm: Edition and Image in the *Vie de Saint Alexis*», *in* Bloch/Nichols 1996, pp. 371-401.

CANTOR, Norman F. (1991). *Inventing the Middle Ages. The Lives, Works, and Ideas of the Great Medievalists of the Twentiest Century*, New York, William Morrow and Company, 1991.

CAPUT, Jean-Pol (1991). «Les grandes réformes historiques», *RdDM*, novembre 1991, pp. 59-68.

CARBONELL, Charles-Olivier (1991). «Les historiens universitaires français en Allemagne dans la seconde moitié du XIX^e siècle», *in* Parisse 1991, pp. 181-192.

CASANOVA, Pascale (1999). *La République mondiale des lettres*, Paris, Seuil, 1999.

CASSIRER, Ernst (1957). «Der Positivismus und sein historisches Erkenntnisideal – Hippolyte Taine», *in id.*, *Das Erkenntnisproblem in der Philosophie und Wissenschaft der neueren Zeit. Von Hegels Tod bis zur Gegenwart (1832-1932)*, [Band 4], Stuttgart, Kohlhammer, 1957, pp. 250-261.

CASTETS, Ferdinand (1903). «Paris (Gaston-Bruno-Paulin), philologue français, né à Avenay (Marne) le 9 août 1839, mort à Cannes le 5 mars 1903», *Revue universelle*, 83, 1^er avril 1903, p. 172.

CATACH, Nina (1967). «Un point d'histoire de la langue: La bataille de l'orthographe aux alentours de 1900», *Le Français Moderne*, 35, 1967, pp. 298-306.

CATACH, Nina (1999). «La bataille de l'orthographe aux alentours de 1900», *in Histoire de la langue française, 1880-1914*, sous la direction de Gérald Antoine et Robert Martin, Paris, CNRS Editions, 1999, pp. 237-251.

CERQUIGLINI, Bernard (1989). *Eloge de la variante. Histoire critique de la philologie*, Paris, Seuil, 1989.

CERQUIGLINI-TOULET, Jacqueline (1991). «Le *Voir Dit* mis à nu par ses éditeurs, même», *in* Grimm 1991a, pp. 337-380.

CHAMBON, Jean-Pierre/LÜDI, Georges (1991). *Discours étymologiques. Actes du Colloque international organisé à l'occasion du centenaire de la naissance de Walther von Wartburg, Bâle, Freiburg i. Br., Mulhouse, 16-18 mai 1998*, Jean-Pierre Chambon, Georges Lüdi, éd., avec la collaboration de Hans-Martin Gauger, Frank Lestringant, Georges Pinault, Tübingen, Max Niemeyer Verlag, 1991.

CHAMPION, Edouard (1973). «A propos de Philippe de Beaumanoir. Lettres inédites de Gaston Paris et de Henri Bordier, publiées par Edouard Champion», *in Mélanges de Philologie et d'Histoire offerts à M. Antoine Thomas, par ses élèves et ses amis*, Genève, Slatkine Reprints, 1973, pp. 507-519 (édition originale: 1927).

CHANTAVOINE, Henri (1896). «M. Gaston Paris», *JdD*, 30 mai 1896.

CHARLE, Christophe (1985). *Les Professeurs de la Faculté des lettres de Paris. Dictionnaire biographique, 1809-1908*, volume 1, préface de Maurice Agulhon, Paris, CNRS Editions, 1985 («Histoire biographique de l'enseignement»).

CHARLE, Christophe (1990). *Naissance des intellectuels, 1880-1900*, Paris, Minuit, 1990 («Le sens commun»).

CHARLTON, Donald Geoffrey (1959). *Positivist Thought in France during the Second Empire, 1852-1870*, Oxford, The Clarendon Press, 1959.

CHATEAUBRIAND, François-René de (1971). *Atala. René. Les Aventures du dernier Abencérage*, édition présentée, établie et annotée par Pierre Moreau, Paris, Gallimard, 1971 («folio»).

CHAUMIÉ, Joseph (1903). «Gaston Paris», *Le Temps*, 13 mars 1903.

CHEVALIER, Jean-Claude (1988). «Création d'une revue provinciale éphémère et fonctionnement d'un champ scientifique, celui de l'étude de la langue française dans les années 1870-1880», *in Grammaire et histoire de la grammaire. Hommage à la mémoire de Jean Stefanini*, Claire Blanche-Benveniste, André Chervel, Maurice Gross, éd., Aix-en-Provence, Publications de l'Université, 1988, pp. 119-144.

CHEVALIER, Jean-Claude (1998). «Le prophète et le roi. Tourtoulon devant G. Paris», *in Et multum et multa, Festschrift für Peter Wunderli zum 60. Geburtstag*, hrsg. von Edeltraud Werner, Ricarda Liver, Yvonne Stork *et al.*, Tübingen, Gunter Narr, 1998 («Tübinger Beiträge zur Linguistik», 440), pp. 45-55.

CHRÉTIEN DE TROYES (1992). *Le Chevalier de la Charrette* ou *Le Roman de Lancelot*, édition critique d'après tous les manuscrits existants, traduction, présentation et notes de Charles Méla, Paris, Le Livre de Poche, 1992 («Lettres gothiques»).

CHRISTMANN, Hans Helmut (1985). *Romanistik und Anglistik an der deutschen Universität im 19. Jahrhundert. Ihre Herausbildung als Fächer und ihr Verhältnis zu Germanistik und klassischer Philologie*, Abhandlungen der Geistes- und Sozialwissenschaftlichen Klasse, Jahrgang 1985, Nr. 1, Wiesbaden, Franz Steiner Verlag, 1985.

CHRISTMANN, Hans Helmut (1986). «Programmatische Texte der Neuphilologie in der zweiten Hälfte des 19. Jahrhunderts: Mahn (1863), Breymann (1876)», *Zeitschrift für Phonetik, Sprachwissenschaft und Kommunikationsforschung*, 39, 1986, pp. 656-668.

CHRISTMANN, Hans Helmut (1989). «Quelques remarques sur l'histoire de la linguistique», *in Actes du XVIIIe Congrès International de Linguistique et de Philologie Romanes, Université de Trèves (Trier) 1986*, Dieter Kremer, éd., tome VII, Tübingen, Max Niemeyer Verlag, 1989, pp. 11-15.

CHUQUET, A. (1903). [Notice nécrologique sur G. Paris], *Revue critique*, 1903, 1er semestre, pp. 213-214.

COMPAGNON, Antoine (1983). *La Troisième République des Lettres, de Flaubert à Proust*, Paris, Seuil, 1983.

COMPAGNON, Antoine (1995). «Deux absences remarquables en 1894: Brunetière, Lanson et la fondation de la *Revue d'histoire littéraire de la France*», *Revue d'histoire littéraire de la France, Colloque du centenaire*, décembre 1995, supplément, pp. 29-53.

COMPAGNON, Antoine (1997). *Connaissez-vous Brunetière? Enquête sur un antidreyfusard et ses amis*, Paris, Seuil, 1997.

CORBELLARI, Alain (1997). *Joseph Bédier, écrivain et philologue*, Genève, Droz, 1997 («Publications romanes et françaises», CCXX).

CORBELLARI, Alain (2000). «Le repos des clercs et la trahison du guerrier», *in L'Histoire dans la littérature*, études réunies et présentées par Laurent Adert et Eric Eigenmann, Genève, Droz, 2000 («Recherches et rencontres», 15), pp. 19-27.

CORMIER, Manon (1934). *Madame Juliette Adam ou l'aurore de la III<sup>e</sup> République*, Bordeaux, Delmas, 1934.

CRESCINI, Vincenzo (1903). *Gastone Paris*, Venezia, Tipografia di Carlo Ferrari, 1903 (tiré à part de *Atti del Reale Istituto Veneto di Scienze, Lettere ed Arti*, Anno academico 1902-1903, tomo LXII, parte seconda, adunanza del 29 marzo 1903, pp. 641-652).

CROISET, Maurice (1904). «Notice sur la vie et les travaux de M. Gaston Paris», *BEC*, LXV, 1904, pp. 141-173.

CULIOLI, Antoine (1990). *Pour une linguistique de l'énonciation. Opérations et représentations*, t. 1, s. l., Ophrys, 1990.

CURTIUS, Ernst Robert (1944). «Ueber die altfranzösische Epik», *ZfRPh*, 64, 1944, pp. 233-320.

CURTIUS, Ernst Robert (1951). «Gustav Gröber und die romanische Philologie», *ZfRPh*, 67, 1951, pp. 257-288.

CURTIUS, Ernst Robert (1960). «Bonner Gedenkworte auf Friedrich Diez [zum 15. März 1944]», *in id.*, *Gesammelte Aufsätze zur romanischen Philologie*, Bern/München, Francke Verlag, 1960, pp. 412-427.

DAINAT, Holger/KOLK, Rainer (1995). «Das Forum der Geistesgeschichte», *in* Harsch-Niemeyer 1995, pp. 111-134.

D'ANCONA, Alessandro (1903a). «Necrologia», *Rassegna bibliografica della letteratura italiana*, XI, 1903, p. 132.

D'ANCONA, Alessandro (1903b). «Seduta del 15 marzo 1903. [Gaston Paris]», *Rendiconti della Reale Accademia dei Lincei, Classe di scienze morali, storiche et filologiche*, XII, 1903, pp. 128-136.

D'ANCONA, Alessandro (1911). «Lettere di Gaston Paris, scelte dal carteggio con lui e pubblicate da A. D'Ancona», *in Studi letterari e linguistici dedicati a Pio Rajna nel quarantesimo anno del suo insegnamento*, Milano, Ulrico Hoepli, 1911, pp. 339-366.

DARMESTETER, Mary (1895). «Préface», *in* James Darmesteter, *Critique et politique*, Paris, Calmann-Lévy, 1895, pp. I-XXX.

*DBF* (1933ss). *Dictionnaire de biographie française*, Paris, Librairie Letouzey et Ané, 1933ss.

DÉCIMO, Marc (2000). «Quand Michel Bréal, d'origine juive et berlinoise, Alsacien, félibre et citoyen, écrivait à Mistral», *Revue des Langues Romanes*, CIV, 2000, pp. 187-218.

DÉCIMO, Marc (2001). «Un jalon dans l'institutionnalisation du romanisme en province: la création de la Société et de la *Revue* des langues romanes, vue à travers divers fragments de la correspondance reçue par Mistral entre 1868 et 1883», *in Autour de la* Revue des Langues Romanes, études réunies par Philippe Martel et Pierre Boutan, actes du colloque tenu à Montpellier les 7 et 8 avril 2000, *Revue des Langues Romanes*, CV/1, 2001, pp. 409-427.

DELPIT, Martial (1839/1840). «Notice historique sur l'Ecole royale des Chartes», *BEC*, 1, 1839/1840, pp. 1-42.

DEMANDT, Alexander (1978). *Metaphern für die Geschichte. Sprachbilder und Gleichnisse im historisch-politischen Denken*, München, Beck'sche Verlagsbuchhandlung, 1978.

DESMET, Piet (1996). *La Linguistique naturaliste en France (1867-1922). Nature, origine et évolution du langage*, Leuven/Paris, Peeters, 1996 (*Orbis*, Supplementa, 6).

DESMET, Piet/SWIGGERS, Pierre (1991). «Diachronie et continuité: les vues de Gaston Paris sur la grammaire historique du français», *Folia Linguistica Historica, Acta Societas Linguisticae Europaeae*, XII, 1991, pp. 181-196.

DESMET, Piet/SWIGGERS, Pierre (1992). «Auguste Brachet et la grammaire (historique) du français: de la vulgarisation scientifique à l'innovation pédagogique», *Cahiers Ferdinand de Saussure*, 46, 1992, pp. 91-108.

DESMET, Piet/SWIGGERS, Pierre (1995). *De la grammaire comparée à la sémantique. Textes de Michel Bréal publiés entre 1864 et 1898.* Introduction, commentaires et bibliographie par Piet Desmet et Pierre Swiggers, Leuven/Paris, Peeters, 1995 (*Orbis*, Supplementa, 4).

DESMET, Piet/SWIGGERS, Pierre (1996). «Gaston Paris: aspects linguistiques d'une œuvre philologique», *in Actas do XIX Congreso Internacional de Lingüística e Filoloxía Románicas, Universidade de Santiago de Compostela*, 1989, Ramón Lorenzo, éd., tome VIII, Coruña, Fundación «Pedro Barrié de la Maza, Conde de Fenosa», 1996, pp. 207-232.

*Deutsches Biographisches Archiv. Eine Kumulation aus 254 der wichtigsten biographischen Nachschlagewerke für den deutschen Bereich bis zum Ausgang des neunzehnten Jahrhunderts*, Microfiche-Edition, hrsg. von Bernhard Fabian, bearbeitet unter der Leitung von Willi Gorzny, Saur, München/New York/London/Paris, 1982 (s'y réfère: *Deutscher Biographischer Index*, 2. kumulierte und erweiterte Ausgabe, München, Saur, 1998, 8 volumes).

DIDERICHSEN, Paul (1974). «The Foundation of Comparative Linguistics: Revolution or Continuation?», *in Studies in the History of Linguistics. Traditions and Paradigms*, Dell Hymes, éd., Bloomington/London, Indiana University Press, 1974, pp. 277-306.

DIEZ, Friedrich (1829). *Leben und Werke der Troubadours. Ein Beitrag zur nähern Kenntnis des Mittelalters*, Zwickau, Verlag der Gebrüder Schumann, 1829.

DIEZ, Friedrich (1859). *Kritischer Anhang zum Etymologischen Wörterbuche der Romanischen Sprachen*, Bonn, bei Adolph Marcus, 1859.

DIEZ, Friedrich (1864). «Etude sur le rôle de l'accent latin dans la langue française, par *Gaston Paris*, Paris und Leipzig, Franck. 1862. 132 S.», *Jahrbuch*, V, 1864, pp. 406-414.

DIGEON, Claude (1992). *La Crise allemande de la pensée française, 1870-1914*, Paris, Presses Universitaires de France, 1992 (première édition: 1959).

DILTHEY, Wilhelm (1922). *Das Erlebnis und die Dichtung. Lessing, Goethe, Novalis, Hölderin*, Leipzig/Berlin, Verlag B. G. Teubner, [8]1922 (édition originale: 1906).

*DLF* (1992). *Dictionnaire des Lettres Françaises. Le Moyen Age*, ouvrage préparé par Robert Bossuat, Louis Pichard et Guy Raynaud de Lage, édition entièrement revue et mise à jour sous la direction de Geneviève Hasenohr et Michel Zink, Paris, Le Livre de Poche, 1992 («La Pochothèque»).

DOUMIC, René (1896). «Un futur Académicien», *Le Gaulois*, 27 mai 1896.

D'OVIDIO, Francesco (1903). «Gaston Paris», *Fanfulla della Domenica*, 15 marzo 1903.

DUBY, Georges (1986). «Les féodaux, 980-1075», *in Histoire de la France. Naissance d'une nation des origines à 1348*, sous la direction de Georges Duby, Paris, Larousse, 1986, pp. 285-322.

DUBY, Georges (1991). *L'Histoire continue*, Paris, Odile Jacob, 1991 («Points»).

DUCLERT, Vincent (1998). «De l'engagement des savants à l'intellectuel critique: Une histoire intellectuelle de l'affaire Dreyfus», *Historical Reflections/ Réflexions historiques*, 24/1, 1998, pp. 25-62.

DUGGAN, Joseph J. (1985). «Die zwei 'Epochen' der Chansons de geste», *in Epochenschwellen und Epochenstrukturen im Diskurs der Literatur- und Sprachhistorie*, Hans Ulrich Gumbrecht, Ursula Link-Heer, éd., Frankfurt a. M., Suhrkamp Verlag, 1985, pp. 389-408.

EBERT, Adolf (1866). «Kritische Anzeigen. *Histoire poétique de Charlemagne*, par Gaston Paris [...]. *De Pseudo-Turpino disseruit* Gaston Paris [...]», *Jahrbuch*, VII, 1866, pp. 85-103.

EHRENTHAL, Wilhelm (1871). *Das Kutschkelied auf der Seelenwanderung. Forschungen über die Quellen des Kutschkeliedes im grauen Alterthume, nebst alten Texten und Uebersetzungen in neuere Sprachen*. Mit einer Hieroglyphen-Tafel, herausgegeben zum Besten der Deutschen Invalidenstiftung von Wilhelm Ehrenthal, fünfte vermehrte Auflage, Leipzig, Brockhaus, 1871.

EICHTHAL, Eugène d' (1919). *Quelques âmes d'élite, 1804-1912. Esquisses et souvenirs*, Paris, Hachette, 1919 («Gaston Paris», pp. 53-68; «Gabriel Monod», pp. 95-121).

EINFALT, Michael (1999). «Die Romanistik und Frankreich. Eine Polemik über den schwierigen Umgang mit der historischen Bürde», *Grenzgänge*, 6/12, 1999, pp. 155-168.

EINHAUSER, Eveline (1989). *Die Junggrammatiker. Ein Problem für die Sprachwissenschaftsgeschichtsschreibung*, Trier, Wissenschaftlicher Verlag Trier, 1989.

ESPAGNE, Michel (1990). «La référence allemande dans la fondation d'une philologie française», *in* Espagne/Werner 1990, pp. 135-158.

ESPAGNE, Michel (1991). «Allemands et germanophones dans l'enseignement supérieur littéraire en France au XIXe siècle», *in* Parisse 1991, pp. 157-180.

ESPAGNE, Michel (1993). *Le Paradigme de l'étranger. Les chaires de littérature étrangère au XIXe siècle*, Paris, Editions du Cerf, 1993 («Bibliothèque franco-allemande»).

ESPAGNE, Michel (1997). «L'invention de la philologie. Les échos français d'un modèle allemand», *Histoire. Epistémologie. Langage*, XIX/1, 1997, pp. 121-134.

ESPAGNE, Michel/WERNER, Michael (1990). *Philologiques. Contribution à l'histoire des disciplines littéraires en France et en Allemagne au XIXe siècle*, sous la direction de Michel Espagne et Michael Werner, Paris, Editions de la Maison des Sciences de l'homme, I, 1990.

FARAL, Edmond (1923). «Le moyen âge. I. – Des origines à la quatrième croisade (1202)», *in Histoire de la littérature française illustrée*, publiée sous la direction de MM. Joseph Bédier et Paul Hazard, Paris, Larousse, t. 1, 1923, pp. 1-34.

FARAL, Edmond (1929). *La Légende arthurienne. Etudes et documents*, Paris, Champion, 1929, 3 tomes.

FARAL, Edmond (1983). *Recherches sur les sources latines des contes et romans courtois du moyen âge*, nouveau tirage augmenté de *La littérature latine du moyen âge*, Paris, Champion, 1983.

FELT, Ulrike/NOWOTNY, Helga/TASCHWER, Klaus (1995). *Wissenschaftsforschung. Eine Einführung*, Frankfurt/New York, Campus Verlag, 1995.

FIESOLI, Giovanni (2000). *La Genesi del lachmannismo*, Firenze, SISMEL, Edizioni del Galluzzo, 2000 («Millenio Medievale», 19).

FLASHAR, H./GRÜNDER, K./HORSTMANN, A. (1979). *Philologie und Hermeneutik im 19. Jahrhundert*, [1], H. Flashar, K. Gründer, A. Horstmann, éd., Göttingen, Vandenhoeck & Ruprecht, 1979.

FOERSTER, Wendelin (1887). *Der Löwenritter* (*Yvain*) von Christian von Troyes, hrsg. von Wendelin Foerster, Halle, Max Niemeyer, 1887.

FOERSTER, Wendelin (1890). *Erec et Enide* von Christian von Troyes, hrsg. von Wendelin Foerster, Halle, Max Niemeyer, 1890.

FOERSTER, Wendelin (1899). *Der Karrenritter* (*Lancelot*) und das *Wilhelmsleben* (*Guillaume d'Angleterre*) von Christian von Troyes, hrsg. von Wendelin Foerster, Halle, Max Niemeyer, 1899.

FOERSTER, Wendelin (1910). Kristian von Troyes, *Cligés*. Textausgabe mit Variantenauswahl, Einleitung, Anmerkungen und vollständigem Glossar, hrsg. von Wendelin Foerster, dritte umgearbeitete und vermehrte Auflage, Halle, Max Niemeyer, 1910 («Romanische Bibliothek», I).

FOERSTER, Wendelin (1914). «Einleitung», *in id.*, *Kristian von Troyes. Wörterbuch zu seinen sämtlichen Werken*, unter Mitarbeit von Hermann Breuer verfasst und mit einer litterargeschichtlichen und sprachlichen Einleitung versehen, Halle a. S., Max Niemeyer, 1914 («Romanische Bibliothek», XXI), pp. 3*-237*.

FRANCE, Anatole (1925). «M. Gaston Paris et la littérature française au moyen âge», *in id.*, *La Vie littéraire*, II, Paris, Calmann-Lévy, [59]1925, pp. 265-274.

FRANCE, Anatole (1991). *Le Crime de Sylvestre Bonnard*, Paris, Gallimard, 1991 («Folio»).

FRANCILLON, Roger (1997). *Histoire de la littérature en Suisse romande*, Roger Francillon, éd., t. 2, Payot, Lausanne, 1997.

FRANKL, Victor E. (1986). *Die Psychotherapie in der Praxis. Eine kasuistische Einführung für Ärzte*, 5. durchgesehene Auflage, München/Zürich, Piper, 1986.

FRAPPIER, Jean (1950). *Le Roman breton. Introduction. Des origines à Chrétien de Troyes*, Paris, Centre de Documentation Universitaire, 1950.

FRAPPIER, Jean (1957). «Réflexions sur les rapports des chansons de geste et de l'histoire», *ZfRPh*, 73, 1957, pp. 1-19.

FRAPPIER, Jean (1959). «Chrétien de Troyes», *in Arthurian Literature in the Middle Ages. A Collaborative History*, Roger Sherman Loomis, éd., Oxford, The Clarendon Press, 1959, pp. 157-191.

FRAPPIER, Jean (1973). *Amour courtois et Table Ronde*, Genève, Droz, 1973.

FRAPPIER, Jean (1978). «La matière de Bretagne: ses origines et son développement», *in GRLMA*, vol. IV/1, 1978, Heidelberg, Carl Winter Universitätsverlag, 1978, pp. 183-211.

FRIEDRICH, Christoph (1991). «Briefe im 19. Jahrhundert als wissenschaftshistorische Quelle, dargestellt am Beispiel des Briefwechsels des Apothekers A. P. J. Du Menil (1777-1852)», *Berichte zur Wissenschaftsgeschichte*, 14, 1991, pp. 181-195.

FRITZ, Jean-Marie (1992). «Chrétien de Troyes», *in DLF* 1992, pp. 266-280.

FRYBA-REBER, Anne-Marguerite (2003). «Gaston Paris et la Suisse», à paraître dans *Revue des Langues Romanes*, 2003.

FUCHS, Max (1903). «Gaston Paris», *Zeitschrift des Vereins für Volkskunde*, XIII, 1903, pp. 227-229.

FUHRMANN, Horst (1996). *«Sind eben alles Menschen gewesen». Gelehrtenleben im 19. und 20. Jahrhundert, dargestellt am Beispiel der* Monumenta Germaniae Historica *und ihrer Mitarbeiter*, unter der Mitarbeit von Markus Wesche, München, Beck, 1996.

FURET, François (1988). *La Révolution française*, t. II, *Terminer la Révolution. De Louis XVIII à Jules Ferry (1814-1880)*, Paris, Hachette, 1988 («Pluriel»).

GAULMIER, Jean (1988). «Ernest Renan et Arthur de Gobineau», *Etudes Renaniennes*, 71, 1988, pp. 3-10.

GAUTIER, Léon (1870). «Chronique», *Revue des questions historiques*, 9, 1870, pp. 495-507.

GAUTIER, Léon (1872). *La Chanson de Roland*, texte critique, accompagné d'une traduction nouvelle et précédé d'une introduction historique, avec eaux-fortes par Chifflart et V. Foulquier et un fac-simile, Tours, Alfred Mâme et fils, éditeurs, 1872.

GAUTIER, Léon (1966). *Les Epopées françaises. Etude sur les origines et l'histoire de la littérature nationale*, Osnabrück, Otto Zeller, 1966 (réimpression des éditions suivantes: t. I, 1878, t. II, 1892, t. III, 1880, t. IV, 1882 [édition originale: 1865-1868]).

GEIGER, Roger L. (1980). «Prelude to Reform: The Faculties of Letters in the 1860s», *in The Making of Frenchmen: Current Directions in the History of Education in France, 1679-1979*, Donald N. Baker, Patrick J. Harrigan, éd., A Special Double Issue of *Historical Reflections/Réflexions Historiques*, 7, 2/3, 1980, pp. 337-361.

GENINASCA, Jacques (1977). «Pêcher/Prêcher. Récit et métaphore, Luc 5, I-II», *in Signes et paraboles*, Groupe d'Entrevernes, éd., Paris, Seuil, 1977, pp. 143-171.

GENINASCA, Jacques (1994). «Prolégomènes à une construction des espaces naturels», *in Figures architecturales. Formes urbaines, Actes du Congrès de Genève de l'Association internationale de sémiotique de l'espace*, Pierre Pellegrino, éd., Genève, Anthropos, 1994, pp. 71-85.

GENINASCA, Jacques (1997). *La Parole littéraire*, Paris, PUF, 1997 («Formes sémiotiques»).

GIER, Albert (1991). «Kenntnis und Beurteilung mittelalterlicher Literatur in Frankreich zwischen 1871 und 1914: einige Beispiele», *in* Grimm 1991a, pp. 197-225.

GIRARD, Jules (1882). «Chronique et mélanges» [discours sur la mort de F. Guessard], *BEC*, 43, 1882, pp. 265-267.

GLENCROSS, Michael (1991). «La matière de Bretagne dans l'érudition française à l'époque romantique», *Perspectives Médiévales*, 17, 1991, pp. 95-105.

GLENCROSS, Michael (1995). *Reconstructing Camelot. French Romantic Medievalism and the Arthurian Tradition*, Cambridge, D. S. Brewer, 1995 («Arthurian Studies», XXXVI).

GOEBL, Hans (2002). «Analyse dialectométrique des structures en profondeur de l'ALF», *Revue de linguistique romane*, 66, 2002, pp. 5-63.

GOETHE, Johann Wolfgang (1948). *Gedenkausgabe der Werke, Briefe und Gespräche*, vol. 24, *Johann Peter Eckermann, Gespräche mit Goethe in den letzten Jahren seines Lebens*, Ernst Beutler, éd., Zürich, Artemis Verlag, 1948.

GORE, Keith (1970). *L'Idée de progrès dans la pensée de Renan*, Paris, Nizet, 1970.

GORRA, Egidio (1914). «Sulle origini dell'epopea francese», *Rendiconti del Reale Istituto Lombardo di Scienze e Lettere*, serie II, XLVII, 1914, pp. 1027-1040.

GOSSMAN, Lionel (1968). *Medievalism and the Ideologies of the Enlightenment. The World and the Work of La Curne de Sainte-Palaye*, Baltimore, The Johns Hopkins University Press, 1968.

GOURDON, Georges (1904). «A la mémoire de Gaston Paris», *Société amicale Gaston Paris. Bulletin*, 1903-1904, p. 26.

GRANDGAGNAGE, Charles (1853). [Lettre à la rédaction], *Athenaeum français*, 12 novembre 1853, p. 1093.

GREIMAS, Algirdas Julien/COURTÉS, Joseph (1979). *Sémiotique. Dictionnaire raisonné de la théorie du langage*, Paris, Hachette, 1979.

GRIMBERT, Joan Tasker (1988). Yvain *dans le miroir. Une poétique de la réflexion dans le* Chevalier au lion *de Chrétien de Troyes*, Amsterdam/Philadelphia, John Benjamins Publishing Company, 1988 («Purdue University Monographs in Romance Languages», 25).

GRIMM, Reinhold R. (1991a). *Mittelalter-Rezeption. Zur Rezeptionsgeschichte der romanischen Literaturen des Mittelalters in der Neuzeit*, Reinhold R. Grimm, éd., Heidelberg, Carl Winter Universitätsverlag, 1991 («Begleitreihe zum *GRLMA*», 2).

GRIMM, Reinhold R. (1991b). «*Notre antiquité moderne.* Mittelalter-Rezeption und Literaturgeschichtsschreibung in Frankreich», *in ibid.*, pp. 243-258.

GRÖBER, Gustav (1904a). «Geschichte der romanischen Philologie», *in Grundriss der Romanischen Philologie*, Gustav Gröber, éd., 2. verbesserte und vermehrte Auflage, Bd. I, Strassburg, Karl J. Trübner, 1904, pp. 1-185.

GRÖBER, Gustav (1904b). «Aufgabe und Gliederung der Romanischen Philologie», *in ibid.*, pp. 186-202.

GRÖBER, Gustav (s. d.). *Wahrnehmungen und Gedanken (1875-1910)*, Strassburg, J. H. Ed. Heitz (Heitz & Mündel), s. d.

GROJEAN, Oscar (1903). «Gaston Paris», *Revue de Belgique*, XXXVII, 1903, pp. 294-306.

GROSSE, Siegfried (1986), «Ueberblick über die Rezeption der deutschen Literatur des Mittelalters im 19. Jahrhundert», *in Mittelalter-Rezeption. Ein Symposium*, P. Wapnewski, éd., Stuttgart, Metzlersche Verlagsbuchhandlung, 1986, pp. 377-391.

GUERLAC, Henry E. (1951). «Science and French National Strength», *in Modern France. Problems of the Third and Fourth Republic*, Edward Mead Earle, éd., Princeton, Princeton University Press, 1951, pp. 81-105.

GUESSARD, François (1840/41), «Examen critique de *l'Histoire de la formation de la langue française*, par M. Ampère. (Premier article)», *BEC*, 2, 1840/41, pp. 478-498.

GUESSARD, François (1841/42), «Examen critique de *l'Histoire de la formation de la langue française*, par M. Ampère. (Deuxième article)», *BEC*, 3, 1841/42, pp. 63-101.

GUESSARD, François (1851). *Lettre sur les variantes de la* Chanson de Roland *(Edition de M. F. Génin), à M. Léon de Bastard*, Paris, Imprimerie Schneider, 1851.

GUESSARD, François/ MONTAIGLON, Anatole de Courde de (1870). *Aliscans*, Chanson de geste, publiée d'après le manuscrit de la Bibliothèque de l'Arsenal et à l'aide d'autres manuscrits par F. Guessard et A. de Montaiglon, Paris, Librairie A. Franck, 1870 («Anciens Poëtes de la France», X).

GUIETTE, Robert (1972). *D'une poésie formelle en France au moyen âge*, Paris, Nizet, 1972 (première édition: *Revue des Sciences humaines*, Lille, 1949).

GUMBRECHT, Hans Ulrich (1984). «'Un souffle d'Allemagne ayant passé', Friedrich Diez, Gaston Paris und die Genese der Nationalphilologien», *Zeitschrift für*

*Literaturwissenschaft und Linguistik*, 53/54, 1984, pp. 37-78 (traduction en anglais: *Romance Philology*, XL, 1986/87, pp. 1-37).

HABERMAS, Jürgen (1998). «Was ist ein Volk? Zum politischen Selbstverständnis der Geisteswissenschaften im Vormärz, am Beispiel der Frankfurter Germanistenversammlung von 1846», *in id.*, *Die postnationale Konstellation. Politische Essais*, Frankfurt a. M., Suhrkamp, 1998, pp. 13-46.

HARSCH-NIEMEYER, Robert (1995). *Beiträge zur Methodengeschichte der neueren Philologien. Zum 125jährigen Bestehen des Max Niemeyer Verlages*, Robert Harsch-Niemeyer, éd., Tübingen, Max Niemeyer Verlag, 1995.

HARTOG, François (1988). *Le XIXe siècle et l'histoire. Le cas de Fustel de Coulanges*, Paris, PUF, 1988.

HAUG, Walter (1993). «Innovation und Originalität. Kategoriale und literarhistorische Vorüberlegungen», *in Innovation und Originalität*, Walter Haug, Burghart Wachinger, éd., Tübingen, Max Niemeyer Verlag, 1993 («Fortuna Vitrea», 9), pp. 1-14.

HAUSMANN, Frank-Rutger (1996). *Französisches Mittelalter. Lehrbuch Romanistik*, Stuttgart/Weimar, Verlag J. B. Metzler, 1996.

HAVET, Louis (1885). «La philologie (1). Sa définition», *Revue politique et littéraire*, 35, 1885, pp. 633-635.

HAVET, Louis (1903a). «Funérailles de G. Paris. Discours de M. L. Havet, membre de l'Institut, au nom des anciens élèves, non romanistes, de Gaston Paris», *Romania*, 32, 1903, pp. 339-341.

HAVET, Louis (1903b). «Allocution de M. L. Havet», *in* Association générale des étudiants de Paris, *Hommage à Gaston Paris, 14 mai 1903*, Mâcon, Protat Frères, 1903, pp. 5-9.

HELD, Volker (1989). *Mittelalterliche Lyrik und 'Erlebnis'. Zum Fortwirken romantischer Kategorien in der Rezeption der Minnelyrik*, Bonn, Romanistischer Verlag, 1989 («Abhandlungen zur Sprache und Literatur», 23).

HEUSS, Alfred (1988). «Theodor Mommsen als Geschichtsschreiber», *in Deutsche Geschichtswissenschaft um 1900*, Notker Hammerstein, éd., Stuttgart, Franz Steiner Verlag, 1988, pp. 37-95.

HILLEBRAND, Karl (1865). *Histoire de la littérature grecque, jusqu'à Alexandre le Grand*, par Otfried Müller, traduite, annotée et précédée d'une étude sur Otfried Müller et sur l'école historique de la philologie allemande, par K. Hillebrand, Professeur à la Faculté des Lettres de Douai, t. I, Paris, Auguste Durand, 1865.

HILLEN, Ursula (1993). *Wegbereiter der Romanischen Philologie. Ph. A. Becker im Gespräch mit G. Gröber, J. Bédier und E. R. Curtius*, Frankfurt a. M./Berlin/Bern, Peter Lang, 1993 («Bonner Romanistische Arbeiten», 47).

HIMMELSBACH, Siegbert (1988). *L'Epopée ou la 'case vide'. La réflexion poétologique sur l'épopée nationale en France*, Tübingen, Max Niemeyer Verlag, 1988 («Mimesis», 3).

HIRDT, Willi (1993a). *Romanistik. Eine Bonner Erfindung*, Willi Hirdt, éd., in Zusammenarbeit mit Richard Baum und Birgit Tappert, Teil I: Darstellung, Teil II: Dokumentation, Bonn, Bouvier Verlag, 1993 («Academia Bonnensia», 8, I-II).

HIRDT, Willi (1993b). «Wendelin Foerster», *in* Hirdt 1993a, Teil I, pp. 141-229, Teil II, pp. 915-1068.

HOBSBAWM, Eric J. (1996). *Nationen und Nationalismus. Mythos und Realität seit 1780*, München, Deutscher Taschenbuch Verlag, 1996 (édition originale en anglais: 1990).

HOEGES, Dirk (1980). *Literatur und Evolution. Studien zur französischen Literaturkritik im 19. Jahrhundert. Taine – Brunetière – Hennequin – Guyau*, Heidelberg, Carl Winter Universitätsverlag, 1980.

HOEPFFNER, Ernest (1959). «The Breton Lais», *in Arthurian Literature in the Middle Ages. A Collaborative History*, Roger Sherman Loomis, éd., Oxford, The Clarendon Press, 1959, pp. 112-121.

HORSTMANN, Axel (1978). «Die *klassische Philologie* zwischen Humanismus und Historismus. Friedrich August Wolf und die Begründung der modernen Altertumswissenschaft», *Berichte zur Wissenschaftsgeschichte*, 1, 1978, pp. 51-70.

HUART, Clément (1903). «Séance du 14 mars 1903. La mort de Gaston Paris», *Bulletin de la Société de Linguistique de Paris*, XII, 1903, p. cj.

HUET, Pierre Daniel (1966). *Traité de l'origine des romans*, Faksimiledrucke nach der Erstausgabe von 1670 und der Happelschen Uebersetzung von 1682, mit einem Nachwort von Hans Hinterhäuser, Stuttgart, Metzlersche Verlagsbuchhandlung, 1966.

HULT, David F. (1991). «Reading It Right: The Ideology of Text Editing», *in The New Medievalism*, Marina S. Brownlee, Kevin Brownlee, Stephen G. Nichols, éd., Baltimore/London, The Johns Hopkins University Press, 1991 («Parallax»), pp. 113-130.

HULT, David F. (1996). «Gaston Paris and the Invention of Courtly Love», *in* Bloch/Nichols 1996, pp. 192-224.

HUNT, Herbert J. (1941). *The Epic in Nineteenth-Century France. A Study in Heroic and Humanitarian Poetry from «Les Martyrs» to «Les Siècles Morts»*, Oxford, Blackwell, 1941.

IORDAN, Iorgu (1970). *An Introduction to Romance Linguistics. Its Schools and Scholars*, revised with a supplement «Thirty years on» by R. Posner, Berkeley/Los Angeles, University of California Press, 1970.

J., C. (1909). *Une poésie latine de Gaston Paris*, s. d., s. l. [1909].

JAEGER, Friedrich/RÜSEN, Jörn (1992). *Geschichte des Historismus. Eine Einführung*, München, Beck, 1992.

JAUSS, Hans Robert (1970). «Literarische Tradition und gegenwärtiges Bewusstsein der Modernität», *in id.*, *Literaturgeschichte als Provokation*, Frankfurt a. M., Suhrkamp, 1970, pp. 11-66.

JEANROY-FÉLIX, Victor [s. d.]. *Fauteuils contemporains de l'Académie française. Etudes littéraires*, Paris, Blond et Cie, s. d.

JENKINS, I. Atkison (1903). «Gaston Paris: The Scholar and the Man», *The University Record of the Unversity of Chicago*, VIII/7, 1903, pp. 186-194.

JOLY, Bertrand (1989). «L'Ecole des chartes et l'affaire Dreyfus», *BEC*, 147, 1989, pp. 611-671.

JORDAN, Leo (1903). «Gaston Paris», *Beilage zur Allgemeinen Zeitung*, 1903, no 86, 18. 4., pp. 105-108; no 87, 20. 4., pp. 117-120; no 88, 21. 4., pp. 122-124.

JOSSE, Raymond (1974). *L'Ascendance de Paulin Paris*, 1974, document dactylographié (qui se trouve, entre autres, à la B.I.F.; manque en place à la B.N.).

JULLIARD, Jacques/WINOCK, Michel (1996). *Dictionnaire des intellectuels français. Les personnes, les lieux, les moments*, sous la direction de Jacques Julliard et Michel Winock, Paris, Seuil, 1996.

JULLIEN, Bernard (1864/65). «Du déplacement de l'accent latin dans les mots français, et de la valeur des poèmes anciens», *Revue de l'Instruction publique*, 24, 1864/65, pp. 531-532; pp. 548-549; pp. 595-596.

JURT, Joseph (1992). «Sprache, Literatur, Nation, Kosmopolitismus, Internationalismus. Historische Bedingungen des deutsch-französischen Kulturaustausches», *in Le Français aujourd'hui, une langue à comprendre, französisch heute. Mélanges offerts à Jürgen Olbert*, Gilles Dorion, Franz-Joseph Meissner, János Riesz *et al.*, éd., Frankfurt a. M., Verlag Moritz Diesterweg, 1992, pp. 230-241.

KARNEIN, Alfred (1985). De Amore *in volkssprachlicher Literatur. Untersuchungen zur Andreas-Capellanus-Rezeption in Mittelalter und Renaissance*, Heidelberg, Carl Winter Universitätsverlag, 1985 («GRM-Beiheft», 4).

KARNEIN, Alfred (1993). «Minnehof», *in Lexikon des Mittelalters*, vol. VI, München/Zürich, Artemis Verlag, 1993, pp. 643-645.

KELLER, Monika (1991). *Ein Jahrhundert Reformen der französischen Orthographie. Geschichte eines Scheiterns (1886-1991)*, Tübingen, Stauffenburg Verlag, 1991 («*Romanica et Comparatistica*, Sprach- und literaturwissenschaftliche Studien», 15).

KELLER, Monika (1999). *La Réforme de l'orthographe. Un siècle de débats et de querelles*, Paris, Conseil international de la langue française, 1999 [traduction française de l'ouvrage précédent mis à jour].

KELLY, Henry Ansgar (1979). «Roger Boase, *The Origin and Meaning of Courtly Love: A Critical Study of European Scholarship*», *Speculum*, 54, 1979, pp. 338-342.

KELLY, Henry Ansgar (1985). «Gaston Paris' Courteous and Horsely Love», *in The Spirit of the Court, Selected Proceedings of the Fourth Congress of the International Courtly Literature Society (Toronto 1983)*, Glyn S. Burgess, Robert A. Taylor, éd., Cambridge, D. S. Brewer, 1985, pp. 217-223.

KELLY, Henry Ansgar (1986/87). «The Varieties of Love in Medieval Literature According to Gaston Paris», *Romance Philology*, XL, 1986/87, pp. 301-327.

KER, William Paton (1905). «Gaston Paris», *in id., Essays on Medieval Literature*, London, Macmillan & Co., 1905, pp. 239-257.

KLOOCKE, Kurt (1972). *Joseph Bédiers Theorie über den Ursprung der Chansons de geste und die daran anschliessende Diskussion zwischen 1908 und 1968*, Göppingen, Verlag Alfred Kümmerle, 1972 («Göppinger Akademische Arbeiten», 33/34).

Koch, John T. (1996). «The Celtic Lands», *in Medieval Arthurian Literature. A Guide to Recent Research*, Norris J. Lacy, éd., New York/London, Garland Publishing, Inc., 1996, pp. 239-296.

Köhler, Erich (1985). *Vorlesungen zur Geschichte der Französischen Literatur. Mittelalter I*, Henning Kraus, éd., Stuttgart, Kohlhammer, 1985.

Koerner, E. F. K. (1976). «Towards a Historiography of Linguistics, 19th and 20th Century Paradigms», *in History of Linguistic Thought and Contemporary Linguistics*, Herman Parret, éd., Berlin/New York, Walter de Gruyter, 1976, pp. 685-718 (une première version de cet article a paru en 1972).

Körner, Josef (1913). «François-Juste-Marie Raynouard», *Germanisch-Romanische Monatsschrift*, 5, 1913, pp. 456-488.

Körting, Gustav (1879). «F. Brunetière. L'érudition contemporaine et la littérature française au moyen-âge», *Zeitschrift für neufranzösische Sprache und Literatur*, 1, 1879, pp. 128-129.

Körting, Gustav (1882). «Miscellen», *Zeitschrift für neufranzösische Sprache und Literatur*, 3, 1882, pp. 178-180.

Körting, Gustav (1884-1886). *Encyclopädie und Methodologie der romanischen Philologie, mit besonderer Berücksichtigung des Französischen und Italienischen*, Heilbronn, Verlag von Gebr. Henninger, 3 vols., 1884-1886.

Kramer, Johannes (1999). «Zur Diskussion. Die Romanistik zwischen theoretischem Höhenflug und praktischer Bodenhaftung», *ZfRPh*, CIX/1, 1999, pp. 55-62.

Kuhn, Thomas S. (1976). *Die Struktur wissenschaftlicher Revolutionen*, zweite revidierte und um das Postskriptum von 1969 ergänzte Auflage, Frankfurt a. M., Suhrkamp, 1976.

L., H. (1903). «Paris Letter», *The Academy*, LXIV, 14 march 1903, pp. 254-255.

Lafont, Robert (1988). «Il filologo, la morale, la patria e la *Chanson de Roland*», *Paragone*, 466, 1988, pp. 3-19.

Landfester, Manfred (1979). «U. von Wilamowitz-Moellendorf und die hermeneutische Tradition», *in* Flashar/Gründer/Horstmann 1979, pp. 157-180.

Lange, Wolf-Dieter (1972). «Keltisch-romanische Literaturbeziehungen im Mittelalter», *GRLMA*, I, Paris, Carl Winter Universitätsverlag, Heidelberg, 1972, pp. 163-205.

Lange, Wolf-Dieter (1976). «Magie des Ursprungs. Zum hundertsten Todestag von Friedrich Diez am 29. Mai 1976», *Bonner Universitätsblätter*, 1976, pp. 35-41.

Lange, Wolf-Dieter (1989). «Antiromantische Philologie in Deutschland. E. R. Curtius im Gespräch mit Philipp August Becker (1935-1947)», *in Ernst Robert Curtius, Werk, Wirkung, Zukunftsperspektiven. Heidelberger Symposion zum hundertsten Geburtstag 1986*, W. Berschin, A. Rothe, éd., Heidelberg, Carl Winter, 1989, pp. 37-53.

Lanson, Gustave (1912). *Histoire de la littérature française*, Paris, Hachette, $^{12}$1912.

Larousse, Pierre (1866-1879). *Grand Dictionnaire universel du XIX$^{e}$ siècle*, Paris, Administration du Grand Dictionnaire universel, 1866-1879 (réimpr. par Slatkine, Genève, 1982).

*Larousse du XX^e siècle*, en six volumes, publié sous la direction de Paul Augé, Paris, Librairie Larousse, 1928-1953 (avec un volume supplémentaire).

LÉAUTAUD, Paul (1959). *Journal littéraire*, t. VII, Juin 1928-Juillet 1929, Paris, Mercure de France, 1959.

LEDRAIN, Eugène (1896). «L'Académie française», *Nouvelle Revue*, 15 février 1896, pp. 855-856.

LE GENTIL, Pierre (1970). «Les chansons de geste: le problème des origines», *Revue d'histoire littéraire de la France*, 70, 1970, pp. 992-1006.

LEHMANN, Cornelia (1978). «Notizen zum Beitrag der klassischen Philologie bei der Herausbildung der Neuphilologien in Deutschland», *Beiträge zur romanischen Philologie*, 17, 1978, pp. 317-320.

LEMAÎTRE, Jules (1887). «Gaston Paris et la poésie française au moyen âge», *in id.*, *Les Contemporains, études et portraits littéraires*, Troisième série, Paris, 1887, pp. 221-242.

LEMCKE, Ludwig (1862). «Ueber einige bei der Kritik der traditionellen schottischen Balladen zu beobachtende Grundsätze», *Jahrbuch*, IV, 1862, pp. 1-15, pp. 142-157, pp. 297-310.

LÉONARD, Emile-G. (1945). *Mistral ami de la science et des savants*, Paris, Editions des Horizons de France, 1945.

LEPENIES, Wolf (1985). *Die drei Kulturen. Soziologie zwischen Literatur und Wissenschaft*, München, Hanser, 1985.

LEPENIES, Wolf (1989). *Gefährliche Wahlverwandtschaften. Essays zur Wissenschaftsgeschichte*, Stuttgart, Reclam, 1989.

LEVASSEUR, Emile (1903). «Funérailles de M. Gaston Paris. Discours de M. Levasseur, membre de l'Institut, au nom du Collège de France», *Bulletin historique et philologique du Comité des travaux historiques et scientifiques*, 1903, pp. 93-98.

LÉVI-STRAUSS, Claude/ERIBON, Didier (1990). *De près et de loin, suivi d'un entretien inédit «Deux ans après»*, Paris, Odile Jacob, 1990.

LEWIS, Charles Bertram (1932). *Classical Mythology and Arthurian Romance. A Study of the Sources of Chrestien de Troyes'* Yvain *and other Arthurian Romances*, London/Edinburgh/Glasgow, Oxford University Press, 1932.

*Lexicon Grammaticorum. Who's Who in the History of World Linguistics*, Harro Stammerjohann, éd., Tübingen, Max Niemeyer Verlag, 1996.

LIARD, Louis (1888-1894). *L'Enseignement supérieur en France, 1789-1893*, 2 vols., Paris, Armand Colin, 1888-1894.

LIEBERTZ-GRÜN, Ursula (1977). *Zur Soziologie des «amour courtois». Umrisse der Forschung*, Heidelberg, Carl Winter Universitätsverlag, 1977 («Beihefte zum *Euphorion*», 10).

LIMENTANI, Alberto (1991). *Alle origine della filologia romanza*, a cura di Mario Mancini, Parma, Pratiche Editrice, 1991.

LITTRÉ, Emile (1992). *Comment j'ai fait mon dictionnaire*, suivi de *Emile Littré*, par Pierre Larousse, postface et notes de Jacques Cellard, Arles, Editions Bernard Coutaz, 1992 («Guillemets»).

LOLIÉE, Frédéric (1903). «Gaston Paris», *Revue politique et littéraire*, XIX, 1903, pp. 331-335.

LOOMIS, Roger Sherman (1949). *Arthurian Tradition & Chrétien de Troyes*, New York, Columbia University Press, 1949.

LORAUX, Nicole (1983). «Résumé critique [de Petitmengin 1983]», *in* Bollack/ Wismann 1983, pp. 98-104.

LOT, Ferdinand (1958). *Etudes sur les légendes épiques françaises*, avec une introduction par Robert Bossuat, Paris, Champion, 1958.

LOTH, Joseph (1892). «Des nouvelles théories sur l'origine des romans arthuriens», *Revue celtique*, XIII, 1892, pp. 475-503.

LOTH, Joseph (1975). Les Mabinogion *du Livre Rouge de Hergest avec les variantes du Livre Blanc de Rhydderch. Traduits du gallois avec une introduction, un commentaire explicatif et des notes critiques*, t. I-II, Genève, Slatkine Reprints, 1975 (édition originale: 1913).

LUCCHINI, Guido (1989). «Ascoli e le origini dell'insegnamento della filologia romanza in Italia», *Medioevo romanzo*, XIV, 1989, pp. 379-419.

LUCCHINI, Guido (1990). *Le Origini della scuola storica. Storia letteraria e filologia in Italia (1866-1883)*, Bologna, Il Mulino, 1990.

LUCKEN, Christopher (1999). «Le génie orgueilleux», *in L'Orgueil de la littérature. Autour de Roger Dragonetti*, études publiées par Jacques Berchtold et Christopher Lucken, Genève, Droz, 1999 («Recherches et Rencontres», 12), pp. 11-35.

LÜDTKE, Jens (1987). «Die Debatte um die Herkunft des Französischen 1733-1757», *in Die Frühgeschichte der romanischen Philologie*, Hans-Josef Niederehe, Brigitte Schlieben-Lange, éd., Tübingen, Gunter Narr, 1987, pp. 151-176.

MACHEREY, Pierre (1988). «Culture nationale et culture cosmopolite chez M^me^ de Staël», *in Transferts. Les relations interculturelles dans l'espace franco-allemand (XVIII^e^ et XIX^e^ siècle)*, textes réunis et présentés par Michel Espagne et Michael Werner, Paris, Editions Recherche sur les Civilisations, 1988, pp. 419-426.

MAHN, Carl August Friedrich (1863). *Ueber die Entstehung, Bedeutung, Zwecke und Ziele der Romanischen Philologie. Ein Vortrag in der germanistisch-romanistischen Section der in Meiszen tagenden Versammlung deutscher Philologen und Schulmänner, am 1. Oktober 1863*, Berlin, Ferd. Duemmler's Verlagsbuchhandlung (Horrwitz & Gossmann), 1863.

MALKIEL, Yakov (1972). «The First Quarter-Century (and Some Antecedents)», *Romance Philology*, 26, 1972, pp. 3-15.

MALKIEL, Yakov (1976). «Friedrich Diez and the Birth Pangs of Romance Linguistics», *Supplement to Romance Philology*, XXX/2, 1976, pp. 1-15.

MALKIEL, Yakov (1993a). *Etymology*, Cambridge, Cambridge University Press, 1993.

MALKIEL, Yakov (1993b). «The Centers of Gravity in Nineteenth-Century Romance Linguistics», *in Linguistic Perspectives on the Romance Languages, Selected Papers from the 21st Linguistic Symposium on Romance Languages (LSRL XXI), Santa Barbara, California, 21-24 February 1991*, William J. Ashby, Marianne Mithun, Giorgio Perissinotto *et al.*, éd., Amsterdam/Philadelphia, John Benjamins

Publishing Company, 1993 («Amsterdam Studies in the Theory and History of Linguistic Science», 103), pp. 3-17.

MANN, Gunter (1973). *Biologismus im 19. Jahrhundert. Vorträge eines Symposiums vom 30. bis 31. Oktober 1970 in Fankfurt am Main*, Gunter Mann, éd., Stuttgart, Ferdinand Enke Verlag, 1973.

MARTY-LAVEAUX, Ch. (1882). «François Guessard (1814-1882)», *BEC*, 43, 1882, pp. 565-586.

MARX, Jean (1996). *La Légende arthurienne et le graal*, Genève, Slatkine Reprints, 1996 (édition originale: 1952).

MASSON, Frédéric (1904). *Discours prononcé dans la scéance publique tenue par l'Académie française pour la réception de M. Frédéric Masson, le jeudi 28 janvier 1904*, Institut de France, Académie française, Paris, Firmin-Didot, 1904.

MAZON, Brigitte (1988). *Aux origines de l'Ecole des Hautes Etudes en Sciences Sociales. Le rôle du mécénat américain (1920-1960)*, préface de Pierre Bourdieu, postface de Charles Morazé, Paris, Les Editions du Cerf, 1988.

MCREA AMOSS, B. (1992/1993). «Nineteenth-Century Medievalism: The Polemic of Paulin Paris», *Nineteenth-Century French Studies*, 21, 3-4, 1992/1993, pp. 292-304.

MÉNARD, Philippe (1997). «Réflexions sur la 'nouvelle philologie'», *in Alte und neue Philologie*, Martin-Dietrich Glessgen, Franz Lebsanft, éd., Tübingen, Max Niemeyer Verlag, 1997 («Beihefte zu *editio*», 8), pp. 17-33.

MENÉNDEZ PIDAL, Ramón (1959). La Chanson de Roland *y el neotradicionalismo (orígenes de la épica románica)*, Madrid, Espasa-Calpe, S. A., 1959.

MERTON, Robert K. (1985). *Entwicklung und Wandel von Forschungsinteressen. Aufsätze zur Wissenschaftssoziologie*, übersetzt von Reinhard Kaiser, mit einer Einleitung von Nico Stehr, Frankfurt a. M., Suhrkamp, 1985.

MEYER, Paul (1861). «*Essai sur l'origine de l'épopée française et sur son histoire au moyen âge*, par Ch. D'Héricault, 1860», *BEC*, 22, 1861, pp. 84-89.

MEYER, Paul (1867). «Recherches sur l'épopée française», *BEC*, 28, 1867, pp. 28-63 et pp. 304-342.

MEYER, Paul (1872a). «Corrigé de thèmes provençaux. – Das Kutschkelied», *Revue critique*, 1872, 1er semestre, pp. 284-287.

MEYER, Paul (1872b). «Réponse [à Karl Bartsch]», *Revue critique*, 1872, 1er semestre, pp. 350-352.

MEYER, Paul (1880). «Périodiques» [discussion de l'article de Boucherie 1880a], *Romania*, 9, 1880, pp. 477-478.

MEYER, Paul (1882). «Chronique» [nécrologie de Guessard], *Romania*, 11, 1882, pp. 453-455.

MEYER, Paul (1890). [Nécrologie d'Adolphe Tardif], *BEC*, 51, 1990, pp. 197-200.

MEYER, Paul (1903a). «Funérailles de M. Gaston Paris. Discours de M. Paul Meyer, membre de l'Institut, directeur de l'Ecole des chartes», *Bulletin historique et philologique du Comité des travaux historiques et scientifiques*, 1903, pp. 99-103.

MEYER, Paul (1903b). «Lettre au Temps», *Le Temps*, 15 mars 1903.

MEYER, Paul (1906a). «Notice sur Gaston Paris», *HLF*, XXXIII, 1906, pp. VII-XXIII.

MEYER, Paul (1906b). «Commemorazione di Gaston Paris. Discorso pronunziato da Paul Meyer della I seduta (3 aprile 1903)», *Atti del congresso internazionale di scienze storiche (Roma, 1-9 aprile 1903)*, III, 1906, pp. 23-26.

MEYER, Paul (1974). «Avertissement», *in* Gaston Paris, *Histoire poétique de Charlemagne*, reproduction de l'édition de 1865 augmentée de notes nouvelles par l'auteur et par M. Paul Meyer et d'une table alphabétique des matières, Genève, Slatkine Reprints, 1974 (réimpression de l'édition de Paris, E. Bouillon, 1905), pp. [V]-VII.

MEYER-LÜBKE, Wilhelm (1903). «Gaston Paris», *Almanach der kaiserlichen Akademie der Wissenschaften*, 53, 1903, pp. 323-329.

MICHA, Alexandre (1978). «Chrétien de Troyes», *in GRLMA*, vol. IV/1, Heidelberg, Carl Winter, 1978, pp. 231-264.

MINCKWITZ, M. J. (1904). «Gedenkblätter für Gaston Paris», *ZfSpLi*, 27, 1904, pp. 261-288.

MINCKWITZ, M. J. (1905). [Compte rendu de Rajna 1904, Bédier 1904, Croiset 1904, Jenkins 1903 et du *Bulletin de la Société Amicale Gaston Paris* 1903-1904], *ZfSpLi*, 28, 1905, pp. 1-13.

MITTELSTRASS, Jürgen (1982). *Wissenschaft als Lebensform. Reden über philosophische Orientierungen in Wissenschaft und Universität*, Frankfurt a. M., Suhrkamp, 1982.

MONACI, Ernesto (1903). «Gaston Paris», *Nuova antologia di lettere, scienze ed arti*, CIV, série IV, 1er avril 1903, pp. 345-352.

MONFRIN, Jacques (1978). *Honoré Champion et sa librairie, 1874-1978*, Paris, Champion, 1978.

MONFRIN, Jacques (2001a). «Leçon d'ouverture du cours de Philologie romane à l'Ecole des Chartes (6 novembre 1958)», *in Etudes de philologie romane*, Genève, Droz, 2001 («Publications romanes et françaises», CCXXX), pp. 3-20 (édition originale de cet article: 1958).

MONFRIN, Jacques (2001b). «Paul Meyer (1840-1917) et la naissance de la philologie moderne», *in ibid.*, pp. 21-33.

MONFRIN, Jacques (2001c). «La correspondance de Paul Meyer et Gaston Paris», *in ibid.*, pp. 71-86.

MONFRIN, Jacques (2001d). «Romania», *in ibid.*, pp. 87-103.

MONOD, Gabriel (1895). *Renan, Taine, Michelet*, Paris, Calmann-Lévy, 1895.

MONOD, Gabriel (1903a). «Funérailles de M. Gaston Paris. Discours de M. G. Monod, membre de l'Institut, au nom de l'Ecole des hautes études», *Bulletin historique et philologique du Comité des travaux historiques et scientifiques*, 1903, pp. 103-105.

MONOD, Gabriel (1903b). «Gaston Paris», *Revue historique*, 82, 1903, pp. 63-74.

MORCOS, Saad (1961). *Juliette Adam*, Le Caire, Dar Al-Maaref, 1961.

MOREL-FATIO, Alfred (1903). «Discours de M. Morel-Fatio, professeur suppléant au Collège de France, au nom des anciens élèves de Gaston Paris», *Romania*, 32, 1903, p. 339.

MORF, Heinrich (1890). *Das Studium der romanischen Philologie. Eine akademische Antrittsrede*, Zürich, Orell, Füssli & Co., 1890.

MORF, Heinrich (1903a). *Gaston Paris (9. August 1839 – 5. März 1903)*, Separat-Abdruck aus der *Frankfurter Zeitung* vom 11. und 12. März 1903, Frankfurter Societäts-Druckerei, s. d. [1903].

MORF, Heinrich (1903b). «Société amicale de Gaston Paris», *Archiv für das Studium der neueren Sprachen und Literaturen*, CXI, 1903, pp. 186-187.

MOUNIN, Georges (1985). *Histoire de la linguistique, des origines au XX*[e] *siècle*, 4e édition corrigée, Paris, P.U.F., 1985.

MÜLLER, Bertrand (1994). «Critique bibliographique et construction disciplinaire: l'invention d'un savoir-faire», *Genèses*, 14, 1994, pp. 105-123.

MURET, Ernest (1903). «Gaston Paris. 1839-1903», *La Semaine littéraire* (Genève), 14 mars 1903.

MUSSAFIA, Adolf (1872). [Compte rendu de l'édition du *Saint Alexis* par Gaston Paris, 1872], *Literarisches Centralblatt*, 30. März 1872, pp. 335-337.

MUSSET, Alfred de (1957). *Poésies complètes*, texte établi et annoté par Maurice Allem, Paris, Gallimard, 1957 («La Pléiade»).

NAVILLE, Adrien (1901). *Nouvelle classification des sciences. Etude philosophique*, deuxième édition entièrement refondue, Paris, Félix Alcan, 1901.

NELSON, Deborah (1983). «Gaston Paris in Context. His Predecessors and his Legacy», *Studies in Medievalism*, II/2, Spring 1983, pp. 53-66.

NICOL, Henry (1873/1874). «An Account of M. Gaston Paris's Method of Editing in his *Vie de Saint Alexis*», *Transactions of the Philological Society*, 1873-1874, pp. 332-345.

NIEDEREHE, Hans-Joseph/HAARMANN, Harald (1976). *In Memoriam Friedrich Diez. Akten des Kolloquiums zur Wissenschaftsgeschichte der Romanistik (Actes du Colloque sur l'Histoire des Etudes Romanes/Proceedings of the Colloquium for the History of Romance Studies), Trier, 2.-4. Oktober 1975*, Hans-Joseph Niederehe, Harald Haarmann, éd., unter Mitarbeit von Liliane Rouday, Amsterdam, John Benjamin B. V., 1976.

NORDMANN, Jean-Thomas (2001). *La Critique littéraire française au XIX*[e] *siècle (1800-1914)*, Paris, Le Livre de Poche, 2001 («Références»).

NYKROG, Per (1996a). «A Warrior Scholar at the Collège de France: Joseph Bédier», *in* Bloch/Nichols 1996, pp. 286-307.

NYKROG, Per (1996b). *Chrétien de Troyes. Romancier discutable*, Genève, Droz, 1996 («Publications Romanes et Françaises», CCXIII).

NYROP, Kristoffer (1906). *Gaston Paris*, Copenhague, Forlagt af Tillge's Boghandel, 1906 (Studier fra Sprog- og Oldtidsforskning udgivne af det Philologisk-Historiske Samfund, 68, 1905) (cette contribution contient également un article intitulé «Tillaeg. Gaston Paris og Diez», *ibid.*, pp. 77-89, qui reprend un article paru dans *Oversigt over det kgl. Danske Videnskabernes Selskabs Forhandlingar*, 1904).

OEXLE, Otto Gerhard (1996). *Geschichtswissenschaft im Zeichen des Historismus. Studien zu Problemgeschichten der Moderne*, Göttingen, Vandenhoeck & Ruprecht, 1996.

OEXLE, Otto Gerhard/RÜSEN, Jörn (1996). *Historismus in den Kulturwissenschaften. Geschichtskonzepte, historische Einschätzungen, Grundlagenprobleme*, Otto Gerhard Oexle, Jörn Rüsen, éd., Köln/Weimar/Wien, Böhlau Verlag, 1996.

PAKSCHER, Arthur (1903). «Berichte aus Vereinen und Versammlungen», *Neuphilologisches Centralblatt*, 17, 1903, pp. 169-171.

PARIS, Paulin (1824). *Apologie de l'école romantique*, Paris, Dentu, 1824.

PARIS, Paulin (1831). *Réponse à la lettre de M. Michelet sur les épopées du moyen âge, insérée dans la revue des deux mondes, du 18 juillet dernier*, Paris, Techener, Libraire, Place du Louvre, no 12, 1831.

PARIS, Paulin (1832). *Li Romans de Berte aus grans piés*, publié pour la première fois et précédé d'une lettre à M. de Monmerqué sur les romans des douze pairs, par M. Paulin Paris, employé aux manuscrits de la bibliothèque du Roi, Paris, Techener, 1832 («Romans des Douze Pairs de France», I).

PARIS, Paulin (1833). *Li Romans de Garin Le Loherain*, publié pour la première fois et précédé de l'examen du système de M. Fauriel sur les romans carlovingiens, t. 1, Paris, Techener, 1833 («Romans des douze pairs de France», II).

PARIS, Paulin (1853). *Cours de langue et de littérature françaises au moyen âge. Discours d'ouverture prononcé au Collège de France le 1er mars 1853*, Paris, Paul Dupont, s. d. [1853].

PARISSE, Michel (1991). *Les Echanges universitaires franco-allemands du moyen âge au XXe siècle. Actes du Colloque de Göttingen, Mission Historique Française en Allemagne, 2-5 novembre 1988*, textes réunis par Michel Parisse, Paris, Editions Recherche sur les Civilisations, 1991.

PASTEUR, Louis (1939). «Discours de réception à l'Académie française», *in Œuvres de Pasteur*, réunies par Vallery-Radot Pasteur, tome VII, Paris, Masson et Cie éditeurs, 1939, pp. 326-339.

PAUL, Harry W. (1968). «The Debate Over the Bankruptcy of Science in 1895», *French Historical Studies*, V/3, 1968, pp. 299-327.

PAYEN, Jean Charles (1997). *Histoire de la littérature française. Le Moyen Age*, nouvelle édition révisée, bibliographie mise à jour par Jean Dufournet, Paris, Flammarion, 1997 (GF).

PECK, Jeffrey M. (1996). «'In the Beginning Was the Word': Germany and the Origins of German Studies», *in* Bloch/Nichols 1996, pp. 127-147.

PÉNISSON, Pierre (1994). «La notion de littérature nationale chez Johann Gottfried Herder», *in Philologiques III. Qu'est-ce qu'une littérature nationale? Approches pour une théorie interculturelle du champ littéraire*, sous la direction de Michel Espagne et Michael Werner, Paris, Editions de la Maison des Sciences de l'Homme, 1994, pp. 109-119.

PERROT, Georges (1903). «Funérailles de M. Gaston Paris. Discours de M. G. Perrot, président de l'Académie des inscriptions et belles-lettres», *Bulletin historique et philologique du Comité des travaux historiques et scientifiques*, 1903, pp. 87-93.

PETIT, Annie (1984). «Renan et la classification des sciences», *Etudes Renaniennes*, 55, 1984, pp. 4-14.

PETITMENGIN, Pierre (1983). «Deux têtes de pont de la philologie allemande en France: le *Thesaurus Linguae Graecae* et la 'Bibliothèque des auteurs grecs'», *in* Bollack/Wismann 1983, pp. 76-98.

PETRUCELLI, Gerald J. (1981). «Prémisses critiques des médiévistes français du XIXe siècle», *in Atti del XIV Congresso internazionale di linguistica e filologia romanza (Napoli, 15-20 aprile 1974)*, Alberto Várvaro, éd., Napoli, Gaetano Macchiaroli, vol. 5, 1981, pp. 683-689.

PFLUG, Günther (1983). «Ernest Renan und die deutsche Philologie», *in* Bollack/Wismann 1983, pp. 156-177.

PIROT, François (1976). «L'épopée 'provençale' vue par la critique du XIXe siècle», *Marche Romane*, 26/3, 1976, pp. 55-86.

PÖSCHL, Viktor (1979). «Nietzsche und die klassische Philologie», *in* Flashar/Gründer/Horstmann 1979, pp. 141-155.

POIRION, Daniel (1976). «Un document inédit: Note de P. Paris demandant la création d'une chaire de littérature du moyen âge», *Perspectives Médiévales*, 2, 1976, pp. 4-5.

POIRION, Daniel (1992). «Chanson de geste», *in DLF* 1992, pp. 238-243.

PSICHARI, Jean (1903). «Gaston Paris. Souvenirs d'un élève et d'un ami», *Grande Revue*, 1er avril 1903, pp. 193-207.

QUINET, Edgar (1831). *Rapport à M. le Ministre des Travaux Publics sur les épopées françaises du XIIe siècle restées jusqu'à ce jour en manuscrits dans les bibliothèques du roi et de l'Arsenal*, Paris, F. G. Levrault, 1831.

RAJNA, Pio (1884). *Le Origini dell'epopea francese*, Firenze, G. C. Sansoni, 1884.

RAJNA, Pio (1903a). «Gaston Paris», *Atene e Roma*, VI/51, marzo, 1903, col. 65-69.

RAJNA, Pio (1903b). «Gaston Paris e la Société des Anciens Textes Français», *Bollettino della Società filologica romana*, V, 1903, pp. 21-24.

RAJNA, Pio (1904). *Gaston Paris. Discorso letto alla R. Accademia della Crusca, nell'adunanza pubblica del 27 dicembre 1903*, Firenze, Tipografia Galileiana, 1904.

RASMUSSEN, Anne (1996). «Critique du progrès, 'crise de la science': débats et resprésentations du tournant du siècle», *Mil Neuf Cent*, 14, 1996, pp. 89-113.

RAYNOUARD, François (1833). «*Roman de Garin le Lohérain, publié pour la première fois par M. P. Paris*, 2 vol. in-12. Paris, Techener, libraire, place du Louvre, 1833. Second article», *JdS*, 1833, pp. 513-525.

REBÉRIOUX, Madeleine (1976). «Histoire, historiens et dreyfusisme», *Revue historique*, CCLV, 1976, pp. 407-432.

Reinach, Salomon (1880). *Manuel de philologie classique, d'après le* Triennium philologicum *de W. Freund et les derniers travaux de l'érudition*, Paris, Librairie Hachette et Cie, 1880.

Rémy, Paul (1954/1955). «Les 'cours d'amour': légende et réalité», *Revue de l'Université de Bruxelles*, 7, 1954-1955, pp. 179-197.

Renan, Ernest (1863). «Les sciences de la nature et les sciences historiques», *RdDM*, 15 octobre, 1863, pp. 761-774.

Renan, Ernest (1939). «Réponse de M. Ernest Renan [au discours de Pasteur]», *in Œuvres de Pasteur*, réunies par Vallery-Radot Pasteur, tome VII, Paris, Masson et Cie éditeurs, 1939, pp. 340-351.

Renan, Ernest (1948). «La poésie des races celtiques», *in Œuvres complètes de Ernest Renan*, édition définitive établie par Henriette Psichari, Paris, Calmann-Lévy, t. II, 1948, pp. 252-301.

Renan, Ernest (1990). *La Réforme intellectuelle et morale*, textes présentés par Henri Mazel, avec une introduction de Laudyce Rétat, Bruxelles, Complexes, 1990.

Renan, Ernest (1992). *Qu'est-ce qu'une nation?, et autres essais politiques*, textes choisis et présentés par Joël Roman, Paris, Presses Pocket, 1992 («Agora, Les Classiques»).

Renan, Ernest (1995). *L'Avenir de la science*, présentation, chronologie, bibliographie par Annie Petit, Paris, Flammarion, 1995.

Renaut, Alain (1991). «Logiques de la nation», *in Théories du nationalisme*, sous la direction de Gil Delannoi et Pierre-André Taguieff, Paris, Edition Kimé, 1991, pp. 29-46.

Renzi, Lorenzo (1966/67). «Dall'epistolario di Adolfo Mussafia con Gaston Paris e Paul Meyer», *Atti dell'Istituto Veneto di scienze, lettere ed arti, Classe di scienze morali, lettere ed arti*, CXXV, 1966-67, pp. 75-88.

Rettig, Wolfgang (1976). «Raynouard, Diez und die romanische Ursprache», *in* Niederehe/Haarmann 1976, pp. 247-273.

Revel, Jean-François (1967). «Les Origines de la France contemporaine», *in* Ernest Renan, *La Réforme intellectuelle et morale de la France*, Paris, Calmann-Lévy (10/18), 1967, pp. 7-24.

Richert, Gertrud (1914). *Die Anfänge der romanischen Philologie und die deutsche Romantik*, Halle, Niemeyer, 1914.

Richter, Elise (1977a). «Hugo Schuchardt», *in id., Kleinere Schriften zur allgemeinen und romanischen Sprachwissenschaft*, ausgewählt, eingeleitet und kommentiert von Yakov Malkiel, Innsbruck, H. Kowatsch, 1977, pp. 473-504 (première publication de cet article: 1927).

Richter, Elise (1977b). «Hugo Schuchardts wissenschaftliche Persönlichkeit», *in ibid.*, pp. 505-514 (première publication de cet article: 1927).

Ricœur, Paul (1975). *La Métaphore vive*, Paris, Seuil, 1975 («L'ordre philosophique»).

RIDOUX, Charles (2001). *Evolution des études médiévales en France de 1860 à 1914*, Paris, Honoré Champion, 2001 («Nouvelle Bibliothèque du Moyen Age», 56).

RINGER, Fritz (1992). *Fields of Knowledge. French Academic Culture in Comparative Perspective, 1890-1920*, Cambridge, University Press, 1992.

RISOP, Alfred (1910). *Die romanische Philologie an der Berliner Universität. 1810-1910*, Erlangen, Druck von Fr. Junge, K. B. Hof- und Univ.-Buchdruckerei, 1910, wieder abgedruckt in Jürgen Trabant, éd., *Beiträge zur Geschichte der Romanischen Philologie in Berlin*, 1988.

ROACH, William (1970). «Francisque Michel: A Pioneer in Medieval Studies», *Proceedings of the American Philosophical Society*, 114, 1970, pp. 168-178.

RÖTTIGER, Wilhelm (1897). *Der heutige Stand der Tristanforschung*, Berichte des Wilhelm-Gymnasiums Hamburg, Hamburg, 1897.

ROQUES, Gilles (1986). «Echappées sur le paysage idéologique de la romanistique française», *in Linguistique générale et linguistique romane. Histoire de la grammaire, Actes du XVII*[e] *Congrès International de Linguistique et Philologie Romanes (Aix-en-Provence, 29 août – 3 septembre 1983)*, vol. 1, Université de Provence, Service des Publications, 1986, pp. 71-81.

ROQUES, Gilles (1991). «La conception et le rôle de l'étymologie chez les philologues français d'E. Littré à A. Thomas», *in* Chambon/Lüdi 1991, pp. 261-273.

ROQUES, Mario (1927). «Correspondance de Karl Bartsch et de Gaston Paris de 1865 à 1885, première partie: 1865-1867», *in Medieval Studies in Memory of Gertrude Schoepperle Loomis*, Paris, Champion, 1927, pp. 413-441.

ROQUES, Mario (1931). «Correspondance de Karl Bartsch et de Gaston Paris de 1865 à 1885, deuxième partie: 1868-1870», *Neuphilologische Mitteilungen*, XXXII, 1/5, 1931, pp. 127-145.

ROQUES, Mario (1932). «Correspondance de Karl Bartsch et de Gaston Paris de 1865 à 1885, troisième partie: 1871», *in A Miscellany of Studies in Romance Languages & Literatures, presented to Leon E. Kastner*, M. Williams, J. A. de Rothschild, éd., Cambridge, W. Heffer & Sons Ltd., 1932, pp. 427-439.

ROQUES, Mario (1949). «Hommage à Gaston Paris, au nom de l'Association générale des Etudiants de Paris (14 mai 1903)», *in id.*, *Etudes de littérature française*, Genève, Droz, 1949, pp. 117-135.

ROSSI, Luciano (1989). «Fin'amor», *in Lexikon des Mittelalters*, vol. IV, München/Zürich, Artemis Verlag, 1989, pp. 452-453.

ROUCHE, Michel (1979). «L'historiographie érudite de Roncevaux aux XIXe et XXe siècles», *in Actes du colloque de Saint-Jean-Pied-de-Port (La bataille de Roncevaux) 1978*, *Bulletin de la société des sciences et arts de Bayonne*, no 135, 1979, pp. 61-69.

ROUSSELOT, abbé (1904). «Gaston Paris», *Revue de l'Institut catholique*, 9, 1904, pp. 193-218.

SAINTE-BEUVE, Charles-Augustin (1875). «18 mai 1835. Instructions sur les recherches littéraires concernant le moyen âge», *in id.*, *Premiers Lundis*, t. III, Paris, Michel Lévy, 1875, pp. 368-383.

SAINTE-BEUVE, Charles-Augustin (1884). *Nouveaux Lundis*, nouvelle édition revue, t. V, Paris, Calmann-Lévy, 1884.

SCHMOLKE-HASSELMANN, Beate (1980). *Der arthurische Versroman von Chrestien bis Froissart. Zur Geschichte einer Gattung*, Tübingen, Max Niemeyer Verlag, 1980 («Beihefte zur *ZfRPh*», 177).

SCHNEIDER, Gisela (1973). *Zum Begriff des Lautgesetzes in der Sprachwissenschaft seit den Junggrammatikern*, Tübingen, Gunter Narr, 1973 («Tübinger Beiträge zur Linguistik», 46).

SCHNELL, Rüdiger (1982). *Andreas Capellanus. Zur Rezeption des römischen und kanonischen Rechts in* De Amore, München, Wilhelm Fink Verlag, 1982.

SCHNELL, Rüdiger (1985). Causa Amoris. *Liebeskonzeption und Liebesdarstellung in der mittelalterlichen Literatur*, Bern/München, Francke, 1995 («Bibliotheca Germanica», 27).

SCHNELL, Rüdiger (1989). «L'amour courtois en tant que discours courtois sur l'amour», *Romania*, 110, 1989, pp. 72-126 (I) et pp. 331-363 (II).

SCHNELLE, Kurt (1977). «Zur Wissenschaftsgeschichte der Romanistik in Leipzig», *Beiträge zur romanischen Philologie*, 16/1, 1977, pp. 17-22.

SCHRIMPF, Hans Joachim (1968). *Goethes Begriff der Weltliteratur. Essay*, Stuttgart, Metzlersche Verlagsbuchhandlung, 1968.

SCHRÖDER, Edward (1903). «Gaston Paris», *Nachrichten von der Königlichen Gesellschaft der Wissenschaften zu Göttingen. Geschäftliche Mittheilungen*, 1903, pp. 91-98.

SCHUCHARDT, Hugo (1900). «Kritik einer 'Kritik'», *ZfRPh*, 24, 1900, pp. 592-595.

SCHUCHARDT, Hugo (1903). «Zur Wortgeschichte. Trouver», *ZfRPh*, 27, 1903, pp. 97-105.

SCHUCHARDT, Hugo (1916). «Zur Psychologie der Erinnerung», *Archiv für Kriminalanthropologie und Kriminalistik*, 65, 1916, pp. 137-139.

SCHWEICKARD, Wolfgang (1996). «Friedrich Diez», *in Lexicon Grammaticorum* 1996, pp. 240-241.

SEBILLOT, Paul (1903). «Gaston Paris», *Revue des traditions populaires*, XVIII/164, 1903, p. 228.

SEIDEL-VOLLMANN, Stefanie (1977). *Die Romanische Philologie an der Universität München (1826-1913). Zur Geschichte einer Dispziplin in ihrer Aufbauzeit*, Berlin, Duncker & Humblot, 1977.

SEPET, Marius (1866). «*Cours d'histoire de la Poésie latine au moyen âge*, par Léon Gautier. *Leçon d'ouverture*. Paris, Adrien Le Clerc et Cie, 1866. In-8° de 43 p.», *BEC*, I/6[e] série, 1866, pp. 515-517.

SEPET, Marius (1879). *Les Etudes relatives à la littérature française du moyen âge depuis 1867, extrait du compte-rendu des travaux. Congrès bibliographique international tenu à Paris du 1er au 4 juillet 1878 sous les auspices de la Société bibliographique*, Paris, Au siège de la Société bibliographique, 35, rue de Grenelle, Paris, 1879.

SICILIANO, Italo (1951). *Les Origines des chansons de geste, théories et discussions*, traduit de l'italien par A. Antonetti, Paris, Editions A. et J. Picard et Cie, 1951 (édition originale en italien : 1940).

SICILIANO, Italo (1968). *Les Chansons de geste et l'épopée. Mythes – Histoire – Poèmes*, Turin, Società editrice internazionale, 1968 (« Biblioteca di Studi Francesi », 3).

SICILIANO, Italo (1999). « Chanson de geste », *in Dictionnaire du moyen âge, littérature et philosophie*, Paris, Albin Michel/Encyclopaedia Universalis, 1999, pp. 249-257.

SOEDERHJELM, Werner (1903). « Gaston Paris. In memoriam », *Neuphilologische Mitteilungen*, 15/1-15/3, 1903, pp. 1-11.

SOLTERER, Helen (1996). « Jouer les morts. Gustave Cohen et l'effet théophilien », *in Lire le Moyen Age ?*, *Equinoxe*, 16, 1996, pp. 81-96.

SPEER, Mary (1995). « Old French Literature », *in Scholarly Editing. A Guide to Research*, D. C. Greetham, éd., New York, The Modern Language Association of America, 1995, pp. 382-416.

SPEER, Mary (1996). « *Translatio* as *Inventio* : Gaston Paris and the 'Treasure of Rhampsinitus' (*Gaza*) in the *Dolopathos* Romance », *in Transtextualities. Of Cycles and Cyclicity in Medieval French Literature*, Sara Sturm-Maddox, Donald Maddox, éd., Binghamton (New York), Center for Medieval and Early Renaissance Studies, 1996 (« Medieval & Renaissance texts & studies », 149), pp. 125-155.

SPEER, Mary (2000). « Gaston Paris, Philologist and Mythographer : Discursive Doubling and Methodological Stalemate », *in Translatio Studii. Essays by his students in honor of Karl D. Uitti for his sixty-fifth birthday*, Renate Blumenfeld-Kosinski, Kevin Brownlee, Mary Speer *et al.*, éd., Amsterdam/Atlanta, GA/Rodopi, 2000 (« Faux titre », 179), pp. 311-329.

SPITZER, Leo (1945/46). « Das Eigene und das Fremde. Ueber Philologie und Nationalismus », *Die Wandlung*, 1, Heft 7, 1945/46, pp. 576-594.

STACKMANN, Karl (1979). « Die klassische Philologie und die Anfänge der Germanistik », *in* Flashar/Gründer/Horstmann 1979, pp. 240-259.

STAËL, Germaine de (1968). *De l'Allemagne*, t. I, chronologie et introduction par Simone Balayé, Paris, Garnier-Flammarion, 1968.

STEFFENS, Georg (1903). « Funérailles de G. Paris. Discours de M. G. Steffens, docteur en philosophie, délégué de la section romane de l'Université de Bonn », *JdD*, 13 mars, 1903.

STEINER, George (1999). *Errata. Bilanz eines Lebens*, aus dem Englischen von Martin Pfeiffer, München, Wien, Carl Hanser Verlag, 1999.

STENGEL, Edmund (1885). « Report on the Philology of the Romance Languages from 1875 to 1882, Repr. from the 11th Annual Address of the President to the Philological Society, London 1883 », *Transactions of the Philological Society*, 1882-1884, London, Trübner, 1885, pp. 120-148.

STENGEL, Edmund (1903). « Gaston Paris », *Die Nation*, 21. März 1903, pp. 395-397.

STENGEL, Edmund (1904). «Briefe von Gaston Paris an L. Lemcke nach den im Besitze des Herrn Archivrat Dr. Zimmermann in Wolfenbüttel befindlichen Originalen, mitgeteilt von E. Stengel», *ZfSpLit*, XVII/2, 1904, pp. 209-211.

STIERLE, Karlheinz (1979a). «Altertumswissenschaftliche Hermeneutik und die Entstehung der Neuphilologie», *in* Flashar/Gründer/Horstmann 1979, pp. 260-288.

STIERLE, Karlheinz (1979b). [Discussion de Stackmann 1979], *in* Flashar/Gründer/Horstmann 1979, p. 373.

STOROST, Jürgen (1981). «Zur Stellung Raynouards in der Geschichte der romanischen Philologie», *Beiträge zur Romanischen Philologie*, XX, 1981, Heft 2, pp. 195-212.

STOROST, Jürgen (1984). «*August Fuchs, Philologe.* Eine Betrachtung zur Auseinandersetzung zwischen Philologie und Linguistik in der ersten Hälfte des 19. Jahrhunderts», *Beiträge zur Romanischen Philologie*, XXIII, 1984, Heft 1, pp. 95-108.

STOROST, Jürgen (1989). «Die Diez-Stiftung. I. Zur Gründungsgeschichte», *Beiträge zur Romanischen Philologie*, XXVIII, 1989, Heft 2, pp. 301-316.

STOROST, Jürgen (1990). «Die Diez-Stiftung. II. Zur Wirkungsgeschichte», *Beiträge zur Romanischen Philologie*, XXIX, 1990, Heft 1, pp. 117-133.

STUSSI, Alfredo (1999). *Tra filologia e storia. Studi e testimonianze*, Firenze, Leo S. Olschki Editore, 1999 («Saggi di 'Lettere italiane'», LVI).

SUCHIER, Hermann/BIRCH-HIRSCHFELD, Adolf (1900). *Geschichte der französischen Litteratur, von den ältesten Zeiten bis zur Gegenwart*, Erster Band, Leipzig und Wien, Bibliographisches Institut, 1900.

SULLY PRUDHOMME (1883). «L'Art», *in Œuvres de Sully Prudhomme, de l'Académie française. Poésies (1865-1867). Stances et poèmes – Les Ecuries d'Augias – Croquis Italiens – Les Epreuves*, Paris, Alphonse Lemerre, 1883, pp. 265-274.

SULLY PRUDHOMME (1897). «Le Bonheur», *in Œuvres de Sully Prudhomme, de l'Académie française. Poésies (1879-1888). Le Prisme – Le Bonheur*, Paris, Alphonse Lemerre, 1897, pp. 133-372.

SULLY PRUDHOMME (1903). «Lettre de M. Sully Prudhomme à M. Ed. André, délégué de l'Association des Etudiants», *in* Association générale des étudiants de Paris, *Hommage à Gaston Paris, 14 mai 1903*, Mâcon, Protat Frères, 1903, pp. 11-15.

SWIGGERS, Pierre (1982). «Hugo Schuchardt: le point de vue d'un romaniste dans la querelle autour des lois phoniques», *Beiträge zur Romanischen Philologie*, XXI, 1982, Heft 2, pp. 325-328.

SWIGGERS, Pierre (1991). «Le travail étymologique: typologie historique et analytique, perspectives, effets», *in* Chambon/Lüdi 1991, pp. 29-45.

SWIGGERS, Pierre (2000). «La canonisation d'un franc-tireur: le cas de Hugo Schuchardt», *in Kanonbildung in der Romanistik und in den Nachbardisziplinen, Romanistisches Kolloquium XIV*, hrsg. von Wolfgang Dahmen, Güntert Holtus, Johannes Kramer *et al.*, Tübingen, Gunter Narr, 2000, pp. 269-304.

SZONDI, Peter (1970). *Hölderlin-Studien. Mit einem Traktat über philologische Erkenntnis*, Frankfurt a. M., Insel Verlag, [2]1970, pp. 9-30.

TAGLIAVINI, Carlo (1998). *Einführung in die romanische Philologie.* Aus dem Italienischen übertragen von Reinhard Meisterfeld und Uwe Petersen, 2. verbesserte Auflage, Tübingen/Basel, Francke, 1998 (première édition en italien: 1969).

TAINE, Hippolyte (1881). «Introduction», *in id.*, *Histoire de la littérature anglaise*, t. 1, Paris, Hachette et Cie, [5]1881, pp. III-XLIX (première édition: 1863).

TAINE, Hippolyte (1986). *Les Origines de la France contemporaine. La Révolution: Le gouvernement révolutionnaire. Le Régime moderne*, Paris, Robert Laffont, 1986 («Bouquins»).

TAMIZEY DE LARROQUE, Philippe (1881). «Notice biographique [sur Paulin Paris]», *in A la mémoire de Alexis Paulin Paris*, s. l., s. d., pp. 5-14 (Extrait du *Bulletin du Bibliophile et du Bibliothécaire*, mars-avril 1881).

TAPPOLET, Ernst (1905). «Phonetik und Semantik in der etymologischen Forschung», *Archiv für das Studium der neueren Sprachen und Literaturen*, 115, 1905, pp. 101-123.

THILO, Ulrich Ch. M. (1989). *Rezeption und Wirkung des* Cours de linguistique générale. *Ueberlegungen zu Geschichte und Historiographie der Sprachwissenschaft*, Tübingen, Gunter Narr, 1989.

THOMA, Heinz (1986). «Dekadenzbewusstsein und Literaturgeschichtsschreibung im Fin de Siècle: Ferdinand Brunetière», *in Fortschrittsglaube und Dekadenzbewusstsein im Europa des 19. Jahrhunderts. Literatur, Kunst, Kunstgeschichte*, Wolfgang Drost, éd., Heidelberg, Carl Winter Universitätsverlag, 1986, pp. 169-174.

THOMAS, Antoine (1897). «M. Gaston Paris», *in id.*, *Essais de philologie française*, Paris, E. Bouillon, 1897, pp. 193-203.

THOMAS, Antoine (1900). «Hugo Schuchardt, *Romanische Etymologien*, II, Wien, 1899», *Romania*, 29, 1900, pp. 438-440.

THOMAS, Antoine (1902). *Mélanges d'étymologie française*, Paris, Félix Alcan, 1902.

THOMAS, Antoine (1903). «Funérailles de G. Paris. Discours de M. A. Thomas, professeur à la Faculté des lettres de Paris, président de la Société des anciens textes français», *Romania*, 32, 1903, p. 338.

TILLIETTE, Jean-Yves (1993). «La philologie médiolatine en France au XXe siècle», *in La Filologia medievale e umanistica greca e latina nel secolo XX, Atti del Congresso Internazionale, Roma, Consiglio Nazionale delle Ricerche, Università La Sapienza, 11-15 dicembre 1989*, Estratto, Dipartimento di filologia greca e latina, sezione bizantino-neoellenica, Università di Roma «La Sapienza», Roma, 1993 («Testi e Studi Bizantino-Neoellenici», VII), pp. 505-528.

TOBLER, Adolf (1872). [Compte rendu de l'édition du *Saint Alexis* par Gaston Paris, 1872], *Göttingische gelehrte Anzeigen*, 5. Juni 1872, pp. 881-903.

TOBLER, Adolf (1890). *Romanische Philologie an deutschen Universitäten. Rede bei der Übernahme des Rektorats, gehalten in der Aula der Königlichen Friedrich-Wilhelms-Universität zu Berlin, am 15. Oktober 1890*, Berlin, Buchdruckerei der Königlichen Akademie der Wissenschaften (G. Vogt), 1890.

TOBLER, Adolf (1904a). «Methodik der philologischen Forschung», *in Grundriss der Romanischen Philologie*, Gustav Gröber, éd., Strassburg, 2. verbesserte und vermehrte Auflage, Bd. I., Karl J. Trübner, 1904, pp. 318-360.

TOBLER, Adolf (1904b). «Methodik der litteraturgeschichtlichen Forschung», *in ibid.*, pp. 361-368.

TOBLER, Adolf (1912a). «Zur Geschichte der romanischen Philologie. 1. Friedrich Diez», *in id.*, *Vermischte Beiträge*, Leipzig, Verlag von S. Hirzel, 1912, Bd. 5, pp. 439-442 (première édition de cet article: 1876).

TOBLER, Adolf (1912b). «Briefe von Gaston Paris an Friedrich Diez», *in ibid.*, pp. 443-475 (première édition de cet article: 1905).

TODOROV, Tzvetan (1989). *Nous et les autres. La réflexion française sur la diversité humaine*, Paris, Seuil, 1989 («Points»).

TRACHSLER, Richard (1997a). *Les Romans arthuriens en vers après Chrétien de Troyes*, Paris/Rome, Editions Memini, 1997 («Bibliographie des Ecrivains Français», 11).

TRACHSLER, Richard (1997b). «L'*Histoire littéraire de la France*. Des Bénédictins à l'Institut de France (1773-1850)», *Vox Romanica*, 56, 1997, pp. 83-108.

TRINDADE, W. Ann (1985). «Hommage à Gaston Paris. A Reappraisal of Gaston Paris' Celebrated Essay on the Tristan Legend», *in Actes du 14e Congrès International Arthurien (Rennes, 16-21 août 1984)*, Rennes, Presses Universitaires de Rennes, 1985, t. 2, pp. 635-645.

UHLAND, Ludwig (1868). *Uhlands Schriften zur Geschichte der Dichtung und Sage*, vol. VII, Stuttgart, Verlag der J. G. Cotta'schen Buchhandlung, 1868.

UTZ, Richard J. (1998). «Resistance to (The New) Medievalism? Comparative Deliberations on (National) Philology, *Mediävalismus* und *Mittelalter-Rezeption* in Germany and North America», *in The Future of the Middle Ages and the Renaissance. Problems, Trends, and Opportunities for Research*, Roger Dahood, éd., Turnhout, Brepols, 1998 («Arizona Studies in the Middle Ages and the Renaissance», 2), pp. 151-170.

VAN HAMEL, Anton Gerard (1903). «Gaston Paris», *Museum, Maandblad voor Philologie en Geschiedenis*, 10/8, mai 1903, pp. 273-283.

VITZ, Evelyn Birge (1993). «On the Role of a Renewed Philology in the Study of a Manuscript- and an Oral-Culture», *in Towards a Synthesis? Essays on the New Philology*, Keith Busby, éd., Amsterdam/Atlanta, Rodopi, 1993, pp. 71-78.

VOGT, Ernst (1979). «Der Methodenstreit zwischen Hermann und Böckh», *in* Flashar/Gründer/Horstmann 1979, pp. 103-121.

VOGÜÉ, Eugène-Melchior de (1903). «In Memoriam. Lettre d'un ami», *JdD*, 8 mars 1903 (repris *in id.*, *Sous l'horizon, hommes et choses d'hier*, Paris, Armand Colin, 1904, pp. 253-261).

VORETZSCH, Carl (1904). *Die Anfänge der Romanischen Philologie an den deutschen Universitäten und ihre Entwicklung an der Universität Tübingen. Akademische Antrittsrede gehalten am 19. November 1903, bei Uebernahme der ordentlichen Professur für Romanische Philologie an der Universität Tübingen*, Tübingen, Verlag der H. Lauppschen Buchhandlung, 1904.

VORETZSCH, Carl (1909). «Gaston Paris und die Société amicale Gaston Paris», *Germanisch-romanische Monatsschrift*, 1, 1909, pp. 507-521 et pp. 568-587.

VORETZSCH, Carl (1925). *Einführung in das Studium der altfranzösischen Literatur*, dritte Auflage, Halle (Saale), Verlag von Max Niemeyer, 1925 («Sammlung kurzer Lehrbücher der Romanischen Sprachen und Literaturen», II).

WALTER, Philippe (1989). «Préface», *in Tristan et Iseut. Les poèmes français. La saga norroise*, textes originaux et intégraux présentés, traduits et commentés par Daniel Lacroix et Philippe Walter, Paris, Le Livre de Poche, 1989 («Lettres gothiques»).

WECHSSLER, Eduard (1898). *Die Sage vom Heiligen Gral. In ihrer Entwicklung bis auf Richard Wagners Parsifal*, Halle a. S., Max Niemeyer, 1898.

WEISZ, George (1978). «La réforme de l'enseignement supérieur sous la Troisième République 1878-1896», *in Analyse comparative des processus de changement et des mouvements de réforme de l'enseignement supérieur français*, Alain Drouard, éd., Paris, CNRS Editions, 1978 (A.T.P. N°25), pp. 5-86.

WEISZ, George (1980). «The Anatomy of University Reform, 1863-1914», *in The Making of Frenchmen: Current Directions in the History of Education in France, 1679-1979*, Donald N. Baker, Patrick J. Harrigan, éd., A Special Double Issue of *Historical Reflections/Réflexions Historiques*, 7, 2/3, 1980, pp. 363-379.

WEISZ, George (1983). *The Emergence of Modern University in France, 1863-1914*, Princeton/New Jersey, Princeton University Press, 1983.

WERNER, Michael (1987). «Edition und Kulturtradition in Frankreich. Zum Problem des deutsch-französischen Dialogs auf dem Editionsgebiet», *editio*, 1, 1987, pp. 139-144.

WERNER, Michael (1990a). «A propos de la notion de philologie moderne. Problèmes de définition dans l'espace franco-allemand», *in* Espagne/Werner 1990, pp. 11-21.

WERNER, Michael (1990b). «A propos de l'évolution historique des philologies modernes. L'exemple de la philologie romane en Allemagne et en France», *in ibid.*, pp. 159-186.

WERNER, Michael (1990c). «Gaston Paris: Observations», *in ibid.*, pp. 184-186.

WERNER, Michael (1991a). «(Romanische) Philologie in Frankreich? Zu Geschichte und Problematik eines deutsch-französischen Wissenschaftstransfers im 19. Jahrhundert», *in Edition als Wissenschaft, Festschrift für Hans Zeller*, G. Martens, W. Woesler, éd., Tübingen, Niemeyer, 1991, pp. 31-43.

WERNER, Michael (1991b). «Die Auswirkungen der preussischen Universitätsreform auf das französische Hochschulwesen (1850-1900)», *in 'Einsamkeit und Freiheit' neu besichtigt. Universitätsreformen und Disziplinbildung in Preussen als Modell für Wissenschaftspolitik im Europa des 19. Jahrhunderts. Proceedings of the Symposium of the XVIIIth International Congress of History of Science at Hamburg, 1-9 August 1989*, Gert Schubring, éd., Stuttgart, Franz Steiner, 1991, pp. 214-226.

WERNER, Michael (1991c). «A propos des voyages de philologues français en Allemagne avant 1870: le cas de Gaston Paris et de Michel Bréal», *in* Parisse 1991, pp. 139-155.

WERNER, Michael (1995). «La nation revisitée en 1870-1871. Visions et redéfinitions de la nation en France pendant le conflit franco-allemand», *in Le Miroir allemand, Revue Germanique Internationale*, 4, 1995, pp. 181-200.

WILMOTTE, Maurice (1903). «Gaston Paris», *Revue de l'Instruction publique en Belgique*, 46, 1903, pp. 73-86.

WILMOTTE, Maurice (1917). *Le Français a la tête épique*, Paris, La Renaissance du livre, 1917.

WILMOTTE, Maurice (1947). *L'Epopée française. Origine et élaboration*, Paris, Boivin & Cie, s. d. [1947].

WILMOTTE, Maurice (1948). *Mes Mémoires*, Bruxelles, La Renaissance du Livre, 1948.

WOESLER, Winfried (1989). «Die Idee der deutschen Nationalliteratur in der zweiten Hälfte des 18. Jahrhunderts», *in Nation und Literatur im Europa der Frühen Neuzeit. Akten des I. Internationalen Osnabrücker Kongresses zur Kulturgeschichte der Frühen Neuzeit*, Klaus Garber, éd., Tübingen, Max Niemeyer Verlag, 1989, pp. 716-733.

WOLF, Ferdinand (1890). «Vorwort zu 'Schwedische Volkslieder der Vorzeit' [1[er] mai 1856]», *in Kleinere Schriften von Ferdinand Wolf*, zusammengestellt von Edmund Stengel, Marburg, N. G. Elwert'sche Verlagsbuchhandlung, 1890, pp. 261-273.

WOLF, Friedrich August (1807). «Darstellung der Alterthums-Wissenschaft», *in Museum der Alterthums-Wissenschaft*, F. A. Wolf, Ph. Buttmann, éd., Bd. 1, Berlin, in der Realschulbuchhandlung, 1807, pp. 1-145.

WOLF, Friedrich August (1831). *Vorlesungen über die Alterthumswissenschaft*, Bd. 1, J. D. Gürtler, éd., Leipzig, bei August Lehnhold, 1831.

WOLFZETTEL, Friedrich (1991). «Französische Mediävistik im 19. Jahrhundert. Zur widersprüchlichen Aufwertung des Mittelalters», *in* Grimm 1991a, pp. 181-196.

WYSS, Ulrich (1979). *Die wilde Philologie. Jacob Grimm und der Historismus*, München, Verlag C. H. Beck, 1979.

ZIMMER, Heinrich (1890). «*Histoire littéraire de la France*. Tome XXX. Suite du quatorzième siècle, Paris, Imprimerie nationale 1888, XVIII und 636 S. 4°», *Göttingische gelehrte Anzeigen*, 1. Oktober 1890, pp. 785-832.

ZINK, Michel (1990). *Le Moyen Age. Littérature française*, Nancy, Presses universitaires de Nancy, 1990 («Phares»).

ZINK, Michel (1996a). *Le Moyen Age et ses chansons ou un passé en trompe-l'œil. Leçon inaugurale de la chaire des Littératures de la France médiévale du Collège de France faite le 24 mars 1995, suivie du cours donné en mai 1995*, Paris, Editions de Fallois, 1996.

ZINK, Michel (1996b). «Trente ans avec la littérature médiévale. Note brève sur de longues années», *Cahiers de civilisation médiévale*, 39, 1996, pp. 27-40.

ZUMTHOR, Paul (1980). *Parler du moyen âge*, Paris, Editions de Minuit, 1980 («Critique»).

# INDEX DES NOMS DE PERSONNES ET DES ŒUVRES ANONYMES

Ne sont pas saisis dans cet index les noms de personnages fictifs. Pour ce qui est des auteurs ainsi que des œuvres médiévaux, nous avons suivi le *DLF*.

# TABLE DES MATIÈRES



## PREMIÈRE PARTIE : ESSAI DE BIOGRAPHIE

## DEUXIÈME PARTIE: LA CITÉ DES SCIENCES

## TROISIÈME PARTIE : LA PROBLÉMATIQUE NATIONALE (ESSAI DE SYSTÉMATISATION)



## QUATRIÈME PARTIE : LE MOYEN ÂGE ET SA LITTÉRATURE

# PUBLICATIONS ROMANES ET FRANÇAISES

## DERNIÈRES PARUTIONS

200. PERROT, Jean-Pierre, *Le Passionnaire français au Moyen Age.* 1992

201. SOUTET, Olivier, *La Concession dans la phrase complexe en français, des origines au XVI^e^ siècle.* 1992

202. GUERREAU-JALABERT, Anita, *Index des motifs narratifs dans les Romans Arthuriens français en vers (XII^e^-XIII^e^ siècles).* 1992

203. MANDACH, André de, *Naissance et développement de la chanson de geste en Europe, T. VI: La chanson de Roland. Transferts de mythe dans le monde occidental et oriental.* 1993

204. UELTSCHI, Karin, *La Didactique de la chair en ancien français (XIII^e^ siècle). Approches et enjeux d'un discours en français au Moyen Age.* 1993

205. HEINEMANN, Edward A., *L'Art métrique de la chanson de geste. Essai de la musicalité du récit.* 1993

206. GALDERISI, Claudio, *Le Lexique de Charles d'Orléans dans les Rondeaux.* 1993

207. COLLET, Olivier, *Etude philologique et littéraire sur* Le Roman de Jules César. 1993

208. *Mélanges de philologie et de littérature médiévales offerts à Michel Burger* Edition critique par Jacqueline Cerquiglini-Toulet et Olivier Collet 1994. ISBN: 2-600-00017-8

209. FOULECHAT, Denis, *Le Policratique de Jean de Salisbury (1372) livres I-III.* Edition critique par Charles Brucker 1994.
ISBN: 2-600-00035-6

210. DULL, Olga Anna, *Folie et rhétorique dans* la Sottie 1994.
ISBN: 2-600-0036-4

211. PONCHON, Thierry, *Sémantique lexicale et sémantique grammaticale: le verbe faire en français médiéval.* 1994.
ISBN: 2-600-00047-X

212. BEECH, Georges, PON, Georges et CHAUVIN, Yves, *Le Conventum (vers 1030), un précurseur aquitain des premières épopées* 1995.
ISBN: 2-600-00056-9

213. NYKROG, Per, *Chrétien de Troyes. Romancier discutable* 1996.
ISBN: 2-600-00110-7

214. MICHON, Patricia, *A la lumière du Merlin espagnol* 1996.
ISBN: 2-600-00116-6

215. TRACHSLER, Richard, *Clôtures du Cycle Arthurien* Etude et textes 1996.
ISBN: 2-600-00154-9

216. BLANCHARD, Joël, *Commynes l'Européen. L'invention du politique.* 1996.
ISBN: 2-600-00141-7

217. DE DARDEL, Robert et DE KOK, Ans, *La position des pronoms régimes atones, personnels et adverbiaux, en protoroman* (avec une considération spéciale de ses prolongements en français) 1996.
ISBN: 2-600-00142-5

218. ZINK, Gaston, *Morphosyntaxe du pronom personnel (non réfléchi) en moyen français (XIV^e^-XV^e^ siècles)* 1997.
ISBN: 2-600-00164-6

219. BERTIN, Annie, *L'Expression de la cause en ancien français* 1997.
ISBN: 2-600-00193-X

220. CORBELLARI, Alain, *Joseph Bédier, écrivain et philologue* 1997.
ISBN: 2-600-00238-3

221. MARCOTTE, Stéphane, *La Coordination des propositions subordonnées en moyen français.* 1997.
ISBN: 2-600-00243-X

222. ROUSSEL, Claude, *Conter de geste au XIVe siècle. Inspiration folklorique et écriture épique dans* La Belle Hélène de Constantinople 1998.
ISBN: 2-600-00266-9

223. CAZAL, Yvonne, *Voix du peuple - verbum Dei. Contribution à l'étude du bilinguisme latin / langue vulgaire au Moyen Age* 1998.
ISBN: 2-600-00274-X

224. MÉNARD, Philippe, *De Chrétien de Troyes au* Tristan *en prose. Etudes sur les romans de la Table ronde* 1999.
ISBN: 2-600-00329-0

225. OPPERMANN, Evelyn, *Les Emplois injonctifs du futur en français médiéval.* 2000.
ISBN: 2-600-00415-7

226. FOEHR-JANSSENS, Yasmina, *La Veuve en majesté. Deuil et savoir au féminin dans la littérature médiévale* 2000.
ISBN: 2-600-00422-X

227. COLLET, Olivier, *Glossaire et index critiques des œuvres d'attribution certaine de Gautier de Coinci* (Vie de sainte Cristine *et* Miracles de Nostre Dame) *établis d'après les éditions d'Olivier Collet et V. Frederic Koenig.* 2000.
ISBN: 2-600-00358-4

228. DUVAL, Frédéric, *La traduction du Romuleon par Sébastien Mamerot. Etude sur la diffusion de l'histoire romaine en langue vernaculaire à la fin du Moyen Age* 2001.
ISBN: 2-600-00480-7

229. *De la Sainteté à l'hagiographie. Genèse et usage de la* Légende Dorée. Etudes réunies par Barbara Fleith et Franco Morenzoni 2001.
ISBN: 2-600-00491-2

230. MONFRIN, Jacques, *Etudes de Philologie Romane* 2001.
ISBN: 2-600-00470-X

231. *Progrès, réaction, décadence dans l'Occident médiéval,* Etudes recueillies par Emmanuèle Baumgartner et Laurence Harf-Lancner 2003.
ISBN: 2-600-00831-4

232. SZKILNIK, Michelle, *Jean de Saintré: une carrière chevaleresque au XVe siècle.* 2003.
ISBN: 2-600-00841-1

233. BERGER, Roger et BRASSEUR, Annette, *Les Séquences de Sainte Eulalie. Buona pulcella fut Eulalia.* Edition, traduction, commentaire, étude linguistique. *Cantica uirginis Eulaliæ.* Edition, traduction et commentaire avec les autres poèmes du manuscrit 150 de Valenciennes, *Rithmus Teutonicus, Dominus caeli rex, Uis fidei* 2004.
ISBN: 2-600-00880-2

Le catalogue général et le catalogue des nouveautés sont disponibles sur internet.
The general catalogue and new publications catalogue are available on the internet.

*www.droz.org*

Mise en pages :
Nadine Casentieri, Genève

*Achevé d'imprimer en 2004*
*à Genève (Suisse)*